EUROPA-FACHBUCHREIHE
für wirtschaftliche Bildung

Betriebswirtschaftliches Handeln international

International Business Management

Lehr- und Arbeitsbuch für den bilingualen Unterricht

2. Auflage

von
Peter Beinborn, Theo Feist, Carola Gehring, Viktor Lüpertz

VERLAG EUROPA-LEHRMITTEL
Nourney, Vollmer GmbH & Co. KG
Düsselberger Straße 23
42781 Haan-Gruiten

Europa-Nr.: 95350

Verfasser:

Peter Beinborn	Dipl.-Kfm.
Theo Feist	Prof., Dipl.-Kfm.
Carola Gehring	Dipl.-Hdl.
Viktor Lüpertz	Prof. Dr., Dipl.-Volksw.

Lektorat:

Prof. Dr. Viktor Lüpertz

Verwendete Symbole:

Kapitel 2.1.1, 2.1.2 S. ■■■	Querverweis am Seitenrand der Sachdarstellung auf vorausgehende oder nachfolgende Kapitel, in denen sich weitere Informationen zum entsprechenden Sachverhalt befinden.
Aufgabe 2.1.1, 2.1.2 S. ■■■	Verweis am Seitenrand der Sachdarstellung auf die Nummer einer thematisch zugehörigen Aufgabe am Ende des jeweiligen Kapitels
	Hinweis auf englische Texte
BGB § 1	Hinweis am Seitenrand auf gesetzliche Grundlagen. Alle angeführten Paragrafen sind in der Textsammlung „Wirtschaftsgesetze", Verlag Europa Lehrmittel (Best. Nr. 94810) enthalten.
LA	Hinweis am Seitenrand bei einzelnen Aufgaben. Bei diesen **Lehraufgaben** handelt es sich um einführende Aufgaben mit didaktisch gestuften Problemsituationen, die sich für die systematische Erschließung von Unterrichtsinhalten eignen.
PDF	Hinweis an Seitenrand bei einzelnen Aufgaben. Für diese Aufgaben enthält die Begleit-CD zum Lehrerhandbuch Dateien mit Kopiervorlagen für Arbeitsblätter zur Aufgabenlösung.
EXCEL	Hinweis am Seitenrand bei einzelnen Aufgaben. Für die Lösung dieser Aufgaben stehen entweder entsprechende Excel-Tabellen auf der Begleit-CD zum Lehrerhandbuch zur Verfügung oder die Aufgabe kann von den Schülern/Schülerinnen mittels eines Tabellenkalkulationsprogramms gelöst werden.
	Hinweis am Seitenrand bei einzelnen Aufgaben. Für die Lösung dieser Aufgaben bietet sich eine Gruppenarbeit an.
www	Hinweis am Seitenrand bei einzelnen Aufgaben. Für die Lösung dieser Aufgaben ist eine Internetrecherche nötig.
	Hinweis am Seitenrand bei einzelnen Aufgaben. Diese Aufgaben eignen sich für Referate und/oder Präsentationen. Sie können für die in den Jahrgangsstufen 1 und 2 vorgesehenen Leistungsnachweise im Rahmen der „Gleichwertigen Feststellung von Schülerleistungen" (GFS) genutzt werden.

Stand der Gesetzgebung: 01. Juni 2014

2. Auflage 2014

Druck 5 4 3 2

Alle Drucke derselben Auflage sind parallel einsetzbar, da bis auf die Behebung von Druckfehlern untereinander unverändert.

ISBN 978-3-8085-9537-4

Umschlag und Satz: Punkt für Punkt GmbH · Mediendesign, 40549 Düsseldorf
Umschlag – Erstellung der Bildcollage: braunwerbeagentur, 42477 Radevormwald, unter Verwendung eines Fotos von © Julien Eichinger – Fotolia.com
Druck: M. P. Media-Print Informationstechnologie GmbH, 33100 Paderborn

Vorwort zur 2. Auflage

„Betriebswirtschaftliches Handeln international – International Business Management" ist ein neues, umfassendes Lehr- und Arbeitsbuch für den **bilingualen Unterricht**. Dem Buch liegt der Lehrplan **„Internationale Volks- und Betriebswirtschaftslehre"** für **die Jahrgangsstufen 1 und 2 des Wirtschaftsgymnasiums (Profil Internationale Wirtschaft) in Baden-Württemberg** zugrunde. Für die 2. Auflage wurden alle Texte gründlich geprüft und bei Bedarf überarbeitet.

Gliederungselemente

Entsprechend den Lehrplanvorgaben ist das Buch in sechs Abschnitte (drei davon bilingual) eingeteilt, die farblich voneinander abgehoben und wie folgt gegliedert sind:

- **Worum geht es in diesem Kapitel? (Mindmaps)**
  Mindmaps mit erkenntnisleitenden Fragestellungen geben einen ersten inhaltlichen Überblick und stellen die Zusammenhänge zwischen den einzelnen Unterkapiteln her.

- **Sachdarstellung**
  Zahlreiche Grafiken, Schaubilder, Übersichten und Tabellen dienen der Veranschaulichung. Definitionen und Merksätze sind fett gedruckt und farbig unterlegt. Alle verwendeten Formeln sind in einer Formelsammlung am Schluss des Buches systematisch zusammengestellt.

- **Zusammenfassende Übersichten und Abbildungen**
  Die Übersichten am Kapitelende können zu Beginn, im Verlaufe und am Ende einer Unterrichtseinheit eingesetzt werden. Sie sind auch auf der Begleit-CD zum Lehrerhandbuch als PDF-Dateien zu finden.

- **Fragen zur Kontrolle des Grundwissens**
  Zu jedem Kapitel gehört ein umfangreicher Fragenbogen zur Kontrolle des Grundwissens. Die Fragen können auf Basis der unmittelbar vorangehenden Sachdarstellung beantwortet werden.

- **Aufgaben und Problemstellungen zur Erarbeitung und Anwendung von Wissen**
  Die zahlreichen realitätsnahen Aufgabenstellungen ermöglichen die Anwendung und Erschließung des thematischen Wissens sowie das Einüben unterschiedlicher Arbeitstechniken und Lösungsverfahren. Dadurch werden Sozial- und Methodenkompetenz gleichermaßen gefördert. Lehraufgaben, d. h. einführende Aufgaben mit didaktisch gestuften Problemsituationen, die sich für die systematische Erschließung von Unterrichtsinhalten eignen, sind besonders gekennzeichnet.

Vokabelverzeichnis und Formelsammlung

Am Ende des Buches befindet sich ein Vokabelverzeichnis Englisch – Deutsch und eine Zusammenfassung aller im Buch verwendeten Formeln. Im Anhang finden sich Hinweise zu der im Lehrplan vorgesehenen Anwendung finanzmathematischer Funktionen eines Taschenrechners, finanzmathematische Formeln und Tabellen sowie ein Glossar englischer Fachbegriffe zur internationalen Rechnungslegung.

Lehrerhandbuch mit Begleit-CD

Ergänzend zu diesem Lehr- und Aufgabenbuch liegt ein **Lehrerhandbuch** vor mit ausführlichen Lösungen zu den Aufgaben und Problemen sowie Hintergrund- und Zusatzinformationen. Auf der **Begleit-CD** befinden sich u. a. ein ausführlicher Vokabelführer als Kopiervorlage. Kopiervorlagen für Arbeitsblätter zur Aufgabenlösung, Aufgaben für eine handlungsorientierte Themenbearbeitung und für Lernkontrollen sowie Zusatzmaterialien zu einzelnen Themen.

Ihr Feedback ist uns wichtig

Ihre Anmerkungen, Hinweise und Verbesserungsvorschläge zu diesem Buch nehmen wir gerne auf – schreiben Sie uns unter luepertz@t-online.de.

Freiburg, Sommer 2014 — Die Verfasser

A Kosten- und Leistungsrechnung

F Management and controlling

A Kosten- und Leistungsrechnung

Warum ist dieses Kapitel wichtig?

In einer Marktwirtschaft stehen Unternehmen im Wettbewerb miteinander. Ob ein Unternehmen erfolgreicher als seine Mitbewerber ist, hängt u.a. vom Preis der angebotenen Erzeugnisse ab. Ist der Preis für ein bestimmtes Erzeugnis höher als der Konkurrenzpreis eines vergleichbaren Erzeugnisses, so führt das im Normalfall dazu, dass sich dieses Erzeugnis nicht oder nur schwer verkaufen lässt. Der Fortbestand eines Unternehmens ist aber nur gesichert, wenn die Verkaufserlöse langfristig alle mit der Produktion zusammenhängenden Kosten decken und darüber hinaus ein angemessener Gewinn erzielt wird. Der Kosten- und Leistungsrechnung kommt dabei die entscheidende Aufgabe zu, alle Informationen bereitzustellen, die zur Ermittlung des Verkaufspreises sowie zur Beurteilung der Wirtschaftlichkeit der Produktionstätigkeit eines Unternehmens erforderlich sind.

Die Leitfragen zu diesem Abschnitt lauten daher:
Welche Kosten sind für die Produktion der einzelnen Erzeugnisse entstanden und wie werden diese ermittelt?
Wie wird auf der Grundlage der voraussichtlich entstehenden Kosten der Angebotspreis für einen Auftrag ermittelt?
Auf welche Ursachen sind Abweichungen zwischen den kalkulierten und tatsächlich entstandenen Kosten zurückzuführen?

1 Aufgaben und Aufbau des betrieblichen Rechnungswesens

Überblick und Zusammenhänge

1 Aufgaben und Aufbau des betrieblichen Rechnungswesens
- ***1.1** Aufgaben des betrieblichen Rechnungswesens*
- ***1.2** Aufbau des betrieblichen Rechnungswesens*

1.1 Aufgaben des betrieblichen Rechnungswesens

Das betriebliche Rechnungswesen hat die Aufgabe, betriebliche Vorgänge zahlenmäßig zu planen, zu erfassen und zu überwachen.

Aufgaben des Rechnungswesens	Beispiele
Dokumentations- und Rechenschaftslegung	▪ Ermittlung der Ein- und Ausgänge von Zahlungsmitteln einer Periode (Liquiditätsrechnung) ▪ Erfassung und Aufbereitung von Zahlungsströmen als Grundlage für die Finanzierungs- und Investitionsrechnung ▪ Ermittlung und Darstellung von Vermögen und Schulden sowie des Unternehmenserfolgs (Gewinn/Verlust) zum Bilanzstichtag ...
Wirtschaftlichkeitskontrolle	▪ Kontrolle der Wirtschaftlichkeit der betrieblichen Prozesse ▪ Kontrolle und Steuerung des Betriebsgeschehens
Entscheidungsgrundlage	▪ Bereitstellung von Informationen für unternehmerische Entscheidungen wie z. B. Preis- und Programmpolitik, Eigen- oder Fremdbezug, Investitionsvorhaben

1.2 Aufbau des betrieblichen Rechnungswesens

In Abhängigkeit der Informationsempfänger lassen sich das **externe** und **interne** Rechnungswesen unterscheiden:

Externes Rechnungswesen	Internes Rechnungswesen
▪ Finanzbuchführung ▪ Jahresabschlussrechnung	▪ Kosten- und Leistungsrechnung ▪ Betriebsstatistik ▪ Planungsrechnung

Die Aufbereitung und Darstellung der Informationen für die **externen Informationsempfänger** ist an gesetzliche Vorschriften (z. B. HGB, AktG, GmbHG, EStG) gebunden, um eine willkürliche Rechnungslegung auszuschließen. Für das **interne Rechnungswesen** gibt es keine gesetzlichen Vorschriften. Vielmehr stellt es die Informationen nach den jeweiligen Erfordernissen der Informationsempfänger bereit (z. B. die Höhe der Herstellkosten für Zwecke der Preiskalkulation). Das interne Rechnungswesen wird daher auch als **instrumentelles Rechnungswesen** bezeichnet.

1.3 Aufgaben der Kosten- und Leistungsrechnung

Der Kosten- und Leistungsrechnung eines Unternehmens kommen im Wesentlichen folgende Aufgaben zu:

Kosten- und Preiskalkulation	Grundlage für betriebliche Entscheidungen	Ermittlung des Betriebsergebnisses
Ermittlung der Selbstkosten eines einzelnen Erzeugnisses (Kostenträger) und des Preises, zu dem das Erzeugnis angeboten werden kann.	Bereitstellung von Informationen zur Vorbereitung und Kontrolle betrieblicher Produktionsentscheidungen (z. B. ob die Produktion eines bestimmten Erzeugnisses aus Kostengründen eingestellt werden soll).	Berechnung des Betriebsergebnisses (= leistungsbezogenes/betriebsbedingtes Ergebnis) sowie des Beitrags der einzelnen Erzeugnisse hierzu.

Im Mittelpunkt der Kostenrechnung steht die Erfassung der Kosten und deren Verrechnung auf die Erzeugnisse (Kostenträger).

Um die Quellen des Erfolgs eines Unternehmens zu verdeutlichen, wird das **Gesamtergebnis** einer Rechnungsperiode (z. B. Geschäftsjahr) in das **Betriebsergebnis** (leistungsbezogenes/betriebsbedingtes Ergebnis) und das **neutrale Ergebnis** (kein Bezug zu den betrieblichen Leistungen) untergliedert.

Die Informationen hierfür liefert hauptsächlich die Finanzbuchhaltung.

Zusammenfassende Übersicht zu Kap. 1:
Aufgaben und Aufbau des betrieblichen Rechnungswesens

Aufgaben

- **Dokumentations- und Rechenschaftslegung**
- **Wirtschaftlichkeitskontrolle**
- **Entscheidungsgrundlage**

Aufbau

Externes Rechnungswesen	**Internes Rechnungswesen**
▪ Finanzbuchführung ▪ Jahresabschlussrechnung	▪ Kosten- und Leistungsrechnung ▪ Betriebsstatistik ▪ Planungsrechnung

Abgrenzung zwischen

Finanzbuchhaltung und **Kosten- und Leistungsrechnung**

Rechnungskreis I	Rechnungskreis II	
Gesamtergebnis	**Neutrales Ergebnis**	**Betriebsergebnis**
Gesamte Erträge	Neutrale Erträge	Leistungen
– Gesamte Aufwendungen	– Neutrale Aufwendungen	– Kosten
= Gesamtergebnis /Unternehmenserg.	= Neutrales Ergebnis	= Betriebsergebnis

Externes Rechnungswesen	**Internes Rechnungswesen**
Ziele (Aufgaben) der Buchhaltung:	**Ziele (Aufgaben) der KLR:**
▪ Ermittlung des Gesamtergebnisses (Erträge – Aufwendungen) für ein Geschäftsjahr ▪ laufende Aufzeichnung (Dokumentation) aller Geschäftsvorfälle ▪ Überblick über Vermögen, Schulden und Ertragslage ▪ Grundlage für Steuerermittlung ▪ Information für Eigentümer und Gläubiger ▪ unterliegt gesetzlichen Vorschriften (z. B. HGB, Einkommensteuergesetz, Abgabenordnung)	▪ Ermittlung des Betriebsergebnisses (Leistungen – Kosten) für eine Woche, einen Monat oder ein Quartal ▪ Erfassung, Verteilung und Zurechnung von Kosten und Leistungen ▪ Selbstkostenermittlung (Preiskalkulation) ▪ Kontrolle der Wirtschaftlichkeit ▪ Grundlage für Planungen und Entscheidungen ▪ unterliegt **keinerlei** gesetzlichen Vorschriften

Fragen zur Wiederholung

zu Kapitel 1 Aufgaben und Aufbau des betrieblichen Rechnungswesens

1. Welche Aufgaben hat das betriebliche Rechnungswesen? Nennen Sie jeweils Beispiele.
2. Unterscheiden Sie externes und internes Rechnungswesen.
3. Welche Aufgaben hat die Kosten- und Leistungsrechnung?

2 Grundbegriffe der Kosten- und Leistungsrechnung

Überblick und Zusammenhänge

2 Grundbegriffe der Kosten- und Leistungsrechnung

- ***2.1** Wodurch unterscheiden sich die Begriffe Auszahlung – Aufwand – Kosten?*
- ***2.2** Wodurch unterscheiden sich die Begriffe Einzahlung – Ertrag – Leistungen?*

2.1 Auszahlung – Aufwand – Kosten

Auszahlung[1]

Eine Auszahlung liegt vor, wenn liquide Mittel (Kassenbestände und jederzeit verfügbare Bankguthaben) aus dem Unternehmen abfließen (= Minderung des Zahlungsmittelbestandes).

Auszahlungen

- Zum Kauf von Briefmarken werden der Geschäftskasse 40 EUR entnommen.
- Ein Unternehmer entnimmt der Geschäftskasse 1 000 EUR für private Zwecke.

Aufwand – Kosten

Unter Aufwand ist die *gesamte Wertminderung* in einer Abrechnungsperiode zu verstehen, die sich z. B. durch den Ge- und Verbrauch von Sachgütern und Dienstleistungen in einem Unternehmen ergibt. Aufwendungen mindern das Eigenkapital.

Unter Kosten ist die *betrieblich bedingte Wertminderung* in einer Abrechnungsperiode zu verstehen, die sich z. B. durch den Ge- und Verbrauch von Produktionsfaktoren in Form von Sachgütern und Dienstleistungen ergibt und für die Erstellung der betrieblichen Leistungen erforderlich ist.

Der **Aufwand** eines Unternehmens umfasst demnach den **gesamten Verbrauch an Gütern** ohne Rücksicht darauf, ob ein Zusammenhang zur betrieblichen Leistungserstellung besteht. Die **Kosten** eines Unternehmens hingegen umfassen lediglich den **in Zusammenhang mit der Leistungserstellung** angefallenen **Verbrauch an Gütern**.

Kosten sind durch drei Merkmale gekennzeichnt:

1. Es muss ein **Verbrauch** von Gütern (Sachgüter oder Dienstleistungen) vorliegen.
2. Der Zweck des Verbrauchs muss die **Erstellung betrieblicher Leistungen** sein.
3. Der Verbrauch der Güter muss in Geld **bewertbar** sein.

} Kosten: in Geld bewertbare betriebsbedingte Wertminderung

1 Hiervon ist der Begriff „Ausgabe" zu unterscheiden. Anders als im allgemeinen Sprachgebrauch werden im Rechnungswesen unter Ausgaben nicht nur die Auszahlungen (= zahlungswirksam) verstanden, sondern auch die nicht auszahlungswirksamen Vorgänge „Verringerung der Forderungen" und „Erhöhung der Schulden".

Kosten – Aufwendungen

- Die Shirt-Shop GmbH hat ihrem Arbeitnehmer Kurt Sterner einen Monatslohn von brutto 3 100 EUR gezahlt. Kurt Sterner ist für die Beschriftung von T-Shirts verantwortlich. Bei der Wertminderung in Form der Lohnzahlung handelt es sich um **Aufwand** und **gleichzeitig um Kosten**, weil ein direkter Zusammenhang zur betrieblichen Leistungserstellung besteht.
- Durch einen Brand im Lager der Shirt-Shop GmbH wurden T-Shirts im Wert von 4 200 EUR vernichtet. Ein Versicherungsschutz bestand nicht. Die Wertminderung steht **nicht** in Zusammenhang mit der betrieblichen Leistungserstellung. Deshalb handelt es sich bei der Wertminderung zwar um **Aufwendungen**, **nicht** aber **gleichzeitig um Kosten**.

Zweckaufwand und Grundkosten

Stimmen die Beträge, die für einen bestimmten Güterverbrauch in der Finanzbuchhaltung als Aufwendungen erfasst und als Kosten in die Kostenrechung eingehen, überein, handelt es sich um aufwandsgleiche Kosten bzw. um kostengleichen Aufwand. Aus der Sicht der Finanzbuchhaltung stellt dies einen **Zweckaufwand** dar (weil er dem Betriebszweck dient). Aus Sicht der Kostenrechnung handelt es sich um **Grundkosten**.

Zweckaufwand – Grundkosten

Verbrauch von Textilfarbe: Da ein Güterverbrauch stattfindet, liegen Aufwendungen (Materialaufwand) vor. Der Güterverbrauch steht in direktem Zusammenhang mit der betrieblichen Leistungserstellung (Beschriftung von T-Shirts). Deshalb handelt es sich gleichzeitig um Materialkosten (kostengleicher Aufwand bzw. aufwandsgleiche Kosten).

Neutraler Aufwand

Werden Aufwendungen nicht oder mit einem niedrigeren Betrag aus der Finanzbuchhaltung in die Kosten- und Leistungsrechnung übernommen, so liegt ein neutraler Aufwand vor.

Es lassen sich folgende Arten neutraler Aufwendungen unterscheiden:

Neutrale Aufwendungen

betriebsfremder Aufwand	betrieblich bedingter Aufwand, der aber keine Kosten darstellt		betrieblich bedingter Aufwand, aber Kosten in anderer Höhe
	außerordentlich	**periodenfremd**	**Andersaufwand**
Aufwand, der mit dem eigentlichen Betriebszweck nichts zu tun hat	Aufwand, der ungewöhnlich hoch ist oder äußerst selten anfällt	Aufwand, dessen Ursache in einem früheren Geschäftsjahr liegt	Aufwand, der zwar mit Kosten verbunden ist, bei dem aber die Höhe des Aufwands von der Höhe der entsprechenden Kosten abweicht.
Veräußerungsverluste bei Wertpapierverkäufen, Reparaturaufwand an nicht betrieblich genutzten Gebäuden	Außerplanmäßige Abschreibung eines Lkw aufgrund eines nicht durch eine Versicherung gedeckten Totalschadens	Gewerbesteuernachzahlung für das vorige Geschäftsjahr	Abschreibungen lt. Gewinn- und Verlustrechnung (= bilanzielle Abschreibungen) sind höher oder niedriger als Abschreibungen in der Kostenrechnung (= kalkulatorische Abschreibung)

Kap. A 4.1.3

Zusatzkosten

In gleicher Weise wie es **Aufwendungen** gibt, die **keine Kosten** darstellen **(= neutrale Aufwendungen)**, lassen sich auch **Kosten** unterscheiden, die **keine Aufwendungen** sind **(= Zusatzkosten)**.

> **Zusatzkosten sind Kosten, denen kein Aufwand gegenüber steht.**

Unternehmerlohn als Zusatzkosten

Ein Einzelkaufmann stellt seinem Unternehmen seine Arbeitskraft zur Verfügung. Dafür erhält der Unternehmer jedoch im Gegensatz zu einem Arbeitnehmer keinen Lohn ausbezahlt. Daher liegt auch kein Aufwand vor. Der Verbrauch der Arbeitskraft steht jedoch in direktem Zusammenhang mit der betrieblichen Leistungserstellung. Deshalb entstehen durch die Mitarbeit des Unternehmers **Kosten in Form eines kalkulatorischen**[1] **Unternehmerlohns, der bei der Ermittlung der Gesamtkosten berücksichtigt werden muss, obwohl er nicht ausbezahlt wird und daher keinen Aufwand** darstellt. Es handelt sich um **Zusatzkosten**.

Aufg. 2.1.1 S. 19

Aufwand – Kosten

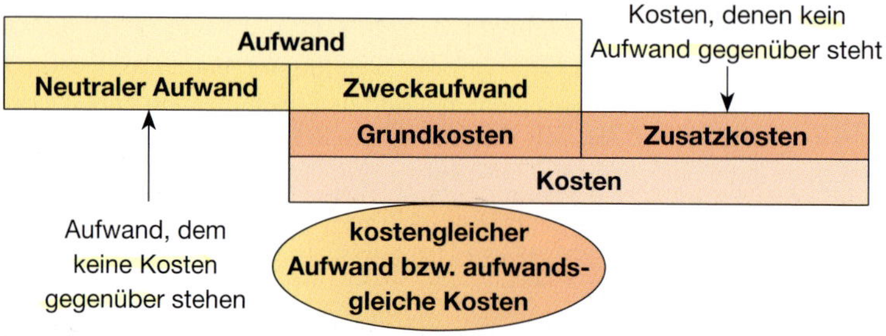

Zusammenfassende Übersicht zu Kap. 2.1: Auszahlung – Aufwand – Kosten

Auszahlung = **Abfluss von Bargeld bzw. Verringerung des jederzeit verfügbaren Bankguthabens**
Aufwand = **in Geld bewerteter Verbrauch an Gütern**
Kosten = **der in Geld bewertete Güterverbrauch, der zur Erstellung der betrieblichen Leistungen erforderlich ist**

Aufwand – Kosten

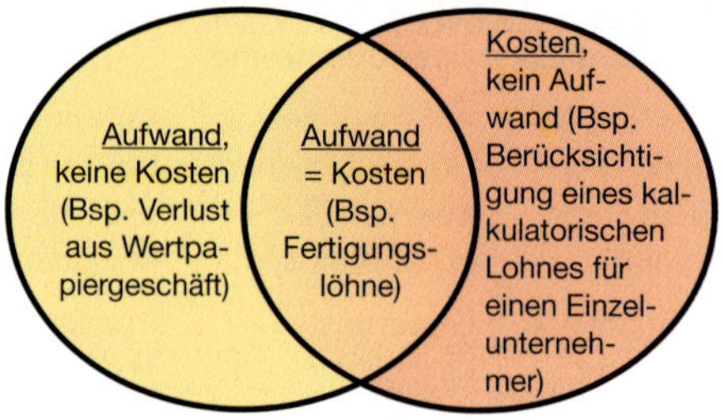

1 kalkulatorisch: bei der Kostenberechnung (Kalkulation) zu berücksichtigen

Fragen zur Wiederholung

zu Kapitel 2.1 Auszahlung – Aufwand – Kosten

1. Erklären Sie, was jeweils unter Auszahlung, Aufwand und Kosten zu verstehen ist.
2. Welche drei Merkmale müssen erfüllt sein, damit Kosten vorliegen?
3. In welchem Fall wird von Zweckaufwand bzw. von Grundkosten gesprochen?
4. Nennen Sie drei Beispiele für Zweckaufwand bzw. Grundkosten.
5. Erklären Sie, was unter dem Begriff Zusatzkosten zu verstehen ist.
6. Nennen Sie ein Beispiel für Zusatzkosten.
7. In welchem Fall liegt ein neutraler Aufwand vor?
8. Welche Arten von neutralen Aufwendungen lassen sich unterscheiden?

Aufgaben und Probleme

zu Kapitel 2.1 Auszahlung – Aufwand – Kosten

2.1.1 Beispiele für Auszahlungen, Aufwendungen und Kosten

Manfred Stephan ist alleiniger Inhaber des Unternehmens „Holzwerk Manfred Stephan e. K.“. Im laufenden Monat wurden u. a. folgende Vorgänge erfasst.

a) Privatentnahme Manfred Stephan in bar 12 000 EUR
b) Einkauf von Rohstoffen auf Ziel 15 000 EUR
c) Gehaltszahlung an verschiedene Angestellte 40 000 EUR
d) Verbrauch von Rohstoffen, die im vergangenen Monat beschafft und bezahlt wurden 15 000 EUR
e) Der Wert der Arbeitsleistung, die Manfred Stephan seinem Unternehmen zur Verfügung stellt, wird mit 6 000 EUR angesetzt, aber nicht ausbezahlt.
f) Die Eingangsrechnung für den Einkauf der Rohstoffe (vgl. b) in Höhe von 15 000 EUR wird durch Banküberweisung beglichen.

Tragen Sie die Beträge der Vorgänge a) bis f) in die jeweils zutreffende Spalte einer Tabelle nach folgendem Muster ein.

Vorgang	Geschäftsbuchführung		Kosten- und Leistungsrechnung
	Auszahlung	Aufwand	Kosten
a)			
b)			
…	…	…	…

MUSTER

2.2 Einzahlung – Ertrag – Leistung

Einzahlung[1]

Eine Einzahlung liegt vor, wenn dem Unternehmen liquide Mittel (Kassenbestand und jederzeit verfügbare Bankguthaben) zufließen (= Mehrung des Zahlungsmittelbestands).

Einzahlungen

- Ein Unternehmer überweist von seinem privaten Bankkonto auf das Geschäftskonto seines neu gegründeten Unternehmens den Betrag von 20 000 EUR.
- Die Shirt-Shop GmbH verkauft T-Shirts gegen bar in Höhe von 2 500 EUR.

Da sich in beiden Fällen der Bestand an liquiden Mitteln erhöht handelt es sich um Einzahlungen.

1 Hiervon ist der Begriff „Einnahme“ zu unterscheiden. Anders als im allgemeinen Sprachgebrauch werden im Rechnungswesen unter Einnahmen nicht nur Einzahlungen (= zahlungswirksam) verstanden, sondern auch die nicht einzahlungswirksamen Vorgänge „Zugang von Forderungen“ und „Verminderung der Schulden“.

Ertrag – Leistung

Unter Ertrag ist der *gesamte Wertzuwachs*, den ein Unternehmen in einer Rechnungsperiode erzielt, zu verstehen. Erträge mehren das Eigenkapital.

Unter Leistung ist der *betrieblich bedingte Wertzuwachs* zu verstehen, den ein Unternehmen in einer Rechnungsperiode erzielt.

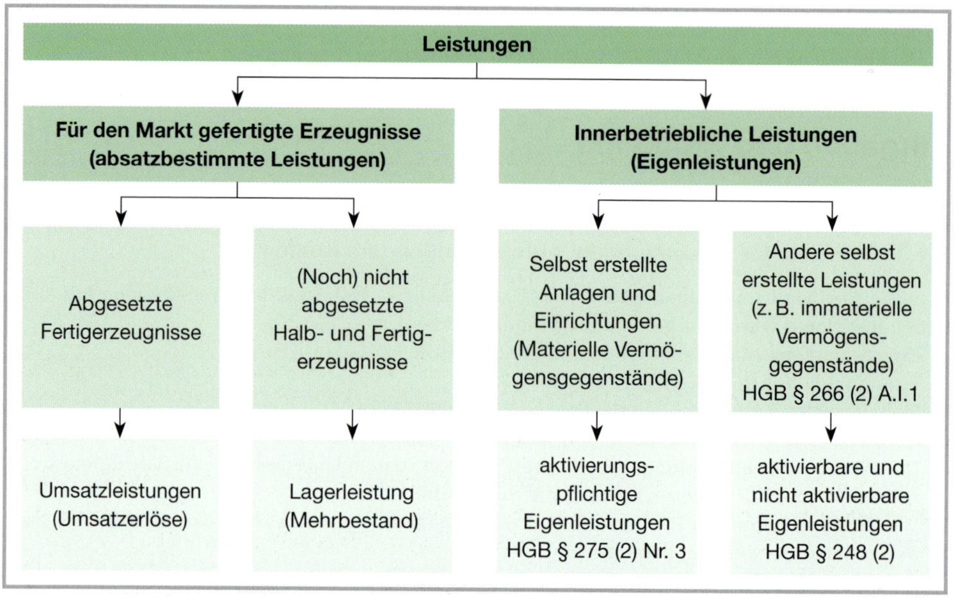

Aufg. 2.2.1 S. 21

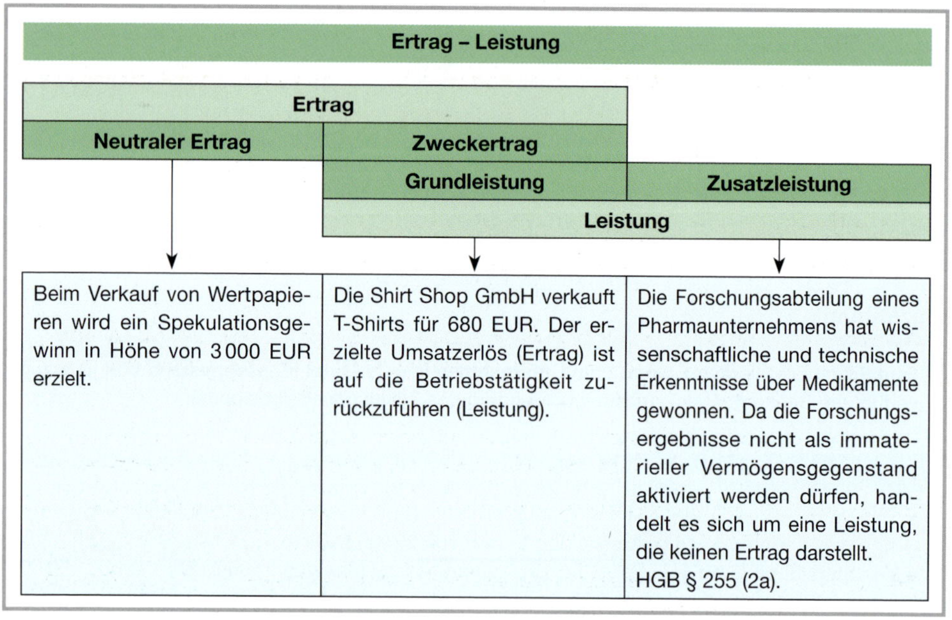

Zusammenfassende Übersicht zu Kap. 2.2: Einzahlung – Ertrag – Leistung

Einzahlung	**= Zufluss von Bargeld bzw. Erhöhung des jederzeit verfügbaren Bankguthabens**
Ertrag	**= in Geld bewerteter Wertzuwachs**
Leistung	**= betrieblich bedingter Wertzuwachs**

Fragen zur Wiederholung

zu Kapitel 2.2 Einzahlung – Ertrag – Leistung

1. Erklären Sie, was jeweils unter Einzahlungen, Erträgen und Leistungen zu verstehen ist.
2. Wie unterscheiden sich die Begriffe Ertrag und Leistung?
3. Nennen Sie jeweils zwei Beispiele für absatzbestimmte und innerbetriebliche Leistungen.

Aufgaben und Probleme

zu Kapitel 2.2 Einzahlung – Ertrag – Leistung

2.2.1 Beispiele für Erträge, Leistungen, Aufwendungen und Kosten

Wie hoch sind die dem nachstehendem GuV-Konto (Auszug) zu entnehmenden Grundkosten, Leistungen sowie die neutralen Aufwendungen und neutralen Erträge?

Soll **GuV-Konto (Auszug)** Haben

Soll		Haben	
Rohstoffverbrauch	6400	Umsatzerlöse	14600
Löhne, Gehälter	4200	Mieterträge	610
Strom	1800	Gewinne aus dem Verkauf von Anlagegütern	420
Verlust aus Wertpapierverkäufen	900	Mehrbestand an fertigen Erzeugnissen	380
...		...	

Zusammenfassende Übersicht zu Kap. 2: Grundbegriffe der Kosten- und Leistungsrechnung

Bargeld
\+ Sichtguthaben (Girokonto)
= *Zahlungsmittelbestand* (liquide Mittel)

} Zunahme = Einzahlung
Abnahme = Auszahlung

Begriffe	Erklärung
Auszahlung	= Abfluss liquider Mittel aus dem Unternehmen (Abnahme des Zahlungsmittelbestandes)
Aufwand	= gesamter in Geld bewerteter Verbrauch an Sachgütern und Dienstleistungen (Wertminderung) eines Geschäftsjahres ohne Rücksicht auf den betrieblichen Zweck
Kosten	= durch betriebliche Leistungserstellung verursachter, in Geld bewerteter Verbrauch an Sachgütern und Dienstleistungen (betrieblich bedingte Wertminderung)
Einzahlung	= Zufluss liquider Mittel in das Unternehmen (Zunahme des Zahlungsmittelbestandes)
Ertrag	= Wertzuwachs innerhalb einer Periode sowohl aus betriebsbedingten als auch aus anderen Gründen
Leistung	= Wertzuwachs innerhalb einer Periode aus der Erfüllung des Betriebszwecks (betriebsbedingt)

3 Kosten, Beschäftigung und Gewinn

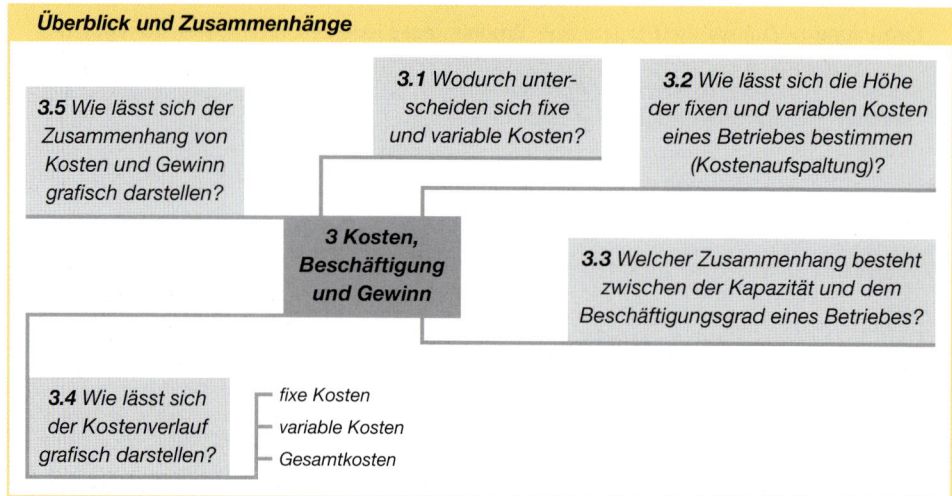

Überblick und Zusammenhänge

3 Kosten, Beschäftigung und Gewinn

- ***3.1*** *Wodurch unterscheiden sich fixe und variable Kosten?*
- ***3.2*** *Wie lässt sich die Höhe der fixen und variablen Kosten eines Betriebes bestimmen (Kostenaufspaltung)?*
- ***3.3*** *Welcher Zusammenhang besteht zwischen der Kapazität und dem Beschäftigungsgrad eines Betriebes?*
- ***3.4*** *Wie lässt sich der Kostenverlauf grafisch darstellen?*
  - *fixe Kosten*
  - *variable Kosten*
  - *Gesamtkosten*
- ***3.5*** *Wie lässt sich der Zusammenhang von Kosten und Gewinn grafisch darstellen?*

3.1 Fixe und variable Kosten

In Abhängigkeit davon, wie die Kosten auf eine Veränderung der Produktionsmenge reagieren, lassen sich fixe und variable Kosten unterscheiden:

Fixe Kosten

Fixe Kosten (fixe Gesamtkosten, K_f) bleiben bei einer Änderung der Produktionsmenge unverändert.

Absolut fixe Kosten entstehen durch die Existenz des Betriebes (Kosten der Betriebsbereitschaft).

Absolut fixe Kosten

Abschreibungen auf Gebäude und Maschinen, Pacht für eine Lagerhalle, Versicherungsbeiträge und Teile der Personalkosten (z. B. für den Werkschutz)

Sprungfixe Kosten (intervallfixe Kosten, bereichsfixe Kosten) bleiben innerhalb bestimmter Produktionsmengenbereiche (Produktionsintervalle) konstant. Bei Ausweitung der Produktion über diese Bereichsgrenze hinaus steigen sie sprunghaft an.

Sprungfixe Kosten

Für die Monatsproduktion von 50 000 Paar Schuhen genügt in der Fertigungsabteilung einer Schuhfabrik ein Meister mit einem festen Monatsgehalt von 3 000 EUR. Bei Überschreiten dieser Grenze muss ein weiterer Meister mit einem festen Monatsgehalt eingestellt werden.

Variable Kosten

Variable Kosten (variable Gesamtkosten, K_v) ändern sich bei einer Veränderung der Produktionsmenge.

Variable Kosten

Verbrauch von Rohstoffen (z. B. Farbe, Stoffe, Leder), Hilfsstoffen (Klebemittel), Betriebsstoffen (Elektrizität)

Gesamtkosten

Die Gesamtkosten eines Unternehmens setzen sich aus fixen und variablen Kosten zusammen:

Gesamtkosten = fixe Gesamtkosten + variable Gesamtkosten (variable Kosten pro Stück · Stückzahl)

$$K_g = K_f + k_v \cdot x$$

$$K_g = K_f + K_v$$

Zusammenfassende Übersicht zu Kap. 3.1: Fixe und variable Kosten

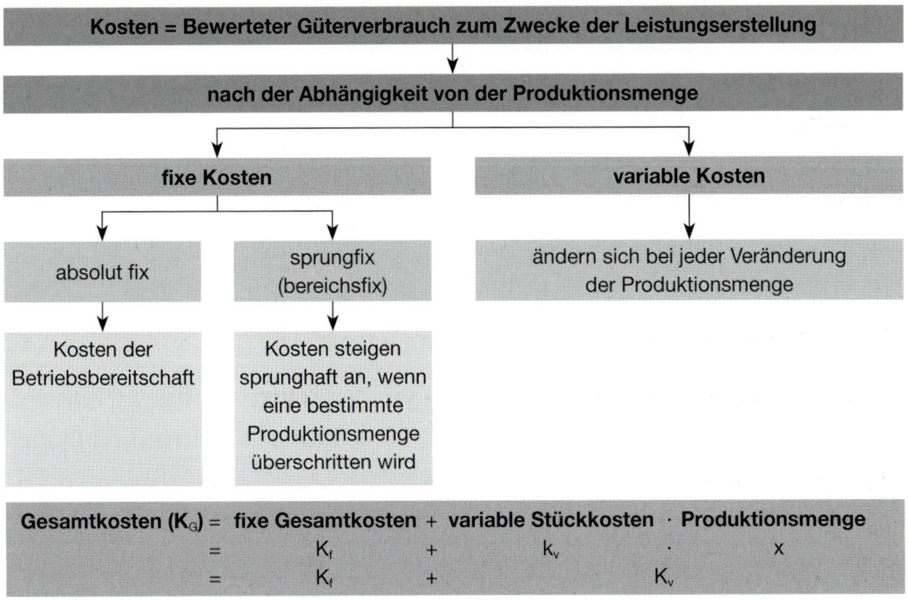

Kosten = Bewerteter Güterverbrauch zum Zwecke der Leistungserstellung
nach der Abhängigkeit von der Produktionsmenge
fixe Kosten
variable Kosten
absolut fix
sprungfix (bereichsfix)
ändern sich bei jeder Veränderung der Produktionsmenge
Kosten der Betriebsbereitschaft
Kosten steigen sprunghaft an, wenn eine bestimmte Produktionsmenge überschritten wird
Gesamtkosten (K_G) = fixe Gesamtkosten + variable Stückkosten · Produktionsmenge
= K_f + k_v · x
= K_f + K_v

Fragen zur Wiederholung

zu Kapitel 3.1 Fixe und variable Kosten

1. Wodurch unterscheiden sich fixe und variable Kosten?
2. Nennen Sie jeweils ein Beispiel für absolut fixe, sprungfixe und variable Kosten.

3.2 Kostenauflösung

Einige Kostenarten sind in vollem Umfang variabel (z. B. Materialkosten), andere hingegen sind in vollem Umfang fix (z. B. Miete). Zur rechnerischen Bestimmung der Höhe der fixen und variablen Kosten eines Unternehmens werden zunächst die Kosten ermittelt, die für zwei unterschiedliche Produktionsmengen entstanden sind. Dabei wird unterstellt, dass die variablen Kosten je Stück (k_v) unverändert bleiben. Das bedeutet, dass sich bei einer Änderung der Produktion die variablen Gesamtkosten (K_v) im gleichen Verhältnis verändern wie die Ausbringungsmenge (proportionaler Verlauf der Gesamtkosten).
Bei den Kosten, die bei einer Produktionserhöhung steigen, kann es sich nur um variable Kosten handeln, da die fixen Kosten auf eine Veränderung der Produktionsmenge nicht reagieren. Aus der Differenz der Kosten und der beiden Produktionsmengen lassen sich die variablen Kosten pro Produktionseinheit und damit auch die fixen Kosten bestimmen:

Kostenauflösung

Eine Produktionserhöhung von 500 Stück auf 800 Stück hat nebenstehende Kostenerhöhung bewirkt:

Produktionsmenge	Kosten
500 Stück	12000 EUR
800 Stück	15000 EUR

Variable Kosten pro Stück (k_v) =

$$\frac{15000 - 12000}{800 - 500} = 10 \text{ EUR/Stück}$$

Je Stück sind somit 10 EUR variable Kosten entstanden.

Fixe Gesamtkosten (K_f) =
12000 EUR – (10 EUR/Stück · 500 Stück) =
7000 EUR **oder**
15000 EUR – (10 EUR/Stück · 800 Stück) = 7000 EUR

Grafische Darstellung:

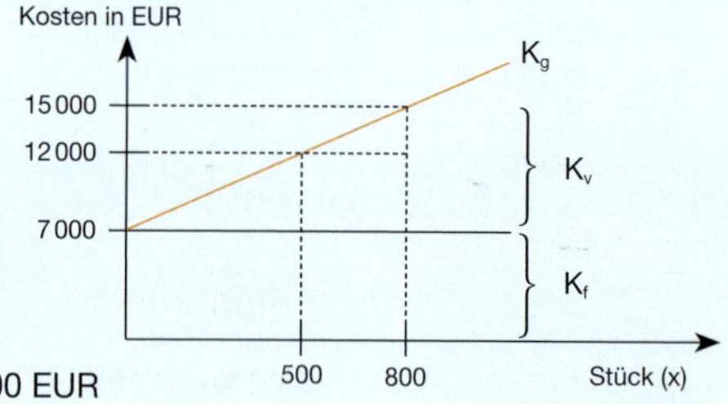

Ergebnis:
Erhöht das Unternehmen seine Produktionsmenge, so verändern sich die Gesamtkosten um 10 EUR/Stück.

Kostenfunktion:
$K_g = K_f + k_v \cdot x$
$K_g = 7000 + 10\,x$

Sind die fixen Gesamtkosten und die variablen Kosten pro Stück bekannt, so lässt sich errechnen, welche Kosten für eine bestimmte Produktionsmenge voraussichtlich entstehen.

Formeln zur Kostenauflösung:

$$\text{Variable Kosten pro Stück} = \frac{\text{Kostenzunahme}}{\text{Produktionzunahme}}$$

$$k_v = \frac{K_2 - K_1}{x_2 - x_1}$$

Aufg. 3.2.1 S. 25

Variable Gesamtkosten = variable Kosten pro Stück · Produktionsmenge

$$K_v = k_v \cdot x$$

Fixe Gesamtkosten = Gesamtkosten – variable Gesamtkosten

$$K_f = K_g - K_v$$

Zusammenfassende Übersicht zu Kap. 3.2: Kostenauflösung

Kostenauflösung
(= Aufspaltung der Gesamtkosten in deren fixe und variable Bestandteile)

↓

Verfahren

↓

1. Ermittlung der Gesamtkosten für zwei Beschäftigungsgrade
2. Berechnungen:

$$\text{Variable Kosten pro Stück} = \frac{\text{Kostenzunahme}}{\text{Produktionzunahme}}$$

$$k_v = \frac{K_2 - K_1}{x_2 - x_1}$$

$$\text{Variable Gesamtkosten} = \text{variable Kosten pro Stück} \cdot \text{Produktionsmenge}$$

$$K_v = k_v \cdot x$$

$$\text{Fixe Gesamtkosten} = \text{Gesamtkosten} - \text{variable Gesamtkosten}$$

$$K_f = K_g - K_v$$

Fragen zur Wiederholung

zu Kapitel 3.2 Kostenauflösung

1. Was ist unter Kostenauflösung zu verstehen?
2 Beschreiben Sie das Verfahren der rechnerischen Kostenauflösung.

Aufgaben und Probleme

zu Kapitel 3.2 Kostenauflösung

3.2.1 Kostenauflösung in einer Farbenfabrik

In einer Farbenfabrik wurden für die Monate März und April d. J. folgende Zahlen festgestellt:

Monat	Produzierte Menge (t)	Gesamtkosten (K) in EUR
März	6 000	1 200 000
April	9 000	1 650 000
Mai	5.000	1 050 000

1. Errechnen Sie die Höhe der fixen Kosten, wenn davon auszugehen ist, dass die variablen Kosten je Stück (k_v) unverändert bleiben.
2. Wie lautet die Kostenfunktion?
3. Welche Kosten werden im Monat Mai voraussichtlich entstehen, wenn geplant ist, in diesem Monat 5 000 t Farbe zu produzieren?

3.3 Kapazität und Beschäftigungsgrad

Unter Kapazität ist die Produktionsmenge zu verstehen, die ein Betrieb innerhalb einer bestimmten Zeiteinheit (Monat, Quartal, Jahr) höchstens herstellen kann. Der Grad der Ausnutzung der Kapazität wird als Beschäftigungsgrad (Kapazitätsausnutzungsgrad) bezeichnet.

Der Beschäftigungsgrad wird in Prozent der Kapazität ausgedrückt.

Aufg. 3.3.1 S. 26

$$\text{Beschäftigungsgrad} = \frac{\text{tatsächliche Produktionsmenge} \cdot 100}{\text{Kapazität}}$$

Beschäftigungsgrad bei einer Schuhfabrik

In einer Schuhfabrik wird in zwei Schichten gearbeitet. Die Jahresproduktion beträgt 240 000 Paar Schuhe. Würde in der Schuhfabrik in drei Schichten gearbeitet, könnte die Produktionsmenge auf 360 000 Paar Schuhe erhöht werden. Die Kapazität beträgt somit 360 000 Paar Schuhe.

$$\text{Beschäftigungsgrad} = \frac{240\,000 \cdot 100}{360\,000} = 66{,}67\,\%$$

Wenn die Produktionsmenge bei gleich bleibender Kapazität verändert wird, führt dies zu einer **Änderung des Beschäftigungsgrades**.

Zusammenfassende Übersicht zu Kap. 3.3: Kapazität und Beschäftigungsgrad

Kapazität = mögliche Produktionsmenge eines Betriebes in einer bestimmten Zeit (z. B. Monat)

↓

Beschäftigungsgrad = Ausnutzung der Kapazität eines Betriebes in %

$$\text{Beschäftigungsgrad} = \frac{\text{tatsächliche Produktionsmenge} \cdot 100}{\text{Kapazität}}$$

Fragen zur Wiederholung

zu Kapitel 3.3 Kapazität und Beschäftigungsgrad

1. Was ist unter der Kapazität eines Betriebes zu verstehen?
2. Wie lautet die Formel zur Berechnung des Beschäftigungsgrades?

Aufgaben und Probleme

zu Kapitel 3.3 Kapazität und Beschäftigungsgrad

3.3.1 Beschäftigungsgrad – Änderungen des Beschäftigungsgrades

Ein Industriebetrieb stellt ein elektronisches Bauteil her. Die Gesamtkapazität beträgt 30 000 Stück pro Quartal. Derzeit werden 25 000 Stück pro Quartal produziert. Die gesamten Fixkosten betragen derzeit 400 000 EUR pro Quartal. Die variablen Stückkosten belaufen sich auf 50 EUR.

1. Berechnen Sie den derzeitigen Beschäftigungsgrad.
2. Wie hoch sind bei diesem Beschäftigungsgrad die Gesamtkosten und die Stückkosten?
3. Wie würden sich die Gesamtkosten und die Stückkosten verändern, wenn der Beschäftigungsgrad auf 100 % gesteigert werden könnte? Begründen Sie diese Veränderung.

3.4 Kostenverläufe

Verlauf der fixen Kosten

Die fixen Kosten (K_f) bleiben bei einer Veränderung des Beschäftigungsgrades unverändert.

Fixe Kosten

Abschreibungen auf Betriebsgebäude, Gehalt eines Geschäftsführers, Kfz-Steuer

Die Kostenkurve der **fixen Kosten** verläuft **parallel** zur Mengenachse. Werden die Fixkosten auf eine Produktionseinheit bezogen **(Fixkosten je Stück)** ergibt sich ein **degressiv fallender** Verlauf. Dies ist darauf zurückzuführen, dass sich bei zunehmender Produktionsmenge die gleich bleibenden Fixkosten auf eine zunehmend größere Stückzahl verteilen. Daher sinkt der Fixkostenanteil je Stück **(Fixkostendegression)**.

Verlauf der fixen Kosten

x	K_f	k_f
1	100	100,0
2	100	50,0
3	100	33,3
4	100	25,0
5	100	20,0

x = Produktionsmenge
K_f = fixe Gesamtkosten
k_f = Fixkosten je Stück

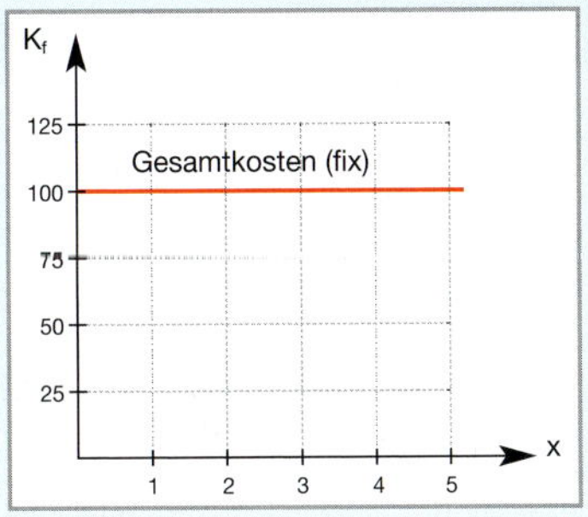

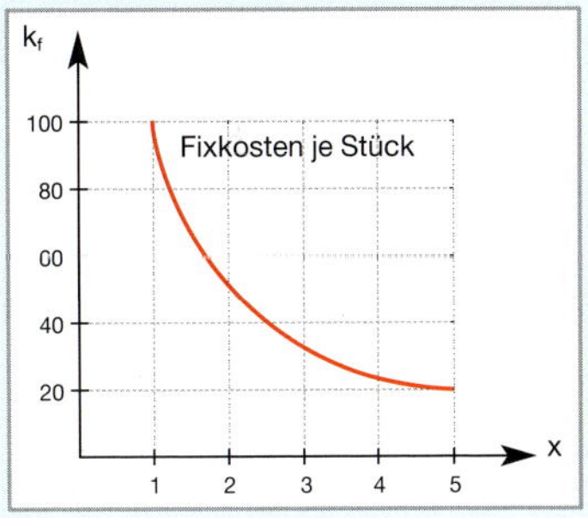

Sprungfixe Kosten

Die **sprungfixen** (intervallfixen) **Kosten** sind innerhalb bestimmter Produktionsmengenbereiche konstant und erhöhen sich bei deren Überschreitung jeweils sprunghaft. Daraus ergibt sich ein treppenförmiger Verlauf.

Verlauf der sprungfixen Kosten

x	K_f	k_f
1	100	100,0
2	100	50,0
3	100	33,3
4	200	50,0
5	200	40,0
6	200	33,3
7	300	43,0
8	300	38,0

x = Produktionsmenge
K_f = sprungfixe Gesamtkosten
k_f = sprungfixe Stückkosten

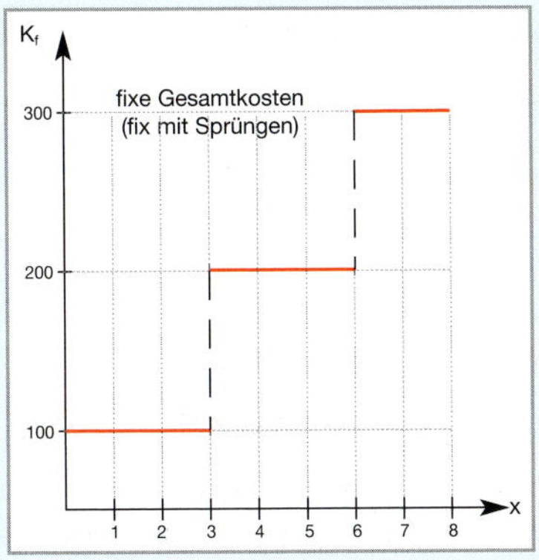

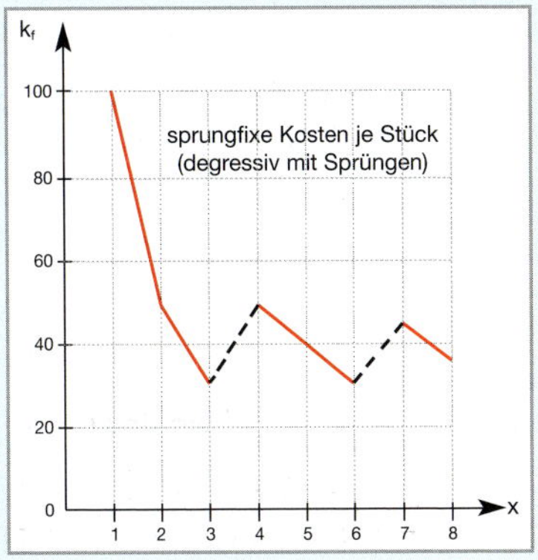

Sprungfixe Kosten (relativ fixe Kosten)

Abschreibungen bei Erweiterungsinvestitionen (Anschaffung zusätzlicher Maschinen)

Die **sprungfixen Kosten je Stück** haben einen degressiven Verlauf, der aber bei den jeweiligen Bereichsgrenzen ebenfalls Sprünge aufweist.

Verlauf der variablen Kosten

Die variablen Gesamtkosten (K_v) ändern sich, wenn sich der Beschäftigungsgrad ändert.

Dabei lassen sich proportionale (lineare), überproportionale (progressive) und unterproportionale (degressive) Kosten und Kurvenverläufe unterscheiden.

Proportionale Kosten ändern sich im gleichen Verhältnis wie der Beschäftigungsgrad.

Bei proportionalem Kostenverlauf führt eine Erhöhung der Produktionsmenge um 10 % zu einer Erhöhung der **variablen Gesamtkosten (K_v)** von ebenfalls 10 %. Die Gesamtkostenkurve verläuft bei proportionalen Kosten linear. Die **variablen Stückkosten (k_v)** bleiben in diesem Fall bei Änderung der Produktionsmenge **konstant**.

x	K_v	k_v
1	100	100
2	200	100
3	300	100
4	400	100
5	500	100

x = Produktionsmenge
K_v = variable Gesamtkosten
k_v = variable Stückkosten

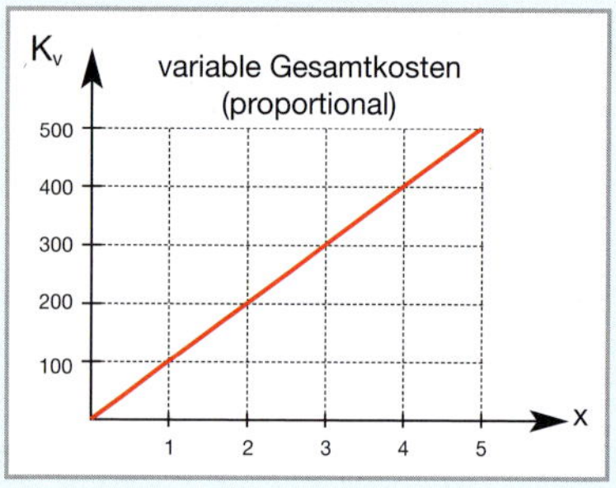

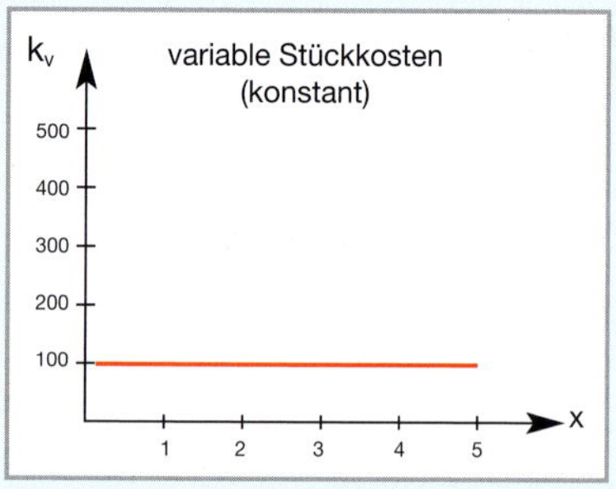

Variable Kosten

Stücklohn, Fertigungsmaterial

Verlauf der Gesamtkosten

Setzen sich die Gesamtkosten (K_g) in einem Betrieb aus fixen Kosten (K_f) und **proportionalen variablen Kosten (K_v)** zusammen, ergibt sich ein **linearer Verlauf** der **Gesamtkosten**. Die Stückkosten (k_g) sinken mit zunehmender Produktionsmenge, weil sich die fixen Kosten auf eine größere Stückzahl verteilen **(Fixkostendegression)**. Somit nähern sich die Stückkosten (k_g) in diesem Fall den variablen Stückkosten (k_v) an. Dieser Effekt ist umso stärker, je höher der Anteil der Fixkosten ist. Diese Entwicklung wird als **Gesetz der Massenproduktion** bezeichnet.

Das Gesetz der Massenproduktion besagt, dass mit zunehmender Produktionsmenge die Stückkosten sinken.

$$\text{Stückkosten} = \frac{\text{fixe Gesamtkosten}}{\text{Produktionsmenge}} + \text{variable Stückkosten}$$

$$k_g = \frac{K_f}{x} + k_v$$

Verlauf der Gesamtkosten und der Stückkosten in einer Schuhfabrik

Eine Schuhfabrik produziert bei einer Auslastung ihrer Kapazität von 66,67 % im Quartal 40 000 Paar Schuhe. Die fixen Kosten in diesem Zeitraum belaufen sich auf 1 000 000 EUR. Bei der Herstellung von einem Paar Schuhe entstehen unabhängig von der Produktionsmenge variable Kosten in Höhe von 20 EUR.

Zusammenhang von Gesamtkosten und Stückkosten

x	K_f	K_v	K_g	k_v	k_g
10 000	1 000 000	200 000	1 200 000	20	120,00
20 000	1 000 000	400 000	1 400 000	20	70,00
30 000	1 000 000	600 000	1 600 000	20	53,33
40 000	1 000 000	800 000	1 800 000	20	45,00
50 000	1 000 000	1 000 000	2 000 000	20	40,00
60 000	1 000 000	1 200 000	2 200 000	20	36,67

x = Produktionsmenge (Paar Schuhe)

K_f = fixe Gesamtkosten in EUR

K_v = variable Gesamtkosten in EUR

K = Gesamtkosten in EUR

k_g = Stückkosten in EUR

k_v = variable Stückkosten in EUR für 1 Paar Schuhe

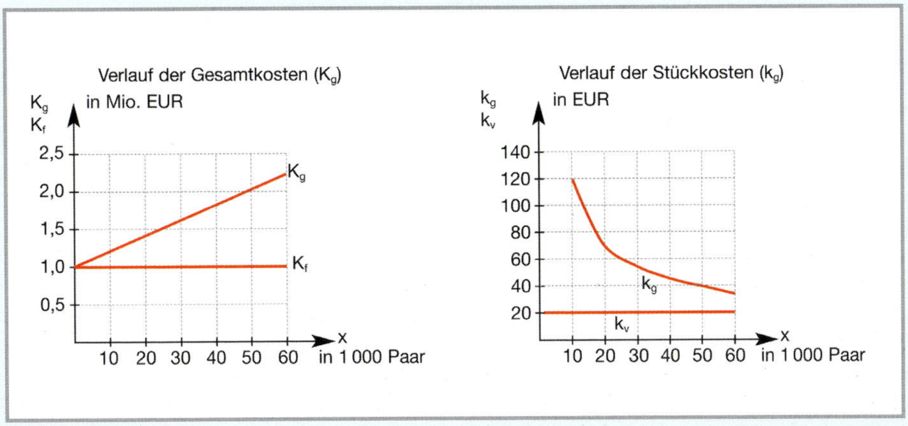

Aufg. 3.4.1 u. 3.4.2 S. 32

Grenzkosten

Grenzkosten bei Erhöhung der Produktionsmenge

Wird die Produktionsmenge um **1 Paar Schuhe** erhöht, so entstehen im vorliegenden Fall **zusätzliche Kosten** von 20 EUR. Dieser **Kostenzuwachs** bei Erhöhung der Produktionsmenge um **eine Einheit** stellt die **Grenzkosten** (K′) dar. Sie geben die Steigung der Gesamtkostenfunktion an (= 1. Ableitung). Sie entsprechen im vorliegenden Fall wegen des linearen Verlaufs der Gesamtkurve (K_g) den konstanten variablen Kosten je Stück ($k_v = 20$). Die Gesamtkostenfunktion lautet:

$$K_g = K_f + k_v \cdot x \qquad K_g = 1\,000\,000 + 20\,x$$

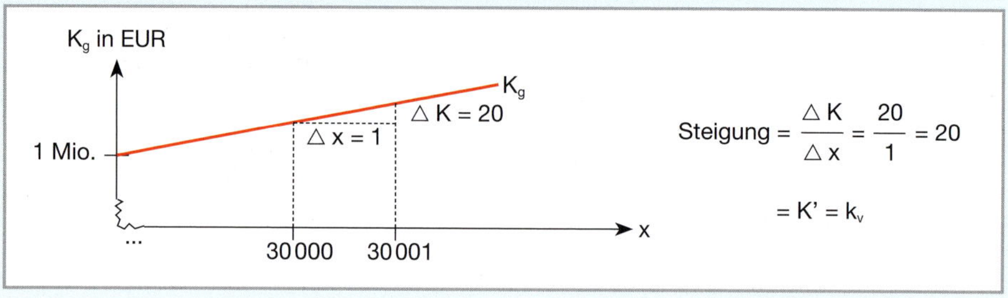

Die Steigung der Kostenkurve gibt an, in welcher Höhe zusätzliche Kosten entstehen, wenn die Produktion um eine Mengeneinheit erhöht wird. Diese zusätzlichen Kosten stellen die **Grenzkosten** (K′) dar.

Grenzkosten sind die zusätzlichen Kosten, die entstehen, wenn die Produktionsmenge um eine Einheit erhöht wird (= Zuwachs der Gesamtkosten bei einer Produktionserhöhung um eine Mengeneinheit).

Da bei linearem Kostenverlauf die Steigung konstant ist, sind in diesem Fall auch die Grenzkosten konstant.

Die Grenzkosten (K') sind bei linearem Verlauf der Gesamtkostenkurve konstant. Sie sind genau so groß wie die variablen Kosten pro Stück (k_v).

Kostenremanenz[1]

Bei **rückläufiger Produktion** sinken die Gesamtkosten häufig nicht auf den gleichen Stand wie vor der Produktionserhöhung, sondern verharren auf einem höheren Niveau. Diese Erscheinung wird als **Kostenremanenz** bezeichnet und ist insbesondere bei den **sprungfixen Kosten** zu beobachten. Häufig kann die Kostenanpassung an die Produktionsminderung nur zeitlich verzögert erfolgen (z. B. Abschreibungen für stillgelegte Maschinen). Grafisch ergibt sich dabei eine Gesamtkostenkurve, die über der ursprünglichen Gesamtkostenkurve liegt.

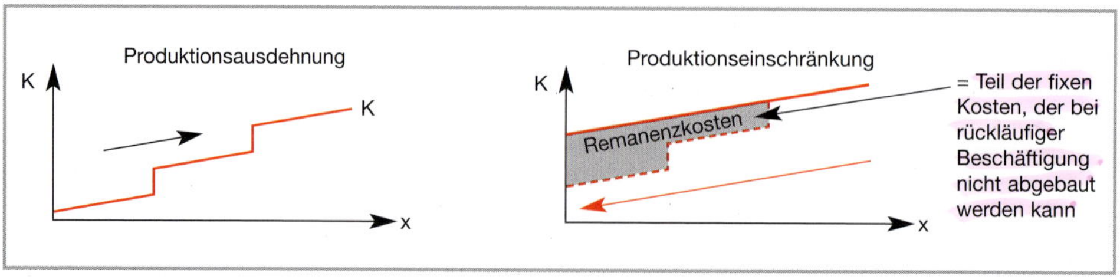

1 remanere *(lat.)*: zurückbleiben

Zusammenfassende Übersicht zu Kap. 3.4: Kostenverläufe

Kostenverläufe

fixe Kosten (K_f)
verändern sich bei Änderung des Beschäftigungsgrades nicht

- **absolut fix**
  verändern sich auch bei Überschreitung bestimmter Produktionsmengen nicht
- **sprungfix (relativ fix)**
  innerhalb bestimmter Produktionsmengenbereiche konstant; Erhöhung bei Überschreitung bestimmter Produktionsmengen

variable Kosten (K_v)
verändern sich bei Änderung des Beschäftigungsgrades

- **proportionale Kosten**
  ändern sich im gleichen Verhältnis wie der Beschäftigungsgrad (k_v = konstant)
- **Grenzkosten (K')**
  Zuwachs der Gesamtkosten bei einer Produktionserhöhung um eine Mengeneinheit

bei linearem Gesamtkostenverlauf gilt: kv = K' = konstant

Gesamtkosten (K_g) = fixe Kosten (K_f) + variable Kosten (K_v)

$$K_g = K_f + K_v$$

$$\textbf{Stückkosten } (k_g) = \frac{\textbf{fixe Gesamtkosten } (K_f)}{\textbf{Produktionsmenge } (x)} + \textbf{variable Stückkosten } (k_v)$$

bei zunehmender Beschäftigung: Kosten pro Stück (Stückkosten) werden immer kleiner (Gesetz der Massenproduktion, Fixkostendegression)

Fragen zur Wiederholung

zu Kapitel 3.4 Kostenverläufe

1. Erklären Sie den Begriff „fixe Kosten je Stück".
2. Skizzieren Sie den Verlauf der Fixkosten und der fixen Kosten je Stück jeweils in einem Koordinatensystem.
3. Erklären Sie den Begriff „Fixkostendegression".
4. Erklären Sie die Begriffe „absolut fixe Kosten" und „sprungfixe Kosten" jeweils anhand einer grafischen Darstellung (Skizze).
5. Erklären Sie, was unter dem Begriff „variable Kosten" zu verstehen ist.
6. Nennen Sie zwei Beispiele (Kostenarten) für variable Kosten.
7. Skizzieren Sie den typischen Verlauf einer Gesamtkostenkurve.
8. Was besagt das Gesetz der Massenproduktion?
9. Skizzieren Sie den typischen Verlauf einer Stückkostenkurve.
10. Was ist unter „Grenzkosten" zu verstehen?
11. Was ist unter dem Begriff „Kostenremanenz" zu verstehen?

Aufgaben und Probleme

zu Kapitel 3.4 Kostenverläufe

3.4.1 Gesamtkosten – Stückkosten – Beschäftigungsgrad

PDF

Die Kapazität einer Elektro-AG beträgt für die Waschmaschinenproduktion monatlich 8000 Stück. Bei Vollbeschäftigung (100 % Auslastung) betragen die variablen Gesamtkosten 5,6 Mio. EUR. Der Fixkostenanteil pro Waschmaschine beträgt bei einer Kapazitätsauslastung von 50 % 400,00 EUR.

1. Ermitteln Sie tabellarisch die jeweiligen monatlichen Gesamtkosten (K_g) und die Stückkosten (k_g) je Waschmaschine, wenn der Beschäftigungsgrad im Febr. 50 %, im März 60 % und im April 75 % beträgt.
2. Stellen Sie die Ergebnisse von 1. grafisch dar.
3. Begründen Sie, worauf die Veränderung der Stückkosten (k_g) bei zunehmender Produktionsmenge zurückzuführen ist.

3.4.2 Gesamtkosten – Stückkosten – Produktionsentscheidung

Ein Betrieb hat 3801000 EUR fixe Kosten im Monat. Die variablen Kosten betragen 60,00 EUR je Einheit.

1. Berechnen Sie die Gesamtkosten (K_g), die für die Herstellung von 60000 Einheiten je Monat entstehen. Wie hoch sind in diesem Fall die Kosten je Produktionseinheit (k_g)?
2. Auf welche Menge muss die Produktion gesteigert werden, wenn die Stückkosten (k_g) 120,00 EUR nicht übersteigen sollen?

3.5 Kosten, Erlöse und Gewinn

Vorrangiges Ziel eines Unternehmens ist es, den größtmöglichen Gewinn zu erzielen. Der größtmögliche Gewinn ist erreicht, wenn die Differenz zwischen den Erlösen und den Kosten am größten ist.

Gewinn (G) = Erlöse (E) – Kosten (K)

Erlöse (E) = Preis (p) · Absatzmenge (x)

Für die Ermittlung der Erlöse wird von einem konstanten Marktpreis (p) für das hergestellte Erzeugnis ausgegangen. In der grafischen Darstellung ergibt sich demnach eine lineare Erlöskurve.

Im Folgenden wird unterstellt, dass die produzierte Menge auch abgesetzt werden kann (keine Lagerhaltung).

Kosten, Erlöse und Gewinn einer Schuhfabrik

Entwicklung von Kosten, Erlösen und Gewinn einer Schuhfabrik mit einer Kapazität von 60 000 Paar Schuhen pro Quartal bei linearem Verlauf von Erlös- und Gesamtkostenkurve:

Marktpreis (p): 70 EUR je Paar, K_f = 1 000 000 EUR, k_v = 20 EUR je Paar

Menge (x)	K_g (EUR)	E = p · x (EUR)	G = E – K (EUR)
10000	1200000	700000	– 500000
20000	1400000	1400000	0
30000	1600000	2100000	+ 500000
40000	1800000	2800000	+ 1000000
50000	2000000	3500000	+ 1500000
60000	2200000	4200000	+ 2000000

x = Produktionsmenge (Paar Schuhe), K_g = Gesamtkosten in EUR, E = Erlös (p · x) in EUR, G = Gewinn in EUR

Erlöse, Gesamtkosten und Gewinn

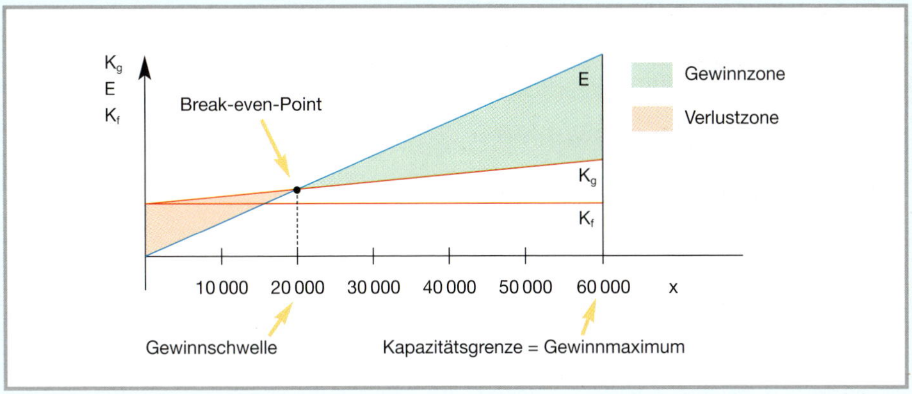

Gewinnschwelle und Gewinnmaximum

Die Produktions- und Absatzmenge (x), bei der die Erlöse die Kosten decken und daher weder ein Gewinn noch ein Verlust entsteht, wird als Gewinnschwelle (Break-even-Point, Kostendeckungspunkt) bezeichnet.

Liegt die tatsächlich produzierte Menge unterhalb der Gewinnschwelle, so entsteht ein Verlust. Eine darüber liegende Menge führt zu einem Gewinn.

Ermittlung der Gewinnschwelle (x_0) für die Schuhfabrik:

Gewinnschwelle (Break-even-Point)

Bedingung für die Gewinnschwelle (x_0) : Erlöse (E) = Gesamtkosten (K)

$p \cdot x = K_f + k_v \cdot x$ $\qquad 70 \cdot x = 100000 + 20 \cdot x$

$x \cdot (p - k_v) = K_f$ $\qquad x \cdot (70-20) = 100000$

$$x_0 = \frac{K_f}{p - k_v} = \frac{1\,000\,000}{70 - 20} = 20\,000 \text{ Paar Schuhe}$$

Gewinnschwelle (Break-even-Point)

Bedingung: Erlöse (E) = Kosten (K)

Produktionsmenge bei der Gewinnschwelle $x_0 = \dfrac{\text{Fixkosten } (K_f)}{\text{Preis } (p) - \text{variable Stückkosten } (k_v)}$

Bei linearem Verlauf der Erlös- und Gesamtkostenkurve steigt der Gewinn bei einer über die Gewinnschwelle hinausgehenden Produktionsmenge bis zur Kapazitätsgrenze gleichmäßig an (*vgl. Abb. oben*). Der Beschäftigungsgrad (Kapazitätsausnutzungsgrad) beträgt dann 100 %. Im vorliegenden Fall liegt das Gewinnmaximum mit 2 000 000 EUR an der Kapazitätsgrenze von 60 000 Stück.

Das Gewinnmaximum wird erreicht, wenn die Produktionsmenge bis zur Kapazitätsgrenze ausgeweitet wird.

Auch der **Stückgewinn (Stückpreis – Stückkosten)** erhöht sich nach Überschreiten der Gewinnschwelle, da wegen der Fixkostendegression die Stückkosten mit zunehmender Produktionsmenge ständig sinken *(vgl. Abb.)*.

Stückkosten und Stückgewinn

Aufg. 3.5.1, 3.5.2, 3.5.3, 3.5.4, 3.5.5 S. 34 f.

Stückpreis, Stückkosten und Stückgewinn

Menge (x)	k_g (EUR)	p (EUR)	g (EUR)
10 000	120,00	70,00	– 50,00
20 000	70,00	70,00	0
30 000	53,33	70,00	16,67
40 000	45,00	70,00	25,00
50 000	40,00	70,00	30,00
60 000	36,67	70,00	33,33

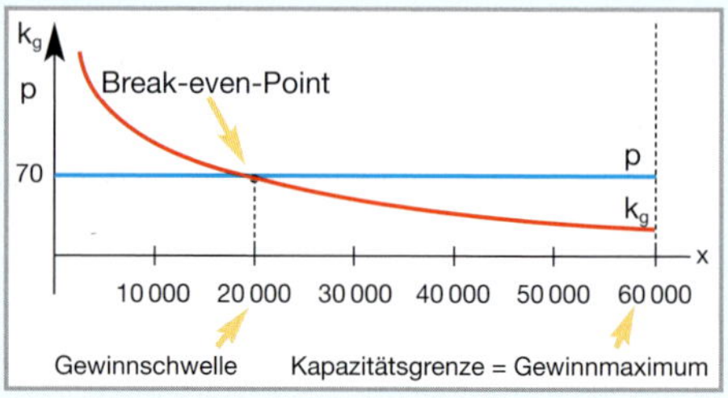

x = Produktionsmenge (Paar Schuhe)
k_g = Stückkosten in EUR
p = Stückpreis in EUR
g = Stückgewinn in EUR

Zusammenfassende Übersicht zu Kap. 3.5: Kosten und Gewinn

Kostenverläufe und besondere Gewinnsituationen bei proportionalen Gesamtkosten (linearer Verlauf der Gesamtkostenkurve)	
Verlauf der Gesamtkosten je Stück: $k_g = k_f + k_v$	degressiv fallend (k_g sind höher als k_v)
Verlauf der variablen Stückkosten (k_v)	konstant ⎤ k_v = K'
Grenzkosten (K')	konstant ⎦
Gewinnmaximum	Beschäftigungsgrad 100 % (Kapazitätsgrenze), wenn bei dieser Ausbringungsmenge E größer als K
Gewinnschwelle	Schnittpunkt zwischen Erlös- und Kostenkurve (E = K)

Fragen zur Wiederholung

zu Kapitel 3.5 Kosten und Gewinn

1. Wodurch ist die Gewinnschwelle (Break-even-Point) gekennzeichnet?
2. In welchem Verhältnis stehen an der Gewinnschwelle (Break-even-Point) Preis und Stückkosten zueinander?
3. Bei welcher Produktions- und Absatzmenge liegt das Gewinnmaximum, wenn Gesamtkosten- und Erlöskurve linear verlaufen?

Aufgaben und Probleme

zu Kapitel 3.5 Kosten und Gewinn

3.5.1 Entwicklung der Stück- und Gesamtkosten – Gewinnschwelle

Die Produktionskapazität eines Herstellers von elektrischen Schlagbohrmaschinen beträgt 8 000 Stück/Monat. Die monatlichen Fixkosten belaufen sich auf 500 000 EUR, die variablen Kosten pro Stück sind konstant und betragen 200 EUR. Die Schlagbohrmaschinen werden für 300 EUR/Stück an den Handel verkauft.

1. Erstellen Sie für die Produktionsmengen bis 8 000 Stück eine Tabelle nach folgendem Muster.

Menge	Gesamtkosten			Stückkosten			Erlöse	Gewinn/Verlust
x	K_f	K_v	K_g	k_f	k_v	k_g	$E = p \cdot x$	$G = E - K$
0								
1 000								
2 000								
...	...							

2. Berechnen Sie die Gewinnschwelle (Break-even-Point) und vergleichen Sie das Ergebnis mit dem in der Tabelle ermittelten Wert.
3. Stellen Sie die Zusammenhänge jeweils in einer Grafik zur Gesamt- und Stückkostenbetrachtung dar.
4. Berechnen Sie den Stückgewinn bei einer Produktionsmenge von 6 000 Stück und bei voller Kapazitätsausnutzung. Interpretieren Sie die Ergebnisse.

3.5.2 Beschäftigungsgrad – Kostentabelle – Gesamtgewinn/-verlust

Ein Eisen verarbeitender Betrieb produziert Zulieferteile für die Automobilindustrie. Die Kapazität von 80 000 Einheiten monatlich ist im Oktober zu 90 %, im November zu 75 % und im Dezember zu 60 % ausgelastet. Die Fixkosten pro Monat betragen 240 000 EUR, die variablen Kosten je Einheit (k_v) 8,00 EUR.

1. Ermitteln Sie Gesamtkosten (K_g) und die Stückkosten (k_g) in den einzelnen Monaten.
2. Ermitteln Sie den monatlichen Gesamtgewinn/-verlust, wenn das Zulieferteil vertragsgemäß zu einem Stückpreis von 12,80 EUR geliefert werden muss.

3.5.3 Stückgewinn und Gewinnschwelle bei unterschiedlicher Kapazitätsauslastung

Ein Industriebetrieb kann bei einer Auslastung von 100 % monatlich 60 000 Einheiten herstellen. Dabei entstehen fixe Kosten (K_f) von 200 000 EUR und variable Kosten (K_v) von 900 000 EUR. Der Verkaufspreis beträgt 20,00 EUR/Einheit.

1. Errechnen Sie den Stückgewinn
   - bei einem Beschäftigungsgrad von 100 %
   - bei einem Beschäftigungsgrad von 80 %.
2. Bei welcher Stückzahl liegt die Gewinnschwelle?

3.5.4 Gewinn/Verlust – Gewinnschwelle – Kostendiagramm

Aufgrund der zur Verfügung stehenden Plandaten rechnet ein Industriebetrieb in der kommenden Periode damit, dass eine Menge von 20 000 Einheiten zu einem Preis von 25 EUR/Stück abgesetzt werden kann. Eine Kostenanalyse ergab, dass die variablen Stückkosten (k_v) 17,50 EUR betragen. Die Fixkosten der Periode belaufen sich auf 100 000 EUR.

1. Mit welchem Gewinn/Verlust wird für die kommende Periode gerechnet?
2. Bei welcher Verkaufsmenge und bei welchem Erlös liegt die Gewinnschwelle? (rechnerische Lösung)
3. Stellen Sie die Kosten- und Erlösentwicklung für eine Produktionsmenge von 0 bis 30 000 Stück in einem Koordinatensystem grafisch dar.
   Kennzeichnen Sie die Gewinnschwelle, den geplanten Erlös und den sich bei diesem Erlös ergebenden Gewinn.

3.5.5 Gewinnschwelle – Gewinnmaximum – Umsatzrentabilität – Anpassung an Nachfrageänderungen

PDF

1. Die Firma Objektmöbel Franz Hummel e. K. produziert Holztische in unterschiedlichen Größen und Ausführungen. Für das im Hauptwerk gefertigte Modell „Kantina“ wurden im Januar des laufenden Jahres folgende Werte ermittelt:
   - Auslastungsgrad: 70 %
   - Gesamte variable Kosten (linearer Verlauf der Gesamtkostenkurve): 98 000 EUR
   - Gesamte Fixkosten: 50 000 EUR

   Die Kapazitätsgrenze liegt bei 800 Tischen pro Monat. Der Verkaufspreis pro Tisch beträgt 300 EUR.
   a) Ermitteln Sie rechnerisch die Gewinnschwelle und die Höhe des maximalen Gewinns für den Monat Januar.
   b) Stellen Sie die Kosten- und Erlössituation für den Monat Januar grafisch dar. Es ist davon auszugehen, dass die produzierten Tische auch alle abgesetzt werden können. Kennzeichnen Sie im Schaubild die Gewinnschwelle und die Gewinn- bzw. Verlustzone.
   c) Die Unternehmensleitung strebt eine Umsatzrentabilität von 20 % an. Die Umsatzrentabilität wird wie folgt ermittelt: Gewinn · 100/Umsatz. Bei welcher Stückzahl wird dieses Ziel erreicht?
2. Für das Modell „Latta“, das in einem Zweigwerk gefertigt wird, hat das Unternehmen eine neue kratzfestere Oberflächenbeschichtung entwickelt. Es wird damit gerechnet, dass der Absatz dieses Modells stark zunehmen wird. Der erhöhte Absatz soll durch Überstunden aufgefangen werden. Das führt zu einer Erhöhung der variablen Stückkosten um 35 % für diejenige Produktionsmenge, die über 200 Tische/Monat hinausgeht.
   Die Kapazitätsgrenze (mit Überstunden) liegt im Zweigwerk bei 250 Tischen pro Monat.
   a) Ergänzen Sie die folgende für das Modell „Latta“ geltende Kostentabelle:

Tische pro Monat	K_f	K_v	K_g	k_v	k_g
100			67 000 EUR		
200			109 000 EUR		
210					

   b) Begründen Sie den Verlauf der Stückkosten bei einer Erhöhung der Produktionsmenge von 100 auf 200 und von 200 auf 210 Tische.
   c) Unter welcher Voraussetzung ist es sinnvoll, den gestiegenen Absatz allein durch Überstunden zu decken? Erörtern Sie weitere Möglichkeiten des Unternehmens, den gestiegenen Absatz zu decken.

4 Kostenartenrechnung

Überblick und Zusammenhänge

- **4 Kostenartenrechnung**
  - **4.1** Kalkulatorische Kosten
    - Was sind kalkulatorische Kosten?
    - Kalkulatorischer Unternehmerlohn
    - Kalkulatorische Abschreibung
  - **4.2** Abgrenzungsrechnung (Betriebsergebnis und neutrales Ergebnis)
  - **4.3** Zurechenbarkeit der Kosten auf die Kostenträger
    - Einzelkosten
    - Gemeinkosten
    - Wie verhalten sich Einzel- und Gemeinkosten bei Änderung der Beschäftigung?

4.1 Kalkulatorische Kosten

4.1.1 Berücksichtigung kalkulatorischer Kosten

Aufg. 4.1.1 S. 41

Die **Finanzbuchhaltung** eines Unternehmens hat u. a. das Ziel, das Ergebnis (Gewinn/ Verlust) eines Unternehmens durch die **Gegenüberstellung von Aufwendungen und Erträgen** zu ermitteln. Dabei wird nicht danach gefragt, inwieweit das festgestellte Ergebnis auf **betriebsbedingten** Ursachen beruht. Die Kosten- und Leistungsrechnung hingegen stellt fest, welches Ergebnis ausschließlich auf die Betriebstätigkeit eines Unternehmens zurückzuführen ist. Durch **Gegenüberstellung von Kosten und Leistungen wird das Betriebsergebnis** ermittelt.

> Das Betriebsergebnis (Betriebsgewinn/Betriebsverlust) ergibt sich durch Gegenüberstellung von Kosten und Leistungen.

Bei der Ermittlung von Kosten und Leistungen greift die Kosten- und Leistungsrechnung auf die in der Finanzbuchhaltung bereits erfassten Werte zurück. Es gibt aber Kostenarten, die in der Finanzbuchhaltung überhaupt nicht oder in anderer Höhe als Aufwand berücksichtigt werden. In der Kostenrechnung ist jedoch eine Berücksichtigung **aller Kosten** erforderlich, weil nur dann der in direktem Zusammenhang mit der Produktionstätigkeit eines Unternehmens stehende Güterverbrauch erfasst wird.

> Kosten, denen in der Finanzbuchhaltung gar kein Aufwand oder ein Aufwand in anderer Höhe gegenübersteht, werden als kalkulatorische Kosten bezeichnet.

Zusatzkosten – Anderskosten

Kalkulatorische Kosten	
Zusatzkosten	**Anderskosten (unechte Zusatzkosten)**
= Kosten, denen in der Finanzbuchhaltung kein Aufwand entspricht.	= Kosten, die zwar mit Aufwendungen verbunden sind, in ihrer Höhe aber nicht mit den entsprechenden Aufwendungen in der Finanzbuchhaltung übereinstimmen.
kalkulatorischer Unternehmerlohn	kalkulatorische Abschreibungen

Kap. A 2.1

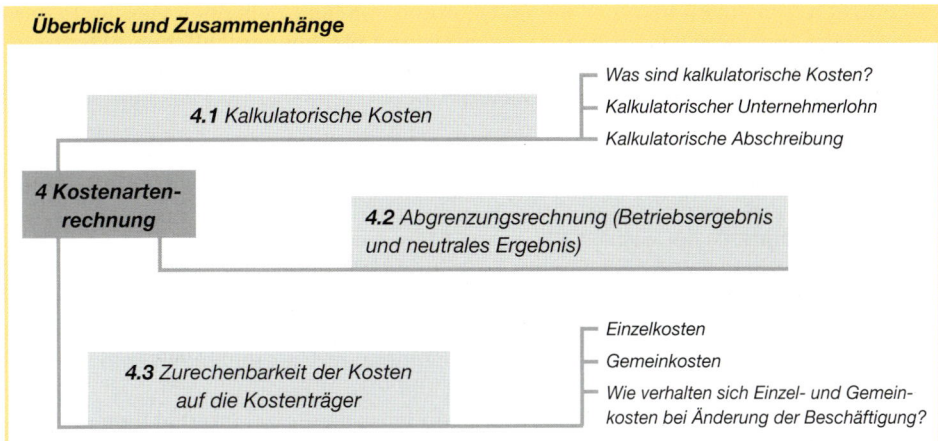

4.1.2 Kalkulatorischer Unternehmerlohn

Bei Einzelunternehmen bzw. bei den im Unternehmen mitarbeitenden Gesellschaftern einer Personengesellschaft stellt die **Gegenleistung für den persönlichen Arbeitseinsatz keinen Aufwand** dar. Für diese erbrachte Arbeitsleistung wird kein Lohn- oder Gehalt bezahlt. Vielmehr erfolgt die entsprechende Vergütung über (Gewinn-)Entnahmen.

Unternehmerlohn: Verzichtskosten und Zusatzkosten

Aus kostenrechnerischer Sicht stellt dieser Personenkreis dem Unternehmen jedoch u. a. den Produktionsfaktor Arbeit zum Zwecke der betrieblichen Leistungserstellung zur Verfügung. Dessen Verbrauch stellt **Kosten** dar. Es handelt sich dabei um so genannte **„Verzichtskosten“** (Opportunitätskosten). Diese entstehen dadurch, dass ein Einzelunternehmer oder ein Gesellschafter im eigenen Unternehmen seine Arbeitskraft einsetzt und dafür auf das Entgelt verzichtet, das er bei Tätigkeit für ein anderes Unternehmen hätte verdienen können. Deshalb muss bei Einzelunternehmen und Personengesellschaften ein entsprechender **kalkulatorischer Unternehmerlohn** in der Kostenrechnung berücksichtigt werden[1]. Der kalkulatorische Unternehmerlohn stellt in vollem Umfang **Zusatzkosten** dar, weil in der Gewinn- und Verlustrechnung für diesen Posten überhaupt kein Aufwand ausgewiesen wird (*siehe Abb. S. 18*). Die Höhe des anzusetzenden kalkulatorischen Unternehmerlohns richtet sich nach dem Gehalt eines leitenden Angestellten, das z. B. ein Unternehmen gleicher Größe und Branche für die Geschäftsführung zu entrichten hätte. Vergleichsgrundlage sind z. B. der Umsatz, die Zahl der Mitarbeiter, die Bilanzsumme.

Bd. 1 Kap. A 1.1.2

4.1.3 Kalkulatorische Abschreibungen

Bilanzielle Abschreibungen

Der in der Gewinn- und Verlustrechnung eines Unternehmens ausgewiesene Abschreibungsbetrag **(= bilanzielle oder buchhalterische Abschreibung)** enthält den Aufwand für den im laufenden Geschäftsjahr eingetretenen Werteverlust für Vermögensgegenstände (z. B. Maschinen). Der Abschreibungsbetrag wurde dabei durch Schätzung der **voraussichtlichen betriebsgewöhnlichen Nutzungsdauer** bzw. auf der Grundlage der von der Finanzverwaltung herausgegebenen **AfA-Tabellen** (Abschreibungstabellen) ermittelt. Gesetzliche Grundlagen der bilanziellen Abschreibungen sind das **Handelsgesetzbuch** (HGB) und das **Einkommensteuergesetz** (EStG). Diese Gesetze schreiben vor, dass die **Anschaffungskosten** als Abschreibungsgrundwert nicht überschritten werden dürfen.

HGB § 253 (1)

Vermögensgegenstände sind höchstens zu den Anschaffungs- oder Herstellungskosten vermindert um Abschreibungen ... anzusetzen.

EStG § 6 (1), Satz 1

Wirtschaftsgüter des Anlagevermögens, die der Abnutzung unterliegen, sind mit den Anschaffungs- oder Herstellungskosten, vermindert um die Absetzung für Abnutzung ... anzusetzen.

Die Summe der bilanziellen (buchhalterischen) Abschreibungsbeträge am Ende der Nutzungsdauer entspricht den ursprünglich für das Anlagegut angefallenen Anschaf-

1 Bei anderen Unternehmensformen erhalten die Leiter (z. B. Geschäftsführer einer GmbH, Vorstandsmitglieder einer AG) dagegen Gehaltszahlungen, so dass sich in diesen Fällen die Berücksichtigung eines kalkulatorischen Unternehmerlohns erübrigt.

fungskosten. Diese bilanziellen Abschreibungen können von der tatsächlichen Wertminderung der Anlagegüter im Produktionsprozess erheblich abweichen.

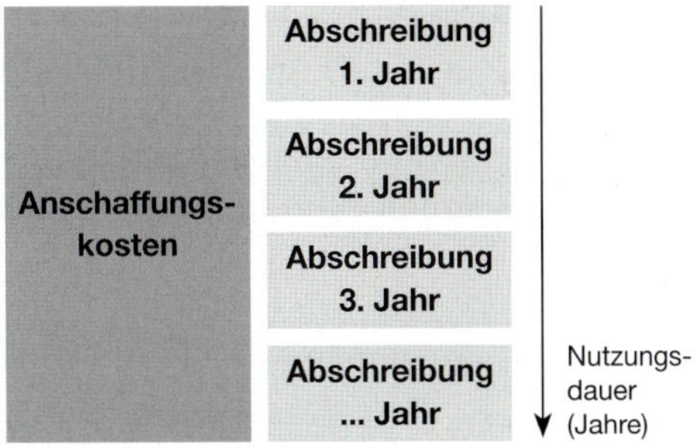

Kalkulatorische Abschreibungen

Finanzbuchhaltung und Kosten- und Leistungsrechnung haben unterschiedliche Zielsetzungen. Der Betrag, der in der Finanzbuchhaltung als Abschreibungsaufwand ermittelt wurde, kann nicht in gleicher Höhe in die Kosten- und Leistungsrechnung übernommen werden, da er nicht die **tatsächliche Wertminderung** der Anlagegüter widerspiegelt.

In der Kostenrechnung werden die Wertminderungen als Abschreibungen berücksichtigt, die in ursächlichem Zusammenhang mit der betrieblichen Leistungserstellung stehen (= kalkulatorische Abschreibungen).

Bilanzielle und kalkulatorische Abschreibung einer Poliermaschine

Eine mobile Poliermaschine (Anschaffungskosten 210000 EUR) wird aufgrund gesetzlicher Vorschriften in der Finanzbuchhaltung über 6 Jahre mit jährlich gleich bleibenden Beträgen abgeschrieben. Nach einer vorliegenden Schätzung ist damit zu rechnen, dass sich die Wiederbeschaffungskosten der Maschine am Ende der Nutzungsdauer auf 280000 EUR belaufen und die **tatsächliche** Nutzungsdauer 7 Jahre beträgt.

HGB § 253 (1)
EStG § 6 (1) S. 1

Bilanzielle Abschreibung

$$\frac{210\,000 \text{ EUR}}{6 \text{ Jahre}} = 35\,000 \text{ EUR/Jahr}$$

Kalkulatorische Abschreibung

$$\frac{280\,000 \text{ EUR}}{7 \text{ Jahre}} = 40\,000 \text{ EUR/Jahr}$$

Die Selbstkosten sind die Grundlage für den Angebotspreis:

Selbstkosten + Gewinnzuschlag = kalkulierter Angebotspreis.

Werden in die Selbstkosten lediglich die auf den Anschaffungskosten beruhenden Abschreibungen einbezogen, würden beim Verkauf der Erzeugnisse zum kalkulierten Angebotspreis nur höchstens 210000 EUR über die Umsatzerlöse in das Unternehmen zurückfließen. Damit würden dem Unternehmen bei der Ersatzbeschaffung nur die **ursprünglichen Anschaffungskosten in Höhe von 210000 EUR (= Anschaffungskosten)**, nicht jedoch das tatsächlich **benötigte Kapital** in Höhe von 280000 EUR **(= Wiederbeschaffungskosten)** zur Verfügung stehen.

Wird – wie bei den kalkulatorischen Abschreibungen – in der Aufwandsrechnung ein anderer Betrag angesetzt als in der Kostenrechnung, so handelt es sich bei dieser Kostenart um Anderskosten.

Problem: Wiederbeschaffungskosten und Ersatzbeschaffung

Die in der Kostenrechnung anzusetzende **kalkulatorische Abschreibung** ist in ihrer Höhe so zu bemessen, dass sichergestellt ist, dass **auch bei steigenden Wiederbeschaffungskosten** die Ersatzbeschaffung aus der Summe aller zurückgeflossenen Abschreibungsbeträge gesichert ist **(Substanzerhaltung, reale Kapitalerhaltung)**. Sinnvolle Bemessungsgrundlage für die Kostenrechnung sind somit die **Wiederbeschaffungskosten**, die gleichmäßig – **also linear** – auf die **tatsächliche** Nutzungsdauer zu verteilen sind. Dabei kann die tatsächliche Nutzungsdauer von der gewöhnlichen Nutzungsdauer, wie sie in der für steuerliche Zwecke anzuwendenden Abschreibungstabelle (AfA-Tabelle) angegeben ist, abweichen.

Unter der Voraussetzung, dass neben allen anderen Kosten auch die **kalkulatorischen Abschreibungen** in die Ermittlung der Selbstkosten und des kalkulierten Verkaufspreises einbezogen wurden und der Marktpreis die gesamten Selbstkosten deckt, fließen über die Verkaufserlöse entsprechende Beträge für die kalkulatorische Abschreibung in das Unternehmen zurück. Am Ende der Nutzungsdauer reichen diese Beträge für eine Ersatzbeschaffung aus.

Aufg. 4.1.2, 4.1.3 S. 41

Vergleich bilanzielle und kalkulatorische Abschreibung

	Bilanzielle Abschreibung (= Abschreibung in der Buchhaltung)	**Kalkulatorische Abschreibung** (= Abschreibung in der Kostenrechnung)
Abschreibungszeitraum	abhängig von der **„betriebsgewöhnlichen"** Nutzungsdauer lt. AfA-Tabelle	abhängig von der **tatsächlichen** (voraussichtlichen) Nutzungsdauer
Berechnungsgrundlage	Anschaffungs- bzw. Herstellungskosten	Voraussichtliche Wiederbeschaffungskosten
Zweck	nominale Kapitalerhaltung	reale Kapitalerhaltung (Substanzerhaltung)
Abschreibungsmethode	Alle nach den entsprechenden Bilanzierungsvorschriften zulässigen Methoden sind möglich (z. B. linear, degressiv, Abschreibung nach Leistung).	im Normalfall lineare Abschreibung (konstante Abschreibungsbeträge)
Gesetzliche o. ä. Vorschriften	Beachtung der Bilanzierungsvorschriften nach HGB, IAS, EStG.	Keine Vorschriften

Zusammenfassende Übersicht zu Kap. 4.1: Kalkulatorische Kosten

Zweck der Ermittlung kalkulatorischer Kosten

↓

Erfassung des mit der betrieblichen Leistungserstellung verbundenen **tatsächlichen Werteverbrauchs.** Die Aufwendungen lt. Gewinn- und Verlustrechnung geben diesen Werteverbrauch entweder gar nicht oder nur unvollständig wieder.

Kalkulatorische Kosten

↓ ↓

Zusatzkosten (kein Aufwand in der GuV)	**Anderskosten (= unechte Zusatzkosten)** (Aufwand in der GuV ≠ Kosten in KLR)

Ausgewählte Arten kalkulatorischer Kosten

↓ ↓

Kalkulatorischer Unternehmerlohn (= Zusatzkosten)	**Kalkulatorische Abschreibung (= Anderskosten)**
Zielsetzung: Erfassung des Wertes der Arbeitsleistung eines Einzelunternehmers oder von Gesellschaftern bei Personengesellschaften.	**Zielsetzung:** Erfassung der tatsächlichen Wertminderung, die in ursächlichem Zusammenhang mit der Produktionstätigkeit eines Betriebes steht.
Berechnung: Gehalt eines vergleichbaren leitenden Angestellten.	**Berechnung:** Lineare Abschreibung von den Wiederbeschaffungskosten, Berücksichtigung der tatsächlichen Nutzungsdauer.

Fragen zur Wiederholung

zu Kapitel 4.1 Kalkulatorische Kosten

4.1.1 Berücksichtigung kalkulatorischer Kosten

1. Wodurch unterscheiden sich Gewinn- und Verlustrechnung und Betriebsergebnisrechnung?
2. Nennen Sie zwei Arten kalkulatorischer Kosten.

4.1.2 Kalkulatorischer Unternehmerlohn

1. Weshalb wird in der Kostenrechnung eines Einzelunternehmens oder einer Personengesellschaft kalkulatorischer Unternehmerlohn verrechnet?
2. Warum wird in der Kostenrechnung einer GmbH kein kalkulatorischer Unternehmerlohn für den Geschäftsführer angesetzt?

4.1.3 Kalkulatorische Abschreibung

1. Welche Zielsetzung wird mit der Berücksichtigung kalkulatorischer Abschreibung verfolgt?
2. Erklären Sie den Unterschied von nominaler und realer Kapitalerhaltung.
3. Warum wird die kalkulatorische Abschreibung von den Wiederbeschaffungskosten berechnet?

Aufgaben und Probleme

zu Kapitel 4.1 Kalkulatorische Kosten

LA

4.1.1 Zweck und Notwendigkeit kalkulatorischer Kosten

Anton Brucker ist Inhaber eines Sportgeschäfts und bietet seinen Kunden u. a. auch die Beflockung von T-Shirts an. Obwohl sich zwischenzeitlich am selben Ort die „Shirt-Short GmbH" niedergelassen hat, fürchtet er beim Verkauf beflockter T-Shirts keinen Umsatzrückrang. Er ist der Meinung, die beflockten T-Shirts aus nachstehenden Gründen kostengünstiger als die Shirt-Short GmbH anbieten zu können:

- Da er das Sportgeschäft ausschließlich zusammen mit seiner Frau und seinem Sohn betreibt entstehen keine Aufwendungen für Fremdpersonal.
- Da die Betriebseinrichtung vollständig mit Eigenkapital finanziert ist fallen keine Fremdkapitalzinsen an.
- Da sich das Sportgeschäft im Wohnhaus von Herrn Brucker befindet, fällt keine Miete an.

1. Nehmen Sie Stellung zu der Meinung von Herrn Brucker, dass sein Betrieb kostengünstiger produzieren kann als die Shirt-Short GmbH.
2. Welche Auswirkungen hat die Berücksichtigung eines kalkulatorischen Unternehmerlohnes auf das Betriebsergebnis und auf das Gesamtergebnis?

4.1.2 Kalkulatorische Abschreibung von den Wiederbeschaffungskosten

Ein Industriebetrieb beschafft im Januar des laufenden Jahres eine vollautomatische Drehbank, deren Anschaffungskosten 780 000 EUR betragen (Nutzungsdauer lt. amtlicher Abschreibungstabelle 6 Jahre). Es wird erwartet, dass die Wiederbeschaffungskosten am Ende der tatsächlichen Nutzungsdauer von 7 Jahren auf 945 000 EUR ansteigen werden.

1. Berechnen Sie die bilanzmäßigen und die kalkulatorischen Abschreibungen für das erste Nutzungsjahr, wenn jeweils linear abgeschrieben wird.
2. Wie hoch sind im vorliegenden Fall die Grundkosten, der Zweckaufwand sowie die Zusatzkosten?
3. Unter welcher Voraussetzung ist bei der kalkulatorischen Abschreibung auf die Wiederbeschaffungskosten die reale Kapitalerhaltung gesichert.

4.1.3 Bilanzielle und kalkulatorische Abschreibung

PDF

In der Bilanz zum 31.12.11 eines Reiseunternehmens ist das Anlagevermögen insgesamt in Höhe von 1,8 Mio. EUR ausgewiesen. Darunter befindet sich ein Omnibus, der im Januar 2009 angeschafft wurde (für die bilanziellen Abschreibungen zu Grunde gelegte Nutzungsdauer 6 Jahre). Der Omnibus wurde bilanziell linear abgeschrieben. Zum 31.12.11 betrug der Buchwert 192 000 EUR.

1. Berechnen Sie die Anschaffungskosten des Omnibusses.
2. Welche kalkulatorische Abschreibung (lineare Abschreibung) ist für die Jahre 2009 bis 2011 jeweils anzusetzen, wenn davon auszugehen ist, dass die Wiederbeschaffungskosten jährlich um 5 % steigen und die kalkulatorische Nutzungsdauer des Omnibusses 9 Jahre beträgt?
3. Wie hoch sind in den einzelnen Nutzungsjahren jeweils Grundkosten, Zusatzkosten, Zweckaufwand und neutraler Aufwand?
4. Welche Änderungen würden sich im Vergleich zur linearen Abschreibung bei 3. ergeben, wenn die bei 1. ermittelten Anschaffungskosten geometrisch degressiv mit 25 % abgeschrieben würden?

4.2 Abgrenzungsrechnung

Die Kosten- und Leistungsrechnung (KLR) greift bei der Datenbeschaffung auf die in der Finanzbuchhaltung erfassten Werte zurück. Hierdurch werden Mehrfacharbeiten in der Datenerfassung vermieden.

Das Ziel der **Finanzbuchhaltung** besteht u. a. darin, durch Gegenüberstellung von **Aufwendungen** und **Erträgen** das **Gesamtergebnis** (Unternehmensergebnis) zu ermitteln, Die **KLR** weist hingegen durch Gegenüberstellung von **Kosten** und **Leistungen** das **Betriebsergebnis** aus. Dazu müssen die aus der Finanzbuchhaltung übernommenen Daten in folgender Weise überprüft und ggf. korrigiert werden:

- Handelt es sich bei den aus der Finanzbuchhaltung übernommenen **Aufwendungen** teilweise oder in vollem Umfang gleichzeitig auch um **Kosten**?
- Handelt es sich bei den aus der Finanzbuchhaltung übernommenen **Erträgen** teilweise oder in vollem Umfang gleichzeitig auch um **Leistungen**?

Diese Abgrenzung zwischen Aufwendungen und Kosten einerseits und Erträgen und Leistungen andererseits geschieht im Rahmen der **Abgrenzungsrechnung**.

Ziel der Abgrenzungsrechnung ist es, auf der Basis der aus der Finanzbuchhaltung übernommenen Aufwendungen und Erträge die Höhe der Kosten und Leistungen zu ermitteln.

Verhältnis zwischen Aufwendungen und Kosten: Vier Möglichkeiten

Bei der Abgrenzung zwischen **Aufwendungen** und **Kosten** lassen sich vier **Grundfälle** unterscheiden:

Mögliches Verhältnis zwischen Höhe der Aufwendungen und Höhe der Kosten			
Aufwand = Kosten ↓	Aufwendungen, aber keine Kosten ↓	Kosten, aber keine Aufwendungen ↓	Kosten $\gtrless$ Aufwendungen ↓
Zweckaufwand = Grundkosten 1.	neutraler Aufwand 2.	Zusatzkosten 3.	Anderskosten/ Andersaufwand 4.

Die Abgrenzungsrechnung kann in **Tabellenform (Ergebnistabelle)** durchgeführt werden. Sie erfolgt üblicherweise in **zwei voneinander getrennten Rechnungskreisen**. Zunächst wird in einem **Rechnungskreis I** (Finanzbuchhaltung) das **Gesamtergebnis (Gewinn/Verlust)** durch Gegenüberstellung von **Aufwendungen** und **Erträgen** festgestellt. In einem **Rechnungskreis II** wird auf der Grundlage des Gesamtergebnisses durch entsprechende Korrekturen festgestellt, welches Ergebnis allein auf **die eigentliche Tätig-**

keit des Betriebes zurückzuführen ist **(Betriebsergebnis)**[1]. Davon zu trennen ist das Ergebnis, welches auf betriebsfremden, periodenfremden oder außergewöhnlichen Einflüssen beruht **(Neutrales Ergebnis)**. Betriebsergebnis und Neutrales Ergebnis ergeben das **Gesamtergebnis**.

Fall	Grundfälle		Beispiele	
1.	Aufwandsgleiche Kosten oder kostengleicher Aufwand	Grundkosten = Zweckaufwand Zweckaufwand 3220 Tsd. EUR Grundkosten 3220 Tsd. EUR	Verbrauch von Rohstoffen	3220 Tsd. EUR
			Kosten für Rohstoffe	3220 Tsd. EUR
			Aufwendungen für Rohstoffe	3220 Tsd. EUR
2.	Aufwendungen, jedoch keine Kosten	Neutrale Aufwendungen Neutraler Aufwand 80 Tsd. EUR Zweckaufwand 0 EUR Grundkosten 0 EUR	Zerstörung des Fertigwarenlagers durch einen Brand (kein Versicherungsschutz vorhanden)	80 Tsd. EUR
			Kosten	0 Tsd. EUR
			Aufwand (Verluste aus Schadensfällen)	80 Tsd. EUR
3.	Kosten, jedoch keine Aufwendungen	Zusatzkosten Zweckaufwand 0 EUR Grundkosten 0 EUR Zusatzkosten 120 000 EUR	Kalkulatorischer Unternehmerlohn eines Einzelunternehmers	120 Tsd. EUR
			Kosten	120 Tsd. EUR
			Aufwand	0 Tsd. EUR
4.	Kosten ungleich Aufwand (Anderskosten bzw. Andersaufwand)	a) Kosten > Aufwand Bilanzielle Abschreibungen (= Andersaufwand) 160 000 EUR Zweckaufwand 160 000 EUR Grundkosten 160 000 EUR Zusatzkosten 120 000 EUR Kalkulatorische Abschreibung (= Anderskosten) 280 000 EUR	a) Kalkulatorische Abschreibung (= Kosten)	280 Tsd. EUR
			Bilanzielle Abschreibung (= Aufwand)	160 Tsd. EUR
		b) Kosten < Aufwand Bilanzielle Abschreibung (= Andersaufwand) 580 000 EUR Neutraler Aufwand 100 000 EUR Zweckaufwand 480 000 EUR Grundkosten 480 000 EUR Kalkulatorische Abschreibung (= Anderskosten) 480 000 EUR	b) Kalkulatorische Abschreibung (= Kosten)	480 Tsd. EUR
			Bilanzielle Abschreibung (= Aufwand)	580 Tsd. EUR

Aufg. 4.2.1 S. 47

1 Das Betriebsergebnis wird häufig auch als operatives Ergebnis bezeichnet.

Abgrenzungsrechnung für die vier Grundfälle

Die Abgrenzungsrechnung für die vier Fälle aus oben stehender Tabelle (*S. 43*) führt zu folgendem Ergebnis:

Fall	Rechnungskreis I	Rechnungskreis II					
	Ergebnisbereich (GuV)	Abgrenzungsbereich				KLR-Bereich	
	Finanzbuchhaltung Kontenklasse 5 bis 7	Unternehmensbezogene Abgrenzungen		Kostenrechnerische Korrekturen		Kosten und Leistungen	
		Neutrale Aufwendungen	Neutrale Erträge	Verrechnete Aufwendungen	Verrechnete Kosten	Kosten	Leistungen
1.	Kto. 600 Aufwendungen für Rohstoffe 3220 Tsd. EUR					3220 Tsd. EUR	
2.	Kto. 693 Verluste aus Schadensfällen 80 Tsd. EUR	80 Tsd. EUR					
3.	Kalkulatorischer Unternehmerlohn (GuV nicht betroffen)				120 Tsd. EUR ↔	120 Tsd. EUR	
4. a)	Kto. 650 Abschreibungen auf Sachanlagen 160 Tsd. EUR			160 Tsd. EUR	280 Tsd. EUR ↔	280 Tsd. EUR	
b)	Kto. 650 Abschreibung auf Sachanlagen 580 Tsd. EUR			580 Tsd. EUR	480 Tsd. EUR ↔	480 Tsd. EUR	
	Gesamtergebnis (Unternehmensergebnis)	Ergebnis aus unternehmensbezogenen Abgrenzungen		Ergebnis aus kostenrechnerischen Korrekturen		**Betriebsergebnis**	
		Abgrenzungsergebnis (Neutrales Ergebnis)					

Erläuterungen zu den vier Grundfällen:

Fall	Erläuterung
1.	Der Verbrauch von Rohstoffen stellt sowohl **Kosten** als auch **Aufwand** dar. Im Kosten- und Leistungsbereich und in der Gewinn- und Verlustrechnung (Ergebnisbereich) wird jeweils ein Betrag in gleicher Höhe berücksichtigt.
2.	Die durch einen Brand eingetretene Wertminderung im Fertigwarenlager steht in keinem Zusammenhang zur betrieblichen Leistungserstellung. Deshalb findet der Vorgang im **Kosten- und Leistungsbereich keine Berücksichtigung**. Da es sich aber um eine Wertminderung handelt, liegt ein Aufwand vor, der sich im Ergebnisbereich niederschlägt.
3.	Der Verbrauch des Produktionsfaktors Arbeit steht in unmittelbarem Zusammenhang zur betrieblichen Leistungserstellung. Daher handelt es sich um Kosten (Kosten- und Leistungsbereich). Aufwand liegt nicht vor, da Einzelunternehmer und Gesellschafter von Personengesellschaften kein Gehalt beziehen. Kalkulatorischer Unternehmerlohn stellt demnach in vollem Umfange **Zusatzkosten** („zusätzliche" Berücksichtigung im Kosten- und Leistungsbereich) dar. Im Abgrenzungsbereich (Spalte Kostenrechnerische Korrekturen) muss eine „Ausgleichsbuchung" in gleicher Höhe erfolgen, um die Ergebnisse der Rechnungskreise I und II aneinander anzupassen.

Fall	Erläuterung
4. a)	Die kalkulatorische Abschreibung in Höhe von 280 Tsd. EUR stellt in vollem Umfange Kosten dar (Berücksichtigung im KLR-Bereich). In der Gewinn- und Verlustrechnung darf im vorliegenden Fall aber aufgrund gesetzlicher Bewertungsvorschriften lediglich ein Betrag von 160 Tsd. EUR angesetzt werden. Demnach enthält der Kosten- und Leistungsbereich den an der tatsächlichen Wertminderung orientierten höheren Betrag von 280 Tsd. EUR. Um die Ergebnisse aus Rechnungskreis I und Rechnungskreis II aneinander anzupassen, müssen in der Spalte Kostenrechnerische Korrekturen entsprechende „Ausgleichsbuchungen" (Saldo des Korrekturbetrages: 120 Tsd. EUR) vorgenommen werden.
b)	Die bilanzielle Abschreibung übersteigt im vorliegenden Fall die kalkulatorische Abschreibung um 100 Tsd. EUR (Aufwand ist größer als Kosten). Demnach muss die Spalte Kostenrechnerische Korrekturen in gleicher Weise wie bei 4. a) einen entsprechenden Korrekturbetrag (Saldo des Korrekturbetrages: 100 Tsd. EUR) enthalten.

Bei der Abgrenzung zwischen **Erträgen und Leistungen** lassen sich in entsprechender Weise die gleichen Grundfälle unterscheiden (z. B. sind Umsatzerlöse *ertragsgleiche Leistungen oder leistungsgleicher Ertrag*).

Abgrenzungsrechnung – Abgrenzungstabelle

Abgrenzungsrechnung

Die Kurt Liebknecht OHG, Stuttgart, stellte im abgelaufenen Geschäftsjahr verschiedene Elektrozubehörteile für die Konsumgüterindustrie her. Die Finanzbuchhaltung schließt das Geschäftsjahr mit folgenden Aufwendungen und Erträgen ab:

Aufwendungen (EUR)		Erträge (EUR)	
Aufwendungen für Rohstoffe	3 220 000	Umsatzerlöse für Fertigerzeugnisse	8 400 000
Aufwendungen für Hilfsstoffe	240 000	aktivierte Eigenleistung	80 000
Aufwendungen für Betriebsstoffe	100 000	Zinsen und ähnliche Erträge	60 000
Fertigungslöhne	1 680 000		
Gehälter für Angestellte	740 000		
soziale Abgaben	420 000		
Abschreibungen auf Sachanlagen	580 000		
Verluste aus dem Abgang von Anlagevermögen	80 000		
Zinsaufwendungen	160 000		
Steuern (Kostensteuern)	120 000		
Fremdinstandhaltung	290 000		
sonstige Aufwendungen (kostenwirksam)	70 000		
Summen	7 700 000		
Summen	**7 700 000**		**8 540 000**

Aus der **Kosten- und Leistungsrechnung** liegen folgende Angaben vor:

Kalkulatorische Abschreibungen	500 Tsd. EUR	Kalkulatorischer Unternehmerlohn für die mitarbeitenden Gesellschafter	510 Tsd. EUR

Aus diesen Angaben lassen sich das Gesamtergebnis, das Neutrale Ergebnis (Abgrenzungsergebnis) und das Betriebsergebnis tabellarisch wie folgt darstellen (in 1 000 EUR):

Abgrenzungstabelle (in 1 000 EUR)

Finanzbuchhaltung			Abgrenzungsbereich				KLR-Bereich	
			unternehmensbezogene Abgrenzungen		kostenrechnerische Korrekturen			
			neutrale		verrechnete			
Konten	Aufwendungen −	Erträge +	Aufwendungen −	Erträge +	Aufwendungen −	Kosten +	Kosten −	Leistungen +
Umsatzerlöse		8 400						8 400
aktivierte Eigenleistungen		80						80
Zinserträge		60		60				
Aufwendungen für Rohstoffe	3 220						3 220	
Aufwendungen für Hilfsstoffe	240						240	
Aufwendungen für Betriebsstoffe	100						100	
Fertigungslöhne	1 680						1 680	
Gehälter für Angestellte	740						740	
soziale Abgaben	420						420	
Abschreibungen	580				580	500	500	
Verluste aus dem Abgang AV	80		80					
Zinsaufwand[1]	160						160	
Betriebliche Steuern (Kostensteuern)	120						120	
Fremdinstandhaltung	290						290	
sonstige Aufwendungen	70						70	
kalkulatorischer Unternehmerlohn						510	510	
	7 700	**8 540**	**80**	**60**	**580**	**1 010**	**8 050**	**8 480**
Gewinn/Verlust	**840**							
Neutrales Ergebnis				**20**	**430**			
Betriebsergebnis							**430**	
	8 540	**8 540**	**80**	**80**	**1 010**	**1 010**	**8 480**	**8 480**
Gesamtergebnis	=		**Neutrales Ergebnis**			+	**Betriebsergebnis**	
840	=		**410**			+	**430**	

Erläuterungen zur tabellarischen Abgrenzungsrechnung in drei Schritten:

❶ Schritt: Direkte Verrechnung zwischen Ergebnisrechnung und Kosten- und Leistungsrechnung: Aus der Gewinn- und Verlustrechnung werden zunächst alle **Zweckaufwendungen** (z. B. Rohstoffverbrauch) **und Zweckerträge** (z. B. Umsatzerlöse) in die Betriebsergebnisspalte als **Grundkosten** und **Grundleistungen** übertragen.

❷ Schritt: Unternehmensbezogene Abgrenzungen: Die **neutralen Aufwendungen und Erträge** (z. B. Zinserträge, Verluste aus Anlageverkäufen unter Buchwert) werden in die Spalte **unternehmensbezogene Abgrenzungen** aus der Gewinn- und Verlustrechnung übernommen.

Aufg. 4.2.2, 4.2.3 S. 48 f.

❸ Schritt: Kostenrechnerische Korrekturen: Die **Zusatzkosten** und **Zusatzleistungen werden** in den KLR-Bereich und den Abgrenzungsbereich (Kostenrechnerische Korrekturen) übernommen. Liegen **Aufwendungen vor, deren Höhe von der Höhe der erfassten Kosten abweicht (Anderskosten), werden diese als verrechnete Aufwendungen** erfasst. (Im Beispiel errechnet sich bei den Abschreibungen ein „Mehraufwand" von 80 000 EUR als Differenz zwischen 580 000 EUR verrechneten Aufwendungen und 500 000 EUR verrechneten Kosten.)

1 Im vorliegenden Beispiel wird angenommen, das der Zinsaufwand gleichzeitig in vollem Umfang auch Kosten darstellt.

Gesamtergebnis	=	Betriebsergebnis +/– Neutrales Ergebnis		
Neutrales Ergebnis (Abgrenzungsergebnis)	=	unternehmensbezogene Abgrenzung	+	kostenrechnerische Korrekturen
Betriebsergebnis	=	Leistungen – Kosten		

Zusammenfassende Übersicht zu Kap. 4.2: Abgrenzungsrechnung

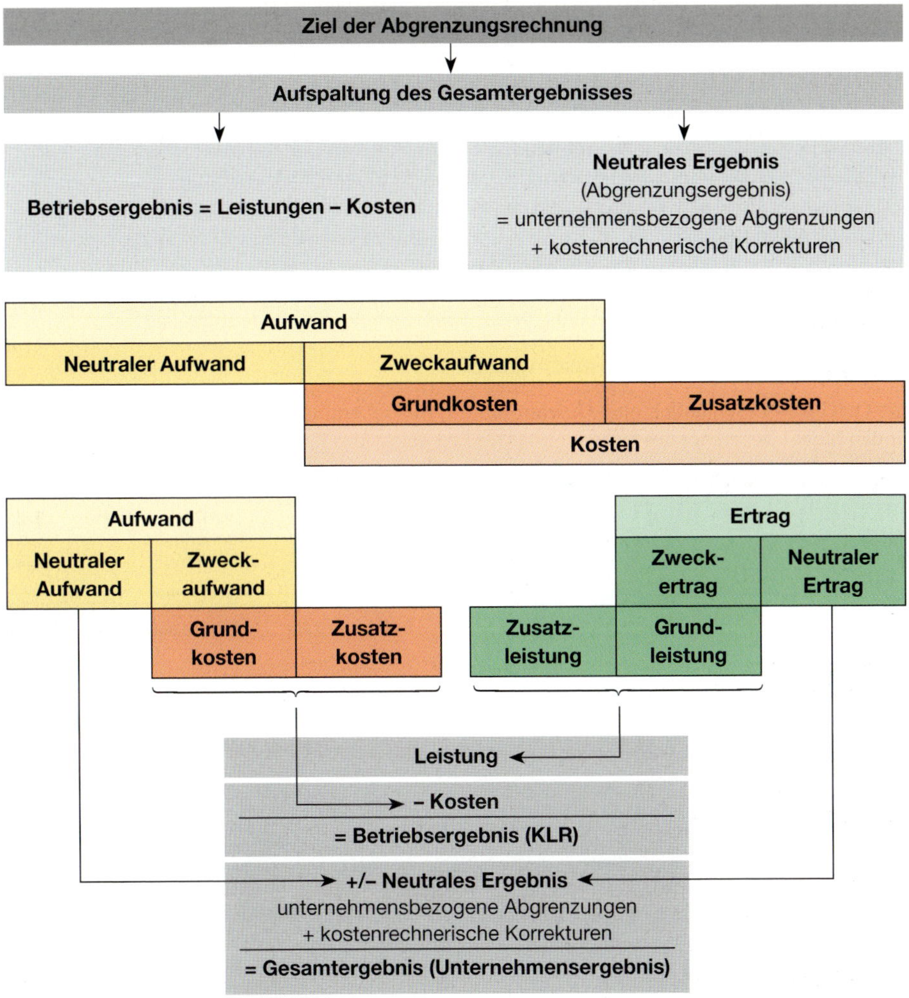

Fragen zur Wiederholung

zu Kapitel 4.2 Abgrenzungsrechnung

1. Aus welchen Teilergebnissen setzt sich das Gesamtergebnis eines Unternehmens zusammen?
2. Erklären Sie den Unterschied von Betriebsergebnis und Neutralem Ergebnis.
3. Welchem Ziel dient die Abgrenzungsrechnung?
4. Aus welchen Spalten besteht eine Abgrenzungstabelle?
5. Was sind unternehmensbezogene Abgrenzungen?
6. Was sind kostenrechnerische Korrekturen?

Aufgaben und Probleme

zu Kapitel 4.2 Abgrenzungsrechnung

4.2.1 Kalkulatorische Kosten – Abgrenzungsrechnung

In einem Textilunternehmen sind zum Ende des laufenden Geschäftsjahres noch folgende Abgrenzungen vorzunehmen:

(1) Bilanzielle Abschreibungen:	739 000 EUR
Kalkulatorische Abschreibungen:	675 000 EUR
(2) Diebstahl aus dem Warenlager (nicht versichert):	33 820 EUR
(3) Kalkulatorischer Unternehmerlohn:	98 700 EUR

1. Ordnen Sie die oben aufgeführten Sachverhalte mit Beträgen den Begriffen Neutrale Aufwendungen, Zweckaufwand, Grundkosten, Zusatzkosten zu (*Tabelle siehe Arbeitsblatt*).
2. Unterscheiden Sie bilanzielle und kalkulatorische Abschreibungen im Hinblick auf
   - die Bezugsgröße (Bemessungsgrundlage) der jeweiligen Abschreibung
   - den Zweck der Abschreibung und das Abschreibungsverfahren
   - die Nutzungsdauer und
   - die Beachtung gesetzlicher Vorschriften.
3. Erläutern Sie, weshalb eine Trennung zwischen Aufwendungen und Erträgen einerseits bzw. Kosten und Leistungen andererseits für das Unternehmen von Bedeutung ist.

4.2.2 Auswertung einer Abgrenzungstabelle

Eine OHG erstellt monatlich eine Gewinn- und Verlustrechnung sowie eine Abgrenzungstabelle. Für den Monat Dezember des laufenden Jahres liegt folgendes Ergebnis vor: (Angaben in Tsd. EUR)

Ergebnisbereich der Finanzbuchhaltung			Abgrenzungsbereich				KLR-Bereich	
Konten	Aufwendungen	Erträge	unternehmensbezogene Abgrenzungen		kostenrechnerische Korrekturen		Kosten	Leistungen
			neutrale		verrechnete			
			Aufw.	Erträge	Aufw.	Kosten		
	–	+	–	+	–	+	–	+
Umsatzerlöse		9520						9520
Materialaufwand	5700						5700	
Löhne	2000						2000	
soziale Abgaben	380						380	
Abschreibung	400				400	350	350	
Verlust aus Abgang von Anlagevermögen	90		90					
Fremdinstandhaltung (regelmäßige Wartung)	390						390	
Büromaterialverbrauch	40						40	
Erträge aus der Auflösung von Rückstellungen		70		70				
Zinsaufwand	110						110	
Nachzahlung betrieblicher Steuern	20		20					
Mieterträge		300		300				
kalkulatorischer Unternehmerlohn						20	20	
Summen	**9130**	**9890**	**110**	**370**	**400**	**370**	**8990**	**9520**

1. Ermitteln Sie das Gesamtergebnis, das Betriebsergebnis und das neutrale Ergebnis.
2. Begründen Sie, weshalb für die Positionen Abschreibung und kalkulatorischer Unternehmerlohn kostenrechnerische Korrekturen erforderlich waren.
3. Welche Aussagen lassen sich aus dem Verhältnis der ermittelten Zahlen für das Betriebsergebnis und das neutrale Ergebnis im Hinblick auf die eigentliche betriebliche Tätigkeit machen?

4.2.3 Gesamtergebnis – Betriebsergebnis – Neutrales Ergebnis (Abgrenzungsergebnis)

Die Ergebnisrechnung der Textilfabrik Heinz Konzelmann e.K. weist (z.T. zusammengefasst) für das abgelaufene Quartal folgende Salden aus (in Tsd. EUR):

Kontenbezeichnung	Aufwendungen in Tsd EUR	Erträge in Tsd EUR
Umsatzerlöse		12696
Mieterträge		18
Aufwendungen für Rohstoffe	2940	
Aufwendungen für Hilfs- und Betriebsstoffe	780	
Fertigungslöhne	3720	
Gehälter und Hilfslöhne	1860	
Abschreibungen auf Sachanlagen	612	
Aufwendungen für Gewährleistung *(in vollem Umfang kostenwirksam)*	18	
Zinsaufwendungen *(in vollem Umfang kostenwirksam)*	12	
sonstige Aufwendungen *(in vollem Umfang kostenwirksam)*	774	

PDF

Folgende kalkulatorischen Kosten sind noch zu verrechnen:

Kalkulatorische Abschreibungen	498000 EUR	Kalkulatorischer Unternehmerlohn	36000 EUR

1. Erstellen Sie die Ergebnistabelle.
2. Ermitteln Sie das Gesamtergebnis, das Betriebsergebnis und das neutrale Ergebnis.

4.3 Kostenarten nach der Zurechnung auf die Kostenträger

4.3.1 Einzelkosten

Die von einem Betrieb hergestellten Erzeugnisse (Produkte) werden als Kostenträger bezeichnet.

Nach der **Zurechenbarkeit** der Kosten auf die Kostenträger sind **Einzelkosten und Gemeinkosten** zu unterscheiden.

Einzelkosten sind Kosten, die sich aufgrund von Belegen (Stücklohnberechnung, Stücklisten, Materialentnahmescheine, Fremdrechnungen) ohne allzu großen Arbeitsaufwand dem einzelnen Erzeugnis oder Auftrag direkt zurechnen lassen.

Zu den Einzelkosten gehören:
- Fertigungsmaterial (Rohstoffverbrauch, Verbrauch von Fertigteilen)
- Fertigungslöhne

Sondereinzelkosten lassen sich ebenso wie alle anderen Einzelkosten (z.B. Fertigungsmaterial, Fertigungslöhne) aufgrund von Belegen erfassen. Sie können aber nicht immer jedem einzelnen Kostenträger, sondern meist nur dem jeweiligen Gesamtauftrag oder der gesamten Produktgruppe zugerechnet werden.

- Sondereinzelkosten der Fertigung (Spezialmodelle, Spezialwerkzeuge, Stücklizenzgebühren usw.)
- Sondereinzelkosten des Vertriebs (Spezialverpackung, Luftfrachten, Transportversicherungen, Kosten für produktbezogene Werbekampagne usw.)

Einzelkosten eines Herstellers von Blechbehältern

Materialverbrauch: Für die Herstellung eines Blechbehälters lässt sich anhand der Stückliste genau berechnen, welche Teile in welcher Menge benötigt werden. Da sich der Materialverbrauch genau berechnen und bewerten lässt, handelt es sich um **Einzelkosten**.

Mengenstückliste			
Teile-Nr.: **101**	Bezeichnung: **Blechbehälter**		
Teile-Nr.:	**Bezeichnung**	**Menge**	**Mengeneinheit**
102	Schalen	2	St
103	Scharniere	2	St
104	Nieten	4	St

Fertigungslöhne: In der Fertigung erhalten die Arbeitnehmer pro Blechbehälter einen Betrag von 0,40 EUR. Da sich diese Lohnkosten jedes Blechbehälters direkt zuordnen lassen, handelt es sich um **Einzelkosten**.

4.3.2 Gemeinkosten

Aufg. 4.3.1, 4.3.2 S. 52

Gemeinkosten sind Kosten, die sich nicht oder nur mit großem Arbeitsaufwand unmittelbar einem Kostenträger zurechnen lassen.

Gemeinkosten treten nur in Unternehmen auf, die mehrere verschiedenartige Produkte herstellen (**Mehrproduktunternehmen**).

Gemeinkosten einer Fabrik für Verpackungsmaterial

- Gehalt des Geschäftsführers
- kalkulatorische Abschreibungen für den Fuhrpark
- Gehalt des Leiters der Abteilung Beschaffung
- Maschinenöl (Betriebsstoff) ■ Leim (Hilfsstoff)

} fallen für alle Verpackungsmaterialien an und können z. B. nicht einem einzelnen Karton direkt zugerechnet werden

4.3.3 Verhalten von Einzel- und Gemeinkosten bei Änderung der Beschäftigung

Über das Verhalten einzelner Kostenarten (Einzel- und Gemeinkosten) bei Änderungen des Beschäftigungsgrades lässt sich keine allgemeingültige Aussage formulieren. Zwar werden die meisten **Einzelkosten** den **variablen Kosten** zugerechnet. Bei den Einzelkosten des Vertriebs für eine produktbezogene Werbung ist dies aber beispielsweise nicht der Fall. In gleicher Weise ist die Zurechnung der **Gemeinkosten** zu den fixen oder variablen Kosten jeweils vom Einzelfall abhängig.

	Einzelkosten	Gemeinkosten
variable Kosten	Fertigungsmaterial (z. B. Stoffe bei der Produktion von T-Shirts); Sondereinzelkosten der Fertigung (z. B. Anfertigen eines Musters); Sondereinzelkosten des Vertriebs (z. B. Spezialverpackung)	Betriebsstoffe (z. B. Stromverbrauch als **laufzeitabhängige** Stromkosten der für die Herstellung von T-Shirts eingesetzten Nähmaschinen); Hilfsstoffe (z. B. Schmieröl)
fixe Kosten	*Erzeugnisbezogene fixe Kosten wie beispielsweise Sondereinzelkosten des Vertriebs (z. B. Kosten für die Werbung für T-Shirts = produktbezogene Werbung)*	Betriebsstoffe (z. B. Zählergebühr als **laufzeitunabhängige** Stromkosten der für die Herstellung von T-Shirts eingesetzten Nähmaschinen); Abschreibungen für die Maschinen

Alle Einzelkosten werden im Normalfall als variabel angesehen.
Gemeinkosten können sowohl fixe als auch variable Bestandteile enthalten.

Zusammenfassende Übersicht zu Kap. 4.3:
Kostenarten nach der Zurechnung auf die Kostenträger

Kostenarten nach Ihrer Zurechnung auf die Kostenträger

- **Einzelkosten** (= den Kostenträgern direkt zurechenbare Kosten)
  - **Materialeinzelkosten** → Rohstoffverbrauch
  - **Fertigungseinzelkosten** → Fertigungslöhne
  - **Sondereinzelkosten Fertigung** → Spezialwerkzeuge
  - **Sondereinzelkosten Vertrieb** → Spezialverpackung
- **Gemeinkosten** (= den Kostenträgern nur indirekt zurechenbare Kosten)

Verhalten von Einzel- und Gemeinkosten auf Änderungen der Beschäftigung

variabel	
Einzelkosten	Rohstoffverbrauch, Fertigungslöhne
Gemeinkosten	Stromverbrauch, Verbrauch von Schmieröl

fix	
Einzelkosten	*einige Sondereinzelkosten des Vertriebs (z. B. Kosten für produktbezogene Werbung)*
Gemeinkosten	Abschreibungen auf Maschinen

Fragen zur Wiederholung

zu Kapitel 4.3 Kostenarten nach der Zurechnung auf die Kostenträger

4.3.1 Einzelkosten

1. Erklären Sie den Begriff Einzelkosten.
2. Nennen Sie Beispiele für Kostenarten, die als Einzelkosten zu betrachten sind.
3. Nennen Sie Beispiele für Sondereinzelkosten der Fertigung und Sondereinzelkosten des Vertriebs.

4.3.2 Gemeinkosten

1. Was sind Gemeinkosten?
2. Nennen Sie Beispiele für Kostenarten, die als Gemeinkosten zu betrachten sind.

4.3.3 Verhalten von Einzel- und Gemeinkosten bei Änderung der Beschäftigung

1. Nennen Sie jeweils ein Beispiel für fixe und variable Einzelkosten und für fixe und variable Gemeinkosten.

Aufgaben und Probleme

zu Kapitel 4.3 Kostenarten nach der Zurechnung auf die Kostenträger

4.3.1 Kostenarten – Einzelkosten – Sondereinzelkosten – Gemeinkosten

In der Kostenrechnung eines Industriebetriebs werden u. a. folgende Kostenarten erfasst:

PDF

- Rohstoffverbrauch
- Hilfsstoffverbrauch
- Betriebsstoffverbrauch
- Fertigungslöhne
- Gehälter
- kalkulatorische Abschreibung
- vom Umsatz berechnete Provisionen für Handelsvertreter
- Kosten für produktbezogene Werbung
- Lizenzgebühren (Stücklizenzen)
- Verpackungskosten (Spezialbehälter)
- Instandhaltungskosten

Ordnen Sie diese Kostenarten in das nachfolgende Schema ein (auf einem gesonderten Blatt).

Kostenarten	Kosten nach der Zurechenbarkeit auf die Kostenträger		
	Einzelkosten	Sondereinzelkosten	Gemeinkosten
Rohstoffverbrauch	Betriebsstoff, Hilfsstoff, Fertigungslöhne ?	Werbung, Lizenzgebühren, Verpackungskosten ?	Gehälter, kalk. Abschr. ~~Betriebs-~~ ?
	…	…	…

4.3.2 Einzel- und Gemeinkosten

Als Ergebnis der Abgrenzungsrechnung wurden in der Metallwarenfabrik Klein e. K. für das zurückliegende Quartal folgende Werte ermittelt:

PDF

Fertigungslöhne	280 200 EUR
Arbeitgeberanteil zur Sozialversicherung (Löhne)	55 480 EUR
Gehälter	70 230 EUR
Arbeitgeberanteil zur Sozialversicherung (Gehälter)	21 280 EUR
Hilfslöhne	83 450 EUR
Arbeitgeberanteil zur Sozialversicherung (Hilfslöhne)	23 230 EUR
Büromaterialverbrauch	34 870 EUR
kalkulatorische Abschreibungen	57 600 EUR
kalkulatorischer Unternehmerlohn	60 000 EUR
Ausgangsfrachten	55 800 EUR
Rohstoffkosten	380 000 EUR
Hilfs- und Betriebsstoffkosten	40 980 EUR
vom Umsatz berechnete Provisionen für Handelsvertreter	27 500 EUR

Einer Branchenstatistik ist zu entnehmen, dass in dieser Branche der Anteil der Einzelkosten an den Gesamtkosten durchschnittlich 64 % beträgt.

1. Wie hoch ist der Anteil der Einzelkosten an den Gesamtkosten (in %) bei der Metallwarenfabrik Klein e. K.?
2. Vergleichen Sie die in 1. errechnete Lösung mit dem Branchenwert und beurteilen Sie das Ergebnis.

5 Kostenstellenrechnung: Ermittlung von Gemeinkostenzuschlagssätzen

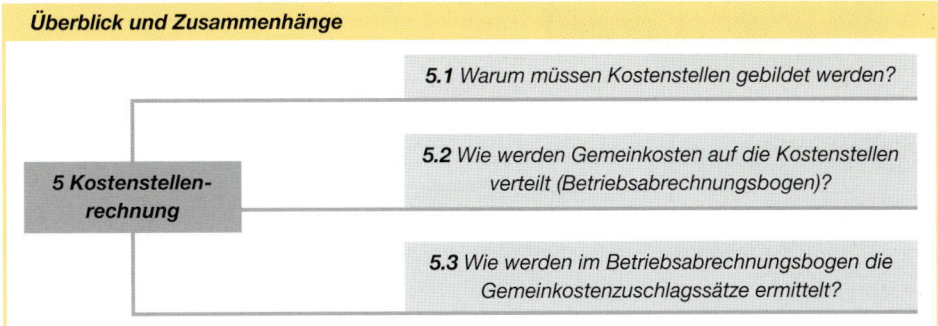

Überblick und Zusammenhänge

5 Kostenstellenrechnung

- ***5.1** Warum müssen Kostenstellen gebildet werden?*
- ***5.2** Wie werden Gemeinkosten auf die Kostenstellen verteilt (Betriebsabrechnungsbogen)?*
- ***5.3** Wie werden im Betriebsabrechnungsbogen die Gemeinkostenzuschlagssätze ermittelt?*

5.1 Bildung von Kostenstellen

Bei einem **Mehrproduktunternehmen** besteht ein Hauptproblem der Kostenrechnung darin, die **Gemeinkosten**, die für mehrere oder alle Produkte gemeinsam anfallen, dennoch den einzelnen **Kostenträgern** (Produkten) möglichst verursachungsgerecht zuzurechnen. Die Einrichtung von **Kostenstellen** bietet dazu Ansatzmöglichkeiten.

Eine Kostenstelle ist ein räumlich, organisatorisch und verantwortungsmäßig abgegrenzter Teilbereich eines Betriebes, an dem Kosten entstehen und erfasst werden (z. B. Lackiererei eines Metall verarbeitenden Betriebs).

Den einzelnen Kostenstellen werden die dort anfallenden **Gemeinkosten** (z. B. Gehalt des Leiters der Lackiererei, Abschreibungen für die Lackiermaschine) möglichst verursachungsgerecht zugewiesen. Dahinter steht die Absicht, solche Produkte, die bei ihrer Herstellung eine bestimmte Kostenstelle stärker in Anspruch nehmen als andere, auch mit einem entsprechend höheren Anteil der in dieser Kostenstelle anfallenden Gemeinkosten zu belasten. Ohne Kostenstellenrechnung müssten alle Gemeinkosten im gleichen Verhältnis auf die Erzeugnisse verrechnet werden, was aber i. d. R. der tatsächlichen Verursachung nicht entspricht. Außerdem werden durch die Aufgliederung des Betriebs in Kostenstellen überschaubare Verantwortungsbereiche geschaffen, die sich für eine laufende **Kostenkontrolle** eignen. Abweichungen von den geplanten Kosten sind dabei vom Leiter der Kostenstelle (z. B. Werkstattleiter, Abteilungsleiter) zu verantworten.

Aufgabe der Kostenstellenrechnung ist es, in Mehrprodukt-Unternehmen, in denen die Produkte die einzelnen Kostenstellen unterschiedlich stark beanspruchen, eine möglichst verursachungsgerechte Zurechnung der Gemeinkosten auf die Kostenträger vorzubereiten. Außerdem soll eine Kontrolle der Gemeinkosten durch Schaffung von Verantwortungsbereichen ermöglicht werden.

Die Kostenerfassung in den einzelnen Kostenstellen ist umso aussagekräftiger, je überschaubarer die Kostenstellen sind. Insofern wäre die Ermittlung der Gemeinkosten für jeden einzelnen Arbeitsplatz als Kostenstelle die geeignetste Lösung (Platzkostenrechnung). Einer Kostenstellenbildung nach Arbeitsplätzen widersprechen jedoch Wirtschaftlichkeitsüberlegungen. Je mehr Kostenstellen gebildet werden, desto umfangreicher sind auch die damit verbundenen Verrechnungs- und Kontrollarbeiten. Wie stark der Betrieb tatsächlich in einzelne Kostenstellen gegliedert wird, hängt u. a. von der Betriebsgröße und dem Fertigungsprogramm ab.

Der Bildung von Kostenstellen können nachstehende Überlegungen zugrunde gelegt werden:

1. **Raumorientierte Gesichtspunkte:** Die Bildung der Kostenstellen ist davon abhängig, **an welchen Orten** innerhalb eines Betriebes die Kosten entstanden sind (z. B. Werkstatt I, Werkstatt II, ... Eigenlager, Fremdlager, Werksvertretung Ost, Werksvertretung Süd etc.)
2. **Rechnungsorientierte Gesichtspunkte:** Zusammenfassung mehrerer Maschinen zu einer Kostenstelle, deren Kostensituation ähnlich ist.
3. **Funktionsorientierte Gesichtspunkte:** Gleichartige Tätigkeiten werden zu einer Kostenstelle zusammengefasst (z. B. Materialkostenstelle, Verwaltungskostenstelle etc.)

In der Praxis werden die Kostenstellen hauptsächlich nach **Funktionsbereichen** (funktionsorientierte Gesichtspunkte) gebildet, wobei aber auch zusätzlich noch weitere Gesichtspunkte (z. B. Raumorientierung) berücksichtigt werden können. Bei den nach den **vier Funktionsbereichen** Material, Fertigung, Verwaltung und Vertrieb gegliederten Kostenstellen handelt es sich um **Hauptkostenstellen** (Endkostenstellen).

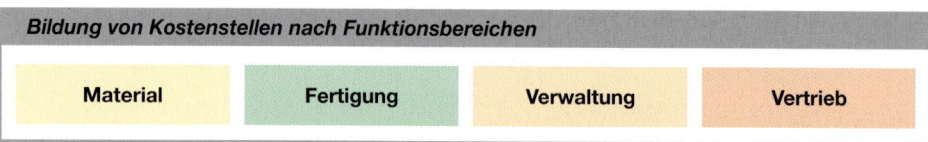

Bildung von Kostenstellen nach Funktionsbereichen			
Material	**Fertigung**	**Verwaltung**	**Vertrieb**

Bei der weit verbreiteten Kostenstellenbildung nach Funktionsbereichen werden im Normalfall folgende vier Hauptkostenstellen unterschieden:
1 Material 2 Fertigung 3 Verwaltung 4 Vertrieb

Hilfkostenstellen (Kantine) gibt ihre Leistungen an andere Kostenstellen (Mat, Fert...) ab

Hauptkostenstellen (Endkostenstellen) geben ihre Leistungen und die dabei entstandenen Gemeinkosten in der Regel unmittelbar an die Erzeugnisse (Kostenträger) ab.

Aufgabenbereiche innerhalb der vier Hauptkostenstellen			
Kostenstelle Material	**Kostenstelle Fertigung**	**Kostenstelle Verwaltung**	**Kostenstelle Vertrieb**
■ Einkauf von Roh-, Hilfs- und Betriebsstoffen ■ Materialannahme, Materialprüfung ■ Materiallagerung ■ Materialausgabe, Materialverwaltung	■ Arbeitsplanung, Arbeitsvorbereitung ■ Erstellung von Stücklisten *(vgl. S. 50)* ■ Maschineneinrichtung ■ Produktion, Produktionssteuerung/ Produktionsüberwachung	■ Personaleinstellung, Personalverwaltung ■ Lohnabrechnung, Lohnbuchhaltung ■ Betriebsabrechnung, Kalkulation ■ Geschäftsleitung	■ Auslieferung, Versand ■ Kundenberatung, Kundenbetreuung ■ Reklamationsbearbeitung ■ Werbung
Materialgemeinkosten	**Fertigungsgemeinkosten**	**Verwaltungsgemeinkosten**	**Vertriebsgemeinkosten**
= in den vier Hauptkostenstellen anfallende Gemeinkosten			

Zusammenfassende Übersicht zu Kap. 5.1: Bildung von Kostenstellen

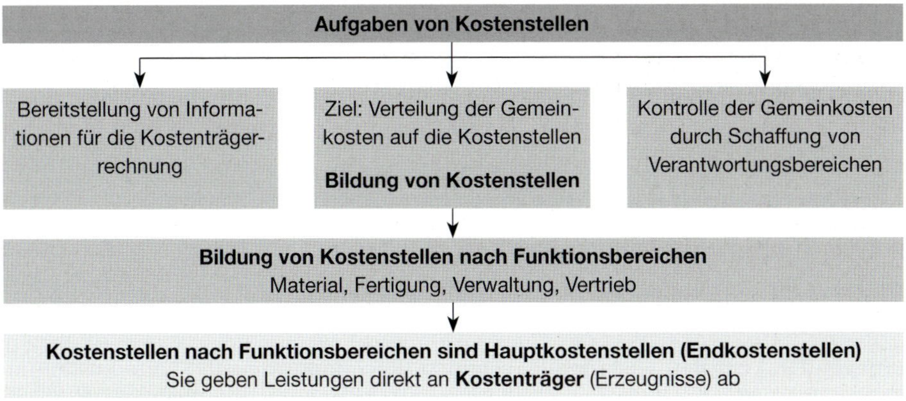
Aufgaben von Kostenstellen
Bereitstellung von Informationen für die Kostenträgerrechnung
Ziel: Verteilung der Gemeinkosten auf die Kostenstellen
Bildung von Kostenstellen
Kontrolle der Gemeinkosten durch Schaffung von Verantwortungsbereichen
Bildung von Kostenstellen nach Funktionsbereichen
Material, Fertigung, Verwaltung, Vertrieb
Kostenstellen nach Funktionsbereichen sind Hauptkostenstellen (Endkostenstellen)
Sie geben Leistungen direkt an Kostenträger (Erzeugnisse) ab

Fragen zur Wiederholung

zu Kapitel 5.1 Bildung von Kostenstellen

1. Welche Aufgaben hat die Kostenstellenrechnung?
2. Warum werden die Gemeinkosten auf die Kostenstellen verteilt?
3. Nennen Sie die vier Hauptkostenstellen.

5.2 Betriebsabrechnungsbogen

Der Betriebsabrechnungsbogen ist ein organisatorisches Mittel, um die Gemeinkosten eines Unternehmens auf die Kostenstellen zu verteilen.

Mit Hilfe des Betriebsabrechnungsbogens (BAB) wird die Aufteilung der Gemeinkosten auf die Kostenstellen vorgenommen.

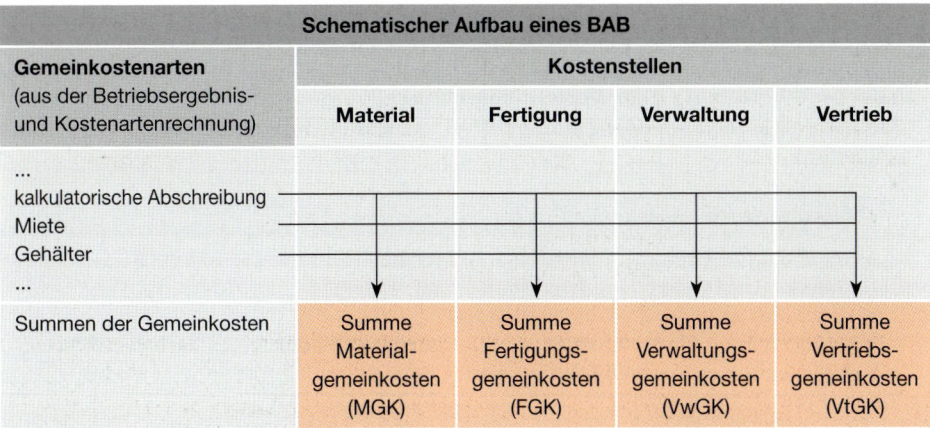

Schematischer Aufbau eines BAB

Gemeinkostenarten (aus der Betriebsergebnis- und Kostenartenrechnung)	**Kostenstellen**			
	Material	**Fertigung**	**Verwaltung**	**Vertrieb**
… kalkulatorische Abschreibung Miete Gehälter …	↓	↓	↓	↓
Summen der Gemeinkosten	Summe Material-gemeinkosten (MGK)	Summe Fertigungs-gemeinkosten (FGK)	Summe Verwaltungs-gemeinkosten (VwGK)	Summe Vertriebs-gemeinkosten (VtGK)

Werden als Kostenstellen nur die vier Hauptkostenstellen Material, Fertigung, Verwaltung und Vertrieb verwendet, handelt es sich um einen einfachen einstufigen BAB.

Ein **erweiterter BAB** liegt vor, wenn die Hauptkostenstellen weiter aufgegliedert werden (z. B. Aufgliederung der Hauptkostenstelle Fertigung in die Kostenstellen Werkstatt 1: Schweißerei, Werkstatt 2: Lackiererei usw.) Ein **mehrstufiger BAB** liegt vor, wenn neben den Hauptkostenstellen auch noch Hilfskostenstellen berücksichtigt werden.[1]

Vorgehensweise zur Erstellung eines BAB

1. Schritt

Kap. A 4.2

Aufbauend auf der Betriebsergebnisrechnung (Rechnungskreis II: Spalte Kosten- und Leistungsbereich) wird im Rahmen der Kostenartenrechnung eine Trennung in Einzel- und Gemeinkosten vorgenommen. Die entsprechenden **Gemeinkostenarten** werden in die erste Spalte des **BAB** übernommen.

2. Schritt

Die Summen dieser Gemeinkosten werden möglichst verursachungsgerecht auf die Kostenstellen verteilt. Für diese Verteilung sind zwei Verfahren möglich:

❶ Lässt sich genau belegen, welche Kostenstelle welchen Anteil an der jeweiligen Gemeinkostensumme hat, so ist eine **direkte** Verteilung der Gemeinkosten auf die Kostenstellen möglich. Die Kostenverteilung erfolgt dabei anhand von Belegen oder anderen Nachweisen wie Materialentnahmescheinen, Lohn- und Gehaltslisten, Anlagekarteien, Stromzählern oder Fahrtenbüchern. Da sich die Gemeinkosten in diesem Falle direkt einzelnen Kostenstellen zuordnen lassen, wird von **Stelleneinzelkosten** gesprochen.

Stelleneinzelkosten

- Stromkosten, falls der Stromverbrauch für eine bestimmte Kostenstelle aus Stromzwischenzählern abgelesen werden kann
- Abschreibungen für eine Maschine, die nur von einer bestimmten Fertigungsstelle benutzt wird
- Gehalt eines Lagerleiters (Kostenstelle Material) oder Werkstattleiters (Kostenstelle Fertigung)

❷ Lassen sich die Gemeinkosten **nicht** unmittelbar einer Kostenstelle zurechnen, so muss eine Verteilung über **Verteilungsschlüssel** vorgenommen werden. In diesem Fall handelt es sich bei den Gemeinkosten um **Kostenstellengemeinkosten (Schlüsselkosten)**.

Kostenstellengemeinkosten

- Miete oder Abschreibung für ein Betriebsgebäude wird nach m^2 auf die Kostenstellen Material (Lager), Fertigung (Werkstätten) usw. verteilt
- Heizkosten nach der Zahl der Heizkörper
- kalkulatorische Abschreibungen auf Maschinen und Einrichtungen nach dem Wert des in den einzelnen Kostenstellen investierten Kapitals

1 Der Lehrplan sieht nur die Behandlung eines einfachen einstufigen BAB vor.

Kostenstelleneinzelkosten werden direkt auf die Kostenstellen verteilt, Kostenstellengemeinkosten werden mit Hilfe von Verteilungsschlüsseln verrechnet.

Beispiele für Verteilungsschlüssel zur Verteilung der Gemeinkosten						
Gemein-kosten-arten	**Gemein-kosten** (EUR)	**Verteilungs-schlüssel**	**Kostenstellen**			
			Material	**Fertigung**	**Verwaltung**	**Vertrieb**
Strom	12 000	Zwischenzähler	2 000 kW/h	70 000 kw/h	4 000 kW/h	4 000 kW/h
Gehälter	425 000	Gehaltslisten	25 000 EUR	230 000 EUR	135 000 EUR	35 000 EUR
Miete	11 700	Flächen in m^2			600 m^2	300 m^2
...						

3. Schritt

Ermittlung der Summe der Gemeinkosten insgesamt (Summe Spalte 1) und der Summen in den einzelnen Hauptkostenstellen: Materialgemeinkosten (MGK), Fertigungsgemeinkosten (FGK), Verwaltungsgemeinkosten (VwGK) und Vetriebsgemeinkosten (VtGK).

Betriebsabrechnungsbogen

Gemein-kosten-arten	**Gemein-kosten** (EUR)	**Verteilungs-schlüssel**	**Kostenstellen**			
			Material (EUR)	**Fertigung** (EUR)	**Verwaltung** (EUR)	**Vertrieb** (EUR)
Strom	12 000	Zwischenzähler	300	10 500	600	600
Hilfsstoffe	200 000	Entnahme-scheine		200 000		
Betriebs-stoffe	359 000	Maschinen-laufzeiten/ Verbrauchs-belege	30 000	300 000	15 000	14 000
Gehälter	425 000	Gehaltslisten	25 000	230 000	135 000	35 000
Kalkula-torische Abschrei-bung	290 000	Anlagekartei	30 000	180 000	60 000	20 000
Miete	11 700	Flächen in m^2			7 800	3 900
sonstige Kosten	227 000	Belege	9 000	18 000	110 000	90 000
Summe der Gemein-kosten	1 524 700		94 300 MGK	938 500 FGK	328 400 VwGK	163 500 VtGK

Aufg. 5.2.1 S. 59

Zusammenfassende Übersicht zu Kap. 5.2: Betriebsabrechnungsbogen

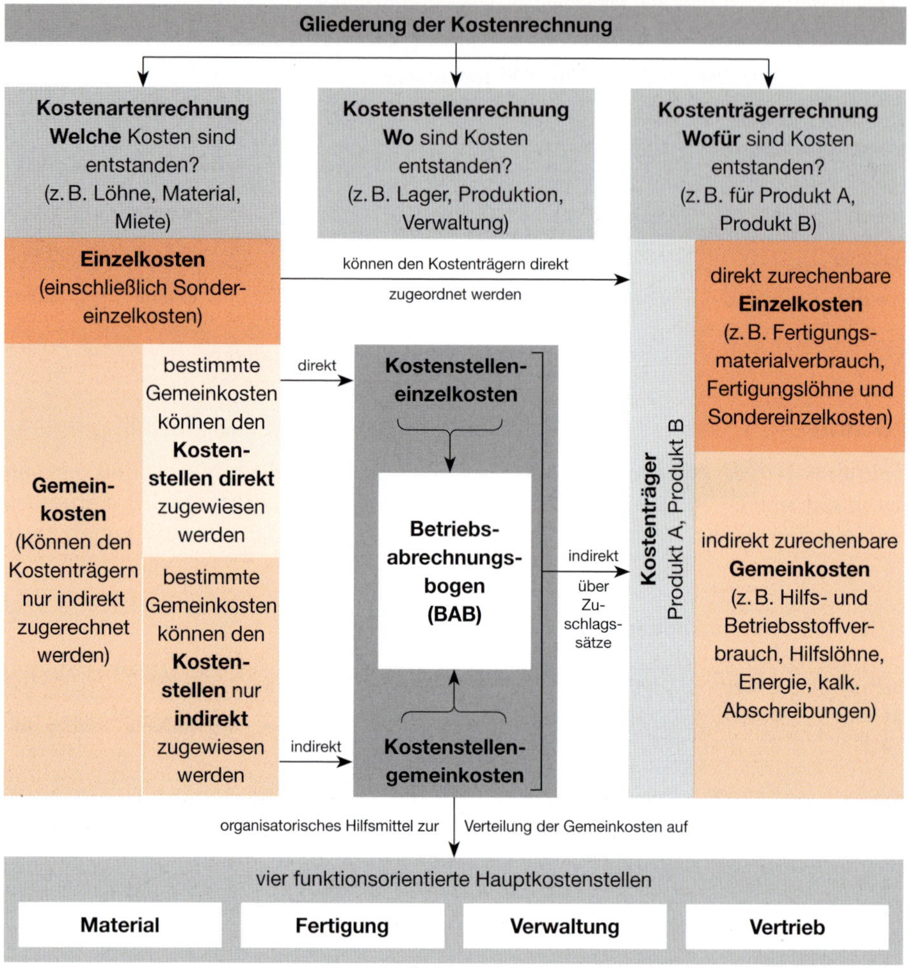
Gliederung der Kostenrechnung
Kostenartenrechnung
Welche Kosten sind entstanden?
(z. B. Löhne, Material, Miete)
Kostenstellenrechnung
Wo sind Kosten entstanden?
(z. B. Lager, Produktion, Verwaltung)
Kostenträgerrechnung
Wofür sind Kosten entstanden?
(z. B. für Produkt A, Produkt B)
Einzelkosten
(einschließlich Sondereinzelkosten)
können den Kostenträgern direkt zugeordnet werden
Gemeinkosten
(Können den Kostenträgern nur indirekt zugerechnet werden)
bestimmte Gemeinkosten können den Kostenstellen direkt zugewiesen werden
direkt
bestimmte Gemeinkosten können den Kostenstellen nur indirekt zugewiesen werden
indirekt
Kostenstelleneinzelkosten
Betriebsabrechnungsbogen (BAB)
Kostenstellengemeinkosten
indirekt
über Zuschlagssätze
Kostenträger
Produkt A, Produkt B
direkt zurechenbare Einzelkosten
(z. B. Fertigungsmaterialverbrauch, Fertigungslöhne und Sondereinzelkosten)
indirekt zurechenbare Gemeinkosten
(z. B. Hilfs- und Betriebsstoffverbrauch, Hilfslöhne, Energie, kalk. Abschreibungen)
organisatorisches Hilfsmittel zur
Verteilung der Gemeinkosten auf
vier funktionsorientierte Hauptkostenstellen
Material
Fertigung
Verwaltung
Vertrieb

Fragen zur Wiederholung

zu Kapitel 5.2 Betriebsabrechnungsbogen

1. Welche Aufgabe hat ein Betriebsabrechnungsbogen?
2. Wie ist ein Betriebsabrechnungsbogen aufgebaut?
3. Welcher Zusammenhang besteht zwischen der Höhe der Materialeinzel- und Materialgemeinkosten?
4. Nennen Sie Beispiele für Schlüssel zur Verteilung von Gemeinkosten.

Aufgaben und Probleme

zu Kapitel 5.2 Betriebsabrechnungsbogen

5.2.1 BAB: Verteilung der Gemeinkosten

Der Abgrenzungstabelle (Auszug) der Möbelfabrik Möschle e. K. für das vergangene Geschäftsjahr sind folgende Zahlen zu entnehmen:

Konten	...	KLR-Bereich	
	...	Kosten (EUR)	Leistungen (EUR)
...			
Rohstoffverbrauch		800 000	
Gemeinkostenmaterial		120 000	
Stromkosten		32 000	
Fertigungslöhne		600 000	
Hilfslöhne		60 000	
Gehälter		280 000	
Raumkosten		15 000	
Betriebssteuern		160 000	
Kalkulatorische Abschreibungen		240 000	
Kalkulatorischer Unternehmerlohn		120 000	
Zinsen (in vollem Umfang Kosten)		640 000	

1. Stellen Sie fest, bei welchen der aufgeführten Kosten es sich um Gemeinkosten handelt.
2. Was ist unter Stelleneinzelkosten und Stellengemeinkosten zu verstehen und auf welcher Grundlage werden diese im Betriebsabrechnungsbogen jeweils verteilt?
3. Übertragen Sie die Zahlen aus der Kosten- und Leistungsrechnung in einen BAB und verteilen Sie unter Verwendung der nachstehend aufgeführten Belege und Verteilungsschlüssel die Gemeinkosten auf die vier Kostenstellen.

Gemeinkosten	Zahlen der KLR (EUR)	Kostenstellen			
		Material	Fertigung	Verwaltung	Vertrieb
Stelleneinzelkosten lt. Belegen					
Gemeinkostenmaterial	120 000	20 000 EUR	90 000 EUR	5 000 EUR	5 000 EUR
Stromkosten	32 000	2 000 kWh	70 000 kWh	4 000 kWh	4 000 KWh
Gehälter	280 000	25 000 EUR	142 000 EUR	68 000 EUR	45 000 EUR
Zinsen	640 000	80 000 EUR	456 000 EUR	48 000 EUR	56 000 EUR
Kalkulatorische Abschreibungen	240 000	15 000 EUR	190 000 EUR	17 000 EUR	18 000 EUR
Stellengemeinkosten lt. Verteilungsschlüssel					
Raumkosten	15 000	400 qm	1 800 qm	200 qm	100 qm
Hilfslöhne	60 000	1	4	–	1
Betriebssteuern	160 000	2	6	1	1
Kalkulatorischer Unternehmerlohn	120 000	1	4	2	1

5.3 Ermittlung von Zuschlagssätzen für die Gemeinkosten (Istzuschläge)

Zweck von Gemeinkostenzuschlagssätzen

Während die Einzelkosten den Kostenträgern direkt zugerechnet werden können, erfolgt die Zurechnung der Gemeinkosten über den Umweg der im BAB ausgewiesenen Kostenstellen. Hierzu werden für die Gemeinkosten der einzelnen Kostenstellen Zuschlagssätze berechnet.

> **Da die Gemeinkosten nicht direkt den Kostenträgern zugerechnet werden können, muss die Zurechnung indirekt erfolgen. Das kann mit Hilfe von Zuschlagssätzen geschehen.**

Für die Ermittlung der Zuschlagssätze muss eine Bezugsgröße **(Zuschlagsgrundlage)** gewählt werden. Diese soll gewährleisten, dass die Gemeinkosten den Kostenträgern möglichst **verursachungsgerecht** zugerechnet werden. Das bedeutet, dass die einzelnen Kostenträger (Erzeugnisse) nur mit den Gemeinkosten belastet werden sollen, die sie tatsächlich auch verursacht haben.

> **Bei der Verwendung von Zuschlagssätzen ist die Wahl der „richtigen" Zuschlagsgrundlage das Hauptproblem für eine möglichst verursachungsgerechte Zurechnung der Gemeinkosten auf die Kostenträger.**

Material- und Fertigungsgemeinkosten

Im Material- und Fertigungsbereich werden in der Regel die entsprechenden Einzelkosten als Zuschlagsgrundlage verwendet.

Gemeinkosten	Zuschlagsgrundlage
Materialgemeinkosten	Materialeinzelkosten (Verbrauch an Fertigungsmaterial)
Fertigungsgemeinkosten	Fertigungseinzelkosten (Fertigungslöhne)

Zuschlagssätze

❶ **Materialgemeinkosten-zuschlagssatz (MGKZ)**

$$\text{MGKZ} = \frac{\text{Materialgemeinkosten} \cdot 100}{\text{Materialeinzelkosten}}$$

❷ **Fertigungsgemeinkosten-zuschlagssatz (FGKZ)**

$$\text{FGKZ} = \frac{\text{Fertigungsgemeinkosten} \cdot 100}{\text{Fertigungseinzelkosten}}$$

Erläuterungen zur Berechnung

Für die **Materialgemeinkosten** wird angenommen, dass sie in ihrer Höhe proportional abhängig sind vom Wert des verbrauchten Fertigungsmaterials (Materialeinzelkosten). Deshalb bilden die **Materialeinzelkosten** die Zuschlagsgrundlage zur Berechnung des Zuschlagssatzes für die Materialgemeinkosten.

Für die **Fertigungsgemeinkosten** wird eine proportionale Abhängigkeit zu den Fertigungslöhnen (Fertigungseinzelkosten) unterstellt. Die **Fertigungseinzelkosten** bilden deshalb die Zuschlagsgrundlage zur Berechnung des Zuschlagssatzes für die Fertigungsgemeinkosten.

Für die Kostenstellen Material und Fertigung werden in der Regel die Einzelkosten (Fertigungsmaterial bzw. Fertigungslöhne) als Zuschlagsgrundlage gewählt.

Bei der Verrechnung der Material- und Fertigungsgemeinkosten mit Hilfe von Zuschlagssätzen wird unterstellt, dass sich diese Gemeinkosten im gleichen Verhältnis (= proportional) wie die als Zuschlagsgrundlage verwendeten Einzelkosten verändern.

Verwaltungs- und Vertriebsgemeinkosten

Im Verwaltungs- und Vertriebsbereich gibt es keine Einzelkosten, die als geeignete Bezugsgröße dienen könnten. Deshalb werden für die Verwaltungs- und Vertriebsgemeinkosten **ersatzweise die Herstellkosten** (= Summe aller Material- und Fertigungskosten) als Zuschlagsgrundlage verwendet.

Gemeinkosten	Zuschlagsgrundlage
Verwaltungsgemeinkosten	Herstellkosten
Vertriebsgemeinkosten	Herstellkosten

Um die Herstellkosten als Bezugsgröße zu ermitteln, muss zunächst eine **Gesamtkalkulation** aller bei der **Herstellung** in der Abrechnungsperiode angefallenen Kosten vorgenommen werden.

Berechnung der Herstellkosten

	Materialeinzelkosten	Materialkosten
+	Materialgemeinkosten	
+	Fertigungseinzelkosten	Fertigungskosten
+	Fertigungsgemeinkosten	
+	Sondereinzelkosten der Fertigung[1]	
=	Herstellkosten	

Zuschlagssätze

3 Verwaltungsgemeinkostenzuschlagssatz (VwGKZ)

$$\text{VwGKZ} = \frac{\text{Verwaltungsgemeinkosten} \cdot 100}{\text{Herstellkosten}}$$

4 Vertriebsgemeinkostenzuschlagssatz (VtGKZ)

$$\text{VtGKZ} = \frac{\text{Vertriebsgemeinkosten} \cdot 100}{\text{Herstellkosten}}$$

Erläuterungen zur Berechnung

Aufg. 5.3.1 S. 64

Verwaltungsgemeinkosten (z. B. Gehälter für die Geschäftsleitung und das Büropersonal) stehen in direktem Zusammenhang mit allen betrieblichen Funktionsbereichen. Die Zuschlagsgrundlage zur Berechnung des Zuschlagssatzes für die Verwaltungsgemeinkosten bilden deshalb alle Kosten, die im Rahmen der Herstellung der Erzeugnisse während einer bestimmten Abrechnungsperiode z. B. Monat, Quartal, Jahr **(= Herstellkosten)** entstanden sind.

Für die Berechnung des Zuschlagssatzes der Vertriebsgemeinkosten gilt der gleiche Zusammenhang wie für die Verwaltungsgemeinkosten. Deshalb werden auch in diesem Fall die **Herstellkosten** als Zuschlagsgrundlage verwendet.

1 Beispiele für Sondereinzelkosten der Fertigung: Konstruktionskosten, Speziallackierung eines Pkw

Für die Kostenstellen Verwaltung und Vertrieb werden in der Regel die Herstellkosten als Zuschlagsgrundlage gewählt.

Bei der Verrechnung der Verwaltungs- und Vertriebsgemeinkosten mit Hilfe von Zuschlagssätzen wird unterstellt, dass sich diese Gemeinkosten im gleichen Verhältnis (= proportional) wie die als Zuschlagsgrundlage verwendeten Herstellkosten verändern.

Berechnung der Gemeinkostenzuschläge mit Hilfe des BAB

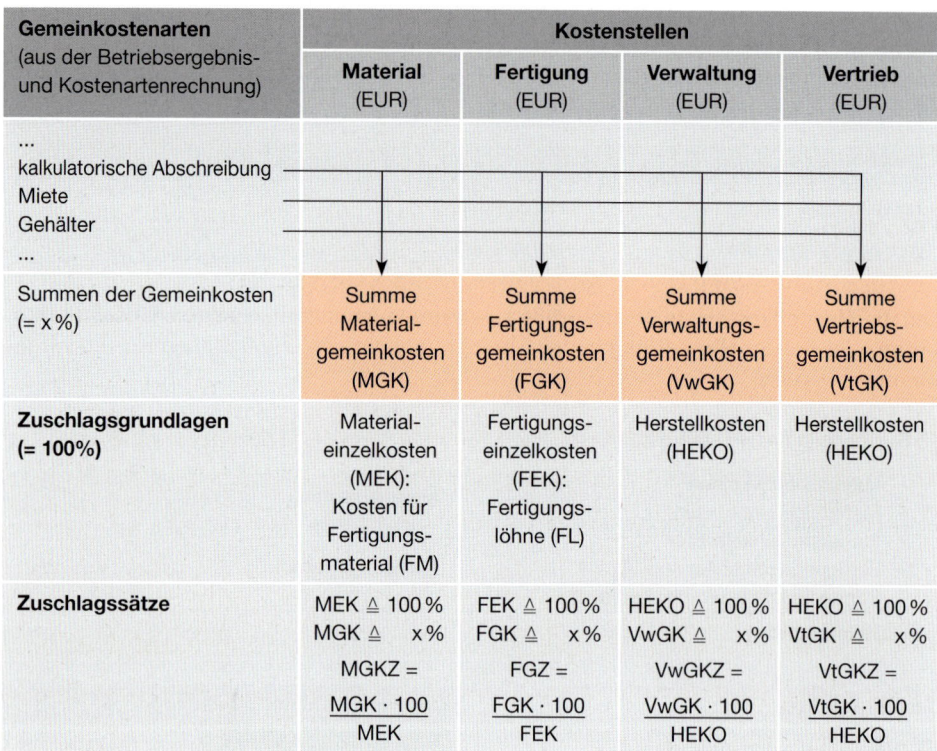

Gemeinkostenarten (aus der Betriebsergebnis- und Kostenartenrechnung)	**Kostenstellen**			
	Material (EUR)	**Fertigung** (EUR)	**Verwaltung** (EUR)	**Vertrieb** (EUR)
... kalkulatorische Abschreibung Miete Gehälter ...	↓	↓	↓	↓
Summen der Gemeinkosten (= x %)	Summe Material-gemeinkosten (MGK)	Summe Fertigungs-gemeinkosten (FGK)	Summe Verwaltungs-gemeinkosten (VwGK)	Summe Vertriebs-gemeinkosten (VtGK)
Zuschlagsgrundlagen **(= 100%)**	Material-einzelkosten (MEK): Kosten für Fertigungs-material (FM)	Fertigungs-einzelkosten (FEK): Fertigungs-löhne (FL)	Herstellkosten (HEKO)	Herstellkosten (HEKO)
Zuschlagssätze	MEK ≙ 100 % MGK ≙ x % MGKZ = $\frac{MGK \cdot 100}{MEK}$	FEK ≙ 100 % FGK ≙ x % FGZ = $\frac{FGK \cdot 100}{FEK}$	HEKO ≙ 100 % VwGK ≙ x % VwGKZ = $\frac{VwGK \cdot 100}{HEKO}$	HEKO ≙ 100 % VtGK ≙ x % VtGKZ = $\frac{VtGK \cdot 100}{HEKO}$

Die aus den Zahlen des BAB ermittelten Zuschlagssätze werden als **Istgemeinkostenzuschlagssätze** bezeichnet, da sie auf den in der vergangenen Periode **tatsächlich angefallenen Kosten** beruhen. Diese Zuschlagssätze aus der **Vergangenheit** werden u. a. dazu benötigt, um **vor** Beginn der Herstellung von Erzeugnissen oder vor Ausführung von Aufträgen die für diese Kostenträger **voraussichtlich** anfallenden **Selbstkosten** zu kalkulieren **(Vorkalkulation)**.

Die aus Vergangenheitswerten ermittelten Istgemeinkostenzuschlagssätze bilden die Grundlage für die Kalkulation der Selbstkosten und für die Erstellung von Kostenvoranschlägen (Kalkulation des Angebotspreises) für Aufträge, die die kommende Periode betreffen.

Werden die bei der Herstellung und dem Vertrieb eines Erzeugnisses voraussichtlich anfallenden Gemeinkosten dem Kostenträger (Erzeugnis) mit Hilfe von Gemeinkostenzuschlagssätzen zugerechnet, so liegt eine Zuschlagskalkulation vor.

Aufg. 5.3.2 u. 5.3.3 S. 64 f.

Betriebsabrechnungsbogen mit Berechnung der Gemeinkostenzuschlagssätze

Gemein-kostenarten	Gemein-kosten (EUR)	Verteilungs-grundlage	Kostenstellen			
			Material (EUR)	Fertigung (EUR)	Verwaltung (EUR)	Vertrieb (EUR)
Strom	12 000	Zwischenzähler	300	10 500	600	600
Hilfsstoffe	200 000	Entnahmescheine		200 000		
Betriebsstoffe	359 000	Maschinenlaufzeiten/Verbrauchsbelege	30 000	300 000	15 000	14 000
Gehälter	425 000	Gehaltslisten	25 000	230 000	135 000	35 000
Kalk. Abschreib.	290 000	Anlagekartei	30 000	180 000	60 000	20 000
Miete	11 700	Flächen in m^2			7 800	3 900
sonstige Kosten	227 000	Belege	9 000	18 000	110 000	90 000
Summe der Gemeinkosten	**1 524 700**		**94 300** MGK	**938 500** FGK	**328 400** VwGK	**163 500** VtGK
Zuschlags-grundlagen (= 100 %)			943 000 **Fertigungs-material**	1 173 125 **Fertigungs-löhne**	3 148 925[1] **Herstell-kosten**	3 148 925[1] **Herstell-kosten**
Zuschlags-sätze			10 % **Material-gemein-kostenzu-schlagssatz**	80 % **Fertigungs-gemein-kostenzu-schlagssatz**	10,4 % **Verwaltungs-gemein-kostenzu-schlagsatz**	5,2 % **Vertriebs-gemein-kostenzu-schlagssatz**

1 HEKO = FM (943 000) + MGK (94 300) + FL (1 173 125) + FGK (938 500) = 3 148 925

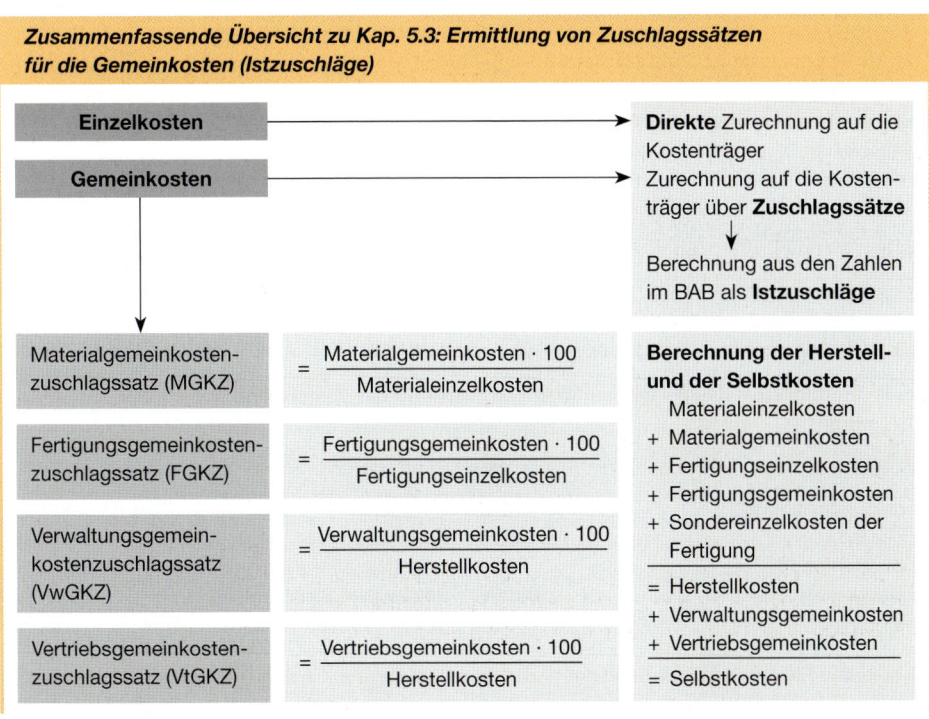

Zusammenfassende Übersicht zu Kap. 5.3: Ermittlung von Zuschlagssätzen für die Gemeinkosten (Istzuschläge)

Einzelkosten → **Direkte** Zurechnung auf die Kostenträger

Gemeinkosten → Zurechnung auf die Kostenträger über **Zuschlagssätze**
↓
Berechnung aus den Zahlen im BAB als **Istzuschläge**

Materialgemeinkostenzuschlagssatz (MGKZ) $= \frac{\text{Materialgemeinkosten} \cdot 100}{\text{Materialeinzelkosten}}$

Fertigungsgemeinkostenzuschlagssatz (FGKZ) $= \frac{\text{Fertigungsgemeinkosten} \cdot 100}{\text{Fertigungseinzelkosten}}$

Verwaltungsgemeinkostenzuschlagssatz (VwGKZ) $= \frac{\text{Verwaltungsgemeinkosten} \cdot 100}{\text{Herstellkosten}}$

Vertriebsgemeinkostenzuschlagssatz (VtGKZ) $= \frac{\text{Vertriebsgemeinkosten} \cdot 100}{\text{Herstellkosten}}$

Berechnung der Herstell- und der Selbstkosten

Materialeinzelkosten
\+ Materialgemeinkosten
\+ Fertigungseinzelkosten
\+ Fertigungsgemeinkosten
\+ Sondereinzelkosten der Fertigung
= Herstellkosten
\+ Verwaltungsgemeinkosten
\+ Vertriebsgemeinkosten
= Selbstkosten

Betriebsabrechnungsbogen (BAB)			
vier Hauptkostenstellen			
Material	**Fertigung**	**Verwaltung**	**Vertrieb**

vier Istgemeinkostenzuschlagssätze dienen u. a. zur Kalkulation der Selbstkosten künftiger Aufträge (Vorkalkulation)

Fragen zur Wiederholung

zu Kapitel 5.3 Ermittlung von Zuschlagssätzen für die Gemeinkosten (Istzuschläge)

1. Wie werden jeweils Einzel- und Gemeinkosten den Kostenträgern zugerechnet?
2. Welche Zuschlagsgrundlagen werden für die Gemeinkosten der vier Kostenstellen jeweils gewählt?
3. Wie werden die Gemeinkostenzuschlagssätze ermittelt?
4. Wie lautet das Schema zur Berechnung der Herstellkosten?
5. Welcher Zusammenhang zwischen den Gemeinkosten und der jeweiligen Zuschlagsgrundlage wird unterstellt?
6. Erklären Sie den Begriff „Istzuschlagssatz" und geben Sie an, wofür diese Zuschlagssätze benötigt werden.

Aufgaben und Probleme

zu Kapitel 5.3 Ermittlung von Zuschlagssätzen für die Gemeinkosten (Istzuschläge)

5.3.1 Gemeinkostenzuschlagssätze

Die Alu-Präzisionsteile GmbH in Schwäbisch Gmünd errechnete für das vergangene Quartal für die Hauptkostenstellen folgende Gemeinkosten:

Material	76 000 EUR
Fertigung	876 800 EUR
Verwaltung	345 480 EUR
Vertrieb	138 192 EUR

Im gleichen Zeitraum wurden für Fertigungslöhne 1 753 600 EUR bezahlt. Der Rohstoffverbrauch belief sich auf 1,9 Mio. EUR.
Ermitteln Sie die Gemeinkostenzuschlagssätze.

5.3.2 Betriebsabrechnungsbogen – Zuschlagssätze

Der Rechnungskreis II eines Industriebetriebes weist für das vergangene Quartal folgende Kosten aus:

PDF

Kostenarten	(EUR)	Kostenarten	(EUR)
Fertigungsmaterial	130 240	Gehälter	85 600
Hilfsstoffe	25 000	Soziale Abgaben	39 000
Betriebsstoffe	7 200	Kalkulatorische Abschreibung	19 200
Fertigungslöhne	133 200	Betriebliche Steuern	8 800
Hilfslöhne	36 000	Sonst. betriebliche Aufwendungen	20 000

1. Erstellen Sie auf der Grundlage der nachstehenden Angaben zur Verteilung der Gemeinkosten einen Betriebsabrechnungsbogen.

Kostenart	Material	Fertigung	Verwaltung	Vertrieb
Kostenstelleneinzelkosten				
Hilfsstoffe	400 EUR	21 400 EUR	–	3 200 EUR
Betriebsstoffe	480 EUR	3 640 EUR	1 720 EUR	1 360 EUR
Hilfslöhne	2 780 EUR	31 460 EUR	560 EUR	1 200 EUR
Gehälter	3 200 EUR	10 800 EUR	40 600 EUR	31 000 EUR
Soziale Abgaben	1 300 EUR	21 100 EUR	11 880 EUR	4 720 EUR
Sonst. betriebl. Aufwendungen	2 120 EUR	4 480 EUR	10 000 EUR	3 400 EUR
Kostenstellengemeinkosten				
Kalk. Abschreibung (Verteilung im Verhältnis der Anlagewerte)	125 000 EUR	175 000 EUR	75 000 EUR	25 000 EUR
Betriebliche Steuern	–	3 :	2	–

2. Errechnen Sie die vier Gemeinkostenzuschlagssätze.
3. Ermitteln Sie das Betriebsergebnis für das zurückliegende Quartal, wenn die Umsatzerlöse 610 000 EUR betragen haben.

5.3.3 Betriebsabrechnungsbogen mit Excel

Ein Industriebetrieb erstellt seinen Betriebsabrechnungsbogen mit Hilfe des Tabellenkalkulationsprogramms Microsoft Excel. Nachstehender Bildschirmauszug enthält die für die Abrechnung wesentlichen Informationen:

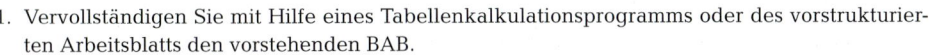

EXCEL

D28 =

	A	B	C	D	E	F	G	H	I	J
1	Einstufiger Betriebsabrechnungsbogen									
2										
3	Gemeinkostenarten	Kosten	Verteilungsschlüssel				Kostenstellen			
4							Material	Fertigung	Verwaltung	Vertrieb
5		EUR	M	F	Vw	Vt	EUR	EUR	EUR	EUR
6	Gemeinkostenmaterial	70 000	2	8		1				
7	Energiekosten	35 300	2	6	4	3				
8	Hilfslöhne	42 800	1	7	5	2				
9	Gehälter	74 680		5	6	1				
10	Sozialkosten	10 680	1	12	11	3				
11	Instandhaltungen	32 200	1	5	2	2				
12	Betriebliche Steuern[1]	10 300	1	4	2	1				
13	Werbung	12 800	1		3	5				
14	Kalk. Abschreibungen	24 000	1	9	2	1				
15	Kalk. Zinsen	14 000	1	7	2	1				
16	sonstige Kosten	38 950	2	10	5	3				
17	**Summe Gemeinkosten**	365 710								
18										
19	**Zuschlagsgrundlagen**						240 000	180 000		
20										
21	**Zuschlagssätze**									
22										

1. Vervollständigen Sie mit Hilfe eines Tabellenkalkulationsprogramms oder des vorstrukturierten Arbeitsblatts den vorstehenden BAB.
   Hinweis: Die Sozialkosten (Personalzusatzkosten) werden in voller Höhe als Gemeinkosten verrechnet.
2. Aufgrund neuer Tarifabschlüsse erhöhen sich die Personalkosten und die Personalzusatzkosten jeweils um 3,2 %. Ermitteln Sie die Auswirkungen auf die Gemeinkosten-Zuschlagssätze.

1 Betriebliche Steuern: Gewerbesteuer, Kfz-Steuer, Grundsteuer

6 Vollkostenrechnung in Form der Zuschlagskalkulation

Überblick und Zusammenhänge

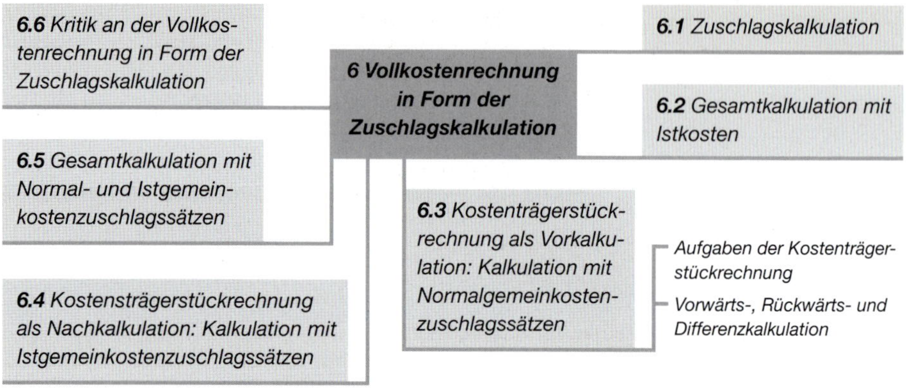

6.1 Zuschlagskalkulation

Stellt ein Unternehmen mehrere verschiedenartige Produkte her (Mehrproduktunternehmen), müssen die Gemeinkosten den Kostenträgern möglichst verursachungsgerecht zugerechnet werden. Dies wird im Rahmen der **Zuschlagskalkulation** dadurch versucht, indem die **Gemeinkosten** mithilfe von **Zuschlagssätzen** auf die Kostenträger verteilt werden. Die **Einzelkosten** (Fertigungsmaterial, Fertigungslöhne, Sondereinzelkosten) werden dagegen jedem Kostenträger direkt zugerechnet.

Bei einer Zuschlagskalkulation werden die Einzelkosten (Fertigungsmaterial, Fertigungslöhne, Sondereinzelkosten) direkt auf die Erzeugnisse verrechnet. Die Verrechnung der Gemeinkosten erfolgt dagegen mit Hilfe von Zuschlagssätzen.

Voraussetzung für die Anwendung einer Zuschlagskalkulation mit **mehreren Zuschlagssätzen** (= differenzierende Zuschlagskalkulation) ist eine auf einem **BAB** aufbauende **Kostenstellenrechnung**. Die Anzahl der Kostenstellen und die dort gewählten Zuschlagsgrundlagen bestimmen Umfang und Inhalt des Kalkulationsschemas.

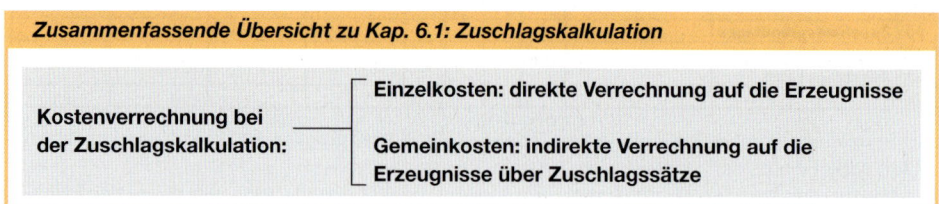

Zusammenfassende Übersicht zu Kap. 6.1: Zuschlagskalkulation

Kostenverrechnung bei der Zuschlagskalkulation:
- **Einzelkosten: direkte Verrechnung auf die Erzeugnisse**
- **Gemeinkosten: indirekte Verrechnung auf die Erzeugnisse über Zuschlagssätze**

Fragen zur Wiederholung

zu Kapitel 6.1 Zuschlagskalkulation

1. Wie werden Einzel- und Gemeinkosten im Rahmen der Zuschlagskalkulation auf die Erzeugnisse verrechnet?
2. Warum ist eine auf einem BAB aufbauende Kostenstellenrechnung Voraussetzung für die Anwendung einer (differenzierenden) Zuschlagskalkulation?

6.2 Gesamtkalkulation mit Istkosten

Ausgangspunkt für die Gesamtkalkulation mit Istkosten sind die in einer Rechnungsperiode (Monat, Quartal, Geschäftsjahr) tatsächlich entstandenen **Einzelkosten**. Wird die Summe der Einzelkosten um die in dieser Rechnungsperiode angefallenen Gemeinkosten vermehrt, ergeben sich die **Selbstkosten**. Davon zu unterscheiden sind die **Herstellkosten**, die lediglich die Einzel- und Gemeinkosten des Material- und Fertigungsbereichs, nicht aber die Verwaltungs- und Vertriebsgemeinkosten umfassen. Die Höhe der einzelnen Gemeinkostenarten (Material-, Fertigungs-, Verwaltungs- und Vertriebsgemeinkosten) ist aus dem BAB ersichtlich. Bei all diesen Einzel- und Gemeinkosten handelt es sich um **Istkosten**, die in der letzten Rechnungsperiode tatsächlich angefallen sind.

Gesamtkalkulation mit Istkosten

Die Abgrenzungstabelle eines Industriebetriebes enthält für das dritte Quartal folgende Einzelkosten (Isteinzelkosten):

Fertigungsmaterial	330 000 EUR
Fertigungslöhne	188 000 EUR

Für den gleichen Zeitraum sind nachstehendem Betriebsabrechnungsbogen (Auszug) folgende Informationen zu entnehmen:

Gemeinkosten	Gesamtkosten	Kostenstellen			
		Material	Fertigung	Verwaltung	Vertrieb
...	...	...			
...	...	...			
Summe der Gemeinkosten	190 000 EUR	66 000 EUR MGK	94 000 EUR FGK	33 900 EUR VwGK	20 340 EUR VtGK
Zuschlagsgrundlagen		330 000 EUR Fertigungsmaterial	188 000 EUR Fertigungslöhne	678 000 EUR Herstellkosten	
Istgemeinkostenzuschlagssätze		20 %	50 %	5 %	3 %

Aus dem vorliegenden Zahlenmaterial lässt sich folgende Gesamtkalkulation erstellen:

Aufg. 6.2.1 S. 68

	Fertigungsmaterial	330 000 EUR
+	Materialgemeinkosten	66 000 EUR
+	Fertigungslöhne	188 000 EUR
+	Fertigungsgemeinkosten	94 000 EUR
=	**Herstellkosten**	**678 000 EUR**
+	Verwaltungsgemeinkosten	33 900 EUR
+	Vertriebsgemeinkosten	20 340 EUR
=	**Selbstkosten**	**732 240 EUR**

Die Gesamtkalkulation mit Istkosten hat die Aufgabe, auf der Grundlage der in einer Rechnungsperiode entstandenen *Isteinzelkosten* und der für diese Periode vorliegenden *Istgemeinkosten* die insgesamt entstandenen *Herstell-* und *Selbstkosten* zu ermitteln.

Zusammenfassende Übersicht zu Kap. 6.2: Gesamtkalkulation mit Istkosten

Schema für eine Gesamtkalkulation mit Istkosten

	Materialeinzelkosten
+	**Materialgemeinkosten**
+	**Fertigungseinzelkosten**
+	**Fertigungsgemeinkosten**
+	**Sondereinzelkosten der Fertigung**
=	**Herstellkosten**
+	**Verwaltungsgemeinkosten**
+	**Vertriebsgemeinkosten**
+	**Sondereinzelkosten des Vertriebs**
=	**Selbstkosten**

Fragen zur Wiederholung

zu Kapitel 6.2 Gesamtkalkulation mit Istkosten

1. Welche Aufgabe hat eine Gesamtkalkulation auf der Grundlage von Istkosten?
2. Wie lautet das Schema für eine Gesamtkalkulation mit Istkosten?

Aufgaben und Probleme

zu Kapitel 6.2 Gesamtkalkulation mit Istkosten

6.2.1 BAB und Gesamtkalkulation mit Istkosten

PDF

Die Franz Harter OHG stellt für die Zahnmedizin verschiedene Kunststoff-Präzisionsteile her. Für die Betriebsabrechnung stehen folgende Zahlen zur Verfügung:

Fertigungsmaterial	732 800 EUR
Hilfs- und Betriebsstoffe	16 000 EUR
Fertigungslöhne	366 400 EUR
Gehälter	300 000 EUR
Kalkulatorische Abschreibungen	126 000 EUR
Kalkulatorischer Unternehmerlohn	120 000 EUR
Sonstige Gemeinkosten	354 000 EUR

1. Verteilen Sie die Gemeinkosten auf die Kostenstellen Material, Fertigung, Verwaltung und Vertrieb nach folgendem Schlüssel: 2:3:12:8.
2. Berechnen Sie die Gemeinkostenzuschlagssätze.
3. Erstellen Sie eine Gesamtkalkulation und berechnen Sie die Herstellkosten und die Selbstkosten.

6.3 Kostenträgerstückrechnung als Vorkalkulation: Kalkulation mit Normalgemeinkostenzuschlagssätzen

6.3.1 Aufgaben der Kostenträgerstückrechnung – Ermittlung von Normalgemeinkostenzuschlagssätzen

Eine Kostenträgerstückrechnung liegt vor, wenn die Kosten ermittelt werden, die für die Herstellung einer einzelnen Einheit eines Erzeugnisses entstanden sind (= Nachkalkulation) oder voraussichtlich entstehen werden (= Vorkalkulation).

Mit Hilfe der Kostenträgerstückrechnung lassen sich u. a. folgende Fragen beantworten:

❶ Zu welchem Mindestpreis muss ein Produkt angeboten werden, damit alle Kosten gedeckt sind?	❷ Welcher Erlös muss für ein Produkt erzielt werden, damit ein gewünschter Mindestgewinn erwirtschaftet wird?	❸ Wie hoch dürfen die Material-, Fertigungs- und Herstellkosten höchstens sein, wenn der Angebotspreis nicht höher als der der Konkurrenz sein soll?	❹ Deckt der aufgrund einer Vorkalkulation ermittelte Angebotspreis die tatsächlichen Kosten, die in der Nachkalkulation ermittelt wurden?

Die voraussichtlich anfallenden **Einzelkosten** (Fertigungsmaterial, Fertigungslöhne, Sondereinzelkosten) lassen sich anhand von **Stücklisten** (für den Materialverbrauch) und **Arbeitszeitstudien oder Arbeitsplänen** (für die Fertigungslöhne) einfacher ermitteln als die voraussichtlich anfallenden **Gemeinkosten**. Da die Gemeinkosten z. B. aufgrund unterschiedlicher Auslastung eines Betriebes starken Schwankungen unterliegen, reicht es häufig nicht aus, für die **Vorkalkulation** die zuletzt ermittelten **Ist**gemeinkostenzuschlagssätze zu verwenden. Zur Ermittlung der voraussichtlichen Selbstkosten und des Angebotspreises ist das Unternehmen vielmehr darauf angewiesen, auf der Grundlage von Erfahrungen aus der Vergangenheit eine **Vorkalkulation** mit **Normalgemeinkostenzuschlagssätzen (Sollzuschlagssätzen)** zu erstellen. Die mit Normalzuschlagssätzen kalkulierten Gemeinkosten weichen in der Regel von den erst nachträglich feststellbaren Gemeinkosten (Istkosten) ab.

Normalgemeinkostenzuschlagssätze werden in der Regel auf der Basis von Durchschnittswerten der Istgemeinkostenzuschlagssätze zurückliegender Rechnungsperioden ermittelt. Dadurch sollen Zufallsschwankungen ausgeschaltet werden.

6.3.2 Vorwärts-, Rückwärts- und Differenzkalkulation

Aufg. 6.3.1 S. 74

Vorwärtskalkulation

Mit Hilfe der **Vorwärtskalkulation** werden die voraussichtlichen Selbstkosten und der Angebotspreis ermittelt. Die Vorwärtskalkulation wird deshalb auch als **Angebotskalkulation** oder **Verkaufskalkulation** bezeichnet. Es handelt sich um eine **Vorkalkulation**, da mit den **voraussichtlichen Kosten (Normalkosten)** gerechnet werden muss.

In einem ersten Schritt werden durch eine **Zuschlagskalkulation** mit **Normalgemeinkostenzuschlagssätzen** die voraussichtlichen **Selbstkosten** des Kostenträgers ermittelt. Diese **Selbstkostenkalkulation** wird durch die Berücksichtigung eines Gewinnzuschlags und die Einrechnung von Skonto und Rabatt zur **Angebotskalkulation** erweitert. Der **Gewinnzuschlag** ist ein prozentualer Aufschlag auf die Selbstkosten.

Angebotskalkulation einer Büromöbelfabrik

Die Möbelfabrik Bürodesign GmbH hat ermittelt, dass für die Produktion eines Schreibtisches 320,00 EUR für Fertigungsmaterial und 200,00 EUR für Fertigungslöhne entstehen. Das Unternehmen rechnet mit folgenden Normalgemeinkostenzuschlagssätzen: 25 % Materialgemeinkosten, 120 % Fertigungsgemeinkosten, 15 % Verwaltungsgemeinkosten und 10 % Vertriebsgemeinkosten.

Unter Berücksichtigung von 2 % Kundenskonto, 25 % Kundenrabatt, 26 % Gewinnzuschlag und 19 % Umsatzsteuer errechnet sich folgender Listenpreis (Listenverkaufspreis brutto):

1		Materialeinzelkosten		100,0 %	320,00 €		
2	+	Materialgemeinkosten		25,0 %	80,00 €		vom Hundert
3	=	**Materialkosten**			**400,00 €**	**400,00 €**	(1 + 2)
4		Fertigungseinzelkosten	100,0 %		200,00 €		
5	+	Fertigungsgemeinkosten	120,0 %		240,00 €		vom Hundert
6	=	**Fertigungskosten**			**440,00 €**	**440,00 €**	(4 + 5)
7		**Herstellkosten**		100,0 %		**840,00 €**	(3 + 6)
8	+	Verwaltungsgemeinkosten		15,0 %		126,00 €	vom Hundert
9	+	Vertriebsgemeinkosten		10,0 %		84,00 €	vom Hundert
10	=	**Selbstkosten**	100,0 %			**1 050,00 €**	(7 + 8 + 9)
11	+	Gewinn	26,0 %			273,00 €	vom Hundert
12	=	**Barverkaufspreis**		98,0 %		**1 323,00 €**	(10 + 11)
13	+	Kundenskonto		2,0 %		27,00 €	im Hundert
14	=	**Zielverkaufspreis**	75,0 %	100,0 %		**1 350,00 €**	(12 + 13)
15	+	Kundenrabatt	25,0 %			450,00 €	im Hundert
16	=	**Listenverkaufspreis netto**	100,0 %	100,0 %		**1 800,00 €**	(14 + 15)
17	+	Umsatzsteuer		19,0 %		342,00 €	vom Hundert
18	=	**Listenverkaufspreis brutto**				**2 142,00 €**	(16 + 17)

Aufg. 6.3.2 S. 76

Der Listenverkaufspreis wird von Industriebetrieben in aller Regel netto – also ohne Umsatzsteuer – angegeben, weil deren Kunden im Normalfall auch Unternehmen sind, die zum Vorsteuerabzug berechtigt sind. Die Umsatzsteuer stellt für sie daher keine Kosten dar. Lediglich gegenüber Endverbrauchern muss der Listenverkaufspreis brutto angegeben werden.
Besonderheiten sind bei der **Angebotskalkulation im Zusammenhang** mit den Preisnachlässen **Kundenrabatt** und **Kundenskonto** zu beachten. Diese beiden Preisnachlässe werden zuvor in den Listenverkaufspreis einkalkuliert und sind keinesfalls als großzügige Kulanz des Verkäufers zu verstehen. Bei der Gewährung von Kundenrabatten werden diese vom Listenverkaufspreis (ohne Umsatzsteuer) berechnet. Von dem verbleibenden **Zielverkaufspreis** kann der Kunde – sofern entsprechende Zahlungsbedingungen vereinbart wurden – bei Rechnungsbegleichung innerhalb der Skontofrist zusätzlich Kundenskonto abziehen.

Kalkulatorische Rückrechnung und Differenzkalkulation

Ergibt sich aus der Vorwärtskalkulation, dass der ermittelte Verkaufspreis auf dem Markt nicht erzielt werden kann, hat ein Unternehmen u. a. folgende Möglichkeiten, wenn es auf den Auftrag nicht verzichten will:

❶ Ermittlung durch Rückwärtsrechnung, um wie viel EUR die Material- und/oder Lohnkosten für einen wettbewerbsfähigen Angebotspreis gesenkt werden müssen.

❷ Verringerung des ursprünglich gewünschten Gewinnzuschlags, so dass der Angebotspreis niedriger ausfällt.

Kap. A 8

Diese beiden Alternativen können mit Hilfe der **kalkulatorischen Rückrechnung** bzw. der **Differenzkalkulation** überprüft werden.

Aufg. 6.3.3 bis 6.3.6 S. 76f.

Kalkulatorische Rückrechnung und Differenzkalkulation einer Büromöbelfabrik

Die Möbelfabrik Bürodesign GmbH (*vgl. Bsp. S. 70*) muss wegen der starken Konkurrenz den Zielverkaufspreis des Schreibtisches auf 1 200,00 EUR senken.

Zuschlagssätze und Fertigungseinzelkosten bleiben unverändert.

Materialgemeinkostenzuschlag:	25 %
Fertigungsgemeinkostenzuschlag:	120 %
Fertigungseinzelkosten:	200 EUR

Verwaltungsgemeinkostenzuschlag 15 %, Vertriebsgemeinkostenzuschlag 10 %, Gewinnzuschlag 26 %, Kundenskonto 2 %.

Die Geschäftsleitung will wissen,

1. wie teuer unter den gegebenen Bedingungen das Fertigungsmaterial höchstens sein darf.
2. wie hoch der verbleibende Gewinnzuschlag ist, wenn trotz intensiver Preisverhandlungen der Preis für das Fertigungsmaterial unverändert bei 320,00 EUR bleibt.

Sowohl die **kalkulatorische Rückrechnung** als auch die **Differenzkalkulation** basieren auf dem aus der Vorwärtskalkulation bekannten Kalkulationsschema. Bei der **Rückwärtskalkulation** sind stufenweise – ausgehend vom Listen- bzw. Zielverkaufspreis – die Materialkosten oder die Fertigungslöhne zu ermitteln.

1. Kalkulatorische Rückrechnung – Ermittlung des Höchstbetrags für das Fertigungsmaterial

1		Fertigungsmaterial	100 % ↑			245,34 EUR ↑	
2	+	Materialgemeinkosten	25 %			61,33 EUR	
3	=	Materialkosten	125 %				306,67 EUR
4		Fertigungslöhne		100 % ↑		200,00 EUR	
5	+	Fertigungsgemeinkosten		120 %		240,00 EUR	
6	=	Fertigungskosten					440,00 EUR
7		Herstellkosten	100 % ↑				746,67 EUR
8	+	Verwaltungsgemeinkosten	15 %				112,00 EUR
9	+	Vertriebsgemeinkosten	10 %				74,67 EUR
10	=	Selbstkosten	125 %	100 % ↑			933,33 EUR
11	+	Gewinnzuschlag		26 %			242,67 EUR
12	=	Barverkaufspreis	98 % ↑	126 %			1 176,00 EUR
13	+	Kundenskonto	2 %				24,00 EUR
14	=	Zielverkaufspreis	100 %				1 200,00 EUR

Die Kosten für das Fertigungsmaterial dürfen höchstens 245,34 EUR betragen.

Bei der **Differenzkalkulation** zur Ermittlung des verbleibenden Gewinnzuschlags werden

- zunächst wie bei der Vorwärtskalkulation die Selbstkosten
- dann wie bei der Rückwärtskalkulation der Barverkaufspreis

ermittelt. Die Differenz zwischen Selbstkosten und Barverkaufspreis ergibt den kalkulierten Gewinn. Wird dieser Betrag als Prozentsatz bezogen auf die Selbstkosten ausgedrückt, ergibt sich der Gewinnzuschlag (bzw. Verlustabschlag).

2. Differenzkalkulation – Ermittlung des verbleibenden Gewinnzuschlags

	Fertigungsmaterial	100 %		320,00 EUR	
+	Materialgemeinkosten	25 %		80,00 EUR	
=	Materialkosten	125 %			400,00 EUR
	Fertigungslöhne		100 %	200,00 EUR	
+	Fertigungsgemeinkosten		120 %	240,00 EUR	
=	Fertigungskosten		240 %		440,00 EUR
	Herstellkosten	100 %			840,00 EUR
+	Verwaltungsgemeinkosten	15 %			126,00 EUR
+	Vertriebsgemeinkosten	10 %			84,00 EUR
=	Selbstkosten	125 %	100 %		1 050,00 EUR
+	Gewinnzuschlag		12 %		126,00 EUR
=	Barverkaufspreis	98 %	112 %		1 176,00 EUR
+	Kundenskonto	2 %			24,00 EUR
=	Zielverkaufspreis	100 %			1 200,00 EUR

Unter den gegebenen Bedingungen lässt sich bei unveränderten Kosten für das Fertigungsmaterial in Höhe von 320,00 EUR ein Gewinn in Höhe von 126,00 EUR erzielen (Gewinnzuschlagssatz: 12 %).

Zusammenfassende Übersicht zu Kap. 6.3: Kostenträgerstückrechnung als Vorkalkulation: Kalkulation mit Normalgemeinkostenzuschlagssätzen

Kostenträgerstückrechnung als Vorkalkulation

- unmittelbare Verrechnung der Einzelkosten auf die Erzeugnisse
- Verrechnung der voraussichtlich anfallenden Gemeinkosten mithilfe von Normalgemeinkostenzuschlagssätzen

Aufgaben der Kostenträgerstückrechnung (Kalkulation)

Ermittlung

- des Mindestangebotspreises (Kostendeckung)
- des Mindestangebotspreises zur Erzielung eines Mindestgewinns
- der Höchstgrenze für Material-, Fertigungs- und Herstellkosten bei vorgegebenem Verkaufspreis

Anwendung der Zuschlagskalkulation

Vorwärtskalkulation (Verkaufskalkulation)
Ermittlung des kalkulierten Verkaufspreises (Angebotspreis)

Rückwärtskalkulation (Kalkulatorische Rückrechnung)
Ermittlung der Kosten, die für das Fertigungsmaterial oder die Fertigungslöhne höchstens anfallen dürfen

Differenzkalkulation
Ermittlung des Gewinns oder Gewinnzuschlags bei gegebenen Kosten und gegebenem Verkaufspreis

Vorwärts-, Rückwärts- und Differenzkalkulation			
	Vorwärtskalkulation (Verkaufskalkulation)	**Rückwärtskalkulation (Kalkulatorische Rückrechnung)**	**Differenzkalkulation**
Ziel	Ermittlung des kalkulierten Verkaufspreises (Angebotspreis)	Ermittlung der Kosten, die für Fertigungsmaterial höchstens anfallen dürfen	Ermittlung des Gewinns oder des Gewinnzuschlags bei gegebenen Kosten und gegebenem Verkaufspreis
Berechnungsschema	Fertigungsmaterial + Materialgemeinkosten v. H. **= Materialkosten** Fertigungslöhne + Fertigungsgemeinkosten v. H. **= Fertigungskosten** **= Herstellkosten** + Verwaltungsgemeinkosten v. H. + Vertriebsgemeinkosten v. H. **= Selbstkosten** + Gewinn v. H. **= Barverkaufspreis** + Kundenskonto i. H. **= Zielverkaufspreis** + Kundenrabatt i. H. **= Listenverkaufspreis netto** ↓	Fertigungsmaterial ↑ + Materialgemeinkosten a. H. **= Materialkosten** Fertigungslöhne + Fertigungsgemeinkosten a. H. **= Fertigungskosten** **= Herstellkosten** + Verwaltungsgemeinkosten a. H. + Vertriebsgemeinkosten a. H. **= Selbstkosten** + Gewinn a. H. **= Barverkaufspreis** + Kundenskonto v. H. **= Zielverkaufspreis** + Kundenrabatt v. H. **= Listenverkaufspreis netto**	Fertigungsmaterial + Materialgemeinkosten v. H. **= Materialkosten** Fertigungslöhne + Fertigungsgemeinkosten v. H. **= Fertigungskosten** **= Herstellkosten** + Verwaltungsgemeinkosten v. H. + Vertriebsgemeinkosten v. H. ↓ **= Selbstkosten** + Gewinn v. H. ↑ **= Barverkaufspreis** + Kundenskonto v. H. **= Zielverkaufspreis** + Kundenrabatt v. H. **= Listenverkaufspreis netto**

Fragen zur Wiederholung

zu Kapitel 6.3 Kostenträgerstückrechnung als Vorkalkulation: Kalkulation mit Normalgemeinkostenzuschlagssätzen

1. Welche Fragen lassen sich mithilfe der Kostenträgerstückrechnung (Kalkulation) beantworten?
2. Wie werden Normalgemeinkostenzuschlagssätze ermittelt und wofür werden sie benötigt?
3. Erläutern Sie den Grundaufbau einer Zuschlagskalkulation.
4. Wozu ist eine kalkulatorische Rückrechnung erforderlich?
5. Welche Größen sollen mithilfe der Vorwärts-, Rückwärts- und Differenzkalkulation jeweils berechnet werden?
6. Beschreiben Sie jeweils den Aufbau des Schemas einer Vorwärts-, Rückwärts- und Differenzkalkulation.
7. Geben Sie zu jedem unter 6. beschriebenen Schema an, mit welcher Art von Prozentrechnung (vom Hundert, im Hundert, auf Hundert) die einzelnen Zuschläge zu berechnen sind.

Aufgaben und Probleme

zu Kapitel 6.3 Kostenträgerstückrechnung als Vorkalkulation: Kalkulation mit Normalgemeinkostenzuschlagssätzen

LA

6.3.1 Zuschlagskalkulation – Betriebsabrechnungsbogen

Die Schreinerei **Schwär** hat bisher ausschließlich Holzregale eines bestimmten Typs hergestellt. Die einzelnen Regale können nach dem Baukastensystem kombiniert und zu Regalwänden erweitert werden. Durch das Auftreten mehrerer Billiganbieter besteht inzwischen ein scharfer Wettbewerb in diesem Marktsegment. Aus diesem Grund hat die Schreinerei **Schwär** zu Beginn des laufenden Jahres den Betrieb vergrößert und ihr Produktionsprogramm diversifiziert. Neben insgesamt drei Grundtypen von Regalen werden seitdem auch Spiel- und Sportgeräte aus Holz gefertigt. Die Regale müssen aus Konkurrenzgründen weiterhin besonders günstig angeboten werden.

1. Im letzten Quartal des vergangenen Jahres wurden ausschließlich 3900 gleichartige Regale hergestellt und verkauft. Die Gesamtkosten beliefen sich in diesem Zeitraum auf 131 000 EUR. Wie hoch waren die Selbstkosten je Regal?
2. Warum kann das bisher verwendete Verfahren zu Ermittlung der Selbstkosten nach der Erweiterung des Produktionsprogramms nicht mehr angewandt werden?
3. Zur Ermittlung der Selbstkosten für die einzelnen Erzeugnisse soll künftig eine Zuschlagskalkulation angewandt werden. Die Gesamtkosten während des ersten Quartals des laufenden Jahres betrugen 247 000 EUR. Aus der Lohnbuchhaltung weiß Herr **Schwär**, dass davon 110 000 EUR auf Personalkosten entfielen.
   Aus der Finanzbuchhaltung liegen ihm darüber hinaus Informationen vor, dass im selben Zeitraum 90 000 EUR für die Beschaffung und den Verbrauch von Material (Roh-, Hilfs- und Betriebsstoffe einschließlich Energie und Treibstoff) angefallen sind.
   a) Welche zusätzlichen Informationen benötigt Herr **Schwär** für eine Zuschlagskalkulation und woher kann er sich diese Informationen beschaffen?
   b) Eine Analyse der Material- und Personalkosten ergibt, dass im ersten Quartal des laufenden Jahres die Fertigungslöhne 50 000 EUR und die Kosten für das Fertigungsmaterial 80 000 EUR betragen haben. Herr **Schwär** möchte für Vergleichszwecke die Selbstkosten zunächst mit Hilfe eines einfachen Kalkulationsverfahrens ermitteln. Die Verrechnung **sämtlicher** Gemeinkosten soll dabei durch einen prozentualen Zuschlag auf die Summe aus Fertigungslohn und Fertigungsmaterial erfolgen (Summarische Zuschlagskalkulation). Ermitteln Sie den Zuschlagssatz.
   c) Wie hoch wären bei Anwendung der summarischen Zuschlagskalkulation die Selbstkosten für
      - ein Regal Standardtyp C
        (Fertigungsmaterial: 13,00 EUR; Fertigungslöhne: 5,60 EUR)
      - ein Sportgerät
        (Fertigungsmaterial: 23,40 EUR; Fertigungslöhne: 23,00 EUR)?
   d) Im Vergleich zur Regalproduktion müssen für die Herstellung der Sport- und Spielgeräte mehr Maschinen und mehr Arbeitszeit eingesetzt werden. Andererseits ist der Materialbedarf bei diesen Geräten vergleichsweise geringer als bei den Regalen.
      Warum genügt es im vorliegenden Fall nicht mit einem einzigen Zuschlagssatz zu rechnen?
4. Um die **Gemeinkosten** den Kostenträgern verursachungsgerechter zurechnen zu können, geht Herr **Schwär** von folgender Überlegung aus:
   Zunächst soll festgestellt werden, **wo** die Gemeinkosten im Betrieb entstanden sind. Dazu muss der Betrieb in verschiedene Kostenverursachungsbereiche **(Kostenstellen)** eingeteilt werden. In einem zweiten Schritt soll dann berücksichtigt werden, in welchem Umfang die einzelnen Erzeugnisse die verschiedenen Bereiche beanspruchen und damit zur Entstehung der Gemeinkosten in den einzelnen Kostenstellen beitragen.
   Entsprechend den betrieblichen Grundfunktionen unterscheidet Herr **Schwär** folgende vier Kostenverursachungsbereiche (Kostenstellen):

- **Material** (Beschaffung, Warenannahme, Lagerung)
- **Fertigung** (Vorbereitung, Durchführung und Kontrolle der Fertigung)
- **Verwaltung** (kaufmännische Leitung, Rechnungswesen, Personalabteilung)
- **Vertrieb** (Fertigwarenlager, Werbung, Verkauf, Versand)

In einem Tabellenformular, das als **Betriebsabrechnungsbogen (BAB)** bezeichnet wird, nimmt er die Aufteilung der Gemeinkosten auf die vier Kostenstellen vor. Ziel ist es, anstelle eines einzigen Zuschlagssatzes vier Zuschlagssätze zu ermitteln und somit die Gemeinkosten nicht pauschal in einer Summe, sondern nach Kostenstellen getrennt, den Kostenträgern zuzurechnen (differenzierende Zuschlagskalkulation).

Bei der Verteilung der Gemeinkosten auf die vier Kostenstellen stellt Herr **Schwär** fest, dass einige Gemeinkosten anhand vorliegender Belege den Kostenstellen direkt zugerechnet werden können. Andere Gemeinkosten lassen sich dagegen nur indirekt mit Hilfe eines Verteilungsschlüssels auf die Kostenstellen umlegen.

Für die Verteilung der Gemeinkosten auf die vier Kostenstellen stellt Herr **Schwär** zunächst folgende Daten zusammen:

Gemeinkostenart	Gesamtbetrag (EUR)	Verteilungsgrundlage	Kostenstellen			
			Material	Fertigung	Verwaltung	Vertrieb
Gehälter	40 000	Gehaltslisten	4 000 EUR	12 000 EUR	18 000 EUR	6 000 EUR
Hilfslöhne	20 000	Stunden laut Lohnzettel	350 Std.	800 Std.	60 Std.	40 Std.
Hilfsstoffe	10 000	Entnahmeschein	1 000 EUR	9 000 EUR		
Strom	3 000	kWh	6 000 kWh	14 000 kWh	3 000 kWh	2 000 kWh
Kalkulatorische Abschreibungen	25 000	Verhältnis des investierten Kapitals laut Anlagenkartei	2 000 EUR	19 000 EUR	3 000 EUR	1 000 EUR
Kfz-Kosten	5 000	km	5 050 km	450 km	1 500 km	8 000 km
Reparaturen	2 000	Rechnungen	300 EUR	1 500 EUR	200 EUR	–
Sonstige Gemeinkosten	12 000	direkt	4 000 EUR	5 500 EUR	1 500 EUR	1 000 EUR
Summe	**117 000**					

a) Erstellen Sie den Betriebsabrechnungsbogen nach folgendem Muster:

Gemeinkostenart	Gesamtbetrag (EUR)	Kostenstellen			
		Material	Fertigung	Verwaltung	Vertrieb
Gehälter ... usw.	40 000 ...				
Summe	**117 000**				

b) Ermitteln Sie die vier Gemeinkostenzuschlagssätze unter Berücksichtigung folgender Zuschlagsgrundlagen

Gemeinkostenzuschlagssatz	Zuschlagsgrundlage (Bezugsgrößen)
Materialgemeinkostenzuschlagssatz	Fertigungsmaterial 80.000
Fertigungsgemeinkostenzuschlagssatz	Fertigungslöhne 50.000
Verwaltungsgemeinkostenzuschlagssatz	Herstellkosten
Vertriebsgemeinkostenzuschlagssatz	Herstellkosten

c) Erläutern Sie die vier ermittelten Zuschlagssätze und prüfen Sie, inwieweit durch deren Verwendung eine verursachungsgerechte Verteilung der Gemeinkosten auf die Kostenträger erfolgt.

d) Ermitteln Sie mit Hilfe der differenzierenden Zuschlagskalkulation die Selbstkosten für ein Regal und ein Sportgerät entsprechend den Angaben in Aufgabe 3c).

e) Vergleichen Sie die Ergebnisse von Aufgabe 4 d) mit denen von Aufgabe 3 c) und erläutern Sie die Unterschiede.

6.3.2 Kalkulation in einer Schulmöbelfabrik

Die Schulleitung des Wirtschaftsgymnasiums Stuttgart-West beabsichtigt, ein Klassenzimmer neu zu bestuhlen. Das Schulverwaltungsamt der Stadt Stuttgart bittet daher die Schulmöbelfabrik Greinacher um ein Angebot für die Lieferung von 30 Stühlen.

PDF

Die Schulmöbelfabrik legt ihrer Kalkulation folgende Daten zugrunde:

EXCEL

Materialkosten pro Stuhl	30 EUR	Fertigungslöhne pro Stuhl	20 EUR
Materialgemeinkosten	10 %	Fertigungsgemeinkosten	20 %
Verwaltungsgemeinkosten	15 %	Vertriebsgemeinkosten	5 %
Gewinn	$8\,{}^{1}/_{3}$ %	Kundenrabatt	10 %
Kundenskonto	3 %		

Ermitteln Sie den Angebotspreis (Listenverkaufspreis) für 30 Stühle.

6.3.3 Vorwärtskalkulation – Berechnung von Gewinnzuschlag und Fertigungsmaterial

Die Velolux GmbH Karlsruhe legt der Kalkulation eines Dachfensters folgende Kalkulationswerte zugrunde:

Fertigungsmaterial	220 EUR	Fertigungslöhne	140 EUR
Materialgemeinkosten	12,5 %	Fertigungsgemeinkosten	15 %
Verwaltungsgemeinkosten	10 %	Vertriebsgemeinkosten	8 %
Gewinnzuschlag	25 %	Kundenskonto	2 %
Kundenrabatt	5 %		

PDF

EXCEL

1. Berechnen Sie den Listenverkaufspreis.
2. Ein Konkurrenzunternehmen bietet ein Dachfenster gleicher Größe und Ausstattung zu einem Listenpreis von 650 EUR an. Die Velolux GmbH will diesen Preis des Konkurrenten um 50,00 EUR unterbieten.
   a) Wie hoch ist in diesem Fall der Gewinn in Euro und in Prozent (auf zwei Stellen genau), wenn alle anderen Kalkulationsdaten unverändert bleiben?
   b) Wie hoch dürfen die Kosten für das Fertigungsmaterial höchstens sein, wenn der ursprüngliche Gewinnzuschlag von 25 % und alle anderen Kalkulationsdaten unverändert bleiben sollen?

6.3.4 Berechnung der Zuschlagssätze – Gewinn eines Erzeugnisses

PDF

EXCEL

Der BAB eines kleinen Industriebetriebes enthält folgende Zahlen:

Gemeinkostenarten	Kosten EUR	Material EUR	Fertigung EUR	Verwaltung/ Vertrieb EUR
Summe	134570	23725	48000	62845

An Einzelkosten wurden ermittelt:

Fertigungsmaterial	182500 EUR
Fertigungslöhne	60000 EUR

1. Berechnen Sie die Zuschlagssätze für die Gemeinkosten (Zuschlagssätze ganzzahlig aufrunden).
2. Wie hoch ist der Gewinn des Unternehmens in EUR und Prozent beim Verkauf einer Maschine, für die 4000 EUR Fertigungsmaterial, 1000 EUR Fertigungslöhne angefallen sind und für die ein Barverkaufspreis von 9 600 EUR erzielt wurde?
   Es werden die unter 1. ermittelten Zuschlagssätze verwendet.

6.3.5 Rückwärtsrechnung – Berechnung der Kosten für Fertigungsmaterial

PDF

EXCEL

Ein Importeur bietet ein Elektrogerät zum Listenpreis von 1 250 EUR netto an. Wie viel EUR darf das Fertigungsmaterial einen deutschen Elektrogrätehersteller höchstens kosten, wenn mit folgenden Kosten bzw. Zuschlägen kalkuliert wird:
Materialgemeinkosten 10 %, Fertigungslöhne 300,00 EUR, Fertigungsgemeinkosten 132 %, Verwaltungs- und Vertriebsgemeinkosten insgesamt 20 %, Kundenskonto 3 %, Kundenrabatt 10 % und Gewinn 12,5 %?

6.3.6 Angebot einer Maschinenfabrik – Berechnung des Gewinns

PDF

Eine Maschinenfabrik erhält eine Anfrage zur Produktion einer Spezialbohrmaschine nach einem vorgegebenen Konstruktionsplan.

1. Erstellen Sie nach folgenden Angaben das Angebot:

Einzelkosten:	
Material	100,00 EUR
Sondereinzelkosten der Fertigung	15,00 EUR
Fertigungslöhne	220,00 EUR
Gemeinkostenzuschläge:	
Materialgemeinkosten	10 %
Fertigungsgemeinkosten	60 %
Verwaltungsgemeinkosten	8 %
Vertriebsgemeinkosten	6 %
Sonstige Zuschläge:	
Gewinn	12,5 %
Kundenskonto	2 %

2. Bei der Fertigstellung der Bohrmaschine ergeben sich folgende Änderungen, die für die Nachkalkulation zu berücksichtigen sind:
   Die Preise für das Fertigungsmaterial haben sich um 4 % erhöht und die Fertigungslöhne sind um 8 % gestiegen. Durch Rationalisierungsmaßnahmen konnten folgende Zuschlagssätze herabgesetzt werden:
   Fertigungsgemeinkosten um 2 Prozentpunkte, Verwaltungsgemeinkosten um 3 Prozentpunkte, Vertriebsgemeinkosten um 0,5 Prozentpunkte.
   Die übrigen Zuschlagssätze blieben unverändert.
   Wie viel Prozent beträgt der tatsächliche Gewinn, wenn die Maschine zum Angebotspreis ausgeliefert wurde?

6.4 Kostenträgerstückrechnung als Nachkalkulation: Kalkulation mit Istgemeinkostenzuschlagssätzen

Die **Vorkalkulation** hat die Aufgabe, die **voraussichtlichen Selbstkosten** und den **Angebotspreis** zu ermitteln. Bestandteile dieser Kalkulation sind die aus den Stücklisten und den Arbeitsplänen (Zeitstudien) zu entnehmenden **Einzelkosten** sowie die **Normalgemeinkostenzuschlagssätze** (Durchschnitt der Istgemeinkostenzuschlagssätze vergangener Perioden).

Nach Beendigung der Produktion und nach Vorliegen der nachträglich ermittelten **Istgemeinkostenzuschlagssätze** wird eine **Nachkalkulation**. Die Nachkalkulation basiert auf den tatsächlich entstandenen Einzelkosten eines Auftrags oder einer Erzeugnisgruppe und den **Istgemeinkostenzuschlagssätzen** aus dem BAB. Ergeben sich bei der Gegenüberstellung von Vor- und Nachkalkulation Abweichungen bei einzelnen Kostenarten, so muss analysiert werden, welche Gründe dafür maßgebend waren. Gegebenenfalls sind entsprechende Maßnahmen zu ergreifen.

Die Nachkalkulation hat die Aufgabe, die tatsächlich angefallenen Kosten für einen Auftrag oder eine Erzeugnisgruppe zu ermitteln und den bei der Vorkalkulation berücksichtigten Normalkosten gegenüberzustellen.

Nachkalkulation eines Schreibtischs *(Fortsetzung Bsp. von S. 70 f.)*

Nach Fertigstellung der Schreibtische wurden folgende Kosten festgestellt:

Tatsächlich angefallene Einzelkosten je Stück (Istkosten)		
Fertigungsmaterial Fertigungslöhne	320,00 EUR 200,00 EUR	entsprechen den der Stückliste und dem Arbeitsplan entnommenen Werten der Vorkalkulation

Im Rahmen des BAB wurden für das letzte Quartal folgende **Istgemeinkostenzuschlagssätze** ermittelt:

Gemeinkosten	Istgemeinkostenzuschlagssätze lt. BAB	
Materialgemeinkosten	MKGZ	20 %
Fertigungsgemeinkosten	FGKZ	130 %
Verwaltungsgemeinkosten	VwGKZ	20 %
Vertriebsgemeinkosten	VtGKZ	15 %

	Normalzuschlagssätze, Gewinnzuschlag und Preisnachlässe	Vorkalkulation		Istzuschlagssätze lt. BAB, Gewinnsatz	Nachkalkulation
Fertigungsmaterial lt. Stückliste		320,00 EUR			320,00 EUR
+ Materialgemeinkosten	25,0 %	80,00 EUR		20,0 %	64,00 EUR
= **Materialkosten**			**400,00** EUR		**384,00** EUR
Fertigungslöhne lt. Arbeitsplan		200,00 EUR			200,00 EUR
+ Fertigungsgemeinkosten	120,0 %	240,00 EUR		130,0 %	260,00 EUR
= **Fertigungskosten**			**440,00** EUR		**460,00** EUR
Herstellkosten			**840,00** EUR		**844,00** EUR
+ Verwaltungsgemeinkosten	15,0 %	126,00 EUR		20,0 %	168,80 EUR
+ Vertriebsgemeinkosten	10,0 %	84,00 EUR		15,0 %	126,60 EUR
= **Selbstkosten**			**1 050,00** EUR		**1 139,40** EUR
+ Gewinn	26,0 %		273,00 EUR	**16,1**	183,60 EUR
= Barverkaufspreis			**1 323,00** EUR		**1 323,00** EUR
+ Kundenskonto	2,0 %		27,00 EUR		
= Zielverkaufspreis			1 350,00 EUR		
+ Kundenrabatt	25,0 %		450,00 EUR		
= Listenverkaufspreis netto			**1 800,00** EUR		

Berechnung des Gewinnsatzes

1 139,40 EUR entsp. 100 %
183,60 EUR entsp. x %

x = 16,1 %

Aufg. 6.4.1 u. 6.4.2 S. 79 f.

Ergebnis: Die tatsächlich entstandenen Selbstkosten in Höhe von 1 139,40 EUR sind um 89,40 EUR höher als die im Rahmen der Vorkalkulation ermittelten Selbstkosten von 1 050,00 EUR. Deshalb beträgt der tatsächlich erzielte Gewinn lediglich 183,60 EUR (16,1 % der Selbstkosten) und nicht wie kalkuliert 273,00 EUR. Da die tatsächlich entstandenen Fertigungsgemeinkosten um 10 Prozentpunkte höher sind als die kalkulierten Fertigungsgemeinkosten, muss analysiert werden, worauf die Differenz zurückzuführen ist. Gleiches gilt für die jeweils um 5 Prozentpunkte höheren Verwaltungs- und Vertriebsgemeinkosten.

Kap. A 6.5

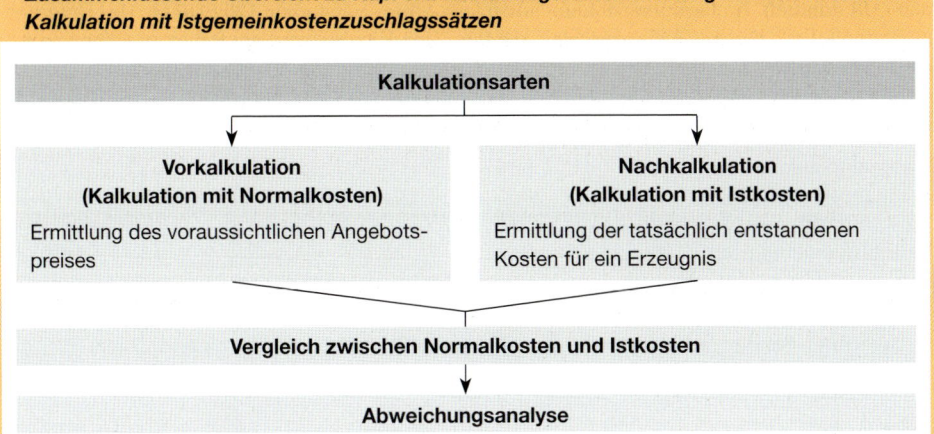

Zusammenfassende Übersicht zu Kap. 6.4: Kostenträgerstückrechnung als Nachkalkulation: Kalkulation mit Istgemeinkostenzuschlagssätzen

Kalkulationsarten

Vorkalkulation (Kalkulation mit Normalkosten)	**Nachkalkulation (Kalkulation mit Istkosten)**
Ermittlung des voraussichtlichen Angebotspreises	Ermittlung der tatsächlich entstandenen Kosten für ein Erzeugnis

Vergleich zwischen Normalkosten und Istkosten

↓

Abweichungsanalyse

Fragen zur Wiederholung

zu Kapitel 6.4 Kostenträgerstückrechnung als Nachkalkulation: Kalkulation mit Istgemeinkostenzuschlagssätzen

1. Welche Aufgabe hat eine Nachkalkulation?
2. Wie ist eine Nachkalkulation aufgebaut?

Aufgaben und Probleme

zu Kapitel 6.4 Kostenträgerstückrechnung als Nachkalkulation: Kalkulation mit Istgemeinkostenzuschlagssätzen

6.4.1 Vor- und Nachkalkulation in einem Industriebetrieb

Ein Industriebetrieb kalkulierte einen Auftrag unter Berücksichtigung folgender Angaben: Fertigungsmaterial 1 280 EUR, Fertigungslöhne 2 800 EUR, Materialgemeinkosten 12,5 %, Fertigungsgemeinkosten 160 %, Verwaltungs- und Vertriebsgemeinkosten zusammen 25 %, Gewinn 20 %, Kundenskonto 2 %.

1. Ermitteln Sie den Angebotspreis.
2. Vergleichen Sie den in einer Vor- und Nachkalkulation ermittelten Gewinn (in EUR und in Prozent), wenn der Kunde nach Skontoabzug 13 080 EUR bezahlt. Als tatsächliche Kosten sind angefallen: Materialgemeinkosten 120 EUR, Fertigungsgemeinkosten 3 176 EUR, Verwaltungs- und Vertriebsgemeinkosten 1 594 EUR. Bei den Einzelkosten ergaben sich keine Abweichungen.

6.4.2 Vor- und Nachkalkulation für ein Mountainbike – Ermittlung des tatsächlich erzielten Gewinns

Der Fahrradhersteller Speed-Bike erstellt auf der Grundlage der zuvor durch die Fahrradhändler ermittelten Kunden-Messdaten körpergerechte Mountainbikes.
Der Vorkalkulation eines solchen Mountainbikes werden folgende Normalzuschlagssätze zugrunde gelegt:

Materialgemeinkosten	8 %	Verwaltungsgemeinkosten	4 %
Fertigungsgemeinkosten	40 %	Vertriebsgemeinkosten	3 %

Auf der Grundlage der Konstruktionszeichnung wurde für das Fertigungsmaterial ein Betrag von 380 EUR ermittelt. An Fertigungslöhnen fallen laut Arbeitszeitstudien 120 EUR an. Das Unternehmen arbeitet mit einem Gewinnzuschlag von 9 %. Den Kunden wird ein Rabatt in Höhe von 8 % sowie bei Zahlung innerhalb von 14 Tagen ab Rechnungseingang 2 % Skonto gewährt.

Nach Fertigstellung des Mountainbikes konnten dem Betriebsabrechnungsbogen (BAB) nachstehende Ist-Zuschlagssätze für die Istgemeinkosten entnommen werden:

Materialgemeinkosten	6 %
Fertigungsgemeinkosten	38 %
Verwaltungsgemeinkosten	3 %
Vertriebsgemeinkosten	2 %

1. Stellen Sie in einer Übersicht zur Vor- und Nachkalkulation die Normalkosten und die Istkosten einander gegenüber.
2. Berechnen Sie den tatsächlich erzielten Gewinn in EUR und in Prozent (Gewinnsatz).

6.5 Gesamtkalkulation mit Normal- und Istgemeinkostenzuschlagssätzen – Kostenabweichungen

Für die Kostenkontrolle ist es wichtig, in einer **Gesamtkalkulation** folgende Kosten miteinander zu vergleichen:

- innerhalb einer Rechnungsperiode insgesamt **tatsächlich angefallene** Kosten **(Istkosten)**
- für diese Rechnungsperiode im Rahmen der Vorkalkulation den produzierten Erzeugnissen insgesamt **zugerechnete Kosten (Normalkosten)**.

Kostenabweichung zwischen tatsächlichen und verrechneten Gemeinkosten

Kap A 6.4

In gleicher Weise wie beim Vergleich zwischen Vor- und Nachkalkulation bei der Kostenträgerstückrechnung kommt es auch bei der **Gesamtkalkulation** in erster Linie auf die Analyse der **Kostenabweichungen bei den Gemeinkosten** an. Zwar führen Veränderungen bei den Einzelkosten, die zwischen Vor- und Nachkalkulation eingetreten sind (z. B. sinkende Materialpreise, steigende Fertigungslöhne), ebenfalls zu Kostenabweichungen. Wegen der prozentualen Gemeinkostenzuschläge bedingen aber solche Abweichungen bei den Einzelkosten zwangsläufig immer auch Abweichungen bei den Ist- und Normalgemeinkosten. Eine Analyse der Ursachen für die Abweichungen zwischen Ist- und Normal**gemeinkosten** wird dadurch erschwert. In der betrieblichen Praxis werden daher für die Einzelkosten häufig gleichbleibende Verrechnungspreise (= Durchschnittspreise vergangener Perioden) angesetzt, um z. B. Preisschwankungen beim Fertigungsmaterial auszuschalten. Nur wenn die Einzelkosten bei Vor- und Nachkalkulation in gleicher Höhe angesetzt werden, sind die Ursachen für die Abweichungen zwischen Ist- und Normalgemeinkosten **eindeutig** den Gemeinkostenbereichen zuzuordnen.

Die Gegenüberstellung der Ist- und Normalkosten im Rahmen einer Gesamtkalkulation dient dem Zweck, Abweichungen zwischen den insgesamt angefallenen Gemeinkosten und den insgesamt im Rahmen der Vorkalkulation den Kostenträgern zugerechneten Gemeinkosten festzustellen. Dabei wird davon ausgegangen, dass die Einzelkosten zwischen Vor- und Nachkalkulation unverändert geblieben sind.

Gesamtkalkulation in einem Metallbetrieb

Ein Metallbetrieb hat im Monat März drei Kundenaufträge ausgeführt. Für die Vorkalkulation der Aufträge waren den Konstruktionsunterlagen folgende Einzelkosten entnommen worden.

Auftrag / Einzelkosten	Auftrag 1	Auftrag 2	Auftrag 3
Fertigungsmaterial	2000 EUR	1000 EUR	4500 EUR
Fertigungslöhne	3500 EUR	7000 EUR	2000 EUR

Um die Selbstkosten und den darauf basierenden Angebotspreis zu ermitteln, hatte der Betrieb die Gemeinkosten mit Hilfe von Zuschlagssätzen verrechnet. Diese Gemeinkostenzuschlagssätze waren aus dem **Durchschnitt der Ist-Gemeinkostenzuschlagssätze** der letzten Monate gebildet worden. Die sich daraus ergebenden **Normal-Gemeinkostenzuschlagssätze** hatten folgende Höhe:

MGKZ: 15 % FGKZ: 30 % VwGKZ: 8 % VtGKZ: 4 %

Auf der Basis dieser Zahlen ergab sich für die drei Aufträge folgende **Vorkalkulation**:

Kostenart		Auftrag 1	Auftrag 2	Auftrag 3
Fertigungsmaterial		2000 EUR	1000 EUR	4500 EUR
Normal-MGKZ	15 %	300 EUR	150 EUR	675 EUR
Fertigungslöhne		3500 EUR	7000 EUR	2000 EUR
Normal-FGKZ	30 %	1050 EUR	2100 EUR	600 EUR
kalkulierte Herstellkosten		6850 EUR	10250 EUR	7775 EUR
Normal-VwGKZ	8 %	548 EUR	820 EUR	622 EUR
Normal-VtGKZ	4 %	274 EUR	410 EUR	311 EUR
kalkulierte Selbstkosten		7672 EUR	11480 EUR	8708 EUR

Die tatsächlich im Monat März angefallenen Einzelkosten **(Ist-Einzelkosten)** ergeben sich aus der Summe der durch die einzelnen Aufträge verursachten Einzelkosten. Sie stimmen im vorliegenden Beispiel mit den Einzelkosten der Vorkalkulation überein.

Fertigungsmaterial: 2000 EUR + 1000 EUR + 4500 EUR = 7500 EUR
Fertigungslöhne: 3500 EUR + 7000 EUR + 2000 EUR = 12500 EUR

Die für den Monat März nachträglich ermittelten **Istgemeinkosten** sowie die entsprechenden Gemeinkostenzuschlagssätze sind nachstehendem BAB (Auszug) zu entnehmen:

	Material	Fertigung	Verwaltung	Vertrieb
	...	...	...	...
Summe Gemeinkosten	900 EUR	5000 EUR	1813 EUR	1295 EUR
Zuschlagsgrundlagen	7500 EUR (FM)	12500 EUR (FL)	HEKO = FM (7500 EUR) + MGK (900 EUR) + FL (12500 EUR) + FGK (5000 EUR) = 25900 EUR	
Gemeinkostenzuschlagssätze	MGKZ $= \frac{900}{7500} \cdot 100$ $= 12\,\%$	FGKZ $= \frac{5000}{12500} \cdot 100$ $= 40\,\%$	VwGKZ $= \frac{1813}{25900} \cdot 100$ $= 7\,\%$	VtGKZ $= \frac{1295}{25900} \cdot 100$ $= 5\,\%$

Zur Feststellung und Analyse von Kostenabweichungen zwischen Normal- und Istkosten wird nachstehende **Gesamtkalkulation** verwendet:

Aufg. 6.5.1 S. 85 f.

Gesamtkalkulation für den Monat März – Ermittlung der Kostenabweichungen					
	Normalkalkulation		Istkalkulation		Kostenabweichung (Normal-GK – Ist-GK)
	Ist-Einzelkosten u. Normal-Gemeinkosten	Normal-GKZ	Ist-Einzelkosten u. Ist-Gemeinkosten	Ist-GKZ	
Fertigungsmaterial (Ist)	7 500 EUR		7 500 EUR		
Materialgemeinkosten	1 125 EUR	15 %	900 EUR	12 %	225 EUR
Fertigungslöhne (Ist)	12 500 EUR		12 500 EUR		
Fertigungsgemeinkosten	3 750 EUR	30 %	5 000 EUR	40 %	– 1 250 EUR
Herstellkosten	24 875 EUR		25 900 EUR		
Verwaltungsgemeinkosten	1 990 EUR	8 %	1 813 EUR	7 %	177 EUR
Vertriebsgemeinkosten	995 EUR	4 %	1 295 EUR	5 %	– 300 EUR
Selbstkosten	27 860 EUR		29 008 EUR		– 1 148 EUR

Insgesamt ergibt sich bei den Selbstkosten eine **Unterdeckung** in Höhe von 1 148 EUR. Das bedeutet, dass im Monat März tatsächlich 1 148 EUR mehr Gemeinkosten (Ist-Gemeinkosten) angefallen sind als den Aufträgen in diesem Zeitraum unter Verwendung der **Normalgemeinkostenzuschlagssätze** zugerechnet wurden. Vor diesem Hintergrund sollte Ursachenforschung betrieben werden, warum in den einzelnen Kostenstellen die Höhe der tatsächlich angefallenen Gemeinkosten **(Ist-Gemeinkosten)** von der Höhe der mit Hilfe der Normalzuschlagssätze kalkulierten Gemeinkosten **(Normal-Gemeinkosten)** abgewichen ist.

Sind die mit Normalzuschlagssätzen kalkulierten Gemeinkosten (Normalgemeinkosten) höher als die tatsächlichen Gemeinkosten (Istgemeinkosten), so liegt eine Kostenüberdeckung vor. Sind die Normalgemeinkosten dagegen niedriger als die Istgemeinkosten liegt eine Kostenunterdeckung vor.

Bei einer Kostenüberdeckung hat die entsprechende Kostenstelle weniger Gemeinkosten verursacht als normalerweise anfallen. Bei einer Kostenunterdeckung hat die entsprechende Kostenstelle dagegen überdurchschnittlich hohe Gemeinkosten verursacht. Die Ursachen dafür müssen näher untersucht werden.

Kostenüberdeckung: Normalgemeinkosten > Istgemeinkosten
Kostenunterdeckung: Normalgemeinkosten < Istgemeinkosten

Ursachen für Kostenabweichungen

Aufg. 6.5.2 S. 86

Eine Abweichung der **Istgemeinkosten von den Normalgemeinkosten** kann folgende Ursachen haben:

❶ Verbrauchs-/Mengenabweichung: Veränderungen beim Verbrauch von Material des Gemeinkostenbereiches

Zu einer Kostenabweichung kommt es, wenn eine Kostenstelle gegenüber der Ausgangssituation, zu der ein Gemeinkostenzuschlag errechnet wurde, wirtschaftlicher oder unwirtschaftlicher arbeitet. So führt beispielsweise ein sparsamerer Umgang mit Hilfsstoffen oder Energie zu einer Überdeckung, weil die am Ende einer Abrechnungsperiode festgestellten Istgemeinkosten geringer sind als die Normalgemeinkosten.

❷ Preisabweichung: Preisänderungen für Material des Gemeinkostenbereichs (z. B. Hilfsstoffe, Betriebsstoffe) oder Änderung von Hilfslöhnen und Gehältern

Preiserhöhungen für Hilfs- und Betriebsstoffe oder Erhöhungen von Hilfslöhnen und Gehältern führen zu einer höheren Belastung der entsprechenden Kostenstelle mit Gemeinkosten und damit zu höheren Zuschlagssätzen. Bei Preissenkungen für diese Güter würden dagegen weniger Gemeinkosten anfallen.

❸ Beschäftigungsabweichungen

Erhöht sich der Beschäftigungsgrad (= Erhöhung der Produktionsmenge), so ist damit eine entsprechende Erhöhung der variablen Kosten verbunden. Für die **Einzelkosten** (z. B. Materialkosten) wird üblicherweise angenommen, dass sich diese im gleichen Verhältnis verändern wie die Produktionsmenge (proportional variable Kosten). Da sich aber die **Gemeinkosten** – anders als die Einzelkosten – sowohl aus fixen als auch aus variablen Bestandteilen zusammensetzen, führt eine Änderung der Produktionsmenge bei diesen Kosten lediglich zu einer Änderung der darin enthaltenen variablen Kosten. Bei der Verwendung von Gemeinkostenzuschlagssätzen wird aber unterstellt, dass sich **alle** Gemeinkosten in gleicher Weise verändern wie die Einzelkosten.

Da sich aber in Wirklichkeit die Gemeinkosten (wegen der darin enthaltenen Fixkosten) langsamer verändern als die Einzelkosten, weichen bei Produktionsmengen, die nicht der Normalbeschäftigung entsprechen, Normal- und Istzuschlagssätze voneinander ab. Bei einer Produktionsausdehnung steigen die Einzelkosten (= Nenner des Bruchs) schneller als die Gemeinkosten (= Zähler des Bruchs), so dass die Istzuschlagssätze sinken. Bei einer Produktionsminderung sinken dagegen die Einzelkosten schneller als die Gemeinkosten, so dass die Istzuschlagssätze steigen.

$$\text{GKZ} = \frac{\text{Gemeinkosten}\ (\text{fixe Kosten} = \text{konstant} \mid \text{var. Kosten})}{\text{Einzelkosten} = \text{variable Kosten}} \cdot 100$$

Beschäftigungsschwankungen sind daher immer mit Abweichungen der Normalgemeinkosten von den Istgemeinkosten, d. h. mit Kostenüber- oder Kostenunterdeckung verbunden.

Kostenüber- und Kostenunterdeckung bei Beschäftigungsänderung

Kap. A 8.5

Für einen Industriebetrieb wird angenommen, dass für die aus fixen und variablen Kosten bestehenden Gemeinkosten der Kostenstelle Material folgende Kostenfunktion gilt:

MGK = 5 000 + 3 x (K_f = 5 000 EUR, k_v = 3 EUR/Stück)
Die Materialkosten (Einzelkosten) betragen 10 EUR/Stück.

MGK: 8 000 EUR	
K_{fix}	K_{var}
5 000 EUR	3 000 EUR

Das Unternehmen berechnet bei einer Produktionsmenge von 1 000 Stück den Zuschlagssatz für die Materialgemeinkosten, der künftig als Normalzuschlagssatz verwendet werden soll:

Materialeinzelkosten (1 000 Stück à 10 EUR/Stück)	10 000 EUR	
Materialgemeinkosten (MGK = 5 000 + 3 · 1 000)	8 000 EUR	(= 80 %)
Materialkosten	18 000 EUR	

Ergebnis: Der Normalzuschlagssatz für die Materialgemeinkosten beträgt 80 %.

Beträgt die tatsächliche Produktionsmenge in der nächsten Periode aber beispielsweise 2 000 Stück, ergeben sich auf der Grundlage des ermittelten Normalzuschlagssatzes von 80 % folgende Materialgemeinkosten (Normalkosten):

Materialeinzelkosten (2 000 Stück à 10 EUR/Stück)	20 000 EUR
Materialgemeinkosten 80 % (Normalkosten)	16 000 EUR
Materialkosten auf Normalkostenbasis	36 000 EUR
Tatsächliche Materialgemeinkosten (Istkosten): (MGK= 5 000 + 3 · 2 000)	11 000 EUR

MGK: 11 000 EUR	
K_{fix}	K_{var}
5 000 EUR	6 000 EUR

Ergebnis: Das Unternehmen unterstellt bei der Berechnung der Materialgemeinkosten (Normalkosten), dass sich die Materialgemeinkosten in gleicher Weise verändern wie die Materialeinzelkosten (Proportionalisierung der in den Gemeinkosten enthaltenen fixen Kosten). Daher führt eine Erhöhung der Beschäftigung (höhere Produktionsmenge) dazu, dass zu viele Gemeinkosten (hier: 16 000 EUR statt 11 000 EUR) verrechnet werden **(Überdeckung)**.

Ursache für Kostenabweichungen aufgrund von Beschäftigungsschwankungen ist die bei der Anwendung von Zuschlagssätzen eintretende Proportionalisierung der in den Gemeinkosten enthaltenen fixen Kosten. Es wird so getan, als ob sich diese fixen Kosten proportional zu den Einzelkosten ändern. In Wirklichkeit bleiben die Fixkosten aber konstant.

Eine zunehmende Beschäftigung führt zu einer Überdeckung (Normalgemeinkosten übersteigen die Istgemeinkosten). Ursache: Die in den Gemeinkosten enthaltenen Fixkosten erhöhen sich nicht, so dass die Istgemeinkosten niedriger als die bei der Vorkalkulation mit Hilfe der Normalzuschlagssätze verrechneten Gemeinkosten sind.

Eine rückläufige Beschäftigung führt zu einer Unterdeckung (Istgemeinkosten übersteigen die Normalgemeinkosten). Ursache: Die in den Gemeinkosten enthaltenen Fixkosten verringern sich nicht, so dass die Istgemeinkosten höher als die bei der Vorkalkulation mit Hilfe der Normalzuschlagssätze verrechneten Gemeinkosten sind.

Aufg. 6.5.3 u. 6.5.4 S. 86

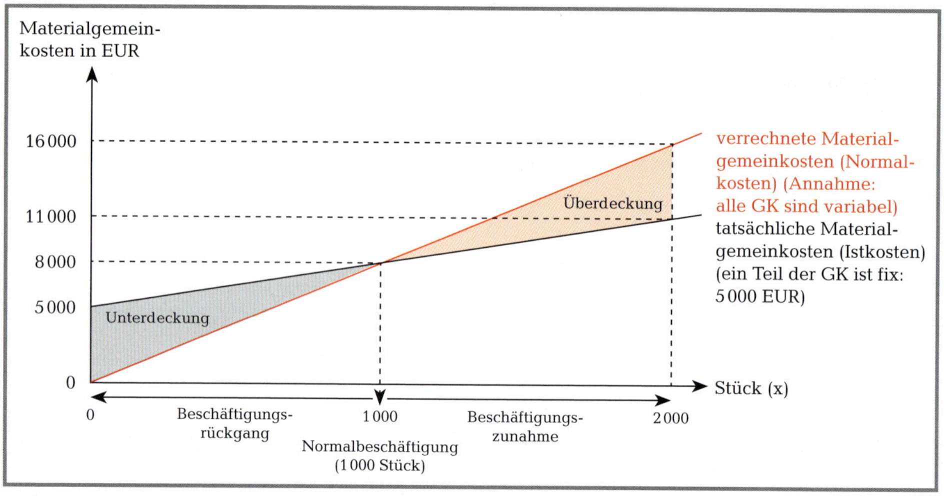

Vergleich Istkostenrechnung – Normalkostenrechnung	
Istkostenrechnung	**Normalkostenrechnung**
▪ ermittelt die tatsächlichen Kosten einer abgelaufenen Rechnungsperiode ▪ ermöglicht keine Angebotskalkulation, da sich Istkosten auf die Vergangenheit beziehen ▪ Kostenkontrolle im Rahmen einer Gesamtkalkulation ist nicht möglich, da Kostenvorgaben fehlen	▪ ermittelt die „normalen" Kosten auf der Grundlage von Durchschnittssätzen aus der Vergangenheit ▪ Angebotskalkulation erfolgt auf der Grundlage von Normalkosten ▪ Vergleich von Ist- und Normalkosten ermöglicht eine Kostenkontrolle

Zusammenfassende Übersicht zu Kap. 6.5: Gesamtkalkulation mit Normal- und Istgemeinkostenzuschlagssätzen – Kostenabweichungen

Aufgabe einer Gesamtkalkulation

Gegenüberstellung der in einem bestimmten Zeitraum angefallenen Istkosten mit den Normalkosten

Ziel einer Gesamtkalkulation

Feststellung und Analyse von Abweichungen der Gemeinkosten

- **Kostenüberdeckung: Normalgemeinkosten > Istgemeinkosten**
- **Kostenunterdeckung: Normalgemeinkosten < Istgemeinkosten**

Ursachen

Veränderung der Gemeinkosten durch

Verbrauchs- und Mengenabweichung	**Preisabweichung**	**Beschäftigungsabweichung**
Veränderungen beim Verbrauch von Gütern und Diensten des Gemeinkostenbereichs	Preisänderungen für die zur Leistungserstellung erforderlichen Güter des Gemeinkostenbereichs	Schwankung der Produktionsmenge

Fragen zur Wiederholung

zu Kapitel 6.5: Gesamtkalkulation mit Normal- und Istgemeinkostenzuschlagssätzen – Kostenabweichungen

1. Welches Ziel wird mit einer Gesamtkalkulation verfolgt?
2. Welche Kostenabweichungen zwischen Ist- und Normalkosten werden im Rahmen der Kostenkontrolle untersucht?
3. Erklären Sie, was jeweils unter einer Kostenüber- und Kostenunterdeckung zu verstehen ist.
4. Nennen Sie drei mögliche Gründe für eine Abweichung von Normal- und Istkosten.
5. Warum führt eine zunehmende Beschäftigung im Normalfall zu einer Überdeckung?
6. Warum führt eine rückläufige Beschäftigung im Normalfall zu einer Unterdeckung?

Aufgaben und Probleme

zu Kapitel 6.5: Gesamtkalkulation mit Normal- und Istgemeinkostenzuschlagssätzen – Kostenabweichungen

6.5.1 Normalkalkulation – Istkalkulation

Ein Fertigungsbetrieb für landwirtschaftliche Maschinen kalkuliert mit folgenden Normalzuschlagssätzen:

Materialgemeinkostenzuschlag:	10 %	Fertigungsgemeinkostenzuschlag:	160 %
Verwaltungsgemeinkostenzuschlag:	15 %	Vertriebsgemeinkostenzuschlag:	10 %

EXCEL

Zur Überprüfung dieser Zuschlagssätze werden die Istkosten des letzten Abrechnungszeitraums (Monat Januar) herangezogen:

Fertigungsmaterial	540 000 EUR	Fertigungslöhne	320 000 EUR
Sondereinzelkosten der Fertigung	25 000 EUR	Fertigungsgemeinkosten lt. BAB	532 400 EUR
Materialgemeinkosten lt. BAB	64 200 EUR	Vertriebsgemeinkosten lt. BAB	124 600 EUR
Verwaltungsgemeinkosten lt. BAB	185 000 EUR	Sondereinzelkosten des Vertriebs	18 650 EUR

Ermitteln Sie mit Hilfe eines Tabellenkalkulationsprogramms oder des vorstrukturierten Arbeitsblatts für den Monat Januar

- die Selbstkosten auf Normal- und auf Istkostenbasis,
- die Kostenüber- bzw. Kostenunterdeckung je Kostenstelle,
- die gesamte Kostenüber- bzw. Kostenunterdeckung.

6.5.2 Kostenabweichungen – Gründe für Abweichungen

Der BAB eines Industriebetriebes weist am Ende der Rechnungsperiode folgende Summen auf:

PDF

EXCEL

Kostenarten	Kostenstellen			
	Material (EUR)	Fertigung (EUR)	Verwaltung (EUR)	Vertrieb (EUR)
Summe Einzelkosten	168 000	304 000		
Summe Ist-Gemeinkosten	25 000	72 000	48 000	58 000

Das Unternehmen hat bei der Vorkalkulation folgende Normalzuschlagssätze verwendet: Materialgemeinkosten 13 %, Fertigungsgemeinkosten 28 %, Verwaltungsgemeinkosten 8 %, Vertriebsgemeinkosten 9 %.

1. Ermitteln Sie die Kostenüber- bzw. Kostenunterdeckung je Hauptkostenstelle.
2. Nennen Sie für jede der festgestellten Abweichungen mögliche Gründe.

6.5.3 Ermittlung von Kostenabweichungen

Eine Maschinenfabrik arbeitete im 1. Quartal mit Normalbeschäftigung. Sie hatte für den Fertigungsbereich insgesamt 100 000 EUR Einzelkosten und 120 000 EUR Gemeinkosten ermittelt. Es wird angenommen, dass die Einzelkosten in voller Höhe variable Kosten darstellen. Bei den Gemeinkosten handelt es sich dagegen zu 75 % um fixe Kosten. Im 2. Quartal kalkuliert der Betrieb alle Aufträge mit dem Fertigungsgemeinkostenzuschlag des 1. Quartals.

Da im 2. Quartal ein Beschäftigungsrückgang um 50 % eintrat, sanken die angefallenen Einzelkosten von 100 000 EUR auf 50 000 EUR.

1. Mit welchem FGKZ hat der Betrieb seine Erzeugnisse im 2. Quartal kalkuliert?
2. Ermitteln sie die Höhe der Kostenabweichung, die sich im vorliegenden Fall aufgrund des Beschäftigungsrückgangs bei den Gemeinkosten ergeben hat.
3. Wie hoch hätte der richtige FGKZ im 2. Quartal sein müssen?

6.5.4 Beschäftigungsabweichungen

Für den Verlauf der Ist-Fertigungsgemeinkosten eines Industriebetriebes gilt folgende Gleichung: FGK = 6 000 + 4 x (FGK = Fertigungsgemeinkosten, x = Produktionsmenge)
An Fertigungslöhnen fallen in diesem Betrieb 10 EUR/Stück an.

1. Zeichnen Sie die Kurve der Ist-Gemeinkosten für eine Produktionsmenge von 0 bis 5 000 Stück.
2. Ermitteln Sie den Zuschlagssatz für die Fertigungsgemeinkosten, wenn die derzeitige Produktionsmenge 2 000 Stück beträgt.
3. Zeichnen Sie die Kurve für die verrechneten Gemeinkosten (Normal-Gemeinkosten) unter Verwendung des unter 2. ermittelten Zuschlagsatzes für eine Produktionsmenge von 0 bis 5 000 Stück.
4. Errechnen Sie den Betrag der Kostenabweichung, falls die Produktionsmenge 5 000 Stück beträgt und wenn davon auszugehen ist, dass der in 2. errechnete Zuschlagssatz als Normalzuschlag verwendet wird.
5. Erklären Sie, wie es zu der unter 4. festgestellten Kostenabweichung kommt.

PDF

6.6 Kritik an der Vollkostenrechnung in Form der Zuschlagskalkulation

Die Vollkostenrechnung in Form der Zuschlagskalkulation hat u. a. folgenden Aufgaben:

- Verursachungsgerechte Verteilung der Gemeinkosten auf die Kostenträger
- Ermittlung des Angebotspreises
- Kostenkontrolle

Diese Aufgaben kann die Vollkostenrechnung in Form der Zuschlagskalkulation nur eingeschränkt lösen. Nachstehende Übersicht enthält die wesentlichen Kritikpunkte:

Kritik an der Vollkostenrechnung in Form der Zuschlagskalkulation

- Eine verursachungsgerechte Verteilung bestimmter Gemeinkosten auf die Kostenstellen ist nicht möglich (z. B. Kostenstellengemeinkosten).
- Die bei der Ermittlung der Zuschlagssätze unterstellte Abhängigkeit der Gemeinkosten von den Einzel- bzw. den Herstellkosten trifft häufig nicht zu (z. B. unterstellte Abhängigkeit der Verwaltungsgemeinkosten von den Herstellkosten). Daher ist die Zurechnung der Gemeinkosten auf die Kostenträger mit Hilfe von Zuschlagssätzen nicht immer verursachungsgerecht.
- Eine verursachungsgerechte Zurechnung der Gemeinkosten auf die Kostenträger mit Hilfe von Zuschlagssätzen ist insbesondere dann problematisch, wenn die Gemeinkosten im Verhältnis zu den Einzelkosten sehr hoch (und daher die Zuschlagssätze ebenfalls sehr hoch) sind.
  Lösung: Prozesskostenrechnung (vgl. Kap. A 7)
- Werden dieselben Zuschlagssätze bei unterschiedlichen Beschäftigungsgraden angewandt, wird unterstellt, dass sich nicht nur die variablen Gemeinkosten, sondern auch die fixen Gemeinkosten proportional zur Zuschlagsgrundlage (Einzel- bzw. Herstellkosten) verändern. Dieser Fehler (Proportionalisierung der Fixkosten) führt bei Beschäftigungsänderungen zu Abweichungen zwischen Vor- und Nachkalkulation (Kostenüber-/Kostenunterdeckung).
- Bei Beschäftigungsschwankungen kommt es zu einer nicht marktgerechten Preisgestaltung. Bei abnehmender Beschäftigung steigen die Zuschlagssätze wegen der in den Gemeinkosten enthaltenen Fixkosten. Das führt zu einer Erhöhung der kalkulierten Angebotspreise, obwohl die Marktsituation eher eine Preissenkung erforderlich machen würde. Der umgekehrte Zusammenhang gilt für eine Zunahme der Beschäftigung.
  Lösung: Deckungsbeitragsrechnung (vgl. Kap. A 8.5)

Fragen zur Wiederholung

zu Kapitel 6.6 Kritik an der Vollkostenrechnung in Form der Zuschlagskalkulation

1. Nennen Sie die wesentlichen Kritikpunkte an der Vollkostenrechnung in Form der Zuschlagskalkulation.
2. „Das Hauptproblem der Zuschlagskalkulation besteht in der Wahl einer geeigneten Zuschlagsgrundlage." Erläutern Sie diese Aussage.
3. Erläutern Sie den Kritikpunkt „Proportionalisierung der Fixkosten".

7 Teilkostenrechnung in Form der Deckungsbeitragsrechnung[1]

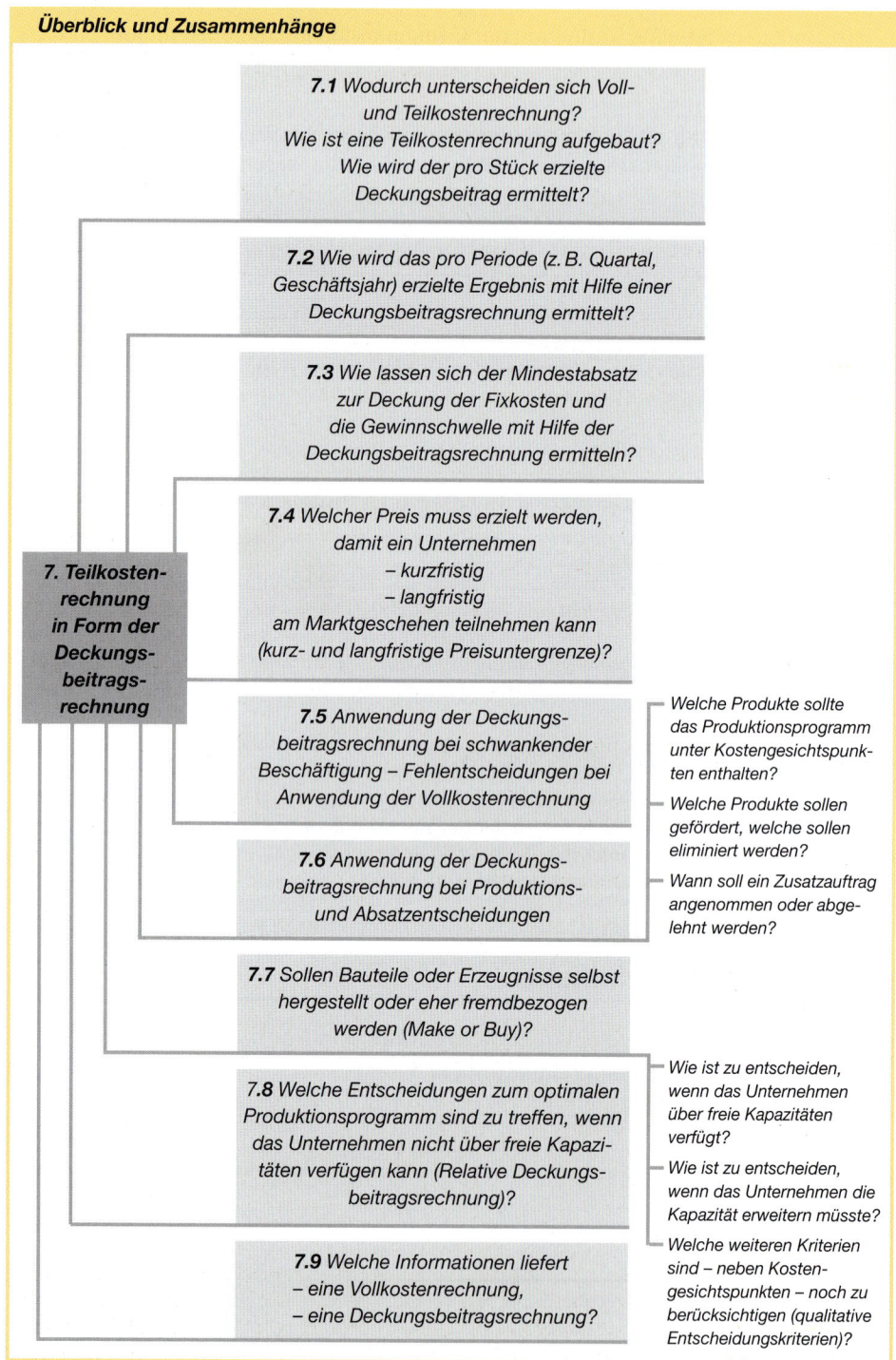

Überblick und Zusammenhänge

7. Teilkostenrechnung in Form der Deckungsbeitragsrechnung

- **7.1** Wodurch unterscheiden sich Voll- und Teilkostenrechnung? Wie ist eine Teilkostenrechnung aufgebaut? Wie wird der pro Stück erzielte Deckungsbeitrag ermittelt?
- **7.2** Wie wird das pro Periode (z. B. Quartal, Geschäftsjahr) erzielte Ergebnis mit Hilfe einer Deckungsbeitragsrechnung ermittelt?
- **7.3** Wie lassen sich der Mindestabsatz zur Deckung der Fixkosten und die Gewinnschwelle mit Hilfe der Deckungsbeitragsrechnung ermitteln?
- **7.4** Welcher Preis muss erzielt werden, damit ein Unternehmen
  - kurzfristig
  - langfristig

  am Marktgeschehen teilnehmen kann (kurz- und langfristige Preisuntergrenze)?
- **7.5** Anwendung der Deckungsbeitragsrechnung bei schwankender Beschäftigung – Fehlentscheidungen bei Anwendung der Vollkostenrechnung
- **7.6** Anwendung der Deckungsbeitragsrechnung bei Produktions- und Absatzentscheidungen
  - Welche Produkte sollte das Produktionsprogramm unter Kostengesichtspunkten enthalten?
  - Welche Produkte sollen gefördert, welche sollen eliminiert werden?
  - Wann soll ein Zusatzauftrag angenommen oder abgelehnt werden?
- **7.7** Sollen Bauteile oder Erzeugnisse selbst hergestellt oder eher fremdbezogen werden (Make or Buy)?
  - Wie ist zu entscheiden, wenn das Unternehmen über freie Kapazitäten verfügt?
  - Wie ist zu entscheiden, wenn das Unternehmen die Kapazität erweitern müsste?
  - Welche weiteren Kriterien sind – neben Kostengesichtspunkten – noch zu berücksichtigen (qualitative Entscheidungskriterien)?
- **7.8** Welche Entscheidungen zum optimalen Produktionsprogramm sind zu treffen, wenn das Unternehmen nicht über freie Kapazitäten verfügen kann (Relative Deckungsbeitragsrechnung)?
- **7.9** Welche Informationen liefert
  - eine Vollkostenrechnung,
  - eine Deckungsbeitragsrechnung?

1 Neben der Deckungsbeitragsrechnung gibt es noch weitere Teilkostenrechnungssysteme. Diese sind jedoch nicht Gegenstand des Lehrplanes.

7.1 Deckungsbeitragsrechnung als Stückrechnung

Unterschied zwischen Voll- und Teilkostenrechnung

Im Rahmen der Vollkostenrechnung wird zwischen Einzel- und Gemeinkosten unterschieden. Bei der Vollkostenrechnung werden sämtliche Kosten auf die Kostenträger verrechnet.

Die **Deckungsbeitragsrechnung** als eine Form der **Teilkostenrechnung** gliedert die Kosten in deren fixe und variable Bestandteile. Nur die variablen Kosten werden den einzelnen Produkten (Kostenträgern) zugerechnet. Die **fixen Kosten** fallen dagegen unabhängig von der Produktionsmenge in gleich bleibender Höhe an. Sie stellen Kosten der Betriebsbereitschaft dar und können bei einem Mehrproduktunternehmen nicht verursachungsgerecht auf die einzelnen Kostenträger verteilt werden.

Bei der Deckungsbeitragsrechnung werden nur die variablen Kosten den einzelnen Produkten (Kostenträgern) zugerechnet, da sich nur diese Kosten bei unterschiedlichen Produktionsmengen ändern.

Deckungsbeitrag

In diesem Kostenrechnungssystem spielen **Deckungsbeiträge** eine zentrale Rolle. Der **Deckungsbeitrag je Stück** (db) wird berechnet, indem vom Preis eines Produktes dessen variable Stückkosten abgezogen werden.

	Nettoverkaufspreis je Stück (p)
–	variable Kosten je Stück (k_v)
=	Deckungsbeitrag je Stück (db)

Deckungsbeitragsrechnung einer Fahrradfabrik

Ein Fahrradhersteller produziert Rennräder und Mountainbikes. Aus Wettbewerbsgründen ist er gezwungen, den Barverkaufspreis je Stück, zu dem er die Mountainbikes dem Großhandel anbietet, von 550,00 EUR auf 500,00 EUR zu senken. Die variablen Kosten betragen 300,00 EUR. Kann die Produktion zu den gegebenen Bedingungen zumindest vorübergehend aufrechterhalten werden?

Berechnung des Deckungsbeitrags pro Stück (db)

	Barverkaufspreis (Nettoverkaufspreis)	500,00 EUR
–	variable Kosten	300,00 EUR
=	**Deckungsbeitrag (db)**	**200,00 EUR**

Grafische Darstellung

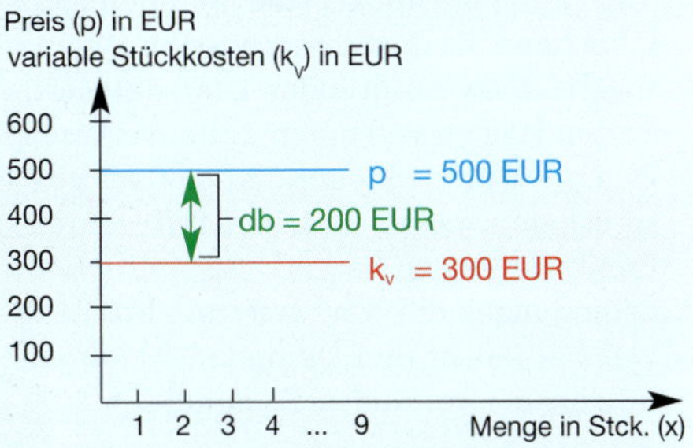

Ergebnis: Der Verkaufspreis eines Stücks (p) übersteigt die variablen Stückkosten (k_v) um 200 EUR (= Deckungsbeitrag db). Damit leistet jedes einzelne verkaufte Stück einen Beitrag zur Deckung der auch ohne Produktion anfallenden fixen Kosten in Höhe von 200 EUR. Demnach kann – zumindest kurzfristig – die Produktion aufrechterhalten werden. Wenn dagegen die Produktion ganz eingestellt wird, entfällt dieser Deckungsbeitrag und es entsteht ein Verlust in Höhe der Fixkosten.

Aufg. 7.1.1 S. 90

In Höhe des Deckungsbeitrags leistet das Produkt einen Beitrag zur Deckung der ohnehin anfallenden fixen Kosten eines Unternehmens.

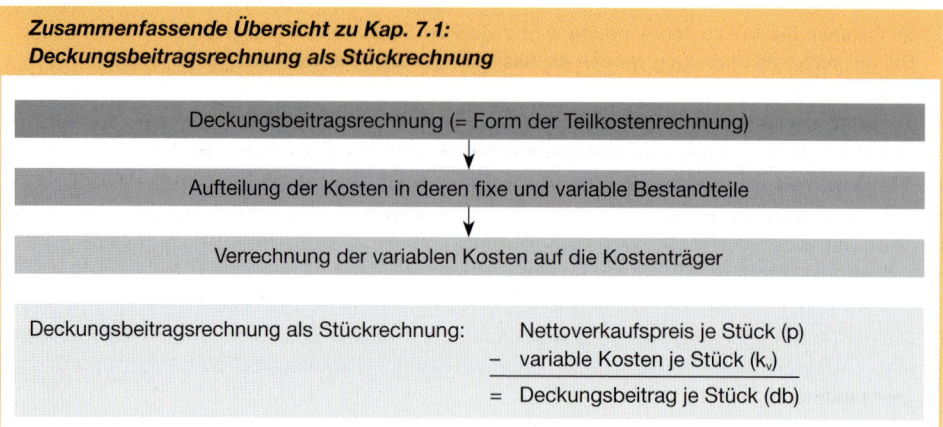

Zusammenfassende Übersicht zu Kap. 7.1:
Deckungsbeitragsrechnung als Stückrechnung

Deckungsbeitragsrechnung (= Form der Teilkostenrechnung)

↓

Aufteilung der Kosten in deren fixe und variable Bestandteile

↓

Verrechnung der variablen Kosten auf die Kostenträger

Deckungsbeitragsrechnung als Stückrechnung:

	Nettoverkaufspreis je Stück (p)
–	variable Kosten je Stück (k_v)
=	Deckungsbeitrag je Stück (db)

Fragen zur Wiederholung

zu Kapitel 7.1 Deckungsbeitragsrechnung als Stückrechnung

1. Wodurch unterscheiden sich Voll- und Teilkostenrechnung?
2. Welche Kosten werden in der Deckungsbeitragsrechnung den Kostenträgern zugerechnet?
3. Warum werden in der Teilkostenrechnung die fixen Kosten nicht den Kostenträgern zugerechnet?
4. Wie wird der Deckungsbeitrag je Stück ermittelt?
5. Welche Bedeutung hat ein positiver Stückdeckungsbeitrag für das Unternehmen?

Aufgaben und Probleme

zu Kapitel 7.1 Deckungsbeitragsrechnung als Stückrechnung

7.1.1 Produktionsentscheidung eines Herstellers von Garagentoren

Ein Hersteller von Garagentoren produziert monatlich 500 Tore. Dafür fallen 50 000 EUR Fixkosten an. Die variablen Stückkosten betragen 650 EUR.

1. Berechnen Sie die Selbstkosten pro Garagentor.
2. Aus Wettbewerbsgründen kann der Hersteller derzeit die Tore nur zu folgenden Bedingungen an den Handel verkaufen: Listenverkaufspreis (ohne Umsatzsteuer): 800,00 EUR.
   Es muss außerdem ein Kundenrabatt von 10 % und ein Skonto von 2 %, der regelmäßig in Anspruch genommen wird, gewährt werden.
   Ermitteln Sie den Barverkaufspreis (Nettoverkaufspreis) und entscheiden Sie, ob unter diesen Bedingungen die Tore weiterproduziert werden sollen.
3. Welcher Rabatt (in EUR und in %) kann höchstens gewährt werden, wenn davon auszugehen ist, dass der Verkaufspreis mindestens die variablen Kosten decken muss?

7.2 Ergebnisermittlung mit Hilfe der Deckungsbeitragsrechnung

Ergebnisermittlung mit Hilfe der Deckungsbeitragsrechnung in einer Fahrradfabrik

Einem Hersteller von Fahrrädern *(s. S. 124)* liegen für das zweite Quartal folgende Daten vor:

Ausgangssituation:

	Mountainbikes	Rennräder
Produktions- und Absatzmenge (x)	6000 Stück	4000 Stück
Barverkaufspreis je Stück (p)	500,00 EUR	700,00 EUR
Variable Kosten je Stück (k_v)	300,00 EUR	480,00 EUR
Gesamte fixe Kosten des Unternehmens für das zweite Quartal (K_f)	1280000 EUR	

Berechnung des Betriebsergebnisses mit Hilfe der Deckungsbeitragsrechnung:

	Mountainbikes	Rennräder
Stückpreis (p) · Menge (x) = Erlöse (E)	500 · 6000 = 3000000 €	700 · 4000 = 2800000 €
– variable Kosten (K_V) = k_v · x	– 300 · 6000 = 1800000 €	– 480 · 4000 = 1920000 €
= Gesamtdeckungsbeitrag (DB) = db · x	200 · 6000 = 1200000 €	220 · 4000 = 880000 €
	2080000 €	
– Gesamte fixe Kosten des Unternehmens (K_f)	– 1280000 €	
= Betriebsgewinn	800000 €	

Ergebnis: Das Produkt Mountainbike leistet einen Beitrag zur Deckung der gesamten fixen Kosten des Unternehmens in Höhe von 1200000 EUR. Das Produkt Rennräder leistet einen Deckungsbeitrag in Höhe von 880000 EUR. Da die Gesamtdeckungsbeiträge der beiden Produkte (2080000 EUR) die fixen Kosten des Unternehmens (1280000 EUR) um 800000 EUR übersteigen, entsteht in dieser Höhe ein Betriebsgewinn.

Zur Ermittlung des **Betriebsergebnisses** auf der Grundlage einer Deckungsbeitragsrechnung müssen die gesamten fixen Kosten des Unternehmens von der Summe der Deckungsbeiträge abgezogen werden.

Ermittlung des Betriebsergebnisses mit Hilfe der Deckungsbeitragsrechnung:

Erlöse (E)
– gesamte variable Kosten (K_v)
= Deckungsbeiträge (Gesamtdeckungsbeitrag DB)
– fixe Kosten des gesamten Unternehmens (K_f)
= Betriebsergebnis

Aufg. 7.2.1 S. 92

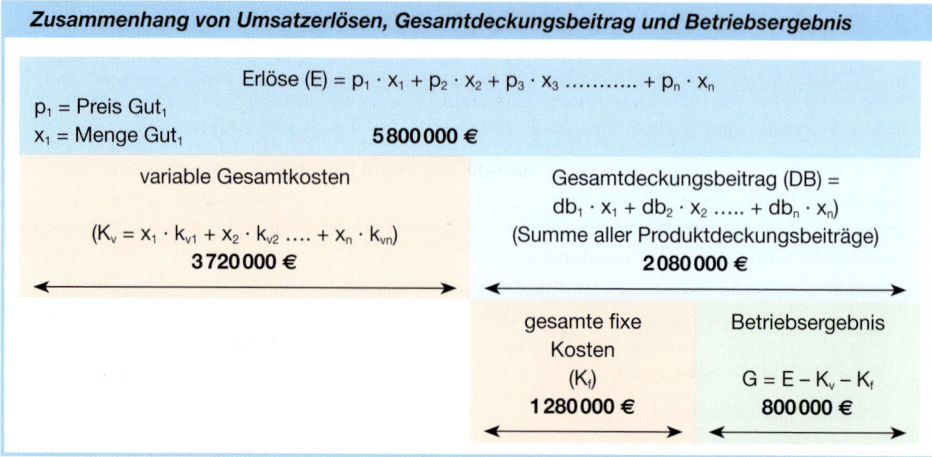

Zusammenhang von Umsatzerlösen, Gesamtdeckungsbeitrag und Betriebsergebnis

Erlöse (E) = $p_1 \cdot x_1 + p_2 \cdot x_2 + p_3 \cdot x_3 \ldots\ldots\ldots\ldots + p_n \cdot x_n$

p_1 = Preis Gut_1
x_1 = Menge Gut_1

5800000 €

variable Gesamtkosten

($K_v = x_1 \cdot k_{v1} + x_2 \cdot k_{v2} \ldots\ldots + x_n \cdot k_{vn}$)

3720000 €

Gesamtdeckungsbeitrag (DB) =
$db_1 \cdot x_1 + db_2 \cdot x_2 \ldots\ldots + db_n \cdot x_n$)
(Summe aller Produktdeckungsbeiträge)

2080000 €

gesamte fixe Kosten
(K_f)

1280000 €

Betriebsergebnis

$G = E - K_v - K_f$

800000 €

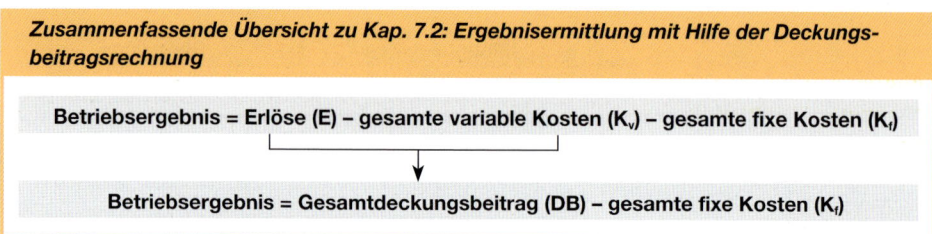

Zusammenfassende Übersicht zu Kap. 7.2: Ergebnisermittlung mit Hilfe der Deckungsbeitragsrechnung

Betriebsergebnis = Erlöse (E) – gesamte variable Kosten (K_v) – gesamte fixe Kosten (K_f)

↓

Betriebsergebnis = Gesamtdeckungsbeitrag (DB) – gesamte fixe Kosten (K_f)

Fragen zur Wiederholung

zu Kapitel 7.2 Ergebnisermittlung mit Hilfe der Deckungsbeitragsrechnung

1. Wie wird das Betriebsergebnis auf der Grundlage der Deckungsbeitragsrechnung ermittelt?
2. Welcher Zusammenhang besteht zwischen Betriebsergebnis und Gesamtdeckungsbeitrag?

Aufgaben und Probleme

zu Kapitel 7.2 Ergebnisermittlung mit Hilfe der Deckungsbeitragsrechnung

7.2.1 Deckungsbeitrag und Betriebsergebnis

Eine Schuhfabrik produziert u. a. fünf Schuhmodelle, für die die folgenden Daten vorliegen:

PDF

Nr.	Modell	Geplante Absatzmenge pro Monat	Stückpreis (EUR)	Variable Stückkosten (EUR)
1	A	420	40	18
2	B	900	20	10
3	C	200	38	28
4	D	600	28	15
5	E	350	30	18

Die monatlichen Fixkosten betragen 20000 EUR.

1. Ermitteln Sie den Deckungsbeitrag und das Betriebsergebnis (Gewinn/Verlust), wenn die geplanten Mengen tatsächlich abgesetzt werden können.

2. Die Geschäftsleitung überlegt, das Produktionsprogramm auf drei Modelle zu begrenzen.
   a) Welche beiden Modelle sollten für diesen Fall aus dem Produktionsprogramm gestrichen werden? Begründen Sie Ihre Entscheidung.
   b) Ermitteln Sie den sich nach dieser Entscheidung ergebenden Deckungsbeitrag sowie das Betriebsergebnis.

3. Bei allen drei verbleibenden Modellen besteht genügend Nachfrage, so dass auch erhöhte Produktionsmengen abgesetzt werden könnten. Die durch die Bereinigung des Produktionsprogramms frei werdenden Kapazitäten sollen für die Produktionsausdehnung bei einem der verbleibenden Modelle genutzt werden.
   a) Bei welchem Modell soll die Produktionsmenge ausgedehnt werden?
   b) Ermitteln Sie den sich nach dieser Entscheidung ergebenden Deckungsbeitrag sowie das Betriebsergebnis, wenn die zusätzliche Produktions- und Absatzmenge bei diesem Modell (vgl. a) 550 Paar Schuhe beträgt.

7.3 Mindestabsatz zur Deckung der Fixkosten: Gewinnschwelle

Langfristig muss jedes Unternehmen seine **gesamten Kosten** decken, wenn es am Markt bestehen will. Da aber bei der Deckungsbeitragsrechnung den Produkten nur variable Kosten zugerechnet werden, ergibt sich zwangsläufig die Frage, welche Absatzmenge mindestens erreicht werden muss, damit auch die fixen Kosten gedeckt sind.

Die Menge, bei der die Erlöse alle Kosten decken, wird als Gewinnschwelle oder Break-even-Point bezeichnet.

Kap. A 3.5

Ermittlung der Gewinnschwelle

Bei einem Einproduktunternehmen wird die Gewinnschwelle erreicht, wenn folgende Bedingung erfüllt ist:

Bedingung für Gewinnschwelle: Erlöse (E) = Kosten (K)

$$p \cdot x = K_f + k_v \cdot x$$

Durch Auflösung der Gleichung nach x ergibt sich die Formel zur Berechnung der Gewinnschwelle (x_0):

$$X_0 = \frac{K_f}{p - k_v} = \frac{K_f \text{ (fixe Gesamtkosten)}}{\text{db (Deckungsbeitrag je Einheit)}}$$

Gewinnschwelle eines Industriebetriebs

Die Kapazität eines Industriebetriebs, der nur eine Produktart herstellt, liegt bei monatlich 1 000 Stück. Die Fixkosten je Monat belaufen sich auf 42 000 EUR. Die variablen Stückkosten betragen 250 EUR und der Verkaufserlös je Stück 350 EUR.

Gewinnschwelle:

Verkaufspreis je Stück	(p)	350 EUR
– variable Kosten je Stück	(k_v)	250 EUR
Deckungsbeitrag je Stück	**(db)**	**= 100 EUR**

$$\textbf{Gewinnschwelle} = \frac{\text{Fixkosten}}{\text{db}} = \frac{42\,000 \text{ EUR}}{100 \text{ EUR/Stück}} = \textbf{420 Stück}$$

$$x_0 = \frac{K_f}{p - k_v} = \frac{42000}{350-250} = 420 \text{ Stück}$$

Aufg. 7.3.1, 7.3.2 S. 94 f.

Grafische Darstellung

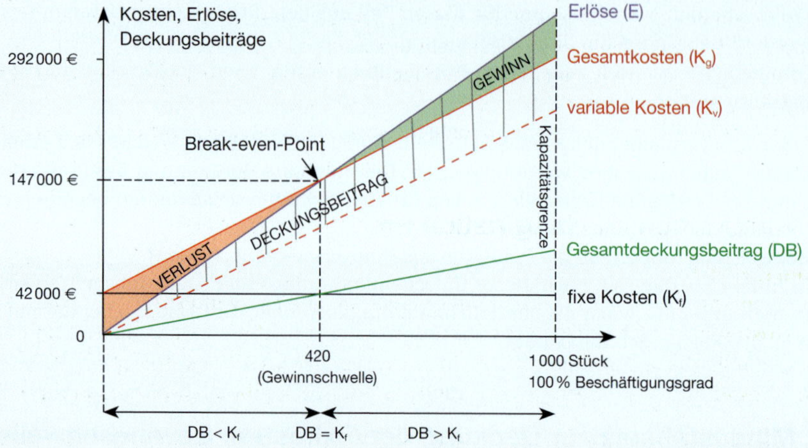

Zusammenfassende Übersicht zu Kap. 7.3: Mindestabsatz zur Deckung der Fixkosten: Gewinnschwelle

Bedingung für Gewinnschwelle: Erlös (E) = Kosten (K)
Ermittlung der Gewinnschwelle x_0

$$x = \frac{K_f}{p - k_v} = \frac{K_f \text{ (fixe Gesamtkosten)}}{\text{db (Deckungsbeitrag je Stück)}}$$

Fragen zur Wiederholung

zu Kapitel 7.3 Mindestabsatz zur Deckung der Fixkosten: Gewinnschwelle

1. Was ist unter Gewinnschwelle (Break-even-Point) zu verstehen?
2. Wie lässt sich die Gewinnschwelle auf der Grundlage des Stückdeckungsbeitrags berechnen?

Aufgaben und Probleme

zu Kapitel 7.3 Mindestabsatz zur Deckung der Fixkosten: Gewinnschwelle

7.3.1 Gewinnschwelle

Die Kapazitätsgrenze eines Einproduktunternehmens liegt bei einer Ausbringungsmenge von 80 000 Stück. Die fixen Kosten betragen 240 000 EUR/Monat, die variablen Kosten 14,80 EUR/Stück. Das Produkt wird für 24,40 EUR netto verkauft.

1. Ermitteln Sie die Gewinnschwelle.
2. In der Kostenrechnung wurde ein Stückgewinn von 2,20 EUR ermittelt. Wie viel Stück müssen im kommenden Monat hergestellt werden, damit das ermittelte Ergebnis zutrifft?

7.3.2 Kostendeckung – Gewinnschwelle – Gesamtgewinn

Die Kapazität eines Metall verarbeitenden Betriebes beträgt für ein bestimmtes Erzeugnis bei 3-Schicht-Betrieb monatlich 7 200 Stück. Die Gesamtkosten **pro Schicht** betragen bei voller Kapazitätsauslastung monatlich 120 000 EUR. Bei einer Produktion von 5 800 Stück monatlich entstehen Gesamtkosten in Höhe von 304 000 EUR. Die variablen Stückkosten sind konstant. Das Erzeugnis kann zu 64 EUR je Stück abgesetzt werden.

1. Wie hoch sind die variablen Stückkosten und die Fixkosten?
2. Ermitteln Sie den Beschäftigungsgrad, bei dem die Gewinnschwelle erreicht wird.
3. Ermitteln Sie den Gesamtgewinn bei einem Beschäftigungsgrad von 80 %.
4. Berechnen Sie die Umsatzrentabilität und den Gesamtdeckungsbeitrag beim Beschäftigungsgrad von 80 % (Umsatzrentabilität = Gewinn · 100/Umsatz).
5. Das Unternehmen strebt eine Umsatzrentabilität von 20 % an. Bei welcher Stückzahl wird dieses Ziel erreicht?

7.4 Kurzfristige und langfristige Preisuntergrenze

Die fixen Kosten fallen unabhängig von der Beschäftigungssituation – selbst bei Stillstand der Anlagen – in unveränderter Höhe an. Daher muss ein nach Gewinn strebendes Unternehmen bei kurzfristiger Betrachtung die Produktion so lange nicht einstellen (bzw. einen entsprechenden Produktionsauftrag so lange nicht ablehnen), wie der Stückpreis (p) über den variablen Stückkosten (k_v) liegt. **Der Deckungsbeitrag pro Stück (db) ist in diesem Fall positiv.**

Preispolitik einer Zementfabrik bei Vollkostenrechnung und Deckungsbeitragsrechnung

Kap. A 7.1

Aufgrund einer ungünstigen Entwicklung im Bausektor ist bei einem Baustoffhersteller die Kapazität der Zementproduktion mit einer monatlichen Produktions- und Absatzmenge von 20 000 Sack Zement nur zur Hälfte ausgelastet. Bei der Zementproduktion liegt – bezogen auf einen Monat – folgende Kostensituation vor:

Kosten	Insgesamt	je Sack
variable Kosten	44 000 EUR	2,20 EUR
fixe Kosten der Zementproduktion	20 000 EUR	1,00 EUR
Selbstkosten	64 000 EUR	3,20 EUR

Beim bisherigen Verkaufspreis von 3,00 EUR ergibt sich ein Erlös von monatlich 20 000 Sack · 3,00 EUR = 60 000 EUR. Die Verkaufsabteilung schlägt vor, den bisherigen Verkaufspreis, der bereits unter den Selbstkosten liegt, noch weiter zu senken, um im Preiskampf mit der Konkurrenz Wettbewerbsvorteile zu erzielen und den Absatz zu erhöhen.

Problem: Soll der Baustoffhersteller die Zementproduktion einstellen, weil die Erlöse die Kosten nicht decken oder kann der Preis noch weiter gesenkt werden?

Entscheidung auf der Grundlage der Vollkostenrechnung:

Verkaufspreis (p)	3,00 EUR
– Stückkosten (k)	3,20 EUR
Stückverlust	**– 0,20 EUR**

Situation bei **Einstellung** der Produktion:

Verlust: 20 000 EUR monatlich

Begründung:
Kosten der Betriebsbereitschaft (fixe Kosten) fallen auch bei Stilllegung an, sofern das Unternehmen nicht aufgelöst wird.

Entscheidung auf der Grundlage der Deckungsbeitragsrechnung:

Verkaufspreis (p)	3,00 EUR
– variable Kosten pro Stück (k_v)	2,20 EUR
Deckungsbeitrag je Stück (db)	**0,80 EUR**

Situation bei **Aufrechterhaltung** der Produktion:

Erlös (p · x)	60 000 EUR
– variable Kosten (K_v)	44 000 EUR
= Deckungsbeitrag	**16 000 EUR**
– fixe Kosten	20 000 EUR
Verlust	**4 000 EUR monatl.**

Aufg. 7.4.1 S. 98

Ergebnis: Bei einer Entscheidung auf Basis der **Vollkostenrechnung** würde sich das Unternehmen dafür entscheiden, die Zementproduktion einzustellen, weil die Stückkosten (3,20 EUR) höher sind als der Stückerlös (3,00 EUR). Der Verlust in Höhe der Fixkosten beträgt in diesem Fall monatlich 20 000 EUR.
Bei einer Entscheidung auf Basis der **Deckungsbeitragsrechnung** wird die Zementproduktion aufrechterhalten, weil der Verkaufspreis pro Stück höher ist als die variablen Kosten pro Stück. Es wird ein positiver Deckungsbeitrag (= Beitrag zur Deckung der Fixkosten) in Höhe von 16 000 EUR erzielt. Der Verlust beträgt in diesem Fall lediglich 4 000 EUR monatlich.

Kurzfristige Preisuntergrenze

Bei positivem Deckungsbeitrag je Stück (dB) leistet jedes verkaufte Stück einen Beitrag in Höhe von db zur Deckung der fixen Kosten und trägt damit zur Verbesserung des Betriebsergebnisses bei. Würde das Unternehmen die Produktion dieses Erzeugnisses einstellen (bzw. einen entsprechenden Auftrag ablehnen), wäre der Gesamtgewinn geringer bzw. der Gesamtverlust größer. Kurzfristig ist es daher ausreichend, wenn der Verkaufspreis (p) für ein Produkt lediglich die variablen Kosten je Stück (k_v) deckt **(= kurzfristige Preisuntergrenze)**. **$PUG_k \rightarrow p = k_v$**

Verkaufspreis (p)	3,00 EUR
– variable Kosten je Stück (k_v)	2,20 EUR
Deckungsbeitrag je Stück (db)	0,80 EUR

fixe Gesamtkosten 20 000 EUR									
db 0,80 EUR	db 0,80 EUR	db 0,80 EUR	db 0,80 EUR	db 0,80 EUR	db 0,80 EUR	db 0,80 EUR	db ...	db ...	db ...

Ergebnis: Jeder verkaufte Sack Zement trägt mit 0,80 EUR zur Deckung der fixen Gesamtkosten in Höhe von 20 000 EUR bei. Um bei unveränderter Preis- und Kostensituation die Fixkosten vollständig zu decken, müsste die Absatzmenge auf 25 000 Sack Zement pro Monat gesteigert werden (20 000 EUR/0,80 EUR je Sack = 25 000 Sack).

Die kurzfristige (absolute) Preisuntergrenze (PUG_k) ist erreicht, wenn der Verkaufspreis die variablen Kosten pro Stück gerade noch deckt.

$PUG_k \rightarrow$ Verkaufspreis (p) = variable Stückkosten (k_v)

Preissenkung unter die kurzfristige Preisuntergrenze

Im vorliegenden Beispiel liegt die kurzfristige Preisuntergrenze bei 2,20 EUR. Vorübergehend könnte der Verkaufspreis je Sack Zement bis auf diese Höhe gesenkt werden. Erst bei einer noch weiteren Preissenkung auf z. B. 2,00 EUR wäre der Verlust höher als bei Einstellung der Produktion. Dies könnte auch durch eine Ausdehnung der Produktions- und Absatzmenge nicht ausgeglichen werden. Im Gegenteil: Für den Fall, dass der Preis (p) unter den variablen Stückkosten (k_v) liegt, ist der Verlust umso höher, je höher die Absatzmenge ist.

Preis: 2,00 EUR	Variable Stückkosten: 2,20 EUR		Fixkosten: 20 000 EUR
Produktionsmenge	**0**	**20 000**	**40 000**
Erlöse	0 EUR	40 000 EUR	80 000 EUR
– variable Kosten	0 EUR	44 000 EUR	88 000 EUR
= Deckungsbeitrag	0 EUR	– 4 000 EUR	– 8 000 EUR
– Fixkosten	– 20 000 EUR	– 20 000 EUR	– 20 000 EUR
= Betriebsergebnis	**– 20 000 EUR**	**– 24 000 EUR**	**– 28 000 EUR**

Liegt der Stückpreis unter den variablen Stückkosten, ist der Deckungsbeitrag negativ, d. h.,

- es wird nicht nur **kein Beitrag** zur **Deckung der Fixkosten** geleistet, sondern
- es werden sogar die **variablen Kosten nicht in voller Höhe gedeckt**.

In einem solchen Fall sollte normalerweise die Produktion dieses Erzeugnisses eingestellt bzw. der Auftrag abgelehnt werden.

Die Kenntnis der **kurzfristigen Preisuntergrenze** ist vor allem dann bedeutsam, wenn ein Unternehmen einem intensiven Preiswettbewerb ausgesetzt ist. In diesem Fall muss den Verhandlungsführern der Preisspielraum bzw. die kurzfristige Preisuntergrenze bekannt sein, um entscheiden zu können, ob ein Auftrag gerade noch angenommen werden kann oder nicht.

Langfristige Preisuntergrenze

Langfristig muss ein Unternehmen alle Kosten – also fixe und variable Kosten – decken. **Die langfristige Preisuntergrenze (PUG_l)** ist erreicht, wenn der Preis die entstandenen Selbstkosten je Stück (Stückkosten) deckt:

> **Die langfristige Preisuntergrenze (PUG_l) ist erreicht, wenn der Verkaufspreis die gesamten Stückkosten (k_g) deckt.**

Für den Fall, dass die Fixkosten in voller Höhe einem einzelnen Produkt zurechenbar sind (Einproduktunternehmen), lässt sich die langfristige Preisuntergrenze wie folgt ermitteln:

$$\text{gesamte Stückkosten} = \frac{\text{fixe Gesamtkosten}}{\text{Produktionsmenge}} + \text{variable Stückkosten}$$

$$PUG_l \rightarrow p = k_g = \frac{K_f}{x} + k_v = k_f + k_v \qquad p = k_f + k_v$$

Preisuntergrenze und Beschäftigungsgrad

Die kurzfristige Preisuntergrenze ist vom **Beschäftigungsgrad** (Produktionsmenge) unabhängig. Demgegenüber ändert sich die langfristige Preisuntergrenze in Abhängigkeit vom Beschäftigungsgrad (BG).

Fixkostendegression bei Erhöhung des Beschäftigungsgrades

Bei Ausdehnung der Produktion (= Erhöhung des Beschäftigungsgrades) verteilen sich die Fixkosten auf eine größere Stückzahl. Der Fixkostenanteil je Stück (k_f) nimmt ab. Da sich die Stückkosten (k_g) aus dem Fixkostenanteil je Stück und den variablen Stückkosten zusammensetzen ($k_g = k_f + k_v$), sinken in diesem Fall die Stückkosten (Fixkostendegression, Gesetz der Massenproduktion). Bei einer Produktionseinschränkung (= Verringerung des Beschäftigungsgrades) ergibt sich der umgekehrte Effekt.

Kap. A 3.4

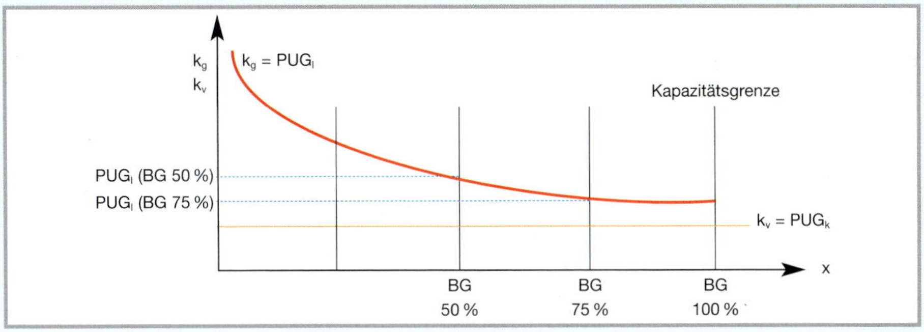

Die Abhängigkeit der langfristigen Preisuntergrenze vom Beschäftigungsgrad führt bei Preisentscheidungen zu folgendem Problem:

- Ein sinkender Beschäftigungsgrad führt zu steigenden Stückkosten und damit zu einer Erhöhung der langfristigen Preisuntergrenze.
- Ein steigender Beschäftigungsgrad führt zu sinkenden Stückkosten und damit zu einer Verringerung der langfristigen Preisuntergrenze.

Eine an der Entwicklung der **langfristigen Preisuntergrenze** orientierte Preispolitik ist aber **nicht marktgerecht**. Wenn der Beschäftigungsgrad sinkt (= Rückgang von Produktion und Absatz), müsste – um die Absatzmöglichkeiten wieder zu verbessern – der Preis gesenkt und nicht erhöht werden. Andererseits muss bei einer Erhöhung des Beschäftigungsgrades (= Zunahme von Produktion und Absatz) nicht zusätzlich noch der Preis gesenkt werden, um die Absatzmöglichkeiten zu verbessern.

Kap. A 7.5

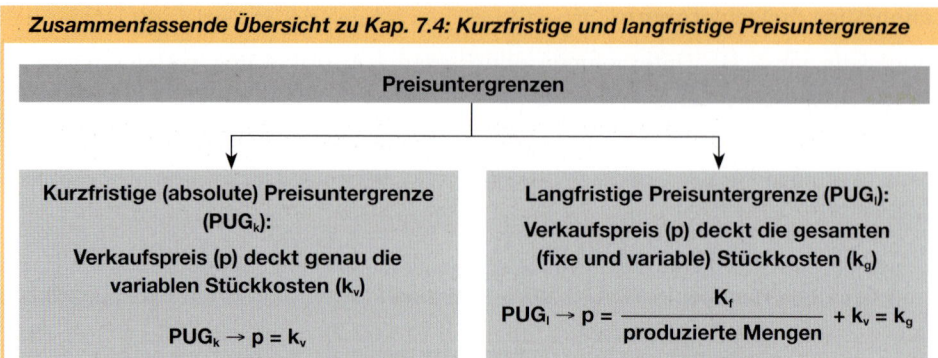

Zusammenfassende Übersicht zu Kap. 7.4: Kurzfristige und langfristige Preisuntergrenze

Preisuntergrenzen

Kurzfristige (absolute) Preisuntergrenze (PUG_k):	Langfristige Preisuntergrenze (PUG_l):
Verkaufspreis (p) deckt genau die variablen Stückkosten (k_v)	Verkaufspreis (p) deckt die gesamten (fixe und variable) Stückkosten (k_g)
$PUG_k \rightarrow p = k_v$	$PUG_l \rightarrow p = \frac{K_f}{\text{produzierte Mengen}} + k_v = k_g$

Fragen zur Wiederholung

zu Kapitel 7.4 Kurzfristige und langfristige Preisuntergrenze

1. Was ist unter der kurzfristigen (absoluten) Preisuntergrenze zu verstehen?
2. Welche Bedeutung haben Informationen zur kurzfristigen Preisuntergrenze?
3. Wann erreicht ein Unternehmen die langfristige Preisuntergrenze?
4. Welcher Zusammenhang besteht zwischen Produktionsmenge und langfristiger Preisuntergrenze?
5. Warum hat die Produktionsmenge keinen Einfluss auf die kurzfristige Preisuntergrenze?

Aufgaben und Probleme

zu Kapitel 7.4 Kurzfristige und langfristige Preisuntergrenze

7.4.1 Preisuntergrenze, Stückkosten, Stückgewinn und Gesamtgewinn

Bei 100 %iger Kapazitätsauslastung können in einem Industriebetrieb monatlich 6 500 Einheiten eines Zuliefererteils für die Kfz-Produktion hergestellt werden. Die fixen Kosten dafür betragen 260 000 EUR, die variablen Kosten bei voller Auslastung 520 000 EUR je Monat. Der Verkaufspreis (ohne USt) beträgt 150 EUR je Einheit.

1. Ermitteln Sie die kurzfristige Preisuntergrenze.
2. Ermitteln Sie die Stückkosten, den Stückgewinn und den Gesamtgewinn bei voller Kapazitätsauslastung.
3. Ermitteln Sie die langfristige Preisuntergrenze, wenn davon auszugehen ist, dass sich die an der Kapazitätsgrenze produzierte Stückzahl verkaufen lässt.
4. Ermitteln Sie die Stückkosten, den Stückgewinn und den Gesamtgewinn bei einer Auslastung von 40 %.

7.5 Fehlentscheidungen bei Anwendung der Zuschlagskalkulation

7.5.1 Fehlentscheidungen bei der Preispolitik

Falsch kalkulierter Angebotspreis

Aufg. 7.5.1 S. 105

Eine Veränderung des Beschäftigungsgrades führt zu einer Veränderung der Einzelkosten (variable Kosten), die als Grundlage für die Ermittlung der Gemeinkostenzuschlagssätze verwendet werden (z. B. Fertigungsmaterial und Fertigungslöhne). Die Gemeinkosten ändern sich aber bei Beschäftigungsschwankungen wegen der darin enthaltenen **Fixkosten** nicht in gleichem Umfang wie die Einzelkosten. Wird der mit diesen Zuschlagssätzen ermittelte **kalkulierte Angebotspreis** zur Grundlage der Preispolitik gemacht, kommt es zu folgenschweren **Fehlentscheidungen**.

Ausgangssituation: Beschäftigungsgrad 75 %

In einer Fahrradfabrik wurden für das vergangene Quartal bei einem Beschäftigungsgrad von 75 % folgende Zuschlagssätze ermittelt.

Einzel- und Gemeinkosten bei einem Beschäftigungsgrad von 75 %			
Fertigungsmaterial	500 000 EUR	Fertigungslöhne	400 000 EUR
Materialgemeinkosten	50 000 EUR	Fertigungsgemeinkosten	800 000 EUR
MGKZ	10 %	FGKZ	200 %
VwGKZ	10 %	VtGKZ	10 %

Für ein hochwertiges City-Bike ergab sich daraus folgende Preiskalkulation:

Fertigungsmaterial	200,00 EUR	
+ Materialgemeinkostenzuschlag 10 %	20,00 EUR	
= Materialkosten		220,00 EUR
Fertigungslöhne	150,00 EUR	
+ Fertigungsgemeinkostenzuschlag 200 %	300,00 EUR	
= Fertigungskosten		450,00 EUR
Herstellkosten		670,00 EUR
+ Verwaltungsgemeinkostenzuschlag 10 %		67,00 EUR
+ Vertriebsgemeinkostenzuschlag 10 %		67,00 EUR
= Selbstkosten		804,00 EUR
+ Gewinnzuschlag 25 %		201,00 EUR
= Listenpreis		1 005,00 EUR

Beschäftigungsrückgang: Zu hoher Angebotspreis

Fall 1: Verringerung des Beschäftigungsgrades auf 60 %

Die Absatzmöglichkeiten haben sich verschlechtert. Der Beschäftigungsgrad ist um 20 % von ursprünglich 75 % (siehe Ausgangssituation) auf 60 % gesunken. Das hat zu einem Rückgang der Einzelkosten (= variable Kosten) um 20 % geführt. Da die Gemeinkosten zum überwiegenden Teil aus fixen Kosten bestehen, haben sich diese nicht in gleichem Umfang, sondern im vorliegenden Fall nur um 5 % verringert. Dadurch haben sich die Zuschlagssätze für die Material- und Fertigungsgemeinkosten wie folgt verändert:

Einzel- und Gemeinkosten bei einem Beschäftigungsgrad von 60 %			
Fertigungsmaterial	400 000 EUR	Fertigungslöhne	320 000 EUR
Materialgemeinkosten	47 500 EUR	Fertigungsgemeinkosten	760 000 EUR
MGKZ	11,875 %	FGKZ	237,5 %

Die Preiskalkulation ändert sich dadurch (bei unveränderten Zuschlagssätzen für Verwaltungsgemeinkosten, Vertriebsgemeinkosten und Gewinn) wie folgt:

Fertigungsmaterial	200,00 EUR	
+ Materialgemeinkostenzuschlag 11,875 %	23,75 EUR	
= Materialkosten		223,75 EUR
Fertigungslöhne	150,00 EUR	
+ Fertigungsgemeinkostenzuschlag 237,5 %	356,25 EUR	
= Fertigungskosten		506,25 EUR

Herstellkosten		730,00 EUR
+ Verwaltungsgemeinkostenzuschlag 10 %		73,00 EUR
+ Vertriebsgemeinkostenzuschlag 10 %		73,00 EUR
= Selbstkosten		876,00 EUR
+ Gewinnzuschlag 25 %		219,00 EUR
= Listenpreis		1 095,00 EUR

Bei Anwendung der durch den Rückgang des Beschäftigungsgrades gestiegenen Zuschlagssätze für Material- und Fertigungsgemeinkosten erhöht sich im vorliegenden Fall der kalkulierte Listenpreis um 90,00 EUR gegenüber der Ausgangssituation. Eine Preiserhöhung wäre aber angesichts des rückläufigen Absatzes genau die falsche Entscheidung. Vielmehr müsste der Preis gesenkt werden, um die Absatzmöglichkeiten zu verbessern. Wie weit der Preis gesenkt werden kann, hängt von der kurzfristigen Preisuntergrenze und damit von der Höhe der variablen Stückkosten (k_v) ab.

Ein Rückgang des Beschäftigungsgrades bewirkt, dass
- die Einzelkosten sinken, da es sich dabei um variable Kosten handelt,
- die Gemeinkosten nur geringfügig oder gar nicht sinken, da diese (überwiegend) aus fixen Kosten bestehen.

Daraus folgt, dass ein **Rückgang des Beschäftigungsgrades** zu einem **Anstieg der Zuschlagssätze** für Material- und Fertigungsgemeinkosten führt.

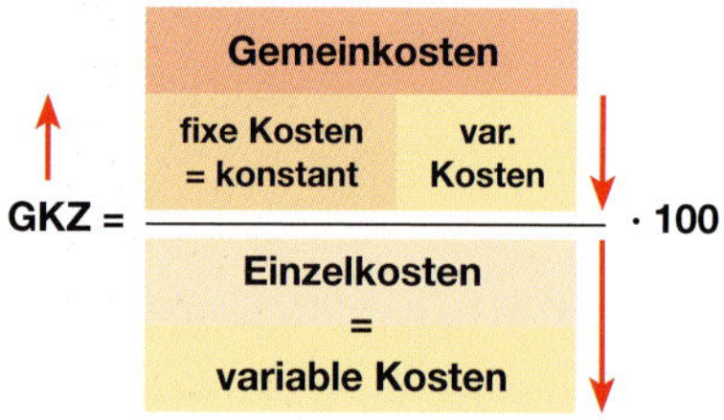

Der Nenner des Bruchs sinkt stärker als der Zähler.

Ursache: Die in den Gemeinkosten enthaltenen Fixkosten sinken nicht.

Folge: Der Gemeinkostenzuschlagssatz (GKZ) steigt.

Bei Rückgang des Beschäftigungsgrades steigen im Rahmen der Zuschlagskalkulation die Gemeinkostenzuschlagssätze.

Sinkt der Beschäftigungsgrad (= abnehmende Kapazitätsauslastung), so führt eine Preiskalkulation auf der Grundlage der **Zuschlagskalkulation** zu steigenden Selbstkosten und zu einer Erhöhung des kalkulierten Angebotspreises. Die Ursache liegt darin, dass die in den Gemeinkosten enthaltenen Fixkosten unverändert geblieben und die Fixkosten je Stück (k_f) gestiegen sind. Wegen der unveränderten fixen Gemeinkosten ergeben sich höhere Gemeinkostenzuschlagssätze. Ein Unternehmen würde sich aber bei **rückläufiger Produktionsmenge** immer mehr **„aus dem Markt herauskalkulieren"**, wenn es versucht, den erhöhten kalkulierten Angebotspreis auf die Kunden zu überwälzen. Der Absatz geht dann wegen des steigenden Angebotspreises noch weiter zurück.

Die Zuschlagskalkulation ist für preispolitische Entscheidungen bei sinkendem Beschäftigungsgrad (= verringerte Absatzmöglichkeiten) nicht geeignet.

Die Zuschlagskalkulation legt bei sinkendem Beschäftigungsgrad eine Preiserhöhung nahe. Stattdessen ist absatzpolitisch möglicherweise eine Preissenkung sinnvoll. Dafür muss eine Aufteilung der Gesamtkosten in fixe und variable Kosten vorgenommen werden, um die kurzfristige Preisuntergrenze bestimmen zu können.

Beschäftigungserhöhung: Zu niedriger Angebotspreis

Fall 2: Erhöhung des Beschäftigungsgrades auf 90 %

Aufgrund steigender Nachfrage nach Fahrrädern haben sich die Absatzmöglichkeiten verbessert. Der Beschäftigungsgrad ist um 20 % von ursprünglich 75 % (siehe Ausgangssituation) auf 90 % gestiegen. Das hat zu einem Anstieg der Einzelkosten (= variable Kosten) um 20 % geführt. Da die Gemeinkosten zum überwiegenden Teil aus fixen Kosten bestehen, haben sich die Gemeinkosten nicht in gleichem Umfang, sondern im vorliegenden Fall nur um 5 % erhöht. Dadurch haben sich die Zuschlagssätze für die Material- und Fertigungsgemeinkosten wie folgt geändert:

Einzel- und Gemeinkosten bei einem Beschäftigungsgrad von 90 %			
Fertigungsmaterial	600 000 EUR	Fertigungslöhne	480 000 EUR
Materialgemeinkosten	52 500 EUR	Fertigungsgemeinkosten	840 000 EUR
MGKZ	8,75 %	FGKZ	175 %

Die Preiskalkulation ändert sich dadurch (bei unveränderten Zuschlagssätzen für Verwaltungsgemeinkosten, Vertriebsgemeinkosten und Gewinn) wie folgt:

Fertigungsmaterial	200,00 EUR	
+ Materialgemeinkostenzuschlag 8,75 %	17,50 EUR	
= Materialkosten		217,50 EUR
Fertigungslöhne	150,00 EUR	
+ Fertigungsgemeinkostenzuschlag 175 %	262,50 EUR	
= Fertigungskosten		412,50 EUR
Herstellkosten		630,00 EUR
+ Verwaltungsgemeinkostenzuschlag 10 %		63,00 EUR
+ Vertriebsgemeinkostenzuschlag 10 %		63,00 EUR
= Selbstkosten		756,00 EUR
+ Gewinnzuschlag 25 %		189,00 EUR
= Listenpreis		945,00 EUR

Bei Anwendung der durch die Erhöhung des Beschäftigungsgrades gesunkenen Zuschlagssätze für Material- und Fertigungsgemeinkosten verringert sich im vorliegenden Fall der kalkulierte Listenpreis um 60,00 EUR gegenüber der Ausgangssituation. Eine Preissenkung ist aber angesichts der ohnehin bereits verbesserten Absatzmöglichkeiten nicht nötig. Vielmehr lässt sich möglicherweise eine Preiserhöhung am Markt durchsetzen.

Bei Erhöhung des Beschäftigungsgrades sinken im Rahmen der Zuschlagskalkulation die Gemeinkostenzuschlagssätze.

Steigt der Beschäftigungsgrad (= zunehmende Kapazitätsauslastung), so führt eine Preiskalkulation auf der Grundlage der **Zuschlagskalkulation** zu sinkenden Selbstkosten und zu einem Sinken des kalkulierten Angebotspreises. Die Ursache liegt darin, dass die in den Gemeinkosten enthaltenen Fixkosten unverändert geblieben und die Fixkosten je Stück (k_f) gesunken sind **(Fixkostendegression)**. Wegen der unveränderten fixen Gemeinkosten ergeben sich niedrigere Gemeinkostenzuschlagssätze. Ein Unternehmen würde sich bei **zunehmender Produktionsmenge** immer mehr **„in den Markt hineinkalkulieren“**, wenn es den verringerten kalkulierten Angebotspreis an die Kunden weitergibt. Der Absatz steigt dann wegen des sinkenden Angebotspreises noch mehr. Kap. A 3.4

Die Zuschlagskalkulation ist für preispolitische Entscheidungen bei steigendem Beschäftigungsgrad (= verbesserte Absatzmöglichkeiten) nicht geeignet.

Aufg. 7.5.2
S. 106

Preispolitische Fehlentscheidungen auf der Grundlage der Zuschlagskalkulation		
Beschäftigungsgrad/ Absatzsituation	**Preispolitik auf der Basis der Vollkostenrechnung**	**sinnvolle Preispolitik aufgrund der Absatzsituation**
abnehmender Beschäftigungsgrad (= verschlechterte Absatzmöglichkeiten)	Preiserhöhung wegen gestiegener kalkulierter Selbstkosten und höherem Angebotspreis	Preissenkung zur Erhöhung des Absatzes
zunehmender Beschäftigungsgrad (= verbesserte Absatzmöglichkeiten)	Preissenkung wegen gesunkener kalkulierter Selbstkosten und niedrigerem Angebotspreis	Preiserhöhung zur Verbesserung des Betriebsergebnisses (höherer Gewinn).

7.5.2 Fehlentscheidungen bei der Bereinigung des Produktionsprogramms (Sortimentspolitik)

Nicht nur bei der Preisgestaltung, sondern auch bei der Sortimentspolitik kann die Vollkostenrechnung zu Fehlentscheidungen führen.

Entscheidungen über das Produktionsprogramm eines Herstellers von Holzspielzeugen

1. Produktionsentscheidungen auf der Grundlage der Vollkostenrechnung

Das Produktionsprogramm eines Herstellers von Holzspielzeugen umfasst drei Produkte: Baukasten, Figuren und Modellhäuser. Für den vergangenen Monat liegen folgende Informationen vor:

Kostenträger	Verkaufspreise	Produktions-/Absatzmengen
Baukasten	20 EUR/Stück	3746 Stück
Figuren	5 EUR/Stück	9840 Stück
Modellhäuser	8 EUR/Stück	2185 Stück

Die für den vergangenen Monat erstellte Kostenträgerrechnung liefert folgende Informationen:

	Kostenträger insgesamt EUR	Kostenträger		
		Baukasten EUR	Figuren EUR	Modellhäuser EUR
Fertigungsmaterial	30000	16000	10000	4000
+ Materialgemeinkosten 10 %	3000	1600	1000	400
= Materialkosten	**33000**	**17600**	**11000**	**4400**
Fertigungslöhne	28000	14000	8000	6000
+ Fertigungsgemeinkosten 150 %	42000	21000	12000	9000
= Fertigungskosten	**70000**	**35000**	**20000**	**15000**
Herstellkosten	**103000**	**52600**	**31000**	**19400**
+ Verwaltungsgemeinkosten 5 %	5150	2630	1550	970
+ Vertriebsgemeinkosten 15 %	15450	7890	4650	2910
= Selbstkosten	**123600**	**63120**	**37200**	**23280**
Erlöse	141600	74920	49200	17480
Betriebsergebnis	**18000**	**11800**	**12000**	**– 5800**

Ergebnis: Auf der Grundlage der im Rahmen der Zuschlagskalkulation ermittelten Ergebnisse wird vorgeschlagen, die Produktion des Produkts „Modellhäuser" einzustellen, da dessen Umsatzerlöse nicht die Selbstkosten decken.

2. Produktionsentscheidungen auf der Grundlage der Deckungsbeitragsrechnung

Eine Kostenanalyse ergibt, dass es sich bei 80 % der insgesamt 65 600 EUR betragenden Gemeinkosten um fixe Kosten (= 52 480 EUR) handelt. Alle anderen Kosten sind variabel. Somit ergibt sich auf der Basis der Kostenträgerrechnung (*vgl. S. 137*) folgende Aufteilung auf fixe und variable Kosten.

Fixkosten (K_f)	52 480 EUR
var. Kosten (K_v)	71 120 EUR
Selbstkosten	**123 600 EUR**

Kostenträger	Einzelkosten	20 % der Gemeink.	Σ variable Kosten
Baukasten	30 000 EUR	6 624 EUR	36 624 EUR
Figuren	18 000 EUR	3 840 EUR	21 840 EUR
Modellhäuser	10 000 EUR	2 656 EUR	12 656 EUR

Die Einstellung der Produktion des Produkts „Modellhäuser" würde zu folgendem Ergebnis führen:

	Baukasten EUR	Figuren EUR	insgesamt EUR
Erlöse	74 920	49 200	**124 120**
– variable Kosten	36 624	21 840	**58 464**
= Deckungsbeitrag	**38 296**	**27 360**	**65 656**
– fixe Kosten			**52 480**
= Betriebsergebnis			**13 176**

Ergebnis: Durch die Einstellung der Produktion des Produkts „Modellhäuser" verringert sich der Betriebsgewinn von 18 000 EUR auf 13 176 EUR. Dies ist darauf zurückzuführen, dass die Fixkosten auch nach Einstellung der Produktion der Modellhäuser in vollem Umfang bestehen bleiben und damit von den Produkten „Baukasten" und „Figuren" getragen werden müssen.

3. Deckungsbeitragsrechnung für das Produkt „Modellhäuser":

Erlöse (2 185 St. · 8 EUR/St.)	17 480 EUR
– variable Kosten (10 000 EUR + 2 656 EUR)	12 656 EUR
= Deckungsbeitrag	**4 824 EUR**

Ergebnis: In Höhe des Deckungsbeitrags von 4 824 EUR leistet das Produkt „Modellhäuser" einen Beitrag zur Deckung der gesamten fixen Kosten des Unternehmens. Bei Produktelimierung der „Modellhäuser" ist das Betriebsergebnis mit 13 176 EUR um 4 824 EUR (= DB „Modellhäuser") niedriger als bei Verzicht auf die Eliminierung (Betriebsergebnis: 18 000 EUR).

Die Zuschlagskalkulation legt nahe, Produkte, deren kalkulierte Selbstkosten über dem Verkaufspreis liegen, aus dem Produktionsprogramm zu entfernen **(= Produkteliminierung)**. Eine solche Entscheidung kann aber falsch sein, da es bei der Zusammensetzung des Produktionsprogramms nicht auf die Höhe der kalkulierten Selbstkosten, sondern ausschließlich auf die Höhe des Deckungsbeitrags der einzelnen Produktgruppen ankommt.

Eine Sortimentsbereinigung auf der Basis der im Rahmen der Zuschlagskalkulation kalkulierten Selbstkosten kann zu Fehlentscheidungen führen. Als Entscheidungskriterium darf nicht die Höhe der Selbstkosten, sondern ausschließlich die Höhe des Deckungsbeitrags der einzelnen Produktgruppen dienen.

Zusammenfassende Übersicht zu Kap. 7.5: Fehlentscheidungen bei Anwendung der Zuschlagskalkulation

Fehlentscheidungen bei der Preispolitik

↓

Schwankender Beschäftigungsgrad
(= unterschiedliche Kapazitätsausnutzung durch unterschiedliche Produktionsmengen)

↓

fehlende Aufteilung der Kosten in fixe und variable Bestandteile (Vollkostenrechnung)

abnehmender Beschäftigungsgrad

- fixe Kosten verteilen sich auf **geringere** Produktionsmenge
- Zuschlagssätze steigen
- kalkulierte Selbstkosten und kalkulierter Verkaufspreis steigen

Unternehmen kalkuliert sich „aus dem Markt heraus“.

zunehmender Beschäftigungsgrad

- fixe Kosten verteilen sich auf eine **größere** Produktionsmenge
- Zuschlagssätze sinken
- kalkulierte Selbstkosten und kalkulierter Verkaufspreis sinken

Unternehmen kalkuliert sich „in den Markt hinein“.

Fehlentscheidungen bei der Sortimentspolitik

↓

Entscheidungskriterien für Bereinigung des Produktionsprogramms (Produkteliminierung)

Vollkostenrechnung

Erlöse < kalkulierte Selbstkosten
(= Verlust)

Deckungsbeitragsrechnung

Erlöse < variable Kosten
(Deckungsbeitrag < 0)

Orientierung an den kalkulierten Selbstkosten (Vollkostenrechnung) kann zu Fehlentscheidungen führen, da der Deckungsbeitrag auch dann positiv sein kann, wenn die Umsatzerlöse die Selbstkosten nicht decken (= Verlust).

Fragen zur Wiederholung

zu Kapitel 7.5 Fehlentscheidungen bei Anwendung der Zuschlagskalkulation

7.5.1 Fehlentscheidungen bei der Preispolitik

1. Warum kalkuliert sich ein Unternehmen bei Anwendung der Vollkostenrechnung bei rückläufiger Beschäftigung aus dem Markt heraus?
2. Warum kalkuliert sich ein Unternehmen bei Anwendung der Vollkostenrechnung bei zunehmender Beschäftigung in den Markt hinein?

7.5.2 Fehlentscheidungen bei der Bereinigung des Produktionsprogramms (Sortimentspolitik)

1. Warum ist die Höhe der Selbstkosten kein geeignetes Kriterium für eine Sortimentspolitik?
2. In welchem Fall sollte eine Produktgruppe aus dem Produktionsprogramm entfernt werden?

Aufgaben und Probleme

zu Kapitel 7.5 Fehlentscheidungen bei Anwendung der Zuschlagskalkulation

7.5.1 Auswirkungen von Beschäftigungsänderungen auf die Preiskalkulation: Zuschlagskalkulation – Deckungsbeitragsrechnung

LA

PDF

Bei einer Schraubenfabrik wurden für das **dritte Quartal** d. J. im Rahmen einer Gesamtkalkulation folgende Ist-Zuschlagssätze ermittelt:

Fertigungsmaterial		340 000 EUR	
+ Materialgemeinkosten	20 %	68 000 EUR	
= Materialkosten			408 000 EUR
Fertigungslöhne		480 000 EUR	
+ Fertigungsgemeinkosten	25 %	120 000 EUR	
= Fertigungskosten			600 000 EUR
Herstellkosten			1 008 000 EUR
+ Verwaltungs- und Vertriebsgemeinkosten (zusammen)	10 %		100 800 EUR
Selbstkosten			1 108 800 EUR

Ein Hersteller von Gasgrillgeräten hat zu Beginn des **vierten Quartals** einen Auftrag über die Lieferung von links drehenden Spezialschrauben unter der Bedingung erteilt, dass er für diesen Auftrag nicht mehr als 14 500 EUR bezahlen muss. Freie Produktionskapazitäten sind in ausreichendem Maße vorhanden. Für diesen Auftrag ist von folgenden Einzelkosten auszugehen:
Fertigungsmaterial: 3 800 EUR Fertigungslöhne: 6 400 EUR

1. Ermitteln Sie die voraussichtlichen Selbstkosten für den Auftrag, wenn der Angebotskalkulation die Gemeinkostenzuschläge aus dem **dritten Quartal** zugrunde gelegt werden (= Vorkalkulation) und begründen Sie, ob die Schrauben zu dem vom Kunden geforderten Preis verkauft werden sollen.

2. Wegen Absatzschwierigkeiten musste die Produktion bei allen Schraubensorten im **vierten Quartal** gegenüber dem **dritten Quartal** um 30 % verringert werden. Es ist davon auszugehen, dass die Einzelkosten in vollem Umfang variable Kosten darstellen, während sich die Gemeinkosten zu einem erheblichen Teil aus fixen und zu einem geringen Teil aus variablen Kosten zusammensetzen.
   a) Begründen Sie anhand von selbst gewählten Beispielen, weshalb sich Einzel- und Gemeinkosten bei rückläufiger Beschäftigung jeweils unterschiedlich verhalten.
   b) Begründen Sie, ob aufgrund des Beschäftigungsrückgangs die Zuschlagssätze für die Istgemeinkosten des 4. Quartals gegenüber dem 3. Quartal gesunken oder gestiegen sind.
   c) Die Nachkalkulation für das **4. Quartal** hat zu folgenden Ergebnissen geführt:
      - FM: 238 000 EUR
      - MGK: 61 880 EUR
      - FL: 336 000 EUR
      - FGK: 110 880 EUR
      - Vw/VtGK: 93 345 EUR
      - – Ermitteln Sie die Ist-Zuschlagssätze für das 4. Quartal und vergleichen Sie diese mit denen für das 3. Quartal (vgl. Ausgangsituation).
      - – Ermitteln Sie unter Verwendung der Ist-Zuschlagssätze für das 4. Quartal die tatsächlichen entstandenen Selbstkosten (Ist-Kosten) für den Auftrag und vergleichen Sie diese mit dem Verkauferlös. Entscheiden Sie, ob aus kostenrechnerischer Sicht die Schrauben zu dem vom Kunden geforderten Preis hätten verkauft werden sollen (vgl. Aufg. 1)

3. Begründen Sie ausführlich, worauf der Unterschied zwischen der Vor- und Nachkalkulation des Auftrages (Aufg. 1 und 2c) zurückzuführen ist.

4. Angenommen, das Unternehmen bietet alle seine Schrauben künftig zu Preisen an, die auf den neuen Zuschlagssätzen und Selbstkosten des vierten Quartals basieren. Beurteilen Sie ob sich durch diese Preisänderung die Beschäftigungslage des Betriebs verbessern lässt.

5. Es ist davon auszugehen, dass bei allen Gemeinkostenarten der Anteil der fixen Kosten im 4. Quartal 80 % betrug. Wie niedrig hätte in diesem Fall der Preis für den Auftrag der Spezialschrauben sein dürfen, ohne dass der Auftrag zu einem Verlust geführt hätte (kurzfristige Preisuntergrenze)?
6. Beurteilen Sie anhand der Ergebnisse die Eignung der Vollkostenrechnung (Zuschlagkalkulation) für preispolitische Entscheidungen bei sich ändernden Beschäftigungsgraden.

7.5.2 Stückkosten, Kalkulation des Verkaufspreises, Betriebsergebnis bei rückläufiger Beschäftigung

Die Metall-GmbH stellt u. a. eine bestimmte Art von Drehteilen her. Aufgrund der vorhandenen Kapazität ist eine Monatsproduktion von 21 000 Stück möglich. Im laufenden Monat beträgt die Kapazitätsauslastung 85 %. Bei dieser Kapazitätsauslastung entstehen Gesamtkosten in Höhe von 58 294,50 EUR. Bei der im Vormonat festgestellten Kapazitätsauslastung von 80 % beliefen sich die Gesamtkosten auf 57 486,00 EUR.

1. Berechnen Sie die Stückkosten für jeden der beiden Beschäftigungsgrade.
2. Zu welchen Problemen in der Preispolitik führt es, wenn die Kosten bei schwankenden Beschäftigungsgraden ermittelt werden?
3. Ermitteln Sie mit Hilfe der Deckungsbeitragsrechnung das Betriebsergebnis für die beiden Beschäftigungsgrade, wenn der Verkaufspreis pro Stück 4,00 EUR beträgt.
4. Wie weit darf der Verkaufspreis sinken, damit es sich für das Unternehmen gerade noch lohnt, einen Auftrag anzunehmen?

7.6 Anwendung der Deckungsbeitragsrechnung bei Produktions- und Absatzentscheidungen

7.6.1 Produktförderung – Produkteliminierung

Produktförderung und Produkteliminierung in einem Holz verarbeitenden Betrieb

Ein Holz verarbeitender Betrieb stellt in einem Zweigwerk ausschließlich Lagerregale in drei Grundtypen her. Für den letzten Monat gelten folgende Daten:

	Verkaufspreis je Stück EUR	Variable Kosten pro Stück (k_v) EUR	Fixe Kosten der Regalproduktion EUR	Absatz Stück
Typ R 01	180,00	110,00		150
Typ R 02	260,00	160,00	**16 400**	100
Typ R 03	310,00	232,00		50

Produktförderung

Fall 1. Rangfolge der Produktförderung

Da freie Kapazitäten vorhanden sind, könnten Produktion und Absatz eines der drei Regaltypen um monatlich 30 Stück gesteigert werden. Auf welches der drei Modelle sollen die verkaufsfördernden Maßnahmen zur Absatzsteigerung konzentriert werden?

	Typ R 01	Typ R 02	Typ R 03
Stückdeckungsbeitrag ($db = p-k_v$) in EUR	db = 180,00–110,00 = 70,00 EUR	db = 260,00–160,00 = 100,00 EUR	db = 310,00–232,00 = 78,00 EUR
Rangfolge der Absatzförderung	③	①	②

Da das Regal vom Typ R 02 den höchsten Deckungsbeitrag pro Stück (db) erbringt, sollten die freien Kapazitäten zur vermehrten Produktion dieses Produktes genutzt werden.

Auswirkungen auf das Gesamtergebnis

	Typ R 01	Typ R 02	Typ R 03	Summe
Erlös (p · x)	180 EUR · 150 St. = 27 000 EUR	260 EUR · 100 St. = 26 000 EUR	310 EUR · 50 St. = 15 500 EUR	**68 500 EUR**
– variable Kosten (K_v) ($K_v = k_v \cdot x$)	110 EUR · 150 St. = 16 500 EUR	160 EUR · 100 St. = 16 000 EUR	232 EUR · 50 St. = 11 600 EUR	**– 44 100 EUR**
– Deckungsbeitrag (DB)	70 EUR · 150 St. = 10 500 EUR	100 EUR · 100 St. = 10 000 EUR	78 EUR · 50 St. = 3 900 EUR	**24 400 EUR**
– fixe Kosten (K_f)				**– 16 400 EUR**
= bisheriges Betriebsergebnis				**8 000 EUR**
+ zusätzlicher Deckungsbeitrag aus Produktionserhöhung Regal Typ R 02			100,00 EUR · 30 Stück	**3 000 EUR**
= künftiges Betriebsergebnis				**11 000 EUR**

Bei Ausnutzung der freien Kapazitäten zur Produktion des Regals Typ R 02 **(= Produkt mit höchstem Deckungsbeitrag je Stück, db)** erhöht sich das monatliche Betriebsergebnis von 8 000 EUR auf 11 000 EUR (ohne Berücksichtigung der Kosten für die Verkaufsförderung). Bei allen anderen Alternativen wäre das Betriebsergebnis niedriger.

Die Förderungswürdigkeit einzelner Produkte innerhalb eines Produktionsprogramms hängt von der Rangfolge der Deckungsbeiträge je Stück (db) der einzelnen Produkte ab. Das Produkt mit dem höchsten Deckungsbeitrag je Stück (db) ist am förderungswürdigsten.

Produkteliminierung

Fall 2. Rangfolge bei Sortimentsbereinigung (Produkteliminierung)

Als Alternative zur Ausweitung der Regalproduktion wird aus Gründen der Risikostreuung erwogen, ein neues Sportgerät aus Holz in das Produktionsprogramm aufzunehmen. Die bisherigen freien Produktionskapazitäten reichen dafür aber nicht aus. Eine Erweiterung der Produktionskapazitäten soll aber noch nicht vorgenommen werden. Da absehbar ist, dass die Nachfrage nach Regalen künftig rückläufig sein wird, soll einer der drei Regaltypen aus dem Produktionsprogramm herausgenommen werden, um die notwendigen freien Kapazitäten zu schaffen. Wegen unterschiedlicher Qualität und Ausfertigung beanspruchen alle drei Regaltypen trotz unterschiedlicher Produktionsmengen die Produktionskapazitäten in gleichem Umfang. Die Geschäftsleitung hat zu entscheiden, welcher Regaltyp künftig nicht mehr produziert werden soll.

	Typ R 01	Typ R 02	Typ R 03
Stückdeckungsbeitrag ($db = p - k_v$) in EUR	db = 180,00–110,00 = 70,00 EUR	db = 260,00–160,00 = 100,00 EUR	db = 310,00–232,00 = 78,00 EUR
Deckungsbeitrag der Produktgruppe in EUR $DB = E - K_v = db \cdot x$	DB = 70,00 · 150 Stk. = 10 500,00 EUR	DB = 100,00 · 100 Stk. = 10 000,00 EUR	DB = 78,00 · 50 Stk. = 3 900,00 EUR
Rangfolge der Sortimentsbereinigung (Produkteliminierung)	③	②	①

Da das Regal vom Typ R 03 den niedrigsten Gesamtdeckungsbeitrag (DB) aller drei Produktgruppen erbringt, sollte dieses Produkt zur Schaffung freier Kapazitäten aus dem Produktionsprogramm herausgenommen werden.

Auswirkungen auf das Gesamtergebnis

	Typ R 01	Typ R 02	Typ R 03	Summe
Erlös (p · x)	180 EUR · 150 St. = 27000 EUR	260 EUR · 100 St. = 26000 EUR	310 EUR · 50 St. = 15500 EUR	**68500 EUR**
– variable Kosten (K_v) ($K_v = k_v \cdot x$)	110 EUR · 150 St. = 16500 EUR	160 EUR · 100 St. = 16000 EUR	232 EUR · 50 St. = 11600 EUR	**– 44100 EUR**
– Deckungsbeitrag (DB)	70 EUR · 150 St. = 10500 EUR	100 EUR · 100 St. = 10000 EUR	78 EUR · 50 St. = 3900 EUR	**24400 EUR**
– fixe Kosten (K_f)				**– 16400 EUR**
= bisheriges Betriebsergebnis				**8000 EUR**
– Deckungsbeitrag wegen Aufgabe der Produktion von Regal Typ R 03			78,00 EUR · 50 Stück	**– 3900 EUR**
= künftiges Betriebsergebnis				**4100 EUR**

Wird die Produktion des Regals Typ R 03 **(= Produktgruppe mit niedrigsten Gesamtdeckungsbeitrag DB aller Produktgruppen)** eingestellt, verringert sich das monatliche Betriebsergebnis von 8 000 EUR auf lediglich 4 100 EUR. Bei allen anderen Alternativen wäre das Betriebsergebnis noch niedriger.

Die Entscheidung, welche Produktgruppe bei einer Sortimentsbereinigung aus dem Produktionsprogramm gestrichen werden soll (= Produkteliminierung), hängt von der Rangfolge der Produktgruppen hinsichtlich der **Gesamtdeckungsbeiträge** (DB) ab.

Bei Eliminierung eines Produkts aus dem Produktionsprogramm hängt die Entscheidung von der Rangfolge der Gesamtdeckungsbeiträge (DB) der einzelnen Produktgruppen ab. Die Produktgruppe mit dem niedrigsten Gesamtdeckungsbeitrag (DB) wird als erste eliminiert.

Grundsätzlich gilt bei Entscheidungen über das Produktionsprogramm:

Aufg. 7.6.1, 7.6.2 S. 112

Produkte mit negativem Deckungsbeitrag werden aus dem Produktionsprogramm gestrichen. Ohne die Weiterproduktion dieser Produkte ergibt sich ein höheres Betriebsergebnis.

Verfügt ein Unternehmen über freie Kapazitäten, ist es nur dann vorteilhaft, ein neues Produkt in das Produktionsprogramm aufzunehmen, wenn dessen Deckungsbeitrag positiv ist.

7.6.2 Annahme von Zusatzaufträgen

Entscheidung über den Zusatzauftrag eines Möbelproduzenten

Ein Möbelproduzent stellt in einem Zweigwerk ausschließlich Schreibtische her, die zum Nettoverkaufspreis von 500 EUR an den Fachhandel abgegeben werden. Die Monatskapazität für dieses Produkt beträgt 5000 Stück. Derzeit arbeitet das Unternehmen mit einem Beschäftigungsgrad von 80 %. Die Fixkosten betragen 500000 EUR, die variablen Stückkosten 250 EUR. In dieser Situation ist über die Anfrage eines Fachhändlers zu entscheiden, der vorübergehend monatlich 800 Schreibtische zu 300 EUR abnehmen würde.

Lösung:

1. Betriebsergebnis bei Ablehnung des Auftrags	
Erlöse (4 000 Stück · 500 EUR)	2 000 000 EUR
– variable Kosten (4 000 Stück · 250 EUR)	1 000 000 EUR
= Deckungsbeitrag ohne Zusatzauftrag	**1 000 000 EUR**
– fixe Kosten	500 000 EUR
= Betriebsgewinn bei Ablehnung des Zusatzauftrags	**500 000 EUR**

2. Betriebsergebnis bei Annahme des Auftrags	
zusätzliche Erlöse (800 Stck. · 300 EUR)	240 000 EUR
– variable Kosten (800 Stck. · 250 EUR)	200 000 EUR
= Deckungsbeitrag durch Zusatzauftrag	**40 000 EUR**
+ Betriebsgewinn ohne Zusatzauftrag	500 000 EUR
= Betriebsgewinn mit Zusatzauftrag	**540 000 EUR**

Ergebnis:

Obwohl die Stückkosten sogar bei einer Kapazitätsauslastung von 100 % mit 350 EUR (100 EUR Fixkosten je Stück[1)] + 250 EUR variable Kosten) um 50 EUR über dem Abnahmepreis des Fachhändlers liegen, empfiehlt sich die Annahme des Auftrags. Der Betriebsgewinn für diesen Schreibtisch erhöht sich bei Annahme des Auftrags um 40 000 EUR.

1) $k_{fix} = \frac{K_{fix}}{x} = \frac{500\,000 \text{ EUR}}{5\,000 \text{ Stck.}} = 100 \text{ EUR/Stück}$

Grafische Darstellung

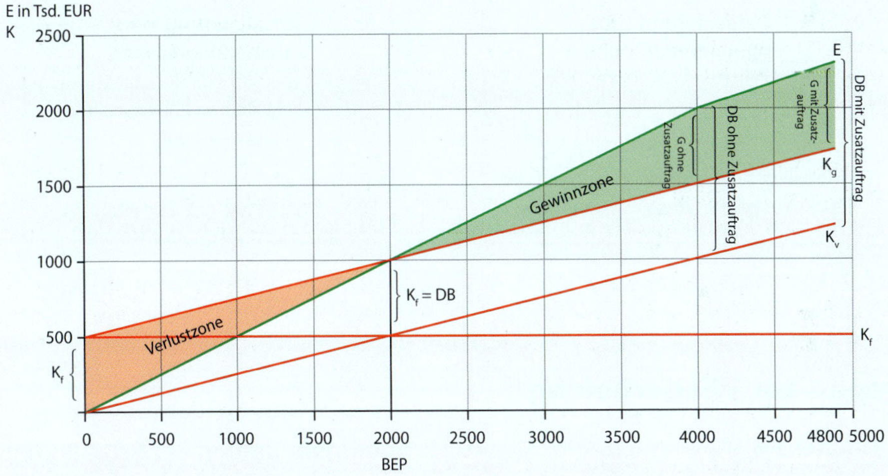

Aufg. 7.6.3 bis 7.6.6 S. 112 f.

Ist die Kapazität eines Betriebes nicht voll ausgelastet, empfiehlt sich die Annahme eines Zusatzauftrags, wenn die variablen Stückkosten geringer sind als der Stückpreis, da in diesem Fall ein positiver Deckungsbeitrag vorliegt. Ist dies der Fall, führt die Annahme des Zusatzauftrags zu einer Verbesserung des Betriebsergebnisses.

Ist die Annahme eines Zusatzauftrags nur durch Erweiterung der bestehenden Kapazität möglich, so entstehen für die Anpassung der Kapazität **sprungfixe Kosten** (z. B. kalkulatorische Abschreibungen für die Neuanschaffung von Maschinen). In diesem Fall muss geprüft werden, ob der Deckungsbeitrag des Zusatzauftrags die zusätzlich entstehenden fixen Kosten (= sprungfixe Kosten) übersteigt.

Ist die Kapazität eines Betriebes voll ausgelastet, empfiehlt sich die Annahme eines Zusatzauftrags, wenn dessen Deckungsbeitrag die für die Kapazitätserweiterung entstehenden sprungfixen Kosten übersteigt. Ist dies der Fall, führt die Annahme des Zusatzauftrags zu einer Verbesserung des Betriebsergebnisses.

Zusammenfassende Übersicht zu Kap. 7.6: Anwendung der Deckungsbeitragsrechnung bei Produktions- und Absatzentscheidungen

Deckungsbeitragsrechnung als Entscheidungshilfe bei:

Produktförderung	**Produkteliminierung**
Rangfolge der Produktförderung bestimmt sich nach der Höhe der einzelnen Deckungsbeiträge je Stück (db).	Produkt wird eliminiert, wenn sich dadurch der Gesamtdeckungsbeitrag verbessert. Rangfolge bestimmt sich nach der Höhe der Gesamtdeckungsbeiträge der Produktgruppen (DB).

Annahme von Zusatzaufträgen

bei freien Kapazitäten (kein Engpass)	bei erforderlicher Kapazitätserweiterung (Engpass)
Zusatzauftrag wird angenommen, wenn Deckungsbeitrag des Zusatzauftrags > 0	**Zusatzauftrag wird angenommen, wenn** Deckungsbeitrag des Zusatzauftrags > sprungfixe Kosten für Kapazitätserweiterung
Betriebsergebnis verbessert sich um den Deckungsbeitrag des Zusatzauftrags	Betriebsergebnis verbessert sich um den Deckungsbeitrag des Zusatzauftrags abzüglich sprungfixe Kosten

Fragen zur Wiederholung

zu Kapitel 7.6 Anwendung der Deckungsbeitragsrechnung bei Produktions- und Absatzentscheidungen

7.6.1 Produktförderung – Produkteliminierung

1. In welcher Rangfolge werden die einzelnen Produkte eines Unternehmens gefördert, wenn freie Kapazitäten vorhanden sind?
2. Unter welcher Voraussetzung wird auf die Eliminierung eines Produkts mit negativem Deckungsbeitrag verzichtet?
3. In welchen Fällen wird ein Produkt aus dem Produktionsprogramm eliminiert?

7.6.2 Annahme von Zusatzaufträgen

1. Unter welcher Voraussetzung empfiehlt es sich, einen Zusatzauftrag anzunehmen, wenn die Kapazitäten eines Unternehmens nicht voll ausgelastet sind?
2. Unter welcher Voraussetzung empfiehlt es sich, einen Zusatzauftrag anzunehmen, wenn dafür eine Kapazitätserweiterung nötig ist?

A

Aufgaben und Probleme

zu Kapitel 7.6 Anwendung der Deckungsbeitragsrechnung bei Produktions- und Absatzentscheidungen

7.6.1 Ermittlung des Betriebsergebnisses – Bereinigung des Produktionsprogramms auf der Basis von Vollkosten- und Deckungsbeitragsrechnung

LA

In einer Textilfabrik werden vier verschiedene Arten von Sportjacken hergestellt. Für das vergangene Quartal liegen folgende Daten vor:

PDF EXCEL

	Kostenträger			
	Standard	Extra	Super	Super XL
Materialeinzelkosten je Stück in EUR	38,33	37,50	50,00	60,00
Fertigungslöhne je Stück in EUR	36,67	32,50	40,00	40,00
Verkaufspreis in EUR	125,00	145,00	230,00	250,00
Absatzmenge in Stück	800	800	1 500	2 000

5.100

MGKZ: 20 % FGKZ: 180 % VwGKZ: 10 % VtGKZ: 15 %

1. Ermitteln Sie das Betriebsergebnis für den vergangenen Monat auf der Basis der Vollkostenrechnung.

2. Die Geschäftsleitung erwägt, die Produktion der Modelle Standard und Extra einzustellen, da die Umsatzerlöse beider Modelle niedriger als deren kalkulierte Selbstkosten sind. Sie erhofft sich davon eine Verbesserung der Betriebsergebnisse, obwohl die frei werdenden Kapazitäten nicht durch eine Produktions- und Absatzerhöhung der beiden restlichen Modelle genutzt werden können. Die Ausgangsdaten dieser beiden Modelle (Preis, Menge, Einzelkosten, Zuschlagssätze) bleiben unverändert.

   Wie hoch wäre das voraussichtliche Betriebsergebnis auf Basis der Vollkostenrechnung jeweils, wenn
   a) zunächst nur die Produktion des Modells Standard
   b) zusätzlich auch die Produktion des Modells Extra eingestellt würde?

3. Eine von einer Unternehmensberatung vorgeschlagene Kostenuntersuchung ergibt, dass 50 % der Gemeinkosten als fixe Kosten anzusehen sind.

   X

   Ermitteln Sie auf der Basis der Deckungsbeitragsrechnung das Betriebsergebnis
   a) für das Produktionsprogramm mit allen vier Modellen (Ausgangssituation),
   b) für den Fall, dass nur die Produktion des Modells Standard eingestellt wird,
   c) für den Fall, dass zusätzlich auch die Produktion des Modells Extra eingestellt wird.

4. Bei welchem Produktionsprogramm wird das bestmögliche Betriebsergebnis erzielt? Erläutern Sie die Unterschiede zum Ergebnis von Aufg. 2. Stellen Sie dazu auch die auf Basis der Vollkostenrechnung ermittelten Betriebsergebnisse (Aufg. 1, 2a, 2b) den mit Hilfe der Deckungsbeitragsrechnung ermittelten Betriebsergebnissen gegenüber.

5. Begründen Sie (ohne rechnerischen Nachweis), wie sich das Ergebnis von 4. ändern würde, wenn der Anteil der Fixkosten an den Gemeinkosten
   a) höher als 50 %
   b) niedriger als 50 % wäre.

   Erläutern Sie die Unterschiede, die sich durch unterschiedliche Fixkostenanteile an den Gemeinkosten ergeben.

7.6.2 Absatzpolitische Entscheidungen auf der Grundlage der Deckungsbeitragsrechnung

Ein Textilbetrieb stellt vier verschiedene Modelle von Mänteln her. Für den vergangenen Monat liegen folgende Daten vor:

PDF

EXCEL

Modell	Absatz (Stück)	Verkaufspreis je Stück in EUR	variable Kosten je Stück in EUR
A	300	200,00	150,00
B	400	450,00	300,00
C	200	600,00	650,00
D	100	700,00	400,00

Die monatlichen Fixkosten für die Mantelproduktion betragen 80 000 EUR.

1. Ermitteln Sie die Deckungsbeiträge je Stück und der einzelnen Produktgruppen.
2. Ermitteln Sie das Betriebergebnis für die Mantelproduktion mit Hilfe der Deckungsbeitragsrechnung.
3. Es sollen weiterhin alle vier Modelle produziert werden. Die Unternehmensleitung beabsichtigt aber, geeignete absatzpolitische Maßnahmen auf die beiden erfolgversprechendsten Modelle zu konzentrieren. Dadurch soll die Absatzmenge dieser beiden Modelle um jeweils 100 Stück monatlich gesteigert werden. Es wird damit gerechnet, dass sich aufgrund dieser absatzpolitischen Maßnahmen die variablen Kosten dieser Modelle um jeweils 10 % erhöhen. Da für die Produktionsausweitung zusätzliche Maschinen angeschafft werden müssen, steigen gleichzeitig die monatlichen Fixkosten um 15 % (sprungfixe Kosten).
   Zugunsten welcher beiden Modelle würden Sie sich entscheiden? Überprüfen Sie Ihre Entscheidung durch einen Vergleich des nach dieser Maßnahme erzielten Betriebsergebnisses mit dem in der Ausgangssituation erzielten Betriebsergebnis (siehe Aufg. 2).
4. Die Unternehmensleitung möchte nach der Absatzförderung (vgl. 3) das Produktionsprogramm auf drei Modelle straffen. Dadurch könnten im Vergleich zu 3. (sprung-)fixe Kosten abgebaut und die monatlichen Fixkosten auf 85 000 EUR gesenkt werden.
   Auf welches Modell soll Ihrer Meinung nach künftig verzichtet werden? Überprüfen Sie ihre Entscheidung, indem sie das nach der Straffung des Produktionsprogramms erzielte Betriebsergebnis mit dem Ergebnis von Aufg. 3 vergleichen.

7.6.3 Entscheidung über Zusatzaufträge

Ein Betrieb steht vor der Entscheidung, Zusatzaufträge von neuen Kunden anzunehmen. Die Fertigungsstelle I hat noch Produktionsreserven. Die Kalkulation des dort hergestellten Erzeugnisses sieht wie folgt aus:

	Listenverkaufspreis	200 EUR
–	Preisnachlässe (im Durchschnitt 4 %)	8 EUR
=	Barverkaufspreis	192 EUR
–	variable Kosten	100 EUR
=	Deckungsbeitrag	92 EUR

Zu welchem Mindest-Listenverkaufspreis können Zusatzaufträge für dieses Erzeugnis angenommen werden?

7.6.4 Zusatzauftrag – sprungfixe Kosten

Bei einem Hersteller von Waschmaschinen ergibt sich für die Produktion und den Absatz von 800 Maschinen des Typs Siwamat folgendes Bild:

Umsatzerlöse	480 000 EUR
variable Kosten	288 000 EUR
Deckungsbeitrag	192 000 EUR
fixe Kosten	200 000 EUR
Verlust	8 000 EUR

Es geht der zusätzliche Auftrag eines Exporteurs über 600 Maschinen ein. Der Hersteller ist in der Lage, die insgesamt 1 400 Maschinen ohne Kapazitätserweiterung herzustellen. Allerdings verlangt der Exporteur für die 600 Maschinen einen Rabatt in Höhe von 20 % auf den üblichen Preis.

1. Entscheiden Sie, ob der Auftrag angenommen werden soll. Wie hoch ist das Betriebsergebnis bei Annahme des Auftrags?
2. Prüfen Sie, ob sich die Entscheidung ändert, wenn ab einer Produktionsmenge von 801 Maschinen mit zusätzlichen Fixkosten (sprungfixe Kosten) in Höhe von 140000 EUR gerechnet werden muss.

7.6.5 Auswirkungen eines Zusatzauftrages auf das Betriebsergebnis

Die Mineralbrunnen-AG kalkulierte bisher nur nach dem System der Vollkostenrechnung. Konkurrenzdruck und Konjunkturschwankungen zwingen die Geschäftsleitung zur Einführung der Deckungsbeitragsrechnung.

1. Eine Kundenbefragung ergab, dass neben dem Eigenprodukt Mineralwasser auch 30 000 Kästen fremdbezogener Fruchtsaft pro Jahr abgesetzt werden können. Ermitteln Sie das voraussichtliche Betriebsergebnis mittels Deckungsbeitragsrechnung, wenn folgende Daten erwartet werden:

	Mineralwasser	Fruchtsaft
Absatzmenge in Kasten	240 000	30 000
Verkaufspreis je Kasten in EUR	4,00	14,00
Variable Kosten je Kasten in EUR	2,05	–
Bezugspreis je Kasten in EUR	–	7,00
Fixkosten des Betriebes	370 000 EUR	

PDF

2. Kostensteigerungen führen bei Mineralwasser zu einer Erhöhung der variablen Kosten je Kasten um 0,45 EUR. Gleichzeitig wäre ein Großabnehmer bereit, pro Jahr 40 000 Kästen Mineralwasser zu einem Preis von 3,00 EUR je Kasten zusätzlich abzunehmen.
   a) Soll die Mineralbrunnen AG diese Lieferverpflichtung eingehen? Begründen Sie rechnerisch Ihre Entscheidung.
   b) Erläutern Sie, wie sich das Betriebsergebnis verändert.
   c) Warum wird in der Praxis dieses theoretische Ergebnis nicht zu erreichen sein?

7.6.6 Gewinnschwelle – Zusatzauftrag

Ein Hersteller von Dunstabzugshauben produziert derzeit monatlich 8 000 Abzugshauben. Seine Kapazität ist auf eine Monatsproduktion von 10 000 Stück ausgelegt. Eine Untersuchung ergab folgende Kostenstruktur:

variable Kosten pro Stück (k_v):

PDF

Material	98,00 EUR
variable Materialgemeinkosten	3,00 EUR
variable Fertigungsgemeinkosten	28,00 EUR
variable Fertigungseinzelkosten	1,00 EUR
variable Verw. u. Vertriebskosten	2,00 EUR
	132,00 EUR
fixe Kosten pro Monat:	240 000,00 EUR

1. Ermitteln Sie bei einem Verkaufspreis pro Abzugshaube von 176,00 EUR den Deckungsbeitrag pro Stück, den gesamten Deckungsbeitrag sowie das Betriebsergebnis bei der derzeitigen Auslastung.
2. Berechnen Sie den Erlös, den das Unternehmen erzielen muss, um seine Gewinnschwelle zu erreichen.
3. Bei der beschriebenen Beschäftigungssituation (8 000 Hauben) erreicht das Unternehmen die Anfrage eines neuen Kunden, der monatlich 2 000 Hauben abnehmen will. Der Kunde begrenzt den Preis auf netto 145,00 EUR.
   Um wie viel EUR ändern sich Deckungsbeitrag sowie Betriebsergebnis pro Monat, falls der Auftrag angenommen wird?

7.7 Entscheidungen über Eigenfertigung oder Fremdbezug: Make or Buy

7.7.1 Entscheidung bei freien Kapazitäten

Da die fixen Kosten unabhängig davon anfallen, ob die Teile oder Erzeugnisse selbst hergestellt oder fremd bezogen werden, spielen diese Kosten im Fall einer **kurzfristigen Entscheidung** keine Rolle.

Für die Entscheidung, ob **kurzfristig** von der Eigenfertigung zum Fremdbezug bzw. vom Fremdbezug zur Eigenfertigung übergegangen werden soll, sind unter kostenrechnerischen Gesichtspunkten daher ausschließlich die **variablen Stückkosten** und **nicht die Vollkosten** von Bedeutung.

Entscheidung über Eigenfertigung oder Fremdbezug eines Herstellers von Armbanduhren

Ein Hersteller von Armbanduhren hat seine Kapazitäten derzeit nicht ausgelastet. Er steht daher vor der Entscheidung, die bislang fremdbezogenen Uhrengehäuse selbst zu produzieren. Die Produktion der Uhrengehäuse könnte mit den vorhandenen Anlagen erfolgen. Der Entscheidung werden nachstehende Informationen zugrunde gelegt:

(1) Fremdbezug:	Einstandspreis eines Uhrengehäuses	48 EUR
(2) Eigenfertigung:	Verbrauch Fertigungsmaterial	26 EUR
	variable Materialgemeinkosten	20 %
	Fertigungslöhne	12 EUR
	variable Fertigungsgemeinkosten	10 %

Variable Kosten je Stück (k_v) bei Fremdbezug: 48,00 EUR

Variable Kosten je Stück (k_v) bei Eigenfertigung:

26,00 EUR + 5,20 EUR + 12,00 EUR + 1,20 EUR = 44,40 EUR

Kostenvorteil bei Eigenfertigung **3,60 EUR**

Entscheidung: Bei der Eigenfertigung entsteht ein Kostenvorteil von 3,60 EUR je Gehäuse.

Bei freier Kapazität ist die Eigenfertigung dem Fremdbezug vorzuziehen, wenn die variablen Herstellkosten unter dem Einstandspreis liegen.

7.7.2 Entscheidung bei erforderlicher Kapazitätserweiterung

Aufg. 7.7.1 u. 7.7.2 S. 118

Entscheidung zwischen Eigenfertigung und Fremdbezug

Ein Industriebetrieb kaufte bisher die für die Produktion benötigten Kunststoffteile von einem Lieferer zu einem Preis von 6,00 EUR/Stück. Nachdem der Lieferer eine Preiserhöhung auf 8,00 EUR/Stück ankündigt, ist zu entscheiden, ob die Kunststoffteile selbst hergestellt werden sollen.
Im Fall einer Eigenfertigung müsste eine Maschine angeschafft werden, deren Anschaffungskosten auf 300 000 EUR veranschlagt werden. Die betriebsgewöhnliche Nutzungsdauer dieser Maschine wird auf 10 Jahre geschätzt. Des Weiteren wird damit gerechnet, dass der Betrieb der Maschine mit zusätzlichen Fixkosten (Wartung, Versicherung etc.) in Höhe von 14 000 EUR/Jahr verbunden ist. Die laufende Produktion verursacht variable Materialkosten (Fertigungsmaterial, Materialgemeinkosten) in Höhe von 2,00 EUR/Stück und variable Fertigungskosten (Stücklohn, variable Fertigungsgemeinkosten) in Höhe von 1,00 EUR/Stück.
Von welcher Fertigungsmenge an ist die Eigenfertigung günstiger als der Fremdbezug?

Fixe Kosten:

Kalkulatorische Abschreibung (300 000 EUR/10 Jahre)	30 000 EUR/Jahr	
Zusätzliche Fixkosten	14 000 EUR/Jahr	

Variable Kosten:

Materialkosten		2 EUR
Fertigungskosten		1 EUR

Kostenfunktionen und kritische Menge

Kostenfunktion bei Eigenfertigung:
K = 44 000 + 3 x

Kostenfunktion bei Fremdbezug:
K = 8 x

Menge, bei der die Kosten bei Eigenfertigung gleich hoch sind wie die Kosten bei Fremdbezug (Übergangsmenge, kritische Menge):

$$44\,000 + 3x = 8x$$
$$5x = 44\,000$$
$$x = 8\,800$$

Grafische Ermittlung der Übergangsmenge (kritische Menge)

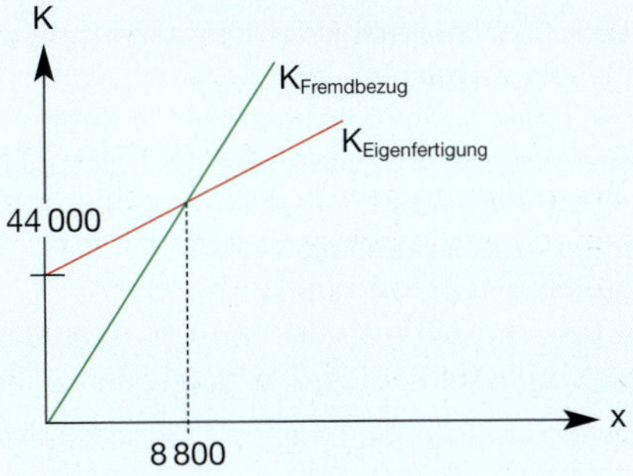

Ergebnis: Bis zu einer Fertigungsmenge von einschließlich 8 799 Stück/Jahr ist der Fremdbezug günstiger. Werden mehr als 8 800 Stück produziert, lohnt sich die Eigenfertigung.

Muss bei einer Make-or-Buy-Entscheidung im Fall einer Eigenfertigung die Kapazität erweitert werden, so sind neben den variablen Kosten auch die fixen Kosten in die Vergleichsrechnung mit einzubeziehen.

Berechnung der Übergangsmenge bei ausgelasteter Kapazität:
Kosten bei Eigenfertigung = Kosten bei Fremdbezug

K_f = fixe Gesamtkosten
k_v = variable Stückkosten bei Eigenfertigung
x = Produktionsmenge
p = Einstandspreis je Stück bei Fremdbezug

$$K_f + k_v \cdot x = p \cdot x$$

$$x = \frac{K_f}{p - k_v} = \frac{K_f}{db}$$

Bei ausgelasteter Kapazität ist die Eigenfertigung dem Fremdbezug vorzuziehen, wenn die mit der Eigenfertigung verbundenen Kosten (fixe und variable Kosten) geringer sind als die Kosten bei Fremdbezug.

7.7.3 Entscheidung bei ausgelasteter Kapazität ohne Kapazitätserweiterung[1]

Sind die **Kapazitäten** eines Unternehmens **ausgelastet**, so dürfen bei der Entscheidung, ob ein alternatives Erzeugnis selbst produziert oder fremd bezogen werden soll, nicht lediglich dessen variable Herstellkosten und dessen Einstandspreis verglichen werden.

Die Entscheidung für die Eigenfertigung hat nämlich zur Folge, dass bei **ausgelasteter Kapazität** ganz oder teilweise auf die Produktion anderer Erzeugnisse verzichtet werden muss. Der Produktionsverzicht wiederum bewirkt, dass dem Unternehmen gegebenenfalls ein Gewinn in Höhe des entfallenden Deckungsbeitrags entgeht **(= Opportunitätskosten)**.

Opportunitätskosten (Verzichtskosten) können durch entgangene Deckungsbeiträge entstehen, wenn sich ein Unternehmen für die Eigenfertigung eines neuen Erzeugnisses entscheidet und deshalb aus Kapazitätsgründen auf die Produktion anderer Erzeugnisse verzichten muss.

Der entgangene Deckungsbeitrag erhöht als zusätzlicher Kostenbestandsteil die variablen Kosten des gegebenenfalls neu zu produzierenden Erzeugnisses.

1 Diese Problemstellung ist nicht ausdrücklich im Lehrplan erwähnt. Sie ermöglicht aber die Anwendung von Transferwissen.

Entscheidung zwischen Eigenfertigung oder Fremdbezug bei ausgelasteten Kapazitäten

Die Galvaform GmbH stellt Türen und Garagentore her. Zusätzlich verkauft sie auch feuerverzinkte Stahlzargen, die bisher von einem Zulieferer zum Einstandspreis von 240 EUR je Stück beschafft wurden. Die Geschäftsleitung will entscheiden, ob die für einen Großauftrag benötigten 1500 Stahlzargen nunmehr selbst produziert werden sollen. Die für die Produktion erforderlichen technischen Anlagen sowie die Arbeitskräfte sind vorhanden. Nach einer vorsichtigen Schätzung ist bei Eigenproduktion mit variablen Kosten in Höhe von 80,00 EUR je Stahlzarge zu rechnen.
Wegen der auf absehbare Zeit ausgelasteten Kapazität müsste bei der Eigenanfertigung der Stahlzargen gegebenenfalls auf die Produktion und den Absatz von 2400 Türen verzichtet werden. Der Verkaufspreis der Türen beträgt 180,00 EUR je Stück. Die variablen Stückkosten belaufen sich auf 100,00 EUR.
Die fixen Kosten in Höhe von 1500000 EUR fallen unabhängig von der Entscheidung, die Stahlzargen selbst zu produzieren oder fremd zu beziehen, in unveränderter Höhe an.

Welche Entscheidung (Make or buy) sollte unter den gegebenen Bedingungen getroffen werden?

Variable Kosten bei Eigenfertigung der Stahlzargen (1500 Stck. · 80,00 EUR)	120000 EUR
+ Wegfallender Deckungsbeitrag bei Verzicht auf die Produktion der Türen **(= Opportunitätskosten)** (180,00 EUR – 100,00 EUR) · 2400 Türen	192000 EUR
= „Kosten“ der Eigenfertigung von 1500 Stahlzargen	**312000 EUR**
Einstandspreis bei Fremdbezug (1500 Stück · 240 EUR/Stück)	360000 EUR
Vorteil der Eigenfertigung	**48000 EUR**

Aufg. 7.7.3 S. 118

Ergebnis: Auch unter Berücksichtigung eines durch Einschränkung der Türproduktion entfallenden Deckungsbeitrags in Höhe von 192000 EUR lohnt es sich, die Stahlzargen selbst zu produzieren. Der Vorteil der Eigenfertigung gegenüber dem Fremdbezug beträgt 48000 EUR.

Bei ausgelasteter Kapazität ist die Eigenfertigung dann günstiger als der Fremdbezug, wenn die variablen Kosten bei Eigenfertigung und der entgangene Deckungsbeitrag des verdrängten Erzeugnisses zusammen geringer als die Kosten bei Fremdbezug sind.

7.7.4 Qualitative Entscheidungskriterien für Eigenfertigung oder Fremdbezug

Für die Entscheidung eines Unternehmens, ob ein ganzes Erzeugnis oder der Teil eines Erzeugnisses (Fertigteil) selbst hergestellt oder von einem Lieferer bezogen werden soll („Make or Buy-Entscheidung“), sind neben kostenrechnerischen Überlegungen (= quantitative Entscheidungskriterien) auch andere Kriterien (qualitative Entscheidungskriterien) wie z. B. Qualität der fremdbezogenen Teile, Zuverlässigkeit des Lieferers bedeutsam.

Gründe für den Fremdbezug	Gründe für die Eigenfertigung
▪ Kostensenkung durch Ausrichtung der Produktion auf wenige Produkte („Lean Production“) ▪ Qualitätssicherung, falls Lieferer in der Lage ist, ein qualitativ besseres Produkt zu liefern ▪ Vermeidung von Kundenverlust durch eigene Lieferschwierigkeiten aufgrund eines Kapazitätsengpasses ▪ Verwendung von Produktionskapazität für Produkte mit höherem Deckungsbeitrag ▪ Verminderung von Lagerkosten	▪ Unabhängigkeit von Zulieferern hinsichtlich Preisgestaltung, Termintreue, Einhaltung von Qualitätsstandards ▪ Auslastung eigener Kapazitäten und damit Weiterbeschäftigung eigener Mitarbeiter (soziale Gründe) ▪ Verlust von innerbetrieblichem Know How, wenn Fertigung nach außen verlagert wird

Zur Sicherung ihrer Wettbewerbsfähigkeit gehen viele Industriebetriebe dazu über, ihre **Fertigungstiefe** zugunsten eines Fremdbezuges zu verringern **(Outsourcing)**. Zur Verminderung der mit einem Fremdbezug verbundenen Risiken werden aber dem Zulieferer häufig strenge Qualitätsvorgaben gemacht. Die Nichteinhaltung getroffener Termin- und Qualitätsvereinbarungen ist meist mit hohen Vertragsstrafen (Konventionalstrafen) verbunden.

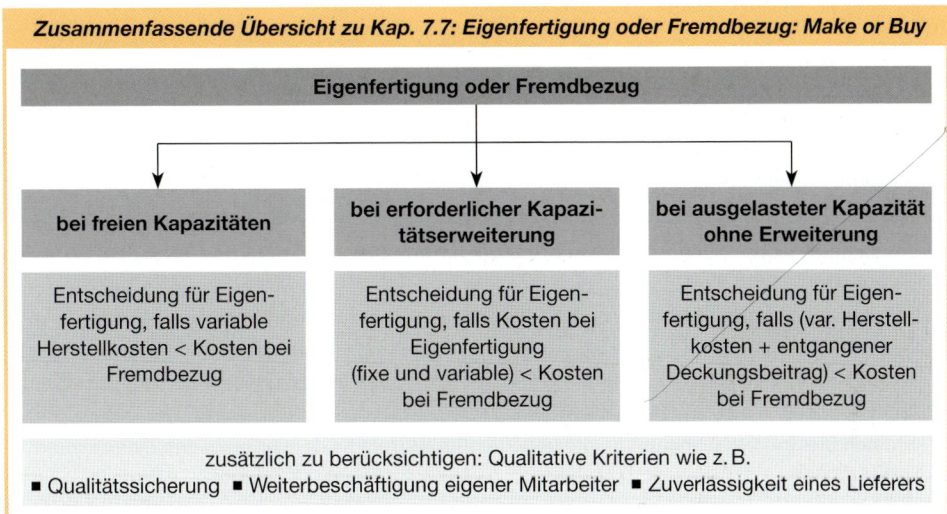

Zusammenfassende Übersicht zu Kap. 7.7: Eigenfertigung oder Fremdbezug: Make or Buy

Eigenfertigung oder Fremdbezug

bei freien Kapazitäten	**bei erforderlicher Kapazitätserweiterung**	**bei ausgelasteter Kapazität ohne Erweiterung**
Entscheidung für Eigenfertigung, falls variable Herstellkosten < Kosten bei Fremdbezug	Entscheidung für Eigenfertigung, falls Kosten bei Eigenfertigung (fixe und variable) < Kosten bei Fremdbezug	Entscheidung für Eigenfertigung, falls (var. Herstellkosten + entgangener Deckungsbeitrag) < Kosten bei Fremdbezug

zusätzlich zu berücksichtigen: Qualitative Kriterien wie z. B.
- Qualitätssicherung
- Weiterbeschäftigung eigener Mitarbeiter
- Zuverlassigkeit eines Lieferers

Fragen zur Wiederholung

zu Kapitel 7.7 Entscheidungen über Eigenfertigung oder Fremdbezug: Make or Buy

7.7.1 Entscheidung bei freien Kapazitäten

1. Warum sind für die Entscheidung zwischen Eigenfertigung und Fremdbezug bei freien Kapazitäten lediglich die variablen Stückkosten von Bedeutung?
2. Wann ist bei freien Kapazitäten die Eigenfertigung dem Fremdbezug vorzuziehen?

7.7.2 Entscheidung bei erforderlicher Kapazitätsausweitung

1. Warum reicht es nicht aus, einer Entscheidung zwischen Eigenfertigung und Fremdbezug bei ausgelasteten Kapazitäten lediglich die variablen Stückkosten zugrunde zu legen?
2. Wann ist bei ausgelasteten Kapazitäten die Eigenfertigung dem Fremdbezug vorzuziehen?

7.7.3 Entscheidung bei ausgelasteter Kapazität ohne Kapazitätserweiterung

1. Warum reicht es nicht aus, für eine Entscheidung zwischen Eigenfertigung und Fremdbezug bei ausgelasteter Kapazität und ohne beabsichtigter Kapazitätserweiterung lediglich die variablen Herstellkosten mit dem Einstandspreis zu vergleichen?
2. Was sind Opportunitätskosten?

7.7.4 Qualitative Entscheidungskriterien für Eigenfertigung oder Fremdbezug

1. Nennen Sie drei Gründe, die auch dann für einen Fremdbezug sprechen, wenn die Eigenfertigung kostengünstiger ist.
2. Nennen Sie drei Gründe, die auch dann für eine Eigenfertigung sprechen, wenn der Fremdbezug kostengünstiger ist.

Aufgaben und Probleme

zu Kapitel 7.7 Eigenfertigung oder Fremdbezug: Make or Buy

7.7.1 Eigenfertigung oder Fremdbezug eines Herstellers von Zeiterfassungsgeräten

PDF

Ein Hersteller von Zeiterfassungsgeräten steht vor der Entscheidung, ein zur Herstellung benötigtes Fertigteil selbst zu fertigen bzw. von einem anderen Hersteller zu beziehen. Das Fertigteil wurde bislang in einer eigenen Fertigungsstelle produziert. An Fixkosten sind dafür 3 000 000 EUR je Abrechnungsperiode angefallen. Die variablen Stückkosten belaufen sich auf 1 000 EUR, die zurzeit gefertigte Stückzahl beläuft sich auf 10 000 Einheiten. Der Hersteller verlangt für die Lieferung des Fertigteils 1 250 EUR/Stück.

1. Berechnen Sie die Stückkosten, die bei Eigenfertigung anfallen.
2. Wie lautet die Kostenfunktion bei Eigenfertigung?
3. Wie lautet die Kostenfunktion bei Fremdbezug?
4. Zeichnen Sie den Verlauf der Kostenfunktionen bei Eigenfertigung und Fremdbezug in ein Koordinatensystem ein.
5. Bei welcher Produktionsmenge entstehen für Eigenfertigung und Fremdbezug Kosten in gleicher Höhe?
6. Welche Entscheidung ist zu treffen, wenn mittelfristig davon auszugehen ist, dass pro Abrechnungszeitraum 15 000 Stück zu produzieren sind?
7. Nennen Sie drei Gesichtspunkte, die gegebenenfalls trotz Kostenvorteil gegen einen Fremdbezug sprechen.

7.7.2 Eigenfertigung oder Fremdbezug in einer Möbelfabrik

Eine Möbelfabrik hat die Befestigungswinkel zwischen Tischplatte und Tischbeinen bisher fremd bezogen. Im Rahmen einer Vergleichsrechnung (Make-or-Buy-Analyse) soll ermittelt werden, ob die Produktion der Befestigungswinkel aus Kostengründen in Eigenfertigung erfolgen soll. Folgende Daten liegen vor:

Wöchentlicher Bedarf:	4 000 Stück
Bezugspreis:	2,95 EUR
Sprungfixe Kosten, die bei Eigenfertigung der Befestigungswinkel anfallen (Woche):	3 500 EUR
Fertigungsmaterial/Stück:	0,85 EUR
Fertigungslohn/Stück:	1,25 EUR
Sonstige variable Kosten pro Stück:	0,15 EUR

Weisen Sie rechnerisch nach, ab welcher Stückzahl die Eigenfertigung kostengünstiger ist. Welche Entscheidung sollte daher das Unternehmen treffen?

7.7.3 Eigenfertigung oder Fremdbezug bei ausgelasteten Kapazitäten

Ein Hersteller elektronischer Bauteile stellt u. a. Raumthermostate für Heizungsanlagen und Sensoren zur Raumüberwachung her. Im Sortiment befinden sich zusätzlich Außenthermostate, die bisher von einem Zulieferer zu einem Einstandspreis von 200 EUR je Stück bezogen wurden. Die Geschäftsleitung plant, in Zukunft auch die jährlich benötigte Menge von 1 000 Außenthermostaten selbst zu erzeugen. Die dafür erforderlichen Maschinen und Fachkräfte sind vorhanden. Die variablen Stückkosten würden voraussichtlich 150,00 EUR betragen. Da aber die Kapazität auf absehbare Zeit ausgelastet ist, müsste dafür die Produktion der Sensoren um 500 Stück pro Jahr verringert werden. Die Sensoren werden zurzeit für 150 EUR je Stück verkauft und verursachen variable Stückkosten in Höhe von 100 EUR. Für den gesamten Betrieb fallen unabhängig von der Make or Buy-Entscheidung fixe Kosten in Höhe von 2 Mio. EUR jährlich an.

1. Prüfen Sie, ob für den Außenthermostat die Eigenfertigung günstiger ist als der Fremdbezug. Weisen Sie rechnerisch nach, welchen Vorteil/Nachteil die Eigenfertigung bringen würde.
2. Erläutern Sie die Auswirkung steigender Verkaufspreise bei den Sensoren (unter sonst gleichen Bedingungen) auf die Entscheidung über Eigenfertigung oder Fremdbezug des Außenthermostats.

7.8 Optimales Produktionsprogramm in Engpasssituationen: Relative Deckungsbeitragsrechnung

Übersteigt die Zahl der Produktionsaufträge die Kapazität des Betriebes, entstehen **Engpässe**, d. h. es können nicht alle Produktionsaufträge berücksichtigt werden. In diesem Fall sind die **absoluten Deckungsbeiträge** (= Deckungsbeiträge ohne Berücksichtigung der Engpasssituation) **keine geeignete Grundlage** für die Entscheidung, welche Produkte in welchen Mengen produziert werden sollen.

Optimales Produktionsprogramms bei Engpässen

Aufg. 7.8.1 S. 122

Eine Armaturenfabrik produziert u. a. Druckminderer in zwei verschiedenen Ausführungen. Aufgrund von Facharbeitermangel und gestiegener Nachfrage kann das Unternehmen nicht mehr alle Aufträge erfüllen. Der Kostenrechnung für das zurückliegende Quartal sind folgende Zahlen zu entnehmen:

	Produkt A	Produkt B
Verkaufspreis je Einheit, netto	100,00 EUR	160,00 EUR
Variable Kosten je Einheit	70,00 EUR	120,00 EUR
Fertigungszeit je Einheit	20 Minuten	40 Minuten

Die Fixkosten betragen 50 000 EUR je Monat und können nur der Gesamtheit aller Produkte zugerechnet werden.

Lösungsschritte zur Ermittlung des optimales Produktionsprogramms bei Engpässen:

1. Schritt: Ermittlung der absoluten Deckungsbeiträge

	Produkt A	Produkt B
Verkaufspreis je Einheit, netto	100,00 EUR	160,00 EUR
– variable Kosten je Einheit	– 70,00 EUR	– 120,00 EUR
= Deckungsbeiträge je Produkteinheit) **(= absolute Deckungsbeiträge)**	**30,00 EUR**	**40,00 EUR**

Beide Deckungsbeiträge sind positiv. Produkt B weist jedoch den höheren **absoluten Deckungsbeitrag** auf.

2. Schritt: Ermittlung der relativen Deckungsbeiträge

Das Produkt mit dem höheren Deckungsbeitrag (Produkt B) beansprucht den Engpassbereich 40 Minuten je Stück, während das Produkt mit dem niedrigeren Deckungsbeitrag (Produkt A) lediglich 20 Minuten je Stück Produktionszeit erfordert. Demnach ist für die Bestimmung der Produktförderung entscheidend, wie hoch die Deckungsbeiträge pro Minute des Engpassbereichs sind **(relative Deckungsbeiträge)**:

relative Deckungsbeiträge	Produkt A	Produkt B
Deckungsbeitrag pro Minute (Engpasseinheit)	30,00 EUR/20 Min. **= 1,50 EUR/Min.**	40,00 EUR/40 Min. **= 1,00 EUR/Min.**

Soll die vorhandene Kapazität allein durch Produktion nur eines der beiden Produkte ausgelastet werden, entscheidet sich die Armaturenfabrik für das Produkt A. Da der **Deckungsbeitrag je Minute** bei

Produkt A $\left(\frac{100 - 70}{20} = 1{,}50 \text{ EUR/Min.}\right)$ größer als bei Produkt B $\left(\frac{160 - 120}{40} = 1{,}00 \text{ EUR/Min.}\right)$

ist, wird bei dieser Vorgehensweise ein höherer Gewinn erzielt als im umgekehrten Fall.

Ergebnis: Will das Unternehmen seinen Gewinn maximieren, so ist – eine entsprechende Absatzmenge vorausgesetzt – die Herstellung des Produktes A dem Produkt B vorzuziehen, da in diesem Falle pro Produktionsminute ein Deckungsbeitrag von 1,50 EUR erwirtschaftet wird. Das sind – bezogen auf eine Produktionsminute – 0,50 EUR mehr als bei Produkt B.

Liegen Produktionsengpässe vor, so sind die Deckungsbeiträge je Einheit des Engpassfaktors (relative Deckungsbeiträge) zu ermitteln. Je höher der relative Deckungsbeitrag einer Erzeugniseinheit ist, desto förderungswürdiger ist das entsprechende Produkt.

$$\text{relativer Deckungsbeitrag je Stück} = \frac{\text{absoluter Stückdeckungsbeitrag (db)}}{\text{benötigte Einheiten des Engpassfaktors (z. B. Min. je Stück)}}$$

Fehlentscheidung bei absoluter Deckungsbeitragsrechnung

Optimales Produktionsprogramm eines Uhrenherstellers bei ausgelasteten Kapazitäten

Das Produktionsprogramm eines Herstellers von Digitaluhren enthält vier Produkttypen. Die für das dritte Quartal absetzbaren Mengen, die variablen Stückkosten und die Stückpreise sind nachstehender Tabelle zu entnehmen:

Produktbezeichnung	Absatzmenge Stück	Stückpreis EUR	Variable Stückkosten EUR	db je Stück EUR
A	60000	75	37	38
B	74500	60	32	28
C	58000	52	28	24
D	54000	45	36	9

Die fixen Kosten pro Quartal belaufen sich auf 200000 EUR.

Alle Produkttypen durchlaufen die **gleiche Montageabteilung**. In dieser Abteilung stehen pro Quartal 10000 Stunden zur Verfügung. Für die Montage werden folgende Zeiten je Gehäuse benötigt:

Produktbezeichnung	Montagezeit je Stück
A	3,0 Min. = 0,05 Std.
B	7,2 Min. = 0,12 Std.
C	6,0 Min. = 0,10 Std.
D	4,2 Min. = 0,07 Std.

1. Produktionsprogramm auf der Grundlage absoluter Deckungsbeiträge

Produkttyp	Montagezeit je Stück	Menge Soll	Montagezeit Soll	Menge Ist	Montagezeit Ist	db je Stück	Gesamt DB
A	0,05 Std.	60000 St.	3000 Std.	60000 St.	3000 Std.	38 €	2280000 €
B	0,12 Std.	74500 St.	8940 Std.	58333 St.	7000 Std.	28 €	1633324 €
C	0,10 Std.	58000 St.	5800 Std.	0 St.	0 Std.	24 €	0 €
D	0,07 Std.	54000 St.	3780 Std.	0 St.	0 Std.	9 €	0 €
			21520 Std.		**10000 Std.**		**3913324 €**

Ergebnis: Wird die Produktförderung nach der Höhe der Stückdeckungsbeiträge (= absolute Deckungsbeiträge) vorgenommen, so werden die Produkttypen C und D nicht produziert. Von Produkttyp B werden lediglich 58 333 Stück produziert.

2. Produktionsprogramm auf der Grundlage relativer Deckungsbeiträge

Produktbezeichnung	Montagezeit je Stück	Relativer DB = db je Stunde
A	3,0 Min. = 0,05 Std.	(38/3,0) · 60 = 760,00 €
B	7,2 Min. = 0,12 Std.	(28/7,2) · 60 = 233,33 €
C	6,0 Min. = 0,10 Std.	(24/6,0) · 60 = 240,00 €
D	4,2 Min. = 0,07 Std.	(9/4,2) · 60 = 128,57 €

Erfolgt die Produktförderung nach der Höhe der relativen Deckungsbeiträge, so ergibt sich nachstehendes Produktionsprogramm:

Aufg. 7.8.2, 7.8.3 S. 123

Produkttyp	Montagezeit je Stück	Menge Soll	Montagezeit Soll	Menge Ist	Montagezeit Ist	Relativer dB (db je Std. Montagezeit)	Gesamt DB
A	0,05 Std.	60 000 St.	3 000 Std.	60 000 St.	3 000 Std.	760,00 €	2 280 000 €
C	0,10 Std.	58 000 St.	5 800 Std.	58 000 St.	5 800 Std.	240,00 €	1 392 000 €
B	0,12 Std.	74 500 St.	8 940 Std.	10 000 St.	1 200 Std.	233,33 €	280 000 €
D	0,07 Std.	54 000 St.	3 780 Std.	0 St.	0 Std.	128,57 €	0 €
			21 520 Std.		**10 000 Std.**		**3 952 000 €**

Ergebnis: Wird die Produktionsentscheidung auf der Grundlage der relativen Deckungsbeiträge getroffen, so werden die vier Produkttypen in der Rangfolge A, C, B, D produziert. Wegen des bestehenden Kapazitätsengpasses in der Abteilung Montage wird auf die Produktion von Produkttyp D vollständig verzichtet. Von Produkttyp B werden lediglich 10 000 Stück produziert.

Durch die Produktionsentscheidung auf der Grundlage der relativen Deckungsbeiträge lässt sich das Betriebsergebnis im Vergleich zur Entscheidung bei absoluter Deckungsbeitragsrechnung um 38 676 EUR (3 952 000 EUR – 3 913 324 EUR) verbessern.

Zusammenfassende Übersicht zu Kap. 7.8: Optimales Produktionsprogramm in Engpasssituationen: Relative Deckungsbeitragsrechnung

Engpasssituation: Kapazität des Betriebes reicht nicht, um die Produkte in den gewünschten (absetzbaren) Mengen zu produzieren

↓

Entscheidung: Welche Produkte sind mit welchen Mengen zu produzieren?

↓

Entscheidungsgrundlage: Relative Deckungsbeiträge

$$\text{relativer Deckungsbeitrag} = \frac{\text{absoluter Deckungsbeitrag (db)}}{\text{benötigte Einheiten des Engpassfaktors (z. B. Minuten je Stück)}}$$

Produktionsentscheidung: Reihenfolge der Produktförderung ist abhängig von der Höhe der relativen Deckungsbeiträge

Fragen zur Wiederholung

zu Kapitel 7.8 Optimales Produktionsprogramm in Engpasssituationen: Relative Deckungsbeitragsrechnung

1. Wann liegt eine Engpasssituation vor?
2. Erklären Sie den Begriff „absoluter Deckungsbeitrag".
3. Warum lässt sich bei Engpasssituationen das optimale Produktionsprogramm nicht nach der Höhe der absoluten Deckungsbeiträge bestimmen?
4. Wie berechnet sich der relative Deckungsbeitrag eines Erzeugnisses?
5. Wie lautet die Entscheidungsregel zur Produktförderung bei einer Engpasssituation?

Aufgaben und Probleme

zu Kapitel 7.8 Optimales Produktionsprogramm in Engpasssituationen: Relative Deckungsbeitragsrechnung

7.8.1 Entscheidung über das optimale Produktionsprogramm bei Engpasssituationen

LA

In einem Industriebetrieb soll das Produktionsprogramm für das kommende Jahr erstellt werden. Aufgrund der Marktsituation wird mit folgender Produktions- und Absatzmenge je Tag gerechnet:

PDF

Erzeugnis	A	B	C	D	E
Stück	40	60	150	60	80

Die Verkaufspreise und die variablen Stückkosten für die einzelnen Erzeugnisse sind nachstehender Tabelle zu entnehmen:

Erzeugnisse	A	B	C	D	E
Verkaufspreis je Stück in EUR	125	90	150	121	140
Variable Kosten je Stück in EUR	135	60	110	85	90

1. Ermitteln Sie den Gesamtdeckungsbeitrag für das gewinnmaximale Produktionsprogramm.
2. Die Lackiererei wird von den einzelnen Erzeugnissen mit nachstehenden Fertigungszeiten beansprucht:

	A	B	C	D	E
Fertigungszeit je Stück in Min.	15	6	5	12	20

   Im Rahmen des Dreischichtbetriebs wird die Lackiererei an einem Arbeitstag 24 Stunden betrieben.
   Berechnen Sie, ob die Kapazität ausreicht, um die einzelnen Erzeugnisse mit den jeweils geplanten Mengen (vgl. 1.) zu produzieren.
3. Der Produktionsleiter schlägt vor, das Produktionsprogramm zu straffen und nur vom Erzeugnis mit dem höchsten Stückdeckungsbeitrag die höchstmögliche Menge zu produzieren.
   Welche Menge lässt sich unter den gegebenen Bedingungen (24 Stunden pro Tag) von diesem Erzeugnis herstellen und welcher Gesamtdeckungsbeitrag wird dabei erzielt?
4. Der Controller behauptet, die vom Produktionsleiter vorgeschlagene Zusammenstellung des Produktionsprogramms führe nicht zum bestmöglichen Betriebsergebnis. Aus seiner Sicht trägt ein hoher Stückdeckungsbeitrag dann nicht unbedingt zur Verbesserung des Betriebsergebnisses bei, wenn das Erzeugnis vergleichsweise lange Fertigungszeiten erfordert. Entscheidend für die Zusammenstellung des Produktionsprogramms sei vielmehr der pro Fertigungsminute erzielbare Deckungsbeitrag eines Erzeugnisses.

Berechnen sie die Deckungsbeiträge pro Fertigungsminute (= relative Deckungsbeiträge), die sich mit den für das Produktionsprogramm infrage kommenden Erzeugnissen erzielen lassen, und bestimmen Sie die Rangfolge der zu produzierenden Erzeugnisse.

5. Mit welchen Mengen sollten die einzelnen Erzeugnisse auf der Grundlage des unter 4. ermittelten Ergebnisses produziert werden?
6. Ermitteln Sie den Gesamtdeckungsbeitrag, der sich aufgrund des unter 5. festgestellten Ergebnisses ergibt und vergleichen Sie das Ergebnis mit dem unter 3. ermittelten Deckungsbeitrag.

7.8.2 Betriebsergebnis – Verwendung frei gewordener Kapazität einer Spielwarenfabrik

Eine Spielwarenfabrik fertigte im zurückliegenden Quartal Holzbaukästen in zwei Ausführungen. Dabei enthält der Erweiterungskasten B weniger, aber kompliziertere Teile als der Grundkasten A. Der Kostenrechnung sind folgende Daten zu entnehmen:

PDF

	Grundkasten A	Erweiterungskasten B
Verkaufspreis je Einheit netto	90 EUR	72 EUR
Variable Kosten insgesamt	61 500 EUR $k_v = 26{,}74$	112 500 EUR $k_v = 30$
Produktionsmenge	2 300 Stück	3 750 Stück
Produktionsdauer je Einheit	80 Minuten	210 Minuten

1. Errechnen Sie den Deckungsbeitrag je Stück und insgesamt für den Grundkasten A und den Erweiterungskasten B.
2. Durch Nachfragerückgang eines anderen Erzeugnisses stehen im Monat zusätzlich 300 Stunden freie Kapazität für die Holzbaukästen Typ A und Typ B zur Verfügung. Welchen Typ würden Sie vorziehen, wenn für beide Holzbaukästen genügend Nachfrage vorhanden ist? Um welchen Betrag verändert sich durch diese zusätzliche Produktion das Betriebsergebnis?

7.8.3 Sortimentspolitik auf der Basis der Deckungsbeitragsrechnung – Absoluter Deckungsbeitrag – Relativer Deckungsbeitrag – Engpasssituation – Zusatzauftrag

LA

Die Kollektion einer Textilfabrik umfasst u. a. fünf Kleidermodelle, für die folgende Daten vorliegen:

PDF

Nr.	Modell	geplante Absatzmenge je Monat	Stückpreis p (EUR)	variable Stückkosten k_v (EUR)
1	A	420	400	180
2	B	900	200	100
3	C	200	380	280
4	D	600	280	150
5	E	350	300	180

Die monatlichen Fixkosten betragen 200 000 EUR.

A. Absoluter Deckungsbeitrag und Sortimentspolitik

1. Ermitteln Sie den Deckungsbeitrag und das Betriebsergebnis (Gewinn/Verlust), wenn alle Aufträge ausgeführt werden können.
2. Die Geschäftsleitung überlegt, das Produktionsprogramm bei Kleidern auf drei Modelle zu reduzieren.
   a) Welche beiden Modellen sollten Ihrer Meinung nach für diesen Fall aus der Kollektion gestrichen werden? Begründen Sie Ihre Aussage.
   b) Ermitteln Sie den sich nach dieser Entscheidung ergebenden Deckungsbeitrag.
3. Für den Fall einer Straffung des Produktionsprogramms (vgl. 2.) würden Kapazitäten frei. Dadurch könnten Produktion und Absatz eines Modells bei gleich bleibenden Fixkosten um monatlich 300 Stück gesteigert werden.
   a) Bei welchem Modell sollte diese Produktionsausweitung vorgenommen werden?
   b) Begründen Sie mit rechnerischem Nachweis, ob die Straffung des Produktionsprogramms und die Mehrproduktion eines Modells gegenüber der Ausgangssituation (vgl. 1) gerechtfertig ist.

B. Relativer Deckungsbeitrag und Produkteliminierung aufgrund von Engpasssituationen

4. Aus Sortiments- und Risikogründen sieht die Geschäftsleitung von einer Änderung des Produktionsprogramms ab. Es werden nach wie vor alle fünf Kleidermodelle entsprechend der Ausgangssituation angeboten. Aufgrund der Produktionsausdehnung bei Mänteln ergibt sich aber in der Näherei ein Engpass. Für die Kleiderproduktion stehen nur noch 5000 Fertigungsstunden pro Monat zur Verfügung. Die einzelnen Kleidermodelle benötigen je Stück folgende Bearbeitungszeiten in der Näherei:

Nr.	Modell	Näharbeiten in Stunden je Kleid
1	A	3,4
2	B	1,8
3	C	2,2
4	D	2,5
5	E	2,5

a) Ermitteln Sie unter Berücksichtigung der Engpasssituation das optimale Produktionsprogramm und den entsprechenden Deckungsbeitrag.
b) Wie groß wäre der Unterschied, wenn sich die Geschäftsleitung bei der Zusammenstellung des Produktionsprogramms nicht an den relativen, sondern an den absoluten Deckungsbeiträgen je Stück orientieren würde?

5. Welche Änderungen würden sich gegenüber dem Ergebnis von 4. ergeben, wenn die Aufträge für die einzelnen Modelle unteilbar sind, d.h. entweder ganz oder gar nicht angenommen werden können?

7.9 Vollkostenrechnung und Deckungsbeitragsrechnung: Vergleichender Überblick

Ein **einzelnes Kostenrechnungssystem** (Voll- oder Teilkostenrechnung) kann die an die Kostenrechnung gestellten Aufgaben (z.B. Preisermittlung, Vorbereitung und Kontrolle betrieblicher Entscheidungen, Ergebnisermittlung) nicht vollständig lösen. Die Unternehmensleitung kann die gewünschten Informationen nur erhalten, wenn sie auf **beide Kostenrechnungssysteme** gleichzeitig zurückgreifen kann.

Vollkostenrechnung in Form der Zuschlagskalkulation	Teilkostenrechnung in Form der Deckungsbeitragsrechnung
Aufteilung der Kostenarten in Einzel- und Gemeinkosten	Aufspaltung der Kostenarten in deren fixe und variable Bestandteile
Verrechnung aller Kosten auf die Kostenträger	Verrechnung lediglich der variablen Kosten auf die Kostenträger
Ermittlung der Herstellkosten, der Selbstkosten und des Angebotspreises möglich	Herstellkosten, Selbstkosten und Angebotspreis werden nicht ermittelt
Liefert keine exakten Informationen darüber, in welchem Umfang Produktions- und Absatzentscheidungen den Gewinn eines Unternehmens beeinflussen	Instrument, das exakte Informationen über die Auswirkungen betrieblicher Produktions- und Absatzentscheidungen vermittelt: ▪ kurz- und langfristige Preisuntergrenzen ▪ optimales Produktionsprogramm bei freien Kapazitäten und Engpässen ▪ Annahme von Zusatzaufträgen ▪ Eigenfertigung oder Fremdbezug

Kritik an der Vollkostenrechnung in Form der Zuschlagskalkulation	Kritik an der Teilkostenrechnung in Form der Deckungsbeitragsrechnung
▪ Veränderung des Beschäftigungsgrades wird nicht berücksichtigt ▪ Fehlerhafte Preispolitik bei Beschäftigungsschwankungen ▪ Unterstellte Abhängigkeit von Gemeinkosten und Einzelkosten ist problematisch ▪ verursachungsgerechte Verteilung bestimmter Gemeinkosten auf die Kostenträger ist nicht möglich	▪ Trennung zwischen fixen und variablen Kosten ist nicht immer eindeutig möglich (Problem des Zeitraums, für welchen die fixen Kosten anfallen) ▪ Marktpreis als Voraussetzung zur Berechnung des Deckungsbeitrags liegt nicht immer vor ▪ Herstellkosten nach den Vorschriften des Steuerrechts sind nicht ermittelbar ▪ langfristig muss aus dem Produktionsprogramm ein Gewinn erzielt werden (d. h. Vollkostendeckung ist Voraussetzung)

Zusammenfassende Übersicht zu Kap. 7.9: Vollkostenrechnung und Deckungsbeitragsrechnung: Vergleichender Überblick

Vollkostenrechnung	Deckungsbeitragsrechnung
↓	↓
keine Aufteilung der Gesamtkosten in fixe und variable Bestandteile	Aufteilung der Gesamtkosten in fixe und variable Bestandteile
↓	↓
Verrechnung der gesamten Kosten auf die Kostenträger	Verrechnung der variablen Kosten auf die Kostenträger (Verursacherprinzip)
↓	↓
Auftrag wird angenommen, wenn die gesamten Kosten gedeckt sind	Auftrag wird angenommen, wenn variable Kosten gedeckt sind
↓	↓
Gefahr von Fehlentscheidungen	$(db = p - k_v > 0)$
	↓
	Gefahr von Fehlentscheidungen geringer

Fragen zur Wiederholung

zu Kapitel 7.9 Vollkostenrechnung und Deckungsbeitragsrechnung: Vergleichender Überblick

1. Beschreiben Sie anhand von drei Merkmalen den Unterschied von Voll- und Teilkostenrechnung.
2. Welche Informationen zu den Auswirkungen betrieblicher Entscheidungen liefert die Teilkostenrechnung in Form der Deckungsbeitragsrechnung?

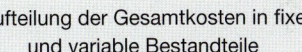

· PUG k/l
· Annahme Zusatzaufträge
EF o. PB

Zusammenfassende Übersicht zu Kap. 8.6–8.8: Anwendung der Deckungsbeitragsrechnung

Anwendungsbereiche der Deckungsbeitragsrechnung								
Instrument der Preispolitik	**Sortimentsentscheidungen**	**Zusatzauftrag**		**Eigenfertigung oder Fremdbezug Make or Buy**			**Optimales Produktionsprogramm**	
kurzfr. PUG: $p = k_v$ langfr. PUG $p = k_g$ Verbesserung des Ergebnisses, wenn gilt: $db > 0$	Produktförderung: Rangfolge entsprechend der Höhe von db Produkteliminierung: Rangfolge entsprechend der Höhe von DB	Kapazität		Kapazität			Kapazität	
		frei (kein Engpass)	*beschränkt*[1] *(Engpass) Kapazitätserweiterung mit (sprung-) fixen Kosten*	frei (kein Engpass)	beschränkt (Engpass) Kapazitätserweiterung mit (sprung-)fixen Kosten	*beschränkt*[1] *(Engpass) keine Kapazitätserweiterung*	frei (kein Engpass)	beschränkt (Engpass)
		Annahme des Auftrags, wenn gilt: $db_{Zusatz} > 0$	*Annahme des Auftrags, wenn gilt:* $DB_{Zusatz} > K_{fix\ Zusatz}$	Eigenfertigung, wenn gilt: $K_{g\ Make} < K_{g\ Buy}$ bzw. $k_{v\ Make} < Einstandspreis_{Buy}$	Eigenfertigung, wenn gilt: $K_{g\ Make} < K_{g\ Buy}$ Berechnung der kritischen Menge	*Eigenfertigung, wenn gilt:* $(K_{v\ Make} + entgangener\ DB) < K_{g\ Buy}$	Rangfolge entsprechend der Höhe von db absoluter Deckungsbeitrag	Rangfolge entsprechend der Höhe von $\frac{db}{Engpass\ (z.B.\ Min.)}$ relativer Deckungsbeitrag
Kap. 8.4 und 8.5.1 Aufg. 8.4.1, 8.5.1, 8.5.2	Kap. 8.5.2 und 8.6.1 Aufg. 8.2.1, 8.6.1, 8.6.2	Kap. 8.6.2. Aufg. 8.6.3 bis 8.6.6		Kap. 8.7.1 Aufg. 8.7.1	Kap. 8.7.2 Aufg. 8.7.2	*Kap. 8.7.3* *Aufg. 8.7.3*	Kap. 8.8 Aufg. 8.8.1 bis 8.8.3	

1 Diese Problemstellung ist im Lehrplan nicht ausdrücklich erwähnt.

Zusammenfassende Übersicht Teil A: Kosten- und Leistungsrechnung

Kostenrechnungssysteme

Vollkostenrechnung

Aufspaltung der Kosten in Einzel- und Gemeinkosten
↓
Verrechnung sämtlicher Kosten auf die Kostenträger

Grundlage für:

- Ermittlung der Herstellkosten (Ansatz in der Bilanz)
- Ermittlung der Selbstkosten
- Ermittlung des Angebotspreises zu Vollkosten

Vollkostenrechnung in Form der Zuschlagskalkulation

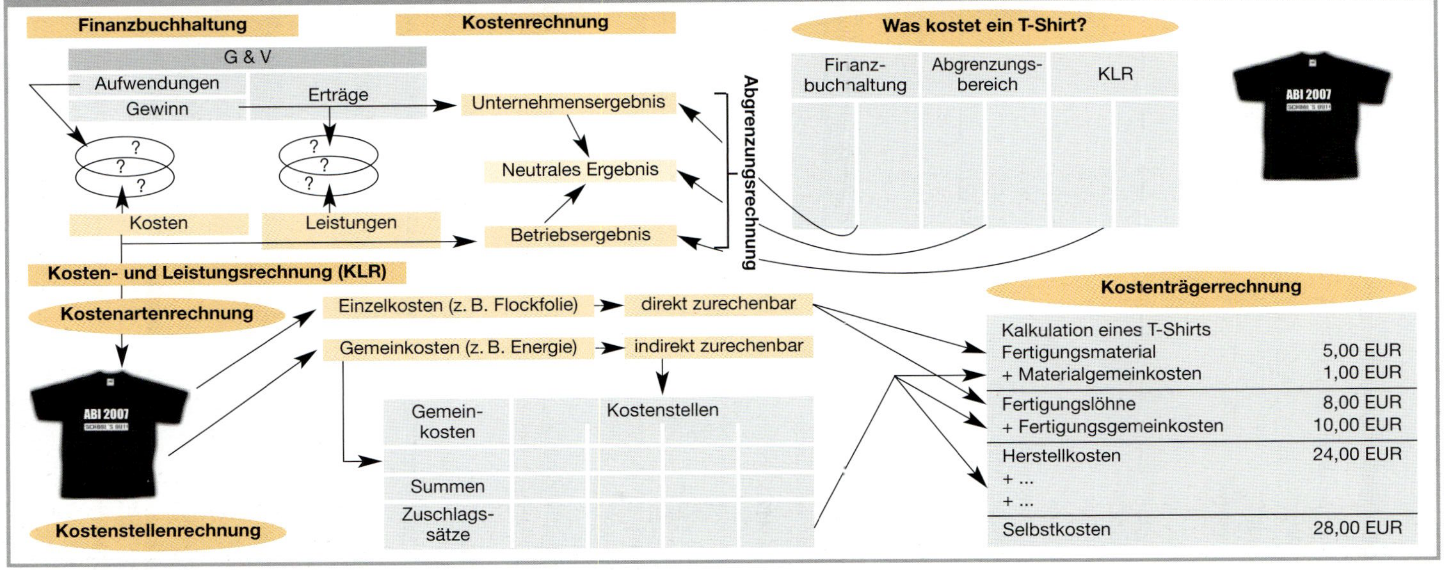

Teilkostenrechnung in Form der Deckungsbeitragsrechnung

Aufspaltung der Kosten in fixe und variable Bestandteile
↓
Verrechnung lediglich der variablen Kosten auf die Kostenträger (fixe Kosten werden als Kosten der Betriebsbereitschaft nicht auf die einzelnen Kostenträger verrechnet)

Grundlage für:

- Bestimmung des Mindestabsatzes zur Deckung der Fixkosten (Gewinnschwelle)
- Kurzfristige und langfristige Preisuntergrenze
- Berechnung des Betriebsergebnisses bei schwankender Beschäftigung
- Produktions- und Absatzentscheidungen
  - Zusammensetzung des Produktionsprogramms
  - Produktförderung – Produkteliminierung
  - Annahme von Zusatzaufträgen
  - Eigenfertigung oder Fremdbezug

1 nicht Gegenstand des Lehrplans

Zusammenfassende Aufgaben Teil A:

Vollkostenrechnung in Form der Zuschlagskalkulation

Aufgabe 1 BAB – Gemeinkostenzuschläge

PDF

Aus der Betriebsergebnisrechnung für das erste Quartal der Maschinenfabrik Kempf KG ergeben sich folgende Kosten:

Rohstoffverbrauch	320 900 EUR
Gemeinkostenmaterial	170 000 EUR
Stromkosten	28 200 EUR
Fertigungslöhne	240 000 EUR
Hilfslöhne	52 800 EUR
Gehälter	87 696 EUR
Reparaturen	22 000 EUR
Betriebliche Steuern	16 000 EUR
Kalkulatorischer Unternehmerlohn	40 800 EUR
kalkulatorische Abschreibungen	27 600 EUR
Sonstige Kosten	56 800 EUR

1. Erstellen Sie auf der Grundlage der nachstehenden Angaben zur Verteilung der Gemeinkosten einen Betriebsabrechnungsbogen.

Kostenarten	Material	Fertigung	Verwaltung	Vertrieb
Gemeinkostenmaterial	21 250 EUR	148 750 EUR	–	–
Stromkosten	14 100 kWh	61 100 kWh	23 500 kWh	14 100 kWh
Hilfslöhne	9 600 EUR	38 400 EUR	–	4 800 EUR
Gehälter	6 264 EUR	31 320 EUR	43 848 EUR	6 264 EUR
Reparaturen	3 :	6 :	1 :	1
Betriebliche Steuern	2 :	4 :	1 :	1
kalk. Unternehmerlohn	6 800 EUR	17 000 EUR	10 200 EUR	6 800 EUR
kalk. Abschreibungen	3 680 EUR	12 880 EUR	7 360 EUR	3 680 EUR
Sonstige Kosten	10 650 EUR	28 400 EUR	10 650 EUR	7 100 EUR

2. Ermitteln Sie die Istgemeinkostenzuschlagssätze für das erste Quartal.

3. Die Maschinenfabrik Kempf KG hat im Monat April insgesamt drei Kundenaufträge ausgeführt. Für die Vorkalkulation waren den Konstruktionsunterlagen folgende Einzelkosten entnommen worden:

Einzelkosten \ Auftrag	Auftrag 1	Auftrag 2	Auftrag 3
Fertigungsmaterial	6 000 EUR	4 000 EUR	13 500 EUR
Fertigungslöhne	10 500 EUR	21 000 EUR	6 000 EUR

Zur Kalkulation des Angebotspreises verwendet das Unternehmen die für das erste Quartal ermittelten Istzuschlagssätze (vgl. Aufg. 2). Ermitteln Sie den Angebotspreis für jeden der drei Aufträge, wenn die Kempf KG mit einem Gewinnzuschlag von 10 % und Kundenskonto von 2 % kalkuliert.

4. Die für den Monat April nachträglich ermittelten Istgemeinkosten sowie die entsprechenden Gemeinkostenzuschlagssätze sind nachstehendem BAB (Auszug) zu entnehmen:

	Material	Fertigung	Verwaltung	Vertrieb
	....	....	....	....
Summe Gemeinkosten	5875 EUR	50625 EUR	9400 EUR	4112 EUR
Zuschlagsgrundlagen	23500 EUR (FM)	37500 EUR (FL)	HEKO = FM (23500 €) + MGK (5875 €) + FL (37500 €) + FGK (50625 €) = 117500 EUR	
Gemeinkostenzuschlagssätze	25,0 %	135,0 %	8,0 %	3,5 %

Erstellen Sie für den Monat April eine Gesamtkalkulation und ermitteln Sie die Kostenabweichungen.

Aufgabe 2 Vorkalkulation – Nachkalkulation – Gesamtkalkulation

Die Maschinenfabrik Amman GmbH kalkulierte einen im vergangenen Abrechnungszeitraum ausgeführten Großauftrag mit folgenden Normalgemeinkostenzuschlagssätzen:
MGK 25 %, FGK 145 %, VwGK 12 %, VtGK 5 %.

In diesem Abrechnungszeitraum sind für den Großauftrag folgende Kosten tatsächlich angefallen (Istkosten):

Verbrauch von Fertigungsmaterial	130 000 EUR
Fertigungslöhne	121 100 EUR
Materialgemeinkosten lt. BAB	26 000 EUR
Fertigungsgemeinkosten lt. BAB	173 000 EUR
Verwaltungsgemeinkosten lt. BAB	50 000 EUR
Vertriebsgemeinkosten lt. BAB	31 000 EUR
Nettoverkauferlöse	590 450 EUR

1. Stellen Sie in übersichtlicher Form den Normalkosten die Istkosten gegenüber und ermitteln Sie jeweils die Selbstkosten.
2. Berechnen Sie die
   - Istzuschlagssätze (auf eine Nachkommastelle)
   - Kostenüber- bzw. -unterdeckung für die einzelnen Positionen.
3. Die GmbH kann aufgrund des harten Wettbewerbs eine Hobelmaschine für den Heimwerkerbedarf nur zum Listenpreis von 2 400 EUR je Stück (ohne USt) absetzen.
   Sie kalkuliert mit 168 EUR Fertigungslöhnen, 8 1/3 % Gewinnzuschlag, 3 % Skonto und 16 2/3 % Kundenrabatt.
   Berechnen Sie, welcher Betrag für Fertigungsmaterial höchstens angesetzt werden kann, wenn der Betrieb mit den obigen Normalzuschlagssätzen kalkuliert.

Teilkostenrechnung in Form der Deckungsbeitragsrechnung

Aufgabe 3 Deckungsbeitragsrechnung – Vollkostenrechnung

PDF

Die Ravensburger Spielfabrik fertigte u. a. im vergangenen Quartal Holzbaukästen in zwei Ausführungen. Dabei enthält der Erweiterungskasten weniger, aber kompliziertere Teile als der Grundkasten. Folgende Daten wurden ermittelt:

	Grundkasten	Erweiterungskasten
Nettoerlös je Stück	60,00 EUR	48,00 EUR
Absatzmenge	2300 Stück	3750 Stück
Fertigungsmaterial	31500 EUR	26000 EUR
Fertigungslöhne	22500 EUR	34000 EUR
Variable Gemeinkosten	50 % von Fert. Material und Fert. Löhnen	25 % von Fert. Material und Fert. Löhnen
Produktionsdauer	72 Min./Stück	210 Min./Stück

1. Errechnen Sie den Deckungsbeitrag insgesamt und je Stück für die beiden Produkte.
2. Durch Wegfall eines anderen Erzeugnisses stehen im Quartal zusätzlich 300 Stunden freie Kapazitäten für die Herstellung dieser Holzbaukästen zur Verfügung.
   a) Welchen Holzbaukasten empfehlen Sie zur Produktion, wenn für beide Bedarf vorhanden ist? Rechnerische Begründung.
   b) Um welchen Betrag verbessert sich das Betriebsergebnis, wenn das andere weggefallene Erzeugnis einen Deckungsbeitrag von 5,00 EUR je Stunde lieferte?
3. Der Leiter der Abteilung Kostenrechnung/Controlling schlägt vor, auf die Vollkostenrechnung ganz zu verzichten, da die Deckungsbeitragsrechnung aussagefähigere Ergebnisse bringe. Setzen Sie sich mit diesem Vorschlag kritisch auseinander.

Aufgabe 4 Gewinnschwelle – Zusatzauftrag – relative Deckungsbeiträge

PDF

Die Konstanzer Maschinenfabrik AG stellt Fräsmaschinen vom Typ B her. Im Mai betrug der Umsatz 50 Mio. EUR, das Betriebsergebnis 5 Mio. EUR. Im April wurde ein Umsatz von 40 Mio. EUR bei Kosten von 37 Mio. EUR erzielt. Die Fräsmaschinen vom Typ B sind zum Listenpreis von 20000 EUR/Stück absetzbar. Die maximale Produktionskapazität beträgt 3000 Stück pro Monat.

1. Ermitteln Sie die Gewinnschwelle unter der Voraussetzung, dass es sich in vorliegendem Fall um einen linearen Kostenverlauf handelt.
2. Überprüfen Sie mit rechnerischem Nachweis, um wie viel Prozent sich unter sonst gleichen Bedingungen die gegebene Kapazität je Monat verändern müsste, damit eine Umsatzrentabilität (Umsatzrentabilität = Gewinn · 100 / Umsatz) von 12 % erreicht würde.
3. Die Auslastung der bisherigen Kapazität soll langfristig mindestens 90 % betragen. Kunde 1 will über einen längeren Zeitraum 2700 Stück monatlich abnehmen. Darüber hinaus will Kunde 2 einmalig 100 Stück zu einem Preis von höchstens 16500 EUR kaufen.
   a) Als Vorbereitung für die Vertragsverhandlungen soll die lang- und die kurzfristige Preisuntergrenze bei der angestrebten Kapazitätsauslastung ermittelt werden. Berechnen Sie die Preisuntergrenzen und entscheiden Sie, ob der Auftrag des Kunden 2 gegebenenfalls angenommen werden sollte.
   b) Erläutern Sie, welches absatzpolitische Problem sich ergeben kann, wenn das Produkt unterschiedlichen Kunden zu unterschiedlichen Preisen angeboten wird.
4. Es ist beabsichtigt, im nächsten Jahr die Schleifscheiben A, B und C in das Sortiment aufzunehmen. Dazu soll ein neues Zweigwerk errichtet werden. Es wird von folgender Produktions- und Absatzsituation ausgegangen:

Schleifscheiben	A	B	C
Verkaufspreis je Packung in EUR	300	400	500
Absetzbare Packungen pro Jahr in Stück	5000	6000	4000
Materialeinsatz pro Packung in kg	10	12	18
Sonstige variable Kosten pro Packung in EUR	100	154	176
Fertigungsdauer pro Packung in Stunden	3	2	4

Für das nächste Jahr stehen in der Fertigung maximal 48000 Stunden zur Verfügung. Für die Schleifscheiben A, B und C wird derselbe Grundstoff benötigt. Sein Marktpreis liegt bei 10 EUR pro Kilo. Die Einkaufsabteilung kann für das nächste Jahr maximal 159800 kg von diesem Material beschaffen. Bestimmen Sie das gewinnmaximale Produktionsprogramm für Schleifmittel im nächsten Jahr.

Aufgabe 5 Kostenanalyse und Deckungsbeitragsrechnung

PDF

1. Die Schwäbische Gusseisenhütte GmbH stellt im Zweigwerk Geisingen das Gusseisenteil AG100 her. Die Gesamtkosten, die bei der Herstellung dieses Produktes anfallen, verlaufen bis zur Kapazitätsgrenze von 10000 Stück je Monat linear. Der Beschäftigungsgrad ist im I. Quartal

d. J. von 82 % im Januar auf 85 % im März gestiegen. Die Gesamtkosten erhöhten sich dabei von 189620 EUR auf 193850 EUR.

a) Berechnen sie die Fixkosten je Monat. Wie hoch ist der Gewinn/Verlust im Januar und im März d. J., wenn das Gusseisenteil AG100 zu 23,00 EUR/Stück verkauft wird?

b) Erläutern Sie den Zusammenhang zwischen der Höhe des Stückgewinns und der Kapazitätsauslastung.

c) Berechnen Sie die Stückzahl, bei der die Gewinnschwelle liegt.

d) Das Unternehmen möchte eine Umsatzrendite (= Gewinn · 100/Umsatz) von 6 % erzielen. Wie viel Stücke des Gusseisenteils müssen dazu verkauft werden?

e) Die ausschließlich variablen Löhne sind im Januar d. J. um 2 % erhöht worden. Die erhöhten Lohnkosten sind bereits in den obigen Gesamtkosten für Januar und März enthalten. Angenommen, die Löhne wären nicht um 2 %, sondern um 5 % erhöht worden. Bei welcher Stückzahl würde dann die Gewinnschwelle liegen unter der Voraussetzung, dass die Löhne ursprünglich 40 % der variablen Kosten ausmachten?

2. Die Schwäbische Gusseisenhütte GmbH stellt neben dem Produkt AG100 im März d. J. noch folgende weitere Gussteile in anderen Zweigwerken her:

Zweigwerk Produkte	Kressbronn AK100	Zimmern AZ100
Selbstkosten/Stück	20,00 EUR	50,00 EUR
variable Kosten/Stück	10,00 EUR	47,00 EUR
Verkaufspreis/Stück	19,00 EUR	55,00 EUR
erzeugte und verkaufte Mengen	1 000 Stück	500 Stück

Von Produkt AG100 wurden im März 8 500 Stück produziert und verkauft.

a) Stellen Sie mit der Deckungsbeitragsrechnung das Betriebsergebnis im März d. J. für jedes der drei Produkte und insgesamt in einer übersichtlichen Tabelle dar.

b) Nehmen Sie zu dem Vorschlag Stellung, dass Produkte, die nur mit Verlust zu verkaufen sind, aus dem Sortiment zu nehmen sind (mindestens 3 Gesichtspunkte).

c) Erläutern Sie ohne rechnerischen Nachweis, wo die Preisuntergrenzen der drei Produkte bei kurzfristiger und langfristiger Betrachtung liegen.

d) Um wie viel Prozent müsste die Produktion des Produkts AZ100 gesteigert werden, um bei einer Preisreduzierung von 10 % eine volle Kostendeckung zu erzielen?

Aufgabe 6 Kapazitätserweiterung – optimales Produktionsprogramm – Produktförderung

PDF

1. Der Einzelunternehmer Herbert Weber betreibt einen Baustoffgroßhandel mit einer Ziegelei. Bisher stellte er in der Ziegelei Dachziegel (DZ) und eine Sorte Mauerziegel (MZ) in getrennten Produktionsstätten her. Er strebt eine Umsatzausweitung durch die Produktion einer Energiesparvariante (MZE) eines Mauerziegels an.
Vor der Einführung der Energiesparvariante MZE wird eine Kostenanalyse für den Produktionsbereich Dachziegel durchgeführt. Folgende Informationen liegen vor:

- maximale Monatsproduktion 25 000 Stück
- Verkaufspreis 0,90 EUR/Stück

	Januar	Februar
Kapazitätsauslastung	85 %	90 %
Gesamtkosten	18 500 EUR	19 000 EUR

a) Ermitteln Sie die variablen Stückkosten (Annahme: linearer Kostenverlauf) und die Fixkosten je Monat für den Geschäftsbereich Dachziegel.

b) Die Kapazität könnte durch Anschaffung neuer Pressen um monatlich 10 000 Stück erhöht werden. Die Zusatzproduktion kann voll abgesetzt werden. Auswirkungen:
Anschaffungskosten insgesamt 400 000 EUR
geschätzte Nutzungsdauer 10 Jahre
kalkulatorische Abschreibung vom um 20 % höheren Wiederbeschaffungswert
weitere Fixkosten 1 000 EUR je Monat
Verringerung der variablen Stückkosten um 25 % für die Zusatzproduktion.

- Stellen Sie in einem Diagramm die Gesamtkosten- und Gesamterlössituation vor und nach der Kapazitätserweiterung grafisch dar. Maßstab: 2500 Stück = 1 cm; 2500 EUR = 1 cm
- Berechnen Sie die Gesamterlöse, die Gesamtkosten sowie das Betriebsergebnis je Monat an den jeweiligen Kapazitätsgrenzen.

c) ■ Berechnen Sie, wie viele Dachziegel nach der Kapazitätserweiterung verkauft werden müssten,
  – um die Gewinnschwelle zu erreichen
  – denselben Gewinn wie bei Vollauslastung der bisherigen Kapazitäten zu erzielen.
- Beurteilen Sie, ob sich die Kapazitätserweiterung gelohnt hat.

2. Im Produktionsbereich Mauerziegel werden jährlich 405 000 Stück des Produkts MZ mit Kosten von 486 000 EUR für Fertigungsmaterial, Fertigungslöhne und variable Gemeinkosten hergestellt. Im Jahr 2014 wird zusätzlich die Energiesparvariante MZE mit variablen Stückkosten von 1,40 EUR produziert. Die Fixkosten in der gesamten Ziegelei betragen 600 400 EUR/Jahr. Anmerkung: Die Kapazitätserweiterung (vgl. 1. b)) wurde nicht vorgenommen.

Produkt	MZ	MZE	DZ
Nettoverkaufspreis pro Stück	2,70 EUR	3,40 EUR	0,90 EUR
Dauer eines Brennvorgangs	$2\,^1/_2$ Std.	$2\,^1/_2$ Std.	$1\,^1/_4$ Std.
maximale jährliche Absatzmenge	250 000 St.	200 000 St.	320 000 St.

Die Tunnelöfen stehen dem Unternehmen im Jahr 2008 insgesamt 1 400 Stunden zur Verfügung. Während eines Brennvorganges können jeweils 1 000 Stück eines der drei Produkte gebrannt werden.
Ermitteln Sie das optimale Produktionsprogramm.
Berechnen Sie das im Jahr 2014 zu erwartende Betriebsergebnis.

B Rechtliche Rahmenbedingungen und Rechtsformen der Unternehmung

Warum ist dieses Kapitel wichtig?

Im Zusammenhang mit der Gründung eines Unternehmens muss u. a. überlegt werden,
- *wie viele Personen am Unternehmen beteiligt werden sollen,*
- *wer befugt sein soll, für das Unternehmen rechtswirksame Verträge und andere Rechtsgeschäfte abzuschließen,*
- *ob und gegebenenfalls wie sich die am Unternehmen beteiligten Personen in die Leitung des Unternehmens einbringen sollen.*

Das Handels- und Gesellschaftsrecht sieht dafür unterschiedliche Rechtsformen (Unternehmensformen) vor.

Weiterhin muss festgelegt werden, unter welchem Namen (Firma) der Kaufmann in den Rechtsbeziehungen z. B. zu den Lieferern und Kunden auftritt. Für einen Kaufmann sind zudem zahlreiche besondere Vorschriften zu beachten, die im Handelsgesetzbuch enthalten sind.
Die Leitfragen für diesen Abschnitt lauten daher:
Welche besonderen Vorschriften gelten für Personen, die als Kaufleute im Rechtsverkehr auftreten?
Welche Rechtsformen sind für das Handeln eines Unternehmens möglich und mit welchen Folgen ist die Entscheidung für eine bestimmte Rechtsform jeweils verbunden?

1 Handelsrechtliche Grundlagen der Unternehmung

Überblick und Zusammenhänge

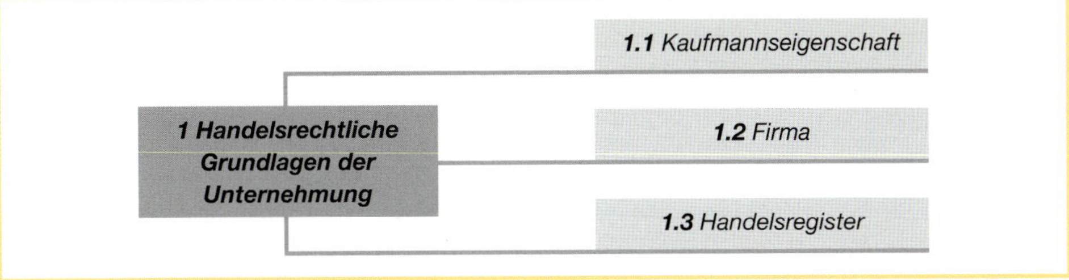

1.1 Kaufmannseigenschaft

Handelsrecht als Sonderrecht für Kaufleute

Für Personen, die im Geschäftsverkehr ständig Rechtsgeschäfte abschließen und in den meisten Fällen auch über entsprechende Kenntnisse und Erfahrungen verfügen **(Kaufleute)**, gilt das **Handelsrecht**. Die entsprechenden Vorschriften sind im **Handelsgesetzbuch** (HGB) niedergelegt. Das HGB gilt nicht nur für den Handel im engeren Sinne (Kauf und Verkauf von Waren), sondern auch für die Herstellung von Waren und Dienstleistungen.

Fehlen im HGB entsprechende Regelungen, gilt das Bürgerliche Gesetzbuch (BGB). Ist eine Regelung sowohl im BGB als auch im HGB enthalten, gilt für Kaufleute die speziellere Regelung des HGB.

Das Handelsgesetzbuch enthält Sonderregelungen für Kaufleute, mit denen bestimmte Schutzvorschriften des BGB außer Kraft gesetzt werden. Dadurch sollen bei Kaufleuten Schnelligkeit und Flexibilität beim Abschluss von Rechtsgeschäften gefördert werden.

Unterscheidungsmerkmal	Kaufleute	Nichtkaufleute
Eintragung ins Handelsregister	Pflicht HGB §§ 8ff.	nicht möglich
Führen einer Firma (Name eines Kaufmanns)	Pflicht HGB §§ 17ff.	nicht möglich
Gründung einer Gesellschaft	Gesellschaft nach HGB (OHG, KG), GmbHG, AktG	nur Gesellschaft nach BGB §§ 705ff. (BGB-Gesellschaft)
Erteilung von Prokura[1]	möglich HGB § 48	nicht möglich
Erteilung von Handlungsvollmacht[2]	möglich HGB § 54	nur Vollmacht nach BGB §§ 164ff.
Art der Bürgschaft	nur selbstschuldnerische Bürgschaft nach HGB §§ 349f.	auch nachschuldnerische Bürgschaft (Ausfallbürgschaft) nach BGB §§ 765ff.
Form der Bürgschaftserklärung	auch mündlich HGB § 350	nur schriftlich BGB § 766
Vertragsstrafen	auch bei unverhältnismäßiger Höhe nicht anfechtbar HGB § 348	Anfechtungsmöglichkeit bei unverhältnismäßiger Höhe BGB § 343
Prüf- und Rügepflicht bei Warenlieferungen aus Kaufverträgen	Ware muss unverzüglich nach Erhalt geprüft und ggf. gerügt werden. HGB § 377	keine Prüfpflicht; Die Ansprüche aus mangelhafter Warenlieferung verjähren innerhalb von 2 Jahren. BGB § 438
Gesetzlicher Zinssatz	5 % HGB § 352	4 % BGB § 246
Verzugszinsen	8 Prozentpunkte über dem Basiszinssatz. BGB § 288 (2)	5 Prozentpunkte über dem Basiszinssatz BGB § 288 (1)
Gerichtsstandsvereinbarung	Für Vertragsstreitigkeiten kann ein vom Erfüllungsort abweichender Gerichtsstand vertraglich vereinbart werden. ZPO § 29 (2)	Bei Vertragsstreitigkeiten gilt der gesetzliche Erfüllungsort als Gerichtsstand. ZPO § 29 Ausnahme: Geldschulden
Sorgfaltspflicht	Besondere Sorgfaltspflicht eines „ordentlichen Kaufmanns" nötig. HGB § 347	Erwartet wird „die im Verkehr erforderliche Sorgfalt". BGB § 276
Führen von Handelsbüchern (Buchführung)	nach HGB §§ 238ff. und nach Steuerrecht AO §§ 140ff.	nur nach Steuerrecht (Mindestbuchführung) AO §§ 140ff.

Auch für Gewerbetreibende, die nicht verpflichtet sind, sich ins Handelsregister eintragen zu lassen, kann eine freiwillige Eintragung trotz der damit verbundenen Pflichten vorteilhaft sein. Dadurch wird nach außen erkennbar, dass sich das Unternehmen den strengen Regeln des HGB unterwirft. Banken und andere Unternehmen machen häufig die Aufnahme einer Geschäftsverbindung von der Handelsregistereintragung abhängig.

Kaufmannsarten

Auf Rechtsgeschäfte (z. B. Kaufverträge) ist das Handelsrecht anzuwenden, wenn mindestens einer der Beteiligten **Kaufmann** ist.

---

1 Prokura *(lat.)*: Sehr umfangreiche Vollmacht (Vertretungsmacht) für Mitarbeiter eines Unternehmens. Bis auf wenige Einschränkungen berechtigt sie zum Abschluss fast aller Rechtsgeschäfte für das Unternehmen.

2 Handlungsvollmacht: Im Vergleich zur Prokura weniger umfangreiche Vollmacht (Vertretungsmacht) für Mitarbeiter eines Unternehmens.

Kaufmann gemäß § 1 HGB ist, wer ein Handelsgewerbe betreibt. Als Handelsgewerbe gilt jeder Gewerbebetrieb, der nach Art und Umfang[1] einen in kaufmännischer Weise eingerichteten Geschäftsbetrieb erforderlich macht. Es kann sich also nicht um einen Kleinbetrieb handeln.

HGB § 1

Voraussetzungen einer gewerblichen Tätigkeit			
selbstständig ausgeübt	**planmäßig** betrieben	**auf Dauer** angelegt	**auf Gewinnerzielung** ausgerichtet

Ob für ein Unternehmen ein nach § 1 HGB „in kaufmännischer Weise eingerichteter Geschäftsbetrieb" erforderlich ist, lässt sich u. a. anhand folgender Kriterien beurteilen:

Aufg. 1.1 S. 140

Art der Geschäftstätigkeit	Umfang der Geschäftstätigkeit
▪ Organisation des Unternehmens, insbesondere Größe der Geschäftslokale ▪ Zahl der Betriebsstätten ▪ Zahl und Funktion der Beschäftigten ▪ Zahl der Erzeugnisse und der Geschäftsbeziehungen	▪ Umsatz ▪ Kapitaleinsatz ▪ Inanspruchnahme von Krediten

Ein Unternehmen, das keinen in kaufmännischer Weise eingerichteten Geschäftsbetrieb erforderlich macht, betreibt **kein Handelsgewerbe**, sondern **ein Kleingewerbe**.

Kleinbetriebe sind ebenso wenig Kaufleute wie Betriebe der Land- und Forstwirtschaft. Dies gilt auch für die freien Berufe (z. B. Ärzte, Rechtsanwälte, Steuerberater, Architekten, Künstler). Allerdings können Kleinbetriebe sowie Land- und Forstwirte unter bestimmten Voraussetzungen trotzdem Kaufleute werden. Kleinbetriebe sind zudem auch dann Kaufleute, wenn sie als Personengesellschaft in Form einer OHG oder KG oder in der Rechtsform einer Kapitalgesellschaft (z. B. GmbH) betrieben werden.

HGB §§ 1, 2, 3, 6

Arten von Kaufleuten nach dem Erwerb der Kaufmannseigenschaft		
Istkaufmann § 1 HGB	**Kannkaufmann § 2 und § 3 HGB**	**Formkaufmann § 6 HGB**
Ein Gewerbetreibender, dessen Betrieb so groß ist, dass er eine kaufmännische Organisation nötig macht, ist Kaufmann gem. § 1 HGB (Istkaufmann). Das gilt auch für die Personengesellschaften OHG und KG. Ein Istkaufmann muss sich in das **Handelsregister** eintragen lassen (§ 29 HGB). Aber auch ohne Eintragung ist er Kaufmann. Die Eintragung hat nur **rechtsbekundende (deklaratorische)** und keine **rechtsbegründende (konstitutive)** Wirkung. Die Handelsregistereintragung eines Istkaufmanns macht lediglich nach außen deutlich, dass es sich um einen Kaufmann handelt.	Ein **Kleingewerbetreibender**, dessen Betrieb **keine** kaufmännische Organisation erforderlich macht, ist nach § 1 HGB **kein Kaufmann. Er kann** aber gem. § 2 HGB **Kaufmann** werden, wenn er sich in das Handelsregister eintragen lässt. Auch ein **Land- und Forstwirt**, dessen Betrieb eine kaufmännische Organisation erfordert, **kann** durch Eintragung in das Handelsregister gem. § 3 HGB **Kaufmann** werden. Bei **Kannkaufleuten** wirkt die Handelsregistereintragung **rechtsbegründend (konstitutiv)**, d. h. die Kaufmannseigenschaften werden erst durch die Eintragung erworben.	Eine Kapitalgesellschaft (z. B. GmbH) hat gem. § 6 HGB aufgrund ihrer Rechtsform immer die Kaufmannseigenschaften **(Formkaufmann)**. Diese Vorschrift gilt unabhängig von der Größe der Gesellschaft und ohne Rücksicht darauf, ob die Gesellschaft ein Handelsgewerbe betreibt. Bei Formkaufleuten hat die Handelsregistereintragung **rechtsbegründende (konstitutive)** Bedeutung, d. h. die Kaufmannseigenschaften werden erst durch die Eintragung erworben. Eine Kapitalgesellschaft entsteht als juristische Person erst durch diese Eintragung.

1 Für die Kaufmannseigenschaft ist entscheidend, dass eine kaufmännische Organisation nach Art **und** Umfang erforderlich ist. Es genügt nicht, dass nur eines der beiden Kriterien (Art oder Umfang) erfüllt ist.

1.2 Firma

Begriff und Bedeutung

Wird in der Umgangssprache der Begriff „Firma" benutzt, ist damit meist ein bestimmtes Unternehmen gemeint. Im Handelsrecht wird dagegen unter der Firma nicht das Unternehmen selbst, sondern der Name des Kaufmanns, unter dem er seine Geschäfte betreibt, verstanden.

HGB § 17

> **Die Firma ist der im Handelsregister eingetragene Name eines Kaufmanns, unter dem er seine Geschäfte betreibt und seine Unterschrift abgibt. Ein Kaufmann kann unter seiner Firma klagen und verklagt werden.**

Die Firmierung ist u. a. von der **Rechtsform eines Unternehmens** abhängig. Unternehmen mit folgenden Rechtsformen müssen ins **Handelsregister** eingetragen werden und ihrer Firma einen entsprechenden Zusatz, aus dem die Rechtsform und damit die Haftungsverhältnisse erkennbar werden, hinzufügen:

Im Handelsregister einzutragende Rechtsformen privater Unternehmen

Einzelunternehmen

Einzelkaufmann: Gewerbetreibender, der Kaufmann gem. § 1 HGB (Istkaufmann) oder § 2 HGB (Kannkaufmann) ist.
Rechtsformzusatz gem. § 18 HGB: eingetragene(r) Kaufmann/Kauffrau oder eine allgemein verständliche Abkürzung wie z. B. e. K., e. Kfm., e. Kfr.

Gesellschaftsunternehmen (Handelsgesellschaften)

Personengesellschaften

Offene Handelsgesellschaft gem. §§ 1, 6, 105 ff. HGB
Rechtsformzusatz gem. § 19 HGB: Offene Handelsgesellschaft oder Abkürzung OHG

Kommanditgesellschaft gem. §§ 1, 6, 161 ff. HGB
Rechtsformzusatz gem. § 19 HGB: Kommanditgesellschaft oder Abkürzung KG

Kapitalgesellschaften

Gesellschaft mit beschränkter Haftung gem. § 6 HGB, § 1 ff. GmbHG
Rechtsformzusatz gem. § 4 GmbHG: Gesellschaft mit beschränkter Haftung oder Abkürzung GmbH (GmbH)

Aktiengesellschaft gem. § 6 HGB, § 1 ff. AktG
Rechtsformzusatz gem. § 4 AktG: Aktiengesellschaft oder Abkürzung AG

Vorschriften zur Firmierung

Bei der Firmierung kann das in das Handelsregister einzutragende Unternehmen zwischen folgenden Firmenarten wählen:

Firmenarten			
Personenfirma	**Sachfirma**	**Fantasiefirma**	**Gemischte Firma**
enthält einen oder mehrere Personennamen	enthält den Zweck (Gegenstand) des Unternehmens	enthält einen frei erfundenen Namen	Kombination von Personen- und Sachfirma
Eva Scheurer e. Kfr., Sing & Mayer OHG	Metallfabrik AG	Sunshine KG	Dyckerhoff Zement AG

Bei der Entscheidung für einen bestimmten Firmennamen sind allerdings folgende Grundsätze und Vorschriften zu beachten:

Firmierungsgrundsätze		
Firmenwahrheit §§ 18, 19 HGB	**Firmenklarheit § 30 HGB** (Firmenausschließlichkeit)	**Firmenbeständigkeit §§ 21, 23, 24 HGB**
Die Öffentlichkeit darf nicht durch die Firma über Art und/oder Umfang des Unternehmens getäuscht werden.	Die Firma muss sich von allen am selben Ort bereits bestehenden und in das Handelsregister eingetragenen Firmen unterscheiden.	Eine Firma darf bei Namensänderung sowie Veräußerung des Unternehmens (sofern der bisherige Inhaber oder dessen Erben zustimmen) fortgeführt werden. Bei Wechsel der Rechtsform ist aber der Rechtsformzusatz zu ändern.
Ein kleines Papierwarengeschäft darf nicht die Firma „Süddeutsche Büroausstattungszentrale" wählen.	Der ortsansässige Einzelhandelskaufmann Schmitz hat die Firma H. Schmitz e. K. gewählt. Die neu einzutragende Firma des Hoteliers U. Schmitz muss sich davon durch Angabe des Vornamens und/oder durch einen anderen Zusatz unterscheiden, z. B. Ulf Schmitz e. K., Hotelier.	Die Inhaberin eines Bräunungsstudios heiratet und nimmt den Namen ihres Ehemanns an. Trotzdem behält sie die Firma B. Schirmer e. Kfr. – Sonnenstudio – bei. Das Malergeschäft P. Dold e. K. wird von zwei Mitarbeitern übernommen und unter dem Namen P. Dold OHG geführt.

Aufg. 1.2 S. 140

1.3 Handelsregister

Das Handelsregister ist ein amtliches, öffentliches Verzeichnis aller Kaufleute im Bezirk des zuständigen Registergerichts. Es enthält Informationen über die einzelnen Kaufleute, deren Kenntnis für Geschäftspartner von Interesse sein können.

Das Handelsregister wird im Normalfall von dem örtlich zuständigen **Amtsgericht** geführt. Die Eintragungen werden von den Gerichten in einem elektronischen System, dem gemeinsamen **Registerportal der Länder** der Bundesrepublik Deutschland, im Internet veröffentlicht[1]. Außerdem hat jeder das **Recht zur Einsichtnahme** in das Handelsregister. Die Angaben im Handelsregister genießen **„öffentlichen Glauben"**, d. h. jeder darf davon ausgehen, dass die Angaben im Handelsregister vollständig und richtig sind.

HGB § 8, § 10

HGB § 10 (1) S. 1, § 11 (1), § 9

Aufg. 1.3 S. 140

1 www.handelsregisterbekanntmachungen.de bzw. www.handelsregister.de

Abteilungen des Handelsregisters	
Abteilung A	**Abteilung B**
Eintragungen über Einzelkaufleute und Personengesellschaften (z. B. OHG, KG)	Eintragungen über Kapitalgesellschaften (z. B. GmbH, AG)

Nr. der Eintragung	a) Firma b) Sitz c) Gegenstand des Unternehmens	Grund- oder Stammkapital EUR	Vorstand, Persönlich haftende Gesellschafter, Geschäftsführer, Abwickler	Prokura	Rechtsverhältnisse	a) Tag der Eintragung u. Unterschrift b) Bemerkungen
1	2	3	4	5	6	7
1	a) SHIRT STORE GmbH b) Mannheim c) ist die Veredelung von Textilien, insbesondere T-Shirts unterschiedlicher Art, mit verschiedenen Druck- und Beflockungstechniken sowie die Beratung der Kunden hierin	25 000,00 EUR	Michael Müller, geb. am 01.07.1970, Mannheim; Anja Krause, geb. am 13.05.1971		Gesellschaft mit beschränkter Haftung. Der Gesellschaftsvertrag ist am 23.04.2001 abgeschlossen. Die Gesellschaft wird, wenn nur ein Geschäftsführer vorhanden ist, von diesem, wenn mehrere Geschäftsführer bestellt sind, von zwei Geschäftsführern gemeinschaftlich oder von einem Geschäftsführer in Gemeinschaft mit einem Prokuristen vertreten. Durch Gesellschafterbeschluss kann Geschäftsführern Einzelvertretungsbefugnis und die Befugnis mit sich selbst oder als Vertreter Dritter Rechtsgeschäfte anzuschließen eingeräumt werden. Die Geschäftsführer Michael Müller und Anja Krause sind einzelvertretungsberechtigt.	a) 02.05.2001 Bayer, Justizangestellte b) –

Zusammenfassende Übersicht zu Kap. 1:
Handelsrechtliche Grundlagen der Unternehmung

Handelsrechtliche Vorschriften

Handelsgesetzbuch (HGB) = Sonderrecht für Kaufleute

Arten von Kaufleuten	Istkaufmann	Kannkaufmann	Formkaufmann
Betriebsarten	Gewerbebetrieb, der unabhängig von der gewählten Rechtsform eine kaufmännische Organisation erfordert (kein Kleinbetrieb)	Kleingewerbetreibender Land- und forstwirtschaftlicher Betrieb, der kaufmännische Organisation erfordert	Kapitalgesellschaft: GmbH, AG (auch ohne Gewerbebetrieb)
Entstehung der Kaufmannseigenschaft	Aufnahme der Geschäftstätigkeit (auch bei OHG und KG), spätestens bei Eintragung ins Handelsregister	Kaufmannseigenschaft durch freiwillige Eintragung ins Handelsregister	Eintragung der Rechtsform ins Handelsregister
Wirkung der Eintragung ins Handelsregister	rechtsbezeugend (deklaratorisch) bei Aufnahme der Geschäftstätigkeit vor HR-Eintragung	rechtsbegründend (konstitutiv)	rechtsbegründend (konstitutiv)

Firma Im Handelsregister eingetragener Name des Kaufmanns, unter dem er ▪ seine Geschäfte betreibt ▪ seine Unterschrift abgibt ▪ klagen oder verklagt werden kann		
Firmenarten	**Firmenzusätze**	**Firmengrundsätze**
Personenfirma	eingetragener Kaufmann, e. K., e. Kfm., e. Kfr. o. Ä.	Firmenwahrheit
Sachfirma	Offene Handelsgesellschaft oder OHG	Firmenklarheit
Fantasiefirma	Kommanditgesellschaft oder KG	Firmenbeständigkeit
Gemischte Firma	Gesellschaft mit beschränkter Haftung oder GmbH	
	Aktiengesellschaft oder AG	

Handelsregister öffentliches Verzeichnis aller Kaufleute eines oder mehrerer Amtsgerichtsbezirke			
Eintragungen unterrichten die Öffentlichkeit über ...	**Abteilungen**		**Öffentlichkeit**
	Abteilung A	**Abteilung B**	
Firma, Inhaber, Geschäftsführer, Vorstand, Kapital, Haftung, Geschäftssitz, Gegenstand des Unternehmens	Einzelunternehmung, Personengesellschaften	Kapitalgesellschaften (GmbH, AG)	Einsicht für jeden, Veröffentlichung in Bundesanzeiger und Tageszeitung, Öffentlicher Glaube: Vermutung der Richtigkeit der Eintragungen (Vertrauensschutz)

Fragen zur Wiederholung

zu Kapitel 1 Handelsrechtliche Grundlagen der Unternehmung

1.1 Kaufmannseigenschaft

1. Für welchen Personenkreis gilt das Handelsrecht (Handelsgesetzbuch)?
2. Nennen Sie Merkmale zur Unterscheidung zwischen Kaufleuten und Nichtkaufleuten.
3. Nennen Sie Merkmale, anhand derer festgestellt werden kann, ob der Gewerbebetrieb einen in kaufmännischer Weise eingerichteten Geschäftsbetrieb erforderlich macht.
4. Wer ist „Istkaufmann"?
5. Wann erlangt ein Istkaufmann die Kaufmannseigenschaft?
6. Wodurch unterscheiden sich konstitutive und deklaratorische Wirkung einer Eintragung ins Handelsregister?
7. Erklären Sie den Begriff Kannkaufmann.
8. Welche Wirkung hat die Eintragung ins Handelsregister bei einem Kannkaufmann?
9. Was ist unter einem Formkaufmann zu verstehen?
10. Welche Wirkung hat die Eintragung ins Handelsregister bei einem Formkaufmann?

1.2 Firma

1. Was ist unter einer Firma zu verstehen?
2. Nennen und erklären Sie drei Firmierungsgrundsätze.
3. Nennen Sie zu jeder der vier Firmenarten jeweils ein Beispiel.

1.3 Handelsregister

1. Welche Eintragungen enthält das Handelsregister und wer führt dieses?
2. Aus welchen beiden Abteilungen besteht das Handelsregister und was ist dort jeweils eingetragen?

Aufgaben und Probleme

zu Kapitel 1 Handelsrechtliche Grundlagen der Unternehmung

1.1 Kaufmannseigenschaft

HGB § 1, § 2, § 6

Stellen Sie fest, wer in den nachfolgenden Fällen Kaufmann
- auch ohne Eintragung im Handelsregister (Istkaufmann) gem. § 1 HGB,
- durch freiwillige Eintragung im Handelsregister (Kannkaufmann) gem. § 2 HGB,
- aufgrund der gewählten Gesellschaftsform (Formkaufmann) gem. § 6 HGB

ist.

PDF

1. Ein Malermeister beschäftigt 12 Malergesellen und einen Buchhalter.
2. Ein Rentner kauft und verkauft gelegentlich Antiquitäten.
3. Eine OHG wird als Großgewerbe (mit kaufmännischer Organisation) betrieben.
4. Ein „Eismann“ fährt im Sommer regelmäßig mit einem kleinen Bus durch die Straßen und verkauft Eis, das er von einer großen in der Innenstadt gelegenen Eisdiele bezieht.
5. Ein Koch übernimmt eine Betriebskantine. Er bezieht Gehalt und wirtschaftet auf Rechnung des Betriebs.
6. Ein Arzt beschäftigt eine Arzthelferin.
7. Ein Landwirt betreibt noch eine Molkerei, die überwiegend eigene Produkte des landwirtschaftlichen Betriebs verarbeitet.
8. Eine OHG betreibt ein Kleingewerbe (ohne kaufmännische Organisation).

1.2 Firma – Kaufmann – Handelsregister

Isabell Kleinschmidt, Freiburg, übersetzt für Unternehmen Geschäftsbriefe in verschiedene Sprachen. Sie hat zwischenzeitlich zwei Mitarbeiterinnen in Teilzeit beschäftigt. Der Betrieb macht derzeit noch keinen nach Art und Umfang in kaufmännischer Weise eingerichteten Geschäftsbetrieb erforderlich.

HGB § 19 (1), § 241a (1)

1. Isabell Kleinschmidt beabsichtigt, das Unternehmen ins Handelsregister eintragen zu lassen. Machen Sie drei Firmierungsvorschläge.
2. Die Firma wird am 16. Juli d.J. in das Handelsregister unter dem Firmennamen „Freiburger Übersetzungsdienst, Inh. Isabell Kleinschmidt e.K.“ eingetragen. Welche Folgen hat die Eintragung für Isabell Kleinschmidt?

1.3 Kaufmannseigenschaft – Istkaufmann – Eintragung im Handelsregister

Karl-Heinz Boeme betreibt seit kurzer Zeit in 77933 Lahr einen Möbelhandel. Im Handelsregister ist er nicht eingetragen.

HGB §§ 1, 29

Er erhält von der Handelsregister-Abteilung des Amtsgerichts Lahr einen Brief, dem ein Formular beiliegt. In dem Brief teilt ihm das Amtsgericht mit, dass verschiedene Unternehmen der Möbelbranche im Handelsregister Einsicht nehmen wollten, um sich über die Verhältnisse des Möbelhändlers Karl-Heinz Boeme zu informieren.

Es wird gebeten, das Formular ausgefüllt zurückzusenden.

Er füllt das Formular wie nachfolgend abgebildet aus.

Muss Boeme sich ins Handelsregister eintragen lassen?

1) Wortlaut der Firma	Heinz Boeme Möbelhandlung
2) a) Geschäftsräume (Zahl, Art [z. B. Büro, Herstellungsräume, Laden, Lager usw.] u. Größe, Ort und Straße):	a) Verkaufs- und Ausstellungsraum – 400 m²; b) Büro 32 m²; Bergstr. 78, 77933 Lahr
b) Fernruf	07821 5657
3) Name des Alleininhabers oder bei Gesellschaften die Namen aller Gesellschafter (persönlich haftende Gesellschafter, Kommanditisten):	Heinz Boeme
4) Art des Gewerbes (z. B. Herstellung von ... oder Handel mit ... usw.)	Möbelhandel
5) Zeitpunkt der Aufnahme des Geschäftsbetriebes:	01. August d. J.
6) Betriebsvermögen (nur zu beantworten, wenn eine Eröffnungsbilanz oder die letzte Bilanz nicht vorgelegt werden kann): a) Anlagevermögen: Grundstücke und Betriebsgebäude Maschinen und Einrichtungen b) Umlaufvermögen: Geld und Bankguthaben Warenvorräte Außenstände	 a) 1 200 000 EUR 40 000 EUR — 1 240 000 EUR b) 30 000 EUR 380 000 EUR 24 000 EUR — 434 000 EUR
7) Letzter Einheitswert des Betriebsvermögens	liegt noch nicht vor
8) Höhe des Umsatzes: (Bei Handelsvertretern: Bruttoprovision) seit Beginn, falls der Geschäftsbetrieb im laufenden Jahr begonnen wurde oder in den beiden letzten Geschäftsjahren und im laufenden Geschäftsjahr, falls der Gewerbebetrieb schon länger besteht.	160 000 EUR (Monate August, September)
9) Gewerbeertrag: geschätzter Reinertrag seit Geschäftsbeginn, falls der Geschäftsbetrieb im laufenden Jahr begonnen wurde oder Reinertrag nach der letzten Jahresbilanz, falls der Geschäftsbetrieb schon länger besteht.	8 000 EUR (Monate August, September)
10) Zahl der beschäftigten Personen	6 zuzüglich Inhaber Heinz Boeme
a) kaufmännische Angestellte	3
b) technische Angestellte	
c) Facharbeiter, Gesellen	2
d) angelernte Arbeiter	
e) Hilfsarbeiter	
f) kaufmännische Auszubildende	1
g) technische Auszubildende	
h) sonstiges Personal	
11) Besteht kaufmännische Buchführung? Welcher Art?	Ja – doppelte Buchführung – Gewinnermittlung gem. § 5 Abs. 1 EStG
12) Bankverbindungen	Deutsche Bank Lahr, BLZ ..., Kto.-Nr. ... Volksbank-Raiffeisenbank Lahr ...
13) Wird neben der Warenherstellung noch ein offenes Geschäft (Laden) betrieben?	Betrieb lediglich eines Verkaufsladens mit Möbelzufuhr und Aufstellung

2 Characteristics of sole proprietorships and private business enterprises

Sole proprietorship

There are two types of legal forms: sole proprietorships and private business enterprises (i.e. partnerships and companies).

A sole proprietor/owner/trader has to raise capital privately. It is a business which is owned and managed by a single individual. The owner is entitled to all the profits and has full liability for all the business debts.

Ist eine kaufmännische Organisation des Unternehmens erforderlich, dann ist der Unternehmer Kaufmann gem. § 1 HGB und muss ein Unternehmen beim Handelsregister anmelden.

Sole proprietorship		
Sole proprietorship: full control – full liability		
For whom and what?	**Establishment**	**Scope of liability**
esp. small traders, craftsmen, service providers	▪ **one** entrepreneur ▪ is established with the start of the business if no other legal form has been chosen ▪ entry in the trade register is possible ▪ no minimum capital required	entrepreneur is fully liable for all business debts (even with his own private assets.)

Partnerships and companies

Partnerships and companies are private-law associations of individuals for the pursuit of their mutual interests.

There are two reasons for establishing a partnership or company or to reorganise a sole proprietorship into a partnership or company.

❶ The enterprise has expanded to an extent that the management tasks can no longer be performed by the sole proprietor him-/herself → Lack of human capital

❷ The sole proprietor cannot raise the necessary capital by him-/herself → Lack of money

Aufg. 2.1
S. 145

Advantages and disadvantages of sole proprietorships in comparison with partnerships and companies

Advantages	Disadvantages
▪ the owner has full managerial control (exception: there are so many employees that co-determination regulations have to be taken into account.) ▪ flexibility in all decisions; there is no need for consultation with anybody ▪ full entitlement to all profits ▪ no minimum capital requirement ▪ high degree of motivation of the sole proprietor as the profit often is his/her only source of income ▪ as a rule there are no regulations governing the establishment (except for the registration in the trade register and registration with the trade licensing authorities.)	▪ quality of decisions might suffer as no accord with a third party (partner) is required or possible ▪ high degree of risk as the sole proprietor is solely and fully liable ▪ limited access to financial resources (equity and debt capital) ▪ with the death of the sole proprietor, the business is dissolved

The German commercial law provides for two basic forms of business enterprises:

Partnerships	Incorporated companies
There is a close personal relationship between the partners and the business. Mutual trust of the proprietors is one of the outstanding features. At least one of the partners is actively involved in the management and has full personal liability.	The raising of capital is the main feature of an incorporated company. Often, there is no personal relationship between the shareholders and the business. Corporate shares can be sold freely. The shareholders do not have any liability. Their active involvement in the business activities is not required.

A partnership is a legal form in which at least one natural or legal person with unlimited liability and further natural or legal persons participate with the aim of pursuing common purposes. The partnership is not a legal person and its legal capacity is restricted.

An incorporated company is a form of business where the raising of capital is a key feature. The active involvement of the shareholders in the business activities is not required. The incorporated company is a legal person.

Fundamental differences between partnerships and incorporated companies	
Partnerships ■ restricted legal capacity ■ at least one natural person with unlimited liability ■ partners run the business themselves (self-management = Selbstorganschaft) ■ the partners are joint owners of all the partnership assets (jointly owned property) ■ no minimum capital requirement	**Incorporated companies** ■ independent legal entity (legal person) ■ the liability lies solely with the company ■ the company is managed by organs (e.g. board of executive directors), (external management = Fremdorganschaft) ■ In its capacity as a legal person the company is the owner of all the company property
■ there is no freedom of transfer of partnership shares ■ partnership agreement is necessary ■ normally, the preparation of annual financial statements is required (balance sheet, profit and loss statement) ■ there is no obligation to publish the annual financial statements	■ there is a minimum capital requirement ■ the company shares are freely transferable ■ articles and memorandum of association ■ detailed annual financial statements are necessary (balance sheet, profit and loss statement with notes + management report) ■ obligation to publish the annual financial statements

Zusammenfassende Übersicht Kapitel 2:
Merkmale von Einzelunternehmen und Gesellschaftsunternehmen

Block diagram chapter 2:
Characteristics of sole proprietorships and private business enterprises

Rechtsformen
Legal forms

- Einzelunternehmen
  Sole proprietorships
- Gesellschaftsunternehmen
  = privatrechtliche Vereinigung von Personen (natürliche oder juristische) zur Verfolgung eines gemeinsamen Zweckes
  Business enterprises
  = *private-law associations of persons (natural or legal) for the pursuit of common goals)*

Personengesellschaften
Partnerships

- Gesellschaft des bürgerlichen Rechts (GbR oder BGB-Gesellschaft) BGB § 705 ff.
  Civil law partnership
- Offene Handelsgesellschaft (OHG) HGB §§ 105 ff.
  General partnership (G.P.)
  Kommanditgesellschaft (KG) HGB §§ 161 ff.
  Limited partnership (L.P.)

- enges persönliches Verhältnis der Gesellschafter zum Unternehmen
  close relationship between the partners and the enterprise
- persönliche Haftung von Gesellschaftern
  personal liability of partners
- Geschäftsführung durch Gesellschafter
  management of the business by the partners

i. d. R. reicht die Erstellung eines einfachen Jahresabschlusses (Bilanz und Gewinn- und Verlustrechnung)
As a rule only the preparation of simple annual financial statements is required (balance sheet, profit and loss statement)

Kapitalgesellschaften
Incorporated companies

- Gesellschaft mit beschränkter Haftung (GmbH)
  GmbHG
  Limited liability company
  Ltd. or LLP (GB)
  LLP (USA)
- Aktiengesellschaft (AG)
  AktG
  Joint stock company
  PLC (GB)
  Corp./Inc. (USA)

- häufig keine persönliche Bindung der Gesellschafter zum Unternehmen; im Vordergrund steht die Kapitalaufbringung
  often there is no personal relationship between shareholders and the company; raising capital is the main feature
- keine Haftung der Gesellschafter
  no liability of shareholders
- keine Pflicht zur Mitarbeit der Gesellschafter im Unternehmen
  no active involvement of the shareholders in the business required

Erstellung und Veröffentlichung eines ausführlichen Jahresabschlusses (Bilanz, Gewinn- und Verlustrechnung, eventuell Lagebericht u. a.)
Preparation and publication of detailed annual financial statements (balance sheet, profit and loss statement, possibly also management report etc.)

Revision questions

for chapter 2 Characteristics of sole propritorships and private business enterprises

1. Describe the characteristic features of a sole proprietorship.
2. What are the differences between sole proprietorships and business enterprises?
3. List the advantages and disadvantages of a sole proprietor compared to a partnership.
4. What are the differences between partnerships and incorporated companies?
5. What do the financial statements of a partnership normally consist of?
6. What are the duties of incorporated companies concerning the preparation and publication of their annual financial statements?

Aufgaben und Probleme

zu Kapitel 2 Merkmale von Einzel- und Gesellschaftsunternehmen

2.1 Gründung eines Einzelunternehmens – Firma – Handelsregister

GG Art. 12 (1), GewO § 1

Klaus Müller möchte in Karlsruhe einen Produktions- und Dienstleistungsbetrieb für das Bedrucken von T-Shirts nach Kundenwünschen eröffnen.

HGB §§ 1, 29, GewO § 1, AO § 138, IHKG § 2, SGB VII §§ 2, 121

HGB §§ 17–19

1. Prüfen Sie, ob die Gründung eines solchen Geschäfts von irgendeiner Behörde genehmigt werden muss.
2. Bei welchen Behörden muss Herr Müller seine Neugründung anmelden?
3. Da es sich bei dem Betrieb nicht um ein Kleingewerbe handelt, überlegt Herr Müller, wie er firmieren soll. Welche der folgenden Firmenbezeichnungen sind für ihn erlaubt?
   Klaus Bernd Müller, Klaus Müller eingetragener Kaufmann, Shirt-Shop Müller e. K., Shirt Store e. K.
4. Vor der endgültigen Eintragung seiner Firma informiert sich Herr Müller beim zuständigen Handelsregister und stellt fest, dass eine Firma Immobilien Klaus E. Müller e. K. in Karlsruhe bereits eingetragen ist.
   a) Prüfen Sie, ob Herr Müller deswegen einige seiner Firmierungsvorschläge nicht verwenden kann. HGB § 30
   b) Welchen Zweck hat die Eintragung der Firma ins Handelsregister?
   c) Einige Zeit nach der Anmeldung und der Eintragung erfährt Herr Müller, dass die Firma Immobilien Klaus E. Müller vom Schwiegersohn Erich Beyer übernommen wurde. Beyer arbeitet aber nach wie vor mit dem Briefkopf Klaus E. Müller und unterschreibt sogar seine Geschäftsbriefe mit diesem fremden Namen. Kann Klaus Müller verlangen, dass Erich Beyer das unterlässt? Begründen Sie die Regelung des Gesetzgebers. HGB § 22
5. In einem Branchenverzeichnis stellt Müller fest, dass in Mannheim ein Klaus Müller ebenfalls einen Betrieb für die Veredelung von T-Shirts betreibt. Die Firma ist dort unter dem gleichen Namen eingetragen, den Müller in Karlsruhe gewählt hat. HGB §§ 30, 37 MarkenG §§ 1, 5, 15
   Muss Herr Müller in Karlsruhe befürchten, dass Herr Müller aus Mannheim die Änderung der Firmenbezeichnung in Karlsruhe gerichtlich erzwingen kann?
6. Nennen Sie drei Gründe, die Klaus Müller veranlasst haben könnten, sich für die Rechtsform des Einzelunternehmens zu entscheiden.
7. Nennen Sie drei Nachteile eines Einzelunternehmens gegenüber einem Gesellschaftsunternehmen.

3 Entscheidungsgrundlagen bei der Wahl der Rechtsform

Für die Entscheidung, welche Rechtsform für ein bestimmtes Unternehmen am besten geeignet ist, können folgende Kriterien bedeutsam sein:

Entscheidungskriterien für die Wahl der Rechtsform eines Unternehmens im Überblick

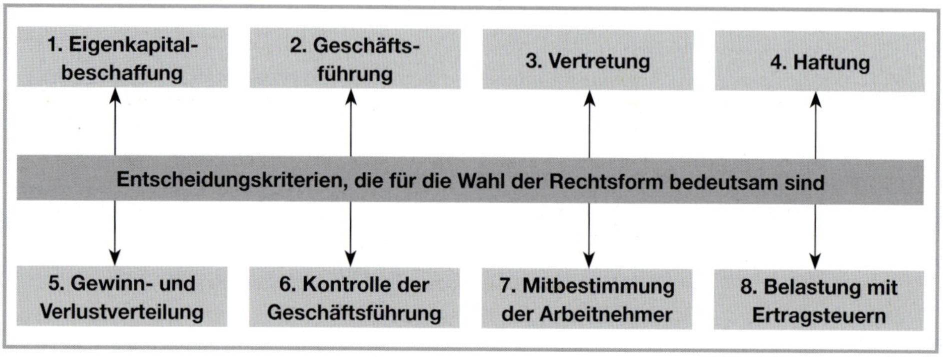

Für die einzelnen Unternehmensformen sind diese Bereiche teilweise unterschiedlich geregelt. Im Einzelnen gelten folgende Bestimmungen:

Entscheidungskriterium 1: Eigenkapitalbeschaffung

Eigenkapitalbeschaffung		
Einzelunternehmen	**Personengesellschaft z. B. OHG, KG**	**Kapitalgesellschaft z. B. GmbH, AG**
Der Einzelunternehmer stellt das in seinem Unternehmen vorhandene Eigenkapital allein zur Verfügung. Die Möglichkeiten zur Beschaffung von Eigenkapital sind daher begrenzt. Sie hängen von der Höhe des Privatvermögens des Einzelunternehmers und dessen Bereitschaft ab, dem Unternehmen private Mittel zur Verfügung zu stellen.	Eine **Personengesellschaft** hat zwei Möglichkeiten zur Beschaffung von Eigenkapital: 1. Die beteiligten Gesellschafter stellen der Gesellschaft aus ihrem Privatvermögen zusätzliches Eigenkapital zur Verfügung. 2. Es werden neue Gesellschafter aufgenommen.	Eine Kapitalgesellschaft verfügt grundsätzlich über die besseren Möglichkeiten, sich Eigenkapital in größerem Umfang zu beschaffen. Bei einer Inanspruchnahme des Kapitalmarktes (z. B. Ausgabe von Aktien) sind zwar zahlreiche Vorschriften zu beachten. Auf diesem Wege kann aber Eigenkapital in erheblichem Umfang durch die Beteiligung vieler Kapitalgeber (z. B. Aktionäre) aufgebracht werden.

Entscheidungskriterium 2: Mitarbeit – Geschäftsführung

> **Die Geschäftsführungsbefugnis beinhaltet Regelungen und Vereinbarungen, die das Innenverhältnis eines Unternehmens betreffen. Damit wird festgelegt, welche Rechte einzelnen Gesellschaftern (z. B. bei der OHG und der KG), einem Geschäftsführer (z. B. bei einer GmbH) oder einem Vorstand (z. B. bei der AG) zustehen.**

Solche Regelungen sind insbesondere bei mehreren zur Geschäftsführung befugten Personen von Bedeutung.

Mitarbeit – Geschäftsführung		
Einzelunternehmen	**Personengesellschaft z. B. OHG, KG**	**Kapitalgesellschaft z. B. GmbH, AG**
Der Einzelunternehmer trägt die Verantwortung für das Unternehmen allein. Unter der Voraussetzung, dass die Zahl der Arbeitnehmer eine bestimmte Höhe nicht überschreitet und somit die Vorschriften zur Mitbestimmung der Arbeitnehmer keine andere Regelung vorsehen, ist er nicht verpflichtet, seine Entscheidungen mit anderen Personen abzusprechen.	Zumindest ein Teil der Gesellschafter ist zur Mitarbeit im Unternehmen berechtigt und verpflichtet. Die persönlich haftenden Gesellschafter einer solchen Gesellschaft haben schon allein deswegen ein starkes Interesse an einer leitenden Mitarbeit im Unternehmen, weil für sie das Risiko besteht, von einem Gläubiger des Unternehmens in Anspruch genommen zu werden (= Haftung). Insbesondere, wenn die Führung der Geschäfte mehreren Personen zusteht, muss innerhalb der Gesellschaft **(Innenverhältnis)** bestimmt werden, welche Rechtshandlungen einer Zustimmung durch andere Gesellschafter (evtl. auch aller Gesellschafter) bedürfen.	Die Beteiligung an einer **Kapitalgesellschaft** bedeutet, dass die Kapitalgeber dem Unternehmen Eigenkapital zur Verfügung stellen und dadurch grundsätzlich einen Anspruch auf die erzielten Gewinne erwerben. Eine persönliche Verpflichtung der Eigenkapitalgeber zur Mitarbeit im Unternehmen besteht bei einer Kapitalgesellschaft nicht.

Entscheidungskriterium 3: Vertretung

Das Recht oder die Pflicht, im Namen einer Gesellschaft rechtswirksam Verträge zu schließen bzw. im Außenverhältnis im Namen der Gesellschaft tätig zu werden, wird als Vertretung bezeichnet.

Vertretung		
Einzelunternehmen	**Personengesellschaft z. B. OHG, KG**	**Kapitalgesellschaft z. B. GmbH, AG**
Nur der Unternehmer selbst ist (sofern er keine Vollmachten erteilt hat) berechtigt, rechtswirksame Handlungen unter dem Namen seiner Firma vorzunehmen (z. B. Kaufverträge abschließen, Arbeitsverträge kündigen).	Personengesellschaften sind keine juristischen Personen. Sie sind aber beschränkt rechtsfähig und insofern einer juristischen Person angenähert. Da eine Personengesellschaft in gleicher Weise wie eine Kapitalgesellschaft selbst nicht handlungsfähig ist, kann sie nur von einem oder mehreren Vertretern rechtlich verpflichtet werden. Im Unterschied zu einer Kapitalgesellschaft ist aber bei einer Personengesellschaft zumindest ein Teil der Gesellschafter gesetzlich zur Vertretung ermächtigt.	Kapitalgesellschaften sind als juristische Personen selbst nicht handlungsfähig und deshalb nicht geschäftsfähig. Sie sind aber Vertragspartner bei Verträgen, die für die Kapitalgesellschaft mit Arbeitnehmern, Lieferern oder Banken abgeschlossen werden. Damit eine Kapitalgesellschaft rechtlich handlungsfähig ist, ist ein Vertreter nötig, der im Rechtsverkehr mit Dritten (Außenverhältnis) für sie tätig werden kann. In gleicher Weise wie bei einem Verein übernimmt bei einer Kapitalgesellschaft diese Aufgabe ein Vorstand (z. B. bei einer AG) oder ein Geschäftsführer (z. B. bei einer GmbH).

BGB § 14 (2)
HGB § 124

Vertragspartner bei einem Vertrag mit einer GmbH

Marco Poll ist Geschäftsführer einer GmbH. Er schließt im Namen der GmbH mit dem Autohaus Schwende einen Kaufvertrag über die Lieferung eines Pkw. Vertragspartnerin des Autohauses Schwende ist die rechtsfähige GmbH. Sie ist daher verpflichtet, den Kaufvertrag, den der Geschäftsführer in ihrem Namen abgeschlossen hat, zu erfüllen.

Entscheidungskriterium 4: Haftung

Die Beteiligung an einem Unternehmen ist – je nach Rechtsform – häufig mit einer **Haftung** verbunden.

Die Haftungsvorschriften für die einzelnen Unternehmensformen regeln, ob ein Geldgläubiger des Unternehmens seinen Zahlungsanspruch nur gegenüber dem Unternehmen selbst oder auch gegenüber einzelnen am Unternehmen beteiligten Personen durchsetzen kann.

Haftung		
Einzelunternehmen	**Personengesellschaft z. B. OHG, KG**	**Kapitalgesellschaft z. B. GmbH, AG**
Beim **Einzelunternehmen** haftet der Einzelunternehmer für die im Zusammenhang mit der unternehmerischen Tätigkeit entstandenen Verbindlichkeiten **persönlich**. Er trägt deshalb ein großes Risiko.	Neben der Gesellschaft haftet zumindest ein Teil der Gesellschafter **persönlich und gesamtschuldnerisch**.	Für Schulden der Gesellschaft haftet ausschließlich die Kapitalgesellschaft als juristische Person mit ihrem ganzen Vermögen.

Haftung bei einem Einzelunternehmen und einer Personengesellschaft

Die Gründung eines Einzelunternehmens sowie die Beteiligung an einer Personengesellschaft ist zumindest für **eine** Person mit einer persönlichen Haftung verbunden.[1]

Persönliche Haftung bedeutet:

1. Ein Gläubiger der Gesellschaft kann einen Gesellschafter **unmittelbar** (und nicht nur über den Umweg über die Gesellschaft) in Anspruch nehmen. Der Gesellschafter kann nicht verlangen, dass der Gläubiger zunächst versuchen soll (notfalls auch auf gerichtlichem Wege), die Zahlung von der Gesellschaft zu erhalten.
2. Ein Gesellschafter haftet mit seinem gesamten Vermögen, also auch mit seinem Privatvermögen **(= unbeschränkte Haftung)**. Wenn ein Gläubiger der Gesellschaft von einem Gesellschafter die Begleichung einer Verbindlichkeit verlangt, so kann der Gesellschafter nicht geltend machen, dass das Privatvermögen vor dem Gläubigerzugriff geschützt ist.

Haftung eines Gesellschafters einer Personengesellschaft

Edgar Kunzer ist Gesellschafter der Antikmöbel Kunzer OHG. Das Autohaus Schwende hat der OHG einen Pkw im Wert von 42 000 EUR geliefert und kann nunmehr die Zahlung des Rechnungsbetrages (42 000 EUR) wahlweise von der OHG (= rechtsfähige Personengesellschaft[1]) oder von Edgar Kunzer oder von den anderen Gesellschaftern (unmittelbare Haftung) verlangen. Zur Begleichung des Anspruchs müssen die in Anspruch genommenen Gesellschafter gegebenenfalls auch das Privatvermögen heranziehen (= unbeschränkte Haftung).

Ist die Beteiligung an einem Unternehmen mit einer persönlichen Haftung verbunden, so müssen die Gesellschafter damit rechnen, dass ein Gläubiger, der einen Anspruch an das Unternehmen hat, diesen auch den Eigentümern des Unternehmens gegenüber durchsetzen kann. Die Gesellschafter haften für Verbindlichkeiten der Gesellschaft.

---

1 Eine Personengesellschaft ist zwar keine juristische Person. Dennoch ist sie beschränkt rechtsfähig und kann deshalb unter ihrem Namen klagen und verklagt werden (vgl. Band 1, Kap. B 1.1).

Gesamtschuldnerische (= solidarische) Haftung bedeutet, dass ein Gesellschafter einem Gläubiger gegenüber für den gesamten Betrag und nicht lediglich in Höhe der Quote seiner Beteiligung am Gesellschaftsvermögen haftet.

Haftung eines Gesellschafters einer Personengesellschaft *(Fortsetzung von S. 186)*

Das Autohaus Schwende kann von Edgar Kunzer den **vollen Rechnungsbetrag** verlangen. Edgar Kunzer kann sich nicht darauf berufen, lediglich für den halben Rechnungsbetrag aufzukommen, da an der OHG noch ein weiterer Gesellschafter beteiligt ist (kein Recht auf Einrede der Haftungsteilung).

Haftung bei einer Beteiligung an einer Kapitalgesellschaft

Aufg. 3.1 u. 3.2 S. 152

Die **Beteiligung an einer Kapitalgesellschaft** (z. B. GmbH, AG) begründet im Normalfall keine Haftung der Gesellschafter gegenüber den Gläubigern des Unternehmens. Für Schulden der Gesellschaft haftet ausschließlich die Kapitalgesellschaft als juristische Person.[1]

Haftung bei einer GmbH

BGB § 194

Autohändler Link liefert der Villinger Baustoff GmbH einen gebrauchten VW-Transporter zum vereinbarten Preis von 38 000 EUR. Autohändler Link hat gegenüber der GmbH einen **Anspruch** auf Zahlung des vereinbarten Kaufpreises. Demnach schuldet ausschließlich die GmbH und keiner der Gesellschafter die Zahlung des Kaufpreises. Zahlt die GmbH nicht, so kann Autohändler Link seinen Anspruch gegebenenfalls auf dem Wege der Zwangsvollstreckung in das Vermögen der GmbH durchsetzen **(= Haftung der GmbH)**.

Es **haftet** nur die GmbH als juristische Person für den von ihr geschuldeten Kaufpreis. Wird die GmbH zahlungsunfähig, so kann in das Vermögen der GmbH-Gesellschafter nicht vollstreckt werden, weil diese nicht **haften**.

Entscheidungskriterium 5: Gewinn- und Verlustverteilung

Gewinn- und Verlustverteilung		
Einzelunternehmen	**Personengesellschaft z. B. OHG, KG**	**Kapitalgesellschaft z. B. GmbH, AG**
Falls mit den Arbeitnehmern keine Gewinnbeteiligung vereinbart wurde, steht der Gewinn eines Einzelunternehmens allein dem Unternehmer zu. In gleicher Weise muss er aber auch Verluste allein tragen.	Da die persönlich haftenden Gesellschafter einer **Personengesellschaft** zur Leitung des Unternehmens berechtigt und verpflichtet sind, steht diesem Personenkreis für die zur Verfügung gestellten Produktionsfaktoren Arbeit und Kapital ein entsprechendes Entgelt (Gewinnanteil) zu. Die Höhe der Gewinn- oder Verlustbeteiligung ergibt sich aus den gesetzlichen Vorschriften oder aus dem Gesellschaftsvertrag.	Bei einer **Kapitalgesellschaft** entscheiden im Normalfall die Organe (Vorstand, Aufsichtsrat) über die auszuschüttenden Gewinnanteile. Darüber hinaus ist in den Gesellschaftsverträgen vor allem kleiner GmbHs häufig geregelt, dass über Fragen der Gewinnverwendung die Gesellschafter entscheiden und nicht die leitenden Organe (Geschäftsführer).

1 Nur wenn z. B. GmbH-Gesellschafter vor Eintragung der Gesellschaft ins Handelsregister im Namen der GmbH handeln, so haften die Handelnden persönlich und solidarisch (§ 11 (2) GmbHG).

Entscheidungskriterium 6: Kontrolle der Geschäftsführung

Kontrolle der Geschäftsführung		
Einzelunternehmen	**Personengesellschaft z. B. OHG, KG**	**Kapitalgesellschaft z. B. GmbH, AG**
Das Eigenkapital eines Einzelunternehmens stellt allein dem Unternehmer zur Verfügung. Für seine Entscheidungen ist deshalb nur der Unternehmer selbst verantwortlich, so dass eine Kontrolle durch Dritte nicht erforderlich ist.	Bei einer **Personengesellschaft** steht die Geschäftsführungsbefugnis einem oder mehreren Gesellschaftern zu. Der Umfang dieser Befugnis ist normalerweise im Gesellschaftsvertrag geregelt. Fehlt es an einer solchen Regelung, so gelten die gesetzlichen Bestimmungen (z. B. HGB §§ 114 ff.). Da sich die Gesellschafter in der Ausübung der Geschäftsführung gegenseitig kontrollieren, ist eine Kontrolle durch weitere Personen nicht erforderlich.	Bei einer **Kapitalgesellschaft** ist eine Kontrolle durch die Beteiligten meist aus praktischen Gründen nicht möglich, wenn sehr viele Personen an dem Unternehmen beteiligt sind (z. B. Aktionäre des Volkswagenwerks). Deshalb sind Aktiengesellschaften zur Bildung eines **Aufsichtsrates** verpflichtet. Der Aufsichtsrat hat bei diesen Unternehmen die Pflicht, die Geschäftsführung des Vorstandes **(Leitungsorgan)** zu kontrollieren.

AktG §§ 95 ff.

Entscheidungskriterium 7: Mitbestimmung der Arbeitnehmer

BetrVG § 1
DrittelbG § 1
MitbestG § 1

Mitbestimmung der Arbeitnehmer	
Einzelunternehmen und Personengesellschaft	**Kapitalgesellschaft z. B. GmbH, AG**
Bei diesen Unternehmen haben die Arbeitnehmer keine gesetzliche Möglichkeit, über ein Kontrollorgan (z. B. Aufsichtsrat) die Führung der Geschäfte zu kontrollieren bzw. Einfluss auf die Wahl von Leitungspersonen zu nehmen. Evtl. bestehen aber Mitbestimmungsrechte der Arbeitnehmer nach dem Betriebsverfassungsgesetz.	Eine GmbH muss nur bei mehr als 500 Mitarbeitern einen Aufsichtsrat bilden. Die Aktiengesellschaft ist in jedem Fall verpflichtet, ein Kontrollorgan (Aufsichtsrat) zu bilden. Ob und gegebenenfalls welche Mitbestimmungsmöglichkeiten den Arbeitnehmern jeweils zustehen, ist abhängig von der Zahl der Beschäftigten.

Entscheidungskriterium 8: Belastung mit Ertragsteuern

EStG §§ 1, 15, 32a, 34a (1)
KStG §§ 1, 23
GewStG §§ 2, 6, 7

Ertragsteuern (gewinnabhängige Steuern)		
Einkommensteuer (ESt)	**Körperschaftsteuer (KSt)**	**Gewerbesteuer (GewSt)**
Sowohl der Gewinn eines **Einzelunternehmers** als auch die Gewinnanteile der **Gesellschafter von Personengesellschaften** unterliegen der ESt. In beiden Fällen handelt es sich um **natürliche Personen**, die einkommensteuerpflichtige **Einkünfte aus Gewerbebetrieb** erzielen. Der Einkommensteuersatz für diese Einkunftsart liegt – je nach Höhe des zu versteuernden Einkommens – zwischen 14 % und 45 % (2014). Für einbehaltene Gewinne beträgt der Steuersatz auf Antrag 28,25 %.	Die KSt ist die ESt für juristische Personen. Die Gewinne von **Kapitalgesellschaften** unterliegen der KSt. Der Körperschaftsteuersatz für einbehaltene und ausgeschüttete Gewinne beträgt einheitlich 15 %. Ausgeschüttete Gewinne (Dividenden) werden zusätzlich beim Empfänger als Kapitaleinkünfte mit 25 % Einkommensteuer (Abgeltungssteuer) zzgl. Kirchensteuer und Solidaritätszuschlag belastet.	Einzelunternehmen und Personengesellschaften, die Einkünfte aus Gewerbebetrieb im Sinne des EStG erzielen, sind ebenso gewerbesteuerpflichtig wie alle Kapitalgesellschaften. Die Höhe der Gewerbesteuer ist abhängig vom Gewerbeertrag (Gewinn nach EStG bzw. KStG).

EStG §§ 34a, 35

Einzelunternehmen und Personengesellschaften können sich für eine Besteuerung der Gewinne mit 28,25 % ESt entscheiden. Außerdem wird ihnen die bezahlte GewSt auf ihre ESt angerechnet. Dadurch ergibt sich für alle Unternehmen unabhängig von der Rechtsform eine Ertragsteuerbelastung für einbehaltene Gewinne in Höhe von knapp 30 %. Die Belastung mit Ertragsteuern ist daher kein entscheidendes Kriterium für die Wahl einer bestimmten Unternehmensform.

B

Zusammenfassende Übersicht zu Kap. 3: Entscheidungsgrundlagen bei der Wahl der Rechtsform

Kriterium	Bedeutung	Einzelunternehmen	Personengesellschaft (OHG, KG)	Kapitalgesellschaft (GmbH, AG)
Haftung	**Führt die Gründung oder die Beteiligung an einem Unternehmen zu einer persönlichen Haftung?**	Einzelunternehmer haftet den Gläubigern für die Verbindlichkeiten **persönlich**.	Gesellschaft und (ein Teil der) Gesellschafter haften **persönlich** und **gesamtschuldnerisch**.	Ausschließlich die Kapitalgesellschaft als juristische Person haftet.
Vertretung	**Wer handelt im Namen des Unternehmens im Außenverhältnis (z. B. beim Abschluss von Verträgen)?**	Unternehmer selbst ist Handelnder (gegebenenfalls auch mit Vollmacht ausgestattete Mitarbeiter).	Einer oder mehrere Gesellschafter vertreten die Personengesellschaft.	Geschäftsführer oder Vorstand vertreten die Kapitalgesellschaft als juristische Person.
Mitarbeit/ Geschäftsführung	**Ist die Gründung/Beteiligung an einem Unternehmen mit einer Verpflichtung zur Mitarbeit verbunden?**	Einzelunternehmer leitet sein Unternehmen in eigener Verantwortung.	Zumindest ein Teil der Gesellschafter ist zur Mitarbeit im Unternehmen verpflichtet.	GmbH-Gesellschafter und Aktionäre sind nicht zur Mitarbeit verpflichtet.
Kontrolle der Unternehmensleitung	**Wer kontrolliert die leitenden Personen?**	Kontrolle durch Dritte ist nicht erforderlich.	Gesellschafter kontrollieren sich gegenseitig.	Aufsichtsrat (= Kontrollorgan) ▪ bei GmbH nur unter bestimmten Voraussetzungen. ▪ bei AG gesetzlich vorgeschrieben
Beschaffung von Eigenkapital	**Welche Möglichkeiten zur Beschaffung von Eigenkapital sind mit der Rechtsform verbunden?**	Hängt von der Höhe des Privatvermögens des Einzelunternehmers ab und ist daher begrenzt.	▪ bisherige Gesellschafter erbringen zusätzliche Einlagen ▪ Aufnahme neuer Gesellschafter	AG: Eigenkapitalbeschaffung durch Ausgabe von Aktien möglich.
Gewinn- und Verlustverteilung	**Wie wird der Gewinn/Verlust verteilt bzw. wer entscheidet über die Verteilung?**	Gewinn steht allein dem Einzelunternehmer zu – Verlust muss er alleine tragen.	Gewinn- oder Verlustverteilung richtet sich nach dem Gesellschaftsvertrag oder nach dem Gesetz.	Entscheidung: GmbH: Gesellschafterversammlung AG: i. d. R. Vorstand u. Aufsichtsrat
Belastung mit Ertragsteuern	**Wem sind die von dem Unternehmen erzielten Gewinne steuerlich zuzurechnen und wie werden diese besteuert?**	Einzelunternehmer muss den erzielten Gewinn versteuern (Einkommen- u. Gewerbesteuer).	Gesellschafter müssen den erzielten Gewinn versteuern (Einkommen- und Gewerbesteuer).	Gewinne unterliegen der Körperschaft- und Gewerbesteuer. KSt-Satz für ausgeschüttete und einbehaltene Gewinne: 15 %.
Rechnungslegung	**Wie umfangreich ist der zu erstellende Jahresabschluss? Muss der Jahresabschluss veröffentlicht werden?**	Buchführungspflicht ab einer bestimmten Umsatz- und Gewinnhöhe; i. d. R. keine Veröffentlichungspflicht.	Es besteht Buchführungspflicht, aber meist keine Verpflichtung zur Veröffentlichung des Jahresabschlusses.	Verpflichtung zur Erstellung und Veröffentlichung eines ausführlichen Jahresabschlusses.
Mitbestimmung	**Welche Möglichkeiten zur Mitbestimmung im Unternehmen haben die Arbeitnehmer?**	Ggf. Mitbestimmung des Betriebsrates in besonderen Fällen (BetrVG)	Ggf. Mitbestimmung des Betriebsrates in besonderen Fällen (BetrVG).	Mitbestimmung im Aufsichtsrat ist abhängig von der Zahl der Beschäftigten.

Fragen zur Wiederholung

zu Kapitel 3 Entscheidungsgrundlagen bei der Wahl der Rechtsform

1. Geben Sie einen Überblick über Kriterien zur Entscheidung für die Wahl der Rechtsform eines Unternehmens.
2. Welche Möglichkeiten zur Beschaffung von Eigenkapital haben jeweils das Einzelunternehmen, die Personengesellschaft und die Kapitalgesellschaft?
3. Wodurch unterscheiden sich Personen- und Kapitalgesellschaften hinsichtlich der Regelungen über die Mitarbeit der Kapitalgeber im Unternehmen?
4. Unterscheiden Sie die Begriffe „Vertretung" und „Geschäftsführung".
5. Wer vertritt jeweils eine Personengesellschaft und eine Kapitalgesellschaft?
6. Erklären Sie den Begriff „Haftung".
7. Wie haftet ein Einzelunternehmer?
8. Erklären Sie die Begriffe „persönliche und gesamtschuldnerische Haftung".
9. Wer haftet für die Verbindlichkeiten einer Kapitalgesellschaft?
10. Wer entscheidet über die Gewinnverteilung bzw. die Gewinnverwendung bei einem Einzelunternehmen, bei einer Personengesellschaft und bei einer Kapitalgesellschaft?
11. Wer übernimmt die Kontrolle der Leitungsorgane bei einer Aktiengesellschaft?
12. Welche Möglichkeiten zur Mitbestimmung im Unternehmen (Kontrolle der Leitung) haben die Arbeitnehmer bei den verschiedenen Rechtsformen?
13. Erläutern Sie die Unterschiede in der Belastung mit Ertragsteuern bei den einzelnen Unternehmensformen.

Aufgaben und Probleme

zu Kapitel 3 Entscheidungsgrundlagen bei der Wahl der Rechtsform

3.1 Lieferung einer Büroausstattung an eine Aktiengesellschaft

Die Sulzer Maschinenfabrik AG erhält am 16.04. d.J. vom Büromarkt Streit Büromöbel im Wert von 36000 EUR. Am 20.04. d.J. wird die Maschinenfabrik zahlungsunfähig (Eröffnung des Insolvenzverfahrens).

Begründen Sie, ob der Büromarkt Streit die Zahlung von den Aktionären der Sulzer Maschinenfabrik AG Berner und Adam verlangen kann.

3.2 Zahlungsanspruch bei Abschluss eines Vertrages mit einer GmbH

Kuno Kollmer und Ralf Brender sind Gesellschafter der Systembau Kollmer & Brender GmbH. Laut Vereinbarungen im Gesellschaftsvertrag darf jeder der beiden Gesellschafter Geschäfte für die GmbH in unbegrenzter Höhe abschließen.

Gesellschafter Kollmer bestellt bei Automobilhändler Brosamer einen Kleintransporter zum Preis von 72000 EUR, der für die Zufuhr von Baumaterialien auf die Baustellen verwendet werden soll. Da sich die Systembau Kollmer & Brender GmbH derzeit in Zahlungsschwierigkeiten befindet, verlangt der Automobilhändler die Zahlung von Gesellschafter Kollmer.

1. Stellen Sie fest, wer die beiden Vertragspartner aus dem abgeschlossenen Kaufvertrag sind.
2. Beurteilen Sie, ob Automobilhändler Brosamer die Zahlung von Gesellschafter Kollmer verlangen kann.

B

4 Offene Handelsgesellschaft (OHG) – *General partnership (G.P.)*

Überblick und Zusammenhänge

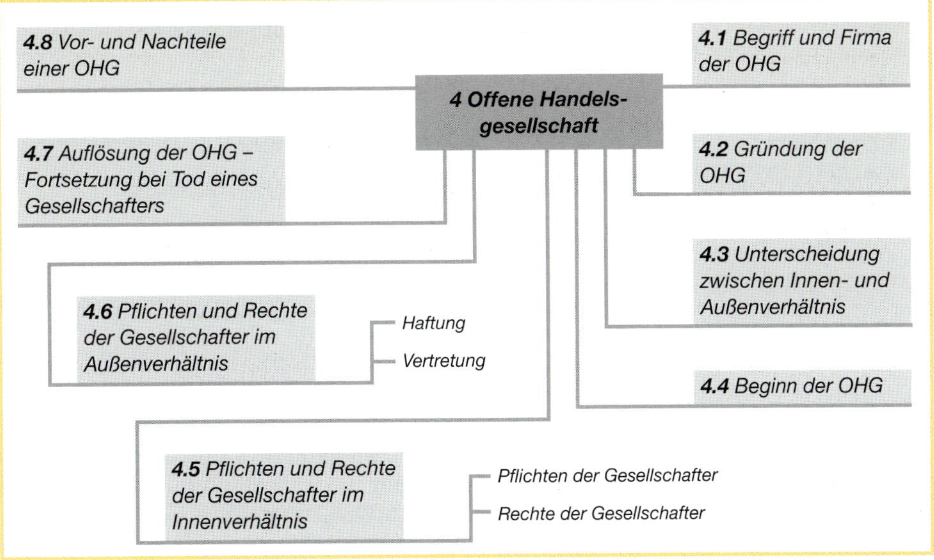

Aufg. 4.1 S. 170

4.1 Begriff und Firma der OHG

Die Offene Handelsgesellschaft ist ein Zusammenschluss von zwei oder mehr uneingeschränkt haftenden Gesellschaftern zum Betrieb eines Handelsgewerbes unter gemeinschaftlicher Firma. BGB § 14 HGB § 124

Obwohl die OHG eine eigene Rechtsfähigkeit besitzt, ist sie keine juristische Person. Sie kann aber wie eine juristische Person unter ihrer Firma z. B. Rechte an Grundstücken erwerben, vor Gericht klagen und verklagt werden. Beispielsweise muss der Gläubiger einer OHG bei Zahlungsverzug nicht erst herausfinden, wer die Gesellschafter der OHG sind. Vielmehr kann er die OHG direkt unter ihrer Firma verklagen. BGB § 14 (2) HGB § 124 (1)

Die Rechtsform der OHG wird vorwiegend von kleinen und mittleren Unternehmen gewählt, in denen jeweils mehrere Gesellschafter gemeinschaftlich Kapital und persönliche Fähigkeiten (Fachkenntnisse, Arbeitskraft) einsetzen und gemeinsam das unternehmerische Risiko tragen.

Die Gesellschafter haften gegenüber den Gläubigern der Gesellschaft unbeschränkt. HGB § 105 (1), § 19

Die Firmenbezeichnung muss den Begriff „offene Handelsgesellschaft" oder eine allgemein verständliche Abkürzung dieses Begriffs enthalten.

Firma einer OHG

Personenfirma:	Heyn und Holzer OHG
Fantasiefirma:	Mikrobyte OHG
Sachfirma:	Tailfinger Mikrosysteme OHG
gemischte Firma:	Maschinenfabrik Holzer OHG

General partnerships in Anglo-American countries (GB and USA)

The British and American legal forms of a general partnership are comparable to the German OHG. There are only few differences. Contrary to German law the American general partnership does not have to be registered. The general partnership is one of the most common legal forms in the US. In GB the general partnership is mainly chosen for liberal professions, often with a rather limited number of partners.

Deutsch	*British/US-American*
Offene Handelsgesellschaft (OHG)	*General partnership (G.P.)*
Beispiel: Breuer & Taxis OHG	**Example:** *Miller & Smith (the legal form is usually not explicitly mentioned for GPs)*
Geeignet für: Kleine und mittlere Unternehmen	***Suitable for:*** *Small and medium-sized companies*

HGB § 19, § 24 (1)

Tritt ein Gesellschafter in ein bestehendes Unternehmen eines Einzelkaufmanns als voll haftender Gesellschafter ein (= Umwandlung des Einzelunternehmens in eine OHG), so kann die bisherige Firma mit dem Zusatz OHG fortgeführt werden.

Gesellschaftsvertrag einer Offenen Handelsgesellschaft

Abgeschlossen am 31. März 2012 im Amtsgericht Freiburg.
Vor dem unterzeichnenden Notar Axel Wagner in Freiburg
erschienen am heutigen Tage:
Günter Breuer, Freiburg und Bernd Taxis, Emmendingen

Die genannten Personen gaben vor dem Notar nachstehende Erklärung zur notariellen Beurkundung ab. Sie schließen nachstehenden

Gesellschaftsvertrag

§ 1 Gesellschafter

1.1 **Günter Breuer**, Dipl.Kfm., geb. 23.08.1981 in Freiburg, wohnhaft, Habsburgerstr. 29, 79098 Freiburg.

1.2 **Bernd Taxis**, Elektromeister, geb. 26.03.1978 in Emmendingen, wohnhaft Ziegelweg 9, 79312 Emmendingen.

§ 2 Firma, Sitz und Gegenstand der Gesellschaft

2.1 Die Vertragsschließenden errichten eine Offene Handelsgesellschaft unter der Firma Breuer & Taxis OHG.

2.2 Sitz der Gesellschaft ist Friedenstrasse 48, 79183 Waldkirch

2.3 Gegenstand des Unternehmens ist der Handel mit Elektroartikeln.

§ 3 Geschäftsjahr und Dauer der Gesellschaft

3.1 Geschäftsjahr ist das Kalenderjahr.

3.2 Die Dauer der Gesellschaft ist unbefristet.

§ 4 Einlagen der Gesellschafter

4.1 Herr Breuer bringt in die Gesellschaft einen Transporter (Wert 40000 EUR) ein. Darüber hinaus leistet er eine Bareinlage von 320000 EUR.

4.2 Herr Taxis bringt in die Gesellschaft ein bebautes Grundstück ein, dessen Wert auf 380000 EUR veranschlagt wird. Die von ihm zu leistende Bareinlage beträgt 20000 EUR.

4.3 Alle zu leistenden Einlagen sind am Tag des Vertragsschlusses einzubringen.

§ 5 Mitarbeit (Geschäftsführung und Vertretung)

5.1 Jeder Gesellschafter hat der Breuer & Taxis OHG seine volle Arbeitskraft zur Verfügung zu stellen.

5.2 Zur Geschäftsführung und Vertretung der Gesellschaft ist jeder Gesellschafter für sich allein berechtigt und verpflichtet.

5.3 Geschäfte, die den Gesamtwert von 30 000 EUR übersteigen, dürfen nur von beiden Gesellschaftern gemeinsam vorgenommen werden. Die Aufnahme von Bankkrediten ist ebenfalls nur beiden Gesellschaftern gemeinsam erlaubt.

§ 6 Privatentnahmen

Für die nach § 5 zu erbringenden Arbeitsleistungen kann jeder Gesellschafter monatliche Privatentnahmen in Höhe von 3 500 EUR tätigen, die nicht verzinst werden (§ 121 (2) S. 2 HGB findet keine Anwendung).

§ 7 Gewinn- und Verlustverteilung

Der Gewinn sowie ein Verlust werden auf die Gesellschafter Breuer und Taxis nach der gesetzlichen Regelung verteilt.

§ 8 Kündigung

Der Gesellschaftsvertrag kann von jedem der beiden Gesellschafter unter Einhaltung einer Frist von 12 Monaten zum Schluss eines Kalenderjahres gekündigt werden.

§ 9 Tod eines Gesellschafters

Stirbt ein Gesellschafter, so wird die Gesellschaft mit dessen Erben fortgesetzt. Den Erben steht das Recht auf Geschäftsführung und Vertretung nicht zu.

Freiburg im Breisgau, den 31. März 2012

gez. Breuer gez. Taxis gez. Wagner, Notar

4.2 Gründung der OHG

Im Rahmen der Gründung leisten die Gesellschafter aufgrund der Vereinbarungen im Gesellschaftsvertrag **Einlagen**, die in Form von Geldzahlungen oder in der Übertragung von Sachen oder Rechten bestehen können. Das Eigentum an den eingebrachten Vermögensgegenständen steht den Gesellschaftern gemeinsam zu **(Gesamthandsvermögen)**. Die Summe der in Geld bewerteten Einlagen bildet das **Eigenkapital** der OHG. BGB §§ 718, 719

Gesamthandsvermögen der Breuer & Taxis OHG

Die beiden Gesellschafter der Breuer & Taxis OHG verlieren ihr persönliches Eigentum an den nach § 4 des Gesellschaftvertrages *(vgl. S. 192)* eingebrachten Vermögensgegenständen (Transporter, Bargeld, bebautes Grundstück). Das Vermögen gehört nunmehr beiden Gesellschaftern gemeinsam (Gesamthandsvermögen). Im Falle eines späteren Ausscheidens aus der OHG haben die beiden Gesellschafter nicht das Recht, genau die eingebrachten Vermögensgegenstände wieder zurückzuerhalten, es sei denn, dass der Gesellschaftsvertrag eine entsprechende Vereinbarung enthält. Sie haben lediglich das Recht auf Erstattung eines entsprechenden Wertes in Form einer Geldleistung.

Grundlage für die **Beziehungen der Gesellschafter untereinander (Innenverhältnis)** ist der **Gesellschaftsvertrag**. In diesem Vertrag werden u. a. die Kapitalaufbringung, die Leitungsbefugnis und die Ergebnisverteilung (Gewinn- und Verlustverteilung) geregelt. Ergänzend zum Gesellschaftsvertrag gilt das HGB. HGB § 109

Der Gesellschaftsvertrag kann grundsätzlich auch mündlich abgeschlossen werden. Aus Gründen der Rechtssicherheit (Vermeidung künftiger Streitigkeiten) empfiehlt es sich jedoch, die Schriftform zu wählen. Wird festgelegt, dass einzelne Gesellschafter Grundstücke in die OHG einbringen, so ist **notarielle Beurkundung** des Gesellschaftsvertrages erforderlich. BGB § 311b (1)

HGB § 106

Die OHG muss beim Registergericht (Amtsgericht), das für den Firmensitz zuständig ist, zur Eintragung in das Handelsregister angemeldet werden. Die Anmeldung muss folgende Angaben enthalten:

1. Name, Vorname, Geburtsdatum und Wohnort jedes Gesellschafters,
2. Firma der Gesellschaft und Firmensitz,
3. die Vertretungsmacht der Gesellschafter.

4.3 Unterscheidung zwischen Innen- und Außenverhältnis

Innenverhältnis

Im Innenverhältnis sind die Rechtsbeziehungen der Gesellschafter untereinander geregelt.

HGB § 109

Das Rechtsverhältnis der Gesellschafter untereinander richtet sich zunächst nach den Vereinbarungen im **Gesellschaftsvertrag**. Nach dem Grundsatz der **Vertragsfreiheit** können die Gesellschafter in diesem Vertrag Vereinbarungen treffen, die jeweils ihren persönlichen Vorstellungen entsprechen. Da offene Handelsgesellschaften normalerweise nur von wenigen Gesellschaftern gegründet werden, die sich meist auch noch gut kennen, ist es den Betroffenen selbst überlassen, Regelungen über ihr Verhältnis untereinander zu vereinbaren. Die Vorschriften des HGB finden nur insoweit Anwendung, als nicht durch den Gesellschaftsvertrag etwas anderes bestimmt ist.

Kap. B 3

Vereinbarungen und Regelungen, die das Innenverhältnis einer OHG betreffen, werden als Geschäftsführung bezeichnet.

Rechtsverhältnisse zwischen den Gesellschaftern der Breuer und Taxis OHG

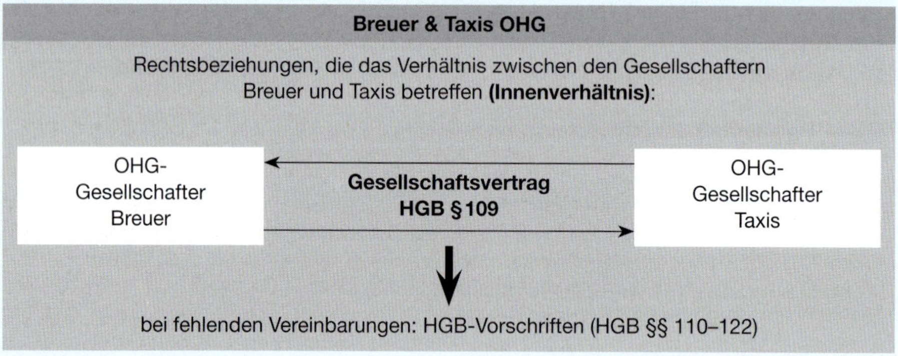

Außenverhältnis

Das Außenverhältnis bezieht sich auf das Rechtsverhältnis der Gesellschafter zu Dritten (z. B. Kunden, Lieferer, Bank).

Für das Innenverhältnis einer OHG können im Gesellschaftsvertrag einzelvertragliche Vereinbarungen getroffen werden. Dies ist für das Außenverhältnis im Interesse des Vertrauensschutzes für die in Kontakt mit der OHG tretenden Personen (Dritte) nur eingeschränkt möglich. Es wäre nicht vertretbar, außenstehende Dritte auf für sie unbekannte interne Abmachungen der Gesellschafter zu verweisen. Deshalb gelten im Außenverhältnis grundsätzlich die Bestimmungen des HGB. Dieses regelt, wie die Gesellschafter den Gesellschaftsgläubigern gegenüber haften und unter welchen Voraussetzungen Rechtsgeschäfte der Gesellschafter mit Dritten rechtswirksam abgeschlossen werden können. Zulässige Abweichungen von gesetzlichen Vorgaben müssen durch Handelsregistereintragungen öffentlich gemacht werden.

Das Recht, für die OHG rechtswirksame Vereinbarungen zu treffen (z. B. Verträge schließen) wird als Vertretungsbefugnis bezeichnet und bezieht sich auf das Außenverhältnis.

Rechtsbeziehungen der Breuer und Taxis OHG im Außenverhältnis

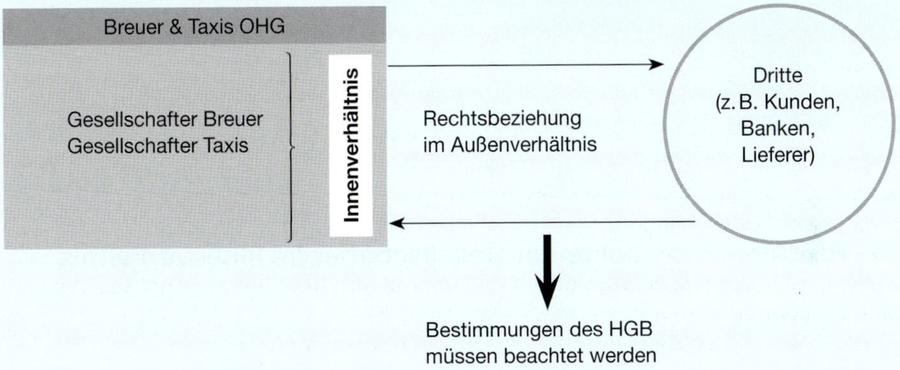

Falls der Gesellschaftsvertrag Vereinbarungen enthält, die den Regelungen des HGB im Außenverhältnis widersprechen, haben diese Dritten gegenüber keine Gültigkeit.

Haftungsbeschränkung im Gesellschaftsvertrag einer OHG

Auszug aus dem Gesellschaftsvertrag einer OHG

....

§ 7 Haftungsbeschränkung

Die Haftung des Gesellschafters Max Fein gegenüber Gläubigern der Gesellschaft ist beschränkt auf einen Betrag von 10 000 EUR.

Mit dieser Vereinbarung im Gesellschaftsvertrag ist beabsichtigt, einem OHG-Gesellschafter, der von einem Gläubiger mit einem Betrag von mehr als 10 000 EUR in Anspruch genommen wird, den anderen Gesellschaftern gegenüber einen Ausgleichsanspruch einzuräumen. **Diese Vereinbarung hat aber im Außenverhältnis – also einem Gläubiger der OHG gegenüber – keine Wirkung.** HGB § 105

4.4 Beginn der OHG

Im **Innenverhältnis** beginnt die OHG bereits mit Abschluss des Gesellschaftsvertrages bzw. mit dem im Gesellschaftsvertrag festgelegten Termin. HGB § 109

Der Zeitpunkt des Beginns im **Außenverhältnis** ist davon abhängig, ob das Unternehmen die Einrichtung eines nach Art und Umfang in kaufmännischer Weise eingerichteten Geschäftsbetriebs erforderlich macht. Dabei lassen sich zwei Fälle unterscheiden:

HGB § 1

HGB § 123

HGB §§ 2, 6

Art des Gewerbes / Wirkung	Für den Betrieb der OHG ist ein nach Art und Umfang in kaufmännischer Weise eingerichteter Geschäftsbetrieb		
	erforderlich (= Handelsgewerbe)		nicht erforderlich (= Kleingewerbe)
Beginn der OHG im Außenverhältnis	Aufnahme der Geschäftstätigkeit (z. B. Abschluss von Kaufverträgen)		OHG entsteht durch Eintragung in das Handelsregister, da ein Kleingewerbe nicht als Handelsgewerbe i. S. v. § 1 HGB gilt.
	vor HR-Eintragung	nach HR-Eintragung	
	OHG entsteht mit Aufnahme der Geschäftstätigkeit, da Handelsgewerbe i. S. von § 1 HGB	OHG entsteht spätestens durch Eintragung in das HR	
Wirkung der Handelsregistereintragung	rechtsbezeugend (= deklaratorisch)	rechtserzeugend (= konstitutiv)	rechtserzeugend (= konstitutiv)

4.5 Pflichten und Rechte der Gesellschafter im Innenverhältnis

4.5.1 Überblick

Pflichten und Rechte der OHG-Gesellschafter			
Innenverhältnis		Außenverhältnis	
Pflichten	Rechte	Pflichten	Rechte
▪ fristgerechte Leistung der Kapitaleinlage ▪ persönliche Arbeitsleistung § 114 (1) HGB ▪ Treuepflicht und Wettbewerbsverbot § 112 f. HGB ▪ Verlustbeteiligung § 121 (3) HGB	▪ Geschäftsführung § 114 ff. HGB ▪ Stimmrecht § 119 HGB ▪ Kontrollrecht § 118 HGB ▪ Gewinnbeteiligung §§ 120 f. HGB ▪ Privatentnahme § 122 HGB ▪ Kündigung § 132 HGB ▪ Liquidationserlös § 155 HGB	▪ Haftung §§ 128–130 HGB	▪ Vertretung §§ 125 ff. HGB

4.5.2 Pflichten der Gesellschafter im Innenverhältnis

HGB § 109

Innerhalb der Gesellschaft gelten zunächst die Vereinbarungen des Gesellschaftsvertrages. Enthält der Gesellschaftsvertrag zu einem bestimmten Sachverhalt keine Regelung, so gelten die Bestimmungen des HGB. Zu den wichtigsten Pflichten der Gesellschafter gehören:

- **Fristgemäße Erbringung der festgesetzten Kapitaleinlage**

Die Kapitaleinlagen können in Geld, in Sachwerten und/oder in Rechtswerten (z. B. Patenten) geleistet werden. Die Summe der geleisteten Kapitaleinlagen ergibt das Eigenkapital der OHG. Leistet ein Gesellschafter die festgesetzte Kapitaleinlage nicht fristgemäß, so kommt er unter bestimmten Voraussetzungen in Verzug und muss ggf. Schadenersatz leisten.

- **Persönliche Arbeitsleistung (Geschäftsführung)**

HGB § 114 (1)

Alle Gesellschafter einer OHG sind grundsätzlich zur Führung der Geschäfte der Gesellschaft und damit zu einer persönlichen Arbeitsleistung **berechtigt** und **verpflichtet**.

Treuepflicht und Wettbewerbsverbot

Aus der engen persönlichen Bindung der Gesellschafter an die OHG ergeben sich **Treuepflichten**. Für einen OHG-Gesellschafter bedeutet dies, dass er einem gesetzlichen Wettbewerbsverbot unterliegt und es ihm aufgrund dessen untersagt ist, ohne Einwilligung der anderen Gesellschafter HGB § 112

1. Geschäfte im Geschäftszweig der OHG auf eigene Rechnung zu machen,
2. sich als persönlich haftender Gesellschafter an einer anderen gleichartigen Handelsgesellschaft (d. h. gleiche Branche, gleicher Gesellschaftszweck) zu beteiligen.

Beteiligung an einer anderen gleichartigen Handelsgesellschaft

OHG-Gesellschafter Günter Breuer *(vgl. Gesellschaftsvertrag auf S. 192)* beabsichtigt, mit seinem Sohn die Elektrozubehör Breuer KG zu gründen.
Günter Breuer darf sich **nicht** als Komplementär (Vollhafter) an der Breuer KG beteiligen, da es sich bei diesem Unternehmen um eine gleichartige Handelsgesellschaft (= gleicher Gesellschaftszweck) handelt. Eine Beteiligung als Kommanditist (Teilhafter) wäre möglich. Günter Breuer könnte sich aber als Vollhafter bei einer anderen OHG oder KG beteiligen, deren Geschäftszweig ein anderer ist (z. B. Hersteller von Elektroartikeln).

Verstößt ein OHG-Gesellschafter gegen das Wettbewerbsverbot, so kann die OHG Schadenersatz fordern oder in das betreffende Geschäft (z. B. Kaufvertrag) eintreten und die Herausgabe der bezogenen Vergütung verlangen. HGB § 113

Verlustbeteiligung

Entsteht der OHG ein Verlust, so wird dieser zu gleichen Teilen unter die Gesellschafter verteilt, falls der Gesellschaftsvertrag keine entgegenstehenden Vereinbarungen enthält. HGB § 121 (3)

4.5.3 Rechte der Gesellschafter im Innenverhältnis

Geschäftsführung

Die Geschäftsführung bezieht sich auf die Rechtsbeziehungen der Gesellschafter im Innenverhältnis (= Rechtsbeziehungen der Gesellschafter untereinander). HGB § 114 ff.

Das HGB räumt jedem Gesellschafter grundsätzlich das Recht (und die Pflicht) zur **Einzelgeschäftsführung** ein. Vertraglich kann aber auch eine **Gesamtgeschäftsführung** oder der Ausschluss bestimmter Gesellschafter von der Geschäftsführung vereinbart werden. HGB §§ 114 (2) 115 (1), (2)

Bei **außergewöhnlichen** (= risikoreichen und möglicherweise existenzgefährdenden) **Geschäftsführungsmaßnahmen** ist in jedem Fall ein Beschluss **aller** (auch der möglicherweise von der Geschäftsführung ausgeschlossenen) Gesellschafter nötig. HGB § 116 (2)

Außergewöhnliche Geschäftsführungsmaßnahmen einer OHG gem. § 116 (2) HGB[1]:

Errichtung neuer Fabrikbauten, Aufnahme von Großkrediten, Spekulationsgeschäfte.

Der Kauf und Verkauf von betrieblichen Grundstücken stellt nur dann ausnahmsweise eine außergewöhnliche Geschäftsführungsmaßnahme dar, wenn damit ein erhebliches Risiko und ggf. eine Existenzengefährdung des Unternehmers einhergeht.

1 Grundlagengeschäfte (z. B. Aufnahme neuer Gesellschafter) sind nicht Teil der Geschäftsführung und somit weder gewöhnliche noch außergewöhnliche Geschäftsführungsmaßnahmen. Sonderregelungen zur Erteilung und zum Widerruf der Prokura enthält § 116 (3) HGB.

Aber auch bei **gewöhnlichen Geschäftsführungsmaßnahmen** haben alle geschäftsführenden Gesellschafter ein **Widerspruchsrecht**. Daher sind grundsätzlich alle zur Geschäftsführung befugten Gesellschafter vom Handelnden über die geplanten Maßnahmen zu unterrichten. Der Widerspruch eines Gesellschafters ist allerdings nur dann von Bedeutung, wenn er sich auf Maßnahmen bezieht, die für die Gesellschaft nachteilig sind. Liegt ein berechtigter Widerspruch vor, so muss die Handlung unterbleiben oder rückgängig gemacht werden. Andernfalls entstehen ggf. Schadenersatzansprüche gegen den handelnden Gesellschafter. Ein (bei Verletzung der Informationspflicht auch nachträglich möglicher) Widerspruch hat aber nur **Auswirkungen im Innenverhältnis**. Das **Widerspruchsrecht** bewirkt, dass bei mehreren Geschäftsführern und fehlenden Regelungen im Gesellschaftsvertrag ein **Mittelweg** zwischen **Einzel-** und **Gesamtgeschäftsführungsbefugnis** beschritten wird.

HGB § 115 (1) S. 2

Widerspruch eines OHG-Gesellschafters gegen eine gewöhnliche Geschäftsführungsmaßnahme

Problem: Im Gesellschaftsvertrag der Breuer & Taxis OHG *(siehe S. 154)* ist für Geschäfte bis zu 30 000 EUR Einzelgeschäftsführung vereinbart. Gesellschafter Breuer will bei einem Internet-Händler 10 000 Blatt Druckerpapier zu einem günstigen Preis kaufen. Gesellschafter Taxis widerspricht diesem Vorhaben, da er lieber beim befreundeten Papierhändler am Ort bestellen möchte.

Lösung: Zwar muss nach dem Wortlaut von HGB § 115 (2) eine **gewöhnliche** Geschäftsführungsmaßnahme trotz Einzelvertretungsbefugnis unterbleiben oder rückgängig gemacht werden, wenn ein anderer geschäftsführender Gesellschafter **widerspricht**. Das gilt aber nur, wenn die Handlung **gegen die Interessen der Gesellschaft** verstößt. Beim Kauf von preisgünstigem Druckerpapier ist das nicht der Fall. Somit darf der zur Einzelgeschäftsführung befugte Breuer den Kauf trotz des Widerspruchs von Taxis tätigen.

Beschränkung der Geschäftsführung bei der Breuer & Taxis OHG

Gesellschafter Taxis kauft für die OHG beim Autohaus Hüglin einen Lieferwagen zum Preis von 34 000 EUR, ohne zuvor seinen Mitgesellschafter Breuer zu fragen.

Im Innenverhältnis könnte Breuer gegebenenfalls Schadenersatzansprüche gegenüber seinem Mitgesellschafter Taxis geltend machen. Taxis hatte für dieses Rechtsgeschäft **keine Einzelgeschäftsführungsbefugnis**, da gem. § 5 (Abschn. 5.3) des Gesellschaftsvertrages *(vgl. S. 154)* Geschäfte, die den Gesamtwert von 30 000 EUR übersteigen, nur von beiden Gesellschaftern gemeinsam vorgenommen werden dürfen **(Gesamtgeschäftsführung)**.

HGB § 117

Bei grober Pflichtverletzung kann einem Gesellschafter die Befugnis zur Geschäftsführung durch gerichtliche Entscheidung entzogen werden, wenn ein wichtiger Grund vorliegt (z. B. grobe Pflichtverletzung oder Unfähigkeit zur ordnungsgemäßen Geschäftsführung).

■ Stimmrecht

HGB § 119

Für die Beschlussfassung ist die Zustimmung aller Gesellschafter erforderlich, falls der Gesellschaftsvertrag keine andere Regelung vorsieht. Jeder Gesellschafter hat in diesem Fall – unabhängig von der Höhe seiner Beteiligung an der OHG – **eine** Stimme.

■ Kontrollrecht

HGB § 118

Jeder OHG-Gesellschafter (auch wenn er von der Geschäftsführung ausgeschlossen ist) hat das Recht, sich über die Angelegenheiten der Gesellschaft persönlich zu unterrichten, die Handelsbücher und die Papiere der Gesellschaft einzusehen und sich hieraus einen Jahresabschluss (Bilanz, Gewinn- und Verlustrechnung) anzufertigen.

■ Gewinnbeteiligung

Die in einem Geschäftsjahr erwirtschafteten Gewinne werden nach den Vereinbarungen im Gesellschaftsvertrag auf die Gesellschafter verteilt. Ohne vertragliche Regelung bestimmt das HGB, dass zunächst die Kapitalanteile der einzelnen Gesellschafter mit 4 % verzinst werden. Ein dann noch vorhandener Restgewinn wird nach Köpfen verteilt. HGB §§ 120 f.

Gewinnverteilung der Breuer und Taxis OHG

Laut Gesellschaftsvertrag (*siehe S. 154 f.*) sind die Gesellschafter Breuer mit 360 000 EUR und Taxis mit 400 000 EUR an der Breuer und Taxis OHG beteiligt. Ein Gewinn in Höhe von 82 000 EUR im zweiten Geschäftsjahr wird nach der gesetzlichen Regelung wie folgt verteilt.

	Breuer	Taxis	insgesamt
Kapitaleinlagen in EUR	360 000 EUR	400 000 EUR	760 000 EUR
4 % Verzinsung	14 400 EUR	16 000 EUR	30 400 EUR
Restverteilung nach Köpfen	25 800 EUR	25 800 EUR	51 600 EUR
Gewinnanteil	40 200 EUR	41 800 EUR	**82 000 EUR**

Reicht die Höhe des Gewinns für eine Verzinsung der Kapitalanteile mit 4 % nicht aus, wird ein entsprechend niedrigerer Zinssatz gewählt.

■ Recht auf Privatentnahme

Da die OHG-Gesellschafter für ihre Mitarbeit im Unternehmen kein Gehalt beziehen, sind sie im Normalfall darauf angewiesen, die für die private Lebensführung anfallenden Ausgaben aus Privatentnahmen zu bestreiten. Ohne vertragliche Vereinbarung sind die OHG-Gesellschafter daher berechtigt, während des Geschäftsjahres bis zu 4 % des zu Anfang des Geschäftsjahres vorhandenen Kapitalanteils zu entnehmen. Von diesem Recht kann ein Gesellschafter auch dann Gebrauch machen, wenn das Unternehmen Verlust erzielt. Höhere Privatentnahmen sind möglich, wenn die übrigen Gesellschafter einwilligen oder wenn der Gesellschaftsvertrag eine entsprechende Vereinbarung enthält. Häufig wird dabei eine monatliche Tätigkeitsvergütung für die geschäftsführenden Gesellschafter vereinbart. HGB § 122

■ Kündigungsrecht bei Austritt aus der OHG

Jeder Gesellschafter hat das Recht, unter Einhaltung einer Kündigungsfrist von sechs Monaten zum Schluss eines Geschäftsjahres zu kündigen. HGB § 132

■ Recht auf Liquidationserlös bei Auflösung der OHG

Wird die OHG aufgelöst, so wird das Vermögen, das sich nach Abzug der Schulden ergibt, im Verhältnis der Kapitalanteile unter die Gesellschafter aufgeteilt. HGB § 155

4.6 Pflichten und Rechte der Gesellschafter im Außenverhältnis

4.6.1 Pflichten der Gesellschafter im Außenverhältnis: Haftung

HGB §§ 128–130

Jeder Gesellschafter einer OHG haftet persönlich (unbeschränkt, unmittelbar) und gesamtschuldnerisch (solidarisch).

Kap. B 3

Eine entgegenstehende Vereinbarung im Gesellschaftsvertrag ist Dritten gegenüber unwirksam.

Haftung für Bankschulden bei der Breuer und Taxis OHG

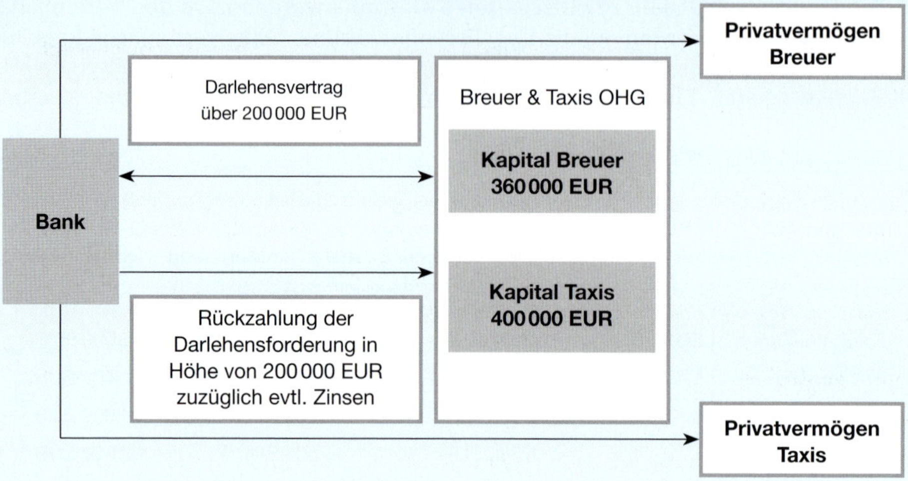

Die Gläubigerin (Bank) kann ihre Ansprüche auf Zinszahlung oder Rückzahlung des Darlehens aus dem Darlehensvertrag wahlweise gegen die OHG oder gegen einen Gesellschafter nach ihrer Wahl geltend machen.

Ein Gesellschafter kann nicht einwenden, der Gläubiger müsse sich zuerst an die OHG wenden (= **unmittelbare Haftung** der Gesellschafter). Jeder Gesellschafter haftet auch mit seinem Privatvermögen **(= unbeschränkte Haftung)**. Einwendungen, er hafte nur im Verhältnis seiner Beteiligung am Gesamtkapital der OHG, sind nicht möglich **(= solidarische Haftung)**.

Haftung bei Eintritt

HGB § 130 (1), § 130 (2)

Tritt ein Gesellschafter in eine bereits bestehende OHG ein, so haftet er auch für Verbindlichkeiten, die bereits vor seinem Eintritt entstanden sind. Wird eine solche Haftung vertraglich ausgeschlossen, so hat diese Vereinbarung im Außenverhältnis keine Gültigkeit. Sie kann nicht ins Handelsregister eingetragen werden.

HGB § 28 (1), § 28 (2)

Tritt jemand als persönlich haftender Gesellschafter in das Geschäft eines Einzelkaufmanns ein (Umwandlung eines Einzelunternehmens in eine OHG), so haftet die entstandene OHG und damit auch der eintretende Gesellschafter für alle Verbindlichkeiten des früheren Geschäftsinhabers. Dies ist auch dann der Fall, wenn das Unternehmen unter einer neuen Firmenbezeichnung fortgeführt wird. Ein Haftungsausschluss ist jedoch möglich, wenn er ins Handelsregister eingetragen und bekannt gemacht oder von einem Gesellschafter einem Dritten mitgeteilt worden ist.

Haftung bei Ausscheiden

HGB § 160 (1)

Scheidet ein Gesellschafter aus der OHG aus, so haftet er für die bis zum Zeitpunkt des Ausscheidens begründeten Verbindlichkeiten noch **fünf Jahre**.

Haftung bei Auflösung der Gesellschaft

HGB § 159 (1)

Wird die OHG aufgelöst, so haften die Gesellschafter für Verbindlichkeiten der Gesellschaft bis zu fünf Jahren nach der Auflösung.

Haftung bei der OHG (HGB § 105, 128)

unbeschränkt	unmittelbar (= direkt)	gesamtschuldnerisch (= solidarisch)
= persönliche Haftung (HGB § 105)		
Geschäfts- und Privatvermögen	Gläubiger kann seinen Anspruch unmittelbar gegenüber einem einzelnen Gesellschafter oder gegenüber der OHG (rechtsfähige Personengesellschaft) geltend machen	Jeder Gesellschafter haftet für **alle** Schulden der Gesellschaft

OHG-Gesellschafter hat **kein Recht auf Einrede der**

Haftungsbeschränkung	Vorausklage	Haftungsteilung
d. h., dass ein Gesellschafter bei Inanspruchnahme durch einen Gesellschaftsgläubiger nicht einwenden kann,		
er habe seine Einlage gemäß Gesellschaftsvertrag vollständig geleistet und hafte daher nicht mit seinem Privatvermögen.	der Gläubiger solle sich zuerst an die OHG oder an einen anderen Gesellschafter wenden.	er hafte entsprechend seinem Kapitalanteil lediglich mit einem Bruchteil für die Schulden der OHG.

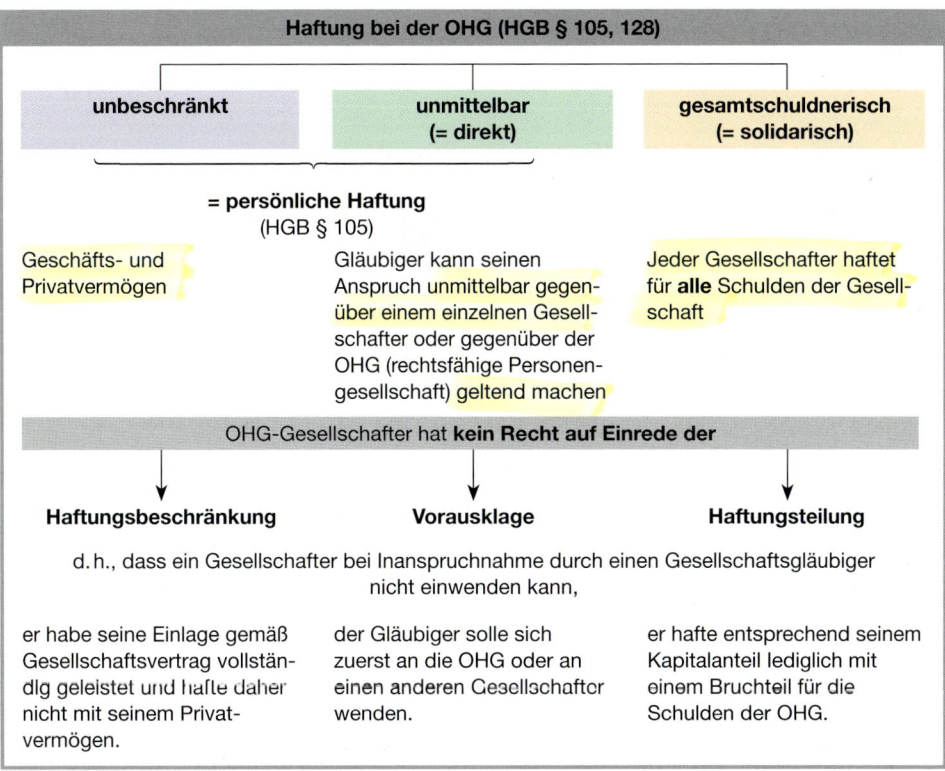

4.6.2 Rechte der Gesellschafter im Außenverhältnis: Vertretung

Bedeutung und Arten der Vertretungsbefugnis

Die Vertretung bezieht sich auf die Rechtsbeziehungen der Gesellschafter im Außenverhältnis (= Rechtsbeziehungen mit Dritten). Sie muss streng von der Geschäftsführungsbefugnis, die sich auf die Rechtsbeziehungen der Gesellschafter untereinander (= Innenverhältnis) bezieht, unterschieden werden. HGB § 126 (1)

Vertretungsbefugnis	Geschäftsführungsbefugnis
Regelt das rechtliche „Können" im Außenverhältnis	Regelt das rechtliche „Dürfen" im Innenverhältnis

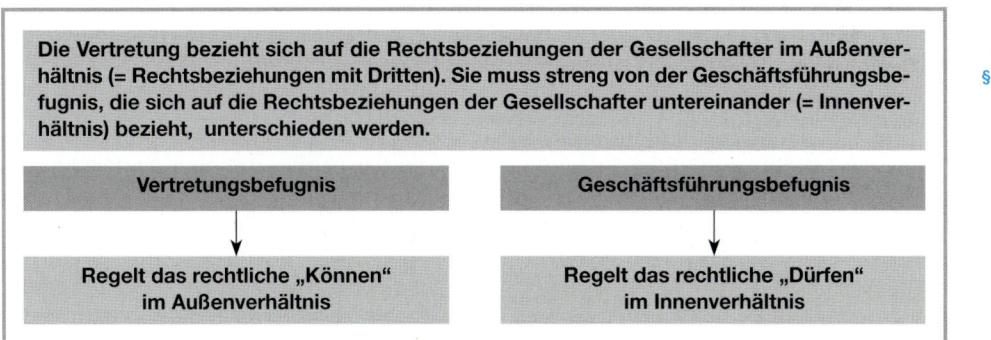

Die OHG wird **grundsätzlich** von ihren Mitgliedern (Gesellschaftern) vertreten **(Selbstorganschaft)**. Sollen einzelne Arbeitnehmer bestimmte Rechtsgeschäfte für die OHG abschließen, so sind dafür besondere Vollmachten (z. B. Prokura oder Handlungsvollmacht) erforderlich. Sofern im Handelsregister nichts Gegenteiliges eingetragen ist, hat jeder OHG-Gesellschafter **Einzelvertretungsbefugnis**. Das bedeutet, dass ein mit dieser Befugnis ausgestatteter Gesellschafter das Recht hat, die OHG und damit auch die anderen Gesellschafter Dritten gegenüber zu vertreten.

Kap. B 3
HGB § 125
HGB § 126 (2)

Im Gesellschaftsvertrag kann bestimmt werden, dass einzelne Gesellschafter von der Vertretung ausgeschlossen sind. Ebenso ist es möglich, zu bestimmen, dass alle oder mehrere Gesellschafter die Gesellschaft nur gemeinsam vertreten können **(= Gesamtvertretung)**. Damit solche Vereinbarungen im **Außenverhältnis** Gültigkeit erlangen, müssen sie von allen Gesellschaftern zur Eintragung ins Handelsregister angemeldet werden. Liegt eine Gesamtvertretung vor, so ist ein von einem einzelnen OHG-Gesellschafter für die OHG geschlossener Vertrag zunächst **schwebend unwirksam** (Vertreter ohne Vertretungsmacht), bis die übrigen zur Gesamtvertretung befugten Gesellschafter dem Vertrag zustimmen oder die Zustimmung verweigern. Gleiches gilt für Rechtsgeschäfte eines von der Geschäftsführung ausgeschlossenen OHG-Gesellschafters.

HGB § 125 (1), § 125 (2), § 106, § 108

BGB § 177 (1)

HGB § 127

Auf Antrag der übrigen Gesellschafter kann einem Gesellschafter zudem durch gerichtliche Entscheidung die Vertretungsmacht entzogen werden, wenn ein **wichtiger Grund** vorliegt. Das ist z. B. dann der Fall, wenn ein Gesellschafter gegen Vereinbarungen im Gesellschaftsvertrag verstößt (z. B. Darlehensaufnahme ohne die im Gesellschaftsvertrag vereinbarte Zustimmung der anderen Gesellschafter).

Aufg. 4.2 S. 171

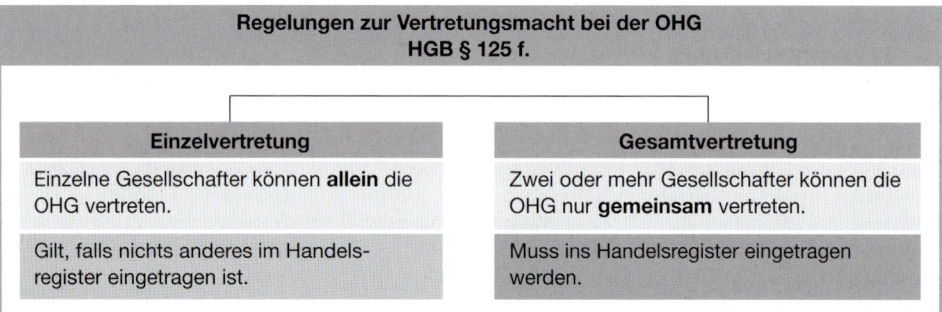

Regelungen zur Vertretungsmacht bei der OHG
HGB § 125 f.

Einzelvertretung	Gesamtvertretung
Einzelne Gesellschafter können **allein** die OHG vertreten.	Zwei oder mehr Gesellschafter können die OHG nur **gemeinsam** vertreten.
Gilt, falls nichts anderes im Handelsregister eingetragen ist.	Muss ins Handelsregister eingetragen werden.

Umfang der Vertretungsbefugnis

HGB § 126 (1), § 116 (3)

Die Vertretungsbefugnis erstreckt sich auf alle gewöhnlichen und außergewöhnlichen Geschäfte und Rechtshandlungen einschließlich der Veräußerung und Belastung von Grundstücken. Die Bestellung eines Prokuristen (= umfassendste **Vollmacht** eines Handelsgewerbes) gilt zwar als gewöhnliche Rechtshandlung. Trotzdem bedarf sie aber der Zustimmung aller geschäftsführenden Gesellschafter. Der Widerruf der Prokura kann hingegen von jedem zur Geschäftsführung befugten Gesellschafter erfolgen.

Von der Vertretungsbefugnis ausgenommen sind **Geschäfte, die eine Änderung des Gesellschaftsverhältnisses (= Grundlagengeschäfte)** zur Folge haben. Dazu gehören z. B. Änderungen des Gesellschaftsvertrages (z. B. Aufnahme neuer Gesellschafter) oder die Übertragung von Vermögensteilen (z. B. Geschäftsgebäude), die für die Verfolgung des Unternehmenszweckes unabdingbar sind. Erklärungen eines Gesellschafters, die Grundlagengeschäfte betreffen, sind also mangels Vertretungsbefugnis unwirksam, es sei denn, dass der Gesellschaftsvertrag dafür eine entsprechende Regelung vorsieht oder die Zustimmung aller Gesellschafter vorhanden ist.

HGB § 126 (2)

Anders als bei der **Geschäftsführung** macht das HGB bei der **Vertretungsmacht** keinen Unterschied zwischen gewöhnlichen und außergewöhnlichen Geschäften. Zum Schutz des Dritten (z. B. Banken, Kunden, Lieferer) ist eine **Beschränkung des Umfangs der Vertretungsmacht** durch den Gesellschaftsvertrag im Außenverhältnis **unwirksam**.

HGB § 125 (1)
HGB § 126 (2)

Vollständiger Ausschluss eines Gesellschafters von der Vertretungsmacht ist möglich.
Beschränkung der Vertretungsmacht auf bestimmte Geschäfte ist nicht möglich.

Vertretungsbefugnis bei der Breuer und Taxis OHG

Der Kaufvertrag über einen Lieferwagen *(vgl. Beispiel S. 197)*, den Gesellschafter Taxis zum Betrag von 34 000 EUR im Namen der OHG abgeschlossen hat, ist gültig, weil

❶ Gesellschafter Taxis **Einzelvertretungsbefugnis** hat (im Handelsregister ist nichts Gegenteiliges eingetragen) und
❷ der Umfang der Vertretungsmacht nicht beschränkbar ist.

Die Bestimmung in § 5 (Abschn. 5.3) des Gesellschaftsvertrages *(S. 192)*, wonach Geschäfte, die den Gesamtwert von 30 000 EUR übersteigen, nur von beiden Gesellschaftern vorgenommen werden dürfen, hat im Außenverhältnis keine Gültigkeit. Die OHG muss den Kaufpreis von 34 000 EUR an das Autohaus Hüglin zahlen. Der Kaufvertrag mit dem Autohaus Hüglin wäre selbst dann gültig, wenn Gesellschafter Breuer zuvor widersprochen hätte.

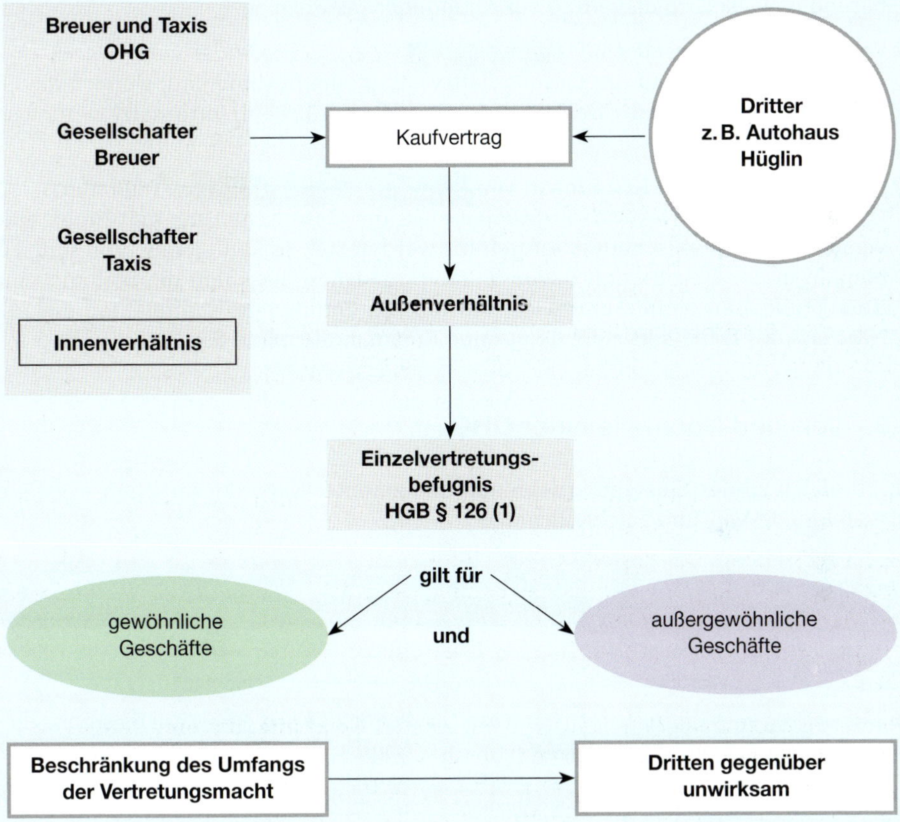

Zweck: Schutz des gutgläubigen Dritten

4.7 Auflösung der OHG – Fortsetzung bei Tod eines Gesellschafters

Eine OHG wird in folgenden Fällen aufgelöst:

HGB § 131 (1)

❶ Ablauf der Zeit, für welche die OHG eingegangen wurde,
❷ Beschluss der Gesellschafter,
❸ Eröffnung eines Insolvenzverfahrens über das Vermögen der OHG,
❹ gerichtliche Entscheidung.

HGB §§ 133, 140

Liegt ein wichtiger Grund vor, so kann die Gesellschaft auf Antrag eines Gesellschafters durch einen Gerichtsbeschluss aufgelöst oder ein Gesellschafter ausgeschlossen werden.

Der Tod eines Gesellschafters führt grundsätzlich nicht zur Auflösung der OHG. Für die Fortsetzung des Unternehmens bieten sich in diesem Fall drei Möglichkeiten an:

❶ **Fortsetzung der Gesellschaft mit den verbliebenen Gesellschaftern:**
Der Gesellschaftsvertrag kann den gesetzlichen Regelfall bestätigen und bestimmen, dass die Erben des verstorbenen Mitgesellschafters nicht Gesellschafter der OHG werden, so dass die OHG durch die verbliebenen Gesellschafter fortgesetzt wird (Fortsetzungsklausel). In diesem Fall steht den Erben entsprechend der Vereinbarung im Gesellschaftsvertrag ein Abfindungsanspruch zu.

❷ **Fortsetzung der Gesellschaft mit den Erben:**
In diesem Falle enthält der Gesellschaftsvertrag eine Bestimmung, wonach die Gesellschaft beim Tod eines Gesellschafters mit dessen Erbe(n) fortgesetzt werden soll (Nachfolgeklausel).

❸ **Umwandlung in eine KG: Eintritt von Erben als Kommanditisten (Teilhafter).**
Ist im Gesellschaftsvertrag vorgesehen, dass die Gesellschaft mit den Erben eines verstorbenen Gesellschafters fortgeführt werden soll, so kann jeder Erbe sein Verbleiben in der Gesellschaft davon abhängig machen, dass ihm die Stellung eines Kommanditisten eingeräumt wird. Der auf ihn entfallende Kapitalanteil aus dem Nachlass des Erblassers stellt dann seine Kommanditeinlage dar.

4.8 Vor- und Nachteile einer OHG

Aufg. 4.3 u. 4.4 S. 176 f.

Im Vergleich zu der Einzelunternehmung und zu einer Kapitalgesellschaft weist eine OHG folgende Vor- und Nachteile auf:

Vor- und Nachteile einer OHG gegenüber einem Einzelunternehmen und einer Kapitalgesellschaft

Vorteile	Nachteile
▪ Umwandlung eines Einzelunternehmens in eine OHG vergrößert die Eigenkapitalbasis. ▪ Fachkenntnisse mehrerer Personen führen gegenüber dem Einzelunternehmen zu einer Verbesserung der Qualität der betrieblichen Entscheidungen. ▪ Im Normalfall höhere Kreditwürdigkeit als ein Einzelunternehmen. ▪ Unternehmensrisiko ist auf mehrere Personen verteilt; bei Einzelunternehmen trägt Unternehmer allein das Risiko. ▪ Besonderes Interesse der Gesellschafter an der Mitarbeit im Unternehmen, da Gewinnbeteiligung der einzelnen Gesellschafter. ▪ Bei kleinen und mittelgroßen Gesellschaften keine strengen Vorschriften zur Erstellung und Veröffentlichung des Jahresabschlusses (Vgl. §§ 1 ff. PublG und § 264a HGB).	▪ Persönliche und gesamtschuldnerische Haftung aller Gesellschafter; damit höheres Risiko als bei Beteiligung an einer Kapitalgesellschaft. ▪ Recht zur Vertretung und Geschäftsführung jedes Gesellschafters kann bei Meinungsunterschieden die Entwicklung des Unternehmens hemmen; damit u. U. geringere Flexibilität als Einzelunternehmen. ▪ Beschränkte Kapitalkraft einer Personengesellschaft kann Wachstum des Unternehmens behindern; bei Kapitalgesellschaft bessere Möglichkeiten zur Beschaffung von Eigenkapital. ▪ Keine Kontrolle durch ein Kontrollorgan (Vgl. Aufsichtsrat einer AG); damit u. U. geringere Entscheidungsqualität.

4.9 The legal form of the German "Offene Handelsgesellschaft (OHG)" in a nutshell

The OHG is a partnership of at least two partners. The law governing the OHG is defined in the German Commercial Code (HGB). The amount of **capital** can be freely agreed upon. A minimum capital is not necessary. The OHG is liable with all the partnership's assets (joint property) for the debts of the partnership.

In addition, all partners are fully liable, also with their private assets. Each partner is fully liable towards third parties. A restriction of liability to the partnership assets is not possible. All partners are entitled and obliged to **manage the company** jointly (internal management). The individual partners themselves **represent** the partnership externally, i.e. in dealings with third parties.

A partnership can arise without any formal agreement, when people carry on a business in common. However, partners will usually draw up a legally binding partnership agreement, setting out such matters as the amount of capital contributed by each partner and the way in which they will **share the profits (and losses)** of the business. If there is no partnership agreement, the provisions of the German Commercial Code (HGB) apply.

As a partnership the OHG is not subject to **corporation tax**. On the level of the partners, however, the profits received from their involvement in the partnership are subject to **income tax**.

Zusammenfassende Übersicht zu Kap. 4: Offene Handelsgesellschaft (OHG)

Begriff: Personenhandelsgesellschaft (§§ 105 ff. HGB) mit mindestens zwei Gesellschaftern, die persönlich und gesamtschuldnerisch haften

Gründung	Firmierung	Beginn	Auflösung
▪ Abschluss eines Gesellschaftsvertrags § 109 HGB; Formfreiheit (notarielle Beurkundung, falls Grundstücke eingebracht werden § 311b BGB) ▪ Regelungen im Gesellschaftsvertrag haben Vorrang vor den gesetzlichen Regelungen in den §§ 110 bis 122 HGB ▪ Leistung von **Geld- oder Sacheinlagen** lt. Gesellschaftsvertrag ▪ Eingebrachte Einlagen werden **Gesamthandsvermögen** § 719 BGB ▪ Eigenkapital = Summe der Einlagen in Euro	▪ Sach-, Personen- oder Fantasiefirma mit dem Zusatz „Offene Handelsgesellschaft" oder „OHG" § 19 (1) Nr. 2 HGB	**Im Innenverhältnis:** Mit Abschluss des Gesellschaftsvertrages oder mit dem im Gesellschaftsvertrag festgelegten Termin **Außenverhältnis:** (1) bei Handelsgewerbe mit kaufmännischem Geschäftsbetrieb nach § 1 HGB: mit Aufnahme der Geschäftstätigkeit, spätestens aber mit der HR-Eintragung § 123 (1) u. (2) HGB (2) OHG betreibt Kleingewerbe (§§ 1, 2, 6 HGB): mit Eintragung ins HR § 123 (1) HGB	Auflösungsgründe § 131, § 133 HGB: 1. Zeitablauf lt. Gesellschaftsvertrag 2. Gesellschafterbeschluss 3. Eröffnung eines Insolvenzverfahrens 4. Gerichtliche Entscheidung

Pflichten und Rechte der Gesellschafter
(§§ 110 bis 122 HGB gelten nur, wenn vertraglich keine anderslautenden Regelungen getroffen wurden.)

Innenverhältnis		Außenverhältnis	
Pflichten	**Rechte**	**Pflichten**	**Rechte**
▪ Kapitaleinlage ▪ Arbeitsleistung (Geschäftsführung) § 114 (1) HGB ▪ Treuepflicht und Wettbewerbsverbot § 112 f. HGB ▪ Verlustbeteiligung § 121 (3) HGB	▪ Geschäftsführung § 114 ff. HGB ▪ Stimmrecht § 119 HGB ▪ Kontrollrecht § 118 HGB ▪ Gewinnbeteiligung § 120 f. HGB ▪ Privatentnahme § 122 HGB ▪ Kündigung § 132 HGB ▪ Liquidationserlös § 155 HGB	▪ Haftung §§ 128–130 HGB **unbeschränkt**: Geschäfts- u. Privatvermögen **unmittelbar**: direkte Inanspruchnahme durch Gläubiger **solidarisch**: für alle Schulden der OHG (unbeschränkt + unmittelbar) = persönliche Haftung § 105 HGB	▪ Vertretung § 125 ff. HGB

Geschäftsführung § 114 ff. HGB betrifft das Innenverhältnis	
gewöhnliche Geschäftsführungsmaßnahmen: Widerspruchsrecht der zur Geschäftsführung befugten Gesellschafter, wenn die Maßnahme für die Gesellschaft nachteilig ist. § 115 (1) HGB	**außergewöhnliche Geschäftsführungsmaßnahmen:** Beschluss **aller** Gesellschafter erforderlich § 116 (2) HGB
Arten der Geschäftsführung	
Einzelgeschäftsführung: jeder Gesellschafter allein	**Gesamtgeschäftsführung: zwei oder mehrere Gesellschafter gemeinsam**
gilt, falls im Gesellschaftsvertrag keine andere Vereinbarung getroffen wurde § 115 (1) HGB	Vereinbarung im Gesellschaftvertrag erforderlich § 115 (2) HGB

Vertretung § 125 ff. HGB betrifft das Außenverhältnis (Grundsatz: Selbstorganschaft)	
Gewöhnliche Geschäfte	**Außergewöhnliche Geschäfte**
Keine Beschränkung **Ausgenommen:** Grundlagengeschäfte	
Arten der Vertretung	
Einzelvertretung	**Gesamtvertretung**
gesetzlich: Einzelne Gesellschafter vertreten die OHG. § 125 (1) HGB	vertraglich: Zwei oder mehr Gesellschafter vertreten die OHG gemeinsam. § 125 (2), (3) HGB
Anmeldung von allen Gesellschaftern zur Eintragung ins Handelsregister – §§ 125, 106, 108 HGB Ausschluss eines Gesellschafters von der Vertretung ist möglich (§ 125 (1) HGB), eine Beschränkung des Umfangs der Vertretungsmacht aber nicht (§ 126 (2) HGB)	

Fragen zur Wiederholung – revision questions

zu Kapitel 4 Offene Handelsgesellschaft

4.1 Begriff und Firma

1. Nennen Sie Merkmale einer OHG.
2. Was bedeutet der Begriff „Rechtsfähigkeit" bei einer offenen Handelsgesellschaft?
3. Nennen Sie Möglichkeiten zur Firmierung einer OHG.
4. *What is the corresponding legal form to the German „Offene Handelsgesellschaft (OHG)"?*

4.2 Gründung der OHG

1. In welcher Form können die Gesellschafter Einlagen an die Gesellschaft leisten?
2. Erklären Sie anhand eines Beispiels, was unter Gesamthandsvermögen einer OHG zu verstehen ist.
3. Welches Registergericht ist für die Eintragung der OHG zuständig?
4. Welche Angaben muss die Anmeldung zur Eintragung enthalten?

4.3 Unterscheidung zwischen Innen- und Außenverhältnis

1. Was wird im Innenverhältnis einer OHG geregelt?
2. Worauf bezieht sich das Außenverhältnis einer OHG?

4.4 Beginn der OHG

1. Wann beginnt eine OHG im Innenverhältnis?
2. Wovon ist der Beginn einer OHG im Außenverhältnis abhängig? Nennen Sie Beispiele.

4.5 Pflichten und Rechte der Gesellschafter im Innenverhältnis

4.5.1 Überblick

1. Nennen Sie Pflichten und Rechte der OHG-Gesellschafter. Unterscheiden Sie dabei zwischen Innen- und Außenverhältnis.

4.5.2 Pflichten der Gesellschafter im Innenverhältnis

1. Wem steht das Eigentum an den geleisteten Kapitaleinlagen bei einer OHG zu?
2. Worin besteht das Wettbewerbsverbot eines OHG-Gesellschafters?
3. Wie wird der Verlust einer OHG verteilt?

4.5.3 Rechte der Gesellschafter im Innenverhältnis

1. Unterscheiden Sie Einzel- und Gesamtgeschäftsführung.
2. Wozu ist ein mit Einzelgeschäftsführung ausgestatteter OHG-Gesellschafter berechtigt?
3. Wie viele Stimmen hat ein OHG-Gesellschafter, wenn Beschlüsse zu fassen sind?
4. Worin besteht das Kontrollrecht von OHG-Gesellschaftern?
5. Wie wird der Gewinn einer OHG auf der Grundlage der gesetzlichen Regelung verteilt?
6. In welcher Höhe darf ein OHG-Gesellschafter Privatentnahmen vornehmen?
7. Welche Kündigungsfrist muss ein OHG-Gesellschafter einhalten, wenn er aus der OHG austreten will?
8. Wie wird bei der Auflösung der OHG das Reinvermögen verteilt?

4.6 Pflichten und Rechte der Gesellschafter im Außenverhältnis

4.6.1 Pflichten der Gesellschafter im Außenverhältnis: Haftung

1. Wie haftet ein OHG-Gesellschafter?
2. Welche Besonderheiten hinsichtlich der Haftung sind beim Eintritt in eine bestehende OHG zu beachten?
3. Wie lange haftet ein aus der OHG ausscheidender Gesellschafter für die zu seinem Austritt bestehenden Verbindlichkeiten der OHG?
4. Wie lange haften die OHG Gesellschafter bei Auflösung der OHG für die Verbindlichkeiten der Gesellschaft?

4.6.2 Rechte der Gesellschafter im Außenverhältnis: Vertretung

1. Erklären Sie den Begriff der Selbstorganschaft.
2. Welche Rechte stehen einem OHG-Gesellschafter zu, der Einzelvertretung besitzt?
3. Erläutern Sie die Begriffe Einzel- und Gesamtvertretung.
4. Welche Geschäfte sind von der Vertretungsbefugnis ausgenommen?
5. Warum ist die Beschränkung der Vertretungsbefugnis im Außenverhältnis nicht wirksam?

4.7 Auflösung der OHG

1. Aus welchen Gründen kann eine OHG aufgelöst werden?

4.8 Vor- und Nachteile der OHG

1. Welche Vor- und Nachteile gegenüber einem Einzelunternehmen und einer Kapitalgesellschaft ergeben sich aus der Gründung einer OHG?

4.9 The legal form of the German „Offene Handelsgesellschaft (OHG)“

1. *What are the formal requirements for the OHG?*
2. *Briefly explain the following aspects of the OHG: capital, management, representation, liability, sharing of profits and loss, tax on earnings.*

Aufgaben und Probleme

zu Kapitel 4 Offene Handelsgesellschaft (OHG)

LA

4.1 Firma – Gesellschaftsvertrag – Gründung – Entstehung der Breuer & Taxis OHG

PDF

Günter Breuer und Bernd Taxis vereinbaren die Gründung eines Einzelhandelsunternehmens. Gegenstand des Unternehmens ist der Handel mit Elektroartikeln. Da sich beide Gesellschafter seit Jahren bereits kennen und jeder bereit ist, auch mit seinem Privatvermögen zu haften, vereinbaren sie die Gründung einer OHG. Es ist vorgesehen, drei Verkäufer und einen Bürokaufmann zu beschäftigen. Der Inhalt des abgeschlossenen Gesellschaftsvertrags ist auf *Seite* 102 wiedergegeben.

1. Welche Probleme entstehen durch den Zusammenschluss mehrerer Personen zum gemeinsamen Betreiben eines Unternehmens? Stellen Sie fest, welche Regelungen in vorliegendem Gesellschaftsvertrag dazu getroffen wurden.

HGB § 19 (1) Zi 2 BGB § 311b

2. a) Welche anderen Firmenbezeichnungen könnten noch gewählt werden?
   b) Begründen Sie, ob die von den Gesellschaftern gewählte Firmenbezeichnung zweckmäßig ist.
3. Warum wurde der vorliegende Gesellschaftsvertrag notariell beurkundet?

HGB § 109, § 123

4. Die OHG wurde auf der Grundlage der im Gesellschaftsvertrag getroffenen Vereinbarungen am 15. Mai 2012 ins Handelsregister eingetragen. Bereits am 4. April 2012 hatte Herr Breuer nach vorheriger Absprache mit Herrn Taxis beim Büromarkt Streicher GmbH Büromöbel zum Rechnungsbetrag von 8 600 EUR bestellt.
   Stellen Sie fest, zu welchem Zeitpunkt (genaues Datum) die OHG nach innen (Innenverhältnis) und nach außen (Außenverhältnis) entstanden ist.

HGB § 114, § 115, § 116, § 126

5. Am 20. Juni 2012 schließt Herr Breuer ohne vorherige Rücksprache mit Herrn Taxis mit der Verkäuferin Ruth Volz einen Arbeitsvertrag und sichert ihr ein großzügiges übertarifliches Gehalt zu.
   a) Hätte Herr Breuer vor Vertragsschluss Gesellschafter Taxis fragen müssen?
   b) Ist der Arbeitsvertrag gültig?
   c) Muss Herr Breuer der OHG den Schaden ersetzen, der gegebenenfalls durch eine überhöhte Gehaltszusage entstanden ist?
6. Taxis hat nach Rücksprache mit Breuer einen Lieferwagen für 28 400 EUR bestellt. Der Händler verlangt die Zahlung des vollen Kaufpreises direkt von Breuer, ohne sich vorher an die OHG oder an Taxis zu wenden.

   HGB § 128

   Prüfen Sie, ob Breuer mit einer der folgenden Einwendungen die Zahlung ganz oder teilweise zu verweigern berechtigt ist:
   a) Breuer hafte nicht, weil Taxis den Vertrag abgeschlossen hat.
   b) Der Händler müsse zuerst versuchen, das Geld bei der OHG einzutreiben.
   c) Der Händler habe kein Recht, Zahlung aus dem Privatvermögen Breuers zu verlangen oder gar ihm das Privatvermögen pfänden zu lassen.
   d) Der Händler könne von ihm lediglich 14 200 EUR verlangen, da Gesellschafter Taxis für die andere Hälfte des ausstehenden Betrags haftet.
7. Der Gewinn des ersten Geschäftsjahres beträgt 91 200 EUR.
   a) Wie viel Euro Gewinnanteil erhält jeder Gesellschafter, wenn der Gewinn auf der Grundlage des Gesellschaftsvertrages verteilt wird und jeder Gesellschafter von seinem Entnahmerecht in vollem Umfang Gebrauch gemacht hat? *(Lösungstabelle siehe Arbeitsblatt)*
   b) Unter welchen Voraussetzungen sind die im Gesellschaftsvertrag getroffenen Vereinbarungen zur Gewinnverteilung als angemessen zu beurteilen?
8. Aufgrund der gut gehenden Geschäfte beabsichtigen die Gesellschafter, das Sortiment zu erweitern und die Artikel über das Internet zum Versand anzubieten. Wegen der mit dieser Maßnahme verbundenen Erweiterung der Lagerkapazität (geschätzte Kosten: 180 000 EUR) soll als neuer Gesellschafter Edmund Karle aufgenommen werden, der bereit ist, diesen Betrag als Bareinlage in die OHG einzubringen. Edmund Karle ist allerdings nicht bereit, für die zum Zeitpunkt seines Eintritts bestehenden Verbindlichkeiten in Höhe von 120 000 EUR zu haften. Er schlägt deshalb vor, in den Gesellschaftsvertrag einen entsprechenden Haftungsausschluss aufzunehmen.

   HGB § 130

   Stellen Sie fest, ob der vorgesehene Haftungsausschluss den Gläubigern der OHG gegenüber wirksam ist.

9. Nach intensiven Vertragsverhandlungen ist Edmund Karle als Gesellschafter in die OHG eingetreten. Aufgrund unterschiedlicher Vorstellungen zur Geschäftspolitik kommt es insbesondere zwischen Breuer und Karle zu Auseinandersetzungen. Breuer will deshalb mit sofortiger Wirkung aus der OHG austreten.
   a) Prüfen Sie, ob Breuer beim Ausscheiden aus der OHG neben einer Barabfindung den von ihm bei der Gründung eingebrachten Transporter zurückverlangen kann. BGB §§ 718, 719
   b) Wie lange haftet Breuer für die zum Zeitpunkt seines Ausscheidens bestehenden Verbindlichkeiten der OHG? HGB § 160

10. Gesellschafter Taxis beabsichtigt, sich als persönlich haftender Gesellschafter beim Gemüsegroßhandel seines Sohnes zu beteiligen. Gesellschafter Karle weist ihn darauf hin, dass eine solche Beteiligung wegen des damit verbundenen Haftungsrisikos nicht erlaubt sei. HGB § 112
    Wie ist die Rechtslage?

4.2 Rechtsprobleme bei einer OHG

Die Teninger Papierfabrik OHG ist wegen mehrerer Forderungen in Zahlungsschwierigkeiten geraten. In dieser Situation treten nachstehende Probleme auf:

1. Gesellschafter Schmidt verkauft eine Papierschneidemaschine weit unter Wert an einen langjährigen Kunden. Als Gesellschafter Kuhn von dem Verkauf erfährt, will er den Kaufvertrag rückgängig machen, da er diesem nicht zugestimmt hat. Der Käufer hat die Maschine bereits abgeholt und bezahlt. HGB § 125
   a) Begründen Sie, ob er diese gegen Erstattung des Geldes wieder zurückgeben muss, wenn Gesellschafter Kuhn dies verlangt.
   b) Prüfen Sie für das Innenverhältnis, ob Schmid die Maschine verkaufen durfte, wenn Einzelgeschäftsführung vorliegt.

2. Ein Lieferer von Kunstharzkleber hat gegenüber der OHG eine Forderung in Höhe von 7 600 EUR. Da er von den Zahlungsschwierigkeiten der OHG weiß, wendet er sich mit der Forderung direkt an Gesellschafter Schmidt. Schmidt verweigert die Zahlung mit der Begründung, dass nicht er, sondern Gesellschafter Kuhn den Kaufvertrag für die OHG abgeschlossen hat. HGB § 105
   Begründen Sie, ob Schmidt zahlen muss, wenn der Lieferer darauf besteht.

3. Die Hausbank der OHG wendet sich wegen der fälligen Rückzahlung eines Darlehens direkt an Gesellschafter Kuhn. Kann dieser die Zahlung mit der Begründung verweigern, dass er die nach dem Gesellschaftsvertrag erforderlichen Einlagen an die OHG nachweislich geleistet hat? HGB § 105

4.3 OHG: Gesellschaftsvertrag – Firma – Rechtsprobleme

Ingenieur Thomas Adorf betreibt als Einzelunternehmer die industrielle Herstellung und den Vertrieb von Geschenkartikeln. Das Unternehmen firmiert unter Geschenkartikel Thomas Adorf e. K. und ist in das Handelsregister eingetragen. Der Abschluss eines langfristigen Liefervertrags mit einer Kaufhauskette erfordert eine umfangreiche Betriebserweiterung. Zur Bewältigung der zusätzlichen finanziellen Belastung und der Mehrarbeit nimmt Thomas Adorf den Diplomkaufmann Ralf Bissinger und die Designerin Heide Crux als Gesellschafter auf.

Am 21.11.2011 wird nachstehender Gesellschaftsvertrag (Auszug) abgeschlossen.

Gesellschaftsvertrag (Auszug)

§ 1 Gegenstand des Unternehmens ist die Herstellung und der Vertrieb von Geschenkartikeln.
§ 2 Sitz der Gesellschaft ...
§ 3 Gesellschafter: Thomas Adorf, wohnhaft ...
Ralf Bissinger, wohnhaft ... Heide Crux, wohnhaft ...
§ 4 Die Gesellschaft wird unter der Firma Geschenkartikel Thomas Adorf fortgeführt.
§ 5 Die Gesellschaft beginnt am 01.01.2012.
§ 6 Die Einlagen der Gesellschafter werden wie folgt festgelegt:
1. Thomas Adorf bringt sein Einzelunternehmen ein. Der Wert der Vermögensgegenstände wird auf 3 Mio. EUR festgesetzt. Die Gesellschaft übernimmt ein Bankdarlehen in Höhe von 1,5 Mio. EUR.
2. Ralf Bissinger beteiligt sich mit einer Bareinlage in Höhe von 2 Mio. EUR.
3. Heide Crux beteiligt sich mit einer Einlage in Höhe von insgesamt 0,5 Mio. EUR. Sie bringt ein Grundstück ein, das mit 0,3 Mio. EUR bewertet wird. Der Restbetrag ist als Bareinlage zu leisten.

Sämtliche Einlagen sind zum 31.12.2011 zu erbringen.
§ 7 Alle Gesellschafter haften unbeschränkt für die Verbindlichkeiten der Gesellschaft.
§ 8 Die Aufnahme von Darlehen sowie Anschaffungen, deren Wert im Einzelfall 50 000 EUR überschreiten, erfordern einen gemeinsamen Beschluss aller Gesellschafter.
§ 9 Bei Ausscheiden eines Gesellschafters wird die Gesellschaft von den übrigen Gesellschaftern fortgeführt.

BGB § 311b

1. Begründen Sie, ob eine bestimmte Form und gegebenenfalls welche für den Abschluss des Gesellschaftsvertrages erforderlich ist.

2. Erläutern Sie, ob die festgelegte Firmierung für die gewählte Gesellschaftsform zulässig ist.

HGB § 19 (1), § 24 (1)

HGB § 125 (1), § 128

3. Nach Korrektur des Gesellschaftervertrages erfolgt die Eintragung ins Handelsregister am 27.12.2011. Ralf Bissinger schließt am 03.03.2012 mit der Westermann GmbH einen Kaufvertrag über Osterartikel im Werte von 72 500 EUR ab. Als Adorf von der Lieferung erfährt, verweigert er die Bezahlung der Rechnung, da die Ware so kurz vor Ostern nicht mehr absetzbar sei. Außerdem sei Bissinger nicht zum Abschluss des Kaufvertrags befugt gewesen. Die Westermann GmbH solle daher die Bezahlung direkt von Bissinger einfordern.
Erläutern Sie die Rechtslage.

HGB § 122

4. Heide Crux möchte im Mai 2012 für ihre Sammlung ein Gemälde für 30 000 EUR erwerben. Sie beabsichtigt, den Betrag aus dem Gesellschaftsvermögen zu entnehmen.
Beurteilen Sie die Rechtslage.

HGB § 132, § 160 (1)

5. Nach wiederholten Meinungsverschiedenheiten zwischen den Gesellschaftern beschließt Adorf im Juni 2012 aus der Gesellschaft auszuscheiden.
Prüfen Sie, zu welchem Zeitpunkt Adorf frühestens aus der OHG ausscheiden kann.
Erläutern Sie, welche Auswirkungen sich dadurch auf die Haftung von Adorf ergeben.

4.4 OHG: Gründung – Entstehung – Vertretung – Befugnisse der Gesellschafter

Peter Laun ist Alleininhaber einer Schmuckwarenfabrik. Durch vermehrte Geschäftskontakte mit verschiedenen Versandhäusern und den Bezug von Schmuckwaren aus Fernost hat er die Grenzen seiner persönlichen Belastbarkeit erreicht.

Er nimmt seinen Sohn Andreas und seine Schwägerin Käthe Laun, die bisher als Angestellte in dem Unternehmen tätig waren, als gleichberechtigte Gesellschafter auf, weil nachhaltig mit der Erweiterung des Geschäftsbetriebs gerechnet werden kann.

Handelsregisterauszug

Hinweis: *Im Handelsregister gelten rot unterstrichene Einträge als gelöscht.*

	Amtsgericht				HR ... 224
Nr. der Eintragung	**a) Firma b) Ort der Niederlassung c) Gegenstand des Unternehmens**	**Geschäftsinhaber Persönlich haftender Gesellschafter Abwickler**	**Prokura**	**Rechtsverhältnisse**	**a) Tag der Eintragung und Unterschrift b) Bemerkungen**
1	a) Peter Laun e. K. b) Pforzheim c) Schmuckwarenfabrik	Peter Laun Kaufmann, Pforzheim	–	–	a) Eingetragen am 30. Juni 2002 ... b) –
2	a) Peter Laun OHG b) Pforzheim c) Schmuckwarenfabrik	Peter Laun Kaufmann, Pforzheim Andreas Laun Kaufmann, Pforzheim Käthe Laun Kauffrau, Pforzheim	–	Die Firma wird fortgeführt; Offene Handelsgesellschaft. Die Gesellschaft hat am 15.12.2011 begonnen. Peter Laun ist stets alleinvertretungsberechtigt. Andreas Laun vertritt die Gesellschaft mit einem Gesellschafter oder einem Prokuristen. Käthe Laun ist von der Vertretung ausgeschlossen.	a) Eingetragen am 18. Februar 2012 ... b) –

1. Zu welchem Zeitpunkt ist die OHG entstanden? Begründen Sie Ihre Antwort. HGB §§ 1, 105,
2. In welcher Abteilung des Handelsregisters ist das Unternehmen einzutragen, und welche Wirkung hat die Eintragung?
3. Beurteilen Sie die Zulässigkeit der Firmierung. §§ 19 (1), 24 (1),
4. Geben Sie an, wer laut Handelsregisterauszug in welchem Umfang dieses Unternehmen vertreten kann.
5. Prüfen Sie, ob Peter Laun folgende Geschäftsführungsmaßnahmen ohne Zustimmung von Andreas und Käthe Laun hätte vornehmen dürfen, wenn der Gesellschaftsvertrag zur Geschäftsführung keine Vereinbarungen enthält:
   a) Verkauf eines Transporters für 40 000 EUR.
   b) Kauf von Druckerpapier für 80 EUR.
   c) Verkauf eines von ihm eingebrachten Grundstücks zu einem günstigen Preis von 200 000 EUR. Mit dem Verkaufserlös beabsichtigt er, ein in einem Gewerbegebiet liegendes preisgünstiges Ersatzgrundstück zu kaufen.
   d) Kauf von risikoreichen Wertpapieren.
6. Nennen Sie drei Vorteile, die Peter Laun durch die Aufnahme neuer Gesellschafter hat. § 125 ff., § 48 ff.,
7. Am 03.02.2012 schließt Käthe Laun einen Kaufvertrag über Schmucketuis im Werte von 20 000 EUR. Peter Laun weigert sich, den Vertrag zu erfüllen.
   Ist die OHG an den Vertrag gebunden? Begründung. § 125, § 28
8. Am 22.03.2012 verlangt ein Gläubiger von Andreas Laun die Zahlung von 50 000 EUR aus einer Lieferung vom 11.10.2011.
   Kann er die Zahlung mit der Begründung verweigern, dass er zum Zeitpunkt des Vertragsschlusses noch nicht Gesellschafter der OHG war? Begründen Sie Ihre Aussage.

5 Kommanditgesellschaft (KG) – *Limited partnership (L.P.)*

Aufg. 5.1 S. 183

Überblick und Zusammenhänge

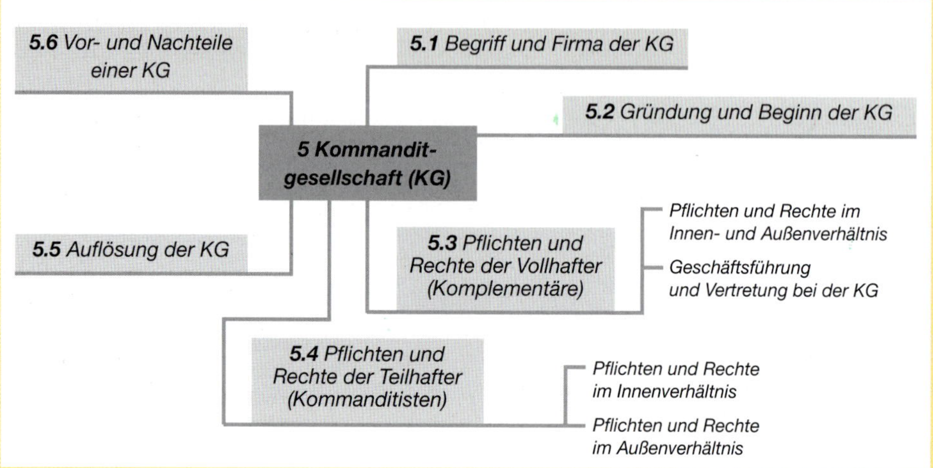

5.1 Begriff und Firma der KG

HGB § 161 (1)

Die Kommanditgesellschaft ist eine Handelsgesellschaft, bei der mindestens ein Gesellschafter (Kommanditist) höchstens bis zu seiner im Handelsregister eingetragenen Einlage (= Haftsumme) haftet. Mindestens ein Gesellschafter (Komplementär) haftet den Gesellschaftsgläubigern gegenüber unbeschränkt.

HGB § 19 (1)

Kap. B 4.1

Für die Firmierung gelten die gleichen Vorschriften wie für die OHG. Die Firmenbezeichnung muss den Begriff „Kommanditgesellschaft" oder eine allgemein verständliche Abkürzung dieses Begriffs (z. B. KG) enthalten. Auch der Name eines Kommanditisten kann in der Firma genannt werden.

Limited partnership in Anglo-American countries (GB and the USA)

The British and American forms of a limited partnership (L.P. or LP) are comparable to the German Kommanditgesellschaft (KG). The differences can be attributed to the specific requirements of business law in GB and the USA.

Deutsch	*British/US-American*
Kommanditgesellschaft (KG)	*Limited partnership (L.P. or LP)*
Beispiel: Karl Knauer KG	**Example:** *Best Buy Stores LP*
Geeignet für: Kleinere und mittlere Unternehmen mit größerem Kapitalbedarf	***Suitable for:*** *Small and medium-sized companies with a more substantial capital requirement*

5.2 Gründung und Beginn der KG

Bei der Gründung leisten die Gesellschafter **Einlagen**, die in Geldzahlungen, in der Übereignung von Sachen oder Übertragung von Rechten sowie im Erbringen von

Dienstleistungen bestehen können. Das Eigentum an den eingebrachten Vermögensgegenständen steht den Gesellschaftern gemeinsam zu **(Gesamthandsvermögen)**. Die Summe der in Geld bewerteten Einlagen bildet das **Eigenkapital** der KG.

Der Gesellschaftsvertrag unterliegt keiner besonderen Form. Werden jedoch Grundstücke eingebracht, so ist notarielle Beurkundung erforderlich. Der Betrag, bis zu dem ein Kommanditist von den Gläubigern der Gesellschaft höchstens in Anspruch genommen werden kann **(= Haftsumme)**, wird im Gesellschaftsvertrag bestimmt und ins Handelsregister eingetragen. Auf diese Weise können sich Außenstehende über den Haftungsumfang von Kommanditisten einer KG informieren. Die Einlage, die ein Kommanditist lt. Gesellschaftsvertrag tatsächlich an die Gesellschaft leisten muss **(= Pflichteinlage)**, kann von der im Handelsregister eingetragenen **Haftsumme** abweichen. Da Vollhafter (hier: Komplementäre) auch mit ihrem Privatvermögen haften, entfällt für sie eine solche Eintragung. Im Internet veröffentlicht **(= Bekanntmachung der Eintragung)** wird allerdings nur die Zahl der Kommanditisten, nicht aber die Höhe der jeweiligen Einlagen. Die Anmeldung zum Handelsregister ist von allen Gesellschaftern (Komplementäre und Kommanditisten) vorzunehmen.

BGB § 311b

HGB § 162 (1)

Für den **Beginn** der Gesellschaft gelten die gleichen Bestimmungen wie für die OHG.

Kap. B 4.4

5.3 Pflichten und Rechte der Vollhafter (Komplementäre)

Pflichten und Rechte der Vollhafter (Komplementäre) im Innen- und Außenverhältnis

Aufg. 5.2 S. 185

Für einen Komplementär einer KG bestehen im Innen- und Außenverhältnis die gleichen Rechte und Pflichten wie für einen Gesellschafter einer OHG.

Pflichten und Rechte der Vollhafter (Komplementäre) einer KG			
Innenverhältnis		Außenverhältnis	
Pflichten	Rechte	Pflichten	Rechte
▪ fristgerechte Leistung der Kapitaleinlage ▪ persönliche Arbeitsleistung § 114 (1) HGB ▪ Treuepflicht und Wettbewerbsverbot § 112 f. HGB ▪ Verlustbeteiligung § 168 (2) HGB	▪ Geschäftsführung § 114 ff. HGB ▪ Stimmrecht § 119 HGB ▪ Kontrollrecht § 118 HGB ▪ Gewinnbeteiligung § 168 HGB ▪ Privatentnahme § 168 f. HGB ▪ Kündigung § 132 HGB ▪ Liquidationserlös § 155 HGB	▪ Haftung §§ 128–130 HGB	▪ Vertretung § 125 ff. HGB

Kap. B 4.5

Geschäftsführung und Vertretung bei der KG

Bei einer **OHG** sind grundsätzlich **alle Gesellschafter** zur **Geschäftsführung** berechtigt und verpflichtet. Bei einer **KG** steht die Geschäftsführungsbefugnis dagegen dem Gesetz nach **ausschließlich** den **Komplementären** zu. Daher sind die **Kommanditisten** im Normalfall von der **Geschäftsführung** ausgeschlossen.

HGB § 114, § 164

HGB § 164

Ebenso wie bei der OHG besteht – sofern im Gesellschaftsvertrag keine andere Regelung getroffen wurde – Einzelgeschäftsführungsbefugnis. Bei **außergewöhnlichen Geschäftsführungsmaßnahmen** müssen aber **alle** Gesellschafter (also nicht nur die Komplementäre, sondern auch die Kommanditisten) zustimmen.

HGB § 116 (2)

Kap. B 5.4.3

HGB § 115 (1) S. 2

Kap. B 4.5.3

Aber auch bei **gewöhnlichen Geschäftsführungsmaßnahmen** hat jeder Komplementär ein **Widerspruchsrecht**, das allerdings nur bei Maßnahmen wirksam wird, die nachteilig für die Gesellschaft sind.

HGB § 164 (2), § 116 (3)

Die Bestellung eines Prokuristen gilt zwar als gewöhnliche Rechtshandlung. Trotzdem bedarf sie der Zustimmung **aller geschäftsführenden Gesellschafter**. Eine Mitwirkung der nicht zur Geschäftsführung befugten Kommanditisten ist aber **nicht erforderlich**. Der Widerruf der Prokura ist dagegen von jedem zur Erteilung oder Mitwirkung bei der Erteilung befugten Gesellschafter möglich.

HGB § 125

HGB § 170

Zur **Vertretung** einer **OHG** ist im Normalfall **jeder Gesellschafter** ermächtigt. Die **Vertretung** einer **KG** steht dagegen **nur** den persönlich haftenden Gesellschaftern **(Komplementäre)** zu. Die Kommanditisten können keine für die KG rechtsverbindlichen Geschäfte mit Dritten abschließen. Vertretungsmacht kann ein Kommanditist aber dadurch bekommen, dass er zum Prokuristen oder Handlungsbevollmächtigten bestellt wird, falls er als Arbeitnehmer in der KG tätig ist.

HGB § 161, § 105 (3)

5.4 Pflichten und Rechte der Teilhafter (Kommanditisten)

5.4.1 Überblick

Pflichten und Rechte der Teilhafter (Kommanditisten) einer KG			
Innenverhältnis		Außenverhältnis	
Pflichten	Rechte	Pflichten	Rechte
▪ fristgerechte Leistung der Kapitaleinlage ▪ Verlustbeteiligung § 167 (3), § 168 (2) HGB	▪ Geschäftsführung nur bei gesonderter Vereinbarung § 164 HGB; ▪ Widerspruchrecht bei außergewöhnlichen Rechtsgeschäften § 164 HGB ▪ Kontrollrecht § 166 HGB ▪ Gewinnbeteiligung § 168 HGB ▪ Kündigung § 132 i.V.m § 161 (2) HGB ▪ Befreiung vom Wettbewerbsverbot § 165 HGB	▪ Haftung § 171 HGB	▪ Vertretungsmacht nur dann, wenn eine gesonderte Vollmacht (z.B. Prokura) erteilt wurde § 170 HGB

5.4.2 Pflichten der Teilhafter im Innenverhältnis

Fristgerechte Leistung der übernommenen Kapitaleinlage

In gleicher Weise wie die OHG-Gesellschafter und die Komplementäre einer KG sind auch die Kommanditisten verpflichtet, die im Gesellschaftsvertrag vereinbarte Kapitaleinlage **(Pflichteinlage)**[1] fristgerecht zu leisten. Diese Einlage kann in Geld, Sachwerten oder in Rechtswerten (z.B. Patenten) geleistet werden. Wenn nichts anderes vereinbart ist, sind Pflichteinlage und die ins Handelsregister einzutragende Einlage (= Haftsumme, Hafteinlage) gleich hoch. Die Höhe der **Pflichteinlage** kann aber auch von der **Haftsumme** abweichen *(siehe Gesellschaftsvertrag S. 219)*.

1 In den §§ 167 (2) und 169 (1) HGB wird die vereinbarte Einlage des Kommanditisten als „bedungene" Einlage bezeichnet. Die Formulierung „bedungen" stammt vom Verb „bedingen". Damit ist die **im Innenverhältnis vereinbarte Pflichteinlage** und nicht die gem. § 162 HGB ins Handelsregister einzutragende Einlage **(= Haftsumme)** gemeint.

Verlustbeteiligung

Ein Verlust ist in angemessenem Verhältnis der Kapitalanteile zu verteilen. Was dabei unter angemessenem Verhältnis zu verstehen ist, sollte zur Vermeidung von Unstimmigkeiten im Gesellschaftsvertrag geregelt werden. Ein Kommanditist wird aber an einem Verlust nur bis zur Höhe seines Kapitalanteils bzw. seiner möglicherweise noch rückständigen Einlage beteiligt. HGB § 167 (3), § 168 (2)

5.4.3 Rechte der Teilhafter im Innenverhältnis

Geschäftsführung

Ein Kommanditist hat im Normalfall **kein Recht auf Geschäftsführung**. Er kann aber durch den Gesellschaftsvertrag die Geschäftsführungsbefugnis erhalten, wenn er z. B. im Unternehmen mitarbeitet. HGB § 164

Kontrollrecht

- Die Kontrollrechte der **Komplementäre** entsprechen denen eines **OHG-Gesellschafters**. Demgegenüber stehen einem **Kommanditisten** nur eingeschränkte Kontrollrechte zu. Er ist berechtigt, HGB § 166
  1. eine **Abschrift des Jahresabschlusses** (Bilanz, Gewinn- und Verlustrechnung) zu verlangen und
  2. dessen Richtigkeit unter **Einsicht** in die **Bücher und Papiere** zu prüfen.

  Ein **laufendes Kontrollrecht** steht dem Kommanditisten nicht zu.

Gewinnbeteiligung

Sofern der Gewinn hoch genug ist, erhält zunächst **jeder** Gesellschafter (Komplementär wie Kommanditist) 4 % Zinsen auf seinen Kapitalanteil. Ein übersteigender Betrag wird in gleicher Weise wie ein Verlust in **„angemessenem Verhältnis"** auf die Gesellschafter verteilt. Was dabei unter angemessen zu verstehen ist, sollte in gleicher Weise wie bei der Verteilung eines Verlusts im Gesellschaftsvertrag geregelt werden. Dabei können z. B. die persönliche Haftung und die Arbeitsleistung eines Gesellschafters Berücksichtigung finden. HGB § 168

Gewinnverteilung der Heilbronner Gase KG

Die Heilbronner Gase KG hat im vergangenen Geschäftsjahr einen Gewinn in Höhe von 180 000 EUR erzielt. Der Gesellschaftsvertrag sieht vor, dass jeder Gesellschafter von seinem zu Beginn des Geschäftsjahres vorhandenen Kapitalanteil eine Verzinsung von 4 % erhält. Der dann noch vorhandene Restgewinn wird im Verhältnis 3:2 verteilt. Bei dieser Verteilung ist berücksichtigt, dass neben dem Komplementär Abele auch Kommanditist Blessing als Schweißingenieur in der KG mitarbeitet.

	Komplementär Abele	Kommanditist Blessing	insgesamt
eingebrachtes Kapital in EUR	600 000 EUR	300 000 EUR	900 000 EUR
4 % Verzinsung	24 000 EUR	12 000 EUR	36 000 EUR
Restverteilung 3:2	86 400 EUR	57 600 EUR	144 000 EUR
Gewinnanteil	110 400 EUR	69 600 EUR	180 000 EUR

Ein Kommanditist hat – anders als OHG-Gesellschafter und Komplementäre – kein Recht auf Privatentnahmen. Er hat lediglich Anspruch auf Auszahlung des ihm zuste- HGB § 167 (2) henden Gewinns. Diese Auszahlung kann er auch dann verlangen, wenn er seine Pflichteinlage noch nicht oder noch nicht vollständig geleistet hat. Nur wenn die Einlage bereits fällig ist, kann die KG ihren Anspruch auf Leistung der Einlage mit dem Auszahlungsanspruch des Kommanditisten aufrechnen. Falls aber der bereits geleistete Kapitalanteil des Kommanditisten durch Verrechnung mit Verlusten unter die vereinbarte **Pflichteinlage** gefallen ist, darf der Kommanditist seinen Gewinnanteil nicht entnehmen. Der Gewinnanteil muss dann vielmehr zur Wiederauffüllung der Pflichteinlage verwendet werden. Der Kommanditist ist nicht verpflichtet, erhaltene Gewinnanteile wegen späterer Verluste zurückzuzahlen. Es kann allerdings vereinbart werden, dass der Kommanditist seinen Gewinnanteil der KG als zusätzliches Eigen- oder Fremdkapital zur Verfügung stellt.

HGB § 169 (2) i. v. m. § 122

Kap. C 2.1

Widerspruchsrecht

HGB § 164, § 116 (2)

Sind bei der KG Entscheidungen zu treffen, die über den gewöhnlichen Betrieb des Handelsgewerbes der Gesellschaft hinausgehen, so haben die **Kommanditisten** ein **Widerspruchsrecht**. Das bedeutet, dass eine außergewöhnliche Handlung nicht vorgenommen werden darf, wenn nicht **sämtliche Gesellschafter** (zu denen auch die nicht geschäftsführungsbefugten Kommanditisten gehören) zustimmen **(Zustimmungserfordernis)**. Im Gesellschaftsvertrag kann allerdings vereinbart werden, dass das Stimmrecht des Kommanditisten für außergewöhnliche Rechtsgeschäfte ausgeschlossen ist.

HGB § 164

Widerspruchsrecht eines Kommanditisten

Ingolf Huber ist Komplementär bei der Baustoffgroßhandlung Ingolf Huber KG. Er hat beschlossen, in einer anderen Stadt eine Sanitärhandlung zu eröffnen und dazu das entsprechende Büro- und Geschäftsgrundstück zu kaufen.
Da die Eröffnung einer auswärtigen Sanitätsgroßhandlung in eigens dafür anzuschaffenden Geschäftsgebäuden sehr risikoreich ist, handelt es sich um eine außergewöhliche Geschäftsführungsmaßnahme. Daher hat Kommanditist Stark ein Widerspruchsrecht. Dieses sieht vor, dass Komplementär Huber die Zustimmung von Kommanditist Stark einholen muss (Zustimmungserfordernis). Entsteht der KG bei fehlender Zustimmung des Kommanditisten ein Schaden, so ist Ingolf Huber ersatzpflichtig.

Kündigungsrecht bei Austritt aus der KG

HGB § 132 i. V. m. § 161 (2)

In gleicher Weise wie ein Komplementär kann ein Kommanditist seine Mitgliedschaft in einer KG sechs Monate zum Ende eines Geschäftsjahres kündigen, falls der Gesellschaftsvertrag keine andere Regelung enthält.

Befreiung vom Wettbewerbsverbot

HGB § 165

Kap. B 4.5.2

Der Kommanditist unterliegt nicht dem gesetzlichen Wettbewerbsverbot. Trotzdem darf er bei Interessenskonflikten wegen der auch für ihn geltenden Treuepflicht keine für die KG geschäftsschädigenden Handlungen vornehmen.

5.4.4 Pflichten und Rechte der Teilhafter im Außenverhältnis

Vertretung

HGB § 170

Gesetzlich ist ein Kommanditist zur Vertretung der KG nicht ermächtigt. Dennoch können Kommanditisten Vertretungsmacht erhalten, wenn ihnen diese in Form einer Einzelvollmacht, Prokura oder Handlungsvollmacht erteilt wird. Handelt der Kommanditist ohne Vertretungsmacht, sind die von ihm abgeschlossenen Geschäfte schwebend unwirksam. BGB § 177

Haftung

Die Höhe der von einem Kommanditisten zu leistenden Einlage ist im Gesellschaftsvertrag festgelegt und als **Haftsumme** im Handelsregister eingetragen. Ob und gegebenenfalls in welcher Höhe der Kommanditist haftet, ist ausschließlich von der Höhe dieser Haftsumme abhängig. Das gilt auch für den Fall, dass im Innenverhältnis eine **Pflichteinlage** vereinbart wurde, die der Höhe nach von der **Haftsumme** abweicht. HGB § 162 (1)

Bei nicht oder nicht vollständig geleisteter Haftsumme haftet ein Kommanditist bis zur Höhe des ausstehenden Betrags den Gesellschaftsgläubigern **unmittelbar**. Bei vollständig geleisteter Haftsumme kann der Kommanditist von einem Gläubiger der KG **nicht zur Haftung** herangezogen werden. Er trägt aber das **Risiko**, im Falle einer Insolvenz der KG seine Einlage ganz oder teilweise zu verlieren. HGB § 172 (3)

Hat ein Kommanditist die im Gesellschaftsvertrag festgelegte und im Handelsregister eingetragene Einlage (Haftsumme) geleistet, so entfällt seine Haftung. HGB § 171

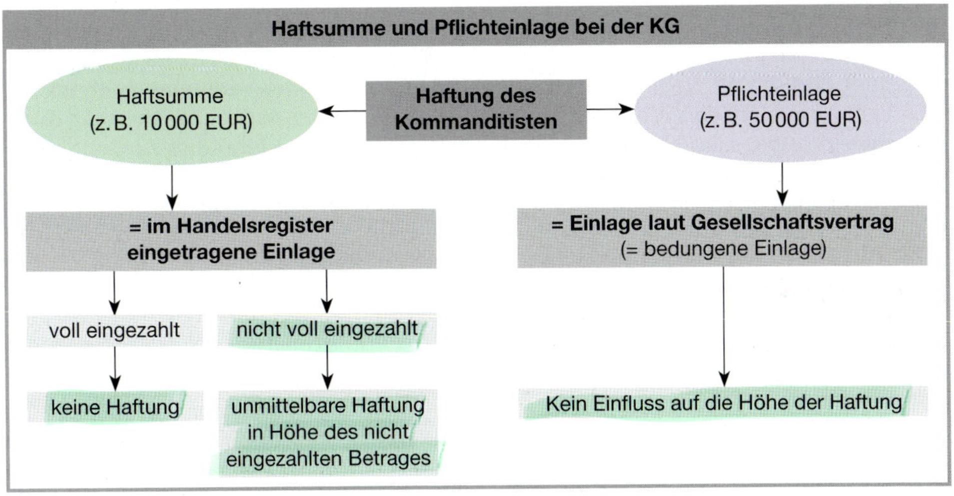

Haftung bei Gründung

Die Haftungsbeschränkung der Kommanditisten gilt erst ab dem Zeitpunkt der Eintragung der KG ins Handelsregister (= konstitutive Wirkung der Eintragung). Deshalb haften die Kommanditisten vor Eintragung ins Handelsregister wie Vollhafter, falls sie dem Geschäftsbeginn vor Eintragung nicht widersprochen haben und der Gläubiger keine Kenntnis von der Haftungsbeschränkung hatte. HGB § 176 (1)

Haftung bei Eintritt in eine bestehende KG

Tritt ein Kommanditist in eine bestehende KG ein, so haftet er für Verbindlichkeiten gegenüber einem gutgläubigen Dritten wie ein Vollhafter, sofern die Verbindlichkeiten zwischen seinem Eintritt und der Eintragung ins Handelsregister entstanden sind. HGB § 176 (2)

<table>
<tr><th colspan="4">Haftung des Kommanditisten</th></tr>
<tr><th>bei Gründung einer KG</th><th colspan="3">bei Eintritt in eine bereits bestehende KG</th></tr>
<tr><td rowspan="5">Solange die Eintragung ins Handelsregister noch nicht erfolgt ist, haftet der Kommanditist wie ein Vollhafter.</td><td colspan="3">Verbindlichkeit entstand</td></tr>
<tr><td colspan="2">bereits vor Eintritt des Kommanditisten</td><td rowspan="2">erst nach Eintritt des Kommanditisten, aber vor dessen HR-Eintragung</td></tr>
<tr><td colspan="2">Haftsumme voll eingezahlt?</td></tr>
<tr><td>ja</td><td>nein</td><td rowspan="2">Kommanditist haftet wie ein Vollhafter, wenn der Gläubiger die Haftungsbeschränkung des neuen Gesellschafters nicht kannte.</td></tr>
<tr><td>keine Haftung</td><td>unmittelbare Haftung mit ausstehendem Betrag</td></tr>
</table>

5.5 Auflösung der KG

Eine KG kann aus den gleichen Gründen aufgelöst werden wie eine OHG.

1. Ablauf der Zeit, für welche die KG eingegangen werden.
2. Beschluss der Gesellschafter.
3. Eröffnung eines Insolvenzverfahren über das Vermögen der KG.
4. Gerichtliche Entscheidung.

HGB § 177

Der Tod eines Kommanditisten führt in gleicher Weise wie bei der OHG **nicht** zur Auflösung der Gesellschaft. Vielmehr würde diese bei Fehlen anderer Vereinbarungen im Gesellschaftsvertrag mit den Erben fortgesetzt. An einer KG muss aber mindestens **ein Komplementär** beteiligt sein. Tritt der einzige Komplementär aus, so führt dies zur Auflösung.

<table>
<tr><th></th><th>Komplementär</th><th>Kommanditist</th></tr>
<tr><td>Tod eines Gesellschafters</td><td rowspan="2">Führt zur Auflösung der KG, falls keine weiteren Komplementäre beteiligt sind.</td><td>Fortsetzung mit Erben, falls keine anders lautenden Vereinbarungen im Gesellschaftsvertrag</td></tr>
<tr><td>Austritt aus der KG</td><td>Führt zur Auflösung der Gesellschaft, falls es sich um den einzigen Kommanditisten handelt und dessen Anteil nicht auf eine andere Person übertragen wird.</td></tr>
</table>

5.6 Vor- und Nachteile einer KG

Die gesetzlichen Vorschriften für die OHG stimmen u. a. in folgenden Fällen mit denen für die KG überein:

Beginn, steuerliche Behandlung, Rechnungslegung und Auflösung der Gesellschaft, Rechte/Pflichten der OHG-Gesellschafter und Rechte/Pflichten der Komplementäre.

Kap. B 4.8

Vor- und Nachteile der KG gegenüber der OHG

Vorteile	Nachteile
▪ erleichterte Kapitalbeschaffung durch Aufnahme von Kommanditisten ▪ Risiko des Kommanditisten ist begrenzt auf übernommenen Kapitalanteil ▪ Kommanditist hat keinen wesentlichen Einfluss auf die Geschäftsführung ▪ Kommanditist ist nicht zur Mitarbeit verpflichtet	▪ u. U. geringere Kreditwürdigkeit als OHG, da zumindest ein Gesellschafter kein Vollhafter ist.

5.7 The legal form of the German "Kommanditgesellschaft (KG)" in a nutshell

The KG is a limited partnership with two kinds of partners: **general partner(s)** and **limited partner(s)**. The form is similar to that of a general partnership, with the main difference being that the limited partner(s) may not be involved in the **management** of the business. The approval of the limited partner(s) is only required in the event of unusual business transactions. The general partner(s) is/are fully responsible for the external **representation**. The limited partner(s) does/do not have power of representation.

The KG is liable for its debts with all its assets. In addition, the general partner(s) is/are **personally liable**. The **liability** of the limited partner **is limited** to the amount that they invested in the partnership. However, the setting up of a partnership does not depend on a specific amount of minimum **capital**.

There are no formal provisions for the conclusion of a **partnership agreement**. However, it is recommended to enter into a written agreement setting out such matters as the amount of capital to be contributed by each partner and the way in which the **profits (and losses)** of the business will be distributed. Unless otherwise agreed, the German Commercial Code (HGB) will apply (i.e. all partners receive 4 % of the amount invested by them, the rest is distributed adequately).

Similar to the OHG, the KG is not subject to corporation **tax**. Again, profits received by the partners are subject to income tax.

Zusammenfassende Übersicht zu Kap. 5: Kommanditgesellschaft (KG)

Begriff: Personenhandelsgesellschaft (§§ 162 ff. HGB) mit mindestens zwei Gesellschaftern:
mindestens ein Gesellschafter haftet beschränkt (Teilhafter, Kommanditist)
mindestens ein Gesellschafter haftet voll (Vollhafter, Komplementär)

Gründung	Firmierung	Beginn	Auflösung
▪ Abschluss eines Gesellschaftsvertrags (notarielle Beurkundung, falls Grundstücke eingebracht werden § 311b BGB) ▪ Leistung von **Geld- oder Sacheinlagen** lt. Gesellschaftsvertrag ▪ Eingebrachte Einlagen werden **Gesamthandsvermögen** § 719 BGB ▪ Eigenkapital = Summe der Einlagen in Euro	▪ Sach-, Personen- oder Fantasiefirma mit dem Zusatz „Kommanditgesellschaft" oder „KG" § 19 (1) Nr. 3 HGB	**Im Innenverhältnis:** Mit Abschluss des Gesellschaftsvertrages oder mit dem im Gesellschaftsvertrag festgelegten Termin **Außenverhältnis:** (1) bei Handelsgewerbe mit kaufmännischem Geschäftsbetrieb nach § 1 HGB: mit Aufnahme der Geschäftstätigkeit, spätestens aber mit HR-Eintragung § 123 (1) u. (2) HGB (2) KG betreibt Kleingewerbe (§§ 1, 2, 6 HGB): mit Eintragung ins HR § 123 (1) HGB	Auflösungsgründe wie bei der OHG § 131, § 133 HGB: 1. Zeitablauf lt. Gesellschaftsvertrag 2. Gesellschafterbeschluss 3. Eröffnung eines Insolvenzverfahrens 4. Gerichtliche Entscheidung Bei Tod eines Kommanditisten: Fortsetzung der KG mit den Erben, falls keine anders lautende Vereinbarung im Gesellschaftsvertrag § 177 HGB

Pflichten und Rechte der Gesellschafter			
Vollhafter (Komplementär)		**Teilhafter (Kommanditist)**	
Pflichten	Rechte	Pflichten	Rechte
▪ Kapitaleinlage ▪ Arbeitsleistung (Geschäftsführung) § 114 (1) HGB ▪ Treuepflicht und Wettbewerbsverbot § 112 f. HGB ▪ Verlustbeteiligung § 168 (2) HGB ▪ Haftung §§ 128–130 HGB	▪ Geschäftsführung § 114 ff. HGB ▪ Stimmrecht § 119 HGB ▪ Kontrollrecht § 118 HGB ▪ Gewinnbeteiligung § 168 HGB ▪ Privatentnahme § 122 HGB ▪ Kündigung § 132 HGB ▪ Liquidationserlös § 155 HGB ▪ Vertretung § 125 ff. HGB	▪ Kapitaleinlage ▪ falls vereinbart: Erbringung von Dienstleistungen ▪ Verlustbeteiligung § 167 (3), § 168 (2) HGB ▪ falls gesonderte Vereinbarung: Vertretung § 170 HGB (andernfalls sind Willenserklärungen schwebend unwirksam) ▪ Haftung § 171 HGB ▪ Treuepflicht § 112 HGB i. V. m. § 165 HGB	▪ falls gesonderte Vereinbarung: Geschäftsführung § 164 HGB; ▪ Widerspruchsrecht bei außergewöhnlichen Handlungen § 164 HGB ▪ Kontrollrecht § 166 HGB ▪ Gewinnbeteiligung § 168 HGB (aber keine Privatentnahmen) ▪ Kündigung § 132 i. V. m § 161 (2) HGB ▪ Befreiung vom Wettbewerbsverbot § 165 HGB ▪ falls gesonderte Vereinbarung: Vertretung § 170 HGB

Fragen zur Wiederholung – revision questions

zu Kapitel 5 Kommanditgesellschaft

5.1 Begriff und Firma der KG

1. Nennen Sie Merkmale einer KG.
2. Unterscheiden Sie Komplementär und Kommanditist.
3. Wie muss bzw. kann eine Kommanditgesellschaft firmieren?
4. *What is the corresponding legal form to the German "Kommanditgesellschaft (KG)?"*

5.2 Gründung und Beginn der KG

1. In welcher Form leisten – je nach Vereinbarung im Gesellschaftsvertrag – die Gesellschafter einer KG Einlagen?
2. Erläutern Sie den Begriff Gesamthandsvermögen.
3. Welche Formvorschriften sind beim Abschluss eines Gesellschaftsvertrages für eine KG zu beachten?
4. Erklären Sie den Begriff Haftsumme.
5. Welche Eintragungen zur Haftung eines Kommanditisten enthält das Handelsregister? Welche Informationen werden hierzu öffentlich bekannt gemacht?

5.3 Pflichten und Rechte der Vollhafter (Komplementäre)

1. Zählen Sie die Pflichten und Rechte eines Komplementärs auf. Unterscheiden Sie dabei zwischen Innen- und Außenverhältnis.
2. In welchen Fällen steht dem Kommanditisten ein Widerspruchsrecht zu?
3. Wem steht die Vertretung der KG zu?

5.4 Pflichten und Rechte der Teilhafter (Kommanditisten)

5.4.1 Überblick

1. Zählen Sie die Pflichten und Rechte eines Teilhafters auf. Unterscheiden Sie dabei zwischen Innen- und Außenverhältnis.

5.4.2 Pflichten der Teilhafter im Innenverhältnis

1. Erläutern Sie den Begriff Pflichteinlage.
2. In welcher Form können Einlagen in eine KG geleistet werden?
3. Wodurch unterscheiden sich Pflichteinlage und Haftsumme?
4. Wie wird der auf einen Kommanditisten entfallende Verlustanteil berechnet?

5.4.3 Rechte der Teilhafter im Innenverhältnis

1. Welche Kontrollrechte stehen dem Kommanditisten einer KG zu?
2. Wie wird der auf einen Kommanditisten entfallende Gewinnanteil berechnet?
3. Unter welcher Voraussetzung kann ein Kommanditist Geschäftsführungsbefugnis erhalten?
4. Welche Frist ist bei der Kündigung der Mitgliedschaft eines Kommanditisten zu beachten?

5.4.4 Pflichten und Rechte der Teilhafter im Außenverhältnis

1. Unter welcher Voraussetzung kann ein Teilhafter eine KG vertreten?
2. Wie haftet ein Kommanditist, der seine Einlage noch nicht vollständig geleistet hat?
3. Wie haftet ein Kommanditist, der seine Einlage vollständig geleistet hat?
4. Welche Besonderheit hinsichtlich der Haftung eines Kommanditisten ist bei der Gründung einer KG zu beachten?

5.5 Auflösung der KG

1. Wie kann eine KG aufgelöst werden?
2. Welche Folgen hat der Austritt/Tod des einzigen Komplementärs einer KG?
3. Welche Folgen hat der Austritt/Tod des einzigen Kommanditisten einer KG?

5.6 Vor- und Nachteile einer KG

1. Welche Vor- und Nachteile hat eine Kommanditgesellschaft im Vergleich zur OHG?

5.7 The German Kommanditgesellschaft (KG)

1. *What are the formal requirements for the KG?*
2. *Briefly explain the following aspects of the KG: capital, management, representation, liability, sharing of profits and loss, tax on earnings.*

Aufgaben und Probleme

zu Kapitel 5 Kommanditgesellschaft

LA

5.1 Gründung einer KG – Rechtsfragen – Gewinnverteilung – Ausscheiden von Gesellschaftern

Die Einzelunternehmen Bernhard Köbele e. Kfm., Klaus Siegwarth e. Kfm. und Franziska Benz e. Kfr. produzieren im Raum Heilbronn in ihren Unternehmen jeweils Fahrtenschreiber für Lastkraftwagen. Die aktuelle Marktsituation erfordert ein Umdenken und Umstrukturieren, da die drei Unternehmen auf Dauer allein wirtschaftlich nicht überleben können. Aus diesem Grund wollen sie sich zu einer Personengesellschaft zusammenschließen und weitere Kapitalquellen erschließen. Stephan Unruh ist bereit, sich als Kommanditist mit 300 000 EUR zu beteiligen. Die Gesellschafter unterzeichnen am 01.03.2010 nachstehenden Gesellschaftsvertrag (Auszug). Die Handelsregistereintragung erfolgt am 15.03.2010, die Geschäftsaufnahme am 01.03.2010.

1. Prüfen Sie anhand von zwei Kriterien, ob die gewählte Firmierung zulässig ist. HGB § 19 (1), § 18 (2),
2. Erläutern Sie die Haftungssituation aller Gesellschafter vor und nach der Eintragung in das Handelsregister. Geben Sie an, in welcher Höhe der Kommanditist nach der Handelsregistereintragung haftet. § 176 (1)

Auszug aus dem Gesellschaftsvertrag:

§ 1 Gesellschafter, Firma und Einlagen

1. Franziska Benz, Bernhard Köbele, Klaus Siegwarth und Stephan Unruh, errichten zum 01.03.2010 eine Kommanditgesellschaft unter der Firma „EUROPA-SCHREIBER KG".
2. Persönlich haftende Gesellschafter sind Herr Bernhard Köbele, Herr Klaus Siegwarth und Frau Franziska Benz. Sie bringen ihre bisherigen Einzelunternehmen mit folgenden Werten ein:

Bernhard Köbele:	350 000 EUR
Klaus Siegwarth:	250 000 EUR
Franziska Benz:	260 000 EUR

3. Kommanditist ist Herr Stephan Unruh mit einer Bareinlage von 300 000 EUR. Seine im Handelsregister einzutragende Haftsumme beträgt 200 000 EUR.
4. Die Bareinlage von Stephan Unruh ist zur Hälfte sofort, zur anderen Hälfte bis 31.05.2010 zur Zahlung fällig.

...

§ 4 Geschäftsführung und Vertretung

1. Zur Geschäftsführung und Vertretung ist jeder Komplementär einzeln berechtigt und verpflichtet. Bei Geschäften über 20 000 EUR muss mindestens ein weiterer Komplementär zustimmen.
2. Der Kommanditist kann Handlungen der Komplementäre auch dann nicht widersprechen, wenn die Handlungen über den gewöhnlichen Betrieb hinausgehen.

§ 5 Dauer der Gesellschaft, Kündigung und Ausschluss

1. Die Gesellschaft wird auf unbestimmte Zeit eingegangen. Jeder Gesellschafter kann erstmals zum 31.12.2011 und danach zum Ende eines jeden Jahres jeweils mit einer Frist von einem Jahr schriftlich kündigen.
2. Die Kündigung eines Gesellschafters hat nicht die Auflösung der Gesellschaft zur Folge.
3. Das Geschäftsjahr entspricht dem Kalenderjahr.

§ 6 Gewinn- und Verlustverteilung

1. Die Komplementäre erhalten für ihre Geschäftsführungstätigkeit vorab eine monatliche Vergütung von 6 000 EUR (Köbele und Siegwarth) bzw. 5 000 EUR (Benz).
2. Der nach Abzug der Vorabvergütung verbleibende Restgewinn wird wie folgt verteilt:
   a) Die drei Komplementäre erhalten je 30 %.
   b) Der Kommanditist erhält 10 %.
3. Einen Verlust tragen die drei Komplementäre je zu einem Drittel. Der Kommanditist nimmt an einem Verlust nicht teil.

...

§ 8 Abfindung eines ausscheidenden Gesellschafters

1. Scheidet ein Gesellschafter aus der Gesellschaft aus, erhält er eine Abfindung in Höhe des Buchwertes seiner Beteiligung laut letzter Bilanz vor seinem Ausscheiden zuzüglich 20 % dieses Betrages als pauschalen Ausgleich stiller Reserven und des Firmenwertes.
2. Die Auszahlung der Abfindung findet in vier gleichen Jahresraten statt, von denen die erste 10 Monate nach Ausscheiden des Gesellschafters fällig wird.

§ 9 Tod eines Gesellschafters

Stirbt ein Gesellschafter, so wird die Gesellschaft mit dessen Erben fortgesetzt. Diese sind von der Geschäftsführung und Vertretung ausgeschlossen.

HGB § 126 (2)

3. Bernhard Köbele kauft am 15.06.2010 ein neues Gerät zur Beschriftung der Scheiben für die Fahrtenschreiber. Der Kaufpreis liegt bei 25 000 EUR. Franziska Benz geht davon aus, dass der Kaufvertrag für die KG nicht rechtswirksam ist.
   Erläutern Sie die Rechtssituation im Innen- und Außenverhältnis.

§ 164

4. Klaus Siegwarth will nach Absprache mit den anderen Komplementären einen Kredit in Höhe von 1 500 000 EUR aufnehmen. Stephan Unruh widerspricht diesem Vorhaben.
   Beurteilen Sie die Wirksamkeit dieses Widerspruchs.

5. Im Jahresabschluss zum 31.12.2010 wird ein Unternehmensgewinn in Höhe von 372 000 EUR ermittelt.
   a) Beurteilen Sie mit drei Argumenten, ob die Gewinn- und Verlustregelungen in § 6 des Gesellschaftsvertrags angemessen sind.
   b) Berechnen Sie den Gewinnanteil für Stephan Unruh.
   c) Herr Unruh ist mit der Ertragslage des Unternehmens unzufrieden und will deshalb in Zukunft monatlich die Bücher der Gesellschaft einsehen. HGB § 166 (1),
   Prüfen Sie die Zulässigkeit seines Vorhabens anhand des Gesetzes.
6. Franziska Benz ist schon seit längerem unzufrieden mit ihrer persönlichen Situation in der Unternehmung. Überraschend erhält sie ein Angebot, sich an der Hiller OHG, einer Herstellerin von Fahrtenschreibern, zu beteiligen. § 112 (1)
   Beurteilen Sie, ob Frau Benz das Angebot gegen den Willen der Mitgesellschafter annehmen kann.
7. Im März 2012 kündigt Frau Benz zum nächstmöglichen Termin ihre Mitgliedschaft in der KG und verlangt die Auszahlung der vertraglich vereinbarten Abfindung.
   a) Zu welchem Termin kann sie frühestens aus der KG ausscheiden?
   b) Ermitteln Sie die Höhe und den Zeitpunkt der ersten Abfindungszahlung. Gehen Sie davon aus, dass ihre bisherigen Gewinnanteile bereits ausbezahlt wurden.

5.2 KG: Rechtsfragen

Der Ingenieur Karl Maier und der Kaufmann Otto Traut betreiben als voll haftende Gesellschafter die Regeltechnik Maier KG in Leonberg, die Messinstrumente und automatische Regler für Heizungs- und Klimatechnik produziert und vertreibt.

Die Kapitaleinlage von Karl Maier beträgt zum Jahresanfang 2012 347 200 EUR, die von Otto Traut 231 700 EUR. Zu diesem Zeitpunkt sind als Kommanditisten beteiligt: Ursula Traut mit einer im Handelsregister eingetragenen Haftsumme von 80 000 EUR und Karl Maiers Sohn Jochen mit einer im Handelsregister eingetragenen Haftsumme von 50 000 EUR, von der allerdings erst 17 500 EUR tatsächlich eingezahlt wurden.

Für ihre Tätigkeit im Unternehmen erhalten die Komplementäre lt. Gesellschaftsvertrag eine monatliche Tätigkeitsvergütung in Höhe von 7 000 EUR, die nicht auf das gesetzliche Entnahmerecht angerechnet wird. Darüber hinaus entnimmt Karl Maier im Laufe des Jahres weitere 12 000 EUR für private Zwecke.

1. Beurteilen Sie folgende Vorgänge und begründen Sie Ihre Aussagen.
   a) Jochen Maier nimmt Einblick in die Finanzbuchhaltung und prüft, ob das Jahresergebnis richtig ermittelt wurde. HGB § 166,
   b) Otto Traut bestellt ohne Rücksprache mit Karl Maier eine neue Maschine mit Lasertechnik. Karl Maier kritisiert diese Anschaffung nachträglich als Fehlinvestition und möchte sie rückgängig machen. §§ 125 ff. 115,
   c) Jochen Maier weist den Prokuristen Lange an, von der Bank ein Darlehen aufzunehmen, mit dem Liefererverbindlichkeiten beglichen werden sollen. § 164,
   d) Jochen Maier kauft im Namen der KG ohne Absprache mit den Mitgesellschaftern Getränke für die betriebliche Weihnachtsfeier. § 170 BGB § 177
   e) Karl Maier bestellt ohne Rücksprache mit den anderen Gesellschaftern seinen Sohn Jochen zum Prokuristen. HGB § 164, § 116 (3),
   f) Karl Maier und Otto Traut beabsichtigen, die KG mit 200 000 EUR an einem ihrer Zulieferer zu beteiligen. Ursula Traut ist mit einer solchen Beteiligung nicht einverstanden. § 164,
2. Prüfen Sie, ob Karl Maier während des Jahres 2012 ohne Rücksprache mit den Mitgesellschaftern nach den Vorschriften des HGB berechtigt gewesen wäre, weitere 5 000 EUR zur Begleichung einer Arztrechnung zu entnehmen. § 122
3. In welcher Höhe haftet Kommanditist Jochen Maier den Gläubigern der KG, wenn er lt. Gesellschaftsvertrag eine Pflichteinlage in Höhe von 60 000 EUR zu leisten hat?

6 Gesellschaft mit beschränkter Haftung (GmbH) *Limited company (Ltd., LLP, LLC)*

Überblick und Zusammenhänge

Aufg. 6.1 S. 199

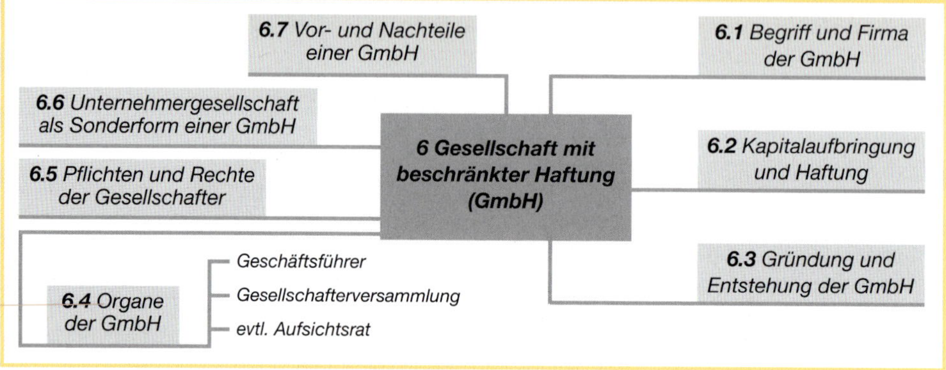

6.1 Begriff und Firma der GmbH

GmbHG § 11, § 13

Die GmbH ist eine Handelsgesellschaft mit eigener Rechtspersönlichkeit (juristische Person), bei der die Haftung gegenüber den Gläubigern auf das Gesellschaftsvermögen beschränkt ist.

GmbHG § 4

Die GmbH zählt – ebenso wie die Aktiengesellschaft – zu den **Kapitalgesellschaften**. Wie alle anderen juristischen Personen erwirbt sie ihre Rechtsfähigkeit erst durch Eintragung ins Handelsregister **(konstitutive Wirkung)**. Eine GmbH muss nicht – wie z. B. die OHG oder KG – zwingend einen **wirtschaftlichen Zweck** verfolgen. Sofern besondere Gesetze die GmbH als Rechtsform nicht verbieten (nicht zulässig z. B. für Versicherungen, Bausparkassen, Apotheken), kann sie für jeden gesetzlich zulässigen Zweck gegründet werden. Der Betrieb eines Handelsgewerbes ist damit **keine Voraussetzung** für die Errichtung. Eine GmbH ist aber **stets eine Handelsgesellschaft** und unterliegt daher wie jeder andere Kaufmann auch den Vorschriften des Handelsrechts. Sie ist Kaufmann kraft Rechtsform **(Formkaufmann)**.

GmbHG § 4

Die **Firma** muss die Bezeichnung „Gesellschaft mit beschränkter Haftung" oder eine allgemein verständliche Abkürzung dieses Begriffs (z. B. GmbH) enthalten. Eine GmbH als juristische Person kann sich auch an anderen Unternehmen (z. B. an einer OHG oder KG) beteiligen.

Firma einer GmbH

Personenfirma:	Franz Pfeffer GmbH	**Sachfirma:**	Lahrer Gerätewerk GmbH
Fantasiefirma:	Bit & Byte GmbH	**Mischfirma:**	Schlosserei Person GmbH

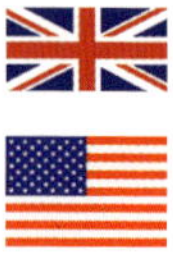

Private limited companies in Anglo-American countries

The British and US-American forms of limited liability companies do not fully correspond to the German form of the "GmbH". This is due to the fact that this form of business organisation depends on the specific requirements of business law that apply in these countries. In the Anglo-American countries, private limited companies often combine features of the GmbH with those of the Offene Handelsgesellschaft (OHG) or the Kommanditgesellschaft (KG). However, a common feature of the GmbH and of private limited companies in Anglo-American countries is that shares cannot be traded publicly in the stock markets. In fact, the existing shareholders alone have the power to decide about new shareholders. That is why the terms "private" or "closed" are often used to describe this legal form. The table below shows some of the terms used for private incorporated companies with limited liability in Great Britain and the USA.

Deutsch	***British***	***US-American***
Gesellschaft mit beschränkter Haftung (GmbH)	■ *Private limited company (Ltd)* ■ *Limited liability Partnership (LLP)*	■ *Closed corporation* ■ *Private corporation* ■ *Privately-held corporation* ■ *Limited liability company (LLC)*
Beispiel: Adecco Personaldienstleistungen GmbH	**Example:** *Harrods Ltd*	**Example:** *BMW of North America, LLC*
Geeignet für: Mittlere und große Unternehmen mit hohem Kapitalbedarf	***Suitable for:*** *Medium-sized and big companies with a high level of capital requirement*	

6.2 Kapitalaufbringung und Haftung

Kapitalaufbringung

Das Stammkapital (Bezeichnung in der Bilanz: Gezeichnetes Kapital) ist der in der Satzung (= Gesellschaftsvertrag der GmbH) festgelegte Kapitalbetrag, mit dem die Gesellschafter insgesamt an der GmbH beteiligt sind.

GmbHG § 5 (1)
HGB § 266 (3)

Das Stammkapital muss **mindestens 25 000 EUR** betragen. Es setzt sich aus der Summe der **Nennbeträge der Geschäftsanteile** zusammen.

GmbHG § 5

Der **Nennbetrag eines Geschäftsanteils** muss mindestens auf den Betrag von **einem Euro** und auf volle Euro lauten. Ein Gesellschafter kann bei Errichtung der GmbH mehrere Geschäftsanteile übernehmen. Die Nennbeträge der einzelnen Geschäftsanteile können unterschiedlich hoch sein. Die Höhe der Nennbeträge der Geschäftsanteile sowie die Zahl der von einem Gesellschafter übernommenen Geschäftsanteile müssen in den Gesellschaftsvertrag aufgenommen werden. Die Summe der Nennbeträge aller Geschäftsanteile muss mit dem Stammkapital übereinstimmen.

GmbHG § 5 (2), (3)
GmbHG § 3 (2) Nr. 4

Stammkapital = Summe der Nennbeträge aller Geschäftsanteile

Die Höhe der von einem Gesellschafter zu leistenden **Einlage** richtet sich nach der Zahl der von ihm übernommenen Geschäftsanteile und nach dem im Gesellschaftsvertrag festgesetzten Nennbetrag dieser Geschäftsanteile.

GmbHG § 14

Vor der Anmeldung zur Eintragung ins Handelsregister sind **Sacheinlagen** in vollem Umfange zu leisten. **Bareinlagen** müssen zu **mindestens einem Viertel** des Nennbetrags des jeweiligen Geschäftsanteils geleistet werden. Gleichzeitig muss die Summe der geleisteten Einlagen zu diesem Zeitpunkt mindestens die Hälfte des Mindeststammkapitals von 25 000 EUR – also 12 500 EUR – betragen. Damit lässt sich im Fall einer Bargründung (d. h. bei der Gründung werden nur Geldeinlagen und keine Sacheinlagen geleistet) bereits mit einem Betrag von 12 500 EUR eine GmbH gründen.

GmbHG § 7 (2), (3)

Der Geschäftsanteil verkörpert ein Mitgliedschaftsrecht. Er spiegelt damit nicht nur die Beteiligung eines Gesellschafters am Stammkapital, sondern am gesamten Eigenkapital (= tatsächliches Vermögen abzüglich tatsächliche Schulden) einer GmbH wider.

GmbHG § 14, § 15 (1), § 15 (3)

Bilanz einer GmbH – Nennwert und tatsächlicher Wert von Geschäftsanteilen

Dirk Biehler und Guntram Leisinger sind Gesellschafter der Leisinger GmbH. Im Gesellschaftsvertrag sind die Nennbeträge der Geschäftsanteile wie folgt festgelegt:

Nennbetrag des Geschäftsanteils Biehler	20 000 EUR
Nennbetrag des Geschäftsanteils Leisinger	50 000 EUR

In den vergangenen Geschäftsjahren haben die beiden Gesellschafter teilweise auf die Ausschüttung der ihnen zustehenden Gewinnanteile verzichtet. Der Betrag der bisher nicht entnommenen Gewinnanteile beläuft sich auf insgesamt 35 000 EUR und ist in der Bilanzposition „Andere Gewinnrücklagen" ausgewiesen. Gem. § 266 (3) HGB muss das Stammkapital auf der Passivseite in der Bilanzposition A. I. als „Gezeichnetes Kapital" ausgewiesen werden.[1] Da die Höhe des Stammkapitals im Handelsregister eingetragen ist, darf es – anders als z. B. bei einem Einzelunternehmen – nicht durch Gewinne oder Verluste verändert werden.

Bilanz der Leisinger GmbH (Auszug)

Aktiva			**Passiva**
Vermögen	185 000 EUR	Gezeichnetes Kapital	70 000 EUR
		Andere Gewinnrücklagen	35 000 EUR
		Verbindlichkeiten	80 000 EUR
	185 000 EUR		185 000 EUR

Das **Eigenkapital** der Leisinger GmbH beträgt 105 000 EUR.

Stammkapital (in der Bilanz ausgewiesen als gezeichnetes Kapital)	70 000 EUR
+ Andere Gewinnrücklagen (Eigenkapital aus einbehaltenen Gewinnen)	35 000 EUR
= in der Bilanz ausgewiesenes **Eigenkapital**	105 000 EUR

Die tatsächlichen Werte der Geschäftsanteile bestimmen sich nach dem Verhältnis der **Nennbeträge** der Geschäftsanteile zueinander (hier: 2 : 5) und betragen:

	Dirk Biehler	Guntram Leisinger	Summen
Nennbeträge der Geschäftsanteile	20 000 EUR	50 000 EUR	**70 000 EUR**
Tatsächlicher Wert der Geschäftsanteile	30 000 EUR	75 000 EUR	**105 000 EUR**

Haftung der GmbH

Die GmbH als juristische Person haftet den Gläubigern gegenüber unbeschränkt mit ihrem Gesellschaftsvermögen.[2]

GmbHG § 13 (2)

Für Verbindlichkeiten der GmbH haftet ausschließlich die GmbH als juristische Person.

Eine Haftung der Gesellschafter für die Schulden der GmbH ist in **jedem Fall** (also auch bei noch nicht vollständig eingezahlten Einlagen) ausgeschlossen. **Von der GmbH** können die Gesellschafter nur dann in Anspruch genommen werden, wenn die Einlagen auf die Geschäftsanteile noch nicht in vollem Umfang geleistet wurden oder eine Nachschusspflicht vereinbart ist.

1 Die Summe der Nennbeträge aller Geschäftsanteile wird im **GmbHG** als **Stammkapital** bezeichnet. Das **HGB**, das für **alle Kapitalgesellschaften** gilt, verwendet dagegen für den Ausweis des entsprechenden Kapitals in der Bilanz den Begriff **gezeichnetes Kapital.** In einer GmbH-Bilanz findet sich daher nicht der Begriff Stammkapital, sondern gezeichnetes Kapital. Beide Begriffe werden aber bezogen auf die GmbH gleichbedeutend verwendet.

2 Der Name der GmbH als „Gesellschaft mit beschränkter Haftung" ist missverständlich: Die Gesellschaft haftet für ihre Schulden keineswegs beschränkt, sondern unbeschränkt mit ihrem gesamten **Gesellschaftsvermögen**.

6.3 Gründung und Entstehung der GmbH

Die Errichtung einer GmbH ist durch eine[1] oder mehrere Personen möglich. Der Gesellschaftsvertrag bedarf der **notariellen Beurkundung** und ist von sämtlichen Gesellschaftern zu unterzeichnen. Die GmbH als juristische Person entsteht erst durch Eintragung ins Handelsregister **(konstitutive Wirkung der Eintragung)**. Schließen die Gesellschafter nach Abschluss des notariellen Gesellschaftsvertrages, aber noch **vor Eintragung ins Handelsregister** im Namen der Gesellschaft (Vorgesellschaft) Rechtsgeschäfte ab, so haften die Handelnden persönlich und solidarisch (gesamtschuldnerisch). Daneben haftet die rechtsfähige Vorgesellschaft (Vor-GmbH) mit ihrem ganzen Vermögen.[2]

GmbHG §§ 1, 2, § 11 (2)

Die **Gründung** einer GmbH in einem **vereinfachten Verfahren** ist unter folgenden Voraussetzungen möglich:

GmbHG § 8 (1) Nr. 5

1. In die Gesellschaft werden keine Sacheinlagen wie z. B. Grundstücke eingebracht (= Bargründung).
2. Die Gesellschaft besteht aus **höchstens drei Gesellschaftern** und **einem Geschäftsführer**.

Soll die Gesellschaft in einem **vereinfachten Verfahren** gegründet werden, so ist es erforderlich, das als Anlage dem GmbHG beigefügte **Musterprotokoll** zu verwenden[3] und **notariell beurkunden** zu lassen. Da in diesem Fall eventuelle Rückfragen im Zusammenhang mit der Registereintragung weitgehend entfallen, ist die Gründung kostengünstig.

GmbHG § 5a (1)

GmbHG § 2 (1) und (1a)

<table>
<tr><th colspan="3">Verfahren bei der Gründung einer GmbH</th></tr>
<tr><th>Standardgründung</th><th colspan="2">Gründung mit Musterprotokoll
(siehe Arbeitsblatt zum Aufg. B 6.4)</th></tr>
<tr><td>Notarielle Beurkundung des Gesellschaftsvertrages</td><td>Musterprotokoll für Einpersonengesellschaft</td><td>Musterprotokoll für Mehrpersonengesellschaften</td></tr>
<tr><th colspan="3">Grundlage: GmbHG § 2</th></tr>
<tr><td>Standardgründung erforderlich, wenn
■ mehr als 3 Gesellschafter beteiligt sind,
■ Sacheinlagen eingebracht werden,
■ mehrere Personen als Geschäftsführer bestellt sind.</td><td colspan="2">Gründung mit Musterprotokoll möglich, wenn
■ bis zu 3 Gesellschafter beteiligt sind,
■ keine Sacheinlagen eingebracht werden,
■ nur einer Person die Geschäftsführung zusteht.</td></tr>
<tr><td>Vorteile:
■ viele Gestaltungsmöglichkeiten durch Vereinbarungen im Gesellschaftsvertrag
■ Anpassungsmöglichkeiten an Wünsche der Gesellschafter

Nachteile:
■ aufwendiger Gründungsvorgang
■ höhere Kosten als bei Gründung mit Musterprotokoll</td><td colspan="2">Vorteile:
■ einfacher und schneller Gründungsvorgang
■ kostengünstig

Nachteile:
■ kaum Gestaltungsmöglichkeiten wegen Vorgaben im Musterprotokoll
■ evtl. Streitigkeiten, weil Gesellschafterinteressen nur bedingt berücksichtigt werden können</td></tr>
</table>

1 Der Gesellschaftsvertrag besteht im Fall einer Ein-Mann-GmbH aus einer schriftlichen Erklärung des Gesellschafters. Trotzdem wird in diesem Falle auch von „Gesellschaftsvertrag“ gesprochen, wenngleich diese Bezeichnung wie auch die Bezeichnung „Gesellschaft“ nicht zutrifft.

2 Die Haftung für Handlungen vor der Eintragung der GmbH ins Handelsregister ist nicht Gegenstand des Lehrplans.

3 Das Musterprotokoll am Ende des GmbH-Gesetzes ist in der Textsammlung „Wirtschaftsgesetze“, Verlag Europa Lehrmittel Nr. 94810 abgedruckt. Siehe auch Arbeitsblatt zu Aufg. B 6.4.

6.4 Organe der GmbH

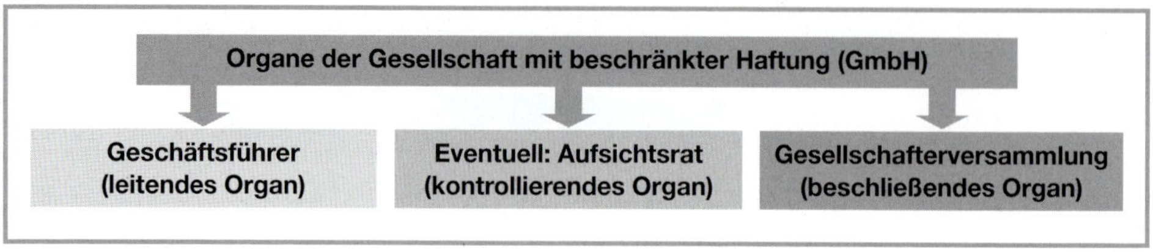

6.4.1 Geschäftsführer

GmbHG § 6, 35, 36, § 46 Nr. 5

Der oder die Geschäftsführer einer GmbH vertreten die Gesellschaft Dritten gegenüber (Außenverhältnis).

Nach außen hin wird die GmbH als juristische Person durch einen oder mehrere **Geschäftsführer**[1] vertreten. Für die Bestellung und Abberufung der Geschäftsführer gibt es für eine GmbH, die nicht verpflichtet ist, einen Aufsichtsrat zu bilden, zwei Möglichkeiten:

❶ Festlegung im Gesellschaftsvertrag, wer die GmbH als Geschäftsführer vertritt, oder
❷ Beschluss der Gesellschafterversammlung.

GmbHG § 6 (3), § 35 (2)

Die **Geschäftsführer** einer GmbH sind zu deren **Vertretung** (Außenverhältnis) und zur **Geschäftsführung** (Innenverhältnis) berechtigt. Enthält der Gesellschaftsvertrag keine anderen Vereinbarungen, so besteht – anders als für die Vollhafter einer OHG oder KG – bei mehreren Geschäftsführern **Gesamtgeschäftsführungs- und Gesamtvertretungsbefugnis**.

BGB § 177 (1)

Schließt ein mit Gesamtvertretungsbefugnis ausgestatteter Geschäftsführer ohne die Einwilligung seiner Mitgeschäftsführer einen Vertrag für die GmbH, so ist der Vertrag **schwebend unwirksam**.

GmbHG § 45, § 38 (1)

Gesellschafter können gleichzeitig Geschäftsführer sein **(Gesellschaftergeschäftsführer)**. Mit der Geschäftsführung können aber auch außenstehende Dritte beauftragt werden **(Fremdorganschaft)**.

GmbHG § 38, § 46, § 47

BGB § 611

Sofern der Gesellschaftsvertrag nichts anderes vorsieht, ist ein Widerruf der Geschäftsführungsbefugnis jederzeit ohne Angabe von Gründen mit einfacher Stimmenmehrheit möglich. Dies gilt auch dann, wenn die Geschäftsführung im Gesellschaftsvertrag geregelt ist, für dessen Änderung im Normalfall eine 3/4 Mehrheit erforderlich ist. Die tatsächliche Beendigung des Arbeitsvertrages mit dem Geschäftsführer richtet sich aber nach den arbeitsrechtlichen Vorschriften.

GmbHG § 51a

Die Geschäftsführer einer GmbH sind an Weisungen der Gesellschafter bzw. an Vorgaben des Gesellschaftsvertrages gebunden. Die Zeitdauer ihrer Bestellung ist gesetzlich nicht begrenzt. Sie haben den Gesellschaftern auf deren Verlangen unverzüglich Auskunft über die Angelegenheiten der Gesellschaft und Einsicht in die Bücher zu gewähren **(Informationsrecht der Gesellschafter)**.

---

1 Die Bezeichnung „Geschäftsführer" ist irreführend. Die Geschäftsführung bezieht sich auf das Innenverhältnis einer Gesellschaft *(vgl. Kap. B 3)*. Der Geschäftsführer einer GmbH vertritt dagegen die Gesellschaft auch nach außen (= Außenverhältnis).

6.4.2 Gesellschafterversammlung

Die Gesellschafter als Eigentümer der GmbH fassen ihre Beschlüsse in der Gesellschafterversammlung.

Falls der Gesellschaftsvertrag keine besonderen Regelungen enthält, fassen die Gesellschafter in der Gesellschafterversammlung Beschlüsse u. a. zu folgenden Punkten: GmbHG § 46, § 29 (3)

- Feststellung des Jahresabschlusses und Verwendung des Ergebnisses: Enthält der Gesellschaftsvertrag keine Vereinbarungen zur Gewinnverwendung, so erfolgt die Verteilung nach dem Verhältnis der Geschäftsanteile.
- Einforderung von Einlagen
- Bestellung, Entlastung und Abberufung von Geschäftsführern
- Bestellung von Prokuristen und von Handlungsbevollmächtigten

Die Beschlussfassung in der Gesellschafterversammlung erfolgt nach der Mehrheit der abgegebenen Stimmen. **Jeder Euro** eines Geschäftsanteils gewährt **eine Stimme**.

Für das Stimmrecht ist der Nennbetrag des Geschäftsanteils und nicht der aufgrund von Gewinnrücklagen möglicherweise davon abweichende tatsächliche Wert ausschlaggebend.

6.4.3 Aufsichtsrat

Falls in der GmbH ein Aufsichtsrat freiwillig gebildet wird oder aufgrund gesetzlicher Verpflichtungen gebildet werden muss, übernimmt dieser die Aufgabe, die Geschäftsführung zu kontrollieren.

Aufsichtsrat als freiwilliges Organ (fakultativer Aufsichtsrat)

Sind in einer GmbH nicht mehr als 500 Arbeitnehmer beschäftigt, so ist die Bildung eines Aufsichtsrates gesetzlich nicht vorgeschrieben. Es ist der GmbH jedoch freigestellt, durch Gesellschaftsvertrag bei der Errichtung oder später durch Satzungsänderung einen Aufsichtsrat zu bestellen. Fragen zu dessen Bestellung, der Zahl der Mitglieder und deren Befugnisse können **frei geregelt und gestaltet werden**. Im Normalfall hat ein freiwillig gebildeter Aufsichtsrat lediglich die Aufgabe, die Geschäftsführer zu kontrollieren. Ohne entsprechende Vereinbarung hat dieser Aufsichtsrat aber nicht das Recht, die Geschäftsführer der GmbH zu bestimmen. GmbHG § 52

Aufsichtsrat als notwendiges Organ

DrittelbG § 1 Nr. 3 AktG § 95 f.

Beschäftigt eine GmbH mehr als 500 Arbeitnehmer, so ist die Bildung eines Aufsichtsrates zwingend vorgeschrieben. Für die Besetzung des Aufsichtsrats gilt in diesem Fall – ebenso wie für die AG – **Drittelparität** (d. h. $^1/_3$ der Mitglieder des Aufsichtsrates sind Vertreter der Arbeitnehmer).

Kap. B 7.5.2

Beschäftigt die GmbH **mehr als 2000 Arbeitnehmer**, so gelten für die Zusammensetzung des Aufsichtsrates nach dem Mitbestimmungsgesetz die gleichen Vorschriften wie für die AG. Der Aufsichtsrat setzt sich dann aus mindestens 12 Mitgliedern zusammen und **wählt die Geschäftsführer**. Der Aufsichtsrat einer GmbH hat in diesem Fall im Wesentlichen die gleichen Aufgaben wie der Aufsichtsrat einer AG. MitbestG § 1 (1), § 7, § 31

Aufg. 6.2 u. 6.3 S. 201

Bei Gesellschaften ohne Aufsichtsrat können die Gesellschafter von ihrem Auskunfts- und Einsichtsrecht Gebrauch machen und auf diese Weise die Geschäftsführer kontrollieren. GmbHG § 51a

6.5 Pflichten und Rechte der Gesellschafter

6.5.1 Pflichten der Gesellschafter

Leistung der Einlage

Kap. B 6.2

GmbHG § 20

Jeder Gesellschafter ist verpflichtet, die im Gesellschaftsvertrag vorgesehene Einlage auf seinen **Geschäftsanteil** zum vereinbarten Termin zu leisten. Wird die eingeforderte Einlage nicht rechtzeitig geleistet, so sind Verzugszinsen zu entrichten.

Risiko des Verlustes eines Geschäftsanteils

GmbHG § 13 (2)

Grundsätzlich haftet für Verbindlichkeiten der Gesellschaft ihren Gläubigern gegenüber nur das Gesellschaftsvermögen der GmbH. Ein GmbH-Gesellschafter trägt aber das Risiko, seinen Geschäftsanteil ganz oder teilweise zu verlieren, falls die GmbH z. B. wegen Überschuldung oder Zahlungsunfähigkeit aufgelöst wird (Insolvenz).

Leistung von Nachschüssen

GmbHG § 26 ff.

Enthält der Gesellschaftsvertrag eine Vereinbarung über die Leistung von Nachschüssen (eher selten), so sind die Gesellschafter im Bedarfsfall verpflichtet, diese Nachschüsse an die Gesellschaft zu leisten.

6.5.2 Rechte der Gesellschafter

Gewinnanteil

GmbHG § 29

Die Gesellschafter haben Anspruch auf einen Anteil am erzielten Jahresergebnis. Enthält der Gesellschaftsvertrag keine gegenteiligen Vereinbarungen, so erfolgt die Verteilung nach dem Verhältnis der Geschäftsanteile. Im Gesellschaftsvertrag kann bestimmt werden, dass ein Teil des erzielten Jahresüberschusses einbehalten wird oder dass die Gesellschafterversammlung über die Verteilung beschließt.

Auskunfts- und Einsichtsrecht

GmbHG § 51a

Auf Verlangen müssen die Geschäftsführer einer GmbH einem Gesellschafter unverzüglich Auskunft über die Angelegenheiten der Gesellschaft geben und Einsicht in die Geschäftsunterlagen gestatten.

Recht zur Geschäftsführung

Kap. B 6.4.1

Gesellschafter, die als Geschäftsführer bestellt sind (Gesellschaftergeschäftsführer), haben das Recht, die GmbH Dritten gegenüber zu vertreten. Anstelle einer Regelung im Gesellschaftsvertrag kann die Befugnis zur Erteilung der Geschäftsführung auch bei der Gesellschafterversammlung liegen.

Stimmrecht in der Gesellschafterversammlung

Kap. B 6.4.2

GmbHG § 47 (2)

Das Stimmrecht eines Gesellschafters in der Gesellschaft ist abhängig vom Nennbetrag seines Geschäftsanteils. Pro Euro des Geschäftsanteils hat der Gesellschafter eine Stimme.

6.6 Unternehmergesellschaft als Sonderform einer GmbH

Wesentliche Merkmale einer Unternehmergesellschaft

Grundsätzlich lässt das GmbH-Gesetz die Gründung einer Gesellschaft mit einem Stammkapital auch unter 25 000 EUR zu **(= Unternehmergesellschaft)**. Das Mindeststammkapital dieser „Mini-GmbH" beträgt symbolisch 1 EUR[1]. Damit nach außen hin sichtbar wird, dass es sich hierbei möglicherweise um eine Gesellschaft mit einem sehr geringen Gründungskapital handelt, muss in die Firma zwingend die Bezeichnung „Unternehmergesellschaft (haftungsbeschränkt)" oder „UG (haftungsbeschränkt)" aufgenommen werden. Eine Abkürzung des Zusatzes „haftungsbeschränkt" ist nicht zulässig. GmbHG § 5a (1)

Bei einer Gründung im vereinfachten Verfahren entstehen derzeit (2014) bei minimalem Stammkapital Notarkosten von etwa 20 EUR und Registergebühren von etwa 100 EUR.

Anmeldung zum Handelsregister

Anders als bei der Normalform einer GmbH darf die Anmeldung einer Unternehmergesellschaft erst erfolgen, wenn das Stammkapital in voller Höhe eingezahlt ist. Sacheinlagen sind nicht zulässig. GmbHG § 5a (2)

Wird eine Unternehmergesellschaft mit mehr als drei Gesellschaftern gegründet, muss eine normale Beurkundung erfolgen. In diesem Fall kann das kostensparende Musterprotokoll[2] gem. Anlage 1 zu § 2 (1a) GmbHG nicht verwendet werden.

Gewinnausschüttung

Die Unternehmergesellschaft ist **verpflichtet**, 25 % des um einen Verlustvortrag aus dem Vorjahr verminderten Jahresüberschusses einzubehalten und einer **gesetzlichen Rücklage** zuzuführen **(Gewinnausschüttungssperre)**. Damit soll erreicht werden, dass sich das Eigenkapital dieser GmbH schrittweise bis zum Mindeststammkapital erhöht. GmbHG § 5a (3), (5)

Die Pflicht zur Rücklagenbildung ist weder zeitlich noch der Höhe nach begrenzt. Auch wenn durch die Rücklagenbildung das Eigenkapital auf das Mindeststammkapital von 25 000 EUR angewachsen ist, besteht weiterhin die Pflicht zur Rücklagenbildung. Sobald aber die Gesellschafter beschließen, aus der gebildeten Rücklage das Stammkapital mindestens auf 25 000 EUR zu erhöhen (= Umwandlung von Gewinnrücklagen in Stammkapital), kann der erzielte Jahresüberschuss gegebenenfalls in vollem Umfang an die Gesellschafter ausgeschüttet werden. Die Gesellschaft[3] kann sich danach umfirmieren (GmbH statt UG haftungsbeschränkt), muss es aber nicht. Kap. C 2.2.1 GmbHG § 5a (5)

1 Dies ergibt sich zwar nicht aus § 5a GmbHG, folgt allerdings aus § 5 (2) i. V. m. § 5 (3), S. 2 GmbHG. Danach muss der Nennbetrag jedes Geschäftsanteils auf volle Euro lauten und die Summe der Nennbeträge aller Geschäftsanteile mit dem Stammkapital übereinstimmen. Daraus folgt für die Ein-Personen-Gründung, dass mit einem einzigen Geschäftsanteil das Stammkapital auf 1 EUR festgesetzt werden kann. Dennoch lässt sich aus praktischen Gründen nicht bereits mit 1 EUR eine Unternehmergesellschaft gründen. Bei zu geringem Stammkapital wäre die neu gegründete Unternehmergesellschaft wegen der anfallenden Gründungskosten (Notar- und Registerkosten sowie Kontoführungsgebühren bei der Bank) gegebenenfalls sofort verpflichtet, einen Insolvenzantrag wegen Überschuldung zu stellen. Eine Neugründung ohne (strafbare) Insolvenzverschleppung erscheint üblicherweise erst ab einem Stammkapital von mehr als 200 EUR möglich.

2 Siehe Fußnote 4 auf Seite 223.

3 Da es sich bei der Unternehmergesellschaft nach § 5a GmbHG auch um eine GmbH handelt, ist bei Erreichen des Mindeststammkapitals keine **Umwandlung**, sondern lediglich eine Umfirmierung erforderlich.

Gestaltungsmöglichkeiten bei der Gründung einer GmbH	
Standard-GmbH	**Unternehmergesellschaft (haftungsbeschränkt) als Sonderform einer GmbH**
Stammkapital mindestens 25 000 EUR § 5 GmbHG	Stammkapital mindestens 1 EUR § 5 (2), § 5 (3) S. 2 GmbHG
▪ Bargründung und Sachgründung möglich ▪ Firmenzusatz „GmbH“ ▪ Bildung einer gesetzlichen Rücklage nicht erforderlich	▪ nur Bargründung ▪ Firmenzusatz „Unternehmergesellschaft (haftungsbeschränkt)“ oder „UG (haftungsbeschränkt)“ ▪ Pflicht zur Bildung einer gesetzlichen Rücklage in Höhe von 25 % des Jahresüberschusses (§ 5a (3), (5) GmbHG) bis Stammkapital auf 25 000 EUR angewachsen und Umfirmierung erfolgt ist.

Aufg. 6.4 S. 202

6.7 Vor- und Nachteile einer GmbH

Vor- und Nachteile einer Gesellschaft mit beschränkter Haftung im Vergleich zu Personengesellschaften

Vorteile	Nachteile
Gegenüber Personengesellschaft: ▪ leichtere Beschaffung von Eigenkapital ▪ Haftungsbeschränkung (keine Haftung mit Privatvermögen) ▪ einfache Veräußerung von Geschäftsanteilen ▪ Unternehmensrisiko ist auf mehrere Personen verteilt	**Gegenüber Personengesellschaft:** ▪ geringes Vertrauen der Gläubiger, insbesondere bei neu gegründeten Gesellschaften ▪ bei kleinem Eigenkapital einer GmbH verlangen Gläubiger bei Kreditgewährung häufig persönliche Bürgschaften oder andere Sicherheiten ▪ höhere Gründungskosten (Ausnahme: Unternehmergesellschaft) ▪ aufwendiger Jahresabschluss aufgrund gesetzlicher Vorschriften

Vor- und Nachteile einer Gesellschaft mit beschränkter Haftung im Vergleich zu einer AG

Vorteile	Nachteile
Gegenüber der AG: ▪ geringeres Mindestkapital (25 000 EUR statt 50 000 EUR) ▪ einfache Verwaltung der Gesellschaft durch Geschäftsführer und Gesellschafterversammlung (häufig kein Aufsichtsrat erforderlich) ▪ nur eingeschränkte Publizitätspflicht für kleine Gesellschaften ▪ Aufsichtsrat muss nicht in jedem Fall gebildet werden	**Gegenüber der AG:** ▪ Veräußerung von Geschäftsanteilen an einer GmbH ist aufwendiger als Übertragung von Aktien. ▪ Deckung eines hohen Kapitalbedarfs ist bei AG durch Ausgabe von Aktien einfacher.

GmbH & Co. KG als Beispiel einer Rechtsformverbindung von GmbH und KG[1]

Bei der GmbH & Co. KG handelt es sich um eine KG (Personengesellschaft), deren Vollhafter im Normalfall eine GmbH ist. Steuerliche Vorteile ergeben sich nicht.

Vorteile einer GmbH & Co. KG gegenüber einer GmbH
■ Einfache Kapitalbeschaffung durch Eintritt und Austritt von Kommanditisten (keine notarielle Beurkundung des geänderten Gesellschaftsvertrages → größere Flexibilität). ■ Eventuell Mitbestimmungsvorteile: – Bei „klein gehaltener" GmbH ist kein Aufsichtsrat erforderlich (KG unterliegt nicht dem DrittelbG.). – Die GmbH & Co. KG fällt als Personengesellschaft nur in bestimmten Fällen unter das Mitbestimmungsgesetz (MitbestG § 4)[2].

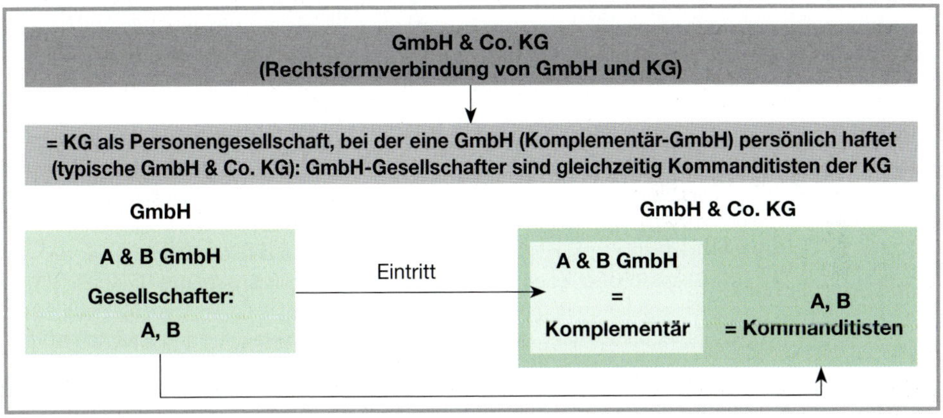

Unterschiede zwischen Personengesellschaften (OHG, KG) und GmbH

	Personengesellschaften (OHG, KG)	GmbH
Träger von Rechten und Pflichten	OHG und KG sind zwar rechtsfähig, § 14 (2) BGB, § 124 HGB. Es handelt sich aber nicht um juristische Personen. Vielmehr ist die Gesamtheit der Gesellschafter Träger der mit der Rechtsfähigkeit einhergehenden Rechte und Pflichten.	Die GmbH als juristische Person hat eine eigene Rechtspersönlichkeit, § 13 GmbHG. Die GmbH als juristische Person ist Trägerin der mit der Rechtsfähigkeit einhergehenden Rechte und Pflichten.
Zahl der Gesellschafter	mindestens zwei	Auch Einmann-GmbH ist möglich.
Gesellschaftsvertrag	formfrei (notarielle Beurkundung nur bei Sacheinlagen in Form von Grundstücken erforderlich)	notarielle Beurkundung des Gesellschaftsvertrags zwingend erforderlich; Sonderbestimmungen bei Verwendung eines Musterprotokolls bei der Gründung.
Mindestkapital	kein Mindestkapital	Mindeststammkapital: 25 000 EUR, § 5 GmbHG. Bei „Mini-GmbH" gem. § 5a GmbHG kein Mindestkapital vorgeschrieben.

1 Die Behandlung der GmbH & Co. KG ist im Lehrplan nicht vorgesehen.

2 In § 1 DrittelbG ist die KG nicht genannt. Auch gibt es im DrittelbG keine dem § 4 MitbG vergleichbare Vorschrift, so dass eine GmbH & Co. KG mit bis zu 500 Arbeitnehmern mitbestimmungsfrei ist. Der paritätischen Mitbestimmung nach dem MitbG unterliegt sie nur dann, wenn die GmbH-Anteile mehrheitlich von den Kommanditisten gehalten werden (§ 4 MitbG), was möglicherweise durch entsprechende Gestaltungen vermieden werden kann.

	Personengesellschaften (OHG, KG)	GmbH
Haftung	mindestens ein Gesellschafter haftet persönlich unbeschränkt (auch mit seinem Privatvermögen) § 128 HGB.	ausschließlich die GmbH als juristische Person haftet bis zur Höhe des Gesellschaftsvermögens, § 13 Abs. 2 GmbHG.
Geschäftsführung/ Vertretung	Vollhaftende Gesellschafter sind grundsätzlich zur Geschäftsführung berechtigt und verpflichtet, §§ 114 ff. HGB. Vollhaftende Gesellschafter vertreten die Personengesellschaft grundsätzlich, §§ 125 ff. HGB. **(= Selbstorganschaft)**	Geschäftsführung und Vertretung erfolgen durch (einen oder mehrere) Geschäftsführer, § 6 GmbHG. Ein GmbH-Gesellschafter kann gleichzeitig Geschäftsführer sein (Gesellschaftergeschäftsführer). Es besteht aber auch die Möglichkeit der **Fremdorganschaft**, d. h. Geschäftsführer ist nicht gleichzeitig Gesellschafter.
Verhältnis der Gesellschafter untereinander	Enges persönliches Verhältnis der Gesellschafter zum Unternehmen und gegenseitiges Vertrauen unter den Gesellschaftern stehen im Vordergrund. Mindestens einer der Gesellschafter ist an der Geschäftsführung/Vertretung beteiligt und haftet persönlich.	Fragen der Haftung und Kapitalbeschaffung stehen im Vordergrund. Die Geschäftsanteile der Gesellschafter können frei veräußert werden. Eine persönliche Bindung der Gesellschafter an das Unternehmen ist nicht nötig, weil die Gesellschafter nicht haften und ihre Mitarbeit nicht erforderlich ist.

6.8 The legal form of the German "Gesellschaft mit beschränkter Haftung (GmbH)" in a nutshell

A GmbH is a form of company with **limited liability**. The creditors of a GmbH can only rely on the assets of the company. Thus, the **owners are not personally liable** for the debts of the company. A GmbH is a **legal person**. That means it has legal rights and liabilities of its own. A GmbH must have a **founding capital of at least EUR 25,000**. It is a **legal entity** that is independent from the owners. That is why it is called an **incorporated company** in contrast to non-incorporated legal forms of business organisations such as Einzelunternehmung, Offene Handelsgesellschaft (OHG) or Kommanditgesellschaft (KG).

In the past it was difficult and expensive to establish a GmbH in Germany because of the numerous formal requirements that had to be met. More and more German entrepreneurs therefore began to prefer the British form of private limited company (Ltd), which is possible under the regulations of the European Union.

The German government wanted to stop this development. Therefore, German business law now has rules for a legal form of a business organisation with limited liability which is easier to form. It is called **"Unternehmergesellschaft (haftungsbeschränkt)"** or in short **"UG (haftungsbeschränkt)"**. This new form makes **it easier for entrepreneurs to have a start-up business incorporated**. There are fewer formalities and the minimum capital required to establish this form is low. Informally it is therefore often called "miniature GmbH". However, there are a few **restrictions** to make sure that creditors do not encounter extra risks in their dealings with a UG. The UG must retain some of its profits for example, so that it can **build up reserve funds** until the amount of EUR 25,000 is reached. Once this is the case, the UG may be transformed into a regular GmbH.

The GmbH is a **private company** which means that its shares cannot be traded in the stock markets. Furthermore, the existing shareholders decide on whether an additional shareholder is to be taken on or not. In this sense the GmbH is a "closed corporation". Compared with publicly held companies such as the "Aktiengesellschaft (AG)" there are fewer formal requirements, for example in terms of publishing information about the development of the company.

Zusammenfassende Übersicht zu Kap. 6: Gesellschaft mit beschränkter Haftung (GmbH)

GmbH = Kapitalgesellschaft mit eigener Rechtspersönlichkeit (juristische Person) § 13 (1) GmbHG

↓

Keine Haftung der Gesellschafter (Gesellschaftsvermögen haftet) § 13 (2) GmbHG

↓

Kaufmann kraft Rechtsform (Formkaufmann) § 6 HGB

↓

Wirkung der Eintragung ins Handelsregister: konstitutiv § 11 GmbHG

Gründung: mindestens 1 Gründer; zu jedem beliebigen Zweck, sofern gesetzlich nicht ausgeschlossen aber immer: Handelsgesellschaft → Vorschriften des Handelsrechts gelten; §§ 1, 13 (3) GmbHG

Gesellschaftsvertrag: notarielle Beurkundung erforderlich § 2 GmbHG

Firma: Sach-, Personen-, Misch- oder Fantasiefirma mit Zusatz Gesellschaft mit beschränkter Haftung bzw. GmbH § 4 GmbHG

Gesellschafter: natürliche oder juristische Personen übernehmen Geschäftsanteile (= Nennbeträge am Stammkapital einer GmbH) § 5 GmbHG

Geschäftsanteil(e)
Gesellschafter A
Mindestnennbetrag 1 EUR

Geschäftsanteil(e)
Gesellschafter B
Mindestnennbetrag 1 EUR

...

Stammkapital = Summe der Nennbeträge der Geschäftsanteile (mindestens: 25 000 EUR)
zu leistende Einlage vor Eintragung ins Handelsregister: mindestens 12 500 EUR bei Bargründung mit Mindeststammkapital
aber: bei Bareinlagen mindestens $^1/_4$ des Nennbetrags eines Geschäftsanteils, Sacheinlage voll

Pflichten und Rechte eines GmbH-Gesellschafters

Pflichten	Rechte
▪ Leistung der Einlage (§ 20 GmbHG) ▪ Risiko des Verlustes eines Geschäftsanteils (§ 13 (2) GmbHG) ▪ Leistung von Nachschüssen (nur bei Vereinbarung im Gesellschaftsvertrag – § 26 ff. GmbHG)	▪ Gewinnanteil (§ 29 GmbHG) ▪ Auskunfts- und Einsichtsrecht (§ 51a GmbHG) ▪ Recht zur Geschäftsführung (nur bei Vereinbarung im Gesellschaftsvertrag oder Beschluss der Gesellschafterversammlung) ▪ Stimmrecht in der Gesellschafterversammlung (§ 47 (2) GmbHG)

↓

Geschäftsanteil = Mitgliedschaftsrecht
(Beteiligung am gesamten Eigenkapital der GmbH) § 14 GmbHG

Organe:
- Geschäftsführer (leitendes Organ) § 35 GmbHG
  (bei meheren Geschäftsführern: Gesamtvertretung, falls keine andere Vereinbarung im Gesellschaftsvertrag)
- Gesellschafterversammlung (beschließendes Organ) § 46 GmbHG
- Aufsichtsrat: freiwillig bis 500 Arbeitnehmer, darüber Pflicht
  (kontrollierendes Organ) § 1 DrittelbG, § 1 MitbG

einfache und kostengünstige Gründung — **Sonderform einer GmbH: Unternehmergesellschaft** § 5a GmbHG — geringe Kreditwürdigkeit

Stammkapital § 5a (1)	Firmenzusatz § 5a (2)	gesetzliche Rücklage § 5a (3)
kleiner als Mindeststammkapital (theoretisch: 1,00 EUR)	UG (haftungsbeschränkt)	Einbehaltung von 25 % des Jahresüberschusses zur Bildung einer Rücklage

Wenn durch die Rücklage das Eigenkapital auf die Höhe des Mindeststammkapitals (25 000 EUR) angewachsen ist: Umwandlung der Rücklage in Stammkapital und Umfirmierung (GmbH) möglich (§ 5a (5))

Fragen zur Wiederholung – revision questions

zu Kapitel 6 Gesellschaft mit beschränkter Haftung (GmbH)

6.1 Begriff und Firma der GmbH

1. Nennen Sie Merkmale einer GmbH.
2. Welche Rechtswirkung hat die Eintragung einer GmbH ins Handelsregister?
3. Nennen Sie die Firmierungsmöglichkeiten einer GmbH.
4. *What are comparable legal forms to the German „GmbH" in Britain and USA?*

6.2 Kapitalaufbringung und Haftung

1. Was ist unter dem Stammkapital einer GmbH zu verstehen und wie hoch muss dieses mindestens sein?
2. Welcher Zusammenhang besteht zwischen dem Stammkapital und der Summe der Nennbeträge der Geschäftsanteile?
3. Beschreiben Sie die Haftung bei einer GmbH.

6.3 Gründung und Entstehung der GmbH

1. Wie viele Personen sind erforderlich, um eine GmbH zu gründen?
2. Welche Form ist für den Gesellschaftsvertrag einer GmbH vorgeschrieben?
3. Wann entsteht eine GmbH?

6.4 Organe der GmbH

6.4.1 Geschäftsführer

1. Welches sind die Organe einer GmbH?
2. Welche Aufgaben hat ein Geschäftsführer einer GmbH?
3. Beschreiben Sie die gesetzlichen Regelungen zu Geschäftsführung und Vertretung bei mehreren Geschäftsführern einer GmbH.

6.4.2 Gesellschafterversammlung

1. Welche Beschlüsse fasst die Gesellschafterversammlung einer GmbH?
2. Welche Regelung gilt für das Stimmrecht in der Gesellschafterversammlung einer GmbH?

6.4.3 Aufsichtsrat

1. In welchem Fall ist für eine GmbH ein Aufsichtsrat zwingend vorgeschrieben?
2. Welche Rechte stehen einem freiwillig gebildeten Aufsichtsrat einer GmbH zu?
3. In welchem Fall hat der Aufsichtsrat einer GmbH das Recht, die Geschäftsführer zu wählen?

6.5 Pflichten und Rechte der Gesellschafter

1. Welche Pflichten hat ein GmbH-Gesellschafter?
2. Welche Rechte hat ein GmbH-Gesellschafter?

6.6 Unternehmergesellschaft als Sonderform einer GmbH

1. Nennen Sie die Merkmale einer Unternehmergesellschaft.
2. Unter welchen Voraussetzungen kann eine Unternehmergesellschaft zum Handelsregister angemeldet werden?
3. In welcher Höhe muss eine Unternehmergesellschaft eine gesetzliche Rücklage bilden?

6.7 Vor- und Nachteile einer GmbH

1. Beschreiben Sie die Vorteile einer GmbH gegenüber anderen Rechtsformen.
2. Beschreiben Sie die Nachteile einer GmbH gegenüber anderen Rechtsformen.

6.8 The German Gesellschaft mit beschränkter Haftung (GmbH)

1. *Give a definition of the GmbH in English.*
2. *Distinguish the „Unternehmergesellschaft (haftungsbeschränkt)" from the regular GmbH.*

Aufgaben und Probleme

zu Kapitel 6 Gesellschaft mit beschränkter Haftung (GmbH)

LA

6.1 GmbH: Mindestkapital – Firma – Geschäftsführung – Vertretung – Gesellschaftsvertrag

Die Umweltingenieure Adler und Berthold sowie der Verfahrenstechniker Clemens wollen ein Unternehmen gründen, das die gewerbsmäßige Abfallentsorgung/Abfallverwertung zum Gegenstand hat. Keiner der Beteiligten ist bereit, mit seinem Privatvermögen zu haften. Adler hat 80 000 EUR, Berthold 60 000 EUR und Clemens 30 000 EUR flüssige Mittel zur Verfügung.

Vor dem Notar des Amtsgerichtes Ettenheim gehen sie folgendes Vertragsverhältnis ein:

Vor dem unterzeichnenden Notar ... erschienen ...
1. der Umweltingenieur Franz Adler, Lahr, Königsberger Ring 19,
2. der Umweltingenieur Felix Berthold, Freiburg, Habsburgerstr. 47,
3. der Verfahrenstechniker Knut Clemens, Offenburg, Am Schießrain 9a.

Die Erschienenen wiesen sich bei dem Notar jeweils durch einen gültigen Personalausweis aus.

Die Erschienenen schlossen nachstehenden Gesellschaftsvertrag:

Gesellschaftsvertrag

§ 1

Die Herren Franz Adler, Felix Berthold und Knut Clemens errichten eine Gesellschaft mit beschränkter Haftung unter der Firma

Ettenheimer Abfallverwertung, Gesellschaft mit beschränkter Haftung.

Die Gesellschaft hat ihren Sitz in Ettenheim. Die Gesellschaft wird auf unbestimmte Zeit geschlossen.

§ 2

Gegenstand des Unternehmens ist die gewerbsmäßige Abfallentsorgung und -verwertung aller Art.

§ 3

Das Stammkapital der Gesellschaft beträgt 170 000 EUR. Von diesem Stammkapital haben
der Gesellschafter Franz Adler einen Geschäftsanteil von 80 000 EUR,
der Gesellschafter Felix Berthold einen Geschäftsanteil von 60 000 EUR und
der Gesellschafter Knut Clemens einen Geschäftsanteil von 30 000 EUR übernommen.

Die Gesellschafter leisten ihre Einlagen in Geld. Sie verpflichten sich, ein Viertel der Einlagen vor der Anmeldung der Gesellschaft zur Eintragung in das Handelsregister einzuzahlen. Der Gesellschafter Adler zahlt darüber hinaus weitere 15 000 EUR ein.

§ 4

Die Gesellschaft beginnt am 01. Juli 2012. Das Geschäftsjahr der Gesellschaft ist das Kalenderjahr. Für das 2. Halbjahr 2012 wird ein Rumpfgeschäftsjahr gebildet.

§ 5

Die Verfügung über einen Geschäftsanteil oder einen Teil eines Geschäftsanteiles, insbesondere die Abtretung oder Verpfändung, ist nur mit Zustimmung aller Gesellschafter zulässig.

§ 6

Die Gesellschaft hat einen oder mehrere Geschäftsführer. Sind mehrere Geschäftsführer vorhanden, so wird die Gesellschaft jeweils durch zwei Geschäftsführer gemeinschaftlich vertreten.

Zu Geschäftsführern werden hiermit der Umweltingenieur Franz Adler und der Verfahrenstechniker Knut Clemens bestellt.

§ 7

Die Gesellschafter sind verpflichtet, solange das Gesellschaftsverhältnis besteht, jegliche unmittelbare oder mittelbare, gelegentliche oder gewerbsmäßige Tätigkeit zu unterlassen, durch die der Gesellschaft Konkurrenz gemacht wird. Den Gesellschaftern ist es untersagt, sich an einem Konkurrenzunternehmen zu beteiligen, auch als stiller Gesellschafter. Verboten sind alle Geschäfte im Handelszweige der Gesellschaft und zwar im eigenen oder fremden Namen, auf eigene oder für fremde Rechnung. Dieses Verbot gilt auch für die Ehefrauen der Gesellschafter; die Gesellschafter übernehmen ausdrücklich für sie die Haftung.

§ 8

Die Erben eines Gesellschafters müssen sich durch einen Erben, der allein stimmberechtigt ist, vertreten lassen.

§ 9

Die Bekanntmachungen der Gesellschafter erfolgen beim Betreiber des elektronischen Bundesanzeigers.

§ 10

Die Gesellschaft trägt die mit der Gründung verbundenen Kosten.

Der Notar wies die Erschienenen darauf hin, dass die Gesellschaft mit beschränkter Haftung als solche erst mit der Eintragung in das Handelsregister entsteht und die Haftungsbeschränkung erst alsdann eintritt.

Hierauf erklärten die Erschienenen weiter:

Zu vertretungsbefugten Geschäftsführern bestellen wir Umweltingenieur Franz Adler und Verfahrenstechniker Knut Clemens (Gesamtvertretung).

Datum 30. Juni 2012 Unterschriften

1. Dem Entschluss, sich für die Rechtsform der GmbH zu entscheiden, waren intensive Beratungen mit einem Steuerberater sowie mit der zuständigen Industrie- und Handelskammer vorausgegangen.
   Aus welchem Grund wurde die Gründung einer Personengesellschaft von vornherein nicht in Betracht gezogen?
2. GmbHG § 5 — Stellen Sie fest, ob das zur Gründung der Gesellschaft vorgesehene Stammkapital den gesetzlichen Vorschriften entspricht.
3. § 7 — Wie groß ist die Mindesteinlage jedes Gesellschafters, die vor Eintragung ins Handelsregister jeweils zu leisten ist?
4. § 2 — Welche Form ist für den Gesellschaftsvertrag vorgeschrieben?
5. Die Gesellschaft wird am 10. August 2012 ins Handelsregister eingetragen. Franz Adler hat auf Grund einer Zeitungsanzeige am 10. Juli 2012 im Namen der GmbH ein Kombifahrzeug aus einer Geschäftsauflösung für 17 500 EUR erworben.
   § 11 (1) — Wann (genauer Termin) erlangt die GmbH eine eigene Rechtspersönlichkeit als juristische Person?
6. § 4 — Unterbreiten Sie zwei alternative Vorschläge für die Firmenbezeichnung der Gesellschaft.
7. § 6 — Das GmbH-Gesetz schreibt vor, dass die Gesellschaft einen oder mehrere Geschäftsführer haben muss. Laut Gesellschaftsvertrag übernehmen die Gesellschafter Franz Adler und Knut Clemens diese Aufgabe.
   a) § 13 — Warum ist in den gesetzlichen Vorschriften über die KG eine solche Regelung nicht zu finden?
   b) § 35 — Adler und Clemens mieten Geschäftsräume, ohne Berthold zu fragen.
      Begründen Sie, ob der Mietvertrag gültig ist.
   c) § 35 (2) — Wäre der Mietvertrag auch gültig, wenn laut Eintrag im Handelsregister Adler, Berthold und Clemens Geschäftsführer wären? Begründen Sie Ihre Aussage.
8. Wegen der angespannten Liquiditätslage im Gründungsjahr wollen die Geschäftsführer den erzielten Gewinn nicht an die Gesellschafter ausschütten. In der Gesellschafterversammlung kommt es nach vorausgegangener Diskussion zu einer Abstimmung zu diesem Tagesordnungspunkt.
   a) § 47 (2) — Wie viele Stimmen haben die drei Gesellschafter jeweils bei Abstimmungen in der Gesellschafterversammlung?
   b) § 29, 46, 47 — Können Berthold und Clemens die von Adler vorgeschlagene Nichtausschüttung des Gewinnes verhindern?
9. HGB §§ 112 (1), 60 (1) — Gesellschafter Clemens ist der Auffassung, dass die in § 7 des Vertrages getroffenen Vereinbarungen überflüssig sind, da die Gesellschafter aufgrund gesetzlicher Vorschriften bereits dem Wettbewerbsverbot unterliegen. Er verweist dabei insbesondere auf § 112 (1) HGB und auf § 60 (1) HGB.
   Beurteilen Sie für jeden einzelnen Gesellschafter, ob diese Behauptung zutreffend ist.

10. Clemens beabsichtigt, seinen Geschäftsanteil für 45000 EUR zu verkaufen.
   a) Warum kann es gerechtfertigt sein, dass Clemens als Verkaufspreis einen höheren Betrag als den vertraglich festgelegten Wert des Geschäftsanteils (vgl. § 3) verlangt?
   b) Adler und Berthold wollen keine fremden Gesellschafter aufnehmen. Prüfen Sie anhand des Gesellschaftsvertrages, ob Adler und Berthold dies verhindern können. GmbHG §§ 15 (3)
   c) Clemens hat dem Diplomingenieur Dietrich bereits mündlich versprochen, ihm den Geschäftsanteil für 45000 EUR zu verkaufen. Begründen Sie, ob er an dieses Versprechen rechtlich gebunden ist.

6.2 Gründung einer GmbH – Geschäftsanteil – Stimmrecht

Ernst Albrecht, Erna Bertsch, Kathrin Cehrer und Helmut Dehner gründen die Ravensburger Software GmbH. Nach den Vereinbarungen im Gesellschaftsvertrag sind ausschließlich Bareinlagen zu leisten.

1. Wie hoch müsste die Summe der geleisteten Bareinlagen mindestens sein, damit die Gesellschaft zum Handelsregister angemeldet werden kann, wenn das Stammkapital laut Gesellschaftsvertrag GmbHG §§ 7 (2)
   a) 25000 EUR b) 50000 EUR c) 100000 EUR
   betragen würde?

2. Der Gesellschaftsvertrag enthält in § 6 folgende Regelung:
   Das Stammkapital beträgt 25000 EUR. Davon übernehmen als Geschäftsanteile (Nennbeträge): § 7 (2)

Ernst Albrecht	*12500 EUR*	*Erna Bertsch*	*6250 EUR*
Kathrin Cehrer	*3125 EUR*	*Helmut Dehner*	*3125 EUR*

   Die Gesellschafter/Gesellschafterinnen verpflichten sich, am 19.08. d.J. auf die übernommenen Geschäftsanteile folgende Bareinlagen (Quoten) an die neu zu gründende GmbH zu überweisen:

   Ernst Albrecht: $^1/_2$
   Erna Bertsch, Kathrin Cehrer und Helmut Dehner je $^1/_4$

   Stellen Sie fest, ob unter den gegebenen Bedingungen am 30.08. d.J. die Eintragung ins Handelsregister vorgenommen werden kann, wenn die Gesellschafter ihre Einlagen wie im Gesellschaftsvertrag vereinbart tatsächlich geleistet haben.

3. Um nicht bereits in der Anfangsphase auf hohe Kredite angewiesen zu sein, beschließen die Gesellschafter, den Gesellschaftsvertrag zu ändern. Nach der Neufassung verpflichten sich alle Beteiligten, die Einlagen auf die übernommenen Geschäftsanteile in voller Höhe zu erbringen. Die GmbH wurde daraufhin am 30.08. d.J. ins Handelsregister eingetragen.

   Nach einstimmigem Beschluss der Gesellschafter wurde im ersten Jahr darauf verzichtet, die erzielten Gewinne auszuschütten. Der Passivseite der Bilanz (Auszug) ist auf der Grundlage dieses Beschlusses folgendes Eigenkapital zu entnehmen:

   Eigenkapital:
   1. Gezeichnetes Kapital: 25000 EUR *2. Andere Gewinnrücklagen: 7000 EUR*

   a) Welche tatsächlichen Geschäftsanteile der einzelnen Gesellschafter lassen sich auf der Grundlage der vorliegenden Zahlen berechnen?
   b) Wie viele Stimmen hat jeder Gesellschafter in der Gesellschafterversammlung? § 47 (2)
   c) Erna Bertsch, Kathrin Cehrer und Helmut Dehner sind mit der im Gesellschaftsvertrag enthaltenen Vereinbarung, dass von dem erzielten Jahresgewinn mindestens $^1/_4$ nicht ausgeschüttet werden darf, nicht mehr einverstanden. Stellen Sie fest, ob sie in der Gesellschafterversammlung eine Satzungsänderung erreichen können. § 53 (2)

6.3 GmbH: Rechtsfragen

Schreinermeister Uhl ist es gelungen, aus Holzabfällen einen hochwertigen Wärmedämmschutz herzustellen. Die Dämmschutzplatten können in verschiedenen Stärken beschichtet oder unbeschichtet hergestellt werden.
Da auf dem Markt für Wärmeschutzmaterialien starker Wettbewerb herrscht, müssen erhebliche Investitionen vorgenommen werden. Uhl beschließt, eine GmbH zu gründen und Karl Mayer und Hermann Fritz als weitere Gesellschafter aufzunehmen. Uhl legt den Mitgesellschaftern folgenden Vorschlag für einen Gesellschaftsvertrag vor:

Gesellschaftsvertrag (Auszug)

§ 1 Firma: Uhl und Fritz Dämmstoff-GmbH
§ 2 Sitz der Gesellschaft: Sigmaringen
§ 3 Geschäftsbeginn: 20.02.2012
§ 4 Gegenstand des Unternehmens: Produktion und Vertrieb von Wärmedämmschutzplatten
§ 5 Stammkapital und Geschäftsanteile:
Das Stammkapital der Gesellschaft beträgt 800 000 EUR.
Als Geschäftsanteile übernehmen:
- Manfred Uhl, Sigmaringen, 450 000 EUR (Bebautes Grundstück)
- Karl Mayer, Mengen, 100 000 EUR (Bareinlage)
- Hermann Fritz, Saulgau, 250 000 EUR (Bareinlage)

§ 6 Geschäftsführung und Vertretung:
Zu Geschäftsführern der GmbH werden bestellt:
- Manfred Uhl, zuständig für Einkauf und Produktion
- Hermann Fritz, zuständig für den Vertrieb.

Jeder Geschäftsführer ist allein vertretungsbefugt.

Der Gesellschaftsvertrag wird nach Klärung der rechtlichen Probleme am 12.02.2012 in notarieller Form geschlossen. Die Handelsregistereintragung erfolgt am 02.03.2012.

GmbHG § 7 (2)

1. Welche Mindesteinlagen müssen die Gesellschafter bis zur Anmeldung zur Eintragung ins Handelsregister geleistet haben, wenn Uhl eine Sacheinlage und Mayer und Fritz Bareinlagen einbringen?

HGB § 18 (2)

2. Mayer war mit der im Vertragsentwurf genannten Firmenbezeichnung nicht einverstanden. Er machte den Gegenvorschlag „Deutsche Dämmstoffwerke GmbH". Beurteilen Sie die beiden Vorschläge zur Firmierung unter rechtlichen Gesichtspunkten.
3. Nennen Sie zwei weitere Punkte, die über die Mindestanforderungen des GmbH-Gesetzes hinaus im Gesellschaftsvertrag geregelt werden sollten.

GmbHG § 11 (1), § 11 (2),

4. Das Unternehmen erhält am 25.02.2012 ein günstiges Angebot für eine zur Produktion erforderliche Pressmaschine. Fritz nimmt für die GmbH das Angebot am 26.02.2012 an. Bei der Lieferung am 28.02.2012 verweigert Uhl die Annahme und die Zahlung des sofort fälligen Kaufpreises. Beurteilen Sie, wer gegebenenfalls für die Zahlung des Kaufpreises haftet.

§ 38, § 46, § 47

5. Fritz scheitert im ersten Geschäftsjahr mit seinem Marketingkonzept, so dass erhebliche Verluste entstehen. Uhl und Mayer betreiben deswegen die Ablösung von Fritz als Geschäftsführer der GmbH und wollen eine Kapitalerhöhung zur Sanierung der Gesellschaft beschließen. Weisen Sie bei den gegebenen Beteiligungsverhältnissen die Erfolgsaussichten der beiden Vorhaben nach.

6.4 Unternehmergesellschaft als Rechtsform für ein Fliesenlegergeschäft

PDF

Trudbert Pflieger, geb. am 5. Mai 1981, wohnhaft in Freiburg, Erlenweg 5, hat die Meisterprüfung als Fliesenleger bestanden und will sich selbstständig machen. Seine Ersparnisse hat er für den Meisterkurs sowie für die Anschaffung eines Transporters weitgehend aufgebraucht. Er verfügt lediglich über einen Betrag von 2 000 EUR, den er als Eigenkapital in das neu zu gründende Unternehmen einbringen will.
Trudbert Pflieger hat sich entschieden, eine Unternehmergesellschaft zu gründen.

1. Welche Gründe könnten für die Wahl dieser Rechtsform ausschlaggebend gewesen sein?
2. Machen Sie einen Firmierungsvorschlag für das Fliesenlegergeschäft.
3. a) Füllen Sie das Musterprotokoll (siehe Arbeitsblatt) zur Gründung der Unternehmergesellschaft aus.
   b) Erläutern Sie den Hinweis auf § 181 BGB bei Nr. 4 im Musterprotokoll.

GmbHG § 5a (1), § 5a (3)

4. Im ersten Geschäftsjahr erzielte Trudbert Pflieger einen Jahresüberschuss in Höhe von 24 000 EUR. In welcher Weise kann Trudbert Pflieger über diesen Betrag verfügen?
5. Warum kann Trudbert Pflieger seine privaten Konsumausgaben durch seine Tätigkeit als Fliesenleger bestreiten, ohne auf die Entnahme von Gewinnen aus der Unternehmergesellschaft angewiesen zu sein?

7 Aktiengesellschaft (AG) – *Joint-stock companies*

Überblick und Zusammenhänge

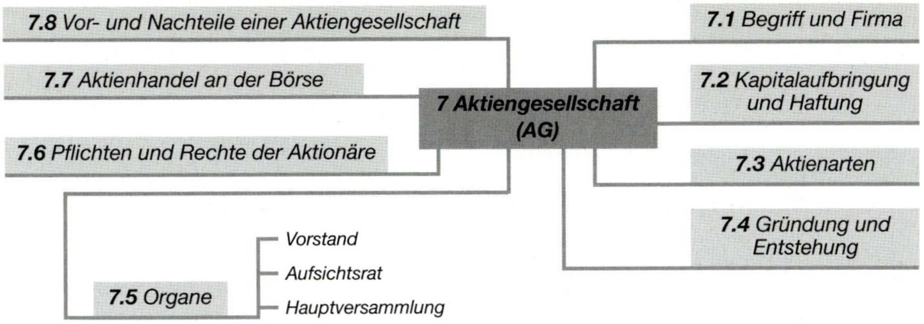

Aufg. 7.1 S. 218

7.1 Begriff und Firma der AG

Die Aktiengesellschaft (AG) ist eine Gesellschaft mit eigener Rechtspersönlichkeit (juristische Person), die über ein in Aktien zerlegtes Grundkapital verfügt und für deren Verbindlichkeiten nur das Gesellschaftsvermögen haftet. AktG § 1

Die Aktiengesellschaft ist eine **Kapitalgesellschaft**, an der sich viele Eigenkapitalgeber **(= Aktionäre)** gegebenenfalls auch mit jeweils kleinen Beträgen beteiligen können. Auf diese Weise ist es möglich, insgesamt ein hohes Eigenkapital aufzubringen. Die Gründung einer AG ist allerdings auch durch eine einzige Person möglich.

Die an einer Aktiengesellschaft beteiligten Aktionäre können bei Bedarf ihre Anteile in Form von **Aktien** wieder veräußern, ohne dass dem Unternehmen dadurch Kapital entzogen wird. AktG § 2

Die Aktiengesellschaft ist unabhängig vom Geschäftszweig, in dem sie tätig ist, stets eine **Handelsgesellschaft** und erlangt die Kaufmannseigenschaft kraft Rechtsform **(Formkaufmann)**. AktG § 3 (1)

Die Firma der AG kann eine **Sach-, Personen-, Misch- oder Fantasiefirma** sein und muss die Bezeichnung „Aktiengesellschaft" oder eine allgemein verständliche Abkürzung dieses Begriffs enthalten. AktG § 4

Firma einer Aktiengesellschaft

Volkswagen AG, Bayerische Motorenwerke Aktiengesellschaft, Bayer Aktiengesellschaft

Joint-stock companies in Anglo-American countries

The British and American forms of the joint-stock company do not fully correspond to the German form of the "AG". Among others, the differences concern rights of shareholders, the management structure or the taxation rules. However, it is a common feature of joint-stock companies that they can make arrangements to have their shares traded publicly in the stock markets. In this case, the existing shareholders do not have control over new shareholders. That is why the terms "public" or "open" are often used to describe this legal form. Note that the term "public company" is not only used for joint-stock companies. In fact, it is also used for government-owned companies. In this sense, the term "public company" expresses that the company belongs to the public sector. The table below shows terms used for joint-stock companies in Great Britain and the USA.

Deutsch	*British*	*US-American*
Aktiengesellschaft (AG)	▪ *Public company* ▪ *Public limited company (PLC)*	▪ *Publicly held corporation* ▪ *Open corporation* ▪ *(Stock) corporation (Corp.)* ▪ *Incorporation (Inc.)* ▪ *Incorporated company (Inc.)*
Beispiel: Daimler AG	***Example:*** *Rolls-Royce Group plc*	***Example:*** *McDonald's Corporation* *Wal-Mart Stores, Inc.*
Geeignet für: Große Unternehmen mit sehr hohem Kapitalbedarf	***Suitable for:*** *Big companies with a very high level of capital requirement*	

7.2 Kapitalaufbringung und Haftung

AktG §§ 1 (2), 6, 7 HGB § 266 (3)

Das **Grundkapital** ist der in der **Satzung** (= Gesellschaftsvertrag der AG) festgelegte Kapitalbetrag. Es muss mindestens **50 000 EUR** betragen. In der Bilanz einer AG wird das Grundkapital entsprechend den HGB-Vorschiften in der Bilanzposition **„Gezeichnetes Kapital"** ausgewiesen. Das Grundkapital einer Aktiengesellschaft ist **in Aktien** zerlegt.

Aktien sind Kapitalwertpapiere (Effekten), die ein Anteilsrecht (Mitgliedschaftsrecht) an einer AG verbriefen.[1] Da der Eigentümer einer Aktie gleichzeitig auch Teilhaber an der AG ist, werden die Aktien auch als Teilhaberpapiere bezeichnet.

AktG § 1 (1), S. 2

Die Aktionäre haften Gläubigern der Aktiengesellschaft gegenüber nicht. Lediglich die Aktiengesellschaft als juristische Person haftet.

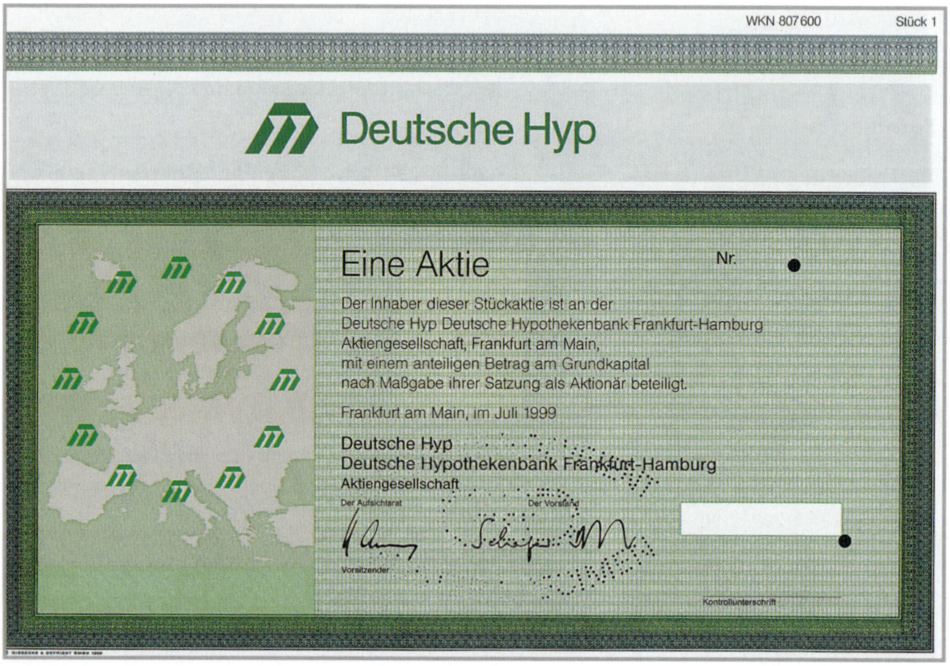

1 Im Zusammenhang mit Aktien bedeutet Verbriefung: Umwandlung von Anteilsrechten zu einem auf dem Kapitalmarkt handelbaren Wertpapier.

7.3 Aktienarten

Hinsichtlich der Beteiligungsrechte und der Übertragbarkeit lassen sich folgende Aktien unterscheiden:

Unterscheidung nach der Art der Beteiligung

Nennbetragsaktien	Stückaktien (Quotenaktien) (= nennwertlose Aktien)
■ müssen auf einen **bestimmten Nennbetrag** in EUR lauten. Dieser ist auf den Aktien aufgedruckt. ■ Der Mindestnennbetrag einer Aktie beträgt 1 EUR. Höhere Nennbeträge müssen auf volle Euro lauten. ■ Der **Anteil am Grundkapital ist unveränderlich**, da der Nennbetrag aufgedruckt und in der Satzung festgelegt ist. ■ Die **Nennwerte** der ausgegebenen Aktien können **unterschiedlich** sein. ■ Die Summe der Nennwerte aller ausgegebenen Aktien entspricht dem Grundkapital.	■ verkörpern einen **anteiligen Betrag** (= Quote) am Grundkapital. Die Quote ist nicht auf der Aktie aufgedruckt. Der Aufdruck auf der Aktie lautet z. B. „1 Aktie der XY AG". Der Aktieninhaber kann somit den Betrag seiner Beteiligung nicht unmittelbar der Aktie entnehmen. ■ Der Anteil am Grundkapital ist veränderlich (abhängig von der Anzahl der ausgegebenen Aktien). ■ Alle ausgegebenen Aktien haben einen **einheitlichen Anteilswert** (Beteiligungswert). ■ Anteilswert **(= fiktiver[1] Nennwert einer Stückaktie)** $= \frac{\text{Grundkapital}}{\text{Anzahl der Aktien}}$ Der auf eine Stückaktie entfallende Anteil am Grundkapital (fiktiver Nennwert) darf 1 EUR nicht unterschreiten. *Hinweis: gebrochene Werte z. B. 1,752 EUR sind möglich.*

AktG § 8

Bestimmung des anteiligen (= fiktiven) Nennbetrags bei Stückaktien

Die Stuttgarter Maschinenfabrik AG hat ein Grundkapital von 1 000 000 EUR. Es wurden 200 000 Stückaktien ausgegeben. Der auf eine Aktie entfallende Anteilswert (= fiktiver Nennwert) beträgt damit 1 000 000 EUR/200 000 Aktien = 5 EUR/Aktie.

Die Aktien werden meistens zu einem Betrag ausgegeben, der höher ist als der (fiktive) Nennwert. Dieser Betrag, um den der Ausgabekurs **(Emissionskurs)** den (fiktiven) Nennwert übersteigt, wird als **Agio** (= Aufgeld) bezeichnet und in der Bilanz einer AG in der Eigenkapitalposition **Kapitalrücklage** erfasst. Das **Agio** stellt u. a. einen Ausgleich für die Beteiligung des Aktionärs an Vermögenswerten dar, die nicht in der Bilanz ausgewiesen sind (= **stille Rücklagen**, wie z. B. Image des Unternehmens, zu niedrig bewertete Vermögensgegenstände).

Kap. C 3.2
Kap. E 5.5

Ausgabekurs von Stückaktien

Die Stuttgarter Maschinenfabrik AG hat ermittelt, dass sich der bei der Gründung erforderliche Kapitalbedarf auf 1 800 000 EUR beläuft. Die 200 000 Stückaktien werden deshalb zu einem Kurs von 9 EUR/Stück ausgegeben (1 800 000 EUR/200 000 Stückaktien).

A	Bilanzauszug der Stuttgarter Maschinenfabrik AG		P
Vermögen	1,8 Mio. EUR	Gezeichnetes Kapital	1,0 Mio. EUR
		Kapitalrücklage	0,8 Mio. EUR

Das Eigenkapital (Gezeichnetes Kapital + Kapitalrücklage) beträgt 1,8 Mio. EUR.

Fiktiver Nennwert: 1 Mio. EUR/200 000 Aktien = 5 EUR/Aktie. Das bedeutet, dass ein Aktionär, der beim Kauf einer Aktie 9 EUR bezahlt hat, pro Aktie einen Anteil von 5 EUR am gezeichneten Kapital hat. **Jede Aktie** gewährt ihm **eine Stimme** in der Hauptversammlung.

1 fiktiv: angenommen, nicht wirklich

AktG § 10 (1)

Unterscheidung nach der Übertragbarkeit

Aktien können auf den **Inhaber** oder auf einen **Namen** lauten.

BGB § 929

AktG § 10 (2), § 67 § 68

Inhaberaktien	Namensaktien
Auf den **Inhaber** ausgestellte Aktien lauten nicht **auf einen bestimmten Eigentümer**. Das Eigentum an diesen Aktien wird wie bei beweglichen Sachen durch **Einigung und Übergabe** übertragen. Vor allem die bekannten börsennotierten Aktiengesellschaften haben ein Interesse daran, dass die Papiere ohne aufwendige Formalitäten sowohl im Börsenhandel als auch auf dem freien Markt gehandelt werden können.	Lauten die Aktien auf einen **bestimmten Eigentümer**, so handelt es sich um **Namensaktien**. Die Ausgabe von Namensaktien ist zwingend vorgeschrieben, wenn bei deren Ausgabe die Aktionäre nicht den vollen Ausgabebetrag leisten (§ 10 (2) AktG). Namensaktien sind in das Aktienregister, das bei der Gesellschaft geführt wird, einzutragen. Damit hat die Gesellschaft eine Kontrolle darüber, wer welchen Anteil am Grundkapital vertritt und in der Hauptversammlung mitentscheidet. Außerdem hat die AG die Möglichkeit, ihre Aktionäre direkt anzuschreiben und zur Hauptversammlung einzuladen. Das Eigentum an Namensaktien wird durch **Einigung, Übergabe und Indossament** (= Übertragungsvermerk) übertragen. Das Indossament macht den neuen Eigentümer der Aktie kenntlich und weist ihn somit als Berechtigten aus.[1] Ist nach der Satzung die Übertragung einer Aktie an die Zustimmung der Aktiengesellschaft gebunden, so handelt es sich um **vinkulierte**[2] **Namensaktien** (§ 68 (2) AktG).

AktG § 12 (1)

Unterscheidung nach den Rechten

AktG § 139 (2)

Stammaktien	Stimmrechtslose Vorzugsaktien
Dem Inhaber einer Stammaktie stehen hinsichtlich des Stimmrechts in der Hauptversammlung und der Höhe der Dividende die normalen Rechte (keine Sonderrechte) zu.	Der Inhaber einer Vorzugsaktie erhält z. B. eine höhere Dividende (Vorzugsdividende) als der Inhaber einer Stammaktie. Dafür hat er aber kein Stimmrecht in der Hauptversammlung. Für die Stammaktionäre kann es im Zusammenhang mit der Erhöhung des Grundkapitals vorteilhaft sein, stimmrechtslose Vorzugsaktien auszugeben, weil sich dadurch die Machtverhältnisse in der Hauptversammlung nicht verändern. Vorzugsaktien dürfen nur bis zur Hälfte des Grundkapitals ausgegeben werden.

7.4 Gründung und Entstehung der AG

Die Gründung einer AG vollzieht sich in folgenden Schritten:

AktG §§ 23 (1), 2, 29, 30, 32, 33

AktG § 41 (1), §§ 27 ff., 36a, 36

1. Abschluss eines **Gesellschaftsvertrages (= Satzung)** zwischen den Gründern. Die Gründung kann auch durch eine einzige Person erfolgen **(Einmann-AG)**. Gründer können natürliche oder juristische Personen sein. Nach der **notariellen Beurkundung** der Satzung ist die AG **gegründet**.
2. **Übernahme der Aktien durch die Gründer**. Damit ist die AG **errichtet**.
3. **Bestellung des Aufsichtsrats und der Abschlussprüfer** mit anschließender Bestellung des ersten **Vorstands** durch den Aufsichtsrat.
4. Erstellung eines **Gründungsberichts**. Vorstand und Aufsichtsrat haben den Hergang der Gründung zu prüfen.
5. **Einbringung der Einlagen.**
6. **Eintragung** in das Handelsregister. Mit der Eintragung ins Handelsregister **entsteht** die AG als juristische Person **(= konstitutive Wirkung der Eintragung)**. Wer vor der Eintragung der Gesellschaft in ihrem Namen handelt, haftet persönlich.

---

1 Trotz der komplizierten Eigentumsübertragung können Namensaktien problemlos an der Börse gehandelt werden. In diesem Fall sind die Namensaktien mit einem Blankoindossament versehen. Dadurch kann der ursprüngliche Eigentümer die Aktie an eine andere Person übertragen, ohne dessen Namen zu nennen. Die Eigentumsübertragung einer Namensaktie ist dann genauso einfach wie bei einer Inhaberaktie.

2 vinkulare (*lat.*): binden, fesseln

Die Anmeldung zum Handelsregister muss von allen Gründern sowie den Mitgliedern des Vorstandes und des Aufsichtsrates vorgenommen werden. Sie darf erst erfolgen, wenn die erforderlichen Einzahlungen (bzw. bei einer Sachgründung die Sacheinlagen) auf das Grundkapital erfolgt sind.

Gründung einer AG mit Bar- und Sacheinlagen

Die Herren Appel, Benz, Clippert möchten zur Umsetzung einer neuen Produktidee eine Aktiengesellschaft gründen. Das Grundkapital soll 2 Mio. EUR betragen und in 400 000 Nennwertaktien (Nennwert je Aktie: 5,00 EUR) aufgeteilt werden.

Fall 1:
Jeder der drei Gründer übernimmt 100 000 Aktien gegen Bareinlage. Außerdem ist die Hausbank wegen der überzeugenden Produktidee bereit, bei der Gründung 100 000 Aktien mit einem Aufpreis (Agio) von 1,00 EUR je Aktie zu 6,00 EUR je Aktie gegen Bareinlage zu übernehmen.
In welcher Höhe müssen die Einlagen **vor der Anmeldung der AG ins Handelsregister mindestens** geleistet werden?

Lösung:
Gem. §§ 36, 36a (1), (2) AktG gilt: Bei Bareinlagen müssen vor der Anmeldung mindestens 25 % des Nennwertes zuzüglich des vollen Agios geleistet sein.

	Mindesteinlagen
1. Gründer Appel, Benz und Clippert	
300 000 Aktien à 5,00 EUR Nennwert gegen Bareinlage = 1 500 000 EUR davon müssen mindesten 25 % (= 375 000 EUR) eingezahlt worden sein.	375 000 EUR
2. Hausbank	
100 000 Aktien à 5,00 EUR Nennwert gegen Bareinlage = 500 000 EUR	125 000 EUR
davon müssen mindesten 25 % (= 125 000 EUR) eingezahlt worden sein. Auf die von der Hausbank übernommenen 100 000 Aktien entfällt ein Agio in Höhe von 1,00 EUR je Aktie (= 100 000 EUR). Dieses muss voll eingezahlt worden sein.	100 000 EUR
Summe der vor der Anmeldung einzubringenden Einlagen	**600 000 EUR**

Da im vorliegenden Fall die Aktionäre ihre Einlagen zunächst nicht in voller Höhe leisten, müssen die Aktien gem. § 10 (2) AktG auf die Namen der Aktionäre lauten **(= Namensaktien)**.

Das Agio (hier: 100 000 EUR) gehört zum Eigenkapital. Es ist aber nicht Bestandteil des ebenfalls zum Eigenkapital gehörenden Gezeichneten Kapitals (= Grundkapital). Das Gezeichnete Kapital umfasst lediglich die Summe der Nennwerte aller Aktien (hier: 2 Mio. EUR).

In der Bilanz wird das Agio daher in einer gesonderten Eigenkapitalposition **Kapitalrücklage** ausgewiesen. Das gesamte Eigenkapital der AG beträgt bei der Gründung somit 2,1 Mio. EUR.

Aktiva (vereinfachte) **Gründungsbilanz der AG** Passiva

Aktiva		Passiva		
Flüssige Mittel	600 000	*Gezeichnetes Kapital*	*2 000 000*	
		– nicht eingefordertes Kapital	*1 500 000*	
		= eingefordertes Kapital	500 000	eingezahltes Eigenkapital
		Kapitalrücklage	100 000	
Summe	600 000	Summe	600 000	

Gem. § 272 (1) S. 3 HGB sind in der Bilanz die nicht eingeforderten ausstehenden Einlagen vom Posten „Gezeichnetes Kapital" offen abzusetzen. Bei dem dann noch verbleibenden Restbetrag handelt es sich um das „eingeforderte Kapital".
Der Begriff „eingefordertes Kapital" ist missverständlich: Haben die Aktionäre die eingeforderten Beträge eingezahlt, so handelt es sich um bereits **eingezahltes Kapital**, dessen Gegenwert im Vermögen (z. B. als flüssige Mittel) auf der Aktivseite enthalten ist. Wurde das Kapital von den Aktionären **eingefordert**, aber von diesen **noch nicht eingezahlt**, so wird dies auf der Aktivseite als Forderung an die Aktionäre ausgewiesen.

Fall 2:
Welche Änderungen würden sich gegenüber Fall 1 ergeben, wenn der Gründer Clippert statt einer Bareinlage ein Patent im Wert von 500 000 EUR einbringen würde (= Sacheinlage in Form eines immateriellen Vermögensgegenstandes)?

Lösung:
Gem. § 36a (2) AktG gilt: Sacheinlagen müssen vor der Anmeldung vollständig geleistet sein.

	Mindesteinlagen
<u>1. Gründer Appel, Benz</u> 200 000 Aktien à 5,00 EUR Nennwert gegen Bareinlage = 1 000 000 EUR davon müssen mindesten 25 % (= 250 000 EUR) eingezahlt worden sein	250 000 EUR
<u>2. Gründer Clippert</u> 100 000 Aktien à 5,00 EUR Nennwert gegen Sacheinlage = 500 000 EUR Die Sacheinlage muss voll geleistet worden sein.	500 000 EUR
<u>3. Hausbank</u> 100 000 Aktien à 5,00 EUR Nennwert gegen Bareinlage = 500 000 EUR davon müssen mindesten 25 % (= 125 000 EUR) eingezahlt worden sein.	125 000 EUR
Auf die von der Hausbank übernommenen 100 000 Aktien entfällt ein Agio in Höhe von 1,00 EUR je Aktie (= 100 000 EUR). Dieses muss voll eingezahlt worden sein.	100 000 EUR
Summe der vor der Anmeldung einzubringenden Einlagen	**975 000 EUR**

Bei Bareinlagen müssen vor der Anmeldung einer AG zum Handelsregister mindestens 25 % des Nennwertes der Aktien eingezahlt worden sein. Ein Agio muss in voller Höhe eingezahlt worden sein.

Sacheinlagen müssen vor der Anmeldung einer AG zum Handelsregister in voller Höhe geleistet worden sein.

Mindestens einzubringendes Eigenkapital einer AG vor der Anmeldung zum Handelsregister		
Bareinlage		Sacheinlage
25 % des Aktiennennwertes § 36a (1) AktG	Agio in voller Höhe § 36a (1) AktG	in voller Höhe § 36a (2) AktG

7.5 Organe der AG

Wie alle juristischen Personen handelt die Aktiengesellschaft durch ihre Organe.

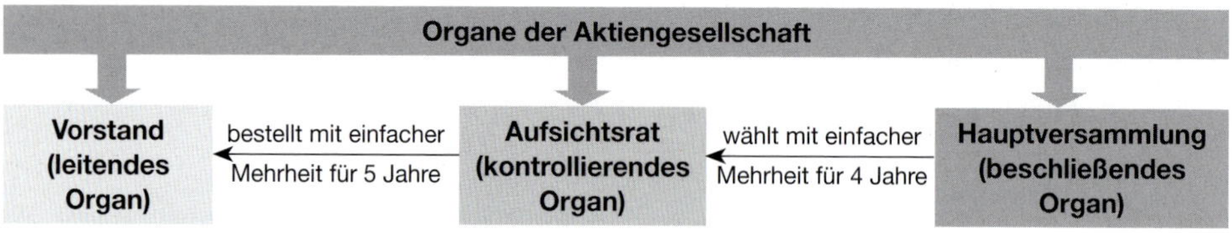

7.5.1 Vorstand

Aufg. 7.2 S. 219

Der Vorstand der AG ist das geschäftsführende Organ der Gesellschaft. Er leitet die AG in eigener Verantwortung.

Aufgaben des Vorstands

AktG §§ 76–79, § 81, § 84 (1)

- Der Aufsichtsrat bestellt den Vorstand für **höchstens fünf Jahre**. Der Vorstand hat unter eigener Verantwortung die Gesellschaft zu leiten und ist – anders als der Geschäftsführer einer GmbH – nicht weisungsgebunden. Demnach kann auch ein Großaktionär,

z. B. mit einem Aktienbesitz von 50 % des Grundkapitals, dem Vorstand keine Weisungen erteilen. Der Vorstand kann aus einer Person oder aus mehreren Personen bestehen. Setzt er sich aus mehreren Personen zusammen, besteht **Gesamtgeschäftsführungs- und Gesamtvertretungsbefugnis.**[1] Vertraglich kann Einzelvertretungsbefugnis vereinbart werden, muss aber ins Handelsregister eingetragen werden. AktG § 77 (1), § 78 (3)

- Der Vorstand hat dem Aufsichtsrat regelmäßig über die Geschäftslage der AG zu **berichten**. AktG § 90, § 170 HGB § 264, § 267 (1)
- Nachdem der **Jahresabschluss** (Bilanz, Gewinn- und Verlustrechnung, Anhang) und der **Lagebericht** (enthält Ausführungen zum Geschäftsverlauf und zur Lage der AG) aufgestellt sind, muss der Vorstand diese unverzüglich dem Aufsichtsrat vorlegen. Kleine Kapitalgesellschaften brauchen den Lagebericht nicht aufzustellen.
- Er muss mindestens einmal jährlich eine **ordentliche Hauptversammlung** einberufen. Bei drohenden hohen Verlusten, bei Überschuldung oder bei Zahlungsunfähigkeit ist er verpflichtet, zu einer **außerordentlichen Hauptversammlung** einzuladen. AktG § 121, § 92,
- Die Vorstandsmitglieder unterliegen dem gesetzlichen **Wettbewerbsverbot** (keine Geschäfte im Geschäftszweig der AG, kein eigenes Handelsgewerbe). § 88

Vergütung

Bei der Bemessung der Gesamtbezüge einzelner Vorstandsmitglieder (Gehalt, Gewinnbeteiligung, Aufwandsentschädigung, Versicherungsentgelte, Provisionen und Nebenleistungen) hat der Aufsichtsrat dafür zu sorgen, dass diese in einem angemessenen Verhältnis zu deren Aufgaben stehen. Über die Höhe der Gesamtbezüge des Vorstandes müssen im Anhang entsprechende Angaben gemacht werden. AktG § 87 HGB § 285 Nr. 9

7.5.2 Aufsichtsrat

Die Aufgabe des Aufsichtsrates besteht in der Überwachung der Geschäftsführung des Vorstandes.

Zahl der Mitglieder und Amtszeit

Im Normalfall besteht der Aufsichtsrat aus **drei Mitgliedern**. Die Satzung kann auch eine höhere Zahl (bis zu 21 Mitgliedern – je nach Höhe des Grundkapitals) festsetzen. Die Zahl muss jedoch stets durch drei teilbar sein. AktG § 95, § 102

Die Mitglieder des Aufsichtsrates werden von der Hauptversammlung mit einfacher Mehrheit für **vier Geschäftsjahre** gewählt.

Aufgaben

Der Aufsichtsrat hat im Wesentlichen folgende Aufgaben:

- Bestellung (d. h. Wahl mit einfacher Mehrheit) und gegebenenfalls Abberufung des Vorstands AktG § 84, § 111, § 171, § 172
- Überwachung der Geschäftsführung des Vorstands. Dazu kann er u. a. die Geschäftsunterlagen der Gesellschaft einsehen und prüfen.
- Prüfung des Jahresabschlusses samt Lagebericht und Vorschlag für die Verwendung des Bilanzgewinns
- Feststellung des Jahresabschlusses

1 Das gilt für alle Kapitalgesellschaften. Bei der OHG und der KG gilt dagegen der Grundsatz der Einzelgeschäftsführungs- und Einzelvertreterbefugnis.

Persönliche Voraussetzungen von Mitgliedern eines Aufsichtsrates

AktG § 105, § 100

Ein Aufsichtsratsmitglied **kann im selben Unternehmen nicht zugleich Vorstandsmitglied** oder in anderer leitender Funktion (z. B. als Prokurist oder Handlungsbevollmächtigter) sein, weil dadurch Leitung und Kontrolle bei derselben Person vereinigt wären. Ein Mitglied des Vorstands einer AG kann aber gleichzeitig Mitglied des Aufsichtsrats bei einer anderen Kapitalgesellschaft sein. Allerdings ist die Zahl der Aufsichtsratsmandate pro Person auf zehn beschränkt.

AktG § 291

Zur gemeinsamen Ausrichtung ihrer Geschäftspolitik übertragen voneinander abhängige Aktiengesellschaften ihre Leitung häufig auf eine übergeordnete Gesellschaft **(Muttergesellschaft)**. In einem Vertrag **(Beherrschungsvertrag)** wird festgelegt, dass das übergeordnete Unternehmen einen beherrschenden Einfluss auf das **abhängige Unternehmen** ausübt.

In diesem Fall darf ein Vorstandsmitglied des abhängigen Unternehmens (Tochterunternehmen) nicht gleichzeitig Aufsichtsrat des herrschenden Unternehmens sein:

AktG § 100 (2) Nr. 2

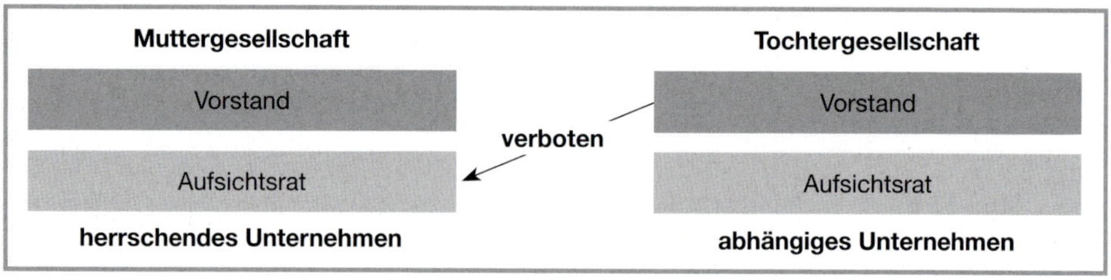

Auch die Entsendung von Vorstandsmitgliedern anderer Kapitalgesellschaften in den Aufsichtsrat einer AG ist nicht möglich, wenn ein Vorstandsmitglied dieser AG bereits dem Aufsichtsrat der anderen Kapitalgesellschaft angehört **(Überkreuzverflechtung)**.

AktG § 100 (2) Nr. 3

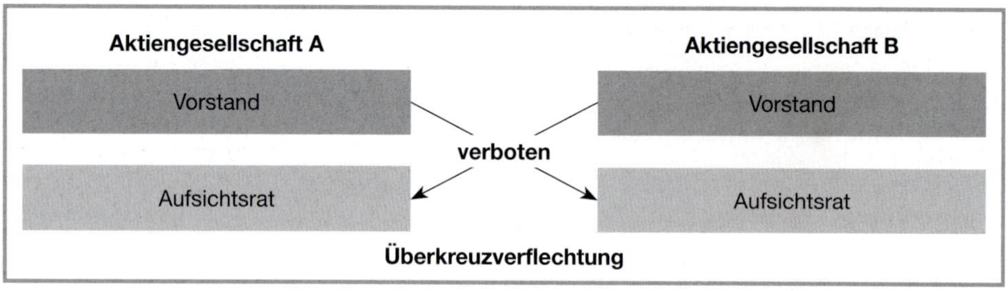

Kap. B 8

Ab einer bestimmten Größe haben die Arbeitnehmer das Recht, von ihnen gewählte Vertreter in den Aufsichtsrat zu entsenden.

7.5.3 Hauptversammlung

Die Hauptversammlung ist das Organ der AG, durch das die Aktionäre ihre Rechte als Kapitaleigner ausüben.

Wesen und Rechtsstellung

AktG § 118, § 121 (2), § 120

Die Hauptversammlung ist das **beschließende Organ** einer Aktiengesellschaft. In ihr üben die Gesellschafter (Aktionäre) ihr Stimmrecht aus. Der Vorstand beruft die Hauptversammlung als Zusammenkunft der Aktionäre ein, die innerhalb der **ersten acht Monate** des Geschäftsjahres über die Entlastung von Vorstand und Aufsichtsrat beschließt. Mit einer erfolgreichen Abstimmung (d. h. der Vorstand wird entlastet) billigen die Anteilseigner die Geschäftsführung der Gesellschaft. Die Entlastung enthält jedoch keinen Verzicht auf Ersatzansprüche. Eine abgelehnte Entlastung des Vorstandes bedeutet einen Vertrauensentzug.

Rechte

Der Hauptversammlung stehen folgende Rechte zu: AktG § 119

- Wahl der Aufsichtsratsmitglieder der Kapitaleigner (mit einfacher Mehrheit)
- Beschlüsse über die Verwendung des Bilanzgewinns
- Entlastung der Mitglieder des Vorstands und des Aufsichtsrats
- Bestellung der Abschlussprüfer für das laufende Geschäftsjahr
- Beschlüsse über Satzungsänderungen (z. B. Kapitalerhöhung, Zusammenschluss mit anderen Unternehmen, Auflösung)

Stimmrecht und Beschlussfassung

Jedem Aktionär, der über Stammaktien verfügt, steht in der Hauptversammlung ein Stimmrecht zu. Der Aktionär kann sein Stimmrecht z. B. im Fall einer Verhinderung am Tage der Hauptversammlung auch an einen Dritten (z. B. eine Bank) durch Erteilung einer schriftlichen Vollmacht abtreten. AktG § 134 (3)

Beschlüsse der Hauptversammlung kommen in der Regel durch einfache Mehrheit der abgegebenen Stimmen zustande. Für einige Beschlüsse, die von besonderer Tragweite für die AG sind, ist eine qualifizierte Mehrheit (3/4 des bei der Beschlussfassung vertretenen Grundkapitals) erforderlich. Dies gilt z. B. für Maßnahmen der **Eigenkapitalbeschaffung** und andere Satzungsänderungen. AktG § 133, § 179 AktG § 182 (1)

Beschlüsse der Hauptversammlung	
Wahl des Aufsichtsrates (AktG § 101)	**einfache Mehrheit**
Feststellung des Jahresabschlusses (AktG § 172)	**einfache Mehrheit**
Verwendung des Bilanzgewinns (AktG § 174)	**einfache Mehrheit**
Satzungsänderungen (AktG § 179) wie z. B. Kapitalerhöhung	**qualifizierte Mehrheit**
Auflösung der Gesellschaft (§ 262 (1) Nr. 2 AktG)	**qualifizierte Mehrheit**

Die Beschlüsse der Hauptversammlung börsennotierter Aktiengesellschaften bedürfen der **notariellen Beurkundung**. AktG § 130 (1)

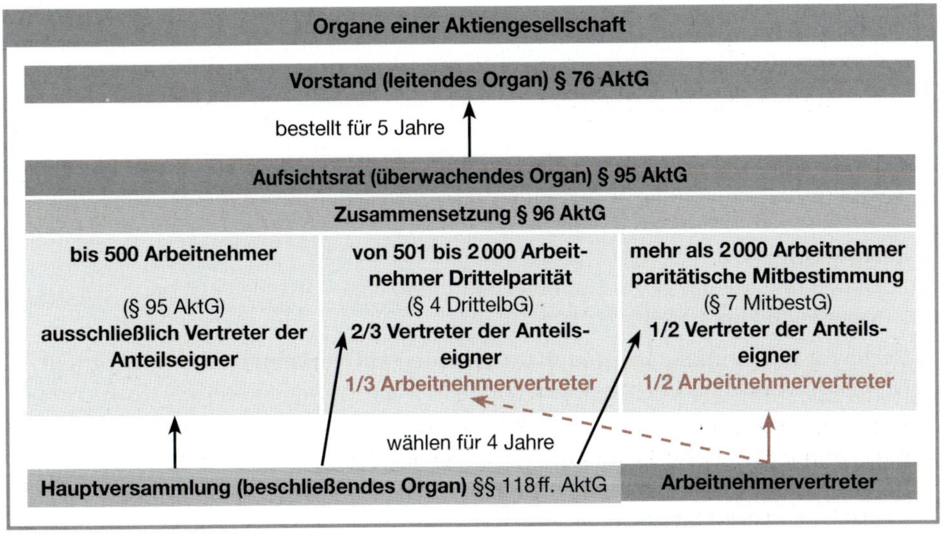

7.6 Pflichten und Rechte der Aktionäre

7.6.1 Pflichten der Aktionäre

AktG § 54, §§ 36, 36a

Kap. B 7.4

Leistung der Einlage

Haben sich die Aktionäre zur Leistung von **Bareinlagen** verpflichtet, so muss **mindestens ein Viertel** des (fiktiven) Nennwertes der Aktien eingefordert und von den Aktionären geleistet werden. Werden die Aktien zu einem höheren Betrag ausgegeben, so muss auch der Mehrbetrag **(Agio)** eingezahlt werden. **Sacheinlagen** sind vollständig zu leisten.

Risiko des Verlustes des Aktienwertes

AktG § 1 (1)

In gleicher Weise wie bei der GmbH haftet für die Verbindlichkeiten der Gesellschaft ihren Gläubigern gegenüber nur das Gesellschaftsvermögen der AG. Die Aktionäre tragen aber das Risiko, einen Wertverlust zu erleiden oder ihre Beteiligung ganz oder teilweise zu verlieren, falls die AG z. B. wegen Überschuldung aufgelöst wird.

7.6.2 Rechte der Aktionäre

Die Rechte der Aktionäre lassen sich in **Verwaltungsrechte** und **Vermögensrechte** einteilen.

Verwaltungsrechte

AktG § 118

- **Recht auf Teilnahme an der Hauptversammlung**
  Mit der Teilnahme an der Hauptversammlung sind folgende Rechte verbunden

  AktG § 134

  - **Stimmrecht**
    Grundsätzlich gewährt jede Stammaktie eine Stimme. Nur wenn gleichzeitig Aktien mit unterschiedlichen Nennwerten ausgegeben wurden (z. B. Aktien mit 5,00 EUR Nennwert und gleichzeitig andere Aktien mit 100,00 EUR Nennwert), gilt folgende Regelung: Jede Aktie mit dem niedrigsten Nennwert gewährt jeweils eine Stimme. Aktien mit einem höheren Nennwert gewähren ein entsprechendes Vielfaches an Stimmen (z. B. Aktie mit 5,00 EUR Nennwert eine Stimme, Aktie mit 100 EUR Nennwert 20 Stimmen).

    Kap. B 7.5

    Durch das Stimmrecht in der Hauptversammlung können Aktionäre u. a. bei folgenden Beschlüssen mitwirken:

    AktG §§ 101, 103, § 120 (1), § 120 (4), § 174

    Beschlüsse mit einfacher Mehrheit der abgegebenen Stimmen:
    - Wahl und Abberufung des Aufsichtsrates
    - Entlastung von Vorstand und Aufsichtsrat
    - Billigung eines Vergütungssystems für Vorstandsmitglieder bei börsennotierter AG
    - Verwendung des Bilanzgewinns

    Für Beschlüsse, die eine Satzungsänderung bedingen (z. B. Erhöhung des Grundkapitals), ist eine $^{3}/_{4}$ Mehrheit (qualifizierte Mehrheit) der abgegebenen Stimmen erforderlich.

  AktG § 131

  - **Auskunftsrecht**
    Der Aktionär kann in der Hauptversammlung vom Vorstand Auskunft über Angelegenheiten der Gesellschaft verlangen.

AktG § 122

- **Recht auf Einberufung der Hauptversammlung auf Verlangen einer Minderheit**
  Die Hauptversammlung muss einberufen werden, wenn Aktionäre, deren Anteile zusammen mindestens 5 % des Grundkapitals erreichen, dies verlangen.

AktG §§ 243 ff.

- **Anfechtung eines Beschlusses der Hauptversammlung**
  Ein Beschluss der Hauptversammlung, der gegen die Satzung oder ein Gesetz verstößt, kann vom Aktionär angefochten werden.

Vermögensrechte

Anspruch auf Anteil am Gewinn (Dividende) §§ 58 (4), 60 AktG	Bezugsrecht bei der Ausgabe neuer Aktien § 186 AktG	Anspruch auf Beteiligung am Liquidationserlös § 271 AktG
Der Anteil eines Aktionärs am Gewinn (= Dividende) bestimmt sich nach seinem Anteil am Grundkapital.	Wird in der Hauptversammlung die Erhöhung des Grundkapitals beschlossen, steht den Aktionären ein Recht auf den Bezug neuer Aktien zu.	Bei Auflösung der AG steht den Aktionären das nach Abzug der Schulden verbleibende Vermögen entsprechend ihren Anteilen am Grundkapital zu.

Kap. C 2.2.5
C 3.2.4

7.7 Aktienhandel an der Börse

Aufg. 7.3
u. 7.4
S. 220

Börsengang einer AG – Vor- und Nachteile

Aktien sind an der Börse nur handelbar, wenn sie zuvor zum Börsenhandel zugelassen wurden. Die Zulassung erfolgt auf der Grundlage von Gesetzen (z. B. Börsengesetz, Börsenzulassungsverordnung) und muss von der Aktiengesellschaft zusammen mit einem Kreditinstitut beantragt werden. Damit die Aktien zur amtlichen Notierung (= Kursfeststellung unter amtlicher Aufsicht an der Wertpapierbörse) zugelassen werden, müssen bestimmte Voraussetzungen erfüllt sein. Zum Beispiel muss ein **Börsenprospekt** vorgelegt werden, der alle wesentlichen Informationen für künftige Anleger enthält. Darüber hinaus ist die Zulassung mit der Verpflichtung zu der Veröffentlichung der Bilanz im Bundesanzeiger und in mindestens einer als Börsenpflichtblatt zugelassenen Tageszeitung, verbunden.

AktG
§ 3 (2)

Vorteile eines Börsengangs	Nachteile eines Börsengangs
▪ Imagezuwachs für das Unternehmen ▪ bei positiver Kursentwicklung Erleichterung bei der künftigen Beschaffung von Eigenkapital (Kapitalerhöhungen)	▪ Zulassungskosten (z. B. für den Börsenprospekt) ▪ Bankprovision für die Platzierung der Aktien (ca. 4 % bis 6 % des Emissionserlöses) ▪ verschärfte Publizitätspflichten ▪ Erfolg des Börsengangs hängt von der gegenwärtigen Stimmung am Aktienmarkt ab. ▪ Gefahr einer feindlichen Übernahme, indem Investoren eine Aktienmehrheit gegen den Willen von Vorstand und Aufsichtsrat des Unternehmens an der Börse aufkaufen ▪ **Alle** HV-Beschlüsse müssen notariell beurkundet werden. (Bei nichtbörsennotierter AG nur die Satzungsänderungen).

HGB
§§ 325 (4),
264d

AktG
§ 130

Nennwert und Kurswert

Die Summe der Nennwerte (aufgedruckt bei Nennbetragsaktien – fiktiv bei Stückaktien) aller ausgegebenen Aktien entspricht dem in der Bilanz ausgewiesenen gezeichneten Kapital bzw. dem Grundkapital. Der Nennwert der Aktien ist aber nicht identisch mit dem Wert, zu dem die Aktien an einer Wertpapierbörse gehandelt werden **(Kurswert)**. Vielmehr handelt es sich beim Kurswert um einen **Marktpreis (Kurs)**, der sich an einem bestimmten Börsentag aus dem vorhandenen Angebot und der entsprechenden Nachfrage ergibt.

Der Kurs einer Aktie ist der Preis, zu dem diese Aktie an einer Wertpapierbörse gehandelt wird.

Vgl. Bd. 1 Kap. A 2.2.4

Angebot und Nachfrage bei Aktien und damit der Kurswert hängen u. a. ab von

- den Gewinnerwartungen,
- dem Konjunkturverlauf,
- der politischen Lage,
- spekulativen Überlegungen,
- persönlichen Einschätzungen der Anbieter und Nachfrager.

Auszug aus einer Börsenkurstabelle DAX-Werte

Der DAX (ursprünglich Deutscher Aktienindex) ist der wichtigste deutsche Aktienindex. Er umfasst die Aktien der 30 größten deutschen börsennotierten Aktiengesellschaften. Wichtige Auswahlkriterien für die Aufnahme in den DAX sind u. a. der Börsenumsatz (wie viele Aktien werden täglich gehandelt) und die Marktkapitalisierung (= Zahl der im Handel befindlichen Aktien · Kurs).

Aufg. 7.5 u. 7.6 S. 220 f.

Dax-Werte				Veränderung	52-Wochen		KGV
	Div.	13.02.	12.02.	in %	Hoch	Tief	2014
Adidas	1,35	86,38	86,07	+ 0,36	93,22	67,26	17,28
Allianz SE vNA	4,50	129,50	128,40	+ 0,86	134,40	101,30	9,59
BASF SE NA	2,60	81,26	80,57	+ 0,86	81,27	64,09	13,54
BMW St.	2,50	85,36	84,97	+ 0,46	86,88	63,27	10,54
Daimler NA	2,20	66,65	66,45	+ 0,30	66,94	38,14	11,69
VW Vz.	3,56	199,90	198,35	+ 0,78	205,00	136,60	8,51

Hinweis: Bei den Unternehmen Allianz SE und BASF SE handelt es sich um europäische Aktiengesellschaften (SE: Societas Europaea).

Zusätze bei den Aktienbezeichnungen:

NA = Namensaktie (Bsp. Daimler NA)
vNA = vinkulierte Namensaktie (Bsp. Allianz)
St = Stammaktie (Bsp. BMW)
Vz = Vorzugsaktie (Bsp. VW VZ)

Erläuterung des Kursausweises am Beispiel der BASF-Aktie:

Für die BASF-Aktie wurde am 12.02. ein Kurs von 80,57 EUR ermittelt. Am 13.02. ist der Kurs um 0,86 % auf 81,26 EUR gestiegen. Pro Aktie hat die BASF im vergangenen Geschäftsjahr an die Aktionäre eine Dividende in Höhe von 2,60 EUR ausgeschüttet. Im laufenden Kalenderjahr waren bis zum Tag der Kursnotierung (13.02.) Kursschwankungen von 64,09 (Tief) und 81,27 (Hoch) festzustellen. Für das Verhältnis von Gewinn und Aktienkurs (KGV: Kurs-Gewinn-Verhältnis) errechnet sich derzeit ein Wert von 13,54. Das Kurs-Gewinn-Verhältnis ist eine Kennzahl, die angibt, in welchem Verhältnis der erwartete Gewinn einer AG zum aktuellen Börsenkurs steht. Hierbei wird der Kurs der Aktie in Beziehung zu dem für die Zukunft (z. B. das kommende Geschäftsjahr) erwarteten Gewinn je Aktie (Jahresüberschuss einer AG oder eines Konzerns geteilt durch die Anzahl der Aktien) gesetzt.

$$KGV = \frac{\text{Kurs einer Aktie}}{\text{erwarteter Gewinn je Aktie}}$$

Bei einem niedrigen KGV gilt eine Aktie als günstig, bei einem hohen KGV als ungünstig. Bei Verlusten kann kein KGV ermittelt werden. Der Käufer einer BASF-Aktie muss zum aktuellen Datum (13.02.) beim Erwerb einer BASF-Aktie pro 1 EUR des auf eine Aktie entfallenden Gewinns der BASF-SE den 13,54-fachen Kaufpreis zahlen.

Beispiele für mögliche weitere Kurszusätze

G Geld, zum genannten Kurs war nur Nachfrage vorhanden
B Brief, zum genannten Kurs war nur Angebot vorhanden
b bezahlt, sämtliche Aufträge wurden ausgeführt

bB	*bezahlt Brief, es konnten nicht alle Verkaufsaufträge ausgeführt werden*
bG	*bezahlt Geld, es konnten nicht alle Kaufaufträge ausgeführt werden*
–	*gestrichen, keine Umsätze, keine Kursfestsetzung*
ex D	*ohne Dividende, die Dividende für das abgelaufene Jahr wurde bereits ausgezahlt*
ex BR	*ohne Bezugsrecht, Kurs nach Bezugsrechtsabschlag*

7.8 Vor- und Nachteile einer Aktiengesellschaft

Vor- und Nachteile einer Aktiengesellschaft im Vergleich zu anderen Rechtsformen

Vorteile	Nachteile
▪ Durch Aufteilung des Grundkapitals in kleine Kapitalanteile ist die Aufbringung eines hohen Eigenkapitals möglich. ▪ Kapitalgeber haben keine Verpflichtung zur Geschäftsführung und Vertretung (Trennung von Leitung und Eigentum); dadurch Möglichkeit des Einsatzes qualifizierter Fachleute. ▪ Die Finanzkraft großer Kapitalgesellschaften ermöglicht hohe Forschungs- und Entwicklungsausgaben (Entwicklung neuer Technologien) und häufig auch hohe soziale Leistungen für die Belegschaft. ▪ Möglichkeit der Kapitalbeteiligung der Arbeitnehmer durch Belegschaftsaktien.	▪ Wegen umfangreicher Vorschriften (Bildung von Organen, Kapitalbeschaffung, Jahresabschluss) für kleine und mittlere Unternehmen nicht geeignet. ▪ Pflicht zur Veröffentlichung des Jahresabschlusses. ▪ Bildung eines Aufsichtsrates zwingend vorgeschrieben. ▪ Vorstandsmitglieder haben kein Kapitalrisiko (Schadenersatzpflicht gegenüber der AG lediglich bei Verschulden); dadurch evtl. Begünstigung von Fehlentscheidungen. ▪ Konzentration in der Wirtschaft (Missbrauch von Marktmacht).

7.9 The legal form of the German "Aktiengesellschaft (AG)" in a nutshell

An AG is – just like the GmbH – an **incorporated company** with the status of a **legal person** and **limited liability**. An AG is owned by **shareholders**; and their number can be very high. In contrast to the GmbH, the AG can decide to **offer its shares in the stock markets**. This is called **"initial public offering"(IPO)** and allows the AG to raise capital from a large number of investors. Once accepted for listing on the stock market, an AG becomes a **publicly traded company**. Having gone public, the AG must meet strict **disclosure requirements**. Thus, it has to make available to the public its balance sheet, profit and loss statement and information about important changes in the development of the company.

The **management structure** of an AG consists of a supervisory board and a management board. Formally the most power within an AG is held by the **annual general meeting of shareholders**. It appoints and controls the members of the **supervisory board**. The supervisory board in turn appoints the members of the **management board**, controls them and determines their compensation. The management board is in charge of running the business; in this capacity it deals with both strategic and operative management issues concerning the AG.

Zusammenfassende Übersicht zu Kap. 7: Aktiengesellschaft (AG)

Aktiengesellschaft

Gründerzahl: mindestens 1 Gründer § 2 AktG

Merkmale:

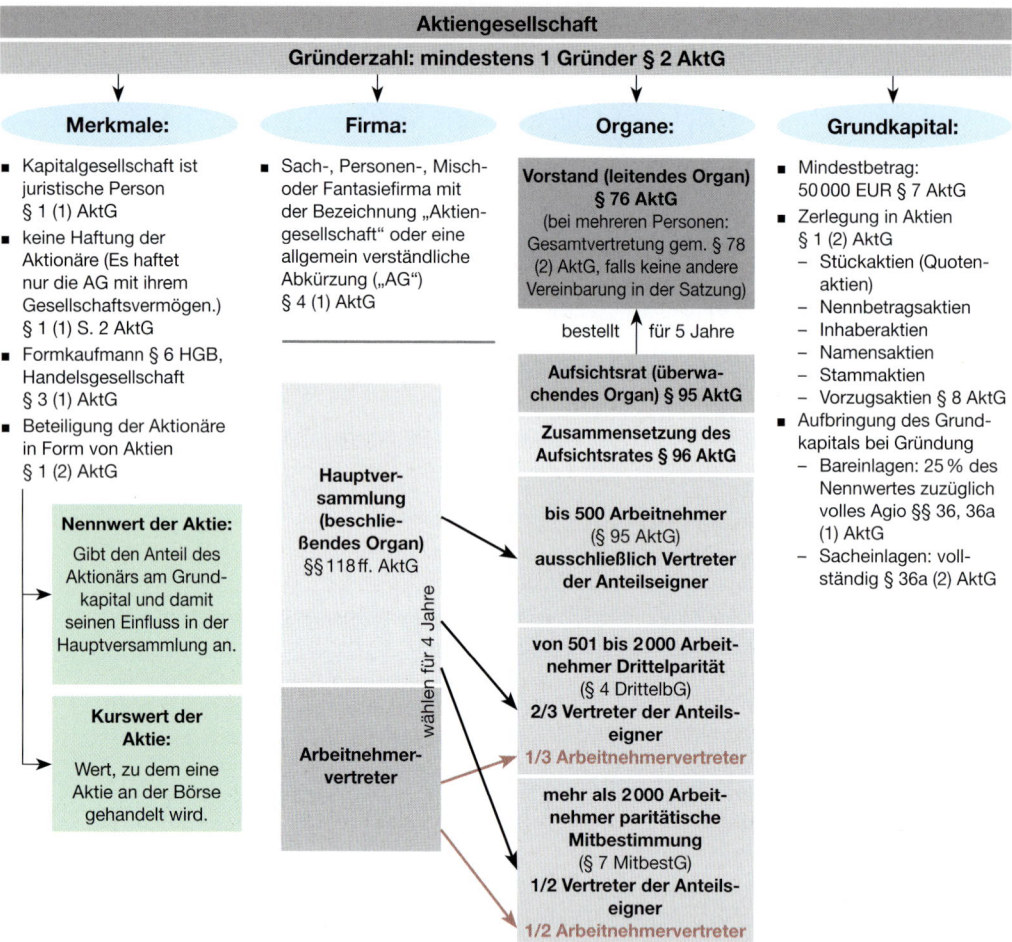

- Kapitalgesellschaft ist juristische Person § 1 (1) AktG
- keine Haftung der Aktionäre (Es haftet nur die AG mit ihrem Gesellschaftsvermögen.) § 1 (1) S. 2 AktG
- Formkaufmann § 6 HGB, Handelsgesellschaft § 3 (1) AktG
- Beteiligung der Aktionäre in Form von Aktien § 1 (2) AktG

Nennwert der Aktie: Gibt den Anteil des Aktionärs am Grundkapital und damit seinen Einfluss in der Hauptversammlung an.

Kurswert der Aktie: Wert, zu dem eine Aktie an der Börse gehandelt wird.

Firma:

- Sach-, Personen-, Misch- oder Fantasiefirma mit der Bezeichnung „Aktiengesellschaft" oder eine allgemein verständliche Abkürzung („AG") § 4 (1) AktG

Hauptversammlung (beschließendes Organ) §§ 118 ff. AktG

Arbeitnehmervertreter

wählen für 4 Jahre

Organe:

Vorstand (leitendes Organ) § 76 AktG (bei mehreren Personen: Gesamtvertretung gem. § 78 (2) AktG, falls keine andere Vereinbarung in der Satzung)

bestellt für 5 Jahre

Aufsichtsrat (überwachendes Organ) § 95 AktG

Zusammensetzung des Aufsichtsrates § 96 AktG

bis 500 Arbeitnehmer (§ 95 AktG) **ausschließlich Vertreter der Anteilseigner**

von 501 bis 2000 Arbeitnehmer Drittelparität (§ 4 DrittelbG) **2/3 Vertreter der Anteilseigner** **1/3 Arbeitnehmervertreter**

mehr als 2000 Arbeitnehmer paritätische Mitbestimmung (§ 7 MitbestG) **1/2 Vertreter der Anteilseigner** **1/2 Arbeitnehmervertreter**

Grundkapital:

- Mindestbetrag: 50 000 EUR § 7 AktG
- Zerlegung in Aktien § 1 (2) AktG
  - Stückaktien (Quotenaktien)
  - Nennbetragsaktien
  - Inhaberaktien
  - Namensaktien
  - Stammaktien
  - Vorzugsaktien § 8 AktG
- Aufbringung des Grundkapitals bei Gründung
  - Bareinlagen: 25 % des Nennwertes zuzüglich volles Agio §§ 36, 36a (1) AktG
  - Sacheinlagen: vollständig § 36a (2) AktG

Pflichten und Rechte der Aktionäre

Pflichten	Rechte	
	Verwaltungsrechte	**Vermögensrechte**
■ Leistung der Einlage (Bar- oder Sacheinlage) §§ 54, 36, 36a AktG ■ Risiko des Wertverlusts der Aktie § 1 (1) AktG	■ Teilnahme an HV § 118 AktG – Stimmrecht § 134 AktG – Wahl und Abberufung des AR §§ 101, 103 AktG – Entlastung von Vorstand und AR § 120 (1) AktG – Vergütungssystem Vorstand § 120 (4) AktG – Verwendung des Bilanzgewinns § 174 AktG – Auskunftsrecht § 131 AktG ■ Einberufung der HV (Minderheitsvotum) § 122 AktG ■ Anfechtung HV-Beschluss § 243 ff. AktG	■ Anspruch auf Dividende §§ 58 (4), 60 AktG ■ Bezugsrecht bei der Ausgabe neuer Aktien § 186 AktG ■ Anspruch auf Beteiligung am Liquidationserlös § 271 AktG

Fragen zur Wiederholung – revision questions

zu Kapitel 7 Aktiengesellschaft

7.1 Begriff und Firma der AG

1. Wie viele Gründer muss eine AG mindestens haben?
2. Warum wird eine Aktiengesellschaft den Kapitalgesellschaften zugeordnet?
3. Wann entsteht eine Aktiengesellschaft?
4. Nennen Sie Möglichkeiten zur Firmierung einer AG.
5. *What are comparable legal forms of the German „AG" in Britain and the USA?*

7.2 Kapitalaufbringung und Haftung

1. Was ist unter dem Grundkapital einer AG zu verstehen und wie hoch muss dieses mindestens sein?
2. Was sind Aktien?
3. Wer haftet bei einer Aktiengesellschaft?

7.3 Aktienarten

1. Unterscheiden Sie: a) Stückaktien und Nennbetragsaktien, b) Inhaberaktien, Namensaktien und vinkulierte Namensaktien, c) Stammaktien und stimmrechtslose Vorzugsaktien.

7.4 Gründung und Entstehung

1. In welchen Schritten vollzieht sich die Gründung einer AG?
2. Von wem muss eine AG zur Eintragung ins Handelsregister angemeldet werden?
3. Welche unterschiedlichen Vorschriften zur Einbringung von Bar- und Sacheinlagen sind bei der Gründung einer AG zu beachten?

7.5 Organe der AG

7.5.1 Vorstand

1. Welche Aufgaben hat der Vorstand einer AG?
2. Wer bestellt den Vorstand einer AG und wie lange dauert dessen Amtszeit höchstens?
3. Worin unterscheiden sich die Rechte von Geschäftsführern einer GmbH von den Rechten der Vorstandsmitglieder einer AG?

7.5.2 Aufsichtsrat

1. Welche Aufgaben hat der Aufsichtsrat einer AG und wie lange dauert dessen Amtszeit?
2. Welche persönlichen Voraussetzungen müssen die Mitglieder des Aufsichtsrates erfüllen?
3. Erklären Sie den Begriff Überkreuzverflechtung.
4. Welche Regelungen zur Wahl und Zusammensetzung des Aufsichtsrates einer AG gelten für
   - Aktiengesellschaften mit bis zu 500 Arbeitnehmern
   - Aktiengesellschaften mit mehr als 500 aber weniger als 2001 Arbeitnehmern
   - Aktiengesellschaften mit mehr als 2 000 Arbeitnehmern?

7.5.3 Hauptversammlung

1. Welche Aufgaben hat die Hauptversammlung einer AG?
2. Von wem und innerhalb welchen Zeitraums wird die Hauptversammlung einberufen?
3. Nennen Sie die Rechte, die der Hauptversammlung einer AG zustehen.
4. Welche Stimmenmehrheit ist für die Beschlüsse einer Hauptversammlung erforderlich?
5. Welche Formvorschrift besteht für die Niederschrift der Beschlüsse einer Hauptversammlung?

7.6 Pflichten und Rechte eines Aktionärs

1. Nennen und beschreiben Sie die Pflichten und Rechte eines Aktionärs.

7.7 Aktienhandel an der Börse

1. Nennen Sie Vor- und Nachteile für eine Börsenzulassung von Aktien.
2. Erklären Sie, was unter den Begriffen Nennwert und Kurswert einer Aktie zu verstehen ist.
3. Nennen Sie einige Größen, die den Kurswert einer Aktie beeinflussen können.
4. Wie lautet die Formel zur Berechnung des Kurs-Gewinn-Verhältnisses?

7.8 Vor- und Nachteile einer AG

1. Beschreiben Sie die Vorteile einer AG gegenüber anderen Rechtsformen.
2. Beschreiben Sie die Nachteile einer AG gegenüber anderen Rechtsformen.

7.9 The German AG

1. *Give a definition of the AG in English.*
2. *Describe the management structure of an AG.*
3. *What are the main differences between the AG and the GmbH?*

Aufgaben und Probleme

zu Kapitel 7 Aktiengesellschaft

LA

7.1 AG: Gründung – Grundkapital – Eigenkapital – Aktie

Diplom-Ingenieur Max Krieger möchte ein Gesellschaftsunternehmen zur Herstellung von messtechnischen Geräten gründen. Der Kapitalbedarf wurde mit 6 Millionen EUR berechnet.

AktG §§ 2, 7,

1. Neben Krieger finden sich die Allbank Stuttgart sowie zwei weitere Gründer zusammen, die dieses Unternehmen als Aktiengesellschaft gründen und die Aktien für ein Grundkapital in Höhe von 5 Millionen EUR übernehmen wollen.
   Prüfen Sie, ob damit die Mindestgründerzahl und das Mindestkapital erreicht sind.
2. Im Vorfeld der Gründung diskutieren die vier Gründer darüber, ob das Grundkapital durch die Ausgabe von Inhaber- oder von Namensaktien aufgebracht werden soll.
   §§ 10, 67, § 10 (2),
   a) Wodurch unterscheiden sich Inhaberaktien von Namensaktien?
   b) In welchem Fall ist die Ausgabe von Namensaktien zwingend vorgeschrieben? Begründen Sie diese Regelung.
   c) Die Gründer entscheiden sich für die Ausgabe von Namensaktien. Welche Vorzüge sind mit dieser Entscheidung verbunden?

BGB §§ 714, 709

3. Die vier Gründer haben sich mündlich versprochen, das Grundkapital mit den vereinbarten Beträgen zu übernehmen und die Aktiengesellschaft zu gründen. Einer der Aktionäre schlägt die Firmenbezeichnung „Messtechnik Krieger" vor.
   § 4
   a) Warum ist diese Firmenbezeichnung nicht möglich?
   b) Machen Sie einen begründeten Vorschlag für die Firmenbezeichnung.
4. Die Gründer haben sich am 15.07. geeinigt, eine Aktiengesellschaft zu gründen. Am 25.08. wurde das gesamte Grundkapital in Höhe von 5 Millionen EUR von den Gründern durch Einzahlung des entsprechenden EUR-Betrages aufgebracht. Am 15.09. desselben Jahres wollen die Gründer zusammenkommen, um Aufsichtsrat und Vorstand zu wählen.
   AktG § 36, 37, § 41,
   a) Warum wird der Registerrichter am 01.09. die Eintragung der Aktiengesellschaft ins Handelsregister noch ablehnen?
   b) Am 15.12. wurde die Aktiengesellschaft ins Handelsregister eingetragen. Wann ist die Aktiengesellschaft entstanden?
5. Stellen Sie fest:
   a) Welche wertmäßige Beteiligung (in EUR) am Grundkapital der AG ist mit dem Erwerb einer Aktie verbunden, wenn 2 Mio. Stückaktien ausgegeben werden?
   § 8,
   b) Könnte das vorgesehene Grundkapital auch durch Ausgabe von 6 Mio. Stückaktien aufgebracht werden?
   § 8 (3)
   c) Die vier Gründer haben zur Ausgabe der Aktien folgende Vereinbarung getroffen: Die Allbank AG Stuttgart ist bereit, wegen des erfolgversprechenden Unternehmenskonzepts 500 000 Aktien zu einem Ausgabekurs von 3,00 EUR/Aktie zu übernehmen, während für die anderen drei Gründer die Aktienausgabe zum Nennwert erfolgt.
      Wie hoch ist das Eigenkapital in EUR?
   d) Wie viel Prozent des Grundkapitals beträgt das Eigenkapital (Bilanzkurs)?
   e) Kann der errechnete Kapitalbedarf bei den vorgesehenen Ausgabekursen gedeckt werden? Weitere im Zusammenhang mit der Gründung anfallende Kosten bleiben unberücksichtigt.

6. Krieger ist mit 1 Mio. EUR am Grundkapital der AG beteiligt.
   a) Wie viele Aktien hat er erhalten?
   b) Welchen Wert in EUR hätte eine Aktie, wenn von den aufgebrachten Mitteln noch Gründungskosten (z. B. Notariatskosten, Grundbuchgebühren, Kosten des Aktiendrucks) in Höhe von 100 000 EUR beglichen werden müssten?

7.2 AG: Hauptversammlung – Aufsichtsrat – Vorstand

Die Messtechnik AG hat ein Grundkapital von 5 Millionen EUR und beschäftigt 1950 Arbeitnehmer. Das Unternehmen besteht seit mehreren Jahrzehnten.
Nach Ablauf eines Geschäftsjahres veröffentlicht die AG im Stuttgarter Tagblatt folgende Anzeige:

Messtechnik-Aktiengesellschaft Stuttgart

Hiermit laden wir die Aktionäre unserer Gesellschaft zu der am
Freitag, dem 26. Mai 20..,10:30 Uhr
in der Schleyerhalle in Stuttgart stattfindenden ordentlichen
Hauptversammlung ein.

Die Tagesordnung ist in den Gesellschaftsblättern veröffentlicht.

1. Herr Klein ist Aktionär der Messtechnik AG und hat seinen Wohnsitz in Lörrach. Wie könnte sein Stimmrecht ausgeübt werden, wenn er selbst nicht zur Hauptversammlung nach Stuttgart fahren will? AktG § 134 (3)
2. Auf der Hauptversammlung weist der Direktor der Commerzbank Stuttgart nach, dass bei seiner Bank Nennbetragsaktien zum Nominalwert von 375 000 EUR zur Aufbewahrung liegen. Die Aktionäre haben ihm schriftlich das Recht abgetreten, sie auf der Hauptversammlung zu vertreten. AktG § 135,
   Prüfen Sie ob der Bankdirektor stimmberechtigt ist.
3. Auf der Hauptversammlung werden $^2/_3$ der Mitglieder des Aufsichtsrats gewählt. § 95,
   a) Wie viel Mitglieder muss der Aufsichtsrat dieser Gesellschaft mindestens, wie viel darf er höchstens haben?
   b) Der Aktionär Krieger besitzt 20 Nennbetragsaktien zu 25 EUR Nominalwert, der Aktionär Günther 30 Aktien zu 50 EUR Nominalwert. § 23 (3) Zi. 4 AktG § 134 (1)
      Wie viel Stimmen haben Krieger und Günther bei der Wahl des Aufsichtsrats, wenn alle anderen Aktien zum Nominalwert von 25 EUR ausgegeben wurden?
   c) Der Aufsichtsrat dieser Aktiengesellschaft muss zu einem Drittel aus Vertretern der Arbeitnehmer bestehen. AktG § 96 DrittelbG § 4 (1)
      Halten Sie das für gerechtfertigt?
   d) Diplom-Ingenieur Kurt Gruber – Mitglied des Vorstandes der Messtechnik AG – ist seit einiger Zeit im Aufsichtsrat der Datentechnik AG tätig.
      Diplom-Volkswirt Heinz Zettel – Mitglied des Vorstandes der Datentechnik AG – beabsichtigt, in der Hauptversammlung vom 26. Mai 20.. für den Aufsichtsrat der Messtechnik AG zu kandidieren. AktG § 100 (2) Zi. 3,
      Prüfen Sie, ob Herr Zettel die persönlichen Voraussetzungen erfüllt, die für eine Wahl in den Aufsichtsrat der Messtechnik AG erforderlich sind.
4. Der Aktionär Schulz besitzt inzwischen 51 % aller Aktiennennbeträge. §§ 134,
   Erläutern Sie, warum ihm damit Einfluss auf die Geschäftsführung des Vorstands möglich ist. 101, 84,
5. Die Satzung der Messtechnik AG sieht vor, dass der Vorstand aus einer Person besteht. Dr. Spiegel ist zum alleinigen Vorstand gewählt worden. Er kauft eine Großrechenanlage auf Rechnung der AG.
   a) Ist der Vertrag für die Messtechnik AG bindend? §§ 1, 78
   b) Kann der Hauptaktionär Schulz zur Zahlung gezwungen werden, wenn der Verkäufer bei der Aktiengesellschaft vergeblich versucht hat, das Geld einzutreiben?

7.3 Aktiengesellschaft: Firma – Entstehung – Stückaktien – Nennbetragsaktien – Aufsichtsrat

Zur Erschließung und Verwertung eines ehemaligen Militärgeländes wurde am 19.06.2012 (Abschluss des Gesellschaftsvertrages) die Lahrer Technopark AG gegründet und mit einem Grundkapital von 120 Mio. EUR am 16.10.2012 ins Handelsregister eingetragen. Das Grundkapital wurde auf 6 Mio. Stückaktien aufgeteilt. Am Grundkapital der AG sind die Schwarzwald-Bank AG mit 65 Mio. EUR und die Regionalentwicklung Baden GmbH mit 47 Mio. EUR beteiligt. Der Rest der Aktien wurde von den Initiatoren Helmut und Richard Kenner zu gleichen Teilen übernommen.

1. Zu welchem Zeitpunkt (genaues Datum) ist die Aktiengesellschaft als juristische Person entstanden?
2. Weisen Sie rechnerisch nach,
   a) welcher Nennwert auf eine Stückaktie entfällt
   b) wie viele Aktien der AG Helmut Kenner besitzt.

HGB § 18, 30 AktG § 4,

3. Helmut und Richard Kenner wollten zunächst durchsetzen, dass ihr Familienname in der Firma der AG erscheint.
   a) Unter welcher Voraussetzung wäre dies betriebswirtschaftlich sinnvoll gewesen?
   b) Weisen Sie anhand der Firmierungsvorschriften nach, dass die im Sachverhalt angegebene Firma den gesetzlichen Anforderungen entspricht.

§ 78 HGB § 15 (2)

4. Der erste Aufsichtsrat hat Helmut und Richard Kenner zu Vorständen der Lahrer Technopark AG bestellt. Helmut Kenner hat an das Tiefbauunternehmen Rheingrund GmbH einen Auftrag über die Geländeplanierung für eine Industriehalle vergeben. Der Vertrag wurde von Helmut Kenner und dem Geschäftsführer der Rheingrund GmbH unterzeichnet.
   Begründen Sie, unter welchen Voraussetzungen der Vertrag für die Lahrer Technopark AG bindend ist.
5. Vor Ablauf der Amtszeit des ersten Aufsichtsrates werden die Gründungsaktionäre der Lahrer Technopark AG vom Vorstand zur Hauptversammlung eingeladen. Es ist ein neuer Aufsichtsrat zu wählen. Die Gesellschaft beschäftigt derzeit 310 Mitarbeiterinnen und 280 Mitarbeiter. Die geschlechtsspezifische Personalstruktur soll im Aufsichtsrat berücksichtigt werden.

   DrittelbG §§ 1, 4 AktG § 100 (2)

   Gephard Weiss, Vorstand der Schwarzwald Bank AG, will sich in den neuen Aufsichtsrat wählen lassen.
   Erläutern Sie die Absicht, die Weiss mit dieser Wahl verbindet, und prüfen Sie deren rechtliche Zulässigkeit.
6. Die Aktie ist inzwischen zum amtlichen Handel an der Börse zugelassen. Vom Börsengang versprach sich das Unternehmen positive Auswirkungen.
   Erläutern Sie,
   - worin diese Erwartung begründet sein kann,
   - zwei Nachteile, die mit dem Börsengang verbunden sein können.

7.4 AG: – Aktienarten – Rechtsfragen

An der Datex GmbH sind die Brüder Karl und Fritz Benz und Erich Kühn als Gesellschafter beteiligt. Da die Geschäftsentwicklung in den vergangenen Jahren einen günstigen Verlauf genommen hat, beabsichtigen die Gesellschafter, die GmbH in eine AG umzuwandeln.

Das Grundkapital soll in
- Inhaberaktien (90 000 Stück, Nennwert je 50 EUR) und
- vinkulierte Namensaktien (3 200 Stück, Nennwert je 500 EUR)

zerlegt werden.

Die Brüder Benz und Erich Kühn wollen nur die vinkulierten Namensaktien selbst übernehmen. Der Rest soll von den mit der Aktienausgabe beauftragten Banken (= Bankenkonsortium) übernommen werden. Der Ausgabekurs für die Inhaberaktien wird auf 55 EUR pro Aktie (Nennwert 50 EUR) festgesetzt. Die vinkulierten Namensaktien werden zum Nennwert übernommen.

AktG § 68 (2),

1. Was ist unter vinkulierten Namensaktien zu verstehen und welchen Zweck könnten die Gründer mit der Übernahme derartiger Aktien im vorliegenden Fall verfolgen?

2. Prüfen Sie, welchen Einfluss die Brüder Benz und Erich Kühn mit der Übernahme der 3 200 Aktien auf Entscheidungen in der Hauptversammlung haben.
3. Wie viel EUR beträgt das gesamte Eigenkapital der neuen AG und wie viel das gesamte Agio? § 36a,
4. Wie hoch ist die Mindesteinzahlung für die vinkulierten Namensaktien, wenn der Wert der eingebrachten Unternehmung, der den Brüdern auf das insgesamt aufzubringende Eigenkapital der AG angerechnet wird, mit 450 000 EUR angesetzt wird?
5. Im Vorfeld hatte der Mitgründer Erich Kühn als Alternative vorgeschlagen, für die 3 200 vinkulierten Namensaktien lediglich einen Nennwert von je 450 EUR festzusetzen und die Aktien mit einem Agio von 50,00 EUR je Aktie als Ausgleich für die Beteiligung an den stillen Rücklagen zu übernehmen. Er begründet dies damit, dass sich dadurch die Höhe des von den drei Gründern aufzubringenden Eigenkapitals nicht ändere und möglicherweise die Mindesteinzahlung (vgl. 4.) geringer sei. § 10 (2),
   a) Prüfen Sie, ob die Behauptung von Kühn zutrifft, dass sich die Höhe des von den drei Gründern aufzubringenden Eigenkapitals nicht ändert.
   b) Wie hoch hätte in diesem Fall unter sonst gleichen Bedingungen wie bei 4. die Mindesteinzahlung für die vinkulierten Namensaktien sein müssen?
   c) Beurteilen Sie unter Berücksichtigung der Mindesteinzahlung und der vom Anteil am Grundkapital abhängigen Aktionärsrechte folgende Frage: Ist für Gründer einer AG die Übernahme von Aktien mit niedrigerem Nennwert und Agio im Vergleich zur Übernahme von Aktien mit höherem Nennwert und ohne Agio sinnvoll?
6. Nachdem alle Gründungsprobleme ausgeräumt worden sind und die AG ins Handelsregister eingetragen wurde, kauft das Vorstandsmitglied Benz (alleiniger Vorstand) eine Spezialmaschine für 1,2 Mio. EUR. Der Aufsichtsrat ist gegen diesen Kauf. Begründen Sie, ob der Kaufvertrag für die AG bindend ist.
7. Nach Ablauf des ersten Geschäftsjahres findet die Hauptversammlung statt. §§ 119, 120, 133
   Kann Erich Kühn, der 2 000 Stück der vinkulierten Namensaktien besitzt, die Entlastung von Vorstand und Aufsichtsrat verhindern, wenn bei der Hauptversammlung 80 % des Grundkapitals vertreten sind? (Rechnerischer Nachweis erforderlich).

7.5 Auswertung einer DAX-Tabelle

S. 214

1. Prüfen Sie anhand einer aktuelle Kurstabelle, ob die in der Tabelle auf ~~*S. 248*~~ ausgewiesenen Unternehmen immer noch zum DAX gehören.
2. Stellen Sie fest, welche Veränderungen sich hinsichtlich der Aktienkurse (Tageskurse und 52-Wochen-Entwicklung) bei den auf *S. 248* ausgewiesenen Werten der DAX-Tabelle ergeben haben.

8 Co-determination of employees at corporate management level *(Mitbestimmung der Arbeitnehmer im Aufsichtsrat)*[1]

Why does this chapter matter?

There are two groups which, in principle, provide the two production factors capital and labour to a company: the shareholders and the employees. In most countries, it is only the group of shareholders who are in full control of their companies.

However, some countries such as Germany have laws that make it possible for employees to participate in decision-making processes, even at corporate management level. This form of participation rights for employees is called co-determination.

Splitting the power between capital and labour has always been a controversial issue. Globalisation with the increasing integration of market economies will heat up the controversy over employee participation at corporate management level.

This chapter explains how co-determination at corporate management level works in Germany and compares co-determination rules of different countries.

German business law gives employees of incorporated companies the right to participate in decision-making processes at corporate management level. This is called co-determination, and means that the employees of a company elect representatives as members of the company supervisory board.

8.1 Objectives of co-determination

The first laws for co-determination at corporate management level were passed after World War II. One important objective was to **establish democracy** not only in politics but also at the work place. Thus, employees should not only be seen as factors of production. They should rather be considered as citizens with their own dignity and rights.

In a free-market economy, the formal power to control the running of a company is in the hands of the shareholders. However, after World War II, the West German government established a social market economy, and co-determination was seen as one element to **control the economic power of large companies**.

Participation rights for employees can also be seen as a way to **reduce the classic conflict between capital and labour** and as a way to **improve industrial relations**. The reason for this is that the introduction of co-determination requires the establishment of systematic and institutionalised communication channels for both the representatives of capital and the representatives of labour.

Co-determination might **strengthen the bargaining power of employees** at the expense of shareholders. That is why employers' associations have often rejected this form of participation. One of their arguments is that co-determination puts German companies at a competitive disadvantage because the decision processes take a long time and there is the danger that too many concessions are made to the employees.

Section F 3.1

By contrast, the proponents of the **stakeholder approach** claim that it is better for a company, if – instead of only the shareholders – *all* stakeholder groups are involved in the company's decision-making processes. Allowing employees to participate in decision-making might improve the employees' motivation and, as a result, also **improve productivity**. Whether co-determination is actually good or bad for a company's performance is a highly controversial issue.

1 Entsprechend dem Lehrplan kann dieses Kapitel auf Deutsch behandelt werden.

Objectives of co-determination may be listed as follows:
- Providing for more democracy at the work place
- Controlling the economic power of large companies
- Improving industrial relations
- Strengthening the bargaining position of the employees
- Improving productivity through stakeholder involvement

8.2 Formal representation of employees in the supervisory board

Co-determination is not binding for the first supervisory board that is established right after founding an incorporated company. How following supervisory boards are composed depends on the company's number of employees and the industry it operates in. Usually, the higher the number of employees, the more influence the employee representatives will have in the supervisory board. Three cases can be distinguished for co-determination at corporate level:

Task 8.1 p. 228

Up to 500 employees	500 to 2,000 employees (One-Third Participation Act 2004)	More than 2,000 employees (Co-determination Act 1976)
Employees normally have no co-determination rights at corporate management level. In these companies, the supervisory board will consist only of shareholder representatives.	Employees elect candidates proposed by work councils and employees. The elected employee representatives must make up **one third** of the supervisory board members **(one-third parity rule)**. The annual general meeting of shareholders elects the representatives of the shareholders for the supervisory board. They make up **two thirds** of the supervisory board. This law concerns about 3,500 companies in Germany.	For big companies, there is parity between representatives of the shareholders and employees in the supervisory board, so it is formally a 50 : 50 configuration. This law concerns about 770 companies in Germany.

Election and configuration of the supervisory board according to the Co-determination Act of 1976

Example: a stock corporation that has between 2,000 and 10,000 employees.

Supervisory board	
6 representatives of the shareholders	6 employee representatives
○ ○ ○ ○ ○ ○	● ○ ○ ● ○ ○ at least one executive employee one blue-collar employee one white-collar employee
↑	↑
annual general meeting of shareholders elects half of the supervisory board members	employees elect half of the supervisory board members

● = trade union representative

The Co-determination Act of 1976 also provides that
- a supervisory board consists of an **equal number of representatives of shareholders and of the employees** ("parity" rule);
- a **human resources director** as a member of the management board is responsible for social and staff issues.

> **Co-determination at supervisory board level means that once an incorporated company has more than 500 employees, one third of the supervisory board members must be elected by the employees. In companies with more than 2,000 employees, employees elect half of the supervisory board members.**

8.3 Influence of employee representatives in business reality

The One-Third Participation Act makes sure that employees are only a minority in the supervisory board. The Co-determination Act of 1976 goes beyond that by providing for an equal number of the representatives of shareholders and of employees. However, this form of co-determination offers **only numerical parity**. In actual fact, there is no parity because of the following reasons:
- Due to the voting rules, the **chairperson of the supervisory** board is always a representative of the shareholders.
- In case of an equality of votes within the supervisory board (for example when directors are appointed for the management board), **the vote of the chairperson will count twice** and thus will be the deciding vote.
- Among the employee representatives there is an **executive employee** who, as a result of their responsibilities, often represents the shareholders' interests rather than those of the employees.

Another development has also weakened the position of the employee representatives: in practice, shareholder representatives often have **informal relations** with the members of the management board; thus, there is a better information flow between these groups. These informal relations make it difficult for employee representatives to be on an equal footing with the shareholder representatives; and therefore it is often difficult for them to fulfil their control duties effectively.

8.4 The German co-determination model as compared to international practice

8.4.1 Co-determination in the European Union

Spread of co-determination at corporate level throughout the European Union

In the European Union (EU), there are many countries that have laws providing for participation rights of employees in some form. However, only eight countries have **co-determination rules at corporate management level**, meaning employee representation on the boards of directors or on supervisory boards of incorporated companies. In most of these countries, co-determination provisions adopt the **one-third representation** concept. Only Germany and Slovenia have laws that ensure that there is formal parity when it comes to the composition of the supervisory board of large companies (see table below).

Co-determination at corporate level in the European Union		
One-third co-determination	**Formal parity co-determination**	**Other forms of co-determination**
▪ Germany (companies with up to 2,000 employees) ▪ Luxembourg ▪ Austria (companies with more than 300 employees) ▪ Poland ▪ Slovakia (companies with more than 50 employees) ▪ Hungary (companies with more than 50 employees) ▪ Slovenia (companies with up to 1,000 employees) ▪ Czech Republic	▪ Germany (companies with more than 2,000 employees or with more than 1,000 in the coal, iron and steel industry) ▪ Slovenia (companies with more than 1,000 employees)	▪ Denmark ▪ Finland ▪ Sweden In these Scandinavian countries, there are employee representatives on management boards, but their number differs and does not follow the one-third or parity principle.

It becomes clear that there is only a minority of countries in the EU in which co-determination models apply at corporate management level. Furthermore, in most of these countries, employee representatives have only limited or no voting rights when it comes to appointing the directors of the management board. To sum up, Germany has by far the farthest-reaching co-determination rules in the EU.

> **Only a few EU countries have co-determination models that provide for the possibility to appoint employee representatives as members in boards of directors or supervisory boards.**

Co-determination rules and the public EU company "SE"

In 2004, the EU created a legal form for a **public EU company**, which is called "Societas Europaea" or "SE". The SE allows companies to operate in different EU countries without having to found subsidiary companies with separate legal forms in each country it operates in. Furthermore, an SE can locate its headquarters in and relocate it to any EU country without having to close down the company first and then having to re-establish it in another country.

Task 8.2 p. 229

An important reason why it took so long to agree on an EU-wide legal form for a joint-stock company was the **different views on co-determination at corporate management level**. Countries like the UK, where co-determination on boards is unknown (similar to the USA, see below), feared that the new legal form would threaten management rights by opening doors for far-reaching employee participation rights. By contrast, countries like Germany, where co-determination has a long tradition and enjoys widespread acceptance, feared that the transformation of the legal form of the German *Aktiengesellschaft* into a European SE might offer German companies a way to get rid of their co-determination rules.

To overcome this conflict, the EU passed the **"Employee Involvement Directive"**, which lays down the rules for co-determination in an SE as follows: If an SE is formed out of companies that operated in countries without laws for co-determination at corporate management level, the SE does not have to adopt co-determination at all. However, if employees of one of the companies coming together to form the SE have enjoyed co-determination rights before, then there have to be co-determination rules in the SE. These rules must be set out in agreements reached between employees and management before the SE is actually created. If no agreement is reached, a set of standard co-determination principles defined in the Directive becomes effective.

Allianz SE and BASF SE are well-known German companies that transferred their legal form to an SE. Both companies kept the formal parity principle for the composition of the supervisory board. However, the overall number of board members was reduced and the position of the executive employee was abolished.

> **Whether co-determination rules must be adopted or not depends on the co-determination laws of the home countries of all the companies involved. If there is no co-determination in the companies that form an SE, co-determination is not required for such an SE. However, if only one of the companies involved in the formation of an SE had to comply with co-determination laws beforehand, co-determination must also be adopted by the SE. As a consequence, there will be co-determination in some SEs, but not in others.**

The creation of a **European private Company** is still in the process of negotiation. This is a legal form which is to be called "Societas Privata Europaea", or "SPE" in short. It is supposed to be the European equivalent to the German "GmbH". As it was the case for the SE, the issue of co-determination is again highly controversial. German unions fear that co-determination rules might be undermined when German private companies are turned into SPEs.

8.4.2 Participation rights of employees in the USA

While EU countries tend to have more or less coordinated forms of market economies, the USA has a **more liberal market economy** that is much closer to the model of the free market economy. That is why in US-American companies, there is **no employee participation at corporate management level** at all.

In the USA, there are only very few laws concerning participation rights for employees. Instead of relying on the law, **companies and trade unions can collectively bargain for establishing certain participation rights**. As a consequence, employee participation is not widely spread, and the range of participation varies widely from one company to another.

In the last few decades of deregulation, many employers have even become critical of collective bargaining with unions. From their point of view, it is **the company's management alone** which should offer **"employee involvement programmes"**. These programmes intend to encourage employees to participate in decisions concerning working conditions, but also in decisions concerning the improvement of business processes. It is by no means an instrument that will give employees participation rights for wider ranging decisions. And there will be **no seats for employee representatives on the management boards**.

> **In the USA, there is no employee participation at corporate management level at all. All in all, compared to other market economies, Germany's co-determination model is unique in its degree of formal employee participation at corporate management level.**

Block diagram chapter 8 – Co-determination at corporate management level in a nutshell

Co-determination means that employees in an incorporated company participate in decision-making activities at corporate management level. This is achieved by electing employee representatives as members of the supervisory board.

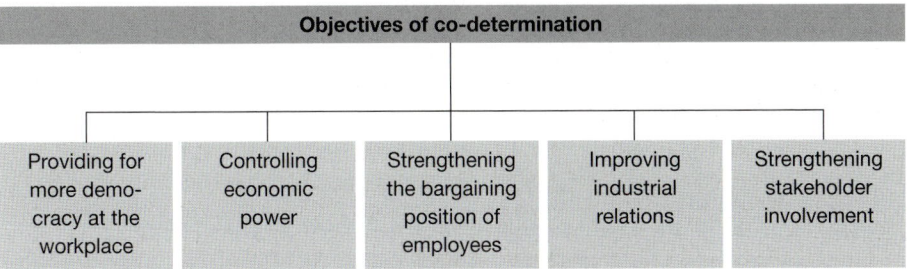

Objectives of co-determination

- Providing for more democracy at the workplace
- Controlling economic power
- Strengthening the bargaining position of employees
- Improving industrial relations
- Strengthening stakeholder involvement

Formal representation of the employees on the supervisory board (Germany)

Up to 500 employees	500 to 2,000 employees (One-Third Participation Act 2004)	More than 2,000 employees (Co-determination Act 1976)
No co-determination rights at corporate management level.	The employee representatives must make up **one third** of the members of the supervisory.	Formal **parity** between representatives of the shareholders and the employees.

Due to voting rules and informal contacts, even in incorporated companies with formal parity on the supervisory board, the shareholders will usually have a dominant position.

German co-determination as compared to international practice

- Of all the market economies, Germany has the farthest-reaching employee participation rules at corporate management level.
- Only a few EU countries have rules for co-determination at corporate management level.
- In the USA and in the UK, there is no law that provides for employee participation at corporate management level.
- When the legal form of a parent company with one or more subsidiaries in different countries is transferred into an EU public company (SE), co-determination rules depend on the laws of the countries in which the companies involved were originally established. Therefore, there will be co-determination in some SEs, but not in others.

Revision questions

for chapter 8 Co-determination rights at corporate management level

8.1 Objectives of co-determination

1. What are economic objectives of co-determination?
2. Describe non-economic objectives of co-determination.

8.2 Formal representation of employees on the supervisory board

1. What are the rules for the composition of a supervisory board of an AG...
   - with up to 500 employees;
   - with between 500 to 2,000 employees;
   - with more than 2,000 employees?
2. Explain the parity principle for the composition of the supervisory board.

8.3 Influence of employee representatives in business reality

1. Why is there no real equality between the employees and the shareholders even though there is numerical parity on a supervisory board?
2. Explain the conflict of interests which an executive employee faces as a representative of the employees on a supervisory board.

8.4 The German co-determination model in international comparison

1. How widespread is co-determination at corporate management level in the European Union?
2. What are the rules for co-determination in an SE?
3. Describe the situation of participation rights of employees at corporate management level in the USA.

Tasks and problems

8.1 Co-determination on the supervisory board of an AG

The joint-stock company *Süddeutsche Maschinenbau AG* (SÜMAG) employs 1,800 people and is based in Mannheim. SÜMAG recently bought the private company *Verpackungsmaschinen GmbH* based in Duisburg, which until then had been family-owned. Because SÜMAG integrated the private company as a subsidiary, *Verpackungsmaschinen GmbH* lost its status of a legal person – it is now part of SÜMAG. Shortly after the takeover, SÜMAG's management board decided to relocate the production of special machines for packaging chocolate and chewing gum from Duisburg to Mannheim. The relocation affects 120 of the 600 employees of the former *Verpackungsmaschinen GmbH*.

DrittelbG § 1 no. 1 and 3

1. Find out which rules for co-determination applied for both companies before the acquisition.

DrittelbG § 1 no. 3; BetrVG § 106

2. Check if
   a) the employees' representatives on the supervisory board
   b) the work council
   of *Verpackungsmaschinen GmbH* could have stopped the takeover.

DrittelbG § 1 no. 1 and 3, § 4; MitbestG §§ 1, 7, 33

3. After the takeover, the employees of the two companies all belong to SÜMAG, so it now has 2,400 employees.
   Describe how the takeover has changed the co-determination options for
   a) the employees who belonged to SÜMAG,
   b) the employees who belonged to the *Verpackungsmaschinen GmbH*.

8.2 Co-determination in the EU and the public EU company "SE"

The German food maker *Teigwaren AG* employs 2,400 people. They are planning to merge with the British food maker *Noodles plc* who have 2,500 employees.

1. What would happen to co-determination, if the new company took on the legal form of a British PLC?

2. Consequences for co-determination, if the new company took on the legal form of a German AG: MitbestG
   a) Identify the formal composition of the new supervisory board.
   b) British managers fear that parity of seats for the employees and for the shareholders on the supervisory board could be a problem for their shareholders. Explain how German managers might counter such fears.

3. The two companies finally decide to both give up their respective legal forms and take on the European legal form of an SE.
   a) What rules for co-determination will apply in this case? Employee Involvement Directive
   b) Role-play: Take on the roles of German and British board members and negotiate the rules for co-determination at corporate management level for the new company.

9 Corporate group *(Konzern)*[1]

Why does this chapter matter?

If legally independent companies (for example joint-stock companies) are interlinked with each other (for example by shareholdings), it is essential for them to formulate a uniform corporate strategy that brings the objectives of the different companies into line. Thus, there must be a centralised corporate management that makes sure that the companies' activities are coordinated. This is achieved by establishing a corporate group.

Most large companies are in fact corporate groups. This chapter describes how such groups are made up and what opportunities they have for putting their respective business strategies into action.

9.1 Definition and nature of the corporate group

Task 9.1 p. 232

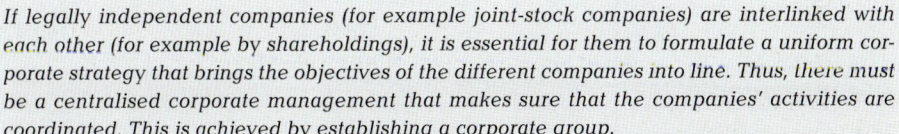

A corporate group is a combination of companies under a central corporate management. There will be one controlling company (= parent company) and one or more subsidiary companies (= daughter companies) all of which are legally independent. However, by joining the corporate group, the subsidiary companies lose their economic independence. AktG § 18 (1)

To achieve a uniform corporate strategy for the affiliated companies, the legally independent companies must enter into arrangements in order to create a **centralised corporate management**. There are two ways for a parent company to control an affiliated company: It can arrange for a **control agreement** to be drawn up with the subsidiary company, or it can **hold a majority stake** in the subsidiary company. AktG § 291

1. A **control agreement** allows the parent company to give orders to the management board of the subsidiary company. By this managerial authority, the parent company achieves full control over the dependent subsidiary. To be effective, the control agreement has to be accepted by the annual general meeting of the subsidiary company's shareholders.
2. A **majority stake** in the subsidiary company is achieved, if the parent company holds enough shares of the subsidiary. In this case, the parent company is called a "holding company". The only purpose of a holding company is to manage, control and finance the subsidiary companies. Note, however, that a member of a subsidiary's management board, once appointed, is not formally bound by instructions coming from the parent company. As a consequence, conflicts between the management boards may arise.

1 Entsprechend dem Lehrplan kann dieses Kapitel auf Deutsch behandelt werden.

Example: structure of a corporate group that manufactures cars

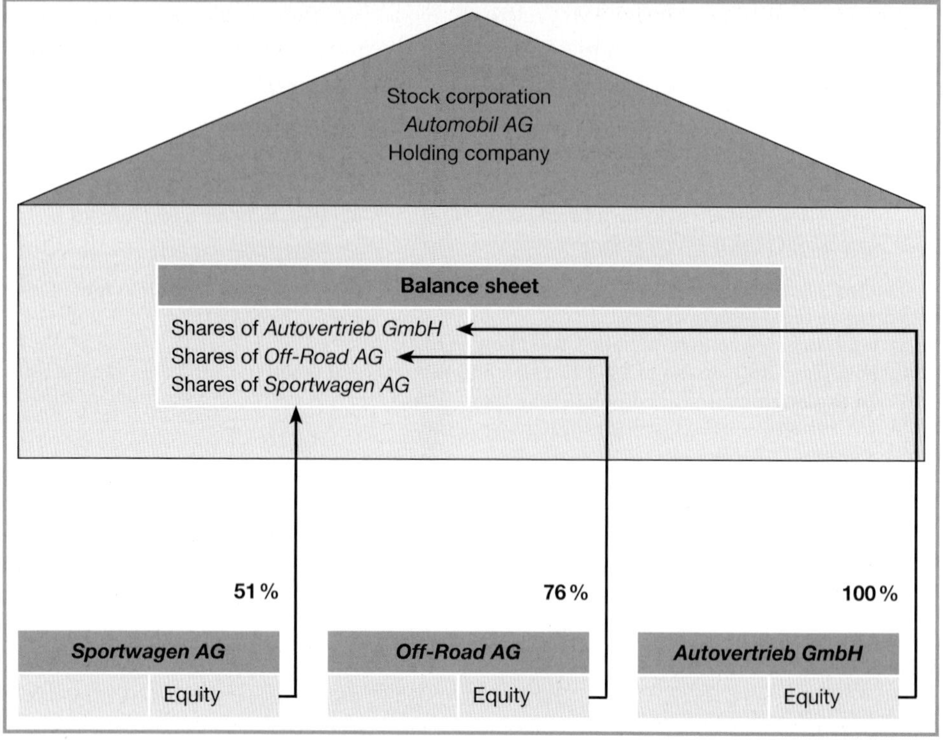

9.2 Types of corporate groups

Corporate groups can be distinguished by three types:

Section C 2.3

Vertically integrated corporate group	Horizontally integrated corporate group	Unrelated diversified corporate group
A group made up of companies which operate at different stages of the value chain.	A group made up of companies which operate in the same industrial sector.	Conglomerate made up of companies which operate in different industrial sectors.
Example: The *BP Group* produces the oil with its own oil rigs, refines the crude oil in company-owned refineries and sells the petrol to the consumers through a chain of its own petrol stations.	**Example:** The *VW Group* produces all kinds of cars, from small cars to delivery vans.	**Example:** The *Daimler Group* operates in several rather unrelated businesses, such as car manufacturing, banking, air and space.

9.3 Coordination of business strategies within a corporate group

The following example shows how business strategies can be coordinated within a corporate group.

Coordination of business strategies between the German consumer electronics retail chains Saturn and Media Markt

The legally independent retail chains *Saturn* and *Media Markt* both belong to the *Metro Group*, with *Metro AG* operating as their holding company.

Task 9.2 p. 233

Structure of the corporate group

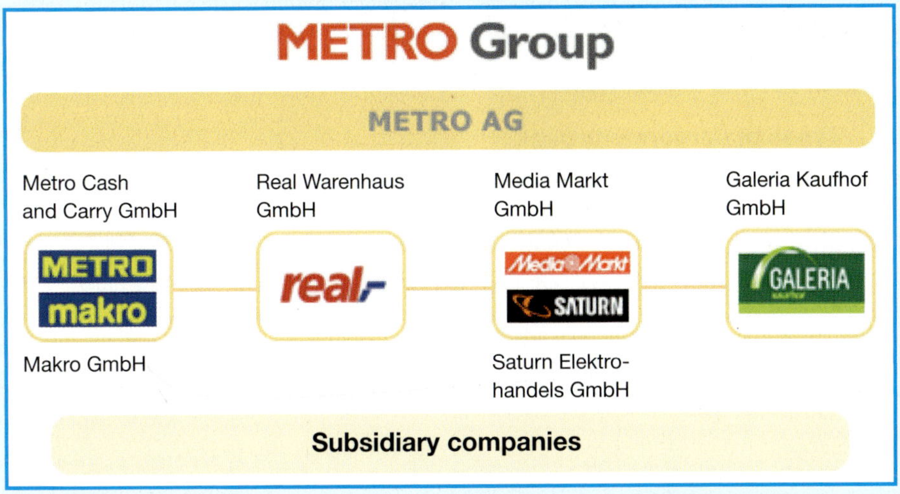

The business strategies of both the *Saturn* and the *Media Markt* retail chains are formulated in a way that makes sure they do not actually compete with each other, although they are operating in exactly the same line of business. As a result of the choice of location for their stores there is practically no competition between the two retail chains. In principle, there will be no *Media Markt* store in a location where a *Saturn* store has already been established. Exceptions from this rule will only come about, if the *Metro Group* wants to fight off competition from other companies. While *Saturn* concentrates on city centre locations, *Media Markt* often locates their stores in out-of-town shopping centres. Despite this arrangement, *Metro Group* might intend to give the consumers the impression that there are two independent companies competing with each other.

Block diagram chapter 9 – the corporate group in a nutshell

Task 9.3 p. 233

Corporate group
= horizontally integrated, vertically integrated or unrelated diversified joining of legally independent companies under a central corporate management
→ affiliated companies lose their economic independence

Types of corporate groups

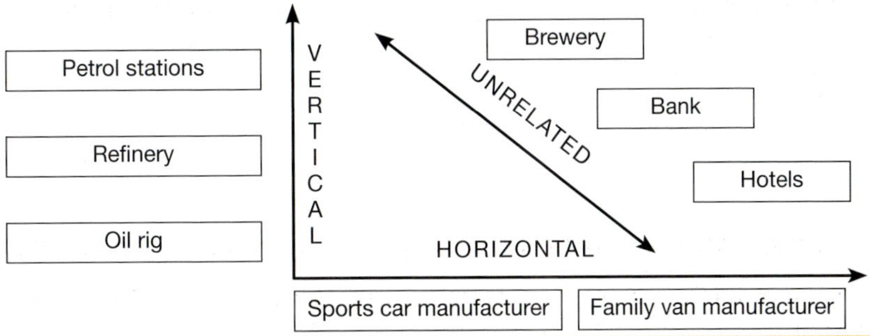

Revision questions

for chapter 9 Corporate groups

9.1 Definition and nature of a corporate group

1. What is a corporate group?
2. How does a corporate group arrange a centralised corporate management and thus achieve a uniform corporate strategy?
3. What is a control agreement?
4. Explain the term "holding company".

9.2 Types of corporate groups

1. What is a vertically integrated corporate group?
2. What is a horizontally integrated corporate group?
3. What is an unrelated diversified corporate group?

9.3 Coordination of business strategies within a corporate group

1. How can a holding company take advantage of the control of subsidiaries that operate in the same business line?
2. What effect can such strategies have on competition within an industry?

Tasks and problems

Chapter 9 – Corporate group

9.1 Corporate group – types – holding company

The following diagram shows the shareholdings of *Badische Chemiewerke AG* in different companies.

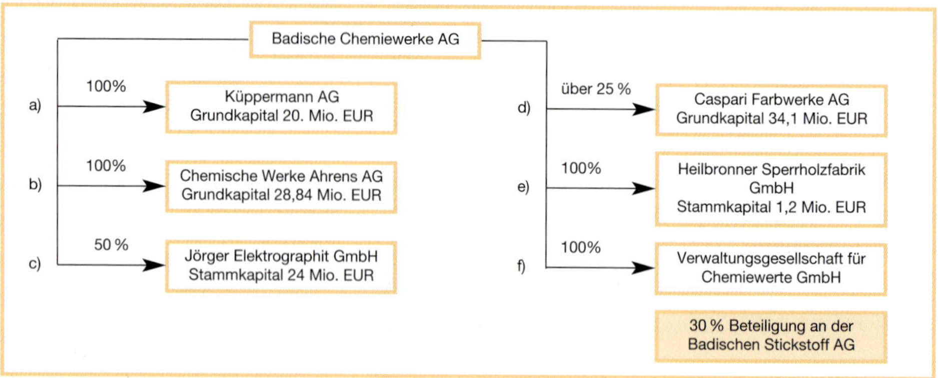

Details on the shareholdings:

for a) *Küppermann AG* is in charge of the production and the sales as well as the research and development for its products. There is a **control agreement** with *Badische Chemiewerke AG* which rules that the activities of *Küppermann AG* is directed and controlled by *Badische Chemiewerke AG*.

for b) *Chemische Werke Ahrens AG* produces synthetic resins and medicines. The company is a 100% subsidiary of *Badische Chemiewerke AG*. There is a **control agreement** which regulates the transfer of profits.

for c) *Jörger Elektrographit GmbH* is an important manufacturer for graphite and coal products.

for d) *Caspari Farbwerke AG* produce paint, dyestuffs and medicines.

The production program of *Badische Chemiewerke AG* includes mainly the following products: Chemicals, dyestuffs, fertiliser, medicine

1. *Badische Chemiewerke AG* lists the following companies as their subsidiaries: *Küppermann AG*, *Chemische Werke Ahrens AG* AktG § 18 (1)
   Explain why this kind of combination of companies forms a corporate group.
2. For the shareholdings of *Chemische Werke Ahrens AG*, find examples of
   - a parent company (= controlling company),
   - a daughter company (= subsidiary),
   - sister company (= fellow subsidiary).

   Explain which combination forms an interlocking shareholding.
3. Describe the principle of a holding company and identify the holding company in the diagram above.
4. For the case of *Chemische Werke Ahrens AG*, find examples of
   - a horizontal integration,
   - a vertical integration,
   - an unrelated diversification.

9.2 Joint-stock company – control agreement

In 2005, Deutsche Telekom AG arranged the following control agreement with Deutsche Telekom Medien GmbH (excerpt):

Auszug aus einem Beherrschungsvertrag

Beherrschungsvertrag

Zwischen der Deutschen Telekom AG, Friedrich-Ebert-Allee 140, 53113 Bonn, eingetragen im Handelsregister des Amtsgerichts Bonn unter HRB 6794,....

und

der DeTeMedien, Deutsche Telekom Medien GmbH, Wiesenhütte 18, 60329 Frankfurt, ..., nachfolgend „TG" genannt

wird nachfolgender Beherrschungsvertrag geschlossen:

§ 1 Leitung

Die TG unterstellt die Leitung ihres Unternehmens der Deutschen Telekom AG.

§ 2 Weisungsrecht

(1) Die Deutsche Telekom AG ist berechtigt, der Geschäftsführung der TG hinsichtlich der Leitung der TG Weisungen zu erteilen. ....

Bonn, den 13.03.20.. ....

Explain why Deutsche Telekom AG arranged for a control agreement although Deutsche Telekom Medien GmbH was its wholly-owned subsidiary.

9.3 Internet search: structure of the VW group

Look up the website www.volkswagenag.com and answer these questions:

1. Which company is the parent company that is in charge of the central corporate management?
2. What are the capital ownership percentages of Volkswagen AG for each of the following companies:
   - VW Sachsen GmbH, Zwickau;
   - Audi AG, Ingolstadt;
   - SEAT Spain;
   - Skoda, Czech Republic?
3. Draw a graph showing the following developments for the VW group between 2006 and 2011:
   - number of cars sold;
   - dividends paid per share (ordinary and preference shares);
   - share prices for ordinary and preference shares.
4. For each year between 2006 and 2011, compare the market capitalisation of the VW group with its equity capital. Why do both values differ from each other?

Zusammenfassende Übersicht Teil B: Rechtsformen der Unternehmung

	Gesetzliche Grundlagen	Firma	(Mindest-) Gründer, Kapitalgeber	(Mindest-) Gründungskapital	Leitung, (Geschäftsführung und Vertretung), Überwachung	Haftung	Gewinn-Verlustbeteiligung	Möglichkeit zur Beschaffung von Beteiligungskapital
Einzelunternehmen	§§ 1–104 HGB	Personen-, Sach-, Misch- oder Fantasiefirma mit Zusatz e. K. oder e. Kfr.	1 „Unternehmer“	kein Mindestkapital, kein festes Eigenkapital	Unternehmer allein	Unternehmer allein (persönlich)	Unternehmer allein	Abhängig vom Privatvermögen des Unternehmers
Offene Handelsgesellschaft (OHG)	§§ 105–160 HGB §§ 705–740 BGB	Personen-, Sach-, Misch- oder Fantasiefirma mit Zusatz OHG	2 Gesellschafter	wie Einzelunternehmen; Gesellschafter leisten Beiträge gem. Gesellschaftsvertrag	jeder Gesellschafter hat Einzelvertretungsbefugnis; Einzelgeschäftsführung für gewöhnliche Handlungen	jeder Gesellschafter haftet persönlich und gesamtschuldnerisch	Gewinn: 4 % Zinsen auf Kapitaleinlage, Rest nach Köpfen; Verlust: nach Köpfen	wie Einzelunternehmen
Kommanditgesellschaft (KG)	§§ 161–177a HGB	Personen-, Sach-, Misch- oder Fantasiefirma mit Zusatz KG	2 Gesellschafter: 1 Komplementär 1 Kommanditist	wie OHG; Haftsumme des Kommanditisten wird im Handelsregister eingetragen	Komplementär wie OHG-Gesellschafter; Kommanditist hat lediglich Widerspruchsrecht bei außergewöhnlichen Handlungen	Komplementär wie OHG-Gesellschafter; Haftung des Kommanditisten ist erloschen, wenn Einlage geleistet	Gewinn: 4 % Zinsen auf Kapitaleinlage, Rest in angemessenem Verhältnis; Verlust: angemessenes Verhältnis	für Komplementäre wie OHG; insgesamt leichter, da weniger mitarbeits- und risikointensive Kommanditeinlage möglich
Gesellschaft mit beschränkter Haftung (GmbH)	GmbH-Gesetz (GmbHG)	Personen-, Sach-, Misch- oder Fantasiefirma mit Zusatz GmbH	1 Gesellschafter („1-Mann-GmbH“)	festes Stammkapital, mindestens 25 000 EUR, Unternehmergesellschaft 1 EUR	Geschäftsführer (Gesamtgeschäftsführung und Gesamtvertretung), Kontrolle: Gesellschafterversammlung u. ggf. Aufsichtsrat	nur GmbH als juristische Person haftet mit ihrem Vermögen	Normalfall: Beschluss der Gesellschafterversammlung; falls keine Vereinbarung im Gesellschaftsvertrag: im Verhältnis der Geschäftsanteile	vergleichsweise leicht, da kleine Stückelung der Anteile möglich, unternehmerische Pflichten eher gering; Übertragung evtl. schwierig
Aktiengesellschaft (AG)	Aktiengesetz (AktG)	Personen-, Sach-, Misch- oder Fantasiefirma mit Zusatz AG	1 Aktionär	festes Grundkapital, mindestens 50 000 EUR	Vorstand (Gesamtgeschäftsführung und Gesamtvertretung), Kontrolle durch Aufsichtsrat	nur AG als juristische Person haftet mit ihrem Vermögen	nach Beschluss durch Vorstand und Aufsichtsrat oder HV	besonders leicht, da Anteile in Form von leicht übertragbaren Aktien

Zusammenfassende Aufgaben Teil B:

Rechtsformen der Unternehmung

Aufgabe 1 OHG – Rechtsfragen

Die Brüder Adalbert und Bertram Braun sind Gesellschafter der „Braun – Instrumentenbau OHG" mit Sitz in Nürtingen. Der Gesellschaftsvertrag (Auszug) sieht unter anderem folgende Bestimmungen vor:

§ 1 Die Gesellschaft beginnt am 01. Januar 2011.
§ 4 Adalbert Braun erbringt bei Gründung eine Geldeinlage von 1 500 000 EUR.
Bertram Braun leistet zum Geschäftsbeginn eine Geldeinlage in Höhe von 1 200 000 EUR und eine weitere Geldeinlage in Höhe von 300 000 EUR zum 30.06.2012.
§ 6 Zur Vertretung sind beide Gesellschafter nur gemeinsam berechtigt.
§ 7 Für die Gewinnverteilung und die Privatentnahmen gelten die gesetzlichen Bestimmungen.

Die OHG wird am 15.01.2011 mit allen im Außenverhältnis bedeutsamen Bestimmungen des Gesellschaftsvertrags in das Handelsregister eingetragen. Diese Tatsache wird eine Woche später veröffentlicht. Am 01.07.2011 wird die Dipl.-Kauffrau Katja Lehnert als Gesellschafterin in die OHG aufgenommen. Ihre Kapitaleinlage, ein Grundstück, wird mit 600 000 EUR bewertet. § 4 des Gesellschaftsvertrags wird dahingehend geändert. Die übrigen oben aufgeführten Bestimmungen bleiben unverändert. Die Änderung des Gesellschafterbestands im Handelsregister wird am 15.07.2011 bekannt gemacht.

1. Zur besseren Marktpositionierung des Unternehmens schlägt Frau Lehnert unter anderem auch die Änderung des Firmennamens in „Pro Arte OHG" vor. HGB § 18, § 19 (1), § 107, § 108,
   a) Begründen Sie, ob diese Firmierung gesetzlich zulässig wäre.
   b) Beschreiben Sie, welche gesetzlichen Vorschriften für die OHG von den Gesellschaftern bei einer Änderung der Firma beachtet werden müssen.
2. Adalbert Braun bestellt Ende 2011 ohne Rücksprache mit den anderen Gesellschaftern abgelagertes Holz für den Instrumentenbau im Wert von 50 000 Euro.
   Der Lieferer verlangt von Bertram Braun Zahlung des sofort fälligen Kaufpreises.
   Beurteilen sie die Rechtslage im Außenverhältnis.
3. Am 20.08.2011 verlangt eine Reutlinger Maschinenfabrik für eine im Juni 2011 gelieferte Spezialmaschine von Frau Goldschmidt Zahlung des bereits Ende Juni 2011 fälligen Kaufpreises von 75 000 Euro. § 130,
   Erläutern Sie, ob Katja Lehnert die Zahlung hätte verweigern können, wenn gesellschaftsvertraglich ihre Haftung für Altschulden ausgeschlossen worden wäre.
4. Adalbert und Bertram Braun möchten ab Januar 2012 jeweils 4 800 Euro monatlich für private Zwecke entnehmen. Frau Goldschmidt lehnt dies mit Hinweis auf die gesellschaftsvertraglichen Bestimmungen ab. Beurteilen Sie die Rechtslage. § 122

Aufgabe 2 Rechtsprobleme bei Personen- und Kapitalgesellschaften

Maschinenbauingenieur Clemens Ibig verfügt über eine größere Summe Bargeld. Er überlegt, ob er sich mit einem Teil des Geldes als weiterer Gesellschafter an einer bereits bestehenden OHG, einer KG oder an einer GmbH beteiligen soll.

1. Erläutern und begründen Sie mit Hilfe des Gesetzes, wie Ibig nach der Handelsregistereintragung als HGB § 105, § 128 (1), § 173 (1), § 171 (1)
   - OHG-Gesellschafter
   - Kommanditist
   - GmbH-Gesellschafter

   gegenüber den Gläubigern der Gesellschaft haftet, wenn jeweils eine Bareinlage von 250 000 EUR vereinbart, zunächst jedoch nur eine Einzahlung von 200 000 EUR geleistet werden muss.
2. Ibig entschließt sich, als Kommanditist in die bereits bestehende Dreher KG, die CNC-gesteuerte Drehbänke herstellt, einzutreten. Bei den Vertragsverhandlungen erfährt Ibig, dass das Kapital des Komplementärs Dreher nicht im Handelsregister eingetragen ist.
   Begründen Sie, weshalb das Gesetz diese Eintragung nicht vorschreibt.

3. Dreher beabsichtigt, einen Kaufvertrag über elektronische Zubehörteile in Höhe von 26 000 EUR abzuschließen. Als Ibig von diesem Vorhaben erfährt, widerspricht er mit der Begründung, dass die Zubehörteile nicht dem aktuellen Stand der Technik entsprechen.
   a) Prüfen Sie, ob der Widerspruch von Ibig rechtlich bedeutsam ist.
   b) Begründen Sie, welche rechtliche Wirkung dieser Widerspruch hätte, wenn Ibig diesen als
      - OHG-Gesellschafter,
      - nicht geschäftsführender Gesellschafter einer GmbH eingelegt hätte.

HGB § 164, §§ 114–116, § 132, § 161

4. Wegen zunehmender Meinungsverschiedenheiten beschließt Ibig, aus der KG auszutreten. Im August 2012 teilt er diesen Entschluss allen Mitgesellschaftern schriftlich mit.
   a) Zu welchem frühest möglichen Termin kann Ibig aus dem Unternehmen ausscheiden, wenn das Geschäftsjahr dem Kalenderjahr entspricht?
   b) Erläutern Sie zwei wirtschaftliche Folgen, die der Austritt von Ibig für den Fortbestand der KG haben kann.

Aufgabe 3 GmbH – KG – AG

Um einen Teil ihrer früheren Einnahmen als Radrennfahrer gewinnbringend anlegen zu können, gründeten Sigmund Becker und Jürgen Klausmann zusammen mit Ursula Streck im Jahre 2011 eine GmbH.

Dem Gesellschaftsvertrag vom 10.01.12 ist folgender Auszug entnommen:

§ 3 Gegenstand des Unternehmens ist die Entwicklung, die Herstellung sowie der Vertrieb von Sportgeräten für Sportstudios.

§ 4 Sitz des Unternehmens ist Stuttgart-Möhringen.

§ 5 Das Stammkapital beträgt 3,8 Mio. EUR.
Geschäftsanteile der Gesellschafter sowie Art und Zeitpunkt der Leistungserbringung:

S. Becker:	2,0 Mio. EUR	Bareinlage, davon 0,4 Mio. EUR sofort, der Rest bis 14.02.12
J. Klausmann:	1,5 Mio. EUR	Bareinlage, davon 80 % sofort, der Rest bis 02.02.12
U. Streck:	0,3 Mio. EUR	durch notariell beurkundete Übertragung der Rechte an dem von ihr entwickelten Sportgerät auf die GmbH bis spätestens 25.01.12

....

§ 8 S. Becker und Dipl.-Kfm. Dr. Wendig werden zu Geschäftsführern bestellt.

§ 9 Soweit in diesem Vertrag nichts anderes bestimmt ist, gelten die gesetzlichen Bestimmungen.

Die Handelsregistereintragung erfolgte am 06.03.12, die Veröffentlichung der Eintragung zwei Tage später. Alle Gesellschafter erbrachten ihre Einlagen jeweils zum letzten Tag der angegebenen Fristen. In der Gründungsphase waren 60 Mitarbeiter beschäftigt.

1. Die Gesellschafter hatten ursprünglich erwogen, eine KG zu gründen, entschieden sich dann aber für die Rechtsform der GmbH.
   Vergleichen Sie in einer Tabelle beide Rechtsformen in Bezug auf nachfolgende Merkmale:
   - Form des Gesellschaftsvertrags
   - Kaufmannseigenschaft der jeweiligen Gesellschaft
   - Geschäftsführung
   - Pflicht zur Bildung eines Aufsichtsrats

GmbHG § 4, § 7 (2),

2. Die GmbH sollte nach den Willen der Gesellschafter unter der Firma „Becker & Klausmann, Entwicklung – Produktion – Vertrieb von Sportgeräten" in das Handelsregister eingetragen werden.
   a) Warum hat der Registerrichter die Eintragung dieser Firma abgelehnt?
   b) Machen Sie drei zulässige Firmierungsvorschläge.

   § 47 (2),

   c) Weisen Sie nach, warum eine Anmeldung zur Eintragung in das Handelsregister wegen Fehlens der kapitalmäßigen Voraussetzungen Ende Januar 2012 noch nicht möglich ist.

§ 46 ff., § 53 (2)

3. Am 20.03.13 tagte die Gesellschafterversammlung der GmbH, um über folgende Tagesordnungspunkte zu entscheiden:
   - Bestellung von Frau Waltraud Kluge, Stuttgart, zur Prokuristin
   - Verlegung des Unternehmenssitzes von Stuttgart-Möhringen nach Pforzheim

   Klausmann stimmte bei beiden Tagesordnungspunkten gegen die von den beiden Mitgesellschaftern eingebrachten und unterstützten Vorschläge. Begründen Sie, welche Wirkung seine Ablehnung jeweils hatte.

4. Dr. Wendig ist interessiert, den Geschäftsanteil von Frau Ursula Streck zu erwerben.
   a) Begründen Sie, warum der tatsächliche Wert des Geschäftsanteils von dessen Nennbetrag nach unten bzw. nach oben abweichen kann.
   b) Welcher Form bedarf die Übertragung des Geschäftsanteils von Ursula Streck auf Dr. Wendig?
5. Ende 2013 wurde die GmbH in eine AG umgewandelt, deren Grundkapital auf 10,0 Mio. EUR festgesetzt wurde. Die Vermögensanteile der bisherigen GmbH-Gesellschafter, die Ihnen auf das insgesamt aufzubringende Eigenkapital der AG angerechnet werden, wurden wie folgt bewertet: Sigmund Becker 2,4 Mio. EUR, Jürgen Klausmann 1,8 Mio. EUR und Ursula Streck 0,36 Mio. EUR. Die drei ehemaligen GmbH-Gesellschafter übernehmen die Aktien zum Nennwert von 50,00 EUR je Aktie. Der nach der Einbringung der GmbH-Anteile noch offene Eigenkapitalanteil der AG wurde von mehreren Banken als Mitgründer zum Kurs von 140,00 EUR je Aktie übernommen.
   a) Warum könnten die Banken bereit gewesen sein, den über dem Nennwert liegenden Ausgabekurs zu akzeptieren?
   b) In der ersten Hauptversammlung der AG stimmte Sigmund Becker als einziger Aktionär gegen eine Satzungsänderung. Zeigen Sie mit rechnerischem Nachweis, unter welcher Voraussetzung Becker die Satzungsänderung aufgrund seiner Beteiligungsquote verhindern konnte.
6. Wodurch unterscheiden sich die Rechte der Gesellschafterversammlung einer GmbH von den Rechten der Hauptversammlung einer AG? GmbHG § 46 AktG § 119

Aufgabe 4 Kapitalgesellschaften: GmbH

Die Herren Franz Adler, Felix Berthold und Knut Clemens gründen eine GmbH. Zweck der Geschäftstätigkeit ist die Herstellung von Elektronikmodulen für die Automobilindustrie.

Die Satzung wurde am 5. Januar 2012 notariell beurkundet. Darin sind u. a. folgende Regelungen enthalten:

§ 3 Das Stammkapital beträgt 500 000 EUR. Die Geschäftsanteile werden wie folgt übernommen:

Franz Adler	*300 000 EUR*	*Felix Berthold*	*50 000 EUR*
Knut Clemens	*150 000 EUR, davon ein Grundstück im Wert von*		*50 000 EUR*

Franz Adler zahlt bei der Gründung auf seinen Geschäftsanteil die Mindesteinlage ein. Die restliche Zahlung erfolgt in drei gleichen Jahresraten jeweils zum 01. Januar.

§ 4 Beginn der Gesellschaft ist der 5. Januar 2012.

§ 5 Als Geschäftsführer der GmbH werden Franz Adler und Felix Berthold bestimmt. Dafür erhalten sie ein monatliches Geschäftsführergehalt in Höhe von je 2 500 EUR.

Soweit in diesem Vertrag nichts anderes bestimmt ist, gelten die gesetzlichen Regelungen. Die Eintragung ins Handelsregister erfolgt am 1. Februar 2012.

1. Aus welchen Gründen könnte im vorliegenden Fall die Rechtsform der GmbH anstelle einer Personengesellschaft gewählt worden sein?
2. Welcher Betrag hätte im vorliegenden Fall mindestens bis zur Anmeldung zur Handelsregistereintragung aufgebracht werden müssen? GmbHG § 7 (2)
3. Prüfen Sie, ob die ausstehende Einlage von Adler Auswirkungen auf dessen GmbHG §§ 13 (2), 47 (2), 29 (3)
   a) Haftung b) Stimmrecht c) Anspruch auf Gewinnbeteiligung hat.
4. Im Jahr 2012 erzielt die GmbH einen Gewinn von 250 000 EUR. Davon sollen 25 % einbehalten werden. Berthold ist dagegen und besteht auf einer vollständigen Ausschüttung.
   a) Prüfen Sie, ob Berthold die vorgeschlagene Gewinnverwendung verhindern kann. § 47 (1)
   b) Ermitteln Sie den tatsächlichen Wert der Geschäftsanteile der drei Gesellschafter nach der Gewinnverwendung, wenn 25 % des Gewinns einbehalten werden.
   c) Ermitteln Sie für jeden der drei Gesellschafter den Gewinnanteil, der ihm ausbezahlt wird, wenn 25 % des Gewinns einbehalten werden.
5. Berthold ist mit seiner Einkommenssituation unzufrieden. Vergleichen Sie das Gewinn- und Arbeitseinkommen der drei Gesellschafter miteinander und machen Sie einen Lösungsvorschlag, um die Einkommenssituation von Berthold zu verbessern.
6. Adler und Berthold schließen ohne Wissen von Clemens einen Kaufvertrag über eine neue Fertigungseinrichtung im Wert von 500 000 EUR ab. Clemens ist damit nicht einverstanden. GmbHG § 35 BGB § 177 (1)
   a) Beurteilen Sie die Rechtslage.
   b) Wie wäre der Fall zu beurteilen, wenn Adler den Vertrag alleine abgeschlossen hätte?

GmbHG § 15

7. Wegen persönlicher Differenzen will Clemens seinen Geschäftsanteil verkaufen ohne seine beiden Partner zu informieren.
   Prüfen Sie, ob das rechtlich möglich ist.
8. Begründen Sie, ob ein Gläubiger nach mehrjähriger Geschäftstätigkeit der GmbH darauf vertrauen kann, dass ihm bei Zahlungsschwierigkeiten der GmbH zumindest das Stammkapital zur Durchsetzung seiner Forderungen zur Verfügung steht.

PDF

Aufgabe 5 Kapitalgesellschaften: Vergleich GmbH – AG

Die drei GmbH-Gesellschafter (siehe Aufg. 4) sehen gute Expansionsmöglichkeiten für das Unternehmen. Die Umsetzung der Pläne sind aber mit einem hohen Kapitalbedarf verbunden. Aus diesem Grunde wird überlegt, die GmbH in eine AG umzuwandeln. Zuvor wollen sich die Gesellschafter aber wesentliche Unterschiede zwischen diesen beiden Rechtsformen verdeutlichen.

1. Vergleichen Sie in tabellarischer Form (siehe Arbeitsblatt) die Rechtsform der GmbH und die der AG anhand folgender Kriterien:
   - Mindestkapital
   - Vertretung
   - Stimmrecht in der Gesellschafter- bzw. Hauptversammlung
   - gesetzliche Vorschriften, die die Flexibilität bei unternehmerischen Entscheidungen hemmen (z. B. Einberufung des beschließenden Organs, Bildung eines Aufsichtsrates, Kontroll- und Informationsrechte der Kapitaleigner, Widerspruchsrecht der Kapitaleigner)
2. Erläutern Sie, warum die GmbH-Gesellschafter im vorliegenden Fall trotz der Nachteile (vgl. Aufg. 1) die Umwandlung in eine AG in Erwägung ziehen.

AktG §§ 23 (1), 29, 30, 32, 33, 36, 36a, 41

3. Beschreiben Sie die einzelnen Schritte, in denen sich die Gründung und Entstehung einer AG vollzieht.
4. Die drei GmbH-Gesellschafter wollen das inzwischen auf 600 000 EUR angewachsene Vermögen der GmbH als Sacheinlage in die neu zu gründende AG einbringen. In Höhe dieses Betrages und für weitere 600 000 EUR wollen sie Aktien übernehmen. Das Grundkapital soll insgesamt 2 Mio. EUR betragen und in 20 000 Stückaktien in Form von Namensaktien aufgeteilt werden. Die Übernahme der restlichen Anteile erfolgt durch mehrere Investoren, die bereit sind, diese Aktien mit einem Agio von 10% des Nennwertes zu übernehmen. Das Agio soll einen Ausgleich für die Beteiligung an den stillen Rücklagen des Unternehmens darstellen.
   a) Ermitteln Sie den fiktiven Nennwert einer Stückaktie.

AktG § 36a

   b) Welchen Betrag müssen
      - die drei Gesellschafter
      - die übrigen Investoren

      bis zur Anmeldung der Gesellschaft zur Eintragung ins Handelsregister mindestens in bar aufbringen?

AktG §§ 76 (2), 95

5. Aus wie vielen Personen müssen
   a) der Vorstand
   b) der Aufsichtsrat

   im vorliegenden Fall mindestens bestehen?

PDF

Aufgabe 6 Fallstudie: Entscheidung über die günstigste Rechtsform eines Unternehmens – Entscheidungsbewertungstabelle

Dipl.-Ing. Ingo Wahl und Dipl.-Ing. Jochen Kern haben eine äußerst leistungsfähige Siliziumplatine zur Erzeugung von Solarenergie entwickelt. Mehrere Gutachten verschiedener Forschungsinstitute haben ergeben, dass mit dieser Entwicklung ein entscheidender Durchbruch zur wirtschaftlichen Gewinnung von Solarstrom gelingen könnte. Die Erfinder haben daher beschlossen, ein Unternehmen zu gründen und ihre Erfindung zu verwerten. Es ist geplant, noch im laufenden Kalenderjahr die Produktion von Solarkollektoren am Standort Tübingen aufzunehmen. Die Stadt Tübingen ist bereit, ein entsprechendes Grundstück im Industriegebiet für 260 000 EUR zu verkaufen. Vorsichtige Berechnungen haben ergeben, dass sich die Anschaffungskosten für Investitionen zunächst auf ca. 1 Mio. EUR belaufen werden. Die beiden Gründer könnten dem neu zu gründenden Unternehmen 300 000 EUR an Eigenmitteln zur Verfügung stellen. Es ist damit zu rechnen, dass wegen der günstigen Zukunftsaussichten auch in Zukunft erhebliche Investitionen erforderlich sein werden.
Erstellen Sie für die Entscheidung nach der günstigsten Rechtsform eine Entscheidungsbewertungstabelle (siehe Arbeitsblatt).
Hinweis: *Die Vorgehensweise zur Erstellung einer Entscheidungsbewertungstabelle ist auf dem Arbeitsblatt beschrieben.*

C Multinational companies *(Multinationale Unternehmen)*

Why does this chapter matter?

Multinational companies (MNCs) exist in developed as well as in developing countries. The diagram below shows the biggest multinational companies, ranked by sales in billion US dollars and without banks and insurance companies. Seven out of the top ten companies have an Anglo-American background. ***Total*** *is a French and* ***Toyota*** *is a Japanese company. Of the top ten MNCs,* ***Volkswagen*** *is the only German company. Six of the top ten companies operate in the oil and gas industry. (Source: United Nations Conference on Trade and Development – UNCTAD Database 2008).*

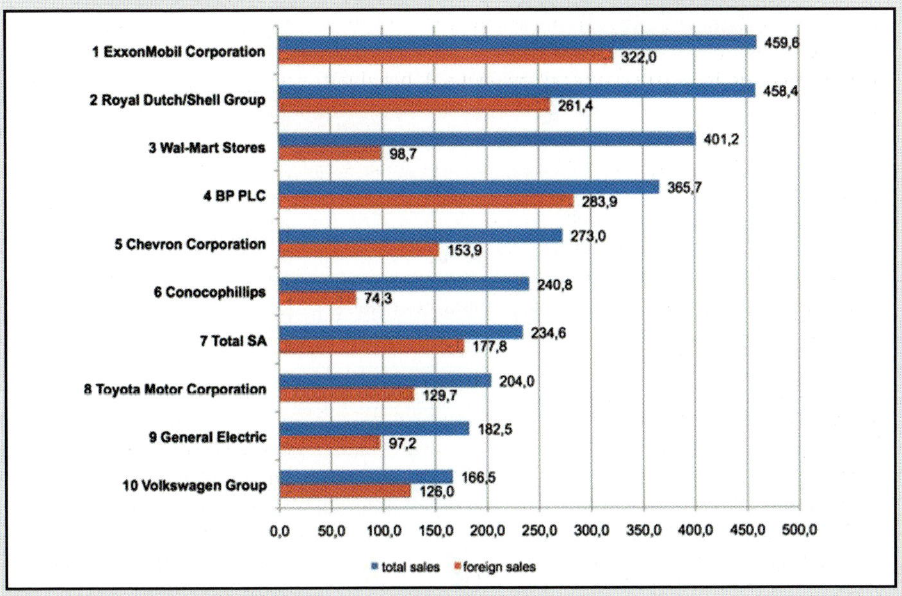

Due to increasing globalisation, more and more companies engage in business activities across borders. However, those activities differ to a large extent. On the one hand, a company might simply sell its products made in its home country to one or more other countries (= exports) or it buys materials and other resources from foreign markets (= imports). On the other hand, large companies can have subsidiaries in other countries in order to sell or make their products there. Thus, there are many patterns of international activities companies engage in.

MNCs can choose the location for their subsidiaries, and relocate their businesses in different countries as they please. Politicians everywhere are interested in attracting MNCs to open subsidiaries in their countries. Therefore, there is a pressure to offer attractive conditions to MNCs. That is why many countries around the world are competing for investments by MNCs, hoping that thereby they will benefit in terms of jobs, cash flows and last but not least tax revenues. As a consequence of this competition, power is shifted from politics to business, for example, when a company threatens to give up a certain business location. As a citizen in times of globalisation, one should be informed what MNCs are, how they work and what economic, social and ethical issues result from their existence.

Central questions for this chapter are therefore:
How can companies operating in many countries be described and classified?
In what way do multinational companies develop?
How can multinational companies facing organisational, cultural and technological challenges be managed?
How is competition affected by the market power of multinational companies?
What opportunities are there for societies and what threats do they face because of multinational companies?
How should multinational companies deal with their global responsibility?

1 Companies doing business across borders – a classification *(Eine Klassifikation multinationaler Unternehmen)*

Overview and relationships

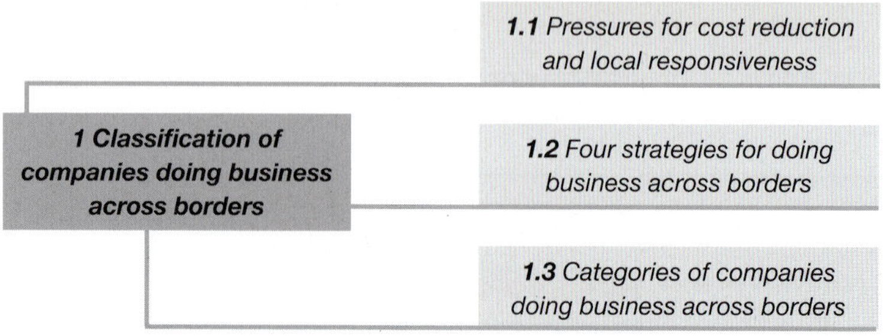

1.1 Pressures for cost reduction and local responsiveness

Task 1.1 p. 243

Companies doing business across borders are often confronted with two types of pressures: On the one hand some companies might have to **reduce costs** as much as possible to be competitive. For them, it is important to achieve cost advantages of mass production. This is achieved by developing products that can be sold worldwide. Also, they will locate their production processes in the most cost-efficient places around the globe.

Other companies, on the other hand, have to be **locally responsive** in order to be competitive. That means they cannot sell the same product worldwide but have to adapt their products to different countries. This is the case when consumer tastes or business practices differ a lot from country to country. However, adapting products to local tastes is expensive.

Depending on the industry, companies in international business face high pressures for cost reduction; others face pressures for local responsiveness. Some even face both pressures.

1.2 Four strategies for doing business across borders

Depending on the pressures, there are **four strategies** that companies can be classified by.

1. A company which is confronted with only low pressures for cost reduction and low pressures for local responsiveness will follow an **international strategy**.
2. If pressures for local responsiveness are high while pressures for cost reduction are low, the company will follow a **multi-domestic**[1] **strategy**.
3. If the pressures for local responsiveness are low while pressures for cost reduction are high, the company will follow a **global strategy**.
4. If both pressures for cost reduction and local responsiveness are high, the company will follow a **transnational strategy**.

1 Management researchers Christopher A. Bartlett and Sumantra Ghoshal, who first introduced this classification, used the term "multinational company". Since, in this book, this term is used in a broader sense, namely to describe companies doing business across borders in general, the term "multi-domestic" will be applied for this specific form of a company because such a company responds to the *domestic* needs of all countries it operates in.

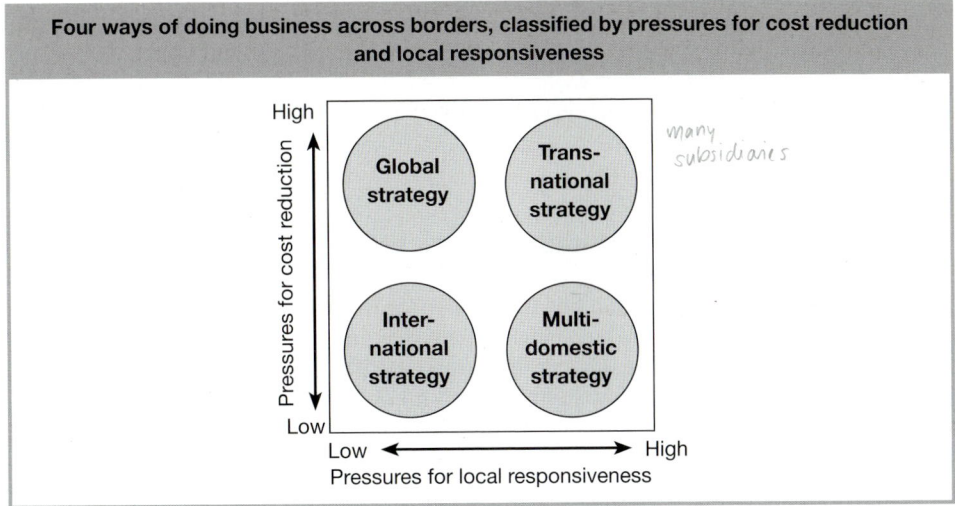

Four ways of doing business across borders, classified by pressures for cost reduction and local responsiveness

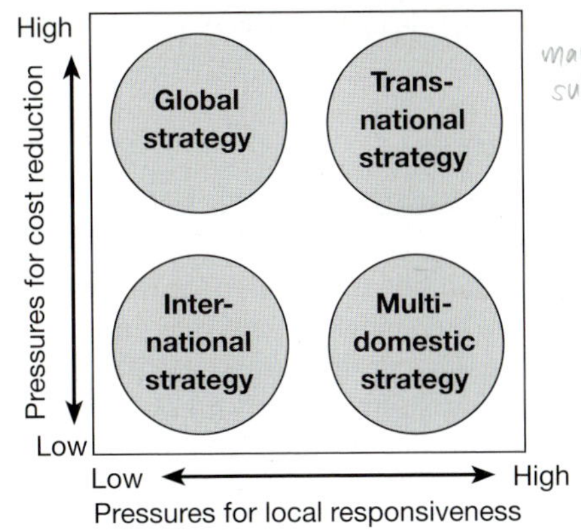

1.3 Categories of companies doing business across borders

1.3.1 International companies

Task 1.2 p. 243

International companies develop and produce their goods or services mostly in their **home country**. A part of their production is then sold abroad. In other words, they are **exporters**. They do not have any subsidiaries abroad, so they do not have a lot of staff, warehouses, or production plants in foreign countries. Sometimes, they set up small sales offices in the countries they supply their products to. An example of an international company is a small local manufacturer that exports to one or more foreign countries.

> Companies with low pressures for cost reduction and local responsiveness follow an international strategy. Production and management are based in the home country, so they are exporters without substantial subsidiaries in other countries.

1.3.2 Multi-domestic companies

Multi-domestic companies also sell in foreign markets, but they always are big corporations. They set up **subsidiaries** in a limited number of countries. This can be a production plant or an administrative centre. The objective is to **adapt to each country** they operate in, so that they are able to respond to local needs in the best possible way. Thus, they do not try to offer standardised products for all the countries they operate in.

> Companies with low pressures for cost reduction but high pressures for local responsiveness follow a multi-domestic strategy. Their subsidiaries abroad adapt their operations to the local requirements in each country. Therefore, the company's products cannot be fully standardised.

1.3.3 Global companies

Global companies have **subsidiaries in many countries** but keep a strong headquarters in their home country. Their focus is on achieving **economies of scale**; and they will **standardise products** as much as the market will allow in order to keeping costs low. Their marketing campaigns have the same message all over the world, because their objective is to eliminate differences in local tastes and preferences.

> Companies with high pressures for cost reduction but low pressures for local responsiveness follow a global strategy. Their operations are managed mostly by a central headquarters. To achieve mass production and thus economies of scale, they standardise their products in order to be able to sell the same products in many countries.

1.3.4 Transnational companies

Transnational companies have **subsidiaries in a large number of countries** and face strong pressures for cost reduction as well as for local responsiveness. These companies may have a global headquarters, but they also give decision-making power to various national subsidiaries, and they have special research and development activities (R&D) for different national markets. Their organisational structure does not follow a classic hierarchy with a powerful parent company and many dependent subsidiaries. Instead, **all the subsidiaries are seen as independent units**, linked in the form of an **integrated network**. Transnational companies are often very complex and extremely difficult to manage.

> Companies with both high pressures for cost reduction and high pressures for local responsiveness follow a transnational strategy. Their operations are managed through an integrated network of subsidiaries.

Block diagram chapter 1: MNC classification in a nutshell

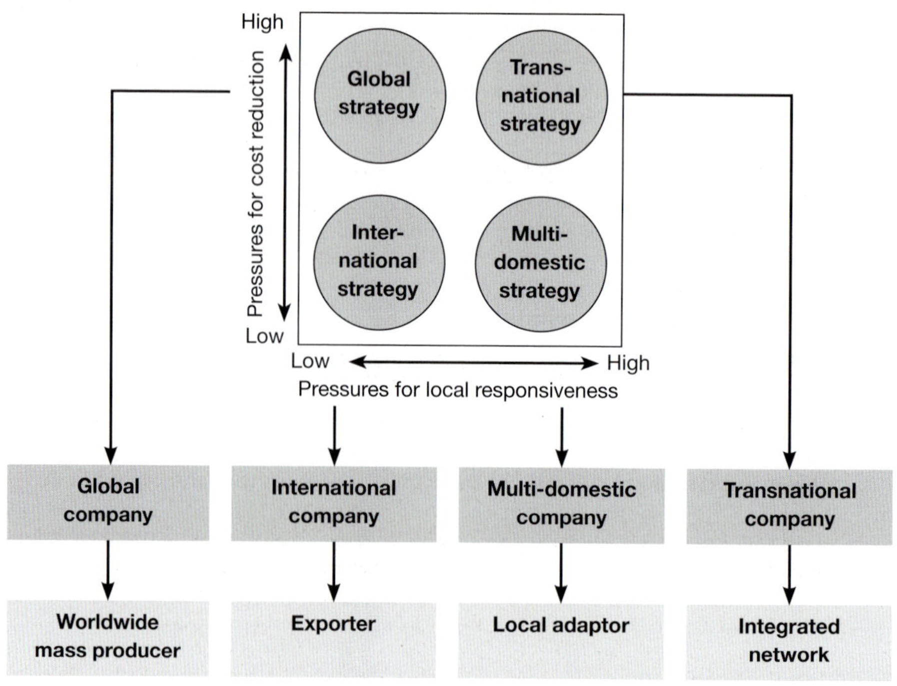

Revision questions

for chapter 1 Classification of companies doing business across borders

1.1 Pressures for cost reduction and local responsiveness

1. What are pressures for cost reduction?
2. What are pressures for local responsiveness?

1.2 Four strategies for doing business across borders

1. What pressures do international companies face?
2. What pressures do multi-domestic companies face?
3. What pressures do global companies face?
4. What pressures do transnational companies face?

1.3 Categories of companies doing business across borders

1. Describe the characteristics of an international company.
2. Describe the characteristics of a multi-domestic company.
3. Describe the characteristics of a global company.
4. Describe the characteristics of a transnational company.

Tasks and problems

for chapter 1 Companies doing business across borders – a classification

1.1 Pressures for cost reduction and pressures for local responsiveness

1. Draw a grid with the dimensions "Pressures for cost reduction" and "Pressures for local responsiveness".
2. Place the following businesses into the grid and give reasons for your choice:
   a) Aircraft industry Global
   b) Cement production International
   c) Packaged food making Multi-domestic
   d) Car manufacturing Transnational
   e) Chemicals Global
   f) Pharmaceutical industry Transnational

1.2 Classification of companies doing business across borders

Explain which category (international, multi-domestic, global, transnational) is most suitable in the following cases. Multi-domestic: many countries, but no global production, they respond to local requirements

a) A furniture manufacturer has production sites in many countries. The company produces furniture in small volumes and tries to match local customs and tastes.
b) The headquarters of an oil company is located in the Netherlands. The oil is produced in different regions of the world. The company sells the same oil products in many countries all over the world. global: standardised products and subsidiaries in many countries -> adv. of mass prod.
c) A mechanical engineering company produces machines for packaging different commodities in Germany. The company sells its products in many countries all over the world. Recently, it opened a sales branch in its most important market: China. International: exports products but no subsidiaries in other countries
d) A company that produces noodles in a German town sells its products all over Germany. Wheat and eggs are imported from Poland. None? don't sell products abroad
e) A car manufacturer has many subsidiaries in different continents. The costs of research and development as well as of setting up production plants are very high. In addition, the cars must be modified to the requirements of many countries. The subsidiaries are strongly linked and try to work together very closely. Transnational: high pressure for cost red. & local responsiveness Subsidiaries form integrated network

2 Development of multinational companies *(Entstehung multinationaler Unternehmen)*

Overview and relationships

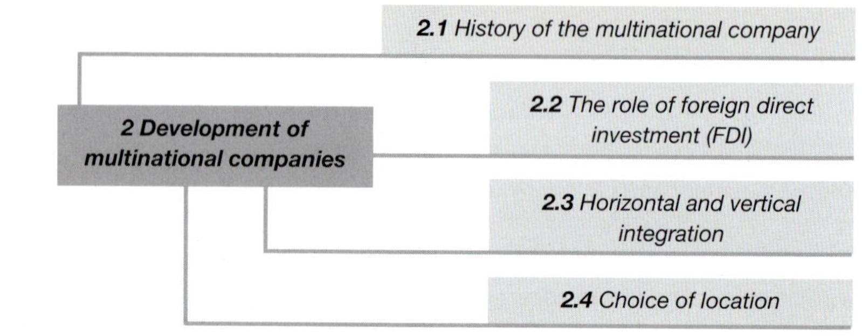

2.1 History of the multinational company

Trade across borders has been around since the Bronze Age, with early proofs dating back thousands of years. However, it was not before the 17th century that big companies were founded to start trading across borders on a larger scale. The companies involved were mainly the colonial trading companies such as the *British East Indian Company*. These companies did not have significant subsidiaries in the colonies since their focus was on trading goods.

> Trade across borders has occurred ever since the Bronze Age. The first large companies doing international business from the 17th century on were the colonial trading companies.

As a result of the industrialisation process in the 19th century, large companies came into being in Britain, the USA, France and Germany. In search of even more growth, these companies started to look for markets for their products in other countries and thus became exporters. From the late 19th century on, these companies began to establish subsidiaries such as sales offices or even production plants in foreign countries.

> The first multinational companies in the proper sense of the word appeared during the industrialisation process in the late 19th century.

Establishing subsidiaries goes well beyond exporting and is called "foreign direct investment" (FDI). This process has not stopped until today and has led to the creation of ever more internationally cross-linked companies that have gained a lot of influence in the on-going process of globalisation. In recent years, many companies from newly-industrialised countries from Asia and South America have begun an internalisation process and have thus turned into multinational companies.

> With the on-going process of globalisation, MNCs are continuing to grow and are spreading to ever more countries. Recently, more and more MNCs from newly industrialised countries have appeared.

2.2 The role of foreign direct investment

2.2.1 How foreign direct investment occurs

Multinational companies go beyond just shipping their products to other countries. When a multinational company establishes a subsidiary abroad, capital flows directly from the home country of the parent company to the country in which the subsidiary is based. The parent company seeks to control the subsidiary. That is why such moves are called "foreign direct investment" (FDI). There are three important reasons for FDI: finding new markets, finding important resources and achieving economies of agglomeration.

Foreign direct investment (FDI) occurs when a multinational company establishes a subsidiary in another country.

2.2.2 Finding new markets

Multinational companies look for new local markets that can be served. If they decide – instead of exporting – to manufacture their products abroad, this is called "horizontal FDI". Horizontal FDI implies that a multinational company imitates one or more stages of its value chain, for instance its production plants, in the host country (so called "transplants"). Section C 2.3

Moving production abroad means that the company can be much closer to the foreign market and therefore might be able to better react to local needs. In addition, transport costs will be lower; and finally, trade barriers such as tariffs and import quotas can be overcome by producing directly in the foreign country. This market-seeking FDI is therefore also called "tariff-jumping" or "export-substituting" FDI. Multinational companies following this approach will look for countries with a promising market potential and a favourable competitive situation as targets for their FDI.

FDI brings a company close to a foreign market. Thus, a company can better react to local needs, save transport costs and overcome trade barriers.

2.2.3 Finding important resources

Another reason for multinational companies to directly invest abroad is to acquire resources that are not available in the home country. This kind of FDI is called "resource-" or "asset-seeking". Resources may be natural resources, raw materials, or low labour costs. Factor cost considerations are especially important in the manufacturing sector. For example, multinational companies establish production plants in developing countries in order to sell the products in developed countries rather than to serve local markets.

This type of FDI is also called "vertical" or "export-oriented" FDI because it involves moving parts of the value chain to the foreign country. Multinational companies following this approach will look for countries with certain **locational determinants** such as rich natural resources, low-cost labour and few business regulations. Some countries might offer tax exemptions for multinational companies as an incentive to attract FDI. Section C 2.3

FDI allows a company easier access to a target country's resources which offers locational advantages.

2.2.4 Achieving economies of agglomeration

Economies of agglomeration can be achieved if different companies which operate in related industries set up subsidiaries in the same area. The term "economies of agglomeration" is used to describe the benefits that companies get from locating near each other

(= "agglomerating"). As more and more companies in related industries cluster together, production costs may decline due to, for example, the competition of multiple suppliers, greater specialisation and better division of labour.

Even when competitors cluster together, there may be advantages because that cluster attracts more suppliers and customers than a single company could on its own. Multinational companies following this approach will look for specialised labour and fitting intermediate inputs.

Examples of Agglomeration

USA: Concentration of high-tech companies in Silicon Valley, California.

Germany: Clustering of more than 600 medical engineering companies in Tuttlingen, Baden-Württemberg, which the media calls "the world's capital of medical engineering".

Economies of agglomeration can be achieved as a result of FDI, if a company moves its operations to an area where many companies of related industries cluster together.

2.3 Horizontal and vertical integration

2.3.1 The need for horizontal and vertical integration

Task 2.1 p. 256

Most companies start as small businesses. If the company is successful, its sales will grow, more and more employees will be hired; and the company will establish more manufacturing or management facilities. This process is called "organic growth". However, when companies are successful, they will earn more and more profits. As a consequence, they need to invest this money profitably. The top management must then decide whether or not the company wants to expand into other businesses. Basically, there are two options to invest a company's excess capital: horizontal integration and vertical integration.

2.3.2 Horizontal integration

Growth through mergers and acquisitions (M & A)

Horizontal growth is achieved if a company can develop further by selling its products in other markets, for example markets in other countries that have not been served yet. The objective is to achieve a large market share. Instead of growing organically by sales growth, which takes a lot of time and effort, many companies decide to buy one or more of their industry competitors. This move is called "acquisition" of another company. Another way of achieving a higher market share is to join forces with another company from the same industry. The move of two or more companies which agree to become a single new company is called "merger".

Whenever companies which operate at the same stage of production buy each other or merge, this is called "horizontal integration". Since companies often want to grow by entering markets in other countries, mergers and acquisitions (M&A) take place across borders. In this way, companies become (more) multinational. According to the UNCTAD World Investment Report 2012, mergers and acquisition deals among multinational companies in 2011 had a value of $526 billion (up 53 % from 2010). There were 62 "megadeals" with a value over $3 billion (up 41 % from 2010).

Horizontal integration occurs if a company takes over or merges with another company which operates in the same industry and at the same stage of production.

Illustration of horizontal integration in the car industry

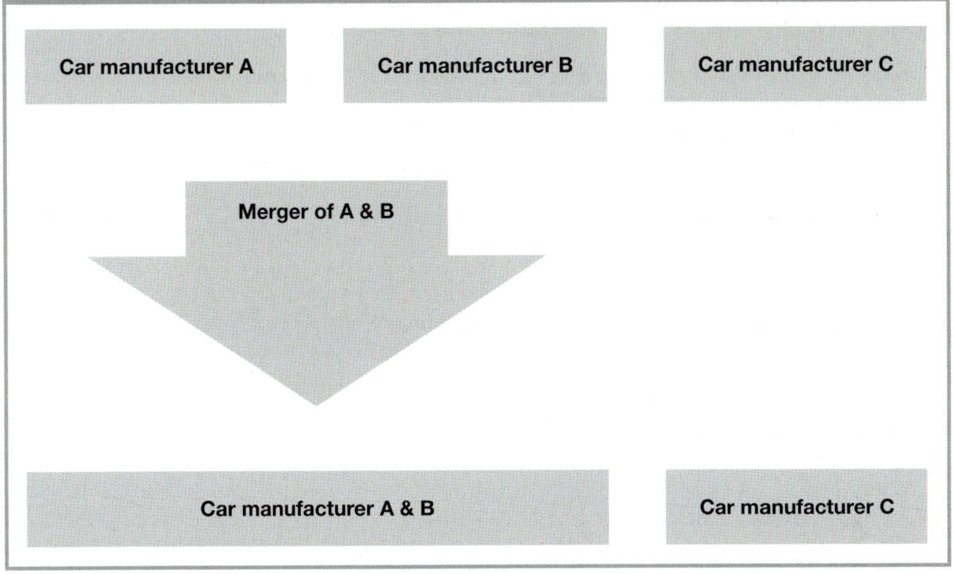

Motives for mergers and acquisitions in an industry

Cost reductions achieved by producing large volumes of products are one of the strongest motives for horizontal integration. Such "economies of scale" are especially important for industries which are faced with a high level of fixed costs. When a company has a certain size, it can spread its fixed costs over a large production volume, which drives down the average unit cost. Also, when buying materials in larger volumes, the horizontally integrated company achieves bargaining power over its suppliers, thus it can obtain lower prices on the goods bought. Furthermore, the expensive and risky process of new product development can pay off better if larger quantities of this product are sold.

Another motive for horizontal integration is the **reduction of competition** within the industry. Whenever companies are sold to or merged with other companies, the number of competitors is reduced. Thus, the level of concentration within the industry becomes higher. For the bigger companies in the concentrated industry, it is easier to raise the prices they charge their customers. As long as a large number of companies exist in an industry, there is a good chance for perfect competition, a state where a single company does not have any influence on the price – any company must accept the price set by the market.

However, with fewer and fewer companies left in the industry, oligopolistic structures will develop. Having only a few companies in an industry reduces the risk of price wars between the competitors because it is easier now to coordinate prices. Of course, in many countries, explicit communication to fix prices is forbidden. And yet, there are informal ways of price coordination (= tacit price coordination), such as the price leadership of a dominant company that other companies will follow. In any case, a horizontally integrated company can claim higher prices from their customers more easily than a smaller company can. Thus, the company's bargaining power over their buyers rises. Achieving this kind of market power is a strong incentive for horizontal integration.

> Companies seek horizontal integration in order to achieve cost reductions and a reduction of competitive pressure.

2.3.3 Vertical integration: internalising stages of the value chain

The value chain

A company achieves vertical growth if it develops further by adding more business activities along the value chain of its products. The value chain of a product describes all business activities that must be completed in order to develop, produce and market a product.

Example of a simplified value chain for a car

At the first stage, raw materials such as iron ore must be obtained. By getting iron ore out of the ground, value is added since it can now be used for production purposes. At the second stage, a component part supplier buys the iron from the mining company. The supplier will transform the iron into steel and build component parts, thereby adding more value to the iron. The supplier then sells the component parts to the automobile manufacturer at stage three, who adds value by assembling a car out of the different components. At stage four, the car is sold to car dealers, who add value by distributing the cars to the customers. After the sale of the car, activities such as service, insurance or financing for cars are the fifth value-adding stage of the value chain for cars.

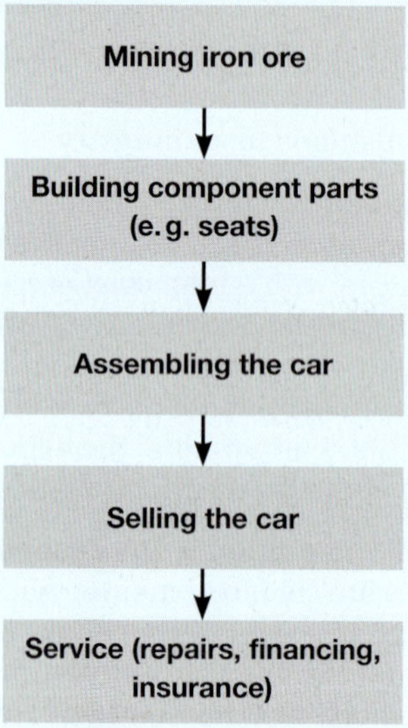

Vertical integration

Vertical integration occurs when a company adds activities from a stage of the value chain that is either placed before or after its own stage. As a result, the company engages in a broader range of business activities than before. It can either buy existing companies along the value chain (acquisitions), or it can set up its own facilities (greenfield investments).

Example of vertical integration in the car industry

A car manufacturer might not be willing to buy seats for the cars from an external supplier anymore. So the car manufacturer sets up production facilities for seats on his own – he **integrates** the activity of producing the component part "seat" into his existing company.

Since this kind of integration means moving backwards on the value chain, it is called **"backward integration"**. In contrast, when a car manufacturer wants to have his own network of car dealerships rather than sell the cars to independent car dealers, the car manufacturer moves forward on the value chain, towards the customer. Such a move is called **"forward integration"**. So each company must decide in what stages of its products value chain it wants to be in.

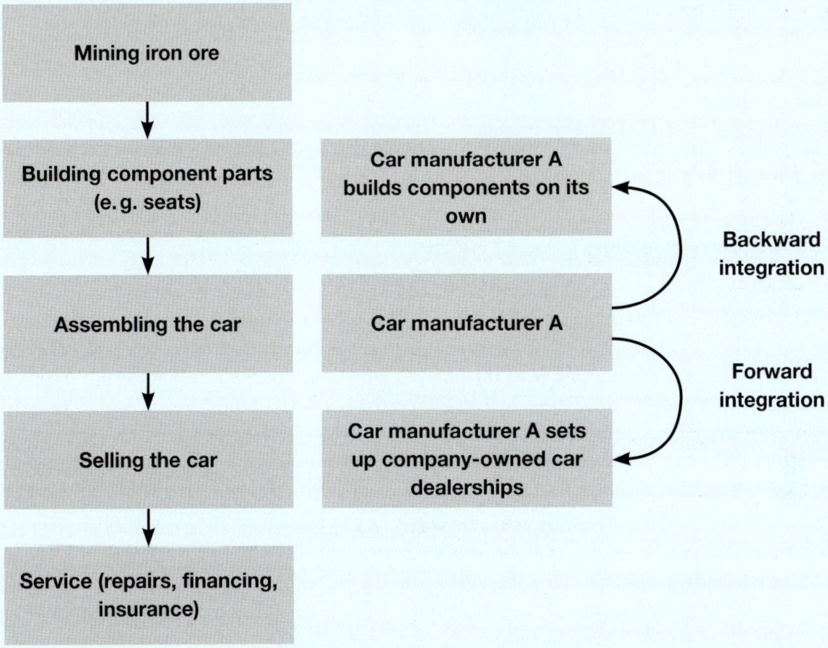

A company's **level of vertical integration** is defined by the number of stages of the value chain which it has integrated into its operations. Many stages of a value chain within a single company mean that the level of vertical integration is high, whereas operations in only a few stages mean that the company's level of vertical integration is low.

A company that wants to achieve a higher degree of vertical integration can decide to **set up its own activities**, which in the example would mean building a factory for car seats. On the other hand, it can also **buy one or more companies** operating on an earlier or later stage of the value chain, which in the example would mean for the company buying the seat manufacturer or the car dealerships, respectively.

Since activities of a value chain can be spread all over the world, achieving a higher degree of vertical integration for a company often means **expanding across borders**. In the example of the value chain for a car, the iron ore mine might be in China, the component suppliers (e. g. for seats) might be located in Japan, the car manufacturer in the USA, and the car dealers in many different countries. Thus, companies can become multinational by the process of vertical integration.

> Vertical integration occurs when a company enters a stage before (= backward integration) or after (= forward integration) its position in the value chain. By adding more stages to a company, the level of vertical integration rises.

2.3.4 Motives for internalising stages of the value chain

The make-or-buy decision and vertical integration

A company has to decide if it makes input materials for production on its own or if it buys them from other companies. When a company that produced certain input materials inside the company now **buys** them from other companies, this is called **outsourcing**.

of internal business processes. By contrast, if a company decides to **make** input materials on its own that it had previously bought from other companies, it **internalises stages of the value chain** and therefore engages in **vertical integration**. Internalising stages of the value chain can be motivated by building barriers to entry, by protecting quality, by improved planning and coordination and by investments in specialised assets.

Barriers to entry

Vertical integration allows a company to control many stages of a product's value chain. This can result in a barrier to entry for potential new competitors.

Example of barriers to entry in the oil industry

Oil companies are to a large extent vertically integrated. Thus, an oil refining company usually is **vertically integrated backwards** and owns its oil-wells. As a result, the oil refining company can decide that the oil-wells produce exclusively for their own company and do not serve competing oil companies with oil. That is why a company that wanted to enter the oil refinery industry would have to set up its own oil-wells first – which would mean **a high and risky investment**. This poses a barrier to entry for potential competitors who want to enter the oil refinery industry. With vertical integration, the oil refining company can **limit competition in the industry**, which in turn allows it to charge higher prices and achieve higher profits.

In the same way, **vertically integrating forward** can also create barriers to entry for potential competitors. For instance, if the oil refining company has its own petrol stations, it has **control over its distribution channel**. The reason is that the oil refining company can order its petrol stations to exclusively buy its own petrol and not to buy the petrol from competing oil refining companies. A new competing oil refining company would have a hard time setting up its own distribution channel – again, a barrier to entry is set up by means of vertical integration.

Owning many stages of a value chain gives a company control over an industry. Potential competitors will thus have difficulties to enter the industry; so vertical integration is a barrier to entry for other companies.

Protection of product or service quality

Another motive for vertical integration is to protect the product or service quality within the value chain. When a company buys raw materials from suppliers, and finds that the quality is not in line with its expectations, the company can integrate backwards and make the resources on its own.

Examples of quality protection in the coffee and consumer electronics industries

A high-class coffee store chain has problems finding suppliers who offer high-quality coffee beans. The coffee store chain can **integrate backwards** by buying or setting up coffee bean farms in order to manage them in a way that ensures the quality of the coffee beans.

In the same way, **forward integration** can help in keeping up high quality levels. When *Apple Inc.* set up its own chain of *Apple Stores*, a motive could have been to make sure that the stores' appearance, the customer service and the skills of the employees fit the customers' expectations regarding quality better than other electronics stores.

A company starts operating at other stages of the value chain in order to control the quality of inputs for production or to control the services in distribution and customer care.

Improved planning and coordination

Improved planning and coordination are further motives for vertical integration. This can happen if a company faces problems with the coordination of the stage of the value chain that precedes or follows its own activities.

Example of improved planning and coordination in the car industry

A car manufacturer needs wheels for its car assembling operations. If the supplier of the wheels **does not fulfil the manufacturer's requirements** in terms of punctuality and reliability, the manufacturer can decide to integrate backwards and buy the wheel factory.

As a consequence, the production of wheels will now be **controlled by the car manufacturer**, making it easier for him to fit the wheel production into the overall manufacturing process. Cost savings can be achieved as a result of improved coordination because there might be lower inventories. For a vertically integrated company, it might therefore be easier to achieve a **"just-in-time" production process**, where parts are delivered only shortly before they are actually needed. As a consequence, almost no inventories are necessary which means lower storage and capital costs.

By vertical integration, a company might improve the planning and coordination of its business activities.

Investments in specialised assets

Investments in specialised assets can be a special motive for vertical integration.

Example of specialised assets in the car industry

A car manufacturer develops a very innovative fuel injection system. Up to now, the car manufacturer has purchased the component parts from an external supplier. However, for the innovative injection system, the supplier would have to **invest heavily into very special machinery** with which those injection systems can be manufactured.

The supplier therefore is faced with a problem: the expensive machinery can **only** be used for the injection systems of the car manufacturer – it cannot be used to produce injection systems for other car manufacturers. That means the supplier would become **dependent on that particular car manufacturer**, if it set up the new machinery. Having only a single customer for the injection systems puts the supplier in a **weak bargaining position**. Once the special machine is set up, the supplier must fear that the manufacturer will **take advantage of this situation** and ask for lower prices for the injection systems. Since the supplier might not want to take the risk, he might not set up the machinery at all.

In the same way, the car manufacturer takes a risk if he decides to outsource the production of the innovative injection system to an external supplier. Once the special machinery is set up, the car manufacturer is totally **dependent on this particular supplier** because he cannot easily switch to another supplier. Therefore, the manufacturer sees the supplier in a **strong bargaining position**, and fears that the supplier might ask for higher prices for the injection systems.

Setting up special machinery creates a **situation of mutual dependence** between manufacturer and supplier. Each side fears the **opportunism** of the other side. Thus, if manufacturer and supplier are not absolutely sure that the other will play fairly, companies often will **decide against outsourcing** the production of component parts. They will rather integrate backwards, meaning they will make the products as part of their own operations. From this line of thought the following rule can be concluded: The more specific an investment in a certain activity is, the more likely it will result in an internalisation of the activity, in other words: there will be vertical integration.

Basically, the make-or-buy choice is between two forms of institutions: For a company, **buying inputs** means **trusting the market** – the expectation is that market mechanisms will lead to an adequate supply of inputs at fair prices. Internalising the making of inputs will lead to vertical integration. **Trusting vertical integration** means **trusting hierarchies** – a company then believes it can use managerial and organisational principles to better control the making of input materials. So which is better – "make" or "buy"? There is no general answer to this question. Each company must make the make-or-buy decision based on the specific situation in its organisation and in its industry.

> Specialised assets make it difficult for suppliers and manufacturers to trust each other. As a consequence, companies will often internalise activities that require specialised assets.

2.4 Choice of location *(Standortwahl)*

Task 2.2 p. 256

When a company decides to set up a subsidiary in another country, it must choose the country it wants to enter as well as the specific locality within the target country which is most attractive for achieving its objectives.

Example of criteria for choosing a location for a car manufacturer

Objective: cost efficiency
→ The car manufacturer chooses an Eastern European country for a production plant. In doing so it tries to take advantage of a fairly good infrastructure and a skilled workforce. Employees are paid lower wages compared to Western Europe. The company can thus reduce its costs and as a result become more profitable.

Objective: technology leader
→ To improve the technological standard of its cars, a car manufacturer might choose Germany as a location for its research and development (R&D) department. Among the important location factors are a highly-developed car industry, good universities and many highly qualified as well as experienced engineers.

2.4.1 Hard and soft location factors

The company will engage in a process of **production site analysis** in order to find a good location. To make a well-grounded decision, the company must analyse two types of location factors: hard and soft.

Hard location factors

Hard location factors are, for example, employee pay, taxes or subsidies. Such factors are measurable in figures, which means they are quantifiable. The advantage of hard location factors is that they can be fully included in the company's accounting systems. Therefore, a company can use these factors for the calculation of its sales prices.

Soft location factors

Soft location factors are cultural norms, the level of the education of the population or the political climate. As opposed to the hard factors, they cannot be included in the cost calculation of a company directly. Still, these soft factors can be critical to the company's success. Therefore, they need to be analysed as well, even if measuring them in exact terms is not possible.

> The production site analysis uses hard location factors, which can be measured in figures, and soft locations factors, which cannot be quantified exactly.

2.4.2 The PESTEL framework

The PESTEL framework lists important areas of analysis for the careful assessment of a location. The short form PESTEL stands for political, economic, social, technological, environmental and legal factors that should be considered when choosing a business location.

Political factors

Among the political factors there are the form of government and political stability of a country and also how its government deals with the economy. Such factors also include a country's tax policy, labour law, environmental legislation and restrictions of imports or exports, such as tariffs. The political factors can include the goods and services offered by the government. Such factors have a great influence on a country's health, education, and infrastructure.

Economic factors

Economic growth, the inflation rate, interest rates or exchange rates are classed as economic factors. These factors have a large impact on a company's success. The interest rates influence the cost of capital and therefore the investments a company can make. Exchange rates affect the costs of exporting and importing goods. This is an especially important point for multinational companies, because they exchange goods (raw materials, components and finished products) between their business locations in different countries.

Social factors

Income distribution, cultural aspects, the growth and health of the population, age distribution, motivation to work and safety are seen as social factors. A company is influenced by these factors in many different ways. For example, if the income distribution in a country is very uneven, a company might be able to adapt its reward system in a way that low-skilled workers accept much smaller wages than highly skilled workers.

Technological factors

The level of technology (for example degree of automation in manufacturing) or the rate of technological change (measured for example as number of new patents per year) within a country are termed technological factors. They can influence the productivity, the product quality and the innovativeness of a company.

Environmental factors

The weather, the climate or the natural resources of a country are termed environmental factors. The shape of a landscape and the availability of water might also play a role. In particular, the environmental regulations in a country might influence the company's decision for or against a location. In the European Union, for example, manufacturers must buy licenses when they want to emit carbon dioxide into the air. However, there are many countries where companies do not have to pay for a permit to pollute the air.

Legal factors

The legal system of a country is an obvious legal factor. In particular, a company will look at consumer protection legislation or employment legislation (for example anti-discrimination laws). If, for example, a country has a strong consumer protection law, a company might not offer its products there because it is afraid of lawsuits and the payment of high compensations for damages. Further, a company is also interested to know if the law is really enforced in a country. If a company is betrayed by a business partner, for example, will the legal system of a country then make it possible to sue that business partner so that the damage will be compensated?

In all areas of analysis, there are hard as well as soft location factors to consider. When looking at economic factors, there are a lot of hard factors such as employee pay, levels of productivity or taxation. However, there is also the factor of business climate, meaning the general mood of business people and their expectations for the future. For a well-grounded decision, managers of multinational companies must analyse many of the factors mentioned above, weigh their relative importance, and finally they must draw a conclusion where to locate their production site.

Factors influencing business location decisions/Einflussfaktoren auf die Standortwahl

Business location factors	Standortfaktoren	Business location factors	Standortfaktoren
Political ▪ Form of government ▪ Spread of corruption	Politisch ▪ Regierungsform ▪ Verbreitung von Korruption	Technological ▪ Level of technology ▪ Innovativeness	Technisch ▪ Stand der Technik ▪ Innovativität
Economic ▪ Wages/salaries ▪ Taxes	Wirtschaftlich ▪ Löhne und Gehälter ▪ Steuern	Environmental ▪ Climate/weather ▪ Water supply	Umweltbedingt ▪ Klima/Wetter ▪ Wasserversorgung
Social ▪ Income distribution ▪ Social security system	Sozial ▪ Einkommensverteilung ▪ Sozialversicherungssystem	Legal ▪ Consumer protection legislation ▪ Employment law	Rechtlich ▪ Verbraucherschutzbestimmungen ▪ Arbeitsrecht

The PESTEL framework lists political, economic, social, technological, environmental and legal factors for choosing a business location.

Block diagram chapter 2: Development of MNCs in a nutshell

History of the multinational company
- Forerunners of MNC: colonial trading companies
- First MNCs: late 19th century large companies from Britian, the USA, France and Germany

↓

Reasons for foreign direct investment (FDI)
- Serving new local markets ("horizontal FDI")
- Acquiring resources not available in the home country ("resource- or asset-seeking FDI")
- Economies of agglomeration

↓

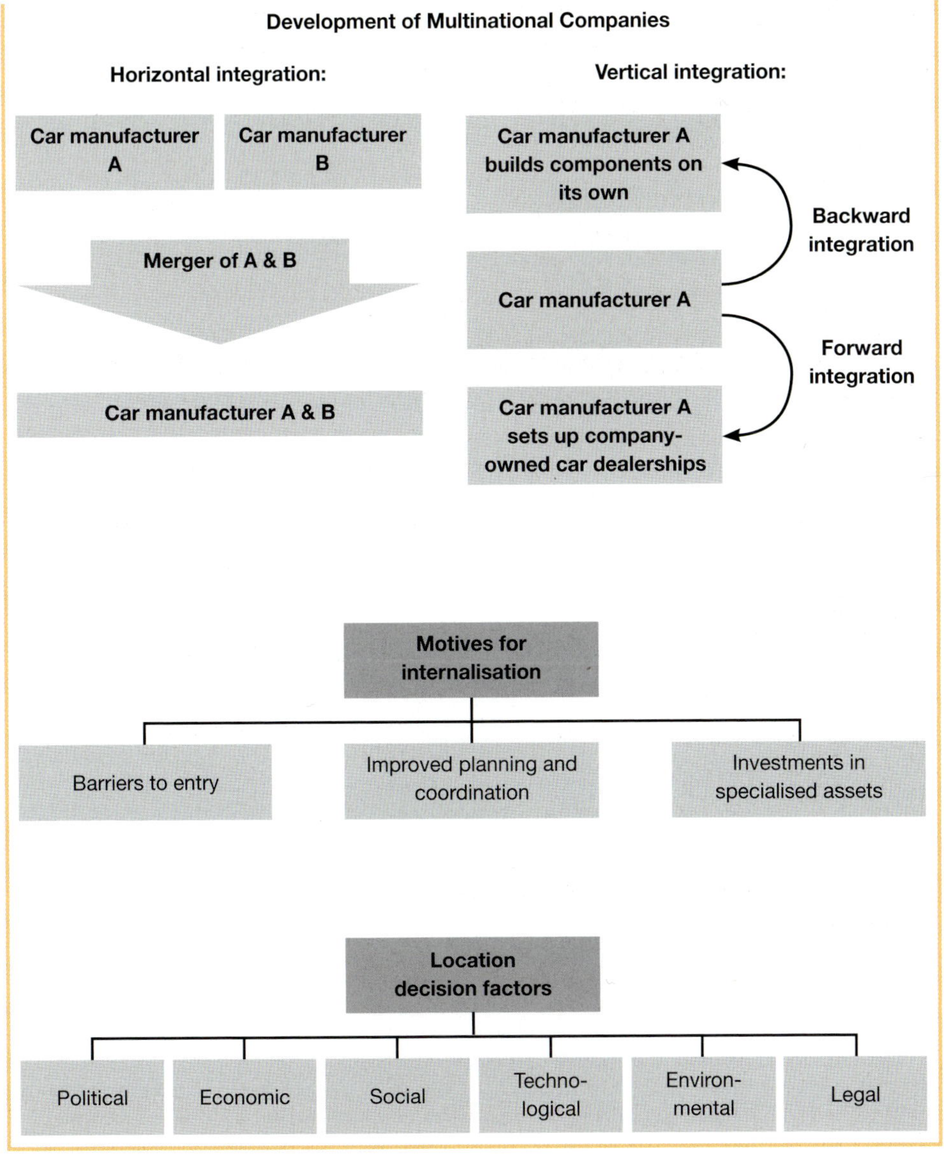

Revision questions

for chapter 2 Development of multinational companies

2.1 History of the multinational company

1. When did the first multinational companies come into existence?
2. What countries did the first multinational companies come from?

2.2 The role of foreign direct investment (FDI)

1. What is FDI?
2. What are reasons for FDI?

2.3 Horizontal and vertical integration

1. What is organic growth?
2. Explain the term "value chain".
3. What is the difference between horizontal and vertical integration?
4. Give explanations for the terms "mergers" and "acquisitions".
5. What is the difference between backward and forward integration?
6. Explain motives for horizontal integration.
7. Explain motives for vertical integration.
8. What role does outsourcing play?

2.4 Choice of location

1. What is the difference between hard and soft location factors?
2. According to the PESTEL framework, which factors influence the location decision of a company?

Tasks and problems

for chapter 2 Development of multinational companies

2.1 Horizontal and vertical integration

American Apparel Inc. is a fashion trader and producer. It is based in downtown Los Angeles, where from their headquarters they control the designing, colouring, cutting, needlework, marketing and distribution of the company's products. The company shoots and distributes its own advertisements, sometimes using its own employees as models. It also owns all of its stores. According to the management, this set-up allows the company to design, cut and distribute a new piece of clothing globally within only one week.

1. Decide if American Apparel is a vertically or a horizontally integrated company. Explain your decision.
2. Explain what the company could do to further integrate its activities – horizontally or vertically.
3. Explain the motives that might have lead *American Apparel* to opt for this level of integration.
4. Describe possible downsides to this approach of integration.

2.2 Choice of location: Case study *Trolltech*

Trolltech is planning to open a project office in Munich or Dresden.

1. Study the press release and extract the key ideas of the article to get to know the company.
2. Your task is to support the executive board of Trolltech in its decision about the best option for a new location in Munich or Dresden. The completion of this task involves the following steps: The Federal Statistical Office released statistical material about the location conditions of Munich and Dresden. Study the material, then weigh and evaluate the location factors with the help of an evaluation table. Give reasons for your weightings and ratings.

Evaluation table:

		Location in Munich		Location in Dresden	
Location Factors	Weighting (1 = unimportant; 5 = very important)	Score (1 = very bad; 5 = very good)	Total Score	Score (1 = very bad; 5 = very good)	Total Score
		SAMPLE TABLE			
Total					

Press release:

Trolltech Extends its activities into Germany

Oslo, Norway, 04 April – 2006 – Trolltech®, a leading provider of technologies, that makes advanced software faster to build and easier to use announced today it would establish offices in Germany. Trolltech initially plans to open an office in Berlin-Adlershof with a future project office planned in the Munich or Dresden area.

The Berlin office, which will be located in Adlershof Technology Park, will serve as an extension of Trolltech´s Developer Tools development team in Oslo, Norway. Qt – the flagship product created by this development team – sets the standard for high performance, cross-platform software development. Today, some of the world´s largest software companies – such as Adobe Systems®, HP®, Rohde & Schwarz and Skype® – rely on Qt to create innovative, advanced solutions across multiple platforms.

Trolltech is renowed for recruiting the best developers in the world. Today, Trolltech employs software developers who originally hail from over 20 countries. This unique and diverse cultural environment encourages creativity and innovation.

"From Trolltech´s inception, we have always strived to deliver software products that combine efficient software development with an innovative, high-quality user experience," said Eirik Chambe-Eng, President of Trolltech. "By extending our development activities into Germany, we can continue to do this while placing an emphasis on future product ideas in an area that has a wide variety of experienced software developers."

Trolltech also plans a further expansion in Germany with a project office in the Munich or Dresden area later this year. The decision still has to be made but a second German location will be established as a consulting and customer engineering support office for Trolltech´s mobile and embedded customer base and will be a part of Trolltech´s Professional Services.

Trolltech currently has offices in Oslo, Norway; Palo Alto; Brisbane, Australia; and Beijing, China. The company has 170 employees.

source: www.trolltech.com/company/newsroom/annoucements/00000253

Statistical data (2007)			
Location factor	**Germany**	**Dresden**	**Munich**
Average pay for employees per year	25,980.00 EUR	21,889.00 EUR	30,311.00 EUR
Levels of education (per 1,000 inhabitants)			
■ Employees with a vocational education	206	226	235
■ Employees with a university degree	30	53	73
Jobs in the service sector per 1,000 inhabitants	n/a	242	330
Local business tax rates (local governments in Germany set a rate that multiplies the uniform basic business tax)	n/a	421 %	430 %
Average office rent (per square metre)			
■ Normal location	n/a	6.50 EUR	15.00 EUR
■ Top location	n/a	12.00 EUR	30.00 EUR

3 Managing a multinational company

Overview and relationships

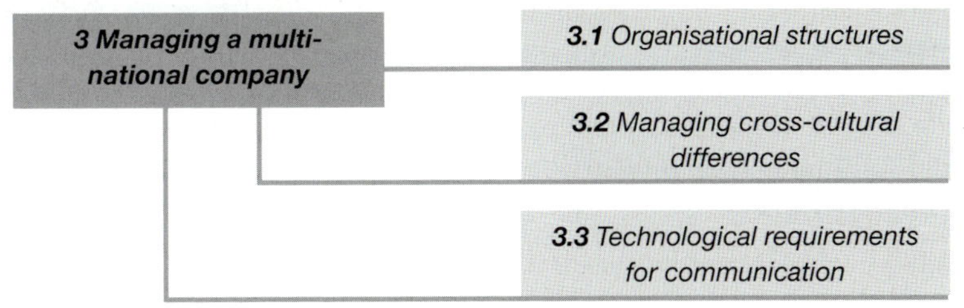

3.1 Organisational structures

3.1.1 Reasons for formal structures

When a company starts doing business, it usually begins as a small business enterprise. For such a start-up company, the founder usually is the single top manager. All activities are coordinated by this person. Thus, all employees check their actions with the top manager. However, as the company grows, more people will be employed, which makes it difficult for the founder to coordinate the growing number of employees. At this point, a company often creates formal structures to make sure that the business is run effectively.

3.1.2 Functional organisational structure

Basic concept of the functional structure

In order to better coordinate the business activities, the corporate management can create a functional organisational structure. It sets up different departments which can be organised around the **main functions** of the company.

Example of a (simplified) functional organisational structure in the car industry

A car manufacturer puts the departments for production, marketing and accounting directly below the corporate management level. On the level below these functions, departments can be organised along product lines. The Positions of the employees are assigned to each department. The departments at the third level are organised along the types of cars that are being produced.

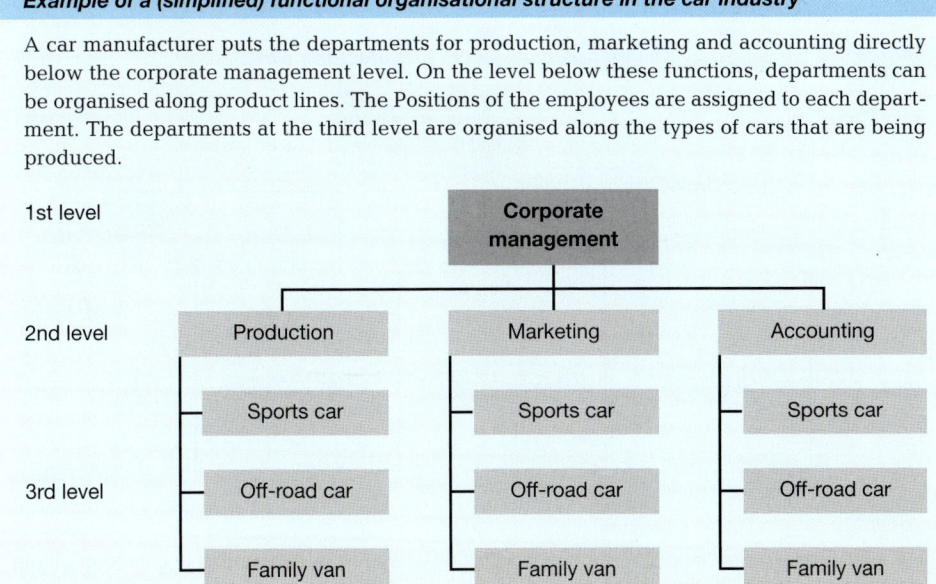

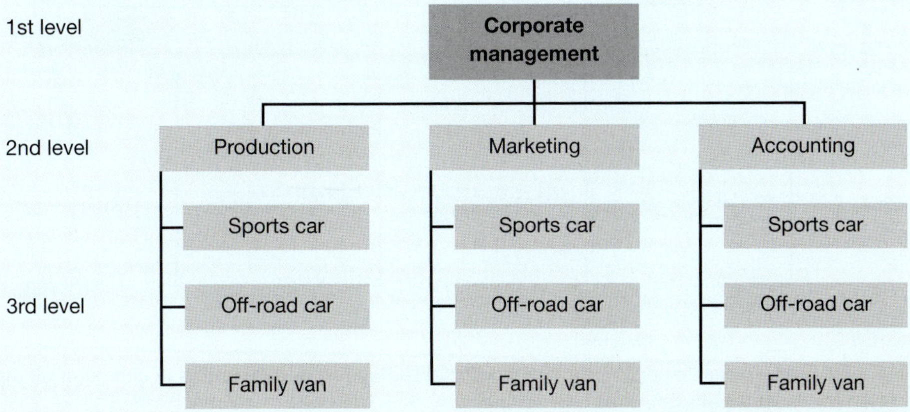

In a functional organisational structure, departments at the level directly below the corporate management are arranged around the main functions of the company.

A functional structure can be efficient as employees can specialise in their functional area and use their knowledge to serve all product lines. Economies of scale can be realised because the production department, for example, will buy large amounts of input and produce large volumes. Also, the managers of each department have clear objectives: the marketing manager must try to maximise sales, while the production manager must try to minimise production costs.

The advantage of a functional structure is a high degree of specialisation and efficiency.

It is a disadvantage of such a structure that employees can become too focused on their own department and forget to care about the company as a whole. Furthermore, coordination between departments is not possible without involving the corporate management. Therefore, communication between departments can be difficult.

An example is the relationship between the areas of production and marketing: Marketing people deal with customers who often make special requests such as extra features or changes from the standard product. Since marketing people are interested in winning as many orders as possible, they often agree to such special requests. However, employees in the production department do not like special requests for their products because every change means that the production department will have extra work, which, in turn, makes production more expensive and less efficient. So there will often be conflicts between these departments.

Disadvantages of a functional structure can be seen in the difficulties of communication between departments and in understanding the company as a whole.

The functional structure in a company doing business across borders

Task 3.1 p. 279

If a company with a functional structure expands its operations to other countries, it will usually start with exporting its products. In this case, a new department is added with the function of dealing with exports. This structure can often be found in small and medium-sized companies.

Functional structure for an internationalised car manufacturer (simplified)

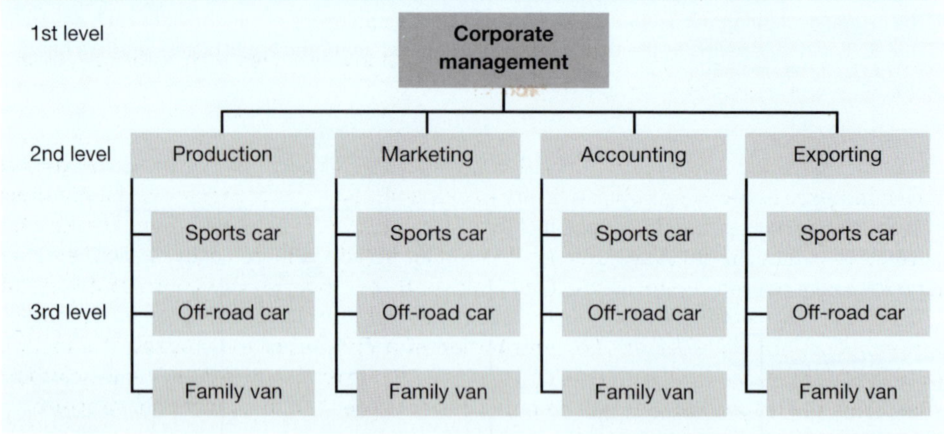

In a functional organisational structure, a specialised export department is in charge of all the international business activities of a company.

3.1.3 Divisional organisational structure

Basic concept of the divisional structure

As a company grows, the corporate management operating within a functional structure might find it more difficult to coordinate the company's business activities. The divisional structure provides an alternative to a functional structure. Here, the second level, that is the level below the corporate management, is set up along **product lines** rather than along business functions. In this way, the departments become **product divisions** of the company.

Example of a (simplified) divisional organisational structure in the car industry (product divisions)

The car manufacturer creates a division for each product line below the corporate management level. On the third level, the company follows a functional approach again. In this case, every division has their own production, marketing and accounting departments.

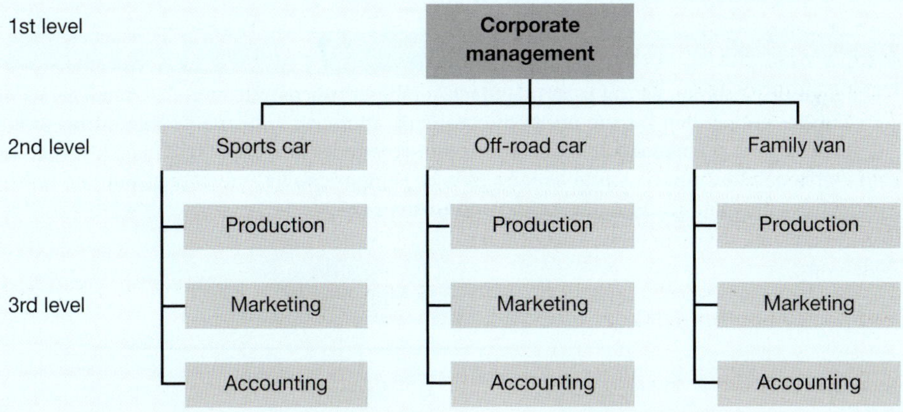

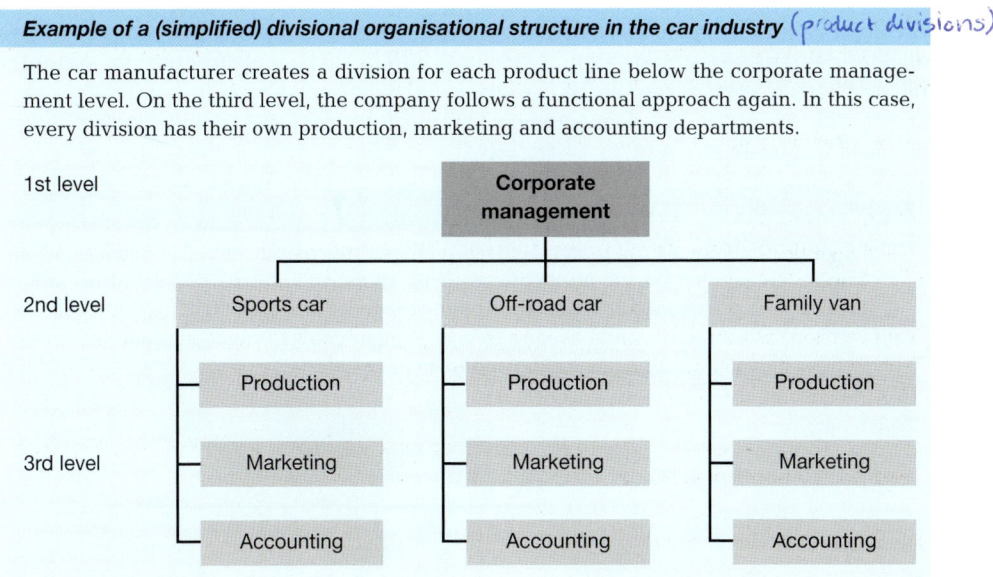

If the product divisions are relatively independent from corporate management and can set up strategies as well as products on their own, they are called "Strategic Business Units" (SBUs). In this case, the divisions act as almost separate companies with only few directives from the top level.

In a divisional organisational structure, departments at the level directly below the corporate management are arranged around the product lines of the company.

One of the advantages of the divisional organisational structure is that the divisions can focus on their respective products. In the example of the car manufacturer, the divisions can specialise in their particular product line: sports cars, off-road cars or family vans. Departments within the division can coordinate their activities more easily, since they only have to focus on one product line. Thus, the sports car division can concentrate on the technology of or potential customers for sports cars. Furthermore, it is easier for the corporate management to measure the contribution of a division to the success of a certain product. For example, if sports cars do not sell well while on the other hand family cars are successful, the responsibilities will be much easier to see than in a functional structure.

Among the advantages of the divisional structure there are the closeness to the customer and the ease with which the success of a division can be recognised.

On the downside, in a divisional structure resources cannot always be used efficiently. A multidivisional company needs more employees because it has separate departments for each product line. It might happen that marketing people for the sports car have free capacities, while the marketing people for family vans have to work overtime. Therefore, there is a danger of inefficiency in use of resources in this type of organisational structure.

Inefficiency in the use of resources is the main disadvantage of the divisional structure.

The divisional structure in a company doing business across borders

A company with a divisional structure can, when it starts operations in other countries, decide to integrate its international activities into its divisional structure by **assigning the divisions to certain regions or countries**. Each division is responsible for all product lines of the company. As a consequence, the divisions can focus on the special requirements of a country or a region.

Internationalised car manufacturer with regional divisions (simplified)

The division "Asia-pacific" of a car manufacturer might concentrate on rather small cars with a value for money that fits the needs of consumers in newly industrialised countries. It is a disadvantage of these regional headquarters that economies of scale will often be lost because no global solution can be found as long as each region tries to find its own solution for the challenges in manufacturing, marketing and so on.

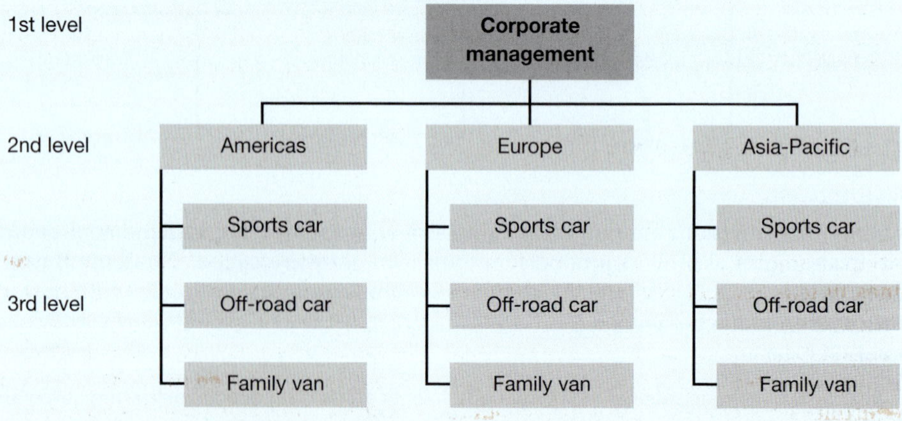

The divisional organisational structure of a company with international business activities can be arranged to take account of the regions the company operates in. The organisational position of the resulting regional divisions is directly below the level of the corporate management.

Another possibility to take account of the internationalisation of business activities into the divisional structure of a company can be to **allow each product division to operate worldwide**. In this case, the divisional managers are responsible for all the worldwide operations relating to their product line. It is an advantage of such a structure that economies of scale can be achieved more easily than in a divisional structure arranged by regions. Furthermore, the divisional managers can act as almost autonomous entrepreneurs and thus effectively operate in the world market of their product line. Among the disadvantages of such a structure there are the lack of attention to regional specifics and the lack of coordination between the various product lines of the company that operate in the same country.

Internationalised car manufacturer with product divisions operating worldwide (simplified)

In this case, the divisional manager for off-road cars might want to minimise costs by producing cars with small fuel tanks. But the manager might fail to take into account the specific requirements for regional markets, such as South America for example, where big fuel tanks are needed because of the considerable distances between fuel stations. Also, marketing campaigns might not be sufficiently coordinated if, for example, both off-road car and sport car divisions run advertising campaigns independently which then differ in appearance and message.

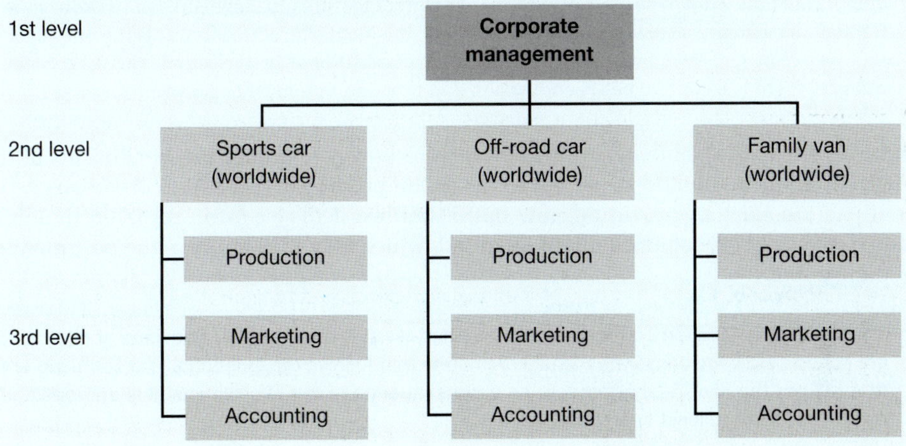

The divisional organisational structure of a company with international business activities can be arranged so as to reflect its product lines. The resulting divisions operate worldwide; and their organisational position is set directly below the corporate management.

3.1.4 Matrix organisation

Basic concept of the matrix organisation

To overcome the limitations of both the functional and the divisional structures, a company can opt for a matrix organisational structure for its organisation. A matrix **combines functional and divisional structures** by grouping employees along **the two dimensions** of business function and product division. Therefore, the principle of unity of command is given up in favour of a multiple-line system. As a consequence, all employees will have two supervisors instead of one: There will be the head of the functional department (for example marketing), but there will also be the head of the division (for example family vans).

Example of a (simplified) matrix organisation in the car industry

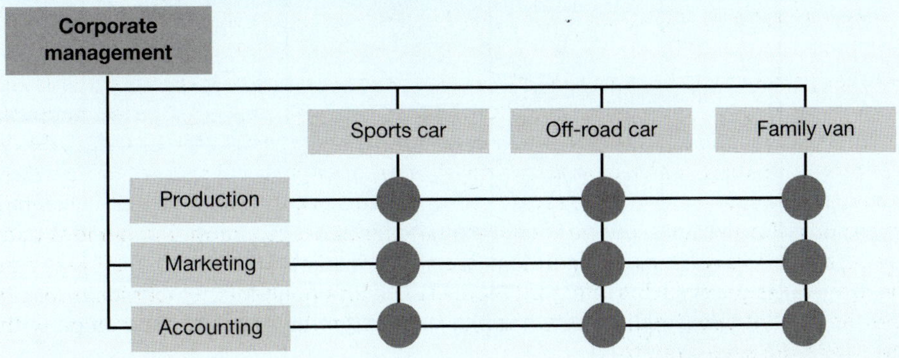

While this combination of functional and divisional structures seems to solve the conflict between the requirements of efficient resource management and the focus on product lines, new problems arise from this structure. The assignment of each employee to at least two supervisors can lead to serious conflicts.

Example of a conflict within the matrix organisation of a car manufacturer

It can happen that the divisional manager, for example the head of the department for family vans, wants the employees to **provide more product features** to a specific car in order to attract more customers. However, at the same time, the head of production wants the employees to lower costs and therefore **reduce the number of additional features** for a car. As a consequence, there is a conflict between division and function that must be solved.

In business reality, some companies give more power to one of the dimensions of the matrix (either the functional departments or the product divisions). In other cases, the conflicts are seen as providing new opportunities: if they can be resolved in a constructive way, good solutions might be found, which may well improve the performance of the company.

The matrix organisation combines functional and divisional structures. Two lines of command are set up below the corporate management: one that follows the functional approach and one that follows the divisional approach. As a consequence of the two-dimensional approach, all employees have at least two supervisors.

The matrix organisation in a company doing business across borders

If a company expands its activities to other countries, it can add a **third dimension** to its structure, namely the regions or the countries it operates in.

Internationalised car manufacturer with a matrix organisation (simplified)

In this example, the combined divisional and functional structure is overlaid with the organisational dimension of three regions, namely the Americas, Europe and Asia-Pacific. As a consequence, every employee in the company will work for three supervisors, because there are managers for functions, product divisions and for regions.

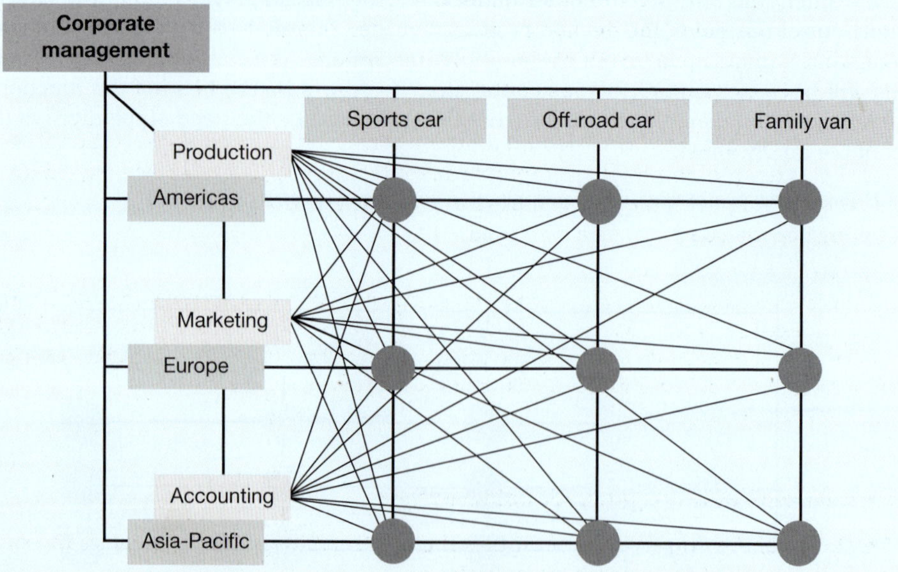

It is an **advantage** of worldwide matrix structures that all relevant aspects of coordination are taken into account: the functional dimension helps to ensure that resources are used efficiently, thus allowing for achieving economies of scale. The dimension of product divisions helps with the development of products that better suit the customers' needs, thus making it possible to achieve economies of scope. Finally, the regional dimension helps the company to react to specific needs or the cultural specifics of a region, thus enabling the company to become more locally responsive.

On the other hand, there are also clear **disadvantages**. A three-dimensional matrix is a very complex structure. The multiple-line system of having three supervisors for each employee can cause trouble, so there might be a lot of conflicts. These conflicts can be constructive in some cases; however, often they will result in time lags and standstills. And quite obviously, a three-dimensional matrix structure means that more lines of control are needed. So there is a danger of too much management, which leads to increased costs and additional time required for decision making. Therefore a worldwide matrix structure is difficult to manage.

Example of a conflict within a matrix organisation of an internationalised car manufacturer

The head of production has an interest in producing big volumes of a single car model in order to reduce production costs. However, the head of the product division "family vans" might not want a single model, but would like to have different variants of a family van available to meet different customer needs (small families, large families etc.). In addition, there is a regional manager, for example for Asia-Pacific, who might argue that the company needs more variants of family vans to serve the specific needs of customers from Asia.

To **overcome the conflicts** between the different dimensions, many companies introduce a set of formal rules for decision making. In the example of the car manufacturer, the product division managers might be given the ultimate power of decision, so they can overrule the functional and the regional managers. Giving so much power to one dimension can be dangerous, because the well-founded arguments of both product division and regional managers might be ignored.

In business reality, many companies have therefore established a system where one dimension will be superior to other dimensions, but the other dimensions have certain rights to participate in the decision-making process, or they have veto rights in certain cases. This of course means that a lot of formal rules are needed, which in turn will lead to more bureaucracy and as a result often lead to higher overhead costs.

Only a few companies have adopted a pure matrix form for their organisational structure. For example, the Swiss equipment manufacturer *ABB Group* had introduced a matrix structure, but later returned back to a divisional structure, because the structure had become too complex to be managed well.

The matrix organisation for a company with international business activities can add another line of command to account for the regions the company operates in. The result is a three-dimensional approach with a multiple-line system. Such a structure might cause many conflicts between the various organisational units and is difficult to manage.

3.1.5 Choice of an organisational structure

The choice of the "right" type of organizational structures often depends on the situation and the industry the company operates in.

Regional divisions versus product divisions that operate worldwide: Examples of a multinational food maker and a beverage company

For the food maker, pressures for local responsiveness are strong (different tastes in different countries). However, the differences between product lines are small (only small differences in the various kinds of pasta produced). Thus, the company will set up regional divisions.

In contrast, for a beverage company the differences between the various regions it supplies with drinks are rather small. So the company can sell the same products all over the world. On the other hand, the differences between its product lines are quite big (beer, soft drinks, milk shakes). Thus, the company will most likely establish product divisions which operate worldwide.

If there are strong pressures for responsiveness to local requirements as well as big differences between the product lines, a company may well decide to establish a multinational matrix structure. However, for many companies it is not totally clear whether the pressures for local responsiveness or the differences between product lines are stronger. That is why organisational structures often follow management trends: They adopt the form of organisational structure that many other companies have adopted as well.

The Stopford and Wells model of organisational forms of MNCs

In the 1970s, the management researchers Stopford and Wells found that companies often show a typical gradual development when they expand their international business activities. Many start with a functional international division. Once the international business grows, a company will choose either worldwide operating product divisions or it will set up regional divisions. The next step after growing further is setting up a global matrix structure.

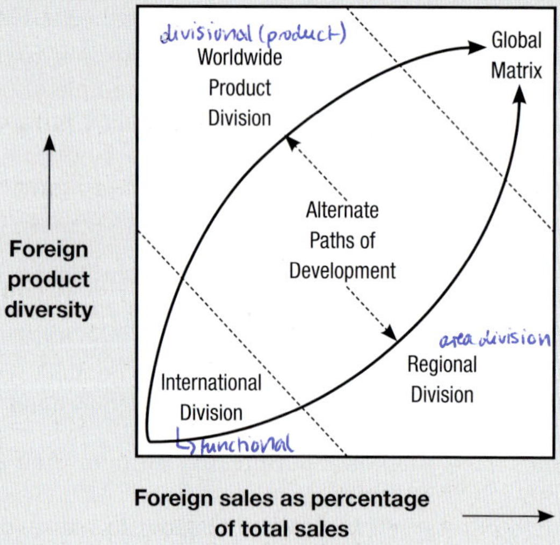

The gradual development as shown in the Stopford and Wells model does not necessarily apply to all companies. In the 1980s, for example, some companies set up matrix structures; and many companies followed **the management fashion** for this type of business organisation. Since the beginning of the 21st century, however, many companies have gone back to a divisional structure.

The organisational structures for a company with international business activities can depend on the type and scope of its cross-border activities, but also on management fashions.

Also, in business reality, **mixed forms** of organisational structures can often be found. The reason for this is that structures grow over time; and they keep changing constantly because, over time, a company will add or give up business activities. As a consequence, a company in the real world will not have a pure structure as described above. Still, knowing about the different theoretical models of organisational structures with their advantages and disadvantages will be useful in the process of establishing effective structures for multinational companies.

> In business reality, organisational structures are not always as pure as in theoretical models.

3.1.6 Managing subsidiaries

The relationship between headquarters and subsidiaries

Besides finding an effective organizational structure, the management of a multinational company must find the **role for the subsidiaries** which it has set up in the different countries the company operates in. Many subsidiaries, which may often have started as strictly dependent "satellites" of their headquarters, will have gained in importance over time. The reason is that for many multinational companies, the volume of foreign sales is larger than the sales at home. The same is often true for the number of employees as well. Some subsidiaries develop capabilities that become important for the parent company or other subsidiaries.

So for a company with worldwide operations, the polar relationship between "parent" (= headquarters) and "daughter" (= subsidiary) can turn into a multipolar organisation where certain subsidiaries have a key role in particular areas of expertise. The classification of the four types of companies doing business across borders in chapter 1 results in four potential configurations for the management of subsidiaries.

Subsidiaries in an international company

An international company is an **exporter and will therefore not have any subsidiaries**, because the management and also the production are based in the home country. If such a company sets up sales offices in their most important target countries, these are likely to be small and will be very dependent on the headquarters back home. Almost all decisions will be made in the home country.

There is no need for the international company to change its culture or business processes. The main objective of the company is to find new markets for its products in order to expand. All in all, such a way of doing international business is called **"ethnocentric"** because the corporate management does hardly adapt their business activities to foreign countries. They have little regard for the specifics of the foreign markets and mostly use employees from their home country. Such a strategy is often found when companies start doing business abroad.

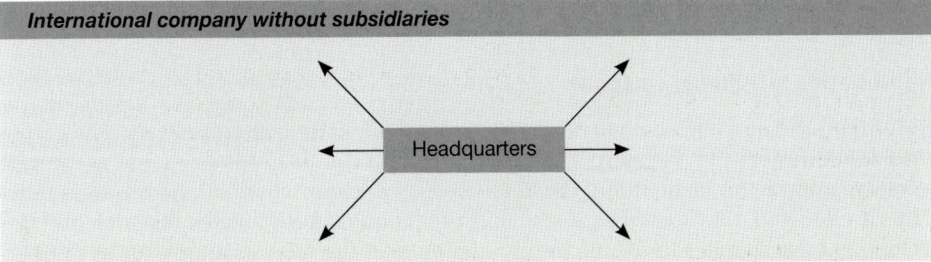

International company without subsidiaries

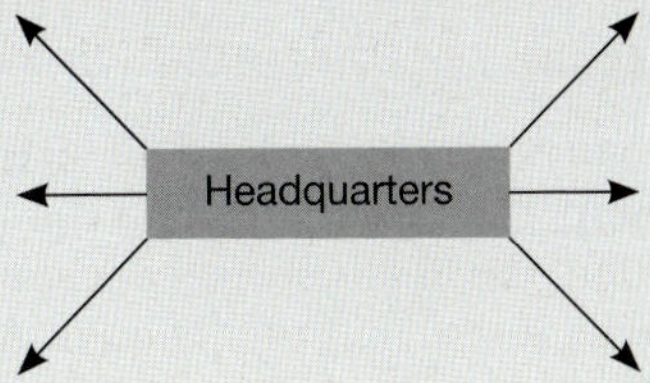

> Being an exporter, the international company usually does not have any subsidiaries in foreign countries. If there are sales offices, these will be small and staffed with people from the home country of the company.

Subsidiaries in a multi-domestic company

A multi-domestic company wants to be **locally responsive** in many countries. The national subsidiaries are therefore quite **independent** from their headquarters. Most decisions are taken within the subsidiaries abroad. In this case, the main task of the headquarters is to monitor the performance of the subsidiaries and decide where to open (or buy) a subsidiary or close (or sell) one. In this way each subsidiary can **adapt to its local market**. It will therefore often hire employees from the host country.

The **subsidiaries act by themselves**, so there is not much contact between the subsidiaries themselves, the reason being that each subsidiary has to deal with a very **specific market.** Therefore there is not much to learn from each other. For the same reason, the headquarters in the home country does not tell the subsidiaries how to conduct their business. The headquarters gives the subsidiaries the freedom to do their work independently, because the local employees know best how to deal with their markets.

Among the advantages of the multi-domestic company there are the closeness to customer needs and the opportunity that future trends are picked up early. However, the missing coordination between subsidiaries makes it difficult to achieve economies of scale. Managing subsidiaries in this way is often found in industries engaged in the production of branded goods or food.

Multi-domestic company with independent subsidiaries

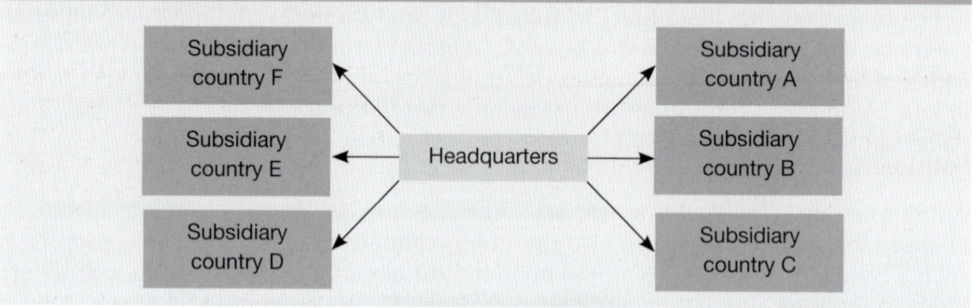

Example: A multi-domestic car manufacturer

A car manufacturer with specialised production plants in several countries will find it difficult to keep costs low, since the production volume in each of these countries is relatively small. And the subsidiaries cannot really learn from each other.

A multi-domestic company must be locally responsive. Therefore, its subsidiaries in different countries act quite independently, both from their headquarters and also from their fellow subsidiaries.

Subsidiaries in a global company

Subsidiaries in a global company are very **dependent** on their headquarters. The corporate headquarters plays an important role. It selects the business lines and markets it wants to operate in. In addition, the headquarters decides where all the business functions are located. For example, it sets up production in Asia, locates research and development (R&D) in a European country and opts for the USA as a base for its marketing operations. All the main activities are coordinated by the corporate headquarters, including purchasing of material and human resource management.

Thus, **the decision-making processes are strictly centralised,** and there are only one-way communication channels between the centre and the subsidiaries. The headquarters not only controls the financial performance of the subsidiaries, it also largely controls the way in which each subsidiary operates.

Global company with a strong headquarters

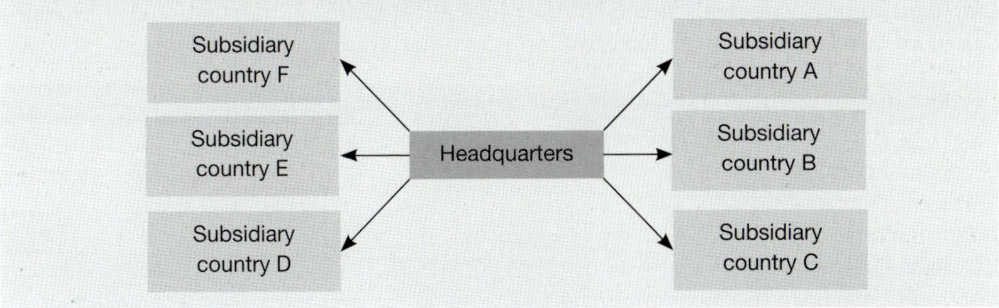

To be successful, a global company must **coordinate its activities** across country borders. The objective of this cross-border coordination is to **achieve global integration** of the company's business activities and thus become as cost-efficient as possible. Such a strategy works best for standardised products which are accepted in many markets worldwide.

Huge potentials for economies of scale due to large-scale production and standardised global marketing campaigns are a major advantage of the global company. It is a big disadvantage that with a global company there is a considerable distance between its customers and its decision-makers. Therefore, it is often difficult to take local tastes into account. Compared to a multi-domestic company, a global company will be less responsive to local needs. Typically, consumer electronics (DVD players, digital cameras), clothing (jeans, bags) and drinks (soft drinks, beer) are among the industries where global strategies are applied.

Example: a global car manufacturer

A global strategy would mean to develop a "world car" which fits the needs of many customers all over the world. The development of such a car could take place in Germany, while production might be set up in Korea or China.
Some companies have tried to develop such a standardised and at the same time widely acceptable type of car. However, so far no company has succeeded.

To be efficient, a global company must coordinate its activities on a worldwide basis (= global integration). Therefore, its subsidiaries in different countries are closely controlled by their headquarters.

Subsidiaries in a transnational company

A transnational company tries to achieve local responsiveness and global efficiency at the same time. In this very advanced form of organisation, the traditional relations between the headquarters and its subsidiaries (be it centralised or decentralised decision-making) are given up. Instead, the configuration of the transnational company can be described as an "integrated network".

Within this network, the subsidiaries (and also the headquarters) are seen as sources of potential ideas, capabilities and knowledge that can be used for the company as a whole. Thus, the company will turn into a learning organisation. Tasks are transferred to those subsidiaries that show the best ability to perform a particular activity. For example, a subsidiary in one country will be turned into a manufacturing centre, while another might become a corporate centre of excellence in research and development (R&D). As a consequence, particular subsidiaries will take on leading roles for specific tasks. Such subsidiaries will then use their capabilities to lead and serve the whole company in their particular fields of expertise. Coordinating activities in such a way is also referred to as the "lead country concept". It is clear that such subsidiaries in transnational companies gain a lot of power compared to subsidiaries in other organisational setups.

Transnational company with an integrated network of interdependent units

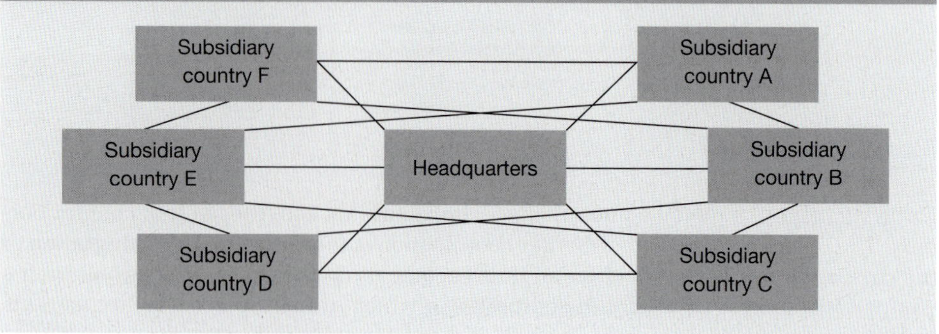

Example: a transnational car manufacturer

For a car manufacturer setting up a transnational form could work like this: The car manufacturer realises that its subsidiary in the USA has a strong marketing department, since modern marketing methods were developed in this country. The headquarters will then give the leading role for its marketing activities to the US-based subsidiary.

The car manufacturer also realises the strength of its research and development department in Germany, maybe because of Germany's historical leading role in automotive development. As a consequence, the car manufacturer might assign the leading role for research and development to its German subsidiary. The German subsidiary will then be in charge of coordinating the company's worldwide R&D activities.

Creating a transnational company is not only about changing traditional organisational structures. In fact, it is more about changing the organisational culture, the roles of management and organisational learning of a company. The intense exchange of ideas and close cooperation between all organisational units call for highly skilled and flexible employees at all levels.

Changing roles of management in a transnational organisation

Top management	Middle management	Front-line management
Then Resource distributor **Now** Creator of purpose Challenger of status quo	**Then** Controller **Now** Information broker Capability integrator	**Then** Operational executor **Now** Entrepreneur Performance driver

A network organisation must be installed in order to leverage the abilities and resources across borders. This means that there will be cross-functional as well as cross-national teams which will work on particular projects. Once a task is completed, the teams will disband again, and new teams will be put together for new projects. Transnational companies have to adapt their coordinating mechanisms all the time. For example, their incentive systems might reward employees who cooperate with colleagues in other countries.

A transnational company wants to be locally responsive and globally efficient at the same time. Therefore, its subsidiaries in different countries as well as the headquarters form an integrated network. Within this network, knowledge is exchanged. Subsidiaries which develop and excel in a special field of activity take on a lead role and become the central unit of this field.

The industry of a company as a determining factor for managing its subsidiaries

One factor that determines the configuration for managing the subsidiaries of a company is the industry the company operates in.

Example: Company in the industrial chemicals industry

A chemical company will face strong pressures for global integration. It must achieve economies of scale in order to be competitive. At the same time, those chemicals can be sold in many countries without changing them for local markets. Thus, the forces for local responsiveness are weak. For such a company, the configuration of the **global company** seems adequate.

Classification of industries according to the needs for global integration and local responsiveness

Forces for global integration	Forces for local responsiveness: Weak	Forces for local responsiveness: Strong
Strong	**Global environment** ▪ Construction and mining machinery ▪ Nonferrous metals ▪ Industrial chemicals ▪ Scientific measuring instruments ▪ Engines	**Transnational environment** ▪ Drugs and pharmaceuticals ▪ Photographic equipment ▪ Computers ▪ Automobiles
Weak	**International environment** ▪ Metals (other than nonferrous) ▪ Machinery ▪ Paper ▪ Textiles ▪ Printing and publishing	**Multi-domestic environment** ▪ Beverages ▪ Food ▪ Rubber ▪ Household appliances ▪ Tobacco

3.2 Managing cross-cultural differences

3.2.1 Relevance of national culture to multinational companies

The employees of multinational companies come from a large diversity of cultural backgrounds, a fact which can have advantages and disadvantages for a company. On the one hand, such cultural diversity can result in more ideas, perspectives and especially knowledge of the marketplace in many countries. On the other hand, cross-cultural differences can lead to a lack of understanding, serious misunderstandings or even conflicts between employees. Managing cross-cultural differences means making use of the advantages and minimising the disadvantages. To define "culture", it is useful to consider the "iceberg model". Task 3.2 p. 280

The cultural iceberg model

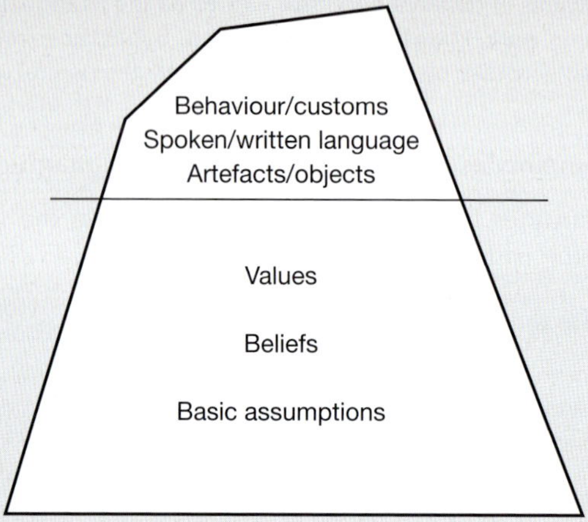

The sum of a group's **shared values, beliefs and basic assumptions** is below the water line. Therefore, this (bigger) part of the iceberg is not visible. However, the invisible parts of a particular culture form the visible part of that culture: common values and beliefs lead to certain **behaviours** and **customs**.
A basic assumption could be, for example, that human beings should be friendly to each other. This can translate into the shared value that strangers asking for directions are to be treated in a friendly manner. This in turn results in a friendly conversation when a stranger asks a member of that particular culture for directions. Outsiders do not know about the basic assumption and the shared values. However, they can observe the friendly behaviour towards strangers.

Every culture has its own sets of beliefs, values and the resulting artefacts and behaviour. This causes difficulties whenever members of different cultures communicate with one another. The problem is that people interpret behaviours and customs of another culture on the basis of their own cultural values and beliefs. This may lead to serious misunderstandings.

Example of cultural misunderstanding: The same observable gesture is interpreted in different ways, depending on the cultural background of the observer.

A national culture consists of a set of non-observable beliefs and values. Observable artefacts and behaviours are formed on the basis of these underlying beliefs and values. Whenever members of different cultures interact with each other, there might be two consequences: On the one hand, broader mind-sets and different views can result in benefits while on the other, cross-cultural communication problems can cause conflicts and misunderstandings.

3.2.2 Dimensions to describe culture

To describe culture, researchers in the field of intercultural management have studied many different cultural dimensions. In the following, some of the most common aspects are explained.

Individualism versus collectivism

Some societies highlight the rights and well-being of the individual human being. Individuals are quite independent from social groups, and they are mainly interested in their personal career and in increasing their income.

By contrast, collectivistic societies want their members to see themselves as part of a group (e. g. company, family, town). In this case, human beings are primarily seen as members of social networks.

High versus low territoriality

In high territoriality societies, people prefer private ownership of things and land. They also defend their personal space against intruders. As a consequence, people have a big "bubble" around them, meaning they keep a certain distance when talking to each other. There will be no touching the other without agreement. Furthermore, there will be private offices with doors usually closed.

By contrast, people in low territoriality societies need less private space. Touching the other will be more common, for example even when greeting a not so well-known person. The distances between conversational partners will be small; that means the personal "bubble" is rather small. Also, there will be more open-plan offices with many employees and managers working together in one room.

Concepts of monochronic time versus polychronic time

A society with a monochronic time concept will do one thing at a time and one thing after another. It follows careful planning and "time management" routines. Members of such a society tend to be punctual; and they clearly separate work time from personal time.

In contrast, for polychronic societies human relationships are more important than time and material things. People work on a lot of tasks at the same time, being on time is not important. Plans are made, but have a tendency to be flexible and are often changed. Work time is not clearly separated from personal time.

Uncertainty avoidance versus uncertainty acceptance

Societies differ according to the degree with which they tolerate unexpected situations. In societies where uncertainty tends to be avoided there are many formal rules and laws. Members of such societies tend to be emotional and nervous.

By contrast, other societies tend to accept uncertainty, which means their members are more relaxed when it comes to unexpected situations. There are fewer formal rules, and their members are more tolerant, but also often more passive.

This is only a small selection of cultural dimensions. For each dimension, there might be large differences between countries. If a company crosses borders, it will have to overcome cultural differences for the sake of functioning business relations.

3.2.3 Ways of managing cross-cultural differences

There are many approaches as to how multinational companies can try to achieve a "cultural fit" between their business activities and the requirements of the national cultures they operate in.

Corporate culture versus national culture

A corporate culture is the set of basic assumptions that are shared by the employees of a particular company. As for the national culture, these assumptions result in certain behaviours, rules and artefacts. Cross-cultural differences can be overcome if a strong corporate culture makes employees act on the basis of their corporate culture rather than on the basis of their national cultures.

However, for managers it is very difficult to influence or even create a particular corporate culture that helps coordinating their culturally diverse employees. Moreover, a strong corporate culture might reduce the benefits of cross-cultural diversity, because differences are eliminated rather than used as opportunities. As a consequence, a company might become less locally responsive, if corporate culture overpowers the national cultures of the employees.

Intercultural training

Employees sent abroad by multinational companies to manage their international business activities are called "expatriates". They have to deal with foreign cultures and often have difficulties in adapting to unfamiliar situations and behaviours. There are typical stages for the cultural adaption process.

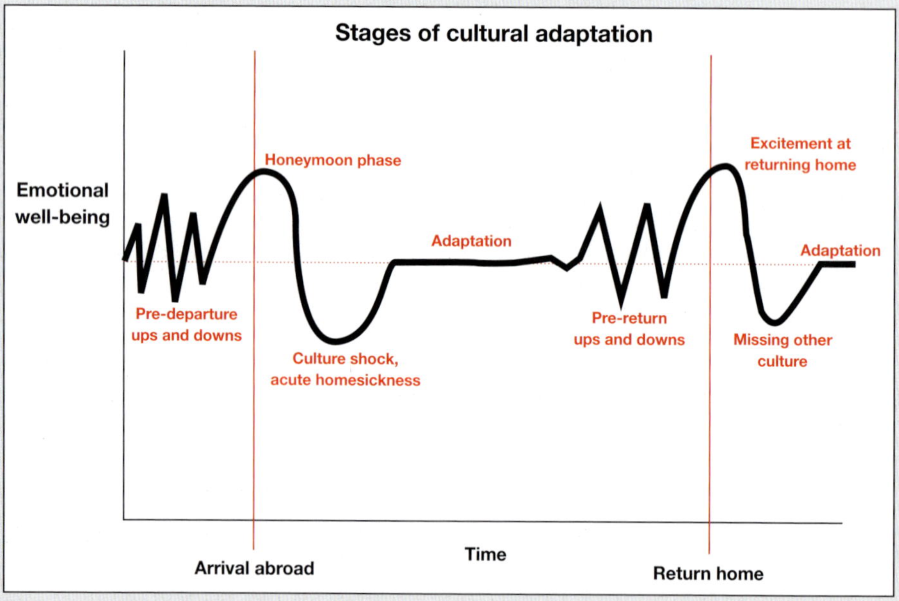

After the initial excitement about life in the new country, expatriates quickly realise that it is difficult to communicate and act effectively in the new environment. This can result in a culture shock and a desire to return home. In fact, many expatriates end their missions early due to the shock experience. If they decide to stay, the culture shock is generally overcome by slowly adapting to the new environment. The feeling of well-being can reach the level that it had before the person left their home country.

To reduce the culture shock and to better adapt to a specific foreign culture, expatriates can take part in intercultural training programs before going abroad. Such programs can be classified according to these two features:

1) Degree of specialisation: On the one hand, trainings can teach general culture awareness, thus encouraging people to open up to new experiences, to recognise cultural diversity and to overcome their ethnocentrism. This is called **"culture general"** training. On the other hand, trainings can be designed to learn about the specific culture of a particular country. In this case, trainings are **"culture specific"**.
2) Learning method: On the one hand, knowledge about culture-related topics can be acquired by listening to a lecture or by reading relevant literature. These methods are called **"instructive"** or **"explanatory"**. On the other hand, people can learn by going through simulations of cross-cultural encounters. These more activity-oriented methods are referred to as **"experiential"** or **"discovering"**.

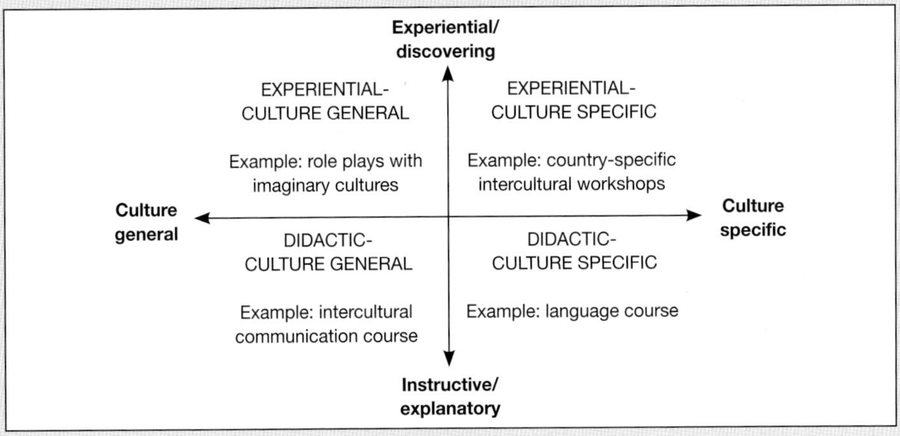

Source: *Intercultural Training Handbook* by Gudykunst and Hammer, 1983: p. 126 (adapted)

Human resources management practices

A multinational company can implement a series of practical steps to achieve "cultural fit":
- Recruiting: instead of only looking for "hard skills", the company should test new employees also for their intercultural competence.
- Managing diversity with cross-cultural teams: the company should assign people from different nations when setting up work groups.
- Staffing: instead of only sending managers from the home country, the company should also hire local managers for subsidiaries.
- Compensation: the company should design a worldwide system in which wages and incentives are based on standardised individual performance criteria.

3.3 Technological requirements for communication

The colonial trading companies were the first big companies to operate across borders. Back then, communication was difficult, because letters from England to India for instance took several months. In addition there was a high risk that the letter might get lost. The progress in **information and communication technologies (ICTs)** over the last century has made it easier to communicate around the world. Not only has communication become faster, but the costs of communication have also fallen dramatically over the past 80 years; and they continue to do so. In 1930, for example, the cost of a three minute telephone call between London and New York was more than 1,500 times higher than in 2005. Task 3.3 p. 280

The enormous improvements in ICT infrastructure are the key reason for the declining costs. Thus, communication satellites transmit digital signals from one continent to the other, and fibre-optic cables transmit terabytes of data in seconds.

Declining costs for international communication and transportation

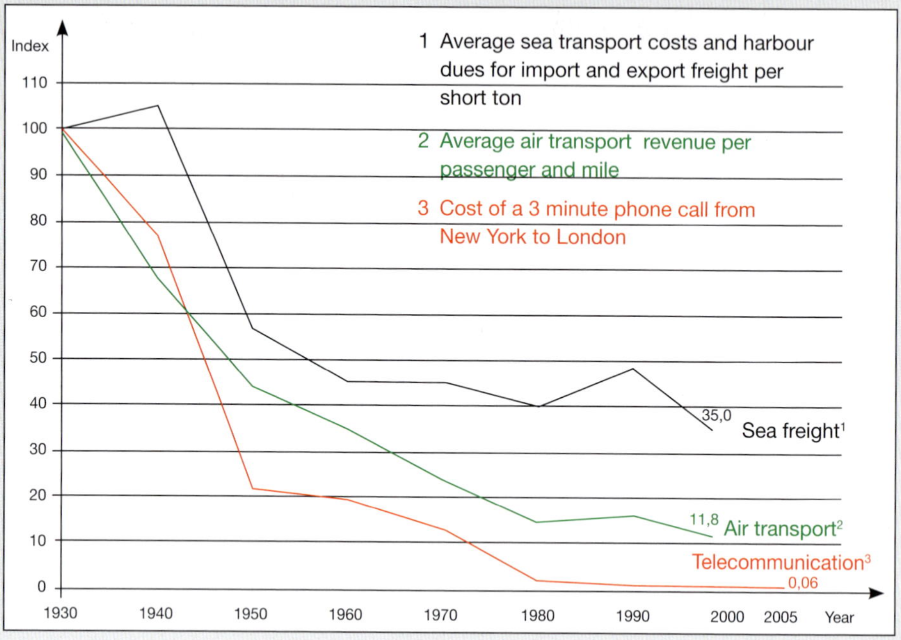

Sharp cost reductions and technological progress have made it easier for multinational companies to coordinate their worldwide activities. Much of the communication within a multinational company can be handled electronically – by e-mail or via the internet. This includes phone calls being transmitted by the internet, using the "Voice over Internet Protocol" (VoIP) technology. This enables employees to communicate in real time – that is without any time lags. Subsidiaries and headquarters can be connected in multiple ways and draw their information from a central data base. This improves both the work flow and the inventory management; it also makes it easier to achieve worldwide efficiencies. More and more companies try to reduce the number and scope of international meetings, because they are expensive in terms of travel costs and in terms of work time lost due to travelling. With the help of ICT, telephony or even video conferencing can be arranged, where people from around the world can take part in a group conversation.

All these aspects make it easier for multinational companies to operate on a worldwide scale. However, there might also be a downside: **small and midsized companies (SMCs)** are also using ICT to expand their business activities around the globe. They do not need the financial resources of a large company anymore. This means that the barriers to enter a particular market are lowered. As a result, the competition becomes harder which could become a threat for multinational companies.

With new technologies making cross-border communication faster and cheaper, it becomes easier for MNCs as well as SMCs to manage their international business activities.

Block diagram chapter 3: Managing a multinational company in a nutshell

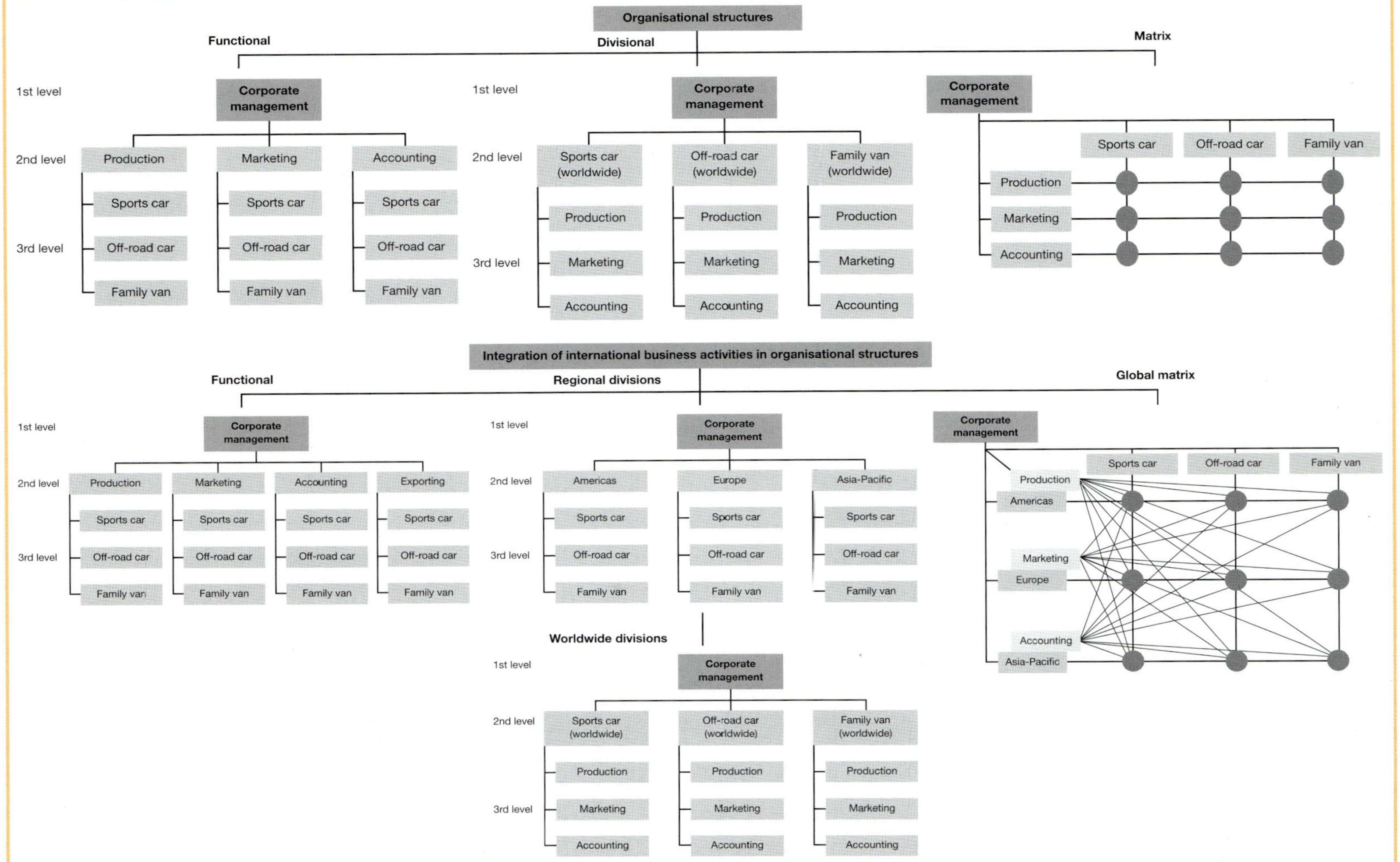

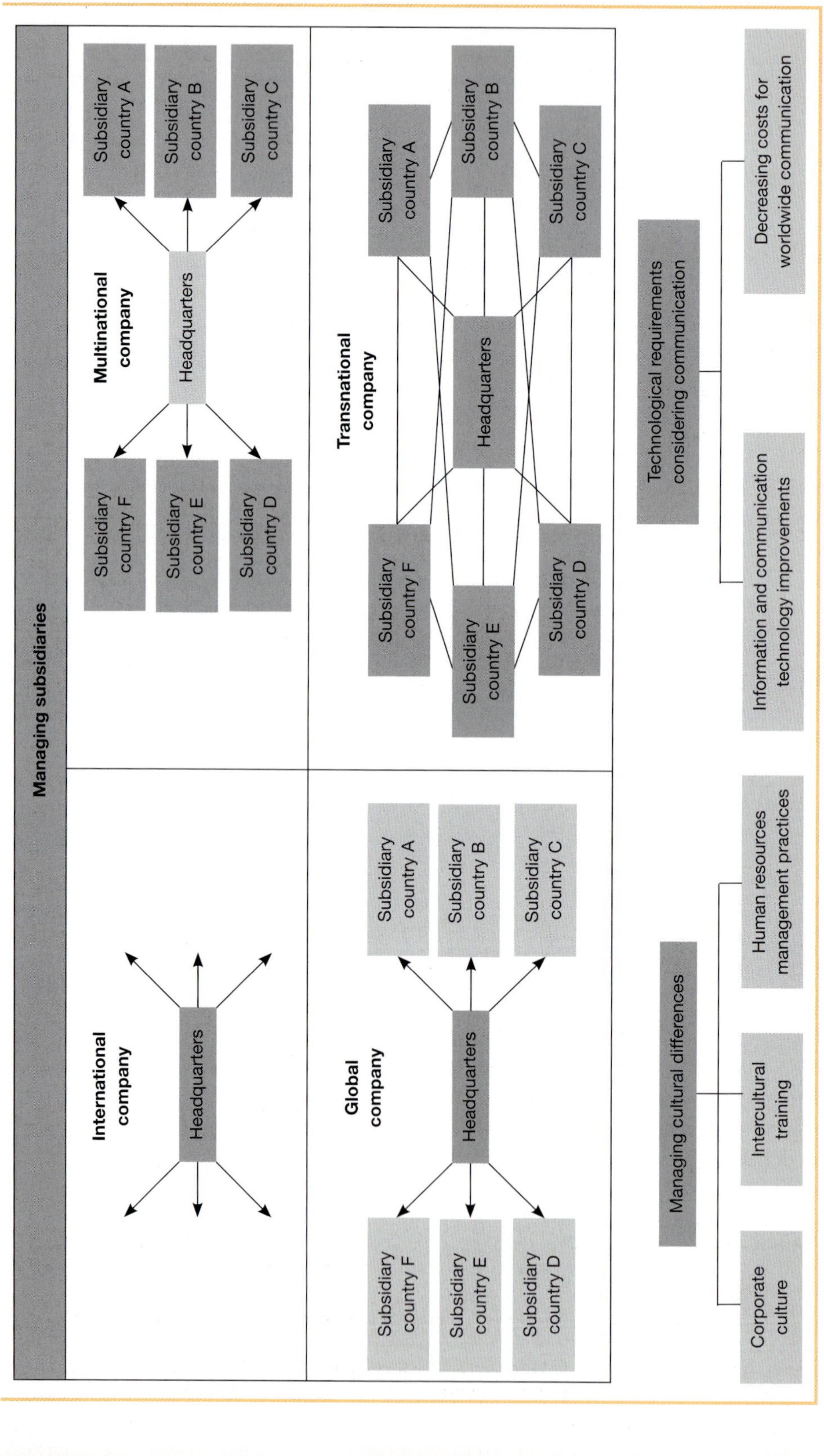
Managing subsidiaries
International company
Headquarters
Multinational company
Headquarters
Subsidiary country A
Subsidiary country B
Subsidiary country C
Subsidiary country D
Subsidiary country E
Subsidiary country F
Global company
Headquarters
Subsidiary country A
Subsidiary country B
Subsidiary country C
Subsidiary country D
Subsidiary country E
Subsidiary country F
Transnational company
Headquarters
Subsidiary country A
Subsidiary country B
Subsidiary country C
Subsidiary country D
Subsidiary country E
Subsidiary country F
Managing cultural differences
Corporate culture
Intercultural training
Human resources management practices
Technological requirements considering communication
Information and communication technology improvements
Decreasing costs for worldwide communication

Revision questions

for chapter 3 Managing a multinational company

3.1 Organisational structures

1. How can a functional organisational structure be described?
2. How can international business activities be integrated into a functional structure?
3. How can a divisional organisational structure be described?
4. Describe two ways of integrating international business activities into a divisional structure.
5. How can a matrix structure be described?
6. How can international business activities be integrated into a matrix structure?
7. How does a company choose its structure?
8. Describe the management of subsidiaries in international, in multi-domestic, in global and in transnational companies.

3.2 Managing cross-cultural differences

1. How can the concept of national culture be defined?
2. What advantages and disadvantages can result from cultural differences?
3. Explain different dimensions that are used by cultural researchers to describe national cultures.
4. Give a definition of corporate culture.
5. Describe ways to manage cross-cultural differences.

3.3 Technological requirements for communication

1. Explain the technological changes in worldwide communication.
2. How have the costs for worldwide communication developed over the past hundred years?

Tasks and problems

for chapter 3 Managing a multinational company

Case study: engineering company *Yilmaz & Schmidt GmbH* goes abroad

3.1 Organisational structures

The German engineering company Yilmaz & Schmidt GmbH employs 450 people. They produce packaging machines and turning machines. The international company sells 50 % of its products abroad. The machines they make are quite standardised with little need for regional specification. Their only production site and headquarters are in Germany (Offenburg).

1. Yilmaz & Schmidt's organisational chart looks like this:

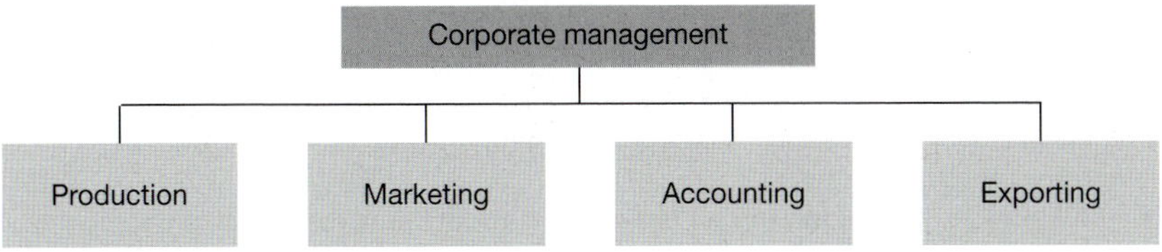

   a) To be closer to their most important customers, *Yilmaz & Schmidt GmbH* decide to set up subsidiaries in their two most important markets: France (Lyon) and Great Britain (Manchester). Draw two organisational charts with three levels showing their two options of setting up a divisional structure.
   b) Decide which of the two divisional structures the company should adopt. Give reasons for your choice.
   c) An external consultant tells the corporate management that the best possible structure for their company would be a global matrix. Comment on this suggestion.

2. Having established their subsidiaries in Lyon and Manchester, *Yilmaz & Schmidt GmbH* have to decide on how to manage their subsidiaries.
   a) Look at the conditions under which the company operates. Describe the roles that the subsidiaries will most likely take on.
   b) An external consultant suggests that the company should establish an integrated network. Decide whether or not this is a sensible approach for *Yilmaz & Schmidt* and state your reasons.

3.2 Managing cross-cultural differences

The company sends two experienced German managers to run their subsidiaries in France and Great Britain.

1. The table below shows data concerning cultural dimensions for Germany, Great Britain and France as measured by the cultural researcher Geert Hofstede.
   - A high level of idv (= individuality) indicates an individualistic society, a low level of IDV implies a rather collectivistic society.
   - Societies with a high level of uai (= uncertainty avoidance) tend to avoid unexpected situations, while low levels of uai values imply that societies accept unexpected situations.

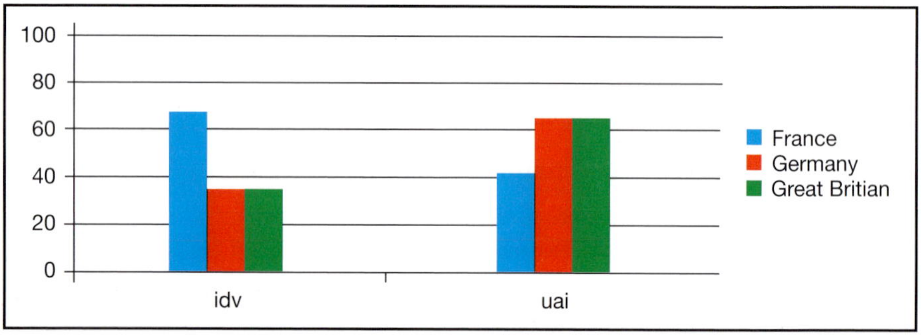

   a) Compare the cultural dimensions for the three countries.
   b) Based on your analysis, discuss what cross-cultural problems the German managers might face in the French and British subsidiaries.
2. The company decides to prepare their two managers before sending them abroad. Assume the role of the human resources manager.
   a) Design training programmes for each of the two managers that include
      - a culture-general experiential course;
      - a culture specific experiential course;
      - a culture-general instructive course;
      - a culture-specific instructive course.
   b) Create a checklist for supporting the outgoing managers with aspects to consider before, during and after their mission abroad.

3.3 Technological requirements for communication

In the past, all the *Yilmaz & Schmidt* managers came together for a meeting once a week. With the two subsidiary managers residing in France and Great Britain, this will not be possible anymore.

1. Explain what technological methods can facilitate communication between the German headquarters and the two subsidiaries.
2. For each of the methods found, try to find information about likely costs. Complete the decision assessment table below to compare the methods.

Communication methods:		**Method 1**		**Method 2**		**Method 3**	
Decision criteria:	**Weighting (1–5)**	Score (0–10 points)	Total score (weighting x score)	Score (0–10 points)	Total score (weighting x score)	Score (0–10 points)	**Total score (weighting x score)**
...	...	...	.		...	...	...

Sample table

4 Roles of multinational companies in different contexts *(Rollen multinationaler Unternehmen in unterschiedlichen Kontexten)*

Overview and relationships

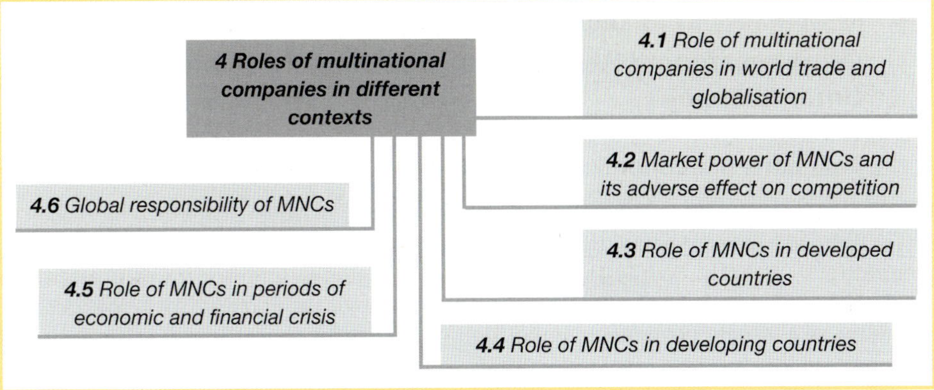

4.1 Role of multinational companies in world trade and globalisation *(Rolle der multinationalen Unternehmen im Welthandel und als Akteure der Globalisierung)*

Task 4.1 p. 293

In the last few decades, the interconnectedness of business activities across country borders has grown into new dimensions. This process of interlinking commodity and financial markets worldwide is called **globalisation**. From a more general perspective, the world is growing together more and more, thereby forming an economic, and also a political and an ecological unit. Therefore, market economies are becoming more and more interdependent.

The fast global expansion of MNCs through foreign direct investment has turned these "global players" into **important agents** in the on-going process of globalisation. MNCs with their large number of foreign subsidiaries are involved in about **two thirds of world trade**. They also have a large share in **international production**.

Data for subsidiaries of MNCs 1990 and 2011, USD = US-Dollar (source: UNCTAD 2012)			
Indicator	**1990**	**2011**	**Rate of change**
Employees	21 million	69 million	+ 229 %
Sales	5 102 billion USD	27 877 billion USD	+ 446 %
Value added	1 018 billion USD	7 183 billion USD	+ 606 %
World gross domestic product (GDP)	22 206 billion USD	69 660 billion USD	+ 214 %

The table shows that while the world's economic performance has only doubled between 1990 and 2011, the **sales of MNCs in 2011 were four times higher than in 1990**. Their value added is six times higher even. In 1990, the MNCs accounted for about 4.5 per cent of the world **gross domestic product (GDP)**. That share has more than doubled since then, meaning that in 2011, **MNCs accounted for more than ten per cent of the world GDP**. Together with this growing share in value creation, the **power of MNCs in the process of globalisation** has increased too.

Multinational companies are playing an increasingly important role in the process of globalisation. Their share in the production and exchange of goods has increased substantially over the past twenty years.

4.2 Market power of MNCs and its adverse effect on competition *(Marktmacht und Wettbewerbsproblematik bei multinationalen Unternehmen)*

4.2.1 Functions of economic competition

Economic competition is the **rivalry among companies** in order to achieve increases in sales. To be able to sell their products, **companies try to be better or cheaper than their competitors** (or both). While this rivalry puts companies under a lot of pressure, it serves the consumers who benefit from a wide range of products at fair prices. For an economy as a whole, economic competition generally leads to a more efficient use of resources and thus serves common welfare.

In a situation of **perfect competition**, there are many companies which serve the market. Therefore, a single company does not have any power to set a certain price on its own. Rather, the price is set by the market and has to be accepted by all companies, which, in this particular context, are called "price takers".[1]

4.2.2 Threats to competition

In the extreme case of only one company that serves the market, which means that there are no rivals, there will be no competition at all. This is called a **suppliers' monopoly**. Such a company is able to determine the prices for its products entirely on its own. Such a company will set the prices at a level that maximises its profits, which will often be higher than in a situation of perfect competition.

When comparing the situations of perfect competition and suppliers' monopoly, a crucial factor for economic competition can be derived: the **number of rival companies**. A high number of rivals means that there is a low **level of concentration** in an industry. By contrast, a low number of rivals means that the level of concentration is high. The higher the level of concentration of companies within an industry is, the higher will be their market power with regard to both their customers and their suppliers.

The number of rivals in an industry will decrease whenever a company merges with or acquires another company. Such **mergers and acquisitions (M&A)** often occur between MNCs across borders. Their number has more than doubled between 1990 and 2010, which has resulted in a higher degree of concentration in industries all over the world. This in turn indicates that there is reduced competition among MNCs.

1 For an in-depth analysis of competitive and monopolistic markets, see Lehrplaneinheit 15 (Volkswirtschaft) "Price determination in different kinds of markets".

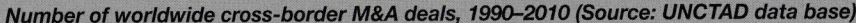

Number of worldwide cross-border M&A deals, 1990–2010 (Source: UNCTAD data base)

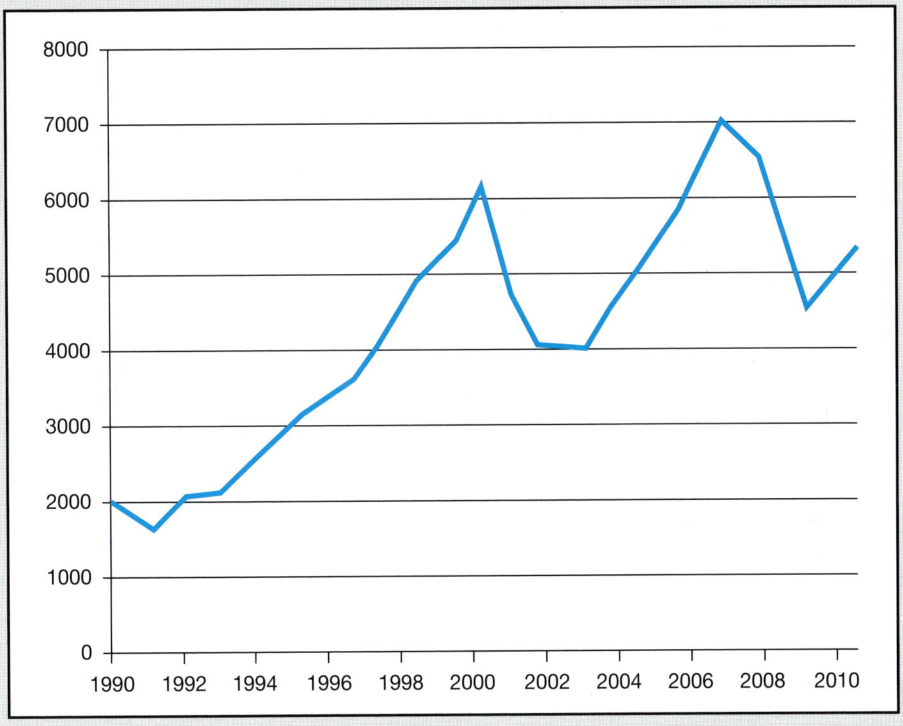

Cross-border M&A activities have been on the rise since 1990, with setbacks in periods of economic crisis. In 2011, M&A deals reached a volume of 526 billion USD. If cross-border mergers or acquisitions have a value of over three billion US-dollars, UNCTAD defines them as "megadeals". There were 62 megadeals in 2011, up from 44 in 2010.

Cartel agreements between companies are another way to reduce competition. This is achieved by setting, for example, high sales prices that override the market mechanism. Due to their harmful effects on welfare, such practices are illegal in most countries. Still, sometimes secret cartel agreements are revealed and, for the companies involved, lead to fines and other kinds of legal action.

4.2.3 Enforcing competition: instruments and institutions

Since governments seek to improve the welfare of their countries, they have an interest in promoting economic competition and in avoiding the abuse of market power in the hands of single companies. That is why in many countries, there are forms of **anti-trust or competition laws** that are supposed to regulate any anti-competitive activities of companies. As a consequence, competition authorities such as the German *Bundeskartellamt* supervise mergers and acquisitions as well as the pricing strategies of companies.

Competition law has developed at country level for the markets within the boundaries of nation-states. Therefore, national competition law usually does not cover any cross-border activities. The rise in business activities across borders and the growing influence of MNCs require international rules to protect competition on a global scale. Currently, there is no global authority that ensures the protection of economic competition. However, there are several approaches aimed at improving the enforcement of competition law across borders.

Approaches to enforce competition law across borders		
World Trade Organization (WTO)	**International Competition Network (ICN)**	**European Commission**
The main goal of the WTO is to liberalise international trade. There are discussions to establish the WTO as a global competition authority, but no agreement has been reached yet.	The ICN is an informal network of several national competition authorities that aim to achieve international cooperation and the sharing of information. It was established in 2001, but the network does not have any power to enforce competition rules globally.	The European Union (EU) has passed the European Union competition law. The law applies to companies doing business within the EU. It is enforced by the European Commission, which works closely together with the national competition authorities of the EU member states. The European Commission has wide ranging investigation powers.

4.3 Role of MNCs in developed countries[1] *(Rolle der multinationalen Unternehmen in Industrieländern)*

Task 4.2
p. 294

The headquarters of most MNCs, but also a number of their subsidiaries are located in developed countries. This offers opportunities, but also poses threats to societies in developed countries in many ways.

4.3.1 Economic growth

Opportunities

The cross-border expansion of MNCs allows them to grow in terms of sales, profits and value added. The growth of MNCs can contribute considerably to the economic well-being of a developed country in terms of innovation, employment, employee pay and, as a result, the economic growth of a country.

Threats

The growing interconnectedness across borders makes MNCs vulnerable for economic crises around the world. In 2007, for example, a housing crisis started in the USA which caused house prices to decrease dramatically. Since the loans for these houses were funded by capital from many countries, the crisis turned into a global bank and financial crisis. The resulting global recession affected the entire world economy. To overcome this crisis, governments around the world had to support their economies with considerable amounts of money, which up to the present has significantly increased their public debt.

4.3.2 Tax revenues

Opportunities

In Germany, local governments will benefit from business tax revenues that multinational companies have to pay as long as their head office remains located in a German community.

1 Developed countries are also referred to as „industrialised countries" or „more developed countries" (MDCs).

Threats

Many developed economies are high-tax countries. Tax revenues are likely to decrease if MNCs apply methods of tax avoidance.

- **Transfer pricing:** A subsidiary in a high-tax country pays exaggerated prices for goods or services that it purchases from another subsidiary in a low-tax country (so called "tax havens"). As a consequence, the heavily taxed profits of the first subsidiary will decrease, while at the same time the profits taxed at a much lower rate of the second subsidiary will increase. The effect is that the MNC as a whole pays less tax on its profits.

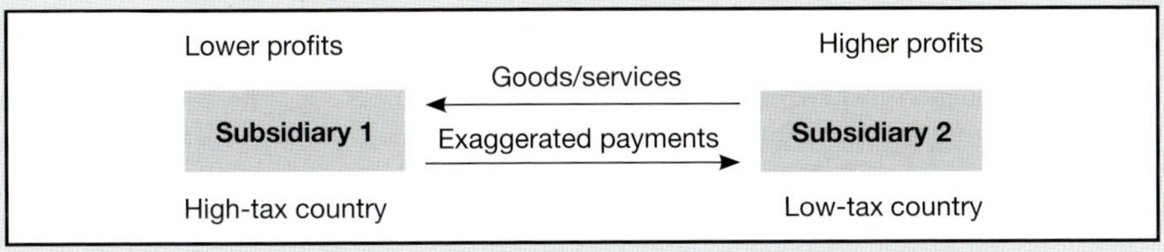

Example: For the right to use the famous brand name, IKEA stores pay a licence fee of as much as 3 % of their sales to an IKEA company in the Netherlands, a low-tax country.

- **Loans instead of profit transfers:** Rather than transfer their profits to the parent company, the subsidiary retains the profits and lends money to fund the parent company.

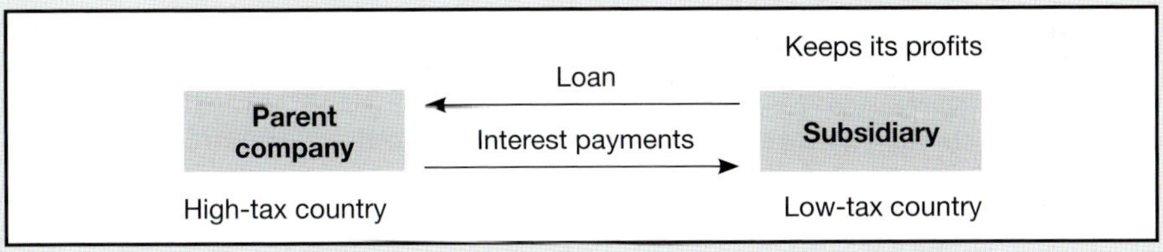

The first effect is that the parent company avoids the high level of taxes it would have to pay on the profits earned abroad. Second, funding in the form of a loan rather than a profit transfer allows the parent company to deduct the interest expenses that it pays to the subsidiary. This lowers the parent company's profits and thus the amount of tax payable.

4.3.3 Off-shoring

Opportunities

Many MNCs engage in off-shoring, which means they shift their business activities to developing or newly industrialised countries. The reason for this are cost advantages resulting from, for example, low labour costs or less restrictive environmental regulations.

A developed country benefits from off-shoring in the following ways:

- The spending power of consumers increases since the low-priced imports make products cheaper.
- The competitiveness of the remaining high-skilled jobs tends to increase – as do the wages for high-skilled labour.
- The income created in developing countries as a result of off-shoring might increase the demand for products from developed countries. This offers opportunities for exporting companies.

Threats

Due to off-shoring, the demand of companies for lower-skilled labour in developed countries declines. Consequences:

- Many unskilled or low-skilled employees lose their jobs.
- The decreased demand for low-skilled labour leads to a decrease in wages for unskilled or low-skilled jobs.

4.3.4 National governments

Opportunities

Regional governments in developed countries try to attract MNCs to invest in their countries, by offering subsidies, for example. If they succeed, the MNCs will establish subsidiaries which offer jobs and income. This can bring wealth to particular regions.

Threats

MNCs can put pressure on national governments by threatening to give up business locations in developed countries and move to locations in countries that offer more favourable conditions for production. The increasing interconnectedness of business activities makes it difficult for governments to find national solutions for their economic, social and environmental policies. The international mobility of capital, in particular, is to be seen as a challenge to the independence of national governments around the world. The capital flows are therefore sometimes referred to as a "second controller besides the voter".

4.4 Role of MNCs in developing countries[1] *(Rolle der multinationalen Unternehmen in Entwicklungsländern)*

MNCs are establishing more and more subsidiaries in developing countries. Despite the turbulences in the global economy, foreign direct investment flows reached 1.5 trillion USD in 2012. Half of these capital flows went to developing and transition economies, including the least developed countries.[2]

As seen above, MNCs offer both opportunities and threats to societies in developed countries. The same is true for societies in developing countries. However, the consequences for developing countries differ somewhat from those of developed countries.

4.4.1 Economic growth

Opportunities

Many developing countries are targets for foreign direct investment of MNCs. In 2011, more than two thirds of greenfield investments were made in developing and newly industrialised countries (UNCTAD World Investment Report 2012). Opening subsidiaries leads to the creation of jobs, which in turn generate income for the employees and their families.

If such investments happen on a large scale, as for example in China or India in the last twenty years, it can be a way to overcome poverty. In many Asian and in some South American countries, the number of people living in absolute poverty (that is disposing of less than one US dollar per day) has decreased significantly. Recently, there have even been signs of positive trends in the economic development in some African countries, although their GDP levels still belong to the lowest in the world.

1 Developing countries are also referred to as "less developed countries" (LDCs).
2 UNCTAD World Investment Report 2012

Threats

The transition from a developing to an industrialised country causes many problems. While, for example, economic growth in many developing countries reduces the number of poor people, it also increases inequality. In China, for example, the people who have high-skilled jobs have formed a new middle class. However, many Chinese workers who are not qualified enough or live in rural regions of China are excluded from the benefits of the country's economic development. The resulting inequality in terms of wealth can cause serious tensions in a society.

Another problem is that many people in their search for jobs migrate from rural regions to cities. As a consequence, cities grow often to an extent that is hard to control, while rural regions are becoming depopulated.

4.4.2 Social standards

Opportunities

Social standards are assessed in terms of working time, pay and social insurance. These aspects all affect the well-being of employees. If MNCs in developing countries provide social standards that exceed the required minimum (or even non-existing) standards in their host countries, there might be a positive development towards improved working conditions. To this day, though, the rule has been, however, that MNCs have not improved social standards voluntarily. On the contrary, they argue that the economic competition is so hard that there is not much leeway for improving social standards.

One way to change this is to resort to public pressure. If reports by the media in developed countries make consumers aware of the poor working conditions applied by certain MNCs, consumers might start to boycott the products of the MNCs concerned. Therefore, improving social standards can become a necessity for MNCs. The more awareness consumers show for social standards, the higher will be the pressure on MNCs to offer fair working conditions.

Since there is no world government, there is no way of forcing MNCs to apply international standards for working conditions by law wherever they operate. At least, some international organisations have created suggestions for social standards, such as the "Guidelines for Multinational Enterprises" by the *Organization for Economic Co-operation and Development* (OECD) or the "Codes of Practice" by the *International Labour Organization* (ILO). However, such codes of conduct remain non-binding for MNCs.

Threats

Some developing countries keep social standards low in order to attract investment by MNCs, which look for business locations with low costs for production. Critics of globalisation argue that this kind of competition might lead to a downward spiral with countries lowering their social standards ever further.

One reason for the low level of social standards is that in developing countries population growth tends to be high. That is why there are many young people who are looking for jobs. In search of jobs, many people migrate from rural regions to the cities. Thus, there is a large supply of labour. As a result, the wages are very low, and people do not have much choice when it comes to accepting poor working conditions.

The lack of safety regulations often causes injury and death among employees. The public in developed countries becomes aware of this only in a few cases, for example when a whole factory burns down and there are many victims.

Since developing countries are in a transition state from agricultural to industrial economic structures, the employees of industrial factories often have not organised themselves in labour unions yet. In many cases, governments will suppress protests of employees and their attempts to organise themselves in unions. It remains an open-ended question whether the employees in developing and newly industrialised countries will ever succeed in establishing good industrial relations and better working conditions in the future.

4.4.3 Environment

Opportunities

There are people who doubt that MNCs seek out developing countries as "pollution havens". They maintain that criteria such as avoiding environmental regulations do not play a major role in the investment decisions of MNCs, and further argue that environmental costs account for only two per cent of the gross domestic product (of course, for a particular company, this percentage can be much larger).

Furthermore, MNCs might introduce good environmental management practices and environmentally-friendly technologies to developing countries. However, the evidence in support of this argument is limited. Still, MNCs have the potential to improve environmental standards and technology in the developing world. In addition, there might be spill-over effects causing competitors and suppliers to adopt some of the environmental standards introduced by MNCs.

As for social standards, there are codes that advise MNCs with respect to their environmentally critical issues, as outlined, for example, in the "Guidelines for Multinational Enterprises" by the *Organization for Economic Co-operation and Development* (OECD). Again, such codes remain non-binding for MNCs.

Threats

Compared to developed countries, developing countries generally have much lower environmental standards. MNCs can take advantage of this, when they, for instance, shift production that causes a lot of environmental damage to developing countries. For example, MNCs contribute greatly to the environmental degradation and deforestation in Asia-Pacific and South America. The environmental impact of MNCs that exploit natural resources can be particularly damaging for a country, since their activities tend to cause harm to considerable areas of land by destroying natural habitats and also polluting both water and soil.

The need to reduce greenhouse gas emissions to fight global warming has become a controversial issue in the relations between developing countries and developed countries. Since the industrial sector in the developing countries is growing at much larger rates than the industrial sector in the developed world, it is much harder for them to reduce their emissions without risking an economic downturn. That is why many developing countries see demands imposed on them to reduce emissions as protectionist measures by developed countries: Developing countries blame the developed countries of a hidden agenda that seeks to shield their industries from foreign competition.

4.4.4. Intellectual property

Opportunities

Intellectual property is the term used to refer to inventions such as formulas for a medicine or the code of a software product. Companies seek to protect their intellectual property by filing for licencing rights, patents or trademark rights. If a particular company wants to use the intellectual property of another company, it will have to obtain the rights to do so, which can be costly.

There are developing countries that (officially or informally) do not prevent companies from manufacturing goods without having the rights (patents or licences) to do so. While this poses a threat for MNCs, it offers local companies a way to compete with MNCs. These companies can create wealth in a region, or, in the case of medicine, make products affordable for people with low incomes.

On the other hand, if intellectual property cannot be protected on a global basis, there might be negative effects in the long run. Many investors, for example, might not want to risk the expensive development of goods such as medicines any longer since they fear that their high expenditure for research and development might not pay off.

Threats

So far, major innovations in different industries such as the pharmaceutical industry, the chemical industry or the engineering industry have been initiated and developed by MNCs. Since these innovations are protected by patents, many local companies in developing countries are not able to enter into competition with MNCs. They neither have the resources nor do they have the know-how to develop, for example, complex medicines on their own. As long as there is a valid patent for a medicine, it will sell for monopolistic prices – which many people in the developing world cannot afford.

4.5 Role of MNCs in periods of economic and financial crisis *(Rolle der multinationalen Unternehmen in Wirtschafts- und Finanzkrisen)*

4.5.1 Worldwide interconnectedness of MNCs

Opportunities

When confronted with a crisis, MNCs might have advantages over companies that operate only in one country. If a host country is hit hard by a financial crisis, it will be difficult to raise financial capital. The advantage of an MNC subsidiary is that its parent company often will be able to supply capital. As a result of their interconnectedness, MNCs can also take advantage of international capital markets more easily. This financial diversification works best for regional crises, while in worldwide recessions, even for MNCs it will be hard to raise sufficient financial capital.

Threats

The risk of the worldwide interconnectedness of companies became obvious in the crisis that started in the USA in 2007. When subsidiaries in the USA suffered from the crisis, they had to be supported by their parent companies in other countries. The US crisis also led to a decline in the demand for products and services, which in turn caused a drop in imports to the USA. As a result, the crisis was transferred to other countries around the globe, with many companies losing orders and having to cut jobs. In 2008, foreign sales of MNC subsidiaries fell by 4.6 per cent, which is in sharp contrast to the 24 per cent growth rate in the year before. Also, the growth rate of production in MNC subsidiaries dropped sharply from 20 per cent in 2007 to -4.4 per cent in 2008. Furthermore, MNCs reduced their foreign direct investment, thereby intensifying the economic downturn (UNCTAD database).

4.5.2 System-relevant financial institutions

Opportunities

Large banks that operate across borders are a special case of interconnected MNCs. They can be beneficial as long as they fulfil their functions of supplying economies with financial capital. Operating worldwide allows them to collect financial capital from investors, wherever they live. Having raised the capital, they can allocate the funds wherever they are needed in the world. In this way, US-American homeowners had access to capital from many countries to finance their house purchases. By bundling the capital from a large variety of sources and reallocating it, banks are able to create financial products with risks and profits adjusted according to the different needs of investors around the world. However, the more complicated those products become, the more difficult it is to understand their risks.

Threats

Multinational companies in the financial sector can pose a big threat to the world economy. If such a financial institution goes bankrupt, the consequences can be severe for the national economy and even for the economy worldwide.

This was the case when the US bank *Lehman Brothers* had to declare bankruptcy. This failure is seen as the triggering event for the financial and economic crisis that followed. When the huge impact of the failure of just this one bank became visible, governments around the world understood the systemic relevance of their struggling financial institutions and started to help them with financial aid in order to stop the economic downturn from accelerating even further. Such governmental interventions to save companies are called "bail-outs".

While governmental support has proved to be effective so far, a question of principle arose: What should be done about multinational financial institutions which are so important for the world economy that they are "too big to fail"? If such banks can be sure that governments will support them in the event of failure, they might accept higher risks than they would if they knew there was the possibility of bankruptcy.

There is much controversy about the possible solutions of this problem. Some experts claim that interconnected and large banks are needed in a globalised economy and that the only thing that is needed is an improved set of regulations by governments. Others argue that "too big to fail" companies are indeed too big and should be broken up into smaller institutions.

4.6 Global responsibility of MNCs *(Verantwortung von multinationalen Unternehmen als Akteure der Globalisierung)*

As shown in the previous sections, MNCs have huge effects on the world economy – in both positive and negative ways. Operating across borders offers MNCs a wide range of possibilities for their actions. This kind of freedom should go hand in hand with assuming responsibility in the different areas of their activities.

4.6.1 Codes of conduct

Even though codes of conduct are not legally binding, they offer clearly defined standards for the ethically correct behaviour by MNCs. The **"OECD Guidelines for Multinational Enterprises"** are an example of such a code. These guidelines make detailed provisions for several areas that are relevant for business across borders. Some areas are listed in the table below.

General policies: MNCs are to...

- contribute to economic, environmental and social progress.
- respect the human rights.
- encourage training and education for local people through close co-operation with the local community.
- avoid seeking loopholes in the law related to human rights, environment, health, safety, labour, taxation, financial incentives.

Employment: MNCs are to...

- give employees the right to organise themselves, for example in the form of trade unions.
- ban any form of child labour.
- ban any form of forced labour.
- avoid discrimination of employees on grounds of their race, skin colour, sex, religion, political opinion, nationality or social origin.
- ensure occupational health and safety in their operations.
- employ local employees and provide training in order to improve skill levels.

Environment: MNCs are to...

- establish a system of environmental management that allows for the control of the progress made toward environmental, health, and safety objectives.
- provide the public with information on the potential environment, health and safety impacts of their activities.
- develop and provide products or services that avoid or reduce any unnecessary environmental impacts such as greenhouse gas emissions, consumption of energy and natural resources and waste. The products are to be reused, recycled or disposed of safely.

Fighting corruption: MNCs are to...

- ban bribery payments or other advantage granted to public officials or the employees of business partners. Likewise, MNCs should not accept such payments.
- develop and adopt adequate internal controls to avoid corruption.

Competition: MNCs are to...

- carry out their activities in a manner that is consistent with competition laws and regulations.
- resist anti-competitive agreements among competitors with the aim to fix prices or establish output restrictions.

Taxation: MNCs are to...

- contribute to the public finances of host countries by making timely payments of their tax liabilities.
- follow not only the letter but also the intention of the tax laws.

Some companies claim that they are following the rules of ethical behaviour as part of their business strategy. This approach is referred to as **"Corporate Social Responsibility" (CSR)** and is described in chapter E.

4.6.2 Barriers for achieving worldwide standards

There is no world government

When analysing the roles of MNCs in different contexts, the most striking contradiction arguably is between **MNCs operating across borders** and **the power of national governments which remain limited to their national territories**. Some international institutions have come into existence, and countries have begun to cooperate in order to better control the cross-border activities of MNCs. Still, the world lacks a world government that was able to establish and enforce worldwide standards in areas such as employment, environment or taxation.

Cultural barriers

If certain business practices are seen as unethical, this might depend on the **cultural value system** of a particular country. While people in some countries do not see a gift for a public servant as problematic, people in other countries might consider it as an act of bribery. The cultural differences make it difficult to agree on common standards.

Conflict of interests between developed and developing countries

It is difficult for different countries to agree on common rules for international institutions. For example, the **International Monetary Fund (IMF)** and the **World Trade Organization (WTO)** were founded as promoters of free trade and globalisation. However, the power of decision-making in these institutions is in the hands of a few developed nations. Many developing countries criticise that the IMF and the WTO want them to open up their markets. At the same time; the developed nations protect some of their industries, particularly their agricultural sector. This puts the developing countries at a competitive disadvantage.

Furthermore, developing countries are sceptical when it comes to agreeing on global standards. The reason for this is that due to their wealth, the developed countries can cope with higher standards for employment or the environment more easily. With their limited financial resources and mostly being in the early stages of industrialisation still, many developing countries fear that global standards will in effect work as **protectionist measures** which might slow down their economic growth.

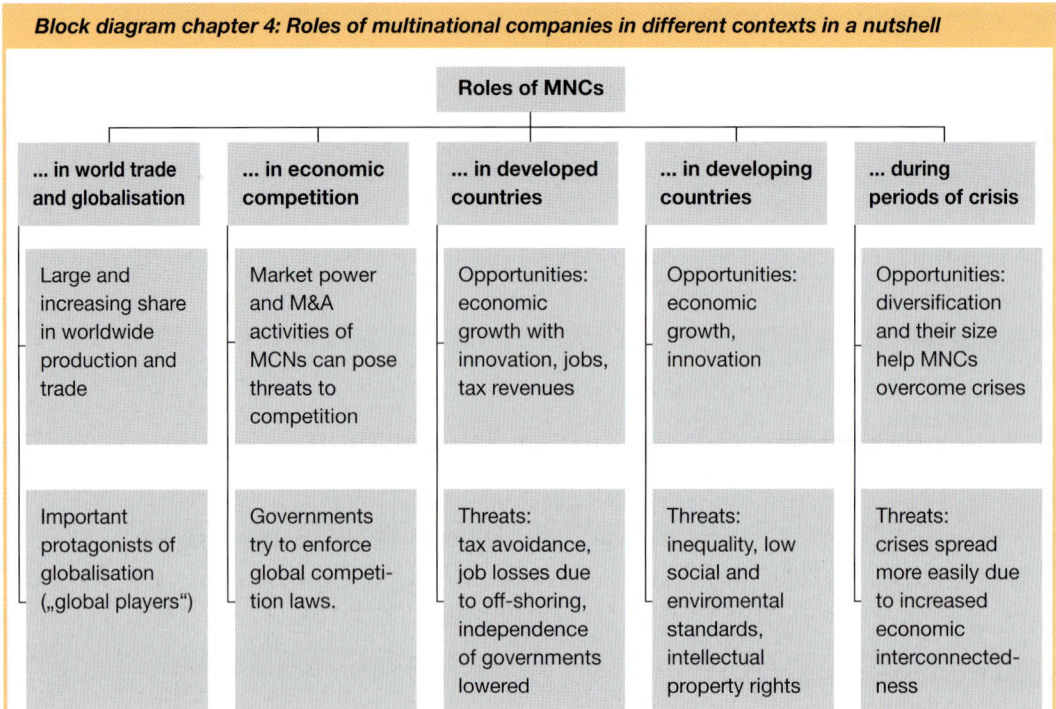

Block diagram chapter 4: Roles of multinational companies in different contexts in a nutshell

Roles of MNCs

... in world trade and globalisation	**... in economic competition**	**... in developed countries**	**... in developing countries**	**... during periods of crisis**
Large and increasing share in worldwide production and trade	Market power and M&A activities of MCNs can pose threats to competition	Opportunities: economic growth with innovation, jobs, tax revenues	Opportunities: economic growth, innovation	Opportunities: diversification and their size help MNCs overcome crises
Important protagonists of globalisation („global players“)	Governments try to enforce global competition laws.	Threats: tax avoidance, job losses due to off-shoring, independence of governments lowered	Threats: inequality, low social and enviromental standards, intellectual property rights	Threats: crises spread more easily due to increased economic interconnectedness

Revision questions

for chapter 4 Roles of multinational companies in different contexts

4.1 Role of multinational companies in world trade and globalisation

1. How can globalisation be defined?
2. Describe the shares of MNCs in world trade and the world gross domestic product.

4.2 Market power of MNCs and its adverse effect on competition

1. What are the benefits of economic competition?
2. How can MNCs pose threats to economic competition?
3. What measures do governments take to protect economic competition?

4.3 Role of MNCs in developed countries

1. What is the impact of MNCs on economic growth in developed countries?
2. What is the impact of MNCs on tax revenues in developed countries?
3. What is the impact of off-shoring activities by MNCs in developed countries?
4. What is the impact of MNCs on governments in developed countries?

4.4 Role of MNCs in developing countries

1. What is the impact of MNCs on economic growth in developing countries?
2. What is the impact of MNCs on social standards in developing countries?
3. What is the impact of MNCs on the environment in developing countries?

4.5 Role of MNCs in periods of economic and financial crisis

1. What is the impact of the increasing worldwide interconnectedness of MNCs in situations of economic crises?
2. List the possible threats for the economies worldwide of MNCs which are considered to be "system-relevant financial institutions".

4.6 Global responsibility of MNCs

1. Describe the function of codes of conduct.
2. What areas do the *OECD Guidelines for Multinational Enterprises* cover?
3. Why is it difficult to agree on and implement international ethical standards?

Tasks and problems

for chapter 4 Roles of multinational companies in different contexts

4.1 Worldwide interconnectedness of trade and production – the example of textile production

World tour of a pair of jeans

For many people jeans have been a favourite item of clothing for a long time, partly because they made their wearers appear to be "easy-going". However, making a pair of jeans is more complicated than one might think.
All over the world nearly two billion pairs of jeans are made every year. Each pair of jeans is made of many parts, like fabric, buttons, and zippers. All these pieces have a long journey before they reach the consumer. A possible journey can look like this:
First, cotton is harvested in **India** and then sent to **Turkey**. There, the cotton is turned into yarn which will go to **Taiwan** to be dyed with dyestuffs made in **Germany**. The dyed yarn is weaved into fabric in **Poland**. The labels for the brand name or for how to wash the jeans are produced in **France**, while the buttons and zippers come from **Italy**. All the parts go to the **Philippines** by plane, where the jeans are sewn together. The used-look is achieved by stone-washing or spraying white paint, followed by baking the jeans in an oven. This finishing takes place in **Greece**. The finished jeans then go to **Germany**, from where they are sold throughout **Europe**. After being worn, the used jeans might be collected by charity organisations, brought to **the Netherlands** and then shipped to **Africa**.

1. Why do so many countries participate in the production of a pair of jeans?
2. Guess the total distance that the goods travel in this supply chain.
3. What advantages can result for the countries taking part in the jeans production process?
4. Internet research: Find out about working conditions in the textile industry in developing countries by visiting the website www.cleanclothes.org.
5. Discuss how the working conditions in developing countries can be improved.
6. Discussion: would you be willing to buy textile brands for which producers guarantee certain social standards, even if those products were more expensive? Give reasons.
7. Try an interactive "interdependence journey" on http://globalcloset.education.nationalgeographic.com/jeans-intro.

4.2 Free trade, trade barriers, international institutions

1. Figure out which groups in developing as well as in developed countries gain from the free flow of goods between countries.
2. Explain why some countries still try to keep up tariffs and quotas to limit the imports of goods from other countries.
3. The WTO and the IMF are both international institutions that claim to promote free trade between countries. Give reasons why they often act in favour of developed countries. Hint: do an internet research on the distribution of power in both institutions.
4. Discuss why many developing countries see worldwide social or environmental standards as trade barriers for their export industries.
5. Research why the high subsidies that governments in developed countries pay to their farmers form a trade barrier for farmers in developing countries.

D Finanzierung und Investition

Warum ist dieses Kapitel wichtig?

Der betriebliche Leistungsprozess lässt sich in drei Phasen einteilen, die zeitlich aufeinander folgen. In der ersten Phase werden die für die Produktion benötigten Produktionsfaktoren beschafft (Beschaffung). Danach erfolgen die Leistungserstellung (Produktion) und die Leistungsverwertung (Absatz). Voraussetzung für diesen betrieblichen Leistungsprozess ist es, dass in ausreichendem Maße finanzielle Mittel für die Beschaffung und den Einsatz der Produktionsfaktoren zur Verfügung stehen. Andernfalls wäre keine Produktion möglich. Unter Finanzierung werden alle Maßnahmen zur Beschaffung von Finanzierungsmitteln verstanden. Die Verwendung dieser Mittel zum Erwerb von Produktionsfaktoren wird als Investition bezeichnet. Finanzierung (= Mittelbeschaffung) und Investition (= Mittelverwendung) gehören also eng zusammen.

Überblick und Zusammenhänge

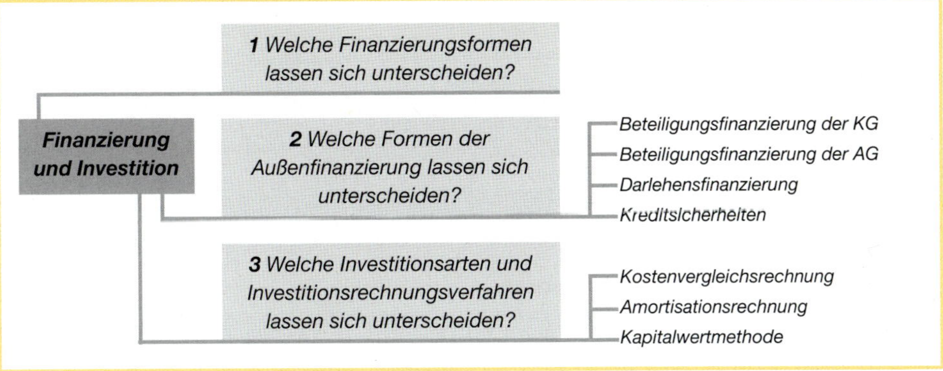

1 Finanzierungsformen im Überblick

Kapital im betriebswirtschaftlichen Sinne sind alle Geldmittel (Geldkapital), Produktionsmittel (Sachkapital) und Rechte (z. B. Patente, Lizenzen), die einem Unternehmen zur Verfügung stehen. Wird das Kapital von (Mit-)Eigentümern des Unternehmens zur Verfügung gestellt, handelt es sich um **Eigenkapital**. Wird das Kapital von Gläubigern des Unternehmens zur Verfügung gestellt, handelt es sich um **Fremdkapital**.

Finanzierung ist die Beschaffung des für betriebliche Vorgänge (z. B. Leistungserstellung, Unternehmensgründung) benötigten Kapitals (finanzielle Mittel, Sachgüter, Rechte). Die Passivseite der Bilanz gibt Auskunft über die Herkunft des Kapitals.

Investition ist die Anlage des im Rahmen der Finanzierung beschafften Kapitals in Betriebsvermögen. Die Aktivseite der Bilanz gibt Auskunft über die Verwendung des Kapitals.

Die verschiedenen Formen der Finanzierung lassen sich anhand der folgenden beiden Kriterien unterscheiden:

- **Woher kommen die finanziellen Mittel?**
- **Welche Rechtsstellung zum Unternehmen hat derjenige, der die finanziellen Mittel zur Verfügung stellt (Kapitalgeber)?**

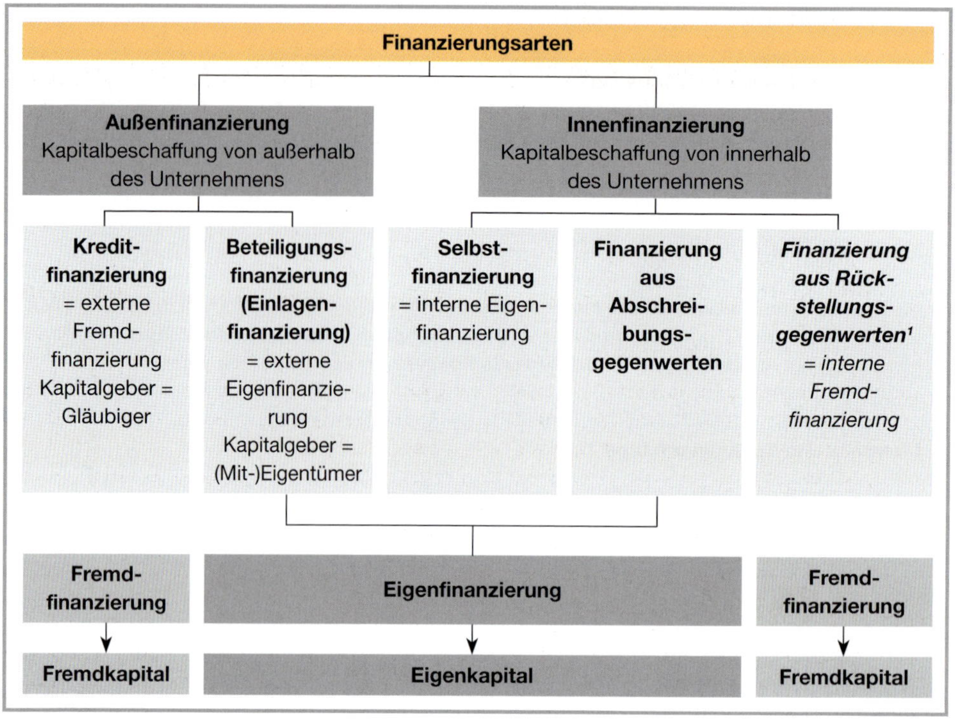

Außenfinanzierung – Innenfinanzierung

Außenfinanzierung	Innenfinanzierung
Die Finanzierungsmittel werden dem Unternehmen von außen in Form von Beteiligungen (Kapitaleinlagen) oder Krediten zugeführt.	Bei der Innenfinanzierung werden die Finanzierungsmittel, vom Unternehmen selbst in Form von Umsatzerlösen erwirtschaftet.

Eigenfinanzierung

externe Eigenfinanzierung	interne Eigenfinanzierung	
Beteiligungsfinanzierung (Einlagenfinanzierung)	**Selbstfinanzierung**	**Finanzierung aus Abschreibungsgegenwerten**
Dem Unternehmen werden Finanzierungsmittel in Form von Eigenkapital durch Kapitaleinlagen zugeführt. Dabei kann es sich um Geldeinlagen, Sacheinlagen oder Rechte handeln. Die Kapitalgeber erwerben Beteiligungsrechte (z. B. Mitwirkungsrechte, Gewinnanspruch)	Die Finanzierungsmittel werden vom Unternehmen selbst durch Nichtausschüttung (= Einbehaltung) von Gewinnen beschafft (= Gewinnthesaurierung[2]) und führen zu einer Erhöhung des in der Bilanz offen ausgewiesenen Eigenkapitals (= offene Selbstfinanzierung).[3]	Da die Aufwendungen für Abschreibungen, die in der gegenwärtigen Periode den Gewinn mindern und dadurch eine Gewinnausschüttung verhindern, erst bei der Ersatzbeschaffung in einer späteren Periode zu Ausgaben führen, können diese Mittel unter bestimmten Umständen zwischenzeitlich zur Finanzierung anderweitiger Investitionen dienen.

1 Die Finanzierung aus Rückstellungsgegenwerten ist nicht Gegenstand des Lehrplans
2 thesaurieren *(gr.)*: [Geld, Wertsachen] horten; hier: Gewinne nicht an die Eigentümer ausschütten, sondern im Unternehmen zurückbehalten.
3 Die Behandlung der verdeckten Selbstfinanzierung durch Unterbewertung von Vermögensgegenständen und Überbewertung von Schulden ist im Lehrplan nicht vorgesehen.

Fremdfinanzierung

Kreditfinanzierung

Dem Unternehmen werden Finanzierungsmittel von außen in Form von Fremdkapital zugeführt. Die Kapitalgeber erwerben Gläubigerrechte (z. B. Rückzahlungsanspruch, Verzinsung)

Außenfinanzierung

Bei der **Außenfinanzierung** ist der Finanzierungsvorgang leicht nachvollziehbar, da sich **Zeitpunkt**, **Höhe** und **Zweck** der Finanzierung i. d. R. eindeutig feststellen lassen.

Arten der Außenfinanzierung

(1) Außenfinanzierung in Form der Beteiligungsfinanzierung: Einlage eines OHG-Gesellschafters am 10. Mai in Höhe von 50 000 EUR (= Finanzierung). Es ist beabsichtigt, die Mittel zum Kauf eines Lieferwagens zu verwenden (= Investierung).
(2) Außenfinanzierung in Form der Kreditfinanzierung: Auszahlung eines Darlehens durch die Bank in Höhe von 200 000 EUR am 07. Juli (= Finanzierung). Dieser Betrag wird zur Bezahlung eines neu erworbenen Grundstücks verwendet (= Investierung).

Innenfinanzierung in Form der Selbstfinanzierung

Bei der **Innenfinanzierung** ist der Finanzierungsvorgang wesentlich schwieriger nachzuvollziehen, da **Zeitpunkt**, **Höhe** und **Zweck** der Finanzierung häufig nicht genau feststellbar sind.

Innenfinanzierung in Form der Selbstfinanzierung
(= Finanzierung aus einbehaltenen Gewinnen)

Für das Verständnis des Finanzierungsvorgangs muss man sich klar machen, dass der Gewinn nicht zu einem bestimmten Zeitpunkt, sondern durch den laufenden Geschäftsbetrieb während des gesamten Geschäftsjahres anfällt. Der Gewinn ist also keine Bestandsgröße, sondern eine Stromgröße. Voraussetzung für die Finanzierung aus einbehaltenen Gewinnen ist in jedem Fall, dass der Gewinn dazu geführt hat, dass dem Unternehmen über die Umsatzerlöse Geldmittel in entsprechender Höhe von außen zugeflossen sind. Diese dem Gewinn entsprechenden Geldmittel werden aber normalerweise schon während des Geschäftsjahres für Anschaffungen, Schuldentilgung oder – bei Einzelunternehmen und Personengesellschaften – für Privatentnahmen verwendet. Es ist also nicht in jedem Fall zutreffend, dass am Ende des Geschäftsjahres dem Gewinn entsprechende Einzahlungsüberschüsse als liquide Mittel für Investitionszwecke (oder zur Ausschüttung an die Eigentümer) zur Verfügung stehen. Wie das folgende Beispiel zeigt, weicht zudem die Höhe des Gewinns von den erzielten Einzahlungsüberschüssen ab, wenn solche Erträge und Aufwendungen die Gewinnhöhe beeinflusst haben, die nicht mit Einzahlungen und Auszahlungen verbunden (= nicht liquiditätswirksam) sind.

Selbstfinanzierung: Unterschied zwischen Gewinn und Geldmitteln

Gewinn ist nicht gleichbedeutend mit Einzahlungsüberschüssen. Gewinn und Geldmittel (Bankguthaben, Kassenbestand) dürfen nicht gleichgesetzt und miteinander verwechselt werden.

Voraussetzung für jede Form der Innenfinanzierung ist, dass das Unternehmen Einzahlungsüberschüsse erzielt. Dazu müssen ihm über die Umsatzerlöse Geldmittel zufließen. Deren Höhe muss über den Umfang der Aufwendungen, die mit Auszahlungen verbunden sind (z. B. Materialaufwand, Lohnaufwand), hinausgehen.

Auszug aus der Gewinn- und Verlustrechnung der Franz Maurer KG zum 31.12. .. (in EUR)

Aufwendungen		Erträge	
Aufw. f. Roh- Hilfs-, Betriebsstoffe	4 200 000	Umsatzerlöse	18 000 000
Löhne und Gehälter	6 400 000	Bestandserhöhungen an fertigen Erzeugnissen	3 000 000
Abschreibungen	3 200 000		
sonstige Aufwendungen	4 000 000		
Gewinn	3 200 000		
	21 000 000		21 000 000

Annahmen: Außer den Abschreibungen waren alle anderen Aufwendungen in vollem Umfang auszahlungswirksam, d. h. sie haben zu einem Abfluss an flüssigen Mitteln geführt. Die Umsatzerlöse haben nach den vorliegenden Aufzeichnungen lediglich zu 90 % zu einem Zufluss an flüssigen Mitteln (= Einzahlungen) geführt, da die Kunden das eingeräumte Zahlungsziel ausnutzen und in entsprechender Höhe Forderungen entstanden sind. Die als Erträge erfassten Bestandserhöhungen an fertigen Erzeugnissen waren ebenfalls nicht mit einer Einzahlung verbunden.

Einzahlungswirksame Erträge (90 % der Umsatzerlöse)	16 200 000 EUR
– auszahlungswirksame Aufwendungen	14 600 000 EUR
= Einzahlungsüberschuss (= verfügbare Mittel für Selbstfinanzierung)	1 600 000 EUR

Ergebnis: Obwohl ein Gewinn in Höhe von 3 200 000 EUR erzielt wurde, standen für das Geschäftsjahr im Rahmen der Selbstfinanzierung lediglich Geldmittel in Höhe von 1 600 000 EUR zur Verfügung.

Kap. D 8.4.4

Ein Maß für den möglichen Umfang der Innenfinanzierung stellt der **Cashflow** als Kennzahl für den Einzahlungsüberschuss dar.

Zusammenfassende Übersicht zu Kap. 1: Finanzierungsformen im Überblick

Woher? / Wer?	Außenfinanzierung	Innenfinanzierung
Eigentümer (Eigenfinanzierung)	**Beteiligungsfinanzierung (Einlagenfinanzierung)**	**Selbstfinanzierung**
		Finanzierung aus Abschreibungsgegenwerten
Gläubiger (Fremdfinanzierung)	**Kreditfinanzierung**	***Finanzierung aus Rückstellungsgegenwerten***

Fragen zur Wiederholung

zu Kapitel 1 Finanzierungsformen im Überblick

1. Welche Finanzierungsformen lassen sich nach der Herkunft der finanziellen Mittel unterscheiden?
2 Welche Finanzierungsformen lassen sich nach der Rechtsstellung der Kapitalgeber unterscheiden?
3. Was ist unter Investition zu verstehen?
4. Warum ist Gewinn nicht gleichbedeutend mit Geldmitteln?
5. Woher stammen die Finanzierungsmittel bei der Innenfinanzierung?

2 Außenfinanzierung

2.1 Beteiligungsfinanzierung am Beispiel einer Kommanditgesellschaft

Die Beteiligungsfinanzierung ist eine Form der Außen- und Eigenfinanzierung.

Eine Beteiligungsfinanzierung liegt vor, wenn dem Unternehmen Eigenkapital von außen zugeführt wird, indem bereits vorhandene Kapitalgeber ihre Einlagen erhöhen und/oder neue Kapitalgeber Einlagen leisten.

Aufg. 2.1.1 S. 300

Das Eigenkapital kann in Form von Geldeinlagen, Sacheinlagen (z. B. Grundstücke, Maschinen) oder Rechten (z. B. Patente) aufgebracht werden.

Eigenkapital bei einer Kommanditgesellschaft

Bei einer **Kommanditgesellschaft** wird das **Eigenkapital** durch Einlagen der **Komplementäre** und der **Kommanditisten** aufgebracht. Ein bestimmtes Mindestkapital ist gesetzlich nicht vorgeschrieben.

Kap. B 5

Beteiligungsfinanzierung einer KG

Das Gesamtvermögen einer KG beträgt 2,5 Mio. EUR. Das Eigenkapital in Höhe von 1,8 Mio. EUR wurde von den drei Gesellschaftern wie folgt aufgebracht:
Komplementär A: 0,6 Mio. EUR
Komplementär B: 0,8 Mio. EUR
Kommanditist C: 0,4 Mio. EUR

Daraus lässt sich folgende zusammengefasste Bilanz erstellen:

Aktiva — **Zusammengefasste KG-Bilanz** (in Mio. EUR) — **Passiva**

Aktiva		Passiva	
Vermögen	2,5	**Eigenkapital**	
		Komplementär A:	0,6
		Komplementär B:	0,8
		Kommanditist C:	0,4
		Fremdkapital	0,7
	2,5		**2,5**

Beteiligungsfinanzierung (Komplementär A, Komplementär B, Kommanditist C)

Für eine bestehende KG bietet sich eine Beteiligungsfinanzierung insbesondere durch die zusätzliche **Aufnahme von Kommanditisten** an. Die Zahl der Kommanditisten kann beliebig groß sein. Da Kommanditisten von der Geschäftsführung ausgeschlossen sind, werden in diesem Fall die unternehmerischen Entscheidungen durch die neuen Eigenkapitalgeber kaum beeinflusst.

HGB §§ 167, 169 (1)

Zusammenfassende Übersicht zu Kap. 2.1: Beteiligungsfinanzierung am Beispiel einer Kommanditgesellschaft

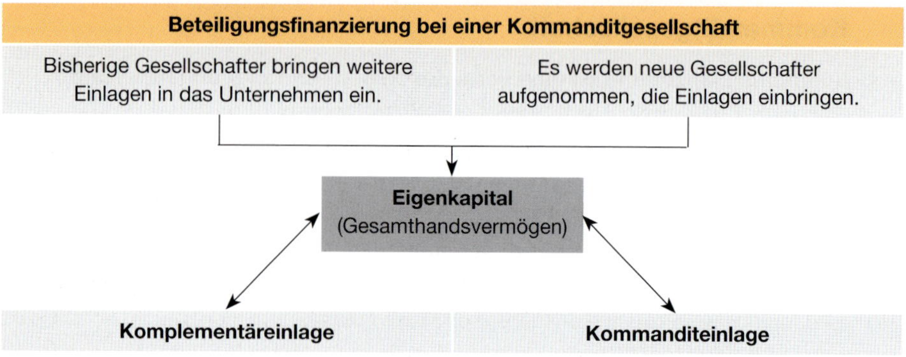
Beteiligungsfinanzierung bei einer Kommanditgesellschaft
Bisherige Gesellschafter bringen weitere Einlagen in das Unternehmen ein.
Es werden neue Gesellschafter aufgenommen, die Einlagen einbringen.
Eigenkapital (Gesamthandsvermögen)
Komplementäreinlage
Kommanditeinlage

Fragen zur Wiederholung

zu Kapitel 2.1 Beteiligungsfinanzierung am Beispiel einer Kommanditgesellschaft

1. Was ist unter Beteiligungsfinanzierung zu verstehen?
2. Wie erfolgt eine Beteiligungsfinanzierung bei einer KG?

Aufgaben und Probleme

zu Kapitel 2.1 Beteiligungsfinanzierung am Beispiel einer Kommanditgesellschaft

2.1.1 Beteiligungsfinanzierung, offene Selbstfinanzierung und Fremdfinanzierung einer KG

An der Prox KG sind Max Prox als Komplementär und seine Schwester Ilse Grimm, geb. Prox, als Kommanditistin beteiligt. Bezüglich der Kapital- und Gewinnanteile liegen für das vergangene Jahr folgende Daten vor:

Max Prox: Eingebrachtes Kapital: 800 000 EUR, gesamter Gewinnanteil: 90 000 EUR, für Tätigkeitsvergütung und Privatentnahmen entnommener Gewinnanteil: 70 000 EUR

Ilse Grimm: Bedungenes Kapital 250 000 EUR, ausstehende Einlage am 1. Jan.: 100 000 EUR, Einzahlung auf die ausstehende Einlage am 1. Juni: 100 000 EUR, Gewinnanteil 20 000 EUR. Der Gewinnanteil wurde zum 1. Jan. des Folgejahres in ein Gesellschafterdarlehen umgewandelt.

Alfred Schmidt: Wurde zum 1. Sept. als weiterer Kommanditist aufgenommen. Seine bedungene Einlage beträgt 100 000 EUR. Davon hat er am 1. Sept. die Hälfte eingezahlt. Der Restbetrag ist ein Jahr später fällig. Sein Gewinnanteil beträgt 1 500 EUR. Diesen Betrag hat er sich auszahlen lassen.

In welcher Höhe liegt bei der KG jeweils eine

a) offene Selbstfinanzierung
b) Beteiligungsfinanzierung (Einlagenfinanzierung)
c) Eigenfinanzierung
d) Fremdfinanzierung

vor?

2.2 Beteiligungsfinanzierung am Beispiel einer Aktiengesellschaft: Kapitalerhöhung gegen Einlagen

2.2.1 Rechtliche Grundlagen der Kapitalerhöhung gegen Einlagen

Eine AG hat die Möglichkeit, sich durch die Ausgabe **junger (neuer) Aktien** zusätzliches Eigenkapital zu beschaffen **(= Kapitalerhöhung gegen Einlagen).** AktG § 182 bis 191

Dieser Vorgang wird auch als **ordentliche Kapitalerhöhung** bezeichnet.

Kap. B 7

Durch die Ausgabe zusätzlicher Aktien ändert sich das in der **Satzung** eingetragene **Grundkapital** der AG. Das macht eine **Satzungsänderung** nötig. Diese setzt wiederum einen **Beschluss der Hauptversammlung** mit einer Dreiviertelmehrheit des bei der Beschlussfassung vertretenen Grundkapitals voraus. Setzt sich das Grundkapital aus verschiedenen Aktienarten zusammen, bedarf es der Dreiviertelmehrheit für jede Aktienart. Der Beschluss der Hauptversammlung wird ins Handelsregister eingetragen. AktG § 9 § 8 (3) § 182 Abs. 1 S. 5

Der Verkaufspreis der jungen Aktien darf bei **Nennbetragsaktien** nicht unter deren Nennwert liegen. Bei Stückaktien darf der auf eine Aktie entfallende Anteil am Grundkapital (= fiktiver Nennwert) einen Euro nicht unterschreiten. Gibt die Gesellschaft **Stückaktien** aus, muss sich die Zahl der Aktien im selben Verhältnis wie das Grundkapital erhöhen. Dadurch ist gewährleistet, dass der fiktive Nennwert der Stückaktien vor und nach der Kapitalerhöhung gleich ist.

Statt Geldeinlagen ist auch eine Kapitalerhöhung mit Sacheinlagen (z. B. Grundstücke, Patente) möglich. AktG § 183

2.2.2 Emissionsverfahren[1]

Aufg. 2.2.1 S. 312

> **Die Ausgabe von Wertpapieren wird als Emission bezeichnet. Bei dem Unternehmen, welches die Wertpapiere ausgibt, handelt es sich um den Emittenten.**

Rolle der Banken bei der Aktienausgabe

Die Emission von Wertpapieren erfolgt in den meisten Fällen unter Mitwirkung von Banken, die die Beratung, Vorbereitung und Unterbringung (Platzierung[2]) der Wertpapiere übernehmen (= Fremdemission). Schaltet der Emittent mehrere Banken bei der Ausgabe von Wertpapieren ein, bilden diese ein **Emissionskonsortium**.

> **Bei einem Emissionskonsortium handelt es sich um eine zeitlich begrenzte Zusammenarbeit mehrerer Banken zur Durchführung eines bestimmten Emissionsgeschäftes.**

Innerhalb eines Konsortiums übernimmt in der Regel eine Bank (bei großen Emissionskonsortien u. U. auch mehrere Banken) die Führungsrolle als **Konsortialführer**.

Die Möglichkeiten der Unterbringung (Platzierung) der jungen Aktien hängen maßgeblich davon ab, wie viele junge Aktien zu welchem Preis (= Emissionskurs) am Kapitalmarkt verkauft werden sollen. Die Zahl der im Rahmen der Kapitalerhöhung auszugebenden jungen Aktien wird durch den Hauptversammlungsbeschluss bestimmt. Der **Ausgabekurs** muss dagegen in Abhängigkeit von den Absatzmöglichkeiten am Kapitalmarkt festgelegt werden. In welchem Umfang der AG Finanzierungsmittel

1 Emission *(lat.)*: Ausgabe (von Wertpapieren), emittere *(lat.)*: hinausschicken
2 platzieren *(franz.)*: an einen bestimmten Platz bringen; in der Kaufmannssprache: Wertpapiere unterbringen

durch die Kapitalerhöhung zufließen, ergibt sich daher erst, wenn die Emission abgeschlossen ist und festgestellt werden kann, zu welchem Kurs wie viele Aktien verkauft wurden.

Unter- und Obergrenze des Emissionskurses

AktG §§ 8 (3) 9, 182 (1), S. 5

Die **Untergrenze** des Emissionskurses ist gesetzlich festgelegt, da Aktien nicht unter ihrem (fiktiven) Nennwert ausgegeben werden dürfen. Die **Obergrenze** des Emissionskurses bildet zwangsläufig der Börsenkurs der alten Aktien zum Zeitpunkt der Kapitalerhöhung. Kein Kapitalanleger würde nämlich junge Aktien zu einem höheren Preis kaufen, als er für die gleichwertigen alten Aktien derzeit an der Börse bezahlen muss.

Die **Bestimmung des Emissionskurses** stellt ein wichtiges **Entscheidungsproblem** dar. Der Emittent bevorzugt wegen des möglichst großen Zuflusses an Finanzierungsmitteln einen hohen Emissionskurs. Für die Anleger ist der Kauf junger Aktien dagegen umso attraktiver, je geringer der Emissionskurs ist. Außerdem spielen auch die Interessen der beteiligten Banken an einer erfolgreichen Unterbringung der jungen Aktien eine Rolle.

Bookbuilding-Verfahren

Die Festlegung des Emissionskurses erfolgt inzwischen in den meisten Fällen nach dem **Bookbuilding-Verfahren.** Beim **Bookbuilding-Verfahren** orientiert sich die Festlegung des Emissionskurses vorrangig an der Nachfrage der Kapitalanleger.

In einer ersten Phase erkunden die Konsortialbanken vorab das Interesse möglicher (Groß-)Anleger an den jungen Aktien. In Anlehnung an deren unverbindliche Preisangebote wird eine **Preisspanne** festgelegt und öffentlich bekannt gegeben. Danach haben alle interessierten Anleger innerhalb einer **Zeichnungsfrist** (z.B. 10 Tage) die Möglichkeit, ihre Kaufaufträge abzugeben. Diese Kaufaufträge beinhalten einen Preis (der innerhalb der Preisspanne liegen muss) und die gewünschte Anzahl an jungen Aktien, die der Anleger zu dem von ihm genannten Preis erwerben möchte. Am Ende dieser Phase wird aus den vorliegenden Zeichnungswünschen ein **Emissionspreis** festgelegt. Alle unter diesem Emissionspreis abgegebenen Gebote werden von der Aktienvergabe ausgeschlossen. Anleger, die bereit gewesen wären, einen höheren Preis als den endgültigen Emissionspreis zu zahlen, erhalten die jungen Aktien nun zum günstigeren Emissionspreis. Sollte die vorgesehene Menge der auszugebenden jungen Aktien dabei überschritten werden (= Nachfrageüberhang durch **Überzeichnung**), muss die tatsächliche Zuteilung vom Emissionskonsortium festgelegt oder die Anzahl der auszugebenden Aktien erhöht werden.

> **Beim Bookbuilding-Verfahren werden die möglichen Aktienkäufer unmittelbar in die Ermittlung des Emissionskurses einbezogen. Sie können Kaufangebote für die jungen Aktien zu einem von ihnen innerhalb einer vorgegebenen Preisspanne bestimmten Preis abgeben.**

2.2.3 Finanzierungswirkungen

Kapitalerhöhung durch Ausgabe von Nennwertaktien

Kapitalerhöhung bei Ausgabe von Nennwertaktien

Für die **Alpha-AG** gilt vor einer Kapitalerhöhung gegen Einlagen folgende vereinfachte Bilanz:

Zusammengefasste Bilanz der Alpha-AG vor der Kapitalerhöhung (in EUR)

Aktiva		**Passiva**	
A. Anlagevermögen	7 000 000	**A. Eigenkapital**	
		I. Gezeichnetes Kapital	2 000 000
		II. Kapitalrücklage	100 000
B. Umlaufvermögen		III. Gewinnrücklagen	
1. Vorräte	1 500 000	1. gesetzliche Rücklage	150 000
2. Forderungen	1 000 000	2. andere Gewinnrücklagen	750 000
3. liquide Mittel (Bank, Kasse)	500 000	**B. Fremdkapital**	7 000 000
	10 000 000		10 000 000

Das Grundkapital der **Alpha-AG** in Höhe von 2 Mio. EUR ist in 400 000 Aktien mit einem Nennwert von 5,00 EUR je Aktie aufgeteilt. Die Hauptversammlung hat beschlossen, eine Kapitalerhöhung gegen Einlagen vorzunehmen. Das Grundkapital soll durch die Ausgabe von 100 000 jungen Aktien mit einem Nennwert von 5,00 EUR je Stück um 500 000 EUR erhöht werden. Der Ausgabekurs beträgt 7,50 EUR je Aktie. Der Kurs der alten Aktien liegt bei 10,00 EUR. Bei erfolgreicher Durchführung der Kapitalerhöhung ergeben sich für die **Alpha-AG** folgende Finanzierungswirkungen (ohne Berücksichtigung von Emissionskosten):

gesamter Mittelzufluss: 100 000 Aktien · 7,50 EUR je Stück = 750 000 EUR

Der Mittelzufluss schlägt sich zunächst auf der Aktivseite der Bilanz im Umlaufvermögen als zusätzliche liquide Mittel (Bankguthaben) nieder. Auf der Passivseite teilt sich der Betrag von 750 000 EUR im Rahmen des Eigenkapitals wie folgt auf:

Erhöhung des Grundkapitals:	100 000 Aktien · 5,00 EUR Nennwert je Stück	= 500 000 EUR
+ Erhöhung der Kapitalrücklage:	100 000 Aktien · 2,50 EUR Agio (Aufgeld) je Stück	= 250 000 EUR
= gesamte Erhöhung des Eigenkapitals	100 000 Aktien · 7,50 EUR je Stück	= 750 000 EUR

In Höhe der Summe der Nennbeträge aller ausgegebenen jungen Aktien erhöht sich das **Grundkapital** der AG (hier: 500 000 EUR). Der Teil der zugeflossenen Mittel, der über die Erhöhung des Grundkapitals hinausgeht (= Agio), schlägt sich in der Bilanzposition **Kapitalrücklage** nieder (hier: 250 000 EUR). Die Kapitalrücklage ist **Teil des Eigenkapitals**. In dieser Position werden Beträge erfasst, die nicht aus Gewinnen der AG stammen, sondern auf **Zuzahlungen der Kapitalgeber** zurückzuführen sind. HGB § 272 (2)

Der Betrag, um den der Ausgabekurs den Nennwert übersteigt, wird als Agio (Aufgeld) bezeichnet.

Die Kapitalrücklage ist Teil des Eigenkapitals. Sie umfasst Beträge, die der AG über das Grundkapital hinaus durch die Eigentümer von außen zufließen. Dies sind z. B. Beträge, die bei der Ausgabe von Aktien über den Nennbetrag hinaus erzielt werden.

Bilanzveränderungen und Bilanzkurs

Durch die Kapitalerhöhung gegen Einlagen ergeben sich für die **Alpha-AG** folgende Bilanzveränderungen:

Zusammengefasste Bilanz der Alpha-AG nach der Kapitalerhöhung (in EUR)

Aktiva		Passiva	
A. Anlagevermögen	7000000	**A. Eigenkapital**	
		I. Gezeichnetes Kapital	2500000
		II. Kapitalrücklage	350000
B. Umlaufvermögen		III. Gewinnrücklagen	
1. Vorräte	1500000	1. gesetzliche Rücklage	150000
2. Forderungen	1000000	2. andere Gewinnrücklagen	750000
3. liquide Mittel (Bank, Kasse)	1250000	**B. Fremdkapital**	7000000
	10750000		10750000

Das Verhältnis des in der Bilanz ausgewiesenen Eigenkapitals zum Grundkapital wird als Bilanzkurs bezeichnet (= Eigenkapital in % des Grundkapitals). Er kann auch als das auf **eine** Aktie entfallende Eigenkapital angegeben werden.

Kap. E 8.3.1

$$\text{Bilanzkurs in \%} = \frac{\text{bilanziertes Eigenkapital} \cdot 100}{\text{Grundkapital}}$$

oder

$$\text{Bilanzkurs (EK je Aktie)} = \frac{\text{bilanziertes Eigenkapital}}{\text{Zahl der Aktien}}$$

Der Bilanzkurs einer Aktie gibt den „inneren Wert" der Aktie an, aus dem sich ablesen lässt, wie viele in der Bilanz ausgewiesene (= offene) Rücklagen auf eine Aktie entfallen. Der Börsenkurs ist in der Regel wesentlich höher als der Bilanzkurs, da beim Bilanzkurs die (vermuteten) stillen Rücklagen nicht berücksichtigt sind.

Bilanzkurs vor der Kapitalerhöhung	*Bilanzkurs nach der Kapitalerhöhung*
$\text{Bilanzkurs} = \frac{3000000}{2000000} \cdot 100 = 150\,\%$	$\text{Bilanzkurs} = \frac{3750000}{2500000} \cdot 100 = 150\,\%$

Der Bilanzkurs einer Aktie mit 5 EUR Nennwert beträgt im vorliegenden Fall vor und nach der Kapitalerhöhung 7,50 EUR, d. h. jede Aktie ist mit 2,50 EUR an den Rücklagen beteiligt. Im vorliegenden Fall ist der Bilanzkurs nach der Kapitalerhöhung (ausnahmsweise) genauso hoch wie vor der Kapitalerhöhung. Das ist dadurch bedingt, dass der Ausgabekurs der jungen Aktien (7,50 EUR) genau dem bisherigen Bilanzkurs (150 % von 5,00 EUR) entspricht. Je nach Höhe des Ausgabekurses ist der Bilanzkurs nach der Kapitalerhöhung normalerweise höher oder niedriger als vorher.

Kapitalerhöhung durch Ausgabe von Stückaktien

Wenn das Grundkapital einer AG nicht in Nennwertaktien, sondern in Stückaktien (nennwertlose Aktien) zerlegt ist, ergeben sich bei einer Kapitalerhöhung folgende Auswirkungen:

Kapitalerhöhung durch Ausgabe von Stückaktien

Für die **Xenos-AG** gilt vor einer Kapitalerhöhung gegen Einlagen folgende vereinfachte Bilanz:

Zusammengefasste Bilanz der Xenos-AG vor der Kapitalerhöhung (in EUR)

Aktiva		Passiva	
A. Anlagevermögen	9 000 000	**A. Eigenkapital**	
		I. Gezeichnetes Kapital	4 000 000
		II. Kapitalrücklage	200 000
B. Umlaufvermögen		III. Gewinnrücklagen	
1. Vorräte	1 500 000	1. gesetzliche Rücklage	200 000
2. Forderungen	1 000 000	2. andere Gewinnrücklagen	600 000
3. liquide Mittel (Bank, Kasse)	500 000	**B. Fremdkapital**	7 000 000
	12 000 000		12 000 000

Das Grundkapital der **Xenos-AG** in Höhe von 4 Mio. EUR ist in 2 Mio. Stückaktien aufgeteilt. Der fiktive Nennwert je Aktie beträgt somit 2,00 EUR (4 Mio. EUR Grundkapital/2 Mio. Stückaktien). Die Hauptversammlung der **Xenos-AG** hat eine Erhöhung des Grundkapitals gegen Einlagen um 1 Mio. EUR beschlossen. Das bedeutet eine Kapitalerhöhung im Verhältnis 4 : 1. Da die Zahl der Aktien im selben Verhältnis wie das Grundkapital erhöht werden muss, müssen 500 000 junge Aktien ausgegeben werden. Nach der Kapitalerhöhung beträgt dann der fiktive Nennwert je Aktie nach wie vor 2,00 EUR (5 Mio. EUR Grundkapital/2,5 Mio. Aktien). Bei einem Ausgabekurs von 3,00 EUR und einem Kurs der alten Aktien von 4,00 EUR ergeben sich für die **Xenos-AG** folgende Finanzierungswirkungen (ohne Berücksichtigung von Emissionskosten):

gesamter Mittelzufluss: 500 000 Aktien · 3,00 EUR je Stück = 1 500 000 EUR

Der Mittelzufluss schlägt sich zunächst auf der Aktivseite der Bilanz im Umlaufvermögen als zusätzliche liquide Mittel (Bankguthaben) nieder. Auf der Passivseite teilt sich der Betrag von 1,5 Mio. EUR im Rahmen des Eigenkapitals wie folgt auf:

Erhöhung des Grundkapitals:	500 000 Aktien · 2,00 EUR fiktiver Nennwert je Stück	= 1 000 000 EUR
+ Erhöhung der Kapitalrücklage:	500 000 Aktien · 1,00 EUR Agio (Aufgeld) je Stück	= 500 000 EUR
= gesamte Erhöhung des Eigenkapitals	500 000 Aktien · 3,00 EUR je Stück	= 1 500 000 EUR

Zusammengefasste Bilanz der Xenos-AG nach der Kapitalerhöhung (in EUR)

Aktiva		Passiva	
A. Anlagevermögen	9 000 000	**A. Eigenkapital**	
		I. Gezeichnetes Kapital	5 000 000
		II. Kapitalrücklage	700 000
B. Umlaufvermögen		III. Gewinnrücklagen	
1. Vorräte	1 500 000	1. gesetzliche Rücklage	200 000
2. Forderungen	1 000 000	2. andere Gewinnrücklagen	600 000
3. liquide Mittel (Bank, Kasse)	2 000 000	**B. Fremdkapital**	7 000 000
	13 500 000		13 500 000

Bei der Ausgabe von Stückaktien muss die Zahl der Stückaktien im selben Verhältnis wie das Grundkapital erhöht werden.

AktG § 182 (1), S. 5

Bilanzkurs

Bilanzkurs vor der Kapitalerhöhung	*Bilanzkurs nach der Kapitalerhöhung*
$\text{Bilanzkurs} = \frac{5\,000\,000}{4\,000\,000} \cdot 100 = 125\,\%$	$\text{Bilanzkurs} = \frac{6\,500\,000}{5\,000\,000} \cdot 100 = 130\,\%$

Der Bilanzkurs einer Aktie mit einem fiktiven Nennwert von 2 EUR beträgt im vorliegenden Fall vor der Kapitalerhöhung 2,50 EUR und nach der Kapitalerhöhung 2,60 EUR. Vor der Kapitalerhöhung war jede Aktie mit 0,50 EUR und nach der Kapitalerhöhung mit 0,60 EUR an den Rücklagen beteiligt. Da der Ausgabekurs der jungen Aktien (3,00 EUR) über dem Bilanzkurs lag, sind die Rücklagen im Verhältnis zum Grundkapital stärker gestiegen. Der Bilanzkurs hat sich erhöht.

2.2.4 Bezugsrecht der Altaktionäre

Zweck des Bezugsrechts

Aufg. 2.2.2 S. 313

Jeder Altaktionär hat das Recht, eine bestimmte Anzahl junger Aktien zum Emissionskurs zu kaufen. Dieses Recht wird als **Bezugsrecht** bezeichnet. Jedem Altaktionär muss von den jungen Aktien ein solcher Anteil zum Kauf angeboten werden, der seinem bisherigen Anteil am Grundkapital entspricht.

AktG § 186

Bezugsrecht

Von den 400 000 Aktien der **Alpha-AG** hat ein Aktionär 40 000 Stück (= 10 %) erworben. Wenn im Rahmen einer Kapitalerhöhung 100 000 junge Aktien ausgegeben werden, verfügt der Aktionär nur noch über 8 % der auf insgesamt 500 000 Stück gestiegenen Aktienzahl, wenn er keine zusätzlichen Aktien kauft. Ihm wird daher die Möglichkeit gegeben, von den 100 000 jungen Aktien 10 % (= 10 000 Stück) zu beziehen. Anders ausgedrückt: Für vier alte Aktien kann er eine junge Aktie beziehen (Bezugsverhältnis 4 : 1). Nimmt er dieses Recht wahr, verfügt er über 50 000 Aktien und somit wieder über 10 % der neuen Aktienzahl von 500 000 Stück.

Das Bezugsrecht bei einer Kapitalerhöhung ist das Recht eines Altaktionärs, junge Aktien zum Emissionskurs (= Bezugskurs) zu erwerben. Die Menge der jungen Aktien, die ein Altaktionär auf diese Weise erwerben kann, ist durch seinen bisherigen Anteil am Grundkapital bestimmt.

Bezugsverhältnis

Der Umfang der einem Altaktionär zustehenden jungen Aktien lässt sich auch durch das Verhältnis ausdrücken, in dem das bisherige Grundkapital durch die Kapitalerhöhung steigt.

Bezugsverhältnis

Das Grundkapital der **Alpha-AG** in Höhe von 2 Mio. EUR ist in 400 000 Aktien mit einem Nennwert von 5,00 EUR je Aktie aufgeteilt. Das Grundkapital soll durch die Ausgabe von 100 000 jungen Aktien mit einem Nennwert von 5,00 EUR je Stück um 500 000 EUR erhöht werden. Das Grundkapital erhöht sich um 500 000 EUR von bisher 2 Mio. EUR auf jetzt 2,5 Mio. EUR. Das entspricht einer Kapitalerhöhung im Verhältnis von 4 : 1. Jeder Altaktionär erhält somit das Recht, seinen Aktienbestand ebenfalls im gleichen Verhältnis zu erhöhen. Er kann für 4 alte Aktien 1 junge Aktie zum Emissionskurs (= Bezugskurs) erwerben. Dieses Verhältnis wird als **Bezugsverhältnis** bezeichnet.

Das Bezugsverhältnis gibt das Verhältnis der Anzahl der alten zu den jungen Aktien an, zu dem die jungen Aktien bezogen werden können. Bei einem Bezugsverhältnis von z. B. 5 : 2 können für 5 alte Aktien 2 junge bezogen werden.

Das Bezugsverhältnis entspricht dem Verhältnis der Kapitalerhöhung.

Bezugsverhältnis = altes Grundkapital : Kapitalerhöhung

Jeder Altaktionär erhält also im gleichen Verhältnis wie das Grundkapital erhöht wird ein Vorkaufsrecht auf junge Aktien. Durch die Einräumung des Bezugsrechts wird zweierlei bewirkt:

Aufrechterhaltung der Beteiligungs- und Stimmrechtsverhältnisse	Ausgleich von Vermögensnachteilen
Die bisherigen **Beteiligungs- und Stimmrechtsverhältnisse** können sich aufgrund des Bezugsrechts nicht gegen den Willen eines Altaktionärs verändern.	**Vermögensnachteile** eines Altaktionärs können durch das Bezugsrecht ausgeglichen werden. Die Vermögensnachteile entstehen dadurch, dass der bisherige Börsenkurs der alten Aktien sinkt, wenn zusätzliche junge Aktien zu einem niedrigeren Preis als dem derzeitigen Börsenkurs angeboten werden.

Kursverwässerung – Mittelkurs

Da der Emissionskurs der jungen Aktien unter dem bisherigen Börsenkurs der alten Aktien liegt, sinkt der bisherige Börsenkurs der alten Aktien **(= Kursverwässerung)**. Es bildet sich ein **Mittelkurs ($K_Ø$)**, der unter dem Kurs der alten Aktien **(K_a)** und über dem Emissionskurs der jungen Aktien **(K_j)** liegt. Bei dem neuen Kurs erzielen folglich die Inhaber der jungen Aktien Kursgewinne, während die Inhaber der alten Aktien entsprechende Kursverluste hinnehmen müssen. Durch das Bezugsrecht sollen diese Kursgewinne und Kursverluste ausgeglichen werden.

Ermittlung des rechnerischen Mittelkurses

Der rechnerische Mittelkurs nach der Kapitalerhöhung ergibt sich als gewogenes arithmetisches Mittel aus den Kursen der alten und der jungen Aktien.

Ermittlung des rechnerischen Mittelkurses

Für die Kapitalerhöhung der **Alpha-AG** liegen folgende Zahlen vor *(vgl. Bsp. S. 301/302)*:

	Nennwert in EUR	Zahl der Aktien	Kurs je Aktie in EUR	Gesamtkurswert in EUR
vor der Kapitalerhöhung	Grundkapital: 2 000 000	alte Aktien (a) 400 000	alte Aktien (K_a) 10,00	4 000 000
Kapitalerhöhung	Kapitalerhöhung 500 000	junge (neue) Aktien (j) 100 000	junge (neue) Aktien (K_j) 7,50	750 000
nach der Kapitalerhöhung	Grundkapital 2 500 000	insgesamt 500 000	rechnerischer Mittelkurs ($K_Ø$)	?

Daraus lässt sich der rechnerische Mittelkurs wie folgt ermitteln:

$$\underset{(K_Ø)}{\text{Mittelkurs}} = \frac{\underset{(a)}{400\,000} \cdot \underset{(K_a)}{10} + \underset{(j)}{100\,000} \cdot \underset{(K_j)}{7{,}50}}{\underset{(a)}{400\,000} + \underset{(j)}{100\,000}} = 9{,}50 \text{ EUR je Aktie mit Nennwert } 5{,}00 \text{ EUR}$$

$$\textbf{Mittelkurs } (K_Ø) = \frac{\text{Zahl der alten Aktien (a)} \cdot \text{Kurs der alten Aktien } (K_a) + \text{Zahl der jungen Aktien (j)} \cdot \text{Kurs der jungen Aktien } (K_j)}{\text{Zahl der alten Aktien (a)} + \text{Zahl der jungen Aktien (j)}}$$

Ermittlung des Mittelkurses mit Hilfe des Bezugsverhältnisses

Die Ermittlung des rechnerischen Mittelkurses kann auch mit Hilfe des Bezugsverhältnisses erfolgen.
Das Bezugsverhältnis beträgt im vorliegenden Fall 4 : 1.

4 alte Aktien (a) zum Börsenkurs (K_a)	40,00 EUR
1 junge Aktie (j) zum Bezugskurs (K_j)	7,50 EUR
5 Aktien (Gesamtwert)	47,50 EUR
Durchschnittskurs (rechnerischer Mittelkurs $K_Ø$) je Aktie = 47,50 : 5	9,50 EUR

Der **rechnerische Mittelkurs** ist eine theoretische Größe. In Wirklichkeit erreicht der neue Kurs nach der Kapitalerhöhung oft den alten Börsenkurs oder überschreitet diesen sogar. Die **tatsächliche Entwicklung des Börsenkurses** hängt vom Angebots- und Nachfrageverhalten der Aktionäre ab, das durch unterschiedliche Erwartungen im Hinblick auf die Geschäftslage des Unternehmens beeinflusst wird. Die erste Börsennotierung nach Beginn der Bezugfrist erfolgt mit dem Kurszusatz „ex Bezugsrecht".

Auswirkungen der Kapitalerhöhung der Alpha-AG auf den Aktienkurs

1. Für jede alte Aktie ergibt sich im Vergleich zum bisherigen Börsenkurs (10,00 EUR) durch das Absinken auf den Mittelkurs (9,50 EUR) ein rechnerischer Kursverlust von 0,50 EUR.
2. Für jede junge Aktie ergibt sich im Vergleich zum Emissionskurs (7,50 EUR) durch die Herausbildung eines Mittelkurses (9,50 EUR) ein rechnerischer Kursgewinn von 2,00 EUR.

Bezugsrecht als Entschädigung für den Altaktionär

Würde ein Altaktionär für den Kursverlust seiner Aktien keine Entschädigung erhalten, hätte er durch die Kapitalerhöhung einen Vermögensverlust. Durch die Einräumung eines **Bezugsrechts** wird dieser Vermögensverlust wieder ausgeglichen. Dabei sind **zwei Fälle** zu unterscheiden:

❶ **Der Altaktionär übt sein Bezugsrecht aus und erwirbt junge Aktien.**

❷ **Der Altaktionär möchte keine jungen Aktien erwerben und übt sein Bezugsrecht nicht aus.**

Ausübung des Bezugsrechts: Altaktionär kauft junge Aktien

Wenn ein Altaktionär an der Kapitalerhöhung teilnehmen möchte, muss er innerhalb der Bezugsfrist (mindestens zwei Wochen) sein Bezugsrecht zum Kauf neuer Aktien ausüben. In diesem Fall ergibt sich folgende Situation:

Ausübung des Bezugsrechts bei der Kapitalerhöhung der Alpha-AG

Börsenkurs (K_a): 10,00 EUR, Emissionskurs (K_j): 7,50 EUR, rechnerischer Mittelkurs ($K_ø$): 9,50 EUR
Das Bezugsverhältnis beträgt 4 : 1.
Jeder Altaktionär kann also für 4 alte Aktien (= 4 Bezugsrechte) 1 junge Aktie zum Emissionskurs (Bezugskurs) erwerben.

	1	2	3	4	5	6	7
	Zahl	alter Kurs K_a	Emissionskurs (Bezugskurs) K_j	Mittelkurs $K_ø$	Kurswert vor der Kapitalerhöhung (1) · (2) bzw. (1) · (3)	Kurswert nach der Kapitalerhöhung (1) · (4)	Differenz der Kurswerte (6) – (5)
alte Aktien (a)	4	10,00 EUR		9,50 EUR	40,00 EUR	38,00 EUR	– 2,00 EUR
junge Aktien (j)	1		7,50 EUR	9,50 EUR	7,50 EUR	9,50 EUR	+ 2,00 EUR
Insgesamt					47,50 EUR	47,50 EUR	0,00 EUR

Ergebnis: Bei Ausübung des Bezugsrechts erleidet der Altaktionär keinen Vermögensnachteil, da der Kursverlust der alten Aktien durch den Kursgewinn der jungen Aktien genau ausgeglichen wird.

Nimmt ein Altaktionär sein Bezugsrecht wahr, wird der Kursverlust der alten Aktien rechnerisch durch den Kursgewinn der jungen Aktien ausgeglichen. Er erleidet also keinen Vermögensnachteil.

Verzicht auf die Ausübung des Bezugsrechts: Altaktionär verkauft seine Bezugsrechte

Wenn ein Altaktionär nicht an der Kapitalerhöhung teilnimmt und sein Bezugsrecht zum Kauf junger Aktien nicht ausübt, kann er die **Bezugsrechte** an der **Börse** verkaufen lassen.

Die Bezugsrechte werden mindestens zwei Wochen lang an der Börse gehandelt. Am letzten Tag des Bezugsrechthandels werden automatisch alle Bezugsrechte der Aktionäre verkauft, die an der Kapitalerhöhung nicht teilnehmen wollen.

> Ein Altaktionär erhält genauso viele Bezugsrechte, wie er alte Aktien hat. Die Bezugsrechte zum Erwerb junger Aktien können an der Börse veräußert werden.

Der **Preis**, der sich an der **Börse** für das **Bezugsrecht** ergibt, entspricht rechnerisch der Differenz zwischen dem Kurs der alten Aktien und dem rechnerischen Mittelkurs **(= rechnerischer Wert des Bezugsrechts)**.

> Rechnerischer Wert des Bezugsrechts = Kurs der alten Aktie (K_a) – rechnerischer Mittelkurs ($K_Ø$).

Rechnerischer Wert des Bezugsrechts bei der Kapitalerhöhung der Alpha-AG

Börsenkurs (K_a): 10,00 EUR, Emissionskurs (K_j): 7,50 EUR, rechnerischer Mittelkurs ($K_Ø$): 9,50 EUR

Wert des Bezugsrechts = 10,00 EUR – 9,50 EUR = 0,50 EUR

Verzicht auf die Ausübung des Bezugsrechts bei der Kapitalerhöhung der Alpha-AG

Ein Altaktionär mit 4 Aktien erhält 4 Bezugsrechte. Der Altaktionär veräußert diese Bezugsrechte an der Börse. Bei einem Bezugsverhältnis von 4 : 1 muss ein neuer Aktionär, der sich im Rahmen der Kapitalerhöhung an der AG beteiligen möchte, für 1 junge Aktie 4 Bezugsrechte als „Eintrittsgeld" an der Börse erwerben.

neuer Aktionär		alter Aktionär	
Kauf: 4 Bezugsrechten zu je 0,50 EUR	2,00 EUR	**vorher:** 4 alte Aktien zum Kurs von je 10,00 EUR	40,00 EUR
Kauf: 1 junge Aktie zum Emissionskurs	7,50 EUR	– Kursrückgang: 4 alte Aktien · 0,50 EUR + Verkauf der Bezugsrechte: 4 Bezugsrechte · 0,50 EUR	2,00 EUR 2,00 EUR
Gesamtkosten für 1 junge Aktie	9,50 EUR	**nachher:** 4 Aktien zum Kurs von je 9,50 EUR zuzüglich Verkaufserlös 2,00 EUR	40,00 EUR

Ergebnis: Wenn ein Altaktionär nicht an der Kapitalerhöhung teilnimmt, sondern die ihm zustehenden Bezugsrechte an der Börse verkauft, erleidet er keinen Vermögensnachteil, da der Erlös aus dem Verkauf der Bezugsrechte den Kursverlust der alten Aktien genau ausgleicht.

> Verkauft ein Altaktionär seine Bezugsrechte anstatt an der Kapitalerhöhung teilzunehmen, so wird der Kursverlust der alten Aktien rechnerisch durch den Erlös aus dem Verkauf der Bezugsrechte ausgeglichen. Er erleidet also keinen Vermögensnachteil.

Formel zur Ermittlung des Werts des Bezugsrechts (Bezugsrechtsformel)

Der rechnerische **Wert des Bezugsrechts** lässt sich auch mit Hilfe einer **Formel** ermitteln, die sich aus den bereits dargestellten Zusammenhängen wie folgt ergibt:

Herleitung der Bezugsrechtsformel

a = Zahl der alten Aktien; j = Zahl der jungen Aktien; a/j = Bezugsverhältnis
K_a = Kurs der alten Aktien; K_j = Kurs der jungen Aktien; $K_\varnothing$ = Mittelkurs
B = rechnerischer Wert des Bezugsrechts

(1) Mittelkurs $K_\varnothing = \dfrac{a \cdot K_a + j \cdot K_j}{a + j}$ (2) Wert des Bezugsrechts: $B = K_a - K_\varnothing$

Durch Einsetzen von (1) in (2) ergibt sich:

$$B = K_a - \frac{a \cdot K_a + j \cdot K_j}{a + j} = \frac{(a + j) \cdot K_a - (a \cdot K_a + j \cdot K_j)}{a + j} = \frac{a \cdot K_a + j \cdot K_a - a \cdot K_a - j \cdot K_j}{a + j}$$

$$= \frac{j \cdot (K_a - K_j)}{a + j} = \frac{(K_a - K_j)}{\frac{a}{j} + 1}$$

Wert des Bezugsrechts (B) = $\dfrac{K_a - K_j}{\frac{a}{j} + 1}$

$$B = \frac{10{,}00\ \text{EUR} - 7{,}50\ \text{EUR}}{\frac{4}{1} + 1} = \frac{2{,}50\ \text{EUR}}{5} = 0{,}50\ \text{EUR}$$

Aufg. 2.2.3 S. 314

Der Wert des Bezugsrechts hängt vom Börsenkurs der alten Aktien, dem Emissionskurs (Bezugskurs) und dem Bezugsverhältnis ab.

Ausschluss des Bezugsrechts

Aufg. 2.2.4 S. 314

AktG § 186 (3)

In bestimmten Fällen kann das Bezugsrecht ganz oder teilweise ausgeschlossen werden. Dem muss die Hauptversammlung im Zusammenhang mit dem Beschluss über die Kapitalerhöhung mit einer Dreiviertelmehrheit des bei der Beschlussfassung vertretenen Grundkapitals zustimmen.

Ein Ausschluss des Bezugsrechts kommt u. a. dann in Betracht, wenn
- die Kapitalerhöhung 10 % des Grundkapitals nicht übersteigt,
- der Emissionskurs den Börsenkurs nicht wesentlich unterschreitet (bis ca. 5 %) und somit der Wert des Bezugsrechts – im Verhältnis zum organisatorischen Aufwand – gering ist,
- ein anderes Unternehmen durch Übergabe von neuen Aktien erworben werden soll,
- die neuen Aktien als Belegschaftsaktien verwendet werden sollen.

Bei Ausschluss des Bezugsrechts erleiden die Altaktionäre nur dann keinen Verlust, wenn die neuen Aktien zum gegenwärtigen Börsenkurs ausgegeben werden ($K_a = K_j$) und damit der Wert des Bezugsrechts null ist.

2.2.5 Vor- und Nachteile der Beteiligungsfinanzierung einer AG

Im Vergleich zu einer Kreditfinanzierung ergeben sich für die Beteiligungsfinanzierung einer AG u. a. folgende Vor- und Nachteile:

Vorteile der Beteiligungsfinanzierung	Nachteile der Beteiligungsfinanzierung
■ Vergrößerung der Eigenkapital- und damit der Haftungsbasis ■ verbesserte Chancen der Fremdkapitalbeschaffung durch Verbesserung der Kreditwürdigkeit ■ keine Rückzahlungspflichten ■ Im Falle eines Jahresfehlbetrages besteht kein Dividendenanspruch der Aktionäre (allerdings ist eine Auflösung von Gewinnrücklagen möglich).	■ Mitspracherecht der Aktionäre ■ Bei schlechter Kapitalmarktsituation kann die Eigenkapitalbeschaffung schwierig sein.

Aufg. 2.2.5 S. 315

Zusammenfassende Übersicht zu Kap. 2.2: Beteiligungsfinanzierung am Beispiel einer Aktiengesellschaft: Kapitalerhöhung gegen Einlagen

Kapitalerhöhung gegen Einlagen

= Eigenkapitalbeschaffung durch Ausgabe junger Aktien

↓

Voraussetzung: Beschluss der HV mit $^3/_4$-Mehrheit des vertretenen Grundkapitals
AktG § 182

Bei Stückaktien: Zahl der Aktien muss im selben Verhältnis wie das Grundkapital erhöht werden.
AktG § 182 (1) S. 5

Emissionsverfahren

↓

Emissionskonsortium (Banken)

Interessen der AG →	**Festsetzung des Emissionskurses**	← **Interessen der Aktionäre**
Untergrenze: (fikiver) Nennwert	**Bookbuilding-Verfahren**	**Obergrenze: Börsenkurs**

Finanzierungswirkungen

Zahl der jungen Aktien · (fiktiver) Nennwert	→	**Grundkapitalerhöhung**
Zahl der jungen Aktien · Agio	→	**Erhöhung der Kapitalrücklage**
Zahl der jungen Aktien · Emissionskurs = Zufluss von Finanzierungsmittel	→	**Eigenkapitalerhöhung**

Bezugsrecht der Altaktionäre

Aufrechterhaltung der Kapitalbeteiligungs- und Stimmrechtsverhältnisse	**Ausgleich für den Vermögensverlust durch „Kursverwässerung"**

Bezugsverhältnis: altes Grundkapital : Kapitalerhöhung = a : j

Mittelkurs: $K_ø = (a \cdot K_a + j \cdot K_j) / (a + j)$

Kursgewinn für junge Aktien	**Kursverlust für alte Aktien**

Altaktionär übt Bezugsrecht aus	**Altaktionär übt Bezugsrecht nicht aus**
Kursgewinn junge Aktien = Kursverlust alte Aktien ↓ **kein Vermögensverlust**	**Verkauf der Bezugsrechte an der Börse** rechnerischer Wert des Bezugsrechts: **$B = K_a - K_ø$** oder Bezugsrechtsformel: **$B = (K_a - K_j) / (a/j + 1)$** Kursverlust alte Aktien = Verkaufserlös Bezugsrechte ↓ **kein Vermögensverlust**

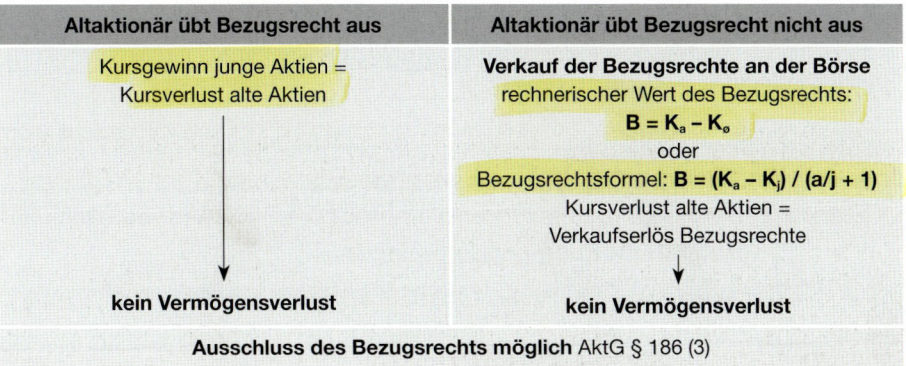

Ausschluss des Bezugsrechts möglich AktG § 186 (3)

Fragen zur Wiederholung

zu Kapitel 2.2 Beteiligungsfinanzierung am Beispiel einer Aktiengesellschaft: Kapitalerhöhung gegen Einlagen

2.2.1 Rechtliche Grundlagen der Kapitalerhöhung gegen Einlagen

1. Welche rechtlichen Voraussetzungen müssen für eine Kapitalerhöhung gegen Einlagen erfüllt sein?
2. Nennen Sie die Untergrenze für den Verkaufspreis von jungen Aktien.

2.2.2 Emissionsverfahren

1. Was ist ein Emissionskonsortium?
2. Was ist der Emissionskurs?
3. Welche Größe bildet die Obergrenze für den Emissionskurs?
4. Welche verschiedenen Interessen verfolgen der Emittent und die Aktionäre bei der Festlegung des Emissionskurses?
5. Erläutern Sie das Bookbuilding-Verfahren zur Ermittlung des Emissionskurses.

2.2.3 Finanzierungswirkungen

1. Was ist eine Über-pari-Emission?
2. Was ist das Agio?
3. Wie kommt die Bilanzposition „Kapitalrücklage" bei einer AG zustande?
4. Welche Bilanzpositionen auf der Passivseite ändern sich bei einer Über-pari-Emission im Zusammenhang mit einer Kapitalerhöhung gegen Einlagen?
5. Welche Vorschrift gilt bei der Ausgabe von Stückaktien für die Zahl der Aktien im Zusammenhang mit einer Kapitalerhöhung gegen Einlagen?

2.2.4 Bezugsrecht der Altaktionäre

1. Was ist das Bezugsrecht und welche Zwecke erfüllt es?
2. Was ist das Bezugsverhältnis und wie wird es ermittelt?
3. Was ist unter einer „Kursverwässerung" zu verstehen und wie entsteht sie im Zusammenhang mit der Kapitalerhöhung gegen Einlagen?
4. Was ist der rechnerische Mittelkurs und wie wird er ermittelt?
5. Warum erleidet ein Altaktionär keinen Vermögensverlust, wenn er sein Bezugsrecht wahrnimmt?
6. Was ist der rechnerische Wert des Bezugsrechts und wie wird er ermittelt?
7. Warum erleidet ein Altaktionär keinen Vermögensverlust, wenn er sein Bezugsrecht nicht selbst wahrnimmt?
8. Wie lautet die Bezugsrechtsformel?
9. Welche rechtliche Voraussetzung muss für den Ausschluss des Bezugsrechts erfüllt sein?
10 In welchen Fällen kann es zu einem Ausschluss des Bezugsrechts kommen?

2.2.5 Vor- und Nachteile der Beteiligungsfinanzierung der AG

1. Nennen Sie Vor- und Nachteile einer Beteiligungsfinanzierung der AG im Vergleich zu einer Kreditfinanzierung.

Aufgaben und Probleme

LA

zu Kapitel 2.2 Beteiligungsfinanzierung am Beispiel einer Aktiengesellschaft: Kapitalerhöhung gegen Einlagen

2.2.1 Kapitalerhöhung gegen Einlagen – Festlegung des Ausgabekurses

Zur Erschließung eines Gewerbegebietes wurde die Südbaden-Technologiepark AG gegründet und mit einem Grundkapital von 120 Mio. EUR in das Handelsregister eingetragen. Das Grundkapital ist auf 6 Mio. Stückaktien aufgeteilt. Am Grundkapital der AG sind die Südbaden-Bank AG mit 65 Mio. EUR und die Gesellschaft zur Technologieförderung Regio Breisgau mbH mit 47 Mio. EUR beteiligt. Der Rest der Aktien wurde von den Grundstückseigentümern des Gewerbegebietes Hans und Jakob Dreisamtäler zu gleichen Teilen übernommen.

1. Berechnen Sie,
   a) den fiktiven Nennwert einer Stückaktie,
   b) wie viele Aktien der AG Hans Dreisamtäler besitzt.
2. Die Aktie wird zum amtlichen Börsenhandel zugelassen. Nach einiger Zeit wird deutlich, dass das Kapital der AG für das ehrgeizige Projekt eines Technologieparks nicht ausreicht. Die Finanzierungslücke von 19,2 Mio. EUR soll durch eine Kapitalerhöhung gegen Einlagen geschlossen werden. Dazu wird das Grundkapital um 10 % erhöht. Emissionskosten in Höhe von 600 000 EUR sollen ebenfalls durch die Kapitalerhöhung gedeckt werden. Der Kurs der alten Aktie liegt bei 40,50 EUR.
   a) Welche Gesichtspunkte müssen bei der Festlegung des Ausgabekurses berücksichtigt werden?
   b) Wie hoch ist im vorliegenden Fall die (theoretische) Ober- bzw. Untergrenze für den Ausgabekurs?
   c) Zu welchem Kurs müssen die jungen Aktien im vorliegenden Fall mindestens ausgegeben werden, um den Finanzbedarf zu decken?
3. Ein Bankenkonsortium übernimmt alle aus der Kapitalerhöhung stammenden Aktien. Der Ausgabekurs soll im Bookbuilding-Verfahren ermittelt werden.
   a) Welche Aufgabe kommt dem Bankenkonsortium bei der Kapitalerhöhung zu?
   b) Warum wurde für die Ausgabe der jungen Aktien kein fester Ausgabekurs festgelegt?
   c) Nachdem alle interessierten Kapitalanleger ihr Kaufangebot abgegeben haben, wird der Ausgabekurs je junge Stückaktie auf 35,00 EUR festgelegt. Ermitteln Sie den rechnerischen Mittelkurs der Aktie nach der Kapitalerhöhung.

2.2.2 Kapitalerhöhung gegen Einlagen – Bezugsrecht

In der Hauptversammlung der Solar AG schlägt der Vorstand eine Erhöhung des Grundkapitals um 6 Mio. EUR auf 30 Mio. EUR vor. Die jungen Aktien nehmen an der Dividende des laufenden Jahres in vollem Umfang teil. Die voraussichtliche Dividendenausschüttung beträgt wie im Vorjahr 0,70 EUR je Aktie. Ein Bankenkonsortium unter Führung der Invest Bank AG soll die jungen Aktien, die einen Nennwert von 5,00 EUR aufweisen, zu einem Ausgabekurs von 7,00 EUR je Aktie anbieten. Der Kurs der alten Aktie liegt zum Zeitpunkt der Kapitalerhöhung bei 20,00 EUR je 5,00 EUR Nennwert.

1. Ermitteln Sie unter der Annahme, dass der Vorschlag des Vorstands realisiert wird,
   a) das Bezugsverhältnis,
   b) den rechnerischen Mittelkurs,
   c) den rechnerischen Wert des Bezugsrechts,
   d) den Zufluss an flüssigen Mitteln und die Höhe des Agios,
   e) die notwendigen liquiden Mittel für die Dividendenzahlung.
2. Die Vereinigung zum Schutz der Kleinaktionäre hat in der Hauptversammlung folgenden Vorschlag für die Kapitalerhöhung zur Diskussion gestellt, der aber abgelehnt wurde: Kapitalerhöhung im Verhältnis 3 : 1, Ausgabekurs der jungen Aktien: 6,00 EUR je 5,00 EUR-Aktie.
   a) Erläutern Sie die Unterschiede zum Vorschlag des Vorstands.
   b) Begründen Sie, warum die Kleinaktionäre vermutlich für diesen Vorschlag gestimmt haben.
   c) Bei der Hauptversammlung waren 20 Mio. EUR Grundkapital vertreten. Wie viele Stimmen wären für die Durchsetzung des Vorschlags der Kleinaktionäre nötig gewesen?
   d) Wie hoch wäre der Zufluss an flüssigen Mitteln und das Agio in diesem Fall gewesen?
   e) Wie viele liquide Mittel wären in diesem Fall für die Dividendenzahlung nötig gewesen?
3. Der Vorschlag des Vorstands wird wie geplant angenommen und umgesetzt. Beantworten Sie auf dieser Basis folgende Fragen im Zusammenhang mit dem Erwerb junger Aktien:
   a) Aus welchen Gründen hat der Gesetzgeber ein Bezugsrecht auf junge Aktien vorgeschrieben?
   b) Aktionär Abele verfügt über 100 alte Aktien. Wie viele Bezugsrechte muss er hinzukaufen, wenn er 50 junge Aktien erwerben will?
   c) Aktionär Bayer verfügt über 80 alte Aktien. Wie viele junge Aktien kann er kaufen, wenn er noch insgesamt 1 010 EUR anlegen will?

4. Aktionär Casiani verfügt über 24 000 Aktien.
   a) Welchen Vermögensverlust je alter Aktie erleidet er durch die Kapitalerhöhung?
   b) Wie viele junge Aktien muss er erwerben, um nach der Grundkapitalerhöhung den gleichen Anteil am Grundkapital zu haben wie vorher?
   c) Weisen Sie nach, dass Casiani durch die Kapitalerhöhung rechnerisch keinen Vermögensnachteil erlitten hat.
   d) Casiani möchte unter Verwendung seiner Bezugsrechte 6 000 junge Aktien erwerben. Wie viel EUR muss er dafür bezahlen?

2.2.3 Kapitalerhöhung – Zahl der Aktien – Bezugsrecht

Für verschiedene Fälle von Kapitalerhöhungen gegen Einlagen stehen folgende Angaben zur Verfügung.

Fall 1:

Kurs der Aktien (Nennwert: 5,00 EUR)		Grundkapital	
alte Aktien	junge Aktien	vorher	nachher
180	160	20 Mio.	25 Mio.

Fall 2:

Kurs der Stückaktien		Grundkapital	
alte Aktien (25 Mio. Stück)	junge Aktien	vorher	nachher
245	210	50 Mio.	70 Mio.

Ermitteln Sie für beide Fälle
a) die Zahl der Aktien vor und nach der Kapitalerhöhung,
b) den rechnerischen Wert des Bezugsrechts, wenn die jungen Aktien für das laufende Geschäftsjahr voll dividendenberechtigt sind.

2.2.4 Kapitalerhöhung und Beteiligungsquote – Ausschluss des Bezugsrechts

Die Alpha-AG ist am Grundkapital der Xenos-AG, das 10 Mio. EUR beträgt, mit 24 % beteiligt. Der Kurs der 5 Mio. Xenos-Stückaktien notiert derzeit bei 10 EUR. Aufgrund von Übernahmegerüchten ist er in jüngster Zeit erheblich gestiegen. Der Vorstand der Xenos-AG schlägt der Hauptversammlung eine Erhöhung des Grundkapitals um 10 % vor. Der Ausgabekurs der jungen Aktien soll bei 9,50 EUR liegen. Das Bezugsrecht soll ausgeschlossen werden.

1. Prüfen Sie, ob im vorliegenden Fall der Ausschluss des Bezugsrechts zulässig ist.
2. Welche Mehrheitsverhältnisse in der Hauptversammlung sind für den Ausschluss des Bezugsrechts nötig?
3. Welche Nachteile erleidet ein Altaktionär, wenn das Bezugsrecht ausgeschlossen wird?
4. Welches Interesse könnte die Alpha-AG daran haben, ihre Beteiligung auf knapp über 25 % zu erhöhen?
5. Auf wie viel Prozent würde die Beteiligung der Alpha-AG an der Xenos-AG sinken, wenn die Xenos-AG keine jungen Aktien kauft?
6. Unmittelbar nach der Bekanntmachung des Bezugsrechtsausschlusses steigt der Börsenkurs der Xenos-Aktie auf 14,00 EUR, weil an der Börse weiterhin eine Übernahme der Xenos-AG durch ein anderes Unternehmen vermutet wird. Welchen Betrag müsste die Alpha-AG im vorliegenden Fall aufbringen, wenn sie durch den Kauf junger Aktien eine Sperrminorität von 25 % + 1 Stimme erreichen möchte? (AktG § 186 (4))
7. Welchen Betrag müsste die Alpha-AG aufbringen, um durch den Kauf junger Aktien eine Sperrminorität von 25 % zu erreichen, wenn
   - das Bezugsrecht nicht ausgeschlossen worden wäre,
   - der Ausgabekurs der jungen Aktien bei 7,80 EUR gelegen hätte,
   - die Bezugsrechte zu ihrem rechnerischen Wert gehandelt worden wären?
8. Welche Absicht könnte der Vorstand der Xenos-AG mit dem Ausschluss des Bezugsrechts verfolgt haben?

2.2.5 Kapitalerhöhung gegen Einlagen – Änderung der Bilanz – Bezugsrecht

Vom Baumaschinenhersteller BAUMA AG liegt zum 31.12. .. folgende verkürzte Bilanz vor.

Aktiva	Bilanz zum 31.12.20. .. (Angaben in EUR)		Passiva
verschiedene Aktivposten	6118000	Gezeichnetes Kapital	3600000
liquide Mittel	860000	Kapitalrücklage	800000
		gesetzliche Rücklage	300000
		andere Gewinnrücklagen	778000
		übrige Passiva	1500000
Summe	6978000	Summe	6978000

Das Grundkapital ist in 600000 Stückaktien aufgeteilt.
Um die Produktionskapazitäten der weltweit gestiegenen Nachfrage anpassen zu können, soll eine Kapitalerhöhung gegen Einlagen zur Finanzierung einer Erweiterungsinvestition vorgenommen werden.

1. Der Vorstand schlägt in der Hauptversammlung vor, das Grundkapital auf 4200000 EUR zu erhöhen.
   a) Ermitteln Sie das Verhältnis der vorgeschlagenen Kapitalerhöhung.
   b) In der Hauptversammlung sind 3 Mio. EUR Grundkapital vertreten. Wie viel Stimmen müssen mindestens für die Kapitalerhöhung abgegeben werden?
   c) Wie viele Aktien müssen neu ausgegeben werden?
2. Ein Bankenkonsortium übernimmt alle aus der Kapitalerhöhung stammenden Aktien. Der Ausgabekurs soll im Bookbuilding-Verfahren ermittelt werden.
   Nachdem alle interessierten Kapitalanleger ihr Kaufangebot abgegeben haben, wird der Ausgabekurs je junge Stückaktie auf 11,50 EUR festgelegt.
   a) Ermitteln Sie den gesamten Mittelzufluss (ohne Berücksichtigung von Emissionskosten) und das Agio.
   b) Stellen Sie die Bilanz nach der Kapitalerhöhung dar (ohne Berücksichtigung von Emissionskosten).
   c) Ermitteln Sie den Bilanzkurs vor und nach der Kapitalerhöhung. Was sagt das Ergebnis aus?
   d) Prüfen Sie für den vorliegenden Fall, ob und ggf. für welche Zwecke eine Auflösung von Kapitalrücklagen möglich ist. AktG § 150 (4) § 208
3. Der Börsenkurs der alten Aktien liegt bei 18,00 EUR je Stückaktie.
   a) Ermitteln Sie das Bezugsverhältnis und erläutern Sie das Ergebnis.
   b) Wie hoch ist der rechnerische Mittelkurs der Aktie nach der Kapitalerhöhung?
   c) Ermitteln Sie den rechnerischen Wert des Bezugsrechtes.
4. Altaktionär Neumann besitzt 900 Aktien der BAUMA AG.
   a) Mit wie viel Prozent war Herr Neumann vor der Kapitalerhöhung am Grundkapital der BAUMA AG beteiligt?
   b) Auf wie viel Prozent des Grundkapitals würde sein Anteil absinken, wenn er keine jungen Aktien erwirbt?
   c) Wie viele junge Aktien müsste Herr Neumann erwerben, um nach der Kapitalerhöhung den gleichen Anteil am Grundkapital zu haben wie vorher?
   d) Wie viele junge Stückaktien könnte der Altaktionär Neumann erwerben, wenn er keine Bezugsrechte hinzukaufen möchte? Berechnen Sie seine finanzielle Belastung für diesen Fall.
   e) Überprüfen Sie rechnerisch, ob Neumann einen Vermögensverlust erleidet, wenn er auf die Teilnahme an der Kapitalerhöhung verzichtet.
   f) Prüfen Sie, ob seine Nichtteilnahme an dieser Kapitalerhöhung sonstige Auswirkungen für Neumann hat.

2.3 Darlehensfinanzierung

2.3.1 Rechtliche und wirtschaftliche Merkmale von Darlehen

Darlehen sind eine Grundform der mittel- und langfristigen **Fremdfinanzierung**. Da das Kapital von außen beschafft wird, sind sie gleichzeitig eine Form der **Außenfinanzierung**. Üblicherweise werden Darlehen von **Banken** vergeben. Bankdarlehen stellen eine der wichtigsten Finanzierungsquellen für kleinere und mittelständische Unternehmen dar.

BGB
§ 488 ff.
§ 607 ff.

Rechtlich ist ein Darlehen ein Vertrag, durch den der Darlehensgeber verpflichtet wird, dem Darlehensnehmer einen bestimmten Geldbetrag (Gelddarlehensvertrag) oder eine vereinbarte Sache (Sachdarlehensvertrag) zur Verfügung zu stellen.

Beim Gelddarlehen überlässt der Darlehensgeber (Gläubiger) dem Darlehensnehmer (Schuldner) einen bestimmten Geldbetrag für einen festgelegten Zeitraum. Der Darlehensnehmer ist verpflichtet, dem Darlehensgeber das Darlehen zum vereinbarten Termin zurückzuzahlen. Für die Überlassung des Darlehens kann der Darlehensgeber dem Darlehensnehmer Zinsen berechnen.

Die Begriffe (Geld-)**Darlehen** und **Kredit**[1] werden meistens gleichbedeutend benutzt. Allerdings gibt es auch Kredite, die im rechtlichen Sinne kein Darlehen darstellen (z. B. Diskontkredit).

Darlehensarten

Darlehen lassen sich u. a. wie folgt unterscheiden:

Darlehensarten		
Verwendungszweck	**Laufzeit**	**Sicherung**
▪ Investitionskredit (Finanzierung von Anlagevermögen) ▪ Betriebsmittelkredit (Finanzierung von Umlaufvermögen) ▪ Saisonkredit (Überbrückung von jahreszeitlichen Liquiditätsengpässen)	▪ kurzfristig (z. B. Lieferantenkredit) ▪ mittelfristig (z. B. Laufzeit bis zu 4 Jahren) ▪ langfristig (z. B. Laufzeit über 4 Jahren)	▪ Personalkredit (Sicherung z. B. durch Bürgschaft) ▪ Realkredit (Sicherung z. B. durch Grundschuld)

Ein weiteres Unterscheidungsmerkmal ist die Form der Darlehensrückzahlung **(Tilgungsform)**. Anhand dieses Merkmals lassen sich Darlehen in drei verschiedene Arten einteilen:

Darlehen nach der Form der Tilgung		
Festdarlehen (Fälligkeitsdarlehen)	**Abzahlungsdarlehen (Ratentilgungsdarlehen)**	**Annuitätendarlehen**
Die gesamte Darlehensschuld wird am Ende der Laufzeit in einem Betrag getilgt (z. B. „Rückzahlung in voller Höhe am 31.10...“). Während der Laufzeit sind lediglich die Zinsen zu den vereinbarten Terminen (z. B. vierteljährlich) zu zahlen. Die Zinszahlungen ändern sich während der Laufzeit nicht, da die Restschuld nicht sinkt.	Die Darlehensschuld wird in gleich bleibenden Raten zu den vereinbarten Terminen (z. B. vierteljährlich) getilgt. Da dadurch die Restschuld laufend sinkt und die Zinsen nur von der jeweiligen Restschuld ermittelt werden, sinken die Zinszahlungen nach jeder Tilgung.	Regelmäßige Zahlung (z. B. vierteljährlich) eines **gleich bleibenden** Betrages (Annuität), der **sowohl die Tilgung als auch die Zinsen** umfasst. Daraus ergibt sich folgende Wirkung: Durch die Verringerung der Restschuld wird im Laufe der Zeit der Zinsanteil an der gleich bleibenden Annuität immer kleiner, während der Tilgungsanteil in gleichem Umfang steigt.

1 Den Begriff Kredit (abgeleitet von credere, *lat.*: glauben) gibt es im BGB nicht.

Aufg. 2.3.1
S. 330

Darlehensvertrag

Zur bankinternen Bearbeitung

Nr.

Darlehensnehmer (Name, Anschrift, Geburtsdatum)	Bank
Peter Vogt Lange Rötterstr. 14a 68167 Mannheim geb.: 16. Sept. 1949	Volksbank Mannheim-Seckenheim

Darlehensnehmer und Bank schließen folgenden Vertrag:

1 Höhe des Darlehens:
Die Bank stellt dem Darlehensnehmer ein Darlehen zur Verfügung in Höhe von EUR [44.000]

2 Verwendungszweck:

Erweiterung des Warensortiments

3 Konditionen:

3.1 Verzinsung: Das Darlehen ist ab dem Tag der Auszahlung mit [9] % jährlich zu verzinsen.

Dieser Zinssatz ist [x] variabel [ ] festgeschrieben bis zum. [ ]

Wird ein variabler Zinssatz vereinbart, so erfolgt die Zinsanpassung entsprechend dem nachstehend beschriebenen Verfahren:

Die Anpassung des Sollzinssatzes richtet sich nach einer Veränderung des 3-Monats-Euribor[1] (Referenzzinssatz gemäß § 675g (3) Satz 2 BGB). Maßgeblich ist der am 30.12. d. J. ermittelte Referenzwert. Die Entwicklung des Referenzwertes wird die Volksbank regelmäßig vierteljährlich zum 30. d. M. überprüfen. Hat sich zu diesem Zeitpunkt der Referenzwert um mehr als 0,01 Prozentpunkte gegenüber seinem maßgeblichen Wert bei Vertragsschluss bzw. der letzten Anpassung des Sollzinssatzes verändert, sinkt oder steigt der Sollzinssatz um ebenso viele Prozentpunkte zum 1. des Folgemonats. Der Darlehensnehmer wird vierteljährlich über den geänderten Sollzinssatz unterrichtet.

[x] Die Zinsen werden aus dem jeweiligen Darlehenssaldo berechnet.

Die Zinsen werden berechnet aus dem Darlehenssaldo jeweils zum [ ] [ ]; ersten auf die vollständige Auszahlung folgenden Stichtag werden die Zinsen aus dem jeweiligen Darlehenssaldo berechnet.

Die Zinsen sind fällig am [letzten Tag] eines jeden

[ ] Monats [x] Kalendervierteljahres [ ] Kalenderhalbjahres [ ] Kalenderjahres

3.2 Auszahlung: Das Darlehen wird zu einem Auszahlungskurs [98] % ausgezahlt.

Das Disagio wird verrechnet auf einen Zeitraum von [ ] und beträgt EUR [880]

Es ist fällig: [x] in voller Höhe bei Auszahlung des Darlehens oder eines ersten Teilbetrages [ ] anteilig bei jeder Teilauszahlung [ ] unabhängig vom Tag der Auszahlung am [ ]

3.3 Bearbeitungsgebühr: Die einmalige, sofort fällige, nicht laufzeitabhängige Bearbeitungsgebühr beträgt [0,5] % vom Darlehensbetrag[2]. EUR [ ]

4 Nebenleistungen:

[ ] Jährlicher Verwaltungskostenbeitrag EUR [ ]

[x] Bereitstellungsprovision von [1/2] % pro [Monat] auf den ab [1.10.d.J.] nicht zur Auszahlung kommenden Betrag bis zur vollen Auszahlung jeweils fällig mit den Zinsen.

1 Der EURIBOR (Euro InterBank Offered Rate) ist ein Referenzzinssatz für den Handel mit Termingeldern in Euro im Interbankengeschäft (Geschäfte der Banken untereinander)

2 Im Gegensatz zu Krediten an Unternehmen sind Bearbeitungsgebühren bei Verbraucherkrediten nicht zulässig.

5 **Darlehensrückzahlung:** Das Darlehen ist wie folgt zurückzuzahlen:

5.1 ☐ in voller Höhe am [ ]

5.2 ☒ in Raten von EUR [5.500] jeweils fällig am [Quartalsende] erstmals am [31.12.d.J.]
Daneben sind in den Fällen 5.1 und 5.2 die Zinsen und Kosten zu den in 3.1 vereinbarten Fälligkeitsterminen zu zahlen.

5.3 ☐ in Höhe von [ ] % jährlich vom ursprünglichen Darlehensbetrag zzgl. der durch Tilgung ersparten Zinsen.
Demnach beträgt die Leistungsrate aus Zins, Tilgung und Kosten z.Zt. EUR [ ].
jeweils fällig am [ ], erstmals am [ ]
in gleichbleibenden Raten.

5.4 ☐ für Zins und Tilgung sowie anfallende Kosten von EUR [ ]
jeweils fällig am [ ], erstmals am [ ] mit vorrangiger Verrechnung auf Zinsen und Kosten.

Bei Zinsänderungen können die Leistungsraten in den Fällen von 5.3 und 5.4 entsprechend geändert werden. Die neuen Leistungsraten wird die Bank dem Darlehensnehmer mitteilen.

Soweit nichts anderes vereinbart wurde, werden die fälligen Beträge (z. B. Zinsen oder Leistungsraten) dem Girokonto Nr. [7.82276.08] belastet.

6 **Sicherheiten:** Alle der Bank zustehenden Sicherheiten sichern alle bestehenden, künftigen und bedingten Ansprüche der Bank aus der Geschäftsverbindung mit dem Darlehensnehmer, soweit nicht im Einzelfall außerhalb dieses Vertrages etwas anderes vereinbart ist; dies gilt auch für hier nicht aufgeführte und aufgrund der Allgemeinen Geschäftsbedingungen haftende Sicherheiten. Zusätzlich stellt der Darlehennehmer der Bank mit gesonderten Vereinbarungen noch folgende Sicherheiten:

Selbstschuldnerische Bürgschaft des Kaufmanns Lothar Karle (Lieferant des Drogeriemarktes Peter Vogt) in Düsseldorf.

Bei einer Verschlechterung oder erheblichen Gefährdung der Vermögenslage des Darlehensnehmers, eines Mithaftenden oder eines Bürgen oder bei einer Veränderung des Sicherungswerts der im Vertrag vorgesehenen zu bestellenden Sicherheiten, durch die das Risiko der ordnungsgemäßen Rückführung des Darlehens gegenüber dem Zustand bei Vertragsabschluss nicht unwesentlich erhöht wird, kann die Bank vom Darlehensnehmer die Bestellung zusätzlicher geeigneter Sicherheiten nach ihrer Wahl verlangen, auch wenn bisher keine Bestellung von Sicherheiten vereinbart war. Das gleiche gilt, wenn die Angaben über die Vermögensverhältnisse des Darlehensnehmers, eines Mithaftenden oder eines Bürgen sich nachträglich als unrichtig herausstellen. Das Darlehen kann erst in Anspruch genommen werden, wenn sämtliche Bedingungen erfüllt sind, die vorgesehenen Sicherheiten bestellt werden und die Bank deren Ordnungsmäßigkeit geprüft hat.

Ergänzend gelten die **Allgemeinen Darlehensbedigungen** (ADB) und die **Allgemeinen Geschäftsbedingungen** (ASGB) der Bank. Die ADB sind beigefügt. Die AGB können in den Geschäftsräumen der Bank eingesehen werden; auf Verlangen werden sie ausgehändigt.

Ort, Datum	Ort, Datum
Mannheim, 18. Sept.	Mannheim, 18. Sept. ....
Darlehensnehmer	Bank
Peter Vogt	Volksbank Mannheim-Seckenheim

2.3.2 Festdarlehen (Fälligkeitsdarlehen)

Merkmale

Aufg. 2.3.2 S. 331

Bei dieser Tilgungsform wird die Darlehensschuld am Ende der vereinbarten Laufzeit in voller Höhe getilgt (Einmaltilgung). Während der Laufzeit sind lediglich die Zinsen zu den vereinbarten Terminen zu zahlen. Da sich die Restschuld während der Laufzeit nicht ändert, sind auch die von der Restschuld berechneten Zinsen zu jedem Zahlungstermin gleich hoch.

Bei einem Festdarlehen zahlt der Darlehensnehmer während der Laufzeit jährlich lediglich die Zinsen in gleich bleibender Höhe. Die Tilgung erfolgt in einer Summe am Ende der Laufzeit (Einmaltilgung).

Tilgungsplan

Festdarlehen (Fälligkeitsdarlehen)

Für den Kauf einer Maschine gewährt die Hausbank der Ökotex GmbH zum 01.01. .. ein Darlehen zu folgenden Bedingungen:

Darlehenssumme: 100 000 EUR
Zinssatz: 10 %
Laufzeit: 5 Jahre
Auszahlung: 100 %
Zinszahlungen: jährlich am Jahresende
Tilgung: in voller Höhe am Ende der Laufzeit

Tilgungsplan (Beträge in EUR)

Jahr	Darlehensschuld am Jahresanfang	Zinsen 10 %	Tilgung	Schuldendienst (Liquiditätsbelastung)	Restschuld am Jahresende
1	100 000	10 000	0	10 000	100 000
2	100 000	10 000	0	10 000	100 000
3	100 000	10 000	0	10 000	100 000
4	100 000	10 000	0	10 000	100 000
5	100 000	10 000	100 000	110 000	0
∑		**50 000**	**100 000**	**150 000**	

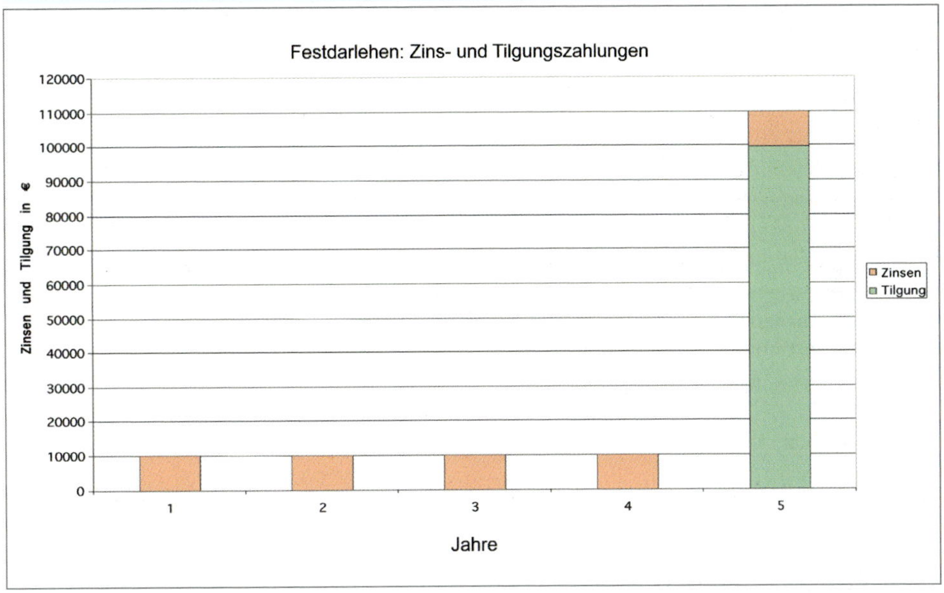

Effektivverzinsung bei Darlehen mit Disagio

Bei einer Darlehensgewährung hat der Darlehensnehmer üblicherweise neben den Zinsen noch weitere Kosten zu tragen, wie z. B. Gebühren und Spesen. Sämtliche derartigen Kosten, die dem Darlehensnehmer von der Bank angelastet werden, fließen neben dem vereinbarten Zinssatz **(Nominalzinssatz)** in den **Effektivzinssatz** ein.

Der effektive Jahreszinssatz gibt die jährlichen Gesamtkosten eines Darlehens, die vom Darlehensnehmer zu tragen sind, an. Er wird in Prozent des nominalen Auszahlungsbetrages angegeben.

Häufig wird vereinbart, dass der Auszahlungsbetrag des Darlehens niedriger als die Darlehenssumme ist. Die Differenz zwischen dem zurückzuzahlenden Darlehensbetrag und dem niedrigeren **Auszahlungsbetrag** wird als **Disagio** (oder auch als Damnum oder Abgeld) bezeichnet. Dabei handelt es sich um einen „Vorauszins", den die Bank bereits bei der Auszahlung des Darlehens erhebt, indem sie einen Teil der Darlehenssumme einbehält.

Disagio ist der Differenzbetrag zwischen Darlehenssumme und Auszahlungssumme. Ein Disagio von 5 % bedeutet beispielsweise, dass von einem Darlehen nur 95 % ausgezahlt werden, aber 100 % zurückgezahlt werden müssen.

Ein Disagio dient der Bank u. a. zur

- Deckung der mit der Darlehensbearbeitung verbundenen Kosten (Bearbeitungsgebühren),
- Feinsteuerung des Effektivzinssatzes (z. B. kann der Effektivzins ohne Änderung des Nominalzinses erhöht werden, indem der Auszahlungskurs gesenkt wird),
- „optisch vorteilhaften" Gestaltung von Darlehensangeboten, indem ein niedriger Nominalzins bei gleichzeitig niedrigem Auszahlungskurs ausgewiesen wird.

Bei einem Disagio handelt es sich um vorweggenommene Zinsen. Der Effektivzinssatz weicht dadurch vom Nominalzinssatz ab.

Effektivverzinsung bei einem Festdarlehen (Fälligkeitsdarlehen)

Für den Kauf einer Maschine gewährt die Hausbank der Ökotex GmbH zum 01.01. .. ein Darlehen zu folgenden Bedingungen:

Darlehenssumme: 100 000 EUR
Zinssatz: 10 %
Laufzeit: 5 Jahre
Auszahlung: 95 %.
Zinszahlungen: jährlich am Jahresende
Tilgung: in voller Höhe am Ende der Laufzeit

Der Tilgungsplan *(siehe Bsp. S. 316)* ändert sich durch die Berücksichtigung des Disagios nicht. Es müssen nach wie vor 100 000 EUR verzinst und an die Bank zurückgezahlt werden, obwohl der Darlehensnehmer nur 95 000 EUR erhalten hat.

Während beim Bsp. auf S. 316 der effektive Jahreszinssatz mit dem Nominalzinssatz übereinstimmt und 10 % beträgt, lässt sich die Effektivverzinsung bei Berücksichtigung eines Disagios wie folgt ermitteln:

jährliche Zinsen	10 000 EUR
jährlicher Anteil des Disagios: 5 000 EUR/5 Jahre	1 000 EUR
gesamte jährliche Darlehenskosten	11 000 EUR

Diese jährlichen Gesamtkosten (Z) werden mit Hilfe der nach P aufgelösten Jahreszinsformel ins Verhältnis zum **verfügbaren** Kapital (K) gesetzt. Für K muss also der Auszahlungsbetrag und nicht der Darlehensbetrag eingesetzt werden.

$$P_{eff} = \frac{11\,000 \cdot 100}{95\,000} = 11{,}58\,\% \qquad \text{oder } P_{eff} = \frac{10\ (P_{nom}) + \dfrac{5\ (\text{Disagio in \%, d})}{5\ (\text{Laufzeit, n})}}{95\ (\text{Auszahlungskurs})} \cdot 100 = 11{,}58\,\%$$

Die effektive Verzinsung des Darlehens beträgt 11,58 %.

Zur Berechnung des effektiven Jahreszinssatzes muss das Disagio auf die Laufzeit des Darlehens verteilt und der anteilige jährliche Disagiobetrag ermittelt werden.

$$P_{eff} = \frac{P_{nom} + \dfrac{d}{n}}{\text{Auszahlungskurs}} \cdot 100$$

2.3.3 Abzahlungsdarlehen mit konstanten Tilgungsraten

Merkmale

Bei dieser Tilgungsform wird die Darlehensschuld in stets gleichen Beträgen getilgt. Da die Restschuld nach jeder Tilgung sinkt, sinken auch die von der jeweiligen Restschuld zu zahlenden Zinsen. Dadurch sinkt die Höhe der zu den vereinbarten Terminen an die Bank zu zahlenden Summe aus Tilgung und Zinsen.

Aufg. 2.3.3 S. 331

Bei einem Abzahlungsdarlehen (Ratentilgungsdarlehen)erbringt der Darlehensnehmer eine jährlich fallende Leistung. Während die Höhe der Tilgungsraten gleich bleibt, sinken wegen der fallenden Restschuld die jährlichen Zinsen.

Tilgungsplan

Abzahlungsdarlehen (Ratentilgungsdarlehen)

Für den Kauf einer Maschine gewährt die Hausbank der Ökotex GmbH zum 01.01. ... ein Darlehen zu folgenden Bedingungen:

Darlehenssumme: 100 000 EUR
Zinssatz: 10 %
Laufzeit: 5 Jahre
Auszahlung: 100 %
Zins- und Tilgungszahlungen: jährlich am Jahresende
Tilgung: in fünf gleichen Raten fällig jeweils am Jahresende

Tilgungsplan (Beträge in EUR)

Jahr	Darlehensschuld am Jahresanfang	Zinsen 10 %	Tilgung	Schuldendienst (Liquiditätsbelastung)	Restschuld am Jahresende
1	100 000	10 000	20 000	30 000	80 000
2	80 000	8 000	20 000	28 000	60 000
3	60 000	6 000	20 000	26 000	40 000
4	40 000	4 000	20 000	24 000	20 000
5	20 000	2 000	20 000	22 000	0
Σ		**30 000**	**100 000**	**130 000**	

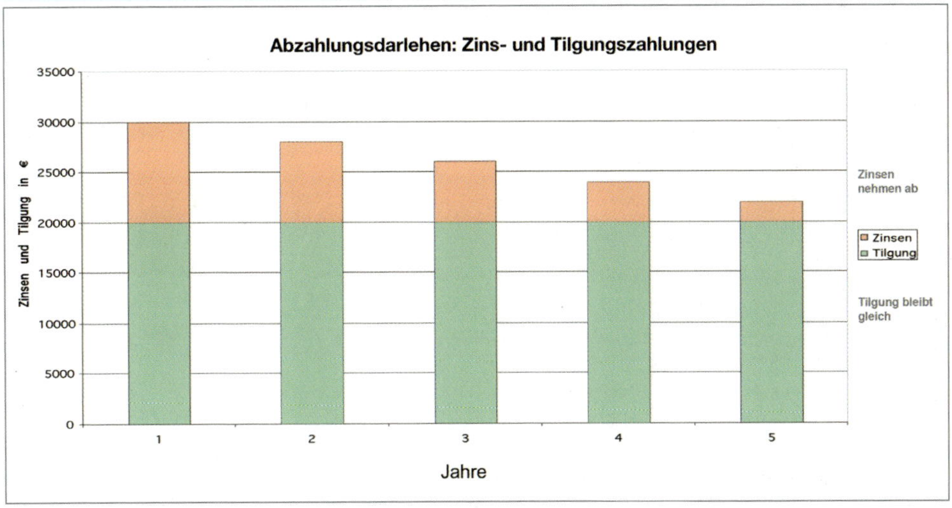

2.3.4 Annuitätendarlehen

Merkmale

Bei dieser Tilgungsform wird die regelmäßige Zahlung eines **gleich bleibenden Betrages (= Annuität)** vereinbart. Dieser Betrag umfasst sowohl die Zins- als auch die Tilgungszahlungen.

Bei einem Annuitätendarlehen erbringt der Darlehensnehmer eine regelmäßig (z. B. monatlich, vierteljährlich) gleich bleibende Leistung (Annuität), die sich aus Zins- und Tilgungsanteil zusammensetzt. Wegen der fallenden Restschuld sinkt der auf die Zinsen entfallende Teil der Annuität, während der Tilgungsanteil in gleichem Umfang steigt.

Tilgungsplan

Annuitätendarlehen

Für den Kauf einer Maschine gewährt die Hausbank der Ökotex GmbH zum 01.01. ... ein Darlehen zu folgenden Bedingungen:

Darlehenssumme: 100 000 EUR
Zinssatz: 10 %
Laufzeit: 5 Jahre

Auszahlung: 100 %
Zins- und Tilgungszahlungen: jährlich am Jahresende
Tilgung: Gleichbleibende Rate aus Zins und Tilgung (Annuität): 26 379,75 EUR.
Die durch Tilgung ersparten Zinsen dienen der weiteren Tilgung.

Tilgungsplan (Beträge in EUR)

Jahr	Darlehensschuld am Jahresanfang	Zinsen 10 %	Tilgung	Schuldendienst (Liquiditätsbelastung)	Restschuld am Jahresende
1	100 000,00	10 000,00	16 379,75	26 379,75	83 620,25
2	83 620,25	8 362,03	18 017,72	26 379,75	65 602,53
3	65 602,53	6 560,25	19 819,50	26 379,75	45 783,03
4	45 783,03	4 578,30	21 801,45	26 379,75	23 981,58
5	23 981,58	2 398,16	23 981,58	26 379,74	0,00
Σ		**31 898,74**	**100 000,00**	**131 898,74**	

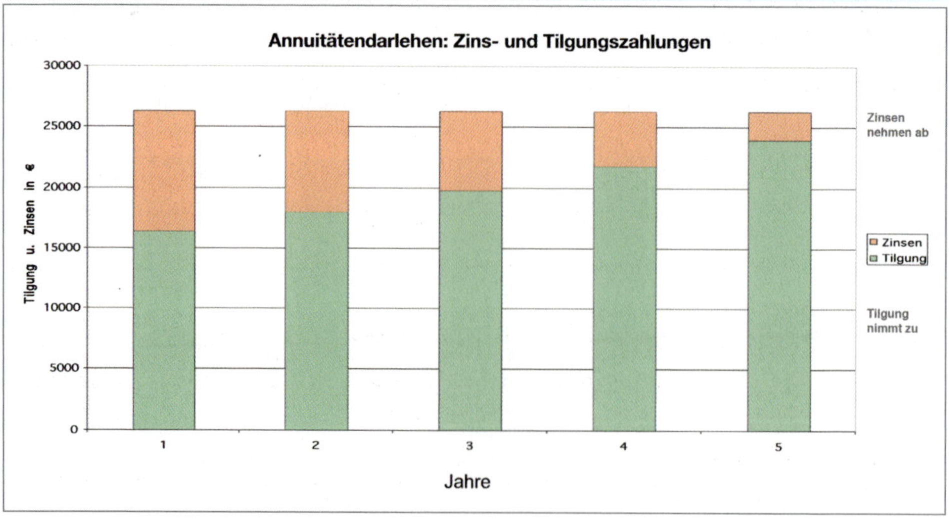

Ermittlung der Annuität

Die Höhe der Annuität wird mit der **Annuitätenformel** ermittelt[1]:

A: Annuität K: Anfangsdarlehen

$$A = K \cdot \frac{q^n \cdot (q-1)}{q^n - 1} = 100\,000 \cdot \frac{1{,}1^5 \cdot (1{,}1 - 1)}{1{,}1^5 - 1} = 100\,000 \cdot \frac{0{,}161051}{0{,}61051} = 26\,379{,}75 \text{ EUR}$$

P: Zinssatz
n: Laufzeit in Jahren
q = 1 + (p/100)

Ist nicht die Laufzeit, sondern die Anfangstilgung bekannt, lässt sich die Annuität wie folgt berechnen: Beträgt z. B. die Anfangstilgung 20 % und der Zinssatz 10 %, so ergibt sich eine Annuität von 30 %. Für eine Darlehenssumme von 100 000 EUR würde sich folgender Tilgungsplan ergeben.

Tilgungsplan (Beträge in EUR)					
Jahr	**Darlehensschuld am Jahresanfang**	**Zinsen 10 %**	**Tilgung**	**Schuldendienst (Liquiditätsbelastung)**	**Restschuld am Jahresende**
1	100000	10000	20000	30000	80000
2	80000	8000	22000	30000	58000
3	58000	5800	24200	30000	33800
4	33800	3380	26620	30000	7180
5	7180	718	7180	7898	0
Σ		**27898**	**100000**	**127898**	

2.3.5 Darlehensformen im Vergleich

Liquiditätsbelastung

Der Vergleich der Liquiditätsbelastung bei den drei verschiedenen Tilgungsformen führt bei

Aufg. 2.3.4 S. 331

- **gleicher Darlehenssumme**
- **gleichem Zinssatz**
- **gleicher Laufzeit**

zu folgendem Ergebnis:

Vergleich der Liquiditätsbelastung bei verschiedenen Tilgungsformen

Darlehenssumme: 100 000 EUR				**Zinssatz:** 10 %			**Laufzeit:** 5 Jahre		
Jahr	**Festdarlehen** (EUR)			**Abzahlungsdarlehen** (EUR)			**Annuitätendarlehen** (EUR)		
	Zinsen	Tilgung	Liquiditätsbelastung	Zinsen	Tilgung	Liquiditätsbelastung	Zinsen	Tilgung	Liquiditätsbelastung
1	10000	0	10000	10000	20000	30000	10000,00	16379,75	26379,75
2	10000	0	10000	8000	20000	28000	8362,03	18017,72	26379,75
3	10000	0	10000	6000	20000	26000	6560,25	19819,50	26379,75
4	10000	0	10000	4000	20000	24000	4578,30	21801,45	26379,75
5	10000	100000	110000	2000	20000	22000	2398,16	23981,58	26379,75
Σ	**50000**	**100000**	**150000**	**30000**	**100000**	**130000**	**31898,74**	**100000,00**	**131898,74**

1 Die Annuität lässt sich auch mit Hilfe der finanzmathematischen Funktionen eines Taschenrechners ermitteln. Die Vorgehensweise wird im Anhang beschrieben. Eine Tabelle mit entsprechenden Annuitätenfaktoren ist ebenfalls im Anhang abgedruckt.

Beim Festdarlehen ist die Liquiditätsbelastung für die gesamte Laufzeit mit Abstand am höchsten. Das ist dadurch bedingt, dass während der gesamten Laufzeit Zinsen von der gleich bleibenden ursprünglichen Darlehenssumme gezahlt werden müssen. Da aber die Tilgung erst am Ende der Laufzeit erfolgt (Einmaltilgung), ist die nur aus Zinszahlungen bestehende Liquiditätsbelastung während der ersten vier Jahre wesentlich niedriger als in den beiden anderen Fällen.

Beim Abzahlungsdarlehen ist die Liquiditätsbelastung für die gesamte Laufzeit etwas niedriger als beim Annuitätendarlehen. Das ist dadurch bedingt, dass die Tilgungsleistungen in den ersten drei Jahren höher als beim Annuitätendarlehen sind, so dass die Restschuld schneller sinkt und die Zinszahlungen in allen Jahren etwas geringer sind als beim Annuitätendarlehen.

Steuerliche Auswirkungen der Zinsaufwendungen

Aufg. 2.3.5 S. 332

Wenn durch die Zinsaufwendungen der zu versteuernde Gewinn gesenkt wird, ergeben sich für die drei verschiedenen Tilgungsformen folgende Auswirkungen für die Gewinnsteuern:

Vergleich der Steuerminderung bei verschiedenen Tilgungsformen

Darlehenssumme: 100 000 EUR **Zinssatz:** 10 % **Laufzeit:** 5 Jahre

Annahmen:
1. Das Unternehmen erzielt einen Gewinn.
2. Die Zinsaufwendungen mindern den steuerpflichtigen Gewinn.
3. Der Gewinnsteuersatz (Einkommen- bzw. Körperschaftsteuer sowie Gewerbesteuer) beträgt 30 %.

Jahr	**Festdarlehen** (EUR)			**Abzahlungsdarlehen** (EUR)			**Annuitätendarlehen** (EUR)		
	Liquiditätsbelastung vor Steuern	Steuerminderung (30 % der Zinsen)	Liquiditätsbelastung nach Steuern	Liquiditätsbelastung vor Steuern	Steuerminderung (30 % der Zinsen)	Liquiditätsbelastung nach Steuern	Liquiditätsbelastung vor Steuern	Steuerminderung (30 % der Zinsen)	Liquiditätsbelastung nach Steuern
1	10 000	3 000	7 000	30 000	3 000	27 000	26 379,75	3 000,00	23 379,75
2	10 000	3 000	7 000	28 000	2 400	25 600	26 379,75	2 508,61	23 871,14
3	10 000	3 000	7 000	26 000	1 800	24 200	26 379,75	1 968,08	24 411,67
4	10 000	3 000	7 000	24 000	1 200	22 800	26 379,75	1 373,49	25 006,26
5	110 000	3 000	107 000	22 000	600	21 400	26 379,75	719,45	25 660,29
Σ	**150 000**	**15 000**	**135 000**	**130 000**	**9 000**	**121 000**	**131 898,74**	**9 569,63**	**122 329,11**

Der Zinsaufwand mindert die Gewinnsteuern. Dadurch verringert sich der Unterschied der drei Darlehensformen hinsichtlich der Liquiditätsbelastung. Je höher der Zinsaufwand, desto höher ist auch die sich ergebende Steuerminderung. Daher ist die Steuerentlastung beim Festdarlehen am höchsten. Trotzdem bleibt die an der Liquiditätsbelastung vor und nach Steuern gemessene Rangfolge der drei Darlehensformen unverändert. Das Festdarlehen ist nach wie vor mit dem höchsten Liquiditätsabfluss verbunden, gefolgt vom Annuitätendarlehen und dem Abzahlungsdarlehen.

Zinsaufwendungen mindern den zu versteuernden Gewinn. Die Minderung der Gewinnsteuern ist umso höher, je höher die Zinsen sind. Beim Festdarlehen ergibt sich die höchste Steuerminderung.

Barwertberechnung

Für die Beurteilung der Vorteilhaftigkeit bestimmter Darlehensformen kommt es nicht nur auf den Vergleich an, **wie viel** an den Darlehensgeber (Bank) **insgesamt** an Zinsen und Tilgung während der Laufzeit zu zahlen ist. Wichtig ist auch, **wann** diese Leistungen zu erbringen sind. Beim Festdarlehen ist die Liquiditätsbelastung während der ersten vier Jahre wesentlich niedriger als in den beiden anderen Fällen, da noch keine Tilgungsleistung zu erbringen ist. Der Darlehensnehmer könnte daher die Beträge, die er beim Festdarlehen im Vergleich zu den beiden anderen Darlehensformen in den ersten vier Jahren noch nicht für Tilgungsleistungen benötigt, zinsbringend anlegen. Bei Berücksichtigung dieser Zinserträge würde der an der Liquiditätsbelastung gemessene Nachteil des Festdarlehens etwas gemildert.

Um die zu unterschiedlichen Zeitpunkten anfallenden Zahlungen bei den verschiedenen Darlehensformen miteinander vergleichen zu können, muss der **heutige Wert** der **künftigen Zahlungen** ermittelt werden. Dieser Wert wird als Gegenwartswert oder **Barwert** bezeichnet. Zur Ermittlung des Barwertes werden mit Hilfe einer finanzmathematischen Formel **(Barwertformel)** alle künftigen Zahlungen auf den heutigen Tag abgezinst. Für die Abzinsung (Diskontierung) wird ein Zinssatz zugrunde gelegt, der sich daran orientiert, zu welchem Zinssatz der Zahlungspflichtige überschüssige liquide Mittel zinsbringend anlegen könnte.

> **Der Barwert gibt an, welcher Betrag heute zinsbringend angelegt werden muss, damit unter Berücksichtigung von Zinsen und Zinseszinsen zum Fälligkeitstag der Zahlung der dann benötigte Betrag zur Verfügung steht (= Gegenwartswert einer zukünftigen Zahlung).**

Barwertformel

Die **Barwertformel** ergibt sich durch Umformung der **Zinseszinsformel**.

Anhang S. 584

Zinseszinsformel	Barwertformel
Fragestellung: Auf welches Endkapital (K_n) wächst ein heute angelegtes Anfangskapital (K_0) bei einem Zinssatz von p und einer Laufzeit von n Jahren an, wenn die Zinsen jährlich dem Kapital zugeschlagen und nicht ausgezahlt werden (Zinseszinseffekt)?	Fragestellung: Wie hoch muss das Anfangskapital (K_0 = Barwert) sein, um bei einem Zinssatz von p und einer Laufzeit von n ein Endkapital von K_n zu erreichen?
Aufzinsung Anfangskapital **100000 EUR** → n Jahre → Endkapital **X EUR**	**Abzinsung** Barwert **X EUR** ← n Jahre ← Endkapital **100000 EUR**
0 = heutiger Zeitpunkt (Gegenwart) **K_n = Endkapital** **K_0 = Anfangskapital** **n = Laufzeit** **p = Zinssatz**	**0 = heutiger Zeitpunkt (Gegenwart)** **K_n = Endkapital** **K_0 = Anfangskapital** **n = Laufzeit** **p = Zinssatz**
$K_n = K_0 \cdot \left(1 + \frac{p}{100}\right)^n$	$K_0 = \frac{K_n}{\left(1 + \frac{p}{100}\right)^n}$

Der Ausdruck p/100 wird häufig durch i ersetzt. Der Ausdruck 1+ p/100 bzw. 1 + i wird häufig durch q ersetzt.

$K_n = K_0 \cdot (1+i)^n = K_0 \cdot q^n$	$K_0 = \frac{K_n}{(1+i)^n} = \frac{1}{q^n} \cdot K_n$

Zinseszinsformel	Barwertformel
q^n = Aufzinsungsfaktor[1]	**$1/q^n$ = Abzinsungsfaktor**[1]
Bsp.: K_0 = 100 000 EUR n = 5 Jahre p = 5 %	**Bsp.:** K_n = 100 000 EUR n = 5 Jahre p = 5 %
$K_n = 100\,000 \cdot 1{,}05^5 = 127\,628{,}16$ EUR	$K_0 = \frac{1}{1{,}05^5} \cdot 100\,000 = 78\,352{,}62$ EUR
Wenn heute 100 000 EUR zu 5 % mit Zins und Zinseszinsen angelegt werden, ist das Kapital nach 5 Jahren auf 127 628,16 EUR angewachsen.	Um nach 5 Jahren einen Betrag von 100 000 EUR zu erhalten, müssen heute 78 352,62 EUR zu 5 % mit Zins und Zinseszins angelegt werden. Der Barwert einer in 5 Jahren fälligen Zahlung in Höhe von 100 000 EUR beträgt bei einem Zinssatz von 5 % also 78 352,62 EUR.
q^n für p = 5 und n = 5 lt. Tabelle: 1,276282	$1/q^n$ für p = 5 und n = 5 lt. Tabelle: 0,783526

Kalkulationszinssatz

Für die Barwertberechnung wird ein **Kalkulationszinssatz** benötigt. Die Höhe des verwendeten Kalkulationszinssatzes beruht auf der **subjektiven Entscheidung eines Kapitalanlegers** und spiegelt dessen erwartete **Mindestverzinsung** wider. Von der Höhe des Kalkulationszinssatzes hängt ab, wie stark die künftigen Zahlungen abgezinst werden und wie hoch deren Barwerte sind.

Vergleich der Barwerte der Liquiditätsbelastung vor Steuern bei verschiedenen Tilgungsformen *(Bsp. S. 324)*

Darlehenssumme: 100 000 EUR **Zinssatz:** 10 % **Laufzeit:** 5 Jahre **Abzinsungssatz:** 12 %

Wird für die Barwertermittlung ein Zinssatz von 12 % angenommen **(Abzinsungssatz)**, ergeben sich für die künftigen Zahlungen (ohne Berücksichtigung der Steuerminderung) bei den drei Darlehensformen folgende Barwerte und **Barwertsummen**[2]:

Jahr	Festdarlehen		Abzahlungsdarlehen		Annuitätendarlehen	
	Liquiditätsbelastung vor Steuern	Barwert	Liquiditätsbelastung vor Steuern	Barwert	Liquiditätsbelastung vor Steuern	Barwert
1	10 000	8 928,57	30 000	26 785,71	26 379,75	23 553,35
2	10 000	7 971,94	28 000	22 321,43	26 379,75	21 029,77
3	10 000	7 117,80	26 000	18 506,29	26 379,75	18 776,58
4	10 000	6 355,18	24 000	15 252,43	26 379,75	16 764,81
5	110 000	62 416,95	22 000	12 483,39	26 379,75	14 968,58
Σ	**150 000**	**92 790,45**	**130 000**	**95 349,25**	**131 898,74**	**95 093,09**

Ergebnis: Um sämtliche künftigen Zins- und Tilgungszahlungen vornehmen zu können, müssen zum gegenwärtigen Zeitpunkt folgende Beträge zu 12 % mit Zins und Zinseszins angelegt werden:
Festdarlehen: 92 790,45 EUR Abzahlungsdarlehen: 95 349,25 EUR
Annuitätendarlehen: 95 093,09 EUR

Ohne Berücksichtigung von Steuerminderungen und Barwerten beläuft sich der Unterschied bei der Liquiditätsbelastung zwischen Festdarlehen und Abzahlungsdarlehen auf 150 000 EUR – 130 000 EUR = 20 000 EUR. Bei Berücksichtigung von Barwerten kehrt sich bei einem Abzinsungsatz von 12 % die Vorteilhaftigkeit um: Das Festdarlehen ist um einen Betrag, dessen Barwert sich auf 95 349,25 EUR – 92 790,45 EUR = 2 558,80 EUR beläuft, günstiger, weil die Tilgungszahlung erst am Ende der Laufzeit erfolgt.

1 Eine Tabelle mit entsprechenden Auf- und Abzinsungsfaktoren ist im Anhang abgedruckt.
2 Die Barwertsummen lassen sich auch mit Hilfe der finanzmathematischen Funktionen eines Taschenrechners ermitteln. Die Vorgehensweise wird im Anhang beschrieben.

Barwert als Entscheidungsgrundlage

Der Barwert einer künftigen Zahlung ist umso geringer,
- je später die Zahlung erfolgt,
- je höher der Abzinsungssatz ist.

Die Barwertsumme künftiger Zahlungen gibt an, welcher Betrag zum gegenwärtigen Zeitpunkt zinsbringend angelegt werden muss, um von diesem Betrag und den anfallenden Zinsen alle künftigen Zahlungen bestreiten zu können.

Je geringer die Barwertsumme eines Darlehens, desto vorteilhafter ist es.

Wird neben den Barwerten auch die Steuerminderung berücksichtigt, verringern sich die Unterschiede zwischen den einzelnen Darlehensformen noch weiter.

***Vergleich der Barwerte der Liquiditätsbelastung nach Steuern bei verschiedenen Tilgungsformen** (Fortsetzung Bsp. von S. 324)*

Darlehenssumme: 100 000 EUR **Zinssatz:** 10 % **Laufzeit:** 5 Jahre
Abzinsung: 12 % **Gewinnsteuersatz:** 30 %

Jahr	Festdarlehen		Abzahlungsdarlehen		Annuitätendarlehen	
	Liquiditätsbelastung nach Steuern	Barwert	Liquiditätsbelastung nach Steuern	Barwert	Liquiditätsbelastung nach Steuern	Barwert
1	7 000	6 250,00	27 000	24 107,14	23 379,75	20 874,78
2	7 000	5 580,36	25 600	20 408,16	23 871,14	19 029,93
3	7 000	4 982,46	24 200	17 225,08	24 411,67	17 375,75
4	7 000	4 448,63	22 800	14 489,81	25 006,26	15 891,93
5	107 000	60 714,62	21 400	12 142,93	25 660,29	14 560,34
Σ	**135 000**	**81 975,12**	**121 000**	**88 373,14**	**122 329,11**	**87 732,72**

Ergebnis: Um unter Berücksichtigung von Steuerminderungen sämtliche künftigen Zins- und Tilgungszahlungen vornehmen zu können, müssen zum gegenwärtigen Zeitpunkt folgende Beträge zu 12 % mit Zins und Zinseszins angelegt werden:

Festdarlehen: 81 976,12 EUR Abzahlungsdarlehen: 88 373,14 EUR
Annuitätendarlehen: 87 732,72 EUR

Ohne Berücksichtigung von Steuerminderungen und Barwerten beläuft sich der Unterschied bei der Liquiditätsbelastung zwischen Festdarlehen und Abzahlungsdarlehen auf 150 000 EUR – 130 000 EUR = 20 000 EUR *(vgl. Bsp. S. 321)*. Bei Berücksichtigung von Steuerminderungen und Barwerten kehrt sich bei einem Abszinsungssatz von 12 % die Vorteilhaftigkeit um: Das Festdarlehen ist um einen Betrag, dessen Barwert sich auf

88 373,10 EUR – 81 976,12 EUR = 6 397,02 EUR

beläuft, günstiger.

Vergleich

Vergleich verschiedener Darlehensformen *(in EUR, Ergebnisse gerundet)*

Darlehenssumme: 100 000 EUR **Zinssatz:** 10 % **Gewinnsteuersatz:** 30 %
Abzinsungssatz: 12 %

	Festdarlehen	Abzahlungsdarlehen	Annuitätendarlehen
Summe Tilgung (EUR)	100 000	100 000	100 000
Summe Zinsen (EUR)	50 000	30 000	31 899
Zahlung vor Steuern	**150 000**	**130 000**	**131 899**
Steuerminderung	15 000	9 000	9 570
Zahlung nach Steuern	**135 000**	**121 000**	**122 329**
Barwertsumme der Zahlungen vor Steuern	92 791	95 349	95 093
Barwertsumme der Zahlungen nach Steuern	81 976	88 373	87 733

Ergebnis: Je höher der Steuersatz und je höher der Abzinsungssatz, umso mehr verringert sich der Unterschied zwischen der Belastung beim Festdarlehen und den beiden anderen Darlehensformen. Überschreitet der Abzinsungssatz eine bestimmte Höhe, so wird das Festdarlehen sogar günstiger als die beiden anderen Darlehensformen. Im vorliegenden Fall liegt die Schwelle bei einem Abzinsungssatz von 10 % (ohne Berücksichtigung von Gewinnsteuern) bzw. 7 % (mit Berücksichtigung von 30 % Gewinnsteuern).

2.3.6 Vergleich zwischen Darlehensfinanzierung und Eigenfinanzierung

Aus Sicht eines Unternehmens können sich bei einer Darlehensfinanzierung gegenüber einer Eigenfinanzierung folgende Vor- und Nachteile ergeben:

Vor- und Nachteile einer langfristigen Fremdfinanzierung (Bankdarlehen)

Vorteile	Nachteile
kein (rechtlich durchsetzbares) Mitspracherecht des Fremdkapitalgebers (Bank)	möglicherweise große Abhängigkeit von Gläubigern (z. B. Hausbank)
Zinsen schmälern den Gewinn und damit die gewinnabhängigen Steuern.	Zins- und Tilgungszahlungen fallen auch bei ungünstiger Ertrags- und Liquiditätslage an.
Bei hoher Gewinnausschüttung sind die Zinszahlungen möglicherweise geringer als eine entsprechende Dividendenzahlung (= geringerer Liquiditätsabfluss).	Bei niedriger Gewinnausschüttung sind die Zinszahlungen möglicherweise höher als eine entsprechende Dividendenzahlung (= höherer Liquiditätsabfluss). Dividendenzahlung kann ausgesetzt werden
Fremdkapital ist rückzahlbar und kann durch anderes (Fremd-)kapital ersetzt werden.	Kapital steht nur befristet zur Verfügung und muss verzinst und getilgt werden. Risiko überraschender Kündigung und/oder Zinserhöhung, Problem der Anschlussfinanzierung
	Kreditwürdigkeit erforderlich, Verwendung von Vermögensgegenständen zur Kreditsicherung

Zusammenfassende Übersicht zu Kap. 2.3: Darlehensfinanzierung

Darlehensformen nach Art der Tilgung		
Festdarlehen (Einmaltilgung)	**Abzahlungsdarlehen**	**Annuitätendarlehen**
▪ jährlich gleiche Zinszahlung ▪ Tilgung des Darlehens am Ende der Laufzeit in einer Summe **Effektivverzinsung** $P_{eff} = \frac{p_{nom} + \frac{d}{n}}{\text{Auszahlungskurs}} \cdot 100$	▪ jährlich gleiche Tilgungsbeträge ▪ jährlich fallende Zinszahlungen wegen der abnehmenden Restschuld ▪ fallende Jahresleistung bestehend aus Zins- und Tilgungsanteil	▪ jährlich fallende Zinszahlungen wegen der abnehmenden Restschuld ▪ jährlich steigende Tilgungszahlungen in Höhe der ersparten Zinsen ▪ gleich bleibende Jahresleistung (Annuität) bestehend aus Zins- und Tilgungsanteil
Liquiditätsbelastung insgesamt wesentlich höher als beim Abzahlungs- und Annuitätendarlehen Ursache: höhere Zinszahlungen	**Liquiditätsbelastung insgesamt etwas niedriger als beim Annuitätendarlehen**	**Liquiditätsbelastung insgesamt etwas höher als beim Abzahlungsdarlehen**
Liquiditätsbelastung in den Jahren vor der Tilgung erheblich niedriger als beim Abzahlungs- und Annuitätendarlehen	**Liquiditätsbelastung in allen Jahren leicht fallend**	**Liquiditätsbelastung in allen Jahren gleich (Annuität)**

Zinsen verringern den steuerpflichtigen Gewinn

↓

Liquiditätsbelastung nach Steuern

↓

Unterschiede bei der Liquiditätsbelastung verringern sich

↓

Vergleichskriterien	
Wie hoch ist die Liquiditätsbelastung insgesamt?	**Wann erfolgt die Liquiditätsbelastung?**

↘ **Ermittlung der Barwertsummen** ↙

= Betrag, der zum gegenwärtigen Zeitpunkt zinsbringend angelegt werden muss, um von diesem Betrag und den anfallenden Zinsen alle künftigen Zahlungen bestreiten zu können.

Barwertformel $K_0 = \frac{K_n}{\left(1 + \frac{p}{100}\right)^n}$	**Je geringer die Barwertsumme eines Darlehens, desto vorteilhafter ist es.** ↓ **Unterschiede bei der Belastung durch die verschiedenen Tilgungsformen verringern sich.**

Fragen zur Wiederholung

zu Kapitel 2.3 Darlehensfinanzierung

2.3.1 Rechtliche und wirtschaftliche Merkmale von Darlehen

1. Nennen Sie wesentliche Inhalte eines Darlehensvertrages.
2. Welche Darlehensarten lassen sich nach der Form der Tilgung unterscheiden?

2.3.2 Festdarlehen (Fälligkeitsdarlehen)

1. Wodurch zeichnet sich ein Festdarlehen aus?
2. Was ist unter einem Effektivzinssatz zu verstehen?
3. Was ist unter einem Disagio (Damnum, Abgeld) zu verstehen?
4. Welche Gründe können dafür maßgebend sein, dass ein Bankdarlehen mit Disagio angeboten wird?
5. Wie wird ein Disagio bei der Ermittlung des Effektivzinssatzes eines Festdarlehens berücksichtigt?

2.3.3 Abzahlungsdarlehen mit konstanten Tilgungsraten

1. Wodurch zeichnet sich ein Abzahlungsdarlehen aus?
2. Wodurch unterscheidet sich ein Abzahlungsdarlehen von einem Festdarlehen?

2.3.4 Annuitätendarlehen

1. Wodurch zeichnet sich ein Annuitätendarlehen aus?
2. Wodurch unterscheidet sich ein Annuitätendarlehen von einem Abzahlungsdarlehen?
3. Wie wird die Höhe der Annuität ermittelt, wenn die Anfangstilgung bekannt ist?

2.3.5 Darlehensformen im Vergleich

1. Vergleichen Sie Fest-, Abzahlungs- und Annuitätendarlehen hinsichtlich der Liquiditätsbelastung. Worauf sind die Unterschiede zurückzuführen?
2. Wie wirkt sich die Berücksichtigung von Gewinnsteuern auf den Vergleich der Liquiditätsbelastung bei Fest-, Abzahlungs- und Annuitätendarlehen aus?
3. Was gibt der Barwert einer Zahlung an?
4. Wie lautet die Barwertformel?
5. Was gibt die Barwertsumme künftiger Zins- und Tilgungsleistungen an?
6. Wie wirkt sich die Berücksichtigung von Barwerten auf den Vergleich der Belastung bei Fest-, Abzahlungs- und Annuitätendarlehen aus?

2.3.6 Vergleich zwischen Darlehensfinanzierung und Eigenfinanzierung

1. Nennen Sie Vor- und Nachteile der Darlehensfinanzierung gegenüber einer Eigenfinanzierung.

Aufgaben und Probleme

LA

zu Kapitel 2.3 Darlehensfinanzierung

2.3.1 Analyse eines Darlehensvertrags

PDF

Analysieren Sie den zwischen Herr Vogt und der Volksbank Mannheim abgeschlossenen Darlehensvertrag (Abb. S. 317 u. 318), indem Sie folgende Fragen beantworten:

1. Wie hoch ist der Darlehensbetrag?
2. Weshalb wurde eine Darlehenssumme von 44 000 EUR vereinbart, obwohl lediglich Waren im Wert von ca. 42 900 EUR gekauft werden sollen? (Vgl. die Punkte 1, 3.2 und 3.3 des Darlehensvertrags). Was bedeutet die Vereinbarung eines Auszahlungskurses von 98 % (siehe Punkt 3.2)
3. Wie lang ist die Laufzeit des Darlehens?
4. Mit welchem Betrag belastet die Bank das Konto von Herrn Vogt am 31.12. des ersten Jahres, wenn er das Darlehen ab dem 01.10. in Anspruch genommen hat?
5. Welche Überlegungen können für die Entscheidung der Höhe der Tilgung und damit der Laufzeit ausschlaggebend gewesen sein?
6. Um welche Tilgungsart handelt es sich im vorliegenden Fall?

7. Welchen Tilgungsarten entsprechen die Vereinbarungen unter den Punkten 5.1 und 5.3 des Darlehensvertrags?
8. Wie hat die Bank das Darlehen abgesichert?
9. Was ist unter einem variablen Zins (vgl. Punkt 3.1 des Darlehensvertrags) zu verstehen und in welchem Fall ist eine solche Vereinbarung für den Darlehensnehmer vorteilhaft?

2.3.2 Fälligkeitsdarlehen: Effektivverzinsung – Tilgungsplan

Einem Unternehmen liegt für die Finanzierung eines Investitionsvorhabens folgendes Angebot einer Bank vor:

PDF

Darlehensbetrag: 100 000 EUR, Auszahlung 95 %, Zinssatz 8 %, Fälligkeit der Zinsen jeweils am Jahresende, Rückzahlung des Darlehensbetrages in einer Summe am Ende des 5. Jahres

1. Berechnen Sie die Effektivverzinsung dieses Darlehens.
2. Wie hoch müsste die Darlehenssumme sein, wenn das Unternehmen einen Finanzierungsbedarf in Höhe des Auszahlungsbetrags von 100 000 EUR hätte?
3. Erstellen Sie den Zins- und Tilgungsplan für die oben angegebenen Darlehenskonditionen bei einem Darlehensbetrag von 100 000 EUR.
4. Erstellen Sie die Zins-, Tilgungs- und Restschuldentwicklung als Säulendiagramm (vgl. Bsp. S. 318) grafisch dar.
5. Aus welchen Gründen bieten Banken Darlehen mit Disagio an?
6. Aus welchen Gründen könnte ein Darlehensnehmer an einem Disagio interessiert sein?

2.3.3 Abzahlungsdarlehen und Annuitätendarlehen im Vergleich

Die Erweiterung ihres Fuhrparks möchte ein Unternehmen durch ein Darlehen finanzieren. Dazu liegen folgende Angebote vor:

PDF

Bank A: Darlehenssumme: 200 000 EUR, Auszahlung: 100 %, Zinssatz: 10 %, Laufzeit: 5 Jahre, Tilgung: 5 gleiche Jahresraten
Bank B: Darlehenssumme: 200 000 EUR, Auszahlung: 100 %, Zinssatz: 10 %, Laufzeit: 5 Jahre, Annuität: 52 759,50 EUR

1. Überprüfen Sie die von Bank B angegebene Annuität mit Hilfe der finanzmathematischen Funktionen Ihres Taschenrechners oder mit Hilfe des Annuitätenfaktors:
   $$\frac{q^n \cdot (q-1)}{q^n - 1} \qquad q = 1 + \frac{p}{100} = 1 + \frac{10}{100} = 1{,}1$$
2. Ermitteln Sie für beide Darlehensformen tabellarisch die Zins- und Tilgungsbeträge für die einzelnen Jahre.
3. Ermitteln Sie für beide Darlehensformen die sich insgesamt ergebende Liquiditätsbelastung. Worauf ist der Unterschied zurückzuführen?
4. Stellen Sie die Zins- und Tilgungsentwicklung für beide Darlehensformen als Säulendiagramm (vgl. Beispiel S. 320 und 321) grafisch dar.
5. Für welche Darlehensform soll sich das Unternehmen entscheiden? Begründen Sie Ihre Aussage.
6. Prüfen Sie, ob sich die Entscheidung von 5. ändern würde, wenn folgende steuerlichen Auswirkungen berücksichtigt werden:
   - Die Zinsaufwendungen wirken sich in voller Höhe gewinnmindernd aus.
   - Der Gewinnsteuersatz beträgt 30 %.

2.3.4 Darlehensformen im Vergleich

Ein Unternehmen benötigt ein Darlehen über 100 000 EUR mit einer Laufzeit von vier Jahren. Der Zinssatz soll 8 % betragen. Es stehen folgende drei Darlehensformen zur Auswahl, die sich durch einen unterschiedlichen Kapitaldienst (Zins und Tilgungsleistungen) unterscheiden.

PDF

- Festdarlehen
- Abzahlungsdarlehen
- Annuitätendarlehen

Das Unternehmen rechnet mit einem Gewinnsteuersatz von 30 %. Der Kalkulationszinssatz beträgt 10 %.

1. Stellen Sie den Zins- und Tilgungsverlauf für alle drei Darlehensformen tabellarisch dar.
   Hinweis: *Beim Annuitätendarlehen beträgt die Tilgung im ersten Jahr 22 192 EUR.*
2. Ermitteln Sie für alle drei Darlehensformen die sich durch die Zinsaufwendungen während der vier Jahre insgesamt ergebende Steuerentlastung.

3. Überlegen Sie (ohne rechnerischen Nachweis), wie sich die Liquiditätsbelastung nach Steuern bei den einzelnen Darlehensformen entwickeln würde, wenn der Steuersatz
   a) 40 % statt 30 %   b) 20 % statt 30 %
   betragen würde.
4. Begründen Sie, warum es im vorliegenden Fall sinnvoll ist, für eine Finanzierungsentscheidung die Barwertsummen für die Zins- und Tilgungsleistungen der einzelnen Darlehensformen miteinander zu vergleichen.
5. Ermitteln Sie für das Festdarlehen die Barwertsumme für die Liquiditätsbelastung nach Steuern. Was sagt das Ergebnis aus?
   Hinweis: *Die Ermittlung der Barwertsummen kann mit Hilfe der finanzmathematischen Funktionen eines Taschenrechners erfolgen.*
6. Die Berechnungen für die drei Darlehensformen führen zu folgenden Ergebnissen:

	Festdarlehen	Abzahlungsdarlehen	Annuitätendarlehen
Summe der Zinsen	32 000 EUR	20 000 EUR	20 768 EUR
Liquiditätsbelastung vor Steuern	132 000 EUR	120 000 EUR	120 768 EUR
Steuerminderung	9 600 EUR	6 000 EUR	6 230 EUR
Liquiditätsbelastung nach Steuern	122 400 EUR	114 000 EUR	114 538 EUR
Barwertsumme nach Steuern	86 053 EUR	90 869 EUR	90 551 EUR

   Erläutern Sie die Ergebnisse. Für welche Darlehensform sollte sich das Unternehmen entscheiden?
7. Überlegen Sie (ohne rechnerischen Nachweis), wie sich die Barwertsummen bei den einzelnen Darlehensformen verändern würden, wenn bei gleicher Darlehenssumme und gleichem Zinssatz
   a) die Laufzeit statt 4 Jahren 10 Jahre betragen würde,
   b) der Kalkulationszinssatz 5 % statt 10 % betragen würde,
   c) der Kalkulationszinssatz 20 % statt 10 % betragen würde.

2.3.5 Vergleich von Festdarlehen mit unterschiedlichem Disagio

Eine Bank bietet ein Festdarlehen zu folgenden Bedingungen an:

PDF

Variante A	Variante B
Laufzeit: 4 Jahre Auszahlung: 100 % Nominalzinssatz: 6,25 %	Laufzeit: 4 Jahre Auszahlung: 96 % Nominalzinssatz: 5,00 %

1. Wie hoch ist der Effektivzinssatz bei Variante A und Variante B?
2. Ein Darlehensnehmer benötigt einen Betrag von 300 000 EUR. Wie hoch müsste die Darlehenssumme sein, wenn er sich für die Variante B entscheidet?
3. Erstellen Sie je einen Zins- und Tilgungsplan für die beiden Varianten A und B. Die Auszahlung soll in beiden Fällen 300 000 EUR betragen. Für welche Variante soll sich der Darlehensnehmer Ihrer Meinung nach entscheiden?
4. Vergleichen Sie die Barwertsummen der Liquiditätsbelastung der beiden Alternativen bei einem Kalkulationszinssatz von 5 % miteinander und erläutern Sie das Ergebnis.
   Hinweis: *Die Ermittlung der Barwertsummen kann mit Hilfe der finanzmathematischen Funktionen eines Taschenrechners erfolgen.*

2.4 Kreditsicherheiten

2.4.1 Überblick

Banken verlangen bei der Vergabe von Krediten häufig Sicherheiten. Für den Fall, dass der Kreditnehmer seinen Verpflichtungen aus dem Kredit nicht mehr nachkommt, hat die Bank dann die Möglichkeit, diese **Kreditsicherheiten** zu verwerten, um so die Rückzahlung des Kredits (zumindest teilweise) zu gewährleisten. Kreditsicherheiten, wie sie Banken üblicherweise bei der Kreditgewährung an Unternehmen verlangen, lassen sich wie folgt unterscheiden.

Kreditsicherheiten	
Sachsicherheiten aus dem Vermögen des Kreditnehmers (Sachsicherheiten)	**Sicherheiten aus dem Vermögen anderer Personen** (Personensicherheiten)
■ Abtretung oder Verpfändung von Forderungen ■ Sicherungsübereignung von beweglichen Sachen z. B. Maschinen, Fahrzeuge, Warenvorräte ■ Verpfändung von beweglichen Sachen z. B. Wertpapiere ■ Verpfändung von Grundstücken (Grundpfandrechte) z. B. Grundschuld, Hypothek	■ Bürgschaft

Im Folgenden werden beispielhaft
- **Bürgschaft**
- **Sicherungsübereignung**
- **Grundschuld**

erläutert.

2.4.2 Bürgschaft

Bürgschaftsvertrag

Häufig verlangt ein Kreditinstitut im Zusammenhang mit der Gewährung eines Kredits, dass neben dem Kreditnehmer **(Hauptschuldner)** noch eine weitere Person **(Nebenschuldner)** für die pünktliche Erfüllung der Kreditverpflichtungen haftet. Die häufigste Form einer derartigen Kreditsicherung ist die **Bürgschaft**. Dabei übernimmt eine dritte Person die Verpflichtung, unter bestimmten Bedingungen für die Erfüllung des Kreditvertrags einzustehen.

Die Bürgschaft ist ein Vertrag, durch den sich der Bürge (= Nebenschuldner) gegenüber dem Gläubiger einer anderen Person verpflichtet, für die Erfüllung der Verbindlichkeiten dieser Person (= Hauptschuldner) einzustehen. BGB § 765

Die Bürgschaft erlischt, wenn die Hauptschuld nicht mehr besteht.

Einem durch eine **Bürgschaft** gesicherten Kredit liegen **zwei Verträge** zugrunde:
1. Kreditvertrag zwischen Kreditnehmer und Gläubiger (Bank)
2. Bürgschaftsvertrag zwischen Bürgen und Gläubiger des Kreditnehmers (Bank)

Bürgschaft

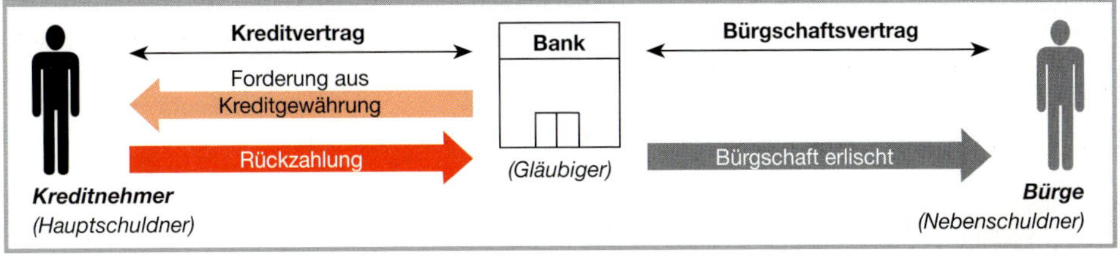

BGB § 766 Ist der Bürge kein Kaufmann, muss er die **Bürgschaftserklärung schriftlich** abgeben. Andernfalls ist der Bürgschaftsvertrag unwirksam. Kaufleute können dagegen im Rahmen von Handelsgeschäften auch mündlich eine rechtswirksame Bürgschaftserklärung
HGB § 350 abgeben. Banken verlangen aber aus Beweisgründen auch von Kaufleuten immer eine schriftliche Bürgschaftserklärung.

Bankbürgschaft: Selbstschuldnerische Höchstbetragsbürgschaft

Je nachdem, welche Voraussetzungen erfüllt sein müssen, bevor der Bürge vom Gläubiger in Anspruch genommen werden kann, lassen sich u. a. folgende Arten von Bürgschaften unterscheiden.

Arten der Bürgschaft	
gewöhnliche Bürgschaft	**selbstschuldnerische Bürgschaft**
Bürge hat das Recht, vom Gläubiger zu verlangen, dass dieser zunächst gegenüber dem Hauptschuldner Klage auf Zahlung erhebt. Erst nach erfolgloser Zwangsvollstreckung gegen den Hauptschuldner kann der Bürge selbst in Anspruch genommen werden. = Recht auf Einrede der Vorausklage § 771 BGB	Bürge kann nicht vom Gläubiger verlangen, dass dieser zunächst gegen den Hauptschuldner Klage auf Zahlung erhebt. Vielmehr ist der Bürge sofort zur Zahlung verpflichtet, wenn der Hauptschuldner bei Fälligkeit die verbürgte Verbindlichkeit nicht bezahlt. Der Bürge haftet in diesem Fall genauso wie der Hauptschuldner selbst. = kein Recht auf Einrede der Vorausklage § 773 BGB, § 349 HGB

Eine **selbstschuldnerische Bürgschaft** liegt vor, wenn der Bürge
BGB § 773
- als Privatperson im Bürgschaftsvertrag auf die Einrede der Vorausklage verzichtet
HGB § 349
- Kaufmann ist und die Bürgschaft in Zusammenhang mit einem Handelsgeschäft steht.

Selbstschuldnerische Bürgschaft

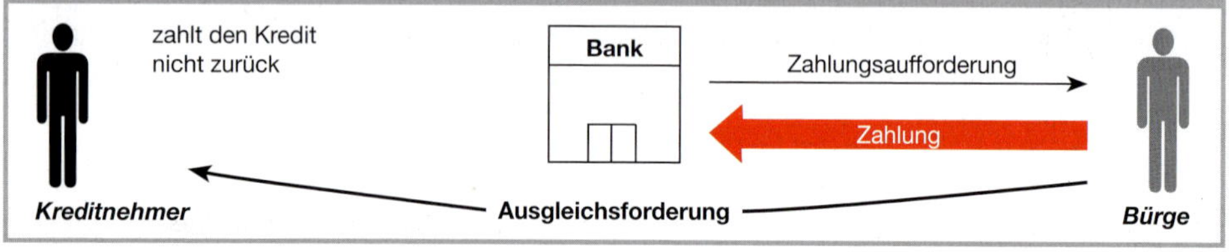

Die von Banken verlangten Bürgschaften weisen folgende Merkmale auf:

Merkmale von Bankbürgschaften		
schriftliche Bürgschaftserklärung	**selbstschuldnerische Bürgschaft**	**Höchstbetrags-bürgschaft**
Auch von Kaufleuten wird grundsätzlich eine schriftliche Bürgschaftserklärung verlangt. Dadurch kann der Nachweis über das Bestehen einer Bürgschaft leichter erbracht werden (Beweislastsicherung).	Es werden fast immer selbstschuldnerische Bürgschaften verlangt. Dadurch werden zeitliche Verzögerungen und zusätzliche Kosten (Klage, Prozess, Zwangsvollstreckung) vermieden. Der Bürge muss zahlen, sobald der Hauptschuldner in Zahlungsverzug gerät.	Der Bürger haftet bis zu einem bestimmten Betrag zuzüglich Zinsen und anderen Nebenkosten (= Höchstbetragsbürgschaft). Die Bürgschaftsverpflichtung **erlischt** in diesem Fall **nicht** bei zwischenzeitlich erfolgter Rückzahlung des Kredits (z. B. bei Kontokorrentkrediten)

2.4.3 Sicherungsübereignung

Eine **Sicherungsübereignung** ermöglicht es, einen Kredit mit beweglichen Sachen zu sichern, ohne dass diese – anders als bei einer Verpfändung – bei der Bank hinterlegt werden müssen. Vielmehr kann der Kreditnehmer die als Sicherheit dienenden Sachen (z. B. Maschinen, Fahrzeuge, Warenvorräte) weiterhin in seinem Unternehmen nutzen.

Die Sicherheitsübereignung ist in keinem Gesetz ausdrücklich geregelt. Vielmehr handelt es sich um ein **Gewohnheitsrecht**, das sich in der Bankpraxis entwickelt hat.

> **Eine Sicherungsübereignung liegt vor, wenn ein Schuldner seinem Gläubiger zur Sicherung eines Kredits das Eigentumsrecht an einer Sache überträgt, die Sache aber nicht übergibt, sondern als Besitzer weiterhin nutzt.**

Vertragsgestaltung

Durch einen **Sicherungsübereignungsvertrag** verpflichtet sich der Kreditnehmer, dem **Kreditgeber das Eigentum** an den Sicherungsgegenständen zu übertragen. Zur Eigentumsübertragung bedarf es jedoch einer **Einigung** und **Übergabe**. Die erforderliche Übergabe der Sache kann aber ersetzt werden durch die Vereinbarung eines sog. **Besitzkonstituts**. Das geschieht durch den gleichzeitigen Abschluss eines **Leih- oder Verwahrvertrages**. Der Kreditnehmer leiht dadurch vom Kreditgeber die übereigneten Vermögensgegenstände, die er bereits besitzt, und nimmt sie in Verwahrung. Durch diese Vertragskonstruktion wird erreicht, dass der Kreditnehmer als **unmittelbarer Besitzer** die entsprechenden Sicherungsgegenstände weiterhin nutzen kann. Der Kreditgeber seinerseits erlangt das Eigentum, ohne dass die Übergabe der Sicherungsgegenstände erfolgen muss.

BGB § 930

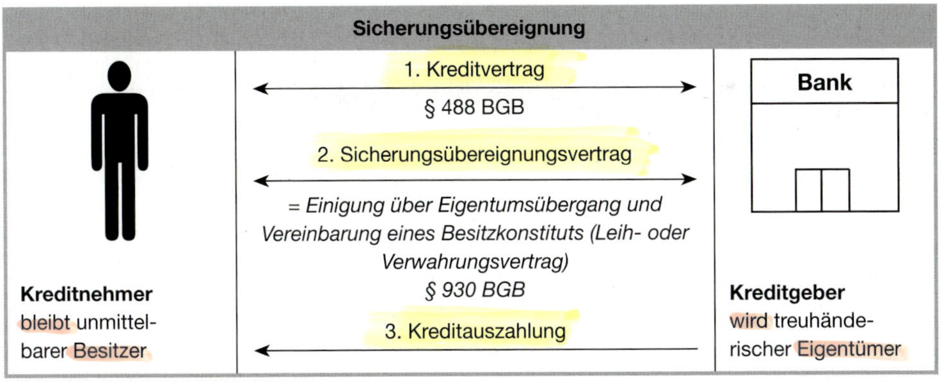

Das Eigentumsrecht des Kreditgebers hat lediglich **treuhänderischen** Charakter. Das bedeutet, dass der Kreditgeber nur dann uneingeschränkt über die *„zur Sicherung übereigneten"* Gegenstände verfügen kann, wenn der Kreditnehmer seinen Verpflichtungen aus dem Kreditvertrag nicht nachkommt. Die übereigneten Gegenstände werden weiterhin in der Bilanz des Kreditnehmers ausgewiesen.

Sicherungsübereignung bei Fahrzeugen

Die Sicherungsübereignung von Fahrzeugen kommt insbesondere bei Nutzfahrzeugen (Lkw, Omnibusse) vor.[1]

Aufg. 2.4.1 S. 340

---

1 Die Übereignung von privat genutzten Pkw als Sicherheit für einen Konsumentenkredit verliert zunehmend an Bedeutung, weil die Autohersteller in verstärktem Maße im Rahmen ihrer Absatzförderung eine direkte Kreditfinanzierung über eine Auto-Bank anbieten.

Aus Sicherheitsgründen verlangt der Kreditgeber die **Übergabe des Fahrzeugbriefs**. Zur **Eigentumsübertragung** an einem Kfz ist aber die Übergabe des Fahrzeugbriefs **nicht erforderlich**. Durch die Aushändigung des Fahrzeugbriefes an den Kreditgeber ist es aber dem Kreditnehmer nicht mehr möglich, das Fahrzeug an einen Dritten rechtswirksam zu übereignen. Verfügt nämlich ein Autobesitzer nicht über den Fahrzeugbrief, wird aufgrund der gängigen Rechtsprechung vermutet, dass der im Fahrzeugbrief eingetragene Fahrzeughalter der Eigentümer ist. Ein Käufer kann daher ohne Übergabe des Fahrzeugbriefs nicht in gutem Glauben Eigentum an dem Fahrzeug erwerben. Um zu verhindern, dass der Kreditnehmer bei der Kfz-Zulassungsstelle den Kfz-Brief als verloren meldet und die Ausstellung eines Ersatzbriefes beantragt, informiert der Kreditgeber in der Regel die Zulassungsstelle über die Sicherungsübereignung.

BGB § 932 (2)

Fahrzeugreparaturen und Haftpflichtversicherungsprämien muss der Kreditnehmer bezahlen. Außerdem ist er in der Regel verpflichtet, auf seine Kosten eine **Vollkaskoversicherung** abzuschließen. Eine solche Versicherung kommt auch für die Schäden am übereigneten Fahrzeug auf, die vom Kreditnehmer verschuldet wurden.

Risiken der Sicherungsübereignung für den Kreditgeber

- Kreditnehmer verkauft die sicherungsübereigneten Gegenstände an einen gutgläubigen Dritten weiter.
- Kreditnehmer ist nicht Eigentümer der Gegenstände (z. B. Lieferung von Maschinen unter Eigentumsvorbehalt).
- Gegenstände sind bereits sicherungsübereignet.
- Preis- und Wertverfall der sicherungsübereigneten Gegenstände.
- Beschädigung oder Zerstörung der sicherungsübereigneten Gegenstände.
- Schwierigkeiten bei der Verwertung (Verkauf) der sicherheitsübereigneten Gegenstände.

2.4.4 Grundschuld als Beispiel eines Grundpfandrechts

Grundpfandrecht und Grundbuch

Grundstücke eignen sich wegen ihrer hohen Wertbeständigkeit in besonderer Weise zur Sicherung von Krediten. Im Gegensatz zu beweglichen Vermögensgegenständen können sie aber nicht als Pfand an einen Kreditgeber übergeben werden. Die Bestellung eines **Pfandrechts an einem Grundstück** (Grundpfandrecht) ist deshalb nur über eine Eintragung im **Grundbuch** möglich.

> **Das Grundbuch ist ein öffentliches Register, in welchem die Rechts- und Wirtschaftsverhältnisse aller Grundstücke eines Amtsgerichtsbezirks eingesehen werden können.**

Das Grundbuch wird in Baden-Württemberg von den Gemeindeverwaltungen geführt. Bei Nachweis eines berechtigten Interesses ist grundsätzlich Einsichtnahme in das Grundbuch möglich **(Öffentlichkeit des Grundbuches)**. Grundbucheintragungen und -löschungen (= rot unterstrichene Eintragungen) genießen **öffentlichen Glauben**. Das bedeutet, dass sich jeder auf die Richtigkeit der Eintragungen im Grundbuch verlassen kann, auch wenn sie nicht den tatsächlichen Rechts- und Eigentumsverhältnissen entsprechen.

Als **Grundpfandrechte** lassen sich **Hypothek** und **Grundschuld** unterscheiden. In der Bankpraxis hat die Grundschuld die Hypothek als Kreditsicherungsmittel nahezu vollkommen ersetzt, weil sie zur Sicherung verschiedener Kreditarten vielseitiger verwendbar ist.

Ein Grundkredit liegt vor, wenn ein Kredit durch Eintragung eines Pfandrechts an einem Grundstück (Grundpfandrecht) im Grundbuch gesichert ist.

Entstehung der Grundschuld

BGB §§ 1192, 1116

Für die Entstehung der Grundschuld müssen sich der Grundstückseigentümer und der Kreditgeber darüber einigen, dass das Grundstück mit einem Pfandrecht belastet werden soll **(= Einigung)**. Außerdem ist die **Eintragung im Grundbuch** erforderlich **(= Buchgrundschuld)**. Bei einer **Briefgrundschuld**, die allerdings in der Praxis weitgehend durch die Buchgrundschuld verdrängt wurde, ist zusätzlich noch die Übergabe des Grundschuldbriefs an den Gläubiger nötig.

Bedeutung der Grundschuld

BGB §§ 1147, 1192

Durch die Bestellung einer Grundschuld wird dem Kreditgeber ein Pfandrecht eingeräumt. Wenn der Schuldner seinen Zahlungsverpflichtungen nicht nachkommt, kann der Kreditgeber das belastete Grundstück durch eine Zwangsvollstreckung (z.B. Zwangsversteigerung) verwerten.

Aufg. 2.4.2 S. 341

Der **Besitz** an dem (bebauten) Grundstück verbleibt beim **Eigentümer**, der das Grundstück und die Gebäude weiterhin nutzen kann. Der Eigentümer des Grundstücks muss aber unter bestimmten Voraussetzungen die Zwangsvollstreckung in sein Grundstück dulden. Im Grundbuch (Abteilung III) können mehrere Grundschulden für ein und dasselbe Grundstück eingetragen werden. In diesem Fall stehen die Rechte in einer **Rangordnung** (1. Rang, 2. Rang, 3. Rang usw.). Im Fall der **Zwangsversteigerung** eines Grundstücks müssen jeweils zunächst die Ansprüche aus einer Grundschuld mit einem höheren Rang vor den Ansprüchen aus einer Grundschuld mit einem niedrigeren Rang voll befriedigt werden. Deshalb hängt für den Kreditgeber die durch die Grundschuld gewährte Sicherheit entscheidend davon ab, welchen Rang die Grundschuld im Grundbuch einnimmt. Eine erstrangige Grundschuld gewährt die größte Sicherheit.

Grundschuld ohne Schuldgrund

Eine Besonderheit der Grundschuld (im Vergleich zur Hypothek) liegt darin, dass sie entstehen und wirksam werden kann, ohne dass irgendwelche Forderungen gegen den Eigentümer des belasteten Grundstücks bestehen. Zwar gibt es in den meisten Fällen einen Zusammenhang zwischen einer Kreditgewährung und der Eintragung einer Grundschuld. Aber rein rechtlich ist die Grundschuld eine von einem Kreditvertrag losgelöste (= abstrakte) Verpflichtung **(Grundschuld ohne Schuldgrund!)**.

Die Grundschuld ist ein Grundpfandrecht, das nicht an den Bestand einer Forderung gebunden ist. Bei der Grundschuld handelt es sich um ein abstraktes (d. h. vom Bestand einer Forderung losgelöstes) Recht.

Zusammenhang zwischen Kredithöhe und Grundschuld

Zur Absicherung eines Kontokorrentkredits wurde auf ein Betriebsgrundstück der Schmitz & Hauser OHG im Grundbuch eine Grundschuld über 30 000 EUR zugunsten der Volksbank Freiburg eingetragen.

Das Kontokorrentkonto des Unternehmens entwickelte sich im Zeitablauf wie folgt:

Kreditinanspruchnahme:	
01.05. d.J.	– 30 000 EUR
Eingang einer Kundenzahlung	
16.05. d.J	+ 40 000 EUR
Guthaben	
16.05. d.J.	10 000 EUR
Überweisung an einen Lieferer	
01.06. d.J.	– 15 000 EUR
Kredit (Saldo)	– 5 000 EUR

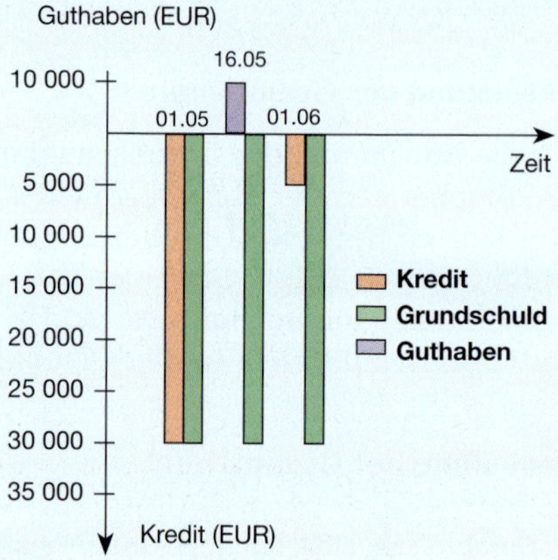

Ergebnis: Die Grundschuld zugunsten der Bank besteht völlig unabhängig von einer Forderung der Bank. Eine Änderung der Kredithöhe ist ohne Einfluss auf die Grundschuld. Auch bei einer Tilgung bleibt die Grundschuld über 30 000 EUR bestehen **(Grundschuld ohne Schuldgrund)**.

Da die Grundschuld sowohl für Kredite mit schwankender Forderungshöhe (Kontokorrentkredite) als auch für langfristige Darlehen als Sicherung verwendet werden kann, hat die Grundschuld in der Bankpraxis die Hypothek nahezu vollständig verdrängt. Im Gegensatz zur Hypothek bleibt die Grundschuld nämlich auch bei einer Verminderung des Kredits in voller Höhe bestehen. Macht aber der Gläubiger seine Rechte aus der Grundschuld geltend, obwohl keine Forderung gegen den Grundstückseigentümer besteht, kann der Grundstückeigentümer die Zahlung wegen ungerechtfertigter Bereicherung verweigern.

Übertragung und Löschung der Grundschuld

Die Übertragung einer Buchgrundschuld auf einen neuen Gläubiger erfolgt durch schriftliche Abtretung der Grundschuld an den neuen Gläubiger und Umschreibung im Grundbuch.

Ist der Kredit, der durch die Grundschuld gesichert werden sollte, getilgt, kann die Grundschuld im Grundbuch gelöscht werden. Dazu muss der Eigentümer die vom Gläubiger ausgestellte und notariell beglaubigte Löschungsbewilligung beim Grundbuchamt vorlegen. Der Eigentümer kann die Grundschuld nach der Kredittilgung aber auch für künftige Kreditsicherungszwecke auf sich selbst übertragen **(= Eigentümergrundschuld)**. In diesem Fall ist der Grundstückseigentümer selbst als Gläubiger der Grundschuld eingetragen. Zweck einer solchen Eigentümergrundschuld ist es, sich einen bestimmten Rang im Grundbuch zu sichern, um zu einem späteren Zeitpunkt die Grundschuld erneut zur Kreditsicherung verwenden und an einen anderen Gläubiger abtreten zu können.

BGB § 1196

Zusammenfassende Übersicht zu Kap. 2.4: Kreditsicherheiten

Sicherheiten aus dem Vermögen anderer Personen

(Personensicherheiten)

↓

Bürgschaft
neben dem Kreditnehmer (= Hauptschuldner) haftet noch der Bürge (= Nebenschuldner)

↓

Bürgschaftsvertrag
zwischen Bürgen und Gläubiger des Hauptschuldners
§ 765 BGB

↓

Bankbürgschaften

schriftliche Bürgschaftserklärung	selbstschuldnerische Bürgschaft	Höchstbetragsbürgschaft
Auch von Kaufleuten wird aus Gründen der Beweislastsicherung eine schriftliche Bürgschaftserklärung verlangt. § 766 BGB, § 350 HGB	Es besteht kein Recht auf „Einrede der Vorausklage“. § 773 BGB § 349 HGB	Bürge haftet bis zu einem bestimmten Betrag. Bürgschaftsverpflichtung erlischt nicht bei schwankender Höhe der Kreditschuld (z. B. Kontokorrentkredit).

Sicherheiten durch das Vermögen des Kreditnehmers

(Sachsicherheiten)

durch bewegliche Sachen gesicherte Kredite		durch Grundstücke gesicherte Kredite	
Sicherungsübereignung		**Grundschuld**	
Sicherungsübereignungsvertrag mit Besitzkonstitut § 930 BGB (Leih-/Verwahrungsvertrag)		**Eintragung eines Pfandrechts an einem Grundstück im Grundbuch**	
Kreditgeber	**Kreditnehmer**	**Kreditgeber**	**Kreditnehmer**
wird treuhänderischer Eigentümer	bleibt unmittelbarer Besitzer und kann übereignete Sachen nutzen	erhält ein Pfandrecht an dem belasteten Grundstück	bleibt sowohl Eigentümer als auch Besitzer und kann das verpfändete Grundstück nutzen

Folge:
Wenn Kreditnehmer seinen Zahlungsverpflichtungen nicht nachkommt, kann der Kreditgeber die übereignete Sache verkaufen.

Risiken für Kreditgeber:
- Beschädigung, Wertverfall der übereigneten Sache
- übereignete Sache gehört nicht dem Kreditnehmer oder wird von diesem verkauft
- …

Folge:
Wenn Kreditnehmer seinen Zahlungsverpflichtungen nicht nachkommt, kann der Kreditgeber das belastete Grundstück durch Zwangsvollstreckung (z. B. Zwangsversteigerung) verwerten.

Besonderheit der Grundschuld

Grundschuld ist nicht an das Bestehen einer Forderung gebunden
„Grundschuld ohne Schuldgrund“
daher auch für Sicherung von Krediten mit wechselndem Schuldenstand (Kontokorrentkredite) geeignet

Fragen zur Wiederholung

zu Kapitel 2.4 Kreditsicherheiten

2.4.1 Überblick

1. Welchem Zweck dienen Kreditsicherheiten?
2. Unterscheiden Sie zwischen Personensicherheiten und Sachsicherheiten.

2.4.2 Bürgschaft

1. Wer sind die Vertragspartner bei einem Bürgschaftsvertrag?
2. Welcher Inhalt ist Gegenstand eines Bürgschaftsvertrags?
3. Welche Formvorschriften gelten für eine Bürgschaftserklärung?
4. Was ist unter dem Recht der „Einrede auf Vorausklage" zu verstehen?
5. Wodurch unterscheiden sich gewöhnliche Bürgschaft und selbstschuldnerische Bürgschaft?
6. Was ist unter einer Höchstbetragsbürgschaft zu verstehen?
7. Welche Merkmale weist eine von einer Bank verlangte Bürgschaft üblicherweise auf und warum bestehen Banken darauf?

2.4.3 Sicherungsübereignung

1. Was ist unter einer Sicherungsübereignung zu verstehen?
2. Beschreiben Sie, wie eine Sicherungsübereignung zum Zweck der Kreditsicherung zustande kommt.
3. Was ist unter einem Besitzkonstitut zu verstehen?
4. Welche Besonderheiten gelten, wenn Fahrzeuge sicherungsübereignet werden?
5. Welche Risiken bringt eine Sicherungsübereignung für den Kreditgeber mit sich?

2.4.4 Grundschuld als Beispiel eines Grundpfandrechts

1. Welche Informationen sind dem Grundbuch zu entnehmen?
2. Was ist unter einem Grundkredit zu verstehen?
3. Welches Recht steht einem Kreditgeber gegebenenfalls zu, wenn eine Grundschuld im Grundbuch eingetragen ist?
4. Welche Bedeutung hat die Rangordnung der Eintragung im Grundbuch?
5. Erläutern Sie die Formulierung „Grundschuld ohne Schuldgrund".
6. Warum eignet sich die Grundschuld auch für die Absicherung von Kontokorrentkrediten?
7. Wie erfolgt die Löschung einer Grundschuld?
8. Was ist unter einer Eigentümergrundschuld zu verstehen und welchem Zweck dient sie?

Aufgaben und Probleme

zu Kapitel 2.4 Kreditsicherheiten

2.4.1 Kreditsicherheiten – Bürgschaft

Eine von Michael Herget neu gegründete Einmann-GmbH benötigt zur Ausführung eines Auftrags einen Betriebsmittelkredit (= Kredit zur Vorfinanzierung der Rohstoffe) in Höhe von 10 000 EUR. Das Stammkapital beträgt 25 000 EUR. Es wurde die Mindesteinlage einbezahlt.
Die Bank verlangt für eine Kreditgewährung entsprechende Sicherheiten.

1. Welche Art der Sicherheit wird die Bank im vorliegenden Fall vermutlich fordern? Begründen Sie Ihre Meinung.
2. Der Vater von Herrn Herget, Stefan Herget, ist bereit, eine entsprechende Bürgschaft zu übernehmen, die auch von der Bank als Sicherheit akzeptiert wird.
   a) Beschreiben Sie das Wesen eines Bürgschaftskredits.
   b) Erläutern und begründen Sie, welche Art der Bürgschaft die Bank verlangt.
3. Welche Form der Kreditsicherung würde sich anbieten, wenn Michael Herget für sein Unternehmen einen Geschäftswagen anschaffen und diesen durch einen Bankkredit finanzieren möchte? Erläutern Sie das Zustandekommen dieser Kreditsicherungsart.

2.4.2 Beleihungsprüfung – Sachsicherheiten

Die Wacker GmbH stellt Verpackungsmaterial her. Das Unternehmen möchte die Produktion ausweiten. Dazu ist neben der Ausweitung des Maschinenparks auch die Errichtung einer Produktionshalle nötig. Die Anschaffungskosten der Maschinen werden auf 700 000 EUR, die Herstellungskosten der Produktionshallte auf 800 000 EUR geschätzt.

Die Hausbank der Wacker GmbH ist bereit, ein Darlehen in Höhe von 80 % des Investitionsbedarfs zu gewähren, falls entsprechende Sicherheiten vorhanden sind. Die neuen Maschinen will die Wacker GmbH zunächst noch nicht zur Kreditsicherung verwenden.

Die Hausbank geht von folgenden Beleihungswerten aus:
Grundstücke und Gebäude 80 %
Maschinen/Geschäftsausstattung 50 %
Vorräte 40 %

Die Bank legt der Beleihungsprüfung die Bilanz des vergangenen Geschäftsjahres zugrunde. Darin sind folgende Vermögenswerte ausgewiesen:

Grundstücke und Gebäude	1 500 000 EUR
Maschinen	900 000 EUR
Betriebs- u. Geschäftsausstattung	200 000 EUR
Vorräte (Roh-, Hilfs- und Betriebsstoffe, fertige und unfertige Erzeugnisse)	180 000 EUR
Forderungen	400 000 EUR
Bank/Kasse	100 000 EUR

Der Marktwert der Position „Grundstücke und Gebäude" beträgt 2 Mio. EUR. Die Maschinen sind bereits sicherungsübereignet. Die übrigen in der Bilanz ausgewiesenen Werte entsprechen in etwa dem Marktwert.

1. Stellen Sie in Form eines rechnerischen Nachweises fest, ob die vorhandenen Sicherheiten zur Kreditgewährung ausreichen.
2. Erläutern Sie,
   - für welche Art der Kreditsicherung die einzelnen Vermögensgegenstände in Frage kommen
   - wie die jeweilige Kreditsicherung zustande kommt
   - welche Folgen sich aus der jeweiligen Kreditsicherung für den Kreditnehmer und die Bank ergeben.
3. Welche Risiken können sich für die Bank ergeben, wenn die Geschäftsausstattung und die Vorräte als Kreditsicherung verwendet werden sollen?
4. Welche dieser Risiken (vgl. 3.) könnten gemindert werden, wenn nicht die Geschäftsausstattung oder die Vorräte, sondern Fahrzeuge sicherungsübereignet würden? Begründen Sie Ihre Aussage.
5. Die Hausbank fordert für den Kredit zur Erstellung des Gebäudes eine erstrangige Grundschuld. Begründen Sie diese Forderung.
6. Auf das Betriebsgrundstück, das als Kreditsicherung für die Finanzierung der Produktionshalle dienen soll, ist bereits eine Eigentümergrundschuld im 1. Rang in Höhe von 500 000 EUR eingetragen.
   Erläutern Sie, ob und ggf. wie die Forderung der Bank (vgl. 5.) trotzdem erfüllt werden kann.
7. Warum lässt sich aus der Bilanz alleine nicht erkennen, in welchem Umfang die Vermögensgegenstände eines Unternehmens als Kreditsicherung dienen können?
8. Erläutern Sie, warum bei Einsichtnahme in das Grundbuch aus der Höhe dort eingetragenen Grundschulden keine Rückschlüsse auf die tatsächlichen Schulden des Grundstückseigentümers möglich sind.

3 Investitionsrechnung

3.1 Investitionsarten und Investitionsrechnung im Überblick

Investitionsarten

> **Eine Investition liegt vor, wenn das im Rahmen der Finanzierung beschaffte Kapital in betrieblichem Vermögen angelegt wird. Die Aktivseite der Bilanz gibt Auskunft über die Verwendung des Kapitals (= Investition).**

Die verschiedenen Formen von Investitionen lassen sich wie folgt unterscheiden:

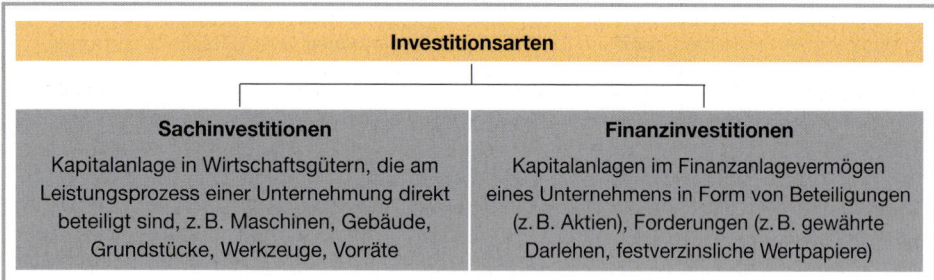

Investitionsarten

Sachinvestitionen	Finanzinvestitionen
Kapitalanlage in Wirtschaftsgütern, die am Leistungsprozess einer Unternehmung direkt beteiligt sind, z. B. Maschinen, Gebäude, Grundstücke, Werkzeuge, Vorräte	Kapitalanlagen im Finanzanlagevermögen eines Unternehmens in Form von Beteiligungen (z. B. Aktien), Forderungen (z. B. gewährte Darlehen, festverzinsliche Wertpapiere)

Sachinvestitionen lassen sich folgendermaßen weiter untergliedern:

Sachinvestitionen

Gründungsinvestitionen	laufende Investitionen		
	Erweiterungsinvestitionen	**Rationalisierungsinvestitionen**	**Ersatzinvestitionen**
Gründungsinvestitionen (einmalig) = Anfangsinvestition bei der Gründung eines Unternehmens	Anschaffung von Wirtschaftsgütern zur Ausweitung der Produktionskapazität	Anschaffung technisch verbesserter Wirtschaftsgüter mit dem Ziel, die Leistungsfähigkeit zu erhöhen	Ersatz von abgenutzten Wirtschaftsgütern durch neue gleichartige mit dem Ziel, die Leistungsfähigkeit zu erhalten

Bruttoinvestitionen Summe aller in einer Periode vorgenommenen Investitionen	
Nettoinvestitionen	**Ersatzinvestitionen**

Nur **Nettoinvestitionen** erhöhen die Produktionskapazität, weil sie über die bloße Ersatzbeschaffung hinausgehen.

> Nettoinvestition = Bruttoinvestition – Ersatzinvestition

Investitionsrechnungsverfahren

Die Investitionsrechnung soll zeigen, ob geplante Investitionen unter rechnerischen Gesichtspunkten vorteilhaft sind. Sie liefert die Grundlage für betriebliche Investitionsentscheidungen.

Statische Investitionsrechnung	Dynamische Investitionsrechnung
Es werden nur die Daten einer Periode in die Betrachtung einbezogen.	**Es werden die Daten mehrerer künftiger Perioden in die Betrachtung einbezogen.**
▪ **Kostenvergleichsrechnung** ▪ Gewinnvergleichsrechnung ▪ Rentabilitätsvergleichsrechnung ▪ **Statische Amortisationsrechnung**	▪ **Kapitalwertmethode** ▪ Methode des internen Zinssatzes ▪ Annuitätenmethode

Im Folgenden werden nur die **Kostenvergleichsrechnung**, die **Amortisationsrechnung** und die **Kapitalwertmethode** beispielhaft behandelt.

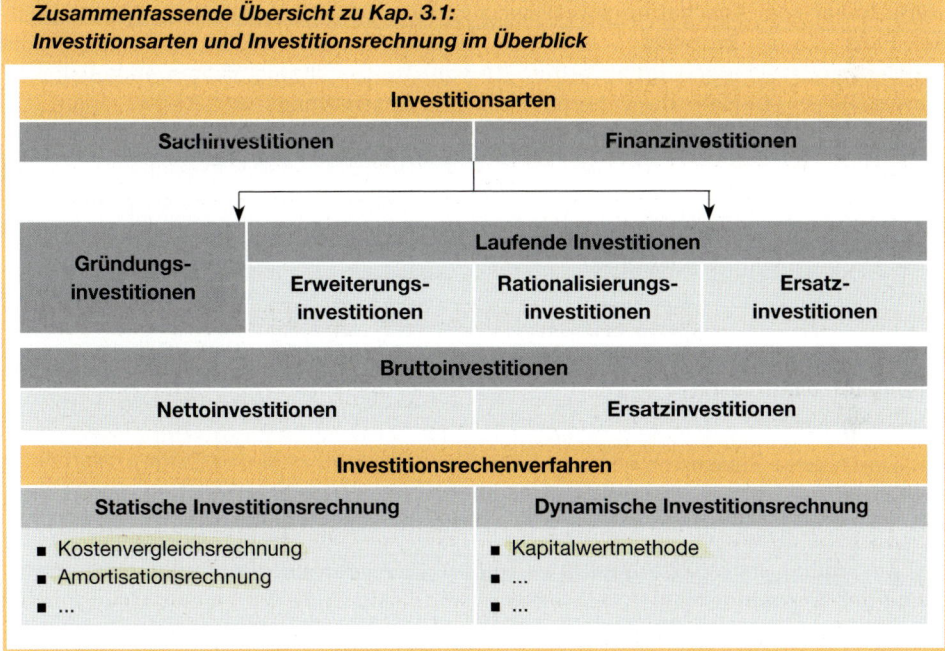

Zusammenfassende Übersicht zu Kap. 3.1:
Investitionsarten und Investitionsrechnung im Überblick

Investitionsarten

Sachinvestitionen	Finanzinvestitionen

Gründungsinvestitionen	Laufende Investitionen		
	Erweiterungsinvestitionen	Rationalisierungsinvestitionen	Ersatzinvestitionen

Bruttoinvestitionen	
Nettoinvestitionen	Ersatzinvestitionen

Investitionsrechenverfahren

Statische Investitionsrechnung	Dynamische Investitionsrechnung
▪ Kostenvergleichsrechnung ▪ Amortisationsrechnung ▪ ...	▪ Kapitalwertmethode ▪ ... ▪ ...

Fragen zur Wiederholung

zu Kapitel 3.1 Investitionsarten und Investitionsrechnung im Überblick

1. Was ist unter Investition zu verstehen?
2. Wie ist unter Sachinvestitionen zu verstehen und wie lassen sie sich einteilen?
3. Wie unterscheiden sich Brutto-, Netto- und Ersatzinvestitionen?
4. Welcher Zweck wird mit der Investitionsrechnung verfolgt?
5. Welche Investitionsrechnungsverfahren lassen sich unterscheiden?

3.2 Statische Investitionsrechnung am Beispiel der Kostenvergleichsrechnung

3.2.1 Ermittlung der entscheidungsrelevanten Kosten

Die Kostenvergleichsrechnung stellt die Kosten verschiedener Investitionsobjekte einander gegenüber. Diejenige Investitionsalternative, die die geringeren Kosten verursacht, ist die vorteilhaftere.

In den Kostenvergleich werden üblicherweise die **Kapitalkosten** und die **Betriebskosten** einer Investition einbezogen.

Zu den **Kapitalkosten** gehören insbesondere die **kalkulatorischen Abschreibungen** und die **kalkulatorischen Zinsen.**

Kalkulatorische Abschreibungen

In der Investitionsrechnung werden die kalkulatorischen Abschreibungen üblicherweise **linear** vom **Anschaffungswert** und nicht vom Wiederbeschaffungswert berechnet. Falls sich ein **Restwert** (Schrottwert, Liquidationserlös) ergibt, muss dieser vom **Anschaffungswert abgezogen** werden, da während der Nutzungsdauer lediglich eine Wertminderung in Höhe der Differenz zwischen Anschaffungs- und Restwert eintritt.

$$\text{Abschreibung} = \frac{\text{Anschaffungswert} - \text{Restwert}}{\text{Nutzungsdauer}}$$

Kalkulatorische Abschreibung

AW: 100 000 EUR tatsächliche ND: 10 Jahre
RW: 10 000 EUR

$$\text{Abschreibung pro Jahr} = \frac{100\,000 - 10\,000}{10} = \mathbf{9\,000\ EUR}$$

Kalkulatorische Zinsen

Für das im Investitionsobjekt gebundene Kapital werden **kalkulatorische Zinsen** ermittelt. Durch diese Zinskosten wird der entgangene Zinsertrag berücksichtigt, der erzielt worden wäre, wenn das Kapital nicht in Sachanlagen investiert, sondern anderweitig Zins bringend angelegt worden wäre **(= Alternativkosten, Opportunitätskosten).**

Das am Anfang investierte Kapital verringert sich während der Nutzungsdauer aufgrund der Wertminderung (Abschreibung) stetig. Am Ende der Nutzungsdauer ist es auf null oder auf einen sich möglicherweise ergebenden Restwert (Schrottwert, Liquidationserlös) gesunken. In Höhe der Abschreibungen wird Kapital freigesetzt (= Desinvestition). Das geschieht, indem die Gegenwerte für die Abschreibungen, die in die

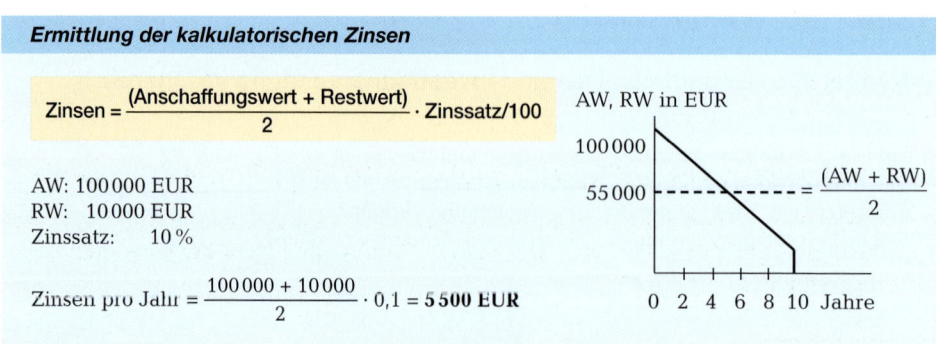

Ermittlung der kalkulatorischen Zinsen

$$\text{Zinsen} = \frac{(\text{Anschaffungswert} + \text{Restwert})}{2} \cdot \text{Zinssatz}/100$$

AW: 100 000 EUR
RW: 10 000 EUR
Zinssatz: 10 %

$$\text{Zinsen pro Jahr} = \frac{100\,000 + 10\,000}{2} \cdot 0{,}1 = \mathbf{5\,500\ EUR}$$

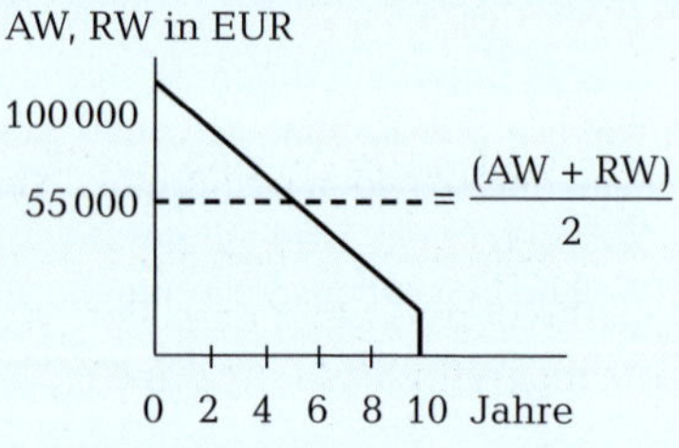

Preise einkalkuliert sind, über die Umsatzerlöse als liquide Mittel zurückfließen. Nur der jeweilige Restwert stellt dann noch gebundenes Kapital dar. Die kalkulatorischen Zinsen werden daher üblicherweise auf der Basis des während der Nutzungsdauer **durchschnittlich gebundenen Kapitals** nach der Formel **(Anschaffungswert + Restwert)/2** berechnet.[1]

Fixe und variable Kosten – Kostenfunktion

Alle übrigen im Zusammenhang mit der Investition anfallenden Kosten werden den **Betriebskosten** zugerechnet. **Kapital- und Betriebskosten** lassen sich wie folgt in **fixe und variable Kosten** aufteilen:

Kostenvergleichsrechnung bei der Metallbau GmbH

Ermittlung der für eine Investitionsentscheidung relevanten Kosten:
Produktionsanlage (Investitionsobjekt I) zur Herstellung von bisher fremdbezogenen Metallteilen

Anschaffungswert: 100 000 EUR
Nutzungsdauer: 10 Jahre
Restwert: 0 EUR
Produktionsmenge: 20 000 Stück/Jahr
Zinssatz: 10 %

Kosten	insgesamt EUR	fixe Kosten EUR	variable Kosten EUR
Kapitalkosten pro Jahr			
▪ kalkulatorische Abschreibungen	10 000	10 000	
▪ kalkulatorische Zinsen	5 000	5 000	
Betriebskosten pro Jahr (bei 20 000 St.)			
▪ Gehälter	10 000	10 000	
▪ Löhne	110 000		110 000
▪ Materialverbrauch	200 000		200 000
▪ Instandhaltung	2 000	2 000	
▪ Raumkosten	1 000	1 000	
▪ Energieverbrauch	5 500		5 500
▪ sonstige Kosten	12 500	2 000	10 500
Gesamtkosten (K_g)	**356 000**	**30 000**	**326 000**
Stückkosten (k_g) bei 20 000 Stück/Jahr	**17,80**	**1,50**	**16,30**

Ziel ist die Herleitung einer **Kostenfunktion** folgender Art:

$$K_g = K_f + k_v \cdot x$$

Kap. A 3.3.3

Für den vorliegenden Fall ergibt sich folgende Kostenfunktion: $K_g = 30\,000 + 16{,}30 \cdot x$

3.2.2 Vergleich von Investitionsalternativen – Kritische Produktionsmenge

Ein Vergleich zwischen zwei Investitionsalternativen kann sich auf die Gesamtkosten K_g (= Kostenvergleich pro Periode) oder auf die Stückkosten k_g (= Kostenvergleich pro Leistungseinheit) beziehen.

1 Die Herleitung dieser Formel ist im Lehrerhandbuch erläutert.

Aufg. 3.2.1
Aufg. 3.2.2
S. 349

Kostenstruktur bei verschiedenen Produktionsverfahren (Rationalisierung)

	Anlage I		Anlage II	
Anschaffungswert (EUR)		100 000		200 000
Nutzungsdauer (Jahre)		10		10
Restwert (EUR)		0		0
voraussichtliche tatsächliche Auslastung (Stück/Jahr)		20 000		20 000
Zinssatz in %		10		10
Kapitalkosten				
Abschreibungen pro Jahr (EUR)	10 000		20 000	
Zinsen vom Ø gebundenen Kapital (EUR)	5 000		10 000	
sonstige **fixe Betriebskosten** (EUR)	15 000		17 000	
fixe Kosten		30 000		47 000
variable Betriebskosten (EUR)		326 000		295 000
Gesamtkosten (EUR)		**356 000**		**342 000**
Kostendifferenz Gesamtkosten (EUR)	**14 000**			
Stückkosten (EUR)	356 000/20 000 = **17,80**		342 000/20 000 = **17,10**	
Kostendifferenz Stückkosten (EUR)	**0,70**			
variable Stückkosten (EUR)	326 000/20 000 = **16,30**		295 000/20 000 = **14,75**	
Kostenfunktion	K_g **I = 30 000 + 16,30 · x**		K_g **II = 47 000 + 14,75 · x**	

Ergebnis: Die Anlage II verursacht bei einer jährlichen Produktionsmenge von 20 000 Stück um 14 000 EUR geringere Kosten pro Jahr. Sie ist daher unter Kostengesichtspunkten der Anlage I vorzuziehen. Die Kostenstruktur der beiden Anlagen deuten darauf hin, dass es sich bei der Anlage I um ein arbeitsintensiveres Produktionsverfahren als bei Anlage II handelt: geringe Fixkosten, dafür aber höhere variable Stückkosten (z. B. Fertigungslöhne).

Entscheidungskriterium

Beim Vergleich zweier Investitionsalternativen auf der Basis der Kostenvergleichsrechnung gilt als Entscheidungskriterium:

Entscheidungskriterium: K I $\lesseqgtr$ K II

Wenn die voraussichtliche **tatsächliche Produktionsmenge** pro Jahr bei verschiedenen Investitionsobjekten unterschiedlich hoch ist (= ungleiche Auslastung), ist nur ein Kostenvergleich je Stück sinnvoll.

Kritische Menge

Aufg. 3.2.3
S. 349

Von besonderer Bedeutung ist die Frage, **ab welcher Produktionsmenge** die Anlage II günstiger als die Anlage I ist (= kritische Produktionsmenge, Übergangsmenge). Dafür muss die Menge bestimmt werden, bei der die Kosten beider Anlagen gleich sind.

$$K_g\,I = K_g\,II$$
$$K_f\,I + k_v\,I \cdot x = K_f\,II + k_v\,II \cdot x$$
$$k_v\,I \cdot x - k_v\,II \cdot x = K_f\,II - K_f\,I$$

Kritische Menge x_0:

$$x_0 = \frac{K_f\,II - K_f\,I}{k_v\,I - k_v\,II}$$

Berechnung der kritischen Menge

$$30\,000 + 16{,}30\,x = 47\,000 + 14{,}75\,x$$
$$16{,}30\,x - 14{,}75\,x = 47\,000 - 30\,000$$

$$x_o = \frac{47\,000 - 30\,000}{16{,}30 - 14{,}75} = \frac{17\,000}{1{,}55} = 10\,968 \text{ Stück}$$

Grafische Ermittlung der kritischen Menge

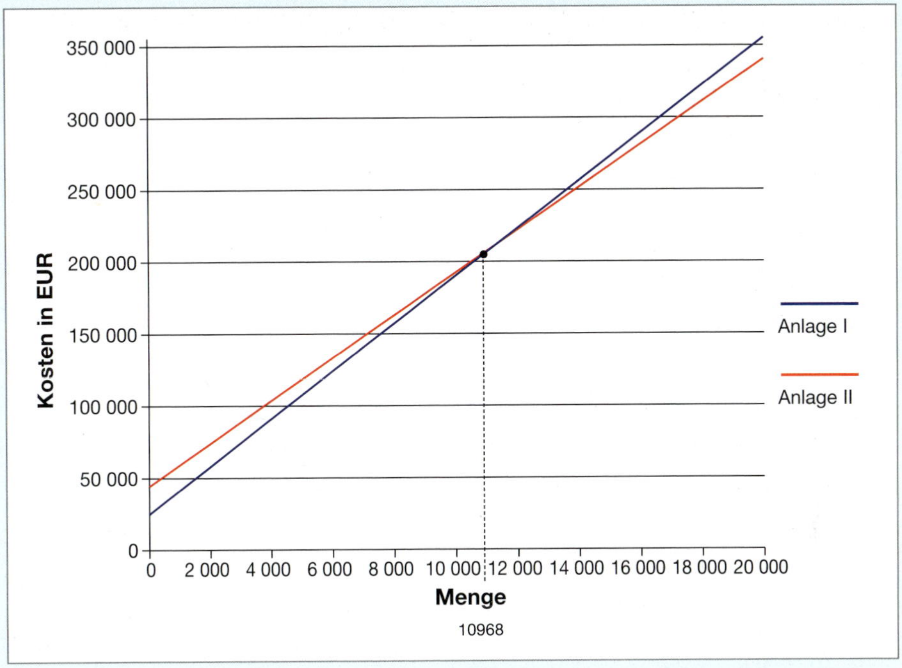

Ergebnis:
Bis zu einer Produktionsmenge von 10 967 Stück ist die Anlage I kostengünstiger. Das ist dadurch bedingt, dass bei Anlage I niedrigere Fixkosten und höhere variable Kosten anfallen als bei Anlage II. Ab einer Produktionsmenge von 10 969 Stück wird die Anlage II aufgrund der Fixkostendegression (= abnehmender Fixkostenanteil je Stück) kostengünstiger. Die kritische Menge (Übergangsmenge) liegt im Schnittpunkt der beiden Kostenkurven. Die Kostenkurve K_gI beginnt wegen der geringeren Fixkosten (30 000 EUR) bei einem niedrigeren Y-Achsenabschnitt als die Kostenkurve K_gII (Fixkosten: 47 000 EUR). Da die Kostenkurve K_gI aber wegen der höheren variablen Stückkosten (k_vI = 16,30 EUR) eine größere Steigung als die Kostenkurve K_gII hat (k_vII = 14,75 EUR), ergibt sich ein Schnittpunkt zwischen beiden Kurven. Bei der entsprechenden Produktionsmenge von 10 968 Stück sind die Kosten beider Anlagen gleich hoch.

3.2.3 Beurteilung der Kostenvergleichsrechnung

Die Kostenvergleichsrechnung ist ein in der Praxis weit verbreitetes und relativ leicht anwendbares Investitionsrechnungsverfahren. Sie kann eine grobe Grundlage für Investitionsentscheidungen liefern, zeichnet sich aber durch folgende Nachteile aus:

Nachteile der Kostenvergleichsrechnung

- Kurzfristigkeit des Kostenvergleichs: Die Kostenentwicklung (z. B. Entwicklung der Lohn- und Energiekosten) im Zeitablauf bleibt unberücksichtigt.
- Die Auflösung der Kosten in fixe und variable Bestandteile ist nicht immer einfach und genau.
- Erträge aus der Investition bleiben unberücksichtigt. Daher bleiben sowohl Erlöse als auch Gewinne außer acht.
- Qualitäts- und Preisunterschiede zwischen den mit den alternativen Anlagen hergestellten Erzeugnissen bleiben unberücksichtigt.
- Ein ggf. nach Ende der Investitionsdauer anfallender Restwert der Anlage wird nur bei der Ermittlung von Abschreibung und Zinsen, nicht aber als Erlös berücksichtigt.

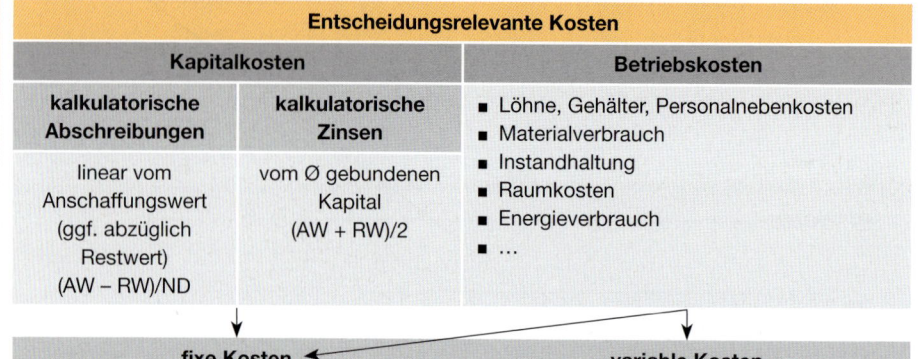

Zusammenfassende Übersicht zu Kap. 3.2:
Statische Investitionsrechnung am Beispiel der Kostenvergleichsrechnung

Entscheidungsrelevante Kosten		
Kapitalkosten		**Betriebskosten**
kalkulatorische Abschreibungen	**kalkulatorische Zinsen**	■ Löhne, Gehälter, Personalnebenkosten ■ Materialverbrauch ■ Instandhaltung ■ Raumkosten ■ Energieverbrauch ■ …
linear vom Anschaffungswert (ggf. abzüglich Restwert) (AW – RW)/ND	vom Ø gebundenen Kapital (AW + RW)/2	

fixe Kosten | **variable Kosten**

$$K_g = K_f + k_v \cdot x$$

Entscheidungskriterium bei Vergleich von zwei Investitionsalternativen:

$$K_g I \lesseqgtr K_g II$$

kritische Menge: $K_g I = K_g II \rightarrow x_0 = (K_f II - K_f I)/(k_v I - k_v II)$

Probleme der Kostenvergleichsrechnung

- Künftige Kostenentwicklung wird nicht berücksichtigt.
- Erträge, Erlöse, Gewinn, Kapitaleinsatz, Rentabilität werden nicht berücksichtigt.
- kurzfristiger Vergleich: Ein Jahr ist u. U. nicht repräsentativ.
- Aufteilung in fixe und variable Kosten schwierig.

Fragen zur Wiederholung

zu Kapitel 3.2 Statische Investitionsrechnung am Beispiel der Kostenvergleichsrechnung

3.2.1 Ermittlung der entscheidungsrelevanten Kosten

1. Nennen Sie Beispiele für Kapitalkosten und Betriebskosten.
2. Wie werden die kalkulatorischen Abschreibungen berechnet?
3. Wie werden die kalkulatorischen Zinsen berechnet?
4. Wie lautet die Kostenfunktion, die aus den entscheidungsrelevanten Kosten eines Investitionsobjektes hergeleitet werden muss?

3.2.2 Vergleich von Investitionsalternativen – Kritische Produktionsmenge

1. Wie lautet das Entscheidungskriterium beim Vergleich zweier Investitionsalternativen?
2. Was ist unter der „kritischen Produktionsmenge“ zu verstehen und wie wird sie ermittelt?

3.2.3 Beurteilung der Kostenvergleichsrechnung

1. Nennen Sie Vor- und Nachteile der Kostenvergleichsrechnung.

Aufgaben und Probleme

zu Kapitel 3.2 Statische Investitionsrechnung am Beispiel der Kostenvergleichsrechnung

3.2.1 Vergleich von zwei Investitionsalternativen – Kritische Menge

PDF

In einem Metall verarbeitenden Betrieb steht die Anschaffung einer neuen Maschine zur Herstellung von Drehteilen an. Folgende beiden Investitionsalternativen stehen zur Wahl:

	Anlage I	Anlage II
Anschaffungswert (EUR)	180 000	240 000
Restwert (EUR)	0	0
Nutzungsdauer (Jahre)	8	8
Auslastung (Stück pro Jahr)	40 000	40 000
Zinssatz (%)	10	10
Raumkosten (EUR pro Jahr)	2 000	2 000
Instandhaltung (EUR pro Jahr)	2 200	2 500
Gehälter (EUR pro Jahr)	8 000	9 000
Löhne (EUR pro Jahr)	70 000	40 000
Material (EUR pro Jahr)	140 000	128 000
Energie (EUR pro Jahr)	7 700	11 200
sonstige fixe Betiebskosten (EUR pro Jahr)	3 000	4 500
sonstige variable Betriebskosten (EUR pro Jahr)	3 100	2 400

1. Welche der beiden Drehmaschinen ist bei einer Jahresproduktion von 40 000 Drehteilen kostengünstiger?
2. Berechnen Sie die kritische Produktionsmenge (Übergangsmenge).

3.2.2 Kostenstrukturen bei verschiedenen Produktionsverfahren

PDF

Die Feintechnik GmbH hat bisher bestimmte Metallteile von einem Zulieferer zum Stückpreis von 15,00 EUR bezogen. Der Lieferer hat eine Preiserhöhung auf 20,00 EUR je Stück angekündigt. Das veranlasst die Geschäftsführung, Überlegungen zur Eigenfertigung anstelle des bisherigen Fremdbezugs anzustellen. Dazu stehen zwei Produktionsanlagen zur Auswahl.

	Halbautomat	Vollautomat
Kapazität pro Jahr in Stück	10 000	10 000
Anschaffungswert in EUR	60 000	200 000
Restwert in EUR	0	0
Nutzungsdauer in Jahren	10	10
Fixkosten pro Jahr (außer Abschreibungen und kalk. Zinsen) EUR	2 000	5 000
Lohnkosten je Stück in EUR	7,00	0,50
Materialkosten je Stück in EUR	3,00	2,00
Kalkulationszinssatz in %	10	10

1. Ermitteln Sie die Gesamtkosten und die Kosten je Stück bei einem Jahresbedarf von 2 000 Stück für die Fälle a) Fremdbezug, b) Halbautomat, c) Vollautomat.
2. Ermitteln sie die kritischen Mengen für die drei Alternativen. Für welche Alternative soll sich die Feintechnik GmbH entscheiden, wenn mit einem Anstieg des Jahresbedarfs gerechnet wird?
3. Stellen Sie die kritischen Mengen für die drei Alternativen in einem Koordinatensystem grafisch dar.

3.2.3 Kostenvergleichsrechnung bei unterschiedlicher Auslastung

PDF

Ein Transportunternehmen möchte einen neuen Lkw anschaffen. Wegen der unterschiedlichen Ausstattung und Einsatzmöglichkeiten ist die jährliche Kilometerleistung der beiden in Frage kommenden Fahrzeuge unterschiedlich.

	Lkw I	Lkw II
Anschaffungswert (EUR)	480 000	540 000
Nutzungsdauer (Jahre)	8	8
Restwert im Ende der Nutzungsdauer (EUR)	180 000	140 000
jährliche Kilometerleistung	250 000	200 000
Kalkulationszinssatz in %	10	10
variable Kosten je km (EUR)	1,75	1,70
fixe Kosten pro Jahr (ohne Abschreibungen und Zinsen) EUR	67 500	60 000

1. Nennen Sie Beispiele für variable und fixe Kosten, die für einen Lkw anfallen.
2. Warum ist im vorliegenden Fall ein Vergleich anhand der Gesamtkosten pro Jahr nicht aussagekräftig?
3. Ermitteln Sie, welcher Lkw kostengünstiger ist.

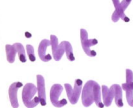

3.3 Statische Amortisationsrechnung

3.3.1 Ziel der Amortisationsrechnung

Im Rahmen der Amortisationsrechnung wird festgestellt, in welchem **Zeitraum** sich eine Investition amortisiert[1], d. h. wie lange es dauert, bis die ursprünglichen **Investitionsausgaben** durch daraus künftig folgende **Einzahlungsüberschüsse** (Einzahlungen – Auszahlungen) gedeckt sind **(= Zeitraum des Kapitalrückflusses)**[2]. Der entsprechende Zeitraum wird als **Amortisationszeit** oder **Wiedergewinnungszeit** bezeichnet. Je kürzer die Amortisationszeit ist, desto geringer erscheint das Investitionsrisiko. Deshalb sollen die Ausgaben für die Investition in möglichst kurzer Zeit durch Einzahlungsüberschüsse aus der Investition ausgeglichen werden.

Die Amortisationszeit ist der Zeitraum, innerhalb dessen das für die Investition eingesetzte Kapital (Investitionsausgaben) zurückgeflossen ist. Der Rückfluss erfolgt über die künftigen Einzahlungsüberschüsse, die durch die Investition entstehen. Diejenige Investitionsalternative mit der geringeren Amortisationszeit ist die vorteilhaftere.

3.3.2 Amortisationszeit für eine Einzelinvestition

Ermittlung der Einzahlungsüberschüsse

Bei der Amortisationsrechnung stehen die finanzwirtschaftlichen Größen **Einzahlungen** und **Auszahlungen** im Mittelpunkt. Als Anschaffungsauszahlung der Investition (= Kapitaleinsatz) werden die **Anschaffungskosten** eines Investitionsobjektes herangezogen. Da bei den statischen Verfahren der Investitionsrechnung aber keine künftigen Zahlungsströme, sondern nur Kosten und Leistungen berücksichtigt werden, müssen die Einzahlungsüberschüsse der Investition auf indirektem Wege ermittelt werden. Ausgangspunkt ist der jährliche Gewinn einer Investition. Dieser ergibt sich aus der

1 amortir *(franz.)*: tilgen
2 Die Amortisationsrechnung wird daher auch als Kapitalrückflussrechnung, Pay-back-Rechnung oder Pay-off-Rechnung bezeichnet.

Differenz zwischen den mit der Investition einhergehenden Umsatzerlösen und den dabei entstandenen Kosten: G = E – K. Dieser Gewinn muss in **Einzahlungsüberschüsse** umgerechnet werden.

Kapitalrückfluss bei einer Erweiterungsinvestition

In einem Kunststoff verarbeitenden Betrieb wird für eine Erweiterungsinvestition mit einem Kapitaleinsatz von 1,4 Mio. EUR gerechnet. Durch die Investition steigt der Umsatz voraussichtlich um 800 000 EUR jährlich. Die jährliche Abschreibung für das Investitionsobjekt beträgt 280 000 EUR. Alle übrigen mit der Investition verbundenen Kosten (Löhne, Strom, Materialverbrauch) sind auszahlungswirksam und werden auf 440 000 EUR pro Jahr geschätzt.

<table>
<tr><th colspan="3">Kosten</th><th colspan="2">Gewinnermittlung für eine Erweiterungsinvestition — Leistungen</th></tr>
<tr><td colspan="2">Sonstige Kosten (z. B. Löhne, Material) = jährliche Auszahlungen aus der Investition</td><td>440 000 EUR</td><td rowspan="3">Umsatzerlöse
= jährliche Einzahlungen aus der Investition</td><td rowspan="3">800 000 EUR</td></tr>
<tr><td rowspan="2">Einzahlungsüberschuss 360 000 EUR</td><td>Abschreibungen</td><td>280 000 EUR</td></tr>
<tr><td>Gewinn</td><td>80 000 EUR</td></tr>
<tr><td colspan="2">Summe</td><td>800 000 EUR</td><td>Summe</td><td>800 000 EUR</td></tr>
</table>

Ergebnis: Von den aus der Erweiterungsinvestition erzielten Umsatzerlösen in Höhe von 800 000 EUR pro Jahr stehen nach Abzug der auszahlungswirksamen Kosten (440 000 EUR pro Jahr) Mittel in Höhe von 360 000 EUR/Jahr zur Verfügung.

Es wird unterstellt, dass alle durch die Investition entstehenden Umsatzerlöse zu **Einzahlungen** führen. Zur Ermittlung des jährlichen **Einzahlungsüberschusses** müssen von den **Umsatzerlösen** alle mit der Investition zusammenhängenden **auszahlungswirksamen Kosten** abgezogen werden. Die Berechnung kann auch auf der Basis des mit der Investition erzielten jährlichen **Gewinns** (= Beitrag zum Betriebsergebnis) erfolgen. Der Gewinn ergibt sich als Differenz zwischen Umsatzerlösen und Gesamtkosten. In diesen von den Umsatzerlösen abgezogenen Kosten ist aber auch die **nicht auszahlungswirksame Abschreibung** enthalten. Daher muss dieser Abschreibungsbetrag wieder zum Gewinn hinzugerechnet werden. Unter der Annahme, dass Gewinn und Abschreibung während der Nutzungsdauer im Durchschnitt unverändert bleiben (= konstanter Jahresgewinn und lineare kalkulatorische Abschreibung), stellt die Summe aus beiden Beträgen den **durchschnittlichen jährlichen Kapitalrückfluss** dar.[1]

Amortisationszeit

Die Amortisationszeit (t_W) einer Investition ergibt sich in diesem Fall wie folgt[2]:

$$\text{Amortisationszeit } (t_W) = \frac{\text{Anschaffungswert (Kapitaleinsatz)}}{\text{Ø Gewinn pro Jahr + jährl. Abschreibung}} = \frac{\text{Anschaffungswert (Kapitaleinsatz)}}{\text{Ø Kapitalrückfluss pro Jahr}}$$

Wird auch ein **Restwert** (RW) des Investitionsobjektes berücksichtigt, muss in der obigen Formel der Anschaffungswert (AW) um den Restwert vermindert werden, da nur der Differenzbetrag zu amortisieren ist (zu amortisierender Investitionsbetrag = AW – RW). Auch die kalkulatorischen Abschreibungen sind dann – wie bei der Kostenvergleichsrechnung – lediglich vom Differenzbetrag zwischen Anschaffungs- und Restwert zu berechnen.

1 Neben der kalkulatorischen Abschreibung müssten eigentlich auch die kalkulatorischen Zinsen, soweit sie die tatsächlichen Zinszahlungen übersteigen, zum Gewinn hinzugezählt werden. Im Rahmen der statischen Amortisationsrechnung bleiben diese Zinsen aber in der Regel unberücksichtigt. Die wegen der Abnahme des investierten Rest-Kapitals fallenden Zinsen widersprechen der Annahme jährlich konstanter Kapitalrückflüsse.

2 **t** steht für tempus *(lat.)*: Zeit; **w** steht für Wiedergewinnung

Entscheidungskriterium

Bei einer Entscheidung über eine **Einzelinvestition** gilt jedes Investitionsobjekt als vorteilhaft, das die vorgegebene maximale Amortisationszeit $t_{W\,max}$ nicht überschreitet.

Entscheidungskriterium: $t_W \leq t_{W\,max}$

3.3.3 Vergleich von Investitionsalternativen

Aufg. 3.3.1 S. 355

Bei einem Vergleich zwischen zwei Investitionsalternativen I und II ist das Investitionsobjekt mit der kürzeren Amortisationszeit (t_W) das vorteilhaftere.

Entscheidungskriterium: $t_W\,I \lesseqgtr t_W\,II$

Amortisationsrechnung: Vergleich von Investitionsalternativen

Die Anschaffung einer neuen Kunststoffpresse in einem Kunststoff verarbeitenden Betrieb soll sich nach Vorgaben der Geschäftsleitung spätestens in 2,5 Jahren (= $t_{W\,max}$) amortisieren. Es stehen zwei Investitionsalternativen zur Auswahl:

	Anlage I	Anlage II
Anschaffungswert (EUR)	90 000	140 000
Restwert (EUR)	0	0
Nutzungsdauer (Jahre)	6	8
Gewinn pro Jahr (EUR)	28 000	38 000

Die Abschreibungen und Rückflussbeträge ergeben sich wie folgt:

	Anlage I	Anlage II
Gewinn pro Jahr (EUR)	28 000	38 000
Abschreibung pro Jahr (EUR)	15 000	17 500
Ø Kapitalrückfluss pro Jahr	43 000	55 500

Daraus ergeben sich folgende Amortisationszeiten:

	Anlage I	Anlage II
Amortisationszeit	$t_W I = \frac{90\,000}{43\,000} = 2{,}09$ Jahre	$t_W II = \frac{140\,000}{55\,500} = 2{,}5$ Jahre

Ergebnis: Die Anlage I ist der Anlage II vorzuziehen, da sie eine um 0,41 Jahre kürzere Amortisationszeit aufweist und die Vorgaben der Geschäftsleitung (Amortisationszeit $t_{W\,max} \leq 2{,}5$ Jahre) erfüllt.

3.3.4 Amortisationszeit für eine Rationalisierungsinvestition

Ermittlung der Auszahlungsminderung

Aufg. 3.3.2 S. 355

Für eine Rationalisierungsinvestition (= Ersatz einer noch funktionsfähigen Anlage) kann die Vorteilhaftigkeit statt an den Kapitalrückflüssen beider Anlagen vereinfachend anhand der **Auszahlungsminderung**, die durch die neue Anlage entsteht, beurteilt werden. Sind die Umsatzerlöse bei beiden Anlagen gleich hoch, wird zunächst festgestellt, um wie viel die Kosten der neuen Anlage niedriger als die bei der alten Anlage sind. In dieser Kostendifferenz ist aber auch die unterschiedliche Abschreibungshöhe der beiden Anlagen enthalten. Der nicht auszahlungswirksame Betrag, um den die Abschreibung der neuen Anlage höher als die der alten Anlage ist, muss als zusätzliche Auszahlungsminderung hinzugezählt werden.

Amortisationsrechnung bei einer Rationalisierungsinvestition

	alte Anlage		neue Anlage		Differenz
Erlöse pro Jahr in EUR	50000		50000		0
– Gesamtkosten pro Jahr in EUR	30000		20000		(–) 10000
davon Abschreibung		*3000*		*5000*	
= Gewinn pro Jahr in EUR	20000		30000		(+) 10000
+ Abschreibung	3000		5000		(+) 2000
= Kapitalrückfluss pro Jahr in EUR	**23000**		**35000**		**(+) 12000**

Der jährliche Kapitalrückfluss ist bei der neuen Anlage um 12000 EUR höher.

Vereinfachte Berechnung: Wird der Vorteil der neuen Anlage nicht an der Höhe des Kapitalrückflusses, sondern an der Höhe der **Auszahlungsminderung** gemessen, ergibt sich folgende vereinfachte Berechnung, die aber zum selben Ergebnis führt:

in EUR	alte Anlage	neue Anlage	Kosteneinsparung durch neue Anlage	zusätzliche Abschreibung durch neue Anlage
Gesamtkosten pro Jahr	30000	20000	10000	
Abschreibung pro Jahr	3000	5000		2000
Auszahlungsminderung pro Jahr			**12000**	

Bei Anschaffung der neuen Anlage ergibt sich eine jährliche Auszahlungsminderung in Höhe von 12000 EUR.

Amortisationszeit

Die entscheidende Frage lautet: Wie lange dauert es, bis der mit der neuen Maschine verbundene **Kapitaleinsatz** durch die **Auszahlungsminderung** amortisiert wurde? Ist auch ein Liquidationserlös, der sich möglicherweise beim Verkauf der alten Anlage ergibt, zu berücksichtigen, wird der Anschaffungswert der neuen Anlage (AW) um den Restwert der alten Anlage (RW) vermindert, da nur der Differenzbetrag (= zusätzlicher Kapitaleinsatz) zu amortisieren ist.

$$\text{Amortisationszeit bei Rationalisierungsinvestition } (t_w) = \frac{\text{Anschaffungswert}_{neu} - \text{Restwert}_{alt}}{\text{Kosteneinsparung + zusätzliche Abschreibung}} = \frac{\text{zusätzlicher Kapitaleinsatz}}{\text{Ø jährliche Auszahlungsminderung}}$$

***Amortisationsrechnung bei einer Rationalisierungsinvestition** (Fortsetzung)*

Die Anschaffungsauszahlungen für die neue Anlage betragen 50000 EUR. Die Nutzungsdauer beträgt 10 Jahre, so dass sich eine jährliche Abschreibung von 5000 EUR ergibt. Die jährliche Kostenersparnis gegenüber der bisherigen Anlage beläuft sich auf 10000 EUR. Die jährliche Abschreibung der alten Anlage beträgt 3000 EUR. Für die alte Anlage kann mit einem Liquidationserlös von 2000 EUR gerechnet werden.

$$(t_W) = \frac{50000 - 2000}{10000 + (5000 - 3000)} = \frac{48000}{12000} = 4 \text{ Jahre}$$

Ergebnis: Das neue Investitionsobjekt hat sich nach 4 Jahren amortisiert.

Entscheidungskriterium

Bei Beurteilung einer Rationalisierungsinvestition auf der Basis der Amortisationsrechnung gilt die Regel:

Eine Altanlage wird nur dann ausgetauscht, wenn sich die Neuanlage aufgrund der geringeren Auszahlungen innerhalb der gewünschten maximalen Amortisationszeit $t_{w\,max}$ bezahlt macht.

Entscheidungskriterium: $t_w \leq t_{w\,max}$

3.3.5 Beurteilung der Amortisationsrechnung

Die **Amortisationsrechnung** wird in der Praxis häufig **zusätzlich** zu den Ergebnissen anderer Investitionsrechnungsverfahren als **Entscheidungsgrundlage** herangezogen.

Vorteile	Nachteile
▪ einfache und praxisnahe Anwendungsmöglichkeit ▪ Ermöglicht, das Risiko von Fehlinvestitionen einzuschätzen und zu verringern (insbesondere bei großer Unsicherheit der entscheidungsrelevanten Daten). ▪ Gibt bei Fremdfinanzierung Anhaltspunkte, für welchen Zeitraum Finanzierungsmittel bereit stehen müssen.	▪ Schätzung zukünftiger Kapitalrückflüsse schwierig ▪ Zurechenbarkeit der Erlöse bzw. Gewinne auf ein bestimmtes Investitionsobjekt oft nicht genau möglich ▪ Investitionen mit kurzer Laufzeit erscheinen gegenüber solchen mit langer Laufzeit als vorteilhafter (Nichtberücksichtigung unterschiedlicher Nutzungsdauern). ▪ Oft wird die gewünschte Amortisationszeit ($t_{W\,max}$) willkürlich und zu kurz festgelegt. Eine Investition mit langer t_W kann aber **insgesamt** höhere Rückflüsse erbringen als bei niedriger t_W. ▪ Gibt keine Auskunft über die Rentabilität. ▪ Trotz gleicher t_W können Investitionen unterschiedliche Vorteilhaftigkeit haben.

Zusammenfassende Übersicht zu Kap. 3.3: Statische Amortisationsrechnung

Ermittlung der Amortisationszeit (Wiedergewinnungszeit)

↓

Umrechnung von Erlösen und Kosten in Einzahlungen und Auszahlungen

Einzahlungsüberschuss = Ø Gewinn + nicht ausgabewirksame Kosten = Ø Kapitalrückfluss

$$\text{Amortisationszeit } t_w = \frac{\text{Anschaffungswert (Kapitaleinsatz)}}{\text{Ø Kapitalrückfluss pro Jahr}}$$

Vergleich von Investitionsalternativen

Entscheidungskriterium $t_w\,I \lesseqgtr t_w\,II$

Einzelinvestition	Rationalisierungsinvestition
Entscheidungskriterium $t_W \leq t_{W\,max}$	$\text{Amortisationszeit } t_W = \frac{\text{zusätzlicher Kapitaleinsatz (Anschaffungswert}_{neu} - \text{Restwert}_{alt})}{\text{Ø Auszahlungsminderung pro Jahr}}$ Entscheidungskriterium: $t_w \leq t_{w\,max}$

Probleme der statischen Amortisationsrechnung

- Schätzung der künftigen Kapitalrückflüsse schwierig
- Zurechenbarkeit von Erlösen und Gewinnen auf ein Investitionsobjekt schwierig
- Gewünschte Amortisationszeit $t_{w\,max}$ wird oft willkürlich und zu kurz festgelegt.
- Rentabilität nicht berücksichtigt. Eine Investition kann trotz kurzer Amortisationszeit unrentabel sein.
- Investitionen mit kurzer Laufzeit werden gegenüber Investitionen mit langer Laufzeit (u. U. ungerechtfertigt) begünstigt.

Fragen zur Wiederholung

zu Kapitel 3.3 Statische Amortisationsrechnung

3.3.1 Ziel der Amortisationsrechnung

1. Worin besteht das Ziel der Amortisationsrechnung?

3.3.2 Amortisationszeit für eine Einzelinvestition

1. Wie werden die Einzahlungsüberschüsse (Kapitalrückfluss pro Jahr) ermittelt?
2. Wie wird die Amortisationszeit ermittelt?
3. Wie lautet das Entscheidungskriterium für die Vorteilhaftigkeit einer Einzelinvestition?

3.3.3 Vergleich von Investitionsalternativen

1. Wie lautet das Entscheidungskriterium für die Auswahl zwischen zwei Investitionsobjekten?

3.3.4 Amortisationszeit für eine Rationalisierungsinvestition

1. Wie ändert sich die Berechnungsweise der Amortisationszeit, wenn es sich um eine Rationalisierungsinvestition handelt?

3.3.5 Beurteilung der Amortisationsrechnung

1. Nennen Sie Vor- und Nachteile der statischen Amortisationsrechnung.

Aufgaben und Probleme

zu Kapitel 3.3 Statische Amortisationsrechnung

3.3.1 Vergleich von zwei Investitionsalternativen anhand der Amortisationszeit

In einer Maschinenfabrik stehen zwei Investitionsobjekte zur Auswahl. Die Geschäftsleitung erwartet eine Amortisation innerhalb von drei Jahren.

	Anlage I	Anlage II
Anschaffungswert (EUR)	205 000	270 000
Nutzungsdauer (Jahre)	6	8
Restwert (EUR)	10 000	15 000
Gewinn pro Jahr (EUR)	42 000	48 000

1. Begründen Sie, warum die Abschreibungen bei der Berechnung der Amortisationszeit berücksichtig werden müssen.
2. Ermitteln Sie die Amortisationszeit für beide Investitionsobjekte und treffen Sie eine Entscheidung.

3.3.2 Beurteilung einer Rationalisierungsinvestition anhand der Amortisationsrechnung

Ein Holz verarbeitender Betrieb plant eine Rationalisierungsinvestition. Der Anschaffungswert für die neue Anlage beläuft sich auf 540 000 EUR. Es wird von einer 10-jährigen Nutzungsdauer ausgegangen. Die jährliche Kosteneinsparung beträgt 104 000 EUR. Die alte Anlage mit einer Restnutzungsdauer von vier Jahren und einer jährlichen Abschreibung von 30 000 EUR würde derzeit einen Liquidationserlös von 100 000 EUR erbringen.
Die neue Anlage soll sich nach Möglichkeit innerhalb der Restnutzungsdauer der alten Anlage amortisiert haben. Prüfen Sie, ob diese vorgegebene Amortisationszeit erreicht werden kann.

3.4 Dynamische Investitionsrechnung am Beispiel der Kapitalwertmethode

3.4.1 Finanzmathematische Grundlagen

Die **statischen Verfahren** der Investitionsrechnung berücksichtigen vorrangig die auf **eine Periode** bezogenen **Kosten**, **Erlöse und Gewinne** einer Investition. Die **dynamischen Verfahren** der Investitionsrechnung beziehen dagegen die **Ein- und Auszahlungen** (Zahlungsströme) **aller Perioden** ein, während derer das Investitionsgut genutzt wird. Durch **Abzinsung** der künftigen Ein- und Auszahlungen auf den Zeitpunkt des Investitionsbeginns wird der **Barwert** (Gegenwartswert zum Zeitpunkt t_0) ermittelt. Die zu unterschiedlichen Zeitpunkten und in unterschiedlicher Höhe anfallenden künftigen Ein- und Auszahlungen werden dadurch vergleichbar gemacht.

Der Grundgedanke der dynamischen Investitionsrechnung lautet:

> **Ein- oder Auszahlungen zu unterschiedlichen Fälligkeitszeitpunkten haben einen unterschiedlichen Wert. Heute verfügbares Geld ist mehr wert als künftiges. Der Unterschied ist durch den (Zinses-)Zins bedingt.**

Kalkulationszinssatz

Grundlage aller dynamischen Investitionsrechnungsverfahren ist daher die **Zinseszinsrechnung** (Barwertberechnung). Für die Abzinsung wird ein **Kalkulationszinssatz** benötigt. Bei der Festlegung des Kalkulationszinssatzes kann sich der Investor an folgenden Vergleichsgrößen orientieren:

- Gegenwärtiger Zinssatz am Kapitalmarkt vermehrt um einen Risikozuschlag
- Zinssatz, mit dem sich das Eigen- oder Fremdkapital des Unternehmens derzeit verzinst
- Eine vom Investor vorgegebene **Mindestverzinsung**.

Barwertformel

Barwertformel

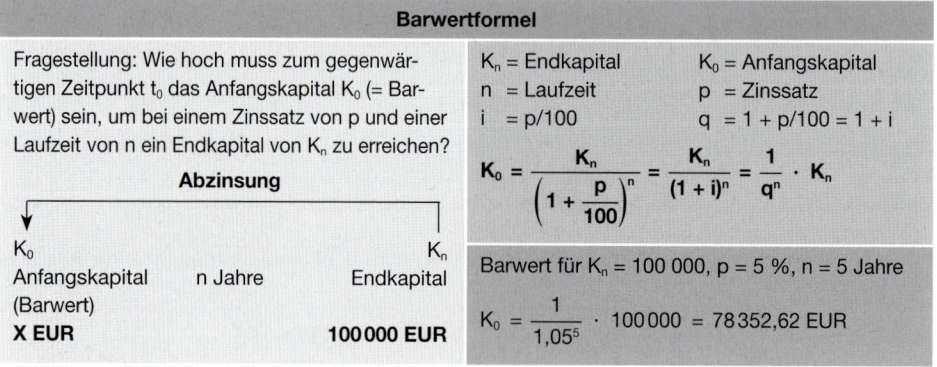

Fragestellung: Wie hoch muss zum gegenwärtigen Zeitpunkt t_0 das Anfangskapital K_0 (= Barwert) sein, um bei einem Zinssatz von p und einer Laufzeit von n ein Endkapital von K_n zu erreichen?

Abzinsung

K_0 Anfangskapital (Barwert)	n Jahre	K_n Endkapital
X EUR		**100000 EUR**

K_n = Endkapital; K_0 = Anfangskapital
n = Laufzeit; p = Zinssatz
i = p/100; q = 1 + p/100 = 1 + i

$$K_0 = \frac{K_n}{\left(1 + \frac{p}{100}\right)^n} = \frac{K_n}{(1+i)^n} = \frac{1}{q^n} \cdot K_n$$

Barwert für K_n = 100 000, p = 5 %, n = 5 Jahre

$$K_0 = \frac{1}{1{,}05^5} \cdot 100\,000 = 78\,352{,}62 \text{ EUR}$$

3.4.2 Kapitalwertmethode: Ermittlung des Kapitalwertes für eine Einzelinvestition

Aufg. 3.4.1
Aufg. 3.4.2
S. 362, 363

Das am weitesten verbreitete Verfahren der dynamischen Investitionsrechnung ist die **Kapitalwertmethode**.

> **Der Kapitalwert (C_0) einer Investition ist die Barwertsumme (Gegenwartswert) aller durch diese Investition verursachten Zahlungen (Einzahlungsüberschüsse – Anschaffungsauszahlungen).**

Kapitalwertformel

Der **Kapitalwert** einer Investition ergibt sich wie folgt[1]:

C_0 = Kapitalwert — A_0 = Anschaffungsauszahlungen
t_0 = heutiger Zeitpunkt (Gegenwart)
Ü = Einzahlungsüberschuss:[2]
$Ü_1, Ü_2, Ü_3, \ldots Ü_n$, = regelmäßige (jährliche) Einzahlungsüberschüsse während der Laufzeit n
t = 1, 2, ..., n = Zahlungszeitpunkte der Überschüsse (Jahresende 1 bis n)
p = Kalkulationszinssatz — i = p/100 — q = 1 + p/100 = 1 + i
$1/q^n$ bzw. q^{-n} = Abzinsungsfaktor — L_t = Liquiditätserlös zum Zeitpunkt t

$$C_0 = -A_0 + Ü_1 \cdot \frac{1}{q^1} + Ü_2 \cdot \frac{1}{q^2} + Ü_3 \cdot \frac{1}{q^3} + \ldots + Ü_n \cdot \frac{1}{q^n} = -A_0 + \sum_{t=1}^{n} Ü_t \cdot \frac{1}{q^t}$$

Ist ein **Liquidationserlös** L zum Zeitpunkt t zu berücksichtigen (z. B. beim Verkauf der Maschine am Ende der Laufzeit), so muss die Kapitalwertformel ergänzt werden, indem der auf den heutigen Tag (t_0) abgezinste Liquidationserlös ($L_t \cdot 1/q^t$) hinzugezählt wird:

$$C_0 = -A_0 + \sum_{t=1}^{n} Ü_t \cdot \frac{1}{q^t} + L_t \cdot \frac{1}{q^t}$$

Kriterium für die Wahl einer Investitionsalternative ist die Höhe des Kapitalwertes C_0. Eine Investition ist umso vorteilhafter, je höher ihr Kapitalwert ist.

Berechnung des Kapitalwerts

Bei der METABA GmbH soll über die Anschaffung einer neuen Produktionsanlage entschieden werden. Die Anschaffungsauszahlungen betragen 100 000 EUR. Der Kalkulationszinssatz beträgt 10 %. Die während der 5-jährigen Nutzungsdauer anfallenden Ein- und Auszahlungen sind geschätzt.

Zahlungszeitpunkt (Jahresende) t	Einzahlungen (E) EUR	Auszahlungen[2] (A) EUR	Einzahlungsüberschüsse (Ü) EUR	Abzinsungsfaktor[3] $1/q^t$ bzw. q^{-t}	Barwerte EUR
1	100 000	70 000	30 000	0,909091	27 273
2	110 000	60 000	50 000	0,826446	41 322
3	100 000	70 000	30 000	0,751315	22 539
4	100 000	80 000	20 000	0,683013	13 660
5	110 000	80 000	30 000	0,620921	18 628
Barwertsumme der Einzahlungsüberschüsse:					**123 422**
– Anschaffungsauszahlungen: A_0					**100 000**
= Kapitalwert: C_0					**+ 23 422**

Ergebnis: Der Kapitalwert der Investition ist positiv. Die Investition ist daher vorteilhaft. Das eingesetzte Kapital bleibt erhalten und verzinst sich zum Kalkulationszinssatz von 10 %. Darüber hinaus wird ein Überschuss erzielt, dessen Barwert 23 422 EUR beträgt.

---

1 Der Kapitalwert lässt sich auch mit Hilfe der finanzmathematischen Funktionen eines Taschenrechners ermitteln. Die Vorgehensweise wird im Anhang beschrieben.

2 Auszahlungen im Zusammenhang mit der Finanzierung des Investionsobjekts werden nicht gesondert berücksichtigt. Zinszahlungen sind durch den Kalkulationszinssatz und Tilgungszahlung durch die Anschaffungsauszahlungen erfasst.

3 Eine Tabelle mit entsprechenden Auf- und Abzinsungsfaktoren ist im Anhang abgedruckt.

Entscheidungskriterium

Bei einer **Einzelinvestition** gilt jedes Investitionsobjekt als vorteilhaft, dessen Kapitalwert größer als 0 ist.

Entscheidungskriterium bei Einzelinvestition: $C_0 \geq 0$

Höhe des Kapitalwertes	Bedeutung	Vorteilhaftigkeit der Investition
Kapitalwert ist positiv **$C_0 > 0$** z. B. C_0 = 10000 EUR	Der Investor erhält ▪ sein investiertes Kapital zurück, ▪ eine Verzinsung des Kapitals in Höhe des Kalkulationszinssatzes, ▪ einen zusätzlichen Überschuss, dessen Barwert 10 000 EUR beträgt.	**vorteilhaft**
Kapitalwert ist null **$C_0 = 0$**	Der Investor erhält ▪ sein investiertes Kapital zurück, ▪ eine Verzinsung des Kapitals in Höhe des Kalkulationszinssatzes. Ein Überschuss wird nicht erzielt.	Es ist **gleichgültig**, ob diese Investition getätigt oder die Investitionssumme anderweitig zum Kalkulationszinssatz angelegt wird.
Kapitalwert ist negativ **$C_0 < 0$** z. B. C_0 = – 10000 EUR	Der Investor erhält ▪ sein investiertes Kapital nicht bzw. nicht in vollem Umfang zurück und/oder ▪ nicht die erwartete Verzinsung des Kapitals in Höhe des Kalkulationszinssatzes.	**nicht vorteilhaft**

3.4.3 Vergleich von Investitionsalternativen – Differenzinvestition

Aufg. 3.4.3 S. 363

Bei einem Vergleich zwischen zwei Investitionsalternativen I und II ist das Investitionsobjekt mit dem höheren Kapitalwert das vorteilhaftere.

Entscheidungskriterium beim Vergleich zweier Investitionsobjekte: $C_0^{I} \lesseqgtr C_0^{II}$
Dabei muss gelten: $C_0 \geq 0$

Differenzinvestitionen

Zwei Investitionsobjekte sind aber nur dann direkt vergleichbar, wenn für beide Alternativen das während der Nutzungsdauer gebundene Kapital gleich hoch ist. Unterscheiden sich die Anschaffungsauszahlungen von zwei Investitionsobjekten, so muss in den Vorteilhaftigkeitsvergleich folgende Überlegung einbezogen werden: Der Differenzbetrag zwischen den Anschaffungsauszahlungen der beiden Alternativen kann (tatsächlich oder gedanklich) zinsbringend angelegt werden **(= Differenzinvestition)**. Eine solche **Differenzinvestition** kann beispielsweise in Form einer (fiktiven) **Finanzinvestition** (z. B. Anlage auf dem Kapitalmarkt in festverzinslichen Wertpapieren) erfolgen.

Eine Differenzinvestition ist eine zusätzliche Investition, um Investitionsalternativen mit unterschiedlichen Anschaffungsauszahlungen vergleichbar zu machen.

Differenzinvestition bei unterschiedlichen Anschaffungsauszahlungen

Bei unterschiedlichen Anschaffungsauszahlungen von zwei Investitionsalternativen (z. B. Anlage I 120000 EUR, Anlage II 80000 EUR) wird davon ausgegangen, dass der Unterschiedsbetrag (Differenz) zwischen den Anschaffungsauszahlungen (hier: 40000 EUR) in eine (fiktive) Anlage III investiert wird. Dahinter steckt folgende Überlegung: Um überhaupt eine Auswahl zwischen Anlage I und Anlage II treffen zu können, muss davon ausgegangen werden, dass der Investor in der Lage ist, jede der beiden Investitionsalternativen zu finanzieren. Wählt der Investor die Anlage I (Anschaffungsauszahlungen: 120 000 EUR), so verzichtet er nicht nur auf die Anlage II (Anschaffungsauszahlungen: 80 000 EUR), sondern zusätzlich auf auch eine dritte Investition (Anlage III) mit Anschaffungsauszahlungen in Höhe von 40 000 EUR (= Differenzbetrag der Anschaffungsauszahlungen von Anlage I und Anlage II). Die Wahl zwischen Anlage I und Anlage II beruht also in Wirklichkeit auf einem Vergleich zwischen Anlage I einerseits und Anlage II und III andererseits.

Der Kapitalwert der Differenzinvestition wird zum Kapitalwert des Investitionsobjekts mit den geringeren Anschaffungsauszahlungen hinzugezählt. Auf diese Weise können die Anschaffungsauszahlungen beider Investitionsalternativen einander angepasst und die Investitionsobjekte vergleichbar gemacht werden.[1]

Um zwei Investitionsobjekte mit unterschiedlichen Anschaffungszahlungen vergleichbar zu machen, wird der Kapitalwert der Differenzinvestition zum Kapitalwert des Investitionsobjekts mit den geringeren Anschaffungsauszahlungen hinzugezählt. Die Summe dieser beiden Kapitalwerte wird mit dem Kapitalwert der anderen Investitionsalternative verglichen.

Wenn aber davon ausgegangen wird, dass bei Anwendung der Kapitalwertmethode überschüssige liquide Mittel immer zum Kalkulationszinssatz angelegt werden, brauchen für die Ermittlung der vorteilhafteren Investitionsalternative keine Differenzinvestitionen berücksichtigt zu werden. Da die Kapitalwerte solcher zum Kalkulationszinssatz verzinsten Investitionen null sind, haben sie keinen Einfluss auf die Investitionsentscheidung. Es genügt in diesem Fall vielmehr, die Kapitalwerte der Investitionsalternativen ohne Berücksichtigung einer Differenzinvestition miteinander zu vergleichen und die Investitionsalternative mit dem höheren Kapitalwert zu wählen.

Differenzinvestition in Form einer Finanzinvestition – Verzinsung zum Kalkulationszinssatz

Die Differenz der Anschaffungsauszahlungen zwischen Anlage I und Anlage II in Höhe von 40 000 EUR (siehe Bsp. oben) wird (gedanklich) in festverzinslichen Wertpapieren mit einer Verzinsung zum Kalkulationszinssatz von 10 % angelegt. Der Einfachheit halber wird angenommen, dass die Nutzungsdauern der Anlagen und damit auch die Anlagedauer der Finanzinvestition auf 2 Jahre beschränkt sind. Anders als bei Sachinvestitionen, die während der Nutzungsdauer an Wert verlieren und daher am Ende keinen oder nur einen geringeren Liquidationserlös als die Anschaffungsauszahlungen aufweisen, wird der in die festverzinslichen Wertpapiere investierte Betrag am Ende der Anlagedauer in voller Höhe zurückgezahlt. Der „Liquidationserlös" (L_t) der Finanzinvestition entspricht somit den „Anschaffungsauszahlungen" (A_0). Der Kapitalwert C_0 der Finanzinvestition in Höhe von 0 EUR lässt wie folgt nachweisen:

Anschaffungsauszahlungen (A_0): 40 000 EUR	Liquidationserlös ($L_{t=2}$): 40 000 EUR
jährliche Einzahlungsüberschüsse ($\ddot{U}_t$): 10 % von A_0	Kalkulationszinssatz: 10 %

$$C_0 = -A_0 + \ddot{U}_1 \cdot 1/q^1 + \ddot{U}_2 \cdot 1/q^2 + L_2 \cdot 1/q^2$$
$$C_0 = -40\,000\ \text{EUR} + 4\,000\ \text{EUR} \cdot 0{,}909091 + 4\,000 \cdot 0{,}826446 + 40\,000 \cdot 0{,}826446$$
$$C_0 = -40\,000\ \text{EUR} + 3\,636\ \text{EUR} + 3\,306\ \text{EUR} + 33\,058\ \text{EUR} = 0$$

Der Kapitalwert beträgt deshalb null, weil die Ermittlung der Einzahlungsüberschüsse genau mit demselben Zinssatz erfolgt, der auch für Barwertermittlung (Abzinsung der Überschüsse) verwendet wird.

Der Kapitalwert einer Investition, die sich zum Kalkulationszinssatz verzinst, ist null.

Wird angenommen, dass jederzeit in beliebigem Umfang ergänzende Investitionen getätigt werden können, die sich genau zum Kalkulationszinssatz verzinsen, kann auf die Berücksichtigung von Differenzinvestitionen verzichtet werden.

1 Das gilt nicht nur bei Investitionsobjekten mit unterschiedlichen Anschaffungsauszahlungen, sondern auch bei unterschiedlicher Nutzungsdauer. Dies ist aber nicht Gegenstand des Lehrplans.

Differenzinvestition mit Kapitalwert > 0

Wird dagegen davon ausgegangen, dass der Investor ausnahmsweise ergänzende Investitionen zu einem höheren als dem von ihm gewählten Kalkulationszinssatz tätigen kann, ist der Kapitalwert der **Differenzinvestition** – wie im folgenden Beispiel dargestellt – zu berücksichtigen.

Investitionsentscheidung mit Differenzinvestition

Bei der METABA GmbH stehen folgende beiden Investitionsobjekte zur Auswahl.

	Anlage I	Anlage II
Anschaffungsauszahlungen (EUR)	120000	80000
Nutzungsdauer (Jahre)	5	5
Liquidationserlös (EUR)	12000	0
laufende Einzahlungsüberschüsse (Ü)	siehe nachfolgende Tabelle	
Kalkulationszinssatz	10 %	

Zur Ermittlung der Vorteilhaftigkeit ist es notwendig, die Differenz zwischen den Anschaffungsauszahlungen der beiden Anlagen in Höhe von 40000 EUR durch eine Differenzinvestition zu berücksichtigen. Im vorliegenden Fall wird angenommen, dass diese fiktiven 40000 EUR in eine Anlage investiert werden könnten, die ebenfalls 5 Jahre genutzt wird, danach einen geschätzten Liquidationserlös von 5000 EUR erzielt und zu den in der folgenden Tabelle dargestellten geschätzten jährlichen Einnahmeüberschüssen führt.

Zeitpunkt (Jahresende)	Abzinsungsfaktor $1/q^t$ bzw. q^{-t}	Anlage I		Anlage II		Differenzinvestition	
		Überschüsse (Ü) in EUR	Barwert in EUR	Überschüsse (Ü) in EUR	Barwert in EUR	Überschüsse (Ü) in EUR	Barwert in EUR
1	0,909091	30000	27273	20000	18182	8000	7273
2	0,826446	45000	37190	25000	20661	10000	8264
3	0,751315	40000	30053	25000	18783	15000	11270
4	0,683013	45000	30736	25000	17075	20000	13660
5	0,620921	35000	21732	20000	12148	20000	12148
Summe		195000	146984	115000	87119	73000	52885
Liquidationserlös	0,620921	12000	7451	0	0	5000	3105
Barwertsumme der Überschüsse			154435		87119		55990
– Anschaffungsauszahlungen			120000		80000		40000
					7119		**15990**
= Kapitalwert			**34435**			**23109**	

Ergebnis: Für die Metallbau GmbH ist es günstiger, sich für die Anlage I zu entscheiden. Der Kapitalwert dieser Anlage beträgt 34435 EUR. Er ist um 11326 EUR höher als der sich aus der Summe der Kapitalwerte von Anlage II (7119 EUR) und der Differenzinvestition (15990 EUR) ergebende Kapitalwert von 23109 EUR.

Bei Wahl der Anlage I erhält das Unternehmen

- die investierten 120000 EUR zurück,
- eine Verzinsung dieses eingesetzten Kapitals in Höhe von 10 %.
- einen zusätzlichen Überschuss, dessen Barwert 34435 EUR beträgt.

3.4.4 Beurteilung der Kapitalwertmethode

Im Gegensatz zu den Verfahren der statischen Investitionsrechnung werden bei der Kapitalwertmethode als einem dynamischen Investitionsrechnungsverfahren die zukünftigen Zahlungen zeitlich und betragsmäßig einzeln erfasst. Dadurch wird die Investitionsentscheidung erheblich sicherer. Allerdings ergeben sich bei der Anwendung der Kapitalwertmethode u. a. folgende Probleme:

Probleme bei Anwendung der Kapitalwertmethode

- Die Zahlungen sind häufig nicht einem einzigen Investitionsprojekt direkt zurechenbar.
- Ungewissheit der zukünftigen Zahlungen, die nach Höhe und zeitlichem Anfall prognostiziert werden müssen. Nicht alle jährlichen Ein- und Auszahlungen fallen am Ende der einzelnen Perioden t_1, t_2, t_3 … t_n an.
- Wahl des Kalkulationszinssatzes hängt stark von den subjektiven Zielen (Mindestverzinsung) des Investors ab.
- Alle Zahlungen werden ein und demselben Zinssatz unterworfen (= Kalkulationszinssatz). Das beinhaltet die Annahme, dass zu diesem Kalkulationszinssatz beliebig viel Kapital beschafft und angelegt werden kann.
  Diese Annahme trifft nur für einen vollkommenen Kapitalmarkt, auf dem Soll- und Habenzinssatz gleich hoch sind, zu und ist nicht realistisch.

Zusammenfassende Übersicht zu Kap. 3.4:
Dynamische Investitionsrechnung am Beispiel der Kapitalwertmethode

Kapitalwert

Kalkulationszinssatz p

$i = p/100$ ↓ $q = 1 + i = 1 + p/100$

Barwert (K_0) einer künftigen Zahlung: $K_0 = K_n \cdot 1/q^n$

↓ $1/q^n$ bzw. q^{-n} = Abzinsungsfaktor

Kapitalwert (C_0) = Barwertsumme aller durch die Investition verursachten Zahlungen

A_0 = Anschaffungsauszahlungen

Ü = Einzahlungsüberschüsse

$$C_0 = \sum_{t=1}^{n} Ü_t \cdot \frac{1}{q^t} - A_0 + L_t \cdot \frac{1}{q^t}$$

L_t = Liquidationserlös zum Zeitpunkt t

$C_0 > 0$	$C_0 = 0$	$C_0 < 0$
↓	↓	↓
Investition ist vorteilhaft.	**Indifferenz**	**Investition ist nicht vorteilhaft.**

Vergleich von Investitionsalternativen

Je höher der Kapitalwert, desto vorteilhafter ist die Investition.

↓

bei unterschiedlichen Anschaffungsauszahlungen der Investitionsobjekte

↓

Differenzinvestition

Der Kapitalwert der Differenzinvestition wird dem Kapitalwert der Investitionsalternative mit den geringeren Anschaffungsauszahlungen hinzugezählt.

Fragen zur Wiederholung

zu Kapitel 3.4 Dynamische Investitionsrechnung am Beispiel der Kapitalwertmethode

3.4.1 Finanzmathematische Grundlagen

1. Worin besteht der wesentliche Unterschied zwischen den Verfahren der statischen und der dynamischen Investitionsrechnung?
2. Warum sind in Zukunft zu zahlende Beträge weniger wert als gegenwärtige?
3. Wie wird der Barwert (Gegenwartswert) einer künftigen Zahlung berechnet?

3.4.2 Kapitalwertmethode: Ermittlung des Kapitalwertes für eine Einzelinvestition

1. Was ist unter dem Kapitalwert einer Investition zu verstehen?
2. Wie wird der Kapitalwert einer Investition berechnet?
3. Wie lautet das Entscheidungskriterium bei einer Einzelinvestition?
4. Was bedeutet es für einen Investor, wenn der Kapitalwert einer Investition a) positiv b) null c) negativ ist?

3.4.3 Vergleich von Investitionsalternativen – Differenzinvestition

1. Wie lautet das Entscheidungskriterium bei einem Vergleich von mehreren Investitionsalternativen?
2. In welchen Fällen müssen Differenzinvestitionen berücksichtigt werden?
3. Wie geht der Kapitalwert einer Differenzinvestition in die Investitionsentscheidung ein?
4. Welche Besonderheit ist bei der Ermittlung des Kapitalwertes einer Finanzinvestition zu berücksichtigen?

3.4.4 Beurteilung der Kapitalwertmethode

1. Nennen Sie Vor- und Nachteile der Kapitalwertmethode.

Aufgaben und Probleme

zu Kapitel 3.4 Dynamische Investitionsrechnung am Beispiel der Kapitalwertmethode

3.4.1 Kapitalwertmethode: Vergleich zwischen Sach- und Finanzinvestition

PDF

Ein Unternehmen verfügt über liquide Mittel in Höhe von 200000 EUR. Wegen mittelfristig geplanter anderweitiger Investitionen wird überlegt, ob dieser Betrag vorübergehend für zwei Jahre in festverzinslichen Wertpapieren mit einer Verzinsung von 8 % p.a. angelegt oder zur Anschaffung einer gebrauchten Produktionsanlage mit einer Restnutzungsdauer von 2 Jahren verwendet werden soll. Es wird geschätzt, dass im Zusammenhang mit der Produktionsanlage folgende Ein- und Auszahlungen anfallen:

	Anschaffungszeitpunkt t_0	Ende des ersten Jahres t_1	Ende des zweiten Jahres t_2
Auszahlungen in EUR	200000	100000	100000
Einzahlungen in EUR		200000	230000

Ein Liquidationserlös für die Produktionsanlage fällt nicht an. Als Kalkulationszinssatz wird der Zinssatz für festverzinsliche Wertpapiere verwendet.
Ermitteln Sie die Kapitalwerte der beiden Investitionsalternativen und erläutern Sie das Ergebnis.
Hinweis: *Die Ermittlung des Kapitalwertes kann mit Hilfe der finanzmathematischen Funktionen eines Taschenrechners erfolgen.*

3.4.2 Anwendung der Kapitalwertmethode beim Kauf eines Lkw

Eine Spedition beabsichtigt ein neues Spezialfahrzeug zum Preis von 600 000 EUR anzuschaffen. Mit dem Lkw-Hersteller wird vereinbart, dass der Rechnungspreis in zwei gleichen Jahresraten bezahlt werden kann (erste Rate bei Auslieferung, zweite Rate ein Jahr später). Für den neuen Lkw wird eine Nutzungsdauer von 5 Jahren angenommen. Danach kann er voraussichtlich zum Restwert von 100 000 EUR verkauft werden.

Es wird mit folgenden Einzahlungsüberschüssen durch den Lkw-Einsatz gerechnet:

Jahr	01	02	03	04	05
Einzahlungsüberschüsse in EUR	100 000	150 000	200 000	150 000	170 000

Prüfen Sie mit Hilfe der Kapitalwertmethode, ob sich die Anschaffung bei einem Kalkulationszinssatz von 10 % lohnt.

3.4.3 Vergleich von Investitionsalternativen mit unterschiedlichen Anschaffungsauszahlungen – Differenzinvestition

Die METABA GmbH will eine neue Maschine anschaffen. Für die Investitionsentscheidung wird ein Kalkulationszinssatz von 10 % zugrunde gelegt. Es stehen zwei Alternativen zur Verfügung:

		Anlage I	Anlage II
Anschaffungsauszahlungen EUR		90 000	60 000
Einzahlungsüberschüsse während der 5-jährigen Nutzung EUR	$Ü_1$	20 000	20 000
	$Ü_2$	30 000	20 000
	$Ü_3$	40 000	20 000
	$Ü_4$	30 000	20 000
	$Ü_5$	15 000	15 000
erwarteter Liquidationserlös EUR		5 000	0

1. Ermitteln Sie die Kapitalwerte der beiden Investitionen.
   Hinweis: *Die Ermittlung des Kapitalwertes kann mit Hilfe der finanzmathematischen Funktionen eines Taschenrechners erfolgen.*
2. Geschäftsführer Abele möchte aufgrund des Ergebnisses von 1. die Anlage I anschaffen. Geschäftsführer Bäuerle bezweifelt die Richtigkeit einer solchen Entscheidung und weist darauf hin, dass die Anschaffungsauszahlungen für die Anlage I um 50 % höher sind als bei Anlage II. Er schlägt vor, die Anlage II anzuschaffen und die ersparten 30 000 EUR in ein anderes Investitionsobjekt zu investieren.
   Beurteilen Sie die Einwände von Herrn Bäuerle kritisch.
3. Die 30 000 EUR könnten in ein anderes Investitionsobjekt investiert werden, das ebenfalls eine Laufzeit von fünf Jahren hat und zu folgenden Einzahlungsüberschüssen führen würde.

Jahr 1	Jahr 2	Jahr 3	Jahr 4	Jahr 5
5 000 EUR	6 000 EUR	10 000 EUR	15 000 EUR	15 000 EUR

   Ermitteln Sie den Kapitalwert dieser Differenzinvestition. Welche Investitionsentscheidung sollte die METABA GmbH treffen?
4. Würde sich die Investitionsentscheidung ändern, wenn der Differenzbetrag in Höhe von 30 000 EUR zinsbringend zum Kalkulationszinssatz am Kapitalmarkt angelegt würde? Begründen Sie Ihre Aussage.
5. Wie hoch muss der Kapitalwert der Differenzinvestition mindestens sein, damit die Anlage II vorteilhafter ist? mind. so hoch wie der Untersch. zw. den Kapitalwerten von Anlage I und II

Zusammenfassende Übersicht Teil D: Finanzierung und Investition

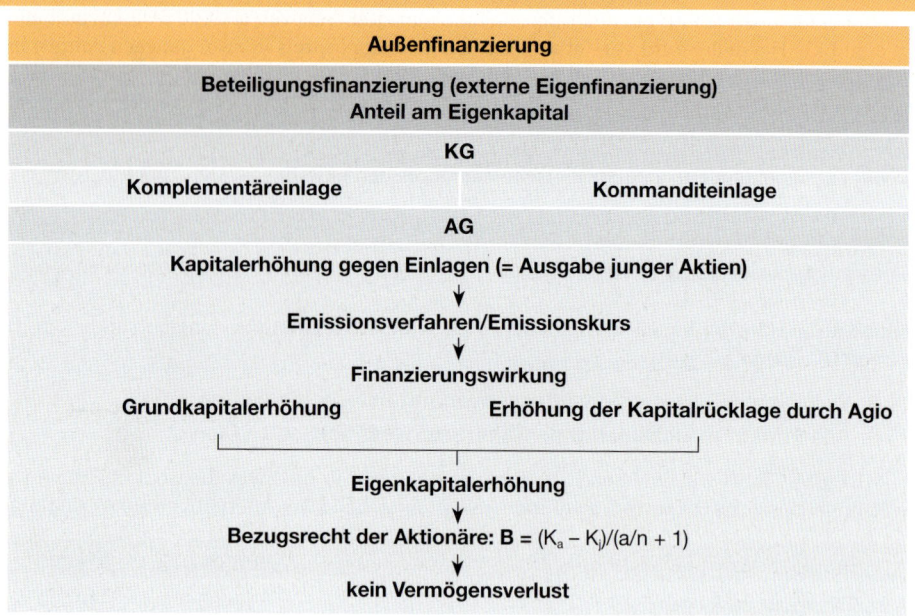

Außenfinanzierung

Beteiligungsfinanzierung (externe Eigenfinanzierung)
Anteil am Eigenkapital

KG	
Komplementäreinlage	**Kommanditeinlage**

AG

Kapitalerhöhung gegen Einlagen (= Ausgabe junger Aktien)
↓
Emissionsverfahren/Emissionskurs
↓
Finanzierungswirkung

Grundkapitalerhöhung | **Erhöhung der Kapitalrücklage durch Agio**

Eigenkapitalerhöhung
↓
Bezugsrecht der Aktionäre: $B = (K_a - K_j)/(a/n + 1)$
↓
kein Vermögensverlust

externe Fremdfinanzierung

Darlehen

Festdarlehen	Abzahlungsdarlehen	Annuitätendarlehen
jährlich gleiche Zinsen	jährlich fallende Zinsen	jährlich fallende Zinsen
Tilgung in voller Höhe am Ende	jährlich gleiche Tilgung	jährlich steigende Tilgung

unterschiedliche Liquiditätsbelastung
↓
Zinsen verringern die Steuerbelastung
↓
Liquiditätsbelastung nach Steuern
↓
Barwertsumme der Liquiditätsbelastung
Barwertformel
$K_0 = K_n/(1 + p/100)^n$
Unterschiede bei der Liquiditätsbelastung zwischen den drei Darlehensformen verringern sich.

Kreditsicherheiten

Personensicherheiten	Sachsicherheiten	
	bewegliches Vermögen	**Grundstücke**
Bürgschaft ↓ selbstschuldnerische Bürgschaft	Sicherungsübereignung	Grundschuld

Investitionsrechnung		
Zweck		
optimale Verwendung der Finanzierungsmittel	Entscheidung für vorteilhafte Investitionen	Gewinnsteigerung

Verfahren

Statische Investitionsrechnung	Dynamische Investitionsrechnung
▪ nur eine Nutzungsperiode berücksichtigt ▪ Rechnungsgrößen: Kosten und Leistung ▪ zeitlicher Anfall von Kosten und Leistungen bleibt unberücksichtigt (keine Abzinsung)	▪ Alle Nutzungsperioden werden berücksichtigt. ▪ Rechnungsgrößen: Ein- und Auszahlungen ▪ zeitlicher Anfall der Ein- und Auszahlungen wird berücksichtigt (Abzinsung)

Kostenvergleichsrechnung		Kapitalwertmethode		
entscheidungsrelevante Kosten		**Kapitalwert (C_0) = Barwertsumme aller durch die Investition verursachten Zahlungen**		
Kapitalkosten kalk. Abschreibung, kalk. Zinsen (fixe Kosten)	**Betriebskosten** (fixe und variable Kosten)	**$C_0 > 0$ Investition ist vorteilhaft.**	**$C_0 = 0$ indifferent**	**$C_0 < 0$ Investition ist nicht vorteilhaft.**
kritische Menge: K_g I = K_g II **$x_0 = (K_f \text{ II} - K_f \text{ I})/(k_v \text{ I} - k_v \text{ II})$**		Je höher der Kapitalwert, desto vorteilhafter ist die Investition.		

Amortisationsrechnung	
Ermittlung der Amortisationszeit (Wiedergewinnungszeit)	bei unterschiedlichen Anschaffungsauszahlungen der Investitionsobjekte und einer über den Kalkulationszinssatz hinausgehenden Verzinsung des Differenzbetrages ↓ **Differenzinvestition** Der Kapitalwert der Differenzinvestition wird zum Kapitalwert der Alternative mit den niedrigeren Anschaffungsauszahlungen hinzugezählt.
Kapitalrückfluss = Gewinn + Abschreibung	
$t_w = \dfrac{\textbf{Kapitaleinsatz}}{\textbf{Ø Kapitalrückfluss pro Jahr}}$	

Zusammenfassende Aufgaben Teil D:

Finanzierung und Investition

Arten der Finanzierung

Aufgabe 1 Finanzierungsarten

Ordnen Sie die Fälle a) bis h) den Finanzierungsformen 1. bis 8. zu.

Fälle

a) Eine KG nimmt einen neuen Gesellschafter als Kommanditist auf.
b) Eine Aktiengesellschaft schüttet einen Teil des erzielten Jahresüberschusses nicht an die Aktionäre aus.
c) Für den Kauf eines Pkw nimmt ein Unternehmen einen Kredit auf.
d) Ein Unternehmen verwendet die „verdienten" Abschreibungen zum Kauf neuer Maschinen.
e) Eine Aktiengesellschaft erhöht ihr gezeichnetes Kapital durch die Ausgabe junger Aktien.

f) Ein Einzelunternehmen finanziert einen Lkw über Leasing.
g) Ein Lieferer räumt uns für seine Rohstofflieferungen ein Zahlungsziel von 2 Wochen ein.
h) Eine Schlosserei verlangt für Sonderanfertigungen vor Produktionsbeginn von ihren Kunden Vorauszahlung.

Finanzierungsformen

1. Beteiligungsfinanzierung
2. Eigenfinanzierung
3. Kreditfinanzierung
4. Außenfinanzierung
5. Selbstfinanzierung
6. Finanzierung aus Abschreibungsgegenwerten
7. Innenfinanzierung
8. Fremdfinanzierung

Aufgabe 2 Vor- und Nachteile einzelner Finanzierungsformen

a) Nennen Sie Vor- und Nachteile der Beteiligungsfinanzierung gegenüber der Kreditfinanzierung.
b) Nennen Sie Vor- und Nachteile der Darlehensfinanzierung gegenüber der Eigenfinanzierung.

Außenfinanzierung

Aufgabe 3 AG: Kapitalerhöhung gegen Einlagen

Die FAMA AG hat sich auf die Produktion von Spezialmaschinen im Fahrzeugbau spezialisiert. Der Vorstand möchte in der nächsten Hauptversammlung die Grundlagen schaffen, um in den kommenden fünf Jahren die Expansion im europäischen und außereuropäischen Ausland finanzieren zu können.
Der Kapitalbedarf für die geplante Expansion beträgt 129 Mio. EUR.
Bilanzauszug der FAMA AG zum 31.12.2008:

A. Eigenkapital	
I. Gezeichnetes Kapital	388 800 000 EUR
II. Kapitalrücklage	32 400 000 EUR
III. Gewinnrücklagen	
1. gesetzliche Rücklage	10 500 000 EUR
2. andere Gewinnrücklagen	5 000 000 EUR
IV. Bilanzgewinn	12 960 000 EUR

Das Grundkapital ist in Aktien zu 6 EUR Nennwert gestückelt. Die alten Aktien werden derzeit an der Börse mit 10 EUR gehandelt.

1. Berechnen Sie, wie hoch die Erhöhung des Grundkapitals sein muss, wenn die jungen Aktien zum Kurs von 8 EUR ausgegeben werden sollen. Die Emissionskosten belaufen sich auf 600 000 EUR.
2. Ermitteln Sie die Veränderungen der Bilanzpositionen, die sich durch die Kapitalerhöhung ergeben.
3. Vor der Kapitalerhöhung hält die Schuman Bank AG als Großaktionärin 30 Prozent der Aktien. Der Rest ist in Streubesitz. Die Schuman Bank AG will so viele junge Aktien erwerben, dass sie gerade noch ihre Sperrminorität behält.
   Welchen Betrag muss die Schuman Bank AG (ohne Berücksichtigung von Spesen) dafür aufbringen, wenn die Bezugsrechte zum rechnerischen Wert verkauft werden?
4. Weisen Sie nach, dass die Schumann Bank AG rein rechnerisch keinen Vermögensverlust erleidet, wenn sie nicht an der Kapitalerhöhung teilnimmt.
5. Wie hoch ist die Dividende (in Prozent und in EURO je Aktie) vor der Kapitalerhöhung, wenn der Bilanzgewinn in voller Höhe ausgeschüttet wird?
6. Für das kommende Geschäftsjahr 2009 plant die Unternehmensleitung eine Dividende von 7 % auszuschütten.
   a) Wie hoch muss der zu erwirtschaftende Jahresüberschuss nach der Kapitalerhöhung sein, wenn nach Einstellung in die gesetzliche Rücklage 50 % des verbleibenden Jahresüberschusses in die anderen Gewinnrücklagen eingestellt werden sollen und der Rest für die Gewinnausschüttung zur Verfügung steht?
   b) Prüfen Sie, ob und in welcher maximalen Höhe im nächsten Jahr durch Auflösung von Rück-lagen eine Dividende ausgeschüttet werden könnte, wenn der Jahresüberschuss 0 EUR beträgt.

Aufgabe 4 AG: Eigenfinanzierung

Die Südwestdeutsche Bau-AG beabsichtigt eine umfangreiche Betriebserweiterung mit einem geplanten Investitionsvolumen von 15 Mio. EUR. Die Finanzierung soll mit eigenen Mitteln erfolgen.

Vereinfachte Bilanz des abgelaufenen Geschäftsjahres:

Aktiva Bilanz zum 31.12.14 (in Mio. EUR) **Passiva**

Aktiva		Passiva	
A. Anlagevermögen	35,4	A. Eigenkapital	
B. Umlaufvermögen	53,7	Gezeichnete Kapital	12,0
		Kapitalrücklage	0,5
		gesetzliche Rücklagen	0,6
		andere Gewinnrücklagen	6,5
		Jahresüberschuss	2,4
		Gewinnvortrag	0,2
		B. Fremdkapital	66,9
Summe	89,1	Summe	89,1

Es sind 2,4 Mio. Stückaktien in Umlauf.

1. Begründen Sie anhand der gegebenen Bilanz, warum die Südwestdeutsche Bau-AG bei der Finanzierung der Investition auf fremde Mittel verzichtet.
2. Zur Stärkung der Eigenkapitalbasis soll im Rahmen der Gewinnverwendung ein möglichst hoher Betrag in die Gewinnrücklagen eingestellt werden.
   Berechnen Sie die Höhe der offenen Selbstfinanzierung aus dem Jahresüberschuss 2014 wenn die Hauptversammlung beschließt, dass lediglich 2 % Dividende ausgeschüttet werden.
3. Ein Teil der finanziellen Mittel soll durch eine ordentliche Kapitalerhöhung aufgebracht werden.
   a) Bei der Hauptversammlung sind 9,6 Mio. EUR des gezeichneten Kapitals anwesend. Berechnen und begründen Sie, wie viele Stimmen für die Beschlussfassung notwendig sind.
   b) Erläutern Sie, warum den Aktionären ein Bezugsrecht eingeräumt wird.
4. Die Erhöhung des Grundkapitals soll 4 Mio. EUR betragen. Bei der Planung der Kapitalerhöhung wird von einem Börsenkurs von 21,20 EUR ausgegangen. Der Ausgabekurs wird auf 16,00 EUR je Aktie festgesetzt. Berechnen Sie den
   a) rechnerischen Wert des Bezugsrechts
   b) Mittelzufluss bei Vollunterbringung der jungen Aktien und Emissionskosten in Höhe von 180 000 EUR.
5. Ein Altaktionär besitzt 600 Aktien der Südbau AG. Sein Bankguthaben beträgt 5 000 EUR.
   a) Zeigen Sie, dass es unter finanziellen Gesichtspunkten rechnerisch gleichgültig ist, ob er an der Kapitalerhöhung teilnimmt oder nicht.
   b) Berechnen Sie, wie viele Aktien der Altaktionär im Zeitraum des Bezugsrechtshandels erwerben kann, wenn er bereit ist, sein gesamtes Bankguthaben dafür einzusetzen.

Aufgabe 5 Fremdfinanzierung

PDF

Eine Aktiengesellschaft in der Maschinenbaubranche benötigt für eine Produktionserweiterung Finanzierungsmittel in Höhe von 17 Mio. EUR. Da für den Fall einer Kapitalerhöhung wegen der gegenwärtigen Situation an der Börse die vollständige Übernahme der jungen Aktien nicht sicher ist, wird über eine Fremdfinanzierung nachgedacht. Das Investitionsvorhaben wird in mehrere Finanzierungsetappen aufgeteilt. Im ersten Investitionsabschnitt sollen zunächst nur einige für die Produktionserweiterung notwendige Maschinen mit Anschaffungskosten von 4,8 Mio. EUR durch eine Darlehensaufnahme finanziert werden.

Folgendes Angebot einer Großbank liegt vor:

Auszahlungskurs: 96 % Zinssatz: 5 % Laufzeit: 5 Jahre

Tilgung:
- in gleichen Jahresraten jeweils am Jahresende oder
- in einem Betrag am Ende der Laufzeit oder
- als Annuitätendarlehen

1. Ermitteln Sie in welcher Höhe das Darlehen bei der Bank beantragt werden muss.
2. Ermitteln Sie unter den gegebenen Bedingungen den Effektivzins für das Festdarlehen.
3. Berechnen Sie die Liquiditätsbelastung für die drei Rückzahlungsvarianten.
   Der Annuitätenfaktor beträgt 0,23097480. *(Zinsbeträge auf ganze EUR runden.)*
4. Treffen Sie eine Entscheidung, welche der angebotenen Rückzahlungsarten gewählt werden soll. Begründen Sie Ihre Entscheidung.
5. Prüfen Sie, ob sich die unter 4. getroffene Entscheidung ändert, wenn die bei den verschiedenen Darlehensformen eintretende Gewinnsteuerentlastung berücksichtigt wird. Der Gewinnsteuersatz beträgt 30 %.
6. Erläutern Sie, warum im vorliegenden Fall ein Vergleich der drei Darlehensformen anhand der Barwertsummen sinnvoll sein kann. Welche Feststellungen lassen sich anhand der Barwertsummen treffen?
7. Ermitteln Sie die Barwertsummen der Liquiditätsbelastung nach Steuern für die drei Darlehensformen. Prüfen Sie, ob sich die unter 4. getroffene Entscheidung ändert, wenn die Barwertsummen berücksichtigt werden. Der Kalkulationszinssatz beträgt 5 %.

Aufgabe 6 Kreditsicherung

1. Unterscheiden Sie zwischen Personensicherheiten und Sachsicherheiten.
2. Erläutern Sie die Vertragsverhältnisse bei einem durch eine Bürgschaft gesicherten Kredit.
3. Welche Besonderheiten weisen Bankbürgschaften auf? Nennen Sie Merkmale.
4. Begründen Sie, welche Vermögensgegenstände eines Unternehmens sich für eine Sicherungsübereignung eignen.
5. Erläutern Sie Vorteile und Risiken für Kreditnehmer und Kreditgeber bei einer Sicherungsübereignung.
6. Welche Besonderheiten gelten für eine Sicherungsübereignung von Fahrzeugen?
7. Erläutern Sie, wie eine Grundschuld bestellt wird und welche Folgen damit verbunden sind.
8. Erläutern Sie die Aussage „Grundschuld ohne Schuldgrund".
9. Erläutern Sie die Besonderheiten eines Kontokorrentkredits. Prüfen Sie, welche Arten der Kreditsicherung für einen solchen Kredit besonders geeignet sind.

Investitionsarten

Aufgabe 7 Arten von Investitionen

Ordnen Sie die Fälle a) bis f) den Investitionsarten 1. bis 6. zu.

a) Zur Erhöhung der Lieferbereitschaft erhöht ein Unternehmen seine Bestände im Fertigwarenlager.
b) Ein Unternehmen beschafft sich eine Maschine, mit der pro Maschinenstunde eine höhere Produktionsmenge erzielt werden kann. Dafür wird eine vorhandene Maschine verschrottet.
c) Eine defekter Gabelstapler wird durch einen neuen ersetzt.
d) Ein Unternehmen beteiligt sich an einer Vertriebsgesellschaft.
e) Um die steigende Nachfrage nach seinen Erzeugnissen decken zu können, baut ein Unternehmen eine neue Fertigungsstraße.
f) Eine Chemiefabrik erwirbt für ein Verfahren eine Lizenz.

Investitionsarten:

1. Sachinvestition	2. Finanzinvestition	3. immaterielle Investition
4. Ersatzinvestition	5. Erweiterungsinvestition	6. Rationalisierungsinvestition

Investitionsrechnung

Aufgabe 8 Kostenvergleichsrechnung

Eine Sanitärartikel-Fabrik stellt ein Kunststoffteil zum Einbau in das Hauptprodukt selbst her. Augenblicklich werden auf zwei Mehrzweckmaschinen (M1 + M2) monatlich 30 000 Teile hergestellt. Eine Steigerung auf 40 000 Teile je Monat ist laut Absatzplanung zu erwarten. Es ist zu entscheiden, ob ein zusätzlicher Spezialautomat (M3) angeschafft werden soll. M1 und M2 könnten in diesem Fall für andere Zwecke eingesetzt werden. Die Entscheidung soll auf der Grundlage der nachstehenden Daten getroffen werden:

Maschine	Kapazität/Monat Stück	Fixkosten/Monat EUR	variable Stückkosten EUR
M1	16000	2000	0,50
M2	22000	3000	0,40
M3	50000	5000	0,35

1. Ermitteln Sie die Produktionsmenge, von der ab M2 kostengünstiger arbeitet als M1.
2. Ermitteln Sie unter der Voraussetzung, dass die beiden Maschinen M1 und M2 möglichst kostengünstig eingesetzt werden, die beim augenblicklichen Maschinenpark anfallenden Gesamtkosten für
   a) die augenblickliche Produktionsmenge (30000 Stück je Monat)
   b) eine Produktionsmenge von 8000 Stück je Monat, die wegen eines Absatzeinbruchs (Dauer etwa ein Monat) nur möglich ist.

   Begründen Sie Ihre Lösung.
3. Um den zukünftigen Bedarf zu decken, bieten sich folgende beiden Alternativen an:

   Alternative 1: Beibehaltung von M1 und M2. Der zusätzliche Bedarf kann durch Fremdbezug zum Stückpreis von 0,70 EUR gedeckt werden.

   Alternative 2: Ersatz von M1 und M2 durch die Anschaffung von M3
   a) Berechnen Sie die Mehrkosten, die bei einer Entscheidung für den Fremdbezug neben der Eigenproduktion auf dem vorhandenen Maschinenpark M1 und M2 gegenüber einer Produktion ausschließlich auf M3 entstehen. Es ist davon auszugehen ist, dass die erwartete Menge von 40000 Stück je Monat tatsächlich benötigt wird.
   b) Erläutern Sie, was grundsätzlich für und gegen den vollständigen Fremdbezug der Kunststoffteile spricht.

Aufgabe 9 Amortisationsrechnung

1. Für eine geplante Erweiterungsinvestition kommen zwei Alternativen in Betracht:

	Alternative I	Alternative II
Anschaffungskosten	420000 EUR	700000 EUR
Nutzungsdauer	6 Jahre	7 Jahre
Abschreibung	linear	linear
geschätzter durch die Investition bedingter Jahresgewinn	120000 EUR	170000 EUR

   Welche Alternative wird das Unternehmen wählen, wenn als Entscheidungsgrundlage die Amortisationsrechnung verwendet werden soll?
2. Die Vorteilhaftigkeit einer Rationalisierungsinvestition soll anhand der Amortisationsrechnung beurteilt werden:

	alte Anlage (bereits 5 Jahre genutzt)	neue Anlage
Anschaffungskosten in EUR	160000	240000
Nutzungsdauer in Jahren	8	8
Gesamtkosten pro Jahr in EUR	53000	35000

   Die Altanlage könnte zum gegenwärtigen kalkulatorischen Restwert verkauft werden. Die neue Anlage soll sich innerhalb der möglichen Restnutzungsdauer der alten Anlage amortisieren.

Aufgabe 10 Statische und dynamische Investitionsrechnungsverfahren im Vergleich

PDF

In einem Unternehmen soll ein neuartiges und bisher konkurrenzloses Produkt hergestellt werden. Die Fertigung ist mit zwei verschiedenen Verfahren bei gleicher Produktqualität möglich. Mit Hilfe der Investitionsrechnung ist das optimale Verfahren zu ermitteln. Es stehen folgende Angaben zur Verfügung:

	Verfahren I	Verfahren II
Investitionssumme EUR	1 000 000	1 500 000
Fixkosten pro Jahr EUR	300 000	450 000
variable Stückkosten EUR	100	80
Kapazitätsgrenze pro Jahr (Stück)	**10 000**	**15 000**

Die Nutzungsdauer jeder der beiden Anlagen beträgt 5 Jahre. In den Fixkosten sind kalkulatorische Abschreibungen (linear vom Anschaffungswert) und kalkulatorische Zinsen (10 % von durchschnittlich gebundenen Kapital) enthalten. Andere nicht auszahlungswirksame Kosten sind nicht zu berücksichtigen.

Der Kalkulationszinssatz bzw. die gewünschte Rendite beträgt 10 %.
Es wird davon ausgegangen, dass die Erlöse gleichzeitig Einzahlungen und die Gesamtkosten – mit Ausnahme der kalkulatorischen Kosten (Abschreibungen und Zinsen) – gleichzeitig Auszahlungen darstellen. Das Unternehmen rechnet in den kommenden 5 Jahren bei einer gleich bleibenden Produktions- und Absatzmenge von 8 000 Stück mit einem Stückpreis von 150 EUR.
Es soll untersucht werden, welche der beiden Investitionsalternativen die günstigste ist. Dabei sollen folgende Berechnungsmethoden angewendet und ihre Ergebnisse kritisch verglichen werden:

- Kostenvergleichsrechnung
- statische Amortisationsrechnung
- Kapitalwertmethode

Entscheiden Sie sich – mit entsprechender Begründung – für eine der beiden Investitionsalternativen. Wägen Sie dabei die Ergebnisse der einzelnen Beurteilungsverfahren gegeneinander ab.
Hinweis: *Bei der fiktiven Differenzinvestition im Zusammenhang mit der Kapitalwertmethode wird eine Geldanlage (Finanzinvestition) zum Kalkulationszinssatz unterstellt.*

E Jahresabschluss

Warum ist dieses Kapitel wichtig?

Die Eigentümer eines Unternehmens (z. B. Gesellschafter einer Personengesellschaft, Aktionäre einer AG), die Gläubiger sowie die Finanzbehörde haben ein Interesse daran, zu erfahren, welchen Wert die Vermögensgegenstände und die Schulden zu einem bestimmten Tag (Bilanzstichtag) jeweils aufweisen. Hat sich das Eigenkapital aufgrund der betrieblichen Tätigkeit (also ohne Zuführung von Eigenkapital durch die Kapitaleigner) gegenüber dem Vorjahr vergrößert, so wurde ein Gewinn erzielt, der Grundlage der Besteuerung ist und gegebenenfalls an die Eigentümer des Unternehmens ausgeschüttet werden kann. Damit die gewünschten Informationen zur Verfügung stehen, muss ein Jahresabschluss auf der Grundlage geltender Vorschriften (z. B. HGB, EStG, internationale Vorschriften) erstellt werden. Die Regelungen zur Bewertung des Vermögens und der Verbindlichkeiten sehen aber unterschiedliche Bewertungsansätze vor. Das kann dazu führen, dass das Vermögen und die Verbindlichkeiten eines Unternehmens in Abhängigkeit von der für die Erstellung des Jahresabschlusses geltenden Rechtsgrundlage unterschiedlich hoch ausgewiesen werden.

Auf der Basis des Jahresabschlusses (Bilanz, GuV-Rechnung und Anhang) lassen sich rückblickend die wirtschaftlichen Verhältnisse eines Unternehmens beurteilen. Allerdings ist beispielsweise die Information, dass das Unternehmen im letzten Jahr einen Jahresüberschuss in einer bestimmten Höhe erzielt hat, wenig aussagekräftig. Für eine genauere Analyse ist ein Vergleich mit Ergebnissen früherer Jahre (Zeitvergleich), mit anderen Unternehmen (Betriebs- oder Branchenvergleich) und mit geplanten Ergebnissen (Soll-Ist-Vergleich) nötig. Für solche Vergleiche sind vielfältige aus dem Jahresabschluss abgeleitete und zu Kennzahlen verdichtete Informationen nötig. Der Jahresabschluss zeigt aber lediglich die Entwicklung des Unternehmens im vergangenen Geschäftsjahr. Im Rahmen der Jahresabschlussanalyse werden dagegen auch solche Kennzahlen ermittelt, die Auskunft über die voraussichtlichen Entwicklungstendenzen des Unternehmens geben. Die Ergebnisse der Jahresabschlussanalyse sind als Ausgangsbasis für die Erstellung von Planzahlen für künftig anzustrebende Ergebnisse und für die Unternehmenssteuerung unverzichtbar.

Die Leitfragen zu diesem Abschnitt lauten daher:
Welche unterschiedlichen Informationen soll ein Jahresabschluss z. B. den Anteilseignern oder Gläubigern eines Unternehmens sowie der Finanzbehörde vermitteln?
Welche gesetzlichen Grundlagen müssen bei der Erstellung eines Jahresabschlusses beachtet werden?
Welche Auswirkungen hat die Beachtung unterschiedlicher Bewertungsvorschriften auf den Ausweis des Jahresergebnisses?
Wie lassen sich die Informationen aus dem Jahresabschluss zu aussagekräftigen Kennzahlen verdichten?

1 Adressaten und deren Interesse am Jahresabschluss

Der Jahresabschluss richtet sich an verschiedene Adressaten, die jeweils ein unterschiedliches Interesse an den Informationen haben, die einem Jahresabschluss zu entnehmen sind.

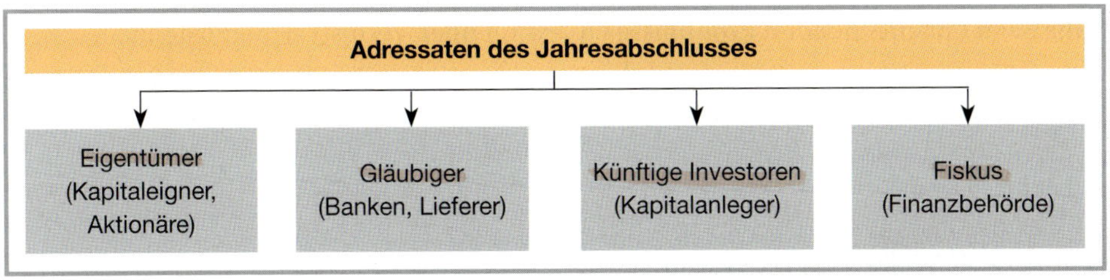

Informationsbedürfnis der Eigentümer

HGB §§ 238–245 §§ 257–261

Die **Eigentümer eines Unternehmens** (z.B. Aktionäre, Gesellschafter) haben in erster Linie ein Interesse, dem Jahresabschluss **Informationen zur Vermögens- und Gewinnsituation** für das zurückliegende Geschäftsjahr entnehmen zu können. Dem Jahresabschluss kommt deshalb die Aufgabe zu, die nach den Regeln ordnungsmäßiger Buchführung[1] erfassten Geschäftsvorfälle zu **dokumentieren (Dokumentationsfunktion des Jahresabschlusses)**. Damit auch zu einem späteren Zeitpunkt noch auf diese Informationen zurückgegriffen werden kann, müssen die Unterlagen geordnet aufbewahrt werden. Darüber hinaus soll der Jahresabschluss aber auch Informationen über **zu erwartende Ergebnisse (Erfolgspotenziale)** liefern.

Kleinaktionäre sind im Normalfall an der jährlichen Ausschüttung eines möglichst hohen Gewinns interessiert. **Großaktionäre** hingegen sind eher an einer **langfristigen Sicherung der Unternehmenssubstanz** interessiert und damit nicht notwendigerweise an einer jährlich hohen Gewinnausschüttung.

> Eigentümer eines Unternehmens sind insbesondere an Informationen zur Vermögens- und Gewinnsituation, die dem Jahresabschluss zu entnehmen sind, interessiert.

Informationsbedürfnis der Gläubiger

HGB § 130a GmbHG § 64 AktG § 92

Die Gläubiger (Lieferer, Banken) erwarten aus dem Jahresabschluss Informationen zur **wirtschaftlichen Lage** sowie zur **Zahlungsfähigkeit (Liquidität)** eines Unternehmens. Auf der Grundlage dieser Informationen entscheiden Sie über die Gewährung oder Verlängerung von Krediten. Vor dem Hintergrund einer möglichst problemlosen Tilgung eines Kredits durch den Schuldner sind die Gläubiger daran interessiert, dass die dem Jahresabschluss zu entnehmende Vermögens- und Gewinnsituation keinesfalls zu günstig ausgewiesen wird.

> Kreditgeber entscheiden u.a. auf der Grundlage der Informationen aus dem Jahresabschluss über eine Kreditgewährung.

Informationsbedürfnis der Investoren (Anleger)

Für die Anlageentscheidung von Kapitalanlegern ist bedeutsam, dass im Jahresabschluss Vermögen und Verbindlichkeiten **angemessen** dargestellt werden **(Fair Presentation)**. Eine eher vorsichtige Bewertung von Vermögen und Schulden trägt ihrem Informationsbedürfnis weniger Rechnung. Allerdings ist es auch im Interesse der Kapitalanleger, dass im Jahresabschluss ein **realistischer (also kein überhöhter)** Gewinn ausgewiesen wird.

Informationsbedürfnis der Finanzbehörde

Das im Jahresabschluss ausgewiesene Ergebnis ist für die Finanzbehörde Grundlage für die Erhebung von **Gewinnsteuern** (Einkommensteuer, Körperschaftsteuer, Gewerbesteuer). Aus steuerrechtlicher Sicht ist die Erfassung eines den **tatsächlichen Verhältnissen** entsprechenden Ergebnisses (Gewinn oder Verlust) sicherzustellen.

---

1 Bei den Grundsätzen ordnungsmäßiger Buchführung (GoB) handelt es sich um Regeln, nach denen Geschäftsvorfälle aufzuzeichnen und im Jahresabschluss darzustellen sind. Sie sind nicht in Gesetzen formuliert, sondern leiten sich aus den Gepflogenheiten ab, die sich im Laufe der Zeit hinsichtlich Buchführung und Jahresabschluss ergeben haben und von einem „ordentlichen und gewissenhaften Kaufmann" zu beachten sind. Sie sind in gleicher Weise wie Gesetze rechtsverbindlich.

Zusammenfassende Übersicht zu Kap. 1: Adressaten und deren Interesse am Jahresabschluss

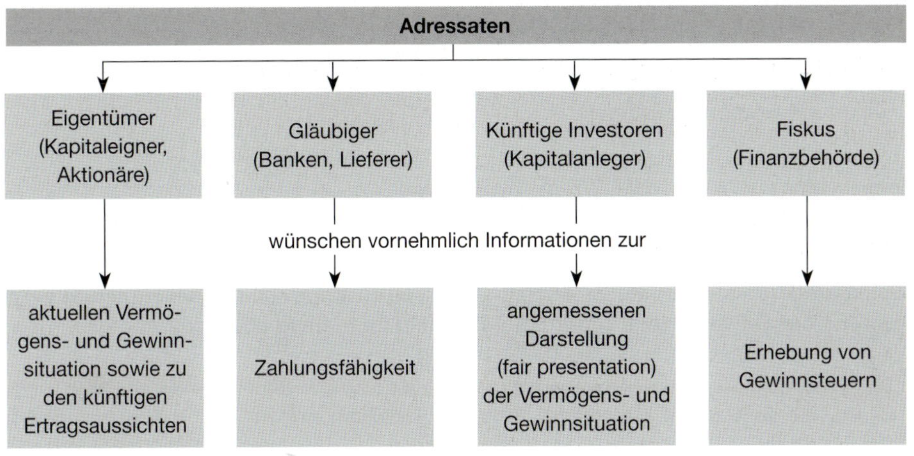

Fragen zur Wiederholung

zu Kapitel 1 Adressaten und deren Interesse am Jahresabschluss

1. Nennen Sie die Adressaten eines Jahresabschlusses.
2. Welches Informationsbedürfnis am Jahresabschluss haben die einzelnen Adressaten jeweils?

2 Grundlegende Vorschriften zur Erstellung von Jahresabschlüssen

Handelsbilanz

Die auf der Grundlage handelsrechtlicher Vorschriften erstellte Bilanz ist die Handelsbilanz[1]. Die gesetzlichen Grundlagen sind im Handelsgesetzbuch (HGB) enthalten. HGB § 238 ff.

Der Jahresabschluss eines einzelnen im Handelsregister eingetragenen Unternehmens **(Einzelabschluss)** muss in jedem Fall auf der Grundlage der HGB-Vorschriften erstellt werden.[2]

Mit der Handelsbilanz wird der wirtschaftliche Erfolg eines Geschäftsjahres festgestellt. Den handelsrechtlichen Vorschriften liegt das **Prinzip des Gläubigerschutzes** zugrunde. Die **Fremdkapitalgeber** werden im HGB als wichtige Zielgruppe angesehen. Gleichzeitig wird aber auch dem **Informationsbedürfnis** der **Eigenkapitalgeber** Rechnung getragen. Kap. E 4.2.1

Das nach den Vorschriften des Handelsrechts ermittelte und in der **Handelsbilanz** ausgewiesene Jahresergebnis bildet die Grundlage für die **Gewinnausschüttung** an die Kapitaleigner (z. B. Aktionäre einer AG).

1 Der Ausdruck „Handelsbilanz" ist missverständlich. Damit ist nicht nur die Bilanz gemeint, sondern der gesamte Jahresabschluss, der neben der Bilanz auch noch die Gewinn- und Verlustrechnung und – je nach Rechtsform des Unternehmens – noch weitere Bestandteile enthält.
2 Vom Einzelabschluss ist der Konzernabschluss zu unterscheiden. Vgl. S. 389.

Die Beachtung der Vorschriften im HGB hat folgende Auswirkungen auf die Bilanz und die Gewinn- und Verlustrechnung:

❶ Das **Vermögen** in der Bilanz ist eher zu **niedrig** ausgewiesen.
❷ Das **Fremdkapital** in der Bilanz ist eher zu **hoch** ausgewiesen.
❸ In der Gewinn- und Verlustrechnung wird ein **vorsichtig** ermitteltes (tatsächlich realisiertes) **Ergebnis** ausgewiesen.

Steuerbilanz

Der in der Gewinn- und Verlustrechnung ermittelte Gewinn ist **Grundlage der Besteuerung**. Zusätzlich zu den handelsrechtlichen Vorschriften enthält das **Einkommensteuergesetz (EStG)** eine Reihe ergänzender Vorschriften, die im Wesentlichen bewirken, dass der Gewinn eines Unternehmens **nicht zu niedrig** ausgewiesen wird.

EStG § 5 ff.

Die für Zwecke der Besteuerung erstellte Bilanz ist eine aus der Handelsbilanz abgeleitete Bilanz. Die gesetzlichen Grundlagen für deren Erstellung sind im Einkommensteuergesetz (EStG) enthalten.

Kaufleute, die nach dem HGB buchführungspflichtig sind, müssen nicht nur eine **Handelsbilanz**, sondern zusätzlich eine **Steuerbilanz** erstellen.

Ausgewählte Beispiele zu unterschiedlichen Bewertungsvorschriften nach Handels- und Steuerrecht

		Handelsbilanz	**Steuerbilanz**
Kap. E 5.2	**Selbst geschaffene immaterielle Vermögensgegenstände[1] des Anlagevermögens (z. B. Software zur Produktionssteuerung)**	Ausweis als Aktivposten in der Bilanz **möglich** (Wahlrecht) § 248 (2) HGB	Ausweis als Aktivposten in der Bilanz **verboten** (Aktivierungsverbot) § 5 (2) EStG *Hinweis: Wurden die immateriellen Vermögensgegenstände jedoch entgeltlich erworben, so **müssen** sie als Aktivposten aufgenommen werden.*
Kap. E 5.2.2	**Abschreibungen bei voraussichtlich dauernder Wertminderung von Vermögensgegenständen**	Außerplanmäßige Abschreibung **muss** vorgenommen werden § 253 (3) S. 3 HGB	Steuerrechtliche Abschreibung (= Teilwertabschreibung) **kann** vorgenommen werden (Wahlrecht) § 6 (1) Nr. 1. S. 2 EStG.
Kap. E 5.3.3	**Abschreibungen auf Finanzanlagen bei vorübergehender Wertminderung**	Außerplanmäßige Abschreibung **kann** vorgenommen werden § 253 (3) S. 4 HGB	Steuerrechtliche Abschreibung (= Teilwertabschreibung) ist bei vorübergehender Wertminderung **unzulässig** § 6 (1) Nr. 1, S. 2 EStG

Die Bewertung nach den im Handels- und Steuerrecht teilweise unterschiedlichen Vorschriften führt dazu, dass der nach Handelsrecht ermittelte Gewinn von dem nach Steuerrecht ermittelten Gewinn abweichen kann. Wird z. B. ein Lkw wegen einer voraussichtlich dauernden Wertminderung in der Handelsbilanz außerplanmäßig und

1 Für den im Handelsrecht gebräuchlichen Begriff „Vermögensgegenstände" verwendet das Steuerrecht den gleich bedeutenden Begriff „Wirtschaftsgüter".

in der Steuerbilanz hingegen planmäßig abgeschrieben, so führt das dazu, dass der in der Handelsbilanz ausgewiesene Gewinn niedriger ist als der nach steuerrechtlichen Vorschriften ermittelte Gewinn.

IAS/IFRS-Bilanz

Künftige Kapitalanleger sind darauf bedacht, Informationen über die **tatsächliche** Vermögens- und Gewinnsituation eines Unternehmens zu erhalten **(true and fair presentation)**. Ein auf der Grundlage der Vorschriften des Handelsrechts erstellter Jahresabschluss kann die für eine Anlageentscheidung erforderlichen Informationen aber nicht liefern, da Vermögen und Schulden eher **vorsichtig** bewertet wurden **(Vorsichtsprinzip)**.

Ausgewählte Beispiele zu unterschiedlichen Bewertungsvorschriften nach HGB und IAS/IFRS

	Handelsbilanz	IAS/IFRS
Bewertungsobergrenze für Vermögensgegenstände	Obergrenze sind – auch bei nachträglicher Wertsteigerung – in jedem Fall die Anschaffungs- oder Herstellungskosten. § 253 (1) HGB	Eine Überschreitung der Anschaffungs- und Herstellungskosten bei nachträglicher Wertsteigerung ist möglich (Neubewertung nach IAS 16.31).
Ausweis nicht realisierter Gewinne	Nicht realisierte Gewinne dürfen nicht ausgewiesen werden (strenges Realisationsprinzip). § 252 (1) Nr. 4 HGB	Realisierbarkeit des Gewinns (nicht die tatsächliche Realisierung) ist Voraussetzung für den Gewinnausweis (gemildertes Realisationsprinzip).
Behandlung eines Disagios	**Wahlrecht:** in voller Höhe als Aufwand im Jahr der Darlehensaufnahme **oder** Aktivierung (Aktiver Rechnungsabgrenzungsposten) und planmäßige Abschreibung über die Laufzeit des Darlehens § 250 (3) HGB	Disagio **muss** als Aufwand über die Laufzeit des Darlehens verteilt werden. IAS 23.7

Kap. E 5.1.3

IAS: International Accounting Standards

Kap. E 5.5.1

IFRS: International Financial Reporting Standards

Die Anwendung der nach Handelsrecht und IAS/IFRS teilweise unterschiedlichen Bewertungsvorschriften führt dazu, dass der nach Handelsrecht ermittelte Gewinn von dem nach IAS/IFRS ermittelten Gewinn abweichen kann. Wird z. B. nach IAS/IFRS ein noch nicht durch einen Verkaufsvorgang tatsächlich realisierter (aber wahrscheinlicher) Gewinn trotzdem als Gewinn ausgewiesen oder ein Grundstück aufgrund von Wertsteigerungen zu einem höheren Wert als den Anschaffungskosten in der Bilanz angesetzt, so führt das dazu, dass der in der Handelsbilanz ausgewiesene Gewinn niedrigerer ist als der nach den IAS/IFRS-Vorschriften ermittelte Gewinn. Nach HGB dürfen nämlich aufgrund des Vorsichtprinzips nicht realisierte Gewinne nicht ausgewiesen und Vermögensgegenstände höchstens zu den Anschaffungs- oder Herstellungskosten bewertet werden.

Eine IAS/IFRS-Bilanz liefert künftigen Kapitalanlegern Informationen zur tatsächlichen Vermögens- und Gewinnsituation.

Auf der Grundlage der sog. IAS-Verordnung des Europäischen Parlaments aus dem Jahr 2002 **müssen** sämtliche **kapitalmarktorientierte Unternehmen** (= Aktiengesellschaften, deren Aktien am Kapitalmarkt gehandelt werden) ihre **Konzernabschlüsse**[1]

1 Bei einem Konzernabschluss werden alle zu einem Konzern gehörenden Unternehmen zu einem fiktiven Unternehmen zusammengefasst.

nach **IAS/IFRS** erstellen.[1] Der **Einzelabschluss** muss dagegen in jedem Fall den HGB-Vorschriften entsprechen (= Grundlage für die Gewinnverwendung). Zusätzlich kann aber der für die Veröffentlichung vorgesehene Einzelabschluss derartiger Unternehmen auch auf der Basis von IAS/IFRS erstellt werden **(Wahlrecht)**.

Zusammenfassende Übersicht zu Kap. 2: Grundlegende Vorschriften zur Erstellung von Jahresabschlüssen

	Handelsbilanz	**IAS/IFRS-Bilanz**	**Steuerbilanz**
Anwendungspflicht für …	Einzelabschluss aller im Handelsregister eingetragenen Unternehmen (§ 242 (1) HGB)	Konzernabschluss aller kapitalmarktorientierten Unternehmen (IAS-Verordnung der EU Nr. 1606/2002)	alle nach § 141 (1) AO buchführungspflichtigen Unternehmen
hauptsächliche Adressaten	Gläubiger, Anteilseigner	künftige Kapitalanleger	Finanzbehörde
Ziele	Gläubigerschutz und Information der Anteilseigner	Tatsächliche Vermögens- und Gewinnsituation	Grundlage für die Erhebung von Gewinnsteuern
Bewertung	Vorsichtsprinzip ↓ Festlegung von Wert**obergrenzen**	true and fair presentation	Vermeidung eines zu niedrigen Gewinnausweises ↓ Festlegung von Wert**untergrenzen**

Fragen zur Wiederholung

zu Kapitel 2 Grundlegende Vorschriften zur Erstellung von Jahresabschlüssen

1. Was ist unter einer Handelsbilanz zu verstehen und welche gesetzliche Grundlage ist für deren Erstellung zu beachten?
2. Welche Zielsetzungen werden mit den handelsrechtlichen Vorschriften verfolgt?
3. Was ist unter einer Steuerbilanz zu verstehen und welche gesetzliche Grundlage ist für deren Erstellung zu beachten?
4. Nennen Sie Beispiele für voneinander abweichende Bewertungsregeln in Handels- und Steuerrecht.
5. Welche Absicht wird mit der Erstellung einer IAS/IFRS-Bilanz verfolgt und welches sind die Grundlagen für deren Erstellung?
6. Nennen Sie Beispiele für voneinander abweichende Bewertungsregeln nach HGB und IAS/IFRS.

1 In Deutschland sind derzeit ca. 800 Gesellschaften von dieser Regelung betroffen.

E

3 Jahresabschluss von Kapitalgesellschaften[1]

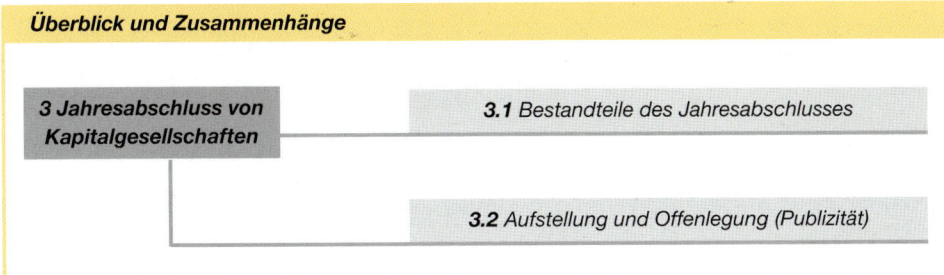

Überblick und Zusammenhänge

- ***3 Jahresabschluss von Kapitalgesellschaften***
  - ***3.1** Bestandteile des Jahresabschlusses*
  - ***3.2** Aufstellung und Offenlegung (Publizität)*

3.1 Bestandteile des Jahresabschlusses

3.1.1 Überblick – Kapitalgesellschaften nach Größenklassen

Kapitalgesellschaften sind verpflichtet, einen umfangreicheren Jahresabschluss als buchführungspflichtige Einzelunternehmen und Personengesellschaften zu erstellen.

Der Umfang des Jahresabschlusses ist u. a. davon abhängig, ob die Kapitalgesellschaft als **kleinst, klein, mittelgroß oder groß** einzustufen ist. Für die Zuordnung zu einer bestimmten Größenklasse müssen **mindestens zwei der drei** nachstehenden Merkmale an zwei aufeinander folgenden Abschlussstichtagen erfüllt sein: HGB § 267, § 267a

	Kleinste Kapitalgesellschaft	Kleine Kapitalgesellschaft	Mittelgroße Kapitalgesellschaft	Große Kapitalgesellschaft
Bilanzsumme (nach Abzug eines auf der Aktivseite ausgewiesenen Fehlbetrags)	≤ 350 000 EUR	≤ 4 840 000 EUR	> 4 840 000 EUR ≤ 19 250 000 EUR	> 19 250 000 EUR
Umsatzerlöse (in den zwölf Monaten vor dem Abschluss-stichtag)	≤ 700 000 EUR	≤ 9 680 000 EUR	> 9 680 000 EUR ≤ 38 500 000 EUR	> 38 500 000 EUR
Arbeitnehmer (im Jahres-durchschnitt)	≤ 10 Arbeitnehmer	≤ 50 Arbeitnehmer	> 50 Arbeitneh-mer ≤ 250 Arbeitneh-mer	> 250 Arbeitneh-mer

Eine Kapitalgesellschaft gilt stets als **groß**, wenn sie einen **organisierten Markt** (z. B. Wertpapierbörse) durch von ihr ausgegebene Wertpapiere in Anspruch nimmt oder die Zulassung zum Börsenhandel beantragt hat. HGB § 267 (3), § 264d

stimmen nicht mehr

1 Auf der Begleit-CD befindet sich der HGB-Jahresabschluss einer AG.

Bestandteile des Jahresabschlusses						
§ 242 (3) HGB ■ **Buchführungspflichtige Einzelunternehmen** ■ **Personengesellschaften**	Bilanz § 266 HGB[1]	GuV-Rechnung § 275 HGB[1]				
§ 267a HGB ■ **Kleinste Kapitalgesellschaften**	Bilanz § 266 HGB Gem. § 266 (1) S. 4 HGB verkürzte Bilanz möglich	GuV-Rechnung § 275 HGB Gem. § 275 (5) HGB verkürzte GuV-Rechnung möglich	Anhang § 284 ff. HGB Gem. § 264 (1) S. 5 HGB nicht erforderlich, wenn bestimmte Angaben unter der Bilanz ausgewiesen werden			
§ 264 (1) HGB ■ **Kleine Kapitalgesellschaften**	Bilanz § 266 HGB	GuV-Rechnung § 275 HGB	Anhang §§ 284 ff., § 326 (1) HGB			
§ 264 (1) S. 4, § 267 HGB ■ **Mittelgroße und große Kapitalgesellschaften**	Bilanz § 266 HGB	GuV-Rechnung § 275 HGB	Anhang §§ 284 ff. HGB	Lagebericht* § 289 HGB		
§ 264 (1) S. 2, § 264d HGB ■ **Kapitalmarktorientierte Kapitalgesellschaften**[1]	Bilanz § 266 HGB	GuV-Rechnung § 275 HGB	Anhang §§ 284 ff. HGB	Lagebericht* § 289 HGB	Kapitalflussrechnung	Eigenkapitalspiegel

* Der Lagebericht gehört nicht zum Jahresabschluss im engeren Sinne.

HGB § 284 (1)

Unabhängig von ihrer Größe müssen Kapitalgesellschaften ihren Jahresabschluss um einen **Anhang** erweitern. Davon sind Kleinstkapitalgesellschaften unter bestimmten Voraussetzungen ausgenommen. Der Anhang bildet mit der **Bilanz** und der **Gewinn- und Verlustrechnung** eine **Einheit**. Er enthält Erläuterungen zu den einzelnen Posten der Bilanz und der Gewinn- und Verlustrechnung. Insbesondere muss dort angegeben werden, wie die einzelnen Werte des Vermögens und der Schulden ermittelt wurden (Bewertungsmethoden). **Kapitalmarktorientierte Kapitalgesellschaften**[2] sind darüber hinaus noch verpflichtet, den Jahresabschluss um eine **Kapitalflussrechnung** und einen **Eigenkapitalspiegel** zu erweitern.[3]

HGB § 264d

Kapitalgesellschaften (außer Kleinstkapitalgesellschaften unter bestimmen Voraussetzungen) sind verpflichtet, ergänzend zur Bilanz und GuV-Rechnung in einem Anhang zu erläutern, wie die einzelnen Werte des Vermögens und der Schulden ermittelt wurden. Der Anhang ist bei diesen Gesellschaften Bestandteil des Jahresabschlusses. Kapitalmarktorientierte Kapitalgesellschaften erstellen zusätzlich noch eine Kapitalflussrechnung und einen Eigenkapitalspiegel.

1 Die Giederungsvorschriften der §§ 266, 275 HGB sind nur für Kapitalgesellschaften verbindlich. Im Rahmen der Grundsätze ordnungsmäßiger Buchführung und Bilanzierung lehnen sich andere Unternehmen aber daran an.

2 Als kapitalmarktorientiert gelten alle Unternehmen und gegebenenfalls deren Tochtergesellschaften, deren Wertpapiere jeglicher Art auf einem organisierten Kapitalmarkt zugelassen sind.

3 Der Lehrplan sieht die Auswertung aller Bestandteile des Jahresabschlusses vor. Die eigenständige Erstellung einer Kapitalflussrechnung bzw. eines Eigenkapital- und Anlagespiegels ist aber nicht erforderlich.

3.1.2 Bilanz

Gliederung der Bilanz für große und mittelgroße Kapitalgesellschaften gem. § 266 HGB:

HGB
§ 266

Aufg. 3.1
S. 388

Aktiva — BILANZ — Passiva

Aktiva

A. Anlagevermögen:

I. Immaterielle Vermögensgegenstände:

1. Selbstgeschaffene gewerbliche Schutzrechte und ähnliche Rechte und Werte;
2. entgeltlich erworbene Konzessionen, gewerbliche Schutzrechte und ähnliche Rechte und Werte sowie Lizenzen an solchen Rechten und Werten;
3. Geschäfts- oder Firmenwert;
4. geleistete Anzahlungen;

II. Sachanlagen:

1. Grundstücke, grundstücksgleiche Rechte und Bauten einschließlich der Bauten auf fremden Grundstücken;
2. technische Anlagen und Maschinen;
3. andere Anlagen, Betriebs- und Geschäftsausstattung;
4. geleistete Anzahlungen und Anlagen im Bau;

III. Finanzanlagen:

1. Anteile an verbundenen Unternehmen;
2. Ausleihungen an verbundene Unternehmen;
3. Beteiligungen;
4. Ausleihungen an Unternehmen, mit denen ein Beteiligungsverhältnis besteht;
5. Wertpapiere des Anlagenvermögens;
6. sonstige Ausleihungen.

B. Umlaufvermögen:

I. Vorräte:

1. Roh-, Hilfs- und Betriebsstoffe;
2. Unfertige Erzeugnisse, unfertige Leistungen;
3. fertige Erzeugnisse und Waren;
4. geleistete Anzahlungen.

II. Forderungen und sonstige Vermögensgegenstände:

1. Forderungen aus Lieferungen und Leistungen;
2. Forderungen gegen verbundene Unternehmungen;
3. Forderungen gegen Unternehmen mit denen ein Beteiligungsverhältnis besteht;
4. Sonstige Vermögensgegenstände.

III. Wertpapiere:

1. Anteile an verbundenen Unternehmen;
2. sonstige Wertpapiere.

IV. Kassenbestand, Bundesbankguthaben, Guthaben bei Kreditinstituten, Schecks.

C. Rechnungsabgrenzungsposten.

D. Aktive latente Steuern.

E. Aktiver Unterschiedsbetrag aus der Vermögensverrechnung.

Passiva

A. Eigenkapital:

I. Gezeichnetes Kapital; Grundkapital

II. Kapitalrücklage;

III. Gewinnrücklagen:

1. gesetzliche Rücklage;
2. Rücklage für Anteile an einem herrschenden oder mehrheitlich beteiligten Unternehmen;
3. satzungsmäßige Rücklagen;
4. andere Gewinnrücklagen;

IV. Gewinnvortrag/Verlustvortrag;

V. Jahresüberschuss/Jahresfehlbetrag.

B. Rückstellungen:

1. Rückstellungen für Pensionen und ähnliche Verpflichtungen;
2. Steuerrückstellungen;
3. sonstige Rückstellungen.

C. Verbindlichkeiten:

1. Anleihen, davon konvertibel;
2. Verbindlichkeiten gegenüber Kreditinstituten
3. Erhaltene Anzahlungen auf Bestellungen;
4. Verbindlichkeiten aus Lieferungen und Leistungen;
5. Verbindlichkeiten aus der Annahme gezogener Wechsel und der Ausstellung eigener Wechsel;
6. Verbindlichkeiten gegenüber verbundenen Unternehmen;
7. Verbindlichkeiten gegenüber Unternehmen mit denen ein Beteiligungsverhältnis besteht;
8. sonstige Verbindlichkeiten, davon aus Steuern, davon im Rahmen der sozialen Sicherheit.

D. Rechnungsabgrenzungsposten.

E. Passive latente Steuern.

 Gesetzesänderung

Erläuterungen einzelner Bilanzpositionen: falsch siehe AB!

Aktivseite

A. Anlagevermögen (= Vermögensgegenstände, die dazu bestimmt sind, dem Unternehmen langfristig zur Verfügung zu stehen)

- **I. 1. Selbst geschaffene gewerbliche Schutzrechte etc.:** z. B. *selbst entwickeltes Patent*
- **I. 2. entgeltlich erworbene Konzessionen, gewerbliche Schutzrechte etc:** *Rechte, die entgeltlich erworben wurden (z. B. Produktionsrechte in Form einer Lizenz).*
- **I. 3. Geschäfts- oder Firmenwert:** *Betrag, der beim Kauf eines Unternehmens über den Substanzwert (tatsächliches Eigenkapital) hinaus bezahlt werden musste (= derivativer Firmenwert).*
- **III. 1. Anteile an verbundenen Unternehmen:** *Anteile z. B. in Form von Aktien an einem verbundenen Unternehmen (vgl. § 271 (2) HGB). Wesentlich: die Anteile müssen dazu bestimmt sein, dauernd dem Geschäftsbetrieb zu dienen. Ist das nicht der Fall, dann müssen Anteile an einem verbundenen Unternehmen im Umlaufvermögen ausgewiesen werden (Vgl. Position B.III, 1.).*
- **III. 2. Ausleihungen an verbundene Unternehmen:** *Wie bei den Anteilen muss es sich beim Schuldner um ein verbundenes Unternehmen gem. § 271 (2) HGB handeln. Zusätzliche Bedingung: Daueranlage (falls kurzfristige Ausleihung erfolgt Bilanzierung unter Pos. B III, 2 – Umlaufvermögen).*
- **III. 3. Beteiligungen:** *Anteile an anderen Unternehmen, die dazu bestimmt sind, dem eigenen Geschäftsbetrieb im Rahmen einer dauerhaften Geschäftsverbindung zu dienen (vgl. § 271 (1) HGB).*
- **III. 5. Wertpapiere des Anlagevermögens:** *Wertpapiere, die einer längerfristigen Kapitalanlage dienen (z. B. Bundesanleihen, Industrieobligationen, Aktien).*

B. Umlaufvermögen (= Vermögensgegenstände, die dazu bestimmt sind, dem Unternehmen nur kurzfristig zur Verfügung zu stehen)

- **III. 2. sonstige Wertpapiere:** z. B. *Geldmarktpapiere.*

C. Rechnungsabgrenzungsposten

Aktive Rechnungsabgrenzungsposten: *Aufwendungen, die ein künftiges Geschäftsjahr betreffen, aber bereits im alten Geschäftsjahr zu Auszahlungen geführt haben (z. B. Miete für Januar des neuen Geschäftsjahres wird bereits im Dezember des alten Geschäftsjahres an den Vermieter überwiesen).*

HGB § 274 (1)

D. Aktive latente Steuern:

Künftige Steuerentlastung aufgrund von unterschiedlichen Wertansätzen in Handels- und Steuerbilanz.

E. Aktiver Unterschiedsbetrag aus der Vermögensverrechnung:

Vermögensgegenstände zur Erfüllung von Schulden aus Altersvorsorgeverpflichtungen. Diese Vermögensgegenstände sind im Insolvenzfall dem Zugriff aller Gläubiger entzogen. Sie entstehen, wenn der Zeitwert dieser Vermögensgegenstände den Betrag der Schulden übersteigt (HGB § 246 (2) S. 2).

Passivseite

C. Verbindlichkeiten

1. **Anleihen, davon konvertibel:** *Anleihen = langfristige, am öffentlichen Kapitalmarkt aufgenommene Verbindlichkeiten (z. B. Schuldverschreibungen). Konvertible (austauschbare) Anleihen = Wandelschuldverschreibungen, bei denen den Gläubigern ein Umtausch- oder Bezugsrecht auf Aktien zusteht.*

D. Rechnungsabgrenzungsposten

Passive Rechnungsabgrenzungsposten: *Erträge, die ein künftiges Geschäftsjahr betreffen, aber bereits im alten Geschäftsjahr zu Einzahlungen geführt haben (z. B. Zinserträge, die erst im Januar des neuen Geschäftsjahres fällig sind, gehen bereits im Dezember des alten Geschäftsjahres ein).*

HGB § 274 (1)

E. Passive latente Steuern:

Künftige Steuerbelastung aufgrund von unterschiedlichen Wertansätzen in Handels- und Steuerbilanz.

HGB § 266 (1)

Kleinste und kleine Kapitalgesellschaften müssen nur eine **verkürzte Bilanz** aufstellen, die lediglich die mit Buchstaben und römischen Zahlen bezeichneten Posten aus obiger Bilanz enthält.

Anlagenspiegel

Kapitalgesellschaften sind verpflichtet, in die Bilanz oder den Anhang einen **Anlagenspiegel** aufzunehmen, aus dem hervorgeht, wie sich die einzelnen Bilanzpositionen **des Anlagevermögens** vom Zeitpunkt der Anschaffung bis zum Ausscheiden entwickelt haben. Dadurch wird die Aussagefähigkeit des Jahresabschlusses verbessert. HGB § 268 (2)

Der Anlagenspiegel zeigt, wie sich die einzelnen Bilanzpositionen des Anlagevermögens vom Zeitpunkt der Anschaffung bis zum Bilanzstichtag bzw. bis zum Ausscheiden entwickelt haben.

3.1.3 Gewinn- und Verlustrechnung

Kapitalgesellschaften sind verpflichtet, die Gewinn- und Verlustrechnung in **Staffelform** aufzustellen. Gegenüber der Kontoform hat die Staffelform den Vorteil größerer Übersichtlichkeit. Das Zustandekommen der einzelnen Ergebnisse (gewöhnliche Geschäftstätigkeit, außerordentliches Ergebnis, Jahresüberschuss) ist sofort erkennbar. HGB § 275

Demgegenüber können buchführungspflichtige **Einzelkaufleute** und **Personenhandelsgesellschaften** zwischen **Staffelform** und **Kontoform** wählen.

Gewinn- und Verlustrechnung in Kontoform

Zum 31.12. des Geschäftsjahres erstellt die Metallwarenfabrik AG folgende **interne** Gewinn- und Verlustrechnung (Kontoform):

Aufwendungen	**Interne Gewinn- und Verlustrechnung (in Tsd. EUR)**				**Erträge**
6000	Aufwendungen für Rohstoffe	11 000	5000	Umsatzerlöse	100 000
6020	Aufwendungen für Hilfsstoffe	3 000	5220	Bestandsveränderungen FE	2 950
6200	Löhne	20 000	5300	andere aktivierte Eigenleistungen	5 000
6300	Gehälter	12 000	5460	Erträge a. Abgang Anlagevermögen	1 200
6400	soziale Abgaben	14 000	5480	Erträge a. d. Auflösung v. Rückstellungen	800
6500	Abschreibungen auf Sachanlagen	12 000	5500	Erträge aus Beteiligungen	3 000
6710	Leasingaufwendungen	5 950	5800	außerordentliche Erträge	2 000
6770	Rechts- und Beratungskosten	1 000			
6800	Aufwendungen für Büromaterial	200			
6900	Versicherungsbeiträge	800			
7000	Betriebliche Steuern	2 000			
7500	Zinsaufwendungen	3 000			
7700	Gewerbesteuer	1 600			
7710	Körperschaftsteuer	1 800			
7600	Außerordentliche Aufwendungen	18 000			
	Jahresüberschuss	**8 600**			
		114 950			114 950

Erläuterung: Der Jahresüberschuss vor Berücksichtigung der Körperschaft- und Gewerbesteuer beträgt 12 000 EUR (8 600 + 1 800 + 1 600). Dieser Betrag steht aber zur Ausschüttung an die Aktionäre nicht in vollem Umfang zur Verfügung, da die AG von diesem Betrag noch Körperschaftsteuer (15 %) und Gewerbesteuer abführen muss. Im Gegensatz zu den betrieblichen Steuern (z. B. Kfz-Steuer) handelt es sich bei diesen Steuern nicht um „abzugsfähige" Steuern (Steuern mit Aufwandscharakter), sondern um vom Gewinn zu berechnende Steuern (= Gewinnsteuern).

Die Umwandlung der Kontenform in die Staffelform nach dem Gesamtkostenverfahren[1] führt zu folgendem Ergebnis:

HGB § 275 (2)

Aufg. 3.2 S. 388

Gewinn- und Verlustrechnung der Metallwarenfabrik AG in Staffelform (Gesamtkostenverfahren) nach § 275 (2) HGB (in Tsd. EUR)				
1.	Umsatzerlöse (5000)		100 000	Ergebnis der betrieblichen Tätigkeit
2.	Erhöhung oder Verminderung des Bestandes an fertigen und unfertigen Erzeugnissen (5220)	+	2 950	
3.	andere aktivierte Eigenleistungen (5300)	+	5 000	
4.	sonstige betriebliche Erträge (5460, 5480)	+	2 000	
5.	Materialaufwand a) Aufwendungen für Roh-, Hilfs- und Betriebsstoffe (6000, 6020) b) Aufwendungen für bezogene Leistungen	– 	14 000	
6.	Personalaufwand a) Löhne und Gehälter (6200, 6300) b) soziale Abgaben (6400)	– –	32 000 14 000	
7.	Abschreibungen a) auf immaterielle Vermögensgegenstände des Anlagevermögens und Sachanlagen (6500) b) auf Vermögensgegenstände des Umlaufvermögens	–	12 000	
8.	sonstige betriebliche Aufwendungen (6710, 6770, 6800, 6900)	–	7 950	
9.	Erträge aus Beteiligungen (5500)	+	3 000	Finanzergebnis
10.	Erträge aus anderen Wertpapieren			
11.	sonstige Zinsen und ähnliche Erträge			
12.	Abschreibungen auf Finanzanlagen			
13.	Zinsen und ähnliche Aufwendungen (7500)	–	3 000	
14.	Ergebnis der gewöhnlichen Geschäftstätigkeit		**30 000**	
15.	außerordentliche Erträge (5800)	+	2 000	Außerordentliches Ergebnis
16.	außerordentliche Aufwendungen (7600)	–	18 000	
17.	Außerordentliches Ergebnis[2]	–	**16 000**	
18.	Steuern vom Einkommen und vom Ertrag (7700, 7710)	–	3 400	
19.	sonstige Steuern (7000)	–	2 000	
20.	Jahresüberschuss		**8 600**	

Hinweis: *Die Ziffern in Klammern geben die jeweiligen Kontennummern an.*

1 Nach § 275 (1) HGB kann die Gewinn- und Verlustrechnung wahlweise nach dem Gesamtkostenverfahren und nach dem Umsatzkostenverfahren dargestellt werden. Die großen Kapitalgesellschaften verwenden vorwiegend das Umsatzkostenverfahren. Dieses ist aber nicht Gegenstand des Lehrplans.

2 Die in der Gewinn- und Verlustrechnung einer Kapitalgesellschaft als außergewöhnliche Aufwendungen und Erträge ausgewiesenen Beträge müssen ungewöhnlich, selten und von einigem Gewicht sein. Darüber hinaus müssen sie außerhalb der gewöhnlichen Geschäftstätigkeit angefallen sein.

3.1.4 Anhang

Der Anhang hat die Aufgabe, bestimmte in der Bilanz und Gewinn- und Verlustrechnung ausgewiesene Positionen zu erläutern, um damit den Adressaten des Jahresabschlusses zusätzliche Informationen zur Vermögens- und Ertragslage der Kapitalgesellschaft zu verschaffen.

In den Anhang müssen z. B. folgende Angaben aufgenommen werden:

- Angaben zu einzelnen Posten der Bilanz oder Gewinn- und Verlustrechnung, für die ein **Bewertungswahlrecht** wahrgenommen wurde
- die angewandten Bilanzierungs- und Bewertungsmethoden (z. B. Abschreibungsmethode, Festlegung der Nutzungsdauer für abzuschreibende Vermögensgegenstände)
- die Grundlagen für die Umrechnung z. B. von Fremdwährungsverbindlichkeiten in Euro.

Angaben im Anhang: Bewertungswahlrecht bei Finanzanlagen

Kap. D 5.3.3

Im Anlagevermögen der Karlsruher Gaswerke GmbH sind u. a. 1 000 Aktien der E.ON AG enthalten, die im laufenden Geschäftsjahr zu einem Kurs von 28 EUR/Aktie gekauft wurden. Zum Ende des Geschäftsjahres wird diese Aktie an der Börse zu einem Kurs von 24 EUR/Aktie notiert.

Da die Karlsruher Gaswerke beabsichtigen, die Aktien für längere Zeit zu behalten, handelt es sich dabei um eine Finanzanlage, die im Anlagevermögen (Bilanzposition A III Nr. 5) ausgewiesen werden muss. Bei solchen Finanzanlagen haben die Karlsruher Gaswerke GmbH ein Wahlrecht, die Aktien entweder zu 28 000 EUR (Anschaffungskosten) oder zu 24 000 EUR (Wert am Bilanzstichtag) in der Bilanz auszuweisen, falls es sich lediglich um eine vorübergehende Wertminderung handelt. HGB § 266 (2) HGB § 253 (3) S. 4

Im Anhang muss erläutert werden, in welcher Weise von der Ausübung des Bewertungswahlrechts Gebrauch gemacht wurde.

Da aus der Bilanz nicht ersichtlich ist, wann (innerhalb welchen Zeitraums) die Verbindlichkeiten des Unternehmens fällig und wie diese gegebenenfalls gesichert sind, muss der Anhang auch Angaben enthalten über HGB § 285

- den Gesamtbetrag der Verbindlichkeiten mit einer Restlaufzeit von mehr als fünf Jahren und
- den Gesamtbetrag der Verbindlichkeiten, die durch Pfandrechte oder ähnliche Rechte gesichert sind.

3.1.5 Lagebericht

Mittelgroße und große Kapitalgesellschaften müssen **neben dem Jahresabschluss** noch einen **Lagebericht** aufstellen. Der **Lagebericht** enthält Angaben zum Geschäftsverlauf der Kapitalgesellschaft, wobei aber auf einzelne Positionen des Jahresabschlusses kein Bezug genommen wird. Das Ziel des Lageberichts besteht vielmehr in einer **umfassenden Gesamtwürdigung** des Unternehmens. HGB § 264 (1) S. 4 HGB § 289

Der Lagebericht ist nicht Bestandteil des Jahresabschlusses einer Kapitalgesellschaft.

Auszug aus dem Lagebericht einer AG

Umsatz: Die Geschäftslage hat sich im Jahresverlauf deutlich verbessert, vor allem Asien kehrte auf den Wachstumspfad zurück. Es gelang uns, die Verkaufsmengen um 5,8 % zu steigern.

Ergebnis: Die Preisanhebungen zum Jahresende konnten die stark erhöhten Rohstoffkosten nicht ausgleichen: Der Druck auf die Gewinnspanne hielt an. Dennoch erzielten wir im Vergleich zum Vorjahr ein um 15,6 % höheres Ergebnis.

Lagebericht	
muss eingehen auf: ▪ den Umfang und die Komplexität des Geschäftsverlaufs und dessen Analyse sowie auf die Lage der Kapitalgesellschaft ▪ die voraussichtliche Entwicklung mit ihren Chancen und Risiken	**soll** eingehen auf: ▪ Vorgänge von besonderer Bedeutung, die nach dem Schluss des Geschäftsjahres eingetreten sind ▪ Maßnahmen zur Absicherung von Risiken (z. B. Preisänderungs-, Ausfall- und Liquiditätsrisiken) ▪ Tätigkeiten in der Forschung und Entwicklung

HGB
§ 264 (1) S. 2

3.1.6 Kapitalflussrechnung

Mit Hilfe der **Kapitalflussrechnung** soll die Liquiditätslage eines Unternehmens abgebildet werden. Durch die Gegenüberstellung der innerhalb eines Geschäftsjahres erfolgten Ein- und Auszahlungen wird die Veränderung der liquiden Mittel dargestellt.

Aufg. 3.3
S. 389

Erstellung einer vereinfachten Kapitalflussrechnung der Süßwaren AG

Die vereinfachte Gewinn- und Verlustrechnung der Süßwaren AG (Großhandel) enthält zum 31.12. d. J. folgende Informationen:

S	(Vereinfachte) **Gewinn- und Verlustrechnung**		H
Warenaufwand	400 000	Umsatzerlöse	700 000
Abschreibung	120 000	Erträge aus der Auflösung von Rückstellungen	20 000
Jahresüberschuss	200 000		
	720 000		720 000

Aus der vorliegenden Gewinn- und Verlustrechnung lässt sich nachstehende vereinfachte Kapitalflussrechnung (= Cashflow-Rechnung) erstellen:

Kap. E 6.4.4

Direkte Methode		Indirekte Methode	
Cashflow = Einzahlungen – Auszahlungen		Cashflow = Jahresüberschuss + nicht zahlungswirksamer Aufwand (z. B. Abschreibungen) – nicht zahlungswirksamer Ertrag (z. B. Erträge aus der Auflösung von Rückstellungen)	
Einzahlungen (Liquiditätszufluss aus Umsatzerlösen)	700 000	Jahresüberschuss	200 000
– Auszahlungen (Liquiditätsabfluss für Einkauf der Waren)	400 000	+ nicht zahlungswirksamer Aufwand (z. B. Abschreibung)	120 000
		– nicht zahlungswirksamer Ertrag (z. B. Erträge aus der Auflösung von Rückstellungen)	20 000
= Cashflow	300 000	= Cashflow	300 000

Ergebnis: Die flüssigen Mittel der Süßwaren AG haben im abgelaufenen Geschäftsjahr um 300 000 EUR zugenommen.

3.1.7 Eigenkapitalspiegel

Der **Eigenkapitalspiegel** zeigt die Veränderungen des Eigenkapitals innerhalb eines Geschäftsjahres durch die Gegenüberstellung der Zu- und Abgänge auf. Dadurch sollen die Quellen der Eigenkapitalveränderungen des abgelaufenen Geschäftsjahres deutlich werden. HGB § 264 (1) S. 2

Aufg. 3.4 S. 389

Eigenkapitalspiegel einer AG (in Tsd. EUR)

	Gezeichnetes Kapital	Kapital-rücklage	Gewinn-rücklagen	Gewinn-/Verlustvortr. JÜ lfd. Jahr	Summe
Eigenkapital 01.01.2012	1500	200	300	– 10	1990
Kapitalerhöhung 2012	300	50			350
Jahresüberschuss 2012				210	210
Gewinnrücklagen (+/–)			+ 100	– 100	0
Dividende 2012				– 95	– 95
Eigenkapital 31.12.2012	1800	250	400	5	2455

3.2 Aufstellung und Offenlegung des Jahresabschlusses

Für alle Unternehmen – unabhängig von der Rechtsform – gilt, dass der Jahresabschluss innerhalb der einem ordentlichen Geschäftsgang entsprechenden Zeit aufzustellen ist. Da **Kapitalgesellschaften** als juristische Personen selbst nicht handlungsfähig sind, sind deren gesetzliche Vertreter (bei der AG: Vorstand, bei der GmbH: Geschäftsführer) für die Erstellung (= Aufstellung) des Jahresabschlusses verantwortlich. Der Jahresabschluss einer AG ist **festgestellt** und damit **rechtsverbindlich**, wenn er vom Aufsichtsrat gebilligt wird. Damit ist auch die Höhe des **Bilanzgewinns** festgestellt, der der Hauptversammlung zur Beschlussfassung über die Verwendung vorgelegt wird. HGB § 264 (1)

Kap. D 2.2.3

Bei der GmbH gehört die Feststellung des Jahresabschlusses zu den Aufgaben der Gesellschafter. GmbH § 46

Je nach Art und Größe des Unternehmens sind für den Zeitraum der Aufstellung und Offenlegung besondere Vorschriften zu beachten:

Große und mittelgroße Kapitalgesellschaften

Der Jahresabschluss sowie der Lagebericht **großer und mittelgroßer Kapitalgesellschaften** sind **innerhalb der ersten drei Monate** des neuen Geschäftsjahres für das vergangene Geschäftsjahr **aufzustellen**. Darüber hinaus sind die gesetzlichen Vertreter verpflichtet, den mit dem **Bestätigungsvermerk des Abschlussprüfers** versehenen Jahresabschluss sowie weitere Unterlagen (z. B. Lagebericht, Bericht des Aufsichtsrats, Vorschlag und Beschluss über Ergebnisverwendung) einzureichen. Das muss in elektronischer Form beim **Betreiber des elektronischen Bundesanzeigers**[1] erfolgen und hat **unverzüglich** nach Vorlage an die Gesellschafter – spätestens jedoch **innerhalb von 12 Monaten** – zu geschehen. Der Betreiber des elektronischen Bundesanzeigers übermittelt die Informationen an das **Unternehmensregister**[2], wo sie der Öffentlichkeit auch im Internet zugänglich gemacht werden. HGB § 264 (1) S. 2 HGB § 316 (1) HGB § 325 (1)

1 Betreiber des elektronischen Bundesanzeigers ist die Bundesanzeiger Verlagsgesellschaft mbH in Köln: www.ebundesanzeiger.de

2 Abruf von Daten publikationspflichtiger Unternehmen: www.unternehmensregister.de
Abruf von Namen/Adressen insolventer Unternehmen/Personen: www.insolvenzbekanntmachungen.de

www

Kleinste und kleine Kapitalgesellschaften

HGB § 243 (3), § 264 (1) S. 3 | HGB § 325 (1) | HGB § 326 (2)

Die gesetzlichen Vertreter kleinster und kleiner Kapitalgesellschaften dürfen den Jahresabschluss auch später aufstellen. Dies muss allerdings innerhalb von **sechs Monaten** (bei Kleinstkapitalgesellschaften i. d. R. bis zu sieben Monaten) geschehen. Anders als die großen Kapitalgesellschaften brauchen kleine Kapitalgesellschaften **keinen Lagebericht** zu erstellen und müssen den Jahresabschluss auch nicht von einem Abschlussprüfer prüfen lassen. Kleinstkapitalgesellschaften können u. U. auf einen Anhang verzichten. Außerdem können sie wählen, ob sie die Offenlegungspflicht durch Veröffentlichung oder durch Hinterlegung der Bilanz erfüllen.

Kapitalmarktorientierte Gesellschaften

HGB § 264 (1) S. 2 | HGB § 325 (4)

Kapitalmarktorientierte Kapitalgesellschaften (z. B. Aktiengesellschaften, deren Aktien am Kapitalmarkt gehandelt werden) sind verpflichtet, ihren Jahresabschluss **innerhalb von drei Monaten** aufzustellen und **innerhalb von vier Monaten** offen zu legen.

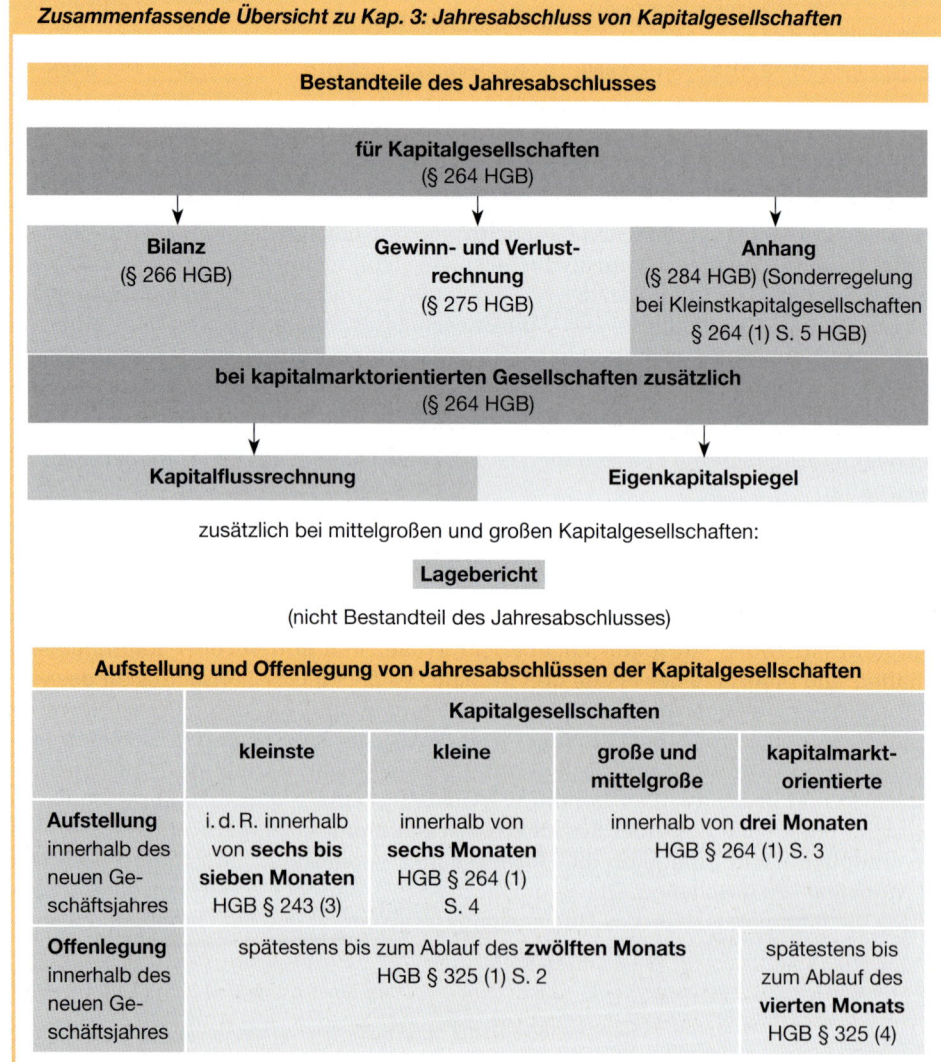

Zusammenfassende Übersicht zu Kap. 3: Jahresabschluss von Kapitalgesellschaften

Bestandteile des Jahresabschlusses

für Kapitalgesellschaften
(§ 264 HGB)

↓ ↓ ↓

Bilanz (§ 266 HGB)	**Gewinn- und Verlustrechnung** (§ 275 HGB)	**Anhang** (§ 284 HGB) (Sonderregelung bei Kleinstkapitalgesellschaften § 264 (1) S. 5 HGB)

bei kapitalmarktorientierten Gesellschaften zusätzlich
(§ 264 HGB)

↓ ↓

Kapitalflussrechnung	**Eigenkapitalspiegel**

zusätzlich bei mittelgroßen und großen Kapitalgesellschaften:

Lagebericht

(nicht Bestandteil des Jahresabschlusses)

Aufstellung und Offenlegung von Jahresabschlüssen der Kapitalgesellschaften

	Kapitalgesellschaften			
	kleinste	**kleine**	**große und mittelgroße**	**kapitalmarktorientierte**
Aufstellung innerhalb des neuen Geschäftsjahres	i. d. R. innerhalb von **sechs bis sieben Monaten** HGB § 243 (3)	innerhalb von **sechs Monaten** HGB § 264 (1) S. 4	innerhalb von **drei Monaten** HGB § 264 (1) S. 3	
Offenlegung innerhalb des neuen Geschäftsjahres	spätestens bis zum Ablauf des **zwölften Monats** HGB § 325 (1) S. 2			spätestens bis zum Ablauf des **vierten Monats** HGB § 325 (4)

Fragen zur Wiederholung

zu Kapitel 3 Jahresabschluss von Kapitalgesellschaften

3.1 Bestandteile des Jahresabschlusses

3.1.1 Überblick – Kapitalgesellschaften nach Größenklassen

1. Wovon ist es abhängig, ob eine Kapitalgesellschaft als kleinst, klein, mittelgroß oder groß einzustufen ist?
2. Wann gilt eine Kapitalgesellschaft auf jeden Fall als groß?
3. Aus welchen Bestandteilen setzt sich der Jahresabschluss von kleinsten, kleinen, mittelgroßen, großen und kapitalmarktorientierten Kapitalgesellschaften zusammen?

3.1.2 Bilanz

1. Beschreiben Sie, wie die Bilanz einer großen Kapitalgesellschaft aufgebaut ist.
2. Welche Erleichterungen bei der Aufstellung einer Bilanz gelten für kleinste und kleine Kapitalgesellschaften?
3. Welche Informationen können dem Anlagespiegel entnommen werden?

3.1.3 Gewinn- und Verlustrechnung

1. In welcher Form müssen Kapitalgesellschaften ihre Gewinn- und Verlustrechnung aufstellen?
2. Unterscheiden Sie zwischen dem Ergebnis der betrieblichen Tätigkeit, dem Finanzergebnis, dem Ergebnis der gewöhnlichen Geschäftstätigkeit und dem außerordentlichen Ergebnis.

3.1.4 Anhang

1. Welche Aufgabe hat der Anhang?
2. Nennen Sie Beispiele für Angaben, die in den Anhang aufzunehmen sind.

3.1.5 Lagebericht

1. Welche Kapitalgesellschaften müssen einen Lagebericht erstellen?
2. Welche Informationen sind dem Lagebericht zu entnehmen?

3.1.6 Kapitalflussrechnung

1. Bei welchen Kapitalgesellschaften gehört eine Kapitalflussrechnung zum Jahresabschluss?
2. Welches Ziel verfolgt die Kapitalflussrechnung?
3. Auf welche Weise lässt sich der Cash-Flow ermitteln?

3.1.7 Eigenkapitalspiegel

1. Bei welchen Kapitalgesellschaften gehört ein Eigenkapitalspiegel zum Jahresabschluss?
2. Wie ist ein Eigenkapitalspiegel aufgebaut?

3.2 Aufstellung und Offenlegung des Jahresabschlusses

1. Wer ist für die Erstellung des Jahresabschlusses bei juristischen Personen verantwortlich?
2. Wann ist der Jahresabschluss einer AG festgestellt und damit rechtsverbindlich?
3. Innerhalb welcher Frist müssen Jahresabschluss und Lagebericht großer und mittelgroßer Kapitalgesellschaften aufgestellt werden?
4. Wo und innerhalb welcher Frist muss der Jahresabschluss eingereicht werden?
5. Welche Erleichterungen hinsichtlich der Aufstellung und Offenlegung eines Jahresabschlusses gelten für kleinste und kleine Kapitalgesellschaften?
6. Was haben kapitalmarktorientierte Kapitalgesellschaften hinsichtlich Erstellung und Offenlegung des Jahresabschlusses zu beachten?

Aufgaben und Probleme

zu Kapitel 3 Jahresabschluss von Kapitalgesellschaften

3.1 Bilanz einer Kapitalgesellschaft

PDF

Erstellen Sie aus den nachfolgenden Angaben die Bilanz einer Kapitalgesellschaft nach § 266 (1) Satz 3 HGB:

	EUR
Vorräte	190 000
Gezeichnetes Kapital	200 000
Forderungen und sonstige Vermögensgegenstände	125 000
Gewinnrücklagen	25 000
Wertpapiere	40 000
Flüssige Mittel	28 000
Verbindlichkeiten gegenüber Kreditinstituten	173 000
Finanzanlagen	76 000
Immaterielle Vermögensgegenstände	17 500
Passive Rechnungsabgrenzungsposten	6 000
Kapitalrücklage	40 000
Jahresüberschuss	
Sonstige Verbindlichkeiten	21 000
Sachanlagen	222 500
Verbindlichkeiten aus Lieferungen und Leistungen	98 500
Rückstellungen	40 000
Aktive Rechnungsabgrenzungsposten	4 500

3.2 Erstellung einer Gewinn- und Verlustrechnung

PDF

Der Werkzeug- und Metallbau AG liegen für die Erstellung der Gewinn- und Verlustrechnung 2014 folgende Zahlen vor:

HGB § 277 (1)

	EUR
Verlustvortrag aus dem Vorjahr	5 000 000
Andere aktivierte Eigenleistungen	9 000 000
Umsatzerlöse	125 800 000
Verluste aus Anlageabgängen	9 000 000
Erträge aus Beteiligungen	12 000 000
Einstellung in die Gewinnrücklagen	8 000 000
Abschreibungen auf Sachanlagen	16 000 000
Aufwendungen für einen nicht versicherten, ungewöhnlichen Schadensfall	1 400 000
Löhne und Gehälter	50 000 000
Bestand an fertigen Erzeugnissen lt. Inventur	14 000 000
Bestand an unfertigen Erzeugnissen lt. Inventur	9 000 000
Zinsen und ähnliche Aufwendungen	4 000 000
Auflösung von Rückstellungen	1 600 000
Körperschaftsteuer und Gewerbesteuer	18 000 000
Sonstige Steuern	1 000 000
Soziale Abgaben	12 000 000
Aufwendungen für Roh-, Hilfs- und Betriebsstoffe	28 000 000
Aufwendungen für bezogene Leistungen	2 400 000
Erhöhung des Bestandes an fertigen und unfertigen Erzeugnissen	12 000 000
Bestand an Pensionsrückstellungen	60 000 000

Stellen Sie die Gewinn- und Verlustrechnung nach dem Gesamtkostenverfahren auf und ermitteln Sie nach den handelsrechtlichen Gliederungsvorschriften

- das Ergebnis der gewöhnlichen Geschäftstätigkeit
- das außerordentliche Ergebnis
- den Jahresüberschuss/Jahresfehlbetrag
- den Bilanzgewinn/Bilanzverlust.

3.3 Erstellung einer vereinfachten Kapitalflussrechnung eines Aluminiumwerkes[1]

Die vorläufige Gewinn- und Verlustrechnung der Aluwerke Hohentwiel AG enthält folgende Informationen

PDF

Aufwendungen	**Auszug aus der GuV-Rechnung der Aluwerke Hohentwiel AG**		Erträge
Roh-, Hilfs- und Betriebsstoffaufwand	800000	Umsatzerlöse	1600000
		Bestandsveränderung	120000
Abschreibung auf Sachanlagen	240000	aktvierte Eigenleistung	32000
sonstige Aufwendungen (auszahlungswirksam)	180000	Erträge aus der Auflösung von Rückstellungen	60000
Jahresüberschuss	630000	sonstige Erträge (einzahlungswirksam)	38000
	1850000		1850000

Erstellen Sie eine Kapitalflussrechnung nach der direkten und der indirekten Methode.

3.4 Eigenkapitalveränderungsrechnung einer Aktiengesellschaft[1]

Zum 01.01.13 weist die Mannheimer Motorenwerke AG folgende Anfangsbestände für ihre Eigenkapitalkonten aus:

PDF

Gezeichnetes Kapital	6000000 EUR	Gesetzliche Rücklage	200000 EUR
Kapitalrücklagen	120000 EUR	Andere Gewinnrücklagen	300000 EUR
		Gewinnvortrag	32000 EUR

Der auf der Grundlage des Handelsrechts ermittelte Jahresüberschuss für das Geschäftsjahr 2013 betrug 580000 EUR.

Vorstand und Aufsichtsrat haben den Jahresabschluss festgestellt und den höchst möglichen Betrag in die anderen Gewinnrücklagen eingestellt. Die Dividende für das Geschäftsjahr 2013 betrug 307000 EUR.

1. Erstellen Sie die Eigenkapitalveränderungsrechnung.
2. Wie hoch ist die freiwillige Selbstfinanzierung zum 31.12.2013?

1 Der Lehrplan sieht lediglich die Auswertung, nicht aber die eigenständige Erstellung einer Eigenkapitalveränderungs- und Kapitalflussrechnung vor.

4 Grundsätze der Rechnungslegung nach HGB

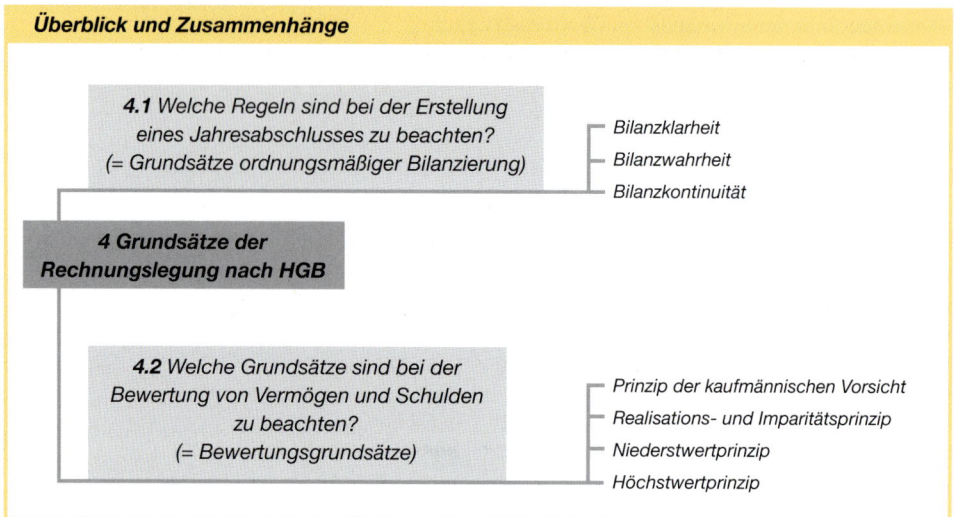

Überblick und Zusammenhänge

4 Grundsätze der Rechnungslegung nach HGB

- ***4.1** Welche Regeln sind bei der Erstellung eines Jahresabschlusses zu beachten? (= Grundsätze ordnungsmäßiger Bilanzierung)*
  - *Bilanzklarheit*
  - *Bilanzwahrheit*
  - *Bilanzkontinuität*
- ***4.2** Welche Grundsätze sind bei der Bewertung von Vermögen und Schulden zu beachten? (= Bewertungsgrundsätze)*
  - *Prinzip der kaufmännischen Vorsicht*
  - *Realisations- und Imparitätsprinzip*
  - *Niederstwertprinzip*
  - *Höchstwertprinzip*

4.1 Grundsätze ordnungsmäßiger Bilanzierung

Aufg. 4.1.1 S. 392

HGB § 243 (1)

Die Bilanzadressaten (z. B. Anteilseigner, Gläubiger, Staat, Mitarbeiter) sind daran interessiert, einen **möglichst genauen Einblick in die Vermögens- und Ertragslage** eines Unternehmens zu erhalten. Deshalb ist es erforderlich, bei der Erstellung des Jahresabschlusses (= Bilanzierung) bestimmte Regeln zu beachten. Diese Regeln werden als **Grundsätze ordnungsmäßiger Bilanzierung bezeichnet** und leiten sich aus den Grundsätzen ordnungsmäßiger Buchführung ab.

> Die Regeln, die bei der Erstellung des Jahresabschlusses (= Bilanzierung) zu beachten sind, werden als Grundsätze ordnungsmäßiger Bilanzierung bezeichnet[1].

Grundsatz der Bilanzklarheit

> Der Grundsatz der Bilanzklarheit verlangt, dass der Jahresabschluss klar und übersichtlich aufzustellen ist.

HGB § 243 (1) und (2)

Kap. E 2

Da für **Kapitalgesellschaften** je nach Größe eine Mindestgliederung von Bilanz und Gewinn- und Verlustrechnung vorgeschrieben ist, entsprechen diese Unternehmen dem Grundsatz der Bilanzklarheit bereits durch die Einhaltung der entsprechenden Gliederungsvorschriften. Darüber hinaus wird der Bilanzklarheit durch die Angaben im Anhang zusätzlich entsprochen.

Buchführungs- und bilanzierungspflichtige Einzelunternehmen und Personenhandelsgesellschaften sind gesetzlich nicht verpflichtet, die für Kapitalgesellschaften vorgegebene Gliederung einzuhalten. Die Grundsätze ordnungsmäßiger Buchführung (GoB) verpflichten diese Unternehmen jedoch zu einer Gliederung, die es erlaubt, die Vermögens- und Kapitalstruktur sowie die Ertragslage eines Unternehmens zu beurteilen. Deshalb lehnen sich diese Unternehmen an die für Kapitalgesellschaften geltenden Gliederungsvorschriften an.

1 Im Gesetz (HGB §§ 264, 278, 463, EStG § 5) wird von den **Grundsätzen ordnungsmäßiger Buchführung (GoB)** gesprochen. Die Grundsätze ordnungsmäßiger **Bilanzierung** sind Bestandteil der GoB.

Verstöße gegen den Grundsatz der Bilanzklarheit

- Änderung der Gliederung von Periode zu Periode
- Wechsel der Bezeichnung für einzelne Vermögensgegenstände und Schulden

Grundsatz der Bilanzwahrheit

Die Einhaltung dieses Bilanzierungsgrundsatzes soll bewirken, dass die **Vermögenslage eines Unternehmens** nicht zu günstig dargestellt wird.

Eine Bilanz gilt als wahr, wenn sie alle Werte vollständig und richtig erfasst.

Eine Bilanz wird als richtig angesehen, wenn die nach Handels- und Steuerrecht gültigen Bewertungsvorschriften eingehalten werden.

Verstöße gegen den Grundsatz der Bilanzwahrheit

- Bilanzierung nicht oder nicht mehr vorhandener Bestände an Erzeugnissen
- Bildung unerlaubter Rückstellungen

Werden Sachverhalte in der Bilanz **vorsätzlich** unwahr oder irreführend ausgewiesen, um die Vermögens- und Ertragslage des Unternehmens zu verfälschen, so liegt eine **Bilanzfälschung** vor. Bilanzfälschungen gelten als strafbare Handlungen.

Grundsatz der Bilanzkontinuität

Damit die Bilanzadressaten zeitlich aufeinander folgende Bilanzen vergleichen können, dürfen die für die Bilanzerstellung geltenden Regeln von Periode zu Periode nicht unterschiedlich angewandt werden. HGB § 252 (1) Nr. 1

Die **formelle Bilanzkontinuität** ist gewahrt, wenn das äußere Bild des Jahresabschlusses nicht verändert wird (Beibehaltung der Gliederung für die Bilanz und die Gewinn- und Verlustrechnung). Darüber hinaus muss die Schlussbilanz eines Geschäftsjahres identisch mit der Eröffnungsbilanz des kommenden Jahres sein **(Bilanzidentität)**.

Verstöße gegen die formelle Bilanzkontinuität

- Der Bilanzstichtag wird von Jahr zu Jahr willkürlich geändert
- Die Bilanz ist gegenüber der Vorperiode weniger tief gegliedert (Zusammenfassung von Vermögensgegenständen)

Die **materielle Bilanzkontinuität** (Prinzip des Wertzusammenhangs) ist gewahrt, wenn die Methoden zur Bewertung von Vermögen und Schulden (Bewertungsmethoden) und die Ansatzmethoden beibehalten werden (= **Bewertungs-** bzw. **Ansatzstetigkeit**). HGB § 246 (3) § 252 (1) Nr. 6

Verstöße gegen die materielle Bilanzkontinuität

Ohne sachlichen Grund und ohne Hinweis im Anhang werden die neu erworbenen Fahrzeuge im laufenden Geschäftsjahr linear abgeschrieben, obwohl solche Vermögensgegenstände bislang degressiv abgeschrieben wurden.

Hinweis: *In der Handelsbilanz darf ungeachtet steuerlicher Vorschriften wahlweise linear, degressiv oder nach der Leistung abgeschrieben werden.*

Zusammenfassende Übersicht zu Kap. 4.1: Grundsätze ordnungsmäßiger Bilanzierung

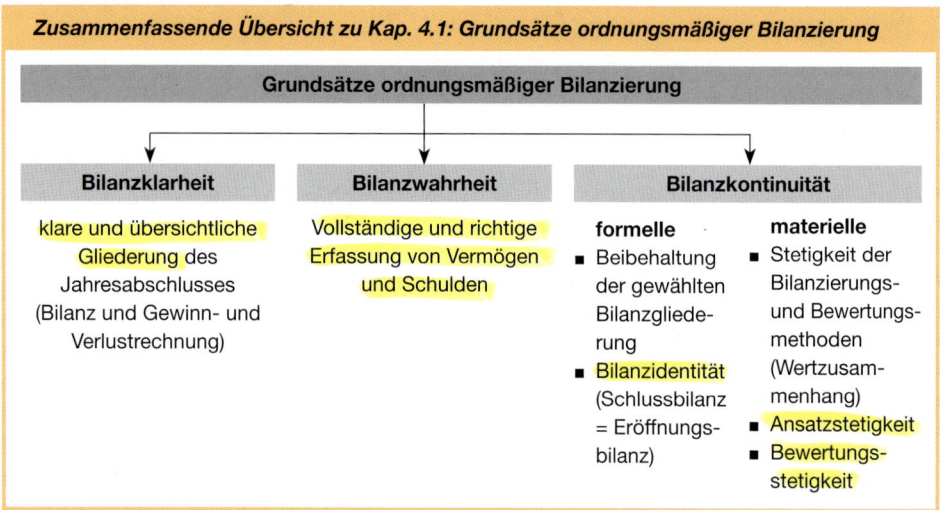

Grundsätze ordnungsmäßiger Bilanzierung

Bilanzklarheit

klare und übersichtliche Gliederung des Jahresabschlusses (Bilanz und Gewinn- und Verlustrechnung)

Bilanzwahrheit

Vollständige und richtige Erfassung von Vermögen und Schulden

Bilanzkontinuität

formelle
- Beibehaltung der gewählten Bilanzgliederung
- Bilanzidentität (Schlussbilanz = Eröffnungsbilanz)

materielle
- Stetigkeit der Bilanzierungs- und Bewertungsmethoden (Wertzusammenhang)
- Ansatzstetigkeit
- Bewertungsstetigkeit

Fragen zur Wiederholung

zu Kapitel 4.1 Grundsätze ordnungsmäßiger Bilanzierung

1. Was ist unter den Grundsätzen ordnungsmäßiger Bilanzierung zu verstehen?
2. Was besagt der Grundsatz der Bilanzklarheit?
3. Was besagt der Grundsatz der Bilanzwahrheit?
4. Was ist jeweils unter formeller und materieller Bilanzkontinuität zu verstehen?
5. Nennen Sie Beispiele für Verstöße gegen die formelle und materielle Bilanzkontinuität.

Aufgaben und Probleme

zu Kapitel 4.1 Grundsätze ordnungsmäßiger Bilanzierung

4.1.1 Grundsätze ordnungsmäßiger Bilanzierung

HGB § 246, Prüfen Sie, ob die Textilmaschinen AG bei der Erstellung des Jahresabschlusses den Bewertungsgrundsätzen für die Handelsbilanz entsprochen hat.

1. Es wird festgestellt, dass die Wertansätze der Eröffnungsbilanz des Geschäftsjahres nicht mit den Wertansätzen der Schlussbilanz des vergangenen Geschäftsjahres übereinstimmen.
2. (§ 252) Das Unternehmen weist im Umlaufvermögen Wertpapiere zum Kaufkurs aus, obwohl zwischenzeitlich der Kurs erheblich gesunken ist. Mit dem Bilanzausweis zum höheren Betrag soll erreicht werden, dass die Vermögenslage günstig dargestellt wird.
3. Die Wertansätze für das Vorratsvermögen (fertige und unfertige Erzeugnisse) wurden im laufenden Geschäftsjahr unter Einbeziehung der Verwaltungsgemeinkosten berechnet, während im Vorjahr darauf verzichtet wurde.
4. Am 15. Dezember d. J. erhält die Textilmaschinen AG von einem Lieferer Steuergeräte (Fertigteile). Da die Rechnung für diese Sendung erst im Januar des neuen Jahres eingeht, wird der Geschäftsvorfall erst im neuen Geschäftsjahr gebucht.

4.2 Grundsätze ordnungsmäßiger Bewertung (Bewertungsprinzipien)

4.2.1 Prinzip der kaufmännischen Vorsicht

Zu hoch bewertetes Vermögen bzw. zu niedrig bewertete Schulden sind gleichzeitig mit einem zu günstigen Ergebnisausweis verbunden.

Zusammenhang von Vermögensbewertung und Ergebnisausweis

Eine GmbH hat auf einen Pkw wegen falsch geschätzter Nutzungsdauer 8400 EUR abgeschrieben. Die nach der tatsächlichen Nutzungsdauer sich ergebende Abschreibung beläuft sich auf 14400 EUR.

Der Pkw wird in der Bilanz um 6000 EUR zu hoch ausgewiesen. Der in der Gewinn- und Verlustrechnung ausgewiesene Abschreibungsaufwand ist um diesen Betrag zu niedrig. Demnach wird die Vermögens- und Ertragslage des Unternehmens zu günstig dargestellt.

Mögliche Folgen:

- Substanzverlust des Unternehmens, falls zu hoch ausgewiesener Gewinn Grundlage der Ausschüttungsansprüche der Unternehmenseigner ist.
- Gläubiger gewähren auf der Grundlage nicht vorhandener Vermögenswerte Kredite, die bei zutreffender Bewertung nicht gewährt worden wären.

Insbesondere unter dem Gesichtspunkt des **Gläubigerschutzes** aber auch im Interesse der Erhaltung der **Unternehmenssubstanz** verlangt das **Prinzip der kaufmännischen Vorsicht**, dass die Vermögensgegenstände und die Verbindlichkeiten vorsichtig zu bewerten sind. Alle **vorhersehbaren Risiken und Verluste**, die bis zum Abschlussstichtag entstanden sind, müssen berücksichtigt werden. HGB § 252 (1) Nr. 4

Das Stichtagsprinzip besagt, dass das Vermögen und die Schulden grundsätzlich zu den zu einem bestimmten Bilanzstichtag geltenden Werten anzusetzen sind.

Aber auch Risiken und Verluste, die zwischen dem Bilanzstichtag und dem Tag der Aufstellung der Bilanz bekannt werden, müssen bei der Bilanzerstellung berücksichtigt werden (Durchbrechung des Stichtagsprinzips). HGB § 252 (1) Nr. 4

Bewertung einer Kundenforderung bei Eröffnung eines Insolvenzverfahrens

Bilanzstichtag: 31.12.2012 Bilanzerstellung: 31.03.2013

Am 12.01.2013 erhält eine Metallwarenfabrik die Nachricht, dass über das Vermögen eines Kunden das Insolvenzverfahren eröffnet wurde. Es ist davon auszugehen, dass die Kundenforderung in Höhe von 8600 EUR vollständig ausfällt.

Obwohl diese Information erst nach dem Bilanzstichtag (31.12.2012) eingeht, muss sie für die Bilanzerstellung noch berücksichtigt werden, weil davon auszugehen ist, dass die Zahlungsschwierigkeiten des Kunden bereits zum Zeitpunkt des Bilanzstichtages vorhanden waren.
Folge: Die Forderung muss abgeschrieben werden und darf in der Schlussbilanz nicht mehr als Vermögensgegenstand erscheinen.

Das Stichtagsprinzip wird durchbrochen, wenn dem Unternehmen zwischen Bilanzstichtag und dem Tag der Bilanzerstellung Informationen zugehen, die im Rahmen einer vorsichtigen Bewertung zu berücksichtigen sind.

Aus der Beachtung des **Prinzips der kaufmännischen Vorsicht** lassen sich vier **Bewertungsprinzipien** ableiten:

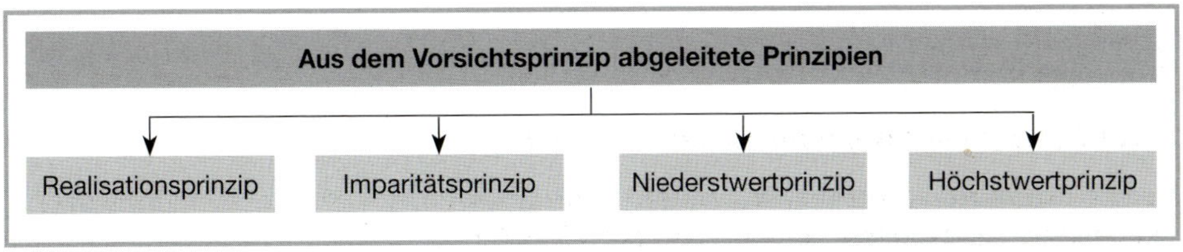

4.2.2 Realisations- und Imparitätsprinzip

Realisationsprinzip

Gewinne dürfen im Normalfall nur ausgewiesen werden, wenn sie z. B. durch einen tatsächlichen Verkauf von Vermögensgegenständen bis zum Bilanzstichtag bereits realisiert sind.

Nicht realisierte Gewinne

HGB § 252 (1) Nr. 4

Wertpapiere, die vor einiger Zeit für 60 000 EUR gekauft wurden, haben am Bilanzstichtag einen Wert von 68 000 EUR.
Der Unterschiedsbetrag von 8 000 EUR stellt einen noch nicht realisierten Gewinn dar, weil ein Verkauf noch nicht stattgefunden hat. Die Wertpapiere dürfen daher lediglich mit dem Betrag von 60 000 EUR in der Schlussbilanz berücksichtigt werden.

Imparitätsprinzip

HGB § 252 (1) Nr. 4

Das **Imparitätsprinzip**[1] verlangt, dass nicht realisierte Gewinne und **drohende Verluste** jeweils anders behandelt werden müssen. Im Sinne einer vorsichtigen Bewertung müssen **drohende Verluste** – anders als noch nicht realisierte Gewinne – auch dann schon berücksichtigt werden, wenn sie wahrscheinlich, aber noch gar nicht eingetreten sind.

Drohender Verlust

HGB § 253 (3) S. 3

Ein Kaufmann hat im Jahre 2009 ein Grundstück für 200 000 EUR erworben. 2012 erleidet das Grundstück eine erhebliche Werteinbuße, da in unmittelbarer Nähe eine Müllverbrennungsanlage gebaut wird. Das Grundstück lässt sich nach dem Bau der Müllverbrennungsanlage nur noch für 160 000 EUR verkaufen. Der sich abzeichnende Verlust in Höhe von 40 000 EUR muss ausgewiesen werden. Das Grundstück muss außerplanmäßig abgeschrieben werden, auch wenn es der Kaufmann in der Hoffnung auf einen späteren Wertzuwachs jetzt nicht verkaufen will.

4.2.3 Niederstwertprinzip

Aufg. 4.2.1
Aufg. 4.2.2
S. 399

Das Niederstwertprinzip besagt, dass von zwei oder mehreren in Frage kommenden Werten der niedrigere Wert genommen werden muss (= strenges Niederstwertprinzip) oder genommen werden darf (= gemildertes Niederstwertprinzip).

Niederstwertprinzip	
Gemildertes Niederstwertprinzip	Strenges Niederstwertprinzip

Gemildertes Niederstwertprinzip

HGB § 253 (3) S. 4

Das gemilderte Niederstwertprinzip räumt Unternehmen ein **Wahlrecht** bei der Bewertung von **Finanzanlagen des Anlagevermögens** (z. B. dauerhafte Beteiligung an einer AG) ein, wenn eine am Abschlussstichtag festgestellte **Wertminderung** nur als **vorübergehend** einzustufen ist. In diesem Fall **darf** von zwei möglichen Werten der niedrigere Wert angesetzt werden **(Bewertungswahlrecht)**. Will ein Unternehmen im Rahmen des ihm zustehenden Bewertungswahlrechts den niedrigeren Wert in der Bilanz ansetzen, so ist eine **außerplanmäßige Abschreibung** vorzunehmen. Bei allen anderen Formen des Anlagevermögens besteht bei vorübergehender Wertminderung kein Wahlrecht.

1 Imparität *(lat.)*: Ungleichheit

Dadurch soll die übermäßige Bildung stiller Rücklagen vermieden werden. Diese würden nämlich den Aktionären einer AG oder den Gesellschaftern einer GmbH als nicht ausschüttungsfähiger Gewinn vorenthalten (Anlegerschutz).

Kap. D 2.5

Für die Bewertung von Finanzanlagen des Anlagevermögens gilt das gemilderte Niederstwertprinzip (Bewertungswahlrecht).

Bewertungsmöglichkeiten von Wertpapieren des Anlagevermögens bei einer vorübergehenden Wertminderung

Die Automobil AG ist an einem ihrer Zulieferer – der Felgen und Reifen AG – in Höhe von 860 000 EUR durch Aktienbesitz beteiligt. Wegen einer Absatzschwäche ist der Wert der Beteiligung zum Ende des laufenden Geschäftsjahres **vorübergehend** um 10 % gesunken. Die Automobil AG hat gem. § 253 (3) S. 4 HGB folgende Bewertungsmöglichkeiten:

HGB § 253 (3) S. 4

❶ Beibehaltung des bisherigen Wertansatzes (Verzicht auf eine außerplanmäßige Abschreibung) 860 000 EUR

oder (Wahlrecht)

❷ Ansatz des niedrigen Wertes (Vornahme einer außerplanmäßigen Abschreibung) 774 000 EUR

Strenges Niederstwertprinzip

Aufg. 4.2.3 und 4.2.4 S. 399

Das **strenge Niederstwertprinzip** ist grundsätzlich für die **Bewertung des Umlaufvermögens** anzuwenden. Bei der Bewertung von **Vermögensgegenständen des Anlagevermögens** muss das strenge Niederstwertprinzip dagegen nur beachtet werden, wenn die eingetretene Wertminderung **von Dauer** ist.

HGB § 253 (4), § 253 (3) S. 3

Anhaltspunkt für eine dauernde Wertminderung ist, dass diese mehr als die Hälfte der Restnutzungsdauer oder länger als 5 Jahre anhält.

Bewertung von Wertpapieren des Umlaufvermögens bei einer vorübergehenden Wertminderung

Die Automobil AG (siehe oben) hat mit derzeit nicht benötigten flüssigen Mitteln in Höhe von 600 000 EUR Aktien der Siemens AG gekauft. Zum Ende des laufenden Geschäftsjahres ist der Wert der kurzfristigen Kapitalanlage auf 580 000 EUR gesunken.

HGB § 253 (4) S. 1

Die Automobil AG muss gem. § 253 (4) S. 1 HGB eine außerplanmäßige Abschreibung vornehmen und die Wertpapiere – auch bei einer nur vorübergehenden Wertminderung – mit dem niedrigeren Wert von 580 000 EUR in ihrem Jahresabschluss ausweisen.

Tritt bei Vermögensgegenständen des Anlagevermögens eine dauernde Wertminderung ein, so muss eine außerplanmäßige Abschreibung vorgenommen werden. Bei einer vorübergehenden Wertminderung ist eine außerplanmäßige Abschreibung nur bei Finanzanlagen möglich (Wahlrecht).

Im Unterschied zur Bewertung von Finanzanlagen des Anlagevermögens (gemildertes Niederstwertprinzip) gilt für das **Umlaufvermögen** auch bereits bei **vorübergehender Wertminderung** das **strenge Niederstwertprinzip**: Von zwei möglichen Werten (z. B. ursprüngliche bzw. fortgeführte Anschaffungskosten, niedrigerer Börsen- oder Marktpreis am Abschlussstichtag) **muss immer der niedrigere** angesetzt werden.

HGB § 253 (4)

Strenges Niederstwertprinzip: Wertminderungen bei Vermögensgegenständen des Umlaufvermögens

HGB § 253 (4)

Zur vorübergehenden Kapitalanlage hat die Heilbronner Chemie GmbH im Oktober 2012 3 000 Aktien der Erfurter Schuhfabrik AG zu 120 EUR/Stück erworben.
Hinweis: Anschaffungsnebenkosten wie z. B. Kaufspesen bleiben unberücksichtigt.

1. Zu welchem Betrag sind die Aktien in der Schlussbilanz des Geschäftsjahres 2012 auszuweisen, wenn der Börsenkurs **am Bilanzstichtag** (31.12.)
   a) 140 EUR/Stück
   b) 110 EUR/Stück
   beträgt?

2. Zu Beginn des Monats Februar 2013 veröffentlicht die Erfurter Schuhfabrik AG die Ergebnisse für das vierte Quartal des Geschäftsjahres 2012. Daraufhin sinkt der Aktienkurs. Er beträgt am 8. Februar 2013 (Tag der Bilanzerstellung) 115 EUR/Stück. Zu welchem Betrag sind die Aktien in der Schlussbilanz des Geschäftsjahres 2012 in diesem Fall auszuweisen? Wie wird durch die Bewertung das Unternehmensergebnis jeweils beeinflusst?

Lösung:
Für die Bewertung des Umlaufvermögens ist das strenge Niederstwertprinzip anzuwenden. Dies gilt auch dann, wenn die Wertminderung nur vorübergehend ist.

1. a) Kurs am Bilanzstichtag ist auf 140 EUR/Stück gestiegen:
Bewertung zu den niedrigeren Anschaffungskosten (Wertobergrenze).
3000 Aktien à 120 EUR/Aktie = 360000 EUR (= Bilanzansatz)
Das Unternehmensergebnis wird nicht beeinflusst, da der Bilanzansatz den Anschaffungskosten entspricht.

b) Kurs am Bilanzstichtag ist auf 110 EUR/Stück gefallen:
Der Bewertung muss zwingend der niedrigere Börsenkurs zugrunde gelegt werden (Vorsichtsprinzip, strenges Niederstwertprinzip).
3000 Aktien à 110 EUR/Aktie = 330000 EUR (= Bilanzansatz)
Das Unternehmensergebnis wird negativ beeinflusst, da eine außerplanmäßige Abschreibung auf den niedrigeren Börsenpreis am Abschlussstichtag in Höhe von 30 000 EUR vorgenommen werden muss.

2. Kurs am Tag der Bilanzerstellung (08. Febr. 2013) ist auf 115 EUR/Stück gefallen, da Ende Januar 2013 bekannt wurde, dass ein im Dezember 2012 angenommener Großauftrag nur mit Verlust abgewickelt werden kann.
Obwohl sich der niedrigere Börsenkurs erst nach dem Bilanzstichtag eingestellt hat, stellt auch in diesem Fall der niedrigere Börsenkurs die Grundlage der Bewertung dar. Im Rahmen des Vorsichtsprinzips werden Verluste, die zwischen Bilanzstichtag und dem Tag der Bilanzerstellung eingetreten sind, bereits am Bilanzstichtag berücksichtigt (Verlustantizipation gem. § 252 (1) Nr. 4 HGB), wenn der Grund für deren Entstehung im alten Geschäftsjahr liegt. Das führt im vorliegenden Fall zu einer Durchbrechung des Stichtagsprinzips.
3000 Aktien à 115 EUR/Aktie = 345000 EUR (= Bilanzansatz)
Das Unternehmensergebnis wird negativ beeinflusst, da eine außerplanmäßige Abschreibung in Höhe von 15000 EUR vorgenommen werden muss.

HGB § 253 (1) S. 2

Für die Bewertung des Umlaufvermögens gilt das strenge Niederstwertprinzip: Von zwei infrage kommenden Werten (ursprüngliche bzw. fortgeführte Anschaffungskosten oder Tageswert) ist stets der niedrigere anzusetzen.

4.2.4 Höchstwertprinzip

Die Beachtung des Vorsichtsprinzips führt bei der Bewertung von Verbindlichkeiten dazu, dass von zwei oder mehreren infrage kommenden Werten der jeweils höhere anzusetzen ist **(Höchstwertprinzip)**. Außerdem sind Verbindlichkeiten zu ihrem **Erfüllungsbetrag**[1] anzusetzen.

HGB § 253 (4)

Für die Bewertung von Verbindlichkeiten gilt das Höchstwertprinzip: Von zwei infrage kommenden Werten ist stets der höhere anzusetzen.

Fremdwährungsverbindlichkeiten

Höchstwertprinzip bei der Bewertung von Verbindlichkeiten

Die Firma Heinz Berger KG hat am 03. August d. J. bei einer amerikanischen Bank einen Kredit in Höhe von 30000 US $ und einer Laufzeit von zwei Jahren aufgenommen. Anhand des am Tag der Kreditaufnahme geltenden Dollarkurses von 1,30 US $/EUR lässt sich eine Darlehensverbindlichkeit von 23076,92 EUR errechnen (30000 US $/1,30 US-$/EUR).
Aufgrund einer zum 31.12. d. J. eingetretenen Änderung des Dollarkurses auf 1,25 US $/EUR beträgt der Wert der Verbindlichkeit zum Ende des Geschäftsjahres umgerechnet 24000 EUR.

Ergebnis: Die Verbindlichkeit muss nach dem Höchstwertprinzip bewertet werden. Die Beachtung dieses Prinzips führt in der Schlussbilanz zum 31.12. d. J. zu einem Wertansatz der Verbindlichkeiten in Höhe von 24000 EUR.

Das Höchstwertprinzip muss ausnahmsweise nicht eingehalten werden, wenn Verbindlichkeiten in fremder Währung (Fremdwährungsverbindlichkeiten) eine Restlaufzeit von einem Jahr oder weniger haben.

HGB § 256a

Kap. D 5.5

Rückstellungen

Selbst dann, wenn Verbindlichkeiten nur dem Grunde nach feststehen, aber in der Höhe ungewiss sind, ist das Unternehmen verpflichtet, diese in der Bilanz als **Rückstellung** anzusetzen.

HGB § 249 (1)

Vgl. Bd. 1 Kap. D 15

Die Notwendigkeit, **Rückstellungen** in der Bilanz auszuweisen, leitet sich aus dem **Vorsichtsprinzip** ab. Das Handelsrecht schreibt die Bildung von Rückstellungen für folgende Anlässe zwingend vor:

Gründe für die Bildung von Rückstellungen HGB § 249			
Ungewisse Verbindlichkeiten	**Drohende Verluste aus schwebenden Geschäften**	**Im Geschäftsjahr unterlassene Aufwendungen für Instandhaltung, die aber innerhalb der ersten drei Monate des folgenden Geschäftsjahres nachgeholt werden**	**Freiwillige Garantiezusagen (Kulanzleistungen)**
z. B. Pensionszusagen, Nachzahlung von Gewerbesteuer, Zahlungsverpflichtungen aus noch nicht abgeschlossenen Gerichtsprozessen, gesetzliche Gewährleistungspflichten	z. B. unerwartete Erhöhung der Materialkosten für noch herzustellende Erzeugnisse, für die aber mit dem Käufer bereits ein fester Verkaufspreis vereinbart wurde	z. B. Reparatur des Daches eines Betriebsgebäudes im Februar des nächsten Jahres (Kostenvoranschlag liegt bereits im Dezember des laufenden Geschäftsjahres vor)	z. B. Zusage eines Autohauses, trotz abgelaufener Garantie eine defekte Platine kostenlos auszutauschen

Aufg. 4.2.5 S. 414

HGB § 249 (1)

1 Siehe dazu Fußnote 1 auf S. 420

Zusammenfassende Übersicht zu Kap. 4.2: Grundsätze ordnungsmäßiger Bewertung (Bewertungsprinzipien)

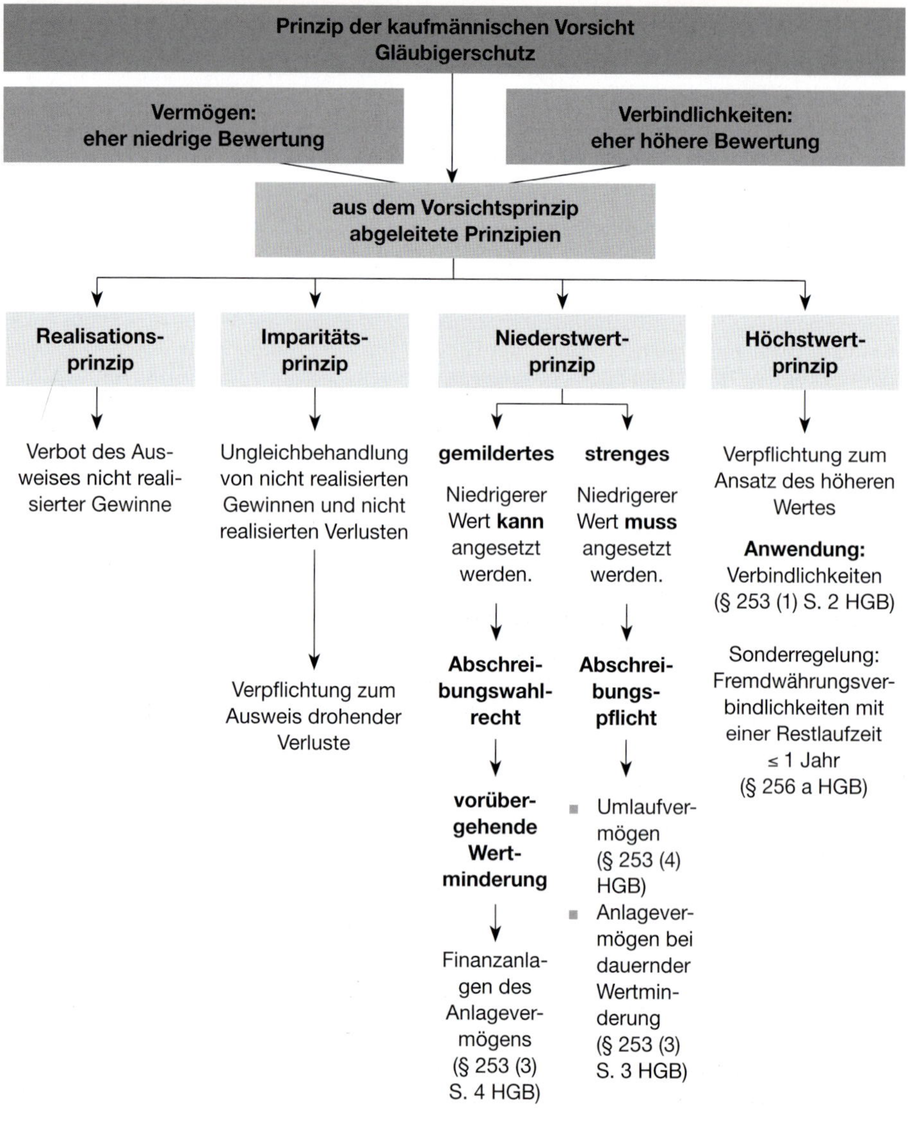

Fragen zur Wiederholung

zu Kapitel 4.2 Grundsätze ordnungsmäßiger Bewertung (Bewertungsprinzipien)

4.2.1 Prinzip der kaufmännischen Vorsicht

1. Warum führen zu hoch bewertetes Vermögen bzw. zu niedrig bewertete Schulden zu einem günstigeren Ergebnisausweis?
2. Was besagt das Stichtagsprinzip?
3. Nennen Sie ein Beispiel für die Durchbrechung des Stichtagsprinzips.
4. Nennen Sie vier Prinzipien, die aus dem Vorsichtsprinzip abgeleitet werden.

4.2.2 Realisations- und Imparitätsprinzip

1. Erläutern Sie anhand je eines Beispiels das Realisationsprinzip und das Imparitätsprinzip.

4.2.3 Niederstwertprinzip

1. Erläutern Sie das strenge und das gemilderte Niederstwertprinzip.
2. Wie können Finanzanlagen des Anlagevermögens im Fall einer vorübergehenden Wertminderung bewertet werden?
3. In welchen Fällen müssen Vermögensgegenstände mit dem niedrigeren Zeitwert am Bilanzstichtag bewertet werden?

4.2.4 Höchstwertprinzip

1. Was besagt das Höchstwertprinzip und für welche Bewertungsvorgänge ist es zu beachten?

Aufgaben und Probleme

zu Kapitel 4.2 Grundsätze ordnungsmäßiger Bewertung (Bewertungsprinzipien)

4.2.1 Verstöße gegen Bewertungsprinzipien

Prüfen Sie, ob in nachstehenden Fällen ein Verstoß gegen die Bewertungsprinzipien vorliegt.

1. Wertpapiere des Umlaufvermögens wurden im Vorjahr mit den Anschaffungskosten in der Bilanz angesetzt. Da der Kurs in der Zwischenzeit um 20 % gestiegen ist, werden sie in der laufenden Schlussbilanz zum höheren Wert bewertet.
2. Über das Vermögen eines Großkunden wurde im laufenden Geschäftsjahr das Insolvenzverfahren eröffnet. Nach einer Information des Insolvenzverwalters ist damit zu rechnen, dass die gesamte Forderung verloren ist. Bis zum endgültigen Abschluss des Insolvenzverfahrens in ca. 2 Jahren wird die Forderung in Höhe von 240 000 EUR in der Bilanz ausgewiesen. HGB § 252 (1)

4.2.2 Bewertungsprinzipien – Vorsichtsprinzip

Die Heidelberger Zementfabrik AG musste dringend erforderliche Instandhaltungsmaßnahmen an ihren technischen Anlagen, die eigentlich im Sommer während der Betriebsferien hätten durchgeführt werden sollen, verschieben. Im laufenden Geschäftsjahr musste darauf verzichtet werden, weil dem Serviceunternehmen versehentlich kein Auftrag erteilt wurde. Deshalb werden die erforderlichen Arbeiten erst im nächsten Geschäftsjahr durchgeführt. Die Kosten dieser Instandhaltungsmaßnahmen werden auf 150 000 EUR geschätzt. HGB § 249 (1)

Erläutern Sie die Auswirkungen auf den Jahresabschluss des laufenden Jahres, wenn die Arbeiten voraussichtlich

1. im Februar des nächsten Jahres,
2. im Mai des nächsten Jahres durchgeführt werden.

4.2.3 Außerplanmäßige Abschreibung eines Unfallwagens

Ein Unternehmen hat im Januar 2011 einen Pkw zum Nettopreis von 54 000 EUR angeschafft. Die betriebsgewöhnliche Nutzungsdauer beträgt sechs Jahre. Der Pkw wird linear abgeschrieben. Im Laufe des Jahres 2012 wird der Pkw durch einen Unfall beschädigt. Nach Vornahme der Reparatur wird dessen Wert von einem Sachverständigen auf 30 000 EUR geschätzt. PDF

Erstellen Sie den Abschreibungsplan.

4.2.4 Bewertung von Wertpapieren bei sinkendem Wert

Die Ehinger Schuhfabrik AG hat in der Bilanz des Jahres 2012 folgende Kapitalanlagen zu bewerten:

Anlagevermögen (Pos. Finanzanlagen): Beteiligungen an der Offenbacher Lederwarenfabrik AG in Höhe von 360 000 EUR. Im Jahr 2012 ist der Wert der Beteiligung dauerhaft um 20 % gesunken. HGB § 253 (3)

Umlaufvermögen (Pos. Wertpapiere): Aktien der Heidelberger Baumaschinenfabrik AG in Höhe von 68 000 EUR. Zum 31.12.2012 beträgt der Wert dieser Aktien 64 000 EUR. Es ist davon auszugehen, dass die Wertminderung nur vorübergehend ist und der Kurs der Aktien im Laufe des Geschäftsjahres 2013 wieder steigen wird.

1. Mit welchem Wert sind die Wertpapiere des Anlage- und Umlaufvermögens jeweils in der Bilanz der Schuhfabrik zum 31.12.2012 anzusetzen?
2. Wie müsste bewertet werden, wenn davon auszugehen ist, dass die Wertminderung bei der Beteiligung nicht dauerhaft ist.

HGB § 253 (3) S. 4

4.2.5 Bewertungsfragen im Zusammenhang mit einem Exportauftrag

HGB § 249 (1) Die Solar AG hat im Sommer 2012 von einem Kunden aus den USA einen Exportauftrag über 500 Sonnenkollektoren zum Stückpreis von 2 500 US $ erhalten. Nach den vertraglichen Vereinbarungen sollen die Sonnenkollektoren im Februar 2013 geliefert werden. Die Herstellungskosten je Stück betragen 2 150 EUR. Der Dollarkurs am 31.12.2012 beträgt 1,25 US $/EUR.

Welche Auswirkungen hat der Vertragsschluss gegebenenfalls auf die Schlussbilanz des Geschäftsjahres 2012?

5 Bilanzierungs- und Bewertungswahlrechte nach HGB

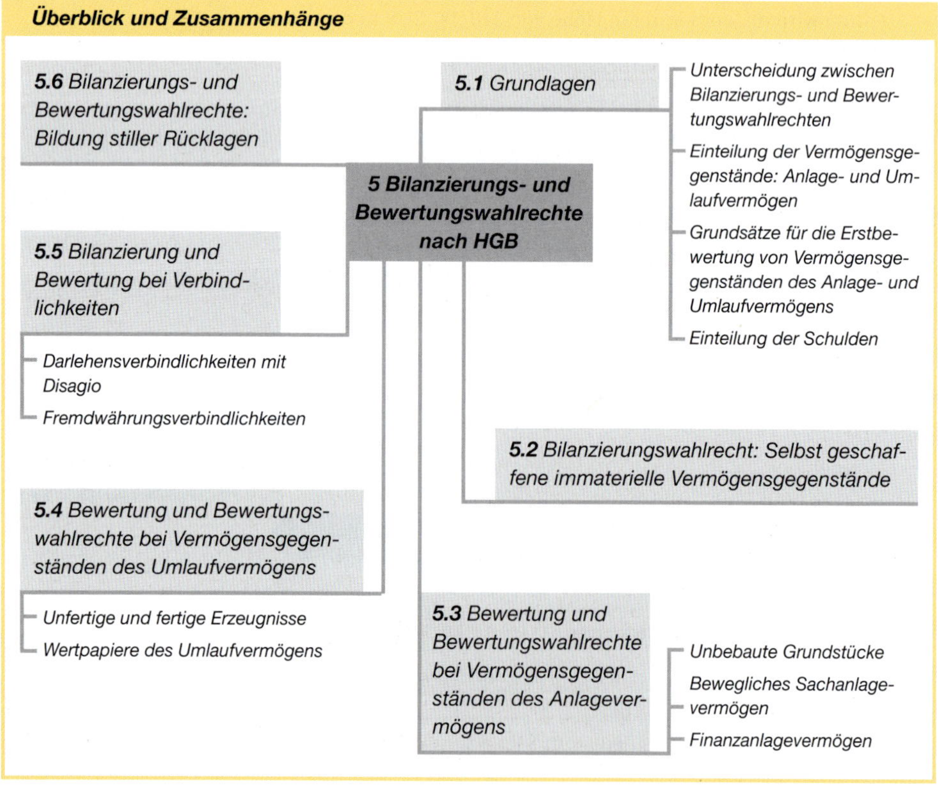

5.1 Grundlagen

5.1.1 Unterscheidung zwischen Bilanzierungs- und Bewertungswahlrechten

HGB
§ 247,
§ 266

Bilanzierungswahlrecht

Welche Positionen als Aktiva oder Passiva in einer Bilanz enthalten sein müssen, ist gesetzlich genau festgelegt. Nur in wenigen Ausnahmefällen kann das Unternehmen frei entscheiden (Wahlrecht), ob einzelne Aktiv- oder Passivposten in die Bilanz aufgenommen **(aktiviert bzw. passiviert)** werden sollen oder nicht.

Steht einem Unternehmen im Zusammenhang mit der Erstellung des Jahresabschlusses ein Bilanzierungswahlrecht zu, so kann es unter Beachtung der Ansatz- und Bewertungsstetigkeit entscheiden, ob ein Bilanzposten in die Bilanz aufgenommen werden soll oder nicht.

Aktivierungswahlrecht für ein selbst erstelltes Patent

HGB
§ 248 (2)

Ein Hersteller von Glühlampen hat ein Patent (= Erfindung, die vor Nachahmung geschützt ist) für Energiesparlampen entwickelt. Die im laufenden Geschäftsjahr dafür entstandenen Entwicklungskosten belaufen sich auf 800 000 EUR.
Dem Unternehmen ist es freigestellt, auf der Aktivseite der Bilanz unter der Position A.I.1 „Selbst geschaffene gewerbliche Schutzrechte und ähnliche Rechte und Werte" einen immateriellen Vermögensgegenstand auszuweisen **(= Aktivierung)**.

Kap. E 4.2

Entscheidet es sich für eine Aktivierung, so muss folgende vorbereitende Abschlussbuchung vorgenommen werden:

Konten	Soll/EUR	Haben/EUR
0200 Konzessionen, gewerbliche Schutzrechte und ähnliche Rechte (aktives Bestandskonto)	800 000	
an 5300 andere aktivierte Eigenleistungen (Ertragskonto)		800 000

Dieser Vorgang schlägt sich in der GuV-Rechnung und in der Bilanz wie folgt nieder:

GuV (Auszug) in EUR

Aufwand			**Ertrag**	
...			...	
Material-aufwand, Löhne, Gehälter	im Zusammenhang mit der Patententwicklung	**800 000**	andere aktivierte Eigenleistungen	**800 000**

Bilanz (Auszug) in EUR

Aktiva		**Passiva**	
A. Anlagevermögen I. Immaterielle Vermögensgegenstände 1. Selbst geschaffene gewerbliche Schutzrechte und ähnliche Rechte und sonstige Werte	**800 000**	Eigenkapital	**5 000 000**
		Fremdkapital	3 000 000
sonstiges Vermögen	7 200 000		
Summe	8 000 000	Summe	8 000 000

Wird dagegen auf die Aktivierung verzichtet, so werden im Zusammenhang mit der Patententwicklung nur die dafür entstandenen Aufwendungen in der GuV-Rechnung erfasst.

Aufwand — GuV (Auszug) in EUR — Ertrag

Aufwand			Ertrag
Materialaufwand, Löhne, Gehälter	im Zusammenhang mit der Patententwicklung	**800 000**	

Aktiva — Bilanz (Auszug) in EUR — Passiva

Aktiva		Passiva	
...		Eigenkapital	**4 200 000**
sonstiges Vermögen	7 200 000	...	...
		Fremdkapital	3 000 000
Summe	7 200 000	Summe	7 200 000

Ergebnis: Macht ein Unternehmen vom **Aktivierungswahlrecht** Gebrauch, so werden

- in der GuV-Rechnung ein höherer Gewinn
- in der Bilanz ein höheres Vermögen und ein höheres Eigenkapital

als bei einem Verzicht auf die Aktivierung ausgewiesen.

Bewertungswahlrecht

Kap. E 3.1.4

Während bei einem **Bilanzierungswahlrecht** das Unternehmen entscheiden kann, **ob überhaupt** ein Aktiv- oder Passivposten in die Bilanz aufgenommen wird, hat es im Rahmen eines **Bewertungswahlrechts** die Möglichkeit, zwischen zwei oder mehreren handelsrechtlich zulässigen Wertansätzen zu wählen.

Steht einem Unternehmen im Zusammenhang mit der Erstellung des Jahresabschlusses ein Bewertungswahlrecht zu, so kann es unter Beachtung der Bewertungsstetigkeit entscheiden, welcher von zwei oder mehr möglichen Wertansätzen in die Bilanz aufgenommen wird.

Bewertungswahlrecht bei der Wahl der Abschreibungsmethode

Ein Waschmittelhersteller hat im Januar d. J. im Zusammenhang mit der Aufnahme eines neuen Produkts eine Maschine angeschafft (Anschaffungskosten 2 400 000 EUR, betriebsgewöhnliche Nutzungsdauer 8 Jahre). Das Unternehmen hat hinsichtlich der planmäßigen Abschreibung gem. § 253 (3) HGB ein **Bewertungswahlrecht (Methodenwahlrecht, Wertansatzwahlrecht)**. Es kann u. a. zwischen linearer und geometrisch-degressiver Abschreibung wählen. Bei degressiver Abschreibung wird angenommen, dass ein Abschreibungssatz von 30 % mit den handelsrechtlichen Bewertungsvorschriften gem. § 253 (3) HGB vereinbar ist.

Auswirkungen im Jahr der Anschaffung	Lineare Abschreibung (12,5 %)	geometrisch-degressive Abschreibung[1] (30 %)
Abschreibungsbetrag	300 000 EUR	900 000 EUR

1 Bei der geometrisch-degressiven Abschreibung wird jedes Jahr ein gleichbleibender Prozentsatz vom Restwert des jeweiligen Vorjahres abgeschrieben. Da es sich dabei um eine **planmäßige** Abschreibungsmethode i. S. d. § 253 (3) HGB. handelt, ist sie – unabhängig von den Vorschriften des Steuerrechts – handelsrechtlich grundsätzlich erlaubt.

GuV und Bilanz bei linearer Abschreibung

Aufwand — GuV (Auszug) in EUR — Ertrag

Aufwand		Ertrag	
Abschreibung	**300 000**		

Aktiva — Bilanz (Auszug) in EUR — Passiva

Aktiva		Passiva	
…		Eigenkapital	**5 000 000**
Maschinen	**2 100 000**	Fremdkapital	3 000 000
sonstiges Vermögen	5 900 000		
…			
Summe	8 000 000	Summe	8 000 000

GuV und Bilanz bei geometrisch-degressiver Abschreibung

Aufwand — GuV (Auszug) in EUR — Ertrag

Aufwand		Ertrag	
Abschreibung	**900 000**		

Aktiva — Bilanz (Auszug) in EUR — Passiva

Aktiva		Passiva	
…		Eigenkapital	**4 400 000**
Maschinen	**1 500 000**	Fremdkapital	3 000 000
sonstiges Vermögen	5 900 000		
…			
Summe	7 400 000	Summe	7 400 000

Entscheidet sich das Unternehmen im Rahmen seines **Bewertungswahlrechts** für die lineare Abschreibung, so wird

- in der GuV-Rechnung ein höherer Gewinn
- in der Bilanz ein höheres Vermögen (Maschinen) und ein höheres Eigenkapital

als bei Anwendung der degressiven Abschreibung ausgewiesen.

Zusammenfassende Übersicht zu Kap. 5.1.1: Unterscheidung zwischen Bilanzierungs- und Bewertungswahlrechten

Bilanzierungs- und Bewertungswahlrechte

Bilanzierungswahlrecht	Bewertungswahlrecht
Wahlrecht, ob ein Bilanzposten überhaupt in die Schlussbilanz aufgenommen wird oder nicht	Wahlrecht, in welcher Höhe ein Bilanzposten in die Schlussbilanz aufgenommen wird

5.1.2 Einteilung der Vermögensgegenstände: Anlage- und Umlaufvermögen

Vermögensgegenstände des Anlagevermögens

HGB § 247 (2)

> **Zum Anlagevermögen gehören Vermögensgegenstände, die dazu bestimmt sind, dem Unternehmen *dauernd* zur Verfügung zu stehen.**

Vermögensgegenstände sind dem Anlagevermögen zuzurechnen, wenn sie nicht zum einmaligen Verbrauch, Verkauf oder zu einer anderen kurzfristigen Verwendung bestimmt sind.

Das Anlagevermögen gliedert sich in drei Hauptgruppen:

HGB § 266 (2)

Anlagevermögen

Immaterielle Vermögensgegenstände	Sachanlagen	Finanzanlagen
z. B. selbst geschaffene gewerbliche Schutzrechte (Patente), entgeltlich erworbene Konzessionen, entgeltlich erworbener Geschäfts- oder Firmenwert.	z. B. Grundstücke, Bauten, technische Anlagen und Maschinen, Betriebs- und Geschäftsausstattung.	z. B. Beteiligungen an anderen Unternehmen, Wertpapiere und andere finanzielle Forderungen, die langfristig angelegt sind.

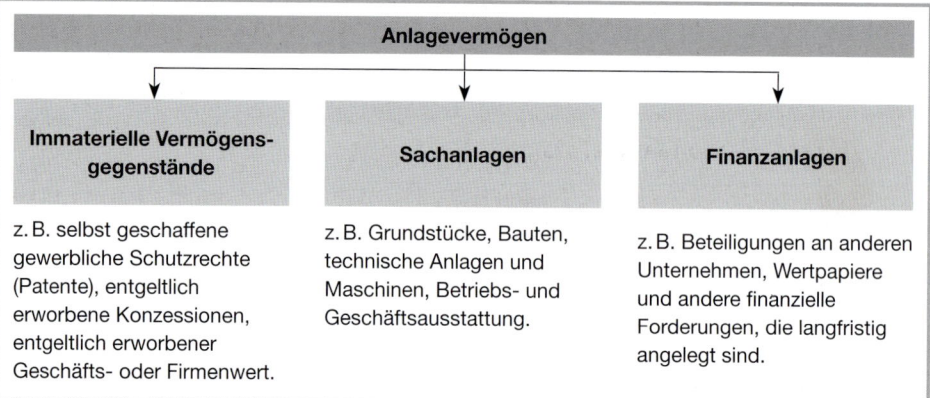

Vermögensgegenstände des Umlaufvermögens

> **Zum Umlaufvermögen gehören Vermögensgegenstände, die dazu bestimmt sind, dem Unternehmen *nicht dauernd* zur Verfügung zu stehen.**

Zum **Umlaufvermögen** zählen alle Vermögensgegenstände, die nicht zum Anlagevermögen gehören oder nicht Posten der Rechnungsabgrenzung sind.[1]

Das Umlaufvermögen setzt sich aus folgenden Hauptposten zusammen:

HGB § 266 (2)

Umlaufvermögen

Vorräte	Forderungen und sonstige Vermögensgegenstände	Wertpapiere	Flüssige Mittel
Roh-, Hilfs- und Betriebsstoffe, unfertige Erzeugnisse, fertige Erzeugnisse und Waren	Kundenforderungen, sonstige Forderungen (z. B. Mietforderungen)	Aktien und festverzinsliche Wertpapiere, die nur kurze Zeit im Unternehmen verbleiben	Kassenbestand, Bankguthaben

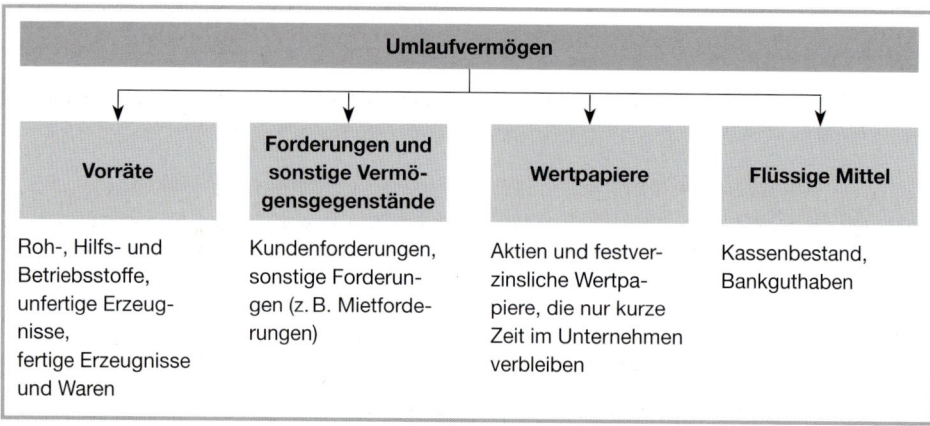

1 Die Aktivseite einer Bilanz enthält neben dem Anlage- und Umlaufvermögen auch die aktiven Rechnungsabgrenzungsposten (vgl. § 266 (2) HGB – C. Rechnungsabgrenzungsposten). Diese Bilanzposition stellt weder Anlage- noch Umlaufvermögen dar.

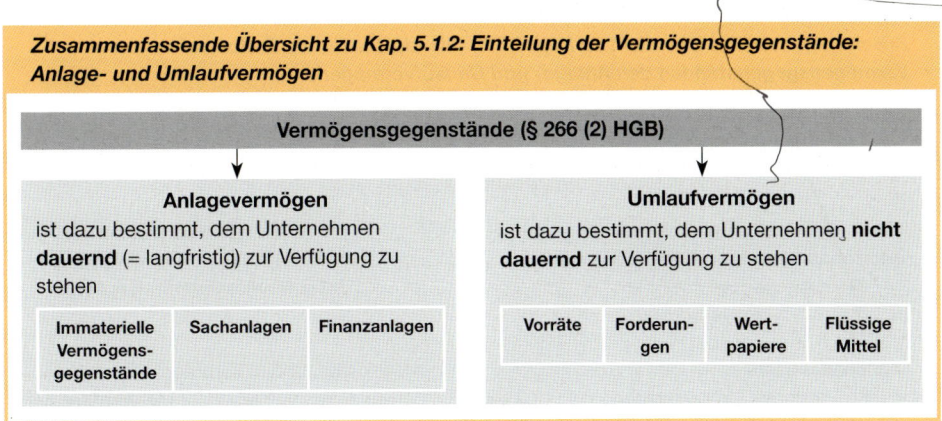

Zusammenfassende Übersicht zu Kap. 5.1.2: Einteilung der Vermögensgegenstände: Anlage- und Umlaufvermögen

Vermögensgegenstände (§ 266 (2) HGB)

Anlagevermögen
ist dazu bestimmt, dem Unternehmen **dauernd** (= langfristig) zur Verfügung zu stehen

- **Immaterielle Vermögensgegenstände**
- **Sachanlagen**
- **Finanzanlagen**

Umlaufvermögen
ist dazu bestimmt, dem Unternehmen **nicht dauernd** zur Verfügung zu stehen

- **Vorräte**
- **Forderungen**
- **Wertpapiere**
- **Flüssige Mittel**

5.1.3 Grundsätze für die Erstbewertung von Vermögensgegenständen des Anlage- und Umlaufvermögens

Zum Zeitpunkt des Zugangs von Vermögensgegenständen (z. B. Kauf von Rohstoffen) gilt folgende allgemeine Bewertungsvorschrift **(Zugangsbewertung)**:

Zum Zeitpunkt ihres Zugangs sind Vermögensgegenstände höchstens mit den Anschaffungs- oder Herstellungskosten zu bewerten.[1] HGB § 253 (1)

Um einen **Anschaffungsvorgang** handelt es sich beispielsweise, wenn ein Unternehmen Vermögensgegenstände von einem Dritten (z. B. Lieferer) kauft.

Anschaffungskosten entstehen, wenn ein Unternehmen Mittel aufwendet, um einen Vermögensgegenstand zu erwerben und ihn in einen betriebsbereiten Zustand zu versetzen. HGB § 255 (1)

	Anschaffungspreis (Nettopreis ohne Umsatzsteuer)
+	Anschaffungsnebenkosten (z. B. Überführungskosten, Transportkosten)
–	Anschaffungspreisminderungen (z. B. Skonto)
=	Anschaffungskosten

Werden Vermögensgegenstände im Unternehmen **selbst hergestellt** (z. B. selbst erstellte Maschinen, Erzeugnisse), so müssen diese mit den **Herstellungskosten** bewertet werden. HGB § 255 (2)

Herstellungskosten sind die durch den Verbrauch von Gütern und die Inanspruchnahme von Diensten für die Herstellung eines Vermögensgegenstandes entstandenen Kosten.

Kap. E 5.4.1

Die Anschaffungs- oder Herstellungskosten stellen für die Vermögensgegenstände die **Bewertungsobergrenze** dar, die auch in nachfolgenden Jahren **nie überschritten** werden darf (Ausnahme: Forderungen in fremder Währung mit Restlaufzeit bis zu einem Jahr). HGB § 256a

1 In § 255 (1) und (2) HGB wird von Anschaffungs- bzw. Herstellungs**kosten** gesprochen. Diese **Kosten** werden ihrerseits wiederum als **Aufwendungen** definiert.
§ 255 (1) HGB: „Anschaffungskosten sind Aufwendungen, die geleistet werden, um einen Vermögensgegenstand zu erwerben und ihn in einen betriebsbereiten Zustand zu versetzen."
§ 255 (2) HGB: „Herstellungskosten sind die Aufwendungen, die durch den Verbrauch von Gütern und die Inanspruchnahme von Diensten für die Herstellung eines Vermögensgegenstandes … entstehen."
Bei diesen Größen handelt es sich aber weder um Kosten im Sinne der Kosten- und Leistungsrechnung noch um Aufwendungen im Sinne der GuV-Rechnung. Vielmehr sind damit **Vermögenswerte** gemeint, zu denen angeschaffte oder hergestellte Wirtschaftsgüter auf der Aktivseite der Bilanz ausgewiesen (= aktiviert) werden.

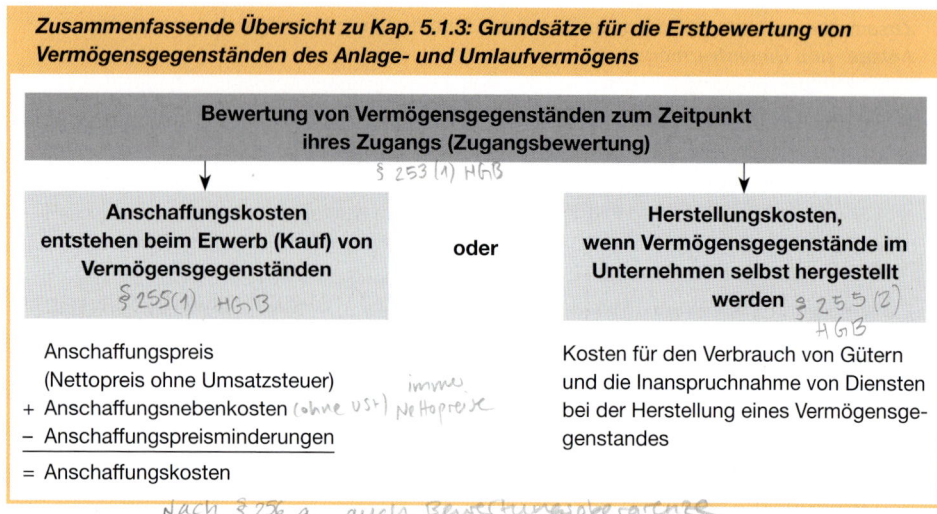

Zusammenfassende Übersicht zu Kap. 5.1.3: Grundsätze für die Erstbewertung von Vermögensgegenständen des Anlage- und Umlaufvermögens

Bewertung von Vermögensgegenständen zum Zeitpunkt ihres Zugangs (Zugangsbewertung)

Anschaffungskosten entstehen beim Erwerb (Kauf) von Vermögensgegenständen	oder	**Herstellungskosten, wenn Vermögensgegenstände im Unternehmen selbst hergestellt werden**
Anschaffungspreis (Nettopreis ohne Umsatzsteuer) + Anschaffungsnebenkosten – Anschaffungspreisminderungen = Anschaffungskosten		Kosten für den Verbrauch von Gütern und die Inanspruchnahme von Diensten bei der Herstellung eines Vermögensgegenstandes

5.1.4 Einteilung der Schulden

Die Schulden eines Unternehmens sind den Positionen „B. Rückstellungen" und „C. Verbindlichkeiten" auf der Passivseite einer Bilanz zu entnehmen. Bei **Rückstellungen** handelt es sich um Schulden, deren Höhe und/oder Fälligkeit zum Abschlussstichtag noch ungewiss ist (= ungewisse Schulden). Demnach ist zum Zeitpunkt der Bilanzerstellung noch unsicher, ob und gegebenenfalls in welcher Höhe diese Schulden tatsächlich zu einer späteren **Auszahlung** führen. Bei den in der Bilanzposition **„C. Verbindlichkeiten"** aufgeführten Verbindlichkeiten (z. B. Verbindlichkeiten gegenüber Kreditinstituten, Verbindlichkeiten aus Lieferungen und Leistungen) ergeben sich dagegen die Höhe des Zahlungsbetrages und dessen Fälligkeit aus den getroffenen vertraglichen Vereinbarungen.

HGB § 266 (3)

Verbindlichkeiten gemäß § 266 (3) HGB

Bilanzposition C.2. Verbindlichkeiten gegenüber Kreditinstituten:
Verbindlichkeiten aus der Inanspruchnahme eines Überziehungskredits, Darlehens oder Kontokorrentkredits

Bilanzposition C.4. Verbindlichkeiten aus Lieferungen und Leistungen:
- Verbindlichkeiten aus erhaltenen Lieferungen von Roh-, Hilfs- oder Betriebsstoffen oder aus Handelswaren
- Verbindlichkeiten aus erhaltenen Leistungen wie z. B. Reparaturen, Beratungen

5.1.5 Grundsätze für die Erstbewertung von Schulden

HGB § 253 (1) S. 3

Gem. § 253 (1) S. 3 HGB sind
- Verbindlichkeiten zu ihrem **Erfüllungsbetrag**[1] und
- Rückstellungen in Höhe des nach vernünftiger kaufmännischer Beurteilung notwendigen Erfüllungsbetrages

anzusetzen.

1 Der Begriff **„Erfüllungsbetrag"** umfasst auch den Begriff „Rückzahlungsbetrag": Darlehensverbindlichkeiten werden **zurückgezahlt**. Bei der Begleichung von Liefererverbindlichkeiten handelt es sich jedoch um keine Rückzahlung, sondern um die **Erfüllung der Zahlungsverpflichtung** aus einem Kaufvertrag.

Als Erfüllungsbetrag gilt der Betrag, den der Schuldner zur Begleichung der Verbindlichkeit aufbringen muss.

Der Erfüllungsbetrag ist im Normalfall einer Rechnung oder dem zugrunde liegenden Vertrag (Kaufvertrag, Darlehensvertrag) zu entnehmen.

Zusammenfassende Übersicht zu Kap. 5.1.4: Einteilung der Schulden und Kap. 5.1.5: Grundsätze für die Erstbewertung von Schulden

Schulden in der Schlussbilanz eines Unternehmens gem. § 266 (3) HGB:

B. Rückstellungen: — Höhe und/oder Fälligkeit ungewiss

...

C. Verbindlichkeiten:

...

2. Verbindlichkeiten gegenüber Kreditinstituten

...

4. Verbindlichkeiten aus Lieferungen und Leistungen

} Höhe und Fälligkeit ergeben sich aus den Vertragsvereinbarungen

...

4.6 ...

Erstbewertung von Schulden (HGB § 253 (1) S. 3)	
Rückstellungen	Erfüllungsbetrag nach vernünftiger kaufmännischer Beurteilung
Verbindlichkeiten	Erfüllungsbetrag

Fragen zur Wiederholung

zu Kapitel 5.1 Grundlagen

5.1.1 Unterscheidung zwischen Bilanzierungs- und Bewertungswahlrechten

1. Unterscheiden Sie zwischen Bilanzierungs- und Bewertungswahlrechten.
2. Welche Auswirkungen auf die Bilanz und die Gewinn- und Verlustrechnung hat die Ausübung von Bilanzierungs- und Bewertungswahlrechten jeweils?

5.1.2 Einteilung der Vermögensgegenstände: Anlage- und Umlaufvermögen

1. Unterscheiden Sie zwischen Anlage- und Umlaufvermögen.
2. In welche drei Hauptgruppen lässt sich das Anlagevermögen einteilen?
3. Nennen Sie Beispiele für Vermögensgegenstände des Umlaufvermögens.

5.1.3 Grundsätze für die Erstbewertung von Vermögensgegenständen des Anlage- und Umlaufvermögens

1. Worin unterscheiden sich Anschaffungs- und Herstellungsvorgänge?
2. Erklären Sie, was jeweils unter Anschaffungs- und Herstellungskosten zu verstehen ist.

5.1.4 Einteilung der Schulden

1. In welchen Bilanzpositionen sind die Schulden eines Unternehmens enthalten?
2. Nennen Sie Beispiele für Liefererverbindlichkeiten und Darlehensverbindlichkeiten.

5.1.5 Grundsätze für die Erstbewertung von Schulden

1. Wie sind Verbindlichkeiten zum Zeitpunkt ihres Zugangs zu bewerten?
2. Was ist unter „Erfüllungsbetrag" zu verstehen?

5.2 Bewertung und Bewertungswahlrechte bei Vermögensgegenständen des Anlagevermögens

5.2.1 Bewertung unbebauter Grundstücke

Inhalt der Bilanzposition Grundstücke und grundstücksgleiche Rechte

Grundstücke sind rechtlich durch Vermessung abgegrenzte Teile der Erdoberfläche, die im **Grundbuch** jeweils als selbstständige Einheiten aufgezeichnet sind.

Grundstücksgleiche Rechte (wie z.B. Erbbaurechte, bestimmte dauernde Wohn- und Nutzungsrechte) sind dingliche Rechte, die bei der Bilanzierung wie Grundstücke behandelt werden.

Da die Nutzung unbebauter Grundstücke **zeitlich unbegrenzt** möglich ist, handelt es sich dabei um Vermögensgegenstände des **nicht abnutzbaren Anlagevermögens**. Anders als bei abnutzbaren Vermögensgegenständen ist bei Grundstücken eine **planmäßige Abschreibung** nicht möglich.

Zugangsbewertung

HGB § 253 (1)

Zu dem Zeitpunkt, zu dem ein Unternehmen ein Grundstück erwirbt **(Zugangsbewertung)**, ist dieses mit seinen **Anschaffungskosten** anzusetzen. Die Anschaffungskosten stellen auch für alle nachfolgenden Geschäftsjahre die **Bewertungsobergrenze** dar, über die nicht hinausgegangen werden darf.

HGB § 255 (1)

Aufg. 5.2.1.1 S. 412

Zu den Anschaffungskosten gehören alle Aufwendungen, die geleistet werden, um einen Vermögensgegenstand zu erwerben und ihn in einen betriebsbereiten Zustand zu versetzen.[1]

Bewertungsobergrenze eines Betriebsgrundstücks (nicht abnutzbares Anlagevermögen)

In der DM-Eröffnungsbilanz (erste Bilanz nach Einführung der Deutschen Mark im Jahre 1948) der Zigarrenfabrik Strebler ist ein Betriebsgrundstück zu dessen Anschaffungskosten mit umgerechnet 6000 EUR enthalten. Nach heutigen Preisverhältnissen könnte das Grundstück für 140000 EUR verkauft werden.

Das Grundstück darf trotz dieser Preisentwicklung **höchstens** zu den Anschaffungskosten von 6000 EUR in der Bilanz ausgewiesen werden. Ein Bilanzansatz, der über diesen Wert hinausgeht, verstößt gegen das Verbot des Ausweises eines nicht realisierten Gewinnes. Der Gewinn aus dem Wertzuwachs wird erst realisiert, wenn das Grundstück zum aktuellen Preis verkauft wird.

Buchungssatz im Falle eines Verkaufs:

Konten	Soll/EUR	Haben/EUR
2800 Bank	140000	
an 0500 Grundstücke		6000
5460 Erträge aus dem Abgang von Gegenständen des Sachanlagevermögens		134000

Im Jahr des Verkaufs ist der Gewinn aus der Veräußerung des Grundstücks realisiert und kann nach Abzug der Gewinnsteuern gegebenenfalls an die Anteilseigner des Unternehmens ausgeschüttet werden.

1 Zur Bedeutung der in dieser HGB-Definition enthaltenen Begriffe Kosten und Aufwendungen siehe die Erläuterung (Fußnote) auf S. 419.

Im Zusammenhang mit der Anschaffung eines unbebauten Grundstücks fallen im Normalfall zusätzlich zum Kaufpreis folgende **Anschaffungsnebenkosten** an: Grunderwerbsteuer, Notariatskosten, Grundbuchkosten für Eintragung des Eigentumsübergangs, Vermessungskosten, Maklerprovision, Anschlüsse für Strom, Gas und Wasser.

Zugangsbewertung eines unbebauten Grundstücks

Die Helmut Grell AG hat im Hinblick auf eine beabsichtigte Produktionsverlagerung am 04. Oktober 2012 in Konstanz ein Grundstück (Bauerwartungsland) für 240 000 EUR gekauft. Im Zusammenhang mit dem Kauf sind folgende Kosten angefallen:

Grunderwerbsteuer	5 %
Notariatskosten	2 400 EUR + 19 % USt
Grundbucheintragung	1 200 EUR
Zinsen für ein Darlehen zur Finanzierung des Kaufs	800 EUR

Zugangsbewertung

Kaufpreis	240 000 EUR
+ Grunderwerbsteuer	12 000 EUR
+ Notariatskosten	2 400 EUR
+ Grundbucheintragung	1 200 EUR
= Anschaffungskosten	**255 600 EUR**

Bilanzansatz zum Zeitpunkt des Zugangs am 04. Okt. 2012: 255 600 EUR

Hinweis: *Die abzugsfähige Vorsteuer gehört nicht zu den Anschaffungskosten. Sie stellt einen eigenständigen Vermögensgegenstand (= Forderung gegenüber dem Finanzamt) dar.* EStG § 9b
Die Zinsen sind nicht Bestandteil der Anschaffungskosten. Es handelt sich vielmehr um Kosten der Finanzierung, die den Wert des Grundstücks nicht beeinflussen.

Folgebewertung

Unbebaute Grundstücke zählen zum **nicht abnutzbaren Anlagevermögen**. Deshalb dürfen sie **nicht planmäßig abgeschrieben** werden. Liegen keine Erkenntnisse vor, die zum Ende eines Geschäftsjahres den Ansatz eines niedrigeren Wertes erforderlich machen, so wird der Wertansatz aus der **Zugangsbewertung** auch für die **Folgebewertung** zum Ende eines Geschäftsjahres unverändert übernommen.

Verliert ein Grundstück **voraussichtlich dauerhaft** an Wert[1], so **muss** eine **außerplanmäßige Abschreibung** vorgenommen werden **(Folgebewertung)**. HGB § 253 (3) S. 3

Bei einer voraussichtlich dauerhaften Wertminderung eines Grundstücks gilt das strenge Niederstwertprinzip: Das bedeutet, dass am Abschlussstichtag der zu diesem Zeitpunkt geltende Wert angesetzt werden muss, sofern dieser niedriger als die Anschaffungskosten ist (= Pflicht zu einer außerplanmäßigen Abschreibung).

Eine nur **vorübergehende** Wertminderung berechtigt hingegen nicht zur Vornahme einer außerplanmäßigen Abschreibung.

1 Grundsätzlich ist von einer dauerhaften Wertminderung eines unbebauten Grundstücks auszugehen, wenn dessen Wert die Bewertungsobergrenze während eines erheblichen Teils der voraussichtlichen Verweildauer im Unternehmen nicht erreichen wird.

HGB
§ 253 (3)
S. 3

Aufg. 5.2.1.2
S. 412

Folgebewertung eines Grundstücks: außerplanmäßige Abschreibung

Wegen zahlreicher Einsprüche der Anwohner hat die Stadt Konstanz (siehe Beispiel S. 428) die Pläne zur Erschließung des geplanten Gewerbegebietes aufgegeben. Nach Begutachtung durch einen Sachverständigen wird daraufhin der Wert des Grundstücks einschließlich anteiliger Nebenkosten zum 31.12.2014 auf 160 000 EUR geschätzt.

Da es sich unter den gegebenen Bedingungen um eine dauerhafte **Wertminderung** handelt, **muss** die Helmut Grell AG zum 31.12.2014 eine **außerplanmäßige Abschreibung** vornehmen.

Bilanzansatz für die Folgebewertung zum 31.12.2014: 160 000 EUR

Konten	Soll/EUR	Haben/EUR
6550 Außerplanmäßige Abschreibungen	95 600	
an 0500 Grundstücke		95 600

Aufg. 5.2.1.3
S. 412

Außerplanmäßige Abschreibungen stellen Aufwand dar und führen daher zu einer Gewinnminderung.

Außerplanmäßige Abschreibungen sind erforderlich, wenn Vermögensgegenstände des Anlagevermögens dauerhaft im Wert gemindert sind.

HGB
§ 253 (5)

Fallen die Gründe, die zu einer außerplanmäßigen Abschreibung geführt haben, zu einem späteren Zeitpunkt weg, so darf der niedrigere Wertansatz nicht mehr beibehalten werden. In diesem Falle ist die vorgenommene außerplanmäßige Abschreibung ganz oder teilweise durch eine **Zuschreibung (Wertaufholung)** rückgängig zu machen. Dabei dürfen aber die Anschaffungs- oder Herstellungskosten nicht überschritten werden (Obergrenze).

HGB
§ 253 (1)

Aufg. 5.2.1.4
S. 412

Folgebewertung eines Grundstücks: Wegfall der Gründe für eine außerplanmäßige Abschreibung

Im Januar 2014 hat der Stadtrat der Stadt Konstanz (siehe Beispiel oben) ein Planungsbüro erneut mit der Erschließung des Gewerbegebietes beauftragt. Unter Einhaltung besonderer Schallschutzmaßnahmen ist damit zu rechnen, dass das Gewerbegebiet nunmehr wie geplant erschlossen werden kann. Der Wert des Grundstücks wird daher von einem Sachverständigen auf 280 000 EUR geschätzt.

Da der Grund für die außerplanmäßige Abschreibung entfallen ist, **muss** die Helmut Grell AG zwingend eine Wertaufholung **höchstens** bis zu den **fortgeführten Anschaffungskosten** vornehmen. Im vorliegenden Fall sind die fortgeführten Anschaffungskosten identisch mit den **ursprünglichen Anschaffungskosten**, da Grundstücke nicht planmäßig abgeschrieben werden dürfen.

Bilanzansatz: 255 600 EUR (Anschaffungskosten)

Konten	Soll/EUR	Haben/EUR
0500 Grundstücke	95 600	
an 5440 sonstige betriebliche Erträge (Zuschreibungen)		95 600

Eine Zuschreibung (= außerplanmäßige Abschreibung wird rückgängig gemacht) stellt einen Ertrag dar und führt daher zu einer Erhöhung des ausgewiesenen Gewinns.

Eine Zuschreibung (Wertaufholung) ist erforderlich, wenn der Grund für eine vorgenommene außerplanmäßige Abschreibung wegfällt.

Zusammenfassende Übersicht zu Kap. 5.2.1: Bewertung unbebauter Grundstücke

Grundstücke = nicht abnutzbares Sachanlagevermögen

Zugangsbewertung → zum Zeitpunkt der Anschaffung	**Anschaffungskosten (§§ 253 (1), 255 (1) HGB)** Anschaffungspreis (Grundstückspreis) + Anschaffungsnebenkosten (z. B. Notariatskosten, Grunderwerbsteuer) = **Anschaffungskosten**
Folgebewertung → Zu einem Abschlussstichtag ist	**Keine planmäßige Abschreibung, da nicht abnutzbares Anlagevermögen**
1. keine **dauernde** Wertminderung eingetreten →	**Bilanzansatz = ursprüngliche Anschaffungskosten**
2. eine voraussichtlich **dauernde** Wertminderung eingetreten → ↓ Niedrigerer Wert **muss** angesetzt werden (§ 253 (3) S. 3 HGB). Eine nur vorübergehende Wertminderung darf dagegen bei **Sachanlagen nicht** berücksichtigt werden.	**Bilanzansatz = ursprüngliche Anschaffungskosten – außerplanmäßige Abschreibungen** ↓ **= strenges Niederstwertprinzip**
3. Bei Wegfall der Gründe für die vorgenommene außerplanmäßige Abschreibung → ↓ **Zuschreibung (Wertaufholung)** erforderlich (§ 253 (5) HGB)	**Bilanzansatz = Fortgeführte Anschaffungskosten**

Fragen zur Wiederholung

zu Kapitel 5.2 Bewertung und Bewertungswahlrechte bei Vermögensgegenständen des Anlagevermögens

5.2.1 Bewertung unbebauter Grundstücke

1. Unterscheiden Sie Grundstücke und grundstücksgleiche Rechte.
2. Warum dürfen unbebaute Grundstücke nicht planmäßig abgeschrieben werden?
3. Wie lautet die Regel für die Zugangsbewertung von Grundstücken?
4. Nennen Sie Beispiele für Anschaffungsnebenkosten beim Kauf eines unbebauten Grundstücks.
5. Wann ist bei der Folgebewertung eines unbebauten Grundstücks jeweils eine außerplanmäßige Abschreibung oder eine Zuschreibung erforderlich?

E

Aufgaben und Probleme

zu Kapitel 5.2.1 Bewertung unbebauter Grundstücke

LA

5.2.1.1 Anschaffungskosten eines Lagerplatzes

Egon Bauer ist Vorstand der Tuttlinger Ziegelei AG. Am 01.07. d. J. schloss er für die AG mit einem Gebäudenachbarn einen notariell beurkundeten Kaufvertrag über einen Geländestreifen, der als Lagerplatz genutzt werden soll.

Der Tuttlinger Ziegelei AG entstanden dafür folgende Ausgaben:

Barpreis	60 000 EUR	
Grunderwerbsteuer 5 %		
Grundbuchkosten	100 EUR	
Notariatskosten	200 EUR	+ 19 % USt
Maklerkosten	2 400 EUR	+ 19 % USt
Kosten für Prüfung der Bodenbeschaffenheit	1 200 EUR	+ 19 % USt
Kreditkosten infolge einer Darlehensaufnahme im Zusammenhang mit dem Grundstückskauf	900 EUR	

Berechnen Sie die Anschaffungskosten des Grundstücks.

5.2.1.2 Anschaffungskosten eines unbebauten Grundstücks – Bewertung bei sinkendem Verkehrswert

HGB § 253 (3)

Die Heizungsbau Helmut Weber GmbH kauft ein unbebautes Grundstück (6 000 m²), das in einem Gebiet liegt, das als Gewerbegebiet erschlossen werden soll. Als Kaufpreis wurden 25 EUR/m² vereinbart. Die Grunderwerbsteuer beträgt 5 %. An Notariats- und Nebenkosten fallen 2 200 EUR zzgl. 19 % USt an.

1. Berechnen Sie die Anschaffungskosten.
2. Wegen verschiedener Einsprüche von Anliegern kann das vorgesehene Gelände nicht als Gewerbegebiet ausgewiesen werden. Der Verkehrswert des Grundstücks sinkt auf 122 000 EUR. Mit welchem Wert ist das Grundstück zu bilanzieren?

5.2.1.3 Anschaffungskosten eines unbebauten Grundstücks – Bewertung bei steigenden Preisen

Die Ruckmich AG erwarb am 01. Oktober 2014 ein unbebautes Nachbargrundstück für insgesamt 240 000 EUR.

Im Zusammenhang mit dem Kauf des Grundstücks im Jahr 2014 sind noch folgende Kosten angefallen:

Grunderwerbsteuer	5 %	
Grundsteuer	200 EUR	
Notariatskosten	1 800 EUR	+ 19 % USt
Grundbucheintragung	800 EUR	
Zinsen für ein Darlehen zur Finanzierung des Kaufs	1 600 EUR	
Kosten für ein Gutachten über die geologische Beschaffenheit des Grundstücks	2 400 EUR	+ 19 % USt

1. Ermitteln Sie die Anschaffungskosten des erworbenen Grundstücks.
2. Unter welcher Bilanzposition ist das Grundstück in der Bilanz zum 31.12.2014 zu bilanzieren? (HGB § 266 (2))
3. Das erwähnte Gutachten ergab, dass das Grundstück insgesamt einen um 30 000 EUR höheren Wert hat.
   Beurteilen und begründen Sie, ob die Ruckmich AG diesen höheren Wert ansetzen könnte.

5.2.1.4 Bewertung eines Grundstücks – außerplanmäßige Abschreibung – Zuschreibung

Die Badische Caravan Center AG hat in unmittelbarer Nähe zur Autobahn am 18. Okt. 10 ein Grundstück (Anschaffungskosten 380 000 EUR) erworben, das in naher Zukunft zur Ausstellung von Wohnwagen und Wohnmobilen genutzt werden soll. Das Unternehmen ist beim Kauf davon ausgegangen, dass das autobahnnahe Gebiet demnächst von der Stadt Lahr als Gewerbegebiet erschlossen wird. Nachdem die Pläne der Deutschen Bahn AG zum viergleisigen Ausbau der

Rheintalstrecke bekannt geworden sind (November 2013), verfolgt die Stadt Lahr die weitere Erschließung des Gewerbegebietes nicht mehr. Es ist deshalb davon auszugehen, dass der Wert des Grundstücks dauerhaft auf 350000 EUR gesunken ist.

1. Mit welchem Betrag ist das Grundstück in der Bilanz zum 31.12.2013 auszuweisen und welche Auswirkungen ergeben sich auf das Ergebnis des Geschäftsjahres 2013? HGB § 253 (3)
2. Im Laufe des Jahres 2014 wird bekannt, dass die Deutsche Bahn AG ihre Ausbaupläne ändert. Der Stadtrat der Stadt Lahr beschließt daraufhin, das Gewerbegebiet wie ursprünglich geplant zu erschließen. Der Wert des Grundstücks wird von einem Sachverständigen nunmehr auf 420000 EUR veranschlagt.
   Mit welchem Betrag ist das Grundstück in der Bilanz zum 31.12.2014 auszuweisen und welche Auswirkungen ergeben sich auf das Ergebnis des Jahres 2014? HGB § 253 (5)

5.2.2 Bewertung des beweglichen Sachanlagevermögens

Bestandteile des beweglichen Sachanlagevermögens

Das bewegliche Sachanlagevermögen ist in nachstehenden Bilanzpositionen enthalten: HGB § 266 (2)

Bewegliches Sachanlagevermögen § 266 (2) HGB

A. Anlagevermögen
...
II. Sachanlagen:
...
2. technische Anlagen und Maschinen
3. andere Anlagen, Betriebs- und Geschäftsausstattung
...

Die **technischen Anlagen und Maschinen** umfassen alle Betriebsvorrichtungen, die direkt der Herstellung dienen. Bei den **anderen Anlagen und Maschinen** handelt es sich um Vermögensgegenstände, die nicht unmittelbar der betrieblichen Leistungserstellung dienen.

Bewegliches Sachanlagevermögen eines Industriebetriebes

Technische Anlagen: Transportsysteme wie z. B. Fließbänder, Rohrleitungen, chemische Produktionsanlagen
Maschinen: Arbeitsbühnen, Transformatoren
Andere Anlagen: Fuhrpark, Gleisanlagen, Verteilungsanlagen
Betriebs- und Geschäftsausstattung: Büroausstattung, Einrichtungen der Werkstatt, der Labore und der Kantinen sowie Werkzeuge.

Zugangsbewertung

In Abhängigkeit davon, ob das bewegliche Sachanlagevermögen gekauft oder selbst hergestellt wird, ist es **beim Zugang** mit den **Anschaffungs- oder Herstellungskosten** zu bewerten. Die **Anschaffungs- oder Herstellungskosten** bilden die **Bewertungsobergrenze**, die bei keiner nachfolgenden Bewertung überschritten werden darf. HGB § 253 (1) HGB § 253 (1)

Aufg. 5.2.2.1 u. 5.2.2.2 S. 419

Anschaffungskosten eines Lkw

Ein Unternehmen kauft bei einem Händler einen Lkw für 140 000 EUR + 19 % USt. Für die Überführung werden 600 EUR + USt. in Rechnung gestellt. Die Zulassungsstelle berechnet 40 EUR Zulassungskosten. Für die Kennzeichen zahlt das Unternehmen bei einer Schilderwerkstatt 30 EUR + USt.

Die Rechnung an den Lkw-Händler wird mit 2 % Skontoabzug beglichen.

Anschaffungspreis	140 000 EUR
+ Anschaffungsnebenkosten:	
Überführung	600 EUR
Zulassungskosten	40 EUR
Kennzeichen	30 EUR
	140 670 EUR
– Anschaffungspreisminderungen:	
2 % Skonto von 140 000	2 800 EUR
= Anschaffungskosten	137 870 EUR

HGB § 255 (2)

Werden Vermögensgegenstände im Unternehmen selbst hergestellt (z. B. selbst erstellte Maschinen oder Anlagen), so müssen diese mit den **Herstellungskosten** bewertet werden.

Kap. E 5.3.1

Folgebewertung

▪ Planmäßige Abschreibung

Das bewegliche Sachanlagevermögen unterliegt – anders als unbebaute Grundstücke – der **Abnutzung** und **muss** daher seiner Nutzungsdauer entsprechend **planmäßig** abgeschrieben werden. **Planmäßig** bedeutet, dass die Abschreibung nicht willkürlich erfolgt, sondern auf der Grundlage eines genauen Planes (z. B. linear, degressiv, nach Leistungseinheiten[1])[2]. Den Ausgangswert bilden die aktivierten **Anschaffungs- oder Herstellungskosten**.

▪ Beginn der Abschreibung

Die Abschreibung beginnt

- bei angeschafften Anlagen mit dem Zeitpunkt der Lieferung bzw. mit Herstellung der Betriebsbereitschaft,
- bei selbst hergestellten Anlagen mit dem Zeitpunkt der Fertigstellung.

Für den Beginn der Abschreibung ist die **Vollendung** des Anschaffungs- oder Herstellungsvorgangs entscheidend und nicht der Beginn der tatsächlichen Nutzung.

Abschreibungen auf Vermögensgegenstände, die im Laufe des Jahres angeschafft oder hergestellt wurden, werden im Jahr der Anschaffung oder Herstellung grundsätzlich **zeitanteilig** (pro rata temporis) auf Monatsbasis vorgenommen. Dabei ist eine Aufrundung auf volle Monate möglich.

1 Bei der Abschreibung nach Leistungseinheiten wird die Höhe der Abschreibung aufgrund der tatsächlichen Inanspruchnahme (z. B. gefahrene Kilometer eines Pkw im Verhältnis zu der Gesamtleistung aufgrund der Angaben des Herstellers) berechnet.

2 In der Steuerbilanz ist derzeit grundsätzlich nur die lineare Abschreibung erlaubt (§ 7 (1) EStG). Zur Förderung der Wirtschaft (Konjunkturprogramm) wird gelegentlich auch die degressive Abschreibung zugelassen.

■ Ende der Abschreibung

Die Abschreibung **endet** mit Einstellung der tatsächlichen Nutzung, möglicherweise also auch unterjährig während eines Geschäftsjahres. In gleicher Weise wie beim Abschreibungsbeginn wird auch in dem Geschäftsjahr, in welchem die Abschreibung endet, der Abschreibungsbetrag **zeitanteilig** ermittelt.

Die betriebsgewöhnliche oder voraussichtlich **Nutzungsdauer** eines Vermögensgegenstandes entspricht der Anzahl an Jahren, in denen gleiche oder ähnliche Anlagen nach den bisherigen Erfahrungen in dem betreffenden Betrieb genutzt wurden. Fehlen solche Erfahrungen, so können die für die Steuerbilanz geltenden **AfA[1]-Tabellen** auch in der Handelsbilanz zur Schätzung der Nutzungsdauer herangezogen werden. Alternativ können Herstellerangaben zur Schätzung der wirtschaftlichen Nutzungsdauer verwendet werden. Bei der Berechnung der Abschreibung ist ein **Schrottwert** zu berücksichtigen, wenn er im Vergleich zu den Anschaffungs- oder Herstellungskosten wesentlich ist (z.B. bei Seeschiffen). Die Anschaffungs- oder Herstellungskosten werden bei der Ermittlung der Bemessungsgrundlage für die Abschreibung um den Schrottwert gekürzt. Nur der verbleibende Restbetrag wird auf die voraussichtliche Nutzungsdauer verteilt.

Abschreibungsplan für einen Lkw

Die Horst Hellwig AG hat am 13. März 2009 einen Lkw zu Anschaffungskosten in Höhe von 108000 EUR gekauft. Aus der AfA-Tabelle lässt sich für den Lkw eine betriebsgewöhnliche Nutzungsdauer von 9 Jahren ermitteln. Bei Anwendung der linearen Abschreibungsmethode ergibt sich folgender Abschreibungsverlauf:

Jahr	Abschreibung	Buchwert Ende des Jahres
2009	(12000) · 10/12 = 10000 EUR	98000 EUR
2010	12000 EUR	86000 EUR
2011	12000 EUR	74000 EUR
2012	12000 EUR	62000 EUR
2013	12000 EUR	50000 EUR
2014	12000 EUR	38000 EUR
2015	12000 EUR	26000 EUR
2016	12000 EUR	14000 EUR
2017	12000 EUR	2000 EUR
2018	(12000) · 2/12 = 2000 EUR	0

HGB § 253 (2) S. 3

Da der Lkw im März 2009 angeschafft wurde, darf im Jahr 2009 lediglich ein Betrag von 10000 EUR abgeschrieben werden. Monatsgenaue Abschreibung (= Abschreibung pro rata temporis) bedeutet, dass der Abschreibungsbeginn durch den Monat der Anschaffung oder Herstellung bestimmt wird.

■ Gemischte Abschreibung

Um eine planmäßige Abschreibung im **handelsrechtlichen Sinne** handelt es sich auch dann, wenn ein Unternehmen zunächst degressiv abschreibt und zu gegebener Zeit auf die lineare Abschreibung übergeht **(gemischte Abschreibung)**.

1 AfA = Absetzung für Abnutzung. Der im EStG verwendete Begriff „AfA" entspricht dem im HGB verwendeten Begriff „planmäßige Abschreibung".

Außerplanmäßige Abschreibung

Sind Gründe bekannt, die neben der betriebsgewöhnlichen Abnutzung eine zusätzliche Wertminderung verursacht haben, so sind unter bestimmten Voraussetzungen weitere Abschreibungen **(außerplanmäßige Abschreibungen)** erforderlich. Im Falle einer außerplanmäßigen Abschreibung werden die Vermögensgegenstände mit dem (niedrigeren) Wert angesetzt, der ihnen am Abschlussstichtag beizulegen ist (Tageswert). Ob Vermögensgegenstände des Sachanlagevermögens außerplanmäßig abgeschrieben werden müssen, ist davon abhängig, ob die eingetretene Wertminderung nur vorübergehend oder von Dauer ist.[1]

HGB § 253 (3) S. 3

Tritt bei einem Vermögensgegenstand des Sachanlagevermögens eine dauernde Wertminderung ein, so muss eine außerplanmäßige Abschreibung (Abwertung) vorgenommen werden.

Planmäßige und außerplanmäßige Abschreibung bei Fahrzeugen

Bewertung eines Lkws bei vorübergehender Wertminderung

Die Ludwig Fleig GmbH hat im Januar 2011 einen Lkw zum Nettopreis von 96 000 EUR gekauft. Das Fahrzeug hat eine betriebsgewöhnliche Nutzungsdauer von 6 Jahren und soll linear abgeschrieben werden.

Wegen einer Konjunkturkrise sind die Preise für Lkws gesunken, so dass der Marktpreis für den Lkw zu Ende des zweiten Geschäftsjahres bei 60 000 EUR liegt. Es ist davon auszugehen, dass es sich hierbei um eine **vorübergehende** Wertminderung handelt.

Bewertung zum 31.12.2012

HGB § 253 (3) S. 3

Anschaffungskosten	96 000 EUR
– planmäßige Abschreibung Jahr 2011	16 000 EUR
= fortgeführte Anschaffungskosten zum 31.12.2011	80 000 EUR
– planmäßige Abschreibung Jahr 2012	16 000 EUR
= fortgeführte Anschaffungskosten 31.12.2012	64 000 EUR

Der Lkw wird planmäßig abgeschrieben und erscheint mit den fortgeführten Anschaffungskosten in Höhe von 64 000 EUR in der Bilanz.

Da die Wertminderung nur **vorübergehend** ist, darf eine außerplanmäßige Abschreibung auf den niedrigeren Wert (Marktpreis 60 000 EUR) **nicht** vorgenommen werden.

Aufg. 5.2.2.3 bis 5.2.2.5 S. 419 f.

Strenges Niederstwertprinzip: Dauernde Wertminderung bei Vermögensgegenständen des Anlagevermögens

Die Erwin Trotter GmbH hat am 26. Jan. 2011 einen Pkw zum Nettopreis von 42 000 EUR gekauft (betriebsgewöhnliche Nutzungsdauer 6 Jahre). Der Pkw wird linear abgeschrieben. Aufgrund eines Verkehrsunfalls im September 2012 gilt das Fahrzeug als Unfallwagen, dessen Wert nach vorgenommener Reparatur von einem Sachverständigen zum 31.12.2012 auf 25 000 EUR geschätzt wird.

Anschaffungskosten	42 000 EUR
– planmäßige Abschreibung Jahr 2011	7 000 EUR
= fortgeführte Anschaffungskosten zum 31.12.2011	35 000 EUR
– planmäßige Abschreibung Jahr 2012	7 000 EUR
– außerplanmäßige Abschreibung Jahr 2012	3 000 EUR
= Bilanzansatz am 31.12.2012	25 000 EUR

HGB § 253 (3) S. 3

Ergebnis: Da die Wertminderung von Dauer ist, **muss** das Fahrzeug mit 25 000 EUR in der Schlussbilanz des Jahres 2012 ausgewiesen werden.

1 Eine Wertminderung gilt üblicherweise als **vorübergehend**, wenn die zum Abschlussstichtag eingetretene Wertminderung voraussichtlich **weniger als die halbe Restnutzungsdauer** bestehen wird. Wenn also der Stichtagswert länger als die genannte Frist unter dem jeweiligen Buchwert liegt, so ist auf diesen **außerplanmäßig** abzuschreiben.

Zuschreibung nach vorausgegangener außerplanmäßiger Abschreibung

Bestehen die Gründe für eine in früheren Geschäftsjahren vorgenommene außerplanmäßige Abschreibung nicht mehr, so ist eine **Zuschreibung** erforderlich. Mit der Verpflichtung zur Zuschreibung soll die Bildung stiller Rücklagen durch Unterbewertung von Vermögensgegenständen verhindert und damit die Aussagefähigkeit der Bilanz verbessert werden. HGB § 253 (5) S. 1

Zuschreibung nach vorausgegangener außerplanmäßiger Abschreibung

Die Reutlinger Fahrrad AG erleidet bei dem vor einiger Zeit neu in das Produktionsprogramm aufgenommenen Elektrobike erhebliche Umsatzeinbußen, weil ein Mitbewerber ein in der Qualität vergleichbares Produkt wesentlich preiswerter anbietet. Eine Spezialmaschine, die im Januar 2008 für die Herstellung des Elektrobikes zu Anschaffungskosten von 120 000 EUR erworben wurde, kann deshalb nicht mehr genutzt werden. Es ist zu diesem Zeitpunkt davon auszugehen, dass der Wiederverkaufswert der Maschine dauerhaft gesunken ist. Die Maschine hat eine betriebsgewöhnliche Nutzungsdauer von 10 Jahren und wird linear abgeschrieben. Am Ende des Jahres 2010 wird eine außerplanmäßige Abschreibung auf den von einem Schätzer festgelegten Wert von 28 000 EUR vorgenommen. Während des Jahres 2013 gelingt es dem Unternehmen, ein neues Modell zu entwickeln, wodurch der Einsatz der Maschine wieder möglich ist.

Aufg. 5.2.2.6 u. 5.2.2.7 S. 420 f.

Abschreibungsplan

Anschaffungskosten/Restbuchwerte bei 10 %iger linearer Abschreibung	Bilanzansatz bei planmäßiger und außerplanmäßiger Abschreibung	„Fiktive" Abschreibung bei planmäßiger Abschreibung
Anschaffungskosten 2008 – planmäßige Abschreibung 2008	120 000 EUR 12 000 EUR	120 000 EUR 12 000 EUR
Restbuchwert Ende 2008 – planmäßige Abschreibung 2009	108 000 EUR 12 000 EUR	108 000 EUR 12 000 EUR
Restbuchwert Ende 2009 – planmäßige Abschreibung 2010 – **außerplanmäßige Abschreibung 2010**	96 000 EUR 12 000 EUR **56 000 EUR**	96 000 EUR 12 000 EUR
Restbuchwert Ende 2010 – planmäßige Abschreibung 2011 (1/7 von 28 000 EUR)	28 000 EUR 4 000 EUR	84 000 EUR 12 000 EUR
Restbuchwert Ende 2011 – planmäßige Abschreibung 2012	24 000 EUR 4 000 EUR	72 000 EUR 12 000 EUR
Restbuchwert Ende 2012 – planmäßige Abschreibung 2013 + **Zuschreibung**	20 000 EUR 4 000 EUR **32 000 EUR**	60 000 EUR 12 000 EUR
Restbuchwert Ende 2013 – planmäßige Abschreibungen (2014 bis 2017: 4 · 12 000 EUR)	**48 000 EUR** ⟷ 12 000 EUR ...	**48 000 EUR** 12 000 EUR ...

Zusammenfassende Übersicht zu Kap. 5.2.2: Bewertung des beweglichen Sachanlagevermögens

Bewegliches Sachanlagevermögen
(technische Anlagen und Maschinen, andere Anlagen, Betriebs- und Geschäftsausstattung)

Bewertung
Anschaffungs- oder Herstellungskosten (§ 253 (1), 255 (1), (2) HGB)

	Anschaffungskosten	Herstellungskosten
Zeitpunkt der Anschaffung oder Herstellung (Zugangsbewertung) →	**Anschaffungspreis** **+ Anschaffungsnebenkosten** **– Anschaffungspreisminderungen** **= ursprüngliche Anschaffungskosten**	**Kosten, die durch den Verbrauch von Gütern und die Inanspruchnahme von Diensten für die Herstellung eines Erzeugnisses entstehen** **= ursprüngliche Herstellungskosten**

Abschlussstichtag (Folgebewertung) →

– planmäßige Abschreibung (§ 253 (1) HGB)
= fortgeführte Anschaffungs- bzw. Herstellungskosten
– außerplanmäßige Abschreibung (= Abwertung) bei voraussichtlich dauernder Wertminderung (§ 253 (3) S. 3 HGB)

= Bilanzansatz

Bei Wegfall der Gründe für außerplanmäßige Abschreibung

↓

Zuschreibung (Wertaufholung)
auf den Wert, der sich bei planmäßiger Abschreibung zu diesem Zeitpunkt ergeben hätte
§ 253 (5) S. 1 HGB

Fragen zur Wiederholung

zu Kapitel 5.2 Bewertung und Bewertungswahlrechte bei Vermögensgegenständen des Anlagevermögens

5.2.2 Bewertung des beweglichen Sachanlagevermögens

1. Nennen Sie die Bilanzpositionen, die bewegliches Sachanlagevermögen enthalten.
2. Wie lautet die Bewertungsregel für die Zugangsbewertung von beweglichem Sachanlagevermögen?
3. Welches ist die Bewertungsobergrenze bei der Bewertung des Sachanlagevermögens?
4. Unterscheiden Sie Anschaffungs- und Herstellungskosten.
5. Unterscheiden Sie planmäßige und außerplanmäßige Abschreibungen.
6. Wann ist beim Sachanlagevermögen eine außerplanmäßige Abschreibung vorzunehmen?

Aufgaben und Probleme

zu Kapitel 5.2.2 Bewertung des beweglichen Sachanlagevermögens

5.2.2.1 Anschaffungskosten einer Stanzmaschine

LA

Die Iris-Nadellager GmbH erhält folgende Rechnung (Auszug):

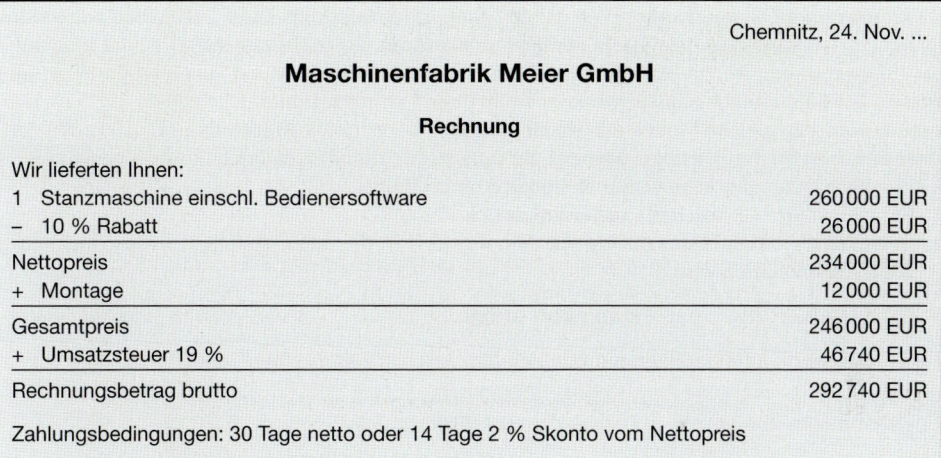

Chemnitz, 24. Nov. ...

Maschinenfabrik Meier GmbH

Rechnung

Wir lieferten Ihnen:	
1 Stanzmaschine einschl. Bedienersoftware	260 000 EUR
– 10 % Rabatt	26 000 EUR
Nettopreis	234 000 EUR
+ Montage	12 000 EUR
Gesamtpreis	246 000 EUR
+ Umsatzsteuer 19 %	46 740 EUR
Rechnungsbetrag brutto	292 740 EUR

Zahlungsbedingungen: 30 Tage netto oder 14 Tage 2 % Skonto vom Nettopreis

Im Zusammenhang mit der Investitionsentscheidung sind der Iris-Nadellager GmbH noch folgende Kosten entstanden:

für Wirtschaftlichkeitsberechnungen und Angebotsvergleich	800 EUR
für Besichtigung und Messebesuche	2 400 EUR

Berechnen Sie die Anschaffungskosten der Maschine, wenn die Rechnung
1. unter Ausnutzung des Zahlungsziels bezahlt wird,
2. die Rechnung unter Ausnutzung von Skonto beglichen wird.

5.2.2.2 Anschaffungskosten einer Produktionsmaschine

Eine GmbH kauft eine Maschine zum Listenpreis von 238 000 EUR einschließlich 19 % Umsatzsteuer. Der Lieferant der Maschine gewährt der GmbH einen Rabatt von 5 % auf den Listenpreis. Da die GmbH sich bereit erklärt, den Rechnungsbetrag innerhalb einer Woche zu bezahlen, werden ihr auf den Nettopreis außerdem noch 3 % Skonto eingeräumt.

Für den Transport der Maschine muss die GmbH 2 200 EUR zuzüglich 19 % Umsatzsteuer an Eingangsfrachten bezahlen. Weiterhin hält sie es für notwendig, eine Transportversicherung abzuschließen. Die entsprechende Versicherungsprämie beläuft sich auf 250 EUR. Der Betrag wird aber erst im folgenden Geschäftsjahr von der GmbH durch Banküberweisung beglichen. Die Maschine wird in der Fabrikhalle der GmbH auf einem eigens dafür gegossenen massiven Betonsockel montiert. Dabei fallen Materialkosten in Höhe von 3 200 EUR zuzüglich 19 % Umsatzsteuer und Bruttolöhne von 4 000 EUR an.

An Feuerversicherungsprämie für die Maschine zahlt die AG im Voraus 800 EUR für einen Zeitraum von insgesamt 12 Monaten.

Berechnen Sie die Anschaffungskosten.

5.2.2.3 Bewertung einer Abkantmaschine bei eingetretener Konjunkturschwäche

In der Schlussbilanz zum 31.12.2012 der Württembergischen Leinenindustrie AG ist unter der Bilanzposition „technische Anlagen und Maschinen" u.a. eine Wirkmaschine mit fortgeführten Anschaffungskosten in Höhe von 150 000 EUR enthalten. Die Maschine wurde am 06.04.2009 angeschafft, hat eine betriebsgewöhnliche Nutzungsdauer von 10 Jahren und wird linear abgeschrieben. Aufgrund von Absatzschwierigkeiten wegen einer Konjunkturschwäche ist das Preisniveau derartiger Maschinen um 20 % gesunken.

1. Berechnen Sie die Anschaffungskosten der Maschine.
2. Mit welchem Wert ist die Maschine in der Schlussbilanz für das Geschäftsjahr 2013 auszuweisen?
3. Berechnen Sie den Betrag der Abschreibung für das letzte Nutzungsjahr.

HGB § 253 (3) S. 3

5.2.2.4 Bewertung eines Lkws bei gesunkenem Listenpreis

Die Sigmaringer Hammerwerke AG haben im Januar des Geschäftsjahres 2010 einen neuen Lkw (Nutzungsdauer 6 Jahre) gekauft. In der Schlussbilanz des Geschäftsjahres 2011 ist der Lkw unter der Bilanzposition „Andere Anlagen, Betriebs- und Geschäftsausstattung" mit 55 200 EUR ausgewiesen. Die Sigmaringer Hammerwerke schreibt ihren Fuhrpark grundsätzlich linear ab. Zwischenzeitlich wird das gleiche Modell mit einem erheblich günstigeren Kraftstoffverbrauch produziert. Der Marktwert für vergleichbare Modelle der früheren Baureihe ist dadurch um 25 % gesunken.

1. Wie hoch ist die jährliche vorzunehmende Abschreibung.
2. Berechnen Sie die Anschaffungskosten des Lkw.
3. Berechnen Sie den Bilanzansatz, mit dem der Lkw in die Schlussbilanz des Geschäftsjahres 2012 aufgenommen wird.

HGB § 253 (3)

5.2.2.5 Bewertung eines Pkws nach Unfall

Eine Papierfabrik kauft zu Beginn des laufenden Geschäftsjahres einen Lieferwagen:

Listenpreis netto	33 000 EUR
Überführungskosten	600 EUR
	33 600 EUR
+ 19 % USt	6 384 EUR
Rechnungsbetrag	39 984 EUR

1. Wie hoch sind die Anschaffungskosten?
2. Wie hoch ist der Wertansatz des Pkws zu Beginn des dritten Geschäftsjahres bei linearer Abschreibung und einer Nutzungsdauer von 6 Jahren?
3. Ein Außendienstmitarbeiter verursacht während des dritten Nutzungsjahres einen selbstverschuldeten Unfall, wodurch bei dem Fahrzeug nach amtlicher Schätzung ein Wertverlust in Höhe von 3 000 EUR eintritt.
   Mit welchem Wert ist das Fahrzeug am Ende des dritten Geschäftsjahres zu bilanzieren?

5.2.2.6 Bewertung einer Fertigungsanlage – Entscheidung über das Abschreibungsverfahren

Die Badische Elektrowerke AG ist ein Industrieunternehmen, das elektronische Apparate und Steuerungsanlagen baut. Nach zwei schwierigen Geschäftsjahren, in denen jeweils Verluste erzielt wurden, weisen die vorläufigen Zahlen der Buchführung für das laufende Geschäftsjahr erstmalig wieder einen Gewinn aus. Im September d. J. hat die AG im Zusammenhang mit der Aufnahme einer neuen Produktlinie eine Fertigungsanlage in Betrieb genommen. Der Kaufpreis betrug 1 740 000 EUR netto zuzüglich 19 % USt. Zusätzlich fielen für den Transport der Anlage 20 000 EUR sowie für die Montage 40 000 EUR jeweils zuzüglich 19 % USt, an. Für die Finanzierung einer Anzahlung sind Fremdkapitalzinsen in Höhe von 5 000 EUR entstanden.

HGB § 255 (1)

1. Ermitteln Sie die Anschaffungskosten für die Fertigungsanlage.
2. Die AG hat bislang die Fertigungsanlagen linear abgeschrieben. Es soll entschieden werden, ob auf die neu installierte Fertigungsanlage über die voraussichtliche Nutzungsdauer von 12 Jahren das degressive Abschreibungsverfahren angewendet werden soll. Es ist beabsichtigt, degressiv mit dem Zweifachen des linearen Satzes abzuschreiben.
   a) Prüfen Sie, ob unter den gegebenen Bedingungen eine Wahlmöglichkeit zwischen der linearen und der degressiven Abschreibung besteht.
   b) Berechnen Sie für beide Abschreibungsverfahren den Abschreibungsbetrag im Jahr der Anschaffung.
   c) Nennen Sie jeweils zwei Argumente, die für die lineare bzw. die degressive Abschreibung sprechen. Entscheiden Sie sich vor dem Hintergrund der aktuellen Unternehmenssituation begründet für eine der beiden Abschreibungsarten.

HGB §§ 253, 252 (1) Nr. 6 und (2)

5.2.2.7 Zuschreibung nach außerplanmäßiger Abschreibung

Die Lörracher Solar AG hat zu Beginn des Geschäftsjahres 2007 eine Maschine (Nutzungsdauer: 10 Jahre) für 100 000 EUR angeschafft. Der Wert der Maschine wird zum Ende des 2010 Jahres aufgrund eines erheblichen Schadens mit 42 000 EUR veranschlagt. Am Ende des Jahres 2014 wird der Wert der Maschine auf nunmehr 24 000 EUR geschätzt, da sie zur Produktion für ein größeres Exportgeschäft verwendet werden kann.

1. Erstellen Sie einen Abschreibungsplan bis zum Ende des Jahres 2011, wenn linear abgeschrieben wird.
2. Welche Bilanzansätze ergeben sich für die Maschine jeweils zum Ende der Jahre 2012, 2013 und 2014?

Gesamtübersicht zu Kap. 5.2: Bewertung und Bewertungswahlrechte bei Vermögensgegenständen des Anlagevermögens

	Immaterielle Anlagen und Sachanlagen	Finanzanlagevermögen
Basiswert und Wertobergrenze	Anschaffungs- bzw. Herstellungskosten § 253 (1) HGB	
dauernde Wertminderung	Abwertungspflicht (strenges Niederstwertprinzip) gem. § 253 (3) HGB	
vorübergehende Wertminderung	Abwertungsverbot	Abwertungswahlrecht (gemildertes Niederstwertprinzip gem. § 253 (3) S. 4)
Wertsteigerungen	Zuschreibungsgebot § 253 (5) HGB	

5.3 Bewertung und Bewertungswahlrechte bei Vermögensgegenständen des Umlaufvermögens

5.3.1 Bewertung unfertiger und fertiger Erzeugnisse

Inhalt der Bilanzpositionen unfertige und fertige Erzeugnisse

Als **unfertige Erzeugnisse** werden Vorräte bezeichnet, die zwar noch nicht verkaufsfertig sind, für deren Be- oder Verarbeitung im eigenen Unternehmen aber bereits Aufwendungen (z. B. Materialaufwand, Löhne) angefallen sind. Die unfertigen Erzeugnisse[1] sind in der Bilanzposition B. I. 2. enthalten. HGB § 266 (2)

Als **fertige Erzeugnisse** werden verkaufsfertige Vorräte bezeichnet, die im eigenen Unternehmen be- oder verarbeitet wurden. Im Unterschied hierzu handelt es sich um **Waren**, wenn Handelsartikel fremdbezogen und ohne wesentliche Weiterverarbeitung weiterveräußert werden.

Zugangsbewertung

Bezieht ein Unternehmen von einem anderen Unternehmen z. B. Handelswaren oder Rohstoffe, so müssen diese Vermögensgegenstände mit deren **Anschaffungskosten** bewertet werden. Ganz oder teilweise im Unternehmen hergestellte Gegenstände des Anlagevermögens (z. B. Gebäude, Geschäftseinrichtungen, Maschinen) oder des Umlaufvermögens (unfertige und fertige Erzeugnisse) sind hingegen mit den **Herstellungskosten** zu bewerten. Aufg. 5.3.1.1 S. 427

1 Neben den unfertigen Erzeugnissen sind in der Bilanzposition B. I. 2 auch unfertige Leistungen enthalten. Darunter fallen z. B. unfertige Leistungen eines Bauunternehmers auf fremdem Grund und Boden. Forderungen können in diesem Fall noch nicht ausgewiesen werden, da diese erst mit der Fertigstellung der Arbeiten entstehen.

Herstellungskosten fallen an, wenn ein Unternehmen Vermögensgegenstände des Anlagevermögens (z. B. Maschinen für den eigenen Gebrauch) oder des Umlaufvermögens (z. B. fertige oder unfertige Erzeugnisse) selbst herstellt.

Während sich die Anschaffungskosten meist problemlos anhand der Zahlen aus den Eingangsrechnungen ermitteln lassen, erfolgt die Berechnung der **Herstellungskosten** auf der Grundlage von Zahlen, die der Kosten- und Leistungsrechnung entnommen werden können.

Herstellungskosten sind die Kosten, die durch den Verbrauch von Gütern und die Inanspruchnahme von Diensten für die Herstellung eines Vermögensgegenstandes entstehen.[1]

Die **nach Handelsrecht** zu ermittelnden **Herstellungskosten** sind **nicht identisch** mit den **Herstellkosten** aus der **Kostenrechnung**. Die handelsrechtlichen Herstellungskosten müssen **mindestens** die **Einzelkosten** und die **wesentlichen** (= angemessenen) **Gemeinkosten** beinhalten (Wertuntergrenze). Nach dem Prinzip der Angemessenheit dürfen nur tatsächlich angefallene Kosten (= aufwandsgleiche Kosten) berücksichtigt werden. Somit gehören weder kalkulatorische Zusatzkosten noch neutraler Aufwand (z. B. außerplanmäßige Abschreibungen) zu den Herstellungskosten. Bei der Berechnung der Gemeinkosten ist von **normalen Beschäftigungsverhältnissen** auszugehen.

Berechnung der Herstellungskosten nach Handelsrecht gemäß § 255 (2) HGB

HGB
§ 255 (2)

Kap. A 6

	Einzelkosten	**Berücksichtigung bei Wertansatz (Aktivierung)**
1	Materialeinzelkosten[2]	**Pflicht**
2	+ Fertigungseinzelkosten	**Pflicht**
3	+ Sondereinzelkosten der Fertigung	**Pflicht**
	Gemeinkosten	
4	+ Materialgemeinkosten	**Pflicht**
5	+ Fertigungsgemeinkosten	**Pflicht**
6	+ Verwaltungsgemeinkosten des Material- und Fertigungsbereichs sofern nicht bereits in den Material- und Fertigungsgemeinkosten enthalten	**Pflicht**
7	+ Werteverzehr des Anlagevermögens[3]	**Pflicht**
8	= **Wertuntergrenze**	
9	+ Kosten der allgemeinen Verwaltung	**Wahlrecht**
10	+ Aufwendungen für freiwillige soziale Leistungen	**Wahlrecht**
11	+ Aufwendungen für soziale Einrichtungen des Betriebs	**Wahlrecht**
12	+ Aufwendungen für die betriebliche Altersversorgung	**Wahlrecht**
13	+ Fremdkapitalzinsen (Voraussetzungen: § 255 (3) HGB)	**Wahlrecht**
14	= **Wertobergrenze**	
15	Forschungs- und Vertriebskosten	**Verbot**

1 Zur Bedeutung der in dieser HGB-Definition enthaltenen Begriffe Kosten und Aufwendungen siehe die Erläuterung (Fußnote) auf S. 419.

2 Mit den in § 255 (2) HGB erwähnten Material-, Fertigungs- und Sonderkosten sind grundsätzlich die Einzelkosten gemeint.

3 Beim Werteverzehr des Anlagevermögens, der durch die Abschreibungen erfasst wird, handelt es sich zwar um Fertigungsgemeinkosten. Trotzdem werden diese üblicherweise bei der Berechnung der Herstellungskosten gesondert ausgewiesen.

Erläuterungen zur Berechnung der Herstellungskosten nach § 255 (2) HGB

(1) Materialeinzelkosten: Verbrauch von Roh- und Hilfsstoffen sowie von selbst erstellten und fremd bezogenen (Einbau-)Fertigteilen.

(2) Fertigungseinzelkosten: Fertigungseinzelkosten umfassen im Wesentlichen die im Rahmen der Produktion anfallenden ***Löhne und Lohnnebenkosten (Sozialabgaben)****. Gegebenenfalls zählen zu den Fertigungseinzelkosten auch Kosten, die durch den Einsatz von fremden Arbeitskräften für den Produktionsprozess entstanden sind. Zu den* ***Löhnen*** *rechnen die Bruttolöhne einschließlich Sonderzulagen, Leistungs- und Abschlussprämien sowie gesetzliche Sozialabgaben.* ***Freiwillige Sozialleistungen****, Ergebnisbeteiligungen und Aufwendungen für die betriebliche Altersversorgung gehören* ***nicht zu den Fertigungskosten****.*

(3) Sondereinzelkosten der Fertigung: z. B. Kosten für Modelle, Spezialwerkzeuge, Vorrichtungen und Entwürfe.

(4) Materialgemeinkosten: Dabei handelt es sich überwiegend um ***Personal- und Raumkosten****, soweit sie im Zusammenhang mit der Beschaffung, Lagerung, Wartung oder Verwaltung des Materials verursacht werden. Da die Materialgemeinkosten* ***laut Kostenrechnung*** *häufig kalkulatorische Zusatzkosten enthalten, sind sie nicht in jedem Fall identisch mit den* ***handelsrechtlichen Materialgemeinkosten****. Falls die in der Kostenrechnung ermittelten Materialgemeinkosten zur Berechnung der Herstellungskosten verwendet werden sollen, sind gegebenenfalls entsprechende Korrekturen erforderlich.*

Erläuterungen zur Berechnung der Herstellungskosten nach § 255 (2) HGB (Fortsetzung)

(5) Fertigungsgemeinkosten: Die ***handelsrechtlichen Fertigungsgemeinkosten*** *beinhalten hauptsächlich Kosten der Werkstattverwaltung, der Kraftanlagen, der Reinigung der Produktionsräume und der Geräte, Energie- und Brennstoffkosten, Betriebsstoffkosten und soziale Aufwendungen. Wie bei den Materialgemeinkosten müssen bei Verwendung der* ***kostenrechnerischen Fertigungsgemeinkosten*** *gegebenenfalls Korrekturen vorgenommen werden.*

(6) Verwaltungsgemeinkosten des Material- und Fertigungsbereichs: Die in der Kostenrechnung ermittelten Material- und Fertigungsgemeinkosten enthalten i. d. R. bereits die Verwaltungsgemeinkosten des Material- und Fertigungsbereichs. In diesem Falle ist eine gesonderte Berechnung dieser Kosten nicht mehr erforderlich.

(7) Wertverzehr des Anlagevermögens: Der Wertverzehr des Anlagevermögens (Abschreibungen) ist Bestandteil der Fertigungsgemeinkosten. Bei der Berechnung der Herstellungskosten wird dieser Betrag jedoch üblicherweise gesondert ausgewiesen.
Eine Aktivierungspflicht der Abschreibungen in den Herstellungskosten ist von zwei Voraussetzungen abhängig:

1. *Es muss sich um* ***angemessene Teile des Wertverzehrs*** *handeln (keine außerplanmäßigen Abschreibungen, keine Zusatzkosten).*
2. *Die Abschreibungen müssen durch die Fertigung veranlasst sein.*

(9) Kosten der allgemeinen Verwaltung: Hierunter fallen insbesondere (anteilige) Löhne und Gehälter (z. B. für das Personalbüro, die Geschäftsleitung), Büromaterial, Abschreibungen, Kosten des Personalwesens, der Rechts-, Versicherungs- und sonstigen Abteilungen.

(10) – (12) Freiwillige Soziale Aufwendungen:
Dabei handelt es sich um solche Aufwendungen, die nicht arbeits- oder tariflich vereinbart wurden. Dazu gehören u. a.:
– (10): ***Aufwendungen für freiwillige soziale Leistungen*** *(z. B. Jubiläumsgeschenke, Weihnachtszuwendungen).*
– (11): ***Aufwendungen für soziale Einrichtungen des Betriebs*** *(z. B. Kantinen, Ferienerholungsheime),*
– (12): ***Aufwendungen für die betriebliche Altersversorgung*** *(z. B. Zuwendungen an Pensions- und Unterstützungskassen, Zuführungen zu Pensionsrückstellungen).*
„Aufwendungen" für die Beteiligung der Arbeitnehmer am Ergebnis *des Unternehmens sind,*

- *soweit sie von einem Unternehmen* ***freiwillig*** *gewährt werden,* ***aktivierungsfähig (Wahlrecht),***
- *soweit sie vertraglich vereinbart und auf im Fertigungsbereich beschäftigte Arbeitnehmer entfallen, als Bestandteil der Fertigungsgemeinkosten* ***aktivierungspflichtig****,*
- *soweit sie vertraglich vereinbart wurden und auf anderweitig beschäftigte Arbeitnehmer entfallen,* ***aktivierungsfähig (Wahlrecht)****.*

(13) Zinsen für Fremdkapital gehören nicht zu den Herstellungskosten. Sie ***können*** *aber in die Herstellungskosten einbezogen werden (Wahlrecht), soweit sie der Herstellungsfinanzierung dienen, direkt zurechenbar sind und auf den Herstellungszeitraum entfallen.*

(15) ▪ *Vertriebskosten: Diese Kosten fallen im Zusammenhang mit dem Absatz der produzierten Erzeugnisse (z. B. übernommene Fracht bei der Zufuhr von Erzeugnissen, Vertreterprovision) an.*
▪ *Forschungskosten: Kosten, die im Zusammenhang mit der Suche nach neuen wissenschaftlichen oder technischen Erkenntnissen entstanden sind.*

Herstellungskosten nach Handelsrecht

Für die Herstellung von Kugellagern sind in einem Industriebetrieb folgende Kosten entstanden:

Materialeinzelkosten	90 000 EUR
Materialgemeinkostenzuschlag	6 %
Fertigungseinzelkosten	30 000 EUR
Fertigungsgemeinkostenzuschlag	80 %
Verwaltungsgemeinkostenzuschlag (Verwaltungsbereich)	15 %
Vertriebsgemeinkostenzuschlag	10 %

In den Gemeinkostenzuschlägen sind keine kalkulatorischen Zusatzkosten enthalten. Die produktions- und materialbedingten Verwaltungsgemeinkosten sind in den Material- und Fertigungsgemeinkosten enthalten. Sämtliche Zuschlagssätze wurden bei Normalbeschäftigung ermittelt (= angemessene Gemeinkosten). Freiwillige soziale Aufwendungen sind nicht angefallen. Sämtliche Kugellager liegen am Abschlussstichtag noch auf Lager und werden voraussichtlich erst im folgenden Geschäftsjahr verkauft.

Aufg. 5.3.1.2 bis 5.3.1.4 S. 427 f.

Kosten		Herstellungskosten nach Handelsrecht	
		Mindestansatz (EUR)	**Höchstansatz (EUR)**
1	Materialeinzelkosten	90 000	90 000
2	Materialgemeinkosten 6 %	5 400	5 400
=	**(1 + 2)**	**95 400**	**95 400**
3	Fertigungseinzelkosten	30 000	30 000
4	Fertigungsgemeinkosten 80 %	24 000	24 000
=	**(3 + 4)**	**54 000**	**54 000**
5	Verwaltungsgemeinkosten 15 %		22 410[1]
6	Vertriebsgemeinkosten 10 %		
=	**Herstellungskosten**	**149 400**	**171 810**

Werden die am Abschlussstichtag auf Lager liegenden Kugellager (= fertige Erzeugnisse) zum niedrigeren Wert (149 400 EUR) angesetzt, so führt das gegenüber dem Ansatz mit dem höheren Wert (171 810 EUR) zu einer Schmälerung des Ergebnisses in Höhe von 22 410 EUR. In diesem Fall werden in Höhe der nicht aktivierten Beträge Aufwendungen in der Gewinn- und Verlustrechnung ausgewiesen, denen auf der Ertragsseite keine entsprechende Bestandserhöhung gegenübersteht.

Aufwand — **GuV-Konto bei Mindestansatz** in EUR — Ertrag

Aufwand		Ertrag	
Einzelkosten (z. B. Fert. Mat., Fert. Löhne) und **Gemeinkosten** (z. B. Abschr., Gehälter, Hilfsstoffe)	171 810	Bestandserhöhung (FE, UE)	149 400
		„Mehraufwand“ bzw. Mindergewinn	22 410

Buchungssatz: Fertige Erzeugnisse (akt. Bestandskonto) 149 400 EUR
an Bestandsveränderungen fertige Erzeugnisse (Ergebniskonto) 149 400 EUR

Aufwand — **GuV-Konto bei Höchstansatz** in EUR — Ertrag

Aufwand		Ertrag	
Einzelkosten (z. B. Fert. Mat., Fert. Löhne) und **Gemeinkosten** (z. B. Abschr., Gehälter, Hilfsstoffe)	171 810	Bestandserhöhung (FE, UE)	171 810

Buchungssatz: Fertige Erzeugnisse (akt. Bestandskonto) 171 810 EUR
an Bestandsveränderungen fertige Erzeugnisse (Ergebniskonto) 171 810 EUR

1 Berechnung: 15 % von (95 400 + 54 000) = 22 410

Unterscheidung: Herstellkosten und Herstellungskosten

Enthalten die aus der Kostenrechnung entnommenen Gemeinkosten **kalkulatorische Kosten**, denen in der Geschäftsbuchführung **kein Aufwand** gegenübersteht **(= kalkulatorische Zusatzkosten)**, so dürfen diese Kosten bei der Berechnung der Herstellungskosten **nicht** berücksichtigt werden.

Kap. A 4.2

HGB § 255 (2)

Herstellkosten in der Kostenrechnung – Herstellungskosten in der Bilanz

Der Farbenhersteller Gottfried Glanzmann OHG hat für das Erzeugnis Teerfarben die handelsrechtlichen Herstellungskosten wie folgt ermittelt:

Materialeinzelkosten	90 000 EUR	
+ Materialgemeinkosten 20 %	18 000 EUR	
+ Fertigungseinzelkosten	160 000 EUR	
+ Fertigungsgemeinkosten 30 %	48 000 EUR	
+ Verwaltungsgemeinkosten 25 %	79 000 EUR	(25 % von 316 000 EUR)
= **vorläufige** Herstellungskosten	395 000 EUR	(= Herstellkosten lt. Kostenrechnung)

In den Verwaltungsgemeinkosten ist kalkulatorischer Unternehmerlohn in Höhe von 48 000 EUR enthalten. Die bilanzielle Abschreibung (angemessener Wertverzehr) beläuft sich auf 20 000 EUR, kalkulatorisch wurden 28 000 EUR abgeschrieben.

Vorläufige Herstellungskosten	395 000 EUR	
– kalkulatorische Zusatzkosten	56 000 EUR	(48 000 EUR + 8 000 EUR)
= Herstellungskosten nach Handelsrecht	**339 000 EUR**	**(Höchstansatz)**

Ergebnis: Unter der Voraussetzung, dass nach dem strengen Niederstwertprinzip kein niedrigerer Wertansatz erforderlich ist, dürfen die Teerfarben (Bilanzposition: Fertige Erzeugnisse) **höchstens** mit 339 000 EUR in der Bilanz angesetzt werden.

Der **niedrigste Wertansatz** liegt bei **260 000 EUR**.
(Höchstansatz 339 000 EUR – VwGK 79 000 EUR = 260 000 EUR).

Bewertungsstetigkeit

Macht ein Unternehmen von dem ihm zustehenden Wahlrecht, bestimmte Kostenarten als Teil der Herstellungskosten zu aktivieren, Gebrauch, so führt das in der Bilanz zu einem höheren Vermögensausweis. Damit wird auch das in der Gewinn- und Verlustrechnung ausgewiesene Gesamtergebnis positiv beeinflusst. Die Einhaltung des Bilanzierungsgrundsatzes **Bewertungsstetigkeit (materielle Bilanzkontinuität)** verlangt aber, dass die Methode zur Berechnung der Herstellungskosten **nicht** in jedem Geschäftsjahr **beliebig** geändert werden darf. Die Veränderung der Kostenstruktur (Verhältnis von Einzel- und Gemeinkosten) kann ein möglicher Grund für die Änderung der Methode zur Bewertung der fertigen und unfertigen Erzeugnisse sein. Wird die Bewertungsmethode geändert, so muss beim Jahresabschluss der **Anhang** gegebenenfalls eine entsprechende Begründung enthalten.

HGB § 252 (1) Nr. 6, § 284 (1) u. (2) Nr. 1

Folgebewertung

Für die Bewertung der unfertigen und fertigen Erzeugnisse gilt das strenge Niederstwertprinzip. Ist der Börsen- oder Marktpreis am Abschlussstichtag niedriger als die Herstellungskosten, so muss – unabhängig davon, ob die Wertminderung von Dauer ist – der niedrigere Wert angesetzt werden (Abwertungsgebot).

HGB § 253 (4)

Wurde auf die unfertigen oder fertigen Erzeugnisse eine außerplanmäßige Abschreibung auf den niedrigeren Wert vorgenommen und bestehen die Gründe dafür nicht mehr, so besteht **Zuschreibungsgebot (Wertaufholungsgebot)**. **Übersteigt der Börsen- oder Marktpreis** die Herstellungskosten, so sind die **niedrigeren** Herstellungskosten (= Bewertungsobergrenze) anzusetzen.

HGB § 253 (3)

Zusammenfassende Übersicht zu Kap. 5.3.1: Bewertung unfertiger und fertiger Erzeugnisse

Zeitpunkt der Herstellung der fertigen oder unfertigen Erzeugnisse (Zugangsbewertung)

Herstellungskosten =	
Einzelkosten Fertigungsmaterial, Fertigungslöhne, Sondereinzelkosten der Fertigung	**Aktivierungs-pflicht**
Gemeinkosten Materialgemeinkosten, Fertigungsgemeinkosten, Verwaltungsgemeinkosten des Material- und Fertigungsbereichs, Wertverzehr des Anlagevermögens	**Aktivierungs-pflicht**
= Wertuntergrenze	
Kosten der allgemeinen Verwaltung, Aufwendungen für freiwillige soziale Leistungen, Aufwendungen für soziale Einrichtungen des Betriebs, Aufwendungen für die betriebliche Altersversorgung, Fremdkapitalzinsen (Voraussetzung: § 255 (3) HGB)	**Aktivierungs-wahlrecht**
= Wertobergrenze	
Forschungs- und Vertriebskosten	**Aktivierungs-verbot**

↓

Abschlussstichtag (Folgebewertung)

Tageswert am Abschluss-stichtag < HK	**Tageswert am Abschluss-stichtag > HK**
(außerplanmäßige Abschreibung zwingend) ↓ **Niedrigerer Tageswert**	↓ **Niedrigere HK**

strenges Niederstwertprinzip

Auch bei nur vorübergehender Wertminderung muss der niedrigere Wert angesetzt werden. § 253 (4) HGB

Bei Wegfall der Gründe für außerplanmäßige Abschreibung

↓

Zuschreibung (Wertaufholung) höchstens bis zu den Herstellungskosten § 253 (5) HGB

Fragen zur Wiederholung

zu Kapitel 5.3 Bewertung und Bewertungswahlrechte bei Vermögensgegenständen des Umlaufvermögens

5.3.1 Bewertung unfertiger und fertiger Erzeugnisse

1. Unterscheiden Sie unfertige und fertige Erzeugnisse.
2. Unterscheiden Sie Anschaffungs- und Herstellungskosten.
3. Aus welchen Bestandteilen setzen sich die Herstellungskosten nach HGB mindestens und höchstens zusammen (Mindestansatz und Höchstansatz)?
4. Wie unterscheiden sich die in der Kostenrechnung ermittelten Herstellkosten von den Herstellungskosten nach HGB?
5. Erläutern Sie den Begriff „Bewertungsstetigkeit".
6. Erläutern Sie im Zusammenhang mit der Bewertung von unfertigen und fertigen Erzeugnissen das strenge Niederstwertprinzip.
7. Was ist unter „Zuschreibung" zu verstehen?

Aufgaben und Probleme

zu Kapitel 5.3.1 Bewertung unfertiger und fertiger Erzeugnisse

5.3.1.1 Bewertung von fertigen Erzeugnissen – bilanzpolitischer Spielraum

PDF

Der Karlsruher Metallwarenfabrik AG liegen für die Ermittlung des Bilanzansatzes für den Inventurbestand der fertigen Erzeugnisse zum 31.12. d. J. folgende Zahlen vor:

Fertigungsmaterialverbrauch für den Inventurbestand	200 000 EUR
Fertigungslöhne für den Inventurbestand	180 000 EUR
Sondereinzelkosten der Fertigung für den Inventurbestand	5 000 EUR
Sondereinzelkosten des Vertriebs	10 000 EUR

Gemeinkostenzuschlagsätze:

Materialgemeinkosten	10 %	Verwaltungsgemeinkosten (Verwaltungsbereich)	30 %
Fertigungsgemeinkosten	100 %	Vertriebsgemeinkosten	15 %

Bei den Gemeinkosten handelt es sich um angemessene Gemeinkosten. Freiwillige soziale Aufwendungen sind nicht angefallen.

1. Ermitteln Sie den Bilanzansatz für diese Bilanzposition nach Handelsrecht, wenn angestrebt wird, einen möglichst hohen Gewinn auszuweisen.
2. Um welchen Betrag würde sich der Gewinn ändern, wenn der Vorstand einen möglichst geringen Gewinn ausweisen wollte?

5.3.1.2 Ermittlung der Herstellungskosten auf der Grundlage eines BAB

Dem Betriebsabrechnungsbogen der Werkzeugfabrik Franz Maurer KG sind für das Geschäftsjahr 2013 folgende Informationen zu entnehmen:

Nach Informationen der **Kostenrechnung** sind für die Herstellung des zum 31.12. d. J. noch vorhandenen Inventurbestandes an fertigen Erzeugnissen folgende Einzelkosten entstanden:

Materialkosten	4 800 EUR	Fertigungslöhne	3 600 EUR
Sondereinzelkosten der Fertigung	800 EUR		

Die bilanziellen Abschreibungen (angemessener Wertverzehr) lt. Finanzbuchhaltung betragen 24 000 EUR.

Zu welchem Wert müssen die fertigen Erzeugnisse in der Handelsbilanz angesetzt werden, wenn das Unternehmen unter Berücksichtigung der Bewertungsstetigkeit

- einen möglichst hohen Jahresüberschuss,
- einen möglichst niedrigen Jahresüberschuss ausweisen will?

Betriebsabrechnungsbogen der Werkzeugfabrik Franz Maurer KG

PDF

Gemeinkosten	Kosten	Verteilungsschlüssel				Kostenstellen			
						Material	Fertigung	Verwaltung	Vertrieb
	EUR	M	F	Vw	Vt	EUR	EUR	EUR	EUR
Hilfsstoffe	70 000,00	2	7		1	14 000,00	49 000,00	–	7 000,00
Energiekosten	36 000,00	2	8	1	1	6 000,00	24 000,00	3 000,00	3 000,00
Hilfslöhne	44 000,00	1	10	0	0	4 000,00	40 000,00	–	–
Gehälter	77 770,00	2	5	6	1	11 110,00	27 775,00	33 330,00	5 555,00
Mieten, Pachten	25 620,00	2	5	6	1	3 660,00	9 150,00	10 980,00	1 830,00
Instandhaltungen	27 900,00	1	5	1	2	3 100,00	15 500,00	3 100,00	6 200,00
Kalk. Abschreibungen	26 260,00	1	9	2	1	2 020,00	18 180,00	4 040,00	2020,00
Kalk. Unternehmerlohn	77 000,00	1	7	2	1	7 000,00	49 000,00	14 000,00	7 000,00
sonstige Kosten	38 950,00	2	10	5	3	3 895,00	19 475,00	9 737,50	5 842,50
Summe Gemeinkosten						54 785,00	252 080,00	78 187,50	38 447,50
Zuschlagsgrundlagen						219 140,00	180 057,14	706 062,14	
Zuschlagssätze in %						25,00	140,00	11,07	5,45

HGB § 255 (2)

5.3.1.3 Bewertung unfertiger Erzeugnisse

In einem Industriebetrieb entfallen auf den durch Inventur festgestellten Endbestand an unfertigen Erzeugnissen folgende Aufwendungen bzw. Kosten:

Fertigungsmaterial	300 000 EUR
Prüfung des Fertigungsmaterials	2 000 EUR
Lagerung	20 000 EUR
Fertigungslöhne	200 000 EUR
Lineare Abschreibung auf Maschinen in der Fertigung	160 000 EUR
Außerplanmäßige Abschreibung auf Maschinen in der Fertigung	35 000 EUR
Gehälter in der Abteilung Einkauf	30 000 EUR
Lohnbüro für Lohnabrechnungen Material- und Fertigungsbereich	18 000 EUR
Forschungskosten	15 000 EUR
Freiwillige Sozialleistungen	26 000 EUR
Betriebliche Altersversorgung	4 000 EUR
Allgemeine Verwaltung	40 000 EUR
Produktbezogene Werbung	7 000 EUR

Zu welchem Wert sind die unfertigen Erzeugnisse in der Bilanz anzusetzen, wenn

- ein möglichst hohes Jahresergebnis,
- ein möglichst niedriges Jahresergebnis angestrebt wird?

5.3.2 Bewertung von Wertpapieren des Umlaufvermögens

Inhalt der Bilanzpositionen Wertpapiere des Umlaufvermögens

Ob Wertpapiere dem Anlage- oder dem Umlaufvermögen zugeordnet werden, hängt von ihrer **Zweckbestimmung** ab. Handelt es sich bei einem Wertpapierbesitz um eine Beteiligung (z.B. von mehr als 20 % am Grundkapital einer AG oder am Stammkapital einer GmbH), so handelt es sich in jedem Fall um **Anlagevermögen** (Position A. III. 3. – § 266 (2) HGB).

HGB § 271 (1)

Werden Wertpapiere nur zu **vorübergehenden** Zwecken gehalten, so zählen sie zum Umlaufvermögen. Zu den Wertpapieren des Umlaufvermögens zählen hauptsächlich Aktien und festverzinsliche Wertpapiere. Solche Wertpapiere bzw. Anteile sind in den beiden nachstehend genannten Bilanzpositionen enthalten:

HGB § 266 (2)

Wertpapiere des Umlaufvermögens gemäß § 266 (2) HGB

B. Umlaufvermögen:
III. Wertpapiere:
1. Anteile an verbundenen Unternehmen
2. sonstige Wertpapiere

Wertpapiere des Umlaufvermögens

(1) Die Pforzheimer Walzwerke AG (Muttergesellschaft) hat zur Stützung des Aktienkurses vorübergehend für 44 800 EUR Aktien der Durlacher Presswerk AG (Tochtergesellschaft) gekauft.
(2) In Erwartung steigender Kurse hat die Pforzheimer Walzwerke AG einen Betrag von 25 200 EUR zum Kauf von BASF-Aktien verwendet. Sobald die erwartete Kurssteigerung eingetreten ist, spätestens aber nach 9 Monaten, sollen die Aktien wieder verkauft werden.

Zuordnung: Bei den Aktien der Durlacher Presswerk AG handelt es sich um Anteile an verbundenen Unternehmen, bei den BASF-Aktien um sonstige Wertpapiere.

Zugangsbewertung

Bei der Zugangsbewertung sind die Anschaffungskosten anzusetzen. Diese umfassen – wie bei den Finanzanlagen des Anlagevermögens – neben dem Anschaffungspreis (z.B. Kurs von Aktien) noch Provisionen oder Spesen.

HGB § 255 (1)

Folgebewertung

Bewertungsobergrenze sind die **Anschaffungskosten**. Ergibt sich zum Abschlussstichtag ein niedrigerer Börsenkurs, so sind die Wertpapiere mit dem **niedrigeren Wert** anzusetzen. Dies ergibt sich aus dem **strengen Niederstwertprinzip**, das für die Bewertung des Umlaufvermögens gilt. Der niedrigere Wert ist auch dann anzusetzen, wenn die Wertminderung **nur vorübergehend** ist **(= strenges Niederstwertprinzip)**.

HGB § 253 (1)

Für die Folgebewertung der Wertpapiere des Umlaufvermögens gilt das strenge Niederstwertprinzip: Falls sich zum Abschlussstichtag gegenüber der letzten Bewertung ein niedrigerer Börsenkurs ergibt, so ist dieser anzusetzen, auch wenn die Wertminderung nur vorübergehend ist.

HGB § 253 (4)

Bestehen die Gründe für die zu einem früheren Abschlussstichtag vorgenommene Abschreibung nicht mehr, so **ist eine Zuschreibung (Wertaufholungsgebot)** erforderlich. Die Zuschreibung darf aber nicht über die Anschaffungskosten hinausgehen.

HGB § 253 (5)

Bewertung von Wertpapieren des Umlaufvermögens im Zeitablauf

Aufg. 5.3.2.1 bis 5.3.2.2 S. 431

Die Biberacher Elektro AG hat am 10. September 2012 zur kurzfristigen Kapitalanlage 200 Aktien der Bayer AG für 10000 EUR gekauft.

Zu den beiden nachfolgenden Abschlussstichtagen (31. Dezember 2012 und 31. Dezember 2013) hat sich der Wert des Wertpapierpaketes wie folgt entwickelt:

31. Dez. 2012	9200 EUR
31. Dez. 2013	10400 EUR

Bewertung

31. Dez. 2012	9200 EUR	Niedrigerer Wertansatz (strenges Niederstwertprinzip gem. § 253 (4) HGB).
31. Dez. 2013	10000 EUR	Wertaufholung gem. § 253 (5) HGB; Bewertungsobergrenze: Anschaffungskosten gem. § 253 (1) HGB

Zusammenfassende Übersicht zu Kap. 5.3.2: Wertpapiere des Umlaufvermögens

Wertpapiere des Umlaufvermögens
= kurzfristige Anlage
Bilanzposition: B. III § 266 (2) HGB

Zeitpunkt der Anschaffung (Zugangsbewertung)	**Anschaffungspreis** **+ Anschaffungsnebenkosten (z. B. Spesen)** **= Anschaffungskosten gem. § 255 (1) HGB**
Abschlussstichtag (Folgebewertung)	**bei vorübergehender oder dauernder Wertminderung** ↓ **strenges Niederstwertprinzip,** **d. h. Pflicht** zu einer außerplanmäßigen Abschreibung (= Abwertung) (§ 253 (4) HGB) **bei Wegfall der Gründe für außerplanmäßige Abschreibung** ↓ Pflicht zur **Zuschreibung** (Wertaufholung) § 253 (5) S. 1 HGB **Bewertungsobergrenze:** Anschaffungskosten

Gesamtübersicht zu Kap. 5.3: Bewertung des Umlaufvermögens

Zugangsbewertung/ Wertobergrenze	Anschaffungs- bzw. Herstellungskosten § 253 (1) HGB
Wertminderungen (dauernd oder vorübergehend)	Abwertungspflicht auf den niedrigeren Börsen- oder Marktpreis Strenges Niederstwertprinzip § 253 (4) HGB
Wertsteigerungen	Zuschreibungspflicht (Wertaufholungsgebot § 253 (5) HGB, jedoch höchstens bis Anschaffungs- oder Herstellungskosten)

Fragen zur Wiederholung

zu Kapitel 5.3 Bewertung und Bewertungswahlrechte bei Vermögensgegenständen des Umlaufvermögens

5.3.2 Wertpapiere des Umlaufvermögens

1. Welche Vorschriften sind bei der Bewertung von Wertpapieren des Umlaufvermögens (Zugangs- und Folgebewertung) zu beachten?

Aufgaben und Probleme

zu Kapitel 5.3.2 Wertpapiere des Umlaufvermögens

5.3.2.1 Bewertung von Wertpapieren bei Kursänderungen

Die Balinger Elektro AG hat im September 2012 zur vorübergehenden Geldanlage 2400 Aktien der Computer AG zu Anschaffungskosten von 80 EUR/Aktie gekauft.

1. Zu welchem Wert sind die Aktien in der Schlussbilanz des Geschäftsjahres 2012 auszuweisen, wenn der Kurs zum Abschlussstichtag wie folgt entwickelt hat?
   a) 70 EUR, b) 82 EUR
2. Zu welchem Wert sind die Aktien in der Schlussbilanz des Geschäftsjahres 2013 anzusetzen, wenn sie im Vorjahr mit dem zum Abschlussstichtag geltenden Kurs (70 EUR) bewertet wurden, der Kurs zwischenzeitlich aber auf 78 EUR gestiegen ist?
3. Welchen Einfluss hat die unter 2. getroffene Bewertungsentscheidung auf den im Jahresabschluss ausgewiesenen Gewinn der Balinger Elektro AG?

5.3.2.2 Ausweis und Bewertung von Wertpapieren

Zum Abschlussstichtag (31.12.2013) befinden sich im Wertpapierbestand der Tuttlinger Spielwarenfabrik AG zwei Posten Wertpapiere, die sie im Sept. 2013 erworben hat:

Posten 1: Aktienpaket in Höhe von 31 % des Grundkapitals der Singener Holzspielwaren AG (Konkurrenzunternehmen).
Die Tuttlinger Spielwarenfabrik AG beabsichtigt, das Paket langfristig zu halten, um Einfluss auf die Geschäftspolitik des Konkurrenzunternehmens auszuüben. Das Aktienpaket besteht aus 360 Aktien mit einem Nennwert von je 100 EUR. Die Anschaffungskosten je Aktie beliefen sich auf 240 EUR.
Zum Abschlussstichtag betrug der amtlich notierte Börsenkurs 230 EUR je Aktie. Es ist damit zu rechnen, dass es sich um einen vorübergehenden Kursrückgang handelt.

Posten 2: Aktienpaket in Höhe von 3 % des Grundkapitals der Neustädter Industrie AG.
Das Aktienpaket umfasst 500 Aktien mit einem Nennwert von 100 EUR, die lediglich zu Spekulationszwecken erworben wurden in der Hoffnung, sie in wenigen Wochen mit einem Kursgewinn wieder verkaufen zu können. Die Anschaffungskosten dieser Aktien beliefen sich auf 160 EUR pro Aktie.
Zum Abschlussstichtag fällt der Kurs für diese Aktien auf 120 EUR/Aktie.

1. Unter welchem Posten des Bilanzgliederungsschemas sind die Wertpapiere jeweils auszuweisen?
2. Wie sind die Wertpapiere zum Abschlussstichtag zu bewerten, wenn das Unternehmen im Rahmen der Bewertungsstetigkeit einen hohen Gewinnsausweis anstrebt?

HGB
§ 266 (2),
§ 271 (1),
§ 253 (3),
§ 253 (4)

5.4 Bilanzierung und Bewertung von Fremdwährungsverbindlichkeiten

Rechnungsstellung in Auslandwährung: Berücksichtigung eines Währungsrisikos

Wenn ein deutsches Unternehmen Erzeugnisse aus einem Land mit einer anderen Währung (z. B. den USA) bezieht, so ergeben sich für die Rechnungsstellung (Fakturierung) grundsätzlich zwei Möglichkeiten:

- Fakturierung in Euro oder
- Fakturierung in der Währung des ausländischen Geschäftspartners (z. B. US $).

Bei einer Fakturierung einer Importlieferung in Euro gelten für die Bewertung der Auslandsverbindlichkeit die gleichen Bewertungsvorschriften wie für eine Inlandsverbindlichkeit. In diesem Fall entsteht für das deutsche Unternehmen kein Währungsrisiko, da die jeweilige Rechnung in Euro beglichen werden muss. Wird jedoch vertraglich vereinbart, dass der ausstehende Rechnungsbetrag in der Währung des ausländischen Handelspartners beglichen wird, so ist bereits bei Rechnungseingang der auf die Auslandswährung lautende Rechnungsbetrag in Euro umzurechnen. Da die Buchführung auf Euro basiert, wäre andernfalls eine Buchung der Rechnung nicht möglich.

HGB § 244

Wechselkurs

Der Wechselkurs gibt an, welche Menge ausländischer Währungseinheiten (z. B. US-$) für eine Einheit der inländischen Währung (z. B. EUR) getauscht wird.

Inländische Geschäftsbanken **kaufen Euro** zum niedrigeren Ankaufskurs und **verkaufen Euro** zum höheren Verkaufskurs. Der für eine Umrechnung anzuwendende Kurs ist zusätzlich davon abhängig, ob **Sorten oder Devisen** getauscht werden.

Devisen sind Zahlungsanweisungen (bargeldlose Zahlungsmittel) in fremder Währung wie z. B. Schecks und Überweisungen, die im Ausland zahlbar sind.

Sorten sind ausländisches Bargeld (Banknoten und Münzen) und damit gesetzliches Zahlungsmittel des fremden Landes.

Die in einer Kurstabelle angegebenen Kurse enthalten demnach immer die **An- und Verkaufskurse** aus Sicht einer Bank. Forderungen, die auf eine ausländische Währung lauten, werden grundsätzlich zum **Devisenkurs** abgerechnet.

Auszug aus der Kurstabelle einer Bank

Preise (je 1 EUR)	Devisenkurse		Sortenkurse	
	Geld	Brief	Ankauf	Verkauf
US-Dollar (USD)	1,3764	1,3824	1,3399	1,4150
Britisches Pfund (GBP)	0,6743	0,6783	0,6580	0,7050
Schweizer Franken (CHF)	1,6541	1,6581	1,6260	1,6960
Dänische Kronen (DKK)	7,4213	7,4613	7,1618	7,7718
Norwegische Kronen (NOK)	7,8766	7,9246	7,3981	8,2981
Schwedische Kronen (SEK)	9,1270	9,1750	8,7260	9,7456
Japanische Yen (JPY)	167,5600	168,0400	163,9344	173,6111
Aus der Sicht der inländischen Bank	↓ **Ankauf** von **1 EUR** gegen Verkauf von Devisen	↓ **Verkauf** von **1 EUR** gegen Ankauf von Devisen	↓ **Ankauf** von **1 EUR** gegen Verkauf von Sorten	↓ **Verkauf** von **1 EUR** gegen Ankauf von Sorten

An- und Verkauf von amerikanischem Dollar

Geldkurs US-$: 1,3764 Die inländische Bank **kauft** 1 EUR für 1,3764 US-$
Briefkurs US-$: 1,3824 Die inländische Bank **verkauft** 1 EUR für 1,3824 US-$

Aus dem Unterschied von niedrigerem Geldkurs und höherem Briefkurs decken die Banken ihre Kosten aus dem Devisenhandel. Darüber hinaus beinhaltet diese Spanne auch noch einen Gewinn.

Wechselkurs = Preis für ausländische Zahlungsmittel	
Geldkurs (Devisen)	**Briefkurs (Devisen)**
Ankauf (Sorten)	**Verkauf (Sorten)**
Die inländische Bank **kauft** 1 EUR gegen die angegebene **Menge** der ausländischen Währung.	Die inländische Bank **verkauft** 1 EUR gegen die angegebene **Menge** der ausländischen Währung.
Wechselkurs = Preisangabe in ausländischer Währung für 1 EUR	

Bei Forderungen und Verbindlichkeiten in Fremdwährungen ist es erforderlich, ein möglicherweise zum Bilanzstichtag bestehendes Währungsrisiko zu berücksichtigen. Das gilt sowohl für Forderungen bzw. Verbindlichkeiten aus Lieferungen und Leistungen als auch für Darlehensforderungen bzw. Darlehensverbindlichkeiten. HGB § 256a

Dazu ist die jeweilige Forderung oder Verbindlichkeit zunächst zu dem am Bilanzstichtag geltenden Devisenkassamittelkurs in EUR umzurechnen. Der **Devisenkassamittelkurs** ist das **arithmetische Mittel** aus

- **Briefkurs** (= Kurs zu dem Banken in Deutschland EUR verkaufen und ausländische Währungen ankaufen) und
- **Geldkurs** (= Kurs zu dem Banken in Deutschland EUR ankaufen und ausländische Währungen verkaufen)

Bewertung von Fremdwährungsverbindlichkeiten: Zugangsbewertung

Zum Zeitpunkt des **Zugangs** (Eingangsrechnung, Tag der Kreditaufnahme) einer Verbindlichkeit in fremder Währung (z. B. Liefererverbindlichkeiten, Darlehensverbindlichkeiten) ist eine Umrechnung in Euro zu dem an diesem Tag geltenden **Devisenkassamittelkurs** erforderlich **(Zugangsbewertung)**.[1]

$$\text{Devisenkassamittelkurs} = \frac{\text{Geldkurs} + \text{Briefkurs}}{2}$$

Bewertung von Fremdwährungsverbindlichkeiten: Folgebewertung

Das **Vorsichtsprinzip** muss gleichermaßen bei der Bewertung des Vermögens und der Verbindlichkeiten beachtet werden. Für die Bewertung von Verbindlichkeiten in fremder Währung bedeutet dies, dass von zwei infrage kommenden Werten im Normalfall **der höhere Wert** angesetzt werden muss. Außerdem schreibt das Handelsrecht vor, dass **Verbindlichkeiten zum Erfüllungsbetrag** anzusetzen sind. HGB § 252 (1) Nr. 4 § 253 (1) S. 2

1 In § 256a HGB ist nur für die **Folgebewertung** am Ende des Geschäftsjahres die Bewertung zum Devisenkassamittelkurs vorgeschrieben. Aus Gründen der Bewertungsstetigkeit muss aber – abweichend von manchen Darstellungen in anderen Lehrbüchern – auch zum **Zugangszeitpunkt** die Währungsumrechnung zum Devisienkassamittekurs und nicht zum Geldkurs erfolgen.

Für die Bewertung der Verbindlichkeiten gilt im Normalfall das Höchstwertprinzip.

HGB § 256a S. 2

Von der Bewertung nach dem Höchstwertprinzip sind Verbindlichkeiten in fremder Währung ausgenommen, deren Restlauf ein Jahr oder weniger beträgt. In diesem Fall muss die Fremdwährungsverbindlichkeit **zwingend** mit dem Betrag bewertet werden, der sich durch Umrechnung mit dem am Bilanzstichtag geltenden **Devisenkassamittelkurs** ergibt.

Aufg. 5.4.1 bis 5.4.2 S. 436 f.

<table>
<tr><th>Restlaufzeit der Verbindlichkeit > 1 Jahr</th><th colspan="2">Restlaufzeit der Verbindlichkeit ≤ 1 Jahr</th></tr>
<tr><td>Vergleich der Euro-Beträge bei Entstehung der Verbindlichkeit und am Bilanzstichtag (Berechnung auf der Basis des Devisenkassamittelkurses).</td><td colspan="2">Die Verbindlichkeit wird in jedem Fall mit dem Euro-Betrag bewertet, der sich am Bilanzstichtag auf der Basis des Devisenkassamittelkurses ergibt.</td></tr>
<tr><td rowspan="3">Die Verbindlichkeit muss zwingend mit dem höheren Euro-Betrag (= niedrigerer Kurs) bilanziert werden.

Höchstwertprinzip</td><td colspan="2">Kurs am Bilanzstichtag im Vergleich zum Kurs bei Entstehung der Verbindlichkeit</td></tr>
<tr><td>niedriger
(Verbindlichkeit in EUR ist am 31.12. mehr wert.)</td><td>höher
(Verbindlichkeit in EUR ist am 31.12. weniger wert.)</td></tr>
<tr><td>Kursverlust
muss als sonst. betriebl. Aufwand erfasst werden.</td><td>Kursgewinn
(= nicht realisierter Gewinn) muss als sonst. betriebl. Ertrag erfasst werden.</td></tr>
</table>

Bei einer Restlaufzeit der Verbindlichkeit von weniger als einem Jahr kann es somit – abweichend vom Höchstwert- und Imparitätsprinzip – zu einem **Ausweis nicht realisierter Kursgewinne** kommen.

Bewertung einer Liefererverbindlichkeit in US $

Die Industriebau AG hat aus den USA am 15. Dezember 2011 Rohstahl für 260 000 US $ gekauft. Nach den im Vertrag getroffenen Vereinbarungen ist die Verbindlichkeit in US $ zu begleichen. Aufgrund der seit langem bestehenden Geschäftsverbindung gewährt der US-amerikanische Lieferer einen Liefererkredit bis zum 15. Jan. des übernächsten Jahres (2013).

1. Zugangsbewertung der Verbindlichkeiten am 15. Dezember 2011 (Devisenkassamittelkurs 1,25 US $/EUR)

Erfüllungsbetrag: 208 000 EUR (260 000 US $: 1,25 US $/EUR) § 253 (1) S. 2 HGB

Konten	Soll/EUR	Haben/EUR
Bank an Verbindlichkeiten	208 000	 208 000

2. Bewertung der Verbindlichkeit zum 31. Dez. 2011 (Folgebewertung), falls der Devisenkassamittelkurs zum Abschlussstichtag 1,20 US $/EUR beträgt:

Da die Verbindlichkeit eine Restlaufzeit von mehr als einem Jahr hat, ist das **Höchstwertprinzip** anzuwenden (§§ 256a, 252 (1) Nr. 4 HGB). Demnach muss die Fremdwährungsverbindlichkeit mit 216 666,67 EUR (260 000 US $: 1,20 US $/EUR) angesetzt werden.

Konten	Soll/EUR	Haben/EUR
Sonstige betriebliche Aufwendungen (Kursverlust) an Verbindlichkeiten	8 666,67	 8 666,67

3. Bewertung der Verbindlichkeit zum 31. Dez. 2012 (Folgebewertung), falls der Devisenkassamittelkurs zum Abschlussstichtag 1,30 US $/EUR) beträgt:

Da die Restlaufzeit der Verbindlichkeit weniger als 1 Jahr beträgt, **muss** sie **zwingend** zum Devisenkassamittelkurs am Bilanzstichtag (31.12.) bewertet werden. Wegen der Veränderung des Wechselkurses ist die Verbindlichkeit am 31.12.2012 200 000 EUR wert (260 000 US $: 1,30 US $/EUR). Die Verbindlichkeit muss zu diesem gegenüber der Vorjahresbilanz um 16 666,67 EUR (216 666,67 EUR – 200 000 EUR) niedrigeren Wert angesetzt werden. Das führt – abweichend von dem sonst gültigen Anschaffungskosten- und Imparitätsprinzip – zum Ausweis eines **nicht realisierten Gewinns** in Höhe von 16 666,67 EUR.

In diesem Fall muss die Differenz zwischen den beiden Euro-Beträgen für die Verbindlichkeit am Ende des Geschäftsjahres als nicht realisierter Gewinn erfasst werden. Dazu ist u. a. folgende Buchung erforderlich:

Konten	Soll/EUR	Haben/EUR
Verbindlichkeiten	16 666,67	
an sonstige betriebliche Erträge		16 666,67

Wurde im Zusammenhang mit der Gewährung eines Auslandskredits für ein Disagio ein aktiver Rechnungsabgrenzungsposten gebildet (= Ausübung des Aktivierungswahlrechts), so führen Wechselkursänderungen nicht zu einer Veränderung des aktiven Rechnungsabgrenzungspostens[1].

Kapitalgesellschaften sind verpflichtet, die Grundlagen für die Umrechnung von Fremdwährungsverbindlichkeiten in Euro im Anhang anzugeben. HGB § 284 (2) Nr. 2

HGB § 253 (1) S. 2

HGB § 256a

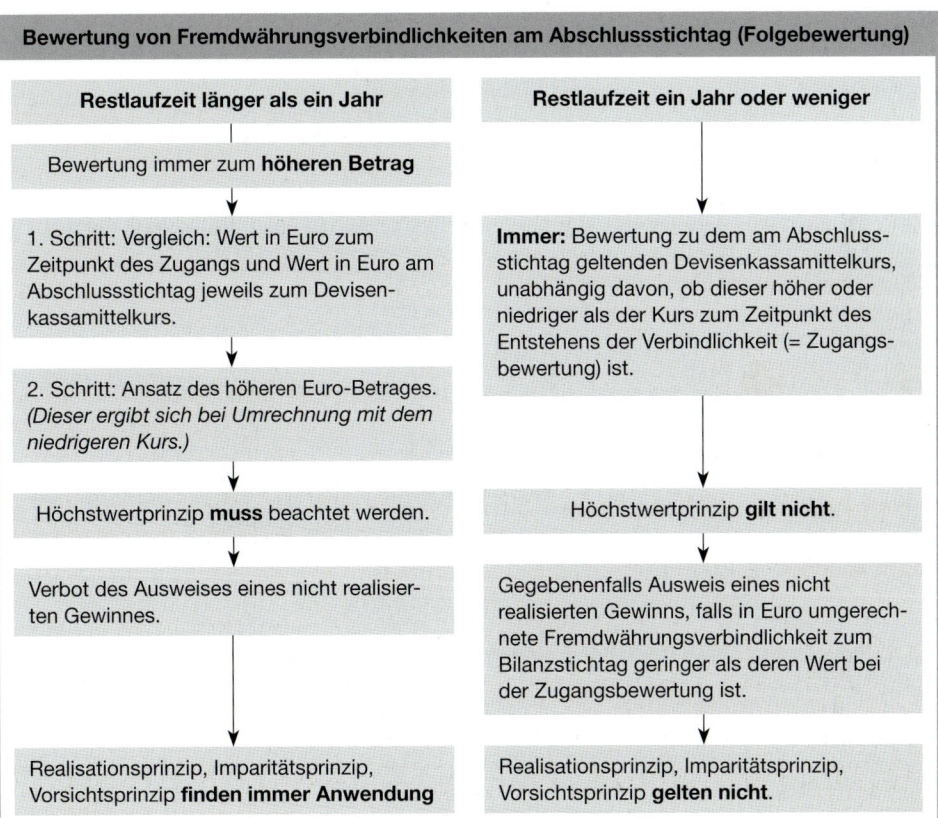

Bewertung von Fremdwährungsverbindlichkeiten am Abschlussstichtag (Folgebewertung)

Restlaufzeit länger als ein Jahr	Restlaufzeit ein Jahr oder weniger
Bewertung immer zum **höheren Betrag**	
1. Schritt: Vergleich: Wert in Euro zum Zeitpunkt des Zugangs und Wert in Euro am Abschlussstichtag jeweils zum Devisenkassamittelkurs.	**Immer:** Bewertung zu dem am Abschlussstichtag geltenden Devisenkassamittelkurs, unabhängig davon, ob dieser höher oder niedriger als der Kurs zum Zeitpunkt des Entstehens der Verbindlichkeit (= Zugangsbewertung) ist.
2. Schritt: Ansatz des höheren Euro-Betrages. *(Dieser ergibt sich bei Umrechnung mit dem niedrigeren Kurs.)*	
Höchstwertprinzip **muss** beachtet werden.	Höchstwertprinzip **gilt nicht**.
Verbot des Ausweises eines nicht realisierten Gewinnes.	Gegebenenfalls Ausweis eines nicht realisierten Gewinns, falls in Euro umgerechnete Fremdwährungsverbindlichkeit zum Bilanzstichtag geringer als deren Wert bei der Zugangsbewertung ist.
Realisationsprinzip, Imparitätsprinzip, Vorsichtsprinzip **finden immer Anwendung**	Realisationsprinzip, Imparitätsprinzip, Vorsichtsprinzip **gelten nicht**.

1 Der aktive Rechnungsabgrenzungsposten stellt keinen Vermögensgegenstand im Sinne des HGB dar. Deshalb ist für dessen Bewertung auch nicht § 253 HGB anzuwenden.

Zusammenfassende Übersicht zu Kap. 5.4: Bewertung von Fremdwährungsverbindlichkeiten

Fremdwährungsverbindlichkeiten

Grundsatz: Bewertung zum Erfüllungsbetrag (§ 253 (1) S. 2 HGB)

Restlaufzeit länger als ein Jahr (§ 256a HGB)

→ **Höchstwertprinzip** (von zwei möglichen Werten muss der höhere genommen werden) ***muss beachtet*** werden

- **Fall 1: Wert am Abschlussstichtag < Wert zum Zeitpunkt des Zugangs** → Bewertung zum **höheren** Wert zum Zugangszeitpunkt
- **Fall 2: Wert am Abschlussstichtag > Wert zum Zeitpunkt des Zugangs** → Bewertung zum **höheren** Wert zum Abschlussstichtag

Vorsichtsprinzip: Drohende Verluste müssen berücksichtigt werden.

Restlaufzeit ein Jahr oder weniger

→ **Höchstwertprinzip** (von zwei möglichen Werten muss der höhere genommen werden) findet **keine Anwendung**

Folgebewertung zum (höheren oder niedrigeren) Devisenkassamittelkurs am Abschlussstichtag

Evtl. **Ausweis eines nicht realisierten Gewinnes**

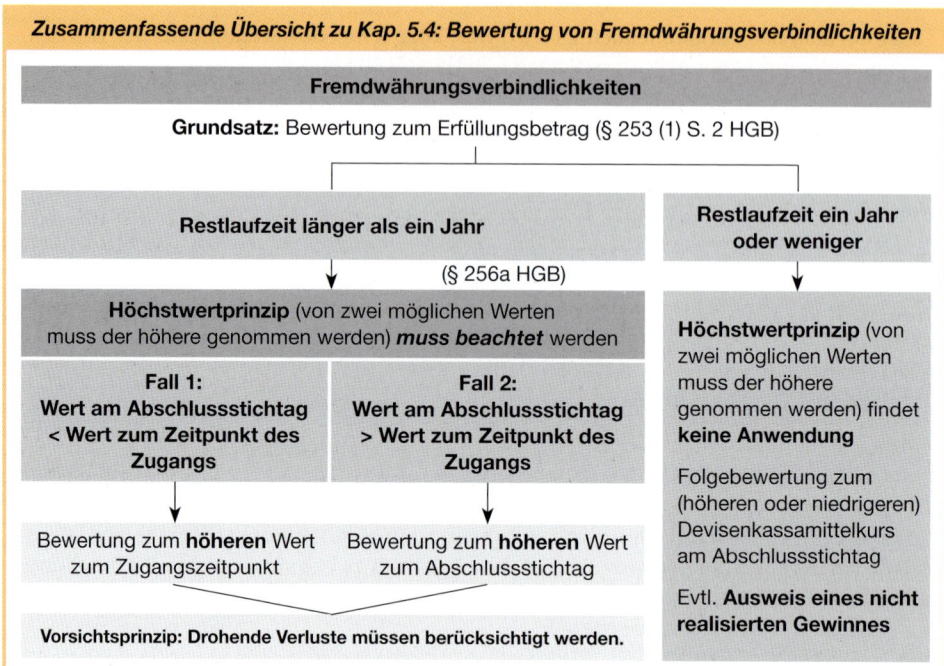

Fragen zur Wiederholung

zu Kapitel 5.4 Bilanzierung und Bewertung von Fremdwährungsverbindlichkeiten

1. Zu welchem Wert müssen Verbindlichkeiten bei der Zugangs- und Folgebewertung jeweils angesetzt werden?
2. Mit welchem Wert sind Fremdwährungsverbindlichkeiten mit einer Restlaufzeit von mehr als einem Jahr in der Bilanz anzusetzen, wenn der Wert am Abschlussstichtag
   a) kleiner ist als der Wert zum Zeitpunkt des Zugangs,
   b) größer ist als der Wert zum Zeitpunkt des Zugangs?
3. Wie sind Fremdwährungsverbindlichkeiten mit einer Restlaufzeit von einem Jahr oder weniger am Bilanzstichtag zu bewerten?
4. Beschreiben Sie die beiden Möglichkeiten zur Behandlung eines Disagios im Zusammenhang mit der Aufnahme eines Darlehens.

Aufgaben und Probleme

zu Kapitel 5.4 Bilanzierung und Bewertung von Fremdwährungsverbindlichkeiten

5.4.1 Bewertung eines Darlehens einer schweizerischen Bank

Die Esslinger Kartonagenfabrik AG hat am 20. Nov. d. J. bei der Swissbank in Zürich ein Fälligkeitsdarlehen in Höhe von 200 000 sfr aufgenommen. Das Darlehen ist nach einer Laufzeit von vier Jahren zur Rückzahlung in einem Betrag fällig. Es wird zu 100 % ausbezahlt (kein Disagio) und mit einem Zinssatz von 7 % verzinst. Die Zinsen sind jeweils am Ende eines Geschäftsjahres zu zahlen. Es liegen folgende Devisenkassamittelkurse vor:

HGB § 253 (1)

20. Nov. d. J. (Tag der Darlehensaufnahme)	1,5800 sfr/EUR
31. Dez. d. J. (Abschlussstichtag)	1,6010 sfr/EUR

1. Mit welchem Betrag ist das Darlehen zum Zeitpunkt der Darlehensaufnahme in der Buchführung der Esslinger Kartonagenfabrik zu erfassen (Zugangsbewertung)?
2. Wie ist das Darlehen in der Bilanz zum 31. Dez. d. J. zu bewerten? HGB § 252 (1) Nr. 4, § 253 (1), § 252 (1) Nr. 4
3. Wie wäre das Darlehen in der Bilanz zum 31. Dez. d. J. zu bewerten, wenn zu diesem Zeitpunkt ein Devisenkassamittelkurs von 1,5600 sfr/EUR gelten würde?

5.4.2 Lieferantenkredit eines norwegischen Stahlherstellers

Die Metallbau Person AG hat am 19. Mai 2012 von einem Stahlhersteller aus Norwegen Rundstahl bezogen. Im Kaufvertrag wurde vereinbart, dass der Rechnungsbetrag in Höhe von 840 000 Norwegischen Kronen (NOK) am 31. März 2013 fällig ist.

Für die Norwegische Krone liegen folgende Devisenkassamittelkurse vor:
19. Mai 2012: 8,71488 NOK/EUR 31. Dezember 2012: 9,14122 NOK/EUR

1. Mit welchem Betrag ist die Gewährung des Lieferantenkredits am 19. Mai 2012 buchhalterisch zu erfassen (Zugangsbewertung)? HGB § 256a
2. Mit welchem Betrag muss der Kredit im Jahresabschluss des Geschäftsjahres 2012 (Folgebewertung) ausgewiesen werden?
3. Welche Änderungen im Vergleich zu 2. würden sich ergeben, wenn der Devisenkassamittelkurs zum 31.12.12 8,58762 NOK/EUR betragen würde?
4. Zu welchem Betrag müsste der Kredit im Jahresabschluss des Geschäftsjahres 2012 ausgewiesen werden, wenn der Rechnungsbetrag erst am 31. März 2014 fällig wäre?

5.4.3 Kauf einer Maschine von einem englischen Lieferer

Am 14. Dezember 2012 kauft die Plastikwaren AG von der British Steel Corporation eine Maschine zum Rechnungsbetrag von 120 000 brit. Pfund. Der Pfundkurs (Devisenkassamittelkurs) beträgt an diesem Tag 0,6570 GBP/EUR.

Am 31.12.2012 werden 80 % des Rechnungsbetrages überwiesen (Kurse: GBP/EUR: Geld 0,6600, Brief 0,6650).

1. Wie ist der Eingang der Rechnung am 14. Dezember 2012 (ohne USt.) zu buchen? HGB § 253 (1)
2. Wie ist bei der Zahlung am 31.12.2012 zu buchen?
3. Mit welchem Wert ist die am 14. Januar 2013 fällige Auslandsverbindlichkeit in der Bilanz zum 31.12.2012 anzusetzen?
4. Stellen Sie fest, ob und gegebenenfalls welche Angabe im Anhang bezüglich der Auslandsverbindlichkeit erforderlich ist. HGB § 284 (2)

5.4.4 Einkauf von Rohstoffen aus dem Ausland

Am 03.11.2012 (Liefer- und Rechnungsdatum) bezog die Metallbau Mannheim AG 500 Tonnen Aluminium aus dem Ausland. Der Einkaufspreis betrug 1 500 US $ je Tonne. Am Ende des Jahres sind noch 200 Tonnen des Stoffes im Lager. Der Marktpreis für Aluminium betrug am 31.12.2012 1 800 US $ je Tonne. Am Ende des Jahres ist die Rechnung, die in US $ gestellt wurde, noch nicht bezahlt.

Der Devisenkassamittelkurs für den US $ (US $/EUR) betrug am: HGB § 253 (3)
03.11.2012 1,2920 US $/EUR 31.12.2012 1,2810 US $/EUR

1. Ermitteln Sie den Bilanzansatz für die Bilanzposition „Rohstoffe" zum 31.12.2012 und erläutern Sie das zugrunde liegende Bewertungsprinzip.
2. Prüfen Sie, ob bei der Position „Rohstoffe" ein Bewertungsspielraum vorhanden ist.
3. Mit welchem Betrag sind die am 20. Februar 2013 fälligen Verbindlichkeiten der Metallbau Mannheim in der Bilanz zum 31.12.2012 anzusetzen?. HGB § 253 (1)

5.4.5 Auslandskredit mit Disagio

Die Alu-AG entschied sich aufgrund der günstigen Kreditbedingungen für die Aufnahme eines Auslandskredits bei einer US-Bank.

Konditionen

Nennbetrag:	150 000 US $	Auszahlung:	98 %	Zinssatz:	8 %
Laufzeit:	5 Jahre (01.04.2012 – 30.03.2017)				
Zinstermine:	jeweils am 30.03. (nachschüssig)				
Tilgung:	am Ende der Laufzeit (Fälligkeitsdarlehen)				
Sicherheit:	Eintragung einer Grundschuld in Höhe des Nennbetrags				

Auszug aus der Kurstabelle für den US $:

	01.04.2012	31.12.2012
Devisenkassamittelkurs	1,3010 US $/EUR	1,2810 US $/EUR

Das Unternehmen beabsichtigt, einen möglichst hohen Jahresüberschuss auszuweisen.

HGB § 253 (1), § 250 (3)

1. Mit welchem Betrag ist die Darlehensverbindlichkeit bei der Zugangsbewertung am 01.04.2012 zu erfassen?
2. Mit welchem Betrag ist der Kredit im Jahresabschluss des Geschäftsjahres 2012 auszuweisen?
3. Mit welchem Betrag und in welcher Bilanzposition ist das Disagio im Jahresabschluss für das Geschäftsjahr 2012 auszuweisen?

5.5 Bilanzierungs- und Bewertungswahlrechte: Bildung stiller Rücklagen

Zwar wurden durch das Bilanzrechtsmodernisierungsgesetz vom Mai 2009 die Bilanzierungs- und Bewertungswahlrechte nach HGB eingeschränkt. Dennoch ist es weiterhin möglich und erlaubt, durch Ausübung solcher Wahlrechte stille Rücklagen zu bilden.

Bilanzierungswahlrechte stellen es dem bilanzierenden Unternehmen frei, bestimmte Aktiv- bzw. Passivposten in der Bilanz anzusetzen oder nicht.

Bewertungswahlrechte ermöglichen es dem bilanzierenden Unternehmen, zwischen zwei oder mehreren handelsrechtlich zulässigen Wertansätzen zu wählen.

Stille Rücklagen entstehen dadurch, dass
- **Vermögensgegenstände nicht aktiviert oder unterbewertet werden und/oder**
- **Schulden überbewertet werden.**

Über die Ausübung von **Bilanzierungswahlrechten** kann an jedem Bilanzstichtag neu entschieden werden. Für die Ausübung von **Bewertungswahlrechten** gilt dagegen der **Grundsatz der Stetigkeit**, d. h. eine einmal gewählte Bewertungsmethode darf nicht zu jedem Bilanzstichtag beliebig geändert werden. Wird die Bewertungsmethode geändert, so muss der Anhang eine entsprechende Begründung enthalten.

Bilanzierungswahlrechte

Bilanzierungswahlrechte bestehen nach HGB bei

1. Selbst geschaffenen immateriellen Wirtschaftsgütern
2. der Behandlung eines Disagios.

1 *Selbst geschaffene immaterielle Wirtschaftsgüter*

HGB § 248 (2)

Nach HGB § 248 (2) **können** selbst geschaffene immaterielle Vermögensgegenstände des Anlagevermögens als Aktivposten in die Bilanz aufgenommen werden.

Die Mitarbeiter einer Maschinenfabrik haben ein betriebsbezogenes EDV-Programm (= immaterielles Vermögensgut) entwickelt. Die Herstellungskosten betragen 50 000 EUR.

Bilanzierungswahlrecht wird ausgeübt.		Bilanzierungswahlrecht wird nicht ausgeübt.	
Buchungssatz: Selbsterstellte immaterielle Vermögensgegenstände an aktivierte Eigenleistungen (*Ertragskonto*)	 50 000 EUR 50 000 EUR	keine Buchung	
Erträge und ausgewiesener Gewinn erhöhen sich um	50 000 EUR	kein Ausweis als Ertrag/Gewinn **stille Rücklage**	 **50 000 EUR**

❷ *Disagio*

Kap. E 5.4.1

HGB § 250 (3)

Nach HGB § 250 (3) besteht ein **Wahlrecht**, ob das Disagio im Jahr der Darlehensaufnahme in voller Höhe als Aufwand gebucht oder aktiviert und über die Laufzeit abgeschrieben wird (Aktive Rechnungsabgrenzung).

Hinweis: Das Konto Aktive Rechnungsabgrenzungsposten ist ein aktives Bestandskonto.

Eine Maschinenfabrik hat ein Darlehen über 100 000 EUR mit einer Laufzeit von 5 Jahren aufgenommen. Das Disagio beträgt 5 %.

Aktivierung (Aktive Rechnungsabgrenzung) und planmäßige Abschreibung über die Laufzeit		in voller Höhe Erfassung als Aufwand im Jahr der Darlehensaufnahme	
Buchungssätze (1. Jahr):		**Buchungssatz** (1. Jahr):	
Bank	95 000 EUR	Bank	95 000 EUR
ARA	5 000 EUR	Zinsaufwand	5 000 EUR
an Darlehensverbindlichkeiten	100 000 EUR	an Darlehensverbindlichkeiten	100 000 EUR
Zinsaufwand (Abschr. Disagio)	1 000 EUR		
an ARA	1 000 EUR		
Restliches Disagio:	4 000 EUR	Restliches Disagio:	0 EUR
Aufwendungen steigen um	1 000 EUR	Aufwendungen steigen um	5 000 EUR
ausgewiesener Gewinn sinkt um	1 000 EUR	ausgewiesener Gewinn sinkt um	5 000 EUR
		stille Rücklage:	**4 000 EUR**

Bewertungswahlrechte

Bewertungswahlrechte bestehen nach HGB bei der
❶ Wahl des Abschreibungsverfahrens,
❷ Ermittlung der Herstellungskosten,
❸ vorübergehenden Wertminderung von Finanzanlagen.

❶ *Abschreibung*

HGB § 253 (3)

Kap. E 5.2.2

Nach HGB § 253 (3) **müssen** abnutzbare Gegenstände des Anlagevermögens planmäßig abgeschrieben werden. Es besteht aber ein **Wahlrecht** zwischen verschiedenen planmäßigen Abschreibungsverfahren (z. B. lineare oder degressive Abschreibung).

Eine Maschinenfabrik hat eine neue Produktionsanlage mit einer betriebsgewöhnlichen Nutzungsdauer von 10 Jahren angeschafft. Die Anschaffungskosten betrugen 100 000 EUR. Es stehen die lineare oder die degressive Abschreibung ($2^1/_2$-faches des linearen Satzes) zur Auswahl.

Lineare Abschreibung (10 % vom AW)		Degressive Abschreibung (25 % vom RW)	
Buchungssatz (1. Jahr):		**Buchungssatz** (1. Jahr):	
Abschreibungen	10 000 EUR	Abschreibungen	25 000 EUR
an Betriebs- und Geschäftsausstattung	10 000 EUR	an Betriebs- und Geschäftsausstattung	25 000 EUR
Restwert der Maschine nach dem 1. Jahr:	90 000 EUR	Restwert der Maschine nach dem 1. Jahr:	75 000 EUR
ausgewiesener Gewinn sinkt um	10 000 EUR	ausgewiesener Gewinn sinkt um	25 000 EUR
		stille Rücklage	**15 000 EUR**

❷ *Herstellungskosten*

Kap. E 5.3.1

HGB § 255 (2), (3)

Selbsterstellte Anlagen sowie auf Lager liegende fertige und unfertige Erzeugnisse **müssen** mit den **Herstellungskosten** bewertet und aktiviert werden. Nach HGB § 255 (2) und (3) bestehen bei der Ermittlung der Herstellungskosten **Wahlrechte**. Bei der Berechnung der Herstellungskosten **dürfen** u. a. allg. Verwaltungsgemeinkosten sowie Aufwendungen für soziale Einrichtungen, freiwillige Sozialleistungen, die betriebliche Altersversorgung und evt. Fremdkapitalzinsen einbezogen werden.

Eine Maschinenfabrik muss seine unfertigen Erzeugnisse, die auf Lager liegen, zum Bilanzstichtag aktivieren. Die Herstellungskosten für diese Erzeugnisse betragen unter Berücksichtigung aller ansetzbaren Kosten 300 000 EUR (Wertobergrenze). Werden die anteiligen allg. Verwaltungsgemeinkosten, nicht berücksichtigt, ergeben sich Herstellungskosten in Höhe von 250 000 EUR (Wertuntergrenze).

Bilanzierung der unfertigen Erzeugnisse mit der Wertobergrenze der Herstellungskosten	Bilanzierung der unfertigen Erzeugnisse mit der Wertuntergrenze der Herstellungskosten
Buchungssatz Unfertige Erzeugnisse 300 000 EUR an Bestandserhöhungen unfertige Erzeugnisse (*Ertragskonto*) 300 000 EUR	**Buchungssatz** Unfertige Erzeugnisse 250 000 EUR an Bestandserhöhungen unfertige Erzeugnisse (*Ertragskonto*) 250 000 EUR
Unfertige Erzeugnisse werden mit 300 000 EUR auf der Aktivseite ausgewiesen. Erträge und ausgewiesener Gewinn erhöhen sich um 300 000 EUR	Unfertige Erzeugnisse werden mit 250 000 EUR auf der Aktivseite ausgewiesen. Erträge und ausgewiesener Gewinn erhöhen sich um 250 000 EUR **stille Rücklage: 50 000 EUR**

❸ *Außerplanmäßige Abschreibungen auf Finanzanlagen bei vorübergehender Wertminderung*

Kap. E 5.2.3

HGB § 253 (3) S. 4

Nach HGB § 253 (3) S. 4 **können** Finanzanlagen bei nicht dauerhafter Wertminderung außerplanmäßig abgeschrieben werden.

Eine Maschinenfabrik hält eine auf Dauer angelegte Beteiligung an einem anderen Unternehmen in Form eines Aktienpakets. Bisheriger Börsenpreis des Aktienpakets: 2,5 Mio. EUR. Durch einen allgemeinen Kurssturz an der Börse, der nach Einschätzung von Experten als vorübergehend einzuschätzen ist, beträgt der Wert des Aktienpakets am Bilanzstichtag nur 2,3 Mio. EUR.

Bewertungswahlrecht wird nicht ausgeübt.	Bewertungswahlrecht wird ausgeübt.
keine Buchung	**Buchungssatz:** Abschreibungen auf Finanzanl. 200 000 EUR an Finanzanlagen 200 000 EUR
Die Finanzanlagen werden mit dem bisherigen Wert in Höhe von 2,5 Mio. EUR in der Bilanz ausgewiesen.	Die Finanzanlagen werden mit 2,3 Mio. EUR ausgewiesen. Aufwendungen steigen um 200 000 EUR ausgewiesener Gewinn sinkt um 200 000 EUR **stille Rücklage: 200 000 EUR**

Aufg. 5.5.1 S. 441

Zusammenfassende Übersicht zu Kap. 5.5: Bilanzierungs- und Bewertungswahlrechte: Bildung stiller Rücklagen

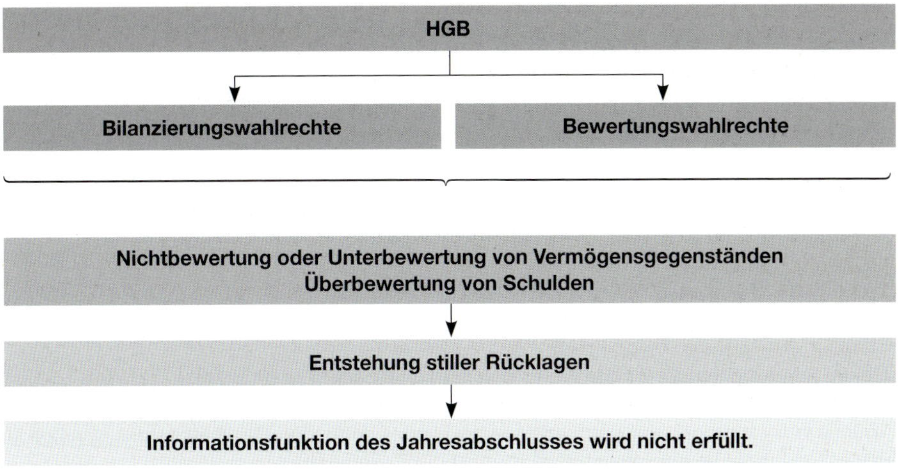

Fragen zur Wiederholung

zu Kapitel 5.5 Bilanzierungs- und Bewertungswahlrechte: Bildung stiller Rücklagen

1. Unterscheiden Sie zwischen Bilanzierungs- und Bewertungswahlrecht.
2. Nennen Sie Beispiele für Bilanzierungs- und Bewertungswahlrechte nach HGB.
3. Wie kann es zur Bildung von stillen Rücklagen durch die Wahrnehmung von Bilanzierungs- und Bewertungswahlrechten kommen?

Aufgaben und Probleme

zu Kapitel 5.5 Bilanzierungs- und Bewertungswahlrechte: Bildung stiller Rücklagen

5.5.1 Ausübung von Bilanzierungs- und Bewertungswahlrechten

Unter Beachtung der Ansatz- und Bewertungsstetigkeit haben die Württembergischen Drahtwerke AG in der Vergangenheit ihre Bilanzierungs- und Bewertungswahlrechte immer so ausgeübt, dass ein möglichst geringer Jahresüberschuss ausgewiesen wurde.
Für die Erstellung des Jahresabschlusses für das laufende Geschäftsjahr sind noch folgende Bewertungsentscheidungen zu treffen:

1. Im laufenden Geschäftsjahr haben die Mitarbeiter der AG ein EDV-Programm zur Programmplanung erstellt. Dafür sind Entwicklungskosten in Höhe von 80000 EUR angefallen. HGB § 248 (2)

2. Am 28. Jan. des laufenden Geschäftsjahres wurde eine CNC-gesteuerte Fräsmaschine mit einer betriebsgewöhnlichen Nutzungsdauer von 10 Jahren angeschafft. Die Anschaffungskosten betrugen 120000 EUR. Als Abschreibungsmethoden kommen die lineare oder die degressive Abschreibung (2½-faches des linearen Satzes) in Betracht. HGB § 250 (3)

3. Der Wert, zu dem die im Laufe des Geschäftsjahres auf Lager produzierten fertigen und unfertigen Erzeugnisse in der Bilanz ausgewiesen werden sollen, wurde noch nicht ermittelt. Unter

HGB § 255 (2), (3)

Berücksichtigung aller ansetzbaren Kosten betragen die Herstellungskosten für diese Erzeugnisse 250 000 EUR (Wertobergrenze). Werden die anteiligen allgemeinen Verwaltungsgemeinkosten sowie die Kosten für soziale Einrichtungen nicht berücksichtigt, ergeben sich Herstellungskosten von 210 000 EUR (Wertuntergrenze).

HGB § 250 (3)

4 Im Januar des laufenden Geschäftsjahres wurde ein Darlehen über 100 000 EUR mit einer Laufzeit von 5 Jahren aufgenommen. Das Disagio beträgt 3 %.

HGB § 253 (3) S. 4

5 Der Börsenpreis einer auf Dauer angelegten Beteiligung an einem Zulieferer in Form eines Aktienpaketes betrug bisher 3,2 Mio. EUR. Durch einen Kurssturz an der Börse, der nach Einschätzung von Experten als vorübergehend einzuschätzen ist, beträgt der Wert des Aktienpaketes zum Abschlussstichtag nur noch 2,8 Mio. EUR.

1. Beschreiben Sie für jeden der 5 Fälle, ob – gegebenenfalls welche – Bilanzierungs- oder Bewertungswahlrechte die AG jeweils ausüben kann.
2. Zu welchen Bilanzansätzen (genauer Betrag) führen die unter der gegebenen Zielsetzung „Ausweis eines möglichst geringen Jahresüberschusses“ zu treffenden Bewertungsentscheidungen jeweils?
3. Geben Sie für jeden der 5 Fälle an, in welcher Höhe gegebenenfalls stille Rücklagen gebildet werden.
4. Welche Auswirkungen auf den Gewinnausweis des laufenden Geschäftsjahres ergeben sich insgesamt durch die getroffenen Bewertungsentscheidungen?

6 Internationale Vorschriften zur Rechnungslegung[1]

Warum ist dieses Kapitel wichtig?

Potenzielle Kapitalanleger vergleichen die Vermögens- und Ertragslage verschiedener für eine Anlageentscheidung infrage kommender Unternehmen. Damit ein solcher Vergleich die gewünschten Informationen liefert, müssen aber Bilanz und Gewinn- und Verlustrechnung nach den gleichen Vorschriften erstellt werden. Das ist aber nur möglich, wenn es international gültige Vorschriften zur Erstellung eines Jahresabschlusses gibt. Darüber hinaus ist die Erstellung eines Jahresabschlusses nach international anerkannten Rechnungslegungsvorschriften auch für solche Unternehmen von Interesse, die sich auf den Gang an eine Börse vorbereiten.

Die Leitfrage für diesen Abschnitt lautet daher:
Welche Vorschriften zur internationalen Rechnungslegung ermöglichen die Vergleichbarkeit von Jahresabschlüssen von Unternehmen, die in unterschiedlichen Ländern ihren Geschäftssitz haben?

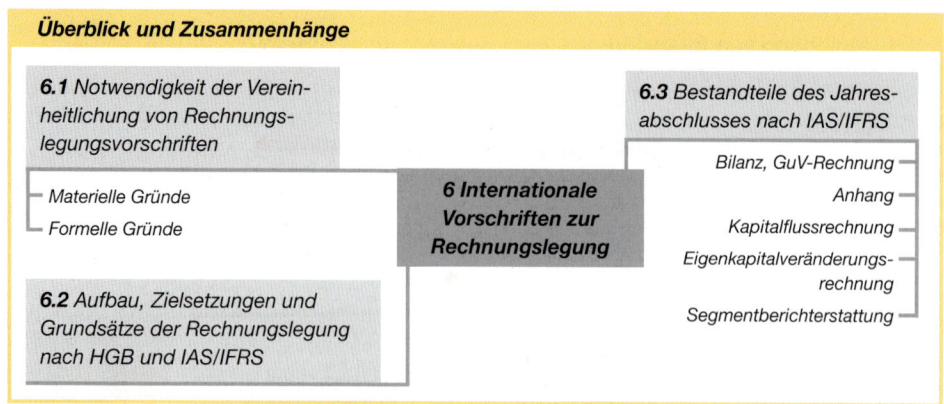

Überblick und Zusammenhänge

6 Internationale Vorschriften zur Rechnungslegung

***6.1** Notwendigkeit der Vereinheitlichung von Rechnungslegungsvorschriften*
- *Materielle Gründe*
- *Formelle Gründe*

***6.2** Aufbau, Zielsetzungen und Grundsätze der Rechnungslegung nach HGB und IAS/IFRS*

***6.3** Bestandteile des Jahresabschlusses nach IAS/IFRS*
- *Bilanz, GuV-Rechnung*
- *Anhang*
- *Kapitalflussrechnung*
- *Eigenkapitalveränderungsrechnung*
- *Segmentberichterstattung*

1 Eine Zusammenstellung und Erläuterung der englischen Begriffe im Zusammenhang mit der internationalen Rechnungslegung findet sich im Glossar am Ende des Buches.

6.1 Notwendigkeit der Vereinheitlichung von Rechnungslegungsvorschriften

Bevor ein **Kapitalanleger** (Investor) eine Entscheidung über die Beteiligung an einem Unternehmen trifft, beschafft er sich üblicherweise zunächst Informationen über die Vermögens- und Ertragslage der für eine Beteiligung infrage kommenden Unternehmen. Solche Informationen können anhand eines Vergleichs der Jahresabschlüsse der einzelnen Unternehmen gewonnen werden. Ein Vergleich ist aber aus nachstehenden Gründen häufig gar nicht oder nur mit großem zeitlichem Aufwand möglich:

Materielle Gründe

(1) Die Unternehmen üben die in den Bewertungsvorschriften enthaltenen **Bilanzierungs- und Bewertungswahlrechte**[1] unterschiedlich aus.
Je mehr Wahlrechte bestehen, die von den Unternehmen in unterschiedlicher Weise ausgenutzt werden, umso schwieriger wird die Vergleichbarkeit der Unternehmensergebnisse.

(2) In Abhängigkeit vom Geschäftssitz eines Unternehmens (Inland oder Ausland) gelten unterschiedliche Bewertungsvorschriften.

Ein Vergleich von Jahresabschlüssen verschiedener Unternehmen wird erschwert durch:
1. **die Ausübung von Bilanzierungs- und Bewertungswahlrechten,**
2. **unterschiedliche Bewertungsvorschriften, je nachdem, in welchem Land ein Unternehmen seinen Geschäftssitz hat.**

Formelle Gründe

Ein Vergleich von Jahresabschlüssen weltweit tätiger Unternehmen ist auch aus **formellen Gründen** nicht ohne weiteres möglich:

(1) Die Bezeichnungen der Posten von Bilanz und Gewinn- und Verlustrechnung erfolgt häufig in der Landessprache.

(2) Der Inhalt der einzelnen Posten sowie das Gliederungsschema für Bilanz und Gewinn- und Verlustrechnung sind nicht in allen Ländern einheitlich.

Vorteile einer Vereinheitlichung der Rechnungslegung

Die Vereinheitlichung der Rechnungslegungsvorschriften auf internationaler Ebene führt zu nachstehenden Vorteilen:

1. Vergleichbarkeit der Jahresabschlüsse wird verbessert.
2. Erstellung der Jahresabschlüsse wird kostengünstiger.
3. Beschaffung von Eigenkapital über die Börse wird erleichtert (die Kapitalbeschaffung über eine Börse ist an die Börsenvorschriften und damit auch an die Rechnungslegungsvorschriften des jeweiligen Landes gebunden).

Auf der Grundlage der EU-Verordnung vom 19.07.2002 (IAS-Verordnung) **müssen** sämtliche **kapitalmarktorientierten Unternehmen** (= Aktiengesellschaften, deren Aktien am Kapitalmarkt gehandelt werden) **in Europa** ihre **Konzernabschlüsse** nach **IAS/IFRS**[2] erstellen.[3]

Es besteht aber auch für nicht-kapialmarktorientierte Unternehmen die Möglichkeit, auf **freiwilliger Basis** die internationalen Rechnungslegungsvorschriften im Konzern- oder Einzelabschluss anzuwenden. Macht ein Unternehmen von diesem Wahlrecht Ge- HGB § 315a, 325 (2a)

1 Bilanzierungswahlrecht: Wahl, **ob** ein bestimmter Sachverhalt in der Bilanz angesetzt werden kann (Bsp. selbst geschaffene immaterielle Vermögensgegenstände des Anlagevermögens gem. § 248 (2) HGB).
Bewertungswahlrecht: Wahlrecht, **in welcher Höhe** ein bestimmter Sachverhalt in der Bilanz ausgewiesen wird (Bsp. Herstellungskosten gem. § 255 (3) S. 3 HGB).

2 IAS: **I**nternational **A**ccounting **S**tandards (= internationale Rechnungslegungsstandards bis zum Jahr 2001)
IFRS: **I**nternational **F**inancial **R**eporting **S**tandards (= internationale Rechnungslegungsstandards ab dem Jahr 2001)

3 In Deutschland sind derzeit ca. 800 Gesellschaften von dieser Regelung betroffen.

brauch, dann ersetzt der auf der Grundlage von IAS/IFRS erstellte Abschluss die Offenlegung eines Abschlusses nach den Vorschriften des HGB. Das kann für solche Unternehmen von Interesse sein, die sich auf den Gang an die Börse vorbereiten und/oder deren Banken für das Rating (= Einschätzung eines Unternehmens hinsichtlich Zahlungsfähigkeit und Kreditwürdigkeit) einen Abschluss nach IAS/IFRS erwarten.

Rechtsgrundlagen deutscher Rechnungslegung (ab 01.01.2005)

Jahresabschlüsse von Kapitalgesellschaften

Einzelabschluss
- nicht kapitalmarktorientiert
- kapitalmarktorientiert

→
- Pflicht: HGB (Abschluss, der Grundlage für die Gewinnausschüttung ist)
- Wahlrecht: IAS/IFRS (Abschluss, der veröffentlicht wird)

Konzernabschluss
- nicht kapitalmarktorientiert → Nationales Wahlrecht IAS/IFRS und/oder HGB
- kapitalmarktorientiert → EU-Pflicht für IAS/IFRS

Mit der Aufstellung von Jahresabschlüssen auf der Grundlage **international geltender Rechnungslegungsvorschriften** soll vorrangig dem **Schutz von Anlegern** Rechnung getragen werden. Da sich insbesondere große Aktiengesellschaften ihr Eigenkapital hauptsächlich von Anlegern an **Kapitalmärkten** beschaffen, werden die damit verbundenen Vorschriften auch als **kapitalmarktorientierte Rechnungslegung** bezeichnet.

Zusammenfassende Übersicht zu Kap. 6.1: Notwendigkeit der Vereinheitlichung von Vorschriften zur Rechnungslegung

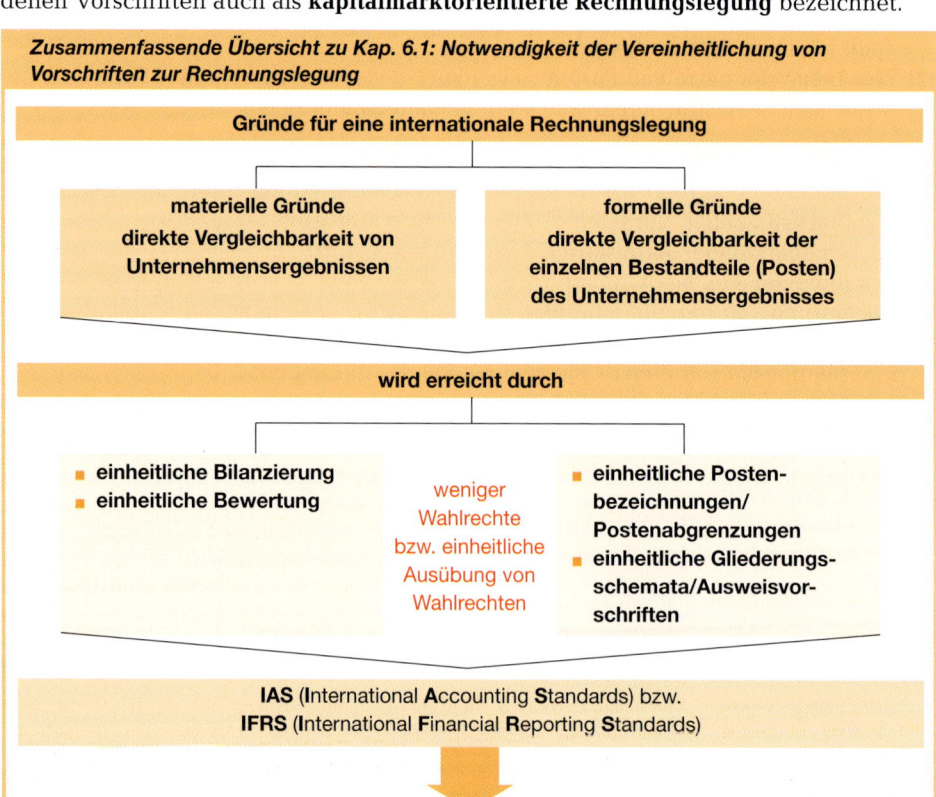

Gründe für eine internationale Rechnungslegung

materielle Gründe
direkte Vergleichbarkeit von Unternehmensergebnissen

formelle Gründe
direkte Vergleichbarkeit der einzelnen Bestandteile (Posten) des Unternehmensergebnisses

wird erreicht durch

- **einheitliche Bilanzierung**
- **einheitliche Bewertung**

weniger Wahlrechte bzw. einheitliche Ausübung von Wahlrechten

- **einheitliche Postenbezeichnungen/Postenabgrenzungen**
- **einheitliche Gliederungsschemata/Ausweisvorschriften**

IAS (**I**nternational **A**ccounting **S**tandards) bzw.
IFRS (**I**nternational **F**inancial **R**eporting **S**tandards)

vornehmliche Zielsetzung: Anlegerschutz

Pflicht, Jahresabschluss nach IAS/IFRS zu erstellen, gilt für kapitalmarktorientierte Konzerne

Fragen zur Wiederholung

Kapitel 6.1 Notwendigkeit der Vereinheitlichung von Rechnungslegungsvorschriften

1. Nennen Sie materielle und formelle Gründe, die einen Vergleich von Jahresabschlüssen verschiedener Unternehmen erschweren.
2. Nennen Sie drei Vorteile, die mit einer Vereinheitlichung der Rechnungslegung verbunden sind.
3. Welche Unternehmen sind verpflichtet, bei der Rechnungslegung IAS/IFRS- Vorschriften anzuwenden?
4. Welcher Personenkreis soll mit der Anwendung international geltender Rechnungslegungsvorschriften besonders geschützt werden?
5. Was ist unter „kapitalmarktorientierter" Rechnungslegung zu verstehen?

6.2 Aufbau, Zielsetzungen und Grundsätze der Rechnungslegung nach HGB und IAS/IFRS

Aufbau

Aufbau der Vorschriften zur internationalen Rechnungslegung

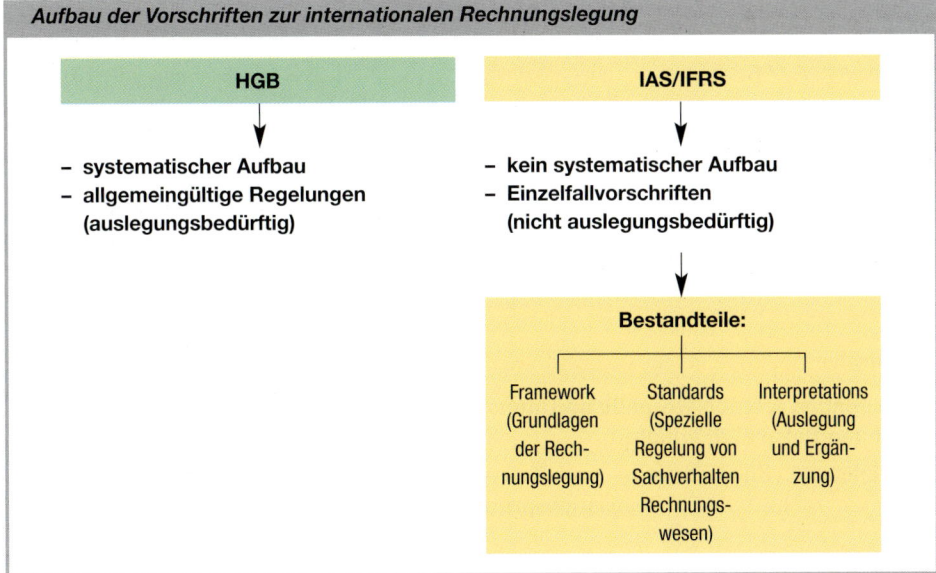

HGB
- **systematischer Aufbau**
- **allgemeingültige Regelungen (auslegungsbedürftig)**

IAS/IFRS
- **kein systematischer Aufbau**
- **Einzelfallvorschriften (nicht auslegungsbedürftig)**

Bestandteile:
- Framework (Grundlagen der Rechnungslegung)
- Standards (Spezielle Regelung von Sachverhalten Rechnungswesen)
- Interpretations (Auslegung und Ergänzung)

Zielsetzungen

Aus den Zielsetzungen eines nach HGB oder IAS/IFRS erstellten Jahresabschlusses leiten sich jeweils unterschiedliche Grundsätze zur Bewertung von Vermögen und Verbindlichkeiten ab.

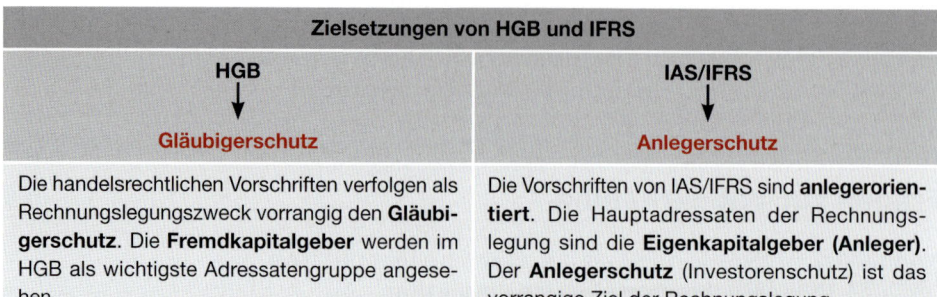

Zielsetzungen von HGB und IFRS	
HGB ↓ **Gläubigerschutz**	**IAS/IFRS** ↓ **Anlegerschutz**
Die handelsrechtlichen Vorschriften verfolgen als Rechnungslegungszweck vorrangig den **Gläubigerschutz**. Die **Fremdkapitalgeber** werden im HGB als wichtigste Adressatengruppe angesehen.	Die Vorschriften von IAS/IFRS sind **anlegerorientiert**. Die Hauptadressaten der Rechnungslegung sind die **Eigenkapitalgeber (Anleger)**. Der **Anlegerschutz** (Investorenschutz) ist das vorrangige Ziel der Rechnungslegung

Kap. 3.2

Informationsgehalt von Jahresabschlüssen		
Unterscheidungsmerkmal	**Abschluss nach HGB**	**Abschluss nach IAS/IFRS**
Vorrangiges Rechnungslegungsprinzip	Gläubigerschutz ↓ Vorsichtsprinzip ist bestimmend	Anlegerschutz ↓ Vorsichtsprinzip hat nur nachrangige Bedeutung
Ausweis von Vermögen und Verbindlichkeiten	Vermögen: eher zu niedrig Verbindlichkeiten: eher zu hoch Vermögen: eher zu niedrig Verbindlichkeiten: eher zu hoch	Angemessene Darstellung **(Fair Presentation)** von Vermögen und Verbindlichkeiten **Fair Value**[1]-Bewertung von Vermögen und Verbindlichkeiten zum gegenwärtigen Marktwert; unverzinsliche oder niedrigverzinsliche Forderungen und Verbindlichkeiten werden mit dem **Barwert** angesetzt
Ergebnis lt. GuV-Rechnung	eher zu niedrig	eher realistischer, aber nicht überhöhter Ergebnisausweis
Eignung der Informationen für Anlageentscheidungen	Nur bedingt geeignet, da in der Bilanz ausgewiesenes Vermögen und Verbindlichkeiten nicht dem tatsächlichen Wert entsprechen	eher geeignet, da in der Bilanz ein möglichst **vollständiger Substanzwert**[2] abgebildet wird; Anleger erhält ein wahres und **angemessenes**[3] **Bild (true and fair view)**

Grundsätze

Im Folgenden werden wesentliche Unterschiede zwischen HGB und IAS/IFRS an ausgewählten Beispielen erläutert.

Beispiele: 1. Bilanzierungs- und Bewertungswahlrechte 2. Niederstwertprinzip – Fair Value 3. Realisationsprinzip 4. Periodengerechte Ergebnisermittlung

1 Der Begriff Fair Value kann mit Markt-, Verkehrswert oder beizulegendem Zeitwert übersetzt werden, wobei sich in Deutschland der Begriff Marktwert durchgesetzt hat.

2 Substanzwert: Betrag der aufgewendet werden müsste, um das Unternehmen heute zum Tageswert zu erwerben.

3 „Angemessenheit" stellt eine Einschränkung dar: Es wird nicht die **tatsächliche Vermögenslage** (Unternehmenswert als Ertragswert) abgebildet, sondern ein **Substanzwert zum Abschlussstichtag**. Um den Ertragswert eines Unternehmens zu ermitteln, muss die Summe der Barwerte (Abzinsung mit dem Kalkulationszinsfuß) aller in Zukunft erzielten Nettoerträge ermittelt werden.

1. Bilanzierungs- und Bewertungsunterschiede zwischen HGB und IAS/IFRS: Bilanzierungs- und Bewertungswahlrechte

(a) Bilanzierungswahlrechte

Die Mitarbeiter der Cannstatter Maschinenfabrik AG haben ein EDV- Programm zur Investitionsplanung erstellt. Der Marktwert dieser Software wird auf 800 000 EUR veranschlagt.

1. Bewertung nach HGB	2. Bewertung nach IAS/IFRS
Die selbst erstellte Software (= immaterielles Wirtschaftsgut) **kann** – muss aber nicht – als Aktivposten in die Bilanz aufgenommen werden (§ 248 (2) HGB) (= Bilanzierungswahlrecht).	Gem. IAS 38 Nr. 21 ist ein immaterieller Vermögenswert anzusetzen, wenn es wahrscheinlich ist, dass dem Unternehmen der **künftige wirtschaftliche Nutzen** aus dem Vermögenswert zufließen wird und die Herstellungskosten verlässlich bewertet werden können. Sind diese Bedingungen erfüllt, so beträgt der Bilanzansatz (Bilanzposition: Immaterielle Vermögensgegenstände) 800 000 EUR.

Aufgrund der unterschiedlichen Bewertungsvorschriften von HGB und IAS/IFRS kann der Bilanzansatz im vorliegenden Fall unterschiedlich ausfallen: In der Handelsbilanz nach HGB kann auf den Bilanzansatz vollständig verzichtet werden **(Bilanzierungswahlrecht)**, während in der nach IFRS erstellen Bilanz unter den gegebenen Bedingungen die Software als Vermögensgegenstand ausgewiesen werden **muss**.

(b) Bewertungswahlrechte

Die Cannstatter Maschinenfabrik hat bei ihrer Hausbank am 01.01.07 ein Fälligkeitsdarlehen zum Nennwert von 100000 EUR und zu einem Nominalzins von 6 % (Zinsfälligkeit jeweils am Jahresende) aufgenommen. Die Laufzeit beträgt 10 Jahre. Da der gegenwärtige Marktzins für ein derartiges Darlehen bei 6 $^2/_3$ % liegt, zahlt die Hausbank das Darlehen nur mit einem Auszahlungskurs von 98 % aus.

1. Bewertung nach HGB	2. Bewertung nach IAS/IFRS
Das Darlehen ist mit dem **Erfüllungsbetrag** (100000 EUR) anzusetzen (§253 (1) HGB). Das Disagio in Höhe von 4000 EUR **kann** im Jahr der Darlehensaufnahme wahlweise als Aufwand oder als aktiver Rechnungsabgrenzungsposten angesetzt werden (§250 (3) HGB) (= Bewertungswahlrecht).	Statt des Marktzinssatzes von 6 $^2/_3$ % beträgt der Nominalzinssatz aufgrund des Disagios nur 6 %. Im Vergleich zum Marktzins fallen somit pro Jahr 666,67 EUR (= $^2/_3$ % von 100000 EUR) weniger Zinsen an. Als Wert des Disagios wird die **Barwertsumme** der gesamten Zinsdifferenz angesetzt. Sie beträgt 4755,35 EUR und wird wie folgt berechnet: $666{,}67 / 1{,}0667^1 + 666{,}67 / 1{,}0667^2 + \ldots$ $666{,}67 / 1{,}0667^{10} = 4755{,}35$ EUR Bilanzansatz der langfristigen Verbindlichkeit: 100000 EUR – 4755,35 EUR = **95244,65 EUR** *Hinweis: Bei IAS/IFRS darf das Disagio nicht aktiviert werden.*

Ergebnis: Wegen des im HGB stärker verankerten Gläubigerschutzgedankens werden im vorliegenden Fall die Verbindlichkeiten in der Handelsbilanz mit einem höheren Betrag (100000 EUR) ausgewiesen als in der nach IAS/IFRS erstellten Bilanz (95244,65 EUR). Die Bilanzansätze nach HGB und IFRS sind im vorliegenden Fall unterschiedlich, da nach IFRS für das Disagio kein Bewertungswahlrecht besteht und dieses zum Barwert angesetzt werden muss.

2. Niederstwertprinzip – Fair Value

Die Cannstatter Maschinenfabrik AG hat zur kurzfristigen Kapitalanlage am 03. März 09 Aktien zu Anschaffungskosten von 120 000 EUR erworben.
Wie sind die Aktien (= Wertpapiere des Umlaufvermögens) am Abschlussstichtag (31. Dez. 09) zu bewerten, wenn deren Wert zum Abschlussstichtag
a) 135 000 EUR b) 110 000 EUR beträgt?

1. Bewertung nach HGB	2. Bewertung nach IAS/IFRS
a) Wert am Abschlussstichtag 135 000 EUR Bilanzansatz: **120 000 EUR**. Die Anschaffungskosten sind für die Bewertung im Normalfall die Wertobergrenze gem. § 253 (1) HGB.	**a) Wert am Abschlussstichtag 135 000 EUR** Bilanzansatz: **135 000 EUR**. Da es sich um eine kurzfristige Kapitalanlage handelt, sind die Wertpapiere zum Verkauf bestimmt. Deswegen werden diese zum „Fair Value" (Marktwert) von 135 000 EUR bewertet (IAS 39.46).
b) Wert am Abschlussstichtag 110 000 EUR Bilanzansatz: **110 000 EUR** (strenges Niederstwertprinzip gem. § 253 (3) HGB).	**b) Wert am Abschlussstichtag 110 000 EUR** Bilanzansatz: **110 000 EUR** (Kursverlust in Höhe von 25 000 EUR ist zu berücksichtigen) (IAS 39).

Die Vorschriften zur Bewertung der Aktien (hier: Wertpapiere des Umlaufvermögens) nach HGB und IFRS sind unterschiedlich. Die Beachtung des strengen Niederstwertprinzips nach HGB kann aber gegebenenfalls zum gleichen Bilanzansatz wie die Bewertung zum Fair Value nach IFRS führen.

3. Realisationsprinzip: Teilgewinnrealisierung bei langfristiger Auftragsfertigung

HGB: „strenges Realisationsprinzip" (Normalfall)	IFRS: Gemildertes Realisationsprinzip
In einem nach den Vorschriften des HGB erstellten Jahresabschluss darf ein Gewinn im Normalfall erst dann ausgewiesen werden, wenn er **realisiert** ist.	In einem auf der Grundlage von IAS/IFRS erstellten Jahresabschlusses wird unter bestimmten Voraussetzungen ein „Teilgewinn" bereits bei entsprechendem Produktionsfortschritt ausgewiesen, obwohl eine **Lieferung an den Abnehmer** noch nicht erfolgt ist.

Die Cannstatter Maschinenfabrik hat am 03. Jan. d. J. von einem Straßenbauunternehmen den Auftrag für den Bau einer Tunnelvortriebsmaschine zu einem Festpreis von 3 Mio. EUR erhalten. Nach der derzeitigen Produktionsplanung ist damit zu rechnen, dass die Maschine nach einer Bauzeit von 2 Jahren fertig gestellt sein wird. Nach der vorliegenden Kostenplanung wird geschätzt, dass insgesamt Kosten (ohne kalkulatorische Kosten) in Höhe von 2 Mio. EUR (= Aufwand) anfallen, die sich gleichmäßig auf die Produktionszeit verteilen.

1. Bewertung nach HGB	2. Bewertung nach IAS/IFRS
Die halbfertige Tunnelvortriebsmaschine wird zum Abschlussstichtag des laufenden Jahres mit den bislang angefallenen Herstellungskosten in Höhe von 1 Mio. EUR bewertet. Durch die vorbereitende Abschlussbuchung Unfertige Erzeugnisse 1 Mio. EUR an Bestandsveränderungen 1 Mio. EUR werden die angefallenen Aufwendungen durch eine entsprechende Ertragsbuchung „neutralisiert". Da die Maschine bislang noch nicht ausgeliefert wurde, darf in der GuV des laufenden Geschäftsjahres auch nicht einmal ein Teil des voraussichtlich erzielbaren Gewinns ausgewiesen werden.	Obwohl die Tunnelvortriebsmaschine noch nicht ausgeliefert wurde, werden in der GuV des laufenden Geschäftsjahres anteilige Umsatzerlöse ($^1/_2$ von 3 Mio. EUR) in Höhe von 1,5 Mio. ausgewiesen. Der Vorgang führt daher im laufenden Geschäftsjahr zu einem Gewinnausweis in Höhe von 0,5 Mio. EUR (1,5 Mio. anteilige Umsatzerlöse – angefallene Aufwendungen 1 Mio. EUR).

Durch die unterschiedlichen Bewertungsvorschriften nach HGB und IFRS führt der gleiche Sachverhalt im vorliedenden Fall zu einem unterschiedlichen Ergebnisausweis: Das im IFRS-Abschluss ausgewiesene Ergebnis ist wegen der **Teilgewinnrealisierung** höher als das Ergebnis im HBG-Abschluss.

Abweichungen bei dem in einem bestimmten Geschäftsjahr auszuweisenden Gewinn ergeben sich u. a. aus der unterschiedlichen Anwendung des **Realisationsprinzips**. Nach den Vorschriften des HGB darf ein Ertrag **grundsätzlich** erst in dem **Geschäftsjahr** ausgewiesen werden, in dem ein **Umsatz** stattgefunden hat. Die IAS/IFRS-Vorschriften hingegen lassen einen entsprechenden Ausweis unter bestimmten Voraussetzungen auch schon in einem **früheren Geschäftsjahr** zu, wenn z. B. bei der Produktion eines Vermögensgegenstandes ein entsprechender Produktionsfortschritt nachgewiesen werden kann (Bsp. Teilgewinnrealisierung bei langfristiger Auftragsfertigung).

Kap. 3.2.2

Aufg. 6.2.1 u. 6.2.2 S. 452

In einem nach IAS/IFRS erstellten Jahresabschluss wird der Gewinn tendenziell bereits früher ausgewiesen als in einem auf der Grundlage des HGB erstellten Jahresabschluss (Teilgewinnrealisierung).

4. Periodengerechte Ergebnisermittlung

Die Höhe des in einem Jahresabschluss ausgewiesenen Gewinns ist davon abhängig, welchem Geschäftsjahr jeweils die **Aufwendungen und Erträge** zugrechnet werden. Sowohl nach HGB als auch nach IFRS sind die mit den Aufwendungen und Erträgen zusammenhängenden **Zahlungsvorgänge** für diese Zuordnung zeitlich bedeutungslos. Aus der unterschiedlichen Anwendung des **Realisationsprinzips** nach HGB und IFRS ergeben sich auch Unterschiede im Ergebnisausweis.

HGB § 252 (1) Nr. 5, IAS 18

Nach den IAS-Vorschriften werden Ertrag und Aufwand aus **demselben Geschäftsvorfall** oder Ereignis zum **selben Zeitpunkt** erfasst. Dieser Vorgang wird allgemein als **Zuordnung von Aufwendungen zu Erträgen** bezeichnet **(= Matching Principle)**. Falls eine solche Zuordnung aber nicht möglich ist (z. B. Gehalt eines Geschäftsführers), wird der Aufwand – wie nach HGB – der Periode (Monat, Geschäftsjahr) zugerechnet, für welche er angefallen ist. Liegt ein Aufwand vor, der entsprechend der IAS-Vorschriften nach dem Matching Principle auf mehrere Geschäftsjahre zu verteilen ist, so kann es bei HGB und IAS/IFRS zu einem unterschiedlichen Ergebnisausweis kommen: Nach HGB wirkt sich der Aufwand in der Periode (Geschäftsjahr) seines Anfalls in vollem Umfang gewinnmindernd aus, während er nach IAS – je nach Zuordnung zu dem entsprechenden Ertrag – auf mehrere Perioden verteilt wird.

IAS 18, Nr. 19

Erfolgsermittlung der Shirt Shop AG

Aufg. 6.2.3 S. 452

Die Shirt Shop AG hat mit einem Kunden einen Kauf auf Abruf über beflockte T-Shirts vereinbart. Nach den vertraglichen Vereinbarungen wird die Auftragsmenge von 1 000 T-Shirts wie folgt vom Kunden abgerufen:

Jahr	Auftragsmenge in Stück
2008	400
2009	500
2010	100

Im Kaufvertrag wurde vereinbart, dass der Kunde die gesamte Kaufsumme in Höhe von 6 000 EUR zzgl. 19 % USt nach dem zweiten Abruf im Jahr 2008 vollständig begleicht. Die Produktionskosten (unbeflockte T-Shirts, Beflockungskosten etc.) für den gesamten Auftrag betragen 4 000 EUR. Vor Ausführung des Auftrags hat die Shirt Shop im Januar 2008 einen Designer mit der Entwicklung eines Beflockungsdesigns beauftragt. Die dafür anfallenden Kosten in Höhe von 900 EUR zzgl. 19 % Umsatzsteuer sind nicht in den Produktionskosten enthalten und wurden noch im Januar 2008 an den Designer überwiesen.

Ermittlung des Erfolgsanteils für die Geschäftsjahre 2008–2010:

Die für den Auftrag entstehenden Kosten (Produktionskosten, Entwicklungskosten für das Design) werden sachgerecht den entsprechenden Erträgen zugeordnet **(matching principle)**. Die Erträge sind bei der Übergabe der T-Shirts (periodengerecht) zu buchen.

Jahr	Abrufmenge in Stück	%-Anteil	Jahresanteile		
			Produktionskosten (EUR)	Designerkosten (EUR)	Erträge (EUR)
2008	400	40 %	1 600	360	2 400
2009	500	50 %	2 000	450	3 000
2010	100	10 %	400	90	600
Gesamt	**1 000**	**100 %**	**4 000**	**900**	**6 000**

In einer nach HGB erstellten Gewinn- und Verlustrechnung werden die Designerkosten im Jahr des Anfalls (2008) in vollem Umfang als Aufwand erfasst. In einem nach IAS/IFRS erstellten Jahresabschluss erfolgt hingegen eine Verteilung entsprechend dem anfallenden Ertrag (matching principle).

Informationen aus einem Jahresabschluss nach HGB und IAS (IFRS)	
Die Informationen auf der Grundlage eines nach HGB erstellten Jahresabschlusses sind *vergangenheitsorientiert*.	**Die Informationen auf der Grundlage eines nach IAS/IFRS erstellten Jahresabschlusses sind *zukunftsorientiert*.**

Zusammenfassende Übersicht zu Kap. 6.2: Aufbau, Zielsetzungen und Grundsätze der Rechnungslegung nach HGB und IAS/IFRS

Vergleich HGB – IAS/IFRS[1]		
	HGB	**IFRS**
Ziel der Rechnungslegung	Ermittlung des Jahresergebnisses u. a. für Ausschüttung und Steuern (Maßgeblichkeit der Handels- für die Steuerbilanz – EStG § 5)	wahres und angemessenes Bild für Anleger („true and fair view“)
Quellen und Art der Rechnungslegungen	Gesetzgeber: HGB- Vorschriften Systematischer Aufbau des HGB allgemeine Regelungen in Gesetzesform (auslegungsbedürftig)	private Organisation: IASB[2] kein Gesetzescharakter, sondern „Standards“; kein systematischer Aufbau, Einzelfallvorschriften (keine Auslegung erforderlich)
Bestandteile des Jahresabschlusses	HGB § 264: Bilanz, GuV; zusätzlich (je nach Rechtsform und Größe) Anhang, Eigenkapitalspiegel, Kapitalflussrechnung, Lagebericht (nicht Bestandteil des Jahresabschlusses)	IAS 1 Nr. 10: Bilanz, GuV, Eigenkapitalveränderungsrechnung, Kapitalflussrechnung, Anhang
Regelungen/ Vorschriften	▪ systematischer Aufbau ▪ allgemeingültige Regelungen (auslegungsbedürftig)	▪ kein systematischer Aufbau ▪ Einzelfallvorschriften (nicht auslegungsbedürftig) Framework / Standards / Interpretations

1 IAS: International Accounting Standards; ab 2001: IFRS: International Financial Reporting Standards
2 IASB: International Accounting Standards Board

Vergleich HGB – IAS/IFRS		
	HGB	**IFRS**
Adressaten	Aktionäre, Gläubiger, Finanzbehörde (Steuerbilanz)	Eigenkapitalgeber (Anteilseigner), Investoren
Vorrangiges Rechnungslegungsprinzip	**Gläubigerschutz** Vorsichtsprinzip dominiert durch ▪ Realisationsprinzip, ▪ Niederstwertprinzip, ▪ Höchstwertprinzip	**Anlegerschutz**, periodengerechter Ergebnisausweis, Vorsichtsprinzip ist untergeordnet **fair presentation** = angemessene Darstellung des Vermögens und der Schulden **true and fair view** = wahres und angemessenes Bild **fair value** = Bewertung von Vermögen und Verbindlichkeiten mit dem gegenwärtigen Marktwert
Realisationsprinzip bei Gewinnen	Strenge Auslegung Gewinnausweis im Normalfall erst nach Realisierung (Ausnahme: Fremdwährungspositionen unter bestimmten Voraussetzungen)	Gemilderte Auslegung Ausweis von Teilgewinnen entsprechend dem Produktionsfortschritt ist unter bestimmten Voraussetzungen zwingend.
Wahlrechte	mehrere Bilanzierungs- und Bewertungswahlrechte	kaum
Stille Rücklagen	zulässig und möglich aufgrund der Wahlrechte	nicht zulässig
Periodengerechte Ergebnisermittlung	nicht eindeutig, da viele Wahlrechte; Ausweis im Jahr der Realisierung (Normalfall)	eindeutig, da wenig Wahlrechte, „Matching principle“: Aufwendungen, die in direktem Zusammenhang mit entsprechenden Erträgen stehen, müssen in der Periode erfolgswirksam erfasst werden, in der die Eträge erfasst werden (= periodenübergreifende Verknüpfung von Erträgen und damit zusammenhängenden Aufwendungen).
Folge	Vermögen wird eher zu niedrig ausgewiesen Fremdkapital wird eher zu hoch ausgewiesen; GuV weist ein vorsichtig ermitteltes (eher niedriges) Ergebnis aus.	Es wird versucht, den vollständigen Substanzwert (= Betrag, der aufgewendet werden müsste, um ein derartiges Unternehmen heute zum Tageswert zu erwerben) wiederzugeben und ein realistisches (kein überhöhtes) Ergebnis auszuweisen.

Fragen zur Wiederholung

Kapitel 6.2 Aufbau, Zielsetzungen und Grundsätze der Rechnungslegung nach HGB und IAS/IFRS

1. Wodurch unterscheidet sich der Aufbau des HGB von den Rechnungslegungsvorschriften nach IAS/IFRS?
2. Vergleichen Sie die Zielsetzungen von HGB und IAS/IFRS.
3. Was ist unter dem „Fair Value“ zu verstehen?
4. Warum hat das Vorsichtsprinzip im Rahmen der IAS/IFRS lediglich nachrangige Bedeutung?
5. Warum sind die aus einem nach HGB erstellten Jahresabschluss zu gewinnenden Informationen eher vergangenheitsorientiert?

6. Warum sind die aus einem nach IAS/IFRS erstellen Jahresabschluss zu gewinnenden Informationen eher zukunftsorientiert?
7. Vergleichen Sie das „strenge" Realisationsprinzip nach HGB mit dem „gemilderten" Realisationsprinzip nach IAS/IFRS.
8. Was ist unter dem Matching Principle zu verstehen?
9. Warum wird in einem nach IAS/IFRS erstellten Jahresabschluss tendenziell ein Gewinn früher ausgewiesen als in einem nach HGB erstellten Jahresabschluss?

Aufgaben und Probleme

Kapitel 6.2 Aufbau, Zielsetzungen und Grundsätze der Rechnungslegung nach HGB und IAS/IFRS

6.2.1 Realisationsprinzip nach HGB und IAS/IFRS

Die Farbwerke Hohmann AG haben im März d. J. zur vorübergehenden Anlage flüssiger Mittel Aktien im Wert von 280 000 EUR erworben. Zum 31.12. d. J. (Ende des Geschäftsjahres) beläuft sich der Wert der Kapitalanlage auf 320 000 EUR.

IAS 39.46 HGB § 250 (1), § 253 (3) IAS 39

1. Zu welchem Bilanzansatz sind die Aktien in einem nach den IAS/IFRS erstellten Jahresabschluss auszuweisen?
2. Zu welchem Wert müssten die Aktien in einem auf der Grundlage des HGB erstellten Jahresabschluss ausgewiesen werden?
3. Zu welchem Wert müssten die Aktien in einem nach HGB bzw. nach IAS/IFRS erstellten Jahresabschluss jeweils ausgewiesen werden, wenn der Wert am Bilanzstichtag auf 260 000 EUR gesunken ist?

6.2.2 Vorsichtsprinzip nach HGB und IAS/IFRS

Die Simona AG stellt Kunststoffrohre für Abwassersysteme her. Sie hat in Erwartung steigender Rohstoffpreise im Laufe des Geschäftsjahres 08 zusätzlich 800 t Kunststoffgranulat für 400 EUR/t zzgl. 19 % USt gekauft, das im kommenden Geschäftsjahr für die Produktion verwendet werden soll. Zum Jahresende des Geschäftsjahres 08 ist der Preis jedoch auf 380 EUR/t zzgl. 19 % USt gesunken. Die mit dem Kunststoffgranulat noch herzustellenden Rohre können zu einem unveränderten Preis verkauft werden, da mit den Kunden Langfristverträge mit Festpreisgarantie abgeschlossen wurden.

HGB § 253 (4)

Wie ist das Kunststoffgranulat nach den Vorschriften des Handelsrechts und nach IAS/IFRS in der Bilanz 08 jeweils zu bewerten?

6.2.3 Realisationsprinzip – Periodengerechte Gewinnermittlung

Die Biberacher Zahnradfabrik AG hat von einem Kunden einen Abrufauftrag über die Lieferung von 5 000 Schaltgetrieben erhalten. Nach den vertraglichen Vereinbarungen wird der Kunde die Getriebe im Laufe der Geschäftsjahre 2008–2011 mit folgenden Mengen abrufen:

2008:	1 500 Getriebe
2009:	2 000 Getriebe
2010:	1 000 Getriebe
2011:	500 Getriebe
Summe	**5 000 Getriebe**

Mit dem Kunden wurde ein Pauschalpreis für den gesamten Auftrag von insgesamt 2,5 Mio. EUR (ohne USt) vereinbart. Die Aufwendungen für den Auftrag sind in vollem Umfang bei der Produktion im Jahr 2008 angefallen und belaufen sich auf 2 Mio. EUR. Darüber sind vor der Produktionsaufnahme noch Konstruktionskosten für den Prototyp in Höhe von 20 000 EUR entstanden. Die Konstruktionskosten sind nicht von der jeweiligen Höhe der abgerufenen Menge abhängig.

IAS 18 Nr. 19

1. In welcher Höhe werden die Aufwendungen und Erträge nach IAS/IFRS den einzelnen Geschäftsjahren zugerechnet?
2. In welcher Höhe werden Aufwendungen und Erträge den einzelnen Geschäftsjahren jeweils zugerechnet, wenn ein Abschluss nach HGB erstellt wird?

6.3 Bestandteile des Jahresabschlusses nach IAS/IFRS

Ein vollständiger Jahresabschluss nach IAS/IFRS enthält die folgenden Bestandteile: IAS 1 Nr. 10

1. eine Bilanz,
2. eine Gewinn- und Verlustrechnung,
3. eine Aufstellung der Veränderungen des Eigenkapitals,
4. eine Kapitalflussrechnung und
5. den Anhang, der die wesentlichen Bilanzierungs- und Bewertungsmethoden zusammenfasst und sonstige Erläuterungen enthält.

Während nach den Vorschriften des HGB lediglich **kapitalmarktorientierte Kapitalgesellschaften**, die nicht zur Aufstellung eines Konzernabschlusses verpflichtet sind, einen **Eigenkapitalspiegel** (Eigenkapitalveränderungsrechnung) und eine **Kapitalflussrechnung** erstellen müssen, sind diese beiden Elemente zwingender Bestandteil eines IAS/IFRS-Abschlusses. HGB § 264 (1)

Kap. 2

Unternehmen, deren Anteile (z. B. Aktien) oder Schuldtitel (z. B. Obligationen) an einem organisierten Wertpapiermarkt gehandelt werden, sind verpflichtet, eine **Segmentberichterstattung** zu erstellen. Diesem Bericht kann entnommen werden, auf welche Segmente (z. B. Produktgruppen oder Länder) sich der Gesamterfolg aufteilt. Diese Information ist für den Anleger wichtig, da in der Bilanz bzw. GuV-Rechnung nur **Gesamtgrößen** ausgewiesen werden. IFRS 8

Die Aufstellung eines **Lageberichts** wird von den IFRS-Vorschriften **nicht verlangt**. Er ist im Gegensatz zum HGB, nach dem Kapitalgesellschaften diesen Bericht aufstellen müssen, nach IFRS ein **freiwilliger Bericht**.

Zusammenfassende Übersicht zu Kap. 6.3: Bestandteile des Jahresabschlusses nach IAS/IFRS

1. Bilanz (balance sheet)
2. Gewinn- und Verlustrechnung (income statement)
3. Eigenkapitalveränderungsrechnung (statement of changes in equity)
4. Kapitalflussrechnung (cashflow statement)
5. Segmentberichterstattung
6. Bilanzierungs- und Bewertungsmethoden und erläuternder Anhang (accounting policies and explanatory notes)

Hinweis: *Der Anhang (Notes) ist wesentlich ausführlicher als ein nach HGB erstellter Anhang.*

Fragen zur Wiederholung

Kapitel 6.3 Bestandteile des Jahresabschlusses nach IAS/IFRS

1. Aus welchen Bestandteilen besteht ein nach IAS/IFRS erstellter Jahresabschluss?
2. Beschreiben Sie den Aufbau einer Kapitalflussrechnung.
3. Welche Informationen lassen sich aus einer Kapitalflussrechnung gewinnen?
4. Welche Informationen lassen sich aus einer Eigenkapitalveränderungsrechnung gewinnen?
5. Welche Informationen enthält die Segmentberichterstattung?

7 Ausgewählte Beispiele zur Bewertung nach IAS/IFRS[1]

Überblick und Zusammenhänge

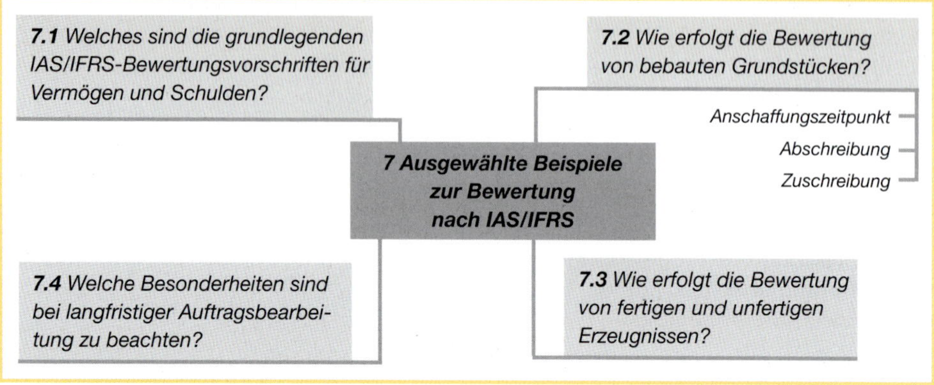
7.1 Welches sind die grundlegenden IAS/IFRS-Bewertungsvorschriften für Vermögen und Schulden?
7.2 Wie erfolgt die Bewertung von bebauten Grundstücken?
Anschaffungszeitpunkt
Abschreibung
Zuschreibung
7 Ausgewählte Beispiele zur Bewertung nach IAS/IFRS
7.4 Welche Besonderheiten sind bei langfristiger Auftragsbearbeitung zu beachten?
7.3 Wie erfolgt die Bewertung von fertigen und unfertigen Erzeugnissen?

Anhang S. 592

7.1 Grundlegende Bewertungsvorschriften für Vermögen und Schulden nach IAS/IFRS

Die grundlegenden Bewertungsvorschriften geben Auskunft darüber, in welcher Höhe ein Posten in der Bilanz angesetzt werden muss (Bilanzierung der Höhe nach).

Die für die Bewertung **grundlegenden Werte sind dem Framework** (Rahmenwerk) zu entnehmen, während deren **inhaltliche Bestimmung** meist in **einzelnen Standards** erfolgt.

Werte des Frameworks (Rahmenwerk) nach IAS/IFRS		
Basiswerte	Historische Anschaffungs- oder Herstellungskosten	Historical cost
Alternative Werte	Tageswert	Current cost
	Veräußerungswert	Realisable value
	Barwert	Present value

Anschaffungskosten

In gleicher Weise wie bei der Bewertung nach HGB bilden die zum Zeitpunkt der Anschaffung oder Herstellung angefallenen Kosten **(= historische Anschaffungs- oder Herstellungskosten: Historical cost)** die Grundlage für die Bewertung der Vermögensgegenstände (Assets).

Kap. 4.1

Anschaffungskosten (cost of purchase)	fallen bei Fremderwerb an
Herstellungskosten (cost of conversion)	fallen bei Eigenerstellung an

Wie bei der Bewertung nach HGB sind bei der Berechnung der **Anschaffungskosten** alle **direkten Aufwendungen** zum Erwerb eines Vermögensgegenstandes zu berücksichtigen. Der **Anschaffungspreis** ist um die in direktem Zusammenhang mit dem Erwerb stehenden **Nebenkosten** zu erhöhen und um die Preisminderungen (Rabatte, Skonti, Boni etc.) zu vermindern. **Gemeinkosten** (z. B. Kosten der Angebotseinholung und des Angebotsvergleichs) stehen nur in **indirektem Zusammenhang** mit einem Anschaffungsvorgang und sind deshalb auch nach IAS/IFSR sofort als Aufwand zu verrechnen.

1 Eine Zusammenstellung und Erläuterung der englischen Begriffe im Zusammenhang mit IAS/IFRS findet sich im Glossar am Ende des Buches.

IAS 16 Nr. 16

Anschaffungskosten (= Aufwendungen im Zusammenhang mit dem Erwerb von einem Dritten)	
Anschaffungspreis	Pflicht
+ Nebenkosten (direkt zurechenbar)	Pflicht
+ Fremdkapitalzinsen	**Pflicht** für **qualifying assets**, falls direkt zurechenbar (= Vermögenswerte, für die ein beträchtlicher Zeitraum erforderlich ist, um sie in einen betriebsbereiten Zustand zu versetzen).
– Minderungen	Pflicht
= Anschaffungskosten (cost of purchase)	

IAS 23 Nr. 8

Anschaffungskosten eines qualifizierten Vermögenswertes (qualifying asset)

Die INA Nadellager AG erwirbt von einem Lieferanten eine aus Einzelteilen bestehende CNC-gesteuerte Fräsmaschine zum Preis von 800000 EUR netto. Die Anlage wird in der INA zusammengebaut. Außerdem muss die vorhandene Steuerungssoftware umprogrammiert werden.
Die Anlage wird am 01.10.09 geliefert, die Betriebsbereitschaft ist am 31.03.10 hergestellt. Die direkt zurechenbaren Installationskosten betragen in den Jahren 09 und 10 jeweils 15000 EUR. Zur Finanzierung wird ein Kredit in Höhe von 800000 EUR zu einem Zinssatz von 10 % aufgenommen.

Die INA Nadellager berechnet die Anschaffungskosten der Maschine wie folgt:

	01.10.09 Lieferung	31.12.09	31.03.10
Anschaffungspreis + Nebenkosten	800 000 EUR	800 000 EUR 15 000 EUR	835 000 EUR 15 000 EUR
+ Zinsen (Pflicht, da Kreditaufnahme ausschließlich für qualifying asset) (10 % von 800 000 EUR für jeweils 3 Monate)		20 000 EUR	20 000 EUR
= Anschaffungskosten		835 000 EUR	870 000 EUR

Ergebnis: Da es sich bei der CNC-Anlage um einen qualifizierten Vermögenswert handelt, **muss** die INA Nadellager AG bei der Berechnung der Anschaffungskosten Zinsen für Fremdkapital berücksichtigen. Zinsen, die nach dem 31.03.10 anfallen, dürfen nicht mehr aktiviert werden (Aktivierungsverbot). Vielmehr ist für diese Zinsen eine Verrechnung als Aufwand erforderlich.

Der Anschaffungsvorgang endet, wenn der erworbene Vermögenswert in einen **betriebsbereiten Zustand** versetzt wurde. Demnach zählen auch **einzeln** zurechenbare Kosten (z.B. Installationskosten, Transportkosten, Zölle, Versicherungskosten) zu den Anschaffungskosten. Da die **Vorsteuer** einem Unternehmen im Normalfall vom Finanzamt erstattet wird, gehört sie nicht zu den Anschaffungskosten (Ausnahme: nicht abzugsfähige Vorsteuer).

Anschaffungskosten und Abschreibung in den Vorschriften von HGB und IAS/ISRF

HGB:

§ 253 (2) HGB bestimmt, dass das **abnutzbare Anlagevermögen** planmäßig abgeschrieben werden muss. Weder die Abschreibungsmethoden noch die Nutzungsdauer werden in dieser Vorschrift festgelegt. Es wird auch nicht bestimmt, welche Unterschiede sich z.B. bei der Bewertung von Sachanlagen und immateriellen Vermögensgegenständen (z.B. Patenten, Lizenzen) ergeben.

IAS/IFRS:

Die IAS/IFRS teilen das Anlagevermögen in drei Hauptgruppen auf, wobei jede Hauptgruppe wiederum von einem speziellen Standard behandelt wird:

IAS 16 (Property, Plant and Equipment): Vorschriften für Sachanlagen (Vgl. IAS 16, Nr. 6)
IAS 38 (Intangible Assets): Vorschriften für immaterielle Vermögenswerte (Vgl. IAS 38 Nr. 8)
IAS 39 (Financial Instruments – Recognition and Measurement): Vorschriften für Finanzinstrumente (Ansatz und Bewertung) (Vgl. IAS 39, Nr. 8).
In diesen Standards ist jeweils gesondert geregelt, wie die Anschaffungskosten berechnet werden.

Herstellungskosten

IAS 2 Nr. 10 bis 17

HGB § 255

IAS 2 Nr. 10 bis 17

Die **Herstellungskosten** spielen insbesondere bei der Bewertung von **fertigen und unfertigen Erzeugnissen** eine Rolle. Gegenüber der Bewertung nach HGB ergeben sich folgende Unterschiede:

Kap. E 5.3.1

	Berücksichtigung bei Bewertung nach HGB	Berücksichtigung bei Bewertung nach IFRS
Materialeinzelkosten	Pflicht	Pflicht
Materialgemeinkosten	Pflicht	Pflicht, soweit produktionsbezogen
Fertigungseinzelkosten	Pflicht	Pflicht
Sondereinzelkosten der Fertigung	Pflicht	Pflicht
Fertigungsgemeinkosten	Pflicht	Pflicht, soweit produktionsbezogen
Verwaltungsgemeinkosten (Material- und Produktionsbereich)	Pflicht	Pflicht
Verwaltungsgemeinkosten (Allgemeiner Bereich – ohne Bezug zur Produktion)	Wahlrecht	Verbot
Herstellungsbezogene Fremdkapitalzinsen	Wahlrecht[1]	Pflicht bei qualifying asset, sonst Verbot
Vertriebsgemeinkosten	Verbot	Verbot
Sondereinzelkosten des Vertriebs	Verbot	Verbot
Kalkulatorische Zusatzkosten	Verbot	Verbot

Tageswert

Der **Tageswert** (current cost) ist ein den Marktbedingungen entsprechender Wiederbeschaffungswert.

Veräußerungswert

Der **Veräußerungswert** (realisable value) ist der Betrag, der im Fall einer ordnungsgemäßen Veräußerung erzielt werden könnte. Ordnungsgemäß bedeutet, dass es sich nicht um einen Notverkauf handelt, bei dem der Verkäufer unbedingt verkaufen muss und deshalb gezwungen ist, auch zu einem ungewöhnlich niedrigeren Preis zu verkaufen. Der Veräußerungswert spielt u. a. bei der außerplanmäßigen Abschreibung von Sachanlagen eine Rolle.

1 Zinsen für Fremdkapital gehören grundsätzlich nicht zu den Herstellungskosten. Nur, wenn ein unmittelbarer wirtschaftlicher Zusammenhang zwischen der Inanspruchnahme von Fremdkapital und der Herstellung eines Vermögensgegenstandes (objektbezogene Finanzierung) nachgewiesen werden kann, besteht ausnahmsweise die Möglichkeit, die Zinsen gem. § 255 (3) HGB zu aktivieren.

Barwert

Der **Barwert** (Present Value) ergibt sich durch Abzinsung (Diskontierung) der einem Vermögensgegenstand (Asset) zuzurechnenden Einzahlungsüberschüsse mit einem Kalkulationszinssatz. Dieser Wert ist bei der Verrechnung außerplanmäßiger Abschreibungen von Sachanlagen unter der Bezeichnung **Nutzungswert** von Bedeutung. Außerdem kommt er bei der Bewertung unverzinslicher Forderungen und Verbindlichkeiten zur Anwendung.

Kap. D 2.3.5

Zusammenfassende Übersicht zu Kap. 7.1: Grundlegende Bewertungsvorschriften für Vermögen und Schulden nach IAS/IFRS

Anschaffungskosten (fallen bei Erwerb eines Vermögensgegenstandes an)	Anschaffungspreis + direkt zurechenbare Nebenkosten + eventuell Fremdkapitalzinsen (nur bei Qualifying Asset Wahlrecht) – Minderungen = Anschaffungskosten	
Herstellungskosten (fallen an, wenn Vermögensgegenstände – z. B. fertige oder unfertige Erzeugnisse – hergestellt werden)	Materialeinzelkosten	Pflicht
	Materialgemeinkosten	Pflicht, soweit produktionsbezogen
	Fertigungseinzelkosten	Pflicht
	Sondereinzelkosten der Fertigung	Pflicht
	Fertigungsgemeinkosten	Pflicht, soweit produktionsbezogen
	Verwaltungsgemeinkosten (Produktionsbereich)	Pflicht
	Verwaltungsgemeinkosten (Allgemeiner Bereich – ohne Bezug zur Produktion)	Verbot
	Herstellungsbezogene Fremdkapitalzinsen	Pflicht nur bei qualifying asset, sonst Verbot
	Vertriebsgemeinkosten	Verbot
	Sondereinzelkosten des Vertriebs	Verbot
	Kalkulatorische Zusatzkosten	Verbot
Tageswert	Wiederbeschaffungswert	
Veräußerungswert	Wert, der bei ordnungsgemäßer Veräußerung erzielt werden kann	
Barwert	Summe der einem Vermögensgegenstand zuzurechnenden abgezinsten Einzahlungsüberschüsse	

Fragen zur Wiederholung

Kapitel 7.1 Grundlegende Bewertungsvorschriften für Vermögen und Schulden nach IAS/IFRS

1. Worüber geben die grundlegenden Bewertungsvorschriften Auskunft und welchem Bestandteil der IAS/IFRS-Vorschriften können sie entnommen werden?
2. Wovon ist es abhängig, ob Anschaffungs- oder Herstellungskosten anfallen?
3. Wie werden die Anschaffungs- und Herstellungskosten eines Vermögensgegenstandes nach IAS/IFRS berechnet?
4. Erklären Sie, was jeweils unter den Begriffen Tageswert, Veräußerungswert und Barwert zu verstehen ist.

7.2 Bewertung von unbebauten Grundstücken nach IAS/IFRS

7.2.1 Zeitpunkt der Anschaffung oder Herstellung: Zugangsbewertung

IAS 16 Nr. 6

Bei der Bewertung von unbebauten Grundstücken sind die für die Bewertung von **Sachanlagen** geltenden Vorschriften zu beachten.

IAS 40

Sachanlagen

Zu den Sachanlagen gehören z. B. Grundstücke und Gebäude, technische Anlagen, Betriebs- und Geschäftsausstattung, sofern diese zur Erstellung betrieblicher Leistungen eingesetzt werden.[1]

Sachanlagen sind beim Zugang (Zugangsbewertung) grundsätzlich mit den zum Zeitpunkt der Anschaffung oder Herstellung angefallenen Kosten **(= historical cost)** zu bewerten. Bei einem unbebauten Grundstück sind dies die **Anschaffungskosten**.

Fallen nach dem Zeitpunkt der Anschaffung noch Kosten an, so sind diese zu aktivieren, wenn sie zu einem höheren Nutzen des Vermögenswertes **(asset)** führen und zuverlässig bewertbar sind.

IAS 16 Nr. 58

Wie bei der Bewertung nach HGB ist auch bei der Bewertung nach IAS/IFRS der Vermögenswert (asset) „Bebaute Grundstücke" aufzuspalten in einen Grundstücks- und Gebäudebestandteil.[2] Grundstücke und Gebäude sind demnach getrennte Vermögenswerte und als solche zu bilanzieren, auch wenn sie zusammen erworben wurden.

7.2.2 Abschreibungen

Keine planmäßigen Wertminderungen

Unbebaute Grundstücke zählen zum **nicht abnutzbaren Anlagevermögen**. Deshalb dürfen sie **nicht planmäßig abgeschrieben** werden. Liegen am Ende eines Geschäftsjahres keine Erkenntnisse vor, die den Ansatz eines niedrigeren Wertes erforderlich machen, so wird der Wertansatz aus der **Zugangsbewertung** auch für die **Folgebewertung** übernommen.

Außerplanmäßige Wertminderungen

IAS 36 Nr. 9

Im Zusammenhang mit der Bewertung eines Vermögenswertes **(asset)** ist ein Unternehmen verpflichtet, zu jedem Bilanzstichtag zu prüfen, ob ein Anhaltspunkt für eine Wertminderung vorliegt, die einen niedrigeren Bilanzansatz erforderlich macht **(impairment test, Niederstwerttest, Wertminderungstest)**.

Mit Hilfe eines Niederstwerttests (impairment test) wird festgestellt, ob bei einem Vermögenswert (asset) eine außerplanmäßige Abschreibung erforderlich ist.

Beim Impairment-Test wird z. B. der **Buchwert (carrying amount)** eines Gebäudes mit dem bei einem Verkauf **erzielbaren Betrag (recoverable amount)** verglichen.

Unter dem recoverable amount ist der **höhere Wert** aus **Nettoveräußerungspreis und Nutzungswert** zu verstehen.

---

1 Werden Grundstücke nicht zu Produktionszwecken eingesetzt, sondern zu Spekulationszwecken erworben, so gelten andere Bewertungsvorschriften.

2 Da sich die einzelnen Gebäudebestandteile (z. B. Mauerwerk, Dach, Heizung) unterschiedlich abnutzen, ist eine weitere Aufspaltung der Anschaffungs- oder Herstellungskosten eines Gebäudes erforderlich **(Komponentenansatz)**, damit jeweils eine getrennte Abschreibung möglich ist.

erzielbarer Betrag (recoverable amount)

↓

höherer Betrag von

IAS 36 Nr. 18 ff.

Kap. 7.2.3

Nettoveräußerungspreis (fair value less cost to sell = net selling price)	Nutzungswert (value in use)
= Beizulegender Zeitwert – Veräußerungskosten (Externer Marktwert)	= Barwert, bei dem künftige Zahlungen eines Vermögenswertes (Asset) abgezinst werden (Interner Unternehmenswert)

In der Bilanz kommt der **niedrigere Wert** von erzielbarem Betrag (recoverable amount) und Restbuchwert (carrying amount) zum Ansatz. Anders als bei der Bewertung nach HGB ist nach IFRS eine **außerplanmäßige Abschreibung** auch dann erforderlich, wenn die Wertminderung **nicht von** Dauer ist.

Impairment-Test

Ist der erzielbare Betrag (recoverable amount) eines Vermögenswertes (asset) unter dessen Restbuchwert (carrying amount) gesunken, muss eine außerplanmäßige Abschreibung vorgenommen werden.

Erzielbarer Betrag (recoverable amount) < Buchwert (carrying amount) ⟶ außerplanmäßige Abschreibung

Bewertung eines Betriebsgrundstücks

Zum Bilanzstichtag (31.12.08) wurden für das Betriebsgrundstück der Tailfinger Textilhandels AG folgende Werte ermittelt:

1. Buchwert (AHK): 950 000 EUR
2. Erzielbarer Verkaufserlös (Marktpreis nach Abzug der Veräußerungskosten = Nettoveräußerungspreis): 800 000 EUR
3. Erzielbare abgezinste Einzahlungsüberschüsse im Falle einer weiteren Nutzung des Gebäudes zum Betriebszweck (Nutzungswert): 900 000 EUR

Mit welchem Wert ist das Grundstück in der Bilanz anzusetzen?

1. Schritt: Bestimmung des erzielbaren Betrags (recoverable amount)

Höherer Betrag von Nettoveräußerungspreis (800 000 EUR) und Nutzungswert (value in use) (900 000 EUR):

Aufg. 7.2.1 S. 467

900 000 EUR

2. Schritt: Ermittlung des in der Bilanz anzusetzenden Wertes

Niedrigerer Betrag von erzielbarem Betrag (recoverable amount) (900 000 EUR) und Buchwert (carrying amount) (950 000 EUR):

900 000 EUR

Erforderlicher Bilanzansatz: 900 000 EUR (außerplanmäßige Abschreibung um 50 000 EUR).

Im Rahmen des impairment tests können folgende Anhaltspunkte Aufschluss darüber geben, ob ein Vermögenswert wertgemindert sein könnte.

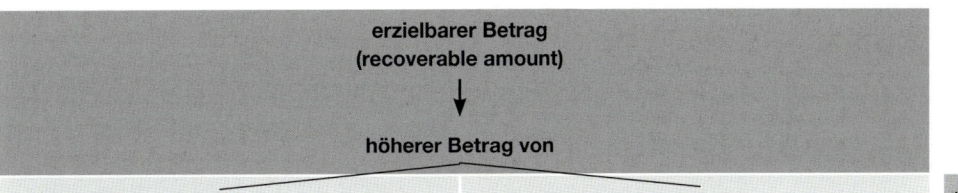

IAS 16 Nr. 32

Informationsquellen für den Impairment Test bei der Bewertung des Betriebsgrundstücks der Shirt Shop AG	
Externe (= marktbedingte) Informationsquellen – Rückläufige Preisentwicklung für gewerbliche Immobilien – Rückläufige Umsätze des Shirt Shops, wegen Errichtung eines konkurrierenden Einkaufscenters in unmittelbarer Nähe – Erhöhung der Umsatzsteuer mit nachteiligen Folgen für die Umsätze der Shirt Shop AG	Interne (= unternehmensbedingte) Informationsquellen – Wegen einer Absenkung von Teilen des Fundamentes bilden sich in den Gebäudewänden Risse – Die Geschäftsräume entsprechen wegen einer veralteten Bauweise (geringe Höhe, zu wenig Fenster) nicht mehr den aktuellen Erfordernissen

Aufg. 7.2.2 S. 467

Da der impairment test sehr aufwendig und kompliziert ist, lassen die IFRS Vereinfachungen zu. So ist es nicht erforderlich, beide Werte (Nettoveräußerungspreis und Nutzungswert) zu bestimmen, wenn bereits einer von beiden den Buchwert des Vermögenswertes übersteigt. Auf die Ermittlung des Nutzungswertes kann auch verzichtet werden, wenn es Grund zu der Annahme gibt, dass der Nettoveräußerungspreis und der Nutzungswert sich nicht wesentlich unterscheiden.

7.2.3 Zuschreibungen: Folgebewertung bei Wegfall außerplanmäßiger Abschreibungen und bei Wertsteigerungen

Zuschreibungen nach vorausgegangener außerplanmäßiger Abschreibung

IAS 36 Nr. 110 ff.

Stellt sich am Bilanzstichtag heraus, dass die Gründe für eine zu einem früheren Zeitpunkt vorgenommene außerplanmäßige Abschreibung nicht mehr bestehen, so besteht **Zuschreibungspflicht**. Da unter den gegebenen Voraussetzungen der erzielbare Betrag (recoverable amount) wieder gestiegen ist, muss eine **Wertaufholung** vorgenommen werden.

Zuschreibungen bei einem außerplanmäßig abgeschriebenen Betriebsgrundstück

Nach einem Beschluss des Stadtrates der Stadt Tailfingen wird zum Betriebsgrundstück der Tailfinger Textilhandels AG (siehe Beispiel auf S. 442) eine neue Zufahrtsstraße gebaut. Zum Bilanzstichtag (31.12.09) ist daher der erzielbare Betrag (recoverable amount) für das Betriebsgrundstück auf 920 000 EUR gestiegen.
Die fortgeführten Anschaffungskosten des Grundstücks zum Bilanzstichtag (31.12.09) betragen 950 000 EUR.

Bilanzansatz:

IAS 36 Nr. 117

Die Tailfinger Textilhandels AG ist zur Zuschreibung verpflichtet. Die fortgeführten Anschaffungskosten bilden die Obergrenze für die Zuschreibung. Da die im Vorjahr vorgenommene außerplanmäßige Abschreibung zu einer Gewinnminderung geführt hat, muss der Wertzuwachs (920 000 EUR – 900 000 EUR = 20 000 EUR) aus dem laufenden Jahr erfolgswirksam gebucht werden. Das Grundstück ist daher mit 920 000 EUR in der Bilanz anzusetzen.

Buchungssatz:	Bebaute Grundstücke	20 000 EUR	
	an sonstige betriebl. Erträge		20 000 EUR

Die **fortgeführten Anschaffungs- oder Herstellungskosten** bilden die **Obergrenze** für die Zuschreibung **(= Anschaffungskostenmodell)**.

Zuschreibungspflicht besteht, wenn die Gründe für eine vorausgegangene außerplanmäßige Abschreibung entfallen. Es darf höchstens auf die fortgeführten Anschaffungs- oder Herstellungskosten zugeschrieben werden (Anschaffungskostenmodell).

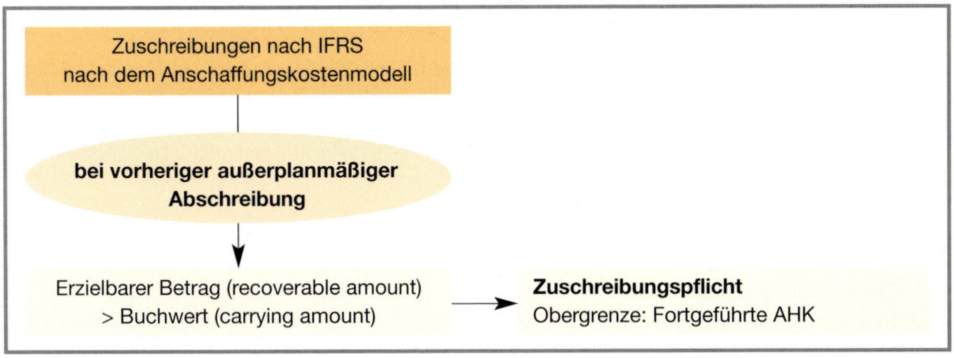

Zuschreibungen bei Wertsteigerungen

Um zu verhindern, dass die Buchwerte wesentlich von den beizulegenden Zeitwerten abweichen, sind in regelmäßigen Zeitabständen (ca. **alle 3–5 Jahre**) Neubewertungen durchzuführen. Bei starken Wertschwankungen muss die Neubewertung **jährlich** vorgenommen werden. Als beizulegender Zeitwert gilt dabei der **fair value (Marktwert)**. Aufg. 7.2.3 S. 467

IAS 16 Nr. 6

Fair Value (beizulegender Zeitwert) ist der Betrag, zu dem ein Vermögensgegenstand (asset) zwischen sachverständigen, vertragswilligen und unabhängigen Parteien getauscht werden könnte.[1]

IAS 16 Nr. 29

Stellt sich zu einem Bilanzstichtag heraus, dass der **fair value** den **Buchwert** übersteigt, so **muss** eine **Zuschreibung** erfolgen. Diese kann nach dem **Anschaffungskostenmodell** oder nach dem **Neubewertungsmodell (Neubewertungsmethode)** vorgenommen werden (Wahlrecht).

Zuschreibung nach Wertsteigerung

Anschaffungskostenmodell (Anschaffungskostenmethode)	**Neubewertungsmodell (Neubewertungsmethode)**
Beim **Anschaffungskostenmodell** ist der Betrag der Zuschreibung begrenzt durch die fortgeführten Anschaffungs- oder Herstellungskosten (= Buchwert).	Beim Neubewertungsmodell ist eine obere Wertgrenze für den Betrag der Zuschreibung nicht vorhanden. Hat sich ein Unternehmen für diese Methode entschieden, ist eine Wertzuschreibung zwingend, wenn der **fair value** (Marktwert) am Bilanzstichtag über die AHK gestiegen ist.

Das Wahlrecht muss für die jeweilige Gruppe der Sachanlagen (z. B. Gründstücke, Gebäude) einheitlich ausgeübt werden. So darf z. B. Grundstück A nicht nach dem Anschaffungskostenmodell und Grundstück B nach dem Neubewertungsmodell bewertet werden. Es ist aber möglich, die Grundstücke einheitlich nach dem Anschaffungskostenmodell zu bewerten und die Maschinen nach dem Neubewertungsmodell. Das Wahlrecht für eine der beiden Methoden kann aber pro Gruppe von Sachanlagen nur einmal ausgeübt werden. Damit ist ein Unternehmen an die einmal getroffene Entscheidung gebunden **(Stetigkeitsprinzip)**. Aufg. 7.2.4 u. 7.2.5 S. 468

Sachanlagen { Grundstücke einheitlich / Maschinen NBM – Wahlrecht nur einmal ausgeübt werden → gebunden an Entsch. (Stetigkeitsprinzip)

1 Diese Definition ist gleichbedeutend mit der des net selling price. Vgl. S. 459.

Bewertung eines Grundstücks bei einer Wertsteigerung

Die Waiblinger Textil AG hat zum 31.12.2012 in ihrem Sachanlagevermögen ein Grundstück mit ursprünglichen (historischen) Anschaffungskosten von 20 Mio. EUR aktiviert. Im Zusammenhang mit der Erstellung des Jahresabschlusses für das Geschäftsjahr 2013 gehen dem Unternehmen verlässliche Informationen zu, wonach der aktuelle Marktwert des Grundstücks 30 Mio. EUR beträgt.

Bewertungsmöglichkeiten nach IAS/IFRS zum 31.12.2013

IAS 36 Nr. 117 u. Nr. 120

1. Anschaffungskostenmodell
Bewertung des Grundstücks mit 20 Mio. EUR (fortgeführte Anschaffungskosten; hier identisch mit den historischen Anschaffungskosten, da keine Abschreibung erforderlich ist).
Eine Buchung ist nicht erforderlich, da sich gegenüber dem Wertansatz vom 31.12.2012 keine Änderung ergibt.

oder

2. Neubewertungsmodell
Bewertung des Grundstücks mit dem beizulegenden Zeitwert (aktueller Marktwert bzw. zuverlässige Marktwertschätzung) von 30 Mio. EUR.

Buchung der Zuschreibung:

Grundstück	10 Mio. EUR	
an Neubewertungsrücklage		10 Mio. EUR

Bei erstmaliger Neubewertung muss sich die Waiblinger Textil AG entscheiden, ob die Bewertung der Grundstücke nach dem Anschaffungskostenmodell oder nach dem Neubewertungsmodell erfolgt. Aus Gründen der Bewertungsstetigkeit müssen alle Grundstücke zum Bilanzstichtag und auch in Zukunft nach der gewählten Methode bewertet werden.

Kap 7.2.4

Die Berücksichtigung von Wertsteigerungen bei der Neubewertung von Sachanlagen (Grundstücke, Gebäude, Maschinen) darf sich nicht auf die Höhe des in der Gewinn- und Verlustrechnung ausgewiesenen Ergebnisses auswirken (Ausnahme: Wertsteigerungen nach vorausgegangener außerplanmäßiger Abschreibung). Deswegen wird der Wertzuwachs **ergebnisneutral** in die **Neubewertungsrücklage** eingestellt. Mit der Buchung über die Neubewertungsrücklage wird erreicht, dass sich die Zuschreibung nicht auf das Jahresergebnis auswirkt. Bei abnutzbaren Vermögensgegenständen (z. B. Gebäude) stellt nach einer Zuschreibung der neue (erhöhte) Wert die Bemessungsgrundlage für die planmäßige Abschreibung dar. Die Abschreibung muss daher gegebenenfalls entsprechend der Restnutzungsdauer des Vermögensgegenstandes (z. B. eines Gebäudes) neu berechnet werden.

Kap. 2.1

Die Neubewertungsrücklage gehört wie die anderen Rücklagen zum **Eigenkapital** einer Kapitalgesellschaft. Die Entwicklung der Neubewertungsrücklage muss wie alle anderen Eigenkapitalposten in der Eigenkapitalveränderungsrechnung in der Spalte andere Rücklagen (other reserves) aufgezeigt werden.

Anders als bei der Bewertung nach HGB stellen die Anschaffungs- und Herstellungskosten nach IAS/IFRS nicht in jedem Fall die Bewertungsobergrenze dar. Übersteigen die Wertansätze von Sachanlagen (z. B. unbebaute oder bebaute Grundstücke) deren Anschaffungs- oder Herstellungskosten, so werden bei der Neubewertung die Zuwächse ergebnisneutral in die Neubewertungsrücklage eingestellt.

Da sich Wertsteigerungen aber vornehmlich auf Grundstücke beziehen, ist die Neubewertungsmethode für die anderen Vermögensgegenstände kaum von Bedeutung.

7.2.4 Kombination von Abschreibung und Zuschreibung

Bewertung eines unbebauten Grundstücks im Zeitablauf

Bilanzstichtag	Marktwert (in Tsd. EUR)
31.12.11	510
31.12.12	475
31.12.13	550

Die Shirt Shop AG hat im Jahr 11 ein unbebautes Grundstück für 500 000 EUR erworben. Da es sich bei dem Grundstück um Bauerwartungsland handelt, unterliegt der Marktwert (fair value) starken Schwankungen (siehe Tabelle). Mit welchem Wert ist das Grundstück in einem IAS/IFRS Abschluss jeweils auszuweisen, bei Bewertung nach dem

a) Anschaffungskostenmodell? b) Neubewertungsmodell?

a) Anschaffungskostenmodell (in Tsd. EUR)

Bilanzstichtag	Bilanz		GuV-Rechnung
	Position „Unbebaute Grundstücke“	Position „Neubewertungsrücklage“	Sonst. betriebl. Erträge (+) Außerplan. Abschr. (–)
31.12.11	500	–	0
31.12.12	475	–	–25
31.12.13	500	–	+25

Buchungen

31.12.11	Entfällt		
31.12.12	Außerplanmäßige Abschreibungen	25 000 EUR	
	an Unbebaute Grundstücke		25 000 EUR
31.12.13	Unbebaute Grundstücke	25 000 EUR	
	an sonstige betriebliche Erträge		25 000 EUR

b) Neubewertungsmodell

Bilanzstichtag	Bilanz		GuV-Rechnung	Erläuterung
	Position „Unbebaute Grundstücke“	Position „Neubewertungsrücklage“	Sonst. betriebl. Erträge (+) Außerplan. Abschr. (–)	(NBR = Neubewertungsrücklage)
31.12.11	500	–	0	Erhöhung der NBR um 10 (ergebnisneutral)
31.12.12	475	–	–25	Auflösung der NBR um 10 (ergebnisneutral), außerplanm. Abschr. 25 (ergebniswirksam)
31.12.13	500	–	+25	„Korrektur“ außerplanm. Abschr. aus Vorjahr 25 (ergebniswirksame Zuschreibung auf AHK), NBR 50 (ergebnisneutral)

Buchungen

31.12.11	Unbebaute Grundstücke	10 000 EUR	
	an Neubewertungsrücklage		10 000 EUR
31.12.12	Außerplanmäßige Abschreibungen	25 000 EUR	
	Neubewertungsrücklage	10 000 EUR	
	an Unbebaute Grundstücke		35 000 EUR
31.12.13	Unbebaute Grundstücke	75 000 EUR	
	an sonstige betriebliche Erträge		25 000 EUR
	ab Neubewertungsrücklage		50 000 EUR

Entscheidet sich die Shirt Shop GmbH für die Bewertung nach dem Neubewertungsmodell, dann wird das unbebaute Grundstück auf der Aktivseite der Bilanz immer zum Marktwert (fair value) ausgewiesen. Liegt der Marktwert oberhalb der Anschaffungskosten, wird auf der Passivseite der Bilanz eine Neubewertungsrücklage in Höhe der unrealisierten Wertsteigerung ausgewiesen, ohne dass sich Auswirkungen auf das ausgewiesene Jahresergebnis ergeben. Wertänderungen unterhalb der Anschaffungskosten werden ergebniswirksam gebucht und wirken sich auf die GuV-Rechnung aus.

Wahlrechte bei der Folgebewertung von Sachanlagen (z. B. Grundstücke, Gebäude)

	Anschaffungskostenmodell	Neubewertungsmodell
Bewertung	Ähnlich wie nach HGB	Beizulegender Zeitwert = Marktwert (fair value)
Außerplanmäßige Abschreibung	Zwingend, auch wenn die Wertminderung nicht von Dauer ist	Zwingend, wenn sich bei Neubewertung ein niedriger Wert ergibt; Neubewertung ist bei starken Schwankungen jährlich, sonst alle 3–5 Jahre erforderlich.
Späterer Wegfall der Gründe für außerplanmäßige Abschreibung	Wertaufholung (Zuschreibung) zwingend	Wertaufholung (Zuschreibung) zwingend
Wertobergrenze	Fortgeführte AHK	Nicht vorhanden

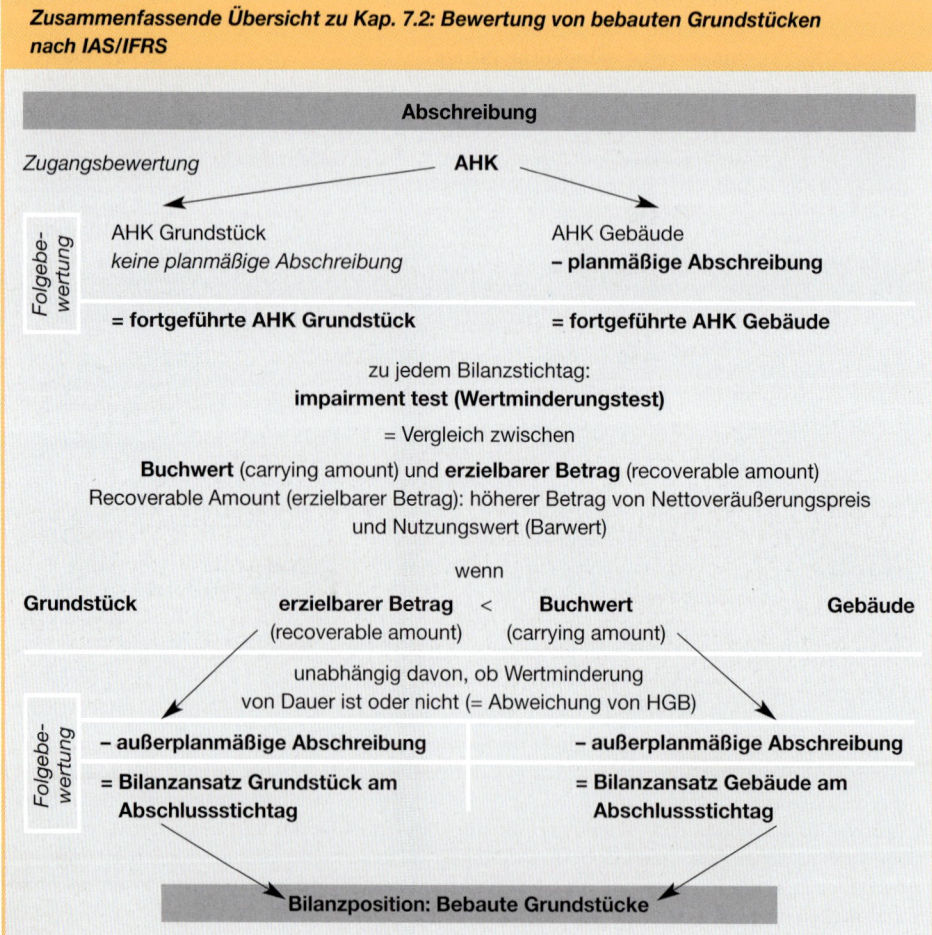

Zusammenfassende Übersicht zu Kap. 7.2: Bewertung von bebauten Grundstücken nach IAS/IFRS

Abschreibung

Zugangsbewertung **AHK**

Folgebewertung

Grundstück	Gebäude
AHK Grundstück	AHK Gebäude
keine planmäßige Abschreibung	**– planmäßige Abschreibung**
= fortgeführte AHK Grundstück	**= fortgeführte AHK Gebäude**

zu jedem Bilanzstichtag:

impairment test (Wertminderungstest)

= Vergleich zwischen

Buchwert (carrying amount) und **erzielbarer Betrag** (recoverable amount)

Recoverable Amount (erzielbarer Betrag): höherer Betrag von Nettoveräußerungspreis und Nutzungswert (Barwert)

wenn

Grundstück **erzielbarer Betrag** (recoverable amount) < **Buchwert** (carrying amount) **Gebäude**

unabhängig davon, ob Wertminderung von Dauer ist oder nicht (= Abweichung von HGB)

Folgebewertung

Grundstück	Gebäude
– außerplanmäßige Abschreibung	**– außerplanmäßige Abschreibung**
= Bilanzansatz Grundstück am Abschlussstichtag	**= Bilanzansatz Gebäude am Abschlussstichtag**

Bilanzposition: Bebaute Grundstücke

Bewertung von Grundstücken nach IAS/IFRS
Zuschreibung: 1. Fall

Folgebewertung

↓

wenn eine außerplanmäßige Abschreibung vorgenommen wurde und der Grund für die außerplanmäßige Abschreibung nicht mehr besteht, d. h.

erzielbarer Betrag (recoverable amount) > **Buchwert** (carrying amount)

↓

Zuschreibung
(Wertaufholung)
zwingend erforderlich
Obergrenze der Zuschreibung: fortgeführte AHK

Die **Korrektur der außerplanmäßigen Abschreibung** erfolgt **ergebniswirksam**, d. h. es ergeben sich Auswirkungen auf das Jahresergebnis (ausgewiesener Gewinn)!

Buchungssatz: Grundstücke
an sonstige betriebliche Erträge

Bewertung von Grundstücken nach IAS/IFRS Zuschreibung: 2. Fall

Folgebewertung

↓

mindestens alle 3 bis 5 Jahre muss Wertsteigerung geprüft werden.

wenn

↓

Marktwert (fair value) > Buchwert (carrying amount)

↓

Zuschreibung (Wertaufholung) zwingend erforderlich

↓

Wahlrecht für die Höhe der Zuschreibung

das gewählte Modell gilt einheitlich für die gesamte jeweilige Gruppe von Sachanlagen (z.B. für alle Gebäude Anschaffungskostenmodell, für alle Maschinen Neubewertungsmodell)

Anschaffungskostenmodell	Neubewertungsmodell
Obergrenze: fortgeführt AHK	**keine Obergrenze für Zuschreibung** Auch Wertansatz über den AHK möglich!!!
Wertsteigerung wird nicht erfasst. Keine Buchung erforderlich.	**Bildung einer Neubewertungsrücklage (NBR)**

Bewertung von Grundstücken nach IAS/IFRS Neubewertungsmodell

wenn durch Wertsteigerung
Marktwert (fair value) > Buchwert (carrying amount)

↓

Wahlrecht
(Grundsatz: Bewertungsstetigkeit, d. h. Wahlrecht ist nur einmal auszuüben)

↙ **Anschaffungskostenmodell** ↘ **Neubewertungsmodell**

↓

Bildung einer Neubewertungsrücklage (NBR)
(= Teil des Eigenkapitals)

Die Bildung einer **NB-Rücklage** erfolgt **ergebnisneutral**,
d. h. es ergeben sich **keine Auswirkungen** auf das Jahresergebnis (ausgewiesener Gewinn)!

Buchungssatz: Grundstücke
an NB-Rücklage

Das Konto NBR ist ein passives Bestandskonto. Die **NBR** ist **Teil des Eigenkapitals**.

Kommt es nach der Bildung einer NB-Rücklage zu einer **außerplanmäßigen Wertminderung**,
wird zunächst die **NB-Rücklage ergebnisneutral** aufgelöst.

Buchungssatz: NB-Rücklage
an Grundstücke

Ist die außerplanmäßige Wertminderung höher als die NB-Rücklage, erfolgt für den über die NB-Rücklage hinausgehenden Betrag eine **ergebniswirksame** außerplanmäßige Abschreibung.

Buchungssatz: Abschreibung (außerplanmäßig)
an Grundstücke

Fragen zur Wiederholung

Kapitel 7.2 Bewertung von unbebauten Grundstücken nach IAS/IFRS

1. Aus welchen Bestandteilen setzt sich ein bebautes Grundstück zusammen?
2. Wie ist ein unbebautes Grundstück zum Zeitpunkt der Anschaffung oder Herstellung zu bewerten?
3. Was ist unter dem Niederstwerttest (impairment test) zu verstehen?
4. Wie wird der erzielbare Betrag (recoverable amount) ermittelt?
5. Wann muss außerplanmäßig abgeschrieben werden?
6. In welchem Fall muss nach einer vorausgegangenen außerplanmäßigen Abschreibung wieder zugeschrieben werden?
7. Welches ist die Wertobergrenze einer Zuschreibung nach vorausgegangener außerplanmäßiger Abschreibung?
8. Welcher Bilanzposition ist der Betrag einer Zuschreibung bei Neubewertung zu entnehmen?
9. Welchen Einfluss haben Wertsteigerungen auf die Bewertung unbebauter Grundstücke?
10. Erklären Sie, was unter Anschaffungskostenmodell und Neubewertungsmodell zu verstehen ist.

Aufgaben und Probleme

Kapitel 7.2 Bewertung von unbebauten Grundstücken nach IAS/IFRS

7.2.1 Bewertung eines Betriebsgrundstücks nach eingetretener Wertminderung

Die Neureuter Solar AG plant den Bau einer neuen Produktionshalle. Sie hat deshalb am 3. August 2012 ein Grundstück (Bauerwartungsland) zum Kaufpreis von 800 000 EUR erworben. An Nebenkosten sind 5,0 % Grunderwerbsteuer sowie Notariatskosten in Höhe von 19 040 EUR einschl. 19 % Umsatzsteuer entstanden. Bei der Solar AG wird nach IAS/IFRS bilanziert.

1. Mit welchem Betrag ist das Grundstück in der Schlussbilanz zum 31.12.2012 enthalten, wenn sich die Grundstückspreise vom Zeitpunkt des Kaufs bis zum Abschlussstichtag nicht verändert haben? *IAS 16 Nr. 16*
2. Wegen verschiedener Einsprüche von Anliegern zum Bebauungsplan kann die Produktionshalle zunächst nicht gebaut werden. Es ist allerdings damit zu rechnen, dass das Baugebiet nach ca. zwei Jahren wie geplant ausgewiesen werden kann. Die Neureuter Solar AG will das Grundstück vorübergehend als Parkplatz für die Beschäftigten und die Kunden sowie als Lagerplatz nutzen. Zum Abschlussstichtag am 31.12.2013 werden folgende Werte ermittelt: *IAS 36 Nr. 9 und Nr. 18 ff.*
   - erzielbarer Verkaufspreis (Marktpreis nach Abzug der Veräußerungskosten = Nettoveräußerungspreis): 600 000 EUR
   - erzielbare abgezinste Einzahlungsüberschüsse im Falle einer weiteren Nutzung des Grundstücks (Nutzungswert) 700 000 EUR

   Zu welchem Betrag ist das Grundstück in der Schlussbilanz zum 31.12.2013 anzusetzen?
3. Zu welchem Betrag müsste das Grundstück in einer nach HGB erstellten Schlussbilanz zum 31.12.2013 ausgewiesen werden? *HGB § 253 (3)*

7.2.2 Impairment test

Die Nestler AG verfügt über ein unbebautes Grundstück. Zum Bilanzstichtag 31.12.2013 liegen folgende Werte vor:

- Fortgeführte Anschaffungskosten (Buchwert) 100 000 EUR
- Nettoveräußerungswert (net selling price) 60 000 EUR
- Nutzungswert (value in use) 80 000 EUR

1. Ermitteln Sie den erzielbaren Betrag (recoverable amount)
2. Begründen Sie, mit welchem Wert das Grundstück in der Bilanz zum 31.12.2013 ausgewiesen werden muss.
3. Erläutern Sie, welche Auswirkungen sich durch die Wertanpassung auf die Höhe des Anlagevermögens, des ausgewiesenen Gewinns und des Eigenkapitals ergeben.

7.2.3 Zuschreibung (Wertaufholung) nach außerplanmäßiger Abschreibung eines Grundstücks

Für ein unbebautes Grundstück der nach IAS/IFRS bilanzierenden Bugginger Kaliwerke AG werden zum Abschlussstichtag (31.12.2012) folgende Werte ermittelt:

- Fortgeführte Anschaffungskosten (Buchwert) 300 000 EUR
- recoverable amount 220 000 EUR

1. Zu welchem Wert muss das Grundstück in die Bilanz zum 31.12.2012 aufgenommen werden? *IAS 36 Nr. 9*
2. Zum 31.12.2013 wird für das Grundstück ein recoverable amount von 350 000 EUR ermittelt.
   a) Zu welchem Wert muss das Grundstück in die Bilanz zum 31.12.2013 aufgenommen werden, wenn der Bewertung der Grundstücke das Anschaffungskostenmodell zugrunde gelegt wird? Buchwert, da Obergrenze *IAS 36 Nr. 117*
   b) Zu welchem Wert muss das Grundstück in die Bilanz zum 31.12.2013 aufgenommen werden, wenn der Bewertung der Grundstücke das Neubewertungsmodell zugrunde gelegt wird? fair value > AHK → Wertzuschreibung *IAS 36 Nr. 120*

7.2.4 Bewertung eines Grundstücks nach dem Neubewertungsmodell – außerplanmäßige Abschreibung – Zuschreibung – Neubewertungsrücklage

Die Alpirsbacher Getränkefabrik AG hat im Jahre 2010 ein unbebautes Grundstück für 750 000 EUR erworben und mit diesem Betrag zutreffend in der Bilanz für das Jahr 2010 ausgewiesen.

IAS 36 Nr. 9

1. Mit welchem Betrag ist das Grundstück in der Bilanz für das Jahr 2011 auszuweisen, wenn der Wert aufgrund einer eingetretenen starken Wertminderung von einem Sachverständigen auf 600 000 EUR veranschlagt wird? Welche Auswirkungen ergeben sich auf das ausgewiesene Jahresergebnis?
2. Mit welchem Betrag ist das Grundstück in der Bilanz für das Jahr 2012 auszuweisen, wenn der Grund für die eingetretene Wertminderung wieder entfallen ist und der „wahre" Wert wieder 750 000 EUR beträgt? Welche Auswirkungen ergeben sich auf das ausgewiesene Jahresergebnis?
3. Welche Änderungen zu Nr. 2 ergeben sich, wenn der „wahre Wert" des Grundstücks zum Abschlussstichtag des Jahres 2012 auf 850 000 EUR gestiegen ist?
   Welche Buchungen sind gegebenenfalls erforderlich?
4. Wie ist das Grundstück zu bewerten, wenn der „wahre Wert" des Grundstücks zum Abschlussstichtag des Jahres 2013 auf 700 000 EUR sinken würde? Welche Buchungen sind gegebenenfalls erforderlich?

7.2.5 Neubewertung eines Grundstücks

Die Gersicke AG hat im Januar 2011 ein 5 000 m² großes Grundstück zum Preis von 40,00 EUR je m² erworben. Es sind folgende Nebenkosten angefallen:
Grunderwerbsteuer: 5 % vom Kaufpreis
Maklergebühr: 4,5 % zzgl. 19 % USt
Notariatskosten: 800,00 EUR zzgl. 19 % USt
Grundbuchgebühren für den Eigentumswechsel: 500,00 EUR

Da es sich bei dem Grundstück um Bauerwartungsland handelt, unterliegt der Marktwert (Fair Value) folgenden starken Schwankungen:
31.12.2011: 230 000 EUR
31.12.2012: 200 000 EUR
31.12.2013: 250 000 EUR

Begründen Sie,

- mit welchem Wert das Grundstück in einer nach IAS/IFRS erstellten Bilanz in den einzelnen Jahren jeweils ausgewiesen werden muss,
- welche Auswirkungen sich daraus für den ausgewiesenen Gewinn ergeben,

wenn die Bewertung

a) nach dem Anschaffungskostenmodell
b) nach dem Neubewertungsmodell

erfolgt.

7.3 Bewertung von fertigen Erzeugnissen (IAS/IFRS)

IAS 2

Die fertigen und unfertigen Erzeugnisse, die Handelswaren sowie die Roh-, Hilfs- und Betriebsstoffe gehören zum **Vorratsvermögen** eines Industriebetriebes.

Bewertung zum Zeitpunkt des Zugangs

Da die Werkstoffe und die Waren nicht selbst erstellt sind, sondern jeweils von einem Lieferer angeschafft wurden, sind für deren Bewertung die **Anschaffungskosten** maßgeblich. Die **selbst hergestellten Fertigerzeugnisse** sind dagegen mit den **Herstellungskosten** zu bewerten.

Kap. 7.1

Bewertung zum Bilanzstichtag

Zum Bilanzstichtag ist jeweils zu prüfen, ob der **Nettoveräußerungswert (net realisable value)** niedriger ist als die historischen (ursprünglichen) Anschaffungs- oder Herstellungskosten. Die Bewertung erfolgt dann zu dem jeweils niedrigeren Wert.

IAS 2 Nr. 6

IAS 2 Nr. 9

Aufg. 7.3.1 S. 471

Der Nettoveräußerungswert wird von dem am Absatzmarkt voraussichtlich erzielbaren Preis abgeleitet:

Fertige Erzeugnisse

	Voraussichtlicher Veräußerungspreis
–	Kosten der Veräußerung
=	Nettoveräußerungswert

Bewertung von Erzeugnissen am Bilanzstichtag

Ein Hersteller von mobilen Navigationsgeräten hat ermittelt, dass sich die Herstellungskosten eines Gerätes zum Ende des Geschäftsjahres 2012 auf 200 EUR belaufen. Da die Auslieferung erst im Laufe des Jahres 2013 erfolgt, muss pro Gerät noch mit weiteren Aufwendungen für Lagerung, Transport und Versicherung in Höhe von 15 EUR gerechnet werden.

Mit welchem Wert muss ein Gerät in der Bilanz des Geschäftsjahres 2012 angesetzt werden, wenn der vertraglich vereinbarte Verkaufspreis (netto, ohne USt)

a) 220 EUR b) 210 EUR

beträgt?

Lösung:

a)

	Voraussichtlicher Veräußerungspreis	220 EUR
–	Kosten der Veräußerung	15 EUR
=	Nettoveräußerungswert	205 EUR

Herstellungskosten < Nettoveräußerungswert
200 EUR 205 EUR

Bewertung zu 200 EUR (niedrigerer Wert)

Da beim Verkauf der Erzeugnisse nicht damit zu rechnen ist, dass ein Verlust entsteht, sind die Herstellungskosten für den Bilanzansatz entscheidend.

b)

	Voraussichtlicher Veräußerungspreis	210 EUR
–	Kosten der Veräußerung	15 EUR
=	Nettoveräußerungswert	195 EUR

Nettoveräußerungswert < Herstellungskosten
195 EUR 200 EUR

Bewertung zu 195 EUR (niedrigerer Wert)

Es ist damit zu rechnen, dass der beim Verkauf im Jahr 2013 erzielbare Preis nicht zur Deckung der entstandenen Kosten ausreicht (voraussichtlicher „Verlust": 5 EUR je Stück). Der zu erwartende Verlust wird bereits bei der Bewertung im Jahr 2012 berücksichtigt und nicht erst im Jahr des Verkaufs.

Bei fertigen oder unfertigen Erzeugnissen müssen Verluste bereits im Jahr der Entstehung berücksichtigt werden.

Zuschreibungen

Steigt der Nettoveräußerungswert wieder, so **sind Zuschreibungen** vorzunehmen. Für die Zuschreibung bilden jeweils die **historical cost** (ursprüngliche Anschaffungs- oder Herstellungskosten) die Wertobergrenze.

Zuschreibungen bei gestiegenem Nettoveräußerungswert

Der Hersteller der mobilen Navigationsgeräte (s. oben) hat zum 31.12.2013 noch 1 200 Navigationsgeräte auf Lager, die im Vorjahr mit dem niedrigeren Nettoveräußerungswert von 195 EUR/Stück bewertet wurden. Nach den bereits abgeschlossenen Kaufverträgen werden die Geräte im ersten Quartal des Jahres 2014 für 225 EUR/Stück verkauft.

Aufg. 7.3.2 S. 471

Mit welchem Wert sind die Gerät in der Bilanz zum 31.12.2013 anzusetzen?

Lösung:

Herstellungskosten	200 EUR
Nettoveräußerungswert	210 EUR (225 EUR – 15 EUR Veräußerungskosten)

Bilanzansatz: 1 200 Geräte à 200 EUR = 240 000 EUR (historical cost: Herstellungskosten)

Eine Bewertung der Fertigerzeugnisse zum Verkaufspreis ist unzulässig (Verbot des Ausweises eines nicht realisierten Gewinns – IAS 18).

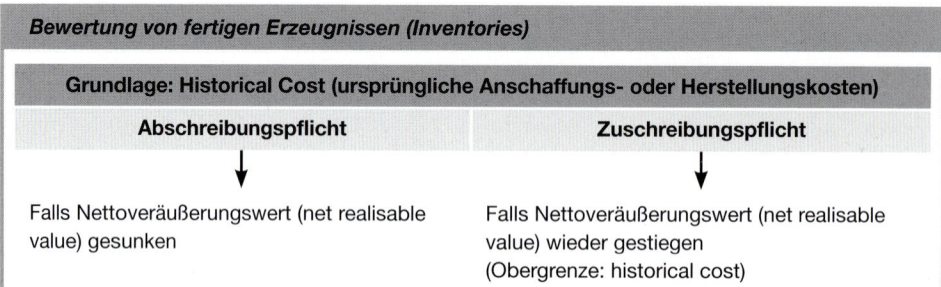

Bewertung von fertigen Erzeugnissen (Inventories)

Grundlage: Historical Cost (ursprüngliche Anschaffungs- oder Herstellungskosten)

Abschreibungspflicht	**Zuschreibungspflicht**
↓	↓
Falls Nettoveräußerungswert (net realisable value) gesunken	Falls Nettoveräußerungswert (net realisable value) wieder gestiegen (Obergrenze: historical cost)

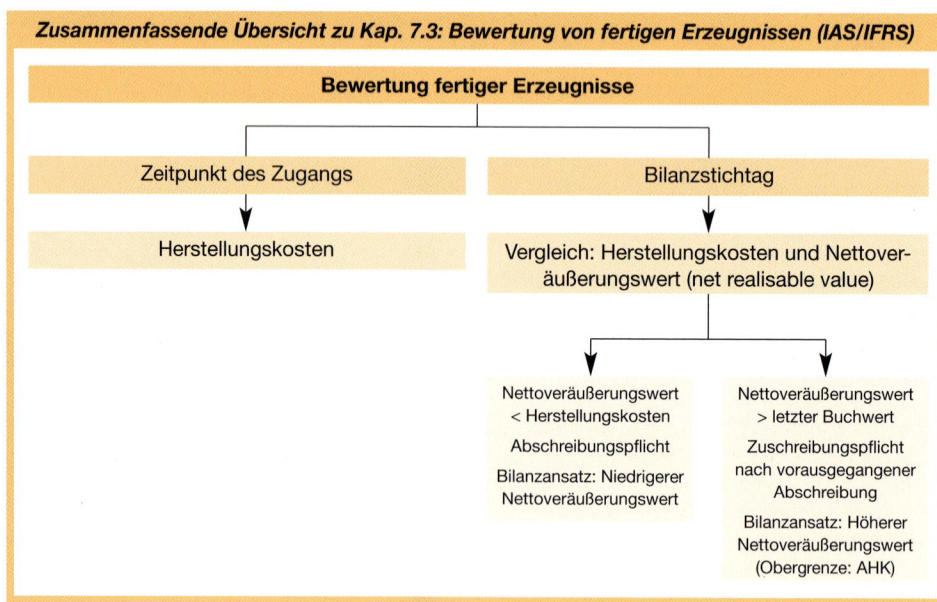

Zusammenfassende Übersicht zu Kap. 7.3: Bewertung von fertigen Erzeugnissen (IAS/IFRS)

Bewertung fertiger Erzeugnisse

- Zeitpunkt des Zugangs
  - → Herstellungskosten
- Bilanzstichtag
  - → Vergleich: Herstellungskosten und Nettoveräußerungswert (net realisable value)
    - → Nettoveräußerungswert < Herstellungskosten
      Abschreibungspflicht
      Bilanzansatz: Niedrigerer Nettoveräußerungswert
    - → Nettoveräußerungswert > letzter Buchwert
      Zuschreibungspflicht nach vorausgegangener Abschreibung
      Bilanzansatz: Höherer Nettoveräußerungswert (Obergrenze: AHK)

Fragen zur Wiederholung

Kapitel 7.3 Bewertung von fertigen Erzeugnissen (IAS/IFRS)

1. Aus welchen Bestandteilen setzt sich das Vorratsvermögen eines Unternehmens zusammen?
2. Mit welchem Wert sind fertige Erzeugnisse zum Zeitpunkt des Zugangs zu bewerten?
3. Mit welchem Wert sind fertige Erzeugnisse zum Bilanzstichtag zu bewerten, wenn der Nettoveräußerungswert (net realisable value) gesunken ist?
4. In welchem Fall ist bei der Bewertung von fertigen Erzeugnissen eine Zuschreibung erforderlich?
5. Auf welchen Betrag darf im Fall eines gestiegenen Nettoveräußerungswertes (net realisable value) höchstens zugeschrieben werden?

Aufgaben und Probleme

Kapitel 7.3 Bewertung von fertigen Erzeugnissen (IAS/IFRS)

7.3.1 Herstellungskosten fertiger Erzeugnisse

Bei der Mannheimer Motorenwerke AG ist am Jahresende u. a. die Position „Kleinmotoren" zu bewerten. Dem internen Rechnungswesen sind folgende Informationen zu entnehmen:

Materialeinzelkosten	80,00 EUR
Materialgemeinkostensatz	30 %
Fertigungseinzelkosten	200,00 EUR
Fertigungsgemeinkostensatz	60 %
Verwaltungsgemeinkostensatz	10 %
die Hälfte der Verwaltungsgemeinkosten ist dem Fertigungsbereich zuzurechnen	
Vertriebsgemeinkostensatz	5 %

Ermitteln Sie die Wertunter- und Wertobergrenze eines Kleinmotors, wenn die Bewertung

- nach HGB
- nach IAS/IFRS erfolgt.

7.3.2 Bewertung von fertigen Erzeugnissen am Bilanzstichtag

Die Biberacher Möbelfabrik GmbH erstellt einen Jahresabschluss nach IAS/IFRS und muss zum Ende des laufenden Geschäftsjahres eine fertige Schrankwand bewerten. Die angefallenen Herstellungskosten betragen 3 500 EUR. Für den Transport zum Kunden sind weitere 400 EUR zu kalkulieren. Wie ist das unfertige Erzeugnis zum Bilanzstichtag zu bewerten, wenn der Absatzpreis für das fertig gestellte Erzeugnis

- 3 750 EUR zzgl. 19 % USt
- 4 750 EUR zzgl. 19 % USt

beträgt?

7.4 Langfristige Auftragsbearbeitung

Übernimmt ein Unternehmen Aufträge für Großprojekte (z. B. Brückenbau, Schiffsbau, Staudamm), so ist für deren Bearbeitung meist eine sehr lange Zeit erforderlich. Liegt zwischen Beginn und Fertigstellung eines solchen Auftrags **mindestens ein Bilanzstichtag**, so muss geklärt werden, welcher Erfolgsanteil den einzelnen Geschäftsjahren jeweils zuzuordnen ist. Verzichtet ein Unternehmen (z. B. Schiffswerft) auf eine solche Zuordnung, so wird gegebenenfalls erst im Jahr der Fertigstellung ein Gewinn ausgewiesen.

Zeitlicher Anfall von Aufwand und Ertrag bei langfristiger Auftragsfertigung

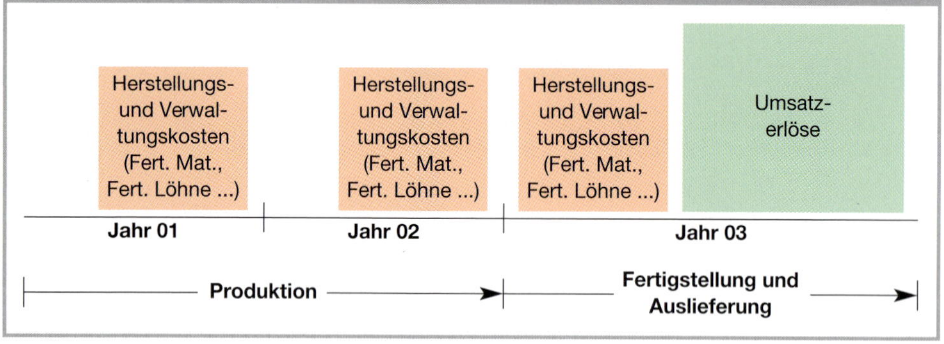

Aus **wirtschaftlicher Sicht** lässt sich aber begründen, dass bei kontinuierlicher Fertigung ein Teil des Gewinns bereits während der Zeit der Produktion entsteht und nicht erst bei der endgültigen Fertigstellung bzw. Auslieferung. Deshalb wird nach IAS/IFRS der Gesamtgewinn eines Projektes nicht erst nach vollständiger Fertigstellung (strenge Auslegung des Realisationsprinzips), sondern prozentual entsprechend dem Projektfortschritt (milde Auslegung des Realisationsprinzips) ausgewiesen.

Nach der Percentage-of-Completion Method (= POC-Methode, Gewinnausweis entsprechend dem Fertigstellungsgrad) wird bei langfristiger Auftragsfertigung der Gewinn aus einem Auftrag anteilig auf die Produktionsperioden verteilt.

Der **Fertigstellungsgrad** wird üblicherweise aus dem Verhältnis der zu einem Bilanzstichtag tatsächlich angefallenen Auftragskosten und den geschätzten gesamten Auftragskosten ermittelt.

IAS 11 Nr. 30

$$\text{Fertigstellungsgrad} = \frac{\text{tatsächliche bzw. voraussichtliche Kosten zu einem Bilanzstichtag}}{\text{geplante Gesamtkosten des Auftrags}}$$

Alternativ kann der Fertigstellungsgrad aber auch durch Zugrundelegung des physischen Produktions- bzw. Baufortschritts ermittelt werden (z. B. bisher fertig gestellte Autobahnkilometer im Verhältnis zu den ingesamt fertig zu stellenden Autobahnkilometer). Wesentlich ist, dass das Verfahren zur Ermittlung des Fertigstellungsgrades zuverlässig ist und die tatsächlichen Verhältnisse realitätsgetreu wiedergibt.

Zu den Kosten eines Projekts zählen sämtliche Einzel- und Gemeinkosten, die mit ihm in Verbindung stehen, nicht aber Allgemeine Verwaltungskosten und Entwicklungskosten.

IAS 11 Nr. 22, 23

Die Anwendung der **Percentage-of-Completion Method (POC-Methode)** setzt voraus, dass der Fertigstellungsgrad, die geplanten Gesamtkosten des Projekts und die bis zum

Bilanzstichtag tatsächlich angefallenen Kosten verlässlich ermittelt werden können. Sind diese Bedingungen nicht erfüllt, dann **darf diese Methode nicht angewandt werden**. In diesem Fall muss die Bewertung in gleicher Weise wie bei der **Bewertung nach HGB (= Completed-Contract-Method)** erfolgen (Gewinnausweis im Realisationszeitpunkt **nach** Fertigstellung und Abnahme des Gesamtprojekts). HGB § 252 (2)

Da der Vermögensausweis bei der Percentage-of-Completion Method zeitnah zum jeweiligen Ergebnis des Fertigungsprozesses erfolgt, ist diese Methode aus **Sicht der Anteilseigner** als zweckmäßig anzusehen. Allerdings setzt diese Methode ein **effizientes Projektcontrolling** voraus und ist schwieriger zu handhaben. Die **Completed-Contract-Method** trägt hingegen wegen der strengen Beachtung des Realisationsprinzips besonders dem **Gläubigerschutz** Rechnung.

Langfristige Auftragsfertigung bei einer Schiffswerft

Aufg. 7.4.1 u. 7.4.2 S. 477

Die Bremer Schiffsbau AG beginnt am 02.01.2012 mit dem Bau einer Yacht, für die mit dem Auftraggeber ein Festpreis von 6 Mio. EUR (ohne Berücksichtigung von Umsatzsteuer) vereinbart wurde. Die Yacht soll am 31.12.2013 fertiggestellt sein. Der Kaufpreis ist nach Fertigstellung zur Zahlung fällig. Nach der vorliegenden Kostenplanung wird damit gerechnet, dass für den Auftrag insgesamt Kosten (ohne kalk. Zusatzkosten) in Höhe von 4 Mio. EUR. entstehen. Davon fallen schätzungsweise 60 % im Jahr 2012 und 40 % im Jahr 2013 an.
In welcher Höhe sind die Aufwendungen und Erträge den beiden Jahren bei Anwendung der folgenden Bewertungsmethoden jeweils zuzurechnen?

1. Completed Contract Method[1] (= Gewinnausweis nach Fertigstellung bzw. Bewertungsvorschriften nach HGB)	2. Percentage-of-Completion-Method (= Gewinnausweis entsprechend dem Fertigstellungsgrad)

Es ist davon auszugehen, dass die Schätzungen hinsichtlich Höhe und zeitlicher Verteilung der Kosten tatsächlich zutreffen

1. Bewertung nach der Completed-Contract-Method (Gewinnausweis nach Fertigstellung = Bewertung nach HGB)

2012		2013	
1.	Laufende Erfassung der während des Jahres anfallenden Aufwendungen auf verschiedenen Aufwandskonten (Rohstoffverbrauch, Fertigungslöhne usw.): 60 % von 4 Mio. EUR = 2,4 Mio. EUR	1.	Laufende Erfassung der während des Jahres anfallenden Aufwendungen auf verschiedenen Aufwandskonten (Rohstoffverbrauch, Fertigungslöhne usw.): 40 % von 4 Mio. EUR = 1,6 Mio. EUR
2.	Vorbereitende Abschlussbuchung am Ende des Jahres (Erfassung der zu Herstellungskosten bewerteten Bestandsveränderungen) Unfert. Erzeugnisse 2,4 Mio. EUR *(akt. Bestandskonto)* an Bestandserhöhung unfert. Erzeugnisse (UE) 2,4 Mio. EUR	2.	Erfassung der vereinbarungsgemäß nach Fertigstellung anfallenden Kaufpreiszahlung als Umsatzerlöse (ohne Berücksichtigung von USt): Bank 6,0 Mio. EUR an Umsatzerlöse 6,0 Mio. EUR
		3.	Vorbereitende Abschlussbuchung am Ende des Jahres (Korrektur der Bestände an unfertigen Erzeugnissen) Bestandsmind. UE 2,4 Mio. EUR an Unfertige Erzeugnisse 2,4 Mio. EUR

1 Im Lehrplan ist nur die POC-Methode vorgesehen. Da aber die Completed-Contract-Method identisch mit den HGB-Regelungen ist, muss diese auch bekannt sein.

S GuV 2012 (Auszug) in EUR H		S GuV 2013 (Auszug) in EUR H	
Rohstoffaufwand Fertigungslöhne } **2,4 Mio.** ...	Bestands- mehrung **2,4 Mio.** unfert. Erzeugn.	Rohstoffaufwand Fertigungslöhne } **1,6 Mio.** ... Bestandsminderung 2,4 Mio. **„Gewinn" 2,0 Mio.**	Umsatz- erlöse **6 Mio.**

Ergebnis: Da ein Gewinn im Jahr 2012 noch nicht realisiert ist, darf in der Gewinn- und Verlustrechnung dieses Jahres auch kein Gewinn ausgewiesen werden (nicht realisierte Gewinne dürfen nicht ausgewiesen werden – Realisationsprinzip).	Ergebnis: Da mit dem Anspruch auf Zahlung – also nach Fertigstellung des Auftrags – ein möglicher Gewinn als realisiert gilt, wird dieser in der GuV des Jahres 2012 ausgewiesen (Realisationsprinzip).

2. Bewertung nach der Percentage-of-Completion-Method (= Gewinnausweis entsprechend dem Fertigungsstellungsgrad)

Jahr	2012	2013
Fertigstellungsgrad	2,4 Mio. EUR/4 Mio. EUR · 100 = 60 %	4 Mio. EUR/4 Mio. EUR · 100 = 100 %
Anteilige Erträge (Umsatzerlöse)	60 % von 6 Mio. EUR = 3,6 Mio. EUR	40 % von 6 Mio. EUR = 2,4 Mio. EUR

2012		2013	
1.	Laufende Erfassung der während des Jahres anfallenden Aufwendungen auf verschiedenen Aufwandskonten (Rohstoffverbrauch, Fertigungslöhne usw.): 60 % von 4 Mio. EUR = 2,4 Mio. EUR	1.	Laufende Erfassung der während des Jahres anfallenden Aufwendungen auf verschiedenen Aufwandskonten (Rohstoffverbrauch, Fertigungslöhne usw.): 40 % von 4 Mio. EUR = 1,6 Mio. EUR
2.	Vorbereitende Abschlussbuchung am Ende des Jahres (Erfassung der anteiligen Umsatzerlöse) Künftige Forder. aus Fertigungsaufträgen *(akt. Bestandskonto)* 3,6 Mio. EUR an Umsatzerlöse 3,6 Mio. EUR	2.	Erfassung der vereinbarungsgemäß nach Fertigstellung anfallenden Kaufpreiszahlung Bank 6,0 Mio. EUR an künftige Forderungen aus Fertigungsaufträgen 3,6 Mio. EUR an Umsatzerlöse: 1,4 Mio. EUR

S GuV 2012 (Auszug) in EUR H		S GuV 2013 (Auszug) in EUR H	
Rohstoffaufwand Fertigungslöhne } **2,4 Mio.** ... **„Gewinn" 1,2 Mio.**	Umsatzerlöse **3,6 Mio.**	Rohstoffaufwand Fertigungslöhne } **1,6 Mio.** **„Gewinn" 0,8 Mio.**	Umsatz- erlöse **2,4 Mio.**

Ergebnis: Der Gewinn wird „periodengerecht" entsprechend dem Produktionsfortschritt auf die Jahre 2012 und 2013 verteilt. Die langfristige Auftragsfertigung wird in den einzelnen Geschäftsjahren als **erfolgswirksame Umsatztätigkeit** betrachtet (Verzicht auf die Buchung von Bestandserhöhungen unfertiger Erzeugnisse).
Bis zur endgültigen Fertigstellung erfolgt die Gegenbuchung auf dem aktiven Bestandskonto „Künftige Forderungen aus Fertigungsaufträgen".

Gewinnausweis entsprechend dem Fertigstellungsgrad (Percentage-of-Completion Method) und Gewinnausweis nach Fertigstellung (Completed-Contract-Method)

Verteilung des Gewinns auf die einzelnen Geschäftsjahre beim Bau und Verkauf einer Tunnelvortriebsmaschine

Die Stuttgarter Tunnelbau AG erhält am 01.08.2012 den Auftrag zum Bau einer Tunnelvortriebsmaschine. Es ist geplant, die Maschine am 31.07.2014 an den Auftraggeber auszuliefern. Nach Informationen der Kosten- und Leistungsrechnung werden für den Auftrag Aufwendungen in Höhe von 2 800 000 EUR anfallen. Mit dem Auftraggeber wurde ein Festpreis von 3 600 000 EUR zzgl. 19 % USt vereinbart, der unmittelbar nach Fertigstellung und Probelauf fällig ist. Während der Herstellungszeit ist mit folgenden Aufwendungen zu rechnen:

2012: 700 000 EUR
2013: 1 540 000 EUR
2014: 560 000 EUR

	$\text{Fertigstellungsgrad} = \dfrac{\text{angefallene Kosten zum Bilanzstichtag}}{\text{geplante Gesamtkosten des Auftrags}} \cdot 100$	anteilige Erträge
Jahr 2012	(700 000 : 2 800 000) · 100 = 25,0 %	25 %
Jahr 2013	(2 240 000 : 2 800 000) · 100 = 80,0 %	55 %
Jahr 2014	(2 800 000 : 2 800 000) · 100 = 100,0 %	20 %

		Percentage-of-Completion Method		**Completed-Contract Method ≙ HGB-Regelung**	
Jahr 2010	**Erträge**	(25 % v. 3 600 000 EUR)	900 000 EUR	(Mehrbestand UE)	700 000 EUR
	– Aufwendungen		700 000 EUR		700 000 EUR
	auf das **Geschäftsjahr 2010** entfallender Gewinnanteil		**200 000 EUR**		**0 EUR**
Jahr 2011	**Erträge**	Anteilige Erträge (55 % v. 3 600 000 EUR)	1 980 000 EUR	(Mehrbestand UE)	1 540 000 EUR
	– Aufwendungen		1 540 000 EUR		1 540 000 EUR
	auf das **Geschäftsjahr 2011** entfallender Gewinnanteil		**440 000 EUR**		**0 EUR**
Jahr 2012	**Erträge**	Anteilige Erträge (20 % v. 3 600 000 EUR)	720 000 EUR	(Umsatzerlöse)	3 600 000 EUR
	– Aufwendungen		560 000 EUR	2 240 000 EUR (Bestandsminderung UE) + 560 000 EUR (lfd. Aufwendungen)	2 800 000 EUR
	auf das **Geschäftsjahr 2012** entfallender Gewinnanteil		**160 000 EUR**		**800 000 EUR**

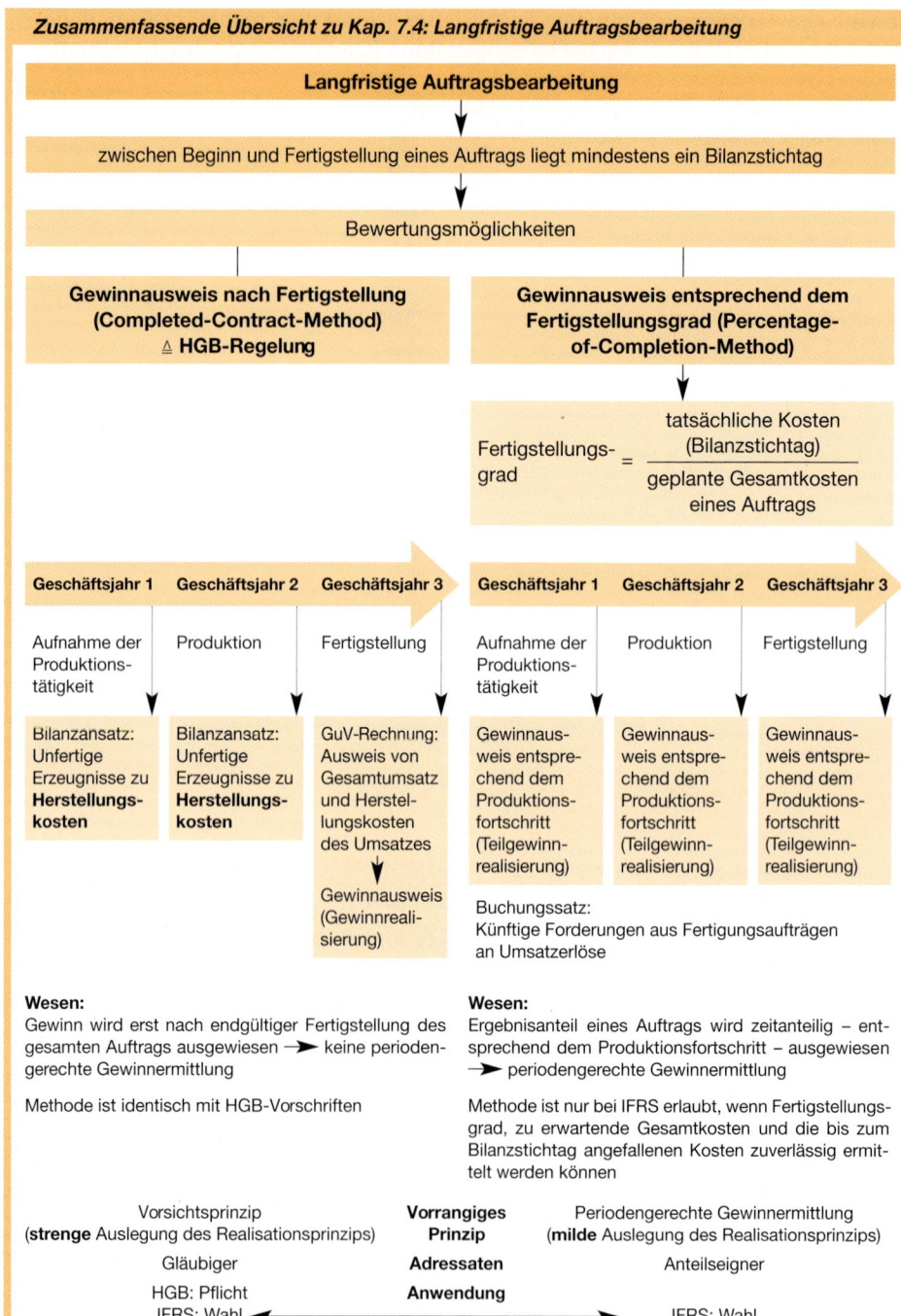

Zusammenfassende Übersicht zu Kap. 7.4: Langfristige Auftragsbearbeitung

Langfristige Auftragsbearbeitung

↓

zwischen Beginn und Fertigstellung eines Auftrags liegt mindestens ein Bilanzstichtag

↓

Bewertungsmöglichkeiten

Gewinnausweis nach Fertigstellung (Completed-Contract-Method) ≙ HGB-Regelung	**Gewinnausweis entsprechend dem Fertigstellungsgrad (Percentage-of-Completion-Method)**

$$\text{Fertigstellungsgrad} = \frac{\text{tatsächliche Kosten (Bilanzstichtag)}}{\text{geplante Gesamtkosten eines Auftrags}}$$

Completed-Contract-Method:

Geschäftsjahr 1	**Geschäftsjahr 2**	**Geschäftsjahr 3**
Aufnahme der Produktionstätigkeit	Produktion	Fertigstellung
Bilanzansatz: Unfertige Erzeugnisse zu **Herstellungskosten**	Bilanzansatz: Unfertige Erzeugnisse zu **Herstellungskosten**	GuV-Rechnung: Ausweis von Gesamtumsatz und Herstellungskosten des Umsatzes ↓ Gewinnausweis (Gewinnrealisierung)

Percentage-of-Completion-Method:

Geschäftsjahr 1	**Geschäftsjahr 2**	**Geschäftsjahr 3**
Aufnahme der Produktionstätigkeit	Produktion	Fertigstellung
Gewinnausweis entsprechend dem Produktionsfortschritt (Teilgewinnrealisierung)	Gewinnausweis entsprechend dem Produktionsfortschritt (Teilgewinnrealisierung)	Gewinnausweis entsprechend dem Produktionsfortschritt (Teilgewinnrealisierung)

Buchungssatz:
Künftige Forderungen aus Fertigungsaufträgen an Umsatzerlöse

Wesen (Completed-Contract-Method):
Gewinn wird erst nach endgültiger Fertigstellung des gesamten Auftrags ausgewiesen → keine periodengerechte Gewinnermittlung

Methode ist identisch mit HGB-Vorschriften

Wesen (Percentage-of-Completion-Method):
Ergebnisanteil eines Auftrags wird zeitanteilig – entsprechend dem Produktionsfortschritt – ausgewiesen → periodengerechte Gewinnermittlung

Methode ist nur bei IFRS erlaubt, wenn Fertigstellungsgrad, zu erwartende Gesamtkosten und die bis zum Bilanzstichtag angefallenen Kosten zuverlässig ermittelt werden können

Completed-Contract-Method		Percentage-of-Completion-Method
Vorsichtsprinzip (**strenge** Auslegung des Realisationsprinzips)	**Vorrangiges Prinzip**	Periodengerechte Gewinnermittlung (**milde** Auslegung des Realisationsprinzips)
Gläubiger	**Adressaten**	Anteilseigner
HGB: Pflicht IFRS: Wahl	**Anwendung**	IFRS: Wahl

Fragen zur Wiederholung

Kapitel 7.4 Langfristige Auftragsbearbeitung

1. Wann liegt eine langfristige Auftragsbearbeitung vor?
2. Beschreiben Sie die beiden Bewertungsmöglichkeiten nach IFRS bei einem langfristigen Auftrag.
3. In welchem Jahr erfolgt jeweils die Gewinnrealisierung bei Bewertung
   - nach der Percentage of Completion Method
   - nach der Completed-Contract-Method?

Aufgaben und Probleme

Kapitel 7.4 Langfristige Auftragsbearbeitung

7.4.1 Bewertungsfragen beim Bau einer Brücke (langfristige Auftragsbearbeitung)

Die Bauunternehmung Siedler GmbH erhält den Auftrag, eine neue Brücke über den Neckar zu bauen. Mit dem Bau der Brücke wurde am 01.07.2011 begonnen. Nach der derzeit vorliegenden Projektplanung sollen die Arbeiten am 30.06.2013 abgeschlossen sein. Nach verlässlichen Informationen der Kosten- und Leistungsrechnung werden voraussichtlich Aufwendungen in Höhe von 4 000 000 EUR entstehen. Mit dem Auftraggeber wurde ein Festpreis von 6 000 000 EUR zzgl. 19 % USt vereinbart, der sofort nach Fertigstellung und Abnahme der Brücke fällig ist. Die während der Bauzeit anfallenden Aufwendungen (Herstellungskosten) verteilen sich wie folgt:

2011: 500 000 EUR
2012: 2 500 000 EUR
2013: 1 000 000 EUR

1. Ermitteln Sie in einer Übersicht nach folgendem Muster die Höhe der Aufwendungen und Erträge für die Geschäftsjahre 2011 bis 2013 nach der Percentage-of-Completion Method und der Completed-Contract Method.

	2011	2012	2013
Fertigstellungsgrad in %			
anteilige Erträge in %			

		Percentage-of-Completion Method	Completed-Contract Method (HGB-Methode)
Jahr 2011	Erträge – Aufwendungen = Gewinn 2011		
Jahr 2012	Erträge – Aufwendungen = Gewinn 2012		
Jahr 2013	Erträge – Aufwendungen = Gewinn 2013		

2. Wie wird der langfristige Fertigungsauftrag in der Bilanz des Jahres 2012 nach den unter 1. angewandten Methoden (Percentage of Completion Method, Completed-Contract Method) jeweils ausgewiesen?
3. Begründen Sie, welche Bewertungsmethode
   - dem Gläubigerschutz,
   - den Interessen der Anteilseigner

   am ehesten entspricht.

7.4.2 Bewertungsfragen im Zusammenhang mit der Erstellung einer Flugzeughalle (langfristige Auftragsbearbeitung)

Die Rimo Elementebau AG erhält zu Beginn des Jahres 2011 den Auftrag, für eine Fluggesellschaft mehrere Flughallen zu bauen. Nach der derzeitigen Projektplanung ist für das Projekt eine Bauzeit von 3 Jahren erforderlich. Mit der Fluggesellschaft wurde ein Festpreis von 45 Mio. EUR vereinbart. Die Rimo Elementebau hat über eine Vorkalkulation ermittelt, dass mit Selbstkosten in Höhe von 37,5 Mio. EUR zu rechnen ist. Nach einer im Dezember 2012 durchgeführten Zwischenkalkulation muss bis zum Abschluss des Auftrags mit einer Kostensteigerung auf 39 Mio. EUR gerechnet werden. Zum Ende des Geschäftsjahres 2013 wurde das Projekt fertig gestellt und von der Baurechtsbehörde abgenommen.

Die auftragsbezogene Kostenentwicklung ergibt für die Bauphase der Jahre 2011 bis 2013 folgendes Bild:

Jahr	2011	2012	2013	Summe
Kosten	18 Mio. EUR	10,5 Mio. EUR	10,5 Mio. EUR	39 Mio. EUR

1. Begründen Sie, unter welchen Voraussetzungen für die einzelnen Geschäftsjahre nach IAS/IFRS eine Teilgewinnrealisierung zulässig ist.
2. Ermitteln Sie auf der Grundlage der Percentage-of-Completion Methode den jeweiligen Fertigstellungsgrad sowie den anteiligen Auftragsgewinn für die einzelnen Geschäftsjahre.

7.5 Unterschiede zwischen HGB und IAS/IFRS im Überblick

Vergleich HGB – IAS/IFRS[1]		
	HGB	**IAS/IFRS**
Ziel der Rechnungslegung	Ermittlung des Jahresergebnisses u. a. für Ausschüttung und Steuern (Maßgeblichkeit der Handels- für die Steuerbilanz, EStG § 5)	wahres und verlässliches Bild für Anleger („true and fair view")
Quellen und Art der Regelungen	Gesetzgeber: HGB-Vorschriften; systematischer Aufbau des HGB; allgemeine Regelungen in Gesetzesform (auslegungsbedürftig)	private Organisation: IASB[2] kein Gesetzescharakter, sondern „Standards" kein systematischer Aufbau Einzelfallvorschriften (keine Auslegung erforderlich)
Bestandteile des Jahresabschlusses	HGB § 264: Bilanz, GuV; zusätzlich (je nach Rechtsform und Größe) Anhang, Eigenkapitalspiegel, Kapitalflussrechnung Lagebericht (nicht Bestandteil des Jahresabschlusses)	IAS 1 Nr. 8: Bilanz, GuV, Eigenkapitalveränderungsrechnung, Kapitalflussrechnung, Anhang
Adressaten	Aktionäre, Gläubiger, Finanzbehörde (Steuerbilanz)	Eigenkapitalgeber (Anteilseigner), Investoren
Vorrangiges Rechnungslegungsprizip	**Gläubigerschutz** **Vorsichtsprinzip** dominiert durch ■ Realisationsprinzip, ■ Niederstwertprinzip, ■ Höchstwertprinzip	**Anlegerschutz** periodengerechter Ergebnisausweis, Vorsichtsprinzip ist untergeordnet, **Bilanzwahrheit** und **Bilanzklarheit** haben Vorrang **fair presentation** = angemessene Darstellung des Vermögens und der Schulden **true and fair view** = wahres und angemessenes Bild **fair value** = Bewertung von Vermögen und Verbindlichkeiten mit dem gegenwärtigen Marktwert Abweichungen nur in Ausnahmefällen mit umfangreichen Angaben und Begründungen im Anhang
Realisationsprinzip bei Gewinnen	**Strenge Auslegung** Gewinnausweis im Normalfall erst nach Realisierung Ausnahme unter bestimmten Voraussetzungen: Fremdwährungspositionen mit einer Restlaufzeit von unter einem Jahr	**Gemilderte Auslegung** Gewinnausweis hängt von Realisierbarkeit am Bilanzstichtag (nicht von der schon erfolgten tatsächlichen Realisierung) ab: Ausweis von Teilgewinnen entsprechend dem Produktionsfortschritt ist unter bestimmten Voraussetzungen zwingend.
Wahlrechte	mehrere Bilanzierungs- und Bewertungswahlrechte	wenige
Stille Rücklagen	zulässig und möglich aufgrund der Wahlrechte	nicht zulässig
Periodengerechte Ergebnisermittlung	nicht eindeutig, da mehrere Wahlrechte Ausweis im Jahr der Realisierung (Normalfall)	eindeutig, da wenig Wahlrechte **Matching principle:** Aufwendungen, die in direktem Zusammenhang mit entsprechenden Erträgen stehen, müssen in der Periode erfolgswirksam erfasst werden, in der die Erträge erfasst werden.
Folge	Vermögen wird eher zu niedrig ausgewiesen. Fremdkapital wird eher zu hoch ausgewiesen. GuV weist ein vorsichtig ermitteltes (eher niedriges) Ergebnis aus.	Es wird versucht, den vollständigen Substanzwert (= Betrag, der aufgewendet werden müsste, um ein derartiges Unternehmen heute zum Tageswert zu erwerben) wiederzugeben und ein realistisches (kein überhöhtes) Ergebnis auszuweisen.

1 IAS: International Accountig Standards; ab 2001: IFRS: International Financial Reporting Standards
2 IASB: International Accounting Standards Board

8 Jahresabschlussanalyse[1]

Überblick und Zusammenhänge

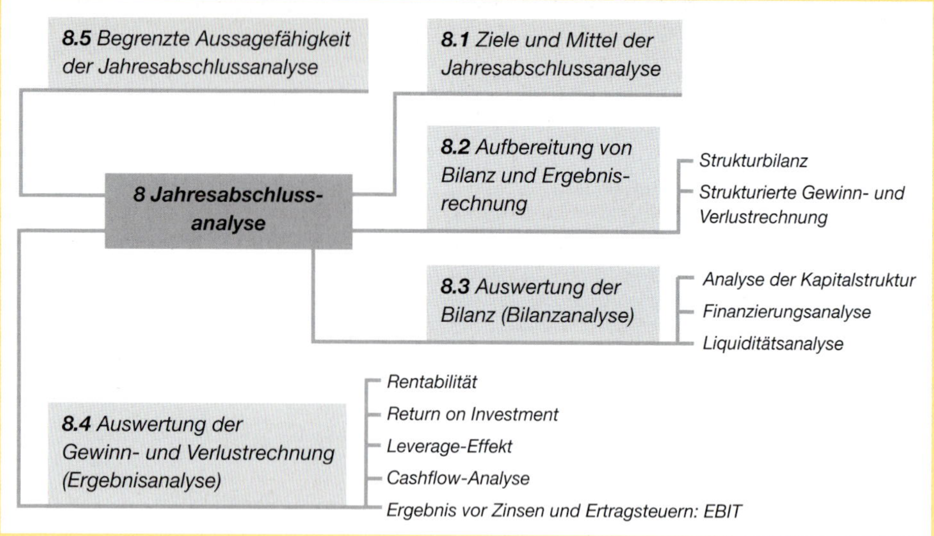

8.1 Ziele und Mittel der Jahresabschlussanalyse

Ziele der Jahresabschlussanalyse

Unter Jahresabschlussanalyse wird die Aufbereitung und Auswertung des Jahresabschlusses zur Beurteilung der gegenwärtigen und zur Prognose der zukünftigen Unternehmenslage verstanden.

Die Jahresabschlussanalyse erfüllt insbesondere für die Eigenkapitalgeber folgende drei Funktionen:

Funktionen der Jahresabschlussanalyse		
Informationsfunktion	**Kontrollfunktion**	**Steuerungsfunktion**
Die Jahresabschlussanalyse ist ein Verfahren zur Gewinnung von Informationen über die wirtschaftliche Lage eines Unternehmens.	Die Jahresabschlussanalyse ermöglicht den Kapitalgebern, ihre Zielgrößen mit den tatsächlichen Istgrößen zu vergleichen und nach Abweichungsursachen zu suchen.	In Abhängigkeit von den Ursachen für die Abweichung von Ziel- und Istgrößen ziehen Kapitalgeber möglicherweise ihr Kapital aus dem Unternehmen ab oder stellen kein neues Kapital zur Verfügung.

Schwerpunkt einer Jahresabschlussanalyse ist es, die schwer überschaubaren Datenmengen eines Jahresabschlusses zu aussagekräftigen Kennzahlen zu verdichten.

Außer für die Eigenkapitalgeber sind die Informationen aus einer Jahresabschlussanalyse auch für andere Interessengruppen bedeutsam.

1 Auf der Begleit-CD befindet sich der HGB-Jahresabschluss einer AG im Original.

Interessengruppen	Bedeutsame Informationen einer Jahresabschlussanalyse
Eigenkapitalgeber	Gewinnentwicklung, künftige Möglichkeit zur Gewinnausschüttung, derzeitiger und künftiger Wert der Unternehmensbeteiligung
Fremdkapitalgeber	Fähigkeit des Unternehmens, den Zins- und Tilgungsverpflichtungen pünktlich nachzukommen
Lieferer	Fähigkeit des Unternehmens, den Zahlungsverpflichtungen pünktlich nachzukommen
Kunden	Fähigkeit des Unternehmens, günstige Einkaufskonditionen zu gewähren und den Lieferverpflichtungen vertragsgemäß nachzukommen
Arbeitnehmer	Fähigkeit des Unternehmens, sichere Arbeitsplätze und eine angemessene Entlohnung zu garantieren.
Staat	Beitrag des Unternehmens zum Steueraufkommen und zur Schaffung von Arbeitsplätzen

Kennzahlen als Hilfsmittel der Jahresabschlussanalyse

Kennzahlen verdichten die komplexe betriebswirtschaftliche Realität.

> **Kennzahlen sind zu Maßgrößen verdichtete Informationen, die in konzentrierter Form Auskunft über zahlenmäßig erfassbare Sachverhalte geben.**

Arten von Kennzahlen		
absolute Zahlen	**Verhältniszahlen**	
Absolute Zahlen sind Einzelzahlen, Summen, Differenzen oder Mittelwerte. Sie werden direkt dem Jahresabschluss ohne Umformung entnommen (z. B. Umsatzerlöse) oder entstehen im Rahmen der Jahresabschlussanalyse (z. B. Cashflow). Die Aussagekraft von absoluten Kennzahlen ist meist begrenzt, weil ein Beurteilungsmaßstab fehlt.	Verhältniszahlen entstehen bei der Durchführung der Jahresabschlussanalyse, indem zwei absolute Zahlen in Quotientenform zueinander in Beziehung gesetzt werden. Es lassen sich verschiedene Arten von Verhältniszahlen unterscheiden:	
	Gliederungszahlen	**Beziehungszahlen**
	Es werden Teilmengen zur Gesamtmenge ins Verhältnis gesetzt. Die Gesamtmenge wird dabei gleich 100 gesetzt. *Beispiel: Eigenkapitalquote: Anteil des Eigenkapitals am Gesamtkapital*	Es werden Größen zueinander ins Verhältnis gesetzt, zwischen denen ursächliche Zusammenhänge bestehen. *Beispiel: Verschuldungsgrad: Verhältnis von Fremdkapital zu Eigenkapital*

Kennzahlenvergleich

Da **Kennzahlen** für sich allein betrachtet nur eine begrenzte Aussagekraft haben, schließt sich an die Ermittlung der Kennzahlen ein **Kennzahlenvergleich** an. Dazu können u. a. folgende Vergleichsgrößen herangezogen werden:

Zeit- und Entwicklungsvergleich	Betriebs- und Branchenvergleich	Soll-Ist-Vergleich
Vergleich mit Kennzahlen vergangener Perioden	Vergleich mit Kennzahlen anderer Unternehmen	Vergleich der tatsächlichen Werte mit „Normalgrößen“

Umstrukturierung von Bilanz und GuV-Rechnung

Die nach den Vorschriften von HGB oder IAS/IFRS erstellten und veröffentlichten Bilanzen und GuV-Rechnungen eignen sich wegen der Fülle der oft unübersichtlichen und unstrukturierten Daten nicht unmittelbar für die Ermittlung aussagekräftiger Kennzahlen. Dazu müssen Bilanz und GuV-Rechnung durch Zusammenfassung einzelner Positionen vereinfacht, anders gegliedert (umstrukturiert) und unter Berücksichtigung von Angaben aus dem Anhang ergänzt werden.

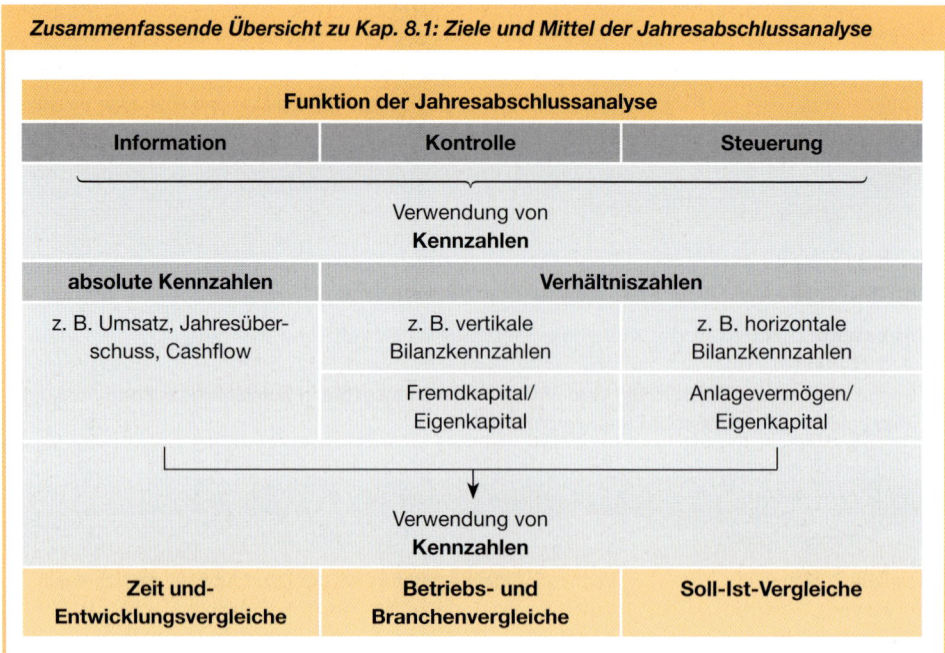

Zusammenfassende Übersicht zu Kap. 8.1: Ziele und Mittel der Jahresabschlussanalyse

Funktion der Jahresabschlussanalyse		
Information	**Kontrolle**	**Steuerung**
	Verwendung von **Kennzahlen**	
absolute Kennzahlen	**Verhältniszahlen**	
z. B. Umsatz, Jahresüberschuss, Cashflow	z. B. vertikale Bilanzkennzahlen	z. B. horizontale Bilanzkennzahlen
	Fremdkapital/ Eigenkapital	Anlagevermögen/ Eigenkapital
	Verwendung von **Kennzahlen**	
Zeit und-Entwicklungsvergleiche	**Betriebs- und Branchenvergleiche**	**Soll-Ist-Vergleiche**

Fragen zur Wiederholung

zu Kapitel 8.1 Ziele und Mittel der Jahresabschlussanalyse

1. Was ist unter einer Jahresabschlussanalyse zu verstehen?
2. Welche Funktionen erfüllt eine Jahresabschlussanalyse?
3. Für welche Interessengruppen sind die Informationen einer Jahresabschlussanalyse bedeutsam?
4. Welche Arten von Kennzahlen lassen sich unterscheiden?
5. Welche Arten von Kennzahlenvergleichen lassen sich unterscheiden?

E

8.2 Aufbereitung von Bilanz und Ergebnisrechnung

8.2.1 Strukturbilanz als Grundlage der Bilanzanalyse

Bilanz der HAGA AG

Die HAGA AG stellt Rasenmäher und andere Arbeitsgeräte für Haus und Garten her. Zum 31.12.2012 liegt folgende Bilanz vor.

Bilanz der HAGA AG zum 31.12.2012
in (Mio. EUR)

Aktiva	2012	2011	Passiva	2012	2011
A. Anlagevermögen			**A. Eigenkapital**		
I. Sachanlagen			I. Gez. Kapital	100	90
1. Grundstücke, Bauten	68	51	II. Kapitalrücklage	15	10
2. techn. Anlagen, Maschinen	110	91	III. Gewinnrücklagen		
3. Betr. u. Geschäftsausst.	9	10	1. gesetzl. Rücklage	5	5
			2. andere Gewinnrücklagen	57	55
II. Finanzanlagen			IV. Gewinnvortrag	0	0
1. Beteiligungen	30	18	V. Jahresüberschuss	21	4
B. Umlaufvermögen			**B. Rückstellungen**		
I. Vorräte			1. Pensionsrückstellungen	11	10
1. Roh-, Hilfs- und Betriebsst.	10	5	2. sonst. Rückstellungen	1	2
2. unfertige Erzeugnisse	31	15			
3. fertige Erzeugnisse	40	25	**C. Verbindlichkeiten**		
II. Forderungen			1. Anleihen	13	1
1. Ford. aus Lieferungen	95	70	2. Verb. g. Kreditinstituten	81	78
III. Kasse, Bankguthaben	2	7	3. Verb. aus Lieferungen	91	37
	395	292		395	292

Auszüge aus den Erläuterungen zur Bilanz im Anhang

1. *Das Grundkapital ist in 2 Mio. auf den Inhaber lautende nennwertlose Stammaktien aufgeteilt.*
2. *Bei den Anleihen und den Bankverbindlichkeiten handelt es sich um Verbindlichkeiten mit einer Restlaufzeit von mehr als fünf Jahren.*
3. *Die Pensionsrückstellungen sind langfristig. Die sonstigen Rückstellungen haben eine Restlaufzeit von unter einem Jahr.*
4. *Der Wegfall einer als voraussichtlich dauerhaft angesehenen Wertminderung auf Grundstücke machte es erforderlich, den Buchwert der Grundstücke innerhalb der gesetzlichen Bewertungsvorschriften um 17 Mio. EUR zu erhöhen.*
5. *Die für den geplanten Expansionskurs notwendigen Investitionen im Maschinenpark beliefen sich auf 38 Mio. EUR. Die Finanzierung erfolgte durch die Ausgabe junger Aktien im Verhältnis 9:1 zu einem Emissionskurs von 75,00 EUR.*
6. *Zum Erwerb einer Mehrheitsbeteiligung an der Solo AG, die 12 Mio. EUR erforderte, sowie zur Tilgung einer Restschuld in Höhe von 1 Mio. EUR wurde eine Anleihe in Höhe von 13 Mio. EUR aufgelegt.*
7. *Der Vorstand empfiehlt, den sich nach der höchstmöglichen Zuführung zu den anderen Gewinnrücklagen ergebenden Bilanzgewinn wie im Vorjahr vollständig an die Aktionäre auszuschütten.*

Aufbereitung der Bilanz – Strukturbilanz

Damit die im Rahmen des Jahresabschlusses erstellte Bilanz gezielt analysiert und ausgewertet werden kann, muss sie durch **Zusammenfassung von Bilanzpositionen** und eine **vereinfachte Gliederung** aufbereitet werden. Dazu wird aus der ursprünglichen Bilanz eine **Strukturbilanz** abgeleitet, aus der die wesentlichen Vermögens- und Kapitalverhältnisse deutlich werden.

Durch Aufbereitung der Originalbilanz kann eine Strukturbilanz erstellt werden. Dadurch wird die Bilanz besser analysierbar und mit den Bilanzen anderer Perioden und/oder Unternehmen vergleichbar.

Auf der Aktivseite wird zwischen Anlage- und Umlaufvermögen und auf der Passivseite zwischen Eigen- und Fremdkapital unterschieden. Das Umlaufvermögen wird üblicherweise nach dem Grad der Flüssigkeit in Vorräte, Forderungen und liquide Mittel und das Fremdkapital nach der Fristigkeit in langfristiges und kurzfristiges Fremdkapital unterteilt.

Aktiva — **Strukturbilanz**	**Passiva**
Anlagevermögen	Eigenkapital
Umlaufvermögen	Fremdkapital
▪ Vorräte	▪ langfristiges Fremdkapital
▪ Forderungen	▪ kurzfristiges Fremdkapital
▪ liquide Mittel	

Für die HAGA AG ergibt sich daraus folgende Strukturbilanz:

Strukturbilanz als Grundlage der Bilanzanalyse

Aktiva **Strukturbilanz der HAGA AG zum 31.12.2012** *(in Mio. EUR)* **Passiva**

	2012		2011			2012		2011	
	in Mio. EUR	in %	in Mio. EUR	in %		in Mio. EUR	in %	in Mio. EUR	in %
Anlagevermögen					**Eigenkapital**	**198*** (187,5)	**50,1**	**164**	**56,2**
1. Sachanlagen	187	47,3	152	52,1					
2. Finanzanlagen	30	7,6	18	6,2	langfristiges Fremdkapital	105	26,6	89	30,5
gesamtes Anlagevermögen	**217**	**54,9**	**170**	**58,2**	kurzfristiges Fremdkapital	92* (102,5)	23,3	39	13,4
					gesamtes Fremdkapital	**197**	**49,9**	**128**	**43,8**
Umlaufvermögen									
1. Vorräte	81	20,5	45	15,4					
2. Forderungen	95	24,1	70	24,0					
3. liquide Mittel	2	0,5	7	2,4					
gesamtes Umlaufvermögen	**178**	**45,1**	**122**	**41,8**					
Gesamtsumme Aktiva	**395**	**100,0**	**292**	**100,0**	**Gesamtsumme Passiva**	**395**	**100,0**	**292**	**100,0**

* Ist die Ausschüttung des Bilanzgewinns (10,5 Mio. EUR) beschlossen, aber noch nicht ausgeführt, sinkt das Eigenkapital um 10,5 Mio. EUR und die kurzfristigen Verbindlichkeiten steigen um diesen Betrag.

8.2.2 Strukturierte Gewinn- und Verlustrechnung als Grundlage der Ergebnisanalyse

Gewinn- und Verlustrechnung der HAGA AG

Für die HAGA AG liegt für das Jahr 2012 folgende Gewinn- und Verlustrechnung vor:

Gewinn- und Verlustrechnung 2012
(in Mio. EUR)

1.	Umsatzerlöse	386
2.	Erhöhung des Bestands an fertigen und unfertigen Erzeugnissen	31
3.	sonstige betriebliche Erträge	25
4.	Aufwendungen für Roh-, Hilfs- und Betriebsstoffe	– 217
5.	Löhne und Gehälter	– 179
6.	Aufwendungen für Altersversorgung	1
7.	Abschreibungen	– 16
8.	sonstige betriebliche Aufwendungen	– 1
9.	Zinsaufwendungen	– 10
10.	Erträge aus Beteiligungen	13
11.	**Ergebnis der gewöhnlichen Geschäftstätigkeit**	31
12.	Steuern vom Einkommen und vom Ertrag	– 9
13.	sonstige Steuern	– 1
14.	Jahresüberschuss	21

Auszüge aus den Erläuterungen zur GuV-Rechnung im Anhang

1. Die „sonstigen betrieblichen Erträge" enthalten Erträge in Höhe von 17 Mio. EUR aus der Zuschreibung auf die Position Grundstücke nach Wegfall einer als voraussichtlich dauerhaft angesehenen Wertminderung auf Grundstücke. Die übrigen sonstigen betrieblichen Erträge sind zahlungswirksam.

2. Die Abschreibungen enthalten außerplanmäßige Abschreibungen auf Maschinen in Höhe von 4 Mio. EUR.

3. Die „sonstigen betrieblichen Aufwendungen" ergeben sich aus den Verlusten aus dem Abgang von Vermögensgegenständen des Anlagevermögens.

4. Die Erträge aus Beteiligungen stammen aus einer Mehrheitsbeteiligung an der Solo AG.

Strukturierte GuV-Rechnung

Für eine betriebswirtschaftliche Analyse ist das in § 275 HGB für den Jahresabschluss vorgeschriebene Gliederungsschema nicht ausreichend. Um den **nachhaltig erzielbaren Erfolg** zu ermitteln (= Ziel der Ergebnisanalyse), muss beispielsweise das in der GuV-Rechnung ausgewiesene „Ergebnis der gewöhnlichen Geschäftstätigkeit" (GuV-Position 14) wie folgt korrigiert werden (siehe nächste Seite).

Kap. E 3.1.3

- Die betrieblichen Steuern (GuV-Position 19) sind betriebsbedingte Aufwendungen und müssen in das **Betriebsergebnis** eingehen.
- Die in den sonstigen betrieblichen Erträgen (GuV-Position 4) und in den Abschreibungen (GuV-Position 7) enthaltenen ungewöhnlichen und untypischen Geschäftsvorfälle müssen herausgefiltert und dem **außerordentlichen Ergebnis** (GuV-Position 17) zugeordnet werden (z.B. Abschreibungen auf Gegenstände des Umlaufvermögens, Zuschreibungen nach Wegfall einer vermuteten Wertminderung bei Aktiva, erfolgswirksame Auflösung von Rückstellungen).
- Die sonstigen betrieblichen Aufwendungen (GuV-Position 8) müssen um neutrale Aufwendungen korrigiert werden.
- Abschreibungen auf Finanzanlagen und Wertpapiere des Umlaufvermögens (GuV-Position 12) belasten in der GuV-Gliederung nach HGB das „Ergebnis der gewöhnlichen Geschäftstätigkeit" (GuV-Position 14). Tatsächlich handelt es sich hierbei aber um außerplanmäßige Abschreibungen, die nicht mit dem eigentlichen Geschäftszweck („gewöhnliche Geschäftstätigkeit") zusammenhängen.

Durch eine entsprechende Umgliederung ergibt sich das folgende Schema einer strukturierten Ergebnisrechnung.

❶ **Ordentliches Betriebsergebnis:**

Gegenüberstellung der regelmäßig anfallenden Aufwendungen und Erträge, die sich aus der Erzeugung und dem Vertrieb der dem Geschäftszweck dienenden Erzeugnisse ergeben. Dieses ordentliche (im Gegensatz zum außerordentlichen) Betriebsergebnis wird auch als **operatives Ergebnis** bezeichnet. Es gibt den Gewinn bzw. Verlust aus dem **Kerngeschäft**, also dem eigentlichen Geschäftszweck eines Unternehmens an.

❷ **Finanzergebnis:**

Zusammenfassung aller Finanzgeschäfte, die durch die betriebliche Tätigkeit verursacht werden (z. B. Erträge aus Beteiligungen und Wertpapieren, Zinsen aus Einlagen bei Banken, Zinsaufwendungen für Kredite).

❸ **Außerordentliches Ergebnis:**

Zusammenfassung aller periodenfremden, außerordentlichen, nicht betrieblichen oder ausschließlich bewertungsbedingten Aufwendungen und Erträge, soweit diese nicht im Finanzergebnis enthalten sind. Dazu gehören u. a. Abschreibungen auf das Umlaufvermögen sowie Erträge durch Zuschreibung auf Aktiva und erfolgswirksame Auflösungen von Rückstellungen.

Gliederungsschema GuV-Rechnung § 275 (2) HGB	
Umsatzerlöse	(1)
Erhöhung oder Verminderung des Bestands an fE und uE	(2)
andere aktiverte Eigenleistungen	(3)
sonstige betriebliche Erträge	(4)
Materialaufwand	(5)
Personalaufwand	(6)
Abschreibungen	(7)
sonstige betriebliche Aufwendungen	(8)
Erträge aus Beteiligungen	(9)
Erträge aus Wertpapieren und Ausleihungen des Finanzanlagevermögens	(10)
sonstige Zinsen und ähnliche Erträge	(11)
Abschreibungen auf Finanzanlagen u. Wertpapiere des UV	(12)
Zinsen und ähnliche Aufwendungen	(13)
außerordentliche Erträge	(15)
außerordentliche Aufwendungen	(16)
Steuern vom Einkommen und Ertrag	(18)
sonstige Steuern	(19)
Jahresüberschuss/Jahresfehlbetrag	(20)

Schema einer strukturierten Ergebnisrechnung		
Bezeichnung der Position		**Nr.** HGB § 275 (2)
	Umsatzerlöse	1
+/–	Bestandsänderungen uE, fE	2
+	aktivierte Eigenleistungen	3
Gesamtleistung		
–	Materialaufwand	5
–	Personalaufwand	6
–	Abschreibungen auf Anlagevermögen	7a
–	sonst. betriebl. Aufwendungen	8
–	sonst. Steuern	19
Ordentliches Betriebsergebnis		
+	Finanzerträge	9, 10, 11
–	Finanzaufwendungen	12, 13
Finanzergebnis		
Ergebnis der gewöhnlichen Geschäftstätigkeit		14
+	außerordentliche Erträge	15
–	außerordentliche Aufwendungen	16
+	sonst. betriebliche Erträge	4
–	Abschreibungen auf Umlaufvermögen	7b
Außerordentliche Ergebnis		17
Gesamtergebnis vor Ertragssteuern		
–	Steuern vom Einkommen und Ertrag	18
Jahresüberschuss/Jahresfehlbetrag		20

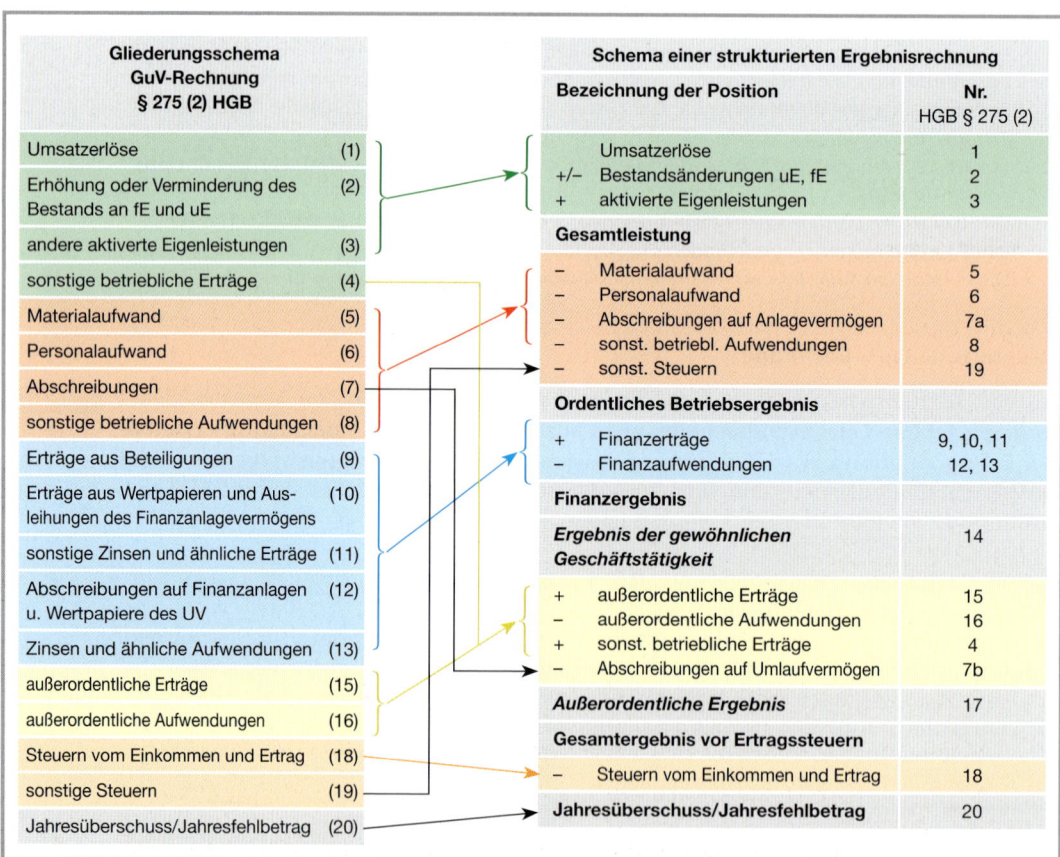

Eine strukturierte Ergebnisrechnung zeigt die einzelnen Erfolgsquellen, aus denen sich das Gesamtergebnis zusammensetzt.

E

Aufbereitete Gewinn- und Verlustrechnung der HAGA AG *(vgl. Bsp. S. 485)*

für 2012 in Mio. EUR		
Umsatzerlöse	386	
Erhöhung des Bestands an fertigen und unfertigen Erzeugnissen	31	
Gesamtleistung	**417**	
Materialaufwand	– 217	
Personalaufwand	– 180	
planmäßige Abschreibungen	– 12	
betriebliche Steuern	– 1	
Ordentliches Betriebsergebnis		**7**
Erträge aus Beteiligungen	13	
Zinsaufwendungen	– 10	
Finanzergebnis		**3**
Ergebnis der gewöhnlichen Geschäftstätigkeit		**10**
Zuschreibungen	17	
Verluste aus Anlagenabgang	– 1	
außerplanmäßige Abschreibungen	– 4	
sonstige betriebliche Erträge	8	
Außerordentliches Ergebnis		**20**
Gesamtergebnis vor Steuern		**30**
Steuern vom Einkommen und Ertrag (KSt, GewSt)		– 9
Jahresüberschuss nach Steuern		**21**

Zusammenfassende Übersicht zu Kap. 8.2: Aufbereitung von Bilanz und Ergebnisrechnung

Bilanz nach HGB § 266		**GuV-Rechnung nach HGB § 275**		
Zusammenfassung Umstrukturierung	Vereinfachung Umgliederung	Umgliederung		Umstrukturierung
Strukturbilanz		**strukturierte Ergebnisrechnung**		
Anlagevermögen Umlaufvermögen ▪ Vorräte ▪ Forderungen ▪ liquide Mittel	Eigenkapital Fremdkapital ▪ langfristig ▪ kurzfristig	ordentliches Betriebsergebnis (operatives Ergebnis)	Finanzergebnis	außerordentliches Ergebnis

Fragen zur Wiederholung

zu Kapitel 8.2 Aufbereitung von Bilanz und Ergebnisrechnung

8.2.1 Strukturbilanz als Grundlage der Bilanzanalyse

1. Wie ist eine Strukturbilanz aufgebaut und welchem Zweck dient sie?

8.2.2 Strukturierte Gewinn- und Verlustrechnung als Grundlage der Ergebnisrechnung

1. Welche Änderungen müssen an einer nach § 275 (2) HGB erstellten GuV-Rechnung vorgenommen werden, um den nachhaltig erzielbaren Erfolg auszuweisen?
2. Was ist unter dem operativen Ergebnis bzw. dem ordentlichen Betriebsergebnis zu verstehen?
3. Nennen Sie Geschäftsvorfälle, die das Finanzergebnis in einer Strukturergebnisrechnung beeinflussen.
4. Nennen Sie Geschäftsvorfälle, die das außerordentliche Ergebnis in einer Strukturergebnisrechnung beeinflussen.

8.3 Auswertung der Bilanz (Bilanzanalyse)

8.3.1 Analyse der Kapitalstruktur

Eigenkapitalquote, Fremdkapitalquote, Verschuldungsgrad

Zur Analyse der Kapitalstruktur werden Positionen der Passivseite zueinander ins Verhältnis gesetzt (= vertikale Kennzahlen).

Aufg. 8.3.1 bis 8.3.2 S. 495

Kennzahlen zur Kapitalstruktur	Kapitalstruktur der HAGA AG 2012
$\text{Eigenkapitalquote} = \frac{\text{Eigenkapital}}{\text{Gesamtkapital}} \cdot 100$	$\text{Eigenkapitalquote} = \frac{198\ \text{Mio.}}{395\ \text{Mio.}} \cdot 100 = 50{,}1\,\%$
$\text{Fremdkapitalquote} = \frac{\text{Fremdkapital}}{\text{Gesamtkapital}} \cdot 100$	$\text{Fremdkapitalquote} = \frac{197\ \text{Mio.}}{395\ \text{Mio.}} \cdot 100 = 49{,}9\,\%$
$\text{Verschuldungsgrad} = \frac{\text{Fremdkapital}}{\text{Eigenkapital}} \cdot 100$	$\text{Verschuldungsquote} = \frac{197\ \text{Mio.}}{198\ \text{Mio.}} \cdot 100 = 99{,}5\,\%$

Insbesondere der Verschuldungsgrad (= Verschuldungsquote) wird häufig auch statt als Prozentwert als reine Verhältniszahl angegeben (z. B. Verschuldungsgrad 0,9).

Kennzahlen der Kapitalstruktur geben Auskunft über die Herkunft und Zusammensetzung des Kapitals.

Für potenzielle Kapitalgeber (Eigentümer, Gläubiger, Lieferer) geben diese Kennzahlen erste Anhaltspunkte für ein mögliches Finanzierungsrisiko. Anhand dieser Kennzahlen lässt sich einschätzen, inwieweit das Unternehmen künftig in der Lage sein wird, seinen Verpflichtungen zur Begleichung von Schulden nachzukommen. Grundsätzlich gilt:

Ein Unternehmen ist finanziell umso stabiler, weniger krisenanfällig und unabhängiger, je höher der Eigenkapitalanteil ist.

Ein hoher Fremdkapitalanteil hat nicht nur Tilgungs- sondern auch Zinsbelastungen zur Folge.

Beurteilungsmaßstab und Aussagekraft

Banken beurteilen bei Kreditwürdigkeitsprüfungen die **Eigenkapitalquote** häufig anhand folgender Kriterien:

Branchenabhängige Vorgaben für die Eigenkapitalquote			
Branche	**gut**	**mittel**	**schlecht**
produzierendes Gewerbe	> 30 %	20–30 %	< 20 %
Handel	> 25 %	15–25 %	< 15 %
sonst. Dienstleistungen	> 25 %	20–25 %	< 20 %

Kapitalstruktur bei der HAGA AG

Bei der HAGA AG *(vgl. S. 484)* besteht des Gesamtkapital 2012 zu 50,1 % aus Eigenkapital und zu 49,9 % aus Fremdkapital. Das Fremdkapital beträgt 99,5 % des Eigenkapitals. Die Kennzahlen der HAGA AG zur Kapitalstruktur sind damit überdurchschnittlich gut. Allerdings ist auffällig, dass die Eigenkapitalquote trotz der 2012 vorgenommenen Kapitalerhöhung gegen Einlagen von 56,2 % (2011) auf 50,1 % (2012) gesunken und damit der Verschuldungsgrad von 77,6 % (2011) auf 99,5 % (2012) gestiegen ist. Das ist dadurch bedingt, dass im Jahr 2012 Fremdkapital mehr als doppelt so stark zugenommen hat wie das Eigenkapital.

Zum Vergleich: Bei deutschen Unternehmen liegt die durchschnittliche Eigenkapitalquote bei 18 % bis 20 %. Ein solcher Eigenkapitalanteil wird als zu gering angesehen. Dieser Wert wird stark durch die häufig unterkapitalisierten mittelständischen GmbHs beeinflusst. Die meisten börsennotierten Aktiengesellschaften haben eine Eigenkapitalquote von mehr als 30 %.

Aussagekraft von Kennzahlen zur Kapitalstruktur	
Stärken	**Schwächen**
▪ leicht zu ermittelnde Kennzahlen, die Art und Zusammensetzung des Kapitals darstellen ▪ bei Vergleich mit anderen Unternehmen und den Branchendurchschnitten hilfreiche Kennzahlen für die relative finanzielle Stärke eines Unternehmens	▪ stark branchen- und bewertungsabhängig, branchenübergreifende Vergleiche kaum möglich ▪ stille Rücklagen als Teil des Eigenkapitals werden nicht ausgewiesen ▪ nicht bilanzwirksame Finanzierungsformen (z. B. Leasing) werden nicht berücksichtigt

Bilanzkurs

Für einen (potenziellen) Aktionär kann der aus den Bestandteilen des Eigenkapitals abgeleitete **Bilanzkurs** von Bedeutung sein. Ein Aktionär ist nicht nur am Grundkapital einer AG, sondern an deren gesamten Eigenkapital (also auch an den Kapital- und Gewinnrücklagen und am Gewinnvortrag) beteiligt. Rücklagen und Gewinnvortrag sind dem Aktionär zustehende Bestandteile des Eigenkapitals, auf deren Ausschüttung er aufgrund gesetzlicher Vorschriften oder freiwillig verzichtet hat. Der auf das gesamte Eigenkapital bezogene Wert einer Aktie (Substanzwert, „innerer Wert") wird durch den Bilanzkurs ausgedrückt.

Kap. D 3.2.3

Aufg. 8.3.3 S. 495

$$\text{Bilanzkurs in Prozent} = \frac{\text{bilanziertes Eigenkapital}}{\text{Grundkapital}} \cdot 100$$

$$\text{Bilanzkurs (Eigenkapital je Aktie)} = \frac{\text{bilanziertes Eigenkapital}}{\text{Zahl der Aktien}}$$

Der Bilanzkurs gibt das Verhältnis des in der Bilanz ausgewiesenen Eigenkapitals zum Grundkapital an (= Eigenkapital in % des Grundkapitals). Er kann auch durch den Anteil je Aktie am ausgewiesenen Eigenkapital ausgedrückt werden.

Der Börsenkurs, der sich durch Angebot und Nachfrage ergibt, liegt üblicherweise über dem Bilanzkurs. Das kann zum Teil darauf zurückzuführen sein, dass die Aktionäre vermuten, die AG verfüge über stille Rücklagen (= in der Bilanz nicht ausgewiesenes Eigenkapital). Ein anderer Teil der Differenz ist möglicherweise auf günstige Absatz- und Gewinnerwartungen oder andere spekulative Gründe zurückzuführen.

Kap. C 2.5

Stille Rücklagen liegen vor, wenn der in der Bilanz ausgewiesene Buchwert von
- Vermögensgegenstände geringer ist als ihr tatsächlicher Wert (= Unterbewertung von Aktiva)
- Verbindlichkeiten höher ist als ihr tatsächlicher Wert (= Überbewertung von Passiva).

***Bilanzkurs der HAGA AG** (vgl. Bsp. S. 484)*

2011	2012
$\frac{\text{164 Mio. bilanziertes Eigenkapital}}{\text{90 Mio. Grundkapital}} \cdot 100 = 182{,}2\,\%$ 182,2 % von 50 EUR (= fiktiver Nennwert einer Aktie) = 91,11 EUR	$\frac{\text{198 Mio. bilanziertes Eigenkapital}}{\text{100 Mio. Grundkapital}} \cdot 100 = 198\,\%$ 198 % von 50 EUR (= fiktiver Nennwert einer Aktie) = 99,00 EUR
oder	
$\frac{\text{164 Mio. bilanziertes Eigenkapital}}{\text{1,8 Mio. Aktien}} = \text{91,11 EUR je Aktie}$	$\frac{\text{198 Mio. bilanziertes Eigenkapital}}{\text{2 Mio. Aktien}} = \text{99,00 EUR je Aktie}$

Der Bilanzkurs ist gestiegen, weil das bilanzierte Eigenkapital von 2011 auf 2012 stärker gestiegen ist als das Grundkapital. Der Börsenkurs liegt Ende 2012 mit 105 EUR nur geringfügig über dem Bilanzkurs. Das ist aus Sicht der Unternehmensleitung enttäuschend. Wenn angenommen wird, dass die Differenz von 6 EUR zwischen Bilanz- und Börsenkurs ausschließlich auf vermutete stille Rücklagen zurückzuführen ist, lassen sich die vermuteten stillen Rücklagen wie folgt berechnen:

$$(105\text{ EUR} - 99\text{ EUR}) \cdot 2\text{ Mio. Aktien} = 12\text{ Mio. EUR}$$

Der Bilanzkurs hat nur geringe Aussagekraft. Ein Vergleich zwischen Börsen- und Bilanzkurs lässt keine genauen Rückschlüsse auf die Höhe der vermuteten stillen Rücklagen zu.

8.3.2 Finanzierungsanalyse

Deckungsgrade

Während die Analyse der Kapitalstruktur auf vertikale Kennzahlen zurückgreift, wird die Finanzlage anhand horizontaler Kennzahlen beurteilt. Bei dieser Betrachtung steht die Forderung nach **fristenkongruenter**[1] **Finanzierung** im Vordergrund. Damit ist gemeint, dass die Dauer der Kapitalbindung die Dauer der Kapitalüberlassung nicht überschreiten soll.

Langfristig an das Unternehmen gebundenes Anlagevermögen soll durch langfristig verfügbares Kapital (insbesondere Eigenkapital) gedeckt sein.

Andernfalls kann ein Unternehmen gezwungen sein, Anlagevermögen zu veräußern, um kurzfristige Verbindlichkeiten tilgen zu können.

Die Überprüfung der Einhaltung der Fristengleichheit erfolgt mit Hilfe der **Goldenen Finanzierungsregel** bzw. der durch einzelne Bilanzpositionen konkretisierten **Goldenen Bilanzregel**.

Goldene Finanzierungsregel	Goldene Bilanzregel
$\frac{\text{Langfristiges Kapital}}{\text{Langfristiges Vermögen}} \geq 1$	$\frac{\text{Eigenkapital + langfr. Fremdkapital}}{\text{Anlagevermögen + langfr. Umlaufvermögen}} \geq 1$

Bei langfristig gebundenem Umlaufvermögen handelt es sich um Mindestbestände an Fertigungsmaterial (eiserne Reserve).

1 kongruent (*lat.*): übereinstimmend, deckungsgleich

Aus diesen Regeln ergeben sich folgende Finanzierungskennzahlen (Deckungsgrade):

Finanzierungskennzahlen (Deckungsgrade)	Deckungsgrade der HAGA AG 2012
$\text{Anlagendeckungsgrad I} = \frac{\text{Eigenkapital}}{\text{Anlagevermögen}} \cdot 100$	$\text{Anlagendeckungsgrad I} = \frac{198\text{ Mio.}}{217\text{ Mio.}} \cdot 100 = 92{,}1\,\%$
$\text{Anlagendeckungsgrad II} = \frac{\text{Eigenkap.} + \text{langfr. Fremdkap.}}{\text{Anlagevermögen}} \cdot 100$	$\text{Anlagendeckungsgrad II} = \frac{303\text{ Mio.}}{217\text{ Mio.}} \cdot 100 = 139{,}6\,\%$

Finanzierungskennzahlen (Deckungsgrade) geben Auskunft darüber, in welchem Umfang das langfristig gebundene Vermögen durch langfristig verfügbares Kapital gedeckt ist.

Je höher der Deckungsgrad, umso mehr wird der Forderung nach Fristenkongruenz entsprochen. Beträgt der Anlagendeckungsgrad mehr als 100 %, werden auch Teile des Umlaufvermögens langfristig finanziert.

Beurteilungsmaßstab und Aussagekraft

Banken beurteilen bei Kreditwürdigkeitsprüfungen die **Anlagendeckung** für das produzierende Gewerbe häufig anhand folgender Kriterien:

Vorgaben für Anlagedeckungsgrade			
Deckungsgrade	**gut**	**mittel**	**schlecht**
Anlagendeckungsgrad I	> 90 %	60–90 %	< 60 %
Anlagendeckungsgrad II	> 150 %	110–150 %	< 110 %

Anlagendeckung *(vgl. Bsp. S. 484)*

Bei der HAGA AG ist 2012 das Anlagevermögen zu 91,2 % durch Eigenkapital und zu 139,6 % durch Eigen- und langfristiges Fremdkapital gedeckt. Der Anlagendeckungsgrad I hat sich von 96,5 % (2011) auf 91,2 % (2012) und der Anlagendeckungsgrad II von 148,8 % (2011) auf 139,6 % (2012) verringert. Die bei der Analyse der Kapitalstruktur aufgedeckte Verschlechterung der langfristigen Finanzierung der HAGA AG wird durch diese Veränderung der Anlagendeckungsgrade bestätigt. Es ergeben sich allerdings noch keine negativen Auswirkungen auf die fristenkongruente Finanzierung, da der Anlagendeckungsgrad II größer als 100 % ist.

Aussagekraft von Finanzierungskennzahlen (Deckungsgrade)	
Stärken	**Schwächen**
■ Berechnung der Einhaltung des Grundsatzes der Fristenkongruenz ■ Kontrollinstrument zur Aufrechterhaltung der Liquidität	■ stille Rücklagen als Teil des Eigenkapitals werden nicht berücksichtigt ■ Beim Anlagendeckungsgrad II wird unterstellt, dass aus der Nutzung des Vermögens Kapital freigesetzt wird, das für Verzinsung und Tilgung des langfristigen Fremdkapitals genutzt werden kann. Möglicherweise erfolgt die Kapitalfreisetzung aber nicht rechtzeitig oder nicht in der erforderlichen Höhe, um daraus den Kapitaldienst zu finanzieren.

8.3.3 Liquiditätsanalyse

Liquiditätskennzahlen

Unter Liquidität ist die Fähigkeit eines Unternehmens zu verstehen, seinen Zahlungsverpflichtungen fristgerecht nachkommen zu können.

Zur Berechnung der **Liquidität 1. Grades** werden die liquiden Mittel (Kassenbestand, Bankguthaben) ins Verhältnis zu den kurzfristigen Verbindlichkeiten gesetzt. Diese Kennzahl wird auch als **Barliquidität** bezeichnet.

$$\text{Liquidität 1. Grades (Barliquidität)} = \frac{\text{liquide Mittel (Kassenbestand, Bankguthaben)}}{\text{kurzfristige Verbindlichkeiten}} \cdot 100$$

Die **Liquidität 2. Grades** berücksichtigt zusätzlich zu den liquiden Mitteln (und ggf. den Wertpapieren des Umlaufvermögens) auch die kurzfristigen Forderungen. Diese Kennzahl wird auch als **einzugsbedingte Liquidität** bezeichnet, da die kurzfristigen Forderungen erst eingezogen und dadurch in liquide Mittel umwandelt werden müssen. Das Zahlungsverhalten der Kunden spielt bei dieser Kennzahl eine besondere Rolle.

$$\text{Liquidität 2. Grades (einzugsbedingte Liquidität)} = \frac{\text{liquide Mittel + kurzfr. Forderungen}}{\text{kurzfristige Verbindlichkeiten}} \cdot 100$$

Für die **Liquidität 3. Grades** werden zusätzlich noch die Vorräte einbezogen. Da die Vorräte erst verkauft (umgesetzt) werden müssen, um in kurzfristige Forderungen oder Einzahlungen (= liquide Mittel) überführt zu werden, wird diese Kennzahl auch als **umsatzbedingte Liquidität** bezeichnet. Da zumindest mittelfristig alle Vorräte – also auch Roh-, Hilfs- und Betriebsstoffe – nach Verarbeitung und Verkauf zu flüssigen Mitteln werden, gehen in diese Kennzahl nicht nur die halbfertigen und fertigen Erzeugnisse, sondern auch die Materialbestände ein. Bei der Ermittlung dieser Kennzahl dürfen allerdings unverkäufliche Bestände („Ladenhüter“) nicht berücksichtigt werden.

$$\text{Liquidität 3. Grades (umsatzbedingte Liquidität)} = \frac{\text{liquide Mittel + kurzfr. Forderungen + Vorräte}}{\text{kurzfristige Verbindlichkeiten}} \cdot 100$$

Häufig wird zur Ermittlung der Liquidität 3 das gesamte Umlaufvermögen ins Verhältnis zu den kurzfristigen Verbindlichkeiten gesetzt.

Liquiditätskennzahlen geben Auskunft darüber, in welchem Umfang am Bilanzstichtag kurzfristige Zahlungsausgänge (kurzfristige Verbindlichkeiten) durch liquide Mittel oder durch mehr oder weniger leicht in liquide Mittel umwandelbare Gegenstände des Umlaufvermögens gedeckt sind.

Beurteilungsmaßstab und Aussagekraft

Für die Beurteilung der Liquiditätskennzahlen werden häufig folgende Mindestwerte zugrunde gelegt:

Barliquidität	einzugsbedingte Liquidität	umsatzbedingte Liquidität
1:5-Regel (Cash Ratio) Mindestens ein Fünftel der kurzfristigen Verbindlichkeiten soll durch liquide Mittel gedeckt sein. Richtwert: mindestens 20 % (Vorgabe ist aber schwierig)	**1:1-Regel (Quick Ratio)** Die kurzfristigen Verbindlichkeiten sollen in vollem Umfang durch liquide Mittel und kurzfristige Forderungen gedeckt sein. Richtwert: mindestens 100 %	**2:1-Regel (Current Ratio)** Höchstens die Hälfte des Umlaufvermögens soll durch kurzfristiges Fremdkapital finanziert sein. Kennzahl: 150 % bis 200 %

Abweichend von diesen Regeln beurteilen Banken bei Kreditwürdigkeitsprüfungen die **Liquidität** häufig anhand folgender Kriterien:

Vorgaben für die Liquidität			
Liquidität	**gut**	**mittel**	**schlecht**
Liquidität I	> 90 %	50–90 %	< 50 %
Liquidität II	> 110 %	90–110 %	< 90 %
Liquidität III	> 170 %	130–170 %	< 130 %

Liquidität der HAGA AG zum 31.12.2012 *(vgl. Bsp. S. 484)*

Bei der HAGA AG hat sich die Liquiditätslage verschlechtert.

	2011	2012
Liquidität 1	17,9 %	2,1 %
Liquidität 2	197,4 %	105,4 %
Liquidität 3	312,8 %	193,5 %

Die kurzfristigen Verbindlichkeiten sind erheblich schneller gestiegen als das Umlaufvermögen. Während die Liquidität 2. und 3. Grades auch 2011 annähernd die Norm erfüllen, liegt die Liquidität 1. Grades erheblich darunter. Wenn sich diese Tendenz nach 2011 fortsetzt, sind ernsthafte Liquiditätsschwierigkeiten zu erwarten.

Liquidität 1. Grades (Barliquidität) $= \frac{2 \text{ Mio.}}{92 \text{ Mio.}} \cdot 100 = 2{,}1\,\%$

Liquidität 2. Grades (einzugsbedingte Liquidität) $= \frac{97 \text{ Mio.}}{92 \text{ Mio.}} \cdot 100 = 105{,}4\,\%$

Liquidität 3. Grades (umsatzbedingte Liquidität) $= \frac{178 \text{ Mio.}}{92 \text{ Mio.}} \cdot 100 = 193{,}5\,\%$

Aussagekraft von Liquiditätskennzahlen

Schwächen

- Zeit**punkt**betrachtung zum Bilanzstichtag (Stichtagsliquidität)
- keine Aussagen über künftige Liquidität
- GuV-Rechnung wird nicht berücksichtigt. Die Bilanz enthält aber nicht alle Größen, die Auswirkung auf die Liquidität haben (z. B. fällige Lohn-, Miet- und Steuer**nachzahlungen**)
- Konflikt zwischen Liquidität und Rentabilität nicht berücksichtigt (hohe Liquidität belastet die Rentabilität, da die liquiden Mittel nicht zinsbringend angelegt sind)

Die beschränkte Aussagekraft der aus der Bilanz abgeleiteten Liquiditätskennzahlen hat zu einer dynamischen Betrachtung der Liquidität mit Hilfe der **Cashflow-Analyse** geführt.

Kap. E 8.4.4

Zusammenfassende Übersicht zu Kap. 8.3: Auswertung der Bilanz (Bilanzanalyse)

Bilanzkennzahlen		
Kapitalstruktur	**Finanzierung**	**Liquidität**
Eigenkapitalquote $= \frac{\text{Eigenkapital}}{\text{Gesamtkapital}} \cdot 100$	**Goldene Finanzierungsregel** $= \frac{\text{langfristiges Kapital}}{\text{langfristiges Vermögen}} \geq 1$	**Liquidität 1** $= \frac{\text{liquide Mittel}}{\text{kurzfr. Verbindlichk.}} \cdot 100$
Fremdkapitalquote $= \frac{\text{Fremdkapital}}{\text{Gesamtkapital}} \cdot 100$	**Goldene Bilanzregel** $= \frac{\text{Eigenkap. + langfr. Fremdkapital}}{\text{Anlageverm. + langfr. Umlaufvermögen}} \geq 1$	**Liquidität 2** $= \frac{\text{liquide Mittel + kurzfr. Forderungen}^{*)}}{\text{kurzfr. Verbindlichk.}} \cdot 100$ *) einschließlich WP des UV
Verschuldungsgrad $= \frac{\text{Fremdkapital}}{\text{Eigenkapital}} \cdot 100$	**Anlagendeckungsgrad I** $= \frac{\text{Eigenkapital}}{\text{Anlagevermögen}} \cdot 100$	**Liquidität 3** $= \frac{\text{Umlaufvermögen}}{\text{kurzfr. Verbindlichk.}} \cdot 100$
Bilanzkurs in %: $\frac{\text{Eigenkapital}}{\text{Grundkapital}} \cdot 100$ Eigenkapital je Aktie: $\frac{\text{Eigenkapital}}{\text{Zahl der Aktien}}$	**Anlagendeckungsgrad II** $= \frac{\text{Eigenkap. + langfr. Fremdkapital}}{\text{Anlagevermögen}} \cdot 100$	

Fragen zur Wiederholung

zu Kapitel 8.3 Auswertung der Bilanz (Bilanzanalyse)

8.3.1 Analyse der Kapitalstruktur

1. Nennen Sie drei Bilanzkennzahlen zur Analyse der Kapitalstruktur und deren Berechnungsweise.
2. Welche Werte sollen diese Kennzahlen in einem Industriebetrieb mindestens aufweisen, damit sie als „gut" angesehen werden können?
3. Nennen Sie Stärken und Schwächen der Aussagekraft von Kennzahlen zur Kapitalstruktur.
4. Was gibt der Bilanzkurs an und wie kann er berechnet werden?
5. Welche Gründe können vorliegen, wenn der Börsenkurs über dem Bilanzkurs liegt?

8.3.2 Finanzierungsanalyse

1. Was ist unter der „goldenen Finanzierungsregel" bzw. unter der „goldenen Bilanzregel" zu verstehen?
2. Wodurch unterscheiden sich Anlagendeckungsgrad I und Anlagendeckungsgrad II? Wie werden diese Kennzahlen berechnet?
3. Welche Werte sollen die Deckungsgrade in einem Industriebetrieb mindestens aufweisen, damit sie als „gut" angesehen werden können?
4. Nennen Sie Stärken und Schwächen der Aussagekraft von Finanzierungskennzahlen.

8.3.3 Liquiditätsanalyse

1. Was ist unter Liquidität zu verstehen?
2. Wodurch unterscheiden sich die drei Kennzahlen zur Liquidität ersten, zweiten und dritten Grades?
3. Welche Werte sollen die Liquiditätsgrade mindestens aufweisen, damit sie als „gut" angesehen werden können?
4. Nennen Sie Schwächen der Aussagekraft von Liquiditätskennzahlen.

Aufgaben und Probleme

zu Kapitel 8.3 Auswertung der Bilanz (Bilanzanalyse)

8.3.1 Bilanzanalyse

LA

Die aufbereitete Schlussbilanz des Fahrradherstellers Mobil AG weist folgende Daten auf:

Aktiva **Strukturbilanz der Mobil AG zum 31.12.20..** (in Tsd. EUR) **Passiva**

	Berichtsjahr	Vorjahr		Berichtsjahr	Vorjahr
Anlagevermögen			**Eigenkapital**	**1800**	**2000**
1. Sachanlagen	1800	1800	kurzfristiges Fremdkapital	620	520
2. Finanzanlagen	200	300	langfristiges Fremdkapital	1580	1280
gesamtes Anlageverm.	**2000**	**2100**	**gesamtes Fremdkapital**	**2200**	**1800**
Umlaufvermögen					
1. Vorräte	1200	1000			
2. kurzfr. Forderungen	600	400			
3. liquide Mittel	200	300			
gesamtes Umlaufverm.	**2000**	**1700**			
Gesamtsumme Aktiva	**4000**	**3800**	**Gesamtsumme Passiva**	**4000**	**3800**

1. Ermitteln Sie für das Vorjahr und das Berichtsjahr folgende Bilanzkennzahlen:
   - Eigenkapitalquote, Fremdkapitalquote, Verschuldungsgrad
   - Anlagendeckungsgrad I und II
   - Liquidität 1., 2. und 3. Grades.

   Was sagen diese Kennzahlen aus?
2. Vergleichen Sie die ermittelten Werte mit den von Banken bei der Kreditwürdigkeitsprüfung von Industriebetrieben zugrunde gelegten Richtwerten (vgl. Kap. 6.3).
3. Beurteilen Sie anhand der Kennzahlen die wirtschaftliche Lage und Entwicklung der MOBIL AG. Begründen Sie Ihre Aussagen.

8.3.2 Bilanzkennzahlen – Strukturbilanz

Das Anlagevermögen eines Industriebetriebes beträgt 2 Mio. EUR. Das sind 50 % des Gesamtvermögens. Der Anlagendeckungsgrad I beträgt 70 %.

1. Berechnen Sie die Eigenkapitalquote, die Fremdkapitalquote und den Verschuldungsgrad.
2. Berechnen Sie den Anlagendeckungsgrad II, wenn 60 % des Fremdkapitals langfristig zur Verfügung stehen.
3. Berechnen Sie die Liquidität 1., 2. und 3. Grades, wenn die Vorräte 60 % und die Forderungen 35 % des Umlaufvermögens betragen.
4. Erstellen Sie eine Strukturbilanz.
5. Warum ist insbesondere die Aussagekraft von Liquiditätskennzahlen sehr eingeschränkt?
6. Beurteilen Sie die wirtschaftliche Lage des Unternehmens anhand der Kennzahlen.

8.3.3 Bilanz- und Börsenkurs – Stille Rücklagen – Anlagendeckung

Die Bilanz der MÖBA AG weist nach der Gewinnverwendung unten stehende Eigenkapitalpositionen aus. Der Börsenkurs für eine 5,00 EUR-Aktie liegt derzeit bei 19,80 EUR.

Gezeichnetes Kapital	5,0 Mio. EUR
Kapitalrücklage	1,0 Mio. EUR
gesetzliche Rücklage	0,5 Mio. EUR
andere Gewinnrücklagen	4,0 Mio. EUR
Gewinnvortrag	0,1 Mio. EUR
Summe	**10,6 Mio. EUR**

1. Ermitteln Sie den Bilanzkurs in Prozent und den Eigenkapitalanteil je Aktie.
2. Wie hoch sind die vermuteten stillen Rücklagen, wenn davon auszugehen ist, dass die Hälfte des Unterschiedes zwischen Bilanz- und Börsenkurs auf vermuteten stillen Rücklagen beruht?
3. Welche anderen Ursachen kann die Abweichung zwischen Bilanz- und Börsenkurs haben?
4. Welche Auswirkungen haben stille Rücklagen bei der Beurteilung von Kennzahlen zur Anlagendeckung?

8.4 Auswertung der Gewinn- und Verlustrechnung (Ergebnisanalyse)

8.4.1 Rentabilität

Rentabilitätskennzahlen

Das Verhältnis von Gewinn zu eingesetztem Kapital wird als Rentabilität bezeichnet.

Aufg. 8.4.1 S. 506

Die Rentabilität ist ein Beurteilungsmaßstab für die Verzinsung des eingesetzten Kapitals.

Je nach Betrachtungsweise lassen sich auf der Grundlage von Bilanz und Gewinn- und Verlustrechnung verschiedene Rentabilitätskennzahlen ermitteln.

Eigenkapitalrentabilität

Zur Ermittlung der Eigenkapitalrentabilität wird der Gewinn als Prozentsatz des Eigenkapitals ausgedrückt.

$$\text{Eigenkapitalrentabilität} = \frac{\text{Gewinn}}{\text{Eigenkapital}} \cdot 100$$

Sofern das Eigenkapital am Jahresanfang und am Jahresende bekannt ist, sollte nach Möglichkeit statt des Anfangskapitals das durchschnittliche Eigenkapital zwischen den beiden Bilanzstichtagen als Bezugsgrundlage gewählt werden. Der während des Jahres anfallende Gewinn erhöht nämlich laufend das Eigenkapital, so dass auf diese Weise das während eines Geschäftsjahres **durchschnittlich** eingesetzte Eigenkapital berücksichtigt wird.

$$\text{Ø Eigenkapital} = (\text{Anfangsbestand} + \text{Endbestand}) / 2$$

Die Eigenkapitalrentabilität gibt an, mit wie viel Prozent sich das von den Eigentümern eines Unternehmens zur Verfügung gestellte Kapital (= Eigenkapital) verzinst.

Gesamtkapitalrentabilität

Zur Ermittlung der Gesamtkapitalrentabilität wird der Gewinn zuzüglich der Fremdkapitalzinsen als Prozentsatz des Gesamtkapitals ausgedrückt.

Auch in diesem Fall sollte nach Möglichkeit statt des Anfangskapitals das durchschnittliche Gesamtkapitals als Bezugsgrundlage gewählt werden.

$$\text{Gesamtkapitalrentabilität} = \frac{\text{Gewinn} + \text{Fremdkapitalzinsen}}{\text{Gesamtkapital}} \cdot 100$$

Das insgesamt eingesetzte Kapital hat neben dem Jahresüberschuss auch die Mittel zur Begleichung der Fremdkapitalzinsen erwirtschaftet. Da diese Zinsen bei der Gewinnermittlung als Aufwand abgezogen wurden, werden sie bei der Ermittlung der Gesamtkapitalrentabilität zum Jahresüberschuss hinzugerechnet.

Die Gesamtkapitalrentabilität gibt an, mit wie viel Prozent sich das in einem Unternehmen insgesamt eingesetztes Kapital verzinst.

Umsatzrentabilität

Aufg. 8.4.2 S. 506

Zur Ermittlung der Umsatzrentabilität wird der Gewinn als Prozentsatz des Umsatzes ausgedrückt.

$$\text{Umsatzrentabilität} = \frac{\text{Gewinn}}{\text{Umsatz}} \cdot 100$$

Die Umsatzrentabilität gibt an, wie viel Prozent des Umsatzes auf den Gewinn entfallen (Umsatzrendite).

Die Umsatzrentabilität eignet sich insbesondere zur Beurteilung des wirtschaftlichen Erfolgs eines Unternehmens im Vergleich zu anderen Unternehmen der Branche.

Beurteilungsmaßstab und Aussagekraft

Banken beurteilen bei Kreditwürdigkeitsprüfungen die **Rentabilität** häufig anhand folgender Kriterien:

Vorgaben für die Eigenkapitalrentabilität			
Branche	**gut**	**mittel**	**schlecht**
alle Branchen	> 30 %	10–30 %	< 10 %
Die Eigenkapitalrentabilität wird als ausreichend angesehen, wenn der marktübliche Zinssatz (Kapitalmarktzinssatz für langfristig angelegtes Kapital) und eine dem Unternehmensrisiko entsprechende Prämie (ggf. einschließlich eines Unternehmerlohns) erwirtschaftet wurde. Langfristig soll die Eigenkapitalretabilität deutlich über dem Kapitalmarktzinssatz liegen.			

Branchenabhängige Vorgaben für die Gesamtkapitalrentabilität			
Branche	**gut**	**mittel**	**schlecht**
produzierendes Gewerbe	> 12 %	8–10 %	< 8 %
Handel	> 14 %	8–14 %	< 8 %
sonst. Dienstleistungen	> 12 %	6–12 %	< 6 %

Branchenabhängige Vorgaben für die Umsatzrentabilität			
Branche	**gut**	**mittel**	**schlecht**
produzierendes Gewerbe	> 8 %	4–8 %	< 4 %
Handel	> 5 %	2–5 %	< 2 %
sonst. Dienstleistungen	> 12 %	6–12 %	< 6 %

***Rentabilität der HAGA AG** (vgl. Bsp. S. 484 und 485)*

Bei der HAGA AG hat sich 2012 das durchschnittliche Eigenkapital mit 11,6 % und das durchschnittliche Gesamtkapital mit 9,0 % verzinst. Das kann als gerade noch zufrieden stellend angesehen werden. 5,4 % des Umsatzes entfielen auf den Gewinn. Auch dieser Wert liegt im mittleren Branchendurchschnitt.

$$\textbf{Eigenkapitalrentabilität} = \frac{21\text{ Mio.}}{181\text{ Mio.}} \cdot 100 = 11{,}6\ \%$$

$$\textbf{Gesamtkapitalrentabilität} = \frac{21\text{ Mio.} + 10\text{ Mio.}}{343{,}5\text{ Mio.}} \cdot 100 = 9{,}0\ \%$$

$$\textbf{Umsatzrentabilität} = \frac{21\text{ Mio.}}{386\text{ Mio.}} \cdot 100 = 5{,}4\ \%$$

Aussagekraft von Rentabilitätskennzahlen	
Stärken	**Schwächen**
▪ Eigenkapitalrentabilität: für branchenübergreifende Vergleiche geeignet ▪ Gesamtkapitalrentabilität: für branchenübergreifende Vergleiche geeignet ▪ Umsatzrentabilität: – Umsatz weitgehend frei von bilanzpolitischen Einflüssen – reagiert sensibel auf Veränderungen und signalisiert Fehlentwicklungen frühzeitig, da sowohl Markteinflüsse (Absatzmenge, Preis) als auch betriebsinterne Faktoren (Aufwendungen) berücksichtigt werden – gut geeignet für Betriebsvergleiche innerhalb derselben Branche	▪ Eigenkapitalrentabilität: – Verschuldung wird nicht berücksichtigt – bilanzpolitische Maßnahmen (Bilanzierungswahlrechte) können Ergebnis verfälschen ▪ Gesamtkapitalrentabilität: stark abhängig von bilanzpolitischen Maßnahmen (s. o.) ▪ Umsatzrentabilität: stark produkt- und branchenabhängig

8.4.2 Return on Investment

Aufg. 8.4.3 S. 507

Einzelkennzahlen haben den Nachteil, dass sie isoliert oft einen nur geringen Aussagewert aufweisen. Daher werden häufig Größen, die sich ergänzen oder abhängig voneinander sind, zu einem **Kennzahlensystem** zusammengefasst. Das älteste und bekannteste betriebswirtschaftliche **Kennzahlensystem** ist das **DuPont-System**[1] zur Ermittlung des **Return on Investment (ROI)**.

ROI-Aufspaltung: Umsatzrentabilität und Kapitalumschlagshäufigkeit

Der **Return on Investment** (ROI) ist eine aus der Umsatzrentabilität und der Umschlagshäufigkeit des Kapitals zusammengesetzte Kennzahl. Das Verhältnis von Umsatz zu Gesamtkapital **(Kapitalumschlagshäufigkeit)** gibt an, wie oft das eingesetzte Kapital in einer Periode über die Umsatzerlöse zurückgeflossen ist.[2]

Der Return on Investment (ROI) gibt Auskunft über den Erfolg des im Unternehmen gebundenen Kapitals (Kapitalrendite).

$$\text{Return on Investment} = \frac{\text{Gewinn}}{\text{Umsatz}} \cdot \frac{\text{Umsatz}}{\text{Gesamtkapital}} \cdot 100$$

Auf den ersten Blick ist es nahe liegend, den Umsatz aus der obigen Formel zu kürzen, so dass lediglich das Verhältnis von Gewinn zu Gesamtkapital übrig bleibt. Sinnvolle Aussagen lässt der ROI aber nur zu, wenn die **Entwicklung des Zusammenwirkens** der beiden Faktoren analysiert wird. Die Aufspaltung auf die beiden Komponenten ermöglicht es, die Ursachen für Ergebnisveränderungen genauer festzustellen.

Die Formel für den Return on Investment lässt die Wechselwirkungen zwischen Gewinn, Umsatz und Gesamtkapital erkennen.

1 Diese Form der Berechnung wurde erstmals 1919 vom amerikanischen Chemieunternehmen DuPont angewandt.

2 In der Fachliteratur herrscht Uneinigkeit darüber, ob neben dem Gewinn auch die Fremdkapitalzinsen berücksichtigt werden sollen. In diesem Fall würde der ROI der Gesamtrentabilität entsprechen (vgl. B 6.4.1). Der Grund für die uneinheitliche Vorgehensweise liegt darin, dass bei der erstmaligen ROI-Berechnung keine Fremdkapitalzinsen berücksichtigt wurden, weil das Chemieunternehmen DuPont damals nicht mit verzinslichem Fremdkapital gearbeitet hat.

Weitere Aufspaltung des ROI: ROI-Baum

Eine weitere Aufspaltung der Umsatzrentabilität zeigt die verschiedenen Kosteneinflussfaktoren. Eine Aufspaltung des Kapitalumschlages gibt Auskunft über das Anlage- und Umlaufvermögen.

Return on Investment und seine Einflussfaktoren (ROI-Baum)

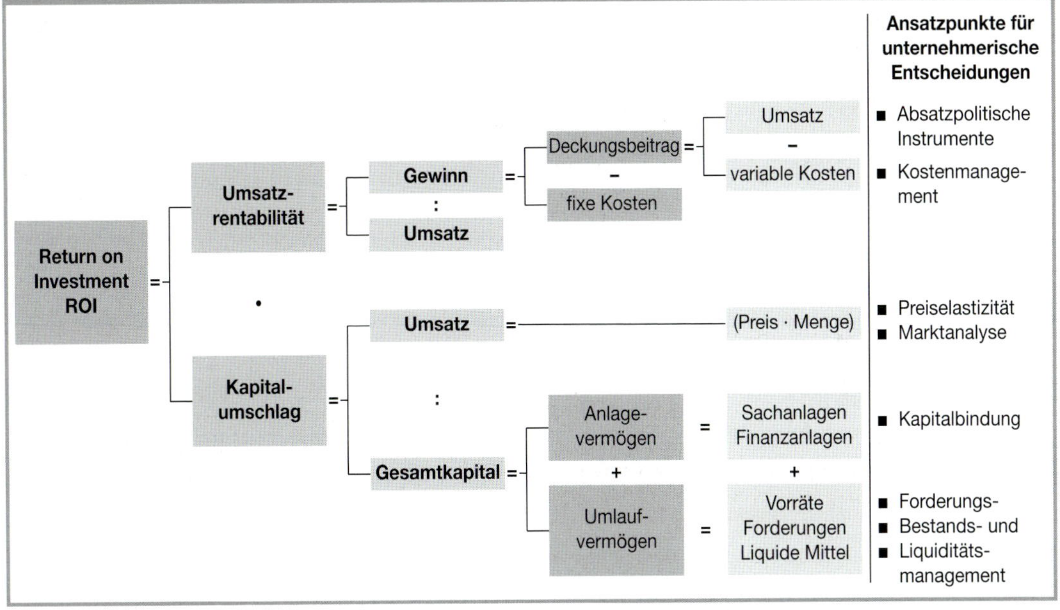

Wenn der Gewinn bei gleich bleibendem Umsatz sinkt (= geringere Gewinnspanne), sinkt die Umsatzrentabilität. Um trotzdem einen unveränderten ROI zu erzielen, muss die Kapitalumschlagshäufigkeit steigen. Eine Erhöhung der Kapitalumschlagshäufigkeit kann wiederum durch eine Umsatzsteigerung und/oder eine Verringerung des Kapitaleinsatzes erreicht werden. Je höher die Umschlagshäufigkeit ist, desto geringer kann die Gewinnspanne sein, um einen vorgegebenen ROI (= Kapitalrendite) zu erzielen.

Aufg. 8.4.4 u. 8.4.5 S. 507

Return on Investment der HAGA AG

Für die HAGA AG *(vgl. Bsp. S. 484 u. 485)* ergibt sich – bezogen auf das durchschnittliche Gesamtkapital – für 2012 ein ROI von 6,1 %.

$$\textbf{ROI} = \frac{21 \text{ Mio.}}{386 \text{ Mio.}} \cdot \frac{386 \text{ Mio.}}{343{,}5 \text{ Mio.}} \cdot 100 = 6{,}1\,\%$$

Eine Analyse der einzelnen Faktoren führt zu folgendem Ergebnis:

Umsatzrentabilität	Kapitalumschlagshäufigkeit	ROI
5,44 %	1,12	6,1 %

Diese Ergebnisse deuten darauf hin, dass die Kapitalumschlagshäufigkeit sehr niedrig ist. Der Umsatz hat mit der im Jahr 2012 vorgenommenen Eigenkapitalerhöhung und der zusätzlichen Verschuldung (noch) nicht in entsprechendem Maße Schritt gehalten.

8.4.3 Zusammenhang zwischen Verschuldungsgrad und Eigenkapitalrentabilität: Leverage-Effekt

Aufg. 8.4.6 S. 508

Die Höhe der Eigenkapitalrentabilität hängt u. a. von der Höhe des eingesetzten Fremdkapitals und dessen Verzinsung ab. Die Wirkungen vermehrten Fremdkapitaleinsatzes (= Erhöhung des Verschuldungsgrades) auf die Eigenkapitalrentabilität wird als **Leverage[1]-Effekt** (Hebel-Effekt) bezeichnet. Das folgende Beispiel verdeutlicht den Zusammenhang zwischen Verschuldungsgrad, Eigen- und Gesamtkapitalrentabilität.

Positive Hebelwirkung des Fremdkapitals

Leverage-Effekt

Ein Unternehmen mit einem Gesamtkapital von 100 000 EUR, das vollständig aus Eigenkapital besteht, erzielt einen Gewinn von 10 000 EUR (Fall 1). Eigen- und Gesamtkapitalrentabilität betragen in diesem Fall 10 %. Werden Teile des Eigenkapitals unter sonst unveränderten Bedingungen nach und nach durch Fremdkapital (Zinssatz 7 %) ersetzt (Fälle 2 bis 4), ergeben sich folgende Eigenkapitalrentabilitäten:

	Fall 1	Fall 2	Fall 3	Fall 4
Gesamtkapital in EUR	100 000	100 000	100 000	100 000
Fremdkapital in EUR	0	25 000	50 000	75 000
Eigenkapital in EUR	100 000	75 000	50 000	25 000
Verschuldungsgrad (FK/EK) in %	0	33	100	300
Gewinn vor Zinsen in EUR	10 000	10 000	10 000	10 000
Fremdkapitalzinsen in EUR (7 % vom FK)	0	1 750	3 500	5 250
Gewinn nach Zinsen in EUR	10 000	8 250	6 500	4 750
Eigenkapitalrentabilität in %	10	11	13	19
Gesamtkapitalrentabilität in %	10	10	10	10

Ergebnis: Mit zunehmendem Verschuldungsgrad steigt die Eigenkapitalrentabilität. Das Fremdkapital wirkt wie ein Hebel zur Erhöhung der EK-Rentabilität (Leverage-Effekt). Das ist aber nur möglich, weil im vorliegenden Beispiel der Zinssatz für das Fremdkapital (7 %) geringer als die Gesamtrentabilität (10 %) ist. Der mit dem Fremdkapital erzielte Gewinn ist also höher als die Kosten für die Überlassung des Fremdkapitals.

Der Leverage-Effekt besagt, dass bei zusätzlichem Einsatz von Fremdkapital anstelle von Eigenkapital (= steigender Verschuldungsgrad) die Eigenkapitalrentabilität zunimmt, solange der Zinssatz für das gesamte Fremdkapital niedriger als die Gesamtkapitalrentabilität ist.

Dieser Zusammenhang lässt sich auch durch folgende Formel darstellen:

EK = Eigenkapital
FK/EK = Verschuldungsgrad
R_{EK} = Eigenkapitalrentabilität
Z_{FK} = Zinssatz für Fremdkapital

Leverage Formel

$$R_{EK} = R_{GK} + \frac{FK}{EK} \cdot (R_{GK} - Z_{FK})$$

FK = Fremdkapital

R_{GK} = Gesamtkapitalrentabilität

Ist der Zinssatz (Z_{FK}) für das gesamte Fremdkapital kleiner als die Gesamtrentabilität (R_{GK}), lässt sich durch die Erhöhung des Verschuldungsgrades (FK/EK) die Eigenkapitalrentabilität R_{EK} erhöhen.

1 Leverage *(engl.)*: Hebelwirkung

Negative Hebelwirkung des Fremdkapitals (Leverage risk)

Der Leverage-Effekt kann sich aber auch in umgekehrter Richtung auswirken. Sinkt die Gesamtkapitalrentabilität unter den Fremdkapitalzinssatz, so **sinkt** die Eigenkapitalrentabilität umso stärker, je höher der Verschuldungsgrad ist. Es kann sogar zu einer Verminderung des Eigenkapitals kommen, wenn durch die Fremdkapitalzinsen Verluste entstehen.

> **Liegt der Zinssatz für das gesamte Fremdkapital über der Gesamtrentabilität, sinkt mit zunehmendem Einsatz von Fremdkapital zulasten vom Eigenkapital (= zunehmender Verschuldungsgrad) die Eigenkapitalrentabilität (Leverage risk).**

Grenzen des Leverage-Effekts in der Praxis

Das theoretische Ziel, durch eine Erhöhung des Verschuldungsgrades eine möglichst hohe Eigenkapitalrentabilität zu erzielen, ist in Wirklichkeit nicht erreichbar. Ein Kreditgeber würde bei zunehmendem Verschuldungsgrad

- wegen des erhöhten Risikos höhere Zinsen verlangen, so dass eine negative Wirkung des Leverage-Effektes eintreten kann,
- aus Sicherheitsgründen auf der Einhaltung bestimmter horizontaler Finanzierungsregeln (z. B. Anlagendeckungsgrad I) bestehen. Dadurch wird die Möglichkeit zur Ausnutzung des Leverage-Effektes eingeschränkt.

8.4.4 Cashflow-Analyse

> **Der Cashflow ist der Überschuss der Einzahlungen über die Auszahlungen (Einzahlungsüberschuss) in einer Periode.**

Aufg. 8.4.7 S. 509

Dieser Einzahlungsüberschuss steht für die Finanzierung von Investitionen, zur Schuldentilgung oder zur Aufrechterhaltung der Liquidität zur Verfügung.

> **Der Cashflow gibt darüber Auskunft, in welchem Umfang ein Unternehmen Mittel aus eigener Kraft zur Finanzierung von Investitionen oder zur Tilgung von Schulden aufbringen kann (Innenfinanzierungskraft).**

Ermittlung des Cashflows: Praktikerformel

Zur direkten Ermittlung des Cashflows müssten von den Einzahlungen eines Geschäftsjahres die Auszahlungen abgezogen werden. Da die dafür erforderlichen Daten für Außenstehende nicht zugänglich sind, wird der Cashflow meistens **indirekt** aus den Größen der GuV-Rechnung wie folgt ermittelt.

Ausgangspunkt ist der in der GuV-Rechnung ausgewiesene Gewinn bzw. Jahresüberschuss. Der Gewinn gibt aber keine Auskunft über die **Zahlungsfähigkeit** des Unternehmens. Einerseits mindern Abschreibungen und die Bildung von Rückstellungen den Gewinn, ohne dass sie im selben Jahr zu einem Zahlungsmittelabfluss wie bei den anderen Aufwandsarten (z. B. Löhne, Materialaufwand, Energie) führen. Andererseits erhöhen Zuschreibungen und die erfolgswirksame Auflösung von Rückstellungen den Gewinn, ohne dass sie zu einem Zahlungsmittelzufluss führen. Um vom Gewinn auf den Einzahlungsüberschuss schließen zu können, muss der Gewinn um nicht liquiditätswirksame Aufwendungen und Erträge korrigiert werden. In der einfachsten und zugleich gebräuchlichsten Form der Cashflow-Berechnung beschränkt sich die Korrektur auf Abschreibungen/Zuschreibungen einerseits und auf die Erhöhung/Verminderung langfristiger Rückstellungen (insbesondere Pensionsrückstellungen) andererseits[1]. Abschreibungen und Rückstellungen, die den Gewinn zwar verringern, nicht aber zu Auszahlungen geführt haben, werden wieder hinzugezählt. Zuschreibungen und die erfolgswirksame Auflösung von Rückstellungen, die den Gewinn zwar erhöht, nicht aber zu Einzahlungen geführt haben, werden wieder abgezogen. Diese Form der Cashflow-Berechnung wird auch als **Praktikerformel** bezeichnet.

Cashflow-Berechnung (Praktikerformel)
Gewinn nach Steuern (Jahresüberschuss)
+ Abschreibungen
– Zuschreibungen
+ Erhöhung der langfristigen Rückstellungen Pensionsrückstellungen
– Verminderung der langfristigen Rückstellungen
= **Brutto-Cashflow**
– Gewinnausschüttung
= **Netto-Cashflow**

Der Cashflow gibt Auskunft über die Ertrags- und Innenfinanzierungskraft eines Unternehmens.

Cashflow-Umsatzrate

Häufig wird der Brutto-Cashflow auch in Prozent des Umsatzes angegeben. Diese Größe (Cashflow-Umsatzrate) gibt Auskunft darüber, wie viel Prozent des Umsatzes für Investitionen, Schuldentilgung und Gewinnausschüttung zur Verfügung stehen.

$$\text{Cashflow-Umsatzrate} = \frac{\text{Brutto-Cashflow}}{\text{Umsatz}} \cdot 100$$

Cashflow der HAGA AG

Für die HAGA AG *(vgl. Bsp. S. 485)* ergibt sich im Jahr 2012 folgender Cashflow:

Jahresüberschuss	21,0 Mio. EUR
+ Abschreibungen	16,0 Mio. EUR
– Zuschreibungen	17,0 Mio. EUR
+ Erhöhung der langfr. Rückstellungen	1,0 Mio. EUR
= **Brutto-Cashflow**	**21,0 Mio. EUR**
– Gewinnausschüttung	10,5 Mio. EUR
= **Netto-Cashflow**	**10,5 Mio. EUR**

Der HAGA AG stehen im Jahr 2012 10,5 Mio. EUR zur Innenfinanzierung, Schuldentilgung und Liquiditätssicherung zur Verfügung. Das ist angesichts des langfristigen Fremdkapitals in Höhe von 94 Mio. EUR, für das Zins- und Tilgungsleistungen erbracht werden müssen, sehr wenig. Die Cashflow-Umsatzrate beträgt lediglich 5,4 %.

$$\textbf{Cashflow-Umsatzrate} = \frac{21{,}0 \text{ Mio.}}{386 \text{ Mio.}} \cdot 100 = 5{,}44\ \%$$

---

1 Auf die Berücksichtigung anderer nicht zahlungwirksamer Aufwendungen (z. B. Bestandsminderungen an FE und UE) und Erträge (z. B. Bestanderhöhungen an FE und UE, aktivierte Eigenleistungen) wird bei dieser einfachen Form der Cashflow-Berechnung verzichtet.

Aussagekraft des Cashflows

Aussagekraft des Cashflows	
Stärken	**Schwächen**
▪ Cashflow ist weniger durch bilanzpolitische Maßnahmen manipulierbar als der Jahresüberschuss ▪ Ein steigender JÜ bei weniger stark steigendem oder sogar sinkendem Cashflow gilt als Warnsignal (Ausnützung von Bewertungsspielräumen zu JÜ-Erhöhung). ▪ Zeigt, inwieweit z. B. Abschreibungen den JÜ beeinflussen.	▪ Häufig wird stillschweigend unterstellt, der Cashflow sei in liquider Form vorhanden. Teile des Cashflow können aber schon wieder oder noch investiert sein (z. B. in Erzeugnissen oder Forderungen). ▪ Für den Vergleich von Unternehmen mit unterschiedlich hohem Anlagevermögen und unterschiedlich hohen Abschreibungen liefert der Cashflow keine vergleichbaren Informationen. ▪ Im Gegensatz zum JÜ, dessen Art der Ermittlung im HGB genau festgelegt ist, gibt es über 20 verschiedene Arten zur Berechnung eines Cashflows.

8.4.5 Ergebnis vor Zinsen und Ertragsteuern: EBIT

EBIT

EBIT bedeutet *Earnings before Interest and Taxes* (Ergebnis vor Zinsen und Ertragsteuern). Diese international sehr gebräuchliche absolute Kennzahl soll das **ordentliche Betriebsergebnis** widerspiegeln. Zu ihrer Ermittlung wird der Gewinn um außerordentliche Erfolgsvorgänge, Zinsen und Ertragsteuern bereinigt. Aufg. 8.4.8 S. 509

EBIT-Rechnung
Jahresüberschuss *lt. GuV-Rechnung*
± außerordentliches Ergebnis
+ *außerordentlicher Aufwand*
− *außerordentliche Erträge*
+ Ertragssteuern
± Finanzergebnis
+ *Zinsaufwendungen*
− *Zinserträge*
= **EBIT** *(Earnings before Interest and Taxes)*
+ Abschreibungen
= **EBITDA**

EBITDA

Werden zum EBIT die Abschreibungen hinzugezählt ergibt sich die ebenfalls sehr gebräuchliche Kennzahl **EBITDA**: Ergebnis vor Zinsen, Steuern und Abschreibungen *(Earnings before Interest, Taxes, Depreciation and Amortization)*. Das **EBITDA** ist eine **Cashflow-Größe**. Sie gibt – sofern keine Veränderung der langfristigen Rückstellungen vorliegt – den Einzahlungsüberschuss aus dem eigentlichen Betriebszweck (= operatives Geschäft) an. Dieser **Einzahlungsüberschuss** steht für Investitionen, Schuldentilgung und Gewinnausschüttung zur Verfügung. Kap. D 8.4.4

Aussagekraft des EBIT – EBIT-Marge

Die Kennzahl EBIT ermöglicht den Vergleich von Unternehmen mit unterschiedlicher Rechtsform und Kapitalausstattung. Durch die Addition der zur Ermittlung des Jahresüberschusses abgezogenen Ertragsteuern wird zudem ein internationaler Vergleich der Ertragskraft unabhängig von den jeweiligen Steuersätzen in den einzelnen Ländern möglich. Anhand des EBIT kann somit das Betriebsergebnis verschiedener Geschäftsjahre und/oder Unternehmen direkt verglichen werden, ohne dass die Resultate durch schwankende Steuersätze, Zinsaufwendungen oder sonstige außerordentliche Faktoren verzerrt werden. Aussagekräftig wird die Kennzahl EBIT aber erst in Verbindung mit anderen Erfolgsgrößen (z. B. Umsatz) und den mit Hilfe des EBIT gebildeten neuen Kennzahlen (z. B. EBIT-Marge).

$$\text{EBIT-Marge} = \frac{\text{EBIT}}{\text{Umsatz}} \cdot 100$$

Die EBIT-Marge zeigt, wie viel Prozent des Umsatzes auf das ordentliche Betriebsergebnis (= operativer Gewinn) entfallen.

Die **EBIT-Marge** gibt Auskunft über die **Ertragskraft** eines Unternehmens.

EBIT der HAGA AG

Jahresüberschuss *lt. GuV*	21 Mio. EUR
+ außerordentliche Aufwendungen	5 Mio. EUR
– außerordentliche Erträge	17 Mio. EUR
+ Ertragsteuern	9 Mio. EUR
+ Zinsaufwendungen	10 Mio. EUR
– Zinserträge	13 Mio. EUR
= EBIT	**15 Mio. EUR**
+ Planmäßige Abschreibungen	12 Mio. EUR
= EBITDA	**27 Mio. EUR**

$$\text{EBIT-Marge} = \frac{15 \text{ Mio. EUR}}{386 \text{ Mio. EUR}} \cdot 100 = 3{,}89\,\%$$

Für die HAGA AG (vgl. Bsp. S. 474 bzw. 476) ergibt sich im Jahr 2012 ein EBIT in Höhe von 15 Mio. EUR. Wird dieser Betrag um die planmäßigen Abschreibungen erhöht, ergibt sich ein EBITDA von 27 Mio. EUR. Wird das EBIT auf den Umsatz bezogen ergibt sich eine EBIT-Marge von 15 Mio./386 Mio. · 100 = 3,89 %. Das bedeutet: Ein Umsatz von 100 EUR trägt 3,89 EUR zum ordentlichen Betriebsergebnis (= operativer Gewinn) bei.

Aussagekraft des EBIT
Stärken
▪ International weit verbreitete Kennzahl ▪ Lässt Rückschlüsse auf das ordentliche Betriebsergebnis (= operatives Geschäft) zu ▪ Insbesondere bei zusätzlicher Verwendung anderer Kennzahlen (z. B. Umsatz) werden aussagekräftige Vergleiche der operativen Ergebnisse im Zeitablauf und mit anderen Unternehmen möglich. ▪ Verzerrungen durch steuerliche Einflüsse werden ausgeschaltet

Zusammenfassende Übersicht zu Kap. 8.4: Auswertung der Gewinn- und Verlustrechnung (Ergebnisanalyse)

Rentabilitätskennzahlen

Eigenkapitalrentabilität	Gesamtkapitalrentabilität	Umsatzrentabilität
$\frac{\text{Gewinn}}{\text{Eigenkapital}} \cdot 100$	$\frac{\text{Gewinn + Fremdkapitalzinsen}}{\text{Gesamtkapital}} \cdot 100$	$\frac{\text{Gewinn}}{\text{Umsatz}} \cdot 100$

Zusammenwirken von Kennzahlen

Return on Investment	Leverage-Effekt
$\frac{\text{Gewinn}}{\text{Umsatz}} \cdot \frac{\text{Umsatz}}{\text{Gesamtkapital}} \cdot 100$	Eigenkapitalrentabilität kann bei zunehmendem Verschuldungsgrad steigen, wenn der Fremdkapitalzinssatz niedriger als die Gesamtkapitalrentabilität ist.

International gebräuchliche Kennzahlen

Innenfinanzierungskraft	Ertragskraft
Cashflow	**EBIT** (Ergebnis vor Zinsen und Ertragsteuern)
Gewinn (Jahresüberschuss) + Abschreibungen – Zuschreibungen + Erhöhung der langfristigen Rückstellungen – Verminderung der langfristigen Rückstellungen = Brutto-Cashflow – Gewinnausschüttung = Netto-Cashflow $\text{Cashflow-Umsatzrate} = \frac{\text{Brutto-Cashflow} \cdot 100}{\text{Umsatz}}$	Jahresüberschuss *lt. GuV-Rechnung* ± außerordentliches Ergebnis + *außerordentlicher Aufwand* – *außerordentliche Erträge* + Ertragsteuern ± Finanzergebnis + *Zinsaufwendungen* – *Zinserträge* = **EBIT** *(Earnings before Interest and Taxes)* + Abschreibungen = **EBITDA** *(Earnings before Interest, Taxes, Depreciation and Amortization)*

Fragen zur Wiederholung

zu Kapitel 8.4 Auswertung der Gewinn- und Verlustrechnung (Ergebnisanalyse)

8.4.1 Rentabilität

1. Was ist unter Rentabilität zu verstehen?
2. Wie wird die Eigenkapitalrentabilität berechnet und was sagt diese Größe aus?
3. Wie wird die Gesamtkapitalrentabilität berechnet und was sagt diese Größe aus?
4. Wie wird die Umsatzrentabilität berechnet und was sagt diese Größe aus?
5. Welche Werte sollen die drei Rentabilitätskennzahlen in einem Industriebetrieb mindestens aufweisen, damit sie als „gut“ angesehen werden können?
6. Nennen Sie Stärken und Schwächen der Aussagekraft von Rentabilitätskennzahlen.

8.4.2 Return on Investment

1. Wie wird der Return on Investment berechnet und was sagt diese Größe aus?
2. Beschreiben Sie das Kennzahlensystem von DuPont mit der Kennzahl Return on Investment.
3. Stellen Sie den ROI-Baum dar und zeigen Sie an ihm die Stellschrauben auf, mit denen der ROI verbessert werden kann.

8.4.3 Zusammenhang zwischen Eigenkapitalrentabilität und Verschuldungsgrad: Leverage-Effekt

1. Was besagt der Leverage-Effekt?
2. In welchem Fall wirkt sich der Leverage-Effekt negativ aus (Leverage risk)?
3. Warum sind der Ausnutzung des Leverage Effekts in der Praxis enge Grenzen gesetzt?

8.4.4 Cashflow-Analyse

1. Was ist unter dem Cashflow zu verstehen und was sagt diese Größe aus?
2. Wie wird der Cashflow nach der Praktikerformel berechnet?
3. Wie wird der Cashflow aus laufender Geschäftstätigkeit berechnet?

8.4.5 Ergebnis vor Zinsen und Ertragsteuern: EBIT

1. Was bedeutet EBIT, wie wird es berechnet und was sagt diese Kennzahl aus?
2. Was bedeutet EBITDA und was sagt diese Kennzahl aus?
3. Wie wird die EBIT-Marge berechnet und was sagt diese Kennzahl aus?
4. Nennen Sie Stärken der Aussagekraft des EBIT.

Aufgaben und Probleme

zu Kapitel 8.4 Auswertung der Gewinn- und Verlustrechnung (Ergebnisanalyse)

8.4.1 Rentabilitätskennzahlen

Aus dem Jahresabschluss einer Maschinenfabrik sind folgende Informationen zu entnehmen:

(in 1 000 EUR)	Berichtsjahr	Vorjahr
Gezeichnetes Kapital	4 000	4 000
Gesamtes Eigenkapital	6 600	6 400
Fremdkapital	14 100	13 100
Jahresüberschuss	920	
Bilanzgewinn	720	
Umsatzerlöse	43 200	
Zinsaufwendungen	330	

1. Ermitteln Sie für das Berichtsjahr
   - die Eigenkapitalrentabilität
   - die Rentabilität des Gesamtkapitals
   - die Umsatzrentabilität
   - den Return on Investment
   - den Bilanzkurs
2. Was sagen diese Kennzahlen jeweils aus?
3. Welche Auswirkung haben stille Rücklagen bei der Beurteilung von Rentabilitätskennzahlen?
4. Eine Branchenfachzeitschrift gibt die durchschnittliche Umsatzrentabilität für diese Branche mit 4,0 an. Auf welche Ursachen kann die Abweichung zurückzuführen sein und mit welchen Maßnahmen könnte die Umsatzrentabilität verbessert werden?

8.4.2 Rentabilität des Kapitals und des Umsatzes einer Aktiengesellschaft

Auszug aus den zusammengefassten Jahresabschlüssen einer AG (in Mio. EUR):

Aktiva	Jahr 3	Jahr 2	Jahr 1
Anlagevermögen	8,0	8,5	8,5
Umlaufvermögen	22,0	20,0	17,5
Summe	**30,0**	**28,5**	**26,0**

Passiva	Jahr 3	Jahr 2	Jahr 1
Gezeichnetes Kapital	11,0	11,0	11,0
Gewinnrücklagen	5,5	5,0	4,5
Bilanzgewinn	3,0	2,0	1,5
Rückstellungen	5,5	5,0	4,0
Verbindlichkeiten	5,0	5,5	5,0
Summe	**30,0**	**28,5**	**26,0**
Zinsaufwendungen	0,5	0,6	0,55

Der ausgewiesene Bilanzgewinn wurde jeweils im ersten Quartal des Folgejahres in voller Höhe an die Aktionäre ausgeschüttet.

1. Berechnen Sie die Rentabilität des Eigenkapitals für die Jahre 2 und 3.
2. Berechnen Sie die Rentabilität des Gesamtkapitals für die Jahre 2 und 3.
3. Welche Auswirkungen auf die Eigen- und Gesamtkapitalrentabilität hätten sich im Jahr 3 ergeben, wenn während des Jahres im Rahmen einer Kapitalerhöhung Fremdkapital teilweise durch Eigenkapital ersetzt worden wäre?
4. Wie hoch muss im Jahr 3 der Umsatz gewesen sein, wenn die Umsatzrentabilität 2,5 % betrug?
5. In welcher Branche ist die AG vermutlich tätig ist, wenn die ermittelten Kennzahlen als branchenüblich angesehen werden können? Begründen Sie Ihre Aussage.

8.4.3 Return on Investment (ROI)

Für die Fahrzeugbau AG liegen folgende Daten vor:

Eigenkapital	Fremdkapital	Gewinn	Umsatz	Fremdkapitalzinsen
AB: 15 Mio. EUR	AB: 15 Mio. EUR	1,5 Mio. EUR	30 Mio. EUR	1,2 Mio. EUR

1. Berechnen Sie die Eigenkapitalrentabilität, die Gesamtrentabilität und den ROI. Erläutern Sie die Ergebnisse.
2. Warum weichen Gesamtrentabilität und ROI voneinander ab?
3. Die Fahrzeugbau AG plant die Materialbeschaffung von Vorratshaltung auf das Just-in-Time-Verfahren umzustellen. Dadurch könnten 6 Mio. EUR, die im Materiallager gebunden sind, freigesetzt werden. Der Gesamtkapitalbedarf verringert sich in dieser Höhe.

   Wie würde sich der ROI durch diese Maßnahme verändern, wenn Jahresüberschuss und Umsatz unverändert bleiben würden? Wodurch ist diese Veränderung bedingt?
4. Für weitere geschäftspolitische Maßnahmen hat das Unternehmen folgende Tabelle aufgestellt:

	1	2	3	4	5	6
Situation	Umsatz in Mio. EUR	Kapitaleinsatz in Mio. EUR	Gewinn in Mio. EUR	Kapitalumschlag (Sp 1 : Sp 2)	Umsatzrentabilität (Sp 3 : Sp 1) · 100	Return on Investment (Sp 3 : Sp 2) · 100
1	10	25	0,8	0,4	8,0 %	3,20 %
2	20	25	1,4	0,8	7,0 %	5,60 %
3	30	30	1,5	1,0	5,0 %	5,00 %
4	40	80	2,0	0,5	5,0 %	2,50 %
5	50	125	1,8	0,4	3,6 %	1,44 %

   a) Worauf ist die Änderung des ROI gegenüber der Ausgangssituation 3 jeweils zurückzuführen?
   b) Nennen Sie Maßnahmen, die die AG ergreifen müsste, um einen angemessenen ROI von mehr als 10 % zu erzielen.

8.4.4 DuPont-Kennzahlensystem – Return on Investment

PDF

Für eine Chemiefabrik und eine Verbrauchermarkt-Kette liegen für das abgelaufene Geschäftsjahr folgende Daten vor:

	(in Mio. EUR) Chemiefabrik	Verbrauchermarkt
Anlagevermögen	**7329**	**400**
Umlaufvermögen		
Vorräte	1803	1226
Forderungen	2578	200
liquide Mittel	836	274
Summe Vermögen	**12546**	**2100**
Eigenkapital	**6200**	**650**
Fremdkapital		
langfristig	4500	600
kurzfristig	1846	850
Summe Kapital	**12546**	**2100**
Umsatzerlöse	14593	10786
fixe Kosten	8000	2000
variable Kosten	6000	8688
Summe Kosten	14000	10688
Jahresergebnis	**593**	**98**

1. Wenden Sie das DuPont-Kennzahlensystem (S. 488) auf die beiden Unternehmen an und ermitteln Sie jeweils den Return on Investment.
2. Auf welche unterschiedlichen Ursachen ist die Rentabilitätsentwicklung der beiden Unternehmen zurückzuführen?
3. Welche der ROI-Einflussfaktoren können in der Chemiefabrik jeweils vom Bereichsleiter
   a) der Materialwirtschaft
   b) der Produktionswirtschaft
   c) der Finanzwirtschaft
   beeinflusst werden?
4. Stellen Sie für einen Return on Investment von 5 % den Einfluss von Umsatzrentabilität und Kapitalumschlag in Form einer Kurve grafisch dar. Was sagt diese Kurve aus?
   X-Achseneinteilung: Kapitalumschlag 0,5 bis 10
   Y-Achseneinteilung: Umsatzrentabilität 0,5 % bis 10 %

8.4.5 Anwendung des DuPont-Kennzahlensystems – ROI

PDF

Wenden Sie das DuPont-Kennzahlensystem auf die HAGA AG an. Die Bilanz und GuV-Rechnung dieses Unternehmens sind auf S. 473 und S. 474) abgedruckt. Berücksichtigen Sie dabei im Kennzahlensystem anstelle der fixen und variablen Kosten die Aufwendungen der HAGA AG.
Welche zusätzlichen Erkenntnisse zur bisherigen Jahresabschlussanalyse ergeben sich aus dieser Darstellung und Berechnung?

8.4.6 Leverage-Effekt

Eine Textilfabrik plant die Errichtung eines neuen Zweigwerkes. Dafür entsteht voraussichtlich ein Kapitalbedarf von 10 Mio. EUR. Es bestehen folgende Finanzierungsmöglichkeiten:
a) vollständige Eigenfinanzierung
b) Finanzierung je zur Hälfte mit Eigen- und Fremdkapital
c) Finanzierung mit 75 % Fremdkapital und 25 % Eigenkapital

Das Fremdkapital kann zu einem Zinssatz von 8,0 % beschafft werden. Es wird damit gerechnet, dass sich durch diese Investition ein zusätzlicher Gewinn (vor Abzug der zusätzlichen Fremdkapitalzinsen) in Höhe von 1,2 Mio. EUR ergibt.

1. Ermitteln Sie für alle drei Alternativen die Eigenkapitalrentabilität.
2. Ermitteln Sie für alle drei Alternativen die Gesamtkapitalrentabilität.
3. Welcher Zusammenhang zwischen Eigenkapitalrentabilität und Fremdfinanzierung lässt sich im vorliegenden Fall feststellen? Worauf ist diese Entwicklung zurückzuführen?
4. Die Unternehmensleitung entschließt sich für die Finanzierungsalternative c) (75 % Fremdkapital und 25 % Eigenkapital). Schon im Jahr der Produktionsaufnahme zeichnet sich ab, dass der Gewinn vor Abzug der Zinsen voraussichtlich nicht 1,2 Mio. EUR, sondern nur 0,7 Mio. EUR betragen wird. Ermitteln Sie für diesen Fall die Eigen- und Gesamtkapitalrentabilität. Worauf ist diese Entwicklung zurückzuführen?
5. Formulieren Sie die Bedingung für eine positive Wirkung des Leverage-Effekts.
6. Überprüfen Sie die bei 1. und 4. ermittelte Eigenkapitalrentabilität mit Hilfe der Leverage-Formel (vgl. S. 500).

8.4.7 Cashflow (Praktikerformel)

Für eine Motorenfabrik liegen für die letzten drei Geschäftsjahre folgende Daten vor.

PDF

	03	02	01
Umsatzerlöse	70,0 Mio. EUR	66,0 Mio. EUR	56,0 Mio. EUR
Jahresüberschuss	5,4 Mio. EUR	4,8 Mio. EUR	3,4 Mio. EUR
Abschreibungen auf Sachanlagen	1,4 Mio. EUR	1,2 Mio. EUR	0,9 Mio. EUR
Erhöhung der langfristigen Rückstellungen	0 EUR	0,2 Mio. EUR	0,1 Mio. EUR

1. Ermitteln Sie für alle drei Jahre den Brutto- und den Netto-Cashflow mit Hilfe der Praktikerformel, wenn jeweils die Hälfte des Jahresüberschusses einbehalten wird.
2. Ermitteln Sie für alle drei Jahre die Cashflow-Umsatzrate. Was sagt diese Kennzahl aus?
3. Welche Rückschlüsse auf die Unternehmenslage lässt die Entwicklung des Cashflows zu?

8.4.8 Cashflow und EBIT

Für die MIXTA AG liegt folgende Gewinn- und Verlustrechnung vor:

Gewinn- und Verlustrechnung (in Mio. EUR)	
1. Umsatzerlöse	15
2. sonstige betriebliche Erträge	2
4. Aufwendungen für Roh-, Hilfs- und Betriebsstoffe	– 3,8
5. Löhne und Gehälter	– 6,0
6. Abschreibungen	– 3,0
7. sonstige betriebliche Aufwendungen	– 1,7
8. Zinsaufwendungen	– 0,5
10. Ergebnis der gewöhnlichen Geschäftstätigkeit	**2,0**
11. Steuern vom Einkommen und vom Ertrag	– 0,9
12. sonstige Steuern	– 0,7
13. Jahresüberschuss	**1,2**

Zusatzinformationen:
1. *Alle Erträge sind zahlungswirksam.*
2. *In den Personalaufwendungen ist eine Zuführung zu den Pensionsrückstellungen in Höhe von 1,0 Mio. EUR enthalten.*
3. *Die Abschreibungen enthalten außerplanmäßige Abschreibungen auf Maschinen in Höhe von 0,2 Mio. EUR.*
4. *Die „sonstigen betrieblichen Aufwendungen" ergeben sich aus den Verlusten aus dem Abgang von Vermögensgegenständen des Anlagevermögens.*

1. Ermitteln Sie den Brutto-Cashflow der Mixta AG für diese Periode (Praktikerformel).
2. Worüber gibt der Brutto-Cashflow Auskunft?
3. Ermitteln Sie die Cashflow-Umsatzrate. Worüber gibt diese Kennzahl Auskunft?
4. Ermitteln Sie das EBIT. Worüber gibt das EBIT Auskunft?
5. Ermitteln Sie das EBITDA. Worüber gibt diese Kennzahl Auskunft?
6. Welcher Zusammenhang besteht zwischen EBITDA und Brutto-Cashflow im vorliegenden Fall?
7. Ermitteln Sie die EBIT-Marge. Worüber gibt diese Kennzahl Auskunft?
8. Beurteilen Sie die Lage des Unternehmens anhand der ermittelten Kennzahlen.

8.5 Begrenzte Aussagekraft der Jahresabschlussanalyse

Die Jahresabschlussanalyse soll Aussagen über Vermögens-, Finanz- und Ertragslage eines Unternehmens ermöglichen. Dabei muss aber die aus folgenden Gründen begrenzte Aussagekraft der Ergebnisse berücksichtigt werden.

Unvollständige Daten	Vergangenheitsbezogene Informationen
Bilanz und GuV-Rechnung enthalten ausschließlich quantitative Daten. Zwar geben Anhang und Lagebericht möglicherweise Auskunft über Forschungs- und Entwicklungsaktivitäten, Marktstellung und andere Sachverhalte, die für die Beurteilung der wirtschaftlichen Lage eines Unternehmens wichtig sind. In die kennzahlenorientierte Jahresabschlussanalyse gehen diese Informationen aber ebenso wenig ein wie die quantitativen Aspekte hinsichtlich Innovationsfähigkeit, Kundentreue, Qualifikation der Mitarbeiter und des Managements. Über die Eigentumsverhältnisse gibt eine Bilanz ebenfalls keine Auskunft. Einerseits werden unter Eigentumsvorbehalt erworbene oder sicherheitsübereignete Vermögensgegenstände bilanziert, während andererseits beispielsweise Leasingobjekte nicht in der Bilanz erscheinen.	Die Informationen sind vergangenheitsbezogen. Die Daten des Jahresabschlusses zeigen die Lage des Unternehmens während des abgelaufenen Geschäftsjahres auf. Demgegenüber soll die Jahresabschlussanalyse aber auch Aussagen für die Zukunft ermöglichen. Dieses Problem wird oft noch dadurch verstärkt, dass die Daten erst mit großer zeitlicher Verzögerung verfügbar sind. Da der Jahresabschluss für mittelgroße und große Gesellschaften erst neun Monate nach Ende des Geschäftsjahres beim Handelsregister eingereicht sein muss und kleine Kapitalgesellschaften wegen fehlender Sanktionsmöglichkeiten ihren Offenlegungspflichten oft nur unzureichend nachkommen, erfolgt die Jahresabschlussanalyse durch externe Analysten oft auf der Basis von veraltetem Material.
Bewertungsabhängigkeit der Daten	**Fehlende Vergleichbarkeit**
Die Daten der Bilanz und GuV-Rechnung sind bewertungsabhängig. Im Abschluss nach HGB hat das Vorsichtsprinzip Vorrang. Ein vorsichtig ermitteltes Vermögen bzw. ein auf dieser Basis ermittelter Gewinn sind für Analysezwecke nicht unbedingt tauglich. Darüber hinaus eröffnet das Handelsrecht Wahlrechte und Gestaltungsmöglichkeiten. Ohne Kenntnis der „Bewertungstendenz“ kann ein Jahresabschluss häufig nicht richtig interpretiert werden.	Kennzahlen besitzen für sich allein genommen nur einen geringen Aussagewert. Aus diesem Grund wird versucht, die fehlende Vergleichbarkeit durch die Verwendung von Kennzahlensystemen zu mildern. Ein Analyst kann aber allenfalls vermuten, ob Abweichungen oder Veränderungen tatsächlich auf die Tätigkeit im Unternehmen oder aber auf veränderte Rahmenbedingungen zurückzuführen sind.

Stichtagsbezogene Daten
Die der kennzahlenorientierten Jahresabschlussanalyse zugrunde liegenden Daten sind in der Mehrzahl der Fälle stichtagsbezogen, d. h. sie spiegeln nur die Situation am Bilanzstichtag wider. Dies ist insbesondere bei den Angaben zur Liquidität höchst problematisch. Um verlässliche Aussagen über die Sicherung der Liquidität machen zu können, sind beispielsweise Informationen über zukünftige Zahlungsein- und -ausgänge nötig. Durch Verwendung von Kennzahlen, die aus der GuV-Rechnung abgeleitet sind (Cashflow, EBIT) und sich nicht auf einen Stichtag, sondern auf die gesamte Rechnungsperiode beziehen, wird versucht, diesen Mangel zu mildern.

Zusammenfassende Übersicht zu Kap. 8.5: Begrenzte Aussagekraft der Jahresabschlussanalyse

Begrenzte Aussagekraft der Jahresabschlussanalyse				
Daten sind unvollständig	**Informationen sind auf die Vergangenheit bezogen**	**Daten sind von Bewertungs-wahlrechten abhängig**	**Daten sind häufig nicht miteinander vergleichbar**	**Daten sind auf den Bilanzstichtag bezogen**

Zusammenfassende Übersicht Teil E: Jahresabschluss

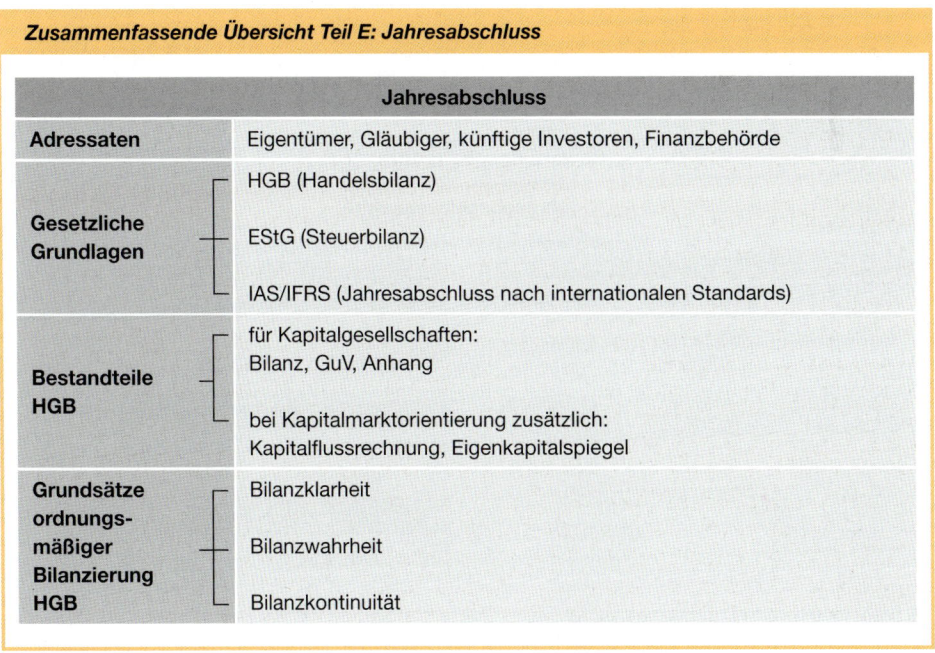

Jahresabschluss	
Adressaten	Eigentümer, Gläubiger, künftige Investoren, Finanzbehörde
Gesetzliche Grundlagen	HGB (Handelsbilanz) EStG (Steuerbilanz) IAS/IFRS (Jahresabschluss nach internationalen Standards)
Bestandteile HGB	für Kapitalgesellschaften: Bilanz, GuV, Anhang bei Kapitalmarktorientierung zusätzlich: Kapitalflussrechnung, Eigenkapitalspiegel
Grundsätze ordnungsmäßiger Bilanzierung HGB	Bilanzklarheit Bilanzwahrheit Bilanzkontinuität

Zusammenfassende Übersicht Teil E: Jahresabschluss

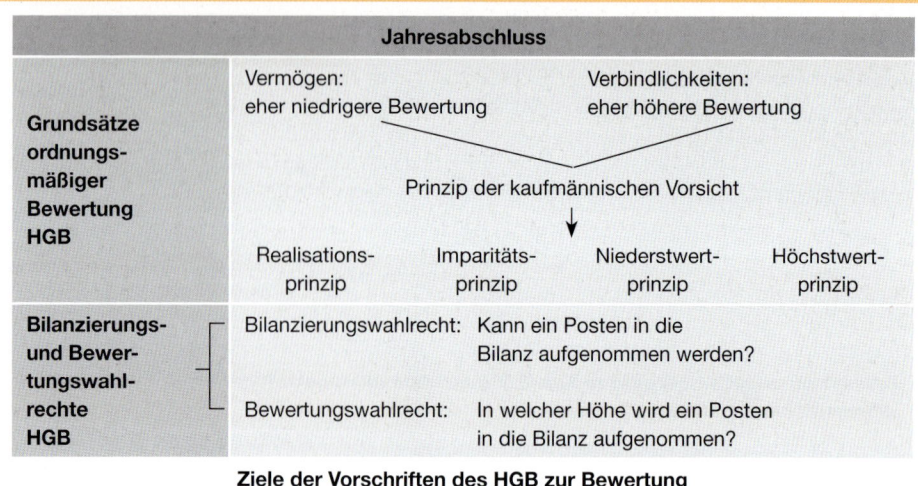

Jahresabschluss

Grundsätze ordnungsmäßiger Bewertung HGB

Vermögen: eher niedrigere Bewertung

Verbindlichkeiten: eher höhere Bewertung

Prinzip der kaufmännischen Vorsicht

↓

Realisationsprinzip | Imparitätsprinzip | Niederstwertprinzip | Höchstwertprinzip

Bilanzierungs- und Bewertungswahlrechte HGB

- Bilanzierungswahlrecht: Kann ein Posten in die Bilanz aufgenommen werden?
- Bewertungswahlrecht: In welcher Höhe wird ein Posten in die Bilanz aufgenommen?

Ziele der Vorschriften des HGB zur Bewertung

Gläubigerschutz, Erhaltung der Unternehmenssubstanz (Teilhaberschutz, Aktionärssicherung, Kapitaleignerprinzip)

↓

eher niedriger Gewinnausweis

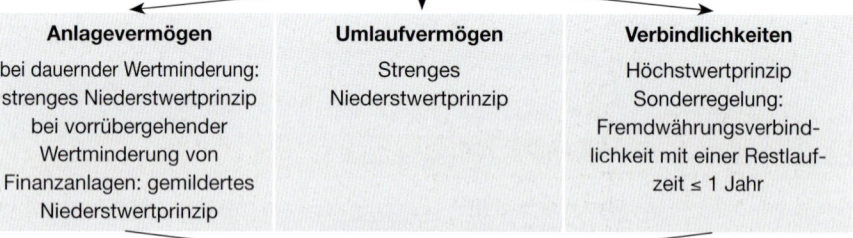

Anlagevermögen	Umlaufvermögen	Verbindlichkeiten
bei dauernder Wertminderung: strenges Niederstwertprinzip bei vorrübergehender Wertminderung von Finanzanlagen: gemildertes Niederstwertprinzip	Strenges Niederstwertprinzip	Höchstwertprinzip Sonderregelung: Fremdwährungsverbindlichkeit mit einer Restlaufzeit ≤ 1 Jahr

Bewertungsobergrenze: AHK

Jahresabschlussanalyse

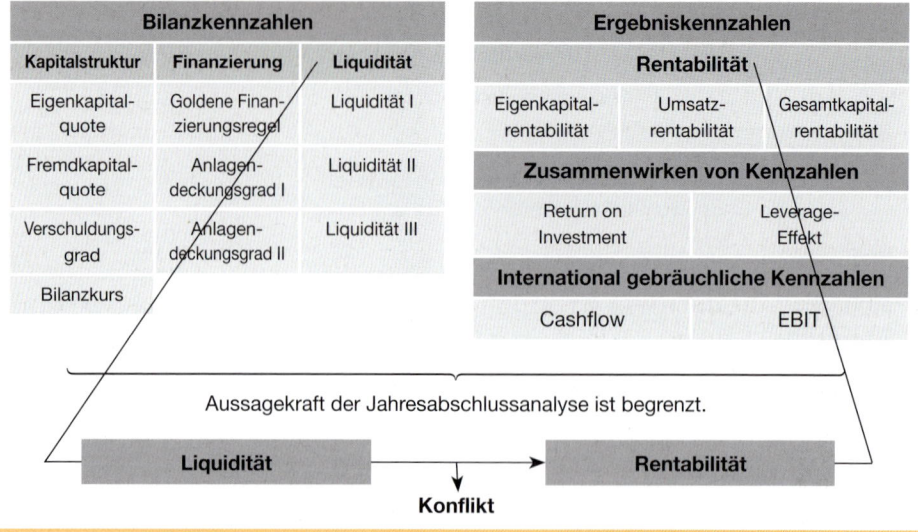

Bilanzkennzahlen

Kapitalstruktur	Finanzierung	Liquidität
Eigenkapitalquote	Goldene Finanzierungsregel	Liquidität I
Fremdkapitalquote	Anlagendeckungsgrad I	Liquidität II
Verschuldungsgrad	Anlagendeckungsgrad II	Liquidität III
Bilanzkurs		

Ergebniskennzahlen

Rentabilität

Eigenkapitalrentabilität	Umsatzrentabilität	Gesamtkapitalrentabilität

Zusammenwirken von Kennzahlen

Return on Investment	Leverage-Effekt

International gebräuchliche Kennzahlen

Cashflow	EBIT

Aussagekraft der Jahresabschlussanalyse ist begrenzt.

Liquidität → **Rentabilität**

↓

Konflikt

Zusammenfassende Aufgaben Teil E: Jahresabschluss

Aufgabe 1 Bestandteile des Jahresabschlusses nach HGB – Bewertungsfragen

Die Schwäbische Werkzeugmaschinenfabrik AG, die an der Börse notiert wird, erstellt zum 31.12.2012 ihren Jahresabschluss auf der Grundlage der Bewertungsvorschriften des HGB.

1. a) Nennen Sie die gesetzlichen Bestandteile, aus denen der Jahresabschluss der Schwäbischen Werkzeugmaschinenfabrik AG besteht.
   b) Erläutern Sie, wer grundsätzlich den Jahresabschluss dieser AG feststellt und welche Bedeutung diese Feststellung hat.
   c) Beschreiben Sie die wesentlichen Inhalte von Anhang und Lagebericht.
   d) Nennen Sie zwei Adressaten, an die sich der handelsrechtliche Jahresabschluss richtet, sowie die damit verbundenen Absichten.

2. Für die Aufstellung der Handelsbilanz zum 31.12.2012 sind in der AG verschiedene Bewertungsfragen zu lösen, wobei ein möglichst geringer Jahresüberschuss ausgewiesen werden soll.
   a) Am 01.10.2012 kaufte die AG mit notariell beurkundetem Kaufvertrag ein Grundstück, das in naher Zukunft mit einer Lagerhalle bebaut werden soll. Nutzen und Lasten gingen noch am gleichen Tag über.
      - Ermitteln Sie den Wert, mit dem das Grundstück zum 31.12.2012 bilanziert wird, wenn im Zusammenhang mit dem Erwerb folgende Sachverhalte zu berücksichtigen sind:
        – Überweisung von 77 400 EUR am 01.10.2012.
        – Übernahme eines Fälligkeitsdarlehens in Höhe von 50 000 EUR samt Grundschuld, die auf dem Grundstück lastet; Zinszahlung jährlich zum 31.12. (nachschüssig).
        – Die Zinsen vom 01.01. bis 30.09.2012 in Höhe von 2 400 EUR wurden vom Verkäufer übernommen.
        – Grunderwerbsteuer 5,0 %
        – Notariatskosten für Beurkundung des Kaufvertrages netto 500 EUR zuzüglich 19 % USt
        – Wertgutachten eines Bausachverständigen vor der Kaufentscheidung für das bebaute Grundstück 1 000 EUR zuzüglich 19 % USt
        – anteilige Grundsteuer (01.10.–31.12.2012) 80 EUR
        – Eigentumsübertragung im Grundbuch 441 EUR
        – Notariatskosten für die Übertragung der übernommenen Grundschuld 450 EUR zuzüglich 19 % USt
      - Berechnen Sie, wie viel gewinnmindernde Aufwendungen die Finanzierung und der Grundstückserwerb im Geschäftsjahr 2012 insgesamt verursachen.
   b) Im abgelaufenen Jahr 2012 wurden im Produktionsbereich „Fräsmaschinen" 6,0 Mio. EUR für Fertigungsmaterial und 2,0 Mio. EUR für Fertigungslöhne aufgewendet. Die Gemeinkosten (ohne kalkulatorische Kosten) verteilen sich nach dem BAB auf die folgenden Kostenstellen:

Material	1 800 000 EUR
Fertigung	1 500 000 EUR
Verwaltung	2 825 000 EUR (produktionsunabhängig)
Vertrieb	1 695 000 EUR

   Die AG setzt eine am 01.10.2012 fertig gestellte Fräsmaschine im eigenen Betrieb ein. Die Nutzungsdauer dieser Fräsmaschine beträgt 5 Jahre. Für die Herstellung der Fräsmaschine sind angefallen:

Fertigungsmaterial	100 000 EUR
Fertigungslöhne	150 000 EUR
Lizenzgebühren	7 500 EUR

   - Berechnen Sie die Selbstkosten, die bei der Herstellung der Fräsmaschine angefallen sind.
   - Ermitteln Sie den Wert, mit dem die Fräsmaschine zum 31.12.2012 zu bilanzieren ist.

c) In der Position Verbindlichkeiten aus Lieferungen und Leistungen ist die Rechnung eines amerikanischen Lieferers enthalten:
Rechnung vom 12.12.2012
Rechnungsbetrag: 100 000 US $, Zahlungsziel: 1 Monat
Kursnotierungen (Devisenkassamittelkurs) am 12.12.2012 1,00 EUR = 1,3000 US $
31.12.2012 1,00 EUR = 1,2900 US $

- Mit welchem Betrag muss die Rechnung, die in US $ zu bezahlen ist, in der Handelsbilanz zum 31.12.2012 angesetzt werden?
- Erläutern Sie die Bewertungsgrundsätze, die hier anzuwenden sind.

Aufgabe 2 Rechnungslegung – Jahresabschluss – Bewertung

PDF

Die Württembergische Stahlwerke AG hat in den vergangenen beiden Geschäftsjahren in ihren Jahresabschlüssen Verluste ausgewiesen. Die vorläufigen Zahlen der Buchführung für das Jahr 2012 weisen erstmals wieder einen Gewinn aus. Die Aktionäre erwarten für dieses Geschäftsjahr wieder eine angemessene Dividende.

Für die Rechnungslegung und den Jahresabschluss der AG gelten die Vorschriften für große Kapitalgesellschaften. Das Geschäftsjahr ist identisch mit dem Kalenderjahr.

1. Bei der Erstellung des Jahresabschlusses für das zurückliegende Geschäftsjahr 2012 sind noch einige Bewertungsfragen zu klären:

a) Von den im zurückliegenden Geschäftsjahr produzierten Stahlgittern befinden sich am Jahresende noch 50 Stück auf Lager. Zur Kalkulation der Gitter liegen für die gesamte Produktionsmenge von 1 500 Stück folgende Zahlen aus der Kostenrechnung vor:

Fertigungsmaterial	240 000	EUR
Fertigungslöhne	630 000	EUR
Sondereinzelkosten der Fertigung	78 000	EUR
Materialgemeinkostenzuschlagssatz	15	%
Fertigungsgemeinkostenzuschlagssatz	120	%
Verwaltungsgemeinkostenzuschlagssatz (produktionsunabhängig)	10	%
Vertriebsgemeinkostenzuschlagssatz	7	%

Zeigen Sie rechnerisch auf, wie durch Ausnutzung des handelsrechtlichen Bewertungsspielraumes beim Bilanzansatz des Lagerbestandes der Jahresüberschuss des Unternehmens beeinflusst werden kann.

b) Am Jahresende 2012 war noch eine Liefererverbindlichkeit (fällig am 01. Februar n. J.) in Höhe von 20 000 sfr offen. Es liegen folgende Kurse sfr/EUR vor:

	Devisenkassamittelkurs
20.11.12 (Tag des Rechnungseingangs)	1,5800
31.12.12 (Bilanzstichtag)	1,6010
20.01.13 (Tag der Rechnungsbegleichung)	1,5920

- Ermitteln und begründen Sie den Wertansatz der Fremdwährungsverbindlichkeit zum Bilanzstichtag.
- Berechnen Sie die Auswirkungen dieser Bewertungsmaßnahme auf das Ergebnis des Unternehmens in den Jahren 2012 und 2013.

c) Im Jahr 2012 hat die AG mit einem Produkt, für das sie zwei Jahre Garantie gewährt, einen Umsatz von 8 Mio. EUR erzielt. Die Erfahrungen der letzten Jahre haben gezeigt, dass die zu erbringenden Garantieleistungen durchschnittlich 1,5 % des Umsatzes ausmachen. Wegen der starken Konkurrenz muss das Unternehmen außerdem noch Kulanzleistungen erbringen, die auf 1 % des Umsatzes geschätzt werden.
Erläutern Sie mit Zahlenangaben, wie diese Informationen in der Handelsbilanz zu berücksichtigen sind.

2. Nach Klärung der Bewertungsfragen weist die Buchführung der AG für das Geschäftsjahr 2012 nachstehende Zahlen aus:
Zahlen der Buchführung der Württembergischen Stahlwerke AG zum 31.12.2012

Konten-Klasse	Konten	Kontensalden (in Tsd. EUR)
0	Sachanlagen	33 000
1	Finanzanlagen	3 800
2	Roh-, Hilfs- und Betriebsstoffe	14 100
2	unfertige Erzeugnisse	8 800
2	fertige Erzeugnisse	4 600
2	Forderungen aus Lieferungen und Leistungen	19 400
2	flüssige Mittel	?
3	gezeichnetes Kapital	8 000
3	Kapitalrücklagen	12 000
3	Gewinnrücklagen	4 400
3	Verlustvortrag	200
3	Jahresüberschuss	?
3	Pensionsrückstellungen	8 300
3	sonstige Rückstellungen	2 700
4	Bankschulden	34 400
4	Verbindlichkeiten aus Lieferungen u. Leistungen	19 600
5	Umsatzerlöse	122 800
5	Bestandsminderungen fertige u. unfert. Erzeugnisse	3 900
5	Sonstige betriebliche Erträge	2 600
6	Aufwendungen für Roh-, Hilfs- und Betriebsstoffe	59 500
6	Personalaufwand	36 400
6	bilanzielle Abschreibungen	5 400
6	sonstige betriebliche Aufwendungen	15 800
7	Zinsaufwendungen	3 100

- Erstellen Sie die Bilanz für das Geschäftsjahr 2012 und ermitteln Sie die „flüssigen Mittel" und den „Jahresüberschuss".
- Geben Sie an, welche weiteren Maßnahmen hinsichtlich des Jahresabschlusses der AG nach dessen Erstellung bis zur Durchführung der ordentlichen Hauptversammlung der AG noch erforderlich sind.

3. Anfang April des Jahres 2013 findet die Hauptversammlung der AG statt. Den Aktionären ging nachstehend aufgeführte Tagesordnung (Auszug) zu:

Tagesordnung der Hauptversammlung der Württembergischen Stahlwerke AG
1. Vorlage des festgestellten Jahresabschlusses.
2. Verwendung des Bilanzgewinns.
3. Entlastung des Vorstands für das Geschäftsjahr 2012.
4. Entlastung des Aufsichtsrats für das Geschäftsjahr 2012.
5. Wahl des Abschlussprüfers für das Geschäftsjahr 2013.
6. Wahl der Aktionärsvertreter für den Aufsichtsrat.

Zu Tagesordnungspunkt 2 schlägt der Vorstand der AG vor, den gesamten Bilanzgewinn den Rücklagen zuzuweisen.

- Im Verlauf der Hauptversammlung meldet sich Aktionär Reinhold Binz zu Wort. Er möchte vom Vorstand der AG eine ausführliche Begründung für den Vorschlag zur Verwendung des Bilanzgewinns und verlangt außerdem Auskunft über die Zusammensetzung der Bezüge der Vorstandsmitglieder.
Erläutern Sie, inwieweit der Vorstand der AG zur Auskunft verpflichtet ist.
- Einige Aktionäre äußern sich auch kritisch zu einem geplanten Geschäft mit einem Kunden aus Russland. Sie beantragen einen Beschluss der Hauptversammlung, der dem Vorstand der AG den Abschluss des Geschäfts verbietet.
Begründen Sie, ob ein entsprechender Beschluss der Hauptversammlung für den Vorstand bindend wäre.

Aufgabe 3 Bewertung nach IAS/IFRS

PDF

Die Schwarzwaldeisen AG erstellt jeweils einen Jahresabschluss nach den handelsrechtlichen Vorschriften und nach IAS/IFRS. Für die Erstellung eines IAS/IFRS-Abschlusses sind noch nachstehende Bewertungsfragen zu lösen:

1. Im Sachanlagevermögen des Unternehmens sind u. a. drei Grundstücke enthalten, die im IAS/IFRS Abschluss für das Geschäftsjahr 2012 erstmals nach der Neubewertungsmethode bewertet werden sollen. Nach Vornahme der laufenden Abschreibungen für das Geschäftsjahr 2012 ergeben sich zum Bewertungsstichtag (31.12.2012) folgende Wertansätze:

Bewertung zum 31.12.2012	aktueller Neuwert	planmäßig fortgeführte Anschaffungs- oder Herstellungskosten	Restnutzungsdauer
Grundstück Industriestraße	2,5 Mio. EUR	1,0 Mio. EUR	
Grundstück Thomasweg	4,0 Mio. EUR	4,5 Mio. EUR	
Grundstück Daimlerstraße	5,0 Mio. EUR	3,0 Mio. EUR	

Mit welchen Wertansätzen werden die Grundstücke sowie die Neubewertungsrücklage im IAS/IFRS Abschluss ausgewiesen?

2. Im laufenden Geschäftsjahr hat das Unternehmen u. a. 2400 Normteile (fertige Erzeugnisse) produziert, die von Bauunternehmen im Stahlbetonbau gekauft werden. Die Inventur zum 31.12.2012 hat ergeben, dass noch 420 Normteile auf Lager liegen.
Nach Informationen der Kosten- und Leistungsrechnung entstehen für die Produktion eines Normteiles folgende Einzelkosten:
Fertigungsmaterial: 480 EUR
Fertigungslöhne: 210 EUR
Der Betriebsabrechnung des laufenden Geschäftsjahres können folgende Zahlen entnommen werden:

	Kosten (EUR)	Kostenstellen				
		Material (EUR)	Fertigung (EUR)	Verwaltung (EUR) produktionsabhängig	Verwaltung (EUR) allgemein	Vertrieb (EUR)
Summe Gemeinkosten (ohne kalkulatorische Kosten)	**1 080 000**	480 000	350 000	110 000	80 000	60 000
Zuschlagsgrundlagen		3 000 000 (Fertigungsmaterial)	1 400 000 (Fertigungslöhne)	5 230 000 (Herstellkosten)		

a) Mit welchem Wert sind die Normteile nach IAS/IFRS anzusetzen?
b) Mit welchem Mindest- und Höchstansatz können die Normteile nach HGB bewertet werden?

3. Die Schwarzwaldeisen AG hat mit dem Land Baden-Württemberg am 18.01.2012 den Bau und die Lieferung der Stahlfertigteile für eine Autobahnbrücke vereinbart. Die Teile sollen bis 02.12.2013 geliefert werden (Vereinbarter Preis: 1,2 Mio. EUR zzgl. 19 % USt). Nach einer zuverlässigen Kostenplanung wird damit gerechnet, dass für den Auftrag insgesamt Kosten in Höhe von 800 000 EUR anfallen, die sich gleichmäßig auf die Produktionszeit verteilen. Der Rechnungsbetrag ist nach den getroffenen vertraglichen Vereinbarungen nach der baurechtlichen Abnahme der Brücke Ende Dezember 2013 fällig.
Welche Auswirkungen (genaue Zahlenangaben erforderlich) hat der Auftrag auf den Jahresabschluss der Jahre 2012 und 2013, wenn die Bewertung nach der Percentage of Completion Method (POC-Methode) erfolgt?

Aufgabe 4 Rechnungslegung und Auswertung des Jahresabschlusses einer AG

Zu Beginn eines Geschäftsjahrs weist die Bilanz der Heilbronner Maschinenbau AG folgende Werte aus:

Aktiva		Bilanz (in Tausend Euro)	Passiva
A. Anlagevermögen	42000	A. Eigenkapital	
davon Wertpapiere 12 000		I. Gezeichnetes Kapital	44000
		II. Kapitalrücklage	6000
B. Umlaufvermögen	23000	B. Rückstellungen	
		1. Pensionsrückstellungen	5000
		C. Verbindlichkeiten	
		1. Verbindlk. a. L.u.L.	10000
	65000		65000

Bei den Wertpapieren handelt es sich um einen 22 %-igen Anteil an der Metallbau AG, in deren Aufsichtsrat der Vorstand der Maschinenbau AG, Gebhard Meister, vertreten ist.

Die Maschinenbau AG ist Inhaberin eines Patents für ein Kunststoffrecyclingverfahren. Erste Prototypen dafür geeigneter Maschinen sind entwickelt und erfolgreich getestet worden. Anfragen von Kunden liegen vor. Für die Produktion dieser Maschinen wird ein neues Zweigwerk aufgebaut. Der Finanzbedarf für die erste Stufe beträgt 20 Mio. EUR. Der Vorstand rechnet im ersten Geschäftsjahr mit einem zusätzlichen Jahresüberschuss von 1,5 Mio. EUR, vollständige Eigenfinanzierung vorausgesetzt.
Für die Finanzierung zeichnen sich zwei Möglichkeiten ab:

Alternative 1
Die Hausbank stellt einen entsprechenden Kredit zur Verfügung:
Laufzeit 10 Jahre, Auszahlung 100 %, Zinssatz 6 %, Tilgung am Laufzeitende.
Sicherheiten können in ausreichendem Umfang gestellt werden.

Alternative 2
Die Metallbau AG erwirbt im Wege einer Kapitalerhöhung der Heilbronner Maschinenbau AG sämtliche jungen Aktien im Nennwert von insgesamt 10 Mio. EUR gegen Bareinlage von 20 Mio. EUR. Außerdem möchte Bernd Beck, Vorstand der Metallbau AG, als weiteres Mitglied in den Aufsichtsrat der Heilbronner Maschinenbau AG aufgenommen werden.

1. Erklären Sie, warum in der Bilanz der Anteil an der Metallbau AG im Anlagevermögen auszuweisen ist.
2. Erläutern Sie, unter welchen rechtlichen Voraussetzungen Bernd Beck Mitglied des Aufsichtsrats der Maschinenbau AG werden könnte.
3. Erstellen Sie auf der Grundlage der vorliegenden Bilanz für jede der beiden Finanzierungsalternativen die veränderte Bilanz zum Investitionszeitpunkt, wenn die Finanzierungsmittel am Jahresanfang zufließen und sofort im Anlagevermögen investiert werden.
4. Für das Stammwerk der Heilbronner Maschinenbau AG wird im laufenden Jahr mit einem Jahresüberschuss von 4 Mio. EUR gerechnet.
   Ermitteln Sie für beide Alternativen den erwarteten Jahresüberschuss des gesamten Unternehmens für das laufende Geschäftsjahr.
5. Ermitteln Sie für die alternativen Bilanzen jeweils folgende Kennzahlen (1 Nachkommastelle):
   - Verschuldungsgrad
   - Deckungsgrad I
   - Deckungsgrad II
   - erwartete Eigen- und Gesamtkapitalrentabilität
6. Welche der beiden oben genannten Alternativen würden Sie unter Rentabilitäts- und Sicherheitsgesichtspunkten wählen? Begründen Sie Ihre Entscheidung anhand der Rechenergebnisse aus Teilaufgabe 5.
7. Erläutern Sie die unterschiedliche Eigenkapitalrentabilität zwischen Alternative 1 und 2 mithilfe des Leverage-Effekts.
8. Nennen Sie eine Voraussetzung, unter der sich im vorgegebenen Fall ein negativer Leverage-Effekt ergäbe.
   Weisen Sie dies rechnerisch anhand eines selbst gewählten Zahlenbeispiels nach.

Aufgabe 5 Erstellung und Auswertung eines HGB-Jahresabschlusses einer Aktiengesellschaft

PDF

Sachverhalt 1

Die Meta-AG, ein im internationalen Metallgeschäft bekanntes Traditionsunternehmen, will zur Bilanzpressekonferenz unter anderem über die vorläufigen Jahresabschlussdaten des Geschäftsjahres 2012 informieren. Für den vorzubereitenden Finanzbericht stellt die Buchhaltung der AG die noch nicht ganz vollständigen Zahlenangaben (in Mio. EUR) zur Verfügung:

Aufwand	Gewinn- und Verlustkonto 31.12.2012		Ertrag
Materialaufwand	882,9	Umsatzerlöse	1 084,6
Personalaufwand	100,1	andere aktivierte Eigenleistungen	5,0
Abschreibungen			
– auf Sachanlagen	21,6	Zinserträge	2,9
– auf Finanzanlagen	4,0	Erträge aus Beteiligungen	6,5
Zinsaufwendungen	1,0		
betriebl. Steuern	2,8	sonstige Erträge	18,5
Steuern vom Einkommen und Ertrag	25,2		
sonst. betriebliche Aufwendungen	38,8		
Bestandsveränderungen an FE und UE	16,1		

Jahresbilanz zum 31.12.2012 (nach teilweiser Ergebnisverwendung)					
Aktiva	2012	Vorjahr	Passiva	2012	Vorjahr
A. Anlagevermögen			A. Eigenkapital		
I. Sachanlagen	130,8	99,5	I. Gezeichnetes Kapital	81,8	81,8
II. Finanzanlagen	8,5	8,4	II. Kapitalrücklage	21,9	21,9
			III. Gewinnrücklagen		
B. Umlaufvermögen			1. gesetzl. Rücklage	18,5	18,5
I. Vorräte	199,1	195,7	2. andere Gewinnrückl.	?	76,7
II. Forderungen	68,6	69,2	IV. Bilanzgewinn	?	24,5
III. Wertpapiere des UV	2,5	1,4			
IV. Kasse, Postgiro, Bank	23,5	77,9	B. Rückstellungen		
			1. Pensionrückst.	99,0	100,5
			C. Verbindlichkeiten		
			1. langfristige Verb.	46,0	49,7
			2. kurzfristige Verb.	64,1	78,4

Der Jahresabschluss muss bearbeitet, aufbereitet und ausgewertet werden. Dazu stehen folgende zusätzliche Informationen zur Verfügung:

Das gezeichnete Kapital verteilt sich auf 31,5 Millionen nennwertlose Stückaktien. Vorstand und Aufsichtsrat haben der Hauptversammlung vorgeschlagen, vom Jahresüberschuss nur 2,6 Mio. Euro in die anderen Gewinnrücklagen einzustellen und den Bilanzgewinn zur Zahlung einer Dividende zu verwenden.

1. Erstellen Sie die GuV-Rechnung nach § 275 (1) und (2) HGB und ermitteln Sie den Jahresüberschuss.
2. Erstellen Sie die Passivseite der Bilanz zum 31.12.2012 nach vollständiger Verwendung des Bilanzgewinns, wenn 70 Cent Dividende pro Stück ausgeschüttet werden sollen.
3. Neben der teilweisen Einstellung des Bilanzgewinns in andere Gewinnrücklagen plant die Bio-Pharma AG die Auflösung stiller Reserven.
   a) Zeigen Sie an Beispielen auf, wie stille Rücklagen entstehen können.
   b) Berechnen Sie den Bilanzkurs.
   c) Angenommen, der Unterschied zwischen Bilanzkurs und Börsenkurs wäre zu 50 % auf vermutete stille Rücklagen zurückzuführen.
   Wie hoch wären in diesem Fall die vermuteten stillen Rücklagen, wenn der Börsenkurs nach der Dividendenausschüttung 7,50 EUR beträgt?

d) Warum kann der Börsenkurs nur bedingt zur Schätzung der Höhe der stillen Rücklagen herangezogen werden?

4. Welche Informationen können Sie aus der Kapitalstruktur eines Unternehmens gewinnen? Zeigen Sie diese anhand der Zahlen der Meta-AG für das Jahr 2012 auf.
5. Berechnen Sie folgende Kennzahlen jeweils für das Berichtsjahr und das Vorjahr:
   - Deckungsgrad II
   - Verschuldungsgrad
   - Eigenkapitalrentabilität

   Hinweis: Im Jahr 2011 betrug der Jahresüberschuss 28,5 Mio. EUR. Das Eigenkapital betrug 2011 198,9 Mio. EUR und 2010 197,5 Mio. EUR, jeweils nach vollständiger Ergebnisverwendung.
6. Beurteilen Sie die erreichten Ergebnisse anhand der allgemein anzustrebenden Zielgrößen bzw. der Entwicklung zum Vorjahr.
7. Für das Jahr 2013 sind Investitionen in Höhe von 4,1 Mio. EUR vorgesehen. Der Vorstand unterbreitet zwei Vorschläge zur Finanzierung:
   a) 100 %ige Finanzierung mit Eigenkapital oder
   b) eine Finanzierung mit 30 % Eigenkapital und 70 % Fremdkapital.

   Erörtern Sie die genannten Vorschläge. Begründen Sie, welchem Vorschlag des Vorstandes Sie den Vorzug geben würden.
8. Ermitteln Sie unter Beachtung der Angaben in der Bilanz und der GuV-Rechnung den Cashflow für 2012 (Praktikerformel).
9. Welche Aussagefähigkeit hat die Kennzahl des Cashflow und wie kann der Cashflow im Unternehmen verwendet werden?

Aufgabe 6 Return on Investment

Aus den Geschäftsberichten einer Chemiefabrik und einer Verbrauchermarktkette lassen sich für das letzte Geschäftsjahr folgende Daten entnehmen:

Auszüge aus der Bilanz- und Ergebnisrechnung (in Mio. EUR)		
	Chemiefabrik	Verbrauchermarkt
Eigenkapital	6200	650
Fremdkapital	6346	1450
Umsatzerlöse	14303	10786
Jahresergebnis	593	98
Fremdkapitalzinssatz	7,5 %	7,5 %

1. Ermitteln Sie die Eigenkapital-, Gesamtkapital- und Umsatzrentabilität für beide Unternehmen.
2. Auf welche Ursachen ist die unterschiedliche Rentabilität der beiden Unternehmen jeweils zurückzuführen?
3. Berechnen Sie den Return-on-Investment für beide Unternehmen.
4. Auf welche Ursachen ist der annähernd gleich große ROI der beiden Unternehmen zurückzuführen?

Aufgabe 7 DuPont-Kennzahlensystem

Die Geschäftsführung eines Metall verarbeitenden Betriebs verlangt von den Leitern der Material-, Produktions- und Finanzabteilung einen Beitrag zur Verbesserung des ROI

1. Erläutern Sie anhand des DuPont-Kennzahlensystem *(Abb. S. 499)* die grundsätzlichen Möglichkeiten zur Erhöhung des ROI.
2. Welche ROI-Einflussgrößen können jeweils von den drei Leitern der Bereiche Material, Produktion und Finanzen beeinflusst werden?
3. Welche Maßnahmen könnten die drei Bereichsleiter jeweils ergreifen, um den ROI in die gewünschte Richtung zu verändern?

Aufgabe 8 Jahresabschlussanalyse

Die für die Metallbau-AG wird zum Jahresende folgende aufbereitete und zusammengefasste Bilanz vorgelegt:

PDF

Aktiva **Aufbereitete und zusammengefasste Bilanz zum 31.12.20..** **Passiva**

	in 1 000 EUR			in 1 000 EUR
A. Anlagevermögen		A. Eigenkapital		800
I. Sachanlagen	2 600	I. Gezeichnetes Kapital	350	
II. Finanzanlagen		II. Kapitalrücklage	400	
B. Umlaufvermögen		III. Gewinnrücklagen	50	
I. Vorräte	750	B. Verbindlichkeiten		
II. Forderungen	1 250	1. langfristige Verb.		1 400
III. liquide Mittel	5 000	2. kurzfristige Verb.		2 800
Bilanzsumme	5 000			5 000

1. Ermitteln Sie den Anlagendeckungsgrad II und beurteilen Sie, ob die „Goldene Bilanzregel" erfüllt ist.
2. Überlegen Sie,
   - ob und ggf. welche der folgenden Maßnahmen dazu führen, dass der Anlagendeckungsgrad II verbessert und die „Goldene Bilanzregel" erfüllt wird,
   - welche Auswirkungen die Maßnahmen auf andere Bilanzkennzahlen (z. B. Kapitalstruktur, Liquidität) haben.

   Überprüfen Sie Ihre Überlegungen rechnerisch.

   a) Die Anschaffung eines neuen Maschinenparks im Wert von 1 Mio. EUR wird durch ein Bankdarlehen finanziert.

   b) Die Anschaffung des neuen Maschinenparks im Wert von 1 Mio. EUR wird durch eine Kapitalerhöhung (Erhöhung des Eigenkapitals) finanziert.

   c) Ein Überziehungskredit in Höhe von 100 000 EUR wird in ein Darlehen mit 5-jähriger Laufzeit umgewandelt.

   d) Durch eine Verbesserung des Mahnwesens könnte es gelingen, den Forderungsbestand zugunsten liquider Mittel um 250 000 EUR abzubauen.
3. Wie hoch müsste der Betrag der Umfinanzierung bei 2c) (Umwandlung eines Überziehungskredits in ein langfristiges Darlehen) sein, damit der Anlagendeckungsgrad die gewünschte Höhe erreicht?

Aufgabe 9 Jahresabschlussanalyse zum Zweck der Kreditwürdigkeitsprüfung – Rentabilitätskennzahlen – Leverage-Effekt

Ein Industriebetrieb plant eine Erweiterungsinvestition in Höhe von 1 Mio. EUR. Bei den Finanzierungsüberlegungen wird auch ein weiterer Bankkredit in Erwägung gezogen. Der Bank werden u. a. die aufbereitete und zusammengefasste Bilanz sowie die vereinfachte Gewinn- und Verlustrechnung des letzten Geschäftsjahres vorgelegt.

PDF

Aktiva **Aufbereitete und zusammengefasste Bilanz zum 31.12.20..** **Passiva**

	in 1 000 EUR			in 1 000 EUR
A. Anlagevermögen		A. Eigenkapital		5 100
I. Sachanlagen	2 440	I. Gezeichnetes Kapital	3 500	
II. Finanzanlagen		II. Kapitalrücklage	1 300	
B. Umlaufvermögen		III. Gewinnrücklagen	298	
I. Vorräte	4 200	IV. Gewinnvortrag	2	
II. Forderungen	700	B. Verbindlichkeiten		
III. liquide Mittel	360	1. langfristige Verb.		500
		2. kurzfristige Verb.		2 100
Bilanzsumme	7 700			7 700

Aufbereitete und zusammengefasste Gewinn- und Verlustrechnung zum 31.12.20..

Aufwand	in 1 000 EUR	Ertrag	in 1 000 EUR
Materialaufwand	2 800	Umsatzerlöse	5 650
Personalaufwand	1 800	sonst. Erträge	180
Abschreibungen	500		
Sonst. betr. Aufwand	280		
Zinsaufwand	150		
Gewinn/Verlust	300		
	5 830		5 830

1. Nehmen Sie auf der Basis der verfügbaren Unterlagen eine vorläufige Prüfung der Kreditwürdigkeit ohne Berücksichtigung der geplanten Investition vor. Verwenden Sie dazu ausgewählte Bilanz- und Rentabilitätskennzahlen.

   Beurteilen Sie die einzelnen Kennzahlen im Hinblick auf ihre Aussagekraft für die Prüfung der Kreditwürdigkeit.

2. Welche zusätzlichen Unterlagen wird die Bank im Rahmen der Kreditwürdigkeitsprüfung heranziehen?

3. Mit der geplanten Investition gehen voraussichtlich folgende Aufwands- und Ertragssteigerungen einher:

Materialaufwand:	500 000 EUR
Umsatzerlöse:	1 350 000 EUR
Personalaufwand:	250 000 EUR
Abschreibungen:	250 000 EUR
Zinsaufwand:	8 % des zusätzlichen Fremdkapitals

   Für die Finanzierung werden folgende vier Alternativen durchgespielt:

	1	2	3	4
Eigenkapitalerhöhung	1 000 000	750 000	500 000	250 000
Fremdkapitalerhöhung	–	250 000	500 000	750 000
Gesamtkapitalerhöhung	1 000 000	1 000 000	1 000 000	1 000 000

   a) Ermitteln Sie für jeden der vier Fälle
      - den neuen Verschuldungsgrad,
      - die neue Eigenkapitalrentabilität.

   b) Erläutern Sie den Zusammenhang zwischen diesen beiden Kennzahlen am Beispiel der vier Finanzierungsalternativen.

4. Angenommen, mit der Investition geht eine Steigerung der Umsatzerlöse von nur 1 050 000 EUR einher. Alle anderen Daten bleiben unverändert.
   a) Ermitteln Sie für jeden der vier Fälle die neue Eigenkapitalrentabilität.
   b) Erläutern Sie den Zusammenhang zwischen diesen beiden Kennzahlen für den vorliegenden Fall.

5. Erläutern Sie anhand der Ergebnisse von 3. und 4. die Auswirkungen der Fremdfinanzierung auf die Eigenkapitalrentabilität (Leverage-Effekt).

Aufgabe 10 Kreditwürdigkeitsprüfung – Liquiditätsprobleme

PDF

Herr Netzer und Herr Tech sind Gesellschafter und Geschäftsführer der ELOTEC GmbH. Dieses Unternehmen ist seit einigen Jahren erfolgreich im Großhandel mit Geräten der Unterhaltungselektronik tätig. In letzter Zeit ist allerdings die Konkurrenz in diesem Marktsegment größer geworden. Insbesondere durch Einräumung von Rabatten und Zahlungszielen an den Einzelhandel sowie durch beschleunigte Lieferung versuchen die Konkurrenten, ihren Marktanteil zu erhöhen. Um dabei mithalten zu können, sehen Herr Netzer und Herr Tech die Erneuerung und Vergrößerung ihres Fuhrparks als dringend notwendig an. Zur Neu- und Ersatzbeschaffung mehrerer Kombiwagen haben sie bei ihrer Hausbank einen Kredit in Höhe von 250 000 EUR beantragt. Zur vorläufigen Prüfung der Kreditwürdigkeit wurden die zusammengefasste Bilanz und GuV-Rechnung des letzten Jahres vorgelegt. Darin sind auch die entsprechenden Daten für das Vorjahr enthalten.

Aktiva **Aufbereitete und zusammengefasste Bilanz der Firma ELOTEC GmbH zum 31.12.2012 (in EUR)** **Passiva**

	31.12.11	31.12.12		31.12.11	31.12.12
A Anlagevermögen			C Eigenkapital		
Grundstücke, Bauten	425 000	420 000	Stammkapital	175 000	175 000
Maschinen (Fuhrpark)	175 000	150 000	Rücklagen	310 000	250 000
Betriebs- und Geschäftsausstattung	200 000	180 000	Summe Eigenkapital	485 000	425 000
Summe Anlagevermögen	800 000	750 000	D Verbindlichkeiten		
			Grundschulddarlehen	310 000	305 000
			sonst. langfr. Verb.	350 000	325 000
B Umlaufvermögen			Summe langfr. Verb.	660 000	630 000
Vorräte (Waren)	870 000	927 000			
Ford. a. Lieferungen	425 000	500 000	kurzfr. Bankkredite	325 000	370 000
Kasse, Bank,	35 000	25 000	Verb. a. Lieferungen	390 000	480 000
Postbankgiro	5 000	3 000	sonst. kurzfr. Verb.	275 000	300 000
Summe Umlaufvermögen	1 335 000	1 455 000	Summe kurzfr. Verb	990 000	1 150 000
Bilanzsumme	2 135 000	2 205 000	Bilanzsumme	2 135 000	2 205 000

Aufbereitete und zusammengefasste Gewinn- und Verlustrechnung der Firma ELOTEC GmbH zum 31.12.2012 (in EUR)

Aufwand	31.12.11	31.12.12	Ertrag	31.12.11	31.12.12
Material (Wareneinsatz)	4 000 000	4 100 000	Umsatzerlöse	5 025 000	5 000 000
Personalaufwand	450 000	465 000			
Abschreibungen, Anlagev.	125 000	120 000			
Sonst. betr. Aufw.	250 000	240 000			
Zinsaufwand	120 000	135 000			
Gewinn/Verlust	80 000	– 60 000			
	5 025 000	5 025 000		5 025 000	5 025 000

1. Analysieren Sie die Jahresabschlüsse anhand geeigneter Bilanz- und Rentabilitätskennzahlen und prüfen Sie die Kreditwürdigkeit.
2. Suchen Sie nach Faktoren, die direkt oder indirekt die Liquidität des Unternehmens beeinflussen. Erstellen Sie ein Vernetzungsdiagramm, das die Zielgröße (Liquidität) und die ermittelten Faktoren (Elemente) enthält. Kennzeichnen Sie die direkten Beziehungen zwischen den Faktoren und der Zielgröße mit einem Pfeil. Tragen Sie gleichzeitig an der Pfeilspitze die Entwicklungsrichtung (+ oder –) ein.
3. Machen Sie der ELOTEC GmbH begründete Vorschläge für eine Problemlösungsstrategie.

F Management and controlling

Why does this chapter matter?

According to German insolvency administrators, the main causes for bankruptcies are due to mistakes made by corporate managers.[1] The most frequent reasons stated were the lack of controlling, an authoritarian style of leadership, poor planning, the lack of suitable qualifications, insufficient communication within the company, faulty product planning, misinvestments, structural change and increasing foreign competition. This underlines the importance of good corporate governance and effective controlling for a company. Companies increasingly have to deal with new buying as well as selling markets; they have to adopt new forms of an international division of labour; and finally they have to adapt to new rules of conducting their international business activities. This requires strategies of entrepreneurial thinking and acting which must be based on long-term perspectives with a view to the ever more complicated and constantly changing basic conditions. At the same time, special attention must be paid to corporate value systems as a basis for responsible entrepreneurial action.

The following are therefore central questions for this section:
What objectives do companies pursue, and which tasks do corporate managers thus face?
What strategic controlling tools can corporate managers apply in order to reach these objectives?

1 Basic principles of management

Overview and relationships

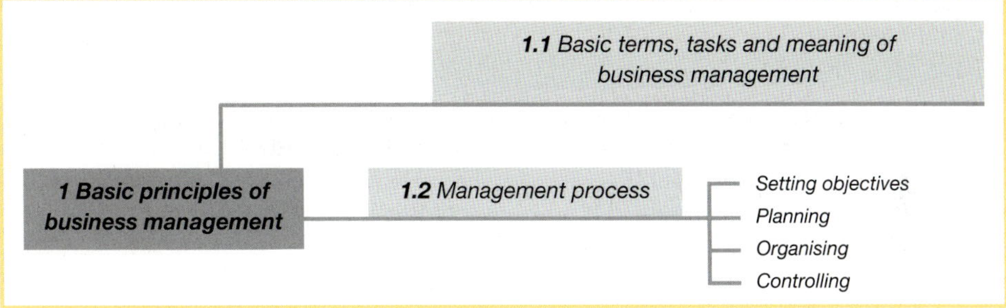

1.1 Basic terms, tasks and meaning of business management

The management of a business involves the following tasks and activities:

- the target-oriented organisation and coordination of the activities of an enterprise in accordance with certain policies aimed at achieving defined objectives,
- the target-oriented management of human resources to achieve defined objectives.

HR, coordination, organisation -> achieve obj.

Management takes place on different **management levels**.

Managers act at different levels in the hierarchy of authority and perform different tasks, e. g. as chief executive officer, divisional director, head of department or team leader.

1 Survey (conducted in 2006) among 125 insolvency administrators who were in charge of about 19,000 insolvency proceedings.

Levels of management

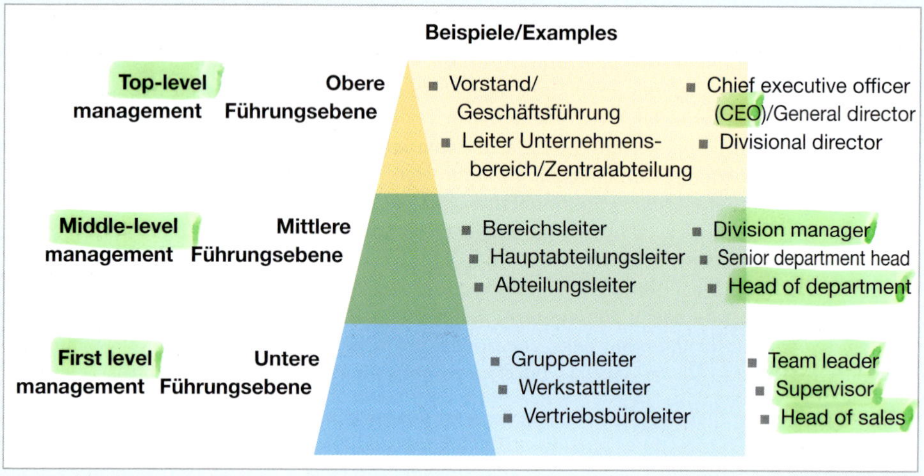

The **top-level management** consists of the board of directors, president, vice-president, CEOs, etc. (depending on the legal form of the company) and is responsible for developing objectives, values, codes of conduct and strategic plans. They control and oversee the entire organisation.

The role of the **middle-level management** can be defined as that of executing the organisational plans in accordance with the company´s policies and the objectives of the top management. The members of the management board define the objectives, preconditions (resources) and strategies of the company. Therefore the middle-level management is also called **strategic management**.

The **first-level management** focuses on planning, controlling and directing. The managers usually have the responsibility of assigning tasks to employees and of guiding and supervising employees in their day-to-day activities. Therefore the first-level management is often referred to as **operational management**.

Strategic management

A fast-growing business environment that is becoming increasingly complex forces companies to adopt **strategic management** policies. In the long run that means that the top-level and middle-level managers have to adjust their decisions and actions to superior objectives. They have to make basic decisions concerning all the fields of business.

> Strategies are basic decisions concerning all the fields of business. Measures are derived from these decisions to achieve the basic objectives of the company.

Criteria	Strategic management	Operational management
Objectives	Securing the company success in the long term (potential for success, competitive advantage)	Immediate realisation of success and liquidity protection (profitability, productivity, profit)
Tasks	Building and maintaining the potentials for success	Realisation of ongoing success, making the best possible use of existing potentials

Criteria	Strategic management	Operational management
Time frame	Medium-/long-term	Short-/middle-term
Level of management	Top-/and middle-level management	Middle-/and first-level management
Decision-making power	Far-reaching authority	Little scope for decision-making
Scope (of the decision)	Concerning several divisions or even the whole enterprise	Concerning only parts of the enterprise or just single activities

1.2 Management functions – determining objectives as a starting point

Organising and controlling a business comprises many different tasks. These are core tasks that have to be performed by all executive managers no matter at what management level they work or what division they belong to. The core tasks can be classified under the four sections of the management process and are often referred to as management functions.

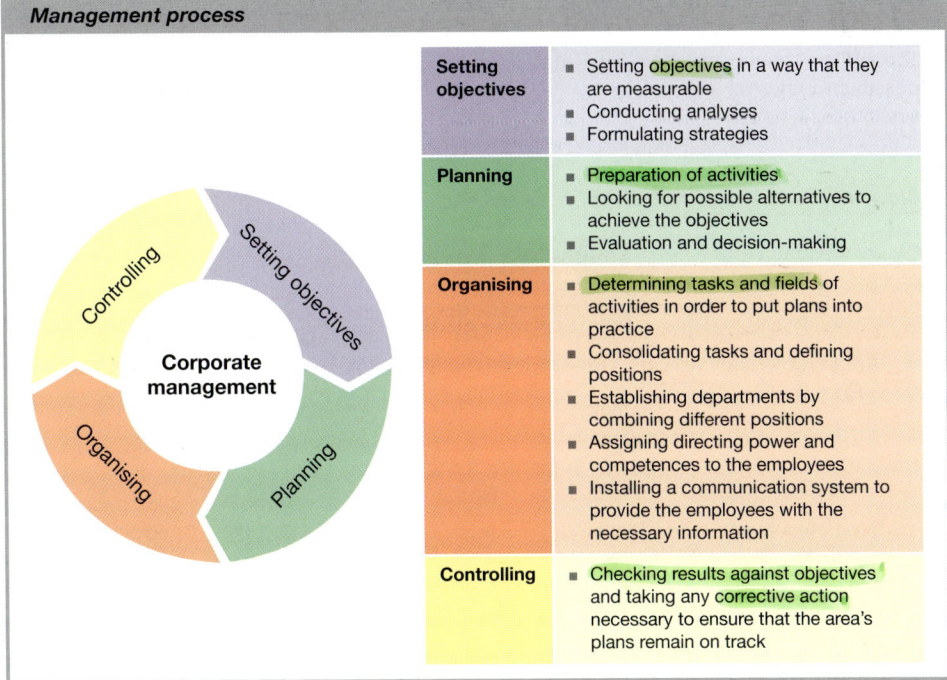

Management process

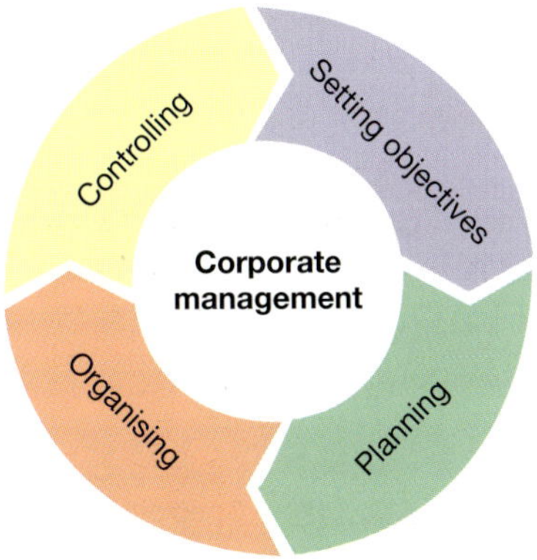

Setting objectives	■ Setting objectives in a way that they are measurable ■ Conducting analyses ■ Formulating strategies
Planning	■ Preparation of activities ■ Looking for possible alternatives to achieve the objectives ■ Evaluation and decision-making
Organising	■ Determining tasks and fields of activities in order to put plans into practice ■ Consolidating tasks and defining positions ■ Establishing departments by combining different positions ■ Assigning directing power and competences to the employees ■ Installing a communication system to provide the employees with the necessary information
Controlling	■ Checking results against objectives and taking any corrective action necessary to ensure that the area's plans remain on track

Business objectives

Business objectives provide the basis of all managerial actions. They determine the direction into which the company is being led. The more measurable the objectives, the more suitable they are. Objectives are measurable if their content, timeframe and the degree of fulfillment are clearly defined.

An objective is a desired end-point in the future. Measurable objectives have to be clearly defined concerning their content, timeframe and degree of achievement.

Example for a measurable objective:
Sales increase of 3 % compared to the previous month.

Planning – organising – controlling

The next phase of the management process concerns the realisation of objectives. This requires detailed **planning**. First of all, it is necessary to look for possible alternatives to realise the objective and to evaluate them. The next step is to **decide** on one alternative. It is even more difficult to estimate the impact of the decisions, if the planned objectives are to be reached in the near future.

> "Planning" is a systematic process where objectives are related to future activities. It is future-oriented and involves a degree of uncertainty.

To successfully realise the given objectives, certain **organisational preconditions** have to be met. Rules concerning the **structure of the company** and the **processes** within the company have to be defined and implemented.

> The term "organisation" refers to the target-oriented setup of a company and to the regulations concerning the processes within a company.

Controlling measures the results of the management process.

> "Controlling" means checking the results against the objectives. Controlling activities make it possible to uncover any differences between target and result and to develop strategies to avoid them in future.

Block diagram chapter 1: Basics of business management

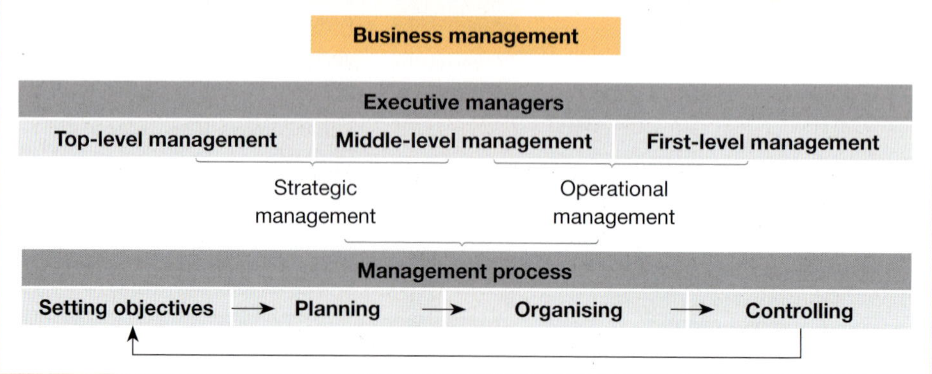

Revision questions

for chapter 1: Basic principles of management

1.1 Basic terms, tasks and meaning of management

1. Explain the term *corporate management*.
2. Explain the role of a manager.
3. Describe the different management levels and illustrate them with one example each.
4. Explain the term *strategy* (with reference to corporate management).
5. What are the differences between strategic and operative management?

1.2 Management functions: objectives as a starting point

1. List the four functions in the management process.
2. What is the meaning of *objectives* in the management process?
3. Which basic organisational preconditions are needed in the management process?
4. What role does *controlling* play in the management process?

2 Objective systems in corporations

Overview and relationships

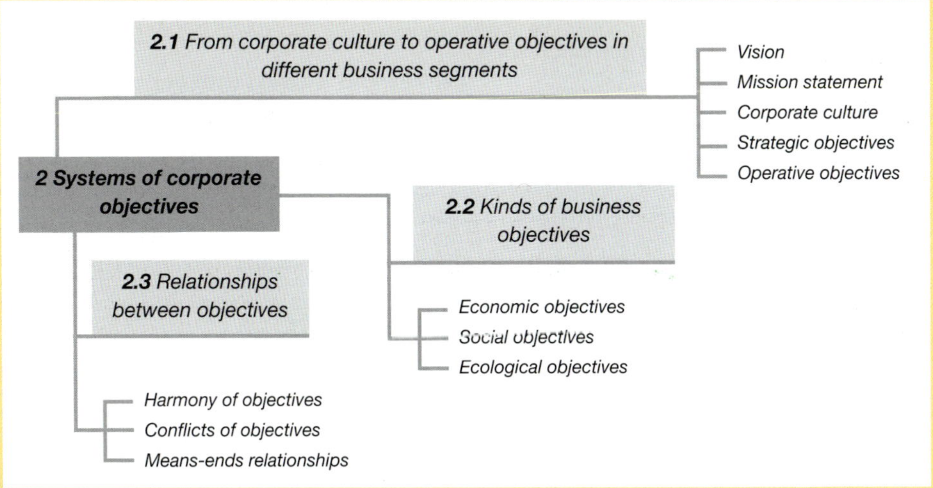

2.1 From vision to operative objectives in different business units

Business objectives are the starting point of all managerial activities. They determine the direction into which the company is being led.

An objective is a desired end-point in the future. Measurable objectives have to be clearly defined concerning content, timeframe and degree of achievement.

Task 2.1 p. 536

Visions in business – mission statement

Visions in business – mission statement

"A vision is a picture of the future, which is close enough to be considered as realistic but on the other hand remote enough to arouse enthusiasm for a new, better reality."[1]
The vision of Microsoft founder Bill Gates at the beginning of the 1980s was: "A computer on every desk and in every home". This vision has motivated Microsoft employees for many years. A vision does not define how an objective should be reached. And that's exactly what motivates employees to find a way on their own. The key factors for the realisation of the Microsoft vision have always been an affordable price and, most importantly, the ease with which PCs could be used due to a user-friendly operating system. This vision has led to the development of Windows and made Bill Gates one of the richest men in the world.

quoted after R. Dillerup, R. Stoi, p. 63

1 Boston Consulting Group (BSC), Vision und Strategie, München 1988, S. 7

Business objectives are often not clearly outlined or incomplete. However, this vagueness might be intentional. Here we are talking about **business visions** and **mission statements**. It is especially the big companies that often decide to publish generally accepted basic principles which are meant to determine the internal and external self-image of a company.

A vision is the formulation of a desired view on the business's future development. The vision in its brief and general form is an attempt to put business objectives into inspiring words.

The mission statement provides a written summary of the company's basic principles and values.

Typical contents of mission statements:

- Why are we here?
- What do we do and for whom?
- How do we do it?
- How do we deal with our partners?
- How do we deal with each other?

These phrases in the mission statement form a **code of conduct** that aims at providing an orientation for all business activities.

The mission statement is aimed at the company's stakeholders and in particular the following:

- employees
- owners (shareholders, proprietors)
- creditors (banks)
- suppliers and customers
- competitors
- the government
- the society/public

Mission statement of BASF: increase in value through growth and innovation [excerpt]

BASF is the world's leading chemical company

We combine economic success, social responsibility and environmental protection. Through science and innovation we enable our customers in almost all industries to meet the current and future needs of society.

Our products and system solutions contribute to conserving resources, ensuring healthy food and nutrition and helping to improve the quality of life.

Codes of conduct – compliance programme of the BASF group [excerpt]

Employees – We consider our employees to be a key to our success. Our pay and benefits are based on local market conditions and on individual as well as company performance.

Market – We treat our competitors, suppliers and customers fairly. We respect the laws and good business practices of the countries in which we operate. BASF does not tolerate any violations. We have clearly defined the limits of our business activities: We do not supply any products for the purpose of producing illegal substances or chemical weapons and we are not involved in manipulating the human genome.

Human rights – We firmly reject all forms of forced and compulsory labour and child labour. We respect human rights and do not accept any form of discrimination.

Surroundings – We want our sites to become part of the community. We want to be accepted as a Good Corporate Citizen and as a reliable partner that acts responsibly and is an attractive employer. With our economic activities and our sponsorship of specific humanitarian, social and cultural events, we contribute to the positive development of society.

Dialogue – We take the opinions of others seriously and encourage a constructive dialogue. Basic communication requirements that are valid worldwide ensure openness and transparency at all production sites. Our understanding of openness also means that we inform our neighbours quickly, honestly and comprehensively about possible dangers in the event of a plant malfunction. Our goal is to increase society's trust in what we do, since this is an important precondition for our success.

Social Responsibility 2000, BASF

Strategic objectives

The achievement of strategic objectives cannot be determined exactly because the objectives are not clearly measurable (not operationalised). The objectives do not provide exact information about content (e.g. profit, sales), time (timeframe in which the objectives are to be achieved) and the degree of achievement (e.g. exact level of the aspired profit). Thus, clearly defined objectives have to be derived from these strategic objectives. Only if objectives are measurable by content and time, will it be possible to control the degree of success.

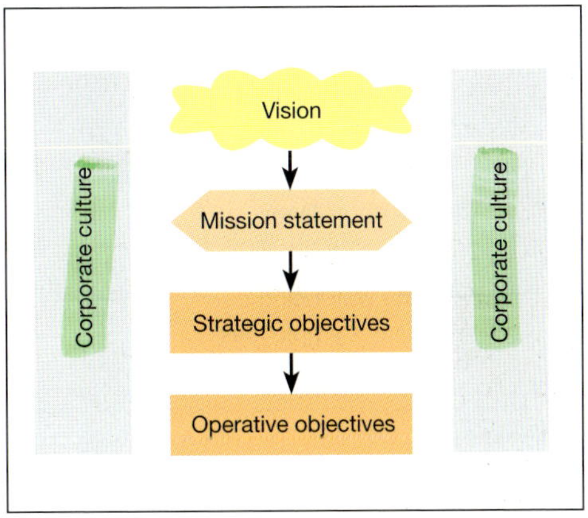

Strategic objectives are defined at the highest enterprise level. Such objectives are above all long-term objectives and not directly measurable.

Strategies of BASF as stated in their mission statement

- expansion of profitable business fields
- investment into growing markets
- technological and innovative leadership
- concentration on core competencies
- strengthening long-term competitiveness
- committed and qualified employees
- ...

Operationalisation of objectives

Objectives that are defined as requirements for business units and their staff are formulated as operational objectives. They are clearly defined concerning content, time and their degree of achievement.

Task 2.2 p. 537

Non-operational objectives

(content, time and degree of achievement are not defined) Example: Increase of competitiveness (= **strategic** objective).

Operational objectives

(content, time, degree of achievement are defined) Example: Reduction of materials costs by 5 % in production field A in the following business year with the volume remaining the same as in the ongoing year (= **operational** objective).

2.2 Business objectives

2.2.1 Overview

Besides **economic** objectives, **social** and **ecological** objectives are becoming increasingly important in the declaration of business objectives.

These three areas are often expressed by the terms "profit, people, planet".

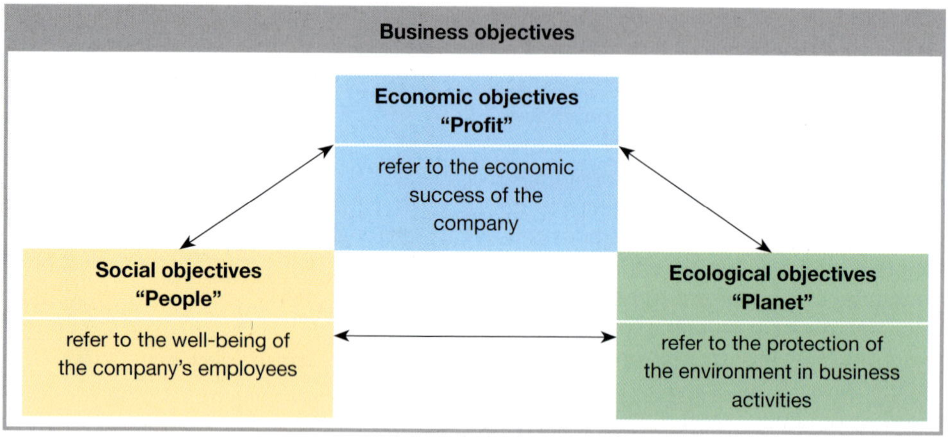

Superior objectives/subordinate objectives

Economic objectives can be divided into superior and subordinate objectives:

Superior objective	Profit (return on equity)			
Subordinate objectives	Monetary objectives (= quantitative)		Non-monetary objectives (= qualitative)	
	Sales	**Costs**	**Market share**	**Market power**
	Productivity	**Profitability**	**Quality**	**Customer satisfaction**
	Value added		...	

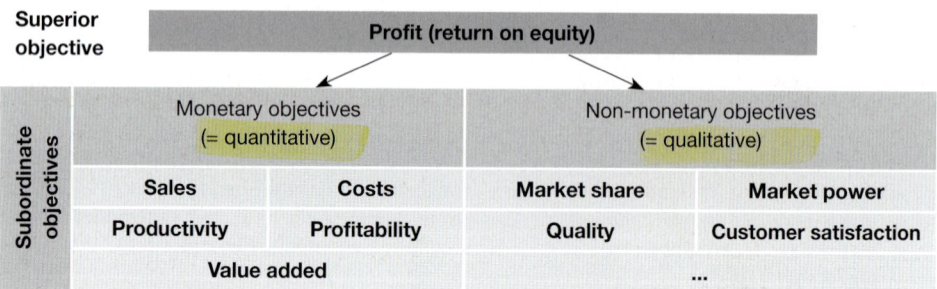

2.2.2 Economic objectives

Superior objective: profit – return on equity

Corporations produce goods and services in order to satisfy human needs and to make them available to the consumers. In a market economy corporations mainly pursue the economic principle of **profit maximisation**.

Task 2.3 p. 538

> The superior objective of profit-oriented corporations is to generate a maximum of (or at least an appropriate) profit.

Return on equity (ROE) measures a corporation's profitability by showing how much profit a company generates with the money that the shareholders have invested. The return on equity rate states the interest yield of the capital invested.

> The return on equity rate states the interest yield (in %) of the capital invested (equity).

The interest yield of the capital invested is not only defined by the profit distributed to the shareholders but also by an increase in the company value. If the company value increases, the value of the shares increases too (= increase of shareholder value). Maximising the shareholder value is increasingly presented as the modern equivalent of profit maximisation which in itself was seen as a superior objective.

Monetary subordinate objectives: increasing sales – decreasing costs

In order to achieve the superior objective of profit maximisation companies also pursue other, subordinate objectives. The profit mainly depends on sales and costs. Increasing sales and decreasing (minimising) costs are therefore subordinate objectives of profit maximisation.

Profitability and productivity

Pursuing the objective of profitability is not equal to profit maximisation, but it still is of major significance at all company levels. The application of the **economic principle** requires an economical use of available input factors and this means constantly improving the ratio between input factors and production output. This ratio is called **productivity** and provides information about the efficiency in the use of the input factors **(= quantitative efficiency)**

Productivity is a means to measure efficiency, i.e. it measures the output of a firm in relation to its inputs.

$$\text{Productivity} = \frac{\text{Production volume } \textit{(output)}}{\text{Input factors } \textit{(input)}}$$

Labour productivity	Capital productivity	Material productivity
$= \frac{\text{Production volume}}{\text{Working hours}}$	$= \frac{\text{Production volume}}{\text{Working capital}}$	$= \frac{\text{Production volume}}{\text{Input of raw materials}}$

Due to the fact that input factors are not comparable, it is not possible to add up the production volumes of different goods. Hence, it is not possible to calculate the total productivity of a company.

Instead, productivity always refers to single business units and single input factors. In order to calculate total productivity, different input factors and different goods need to be made comparable on a consistent scale. This can be done by measuring the values of the input factors and the goods produced on the basis of their respective prices.

The **costs** of a company are equivalent to the total of input factors measured by their respective prices. The value of the goods produced is equivalent to the company's **output**. From the ratio of these two factors we can calculate the profitability **(measured in EUR)**:

$$\text{Profitability/Wirtschaftlichkeit} = \frac{\text{Output/Leistung (in EUR)}}{\text{Costs/Kosten (in EUR)}} \text{ or/oder } \frac{\text{Revenue/Ertrag (in EUR)}}{\text{Expenses/Aufwand (in EUR)}}$$

When making comparisons and using profitability (measured in EUR) one has to consider that an increase in the prices for input factors (= increase of costs), for example will reduce profitability, although the business has dealt with input factors economically and quantitative profitability (= productivity) has increased.

Creation of value

The basic objective of any productive activity is the creation of value. This is a measure for the value added in the business.

The value added during the production process is called the creation of value.

Task 2.4 p. 538

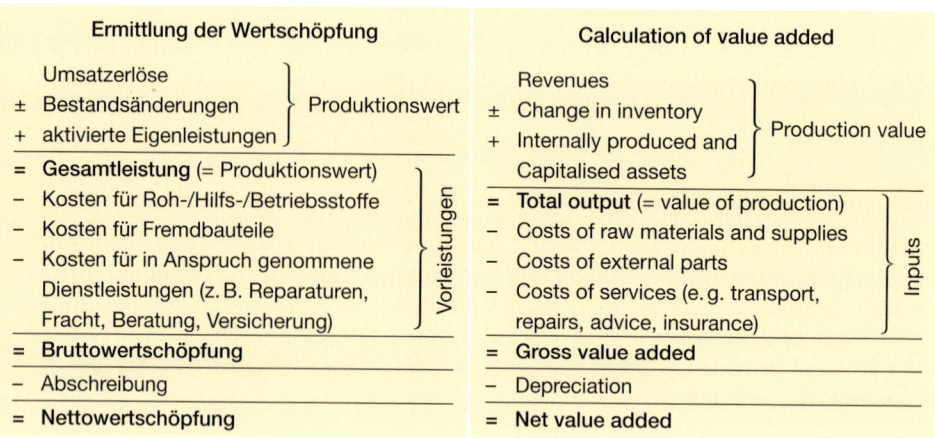

Ermittlung der Wertschöpfung

	Umsatzerlöse	Produktionswert
±	Bestandsänderungen	
+	aktivierte Eigenleistungen	
=	**Gesamtleistung** (= Produktionswert)	Vorleistungen
–	Kosten für Roh-/Hilfs-/Betriebsstoffe	
–	Kosten für Fremdbauteile	
–	Kosten für in Anspruch genommene Dienstleistungen (z. B. Reparaturen, Fracht, Beratung, Versicherung)	
=	**Bruttowertschöpfung**	
–	Abschreibung	
=	**Nettowertschöpfung**	

Calculation of value added

	Revenues	Production value
±	Change in inventory	
+	Internally produced and Capitalised assets	
=	**Total output** (= value of production)	Inputs
–	Costs of raw materials and supplies	
–	Costs of external parts	
–	Costs of services (e. g. transport, repairs, advice, insurance)	
=	**Gross value added**	
–	Depreciation	
=	**Net value added**	

Liquidity as a side condition

Securing liquidity comprises the ability of meeting any payment obligations at any time.

Liquidity is not a main objective of a corporation but a necessary side condition that has to be met at any time. Otherwise the company will have to face a bankruptcy procedure which may lead to its closure. To avoid this, the following condition has to be met at any time:

Opening balance (of cash, bank deposits) + inpayments – outpayments >= 0

Non-monetary objectives

Private corporations do not only pursue their **superior objective of profit maximisation** but also non-monetary, subordinate objectives that help to accomplish the superior one.

Non-monetary objectives (cannot be measured directly in money) Qualitative objectives			
Market and competition-related objectives	**Customer-related objectives**	**Product-related objectives**	**Staff-related objectives**
▪ Increase of market share and market power ▪ Becoming market leader ▪ Improving image and publicity	▪ Gaining new customers ▪ Increasing customer satisfaction	▪ Increasing product quality ▪ Developing new (environmentally friendly) products	▪ Improving working atmosphere ▪ Increasing employee satisfaction ▪ Promoting further education and training of employees ▪ Securing jobs

2.2.3 Ecological objectives

In times of increasing environmental pollution, more and more corporations include environmental protection as an additional subordinate objective in their mission statement.

Task 2.5 p. 538

Setting ecological objectives implies minimising or even excluding environmental pollution.

Environmentally conscious purchasing	Environmentally conscious production	Environmentally conscious sale
▪ Purchasing (environmentally) sustainable materials ▪ Preferring ecologically oriented suppliers ▪ Short transport routes and environmentally friendly means of transportation ▪ Environmentally friendly storage of hazardous materials	▪ Preferring renewable raw-materials ▪ Low-emission manufacturing processes ▪ Returning production residues into the manufacturing process (internal recycling) ▪ Environmentally compatible ways of waste disposal ▪ Manufacturing environmentally friendly and recyclable products	▪ Using environmentally friendly packaging ▪ Reducing packaging ▪ Using environmentally friendly routes and means of transportation for the dispatch of the products ▪ Using the eco-friendliness of products in advertising

2.2.4 Social objectives

Social objectives refer to the employees of a company and focus on job security and on granting voluntary employee benefits.

Social objectives referring to the employees can be subordinate or additional objectives (in relation to the superior objective of profit maximisation). Social objectives have the following intention:

- to increase the **performance** of employees by taking measures that exceed the legal regulations on worker protection and accident prevention;
- to increase the **motivation** of employees by affording them higher pay and extra payments as well as granting them right to a say;
- to increase the **loyalty** and **commitment** of employees to the company by improving the working atmosphere;
- to improve the **company's image** and reputation in order to become an even more attractive employer.

With its involvement in different social areas the company emphasises the fact that it considers itself as being a part of society as a whole. This involvement shows the responsibility of a company and improves its image in society.

2.3 Correlation of objectives

Harmony and conflict of objectives

Every corporation pursues a multitude of objectives. There may be different relationships between the objectives.

Task 2.6
p. 538

Complementary objectives are objectives that promote the accomplishment of other objectives. There is harmony between these objectives.

Complementary objectives

Example:
Reducing costs (with constant revenues) leads to increased profits.

Competitive objectives are objectives that impede the accomplishment of other objectives. There is a conflict between these objectives.

Competitive objectives

Example:
- Reducing environmental pollution and increasing production.
- Higher costs for advertising to increase market share and at the same time to achieve a short-term increase of profits.

Competition of objectives

Starting situation:	Revenues: 1,000,000 EUR, costs: 700,000 EUR, profit: 300,000 EUR
Objective:	Superior objective: profit maximisation. Subordinate objective: more market power through increased sales
Measures:	Price reduction by 20 %
Consequences:	Sales increase to 1,050,000 EUR due to the increased number of items sold (at a lower price). Costs increase to 800,000 EUR due to increased production. Decrease of profits to 250,000 EUR
Result:	**In this case the objectives of maximising sales and profit at the same time compete with each other.**

Conflict of objectives between return and liquidity

Maximising the rate of return and ensuring liquidity are also competing objectives as a high level of liquidity normally reduces the level of return and vice versa. Hence, financial planning should include the chronological organisation of inpayments and outpayments so that there is adequate liquidity (the ability to pay) at all times.

"As much return as possible and as much liquidity as necessary."

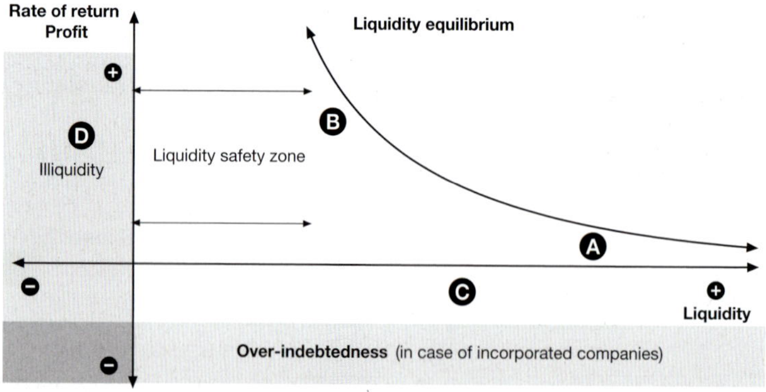

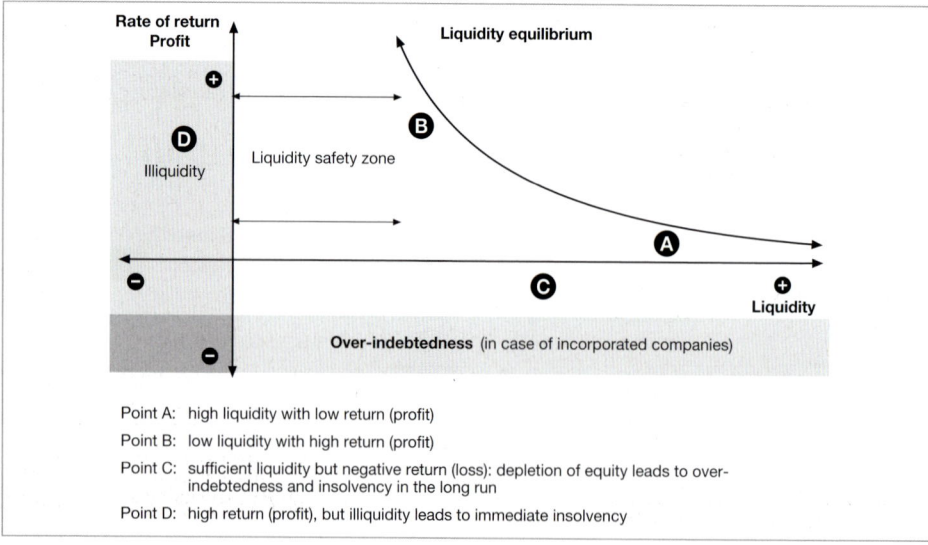

Point A: high liquidity with low return (profit)
Point B: low liquidity with high return (profit)
Point C: sufficient liquidity but negative return (loss): depletion of equity leads to over-indebtedness and insolvency in the long run
Point D: high return (profit), but illiquidity leads to immediate insolvency

In a company there is a state of financial equilibrium if on the one hand the ability to pay (liquidity) is secured at all times and on the other hand there are no additional financial resources available which could have been put out at interest and thus reduce the possible profit.

Means-ends relationship (hierarchy of objectives)

Operative (measurable) objectives at different levels can be characterised by a subordinate / superior relationship **(hierarchy of objectives)**. These objectives are in a **means-ends relationship**. Intermediate objectives are means to accomplish superior objectives and, in turn, subordinate objectives are means to accomplish intermediate objectives. At the top of economic hierarchies there usually is the profit and return objective. One example for such a hierarchy of objectives is the **DuPont Analysis**.

Hierarchy of objectives (means-ends relationship)

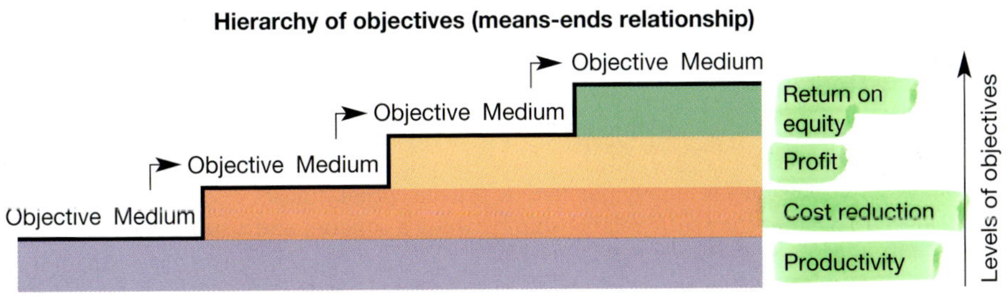

Zusammenfassende Übersicht zu Kap. 2: Zielsystem eines Unternehmens
Block diagram chapter 2: Objective systems of a corporation

Vision/Leitbild *Vision/mission statement*

Strategische Ziele *Strategic objectives*

Operative Ziele *Operative objectives*

Operationalisierung von Zielen *Operationalising objectives*

Inhalt *Content*	Erfüllungsgrad *Degree of achievement*	Zeit *Time*

Arten von Zielen *Kinds of objectives*

quantitative Ziele *quantitative objectives*		qualitative Ziele *qualitative objectives*
Gewinnmaximierung *Profit maximisation* Eigenkapitalrentabilität *Return on equity* Shareholder Value		markt- und wettbewerbsbezogene Ziele *market- and competition-related objectives*
Umsatzsteigerung *Increase in sales*	Kostensenkung *Cost reduction*	kundenbezogene Ziele *customer-related obj.*
Produktivität = Output / Input	*Productivity* = *Output* / *Input*	produktbezogene Ziele *product-related obj.*
Wirtschaftlichkeit = Leistung (Ertrag) / Kosten (Aufwand)	*Profitability* = *Output* / *Costs*	mitarbeiterbezogene Ziele *staff-related objectives*
Produktionswert – Vorleistungen = Wertschöpfung	*Production value* – *Inputs* = *Value added*	

Zielbeziehungen/Zielhierarchie *Correlation of obj./Hierarchy of objectives*

wirtschaftliches Oberziel Gewinnmaximierung *economic superior obj. profit maximisation*	nebengeordnete Ziele *coordinate objectives*	
Unterziele *subordinate objectives*	soziale Ziele *social obj.*	ökologische Ziele *ecological obj.*

komplementär *complementary*	konkurrierend *competing*

Revision questions

for chapter 2: Objective systems of corporations

2.1 From vision to operative objectives of different business units

1. Explain the term *visions in businesses* and give one example.
2. What is a mission statement?
3. List the points that mission statements usually include.
4. Which groups of people might be interested in the mission statement of a company?
5. What is corporate culture and what are the tasks involved?
6. Give an example for a common business strategy.
7. Outline the preconditions for an operational objective.

2.2 Business objectives

2.2.1 Overview

1. Distinguish between the different kinds of objectives by using the terms "profit, people, planet".

2.2.2 Economic objectives

1. Give two examples of monetary (quantitative) objectives and two examples of non-monetary (qualitative) objectives.
2. Which superior objective is mainly pursued by private corporations?
3. Give an example that shows the relationship between a superior and a subordinate objective.
4. Explain the term *productivity*.
5. Explain the concept of *rate of return*.
6. What is meant by *value added*?
7. Outline why liquidity is not an objective but just an additional condition of business activity.

2.2.3 Ecological objectives

1. Give examples for the ecological objectives of a company. Distinguish between the fields of procurement, production and sales.

2.2.4 Social objectives

1. Give examples of social objectives that a company can pursue. Are they coordinate or subordinate to the superior objectives?

2.3 Correlation of objectives

1. Briefly explain what "conflicts of objectives" are. Give examples.
2. What is meant by "hierarchy of objectives"? Give examples.
3. Outline the correlation between *liquidity* and *profitability*.
4. Explain the term "hierarchy of objectives" by using the following terms: *profit maximisation, productivity, increasing return on equity, costs, profitability*.

Tasks and problems

for chapter 2: Objective systems of corporations

2.1 Vision and mission statement

Tip: *For this chapter, you can find a case study "Corporate management and controlling" on the accompanying CD (in German).*

1. Explain the term "vision" based on this example:

> A man arrives at a construction site where several people are working. He asks the first worker: "What are you doing here?" Answer: "I'm layering the stones, as you can see." He asks the second worker: "What are you doing here?" The answer is: "We are building a church." He then turns to the third, who is also layering stones. His answer to the same question is completely different: "We are building a cathedral which will certainly inspire people in 500 years and will give testimony of the architecture of this time."

U. v. Reibnitz, Visionen und Szenarien in Unternehmen. In: Handbuch des Controlling, Band 2, 1995, S. 4.

2. Welche der folgenden Aussagen könnten dem Unternehmensleitbild eines Industriebetriebs entnommen sein? Begründen Sie Ihre Antwort.
   a) Der osteuropäische Markt soll in den nächsten drei Jahren erschlossen werden.
   b) Wir arbeiten partnerschaftlich mit unseren Mitarbeitern zusammen.
   c) Der Umsatz der Produktgruppe A soll im nächsten Jahr um 10 % steigen.
   d) Wir geben uns mit guten Lösungen nicht zufrieden, sondern wir suchen bessere.
3. Bearbeiten Sie den Artikel „Die Mär vom rationalen Unternehmen" und geben Sie die wichtigsten Aussagen wieder.

   Der Artikel befindet sich als PDF-Datei auf der Begleit-CD.
4. Fassen Sie das Leitbild der Schokoladenfabrik Alfred Ritter GmbH & Co KG in einer PowerPoint-Präsentation zusammen und halten Sie vor Ihrer Klasse einen Kurzvortrag dazu. www

   Das Leitbild befindet sich als PDF-Datei auf der Begleit-CD und kann über http://www.ritter sport.de Über uns *abgerufen werden.*

2.2 Business objectives: operationalisation of objectives

In a company that produces household appliances and electric car components, a decline in sales and decreasing profits in the market for car components are expected to be offset by an increase in sales on the market for household appliances.

The central management sets the following objective:
The sales of 5 million euros, which have been achieved this year are expected to be increased to 7 million euros on the basis of the prices of 1 November. At the same time the profit in this business segment is expected to rise by at least 25 %.
The head of the "household appliances" unit, who the marketing and technical directors report to, announces the following objectives to the directors:

Marketing director: Sales increase of kitchen appliances (fridges, washing machines, dishwashers).
Technical director: Reducing of production costs.

Tasks:
1. Investigate which of the above mentioned objectives are measurable (operationalised) considering the three dimensions time, content, and degree of achievement.
2. If necessary, also consider (one of) the three dimensions (time, content, degree of achievement) to operationalise the objective.
3. Explain why it is necessary to operationalise objectives.
4. Complete the table below by converting strategic objectives into operative objectives for a company that produces household appliances.

Strategic objectives	We require adequate profits to secure our long-term success.	Restricting environmental pollution is a constant obligation for us.	We want to cultivate and shape customer relationships and satisfaction actively.
Operative objectives	decrease material costs by 2% in the next month	reduce CO_2-emissions by 10% within 1 year	call centres
	more products	use environmental packaging for 2 more products until the end of the y.	customer care
		using more environmentally-fr. transportation routes	customer surveys

2.3 Productivity – profitability – return on equity

PDF

The figures in the table below are available for a wood-processing company that has specialised in manufacturing special items of furniture:

Year	1	2	3
Production and sales volume (in units)	15,000	16,000	19,000
Total working hours	90,500	88,000	110,000
Ø labour costs per hour	18.00 EUR	20.50 EUR	20.50 EUR
Materials costs per unit (at stable purchasing prices)	75.00 EUR	75.00 EUR	75.00 EUR
Other costs	875,000 EUR	850,000 EUR	1,050,000 EUR
Ø unit price (per item)	250 EUR	240 EUR	265 EUR
Equity (at the beginning of the year)	1 million EUR	1.121 million EUR	1.107 million EUR

1. Calculate the following indexes for each year.
   - *Productivity of labour*
   - *Profitability*
   - *Return on equity*
   - *Return on sales*
2. What might be the reasons for the differences in the development of the indexes?
3. Although productivity and profitability in year 3 have increased and return on investment (ROI) is still at a satisfactory level, the company is in serious trouble which could lead them to the brink of insolvency.
   Outline the difficulties and explain how, in your opinion, these difficulties could have been prevented.

2.4 Creation of value

The sales of a company that produces special machinery reached 400 million EUR in the last period. The company obtained supplies from other companies amounting to 100 million EUR. Depreciation amounted to 200 million EUR.

a) What was the production value of the company?
b) Calculate the gross value added.
c) Calculate the net value added.

2.5 Ecological objectives

1. Give reasons why a company should want to pursue a policy of ecological responsibility.
2. Give some examples for the eco-friendly behaviour of a company in the following areas:
   - *Research and Development (R&D)*
   - *Purchasing*
   - *Sales*
   - *Investments*
   - *Production*
3. What kind of problems might a company have to face if it aims to minimise the environmental impact of its activities?

2.6 Correlation of objectives: harmony and conflict of objectives

The accounting department of a metal-processing company presents the following figures at the end of its fifth period.

PDF

Accounting year	Sales volume (units)	Price in EUR	Total costs in EUR
1	10,000	42.00	400,000
2	13,000	41.00	503,000
3	16,000	40.00	610,000
4	16,000	40.00	620,000
5	20,000	38.00	750,000

1. Examine the sales and the profits for the five years.
2. Outline the relationship between sales, costs and profits in a formula.
3. The CEO of the company compares the objectives concerning sales and profits with the actual outcome (see results of ex. 1). There is criticism that the only objective reached was that for sales. Explain why the objective of profit increase was not reached, although sales either rose or, at least, remained unchanged.
4. Fill in the combinations of profit and sales of the five periods into the coordinate system. Use the chart on the right side.

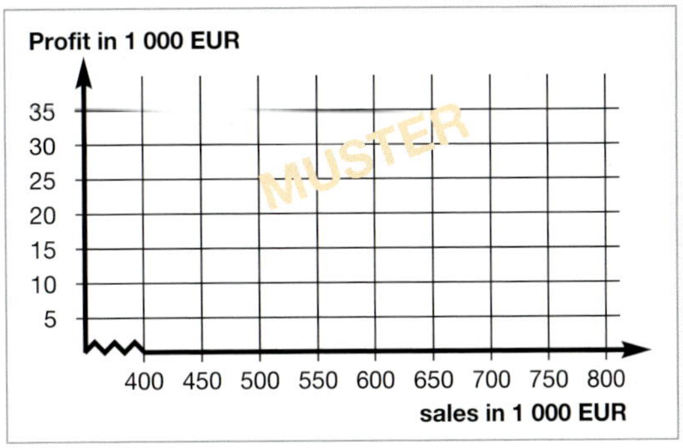

5. On the basis of the following correlations of objectives
   a) complementary objectives (compatible, supporting each other)
   b) competing objectives (not compatible, hampering each other)
   c) indifferent objectives (independent from each other)

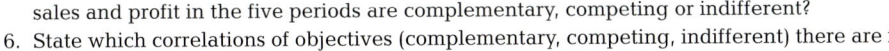

   describe which relationships between sales and profit in the five periods are complementary, competing or indifferent?
6. State which correlations of objectives (complementary, competing, indifferent) there are for the following objectives:
   a) Increasing the market share (in quantitative terms) – increase in sales
   b) Increase in sales – increase in profits
   c) Cost reduction – increase in profits
   d) Improving product quality – improving image
   e) Reducing the environmental impact – increase in profits
   f) Increasing market power – securing jobs

3 Aligning business objectives with group interests and the expectations of society

Overview and relationships

3 Aligning business objectives with group interests an expectations of society

- ***3.1** What groups of stakeholders are there and what are their interests?*
- ***3.2** What does the shareholder value concept mean within corporate management?*
  - *Shareholder value concept*
  - *Calculating shareholder value*
  - *Critisising the shareholder value concept*
  - *Stakeholder approach*
- ***3.3** What is the relationship between corporate management and ethics?*
  - *Corporate governance*
  - *Corporate social responsibility*

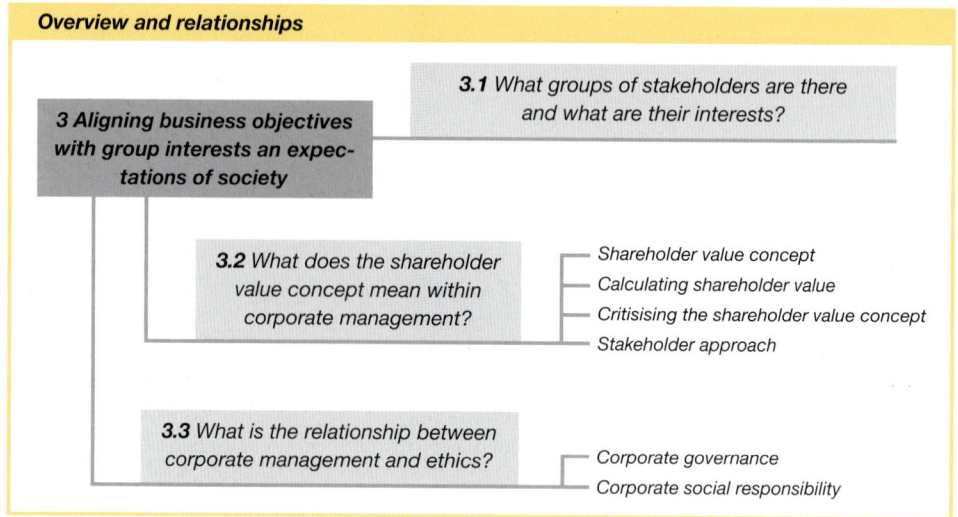

3.1 Stakeholders and their interests

Task 3.1 p. 547

Every corporate activity aims at achieving a defined set of objectives. A core question in this context is:

> Who determines the objectives of corporations and what interests are most important in order to achieve them?

In any company's environment there are several groups of **stakeholders** all of whom have different interests and expectations.

Stakeholder	Benefits they bring to the company	Expected rewards
Shareholder	Equity	Interest yield and increased value of invested capital, co-determination
(Top-)Management	Corporate management, skills, commitment, performance	Income, power, influence, prestige
Employees	Manpower, skills	Income, securing employment, meaningful job according to skills, appreciation
Debt capital	Debt capital	Safe capital investment, interest yield and repayment of invested capital
Suppliers	In-time delivery, high quality of goods	Liquidity, stable and fair relationship
Customers	Purchase of goods, brand loyalty	Appropriate value-for-money ratio, service, favourable terms
State and society	Infrastructure (e.g. roads), public safety and order (e.g. legal framework and judiciary)	Tax payments, securing employment, social benefits, abiding by legal regulations, promotion of science and culture

As not all of the **stakeholders' interests** can be satisfied equally, the management has to deal with the conflicts that arise from this situation. When determining business objectives the management has to define to which degree the different expectations and demands will be taken into account. There are two approaches: the **shareholder-value concept** and the **stakeholder concept**.

3.2 Shareholder value concept

3.2.1 Basics of the shareholder value concept

Experts in the field of business studies commonly assume that substantial corporate decisions are made by the owners of the company and thus focus their decision on profit maximisation. However, the owners of stock companies, i.e. the shareholders, do not make any corporate decision. They give up their decision-making power to the management board and other executives. Hence, there is a **separation of ownership** and **decision-making power**. This could lead to conflicts, if for example the managers pursue their own interests (higher salaries, power, influence) which may not be compatible with the owners' interests. And, in turn, due to lack of information about corporate decisions, the owners cannot be sure that their interests will be pursued. It is impossible to completely control managerial behaviour by contracts.

Superior objective: maximising shareholder value

The central postulate of the shareholder-value concept is: "The shareholders' financial interests are at the centre of all corporate activities". This leads to the following objective:

> According to the shareholder value approach maximising shareholders' capital is at the centre of corporate activities.

The value of the capital invested increases as a result of dividend payments on the one hand and through rising share prices on the other hand – with the latter accounting for a larger proportion.

Calculating shareholder value

The assets of a shareholder comprise the following:

> Shareholder value = stock market price (at time of purchase) + dividend + price advance

The shareholder value is equal to the **market value of a company's equity**.
The **company value** is the starting point for calculating the shareholder value.

> Company value = market value of total capital
> = market value of a company's equity (shareholder value)
> + market value of debt capital

The equation for the calculation of the market value of equity (= shareholder value) is as follows:

> Market value of equity (shareholder value) = company value – market value of debt capital

Future profits are added to the **company value**. They are calculated by estimating future **cashflows** and discounting them.

3.2.2 Implications of the shareholder value concept – stakeholder value as an alternative

Criticising the shareholder value concept

Task 3.2 p. 548

If the managers and not the **owners** themselves are responsible for managerial activities, the **managers** are supposed to act according to the shareholder-value concept which takes account of the interests of the owners. In order to combine the interests of managers with those of the owners, the managers are often given **incentives** in the form of **share options**.

Such share options give the management board and other executives the right to buy company-owned shares at an agreed preferential price. This makes an increase of share prices a central point of interest for managers, which is intended by the owners. Granting **share options** is an additional **motivation factor** for managers to increase the future company value. Companies which compensate their employees with share options normally buy back their own shares. If a company's own shares are bought back on a larger scale, the share price will rise. This is in line with the theory of the shareholder-value concept. Even if a company's shares are bought back for the purpose of holding them in treasury or cancelling them it can contribute to the shareholder value. The share prices will increase – and if profits do not decrease – the profit per share and the return on equity will increase, too.

Critics point out that granting **share options** means pursuing an unrestrained **pro-shareholder policy** with a focus on the mere increase of share prices at the expense of other stakeholders (e.g. employees, customers, environmental organisations). Such a corporate policy is criticised for the following reasons:

Shareholders' interests	Profit maximisation	Neglecting social objectives
The policy focuses only on the shareholders' interest of increasing the market value of their investment.	The main objective lies in the short-term profit maximisation including the increase of share prices.	Focusing on profit maximisation means neglecting social objectives. Especially the employees' interests are neglected.

The shareholder value model states that the corporate management should first and foremost consider the interests of shareholders in their business decisions, i.e. the shareholders' interests in increasing their income and personal assets.

The sole concentration on shareholder value has been widely criticised. An alternative is provided by the **stakeholder value** approach and the comprehensive management system of a **balanced scorecard**.

Stakeholder value

Critics have demanded a replacement of the shareholder value model by the **stakeholder value concept** which combines the recognition of both the shareholders' interests **and** the stakeholders' interests. The management is supposed to take account of a variety of interests (stakeholders: investors, banks, management, employees, customers, suppliers, state and society). According to this approach, the long-term survival of a company is only possible if it is accepted by and integrated in its environment.

The stakeholder value model states that in the decision-making process not only the interests of shareholders should be considered, but also, and in particular, those of the company's stakeholders.

Problems of the stakeholder value model
■ The different interests and expectations of the stakeholders lead to very complex processes in the definition of objectives. ■ Conflicts of objectives are very likely. ■ A precise definition of objectives is difficult.

3.3 Corporate management and ethics

Task 3.3 and 3.4 p. 548

Recognising and balancing out the diversity of interests poses serious problems to the corporate management if it wants to **act responsibly**. Depending on the degree to which legal regulations are observed in order to achieve the business objectives, one can distinguish the following types of companies:

Unethical companies	Legalistic companies	Ethical companies
■ Only the company's own advantages are recognised as objectives. ■ Laws and regulations are broken, if necessary.	■ Laws and regulations are abided by.	■ Laws and regulations are abided by. ■ Ethical behaviour is the basis for all business activities.

In the real business world, there is a multitude of approaches as to how to implement economic and business ethics which are mainly based on good, transparent management actions **(good corporate governance)** and beyond that, social and ecological responsibility towards society as a whole **(corporate social responsibility)**.

Corporate governance

4 pillars = accountability, fairness, transparency, responsibility

> **All the national and international values and principles of responsible corporate management are part of the "corporate governance" concept.**

The principles of good corporate governance should guarantee that management actions are responsible and transparent, that they focus on the long-term success of the company and thus strengthen the confidence of shareholders and investors in capital markets. On the other hand, corporate governance serves the companies in terms of self-control and as an orientation framework for their behaviour.

In 2002, the **German Corporate Governance Code** for listed stock companies was passed in order to make the national regulations concerning corporate management and supervision in Germany more transparent. This code restates the most important legal provisions concerning management and supervision[1] and includes the following regulations:

AktG § 161 Erklärung zum Corporate Governance Kodex
(1) Vorstand und Aufsichtsrat der börsennotierten Gesellschaft erklären jährlich, dass den vom Bundesministerium der Justiz im amtlichen Teil des elektronischen Bundesanzeigers bekannt gemachten Empfehlungen der „Regierungskommission Deutscher Corporate Governance Kodex" entsprochen wurde und wird oder welche Empfehlungen nicht angewandt wurden oder werden und warum nicht ... (2) Die Erklärung ist auf der Internetseite der Gesellschafter dauerhaft öffentlich zugänglich zu machen.

1 http://www.corporate-governance-code.de (also available in English)

§ 87 AktG Nachhaltigkeit des Vergütungssystems

(1) Der Aufsichtsrat hat bei der Festsetzung der Gesamtbezüge des einzelnen Vorstandsmitglieds (Gehalt, Gewinnbeteiligungen, Aufwandsentschädigungen, Versicherungsentgelte, Provisionen, anreizorientierte Vergütungszusagen wie zum Beispiel Aktienbezugsrechte und Nebenleistungen jeder Art) dafür zu sorgen, dass diese in einem angemessenen Verhältnis zu den Aufgaben und Leistungen des Vorstandsmitglieds sowie zur Lage der Gesellschaft stehen und die übliche Vergütung nicht ohne besondere Gründe übersteigen. Die Vergütungsstruktur ist bei börsennotierten Gesellschaften auf eine nachhaltige Unternehmensentwicklung auszurichten. Variable Vergütungsbestandteile sollen daher eine mehrjährige Bemessungsgrundlage haben; für außerordentliche Entwicklungen soll der Aufsichtsrat eine Begrenzungsmöglichkeit vereinbaren. ...

- The total compensation of each member of the management board is to be disclosed (published) with the names being specified, unless the general meeting, in a resolution passed by a 75 per cent majority, has provided otherwise. (No. 4.2.4 of the Corporate Governance Code)
- Members of the management or supervisory boards or other persons with executive tasks as well as persons who are close to the above-mentioned groups have to report their purchases and sales of corporate shares immediately to the corporation so that these transactions can be made public. (No. 6.6 of the Corporate Governance Code)

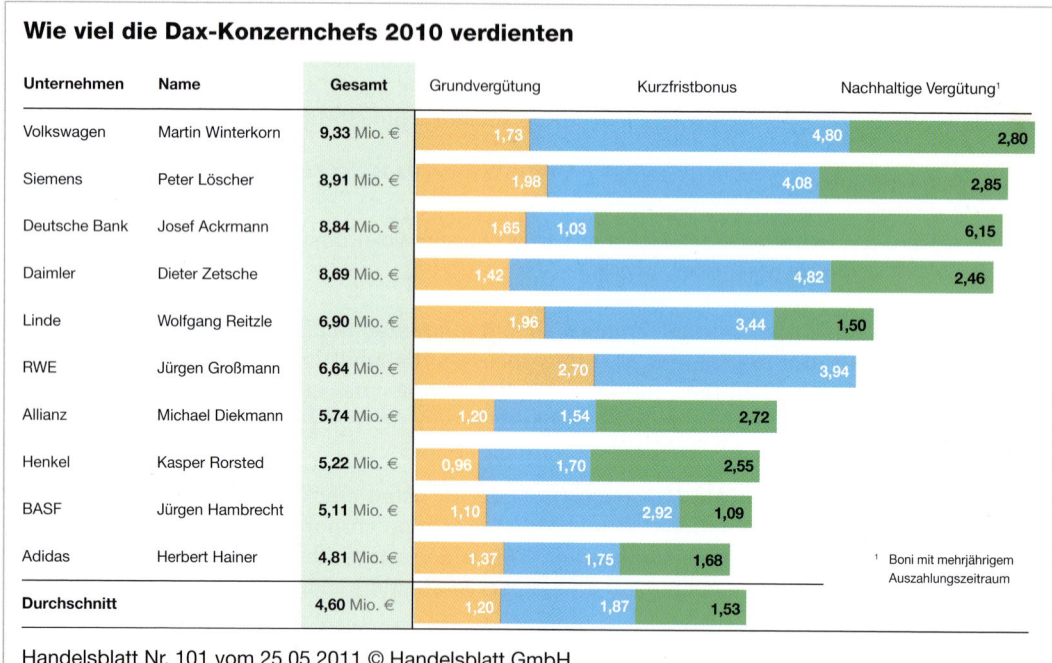

Wie viel die Dax-Konzernchefs 2010 verdienten

Unternehmen	Name	Gesamt	Grundvergütung	Kurzfristbonus	Nachhaltige Vergütung[1]
Volkswagen	Martin Winterkorn	**9,33** Mio. €	1,73	4,80	2,80
Siemens	Peter Löscher	**8,91** Mio. €	1,98	4,08	2,85
Deutsche Bank	Josef Ackrmann	**8,84** Mio. €	1,65	1,03	6,15
Daimler	Dieter Zetsche	**8,69** Mio. €	1,42	4,82	2,46
Linde	Wolfgang Reitzle	**6,90** Mio. €	1,96	3,44	1,50
RWE	Jürgen Großmann	**6,64** Mio. €	2,70	3,94	
Allianz	Michael Diekmann	**5,74** Mio. €	1,20	1,54	2,72
Henkel	Kasper Rorsted	**5,22** Mio. €	0,96	1,70	2,55
BASF	Jürgen Hambrecht	**5,11** Mio. €	1,10	2,92	1,09
Adidas	Herbert Hainer	**4,81** Mio. €	1,37	1,75	1,68
Durchschnitt		**4,60** Mio. €	1,20	1,87	1,53

[1] Boni mit mehrjährigem Auszahlungszeitraum

Handelsblatt Nr. 101 vom 25.05.2011 © Handelsblatt GmbH.

Vorstandsgehälter

Das Vergütungsniveau der Spitzenmanager pendelt sich auf hohem Niveau ein. ... Die Kriterien für die erfolgsabhängige Vergütung der DAX-Vorstände orientiert sich trotz der in § 84 AktG geforderten Nachhaltigkeit immer noch in erster Linie am Shareholder Value. Zwar tauchen bei einigen Gesellschaften auch Kunden- oder Mitarbeiterzufriedenheit als Maßstäbe für die Erfolgsbeteiligung der Manager auf. Es fehlen aber Zielgrößen, die auch der gesellschaftlichen Verantwortung der Manager Rechnung tragen. ...

nach Handelsblatt v. 30.03.2010, S. 32

Corporate social responsibility

The term **"corporate social responsibility"** does not only refer to good corporate management as corporate government does, but to the **responsibility of companies towards society as a whole**. However, there are no universal rules for companies on how to meet this responsibility. Among the several attempts made so far of establishing criteria for corporate social responsibility the **Global Compact** of the United Nations has received the greatest attention by far. Meanwhile, 2,000 companies worldwide have signed this Global Compact which includes the following postulates:

Human Rights

- Principle 1: Businesses should support and respect the protection of internationally proclaimed human rights; and
- Principle 2: make sure that they do not become involved in human rights abuses.

Labour

- Principle 3: Businesses should uphold the freedom of association and the effective recognition of the right to collective bargaining;
- Principle 4: the elimination of all forms of forced and compulsory labour;
- Principle 5: the effective abolition of child labour; and
- Principle 6: the elimination of discrimination in respect of employment and occupation.

Environment

- Principle 7: Businesses should support a precautionary approach to environmental challenges;
- Principle 8: undertake initiatives to promote greater environmental responsibility; and
- Principle 9: encourage the development and diffusion of environmentally friendly technologies.

Anti-Corruption

- Principle 10: Businesses should work against corruption in all its forms, including extortion and bribery.

Critics argue that taking part in the Global Compact is voluntary and that there is no controlling body to enforce compliance with the compact.

Ethical behaviour as an economic factor

Similarly to good **"corporate governance"** also **"corporate social responsibility"** is becoming an important **economic factor**.

Companies which have made ethical behaviour a core value of their corporate culture have experienced a positive impact of their behaviour in the long run especially in terms of profits increase. Studies have proven that most consumers consider the social commitment of companies an important factor in their purchase decisions. Many consumers are even willing to pay a higher price. For investors, social factors also play an important role. According to recent studies, there is a positive relationship between the development of share prices, good corporate governance and the compliance of social minimum standards.[1]

1 This can be seen in the development of the Dow Jones Sustainability Index.

Zusammenfassende Übersicht zu Kap. 3: Orientierung unternehmerischer Ziele an Gruppeninteressen und gesellschaftlichen Wertvorstellungen
Block diagram chapter 3: Aligning business objectives with group interests and the expectations of society

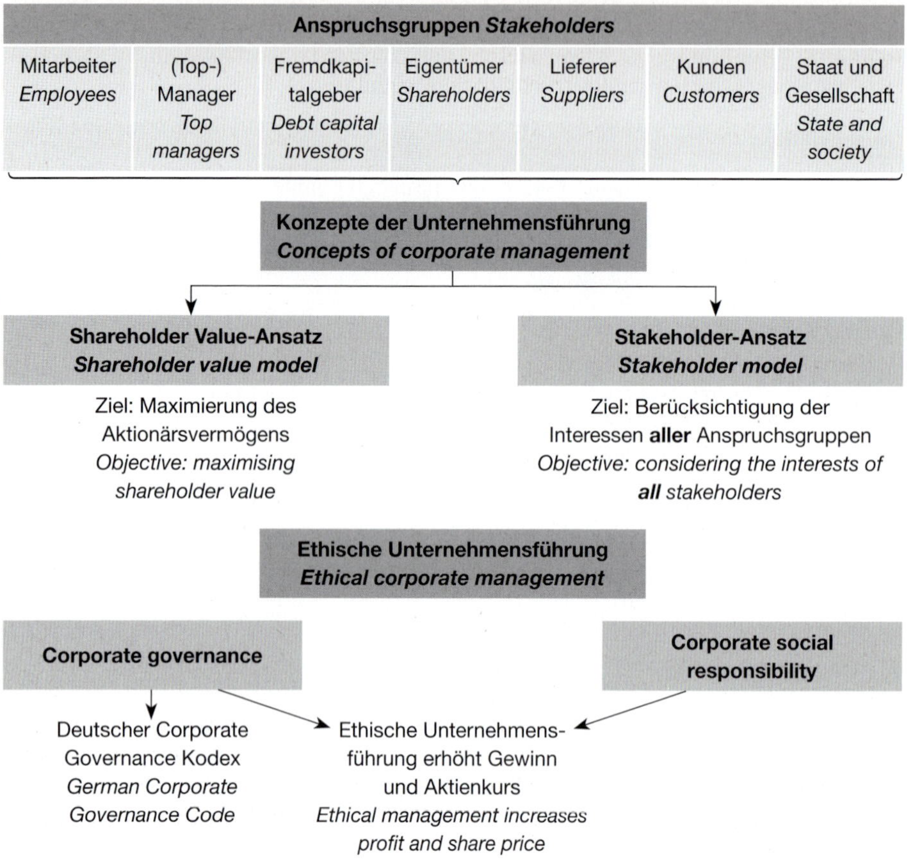

Revision questions

for chapter 3: Aligning business objectives with group interests and the expectations of society

3.1 Stakeholders and their interests

1. List the different groups of stakeholders and describe their interests.

3.2 Shareholder value concept

3.2.1 Basics of the shareholder value concept

1. According to the shareholder value concept which is the superior goal of a company management?
2. What are the components of shareholder value?
3. Describe the relationship between shareholder value, the market value of equity, the market value of debt capital and company value.

F

3.2.2 Implications of the shareholder value concept – stakeholder value as an alternative

1. Outline the criticism of the shareholder value concept.
2. Explain the incentive system of share options.
3. What are the impacts of share buybacks by companies
   - if shares are used to pass them on to employees?
   - if shares are held in treasury or cancelled?
4. Which are the aims outlined in the stakeholder value concept?
5. What are the problems of the stakeholder value concept?

3.3 Corporate management and ethics

1. Describe the types of companies with regard to their respective ethical behaviour.
2. What is "corporate governance"?
3. List the regulations of the German Corporate Governance Code.
4. Analyse the graph on page 544. What conclusions can you draw from it?
5. What is "corporate social responsibility"?
6. Describe the content of the Global Compact.
7. What kinds of commitments do companies make if they join the Global Compact?
8. Briefly explain the possible relationship between ethical corporate management and the development of profits and share prices.

Tasks and problems

for chapter 3: Aligning business objectives with group interests and the expectations of society

3.1 Stakeholders and their interests

1. Arrange the following groups of stakeholders of a company and their interests in the table below:
   equity owners (shareholders), debt capital investors, competitors, managers, customers, suppliers, unions, organisations, employees, government agencies, action groups, clubs, non-governmental organisations (NGOs), local residents, public

Groups of stakeholders	Interests
Internal stakeholders shareholder, managers,	
employees	
External stakeholders competitors, customer	
suppliers; unions, organisations, government public...	

2. Explain the intentions of the shareholder value concept. Also describe the meaning of "company value".
3. A main problem of the shareholder value concept is the separation of owners and management. Explain this problem!
4. Assess the following decisions from the viewpoint of the shareholder value concept and state your reasons:
   - loss of jobs
   - avoiding investments in eco-friendly technologies
   - focus of corporate policy on high share prices
   - relocation of production facilities to low-wage countries
5. Representatives of the shareholder value concepts claim "It is the core objective of a company to make profits for its shareholders. However, not only owners benefit from such a value-creating objective but stakeholders do as well." Give your opinion.
6. Describe the conflicts of objectives between the interests of shareholders and the stakeholders in the following cases:

- Trade unions demand a reduction in working hours without a reduction in pay and also a participation in the success of the company.
- The former president of the *Bundesverband der Deutschen Industrie (BDI)* Rogowski calls the employees' right to a say in the supervisory board a "mistake in history".
- Consumer associations demand better product quality and far-reaching warranty claims of customers.
- Environmental groups call for eco-friendly production techniques.

3.2 Corporate governance – Global Compact

1. Prüfen Sie anhand des **Deutschen Corporate Governance Kodex**, welche über das Aktiengesetz hinausgehende Regelungen für eine gute und verantwortungsvolle Unternehmensführung er enthält.

   Neueste Fassung des Deutschen Corporate Governance Kodex unter:

   http://www.corporate-governance-code.de/ger/kodex/index.html,
2. Prüfen Sie anhand der im Internet veröffentlichten Geschäftsberichte ausgewählter deutscher Aktiengesellschaften (z. B. Deutsche Bank, SAP, Deutsche Telekom), welche Erklärungen sie zum Corporate Governance Kodex gem. AktG § 161 enthalten. Stellen Sie insbesondere auch fest, ob die im Kodex vorgesehen Sachverhalte (z. B. Höhe der Vorstandsbezüge) tatsächlich veröffentlicht werden oder ob von Ausnahmeregelungen („opting out") Gebrauch gemacht wird.
3. Browse the internet for companies worldwide that have joined the Global Compact of the United Nations and find statements on this issue in their annual reports.
4. Informieren Sie sich über Ziele, Maßnahmen und Hintergründe des Netzwerks für Unternehmensverantwortung „CorA – Corporate Accountability", das multinationale Unternehmen zur sozialen Verantwortung zwingen will. Halten Sie dazu ein Kurzreferat vor Ihrer Klasse.

   Informationen und Gründungserklärung unter: http://www.cora-netz.de

3.3 Business ethics – codes of conduct: myth and reality

Many multinational companies follow certain rules voluntarily by committing themselves to human working conditions and minimum social standards in their own and in their suppliers' factories. Such rules are called codes of conduct.

Examine the codes of conduct of multinational companies in groups and compare their intentions with the violations of the ethical principles in "Schwarzbuch der Markenfirmen" which you can find in the PDF-files on the CD.

Report your findings in class.

3.4 Corporate management and ethics – social responsibility of companies

Bearbeiten Sie das Themenblatt „Unternehmensethik – Eigentum verpflichtet".

Hinweis: Die Texte befinden sich als PDF-Dateien auf der Begleit-CD. Bundeszentrale für politische Bildung, http://www.bpd.de Best.-Nr. 5961

4 Controlling – control mechanism of corporate management

Overview and relationships

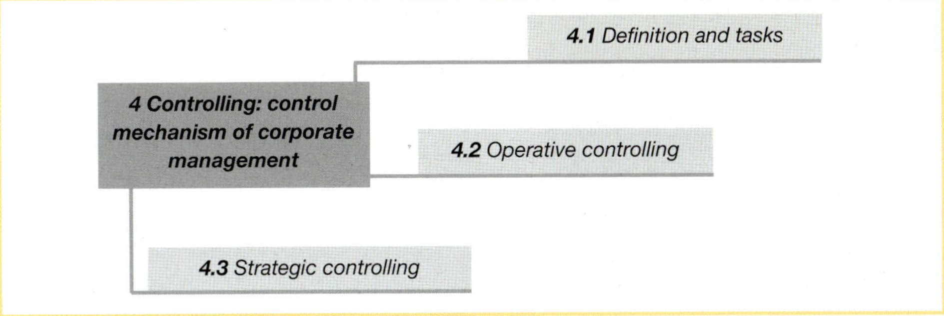

4.1 Controlling: definition and tasks

Financial accounting and the traditional **cost accounting** are instruments which are used to control a company's finances in retrospect. These figures of financial accounting are used in **controlling** for **forward-looking planning** activities.

Control in management means finding information, setting standards (planning), measuring actual performance (supervision) and also taking corrective action (controlling) in order to achieve business objectives.

(1) Planning: controlling is useful in order to define the right objectives and plans.
(2) Supervision: by means of controlling the management can find out if the realisation of plans is endangered.
(3) Controlling: if the implementation or realisation of plans are at risk, controlling will provide the necessary information to take counter-measures in order to reach the determined objectives.
(4) Providing information: the controlling department provides information for planning, supervision and for taking corrective action. For this reason staff in the controlling department work closely together with staff in the financial accounting department.

While the managers are responsible for the operating result, controllers have to prepare the results and make them transparent.

Management functions	Controlling functions
▪ Planning ▪ Organising ▪ Leading ▪ Controlling	▪ Provision of data ▪ Conducting analyses ▪ Coordinating procedures ▪ Controlling the achievement of objectives ▪ Setting up recording, controlling and reporting systems

4.2 Operative controlling

Operative controlling is mainly concerned with **short-term profit controlling**. The key figures of operative controlling are (among others): liquidity, return and profitability.

❶ The level of **liquidity** is recorded with the help of a finance plan.

❷ The **level of return** (here: **return on equity**) is calculated on the basis of the profit and loss statement and the balance sheet.

❸ The **profitability** of a company's activities is calculated on the basis of cost accounting data: profitability = output – costs

The short term corporate success is monitored by means of operative controlling. The key figures are (among others): liquidity, return and profitability.

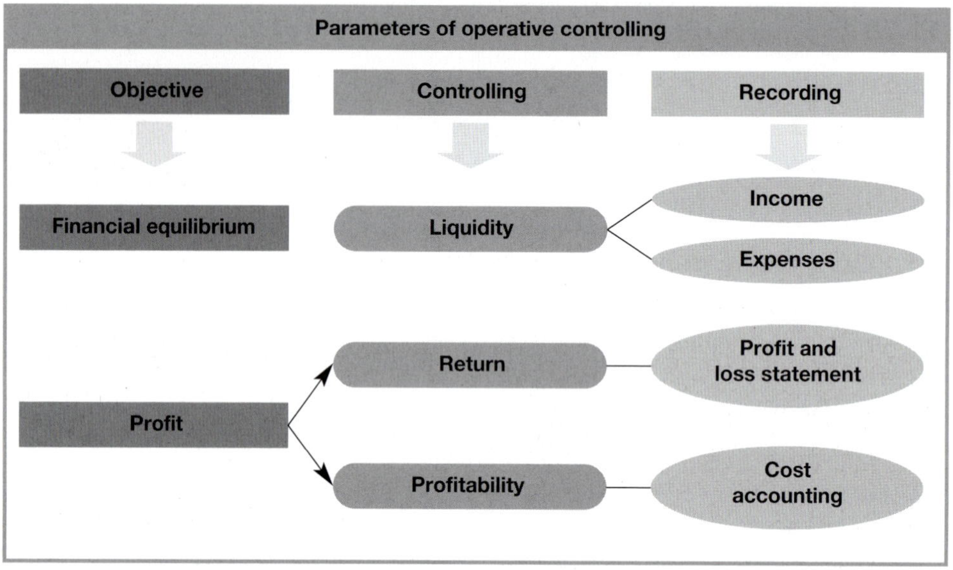

Control in management is based on multiple key figures which are also used for the **financial statement analysis** and for the **balanced scorecard**. In this context the calculation of the **return on investment (ROI)** is of particular importance.

4.3 Strategic controlling

Strategic controlling goes beyond the short-term horizon of operative controlling and deals with the long-term corporate success ("sustaining and developing success factors and success potentials")

Typical questions in the field of **strategic controlling**:

- Who are our customers and what are their needs?
- With which of our competences can we offer a profitable solution that will satisfy the needs of our customers?
- What benefits do our products provide for our customers?
- Are our products different from those of our customers? (uniqueness)
- Are we able to offer new, innovative products?
- …

Zusammenfassende Übersicht zu Kap. 4:
Controlling: Steuerungsinstrument der Unternehmensführung
Block diagram chapter 4 – Controlling: control mechanisms of corporate management

Controlling

Funktionsübergreifendes Steuerungskonzept
Company-wide control mechanisms

- **Planung** ***Planning***
- **Überwachung** ***Supervision***
- **Steuerung** ***Controlling***
- **Informationsbeschaffung** ***Information provision***

- **Operatives Controlling** ***Operative controlling***
- **Strategisches Controlling** ***Strategic controlling***

kurzfristige Erfolgssteuerung ***Ensuring short-term corporate success***	**Ziel** ***Objective***	**langfristige Erfolgssteuerung** ***Ensuring long-term corporate success***
▪ Liquidität *Liquidity* ▪ Rentabilität *Return on equity* ▪ Wirtschaftlichkeit *Profitability*	**Steuerungsgrößen** ***Control parameters***	▪ (alte) Erfolgspotenziale sichern *ensuring old potentials for success* ▪ (neue) Erfolgspotenziale schaffen *ensuring new potentials for success*
▪ Kennzahlen/ *Key data* ▪ Kennzahlensysteme (DuPont-System, ROI) *Performance measurement systems (DuPont-Systems, ROI)*	**(ausgewählte) Instrumente** ***(selected) instruments***	▪ SWOT-Analyse (cf. Kap 5.1) *SWOT-analysis* ▪ Balanced Scorecard (cf. Kap 5.2) *Balanced scorecard* ▪ Produktlebenszyklus (Analyse und Prognose) (cf. Kap 5.3) *Production-life-cycle (analysis and prediction)* ▪ Portfoliokonzept (Analyse und Prognose) (cf. Kap 5.4) *Portfolio concept (analysis and prediction)*

Revision questions

for chapter 4: Controlling: control mechanisms of the corporate management

4.1 Controlling: definition and tasks

1. What is meant by "controlling"?
2. The English term "to control" does not mean the same as the German verb „kontrollieren". What do you think?
3. Explain the differences of the tasks of a manager and a controller!

4.2 Operative controlling

1. What are the objectives of operative controlling?
2. What are the key figures of operative controlling?

4.3 Strategic controlling

1. What are the objectives of strategic controlling?
2. What are the central questions of strategic controlling?

5 Selected instruments of strategic controlling

Overview and relationships

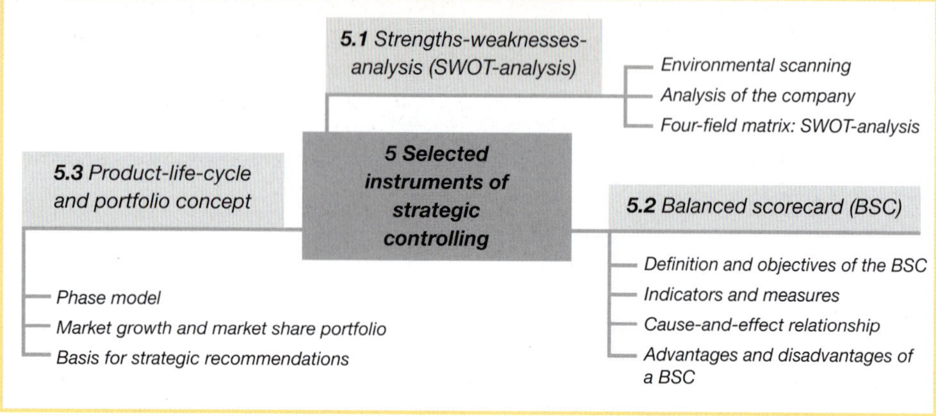

5.1 Strengths-weaknesses-analysis (SWOT-analysis): finding strategies

· SWOT analysis helps business organisations to determine in what way internals external factors have an impact on achieving objectives. This allows businesses to get a clearer picture of their current situation, which is essential when making sensible strategic decisions.

Strategic controlling is the means to ensure the existence of a company in the long run.

Therefore it is necessary
- to recognise the chances and risks resulting from the business environment early enough and to use them actively (environmental scanning),
- to analyse the strengths and weaknesses of the business in comparison to those of the competition and to draw conclusions from the results (company analysis),
- to ensure that there is the highest possible degree of coordination between the external and internal circumstances (company profile).

By means of strategic controlling it is possible to find the best possible degree of coordination between the opportunities and threats of the business environment (external circumstances) and the internal strengths and weaknesses of a company (internal circumstances).

Environmental analysis

Environmental analysis refers to **external** circumstances (of the business) that have to be scrutinised. Such an analysis is useful to identify changes early and has to become part of strategic considerations.

Task 5.1.1 p. 555

Fields of analysis	Possible questions
Global environmental analysis covers all political, economic, ecological, social and technological events and trends which influence a business.	▪ How do (global) political events and trends affect the business environment? (Politics) ▪ What might be the consequences of the increasing individualisation of society? (Society) ▪ What are the effects of changing exchange rates? (Economy) ▪ What are the impacts of trends in environmental protection? (Ecology)

Fields of analysis	Possible questions
Industry structure analysis is used to examine the key determinants of competition within one sector of industry.	■ Which groups are there within a particular sector? ■ What competition structures are there in a particular sector? ■ What kinds of changes are expected and how can they be used?
Market analysis is a tool to scrutinise demand (customer analysis) and supply (competition analysis) in a specific sector.	■ How can customer loyalty to a product and a company be developed and maintained (customer satisfaction)? ■ What are the requirements of past and future customers? ■ How are competitors likely to behave? ■ ...

Company analysis

In the analysis of the company the internal strengths and weaknesses are scrutinised and compared to the most important competitors (internal view).

Task 5.1.2 p. 556

The crucial questions are:
- Where are our strengths and weaknesses?
- Where are the competences of our business compared to those of our competitors?

SWOT-analysis

The SWOT-analysis is a **comprehensive analysis** of the **strengths** and **weaknesses** of a business (internal view) combined with the opportunities of and threats emanating from the business environment (external view). This analysis provides important aspects for strategic measures.

Task 5.1.3 p. 556

		S-Strengths	W-Weaknesses
		Business orientation	
O-Opportunities	***Orientation towards the business environment***	**Developing our strengths-opportunities-strategies** ■ Which strengths match which opportunities? ■ How should we use our strengths in order to realise our opportunities?	**Catching up with weaknesses-opportunities-strategies** ■ Which strengths can become opportunities? ■ Can weaknesses become strengths?
T-Threats		**Safeguarding our strengths-threats strategies** ■ Which strengths can compete with which threats? ■ How can we make use of our strengths to prevent risks?	**Avoiding weaknesses-risks strategies** ■ Where are our weaknesses? ■ What kinds of measures can we take to prevent risks?

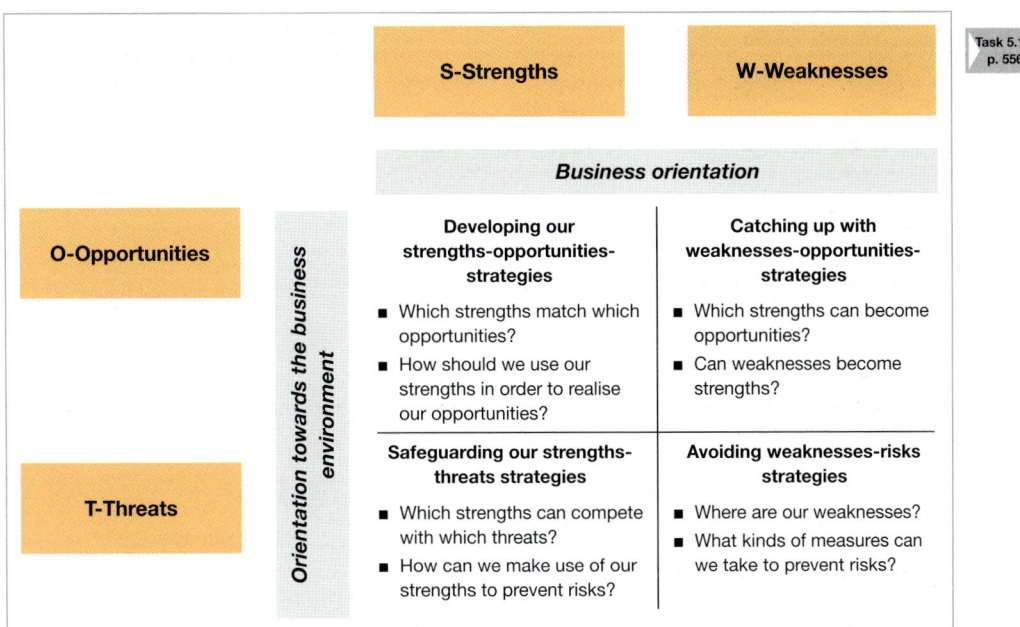

Developing strategies

A suitable **strategy** has to be found for each of the four fields. The biggest threat might lie in a situation where on the one side there is a bunch of weaknesses and a number of risks on the other.

A business strategy can be described as a basic decision that concerns all fields of a business. A bunch of measures to reach the business objectives is derived from this strategy.

There is no closed system of strategies. Each business has to determine its strategies by itself. However, the following classifications might be helpful for the development of the company's own **strategies**.

Products/markets	Direction of development	Competitive advantages
Strategies for ■ market development ■ market penetration ■ product development ■ diversification	■ Growth strategy (offensive strategy) ■ Stabilising strategy (price skimming) ■ Contraction strategy (disinvestment strategy)	■ Cost leadership ■ Differentiation strategy ■ Focus on core areas (niche strategy)

Competitive strategy

Although strategies strongly depend on industries and companies, there is, according to Michael Porter[1], a closed system of three groups of generic competitive strategies.

Cost leadership	Differentiation	Focus
Objective: Obtaining a competitive advantage within one industry by keeping costs low. This enables the company to reduce prices and to increase sales or to increase profits with the same price. Cost leadership does not necessarily mean price leadership. Cost leadership is relevant for companies with automated production plants, e.g. in the production of steel, cement or chemical products. Aldi is considered to be cost leader within the food retailing industry.	Objective: Differentiating the product to become unique among competitors in its branch (unique selling proposition – USP). The company can protect itself against price reductions of competitors. unique design Some good examples of products with a clear unique selling proposition are Hugo Boss, Rolex, and Mercedes-Benz. Also, the manufacturer of high quality sound systems Bose has never been affected by the "save and rave" mentality as technical know-how is their unique selling proposition.	Objective: Focus on market niches. Unlike the cost leadership or differentiation strategies that focus on the whole industry, this strategy focuses on certain market segments. All measures are directed to these niches. product for governmental needs Market niches are e.g. organic grocery stores or health food shops. Even the development of McDonald's began in a market niche. (The desire of eating out and not having to cook at home but without attaching great importance to classy service or comfortable dining).

		Strategic advantage	
		Uniqueness from the customer's point of view (unique selling proposition)	Cost advantage
Competitive scope	Industrywide	Differentitation	Comprehensive cost leadership
	Particular market segment	Focusing (Niche stragegy)	

1 M.E. Porter, book "Competitive Strategy", New York 1980

Combining the three competitive strategies with the industry structure analysis according to M.E. Porter, the following matrix can be developed:

Competition strategies / Competitive forces	Cost leadership	Differentiation	Focus (Niche strategy)
Competition within the industry (rivalry)	Low costs mean that the company is still profitable when competitors start to make losses.	Differentiation means customer loyalty. Customers react only weakly on increase in prices.	Niche strategies offer a good cost position or differentiation or both and thereby secure advantages.
Bargaining power of suppliers	A good cost position offers more room for reaction on increasing procurement costs.	Higher yields due to a unique position guarantee scope for increased procurement costs.	Cf. *Cost leadership and/or differentiation*
Bargaining power of buyers	Buyers can negotiate prices up to the price level of the competitor with the next lower cost structure.	Customers lack comparable alternatives so that they do not react strongly on increases in prices.	Cf. *Cost leadership and/or differentiation*
Threat of new entrants	The reasons that have led to cost leadership guarantee a considerable protection against new entrants.	Customer loyalty forces competitors to overcome the unique selling position. This protects them from new entrants.	Cf. *Cost leadership and/or differentiation*
Threat of substitute products	Cf. *Competition within the industry*	Customer loyalty protects the company from substitute products.	Cf. *Cost leadership and/or differentiation*

Zusammenfassende Übersicht zu Kap. 5.1: Stärken-Schwächen-Analyse (SWOT-Analyse): Instrument zur Strategiefindung

Block diagram chapter 5.1: Strengths-weaknesses-analysis (SWOT-analysis): instrument for strategy finding

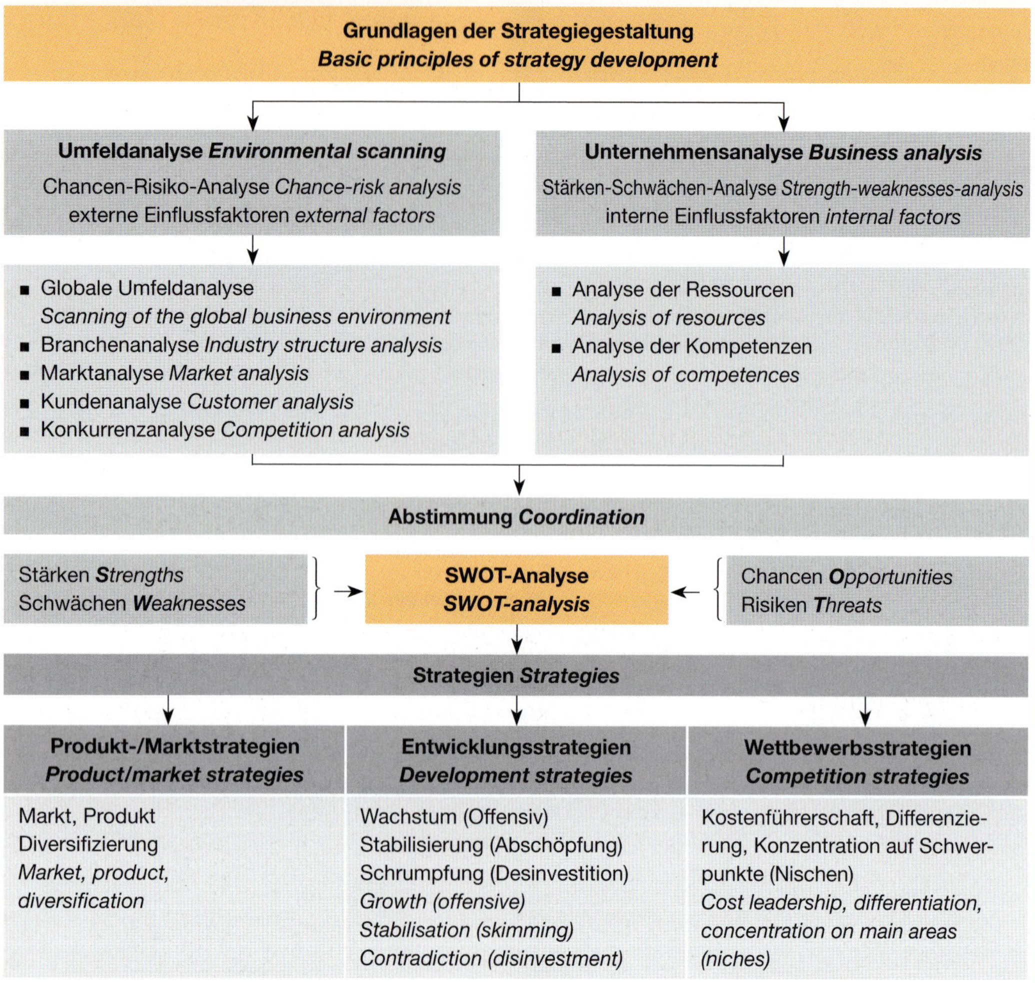

Revision questions

for chapter 5.1 Strengths-weaknesses-analysis (SWOT-analysis): finding strategies

1. What are the tasks of strategic management?
2. What is meant by *global business analysis*?
3. List some of the possible questions asked in a market analysis.
4. Say what is meant by *business analysis*?
5. What central questions can be answered by means of a business analysis?
6. Explain the term *SWOT-analysis*.
7. Find different strategies and match them to the following classifications: products / markets – direction of development – competitive advantage.

8. What are the dominating competitive forces described by M.E. Porter in his industry structure analysis?
9. Describe the competitive forces relating them to the generic competitive strategies.

Tasks and problems

for chapter 5.1 Strengths-weaknesses-analysis (SWOT-analysis): finding strategies

Tip: You will find the case study "Corporate management and controlling" for this chapter on the accompanying CD (in German).

5.1.1 Environmental analysis

Environmental analysis refers to the fact that the environment of a particular business has become subject to an ever increasing rate of change.

1. Explain the kinds of development that are important for a company.
2. How can companies take such developments into consideration at an early stage?
3. Explain some of the causes and impacts of changes in the business environment concerning the demand for deep-frozen foods. Use the following example:

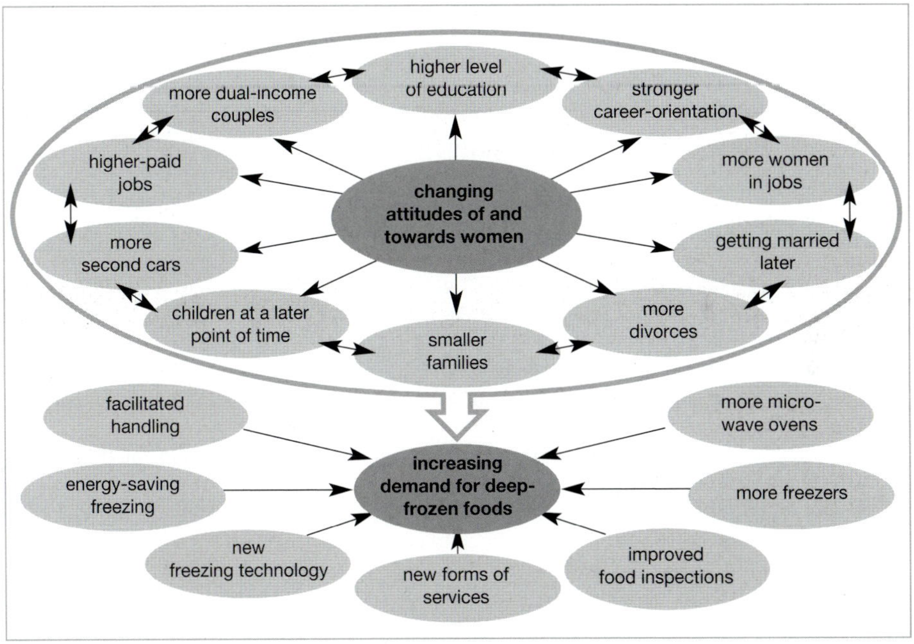

Entnommen aus: H. Steinmann, G. Schreyögg, Management, 6. Aufl. Wiesbaden 2005, S. 182

5.1.2 Environmental analysis and business analysis (examples of selected companies)

Conduct an environmental and a business analysis for the company in the simulation game "Shirt-Store GmbH" or any other company of your choice (e. g. one you have already analysed in the financial statement analysis).

Tip: Checklists and suggestions for work assignments can be found as PDF-files on the accompanying CD. Find relevant information in the annual statements of a company of your choice.

5.1.3 SWOT-analysis

Explain how the SWOT-analysis for the Volkswagen group was performed and comment on the significance that it has had. Make one strategic suggestion for each section in the chart below.

SWOT-analysis		Internal analysis	
		Strengths	Weaknesses
External analysis	Opportunities	(1) ▪ Increasing demand for fuel-efficient engines due to a strong increase of the mineral oil tax. ▪ Shift in demand from high-class to middle-class cars due to the increasing price sensitivity of consumers.	(2) ▪ Strong growth of the market shares of powerful sports and fun cars. ▪ Increase in demand for electronic two-seater city cars due to technological innovations outside the company.
	Threats	(3) ▪ The Chinese government allows many competitors to establish factories in China without any restrictions. ▪ Weakening of the Volkswagen brand due to the large-scale use of the same parts for all the group companies. VW, Seat, Skoda become exchangeable.	(4) ▪ Strong increase in compact class cars in the USA due to increasing fuel prices and the poor performance of the economy. ▪ Small share in the market growth in the USA due to the small VW-market share.

Source: adapted from H. Meffert et al., Marketing, 10th edition, Wiesbaden 2008, p. 236

5.1.4 Competitive strategies[1]

Competitive strategies are supposed to make the company more competitive towards its business rivals.

1. What are the three competitive strategies according to M.E. Porter?
2. Outline the risks and threats that might be related to these competitive strategies.
3. Remedia AG is a drugmaker with three product groups: (1) over-the-counter cough and cold medicines with a 40 % share of sales, (2) sleep inducing drugs with a 35 % share of sales, (3) supplements and vitamin products with a 25 % share of sales.
   The company employs 250 people with a sales volume of 32 million euros and a cash flow of 4.2 million euros. The company plans to launch a preventative cough and cold medicine that can be taken all year round for strengthening the immune system. Market research has found that the company can expect a market share of 5 % after two to three years. A further increase of the market share does not seem realistic.
   a) Which of the competitive forces does the company have to face when introducing its new product to the market?
   b) Which of the three competitive strategies according to M.E. Porter would you recommend to the company? Give reasons for your decision.
   c) What criteria should the company consider for finding the price for the new product (pricing strategy)?

5.2 Balanced scorecard: instrument for the realisation of strategic objectives

5.2.1 Definition and objectives of the concept of "balanced scorecard" (BSC)

Four perspectives

Task 5.2.1 p. 563

The **balanced scorecard (BSC)** is a management tool which takes into consideration the interests of the shareholders (financial perspective), the interests of customers and suppliers (customer and process perspective) as well as the interests of the employees (training and development perspective). Usually, the company is viewed from the following four perspectives:

1 According to J. P. Thommen, Managementorientierte Betriebswirtschaftslehre, Zürich 2006, S. 141.

Financial perspective	Customer perspective	Process-oriented perspective (internal business processes)	Innovation and learning perspective (training and development perspective)

Starting with a **vision** (what a company wants to achieve), the BSC determines **strategic objectives** as well as concrete **operative measures** to realise its vision ("From vision to reality").

The balanced scorecard is a management tool with the following objectives:

- viewing the company from different perspectives (comprehensive view),
- translating strategic objectives into concrete measures,
- developing suitable measurement parameters (scores) to measure the achievement of objectives.

Using the BSC helps to overcome the problem that many companies experience as a result of just operating and evaluating their performance by referring to financial factors (financial perspective). Normally, these factors are past-performance-oriented and, on their own, are not adequate for assessing future success. On the other hand the BSC helps

- to provide managers with a comprehensive view of the productivity of their company,
- to direct employees to work for common objectives,
- to show the correlation between a strategic focus and operative measures.

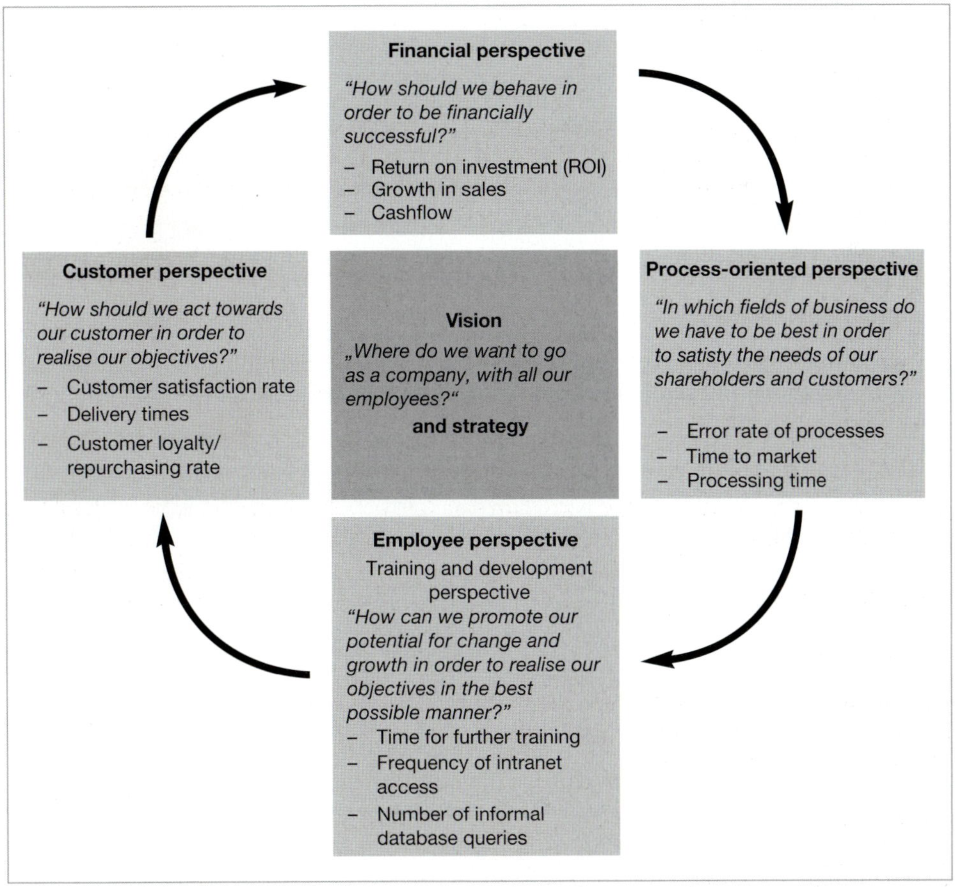

Steps towards a balanced scorecard

The following steps are necessary to create a balanced scorecard:

1. From strategy to vision: "In which direction do we want to develop as a company with all our employees?"
2. Formulation of strategic objectives for each of the four basic perspectives.
3. For all four areas: determination of suitable scores to make it possible to assess the achievement of objectives.
4. Determination of measures which help to achieve the objectives.
5. Implementation of measures.

5.2.2 Objectives, parameters and measures

Financial perspective

The **financial perspective** comprises all the financial dimensions of a company. Usually, the financial perspective is shown in annual or quarterly accounts. They contain information about the assets, liabilities and the financial position of the company. Typical key figures are profitability, growth in sales, cashflow …

Finances			
Strategic objectives	**Parameters**	**Target values**	**Measures**
Fulfilling or exceeding shareholders' claims (concerning their yield)	Return on equity	> 15 %	▪ Cost cutting ▪ Growth in sales
Improving internal financing	Cashflow	Increase of 25 %	▪ Generating income surplus through innovative products
Increasing market share	Growth in sales	0.5 million EUR	▪ New products ▪ Marketing activities

Customer perspective

The **customer-focused** perspective provides information about the position of the company in certain market segments, e.g. about customer satisfaction, number of new customers and customer loyalty …

Customers			
Strategic objectives	**Parameters**	**Target values**	**Measures**
Knowing and fulfilling customer expectations	Customer satisfaction	85 %	▪ Customer survey
Developing and using customer loyalty	Customer loyalty index Follow-up orders	50 %	▪ Call centre ▪ Customer care

Process-oriented perspective (internal business processes)

The **process-oriented** perspective raises the question of how to organise business processes in order to fulfill the financial and customer perspectives. Among the key data there are the following: development times, processing times from order placement to availability, error-free products etc.

Processes			
Strategic objectives	**Parameters**	**Target values**	**Measures**
Reducing product development times	Time to market	½ year	Training of employees
Optimising information processes	Employee survey	Monthly	Quality circle
Marketing process	Response rates to marketing measures	40 %	Customer survey

Innovation and learning perspective (training and development perspective)

The **innovation and learning perspective** (training and development perspective) mainly comprises motivation and level of training of employees, access to relevant internal and external sources of information and the organisational structure of a company. Shortlist of possible parameters: the ability to work in a team, employee satisfaction, employee loyalty, suggestions for improvements ...

Employees			
Strategic objectives	**Parameters**	**Target values**	**Measures**
Development of innovative products	Share of new products in total sales	20 % of sales	▪ Further training of employees
Optimal access to internal and external data	Information supply per employee	100 %	▪ Creation of databases on the intranet ▪ Access to external databases

5.2.3 Cause-effect relationships

The four perspectives should not be considered each one on its own. Instead, there are **cause and effect relationships** which show how the perspectives interact with each other and provide feedback. The bigger the success of the financial perspective side, the greater the opportunities of a company are to support the preceding perspectives.

To simplify the following relationship can be derived:

- **Employees** with their skills and motivation can be seen as a starting point. This involves parameters most of which are not directly measurable in financial terms, but which influence the quantity and quality of internal business processes crucially (training and development perspective).
- Best possible and high-quality process operations and innovation strengths **(process-oriented perspective)** create customer satisfaction and customer loyalty **(customer perspective)**.
- Customer satisfaction is a precondition for financial success **(financial perspective)**. The financial perspective is recorded in a key figure system.

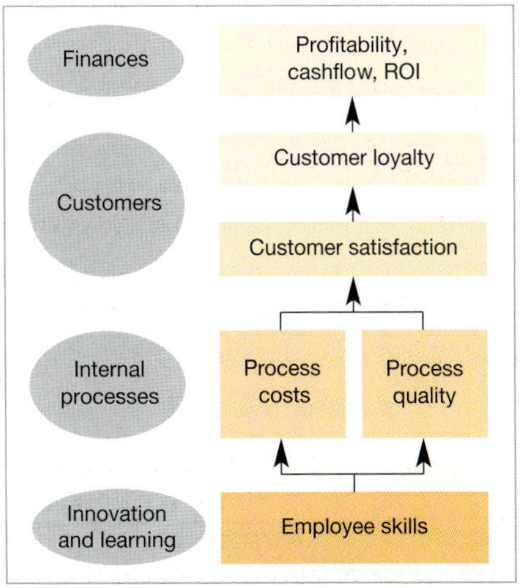

Perspektives		Parameters	Measures
Task 5.2.2 p. 563 Financal perspective	Improved profitability	Profitability, cashflow, return on investment	...
Task 5.2.3 p. 564 Customer perspective	Customer loyalty, customer satisfaction	Number of follow-up orders, customer survey	...
Process-oriented perspective	Quality, time to market	Innovation rate, time from idea to innovation	...
Innovation and learning perspective	Qualification, motivation	Internal and external employee training and satisfaction index	...

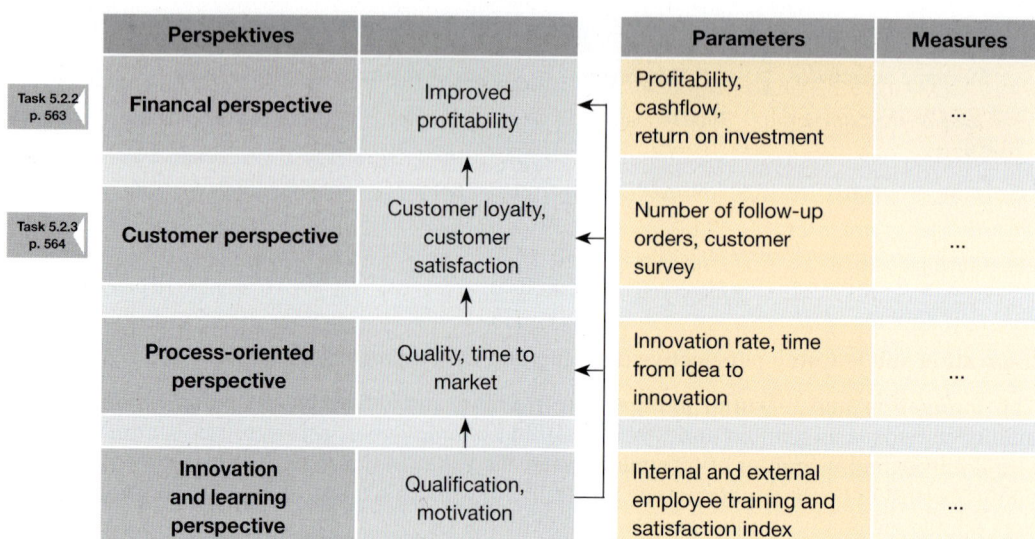

5.2.4 Balanced scorecard in the overall context: measuring and achieving objectives

The following example shows a balanced scorecard in the overall context.

Task 5.2.4 p. 564

Strategic objectives, **parameters** and **operative objectives** have been developed for each of the four perspectives. The **achievement of the objectives** is measured by comparing the present and the target state, i. e. according to the last four columns in the table below. In order to facilitate the identification of any differences between present and the target states, the target states are equated with 100 % and the differences to the present states are calculated in per cent.

Financial perspective						
Strategic objectives	Parameters	Target values	Present state	Target state	Difference	
					Present state %	Target state %
Not having to rely on debt capital	Debt ratio	Reducing the debt ratio from 55 % to 48 %	55 %	48 %	114.58	100
Improving profitability	Operating result per employee	Increasing the operating result per employee by 5,000 EUR	20,000 EUR	25,000 EUR	80.00	100

Customer perspective						
Strategic objectives	Parameters	Target values	Present state	Target state	Difference	
					Present state %	Target state %
Customer satisfaction	Follow-up orders per customer	Increasing follow-up orders by 2 orders per customer	4	6	66.67	100
Improving service	Number of late deliveries per year	Reducing late delivery rate by 34 %	380	250	125.00	100

Process-oriented perspective						
Strategic objectives	Parameters	Target values	Present state	Target state	Difference	
					Present state %	Target state %
Accelerating order processing	Time needed for order processing	Reducing the time needed for order processing by 14 minutes	34 min.	20 min.	170.00	100
Reducing processing time	Processing time	Reducing processing times by 20 %	450 min.	360 min.	125.00	100

Innovation and learning perspective						
Strategic objectives	Parameters	Target values	Present state	Target state	Difference	
					Present state %	Target state %
Increasing employee loyalty	ø (average) Period of employment	Increasing average period of employment to 5 years	4 years	5 years	75.00	100
Increasing employee motivation	ø Number of suggestions for improvements per employee	Increasing the average number of suggestions for improvements to 2 per employee	0,75	2	37.50	100

The relationship between the present and the target states for the four perspectives can be summarised in the following graph:

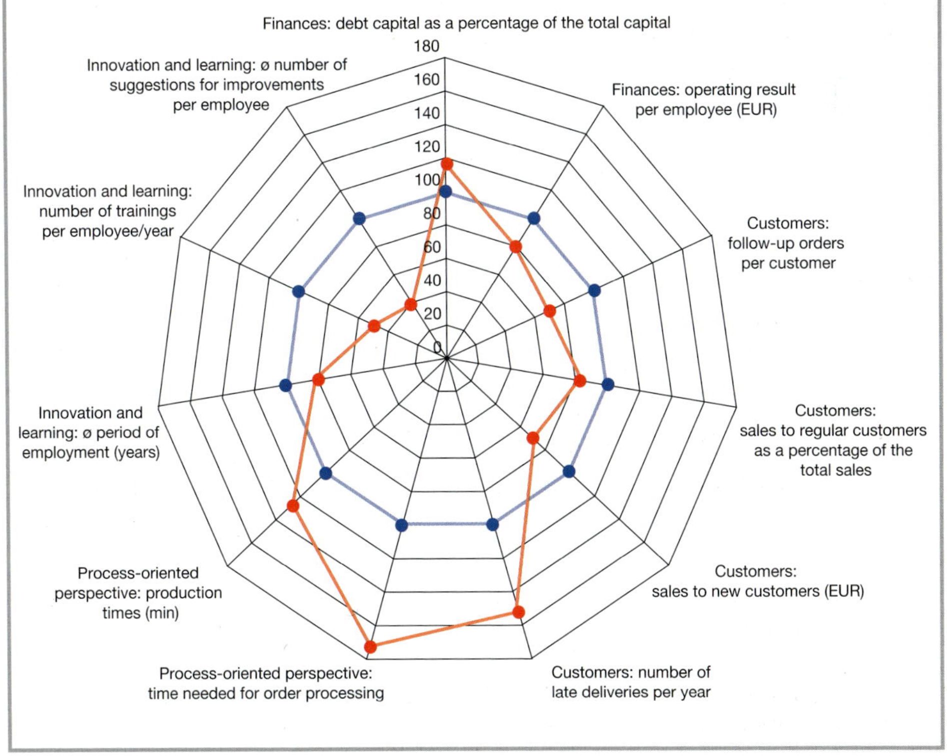

The balanced scorecard uses parameters (scores, key figures) to
- specify strategic objectives,
- measure the achievement of objectives,
- make the process of achieving objectives comprehensible,
- improve communication.

5.2.5 Advantages and disadvantages of the balanced scorecard

Advantages	Disadvantages
■ Multi-dimensional view on companies, qualitative factors are also included	■ Time aspect ■ High costs: human resources costs and need for external advice
■ Combination of strategic and operative objectives	■ The operative workload ("daily work") makes dealing with and updating information difficult.
■ Visibility of cause-effect relationships	■ The employees' lack of understanding for the need to think in "entrepreneurial" terms (strategic thinking) can cause the concept to fail.
■ Employees develop a common understanding of strategies and objectives.	■ The objectives might be contradictory.
■ Future orientation, improvement of communication and learning processes in a company	■ The selection of the right parameters and their information value are sometimes problematical.

Block diagram chapter 5.2: Balanced scorecard: instrument for implementing strategic objectives

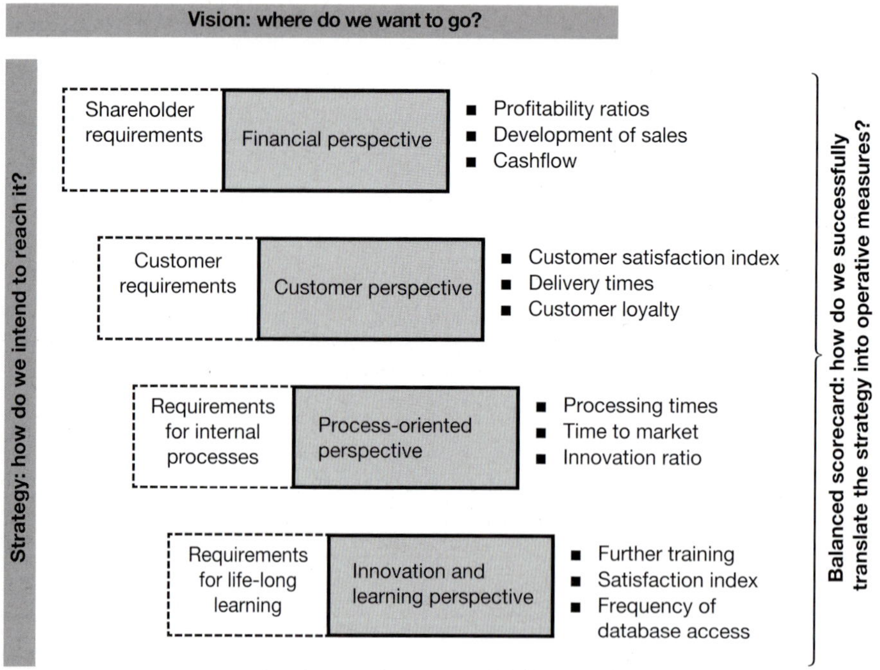

Revision questions

for chapter 5.2 Balanced scorecard: instrument for the realisation of strategic objectives

5.2.1 Definition and objectives of the concept of "balanced scorecard" (BSC)

1. What is a "balanced scorecard"?
2. From which perspective does the balanced scorecard view the company?
3. What are the central questions of the four perspectives of the balanced scorecard model? Give one question for each perspective.
4. What are the failures the balanced scorecard can help to overcome?
5. What are the main aims of the balanced scorecard model?
6. Why is it called a balanced scorecard?
7. Explain the steps it takes to create a balanced scorecard.

5.2.2 Aims, parameters and measures

1. Find three possible parameters for each of the four perspectives.
2. Explain the following statement: "The balanced scorecard is an instrument to transfer strategic objectives into operational measures."

5.2.3 Cause-effect relationships

1. Describe the cause-effect relationships that exist among the four perspectives of the BSC.

5.2.4 Balanced scorecard in the overall context: measuring and achieving objectives

1. Explain how the achievement of objectives can be measured with the help of a BSC.

5.2.5 Advantages and disadvantages of the balanced scorecard

1. What are the advantages of the balanced scorecard?
2. What problems might occur following the introduction of the BSC?

Tasks and problems

for chapter 5.2 Balanced scorecard: instrument for the realisation of strategic objectives

Tip: You can find the case study "Corporate management and controlling" for this chapter on the accompanying CD.

5.2.1 Definition and objectives of the concept of "balanced scorecard" (BSC)

The "inventors" of the balanced scorecard, R. Kaplan and D. Norton[1], use the following comparison in one of their publications: "Just as little as a plane can be controlled by the altimeter only, a company can merely be managed by their financial key data."
Explain what is meant by this comparison.

5.2.2 Balanced scorecard: cause-effect relationships

The balanced scorecard has become a popular management instrument.
1. Explain the aims and advantages of the BSC.

1 R. Kaplan, D. Norton, Balanced Scorecard. Strategien erfolgreich umsetzen, Stuttgart 1997

2. There is a cause-effect relationship among the following target and score values. Arrange the items in the order of a balanced scorecard.

Market share	On-time-delivery	Customer satisfaction	Quality
Flawless processes	Customer loyalty	ROI	Processing time
Development of new products	Access to information for employees	Fast processes	Expert knowledge of employees
Employee satisfaction			

5.2.3 Balanced scorecard: the Shirt-Store GmbH is planning to trade online

In addition to their store, the simulation game company Shirt-Store GmbH is planning to sell their t-shirts online and also to transfer other business transactions to the electronic media (e-business). Due to the need for high investments for this project, an efficient controlling system seems to be necessary.

For their planning activities, the controlling department uses the strategic and operative objectives of the balanced scorecard. The following strategic objectives have been set out for the four perspectives:

Financial perspective	Customer perspective	Process-oriented perspective (internal business processes)	Innovation and learning perspective
1. Increasing sales	1. Increasing customer loyalty	1. Accelerating purchasing and selling processes	1. Familiarising the employees with e-business
2. Reducing purchasing costs	2. Improving customer service	2. Increased data security	2. Employee involvement in the on-going improvement of the system
	3. High usability of e-business systems	3. High functionality of e-business systems	

Match the strategic aims with appropriate parameters and operative objectives for all four dimensions using the following pattern:

Financial perspective		
Strategic objectives	Parameters	Operative objectives
1. Increasing sales	...	...
...		

5.2.4 Key figures for the BSC

Use the case study of Sports-Wear GmbH and draw up a balanced scorecard.
Tip: You can find the relevant information for this task on the accompanying CD.

5.3 Scenario technique, product life cycle and portfolio concept: analysis and forecasting instruments for strategic planning

5.3.1 Scenario technique

Strategic controlling requires information focusing on the future. The scenario technique is a method to obtain such information about future developments and trends and to systemise and connect them.

Task 5.3.1 p. 572

The scenario technique is a method to summarise isolated ideas about positive or negative changes of single developments in the future (= a technique to think ahead and to analyse uncertain developments).

The scenario technique links quantitative data and information with qualitative information, evaluations and opinions. This allows for exact and comprehensive descriptions of future situations.

Example 1

Application of the scenario technique for strategic planning:
The oil company Shell made use of the scenario technique to successfully tackle the oil crisis in the 1970s.

Example 2

Application of the scenario technique in the field of economics:
"The Limits to Growth" is the title of a 1972 book about the environmental situation published by the Club of Rome[1]. Assuming that the environmental consciousness and behaviour of people do not change and the industrialisation process proceeds worldwide in an unchanged way, scientists predicted with the help of computer simulations that the most important resources and energy sources would be exhausted within one generation. On the other hand they forecasted the destruction of the environment. In 2004, the authors presented new projections on the basis of current data with the title "Limits to Growth: The 30-Year Update".

Usually, there are three types of scenarios:

Positive extreme scenario	Trend scenario	Negative extreme scenario
Best-case-scenario	Trend-extrapolation (Projection of the current situation to the future)	Worst-case-scenario

Scenarios are often depicted as **scenario funnels**. The starting point of our consideration is the **trend scenario**. It shows future developments based on the assumption that the factors which have influenced the past will continue to have the same influence in the future. However, as factors and conditions usually change, positive as well as negative developments can be depicted by the two extreme scenarios. In the course of time the distance between the trend scenario and the two **extreme scenarios** widens. The best-case-scenario is on the upper end of the funnel and the worst-case-scenario on the lower end. The funnel shows that in the course of time the number of possible scenarios

1 The Club of Rome is a global think tank that deals with international political issues. It consists of personalities from the world of business, science and culture. It arranges conferences and funds reports on current issues of global importance. Example: D. Meadows et al, book "The Limits to Growth", New York 1972, or D. Meadow et al, book "Limits to Growth: The 30-Year Update", New River Junction 2004.

increase. Between the three scenarios there are plenty of possible future developments (e.g. A1, A2, A3 in the following illustration).

Scenario funnel

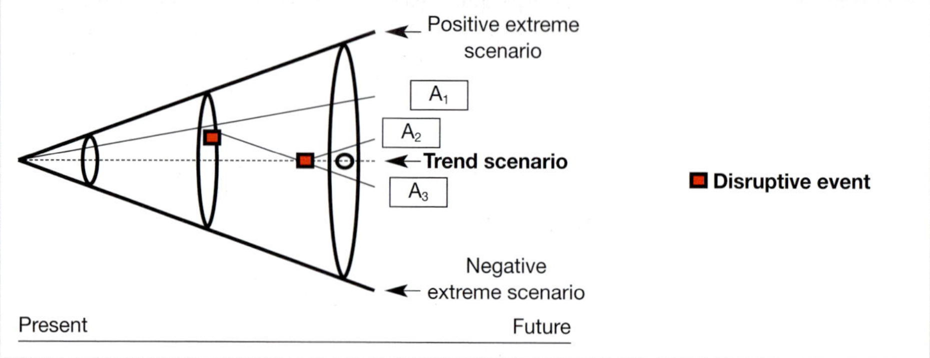

The scenario process:

Stage 1: Analysing tasks and problems

Our consideration starts with the description of the initial situation and the determination of the subject matter. Usually, the initial situation is an unsatisfying one.

> ***Example***
>
> Demand has fallen tremendously. This has led to a strong decline of sales and profits.

Stage 2: Analysis of drivers

In the second stage all drivers and influencing factors which directly impact on the problem are identified.

> ***Example***
>
> The economic situation has further deteriorated. The demand for our products is declining. Our cost structure indicates high fixed costs. Due to high pressure of the competition low prices must be expected. To get the costs under control, marketing and research expenses have been cut. Urgent streamlining measures have to be postponed. Dismissals are not yet foreseeable.

Stage 3: Trend projection and development of scenarios

With the help of the drivers and their probable development, alternative scenarios are being developed.

<table>
<tr><th colspan="4">Positive extreme scenario</th><th colspan="4">Trend scenario</th><th colspan="4">Negative extreme scenario</th></tr>
<tr><td colspan="4">The economic situation will improve significantly. Demand is increasing. The previous recession phase has pushed competitors out of the market and strengthened the own market position. Streamlining investments in the following year will further improve our position. Higher prices for raw materials can be compensated by a higher productivity. We assume the following sales and cost curves:</td><td colspan="4">The economic situation will not change significantly this year. According to predictions of economic research institutes there will be an economic recovery by the end of the year which will be enforced by foreign influences. We assume the following sales and cost curves:</td><td colspan="4">The economic situation will deteriorate significantly. Rising costs of raw materials might lead to a stronger cost pressure. A major consulting firm predicts a further concentration in this branch. Failed streamlining investments have put the competitors who made these investments in a better position. We assume the following sales and cost curves:</td></tr>
<tr><td>Year</td><td>01</td><td>02</td><td>03</td><td>Year</td><td>01</td><td>02</td><td>03</td><td>Year</td><td>01</td><td>02</td><td>03</td></tr>
<tr><td>Sales</td><td>↑</td><td>↑↑</td><td>↑</td><td>Sales</td><td>–</td><td>↑</td><td>↑</td><td>Sales</td><td>–</td><td>↓</td><td>↓↓</td></tr>
<tr><td>Costs</td><td>↑</td><td>–</td><td>↓</td><td>Costs</td><td>–</td><td>–</td><td>↑</td><td>Costs</td><td>–</td><td>↑↑</td><td>↑</td></tr>
</table>

Explanation of signs: – = unchanged, ↑ = increasing, ↑↑ = strongly increasing, ↑ = decreasing, ↓↓ = strongly decreasing

Stage 4: Analysing the consequences

Possible actions are derived and developed from the scenarios that have been created. The influencing factors are analysed and responsibilities are clarified. It should be noted that there are factors that cannot be influenced by an enterprise.

Stage 5: Scenario transfer

On the basis of these findings a leading strategy for all sectors of a company is being developed, taking into account all the knowledge gained from the process.

Stage 6: Realisation phase

The last phase concentrates on the implementation, which is often done by the controlling department. They provide the necessary instruments for planning, information provision, and controlling.

For the corporate management the application of the scenario technique means to deal with future chances and risks and their consequences. Dealing with possible situations and events

- supports alternative thinking,
- generates a better understanding for the changes in the business environment,
- increases the flexibility of corporate management.

5.3.2 Product life cycle: phase model for the development of sales and profits

In order to assess the sales potential of a product it is very important to know that many products have an economic **life cycle**. It covers the time span between the development of a product and its disappearance from the market. The product life cycle is characterised by several **phases**.

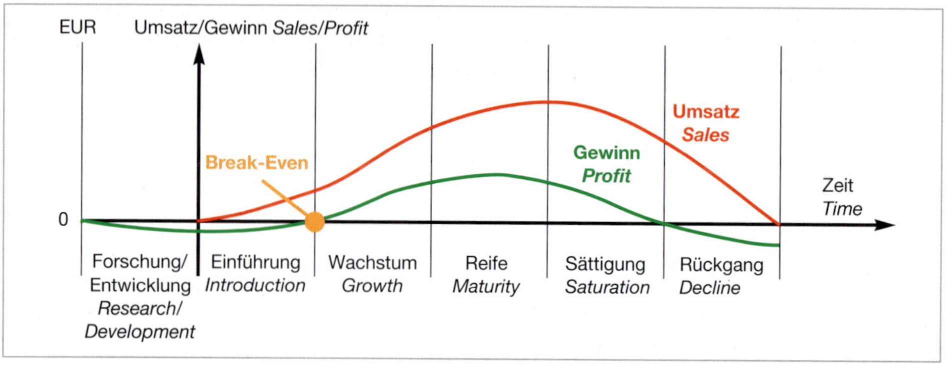

Phases of a product life cycle					
Research/ development	**Introduction**	**Growth**	**Maturity**	**Saturation**	**Decline**
No sales are achieved in this phase. As there are only costs, the company suffers a loss.	Losses, as the sales revenues are still low and the costs for opening up a new market are high.	Sales increase disproportionately. The product generates profits for the first time. However, the success attracts competitors to the market.	Further sales increases, but with lower growth rates. The product is subject to increasing competition.	Sales and profits decrease. Negative growth rates. Attempts to prolong the life cycle through product differentiation.	Strong decline, unstoppable decrease of sales. Losses are generated. The product has to be taken off the market.

The product life cycle describes the development of sales and profits of a product during its economic life time which can be divided into several phases.

Criticism of the product life cycle

- The duration of the whole cycle and the single phases cannot be determined exactly, as the cycle can be
  - shortened or prolonged by promotional activities or
  - influenced by the market (e.g. new products, technological developments, changes in demand).
- The behaviour of demand and of competitors is not predictable.
- The life cycle concept is an idealistic representation of reality which cannot be proved by empirical means.

Product life cycle as a basis for portfolio analysis

The product life cycle concept can provide valuable information despite the disadvantages the concept may have. As the sales and profits of a product develop differently in the various phases, it becomes obvious that the **production programme** of a company has to be made up of several products or **product groups** that are in **different phases of their life cycle**. Without new developments of promising products at the right time a company would risk to be just offering mature products which do not generate any profits any longer. This procedure can be observed in the car industry, when a particular model, for which there is no demand anymore, is replaced by a new model. The findings of the product life cycle flow into the so-called **portfolio analysis**, which is one of the most important instruments of **strategic planning**.

5.3.3 Portfolio analysis: basis for strategic recommendations

Basic idea of the portfolio analysis

The portfolio concept originates from the banking sector. The basic idea is to find the best possible combination with respect to risk, return and liquidity. This idea is transferred to companies and their products and product groups. Ideally, a company should develop an **optimal product portfolio**.

Task 5.3.2 p. 572

Task 5.3.3 p. 573

The aim of the product portfolio analysis is to direct the available resources of a company into those fields where the market prospects are especially good and where the company can take advantage of its strengths.

Approach to developing a product portfolio

The first step is to determine those **fields of a business** into which resources are directed and from which resources can be taken.

The various areas of activity of an enterprise are referred to as **strategic business fields or units** that is to say especially those parts of a business which deal with a certain product or market segment (e.g. geographically definable markets, selected customer groups) or those parts for which it seems sensible to develop and introduce strategies that are independent from the other fields of activity of the company.

At the starting point of all portfolio concepts there is the description of the opportunities of different fields of business which result from the **chances and risks of the market environment** on the one hand and on the other hand from the company's **internal strengths and weaknesses**. The typical display format of a coordinate system always has two axes: **„business environment"** and **„company"**. Often, the axes are subdivided so that the result can be shown in the form of a matrix. The best known portfolio concept is the **growth-share matrix** shown below (also known as Boston Consulting Matrix, as developed by the Boston Consulting Group).

Market growth – market share portfolio

A four-field matrix (the growth-share matrix) is used for the market growth – market share portfolio with the matrix being determined by the axes market growth and relative market share.

Market growth	Market share
The term market growth comprises all the future factors and also those beyond the influence of the company itself which have an impact on the market development. Market growth is supposed to provide information about the chances and risks in a competitive business environment (= business environment axis). It is assumed that all the chances and risks that are subject to the environment conditions can be shown by one single factor, the market growth rate.	The relative market share expresses the ratio between the market share of one of the business units of a company and that of a business unit of its strongest competitor. The strengths and weaknesses of a company, a business unit or the respective product group should be made visible by the market position (= company axis). We assume that the strengths and weaknesses can be displayed by one single factor, the (relative) market share.

$$\text{Market growth} = \frac{\text{expected increase in total market sales in EUR}}{\text{current total market sales in EUR}} \cdot 100$$

$$\text{Relative market share} = \frac{\text{company's sales in EUR}}{\text{sales of strongest competitor in EUR}} \cdot 100$$

or

$$\frac{\text{own market share}}{\text{market share of strongest competitor}} \cdot 100$$

If the relative market share is bigger than 100 %, the company in question is the **market leader**, as no other company can have higher sales or a bigger market share.

Depending on their market share and the market growth the products and product groups are subdivided into four categories according to the growth-share matrix (Boston-Consulting Matrix). These categories are **„Poor dogs"**, **„Question marks"**, **„Stars"**, **„Cash cows"**. To assign the products or product groups to these categories it is important to know in which phase of he **product life cycle** the different products/product groups find themselves.

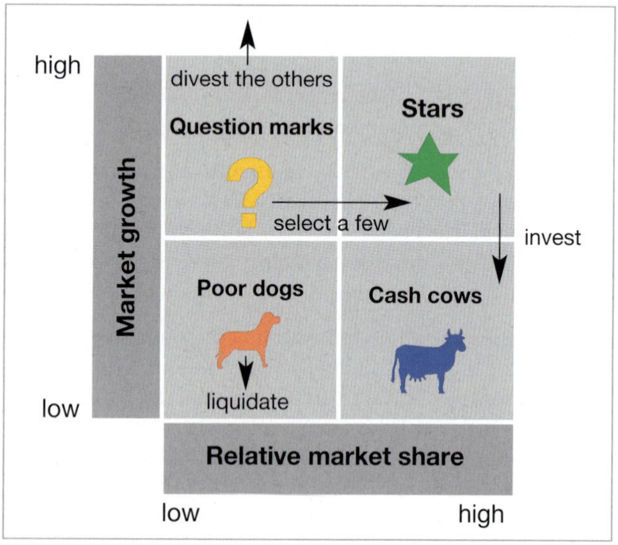

Strategic advice

Important strategies can be derived from the four categories on how best to allocate financial and human resources to the various business units.

Matrix-field	Position	Evaluation		Strategic advice	Resources management
Stars	**High market growth, high market share (growth phase)**	■ Market leader in a fast growing market ■ Market share decreases if competitors achieve higher market growth		**Growth strategy:** (investment and offensive strategy) ■ Market share at least maintained or even expanded ■ Strengthening competitive advantages	■ High investments ■ Reinvestment of cashflows
Cash cows	**Low market growth, high market share (maturity or saturation phase)**	■ High market share (market leader) in a moderately growing market ■ Products in the maturity or saturation phase which generate high profits		**Stabilising strategy** (skimming strategy) ■ Securing and consolidating market share (harvesting) ■ Securing market position	■ Low investments (only reinvestments and streamlining) ■ Using cashflow for successor products
Poor dogs	**Low market growth, low market share (saturation or decline phase)**	■ Products with a low market share and with low market growth (saturation phase) ■ Disproportionately high investments would be necessary to increase the market share in a saturated market		**Decline strategy** (disinvestment strategy) ■ In the medium to long term: reduction, selling, liquidation of strategic business units ■ Maintaining strategic business units as long as profit contribution > 0	■ Minimal investments (disinvestment)
Question marks ?	**High market growth, low market share (introduction phase)**	Products with a low market share in a market with high market growth (introduction phase)	↗ To improve the low market share (given that market growth is high), high investments are necessary	**Growth strategy** (offensive strategy) ■ Strengthening the competitive advantages	■ High investments (capital widening investments) ■ Financing from cashflow of cash cows
			↘ Disproportionately high investments are necessary to increase market share	**Decline strategy** (Disinvestment strategy) ■ Reduction, selling, liquidation of strategic business units	■ No investments (selling of strategic business units)

Generating a market share – market growth portfolio

Meditec AG supplies the market with different products in the field of medical technology. Among others they supply doctors, hospitals, pharmacies and private customers over the internet. The company is organised in four strategic business units. A: large electronic appliances, B: small electronic appliances, C: consumable goods and supplies, D: private customers (e-commerce)
The analysis of the competition, the company and market development revealed the data below:

	Figures in million EUR			
	Business unit A	Business unit B	Business unit C	Business unit D
Meditec AG				
Sales 2013	10	5	3	4
Forecast 2015	11	7	3	5
Competitor X				
Sales 2013	5	4	9	6
Forecast 2015	6	6	10	8
Competitor Y				
Sales 2013	6	3	2	8
Forecast 2015	6	5	2	10
Total market				
Sales 2013	50	22	19	26
Forecast 2015	52	28	20	32

Three steps to calculate the positions of the strategic business units:

1. Calculating the relative market shares of the different business units: the company's share as compared to the share of strongest competitor,

e.g. relative market share business unit A $= \frac{\text{sales in 2013 (unit A) Meditec AG} \cdot 100}{\text{sales in 2013 (unit A) competitor Y}} = \frac{10 \cdot 100}{6} = 167\,\%$ (Market leader as relative market share > 100 %)

2. Calculating the market growth: changes in total market sales in percent

e.g. market growth business unit A $= \frac{\text{changes in total market sales (unit A)} \cdot 100}{\text{total market sales in 2013 (unit A)}} = \frac{2 \cdot 100}{50} = 4\,\%$

3. Calculating the respective shares in sales of the different strategic business units of Meditec AG of the total sales of Meditec AG

e.g. proportion of sales of business unit A $= \frac{\text{sales in 2013 (unit A) Meditec AG} \cdot 100}{\text{total sales of Meditec AG}} = \frac{10 \cdot 100}{22} = 45\,\%$

Result

	Business unit A	Business unit B	Business unit C	Business unit D
Relative market share	167 %	125 %	33 %	50 %
Growth of total market	4 %	27 %	5 %	23 %
Share in the total sales of Meditec AG	45 %	23 %	14 %	18 %

Illustration of the positions of the strategic business units in a four-field portfolio

The shares of the different business units compared to the total sales of the Meditec AG are expressed by the size of the circles.

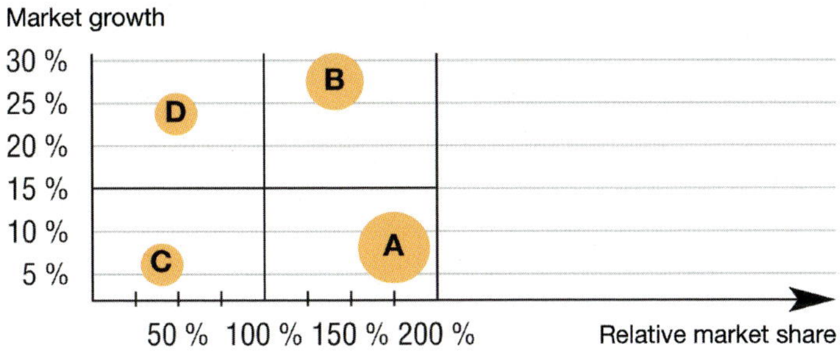

Strategies for the different business units resulting from the portfolio analysis

Question marks: (business unit D)	Stars: (business unit B)	Cash cows: (business unit A)	Poor dogs: (business unit C)
Business unit D (private customers / e-commerce) shows a strong market growth (23 %) with a low relative market share (50 %). The question arises if further investments in order to increase the relative market share on a fast-growing market (growth strategy) are likely to be profitable. With a pessimistic evaluation of the further developments of this business unit a withdrawal strategy will have to be considered.	Business unit B (small electical appliances) is characterised by a high relative market share (125 %) and strong market growth (27 %). In order to keep this position or even to strengthen it further in this fast-growing market, high investments are necessary (growth strategy), also in order to expand the share of this product in the total sales of Meditec AG (currently 23 %). The prevailing competitive advantages should be exploited systematically.	Business unit A (large electrical appliances) is characterised by a high relative market share (167 %) with low market growth (4 %). There is only little need for investments (possibly streamlining) in order to keep or strengthen this position (stabilising strategy). The resulting cashflow should be invested in successor products in order to strengthen their position.	Business unit C (consumable goods and supplies) shows a low relative market share (33 %) and low market growth (5 %). Agreement has to be reached as to whether further investments in business unit C are likely to be profitable. A decision has to be made if further investments in business unit C are profitable (e. g. by exploring new markets for successor products). If they are not profitable, the product with the lowest share in the total sales of Meditec AG (14 %) should slowly be withdrawn (decline strategy).

F

Zusammenfassende Übersicht zu Kap. 5.3: Szenario Technik, Produktlebenszyklus und Portfolioanalyse
Block diagram chapter 5.3: Scenario technique, product life cycle and portfolio analysis

Analyse- und Prognoseinstrumente für strategische Planung
Analysis and forecasting instruments for strategic planning

Produktlebenszyklus/*Product life cycle*

„Lebensweg" eines Produkts gemessen an Umsatz und Gewinn
Life of a product measured by sales and profits

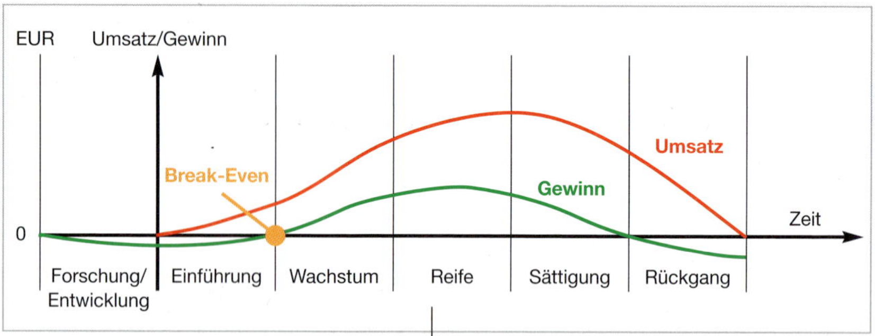

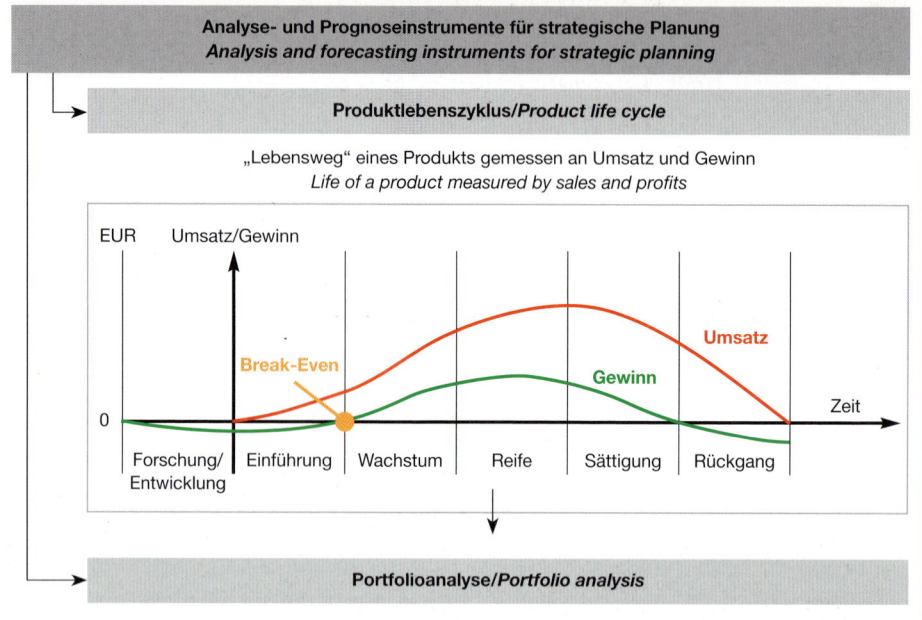

Portfolioanalyse/*Portfolio analysis*

Bestimmung eines ausgewogenen Produktprogramms unter Berücksichtigung der Situation des eigenen Unternehmens und der zu erwartenden Entwicklungen der Umfeldbedingungen.
Determination of a balanced production programme considering the situation of the company and the expected development of the business environment.

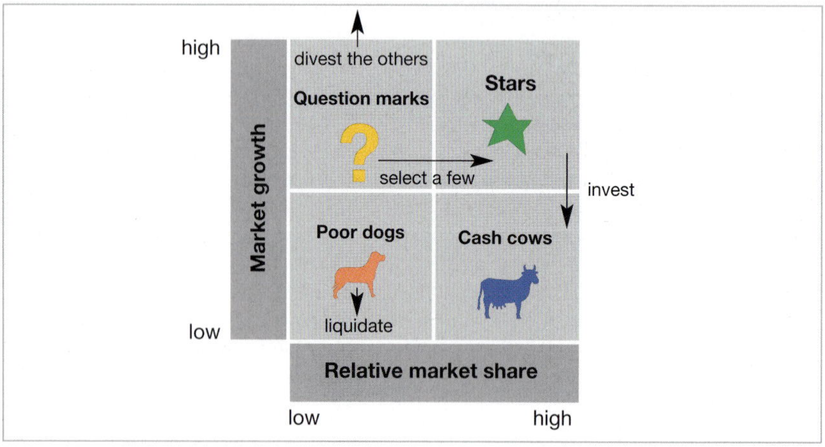

Revision questions

for chapter 5.3: Scenario technique, product life cycle and portfolio concept:

5.3.1 Scenario technique

1. What is a scenario?
2. Distinguish the three types of scenarios.

3. Describe the scenario funnel.
4. Describe the different phases of a scenario.

5.3.2 Product life cycle: phase model for the development of sales and profits

1. Explain the concept of "product life cycle".
2. List the six phases of the product life cycle. How do sales develop in each of these phases?
3. Why is the product life cycle important for strategic planning?
4. Why has the concept of product life cycle been criticised?

5.3.3 Portfolio analysis: basis for strategic recommendations

1. Describe the portfolio concept.
2. Outline the market growth – market share portfolio in a matrix and explain its structure.
3. Describe the four categories of the portfolio.
4. What kind of strategic recommendations can be made with respect to the four portfolio fields?
5. Match the phases of the product life cycle with the portfolio fields.

Tasks and problems

for chapter 5.3: Scenario technique, product life cycle and portfolio concept: analysis and forecasting instruments for strategic planning

(Tip: For this chapter you can find the case study "Corporate management and controlling" on the accompanying CD).

5.3.1 Scenario technique: scenarios for energy needs

The Royal Dutch/Shell Group has published a long-term scenario about future developments in world energy needs with the title "Energy Needs, Choices and Possibilities – Scenarios to 2050". *You can find materials and tasks (.pdf) on the accompanying CD*

5.3.2 Product life cycle

A manufacturer of cameras and camcorders experienced the following development of its product from the time of development to the withdrawal of the product from the market.

Phase	1	2	3	4	5	6
Price for retailers (EUR per unit)	0	1,000	900	800	650	500
Sales volume	0	10,000	35,000	75,000	70,000	40,000

1. Illustrate the development of sales in the form of a product life cycle.
2. Outline the development of profits.
3. Give some examples of products or industrial sectors which according to the product life cycle concept are in the
   a) introduction phase
   b) growth/maturity phase
   c) saturation/decline phase.
4. Explain the meaning of the product life cycle for the strategic corporate management.

5.3.3 Developing a market share – market growth portfolio

1. Glasbau AG is a company operating nationwide in the construction industry. Its four strategic business units show the following growth rates: PVC windows (W): 5 %, front doors (D): 8 %, winter gardens (G) 3 %, and window shutters (S): 2 %. The relative market shares are as follows: windows: 90 %, front doors: 150 %, winter gardens: 190 %, window shutters: 60 %.
   a) Develop a market share – market growth portfolio for this company.
      Tip: X-axis: relative market share (0–200 %)
      Y-axis: market growth (0–9 %)

b) Explain in which phase of the product life cycle Glasbau AG's strategic business unit "winter gardens" finds itself.

2. RAMAX AG makes household appliances. Their main business units are dishwashers, washing machines, electric kitchen stoves and fridges. To coincide with the expansion to Eastern Europe the company is planning to develop a market share – market growth portfolio according to the following market information:

	Dish-washers	Washing machines	Fridges	Electric kitchen stoves
Total market growth in %	7	8	2	2
Relative market share in %	60	150	190	40
Proportion of the marketing costs of the different products compared to the total marketing budget (in %)	20	35	6	39
Return on sales of the product in the previous business year	+ 0.5	+ 3.2	+ 15.3	– 3.9

On average, the total market for household appliances is growing by 4% per year. The average market share of the four most important competitors in this oligopoly market is 10%.

a) Match the products of RAMAX AG with the respective fields of the market share - market growth portfolio.

b) Evaluate the distribution of the marketing budget of RAMAX AG according to the data provided and make a recommendation to the CEO.

c) Give reasons why the CEO might want to keep the "poor dogs" in their portfolio despite their poor sales performance.

5.3.4 Portfolio analysis

Snowsport AG has four strategic business units: cross-country ski (cc), downhill ski (dh), snowboards (sb) and Bigfoots (bf). In addition to the skis, boards and bigfoots they also make shoes and bindings. The total sales of Snowsports AG amount to 300 million EUR. Snowsports AG has the following portfolio (cf. chart below).

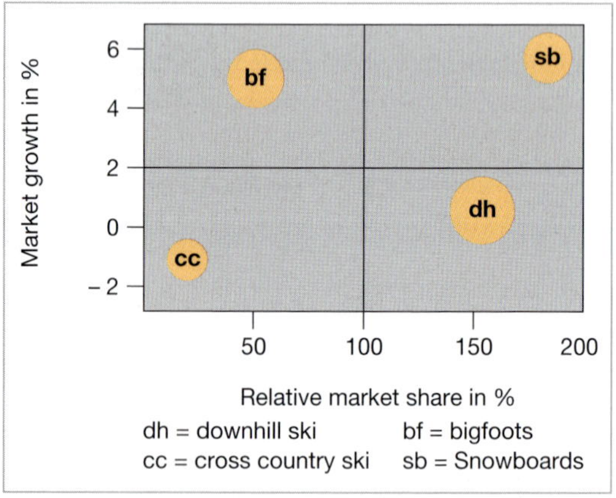

1. With sales of 60 million EUR Snowsports AG has a relative market share of 50 per cent with their bigfoots. Calculate the sales of the strongest competitor for this product.
2. Evaluate the importance of the strategic business unit "downhill ski" for the success of the company as a whole.
3. Explain in which phase of the product life cycle cross-country skies are. Give strategic advice for this business unit.
4. The market introduction of bigfoots was not as successful as expected: market share and market growth stayed far behind the expected figures. This business unit was classed as a "poor dog" in the problematic field. For reasons of cost accounting the adoption of a decline strategy (disinvestment strategy) met with little support. What reasons might have influenced this decision?
5. It is becoming clear that, due to global warming, winters in Europe in future will have considerably less snow, and popular winter sports resorts will not be able to offer reliable snow conditions any more. Do you think Snowsport AG could have been aware of this development early and could have reacted appropriately by refocusing their strategic corporate management?

Zusammenfassende Übersicht zu Teil F: Management and Controlling

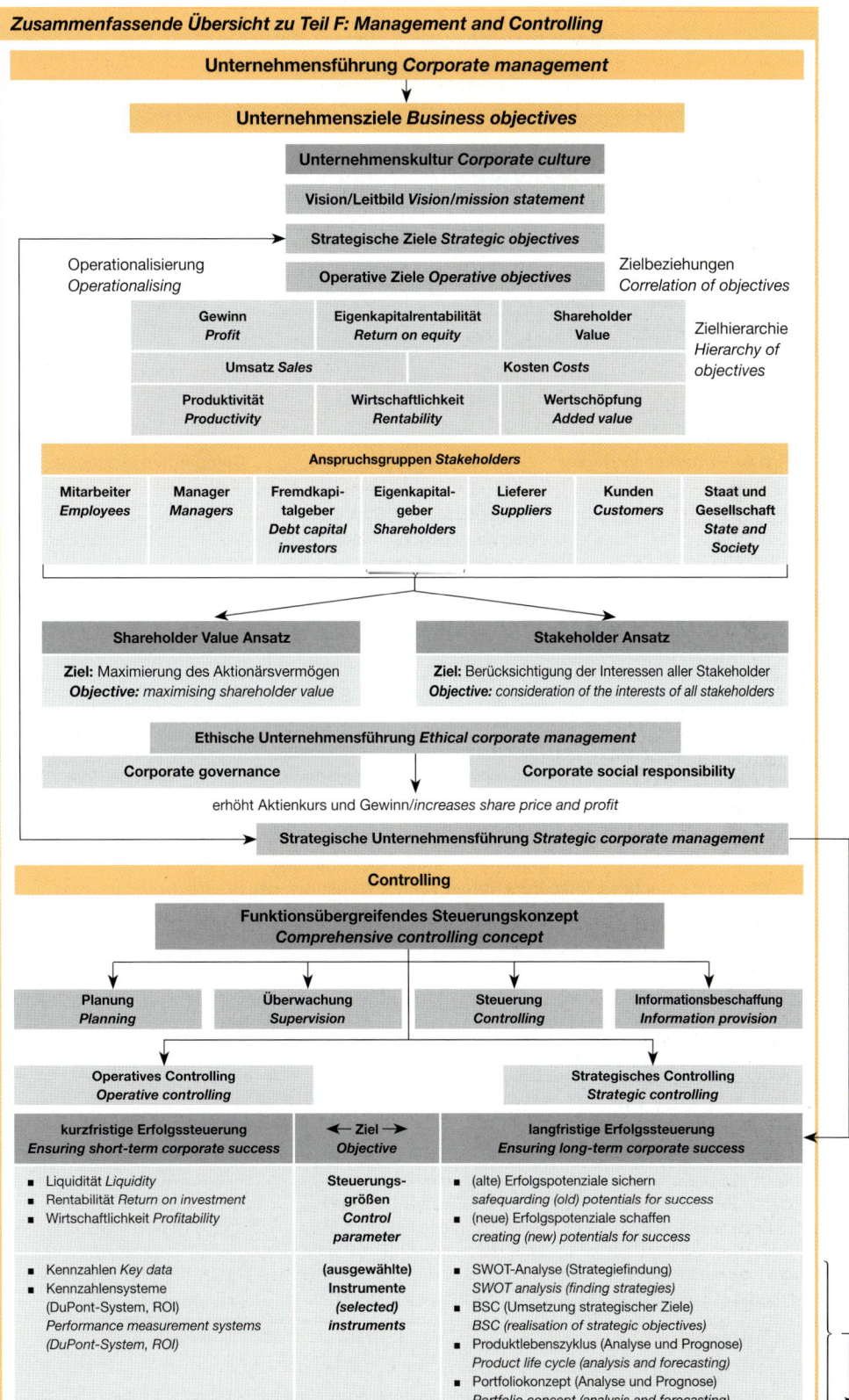

Unternehmensführung *Corporate management*

↓

Unternehmensziele *Business objectives*

Unternehmenskultur *Corporate culture*

Vision/Leitbild *Vision/mission statement*

Strategische Ziele *Strategic objectives*

Operationalisierung *Operationalising*

Operative Ziele *Operative objectives*

Zielbeziehungen *Correlation of objectives*

Gewinn ***Profit***	**Eigenkapitalrentabilität** ***Return on equity***	**Shareholder Value**
Umsatz *Sales*		**Kosten *Costs***
Produktivität ***Productivity***	**Wirtschaftlichkeit** ***Rentability***	**Wertschöpfung** ***Added value***

Zielhierarchie *Hierarchy of objectives*

Anspruchsgruppen *Stakeholders*

Mitarbeiter ***Employees***	**Manager** ***Managers***	**Fremdkapitalgeber** ***Debt capital investors***	**Eigenkapitalgeber** ***Shareholders***	**Lieferer** ***Suppliers***	**Kunden** ***Customers***	**Staat und Gesellschaft** ***State and Society***

Shareholder Value Ansatz	**Stakeholder Ansatz**
Ziel: Maximierung des Aktionärsvermögen ***Objective:*** *maximising shareholder value*	**Ziel:** Berücksichtigung der Interessen aller Stakeholder ***Objective:*** *consideration of the interests of all stakeholders*

Ethische Unternehmensführung *Ethical corporate management*

Corporate governance | **Corporate social responsibility**

↓

erhöht Aktienkurs und Gewinn/*increases share price and profit*

→ **Strategische Unternehmensführung *Strategic corporate management***

Controlling

Funktionsübergreifendes Steuerungskonzept
Comprehensive controlling concept

Planung ***Planning***	**Überwachung** ***Supervision***	**Steuerung** ***Controlling***	**Informationsbeschaffung** ***Information provision***

Operatives Controlling ***Operative controlling***		**Strategisches Controlling** ***Strategic controlling***
kurzfristige Erfolgssteuerung ***Ensuring short-term corporate success***	**← Ziel →** ***Objective***	**langfristige Erfolgssteuerung** ***Ensuring long-term corporate success***
▪ Liquidität *Liquidity* ▪ Rentabilität *Return on investment* ▪ Wirtschaftlichkeit *Profitability*	**Steuerungsgrößen** ***Control parameter***	▪ (alte) Erfolgspotenziale sichern *safeguarding (old) potentials for success* ▪ (neue) Erfolgspotenziale schaffen *creating (new) potentials for success*
▪ Kennzahlen *Key data* ▪ Kennzahlensysteme (DuPont-System, ROI) *Performance measurement systems (DuPont-System, ROI)*	**(ausgewählte) Instrumente** ***(selected) instruments***	▪ SWOT-Analyse (Strategiefindung) *SWOT analysis (finding strategies)* ▪ BSC (Umsetzung strategischer Ziele) *BSC (realisation of strategic objectives)* ▪ Produktlebenszyklus (Analyse und Prognose) *Product life cycle (analysis and forecasting)* ▪ Portfoliokonzept (Analyse und Prognose) *Portfolio concept (analysis and forecasting)*

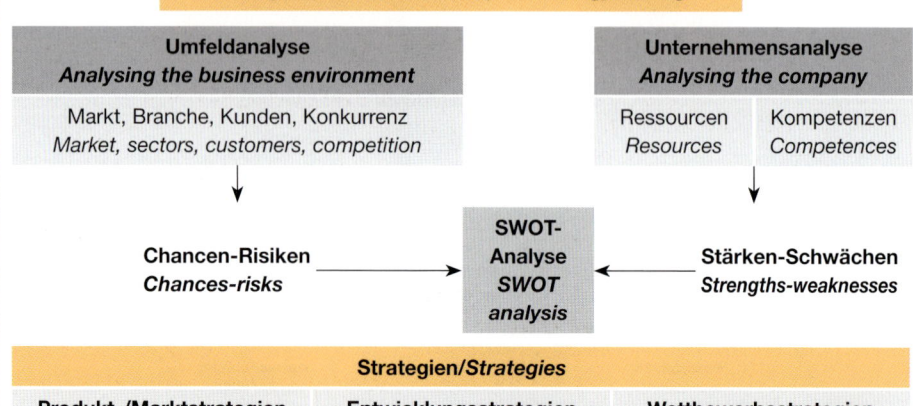

Stärken-Schwächen-Analyse/Strategiefindung
Strengths-weaknesses analysis/strategy finding

Umfeldanalyse
Analysing the business environment

Markt, Branche, Kunden, Konkurrenz
Market, sectors, customers, competition

Unternehmensanalyse
Analysing the company

Ressourcen
Resources

Kompetenzen
Competences

Chancen-Risiken
Chances-risks

SWOT-Analyse
SWOT analysis

Stärken-Schwächen
Strengths-weaknesses

Strategien/*Strategies*

Produkt-/Marktstrategien *Product-/market strategies*	Entwicklungsstrategien *Development strategies*	Wettbewerbsstrategien *Competitive strategies*

Umsetzung von Strategien
(Von der Vision zur Wirklichkeit)
Realising strategies
(from vision to reality)

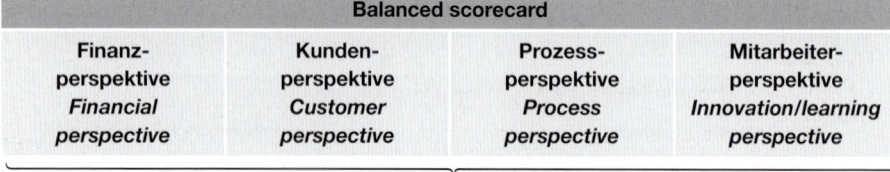

Balanced scorecard

Finanzperspektive *Financial perspective*	Kundenperspektive *Customer perspective*	Prozessperspektive *Process perspective*	Mitarbeiterperspektive *Innovation/learning perspective*

Strategische Ziele, Messgrößen, Zielwerte, Maßnahmen
Ursache-Wirkungs-Beziehungen
Strategic objectives, indicators, target values, measures, cause-effect-relationships

Analyse- und Prognoseinstrumente für strategische Planung
Instruments for analysis and forecasting for strategic planning

Produktlebenszyklus
Product life cycle

„Lebensweg" eines Produkts
gemessen an Umsatz und Gewinn
Life of a product measured by sales and profits

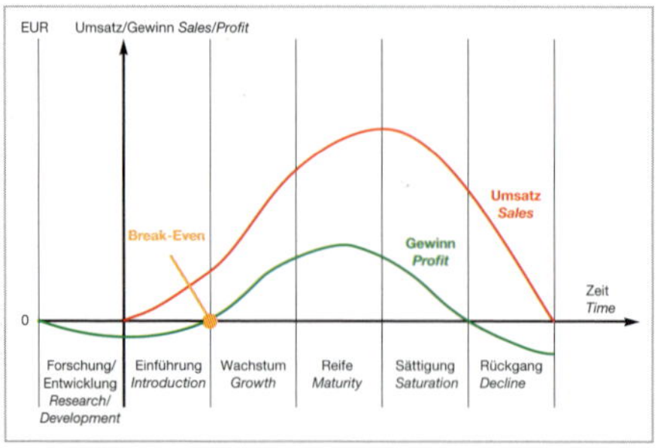

Portfolioanalyse
Portfolio analysis

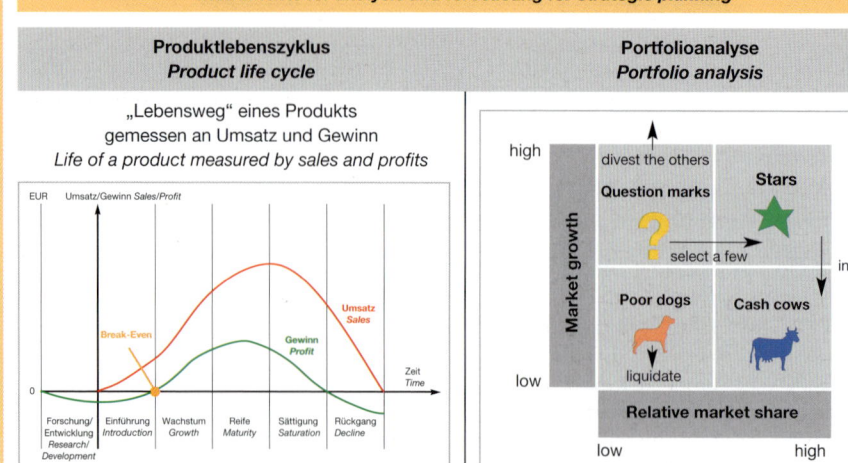

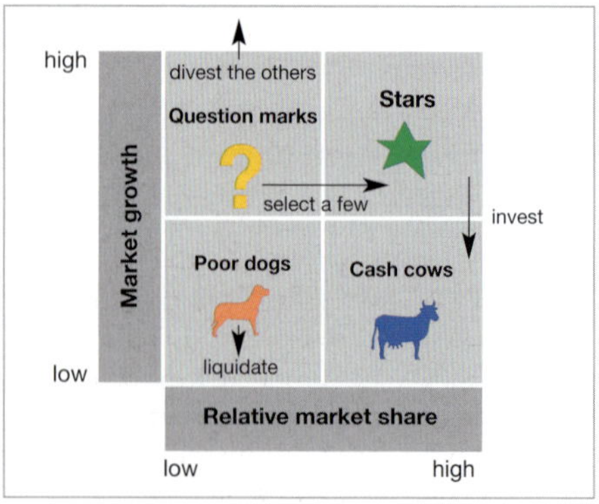

Summarising exercises for part F:

Corporate management and controlling

Exercise 1 Corporate visions and development of strategies

1. For each of the following companies find a short and precise vision statement (one sentence).
   a) Parts supplier in the automotive industry
   b) Brewery
   c) Manufacturer of household appliances
   d) Department store chain
2. The following visions have been developed by companies in the three sectors mentioned. Try to derive a corporate strategy from this vision.
   a) Mail order house: "Our customers are satisfied".
   b) Bicycle manufacturer: "We always have the latest technology. This will make us market leader in five years."
   c) Private regional bank: "In five years our return on equity will be higher than that of any other private bank in our region."

Exercise 2 Business objectives

1. Name and explain at least four key figures relating to the profit of a company.
2. A German industrial company presents the following profit and loss statement:

Aufwendungen	GuV-Rechung (in 1 000 EUR)		Erträge
Materialaufwand	350	Umsatzerlöse	800
Personalaufwand	200	Bestandserhöhungen	70
Abschreibungen	180	Selbsterstellte Anlagen	130
Zinsaufwand	70		
Mietaufwand	30		
Zuführung zu Pensionsrückstellungen	70		
Gewinn	100		
	1 000		1 000

   a) Calculate its gross cashflow (indirect method / Praktiker formula) with a tax on earnings of 30 %.
   b) Calculate the net cashflow, if 50 % of net profits are supposed to be distributed.
   c) Calculate the cashflow rate of sales.
   d) Calculate return on sales.
   e) What is the added value of this company?
   f) Calculate the added value ratio (added value · 100 / sales)
   g) What kind of difference can one normally find between an industrial and a trading enterprise concerning the level of the added value ratio? Give reasons for your answer.
3. Find out if and in what circumstances the phrases listed below make sense for economic business objectives:
   a) Maximising sales revenues
   b) Maximising sales volumes
   c) Maximising profit per unit
   d) Minimising total costs
   e) Minimising costs per unit
   f) Maximising total profits
   g) Maximising total profit contribution
   h) Maximising corporate value
   i) Maximising the profit contribution per unit
   j) Maximising the return on sales
   k) Maximising the ratio of profit contribution and sales
   l) Increasing the debt capital ratio
4. Give examples for possible conflicts of economic objectives in a company.

Exercise 3 Productivity – profitability – rate of return – liquidity

1. Productivity, profitability and (rate of) return are important business objectives and at the same time key figures for operative controlling.
   a) Outline the relationship between the three objectives.
   b) Explain the relationship between (rate of) return and liquidity.
2. The Ice-Sport AG is specialised in manufacturing ice hockey sticks. Eight people are working in the production unit of the company producing 24,000 sticks per year. This requires 2,000 m^2 of wood and 500 kg of glue. The price for 100 m^2 of wood is 1,200 EUR, and for 100 kg of glue it is 200 EUR. The employees in the production unit on average work 1,800 hours per year. The wages amount to 25.00 EUR per hour. The costs for the energy consumption of 0.5 million kWh are 15,000 EUR. One hockey stick can be sold to retailers at a price of 22.00 EUR.
   a) Calculate the productivity of the production factors wood, energy and labour.
   b) Determine the profitability of the company as a whole, given the fact that the remaining annual costs are 68,000 EUR.
   c) Calculate the return on sales and explain your result.
   d) Evaluate the changes in the productivity of the production factors with an unchanged output but with the following changes:
      - For age reasons, one employee works part-time.
      - Wages increase by 4 %.
      - Energy costs increase to 20,000 EUR with consumption remaining unchanged.
      - The sales price per stick can be increased to 24.00 EUR.
   e) Explain the changes in profitability and the return on sales resulting from the changes mentioned in d).

Exercise 4 Stakeholders – shareholder value

Link the various stakeholder groups of a company with the appropriate objectives and demands.

Exercise 5 Strategic Management – Analysing the business environment

Analysing the business environment provides an important basis for strategic management.

1. Explain the tasks and meaning of strategic management.
2. State what is at the centre of a business environment analysis and give reasons why it is important.
3. Draft an analysis of the business environments of fast food chains such as McDonald's or Burger King. Consider the different business environments that such companies have to cope with.
4. On the basis of your results in no. 3 what kinds of measures would you suggest the fast food chains should take?

Exercise 6 Product life cycle – portfolio analysis

The South German winery WEINSTUDIO 2000 entered the market only few years ago. Beside their high-quality red and white wines they also produce the sparkling wine "XLDry".

1. In the attempt to position the sparkling wine of WEINSTUDIO 2000 in the product life cycle alongside a selection of other representative Southern German wineries which also produce high-quality sparkling wines we can find the following results.
   a) On the basis of two criteria name and characterise the phase in the product life cycle that is marked in the graph for Southern-German wineries and for WEINSTUDIO 2000.

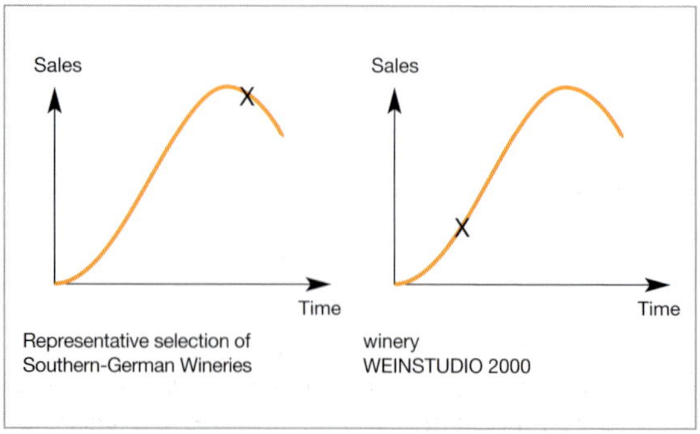

b) Give two possible reasons for the difference in positioning WEINSTUDIO 2000's sparkling wine XLDry compared to its competitors.

2. As the chances for a market growth for white wines are exhausted, the winery WEINSTUDIO 2000 has recently started to offer grape juices which, compared to the usual grape juices, are made of only one high-quality type of grape. Having introduced the grape juices to the market the management of WEINSTUDIO 2000 creates the following market growth – market share portfolio (cf. matrix on the right). The strategic business unit grape juice still has to be positioned in the market. The following data are available:

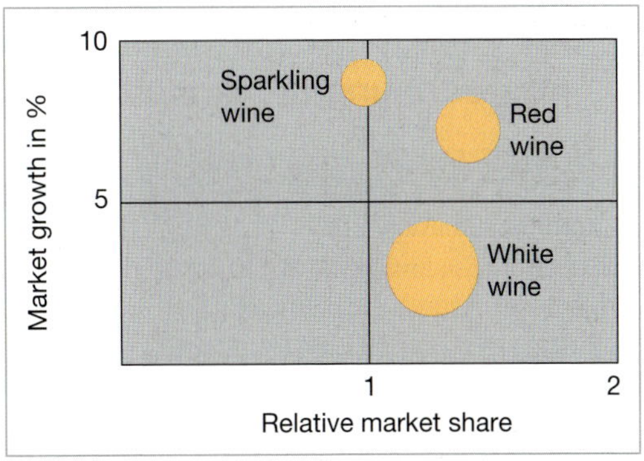

Total sales of grape juice	2.6 million EUR
Growth of total grape juice sales	7.5 %
Market share (grape juice) of WEINSTUDIO 2000	8 %
Market share (grape juice) of strongest competitor	10 %
Share of sparkling wine sales as percentage of total sales of WEINSTUDIO 2000	14 %
Share of red wine sales as percentage of total sales of WEINSTUDIO 2000	28 %
Share of white wine sales as percentage of total sales of WEINSTUDIO 2000	48 %

a) Describe the position of the strategic business unit "grape juice" in the market growth – market share portfolio.

b) Make a recommendation to WEINSTUDIO 2000 for a suitable market strategy for their strategic business unit "grape juice".

Exercise 7

The executive board of Chocosweet AG which operates in Europe expects information about the market position of their seven product groups. The following sales figures are available:

Strategic business unit / Company	Sales in million EUR						
	Bar of chocolate	Chocolate bar	Chocolates	Sweets	Biscuit	Marzipan	Cereal bar
Chocosweet AG	150	32	15	40	15	6	28
Confiserie AG	100	35	15	80	30	3	35
Leckermaul AG	80	40	10	100	25	5	40
Total market							
Sales	500	300	50	300	100	20	200
Forecast	505	345	52	318	108	23.6	234

1. Provide a market share – market growth portfolio for Chocosweet AG and fill in the seven product groups into the matrix.
2. Match the four categories with the respective phases of the product life cycle.
3. Provide a report for the executive board (as a table) showing the recommended strategy for each product group as well as their investment and financing needs.

Anwendung finanzmathematischer Funktionen eines Taschenrechners (GTR TI-84)[1]

1 Berechnung der Annuität

Beispiel S. 322

Annuitätendarlehen

- Darlehenssumme: 100 000 EUR,
- Zinssatz: 10 %,
- Laufzeit: 5 Jahre,
- Zins- und Tilgungszahlungen: jährlich am Jahresende

Die Höhe der Annuität lässt sich (wie viele andere finanzmathematische Fragestellungen) mit dem **TVM-Solver** (**T**ime-**V**alue-**M**oney-Solver) ermitteln.

1. Taste APPS drücken
2. **1: Finance** ENTER bestätigen
3. **Calc 1: TVM Solver** mit ENTER bestätigen.
4. Eingeben:
   N (Jahre) = 5
   I% (Zinssatz) = 10
   PV (Present value, Barwert) = 100 000
   PMT (Payment amount, Raten, Annuität) = gesucht (keine Eingabe oder 0)
   FV (Future Value, Endwert) = 0
   P/Y (Payment periods per year), regelmäßige Zahlungen pro Jahr) = 1
   C/Y (Compounding periods per year, Zinsperioden pro Jahr) = 1
   PM: End (nachschüssig, fällig am Jahresende)

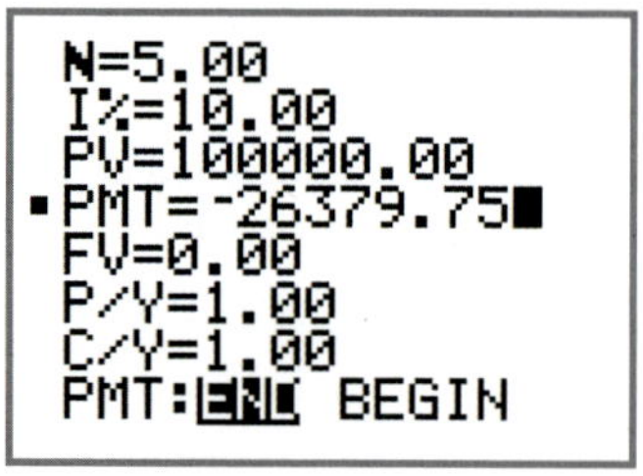

5. Mit dem Cursor den gesuchten Wert **PMT** (Raten, Annuität) markieren
6. Taste ALPHA und danach SOLVE drücken
7. **PMT** (Raten, Annuität) wird mit – 26 379,75 ausgegeben.

1 Grafikfähiger Taschenrechner Texas Instruments T-84

2 Barwertberechnung

2.1 Barwert eines einzelnen Betrages: TVM-Solver

Beispiel S. 326

Barwert der Liquiditätsbelastung vor Steuern bei verschiedenen Darlehensformen

- Barwert des bei einem Festdarlehen nach fünf Jahren fälligen Betrages von 110 000 EUR. Kalkulationszinssatz 12 %.

Der **Barwert eines einzelnen Betrages** lässt sich ebenfalls mit dem **TVM-Solver** (**T**ime-**V**alue-**M**oney-Solver) ermitteln.

1. Taste **APPS** drücken
2. **1: Finance** mit **ENTER** bestätigen
3. **Calc 1: TVM Solver** mit **ENTER** bestätigen.
4. Eingeben:
   N (Jahre) = 5,
   I% (Kalkulationszinssatz) = 12
   PV (Present value, Barwert) = gesucht (keine Eingabe oder 0),
   PMT (Payment amount, Raten) = 0 (keine regelmäßigen Raten),
   FV (Future value, Endwert) = (–) 110 000
   P/Y (Payment periods per year), regelmäßige Zahlungen pro Jahr) = 1
   C/Y (Compounding periods per year, Zinsperioden pro Jahr) = 1
   PM: End (nachschüssig, fällig am Jahresende)

```
 N=5.00
 I%=12.00
▪PV=62416.95
 PMT=0.00
 FV=-110000.00
 P/Y=1.00
 C/Y=1.00
 PMT:END BEGIN
```

5. Mit dem Cursor den gesuchten Wert **PV** (Barwert) markieren
6. Taste **ALPHA** und danach **SOLVE** drücken
7. **PV** (Barwert) wird mit 62 416,95 ausgegeben.

1 Grafikfähiger Taschenrechner Texas Instruments T-84

2.2 Barwertsumme bei mehreren verschiedenen Beträgen

Die Berechnung von Barwertsummen erfolgt mit der Funktion **npv** (net present value).

Beispiel S. 326

Berechnung der Barwertsumme der Liquiditätsbelastung vor Steuern bei einem Abzahlungsdarlehen

- Kalkulationszinssatz: 12 %

Jahre	1	2	3	4	5
Liquiditätsbelastung in EUR	30 000	28 000	26 000	24 000	22 000

Barwertfunktion npv*(Zinssatz, heutige Zahlung, gespeicherte Liste)*

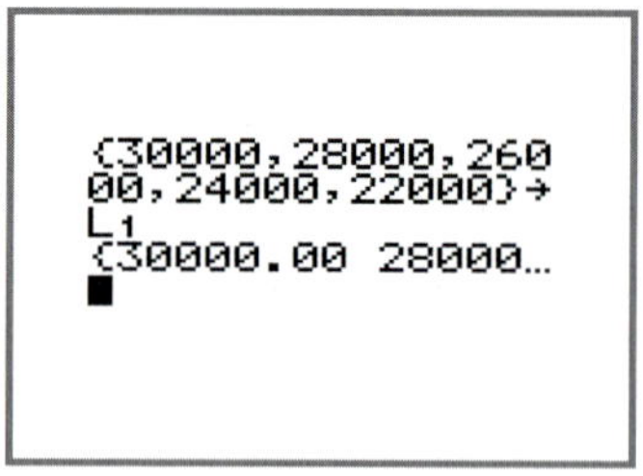

1. **Speichern der Einzahlungsüberschüsse als Liste**

   Zunächst müssen die künftigen Zahlungen, deren Barwertsumme ermittelt werden soll, mit STAT in einer Liste gespeichert werden. Oder: Alle Beträge in geschweiften Klammern durch Kommata getrennt eingegeben und mit STO einer Liste (z. B. L1) zuweisen.

   *2nd {*30 000, 28 000, 26 000, 24 000, 22 000 *2nd}* STO *2nd L1.* ENTER

2. **Anwendung der Barwertfunktion npv*(Zinssatz, heutige Zahlung, gespeicherte Liste)***

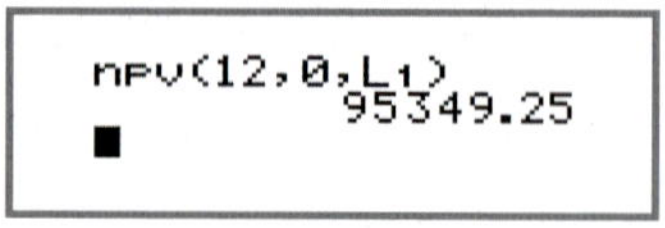

   1. Taste APPS drücken
   2. **1: Finance** mit ENTER bestätigen
   3. Mit der Taste „Pfeil nach unten" **CALC 7: npv** auswählen ENTER
   4. In runden Klammern durch Kommata getrennt Kalkulationszinssatz (5), heutige Zahlung (0), gespeicherte Liste der künftigen Zahlungen (L1) eingeben.
      nvp(5, 0, *2nd L1*) ENTER
   5. Die Barwertsumme wird mit 95 349,25 ausgegeben.

2.3 Barwertsumme bei mehreren gleichen Beträgen

Sind in zwei oder mehr aufeinander folgenden Jahren gleich hohe Beträge fällig, kann die Eingabe vereinfacht werden, da die wiederkehrenden Beträge nur einmal eingegeben werden müssen.

Beispiel S. 326

Berechnung der Barwertsumme der Liquiditätsbelastung vor Steuern bei einem Festdarlehen

- Kalkulationszinssatz: 12 %

Jahre	1	2	3	4	5
Liquiditätsbelastung in EUR	10 000	10 000	10 000	10 000	110 000

Barwertfunktion npv*(Zinssatz, heutige Zahlung, gespeicherte Liste der künftigen Zahlungen, {Häufigkeit der Zahlungen})*

1. Speichern der Einzahlungsüberschüsse als Liste

Da in vier aufeinander folgenden Jahren jeweils 10 000 EUR zu zahlen sind, muss dieser Betrag nur einmal eingegeben werden. Zusätzlich ist der im fünften Jahr fällige abweichende Betrag in Höhe von 110 000 EUR mit **STAT** in eine Liste einzugeben. Oder: Die Beträge stehen durch Kommata getrennt in geschweiften Klammern und werden mit **STO** einer Liste (z. B. L1) zugewiesen.

```
{10000,110000}→L
1
{10000.00 11000…
■
```

*2nd {*10 000, 110 000 *2nd}* **STO** *2nd L1.* **ENTER**

2. Anwendung der Barwertfunktion npv*(Zinssatz, heutige Zahlung, gespeicherte Liste)*

```
npv(12,0,L1,{4,1}
)
          92790.45
■
```

1. **APPS** **1: Finance CALC 7: npv (**
2. In runden Klammern durch Kommata getrennt Kalkulationszinssatz (5), heutige Zahlung (0), gespeicherte Liste der künftigen Zahlungen (L1) und in geschweiften Klammern Häufigkeit {4, 1} eingeben.
   nvp(5, 0, *2nd L1, 2nd* {4, 1 *2nd})* **ENTER**
3. Die Barwertsumme wird mit 92 790,45 ausgegeben.

3 Kapitalwertberechnung – Interner Zinsfluß[1]

Die Kapitalwertberechnung erfolgt mit der Funktion **npv** (net present value).

Beispiel S. 357

Berechnung des Kapitalwertes einer Investition

- Anschaffungszahlungen: 100 000 EUR,
- Kalkulationszinssatz: 10 %

Jahre	1	2	3	4	5
Einzahlungsüberschüsse in EUR	30 000	50 000	30 000	20 000	30 000

1. Speichern der Einzahlungsüberschüsse als Liste

Zunächst müssen die künftigen Einzahlungsüberschüsse, deren Barwertsumme ermittelt werden soll, mit **STAT** in einer Liste gespeichert werden. **Negative Werte (Auszahlungsüberschüsse) werden mit (–) erfasst.** Oder: Alle Beträge stehen durch Kommata getrennt in geschweiften Klammern und werden mit **STO** einer Liste (z. B. L_1) zugewiesen.

```
{30000,50000,300
00,20000,30000}→
L1
{30000.00 50000…
■
```

*2nd {*30 000, 50 000, 30 000, 20 000, 30 000 *2nd}* **STO** *2nd* L_1. **ENTER**

1 Die Methode des internen Zinsfußes zur Beurteilung einer Investition ist nicht Gegenstand des Lehrplans.

2. Anwendung der Barwertfunktion npv*(Zinssatz, (–) Anschaffungszahlungen, gespeicherte Liste)*

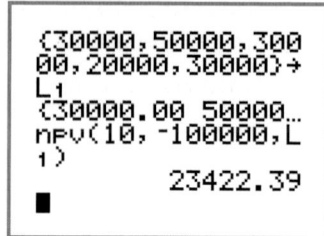

```
{30000,50000,300
00,20000,30000}→
L1
{30000.00 50000…
npv(10,-100000,L
1)
                23422.39
■
```

1. Taste APPS drücken
2. **1: Finance** mit ENTER bestätigen
3. Mit der Taste „Pfeil nach unten **CALC 7: npv(...** auswählen
4. In runden Klammern durch Kommata getrennt Kalkulationszinssatz, Anschaffungsausgaben **mit (–)**, gespeicherte Liste der Einzahlungsüberschüsse (L_1) eingeben.
   nvp(10, (–) 100 000, *2nd* L_1) ENTER
5. Der Kapitalwert wird mit 23 422,39 ausgegeben.
   Da der Kapitalwert positiv ist, ist die Investition vorteilhaft.

3. Berechnung des internen Zinsfußes irr*((–) Anschaffungszahlungen, gespeicherte Liste)*

```
irr(-100000,L1)
           19.41
■
```

Der interne Zinsfuß ist der Zinssatz, bei dem der Kapitalwert 0 ist.

1. Taste APPS drücken
2. **1: Finance** mit ENTER bestätigen
3. Mit der Taste „Pfeil nach unten **CALC8: irr(...** auswählen
4. In runden Klammern durch Kommata getrennt Anschaffungszahlungen **mit (–)**, gespeicherte Liste der Einzahlungsüberschüsse (L_1) eingeben.
   irr((–) 100 000, *2nd* L_1) ENTER
5. Der interne Zinsfuß wird mit 19,41 ausgegeben.

   Da der interne Zinsfuß den Kalkulationszinsfuß übersteigt, ist die Investition vorteilhaft. Es gilt:

   interner Zinsfuß > Kalkulationszinssatz: Investition vorteilhaft
   interner Zinsfuß = Kalkulationszinssatz: indifferent
   interner Zinsfuß < Kalkulationszinssatz: Investition unvorteilhaft

Anhang: Tabellen mit Aufzinsungs-, Abzinsungs- und Annuitätenfaktoren für Zinssätze (p) von 5 % bis 10 % und Laufzeiten (n) von 1 bis 10 Jahren.

$i = p/100$ $q = 1 + p/100 = 1 + i$

Aufzinsungsfaktor: q^n

Abzinsungsfaktor: $\frac{1}{q^n} = q^{-n}$

Annuitätenfaktor: $\frac{q^n(q-1)}{q^n - 1}$

Zinseszinsformel:

$$K_n = K_0 \cdot (1 + p/100)^n$$
$$K_n = K_0 \cdot (1 + i)^n$$
$$K_n = K_0 \cdot \underbrace{q^n}_{\text{Aufzinsungsfaktor}}$$

Barwertformel:

$$K_0 = K_n \cdot \underbrace{1/q^n}_{\text{Abzinsungsfaktor}}$$

n \ 5 %	q^n	$\frac{1}{q^n}$	$\frac{q^n(q-1)}{q^n-1}$
1	1,050000	0,952381	1,050000
2	1,102500	0,907029	0,537805
3	1,157625	0,863838	0,367209
4	1,215506	0,822702	0,282012
5	1,276282	0,783526	0,230975
6	1,340096	0,746215	0,197017
7	1,407100	0,710681	0,172820
8	1,477455	0,676839	0,154722
9	1,551328	0,644609	0,140690
10	1,628895	0,613913	0,129505

n \ 6 %	q^n	$\frac{1}{q^n}$	$\frac{q^n(q-1)}{q^n-1}$
1	1,060000	0,943396	1,060000
2	1,123600	0,889996	0,545437
3	1,191016	0,839619	0,374110
4	1,262477	0,792094	0,288591
5	1,338226	0,747258	0,237396
6	1,418519	0,704961	0,203363
7	1,503630	0,665057	0,179135
8	1,593848	0,627412	0,161036
9	1,689479	0,591898	0,147022
10	1,790848	0,558395	0,135868

n \ 7 %	q^n	$\frac{1}{q^n}$	$\frac{q^n(q-1)}{q^n-1}$
1	1,070000	0,934579	1,070000
2	1,144900	0,873439	0,553092
3	1,225043	0,816298	0,381052
4	1,310796	0,762895	0,295228
5	1,402552	0,712986	0,243891
6	1,500730	0,666342	0,209796
7	1,605781	0,622750	0,185553
8	1,718186	0,582009	0,167468
9	1,838459	0,543934	0,153486
10	1,967151	0,508349	0,142378

n \ 8 %	q^n	$\frac{1}{q^n}$	$\frac{q^n(q-1)}{q^n-1}$
1	1,080000	0,925926	1,080000
2	1,166400	0,857339	0,560769
3	1,259712	0,793832	0,388034
4	1,360489	0,735030	0,301921
5	1,469328	0,680583	0,250456
6	1,586874	0,630170	0,216315
7	1,713824	0,583490	0,192072
8	1,850930	0,540269	0,174015
9	1,999005	0,500249	0,160080
10	2,158925	0,463193	0,149029

n \ 9 %	q^n	$\frac{1}{q^n}$	$\frac{q^n(q-1)}{q^n-1}$
1	1,090000	0,917431	1,090000
2	1,188100	0,841680	0,568469
3	1,295029	0,772183	0,395055
4	1,411582	0,708425	0,308669
5	1,538624	0,649931	0,257092
6	1,677100	0,596267	0,222920
7	1,828039	0,547034	0,198691
8	1,992563	0,501866	0,180674
9	2,171893	0,460428	0,166799
10	2,367364	0,422411	0,155820

n \ 10 %	q^n	$\frac{1}{q^n}$	$\frac{q^n(q-1)}{q^n-1}$
1	1,100000	0,909091	1,100000
2	1,210000	0,826446	0,576190
3	1,331000	0,751315	0,402115
4	1,464100	0,683013	0,315471
5	1,610510	0,620921	0,263797
6	1,771561	0,564474	0,229607
7	1,948717	0,513158	0,205405
8	2,143589	0,466507	0,187444
9	2,357948	0,424098	0,173641
10	2,593742	0,385543	0,162745

Abkürzungsverzeichnis

a. a. O.	am angegebenen Ort
a. H.	auf Hundert (vermehrter Grundwert)
Abb.	Abbildung
AfA	Absetzung für Abnutzung
AG	Aktiengesellschaft
AGB	Allgemeine Geschäftsbedingungen
AHK	Anschaffungs- und Herstellungskosten
AktG	Aktiengesetz
AO	Abgabenordnung
Aufl.	Auflage
AV	Anlagevermögen
AW	Anschaffungswert
BAB	Betriebsabrechnungsbogen
Bd.	Band
BetrVG	Betriebsverfassungsgesetz
BGB	Bürgerliches Gesetzbuch
BSC	Balanced Scorecard
BStBl	Bundessteuerblatt
ca.	circa (ungefähr)
CHF	Schweizer Franken
CNC	Computerized Numerical Control
CSR	Corporate Social Responsibility
d. h.	das heißt
d. J.	diesen Jahres
DAX	wichtigster deutscher Aktienindex
DCF	Discounted Cash Flow
div.	diverse (verschiedene)
DrittelbG	Drittelbeteiligungsgesetz
DRSC	Deutsches Rechnungslegungs Standards Committee
e. K., e. Kfm., e. Kffr.	eingetragener Kaufmann/ eingetragene Kauffrau
EBIT	Earnings before Interest and Taxes
EBITDA	Earnings before Interest, Taxes, Depreciation and Amortization
EStG	Einkommensteuergesetz
EStR	Einkommensteuerrichtlinien
EU	Europäische Union
EUR	Euro
EWWU	Europäische Wirtschafts- und Währungsunion
f., ff.	folgende

FCF	freier Cashflow
FDI	Foreign direct investment
FE	Fertigerzeugnisse
FEK	Fertigungseinzelkosten
FGK	Fertigungsgemeinkosten
FL	Fertigungslöhne
FM	Fertigungsmaterial
franz.	französisch
GDP	Gross domestic product (Bruttoinlandsproduct)
GewO	Gewerbeordnung
GewStG	Gewerbesteuergesetz
gez.	gezeichnetes
GG	Grundgesetz für die Bundesrepublik Deutschland
ggf.	gegebenenfalls
GmbH	Gesellschaft mit beschränkter Haftung
GmbHG	GmbH-Gesetz
GoB	Grundsätze ordnungsmäßiger Buchführung
gr.	griechisch
GuV	Gewinn und Verlust
GWG	geringwertige Wirtschaftsgüter
HEKO	Herstellkosten
HGB	Handelsgesetzbuch
Hrsg.	Herausgeber
i. d. R.	in der Regel
i. H.	im Hundert (verminderter Grundwert)
IAS	International Accounting Standards
IASB	International Accounting Standards Board
ICN	International Competition Network
IFRS	International Financial Reporting Standards
IHK	Industrie- und Handelskammer
ILO	International Labour Organisation
IMF	International Monetary Fund
InsO	Insolvenzordnung
ITC	Information and communication technologies
kalk.	kalkulatorisch
Kap.	Kapitel
KG	Kommanditgesellschaft

KGV	Kurs-Gewinn-Verhältnis
KLR	Kosten- und Leistungsrechnung
KStG	Körperschaftsteuergesetz
kWh	Kilowattstunde
lat.	lateinisch
lt.	laut (entsprechend)
LeasErl	Leasingerlass
lmi	leistungsmengeninduziert
lmn	leistungsmengenneutral
LSt	Lohnsteuer
m. a. W.	mit anderen Worten
m^3	Kubikmeter
M&A	Mergers and aquisitions
MEK	Materialeinzelkosten
MGK	Materialgemeinkosten
Min.	Minute
Mio.	Millionen
MitbestG	Mitbestimmungsgesetz
MJ	Mitarbeiterjahre
MNC	Multinational Company
Mrd.	Milliarden
mtl.	monatlich
o. Ä.	oder Ähnliches
OECD	Organization für Economic Co-operation and Development
OHG	Offene Handelsgesellschaft
p. a.	per annum bzw. pro anno (pro Jahr)
PESTEL	Political, enconomic, social, technological, enviromental and legal factors
POC	Percentage of Completion
PublG	Publikationsgesetz
PUGk	kurzfristige Preisuntergrenze
PUGl	langfristige Preisuntergrenze
RAP	Rechnungsabgrenzungsposten
ROE	Return on equity
ROI	Return on Investment
RW	Restwert
S.	Seite
s. u.	siehe unten
SE	Societas Europea
SEAG	Europäische Aktiengesellschaft
SF	Selbstfinanzierung
SGE	strategische Geschäftseinheit
SMC	Small and midsized companies
sog.	so genannte
SWOT	Strength, Weakness, Opportunities, Threats
t	Tonne
Tsd.	Tausend
u. a.	unter anderem
u. U.	unter Umständen
UE	unfertige Erzeugnisse
UK	United Kingdom
UNCTAD	United Nations Conference on Trade and Development
USA	United States of America
US-$, USD	amerikanischer Dollar, US-Dollar
UStG	Umsatzsteuergesetz
UV	Umlaufvermögen
v. H.	vom Hundert (reiner Grundwert)
vgl.	vergleiche
VoiP	Voice over Internet Protocol
VtGK	Vertriebsgemeinkosten
VwGK	Verwaltungsgemeinkosten
WTO	World Trade Organization
z. B.	zum Beispiel
z. T.	zum Teil

Sachwortverzeichnis

Glossar englischer Fachausdrücke zum Kapitel E 6 Internationale Rechnungslegungsvorschriften

Seite	englischer Begriff	Bedeutung
453	accounting policies	Bilanzierungs- und Bewertungsmethoden
454 ff.	asset	Vermögenswert
423	balance sheet	Bilanz
458 ff.	carrying amount	Restbuchwert
453	cashflow statement	Kapitalflussrechnung
473	completed contract method	*Gewinnausweis nach Fertigstellung*
454	cost of conversion	Herstellungskosten
454 f.	cost of purchase	Anschaffungskosten
454 f.	current cost	Tageswert
453	explanatory notes	erläuternder Anhang
372 ff., 446, 479	fair presentation	angemessene Darstellung
446 ff.	fair value	beizulegender Zeitwert
459	fair value less costs to sell	Nettoveräußerungsgewinn
456	financial instruments	Finanzinstrumente
445, 450 ff.	framework	Rahmenwerk
454, 458, 469 ff.	historical cost	ursprüngliche Anschaffungs- oder Herstellungskosten
458 ff.	impairment-test	Niederstwerttest
453	income statement	Gewinn- und Verlustrechnung
456	intangible assets	immaterielle Vermögenswerte
443, 450 ff.	International Accounting Standards IAS (bis 2001)	Internationale Rechnungslegungsvorschriften (bis 2001)
443, 450 ff.	International Financial Reporting Standards IFRS (ab 2001)	Internationale Rechnungslegungsvorschriften (ab 2001)
445, 450	interpretations	Auslegung und Ergänzung von Standards
449 ff., 479	matching principle	*Zurechnung von Aufwendungen zu der Periode, in der die zugrundeliegenden Erträge realisiert werden*
469 ff.	net realisable value	Nettoveräußerungspreis
459 ff.	net selling price	Nettoveräußerungspreis
472 ff.	percentage of completion method (POC-Methode)	Gewinnausweis nach Fertigstellungsgrad

Seite	englischer Begriff	Bedeutung
454, 457	present value	Barwert
456	property, plant and equipment	Sachanlagen
456 ff.	qualifying asset	qualifizierter Vermögenswert, Vermögenswert für dessen Herstellung eine beträchtliche Zeit erforderlich ist
469 ff.	realisable value	realisierbarer Betrag, Veräußerungswert
476	recognition	Ansatz, Erfassung
458 ff.	recoverable amount	erzielbarer Betrag
445, 479, 511	standards	*Bilanzierungsvorschriften, die an Einzelfällen orientiert sind*
454	statement of changes in equity	Eigenkapitalveränderungsrechnung
446, 450, 479	true and fair view	wahres und angemessenes Bild (Darstellung)
459 ff.	value in use	Nutzungswert

Vokabelverzeichnis

Hinweis: Ein kapitel- und seitenweise geordneter ausführlicher Vokabelführer befindet sich als Kopiervorlage auf der Begleit-CD zum Lehrerhandbuch.
Download: http://www.europa-lehrmittel.de/95350

Englisch	**Deutsch**
A	
abide by	befolgen
abolition	Abschaffung
accelerate	beschleunigen
accomplish	erreichen
accomplishment	Erreichung
account for	entfallen auf, ausmachen
achieve	erzielen, erreichen
achievement	Erreichung
acqusition	Unternehmenskauf/ Übernahme
adequate	angemessen
adjust	anpassen
adopt	annehmen
advice	Rat, Ratschlag
affect	betreffen, beeinflussen
affordable	erschwinglich
aim at	abzielen auf
align	anpassen, ausrichten
allocate	zuteilen, zuweisen
annual accounts	Jahresabschluss
application	Anwendung
apply	anwenden
appreciation	Wertschätzung
approach	Ansatz
appropriate	angemessen
arise	aufkommen
arise from	sich ergeben
aspired	angestrebt
assess	bewerten
asset	Vermögensgegenstand, Aktivposten
assign	beauftragen, anweisen, zuweisen
assume	annehmen
at the expense of	auf Kosten von
attempt	Versuch
authoritarian	autoritär
avoid	vermeiden
B	
bankruptcy	Konkurs, Bankrott
benefit	Leistung, Nutzen, Vorteil
bribery	Bestechung
brief	kurz, knapp
bunch	Bündel
business unit	Geschäftsbereich, Sparte
C	
cancel shares	Aktien vernichten
catch up	aufholen
cause-effect relationship	Ursache-Wirkungsbeziehung
chief executive officer (CEO)	Geschäftsführer, Vorstand
child labour	Kinderarbeit
circumstances	Gegebenheiten
claim	Anspruch
code (of conduct)	Verhaltenskodex (Sammlung von freiwillig zu befolgenden Regeln)
co-determination	Mitgestaltung, Mitbestimmung
collective bargaining	Tarifverhandlung
commitment	Engagement
committed	verpflichtet, engagiert
compatible	vereinbar
compensate	kompensieren, entlohnen
compensation	Vergütung
competition	Wettbewerb, Konkurrenz
competitive	konkurrierend
competitive advantage	Wettbewerbsvorteil
competitor	Wettbwerber, Konkurrent
complementary	ergänzend, komplementär
compliance	Einhaltung, Regelkonformität
comprehensible	verständlich
comprehensive	umfassend
comprise	umfassen
compulsory	verpflichtend
compulsory labour	Zwangsarbeit
conduct	durchführen, ausführen
conflict of objectives	Zielkonflikt
conscious	bewusst
consider	betrachten
consideration	Überlegung
consolidate	zusammenfassen

Englisch	**Deutsch**
consumable goods and supplies	Verbrauchsmaterial und Zubehör
content	Inhalt
contraction	Rückgang, Schrumpfung
contradictory	widersprüchlich
contribute to	zu etw. beitragen
core	Kern
core competence	Kernkompetenz
core task	Kernaufgabe
corporate	Unternehmens-
corporate culture	Unternehmenskultur
corporate management	Unternehmensführung
corporate objective	Unternehmensziel
correlation	Zusammenhang, Beziehung
cost accounting	Kostenrechnung
cost cutting	Kostensenkung
counter-measure	Gegenmaßnahme
crucial	entscheidend
current	aktuell, derzeitig
customer	Kunde
customer loyalty	Kundenbindung, Kundentreue
customer satisfaction	Kundenzufriedenheit

D

Englisch	**Deutsch**
debt	Schulden
debt capital	Fremdkapital
debt ratio	Fremdkapitalquote
decision-making power	Entscheidungsbefugnis
declaration	Erklärung
degree of achievement	Erfüllungsgrad
demand	Nachfrage
department	Abteilung
depletion	Aufzehrung, Abnahme
derive from	ableiten von
desired	wünschenswert, angestrebt
determinant	Einflussgröße
determination	Festlegung
determine	entscheiden, entschließen, bestimmen
diffusion	Verbreitung
direct	leiten, lenken
directing power	Weisungsbefugnis
discount	abzinsen
dispatch	Versand
display	abbilden
disruptive	störend
distinguish	unterscheiden
distribute	verteilen
divest	abstoßen
division	Bereich, Sparte
division manager	Betriebsleiter
division of labour	Arbeitsteilung
divisional director	Bereichsleiter
domestic	inländisch
due to	zurückzuführen auf, aufgrund von
duration	Dauer
driver	Einflussfaktor

E

Englisch	**Deutsch**
economies of scale	Skalenvorteilde, Kostenersparnis durch Massenproduktion
efficiency	Effektivität, Rentabilität
elimination	Abschaffung
emanate from	ausgehen von
emphasise	betonen
employee	Mitarbeiter, Arbeitnehmer
employment	Beschäftigung
encourage	ermutigen
enforce	erzwingen, durchsetzen
ensure	versichern, absichern
enterprise	Unternehmen
entrant	Neuzugang
entrepreneurial	unternehmerisch
equal(ly)	gleichermaßen
equate with	gleichsetzen
equation	Gleichung
equilibrium	Gleichgewicht
equity	Eigenkapital
equivalent to	gleichbedeutend mit
establish	gründen, einrichten, festsetzen
estimate	schätzen
evaluation	Bewertung, Einschätzung
exceed	übersteigen
excerpt	Auszug
executive	ausführend, leitend
executive manager	Führungskraft, leitender Angestellter

Englisch	Deutsch
expansion	Ausweitung
expenses	Ausgaben
expenditure	Aufwand, Kosten
exploit	ausnutzen
explore	erschließen
extortion	Erpressung
F	
face	sich gegenübersehen
field of business	Unternehmensbereich
financial accounting	Finanzbuchhaltung
financial statement analysis	Jahresabschluss-analyse
first and foremost	zu allererst
first-level management	untere Führungsebene
follow-up order	Folgeauftrag
force	zwingen
forecasting	voraussagend, prognostizierend
framework	Rahmen
freedom of association	Recht auf gewerkschaftl. Betätigung
G	
gain	(dazu) gewinnen
general meeting	Hauptversammlung
genome	Erbgut
Good Corporate Citizen	Unternehmensbürger, „guter Bürger"
grant	gewähren
growth	Wachstum
H	
harmony of objectives	Zielharmonie
harvest	ernten
hazardous	gefährlich
head of department	Abteilungsleiter
head of sales	Vertriebsleiter
hold shares in treasury	eigene Aktien halten, eigene Aktien zum Einzug zurückkaufen
human resources	Arbeitskräfte, personelle Mittel
human rights	Menschenrechte
human rights abuse	Menschenrechts-verletzung
humanitarian	menschenfreundlich
I	
impact	Auswirkung
impede	behindern, erschweren

Englisch	Deutsch
implement	einführen, durchführen
implementation	Einführung, Umsetzung
implication	Folge, Auswirkung
imply	beinhalten, einbeziehen
in accordance with	in Übereinstimmung mit
incentive	Anreiz
indebtedness	Verschuldung
insolvency	Insolvenz
insufficient	unzureichend
intend	beabsichtigen
intentional	beabsichtigt
interest yield	(Zins-)Ertrag
intermediate objective	Zwischenziel
inventory	Lagerbestand/Inventar
involvement	Beteiligung
K	
key figure	Kennzahl
key figure system	Kennzahlensystem
L	
lack of	Mangel an
leadership	Führung
legal form	Rechtsform
level of management	Führungsebene
liquidate	auflösen
liquidity	Liquidität, Zahlungsfähigkeit
listed stock company	börsennotierte Aktiengesellschaft
loss	Verlust
M	
maintain,	aufrechterhalten
malfunction	Funktionsstörung
management	Leitung, Führung
management board	Vorstand
management process	Führungskreislauf
managerial	geschäftsführend
manpower	Arbeitskräfte, Personal
market leader	Marktführer
market penetration	Marktdurchdringung
market share	Marktanteil
mature	reif, hier: auslaufend
means of transportation	Transportmittel
means-ends relationship	Zweck-Mittel-Verhältnis
measurable	messbar
measure	Maßnahme, Maßstab
medium	Mittel

Englisch	Deutsch
meet the needs	die Anforderungen erfüllen
merger	Fusion (Zusammenschluss)
middle-level management	mittlere Führungsebene
mission statement	Unternehmensleitbild
monetary	monetär, geldlich, finanziell
multiple	vielfältig
N	
negotiate	verhandeln
newly industrialised country	Schwellenland (im Übergang zum Industrieland)
nutrition	Nahrung
O	
objective	Ziel
obligation	Verpflichtung
observe	befolgen, beobachten
obvious	offensichtlich
occupation	Beruf, Beschäftigung
on a large scale	in großem Umfang
operate	tätig sein
operating result	Betriebsergebnis
operational management	operative Unternehmensführung
operationalise	operationalisieren, messbar machen
operative objective	operatives Unternehmensziel
order processing	Auftragsabwicklung
outline	formulieren
overall context	Gesamtzusammenhang
P	
parameter	Messgröße
past-performance-oriented	vergangenheitsbezogen
pay	Bezahlung
performance	Leistung, Leistungsfähigkeit, Performanz
plant	Werk, Fabrik, Betrieb
policy	Richtlinie, Strategie
postulate	Forderung, Postulant
precautionary	vorsorgend, vorsorglich
preceding	vorgelagert, vorangehend

Englisch	Deutsch
precondition	(Vor-)Bedingung, Voraussetzung
predictable	vorhersehbar
preferential price	Vorzugspreis
present state	Istwert
prevailing	vorherrschend, bestehend
prevent	vermeiden
prevention	Vermeidung
previous	vorhergehend
price advance	Kurssteigerung
procedure	Ablauf
processing time	Durchlaufzeit
proclaim	verkünden
procurement	Beschaffung
product life cycle	Produktlebenszyklus
production volume	Produktionsmenge
productivty	Produktivität
profit	Gewinn
profit and loss statement	Gewinn- und Verlustrechnung
profit maximisation	Gewinnmaximierung
profitability	Wirtschaftlichkeit, Rentabilität
profitable	gewinnbringend, rentabel
prolong	verlängern
promote	fördern
promotion	Verkaufsförderung
proportion	Anteil
proprietor	Eigentümer
prospect	Aussicht
prove	beweisen
provision	Bestimmung, Regelung
purchase	einkaufen, beschaffen
purpose	Zweck
pursue	verfolgen, anstreben
put out at interest	zinsbringend anlegen, investieren
Q	
quantity	Menge
quarterly accounts	Quartalsabschluss
R	
ratio	Verhältnis, Quote
recognition	Anerkennung
record	erfassen
related	bezogen
rely on	sich verlassen auf
remote	entfernt

Englisch	Deutsch
renewable	erneuerbar
repayment	Rückzahlung
repurchasing	Rückkauf
reputation	Ruf
requirement	Anforderung, Erfordernis
residue	Rückstände
resolution	Beschluss
respective	entsprechend, jeweilig
response rate	Rücklaufquote, Reaktionsquote
retrospect, in	rückblickend
return	Ertrag, Rendite, Rentabilität
return on equity	Eigenkapitalrentabilität
reveal	aufzeigen, offenlegen
revenues	Umsatzerlöse
reward	Entlohnung, Gegenleistung
right to a say	Mitspracherecht
S	
salary	Gehalt
sales	Absatz, Umsatz
sales revenue	Umsatzerlöse
satisfaction	Zufriedenheit
satisfy	befriedigen, zufriedenstellen
scope	Umfang
scrutinise	überprüfen
self-image	Selbstbild
senior department head	Hauptabteilungsleiter
sensible	sinnvoll
setup	Aufbau
share	Aktie, Anteil
share option	Aktienoption
shareholder	Aktionär, Anteilseigner, Gesellschafter
side condition	Nebenbedingung
site	Standort, Produktionsstätte
skills	Fertigkeiten, Fähigkeiten,
stable	stabil
staff	Belegschaft, Mitarbeiter, Personal
stakeholders	Interessengruppe, Anspruchsgruppe
stock company	Aktiengesellschaft
storage	Lagerung

Englisch	Deutsch
strategic management	strategische Unternehmensführung
strategic objective	strategisches Unternehmensziel
streamlining	rationalisieren
strength	Stärke
strengthen	stärken
subdivided	unterteilt
subject matter	Untersuchungsgegenstand
subject to	abhängig von
subordinate objective	untergeordnetes Ziel
substantial	wesentlich
successor	Nachfolger
suffer	erleiden
superior	übergeordnet
supervision	Übwerachung
supervisor	hier: Werkstattleiter
supervisory board	Aufsichtsrat
supplier	Lieferant
supply	Angebot, Versorgung
supply	liefern
surplus	Überschuss
surroundings	Umfeld
sustain	aufrechterhalten
T	
take account of,	berücksichtigen
take into account	berücksichtigen
target state	Sollwert
target-oriented	zielorientiert
tarif	Zoll
task	Aufgabe
team leader	Gruppenleiter
terms	Konditionen
threat	Risiko, Gefahr
time frame	Zeitrahmen
top-level management	obere Führungsebene
track	Spur, Weg
U	
uncertainty	Unsicherheit
uniqueness	Einzigartigkeit
unique selling proposition	Alleinstellungsmerkmal
unrestrained	uneingeschränkt, hemmungslos

Englisch	Deutsch
V	
vagueness	Ungenauigkeit
valuable	wertvoll
value	Wert
value added	Wertschöpfung, Mehrwert
value-for-money	Preis-Leistungsverhältnis
vice versa	umgekehrt
violation	Verletzung, Verstoß
voluntary	freiwillig

Englisch	Deutsch
W	
weakness	Schwäche
withdrawal	Rückzug
working capital	eingesetztes Kapital, Betriebskapital
working hours	eingesetzte Arbeitsstunden, Arbeitszeit
Y	
yield	Ertrag